东阳城与东阳汉墓

（中册）

南京博物院
江苏省文物考古研究院
淮安市文物保护和考古研究所
盱眙县博物馆

编著

文物出版社

The Ancient Dongyang City and Dongyang Han Graves

(Ⅱ)

Nanjing Museum

Jiangsu Provincial Institute of Cultural Relics and Archaeology

Huai'an Institute of Cultural Relics Preservation and Archaeology

Xuyi County Museum

Cultural Relics Press

Beijing · 2025

第八节 圩庄组取土场墓地（续）

贰 圩庄组取土场墓地 B 区

B 区墓地位于圩庄组取土场中部，西、南两面为水库、北面为居民区、东面为耕地。B 区平面呈长方形，南北长 78、东西宽 41 米。发掘前，该地地势平坦，为水稻田。

B 区共发掘墓葬 29 座，根据工作顺序编号为 108、109 号墓（M108、M109）、111 号墓（M111）、123、124 号墓（M123、M124）、130~133 号墓（M130~M133）、158、159 号墓（M158、M159）、163、164 号墓（M163、M164）、169~183 号墓（M169~M183）、185 号墓（M185）。（图 3-8B-0）

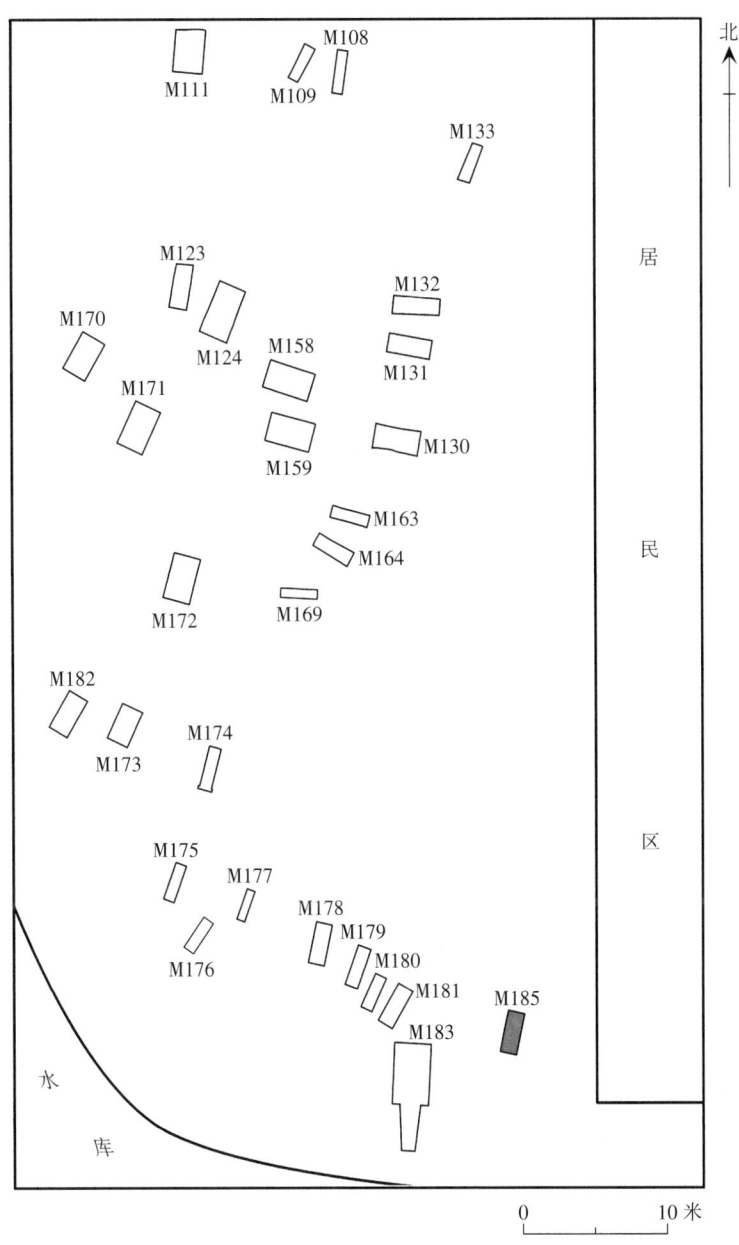

图 3-8B-0 圩庄组取土场墓地 B 区墓葬平面分布图

一、108 号墓（M108）

M108 位于圩庄组取土场 B 区墓地北部，西面与 M109 相邻，东南与 M133 相邻。清理前，墓坑开口与东部已被高速公路施工方破坏，开口距现地表深度不明，墓坑底部随葬品组合遭受扰动。

墓葬形制为长方形竖穴土坑，开口残长 276、残宽 69 厘米，残深 128 厘米。方向 188°。（图 3 - 8B - 1a）

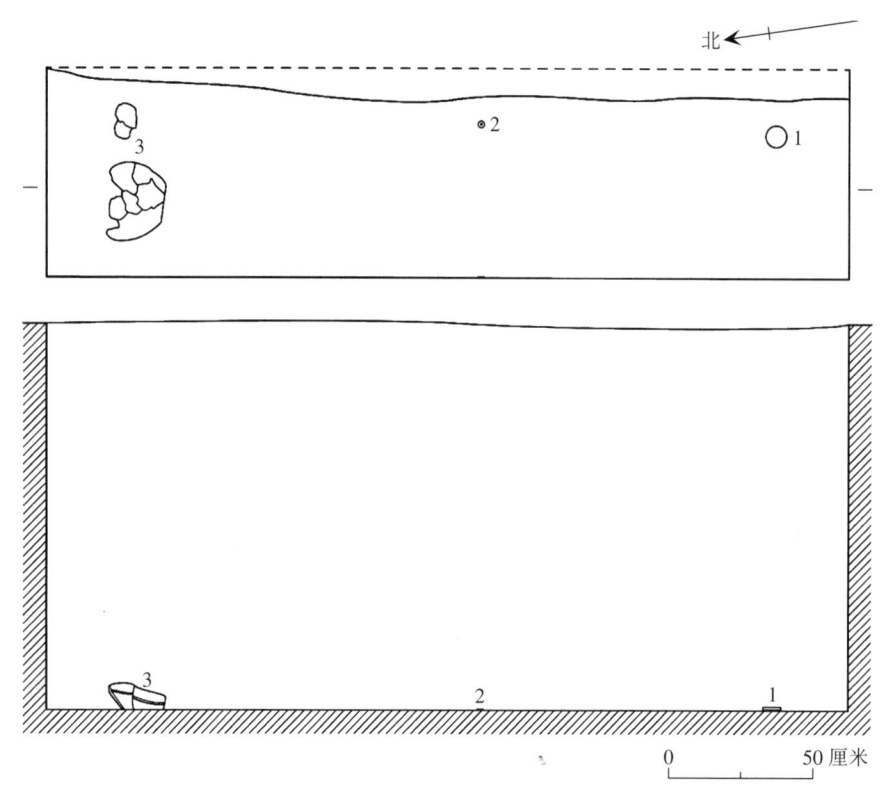

图 3 - 8B - 1a　圩庄组 B 区 M108 平面、剖视图
1. 铜镜　2. 铜钱　3. 陶瓿

木结构完全朽尽，无法从朽痕判断棺椁结构。

该墓共出土铜器、陶器等遗物 3 件。

1. 铜器

2 件。器形为镜、铜钱。

镜　1 件。M108∶1，出土于墓坑底南部。日光镜。圆形，半圆纽，圆纽座。座外单竖线纹与双竖线纹各四组相间排列，外饰八内向连弧纹，其外饰短斜线纹两周，间饰铭文一周，铭文间以"の"形与菱形"田"字纹符号间隔。铭文为"见日之光天下大明"。窄素缘。镜面微凸。面径 7.4、背径 7.2、纽宽 0.55、纽高 1.2、缘宽 0.6、缘厚 0.29、肉厚 0.12 厘米。（图 3 - 8B - 1b；彩版一八六，1）

铜钱　1 件。M108∶2，出土于墓坑中部北侧。五铢钱。钱径 2.3、穿径 1 厘米。（图 3 - 8B - 1b；彩版一八六，2）

2. 陶器

1 件。器形为瓿。

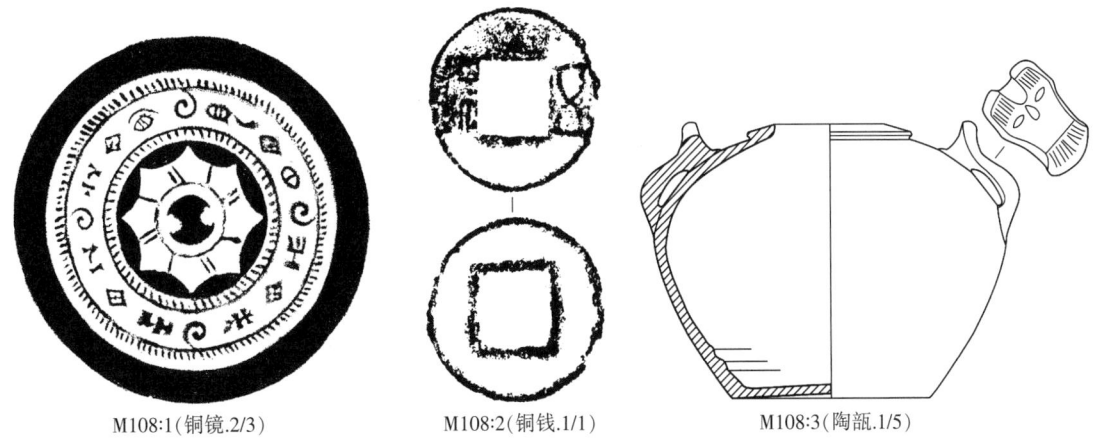

M108:1(铜镜.2/3)　　　　　　　M108:2(铜钱.1/1)　　　　　　　M108:3(陶瓿.1/5)

图 3 - 8B - 1b　圩庄组 B 区 M108 出土器物图

瓿 1 件。M108：3，出土于墓坑西部。泥质灰陶。残。直口，尖圆唇，斜沿，圆肩，鼓腹内收，平底内凹。肩两侧各饰一兽面耳。口径 8、底径 14.4、高 18.8 厘米。（图 3 - 8B - 1b）

二、109 号墓（M109）

M109 位于圩庄组取土场 B 区墓地北部，西面与 M111 相邻，东面与 M108 相邻。清理前，墓坑开口已被高速公路施工方破坏，开口距现地表深度不明，墓坑底部随葬品组合未受扰动。

墓葬形制为长方形竖穴土坑，开口长 240、宽 70 厘米，残深 30 厘米。方向 210°。（图 3 - 8B - 2a）

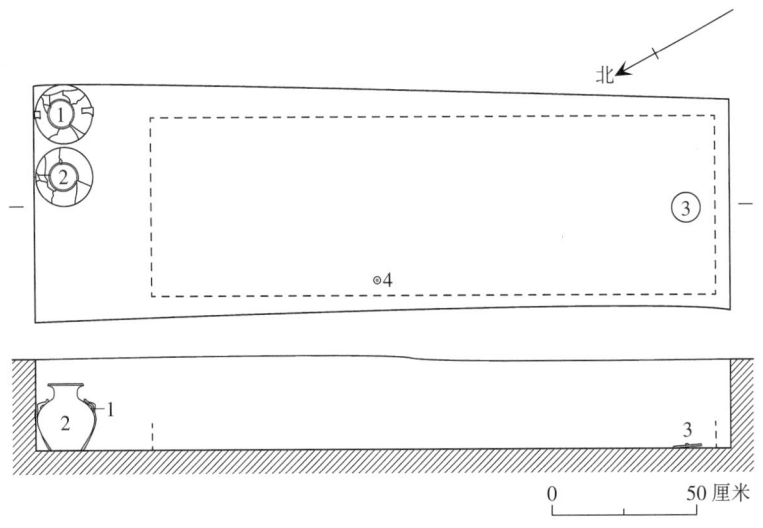

图 3 - 8B - 2a　圩庄组 B 区 M109 平面、剖视图
1. 陶瓿　2. 陶壶　3. 铜镜　4. 铜钱

葬具为单棺，木结构基本朽尽，从朽痕可知，棺长 195、宽 60、残高 8 厘米。

该墓共出土铜器、陶器等遗物 4 件。

1. 铜器

2 件。器形为镜、铜钱。

镜 1 件。M109：3，出土于棺室东部。四乳禽兽纹镜。圆形，半圆纽，圆纽座。座外三竖线纹与双弧线纹各四组相间环列，外饰一周凸弦纹圈带，其外两周短斜线纹间有四乳和四虺相间环

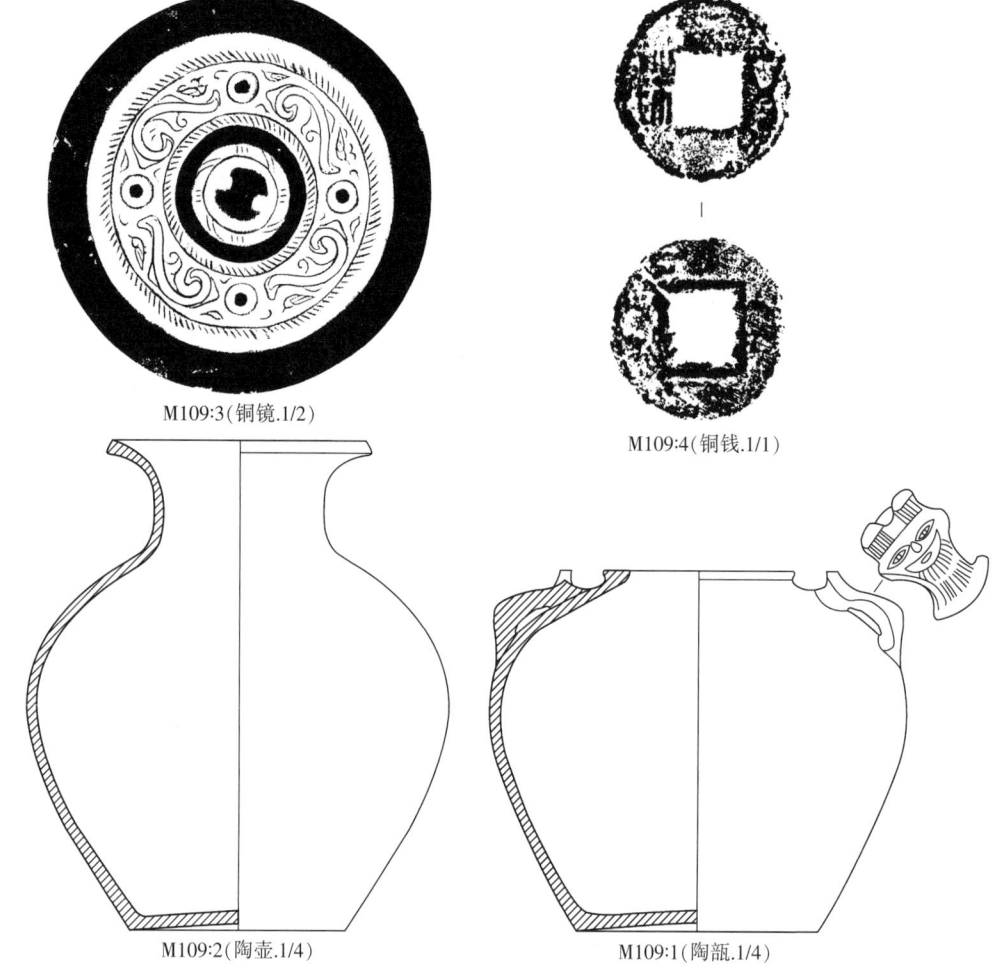

图 3 - 8B - 2b　圩庄组 B 区 M109 出土器物图

绕，四乳带圆纽座，四虺呈钩形，其外侧各饰一鸟。宽素平缘。镜面微凸。面径 10.8、背径 10.6、纽高 0.7、纽宽 1.5、缘宽 1.05、缘厚 0.54、肉厚 0.21 厘米。（图 3 - 8B - 2b；彩版一八六，3）

铜钱　1 件。M109：4，出土于棺中部南侧。五铢钱。钱径 2.4、穿径 0.9 厘米。（图 3 - 8B - 2b；彩版一八六，4）

2. 陶器

2 件。器形为壶、瓿。

壶　1 件。M109：2，出土于棺室外西侧。泥质红陶。敞口，尖圆唇，斜沿，直颈，溜肩，弧腹内收，平底内凹。通体素面。口径 14、底径 12、高 26 厘米。（图 3 - 8B - 2b；彩版一八六，5）

瓿　1 件。M109：1，出土于棺外西侧。泥质红陶。直口，方唇，平沿，短束颈，圆肩，鼓腹内收，平底内凹。肩两侧各饰一兽面耳。口径 7.4、底径 14、高 19 厘米。（图 3 - 8B - 2b；彩版一八六，6）

三、111 号墓（M111）

M111 位于圩庄组取土场 B 区墓地北部，东面与 M109 相邻。清理前，墓坑开口已被高速公路施工方破坏，开口距现地表深度不明，墓坑底部随葬品组合未受扰动。

墓葬形制为长方形竖穴土坑，开口长 285、宽 201 厘米，残深 148 厘米。方向 185°。（图 3 –
8B – 3a；彩版一八七，1）

葬具为一椁二棺，木结构保存尚好。椁平面呈长方形，长 251、宽 159、残高 62 厘米，底板厚 11
厘米，侧板厚 8 厘米。两棺位于椁室中部偏西，西棺北、西、南三侧板和椁侧板紧靠，东侧板紧靠
东棺，东棺南、北侧板和椁南、北侧板紧靠，东距椁东侧板 8 厘米，西棺通长 231、宽 77、高 48 厘
米，底板厚 12、侧板厚 13 厘米，东棺通长 231、宽 54、高 32 厘米，底板厚 12、侧板厚 10 厘米。

该墓共出土铜器、铁器、漆器、木器、石器、陶器等遗物 18 件（组）。除陶器出土于椁外北侧，
其余器物均出土于棺内。（彩版一八七，2）

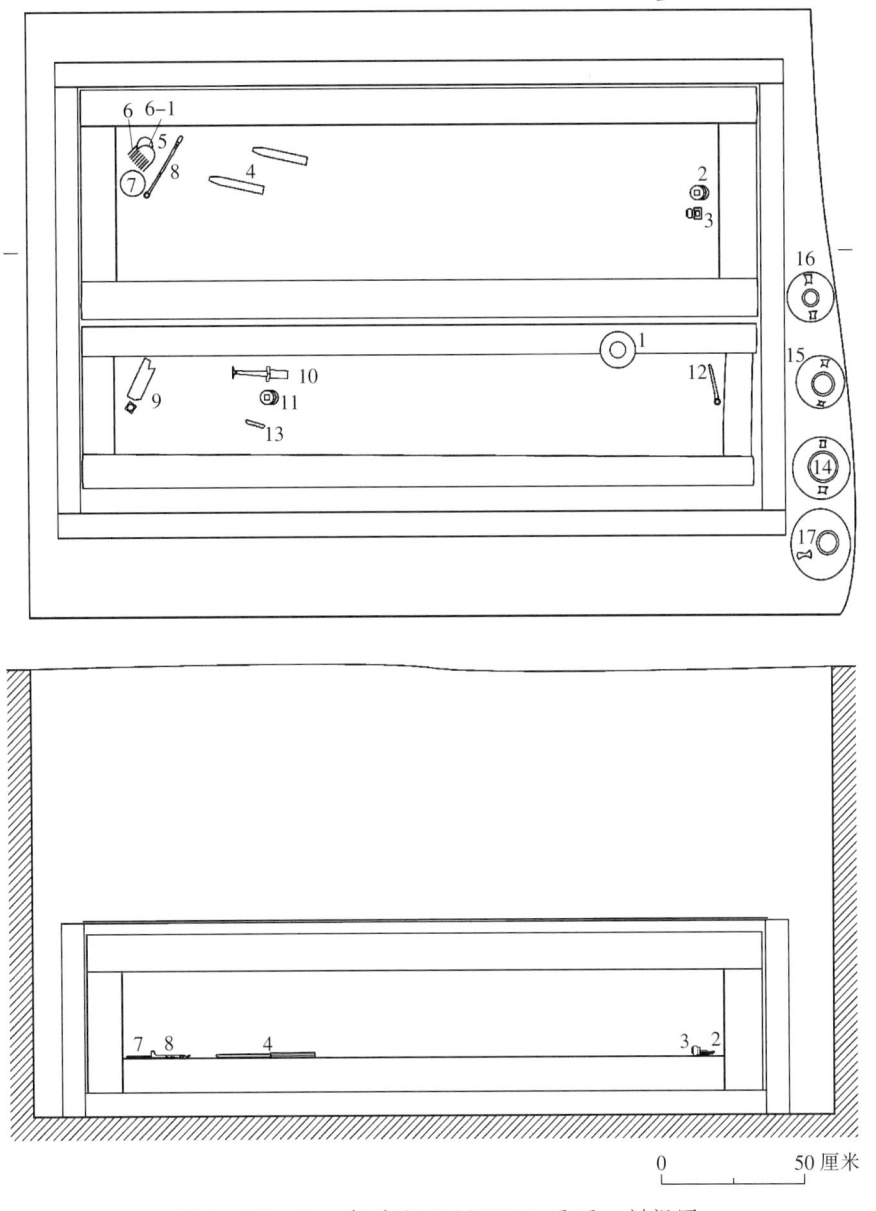

图 3 – 8B – 3a 圩庄组 B 区 M111 平面、剖视图

1. 铜盆 2、11. 铜钱 3. 铜饰件 4. 漆握 5. 木梳 6、6 – 1. 木篦 7. 铜镜 8、12. 铜刷
9. 石黛板/研石 10. 铁剑 13. 铁削 14～16. 釉陶壶 17. 釉陶瓿

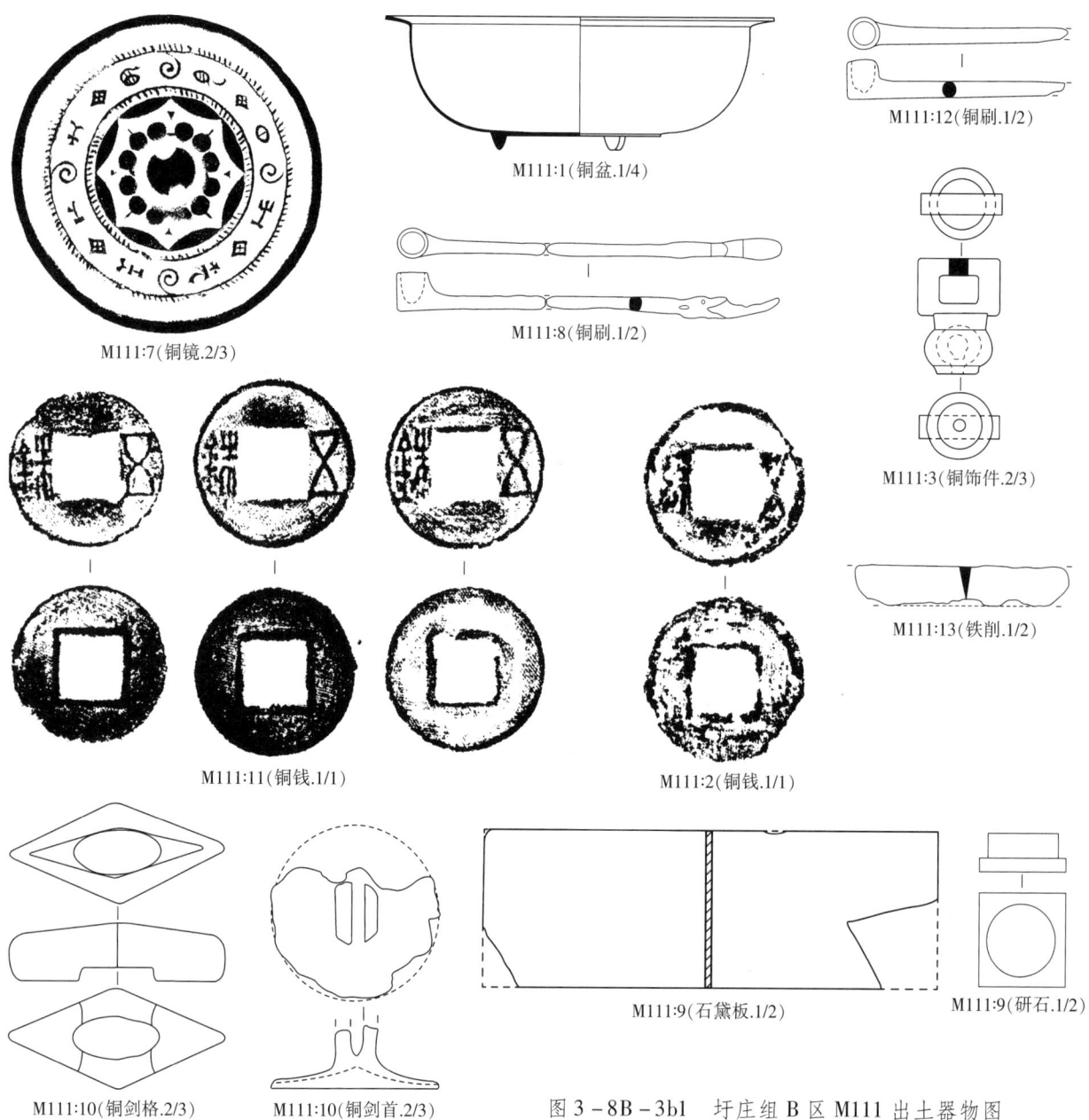

M111:7(铜镜.2/3)

M111:1(铜盆.1/4)

M111:12(铜刷.1/2)

M111:8(铜刷.1/2)

M111:3(铜饰件.2/3)

M111:11(铜钱.1/1)

M111:2(铜钱.1/1)

M111:13(铁削.1/2)

M111:10(铜剑格.2/3)

M111:10(铜剑首.2/3)

M111:9(石黛板.1/2)

M111:9(研石.1/2)

图3-8B-3b1 圩庄组B区M111出土器物图

1. 铜器

7件（组）。器形为盆、镜、刷、饰件、铜钱。

盆 1件。M111：1，出土于东棺棺盖中部。敞口、弧沿，斜弧腹，平底，底下饰三乳丁足。口径24.1、底径10.2、高8.1厘米。（图3-8B-3b1）

镜 1件。M111：7，出土于西棺内西南角。日光镜。圆形，半圆纽，并蒂十二连珠纹纽座。座外八内向连弧纹，其外饰短斜线纹两周，间饰铭文一周，铭文间以"の"形与菱形"田"字纹符号间隔。铭文为"见日之光天下大明"。窄缘。镜面微凸。面径7.2、背径7、纽高0.56、纽宽1.15、缘宽0.2、缘厚0.44、肉厚0.11厘米。（图3-8B-3b1；彩版一八七，3）

刷 2件。M111：8，出土于西棺西南角。烟斗形，器身细长，一端为简化龙首形，一端折为圆孔，孔内刷毛已朽。孔径0.9、长11.8厘米。（图3-8B-3b1；彩版一八七，4）

M111：12，出土于东棺北部。烟斗形，器身细长，一端残损，一端折为圆孔，孔内刷毛已朽。孔径0.9、残长6.8厘米。（图3－8B－3b1；彩版一八七，5）

饰件 1件。M111：3，出土于西棺北部。器锈蚀严重，由上下两部分组成，上方为一长方形提纽，下方为一球形构件。通长2.6厘米。（图3－8B－3b1；彩版一八七，6）

铜钱 2组。M111：2，出土于西棺北部。1枚，为五铢钱，残损较严重。钱径2.3、穿径1厘米。（图3－8B－3b1；彩版一八七，7）

M111：11，出土于东棺内南部。3枚，皆为五铢钱。形制、钱文、尺寸同。钱径2.3、穿径1厘米。（图3－8B－3b1）

2. 铁器

共2件。器形为剑、削。

剑 1件。M111：10，出土于东棺内南部。整器残损严重，仅有一铜质剑格与一铜剑首尚有留存，剑格断面呈菱形。剑格长5厘米，剑首径3.9厘米。（图3－8B－3b1）

削 1件。M111：13，出土于东棺内南部。整器锈蚀严重，仅存残片。残长6.6、宽1.2厘米。（图3－8B－3b1）

3. 漆器

1组。器形为握。

握 1组。M111：4，出土于西棺内南部。2件，形制、尺寸同。器一端截面为圆形，一端截面为长方形。器长18.8、截面径2.6厘米。（图3－8B－3b2；彩版一八八，1）

M111:5(木梳.2/3)　　　　M111:6(木篦.2/3)

M111:4(漆握.1/3)

M111:6-1(木篦.2/3)

图3－8B－3b2　圩庄组B区M111出土器物图

4. 木器

共 3 件。器形为梳、篦。

梳 1 件。M111：5，出土于西棺内西南角。弧背长方形，背部厚，齿端薄，背长和齿长基本相同。背部用黑漆勾勒出鸟兽纹和云气纹，19 齿。长 7.4、宽 6.5、厚 0.7 厘米。（图 3 - 8B - 3b2；彩版一八八，2）

篦 2 件。M111：6，出土于西棺内西南角。弧背长方形，背部厚，齿端薄，背长和齿长基本相同，背部用黑漆勾勒出鸟兽纹和云气纹，50 齿。长 7.3、宽 6.6、厚 0.65 厘米。（图 3 - 8B - 3b2；彩版一八八，3）

M111：6 - 1，出土于西棺内西南角。形制同 M111：6，两面皆以黑漆勾勒出鸟兽纹和云气纹。长 6.3、宽 5.5、厚 0.4 厘米。（图 3 - 8B - 3b2；彩版一八八，4）

5. 石器

1 组。器形为黛板和研石。

黛板/研石 1 组。M111：9，出土于东棺内西南角。黛板为长方形青石质，部分残损，正面光滑，为碾磨面，长 14、宽 4.7、厚 0.5 厘米。研石，上方为圆形，下方为方形，底边长 2.6、高 1.2 厘米。（图 3 - 8B - 3b1；彩版一八八，5）

6. 陶器

共 4 件。器形为壶、瓿。

壶 3 件。M111：14，釉陶。喇叭口，圆唇，直颈，溜肩，弧腹渐收，圈足底。肩两侧饰一对桥形耳并饰有两组平行紧靠的三圈弦纹。颈下部饰一圈凹弦纹和水波纹。口径 13.6、底径 11.4、高 28.8 厘米。（图 3 - 8B - 3b3；彩版一八九，1）

M111：15，釉陶。似盘口，圆唇，束颈，溜肩，弧腹渐收，圈足底。肩两侧饰一对桥形耳，耳外侧模印叶脉纹。口下部分饰有两圈凸弦纹。颈下部分饰有两圈凹弦纹。肩部又分别饰有两圈平行紧靠、三圈平行紧靠的两组弦纹。口径 10.6、底径 10.8、高 25.9 厘米。（图 3 - 8B - 3b3；彩版一八九，2）

M111：16，釉陶。敞口，尖圆唇，直颈，溜肩，鼓腹内收，平底。肩两侧各饰一对称耳，耳部上下各有两道凹弦纹。肩颈交界处饰一圈水波纹带。口径 11.2、底径 9.1、高 21.3 厘米。（图 3 - 8B - 3b3；彩版一八九，3）

瓿 1 件。M111：17，釉陶。小口内敛，圆唇，圆肩，鼓腹渐收，平底内凹。口部以下有一圈折楞。肩两侧饰桥形耳与"S"形贴塑各一对，并饰三圈平行弦纹，耳面外侧模印网纹和竖线纹。肩部以下及腹部饰有两组平行紧靠的两道凹弦纹。口径 8、底径 14.3、高 24.2 厘米。（图 3 - 8B - 3b3；彩版一八九，4）

四、123 号墓（M123）

M123 位于圩庄组取土场 B 区墓地中部，西南与 M170 相邻，东面与 M124 相邻。清理前，墓坑开口与北半部已被高速公路施工方破坏，开口距现地表深度不明，墓坑底部随葬品组合遭受扰动。

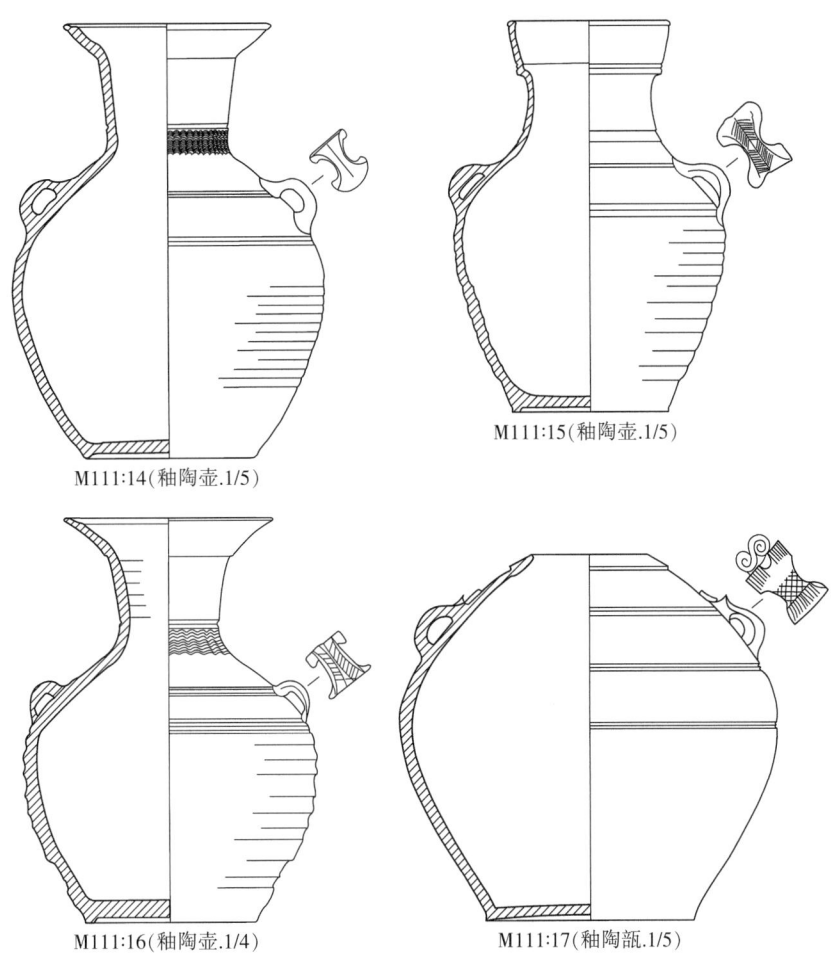

M111:14(釉陶壶.1/5)

M111:15(釉陶壶.1/5)

M111:16(釉陶壶.1/4)

M111:17(釉陶瓿.1/5)

图 3 - 8B - 3b3 圩庄组 B 区 M111 出土器物图

墓葬形制为长方形竖穴土坑，开口残长 120、宽 108 厘米，残深 72 厘米。方向 19°。（图 3 - 8B - 4a；彩版一九〇，1）

葬具为单棺，木结构基本朽尽。从朽痕可知，棺位于墓坑底部正中，棺残长 100、宽 65 厘米。

该墓共出土铜器、铁器、石器、角器、陶器等遗物 12 件（组）。

1. 铜器

3 件（组）。器形为镜、刷、铜钱。

镜 1 件。M123：3，出土于棺室北部。日光镜。圆形，半圆纽，圆纽座。座外三竖线纹与单弧线纹各四组相间环列，外饰一周凸弦纹圈带，外圈两周斜线纹，其间饰一周铭文带，铭文间以"の"形符号间隔。铭文为"见日月心勿夫毋相"。窄缘。镜面微凸。面径 6.8、背径 6.6、纽高 0.5、纽宽 1.1、缘宽 0.18、缘厚 0.22、肉厚 0.1 厘米。（图 3 - 8B - 4b；彩版一九〇，2）

刷 1 件。M123：1，出土于棺室北部。烟斗形，柄细长，实心。残长 12.5、孔径 0.9 厘米。（图 3 - 8B - 4b；彩版一九〇，3）

铜钱 1 组。M123：5，出土于棺室中部。6 枚，五铢钱，形制、尺寸均同。钱径 2.5、穿径 1 厘米。（图 3 - 8B - 4b；彩版一九〇，4）

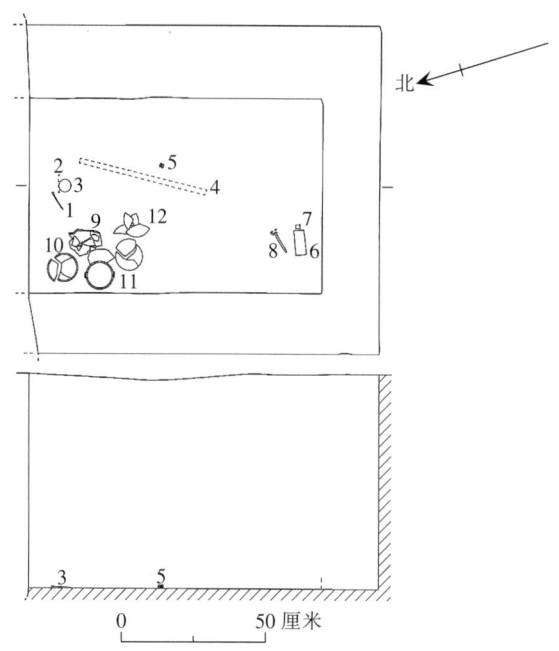

图 3-8B-4a　圩庄组 B 区 M123 平面、剖视图

1. 铜刷　2. 角笄　3. 铜镜　4. 铁剑　5. 铜钱　6. 石黛板　7. 研石　8. 铁削
9. 釉陶壶　10. 陶盒　11. 陶鼎　12. 陶瓿

2. 铁器

2件。器形为剑、削。

剑　1件。M123:4，出土于棺室中部。残损严重，无法复原。

削　1件。M123:8，出土于棺室南部。单面刃，柄较短，上下平直，断面呈三角形，末端入椭圆形铜质环首内，环首断面呈圆形，一端与柄相接，另一端尖细成弯钩。残长15.8、残宽1厘米。（图3-8B-4b；彩版一九〇，5）

3. 石器

2件。器形为黛板、研石。

黛板　1件。M123:6，出土于棺室西南部。长条形石板，青黑色，表面较光滑。石黛板上尚留有漆皮，酱褐色底上绘神兽云气纹，云气用黑漆勾勒，神兽以朱漆描绘。长15、宽6、厚0.35厘米。其与研石当为一组器物。（彩图五二，1；彩版一九一）

研石　1件。M123:7，出土于棺室西南部。方形，青黑色，石质较光滑。边长2.6、厚0.3厘米。（彩版一九一，1）

4. 角器

1件。器形为笄。

笄　1件。M123:2，出土于棺室北部。残损严重，无法复原。

5. 陶器

4件。器形为鼎、盒、壶、瓿。

鼎　1件。M123:11，出土于棺室西北部。覆钵形平顶盖，平顶较宽。鼎身子母口，尖圆唇内敛，口部饰一对称耳，斜腹内收，平底内凹。耳外侧刻划竖线纹和斜线纹。盖口径17、高6厘

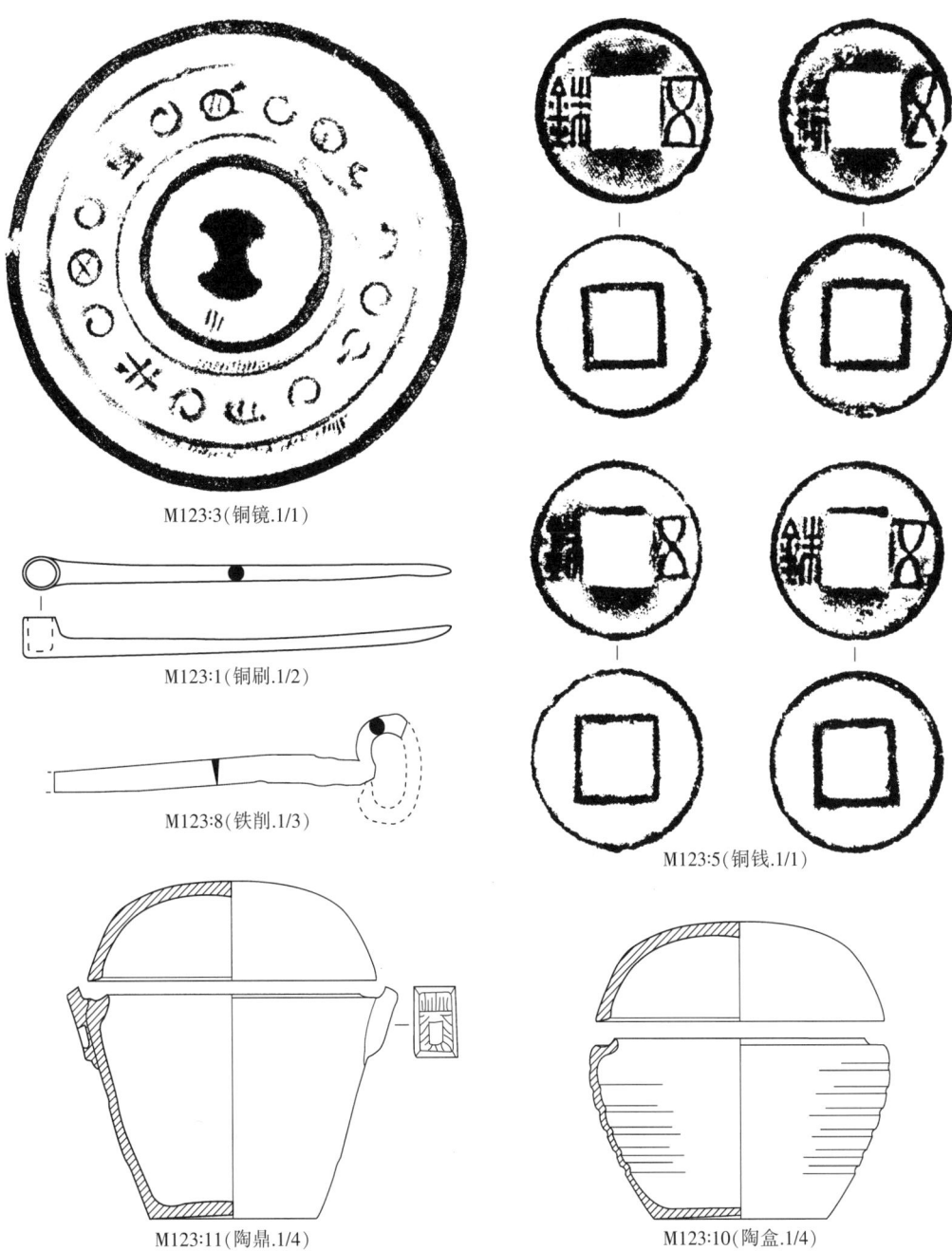

M123:3（铜镜.1/1）

M123:1（铜刷.1/2）

M123:8（铁削.1/3）

M123:5（铜钱.1/1）

M123:11（陶鼎.1/4）　　　　　　M123:10（陶盒.1/4）

图 3 – 8B – 4b　圩庄组 B 区 M123 出土器物图

米，口径 14、底径 9.5、高 12.8 厘米。（图 3 – 8B – 4b；彩版一九〇，6）

　　盒　1 件。M123：10，出土于棺室西北部。覆钵形平顶盖，器盖残损严重，平顶较宽。盒身子母口，圆唇内敛，斜弧腹，平底内凹。盖口径 17、高 6 厘米，盒身口径 14、底径 9.9、高 10 厘米。（图 3 – 8B – 4b；彩版一九〇，7）

　　壶　1 件。M123：9，出土于棺室西北部。器身施釉陶。残损严重，无法复原。

　　瓿　1 件。M123：12，出土于棺室西北部。残损严重，无法复原。

五、124 号墓（M124）

M124 位于圩庄组取土场 B 区墓地中部，西面与 M123 相邻，东南与 M158 相邻。清理前，墓坑开口与南部已被高速公路施工方破坏，开口距现地表深度不明，墓坑底部随葬品组合遭受扰动。

墓葬形制为长方形竖穴土坑，开口长 291、宽 163 厘米，最深处残深 132 厘米。方向 203°。（图 3 - 8B - 5a；彩版一九二，1）

葬具为一椁一棺。椁木朽尽，尺寸不明。棺位于墓坑底部正中，从朽痕可知，棺长 236、宽 96 厘米。

该墓共出土铜器、陶器等遗物 6 件（组）。

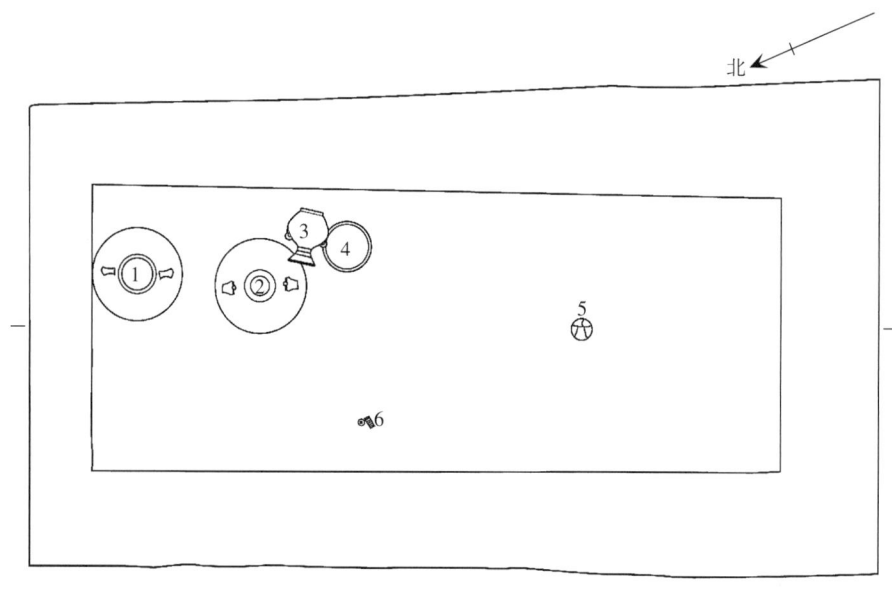

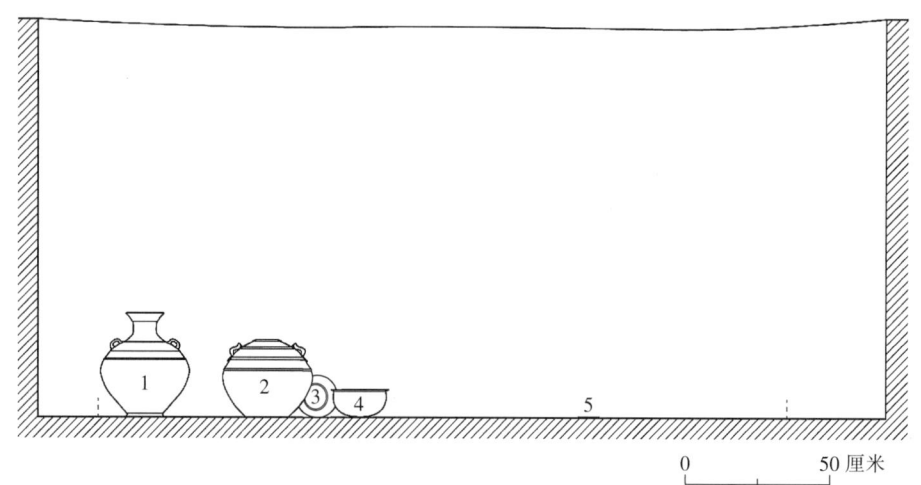

图 3 - 8B - 5a　圩庄组 B 区 M124 平面、剖视图

1、3. 釉陶壶　2. 釉陶瓿　4. 铜盆　5. 铜镜　6. 铜钱

1. 铜器

3件（组）。器形为盆、镜、铜钱。

盆　1件。M124：4，出土于棺北部东侧。敞口，折沿，方唇，扁鼓腹，圜底。口径21、高9.4厘米。（图3-8B-5b）

镜　1件。M124：5，出土于棺室南部。残损严重，几成碎屑，无法复原，纹饰、尺寸不明。

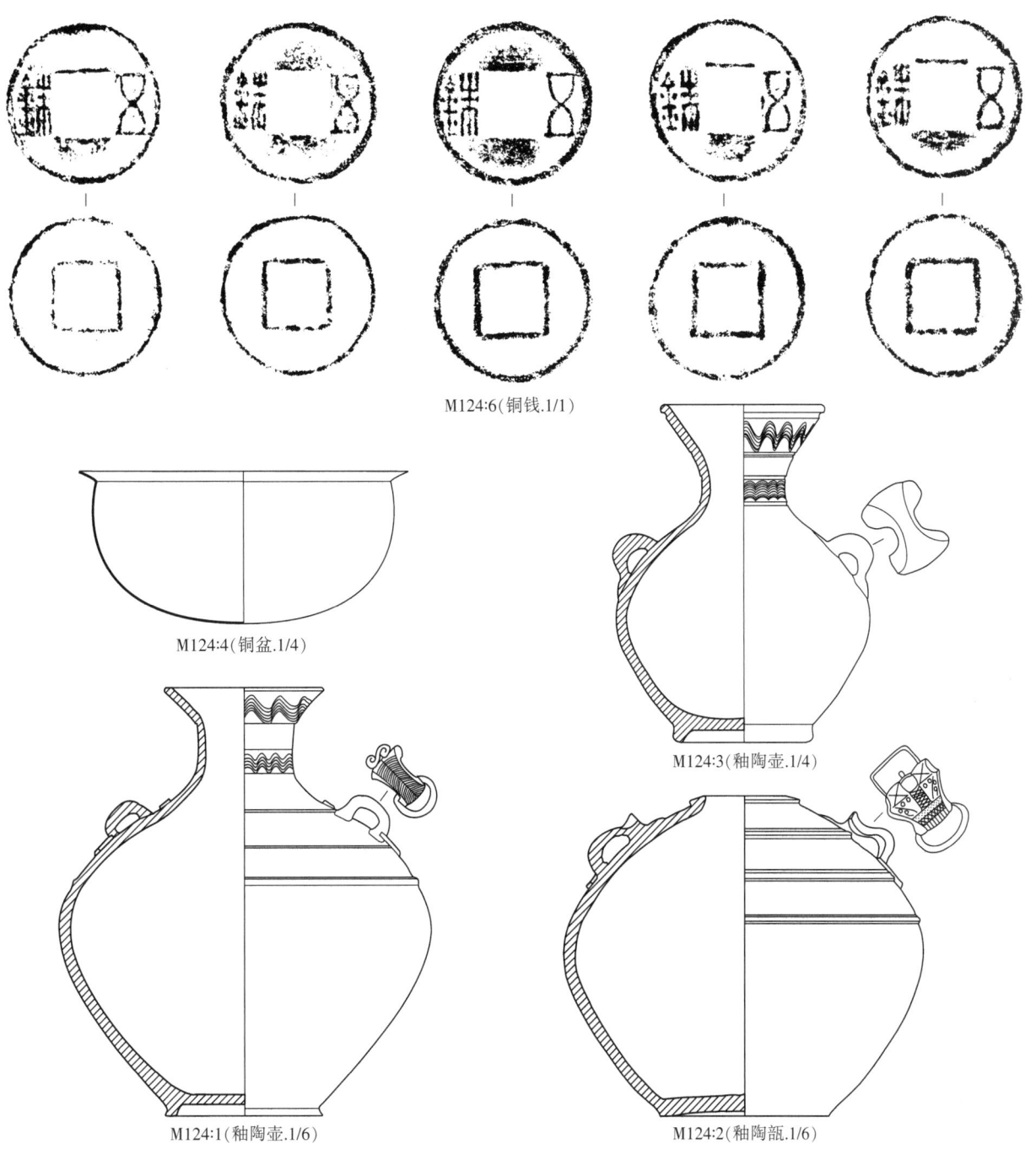

M124:6(铜钱.1/1)

M124:4(铜盆.1/4)

M124:3(釉陶壶.1/4)

M124:1(釉陶壶.1/6)

M124:2(釉陶瓿.1/6)

图3-8B-5b　圩庄组B区M124出土器物图

铜钱　1组。M124：6，出土于棺室中部。共5枚，五铢钱，形制、尺寸均同。钱径2.5、穿径1厘米。（图3-8B-5b；彩版一九二，2、3）

2. 陶器

3件。器形为壶、瓿。

壶　2件。M124：1，出土于墓坑北部。上半部施青黄釉，挂釉明显。敞口，直颈，斜肩，鼓腹内收，圈足外撇。肩两侧各饰一对称铺首衔环耳，耳面饰叶脉纹，耳上贴塑"S"形纹。口部和颈部各饰一周水波纹带，肩部饰三道凸弦纹。口径15、底径14.8、高40厘米。（图3-8B-5b；彩版一九二，4）

M124：3，出土于墓坑北部。釉陶。敞口，圆唇，直颈，溜肩，鼓腹内收，圈足外撇。肩两侧各饰一耳，素面。口沿和颈部饰四道凹弦纹，第一和第二道之间饰一周水波纹带，第三和第四道之间亦饰一周水波纹带。口径11、底径9、高21.1厘米。（图3-8B-5b；彩版一九二，5）

瓿　1件。M124：2，出土于墓坑北部。釉陶。尖圆唇，小直口，斜沿，溜肩，鼓腹内收，平底内凹。肩部饰三周凸弦纹带。肩两侧各饰一耳，耳面纹饰繁复，刻划各种线纹及点纹。口径8、底径16、高30厘米。（图3-8B-5b；彩版一九二，6）

六、130号墓（M130）

M130位于圩庄组取土场B区墓地中部，北面与M131相邻，南面与M163相邻，西面与M159相邻。清理前，墓坑开口已被高速公路施工方破坏，开口距现地表深度不明，墓坑底部随葬品组合未遭扰动。

墓葬形制为长方形竖穴土坑，开口长250、宽130厘米，残深100厘米。方向280°。（图3-8B-6a；彩版一九三，1、2）

葬具为一椁一棺，木结构基本朽尽。从朽痕可知，椁长210、宽100厘米。棺位于椁北部，与椁北侧板紧靠，棺长200、宽52、侧板厚5厘米。南边箱由棺与椁室西、南、东三面侧板之间的空间构成。

该墓共出土铜器、铁器、琉璃器、石器、角器、陶器等各类遗物29件（组）。

1. 铜器

8件（组）。器形为镜、带钩、刷、弩机、镞、铜钱。

镜　1件。M130：1，出土于棺内西部。昭明镜。圆形，半圆纽，圆纽座。座外三短线纹与单短线纹各四组相间环列，其外饰凸弦纹圈带一周，外饰八内向连弧纹，外圈两周短斜线纹间饰一周铭文。铭文为"内而清以而昭明光而象夫日而月心忽"。窄缘。镜面微凸。面径7.9、背径7.7、纽高0.52、纽宽1.1、缘宽0.3、缘厚0.19、肉厚0.1厘米。（图3-8B-6b1；彩版一九四，1）

带钩　1件。M130：10，出土于棺内中部。器窄长，雁首，腹下近尾端饰一圆纽。长11.4、宽0.7厘米。（图3-8B-6b1；彩版一九四，2）

刷　1件。M130：2，出土于棺内西部。烟斗形，柄细长，实心。残长8.5、孔径0.8厘米。（图3-8B-6b1；彩版一九四，3）

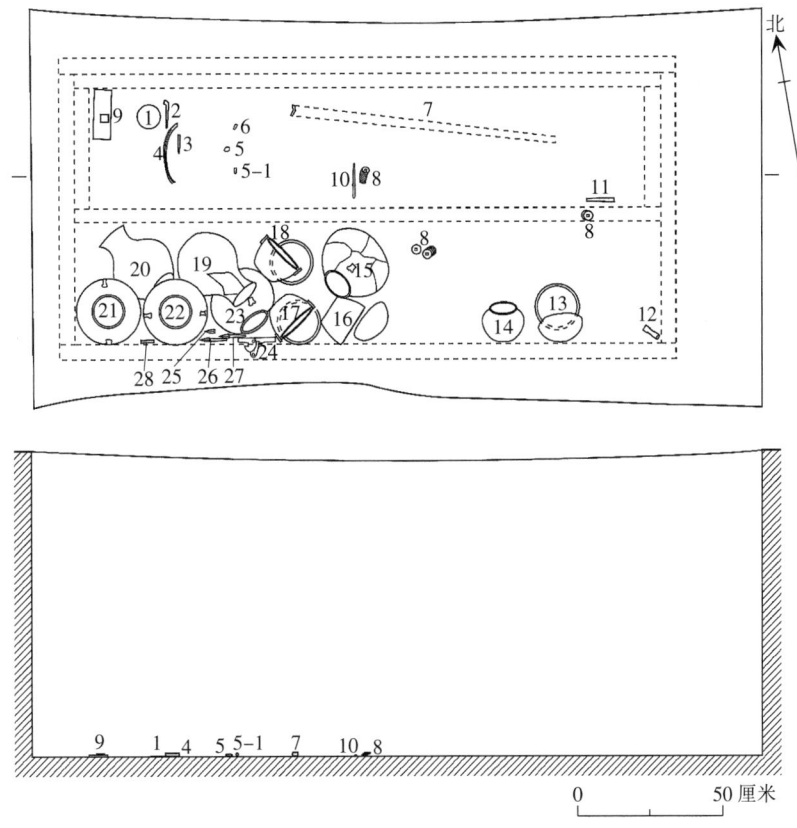

图 3－8B－6a 圩庄组 B 区 M130 平面、剖视图

1. 铜镜 2. 铜刷 3、4. 角笄 5. 琉璃珌 5－1、6. 琉璃塞 7. 铁剑 8. 铜钱 9. 石黛板/研石 10. 铜带钩 11. 铁削 12. 铁戟 13、16. 陶盒 14. 釉陶罐 15、23. 陶瓿 17、18. 陶鼎 19～22. 釉陶壶 24. 铜弩机 25～27. 铜镞 28. 铁镦

弩机 1件。M130：24，出土于椁室南侧板处。残存望山、牙、钩心、悬刀等构件。器高13厘米。（图3－8B－6b1；彩版一九四，4）

镞 3件。M130：25～27，出土于椁室西部南侧板。形制、尺寸均同。M130：25，三棱形锋，六棱形关，内插圆管状铁铤，铤皆残。总残长8.8、锋长3、关长0.4、铤残长5.4厘米。（图3－8B－6b1；彩版一九四，7）

铜钱 1组。M130：8，出土于棺室中部。20枚，五铢钱，形制、尺寸同。钱径2.5、穿径1厘米。（图3－8B－6b1；彩版一九四，5、6）

2. 铁器

4件。器为戟、剑、削、镦。

戟 1件。M130：12，出土于南边箱内。器残损严重，仅存铜篱。篱呈圆管状，上窄下宽，上部封闭，沿中线向两边铸成两个斜面，中部两侧作长方形内凹，中空。长6、宽2.1厘米。（图3－8B－6b1；彩版一九四，8）

剑 1件。M130：7，出土于棺内中部。锈蚀严重，仅存铜质剑格和部分剑身。剑格呈菱形，中部菱形镂孔。剑格长5、宽2厘米，剑身残长7厘米。（图3－8B－6b1）

削 1件。M130：11，出土于棺内东部。残损严重。削身平直，断面呈三角形。残长4、残宽

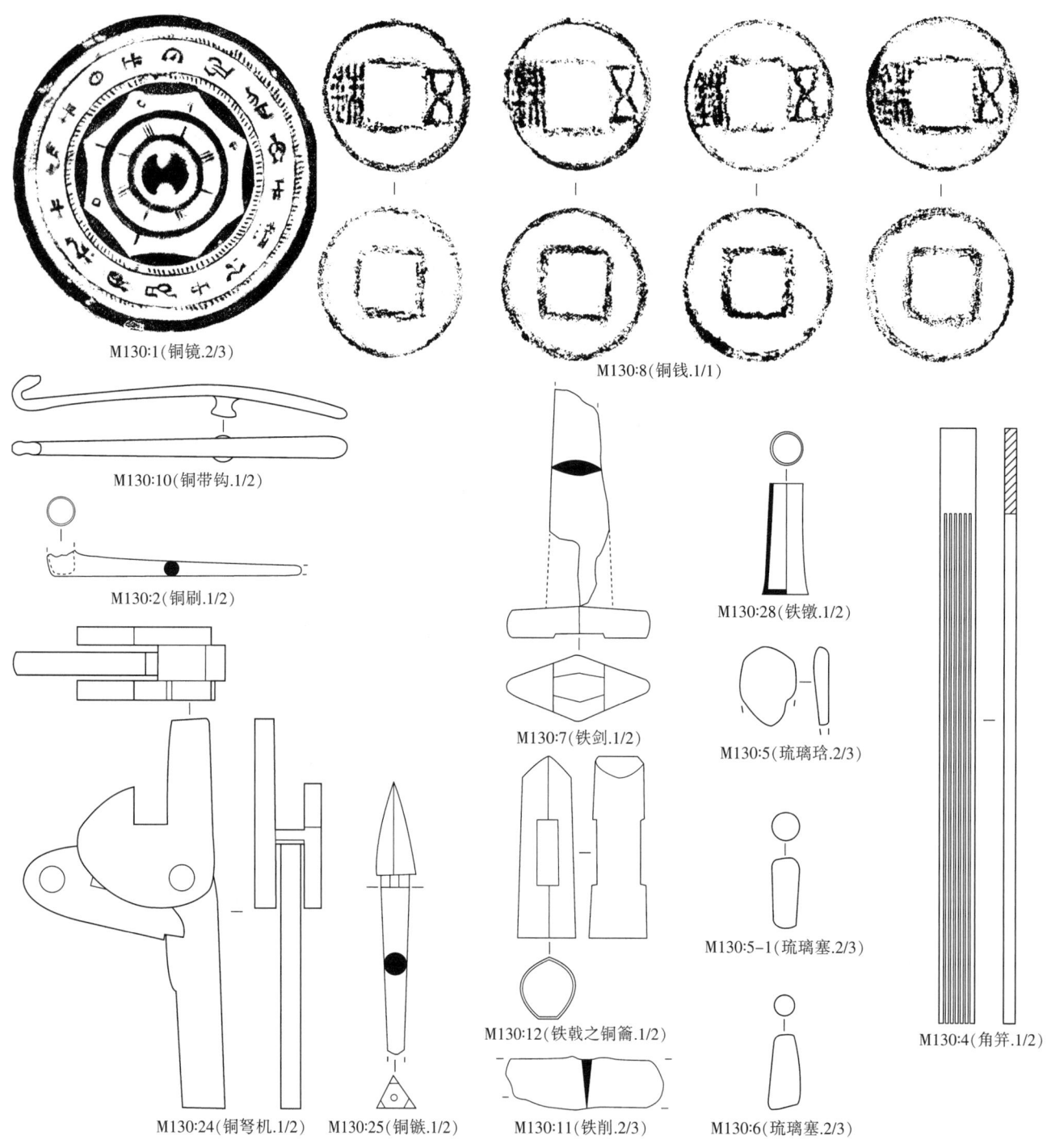

M130:1(铜镜.2/3)

M130:8(铜钱.1/1)

M130:10(铜带钩.1/2)

M130:2(铜刷.1/2)

M130:28(铁镦.1/2)

M130:7(铁剑.1/2)

M130:5(琉璃玲.2/3)

M130:5-1(琉璃塞.2/3)

M130:12(铁戟之铜篝.1/2)

M130:24(铜弩机.1/2)　　M130:25(铜镞.1/2)　　M130:11(铁削.2/3)　　M130:6(琉璃塞.2/3)

M130:4(角笄.1/2)

图 3 - 8B - 6b1　圩庄组 B 区 M130 出土器物图

1.3 厘米。(图 3 - 8B - 6b1)

　　镦　1 件。M130:28,出土于南边箱内。锈残严重,整体呈圆管状器,上宽下窄,中空。残长 3.6、上径 1、下径 1.6、壁厚 0.13 厘米。极可能为该墓出土铁戟配套用器。(图 3 - 8B - 6b1)

　　3. 琉璃器

　　3 件。器形为玲、塞。

珰　1件。M130：5，出土于棺内中西部。残损严重，纹饰不明，已无法确定为蝉形，整器呈黄白色。通体残长2、残宽1.4、厚0.4厘米。（图3-8B-6b1；彩版一九四，9右）

塞　2件。M130：6和M130：5-1，出土于棺内中西部。形制、尺寸同，均为圆台柱状，呈黄白色。顶面径0.7、残高1.8厘米。（图3-8B-6b1；彩版一九四，9左、中）

4. 石器

1组。器形为黛板和研石。

黛板/研石　1组。M130：9，出土于棺内西部。黛板呈长条形，青黑色，正面光滑，其余面较粗糙，长16、宽6、厚0.4厘米。研石呈方形，青灰色，表面光滑，边长2.7、厚0.3厘米。黛板盒内侧尚保留有部分漆皮，上绘神兽云气纹，朱漆描绘神兽，黑漆勾勒云气及神兽纹。（彩图五二，2；彩版一九三，3、4）

5. 角器

2件。器形为笄。

笄　2件。M130：4，出土于棺内西部。器作长条形，通体黑亮，共7齿，外侧两齿较中间五齿略宽。器长19.5、宽1.2、厚0.5厘米，齿长16、外齿宽0.15、中齿宽0.09厘米。（图3-8B-6b1；彩版一九四，10）

M130：3，出土于棺内西部。残损严重，无法复原。

6. 陶器

11件。器形为鼎、盒、壶、瓿、罐。

鼎　2件。M130：17，出土于南边箱西部。泥质红陶。覆平底钵形盖，平顶较宽。鼎身子母口，尖圆唇，口内敛，口部饰一对称耳，斜弧腹，平底内凹。耳外侧刻划上下对称的卷云纹和横线纹。盖口径16、高4.8厘米，鼎身口径13、底径10、高10厘米。（图3-8B-6b2；彩版一九五，1）

M130：18，出土于南边箱西部。泥质红陶。覆平底钵形盖，平顶较宽，略内凹。鼎身子母口，尖圆唇，口内敛，口部饰一对称耳，斜腹，矮圈足。耳外侧刻划线纹。盖口径15、高4厘米，鼎身口径13、底径9、高9厘米。（图3-8B-6b2；彩版一九五，2）

盒　2件。M130：13，出土于南边箱东部。泥质红陶。覆平顶钵形盖，平顶较宽，微束颈。盒身子母口，尖圆唇内敛，斜腹内收，平底。素面。盒盖口径15、高4厘米，盒身口径13、底径10、高8.5厘米。（图3-8B-6b2；彩版一九五，3）

M130：16，出土于南边箱中部。泥质红陶。形制与M130：14相同。盒盖口径15、高5厘米，盒身口径13、底径10、高10厘米。（图3-8B-6b2；彩版一九五，4）

壶　4件。均出土于南边箱西部，施青黄釉。M130：19，侈口，圆唇内敛，平沿，束颈，溜肩，鼓腹内收，平底内凹。肩部饰一对称耳，耳外侧模印叶脉纹。素面。口径15、底径17、高32厘米。（图3-8B-6b2；彩版一九六，1）

M130：20，侈口，圆唇，束颈，溜肩，鼓腹内收，平底内凹。肩部各饰一对称耳，耳外侧模印叶脉纹。口部饰一周水波纹带，其上下各饰一道凹弦纹。颈部饰一周水波纹带，其上下亦各饰一道凹弦纹。肩部与耳相接处各饰一道凹弦纹。口径11、底径13、高27厘米。（图3-8B-6b2；

M130:17(陶鼎.1/4)

M130:18(陶鼎.1/4)

M130:13(陶盒.1/3)

M130:16(陶盒.1/3)

M130:19(釉陶壶.1/5)

M130:20(釉陶壶.1/5)

M130:21(釉陶壶.1/5)

M130:22(釉陶壶.1/5)

M130:15(陶瓿.1/5)

M130:23(陶瓿.1/5)

M130:14(釉陶罐.1/3)

图 3-8B-6b2   圩庄组 B 区 M130 出土器物图

彩版一九六，2）

M130：21，侈口，圆唇，直颈，溜肩，鼓腹内收，平底内凹。肩部饰一对称耳，耳外侧模印叶脉纹。口径9.5、底径12.7、高25厘米。（图3-8B-6b2；彩版一九六，3）

M130：22，侈口，圆唇，卷沿，束颈，溜肩，弧腹内收，矮圈足。肩部饰一对称耳，耳外侧模印叶脉纹。口沿下部饰一周水波纹带，颈下部饰一周水波纹带，其上下各饰一道凹弦纹。肩耳相接处上部饰一道凹弦纹。口径 10.6、底径 12.2、高 27.5 厘米。（图 3 - 8B - 6b2；彩版一九六，4）

瓿 2 件。M130：15，出土于南边箱中部。器表红黑相杂。圆唇，平沿，小口微侈，短束颈，溜肩，鼓腹内收，平底内凹。肩两侧各饰一对称兽面耳。口径 9.4、底径 11、高 21 厘米。（图 3 - 8B - 6b2；彩版一九六，5）

M130：23，出土于南边箱西部。形制与 M130：16 基本相同。口径 10、底径 10.6、高 19.5 厘米。（图 3 - 8B - 6b2；彩版一九六，6）

罐 1 件。M130：14，出土于南边箱东部。施青黄釉，脱落殆尽。尖唇微侈，斜沿，微束颈，溜肩，鼓腹内收，平底。通体饰粗凹弦纹。口径 7、底径 8.5、高 10.4 厘米。（图 3 - 8B - 6b2；彩版一九五，5）

七、131 号墓（M131）

M131 位于圩庄组取土场 B 区墓地中部，北面与 M132 相邻，南面与 M130 相邻。清理前，墓坑开口已被高速公路施工方破坏，开口距现地表深度不明，墓坑底部随葬品组合未遭扰动。

墓葬形制为长方形竖穴土坑，开口长 278、宽 116 厘米，残深 158 厘米。墓向 350°。（图 3 - 8B - 7a；彩版一九七，1）

葬具为单棺，木结构基本朽尽。从朽痕可知，棺平面呈长方形，长 201、宽 73 厘米，高度不明，底板厚约 9、侧板厚约 8 厘米。

该墓共出土铜器、铁器、琉璃器、陶器等遗物 7 件（组）。除陶器出土于棺外南侧外，其余遗物均出土于棺内。

1. 铜器

2 件。器形为带钩、铜钱。

带钩 1 件。M131：5，出土于棺内中部偏东。弓形，钩身细长，面起脊，断面呈三角形，尾部平面近似长方形，有尾尖，腹下近尾端饰一圆纽。通长 8.5、身厚约 0.6、尾宽 2.9 厘米。（图 3 - 8B - 7b；彩版一九七，2）

铜钱 1 件。M131：2，出土于棺内中部。五铢钱。钱径 2.6、穿径 1.1 厘米。（图 3 - 8B - 7b；彩版一九七，3）

2. 铁器

1 件。器形为刀。

刀 1 件。M131：1，出土于棺内中部偏东。锈残严重，仅剩刃部。残长 11.2、宽 2.5、刃厚 0.5 厘米。（图 3 - 8B - 7b；彩版一九七，4）

3. 琉璃器

2 件。器形为琀、塞。

琀 1 件。M131：6，出土于棺内北部。器作蝉形，锈蚀严重，正面隆起，背面平直，素面。残长 3.7、宽 2.2、最厚 0.8 厘米。（图 3 - 8B - 7b；彩版一九七，5 左）

塞 1 件。M131：7，出土于棺内北部。器作圆台柱形。顶面直径 0.6、底面直径 0.8、高 1.6

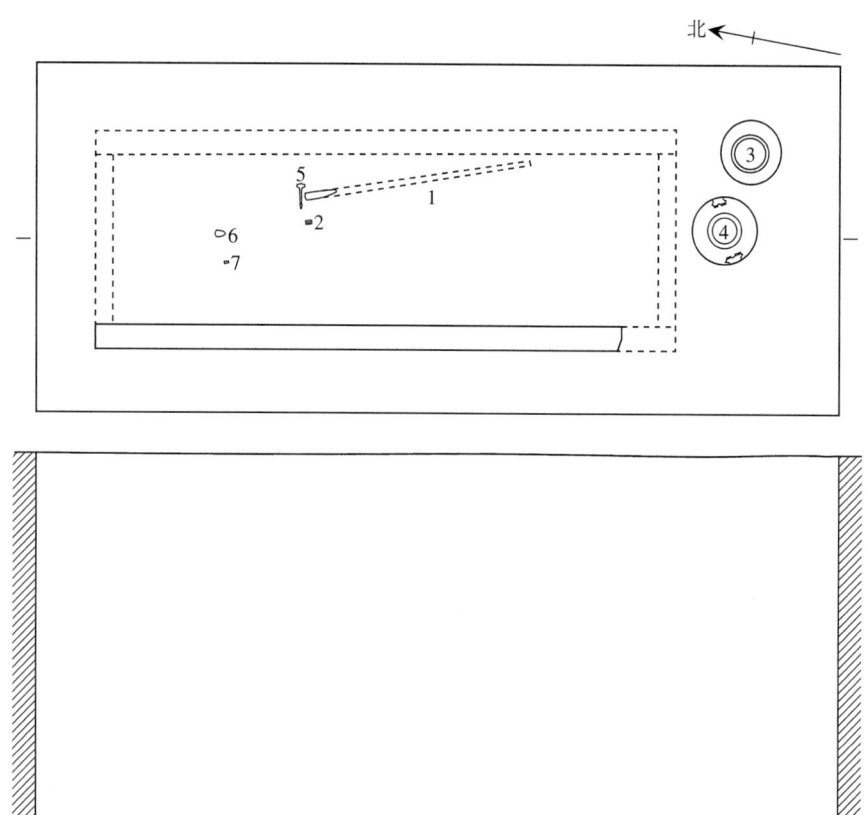

图 3 - 8B - 7a　圩庄组 B 区 M131 平面、剖视图

1. 铁刀　2. 铜钱　3. 陶壶　4. 陶瓿　5. 铜带钩　6. 琉璃珨　7. 琉璃塞

厘米。(图 3 - 8B - 7b; 彩版一九七, 5 右)

4. 陶器

2 件。器形为壶、瓿。

壶　1 件。M131∶3, 出土于棺外南侧偏东。红陶。敞口, 圆唇, 直颈, 折肩, 鼓腹渐收, 平底内凹。口径 12.3、底径 12.9、高 24.5 厘米。(图 3 - 8B - 7b; 彩版一九七, 6)

瓿　1 件。M131∶4, 出土于棺外南侧中部。红陶。小口内敛, 圆唇, 近平沿, 圆肩, 弧腹渐收, 平底内凹。肩两侧饰一对称耳。口径 11.3、底径 12.6、高 18.1 厘米。(图 3 - 8B - 7b; 彩版一九七, 7)

八、132 号墓 (M132)

M132 位于圩庄组取土场 B 区墓地中部, 南面与 M131 相邻, 北面与 M133 相邻。清理前, 墓坑开口和东部已被高速公路施工方破坏, 开口距现地表深度不明, 墓坑底部随葬品组合遭受扰动。

墓葬形制为长方形竖穴土坑, 开口残长 146、宽 74 厘米, 残深 11 厘米。方向 95°。(图 3 - 8B -

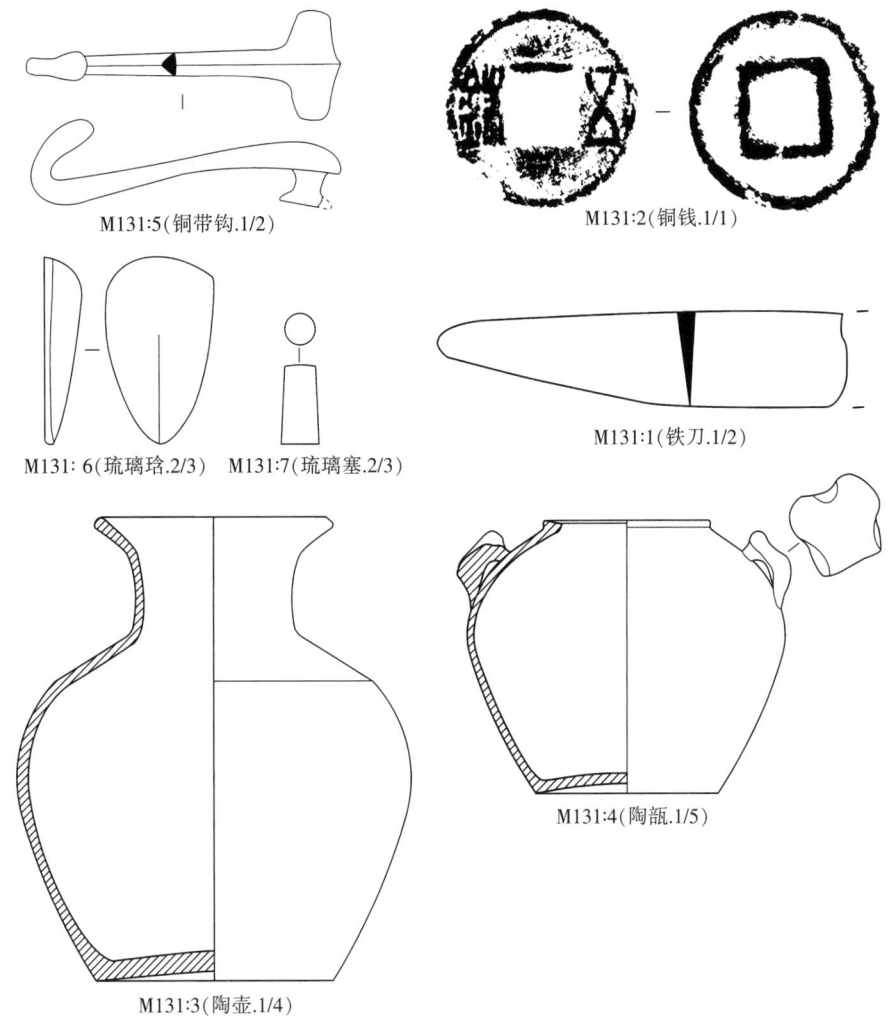

M131:5(铜带钩.1/2)

M131:2(铜钱.1/1)

M131: 6(琉璃珫.2/3)　M131:7(琉璃塞.2/3)

M131:1(铁刀.1/2)

M131:4(陶瓿.1/5)

M131:3(陶壶.1/4)

图3-8B-7b　圩庄组B区M131出土器物图

8a；彩版一九八，1）

葬具为一椁一棺，木结构完全朽尽。从朽痕可知，椁平面呈长方形，残长146、宽64厘米，高度不明。木棺置于椁北部，残长142、宽48厘米。

该墓共出土铜器、铁器等遗物3件。均出土于棺内。

1. 铜器

2件。器形为镜、铜钱。

镜　1件。M132：1，出土于棺内西部。日光镜。圆形，半圆纽，圆纽座。座外饰一周凸弦纹细圈带，外圈两周斜线纹，其间饰一周铭文带，铭文间以"の"形符号间隔。铭文为"见日月心勿夫"。窄缘。镜面微凸。面径6.6、背径6.4、纽高0.58、纽宽1.3、缘宽0.12、缘厚0.22、肉厚0.1厘米。（彩版一九八，2）

铜钱　1件。M132：3，出土于棺内东部。五铢钱。钱径2.2、穿径1厘米。（图3-8B-8b；彩版一九八，3）

2. 铁器

1件。器形为削。

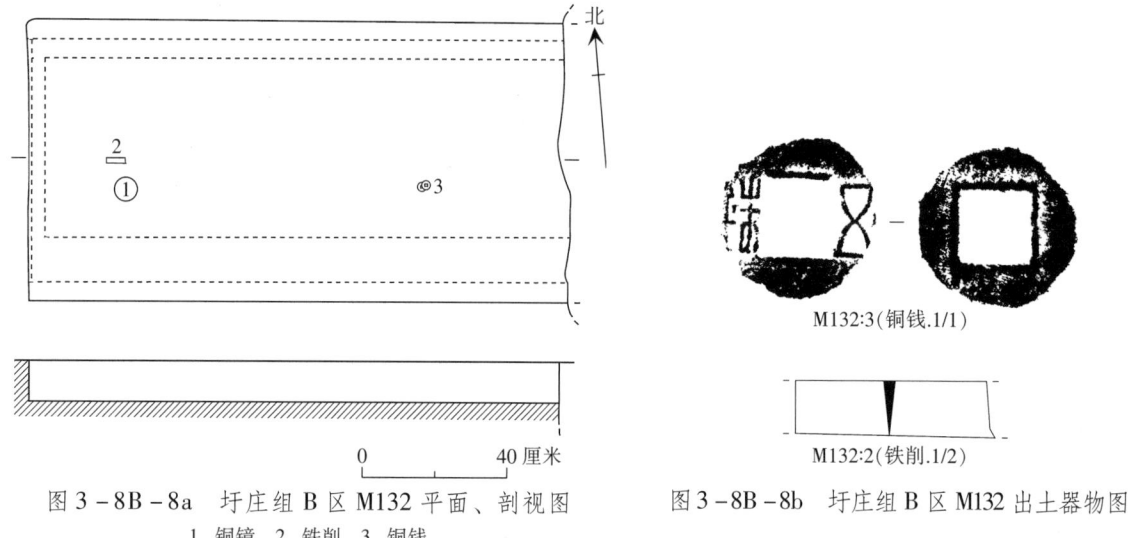

图 3-8B-8a 圩庄组 B 区 M132 平面、剖视图
1. 铜镜 2. 铁削 3. 铜钱

图 3-8B-8b 圩庄组 B 区 M132 出土器物图

削 1 件。M132：2，出土于棺内西部。器残损严重，仅剩一部分削身。单刃，断面呈三角形。残长 5.4、最宽 1.5、背厚 0.3 厘米。（图 3-8B-8b）

九、133 号墓（M133）

M133 位于圩庄组取土场 B 区墓地北部，西北与 M108 相邻，西南与 M132 相邻。清理前，墓坑开口和东部已被高速公路施工方破坏，开口距现地表深度不明，墓坑底部随葬品组合遭受扰动。

墓葬形制为长方形竖穴土坑，长 249、残宽 55、残深 51 厘米。方向 197°。（图 3-8B-9a；彩版一九八，4）

葬具为一椁一棺，木结构基本朽尽。从朽痕可知，椁平面呈长方形，长 238、残宽 53 厘米。棺长 199、残宽 40 厘米。

该墓共出土铜器、琉璃器等遗物 4 件（组）。皆出土于棺内。

1. 铜器

3 件（组）。器形为镜、泡钉、铜钱。

镜 1 件。M133：2，出土于棺内西北角。昭明镜。圆形，半圆纽，圆纽座。座外三弧线纹与单弧线纹各四组相间环列，外饰一周凸弦纹圈带，其外亦为三弧线纹与单弧线纹各四组相间环列，外饰八内向连弧纹，外圈两周短斜线纹间饰一周铭文。铭文为"内而清而日而以而昭而明而光而象而日而月而不"。宽素平缘。镜面微凸。面径 10.3、背径 10.1、纽高 0.8、纽宽 1.5、缘宽 0.9、缘厚 0.45、肉厚 0.3 厘米。（彩版一九八，5）

泡钉 1 件。M133：3，出土于棺内北部。器作半球形，内空，中有钉芯，残损。直径 1.2、残长 0.8 厘米。（图 3-8B-9b）

铜钱 1 组。M133：1，出土于棺内西北角。共 3 枚，蚁鼻钱，形制、尺寸有两类。一类长 2、宽 1.3、厚 0.5 厘米，另一类长 1.8、宽 1.1、厚 0.3 厘米。（图 3-8B-9b；彩版一九八，6）

2. 琉璃器

1 件。器形为琀。

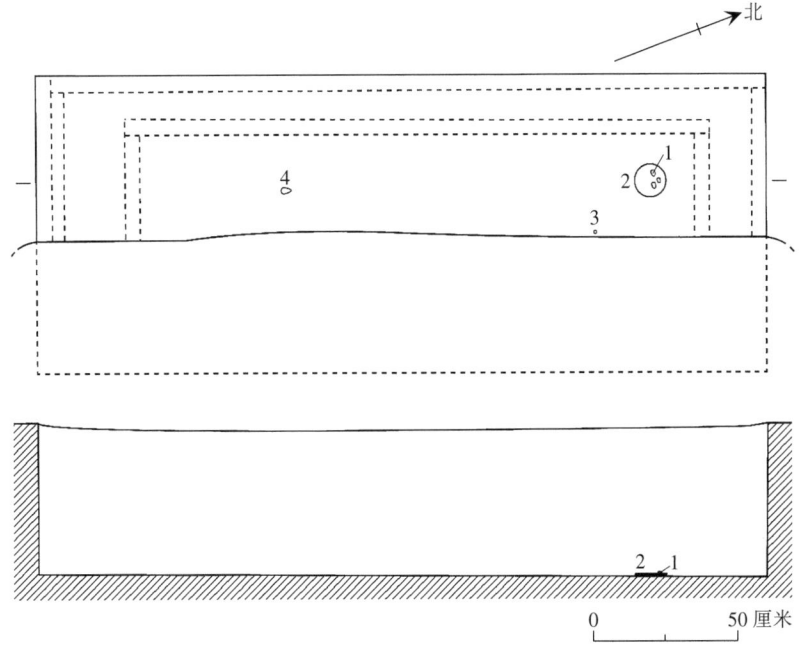

图 3-8B-9a 圩庄组 B 区 M133 平面、剖视图
1. 铜钱 2. 铜镜 3. 铜泡钉 4. 琉璃琀

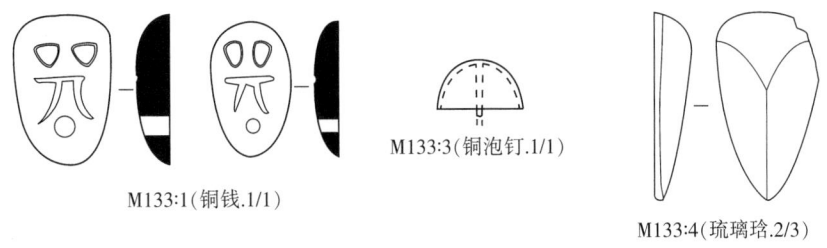

M133:1(铜钱.1/1)

M133:3(铜泡钉.1/1)

M133:4(琉璃琀.2/3)

图 3-8B-9b 圩庄组 B 区 M133 出土器物图

琀 1 件。M133:4,出土于棺内南部。器作蝉形,残损,正面隆起,棱角分明,背面平直,素面。残长 3.7、宽 2.2、厚 0.8 厘米。(图 3-8B-9b)

十、158 号墓(M158)

M158 位于圩庄组取土场 B 区墓地中部,南面与 M159 相邻。清理前,墓坑开口已被高速公路施工方破坏,开口距现地表深度不明,墓坑底部随葬品组合未遭扰动。

墓葬形制为长方形竖穴土坑,开口长 311、宽 180 厘米,残深 85 厘米。方向 107°。(图 3-8B-10a;彩版一九九,1、2)

葬具为一椁一棺,木结构基本朽尽。从朽痕可知,椁平面呈长方形,长 287、宽 128、残高 33 厘米,底板和侧板厚 5 厘米。木棺置于木椁东南区域,长 216、宽 68、残高 16 厘米,侧板和底板厚约 5 厘米。棺与椁东、北、西三面侧板之间的空间组成北边箱与西边箱。

该墓共出土铜器、铁器、漆器、陶器等遗物 19 件(组)。

1. 铜器

4 件(组)。器形为镜、刷、铜钱。

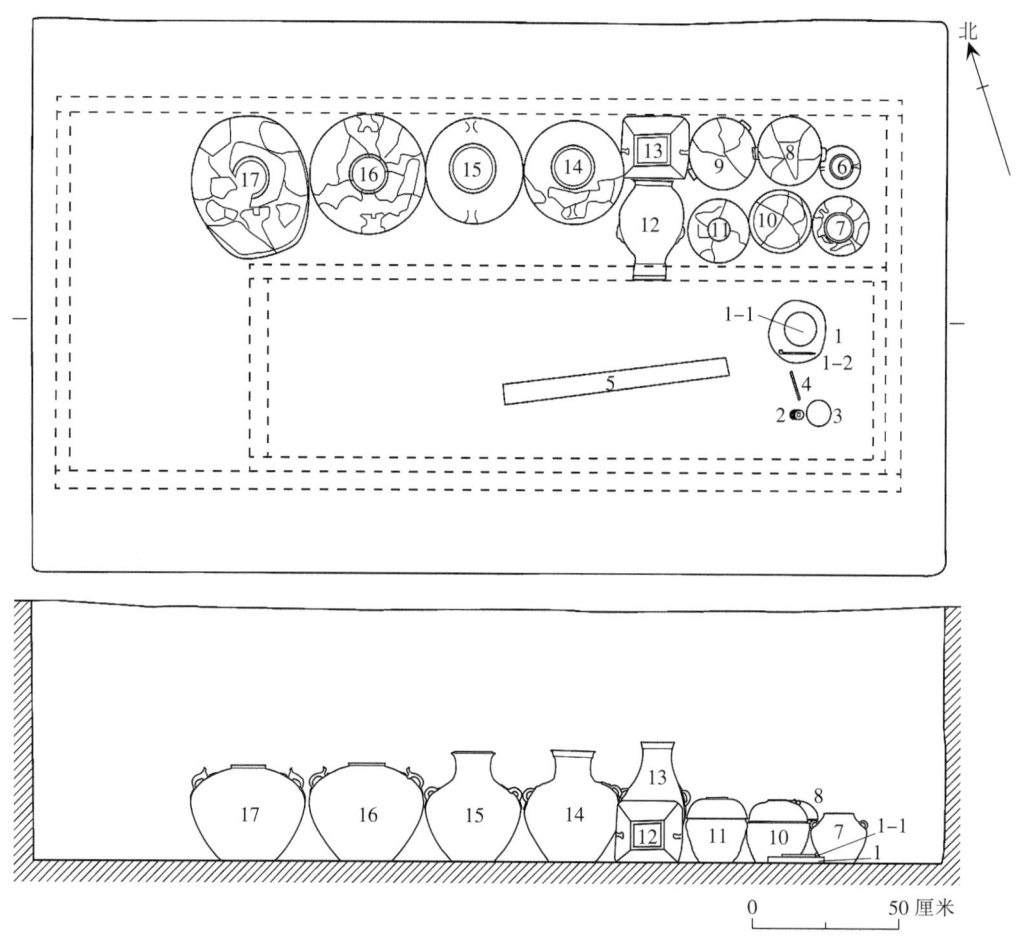

图 3-8B-10a　圩庄组 B 区 M158 平面、剖视图

1. 漆奁　1-1、3. 铜镜　1-2. 铜刷　2. 铜钱　4. 铁削　5. 漆棍形器　6. 陶罐　7. 釉陶罐　8、9. 釉陶鼎
10、11. 釉陶盒　12、13. 釉陶钫　14、15. 釉陶壶　16、17. 釉陶瓿

镜　2 件。M158：1-1，出土于棺内东部漆奁内。星云纹镜。圆形，连峰纽，圆纽座。座外单弧线纹和半圆扇面纹各四组相间排列，其外一周十六内向连弧纹，外饰两周凸弦纹间以四枚连珠纹底座乳丁，乳丁间各施七枚小乳丁，小乳丁间以弧线相连。十六内向连弧纹缘。面径 9.8、背径 9.6、纽高 0.9、纽宽 1.5、缘宽 0.7、缘厚 0.28、肉厚 0.12 厘米。（图 3-8B-10b1；彩版一九九，3）

M158：3，出土于棺室东部。日光镜。圆形，半圆纽，圆纽座。座外饰凸弦纹圈带一周，其外饰短斜线纹两周，间饰铭文一周，铭文间以"の"形纹符号间隔。铭文为"见日之光长毋相忘"。面径 7.3、背径 7.1、纽宽 1.3、缘宽 0.58、缘厚 0.26、肉厚 0.1 厘米。（图 3-8B-10b1；彩版一九九，4）

刷　1 件。M158：1-2，出土于棺内东部漆奁内。烟斗形，器身细长，一端内收为尖状，其间穿饰一孔，一端折为圆孔，孔内刷毛已朽。孔径 1、长 12.2 厘米。（图 3-8B-10b1；彩版一九九，5）

铜钱　1 组。M158：2，出土于棺室东部。18 枚，皆为五铢钱，形制、尺寸、钱文基本相同。钱径 2.3、穿径 1、缘厚 0.12 厘米。（图 3-8B-10b1；彩版一九九，6、7）

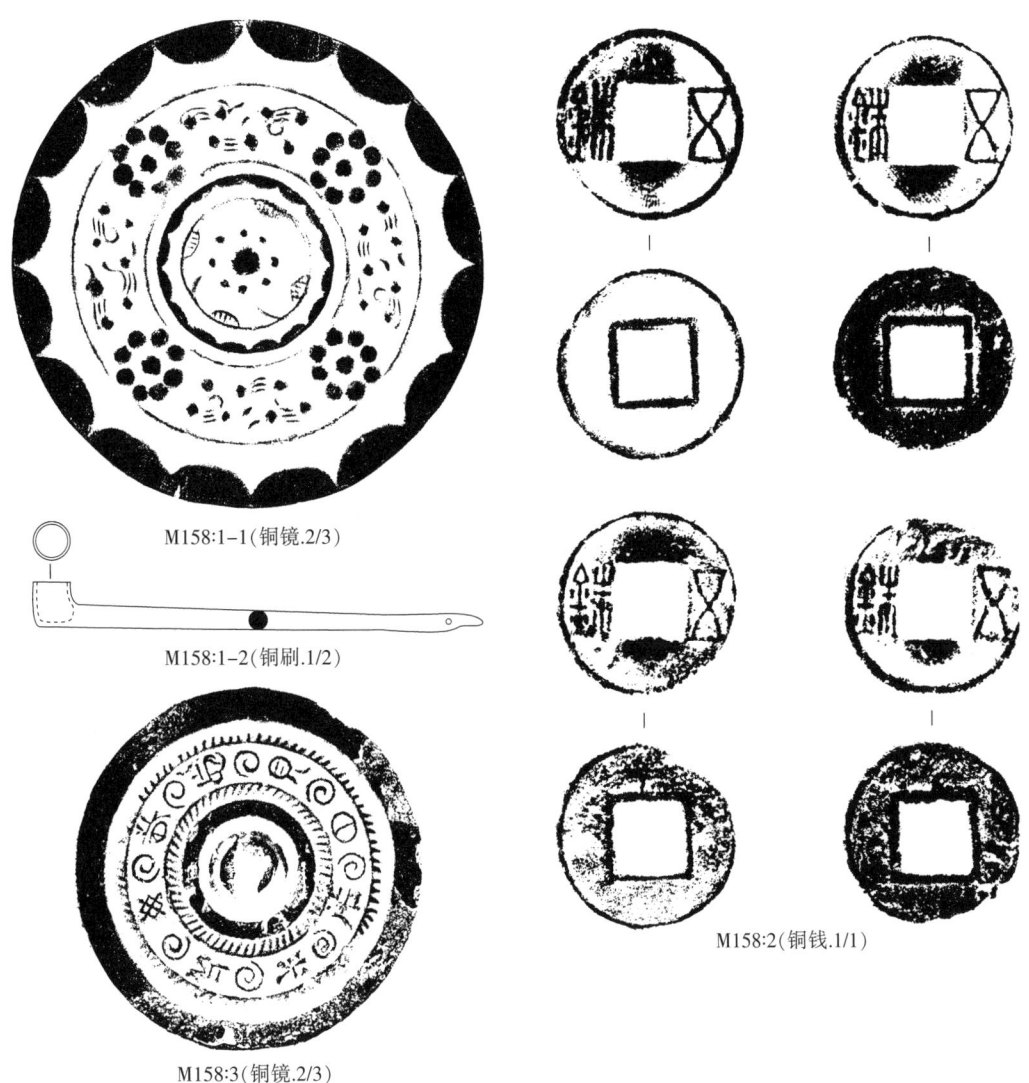

M158:1-1(铜镜.2/3)

M158:1-2(铜刷.1/2)

M158:3(铜镜.2/3)

M158:2(铜钱.1/1)

图 3 - 8B - 10b1　圩庄组 B 区 M158 出土器物图

2. 铁器

1 件。器形为削。

削　1 件。M158：4，出土于棺内东部。整器残损严重，形制不明。

3. 漆器

2 件。器形为奁等。

奁　1 件。M158：1，出土于棺室东部。器夹纻胎，外髹黑漆，内髹朱漆。惜整体残损严重，具体纹饰与尺寸不明。

棍形器　1 件。M158：5，出土于棺内中部。胎质不明。器为长条形棍形器。朽痕长 75 厘米。

4. 陶器

12 件。器形为鼎、盒、壶、钫、瓿、罐。

鼎　2 件。M158：8，出土于北边箱东侧。釉陶。覆平底钵形盖，平顶较宽，上饰三角锥形乳丁三个。鼎身子母口，尖圆唇，敛口，口部饰一对称耳，弧腹，平底，下饰三兽蹄足。耳饰卷云纹。盖口径 20.4、高 6 厘米，鼎身口径 19.4、高 16.5 厘米。（图 3 - 8B - 10b2；彩版二〇〇，1）

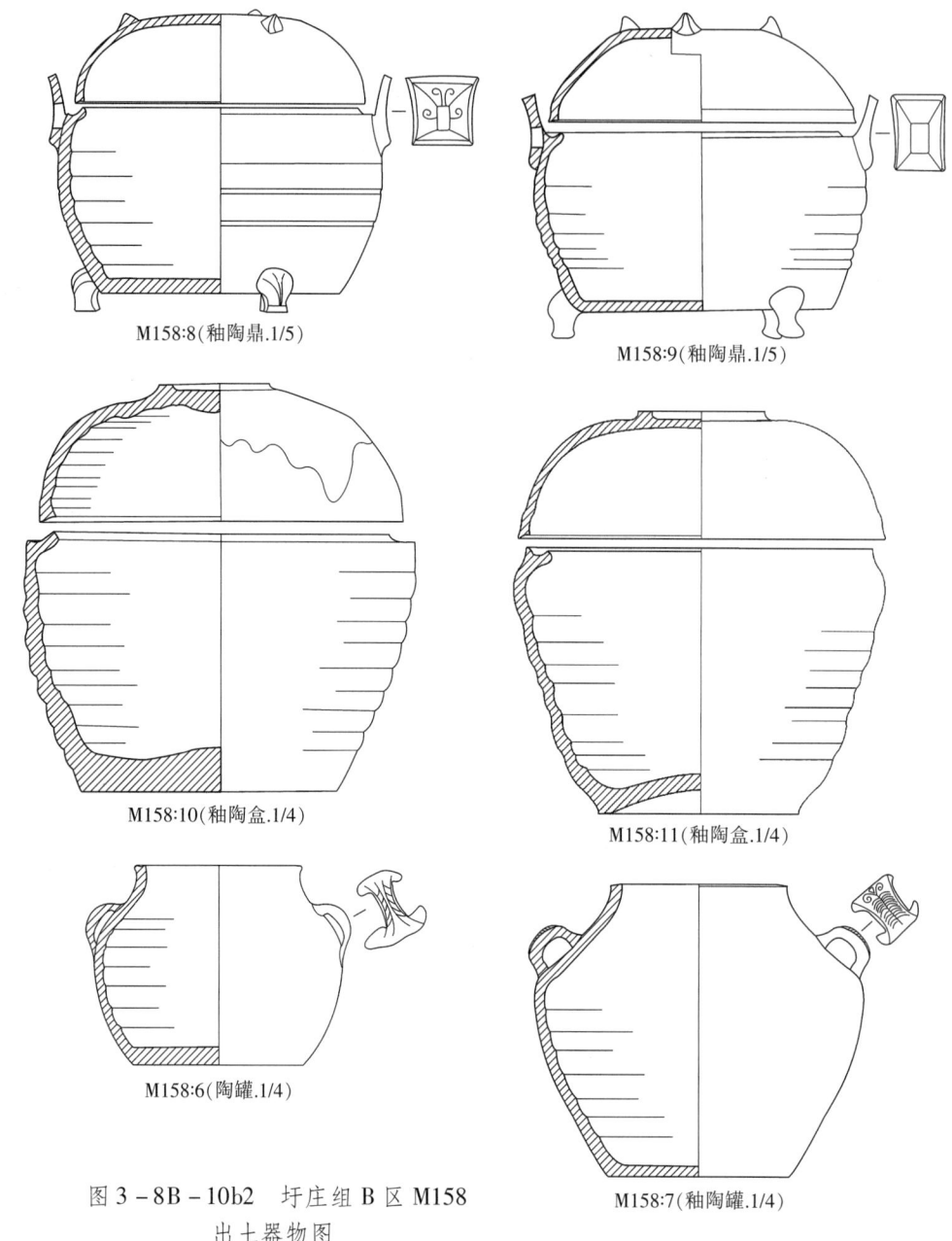

M158:8(釉陶鼎.1/5)

M158:9(釉陶鼎.1/5)

M158:10(釉陶盒.1/4)

M158:11(釉陶盒.1/4)

M158:6(陶罐.1/4)

图3-8B-10b2　圩庄组B区M158
出土器物图

M158:7(釉陶罐.1/4)

M158：9，出土于北边箱东侧。釉陶。形制、尺寸与M158：8相近。（图3-8B-10b2；彩版二〇〇，2）

盒　2件。M158：11，出土于北边箱东侧。釉陶。覆碗形盖，顶端为圈足形捉手。盒身子母口，尖圆唇，侈口，斜弧腹，平底内凹。盖口径20.7、高7.2厘米，盒身口径19.8、底径11.4、高14.7厘米。（图3-8B-10b2；彩版二〇〇，3）

M158：10，出土于北边箱东侧。釉陶。形制、尺寸与M158：11相近。（图3-8B-10b2；彩版二〇〇，4）

壶　2件。M158：15，出土于北边箱中部。釉陶。侈口，尖圆唇，束颈，溜肩，双桥形耳，鼓腹弧收，平底内凹。肩部饰水波纹与凹弦纹，耳面饰叶脉纹，其上贴饰一简化兽面纹贴塑，其

下贴饰一圆条半环形贴塑。口径 14、底径 16、高 39.5 厘米。（图 3 – 8B – 10b3；彩版二〇一，1）

M158：14，出土于北边箱中部。釉陶。形制、尺寸与 M158：15 相同。（图 3 – 8B – 10b3；彩版二〇一，2）

钫 2 件。M158：12，出土于北边箱中部。釉陶。器侈口，平沿，束颈，溜肩，弧腹，假圈足。腹中部两侧各饰一桥形耳，耳面饰叶脉纹，其上贴饰一兽面纹贴塑。口径 10.5、底径 13、高 38 厘米。（图 3 – 8B – 10b3；彩版二〇一，3）

M158：13，出土于北边箱中部。釉陶。器侈口，平沿，束颈，溜肩，弧腹，圈足。腹中部两侧各饰一桥形耳，耳面饰叶脉纹。口径 11.5、底径 13、高 40.5 厘米。（图 3 – 8B – 10b3；彩版二〇一，4）

瓿 2 件。M158：17，出土于北边箱西侧。釉陶。器直口微敛，方圆唇，平沿，鼓肩，弧腹渐收，平底微内凹。肩部饰凹弦纹与水波纹各三组，肩两侧饰兽面耳一对，其上贴饰一简化兽面纹

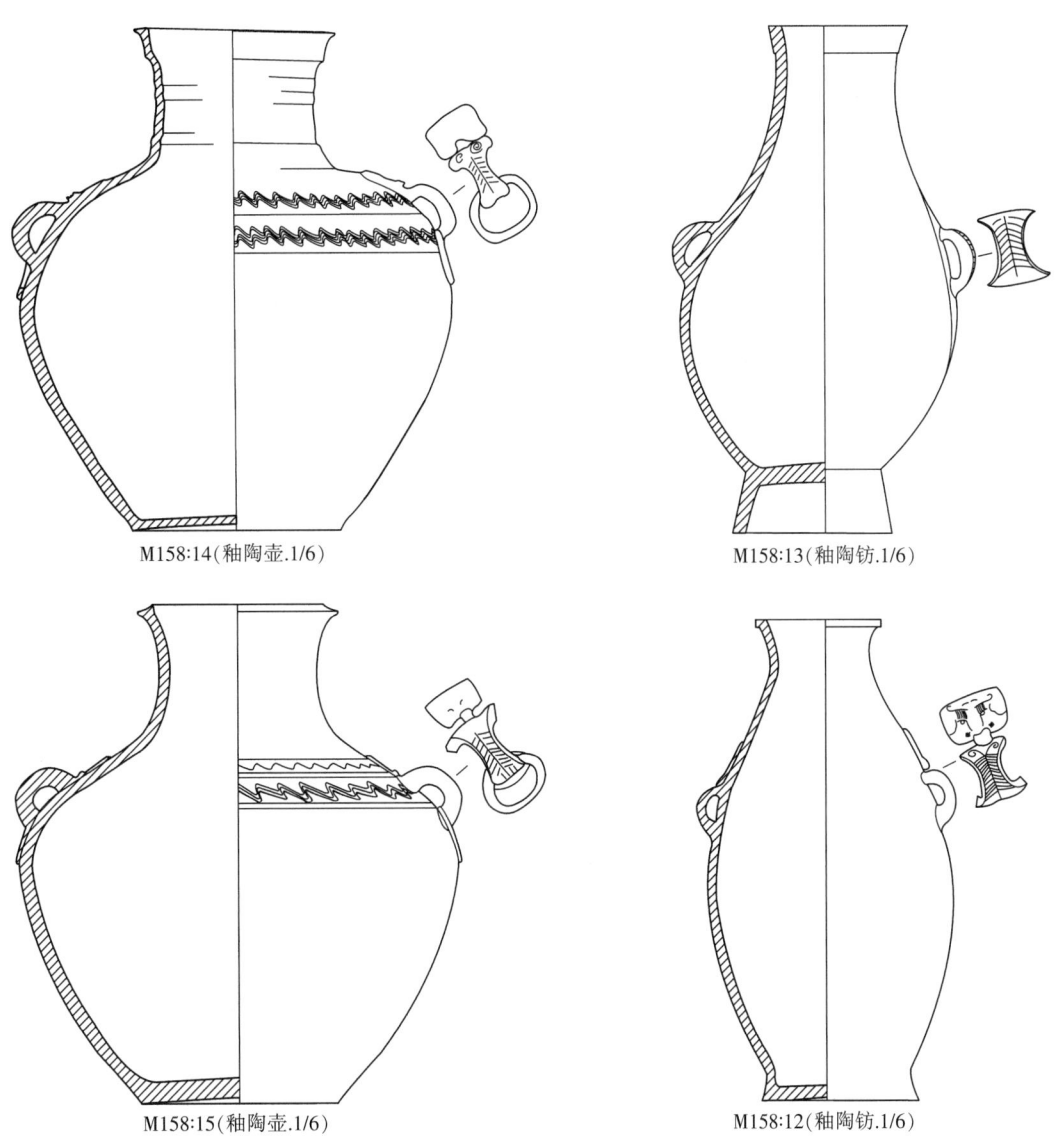

M158:14（釉陶壶.1/6）　　　　　　　　　　M158:13（釉陶钫.1/6）

M158:15（釉陶壶.1/6）　　　　　　　　　　M158:12（釉陶钫.1/6）

图 3 – 8B – 10b3　圩庄组 B 区 M158 出土器物图

贴塑，其下贴饰一圆条半环形贴塑。器身口径 12.5、底径 20、器高 34 厘米。（图 3 - 8B - 10b4；彩版二〇一，5）

M158：16，出土于北边箱西侧。釉陶。形制与 M158：17 基本相同，唯肩部两侧耳面纹饰略有差异。口径 10.8、底径 17.4、器高 32.4 厘米。（图 3 - 8B - 10b4；彩版二〇一，6）

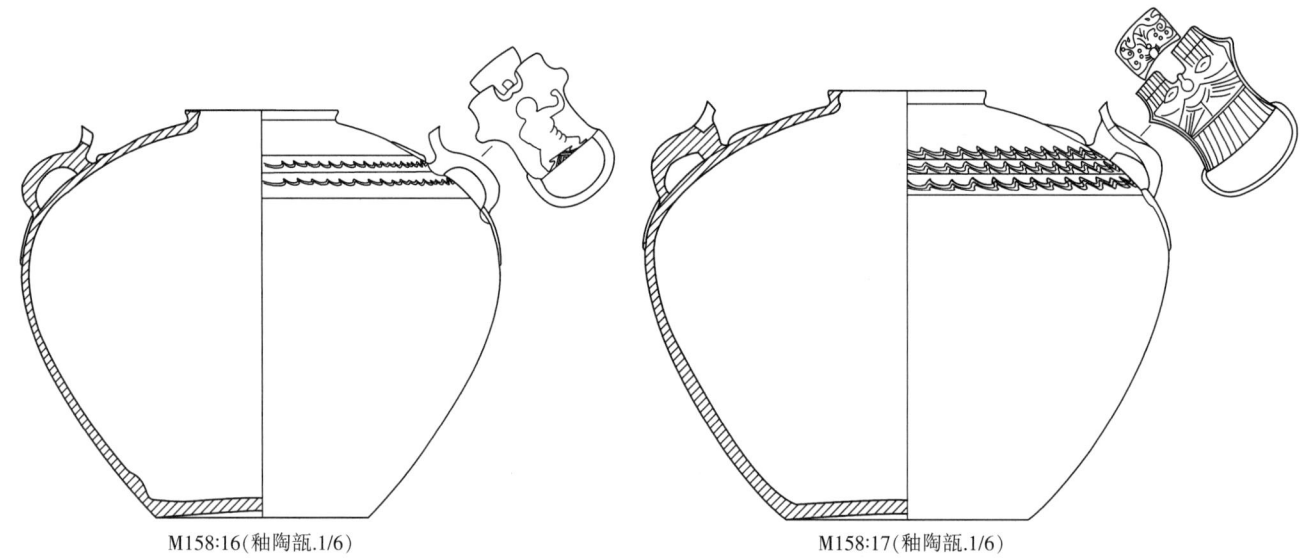

M158:16（釉陶瓿.1/6）　　　　　　M158:17（釉陶瓿.1/6）

图 3 - 8B - 10b4　圩庄组 B 区 M158 出土器物图

罐　2 件。M158：6，出土于北边箱东侧。泥质红陶。侈口，圆唇，沿面内凹，溜肩，弧腹，平底。肩部两侧各饰一桥形耳，耳面饰叶脉纹。口径 8.5、底径 9.6、高 10.8 厘米。（图 3 - 8B - 10b2；彩版二〇〇，5）

M158：7，出土于北边箱东侧。釉陶。侈口，尖圆唇，斜平沿，溜肩，弧腹，平底。肩部两侧各饰一桥形耳，耳面饰叶脉纹。口径 8.7、底径 10、高 15.9 厘米。（图 3 - 8B - 10b2；彩版二〇〇，6）

十一、159 号墓（M159）

M159 位于圩庄组取土场 B 区墓地中部，北面与 M158 相邻，东面与 M130 相邻，西面与 M171 相邻。清理前，墓坑开口已被高速公路施工方破坏，开口距现地表深度不明，墓坑底部随葬品组合未遭扰动。

墓葬形制为长方形竖穴土坑，开口长 301、宽 189 厘米，残深 108 厘米。方向 285°。（图 3 - 8B - 11a；彩版二〇二，1）

葬具为一椁一棺，木结构基本朽尽。从朽痕可知，椁置于墓坑底部偏北，平面呈长方形，长 245、宽 111 厘米，高度不明。棺置于椁内东北区域，棺平面呈长方形，长 210、宽 58 厘米，高度不明。南边箱由棺与椁西、南、东三面侧板之间的空间构成。

该墓共出土铜器、铁器、琉璃器、漆器、石器、角器、陶器等遗物 23 件（组）。

1. 铜器

8 件（组）。器形为盆、镜、印、带钩、刷、饰件、铜钱等。

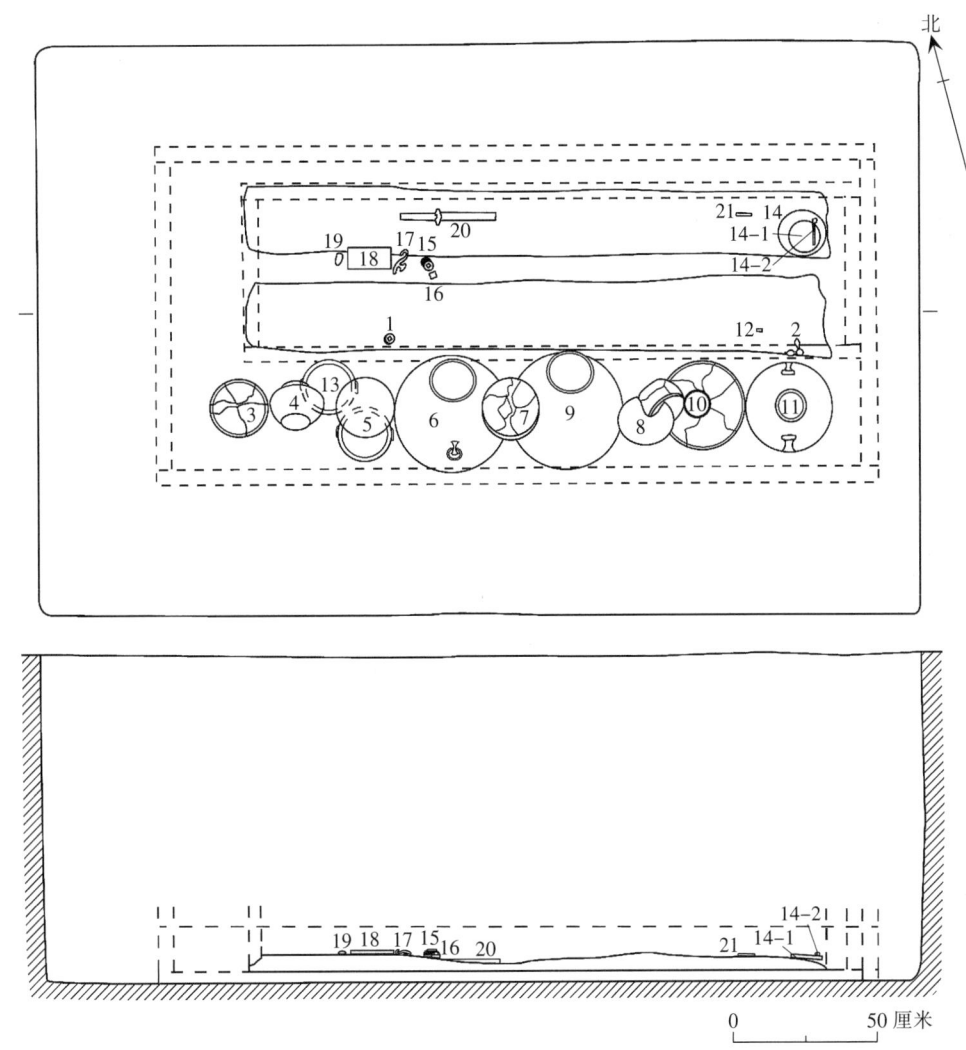

图 3 - 8B - 11a　圩庄组 B 区 M159 平面、剖视图

1、15. 铜钱　2. 铜饰件　3. 铜盆　4. 釉陶罐　5、13. 陶鼎　6、9. 釉陶壶　7、8. 铜盒　10、11. 釉陶瓿　12. 琉璃塞
14. 漆奁　14 - 1. 铜镜　14 - 2. 铜刷　16. 铜印　17. 铜带钩　18. 石黛板　19. 琉璃玲　20. 铁剑　21. 角笄

　　盆　1件。M159：3，出土于南边箱西部。敞口，弧沿，弧腹，圜底。口径 19.2、高 9.8 厘米。（图 3 - 8B - 11b1）

　　镜　1件。M159：14 - 1，出土于棺东部漆奁内。日光镜。圆形，半圆纽，圆纽座。座外单弧线纹与三角锥形丁各四组相间排列，外饰八内向连弧纹，其外饰短斜线纹两周，间饰铭文一周，铭文间以"の"形与菱形"田"字纹符号间隔。铭文为"见日之光天下大明"。素缘，镜面微凸。面径 8.6、背径 8.4、纽高 0.55、纽宽 1.2、缘宽 0.5、缘厚 0.43、肉厚 0.13 厘米。（图 3 - 8B - 11b1；彩版二〇二，2）

　　印　1件。M159：16，出土于棺内中部偏西。印身方形，顶面饰桥形纽，印文"王如之印"。印边长 1.5、印身高 0.5、通高 1.2 厘米。（图 3 - 8B - 11b1；彩版二〇二，3）

　　带钩　1件。M159：17，出土于棺内中部偏西。琵琶形钩身，龙首形钩首，身下饰一圆纽。器长 7.2、宽 1.8、高 2 厘米。（图 3 - 8B - 11b1；彩版二〇二，4）

　　刷　1件。M159：14 - 2，出土于棺室东部漆奁内。烟斗形，器身细长，一端残损，一端折为

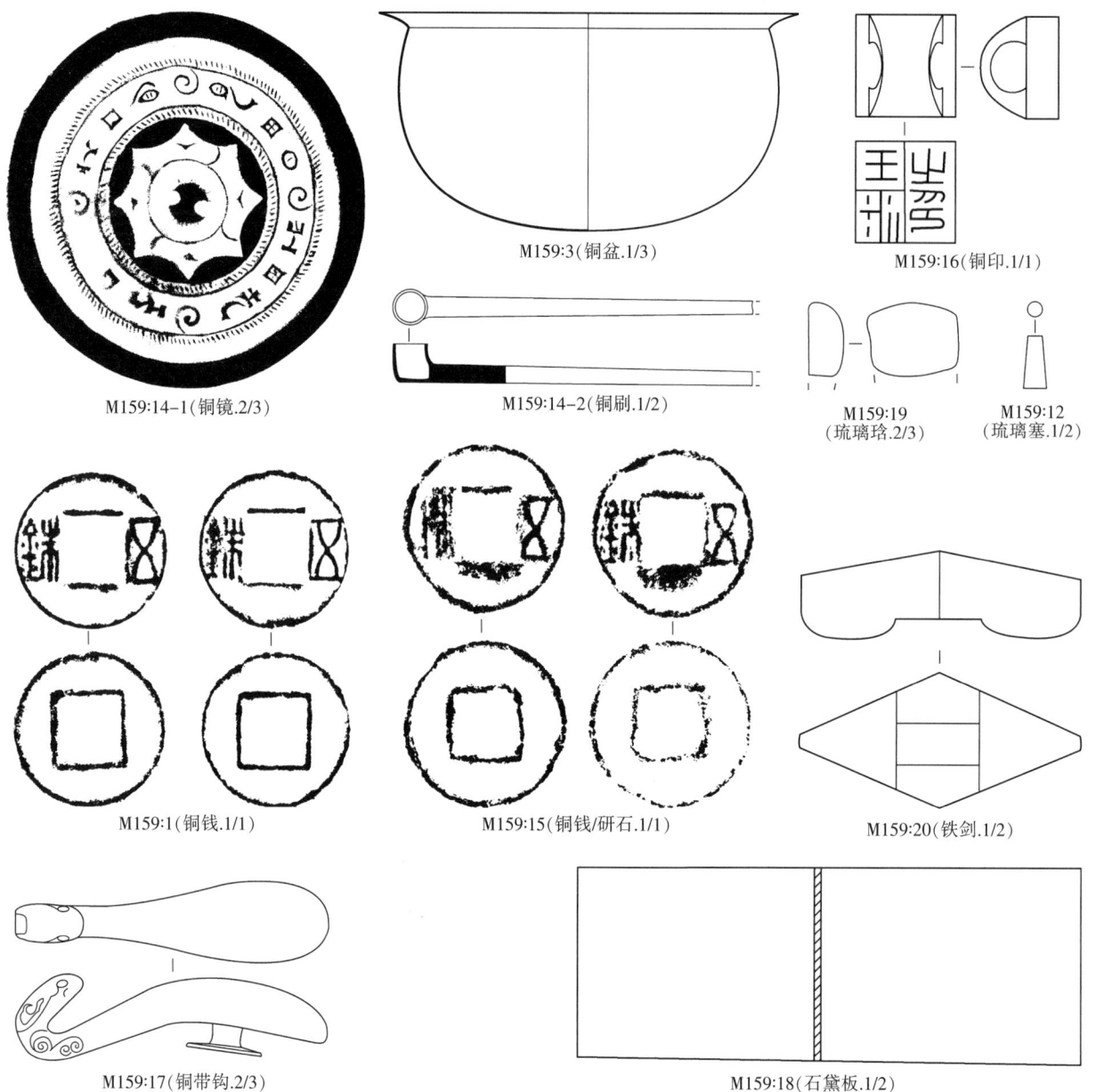

M159:14-1(铜镜.2/3)

M159:3(铜盆.1/3)

M159:16(铜印.1/1)

M159:14-2(铜刷.1/2)

M159:19
（琉璃珌.2/3）

M159:12
（琉璃塞.1/2）

M159:1(铜钱.1/1)

M159:15(铜钱/研石.1/1)

M159:20(铁剑.1/2)

M159:17(铜带钩.2/3)

M159:18(石黛板.1/2)

图 3－8B－11b1　圩庄组 B 区 M159 出土器物图

圆孔，孔内刷毛已朽。孔径 1、残长 11 厘米。（图 3－8B－11b1；彩版二○二，5）

　　饰件　1 件。M159：2，出土于棺盖面东南角。器作四叶柿蒂形，器表鎏金，当为棺饰。整器残损严重，无法复原。

　　铜钱　2 组。M159：1，出土于棺盖西部南侧。17 枚，皆为五铢钱，形制、尺寸、钱文基本相同。钱径 2.3、穿径 1、缘厚 0.1 厘米。（图 3－8B－11b1；彩版二○二，6）

　　M159：15，出土于棺内中部偏西。15 枚，皆为五铢钱，钱文、尺寸与 M159：1 相同。（图 3－8B－11b1）

　　2. 铁器

1 件。器形为剑。

　　剑　1 件。M159：20，出土于棺内中部北侧。器身残损严重，无法复原，形制、尺寸不明。

残存铜剑格，断面呈菱形。（图3－8B－11b1）

3. 琉璃器

2件。器形为玲、塞。

玲　1件。M159：19，出土于棺内西部。器作蝉形，大半残损，正面隆起，纹饰简练，背面平直，器表为灰白色。残长1.7、残宽2、残厚0.8厘米。（图3－8B－11b1）

塞　1件。M159：12，出土于棺内西部。器作圆台柱形，呈灰白色，器表风化严重。顶面直径0.5、底面直径0.8、高1.7厘米。（图3－8B－11b1）

4. 漆器

1件。器形为奁。

奁　1件。M159：14，出土于棺内东部。器夹纻胎，外髹黑漆，内髹朱漆。残朽严重，纹饰与尺寸不明。

5. 石器

1件。器形为黛板。

黛板　1件。M159：18，出土于棺内中部偏西。青石质，平面呈长方形，正面光滑，为碾磨面。长15.5、宽5.8、厚0.2厘米。（图3－8B－11b1；彩版二〇二，7）

6. 角器

1件。器形为笄。

笄　1件。M159：21，出土于棺内东部。整器残损严重，无法复原。

7. 陶器

9件。器形为鼎、盒、壶、瓿、罐。

鼎　2件。M159：5，泥质红陶，出土于南边箱中部。覆平底钵形盖，平顶较宽。鼎身子母口，圆唇，敛口，口部饰一对称耳，斜腹，平底微内凹。耳饰竖线纹。盖口径18、高5.1厘米。鼎身口径16.5、底径11.7、高10.8厘米。（图3－8B－11b2；彩版二〇三，1）

M159：13，泥质红陶，出土于南边箱西部。形制、尺寸与M159：5相同。（图3－8B－11b2；彩版二〇三，2）

盒　2件。M159：7，泥质红陶，出土于南边箱中部。覆钵形盖，平顶较宽。盒身子母口，尖圆唇内敛，斜弧腹，平底微内凹。盖口径18.9、高4.8厘米。盒身口径16.8、底径11.4、高10.5厘米。（图3－8B－11b2；彩版二〇三，3）

M159：8，泥质红陶，出土于南边箱东部。形制、尺寸与M159：7相同。（图3－8B－11b2；彩版二〇三，4）

壶　2件。M159：6，釉陶，出土于南边箱中部。侈口，圆唇，束颈，溜肩，双桥形耳，鼓腹弧收，圈足。颈部饰水波纹两组，肩部饰凹弦纹三组，耳面饰叶脉纹，其上贴饰一兽面纹贴塑，其下贴饰一圆条半环形贴塑。口径13.5、底径17.8、高39.5厘米。（图3－8B－11b3；彩版二〇四，1）

M159：9，釉陶，出土于南边箱中部。形制与M159：6相同。口径14.4、底径16.8、高38.4厘米。（图3－8B－11b3；彩版二〇四，2）

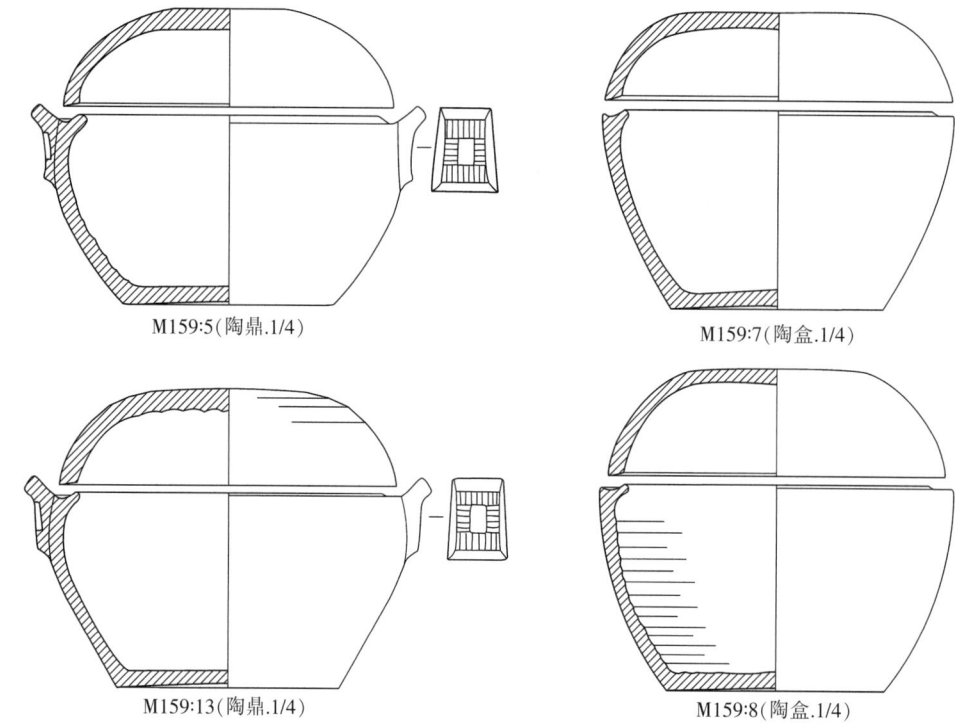

M159:5(陶鼎.1/4)

M159:7(陶盒.1/4)

M159:13(陶鼎.1/4)

M159:8(陶盒.1/4)

图 3 - 8B - 11b2　圩庄组 B 区 M159 出土器物图

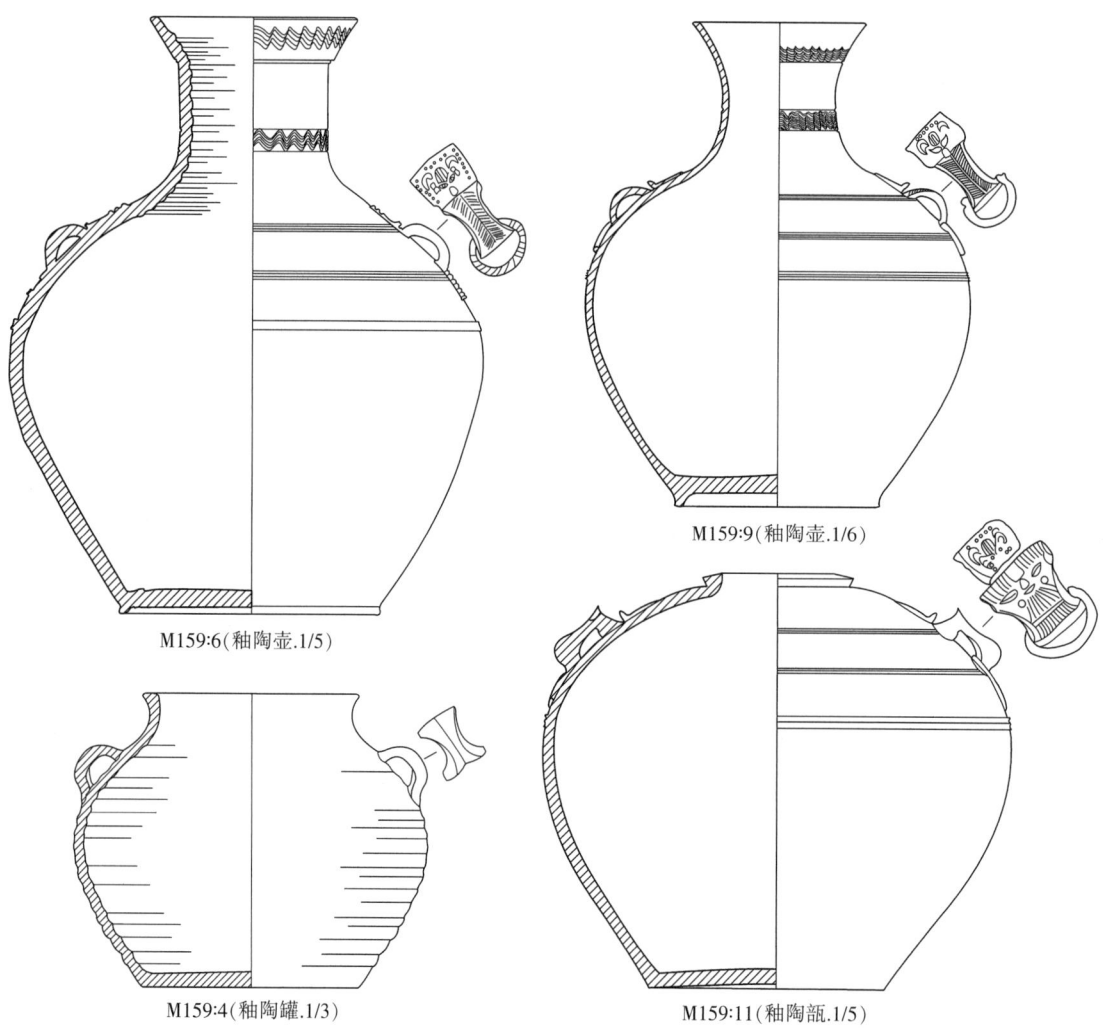

M159:9(釉陶壶.1/6)

M159:6(釉陶壶.1/5)

M159:4(釉陶罐.1/3)

M159:11(釉陶瓿.1/5)

图 3 - 8B - 11b3　圩庄组 B 区 M159 出土器物图

瓿 2件。M159：11，釉陶，出土于南边箱东部。器侈口，方圆唇，斜平沿，鼓肩，弧腹渐收，平底微内凹。肩部饰凹弦纹三组，肩两侧饰兽面耳一对，其上贴饰一兽面纹贴塑，其下贴饰一圆条半环形贴塑。器身口径7.6、底径16、器高27.2厘米。（图3－8B－11b3；彩版二○四，3）

M159：10，釉陶，出土于南边箱东部。形制、尺寸与M159：11相同。（彩版二○四，4）

罐 1件。M159：4，釉陶，出土于南边箱西部。侈口，圆唇，溜肩，弧腹，平底。肩部两侧各饰一桥形耳。口径8.6、底径8.9、高11.7厘米。（图3－8B－11b3；彩版二○三，5）

十二、163号墓（M163）

M163位于圩庄组取土场B区墓地中部，南面与M164相邻，北面与M130相邻。清理前，墓坑开口已被高速公路施工方破坏，开口距现地表深度不明，墓坑底部随葬品组合未遭扰动。

墓葬形制为长方形竖穴土坑，开口长260、宽80厘米，残深170厘米。方向298°。（图3－8B－12a；彩版二○五，1）

葬具为一椁一棺，木结构基本朽尽。从朽痕可知，椁位于墓坑西部，椁长250、宽60、残高20厘米，侧板和底板均厚5厘米。棺位于木椁东部，长190、宽50、残高12厘米。西边箱由椁南、西、北三面侧板与棺之间的空间组成。

该墓共出土铜器、陶器等遗物6件（组）。

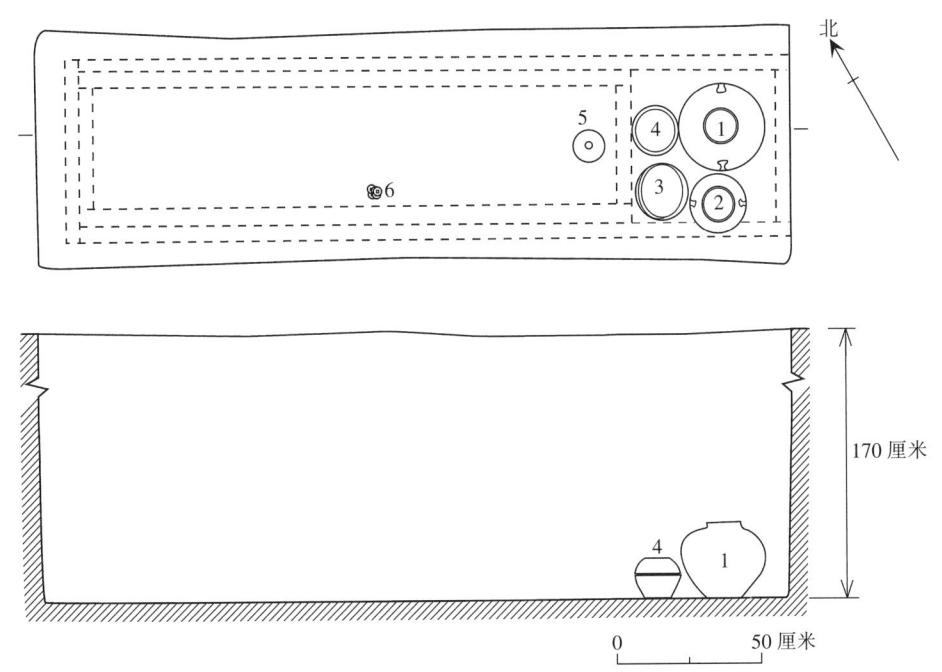

图3－8B－12a 圩庄组B区M163平面、剖视图
1. 釉陶瓿 2. 釉陶壶 3. 釉陶鼎 4. 釉陶盒 5. 铜镜 6. 铜钱

1. 铜器

2件（组）。器形为镜、铜钱。

镜 1件。M163：5，出土于棺东部。四乳禽兽纹镜。圆形，半圆纽，圆纽座。座外三竖线纹与单弧线纹各四组相间环列，外饰一周凸弦纹，其外两周短斜线纹间有四乳和四虺相间环绕，四

乳带圆纽座，四虺呈钩形，其两侧各饰一鸟。宽素平缘。面径9.2、背径9、纽高0.6、纽宽1.3、缘宽0.9、缘厚0.5、肉厚0.2厘米。（图3－8B－12b；彩版二○五，2）

　　铜钱　1组。M163：6，出土于棺东部。3枚，皆为五铢钱，形制、尺寸、钱文基本相同。钱径2.3、穿径1厘米。（图3－8B－12b；彩版二○五，3～5）

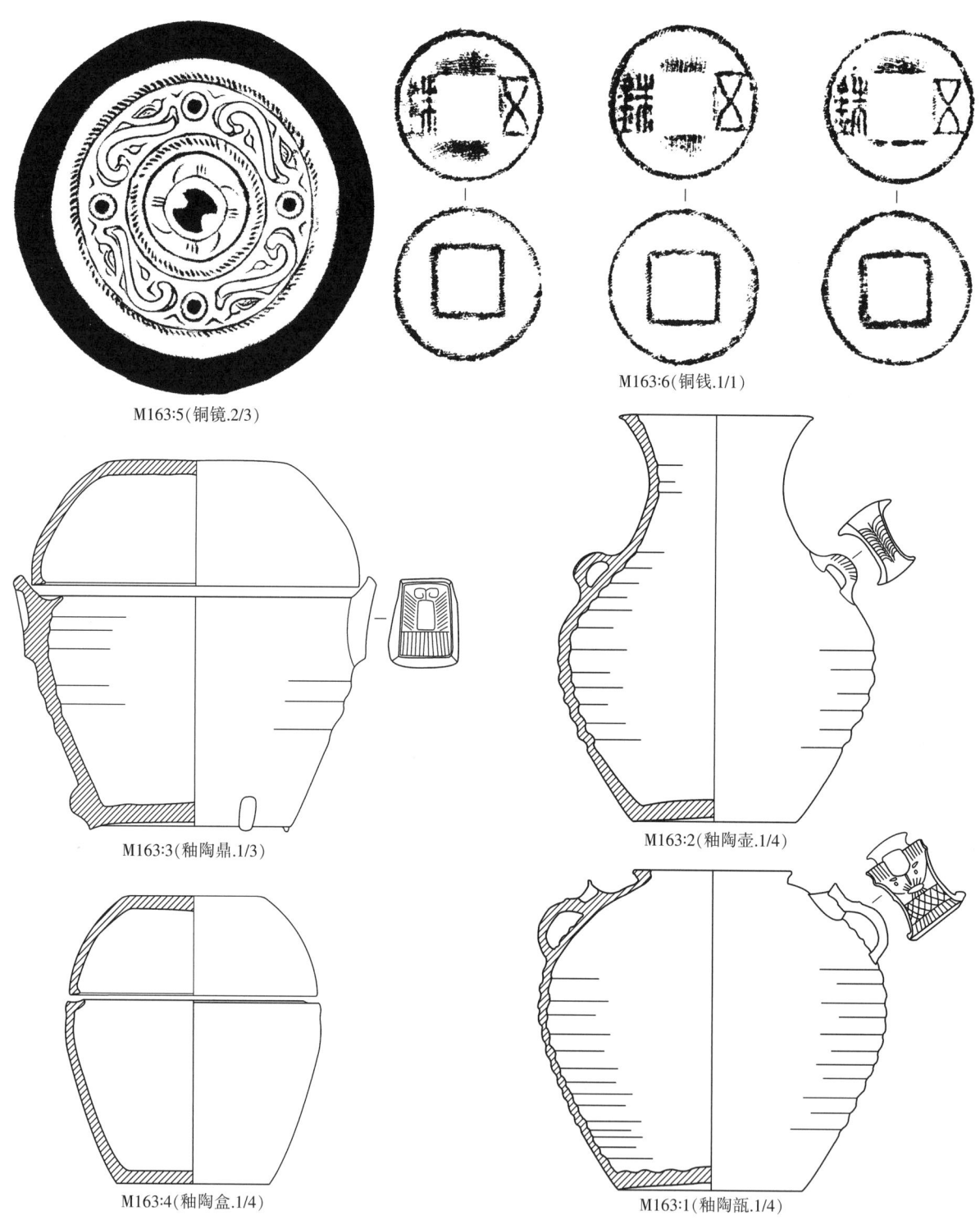

M163:5(铜镜.2/3)　　　　　　　　　　　　　　M163:6(铜钱.1/1)

M163:3(釉陶鼎.1/3)　　　　　　　　　　　　　M163:2(釉陶壶.1/4)

M163:4(釉陶盒.1/4)　　　　　　　　　　　　　M163:1(釉陶瓿.1/4)

图3－8B－12b　圩庄组B区M163出土器物图

2. 陶器

4件。器形为鼎、盒、壶、瓿，均出土于西边箱内。

鼎 1件。M163：3，釉陶，釉质脱落殆尽。覆平底钵形盖，平顶较宽。鼎身子母口，尖圆唇，敛口，口部饰一对称耳，斜弧腹，近平底，三简化兽蹄足。耳面饰叶脉纹。盖口径16.3、高6厘米，鼎身口径13.6、底径10.2、高12.3厘米。（图3－8B－12b；彩版二○六，1）

盒 1件。M163：4，釉陶，釉质脱落殆尽。覆平底钵形盖，平顶较宽。盒身子母口，尖圆唇内敛，斜弧腹，平底。盖口径16.5、高6.3厘米，盒身口径14.7、底径10.2、高12厘米。（图3－8B－12b；彩版二○六，2）

壶 1件。M163：2，釉陶，釉呈青黄色，有挂釉。侈口，平唇，束颈，溜肩，双桥形耳，鼓腹斜收，平底微内凹。耳面饰叶脉纹。口径11.7、底径10.8、高26.1厘米。（图3－8B－12b；彩版二○六，3）

瓿 1件。M163：1，釉陶，釉质脱落殆尽。器直口微敛，方唇，平沿，鼓肩，弧腹渐收，平底内凹。肩两侧饰兽面耳一对。器身口径8.8、底径12、器高20.7厘米。（图3－8B－12b；彩版二○六，4）

十三、164号墓（M164）

M164位于圩庄组取土场B区墓地中部，南面与M169相邻，北面与M163相邻。清理前，墓坑开口已被高速公路施工方破坏，开口距现地表深度不明，墓坑底部随葬品组合未遭扰动。

墓葬形制为长方形竖穴土坑，开口长260、宽85厘米，残深50厘米。方向300°。（图3－8B－13a；彩版二○七，1）

葬具为一椁一棺，木结构基本朽尽。从朽痕可知，椁位于墓坑中部，椁长260、宽62、侧板厚5厘米。棺位于木椁西部，棺长210、宽57、侧板厚5厘米。东边箱由椁北、东、南三面侧板及棺之间的空间构成。

该墓共出土铜器、铁器、琉璃器、石器、陶器等遗物16件（组）。

1. 铜器

5件（组）。器形为镜、印、带钩、铜钱。

镜 1件。M164：7，出土于棺室西部。日光镜。圆形，半圆纽，圆纽座。座外单弧线纹与三角锥形丁各四组相间排列，外饰八内向连弧纹，其外饰短斜线纹两周，间饰铭文一周。铭文间以"の"形与菱形"田"字纹符号间隔。铭文为"见日之光天下大明"。面径6.9、背径6.7、纽高0.54、纽宽1.13、缘宽0.41、缘厚0.27、肉厚0.2厘米。（图3－8B－13b；彩版二○八，1）

印 1件。M164：3，出土于棺室东部。印身方形，顶面饰桥形纽，印文"王寿信印"。印边长1.75、印身高0.7、通高1.5厘米。（图3－8B－13b；彩版二○八，2）

带钩 1件。M164：4，出土于棺室中部。细长琵琶形钩身，简化龙首形钩首，身下饰一圆纽。器长13.2、宽1.8、高2.4厘米。（图3－8B－13b；彩版二○八，3）

铜钱 2组。M164：2，出土于棺室中部。20枚，皆为五铢钱，形制、尺寸、钱文基本相同。

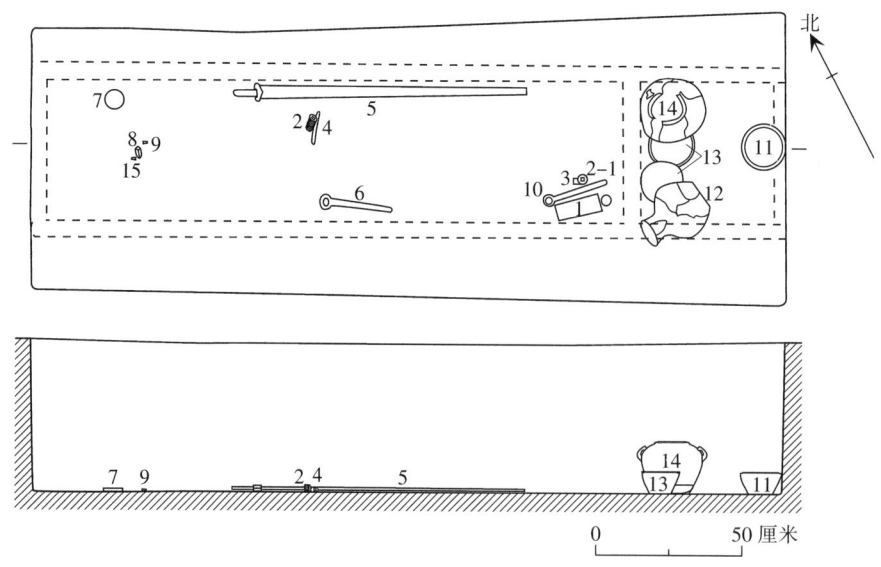

图 3－8B－13a 圩庄组 B 区 M164 平面、剖视图

1. 石黛板/研石 2、2－1. 铜钱 3. 铜印 4. 铜带钩 5. 铁剑 6、10. 铁削 7. 铜镜
8. 琉璃玲 9、15. 琉璃塞 11. 陶鼎 12. 陶壶 13. 陶盒 14. 陶瓿

钱径 2.3、穿径 1 厘米。（图 3－8B－13b；彩版二〇八，4）

M164：2－1，出土于棺室东部。4 枚，皆为五铢钱，形制、尺寸、钱文基本相同。钱径 2.3、穿径 1 厘米。（图 3－8B－13b）

2. 铁器

3 件。器形为剑、削。

剑 1 件。M164：5，出土于棺室中部。整器残损严重。残长 16.8 厘米。（图 3－8B－13b；彩版二〇八，5）

削 2 件。M164：6，出土于棺室中部。铁质器身皆朽尽，形制与尺寸均不明。朽痕长 26 厘米。

M164：10，出土于棺室东部。整器残损严重，鞘身与铁削均锈蚀殆尽，形制不明。削朽痕长 20 厘米。

3. 琉璃器

3 件。器形为玲、塞。

玲 1 件。M164：8，出土于棺室西部。器作蝉形，呈灰白色，正面隆起，器表纹饰简练，背面平直。长 4、宽 2.3、厚 0.8 厘米。（图 3－8B－13b；彩版二〇八，6）

塞 2 件。M164：15，出土于棺室西部。器作圆台柱形，呈灰白色。顶面直径 0.5、底面直径 0.8、高 1.8 厘米。（图 3－8B－13b；彩版二〇八，7 右）

M164：9，出土于棺室西部，形制、尺寸与 M164：15 相同。（图 3－8B－13b；彩版二〇八，7 左）

4. 石器

1 组。器形为黛板和研石。

黛板/研石 1 组。M164：1，皆出土于棺室东部。黛板为青石质，平面呈长方形，正面光滑，

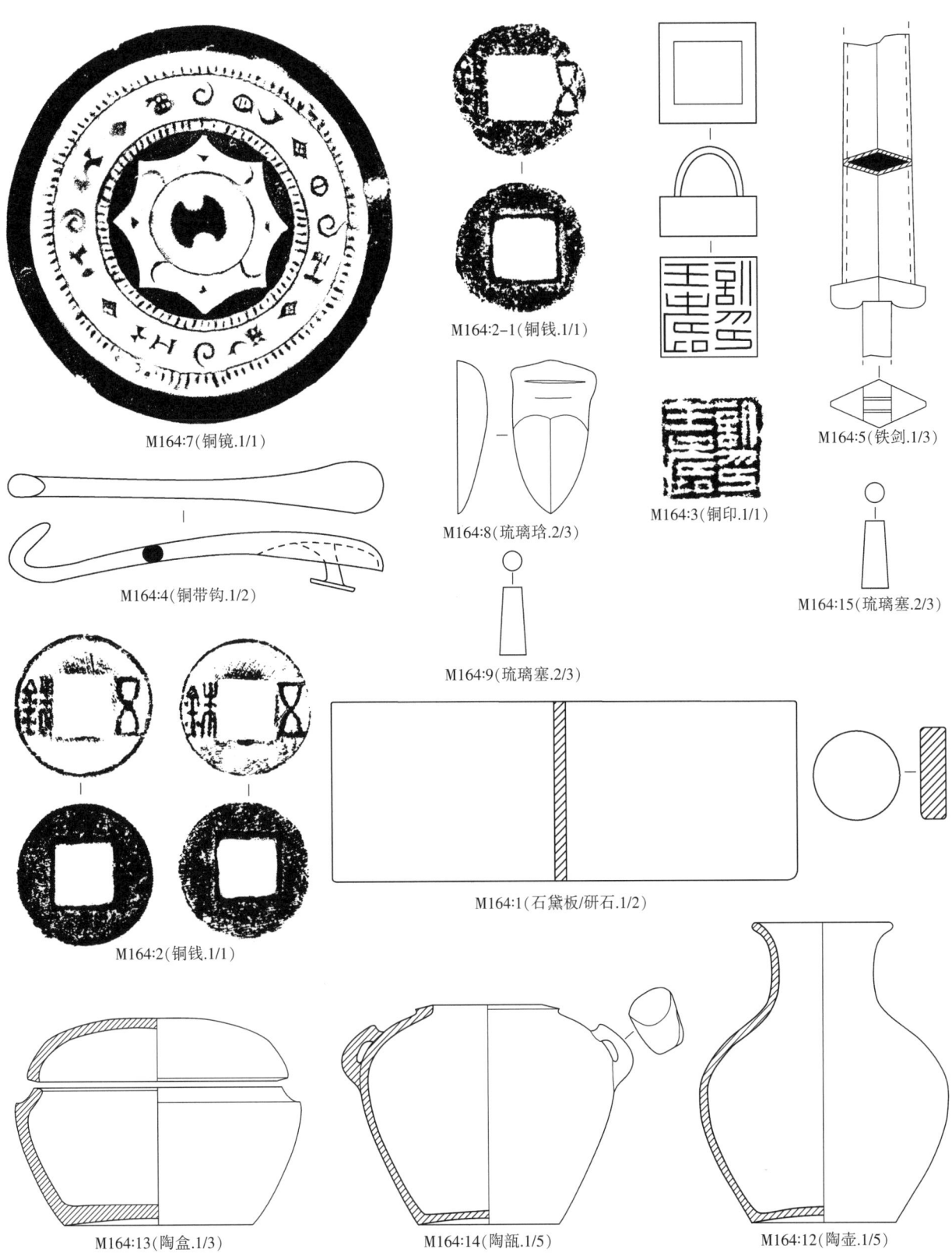

M164:7(铜镜.1/1)

M164:4(铜带钩.1/2)

M164:2-1(铜钱.1/1)

M164:8(琉璃玲.2/3)

M164:3(铜印.1/1)

M164:5(铁剑.1/3)

M164:15(琉璃塞.2/3)

M164:9(琉璃塞.2/3)

M164:2(铜钱.1/1)

M164:1(石黛板/研石.1/2)

M164:13(陶盒.1/3)

M164:14(陶瓿.1/5)

M164:12(陶壶.1/5)

图 3-8B-13b　圩庄组 B 区 M164 出土器物图

为碾磨面，长16.4、宽6、厚0.4厘米。研石平面为圆形，红色，底面光滑，为碾磨面，底径3、厚0.9厘米。（图3-8B-13b；彩版二〇八，8）

5. 陶器

4件。器形为鼎、盒、壶、瓿，均出土于东边箱。

鼎 1件。M164：11，泥质红陶。整器残损严重，无法复原，形制与尺寸皆不明。

盒 1件。M164：13，泥质红陶。覆钵形平顶盖，平顶较宽。盒身子母口，圆唇，敛口，斜弧腹，平底内凹，通体素面。盖径12.5、高3.2厘米，盒身口径13、底径10、高7厘米。（图3-8B-13b；彩版二〇七，2）

壶 1件。M164：12，泥质红陶。敞口，圆唇，束颈，溜肩，鼓腹渐收，平底内凹。口径12、底径12.6、高25.4厘米。（图3-8B-13b；彩版二〇七，3）

瓿 1件。M164：14，泥质红陶。小口内敛，尖唇，斜平沿，圆肩，弧腹渐收，平底内凹。肩两侧饰一对称耳。口径9.4、底径12.1、高18.5厘米。（图3-8B-13b；彩版二〇七，4）

十四、169号墓（M169）

M169位于圩庄组取土场B区墓地中部，西面与M172相邻，东北与M164相邻。清理前，墓坑开口已被高速公路施工方破坏，开口距现地表深度不明，墓坑底部随葬品组合未遭扰动。

墓葬形制为长方形竖穴土坑，开口长245、宽60厘米，残深60厘米。方向275°。（图3-8B-14a；彩版二〇九，1）

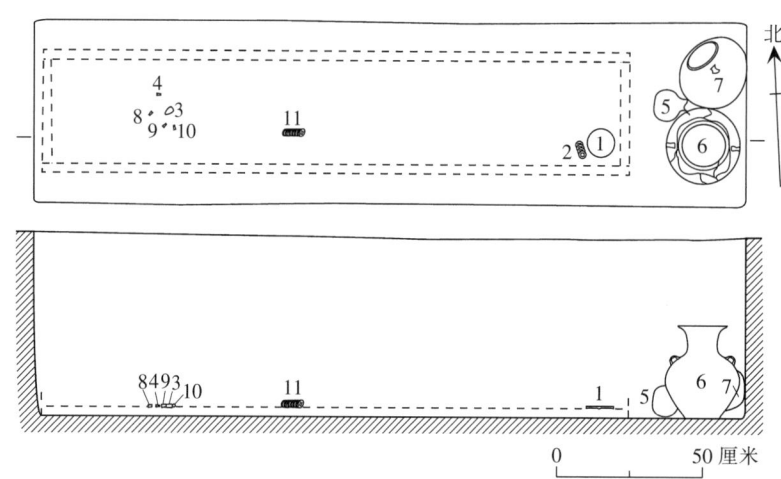

图3-8B-14a　圩庄组B区M169平面、剖视图

1. 铜镜　2、11. 铜钱　3. 琉璃珌　4、8～10. 琉璃塞　5. 陶壶　6. 釉陶壶　7. 釉陶罐

葬具为单棺，木结构基本朽尽。从朽痕可知，棺位于墓坑中部，长203、宽40厘米。

该墓共出土铜器、琉璃器、陶器等遗物11件（组）。

1. 铜器

3件（组）。器形为镜、铜钱。

镜 1件。M169：1，出土于棺内东部。昭明镜。圆形，半圆组，圆组座。座外三竖线纹四组相间环列，外饰一周凸弦纹圈带，其外单竖线纹与三角锥形丁各四组相间环列，外饰八内向连弧

纹，外圈两周短斜线纹间饰一周铭文。铭文为"内清之以昭明光之象夫日月心忽不泄毋"。面径
8.6、背径8.4、纽高0.65、纽宽1.25、缘宽0.5、缘厚0.33、肉厚0.23厘米。（图3－8B－14b；
彩版二〇九，2）

　　铜钱　2组。M169：2，出土于棺内东部。10枚，皆为五铢钱，形制、尺寸、钱文基本相同。
钱径2.3、穿径1厘米。（图3－8B－14b）

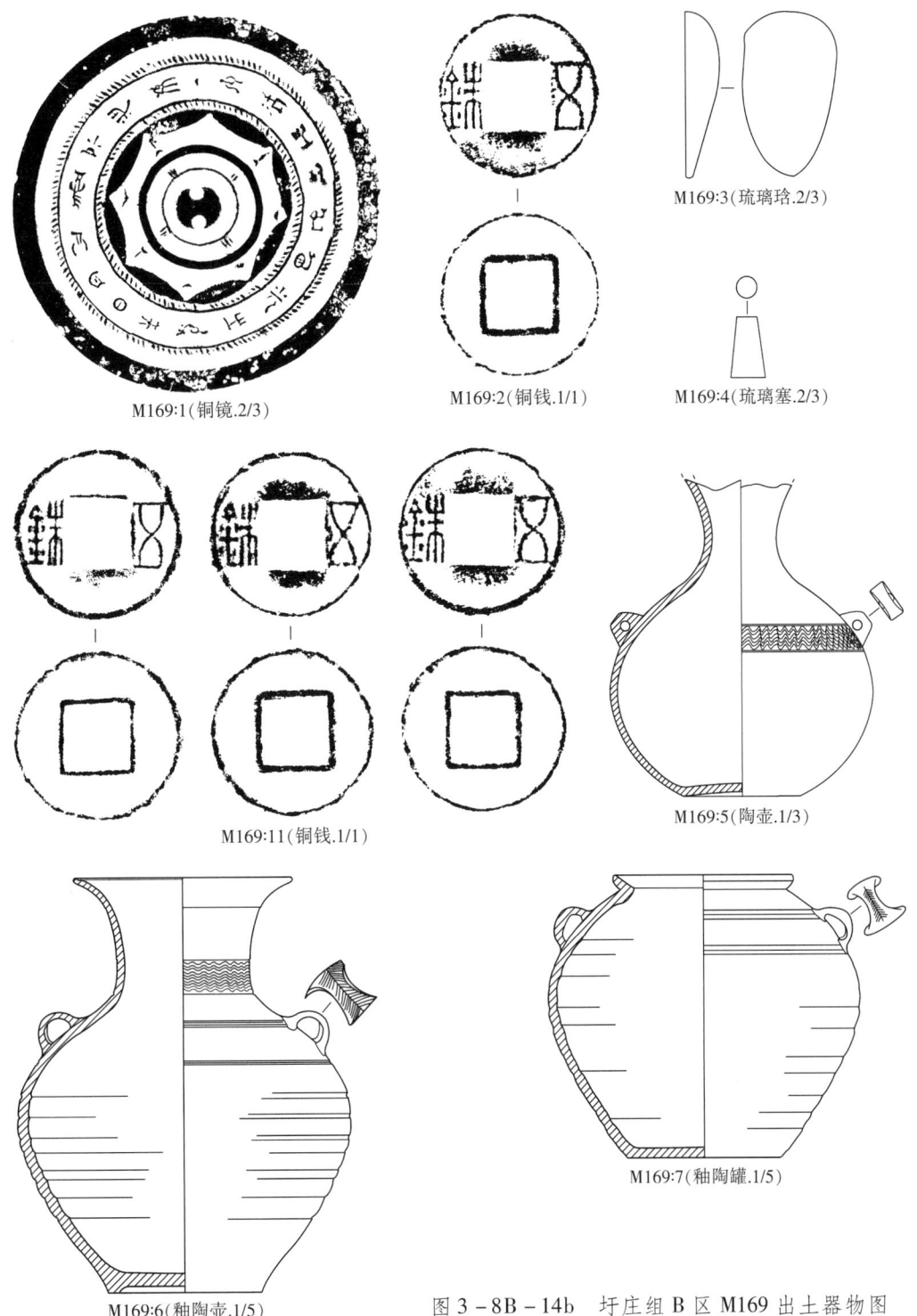

M169:1(铜镜.2/3)　　　　M169:2(铜钱.1/1)　　　　M169:3(琉璃玲.2/3)

M169:4(琉璃塞.2/3)

M169:11(铜钱.1/1)　　　　M169:5(陶壶.1/3)

M169:7(釉陶罐.1/5)

M169:6(釉陶壶.1/5)　　　　图3－8B－14b　圩庄组B区M169出土器物图

M169：11，出土于棺内中部。12 枚，皆为五铢钱，形制、尺寸、钱文基本相同。钱径 2.3、穿径 1 厘米。（图 3－8B－14b；彩版二〇九，3、4）

2. 琉璃器

5 件。器形为琀、塞。

琀　1 件。M169：3，出土于棺内西部。器作蝉形，呈灰白色，正面隆起，器表纹饰不明，背面平直。长 3.6、宽 2.3、厚 0.8 厘米。（图 3－8B－14b；彩版二〇九，5）

塞　4 件。M169：4，出土于棺内西部。器作圆台柱形，呈灰白色。顶面直径 0.5、底面直径 0.8、高 1.4 厘米。（图 3－8B－14b；彩版二〇九，5）

M169：8、M169：9、M169：10，三件，皆出土于棺内西部。形制、尺寸与 M169：4 相同。（彩版二〇九，5）

3. 陶器

3 件。器形为壶、罐，均出土于棺外东部墓坑内。

壶　2 件。M169：5，泥质红陶。口沿残缺，束颈，溜肩，鼓腹弧收，平底微内凹。双桥形耳。上腹部饰凹弦纹与水波纹组合。底径 5.4、残高 14.1 厘米。（图 3－8B－14b；彩版二〇九，6）

M169：6，釉陶。侈口，圆唇，束直颈，溜肩，鼓腹弧收，圈足。双桥形耳，耳面饰叶脉纹。颈部下方饰水波纹，肩部饰凹弦纹。口径 16.4、底径 11.6、高 30.8 厘米。（图 3－8B－14b；彩版二〇九，7）

罐　1 件。M169：7，釉陶。侈口，圆唇，斜沿，弧肩，斜腹，平底。肩部两侧各饰一叶脉纹桥形耳。口径 13.8、底径 12、高 21 厘米。（图 3－8B－14b；彩版二〇九，8）

十五、170 号墓（M170）

M170 位于圩庄组取土场 B 区墓地中部，东北与 M123 相邻，东南与 M171 相邻。清理前，墓坑开口已被高速公路施工方破坏，开口距现地表深度不明，墓坑底部随葬品组合未遭扰动。

墓葬形制为长方形竖穴土坑，开口长 265、宽 163 厘米，残深 192 厘米。方向 210°。（图 3－8B－15a）

葬具为一椁一棺，木结构基本朽尽。从朽痕可知，木椁长 232、宽 127 厘米。木棺位于木椁东部，长 220、宽 65 厘米，侧板均厚 6 厘米。西边箱由椁北、西、南三面侧板与棺之间的空间组成。

该墓共出土铜器、铁器、石器、陶器等遗物 20 件（组）。

1. 铜器

6 件（组）。器形为盆、镜、带钩、刷、铜钱。

盆　2 件。M170：17，出土于墓室西边箱内。敞口，弧沿，斜弧腹，平底。腹身中部起一周凸棱。口径 32.2、底径 12.8、高 12.2 厘米。（图 3－8B－15b1）

M170：6，出土于墓室西边箱内。整器仅存口沿残片。口径 17.4、残高 4.2 厘米。（图 3－8B－15b1）

镜　1 件。M170：8，出土于棺室南部。星云纹镜。圆形，连峰纽，圆纽座。座外一周十六内向连弧纹。外饰两周凸弦纹，间以四枚连珠纹底座乳丁，乳丁间各施七枚小乳丁，相互间以弧线

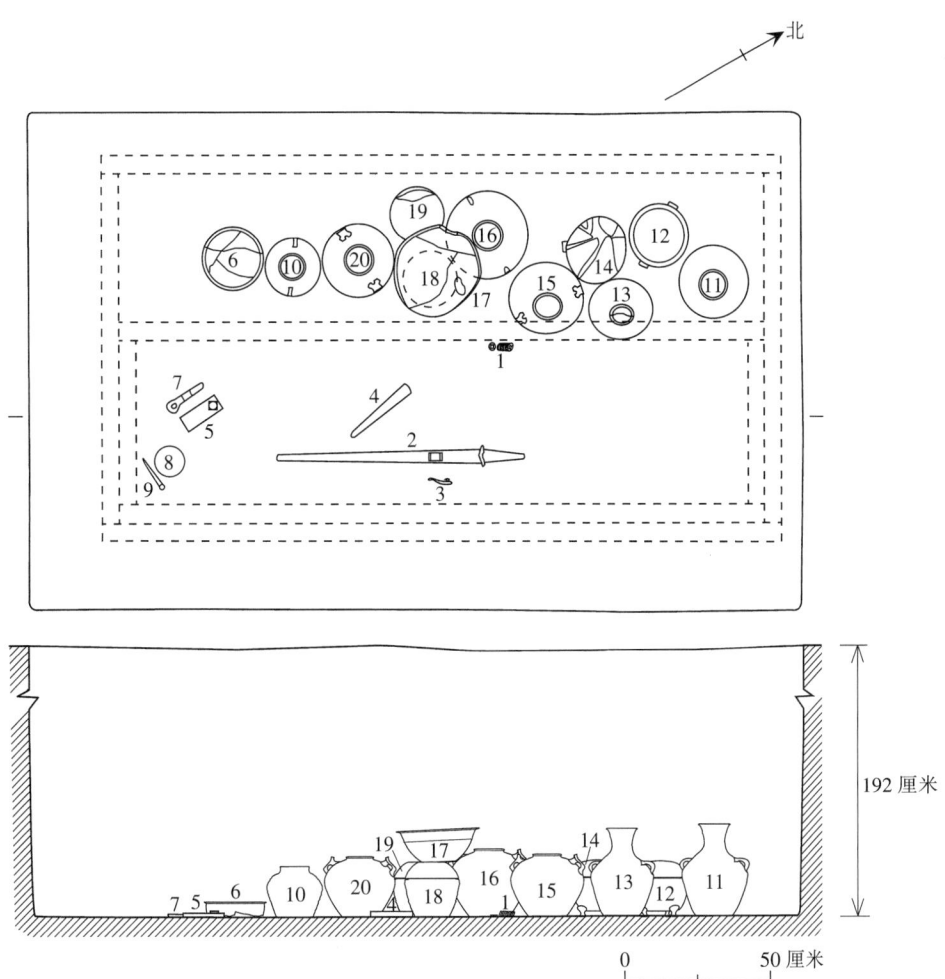

图 3 – 8B – 15a　圩庄组 B 区 M170 平面、剖视图

1. 铜钱　2. 铁剑　3. 铜带钩　4、7. 铁削　5. 石黛板/研石　6、17. 铜盆　8. 铜镜　9. 铜刷
10. 釉陶罐　11、13. 釉陶壶　12、14. 釉陶鼎　15、16、20. 釉陶瓿　18、19. 釉陶盒

相连。十六内向连弧纹缘。面径 10.2、背径 10、纽高 0.8、纽宽 1.8、缘宽 0.7、缘厚 0.27、肉厚
0.12 厘米。(图 3 – 8B – 15b1;彩版二一〇,1)

　　带钩　1 件。M170:3,出土于棺室中部。细长琵琶形钩身,钩首残损缺失,身下饰一圆纽。
器残长 9.6、宽 2.4、残高 2.4 厘米。(图 3 – 8B – 15b1;彩版二一〇,2)

　　刷　1 件。M170:9,出土于棺室南部。烟斗形,器身细长,一端内收为尖状,一端折为圆
孔,孔内刷毛已朽。孔径 0.9、通长 12.2 厘米。(图 3 – 8B – 15b1;彩版二一〇,3)

　　铜钱　1 组。M170:1,出土于棺室中部。24 枚,皆为五铢钱,形制、尺寸、钱文基本相同。
钱径 2.3、穿径 1 厘米。(图 3 – 8B – 15b1;彩版二一〇,4、5)

　　2. 铁器

　　3 件。器形为剑、削。

　　剑　1 件。M170:2,出土于棺室中部。整器残损严重,仅存铜格与玉剑璲。玉剑璲为白玉,
器表光洁,器正面呈长方形,两端向下微卷,表面饰谷纹,背面饰长方形穿。剑残长 7.5 厘米,
格宽 5.5 厘米,玉剑璲长 4.9、宽 2.5、厚 1.3 厘米。(图 3 – 8B – 15b1;彩版二一〇,6)

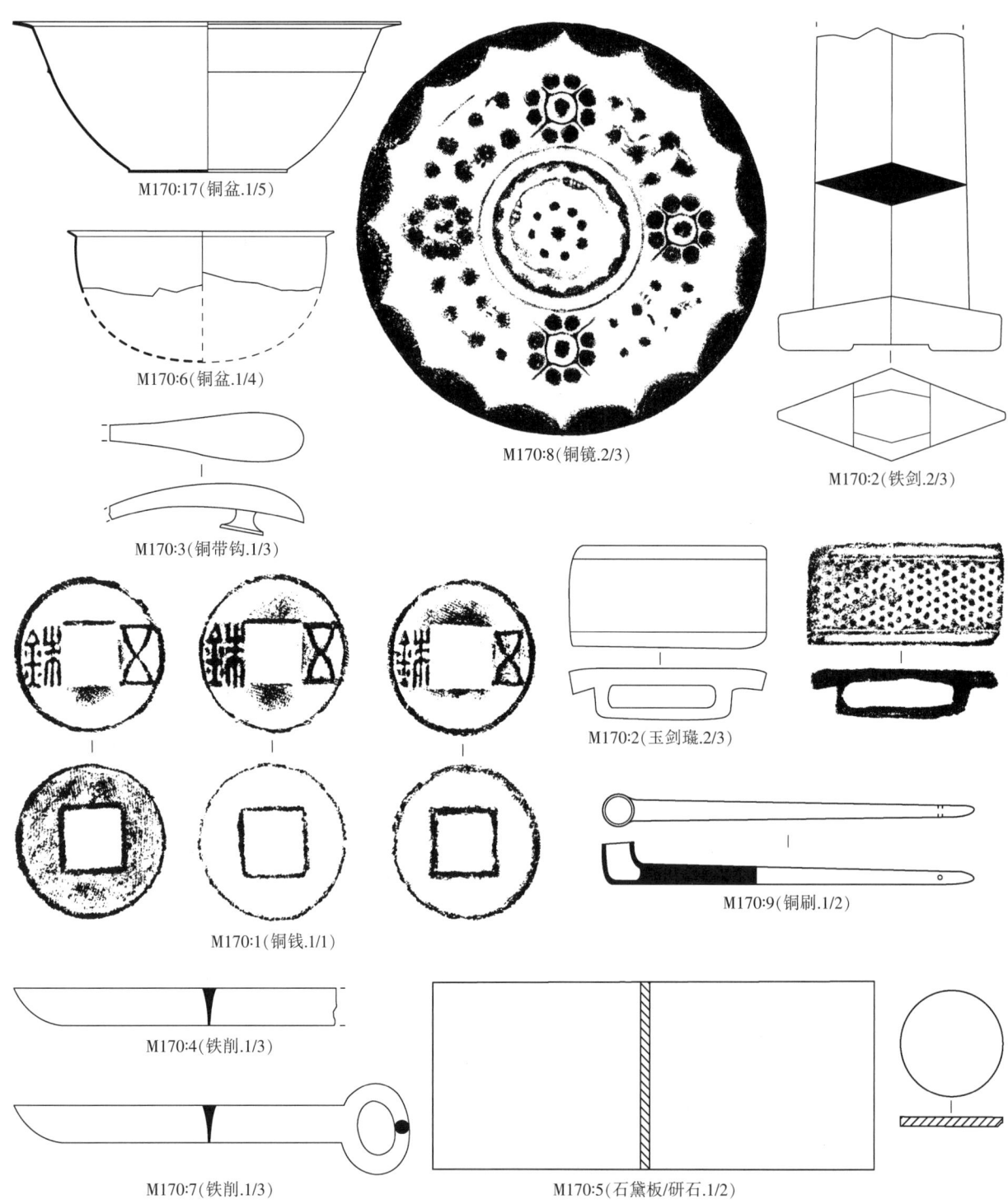

M170:17(铜盆.1/5)

M170:6(铜盆.1/4)

M170:3(铜带钩.1/3)

M170:8(铜镜.2/3)

M170:2(铁剑.2/3)

M170:1(铜钱.1/1)

M170:2(玉剑璏.2/3)

M170:9(铜刷.1/2)

M170:4(铁削.1/3)

M170:7(铁削.1/3)

M170:5(石黛板/研石.1/2)

图 3－8B－15b1　圩庄组 B 区 M170 出土器物图

削　2 件。M170：4，出土于棺室中部。整器残损严重。削残长 16.2、宽 1.7 厘米。（图 3－8B－15b1）

M170：7，出土于棺室南部。削身平直，断面呈三角形，圆形环首。素面。长 19.8、刃宽 1.8 厘米。（图 3－8B－15b1；彩版二一〇，7）

3. 石器

共1组。器形为石黛板和研石。

石黛板/研石 1组。M170：5，出土于棺室南部。石黛板，青石质，平面呈长方形，正面光滑，为碾磨面，长14.7、宽6.1、厚0.3厘米。研石，青石质，平面为圆形，底面光滑，为碾磨面，底径3.4、厚0.3厘米。（图3–8B–15b1；彩版二一〇，8）

4. 陶器

10件。器形为鼎、盒、壶、瓿、罐，均出土于西边箱内。

鼎 2件。M170：12，釉陶。覆钵形盖。鼎身子母口，尖圆唇，敛口，口部饰一对称耳，斜弧腹，平底，三蹄足。耳面饰卷云纹。盖口径17.4、高5.4厘米，鼎身口径14.9、高15.6厘米。（图3–8B–15b2；彩版二一一，1）

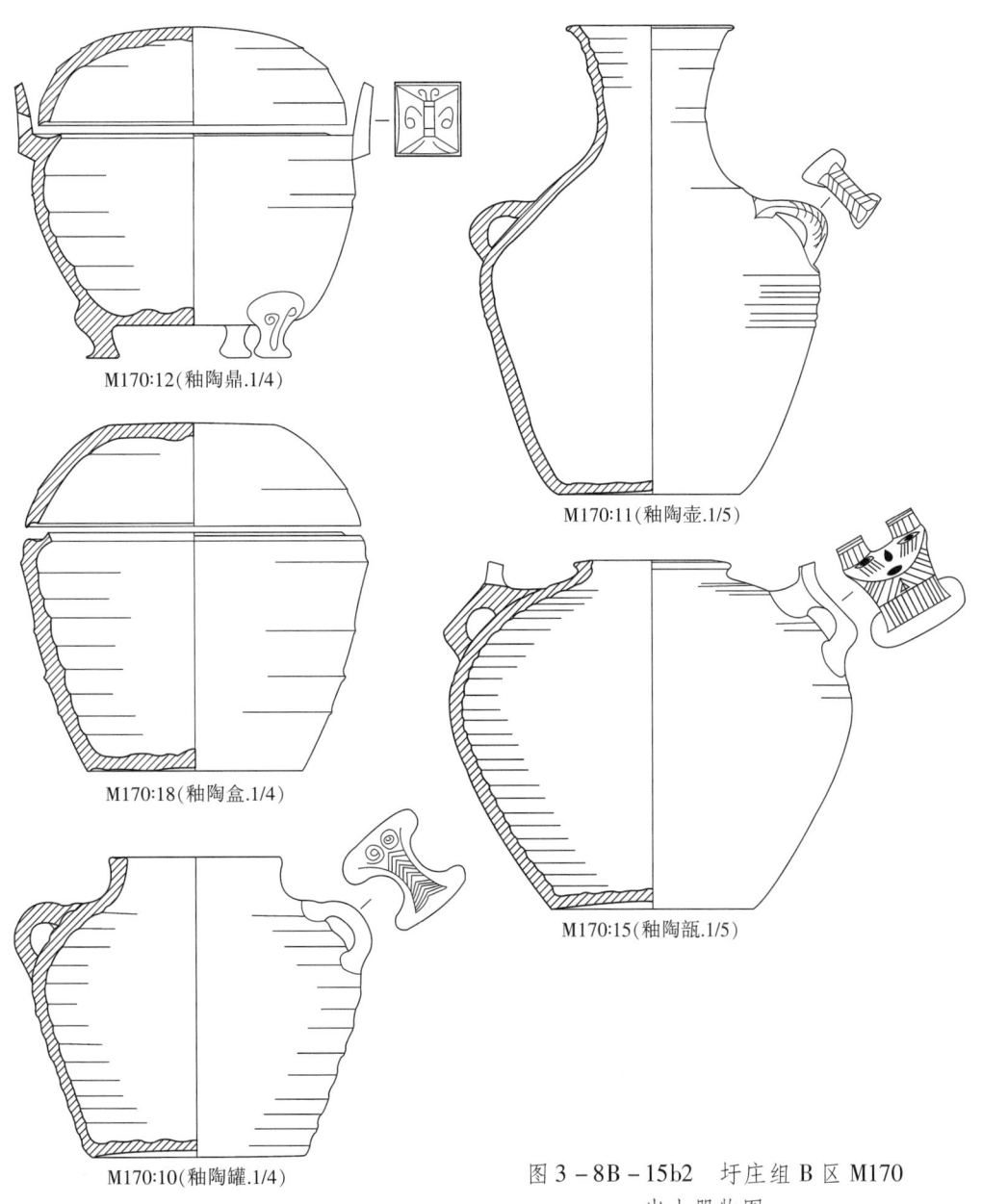

M170:12(釉陶鼎.1/4)

M170:11(釉陶壶.1/5)

M170:18(釉陶盒.1/4)

M170:15(釉陶瓿.1/5)

M170:10(釉陶罐.1/4)

图3–8B–15b2 圩庄组B区M170
出土器物图

M170：14，形制、尺寸、纹饰与M170：12相同。（彩版二一一，2）

盒　2件。M170：18，釉陶。覆平底钵形盖，平顶较宽略弧。盒身子母口，尖圆唇内敛，斜弧腹，平底微内凹。盖口径18.8、高5.6厘米，盒身口径16.6、底径12、高13.1厘米。（图3-8B-15b2；彩版二一一，3）

M170：19，形制、尺寸、纹饰与M170：18相同。（彩版二一一，4）

壶　2件。M170：11，釉陶。侈口，圆唇，束颈，溜肩，鼓腹斜收，平底微内凹。双桥形耳，耳面饰叶脉纹。口径12.5、底径13.5、高32.1厘米。（图3-8B-15b2；彩版二一二，1）

M170：13，形制、尺寸、纹饰与M170：11相同。（彩版二一二，2）

瓿　3件。M170：15，釉陶。器小口内敛，尖圆唇，斜平沿，鼓肩，弧腹渐收，平底内凹。肩两侧饰兽面耳一对。器身口径9、底径14.4、器高24厘米。（图3-8B-15b2；彩版二一二，3）

M170：16与M170：20，两件形制、尺寸、纹饰与M170：15相同。（彩版二一二，4）

罐　1件。M170：10，釉陶。直口，方圆唇，平沿，鼓肩，斜腹，平底内凹。肩部两侧各饰一叶脉纹桥形耳。口径9.6、底径12、高16.5厘米。（图3-8B-15b2；彩版二一一，5）

十六、171号墓（M171）

M171位于圩庄组取土场B区墓地中部，西北与M170相邻，东南与M172相邻。清理前，墓坑开口已被高速公路施工方破坏，开口距现地表深度不明，墓坑底部随葬品组合未遭扰动。

墓葬形制为长方形竖穴土坑，开口长330、宽201厘米，残深221厘米。方向25°。（图3-8B-16a）

葬具为一椁一棺，木结构基本朽尽。从朽痕可知，椁置于墓坑底部偏北，椁平面呈长方形，长297、宽156厘米，高度和底板厚度均不明，侧板厚10厘米。棺置于椁内西北区域，长225、宽70厘米，高度不明。棺与椁东、南侧板之间的空间组成东边箱与南边箱。

该墓共出土铜器、琉璃器、漆器、陶器等遗物35件（组）。

1.铜器

9件（组）。器形为盆、镜、璧、刷、泡钉、柿蒂纹铜饰、铜钱。

盆　1件。M171：12，出土于东边箱中部。敞口，弧沿，鼓腹弧收，圜底。腹身中部两侧各饰一铺首衔环。口径19.5、高8厘米。（图3-8B-16b1）

镜　1件。M171：1-1，出土于棺内东南角漆奁内。昭明镜。圆形，半圆纽，并蒂十二连珠纹纽座。座外饰一周凸弦纹圈带，带外饰短竖线纹（每组三线）、涡纹、菱形"田"字纹各四组相间环列，其外饰八内向连弧纹，外圈两周短斜线纹间饰一周铭文。铭文为"内清之以昭明光而象夫日月心忽而扬而忠然雍塞不泄"。素缘。镜面微凸。面径12、背径11.8、纽高0.8、纽宽1.7、缘宽0.6、缘厚0.51、肉厚0.2厘米。（图3-8B-16b1；彩版二一三，1）

璧　1件。M171：7，出土于棺内北部。器整体呈璧形，器表光素。器径12.4、孔径4.4、厚0.3厘米。（图3-8B-16b1；彩版二一三，2）

刷　3件。M171：1-2，出土于棺内东南角漆奁内。木质刷柄与刷毛均已朽，仅存顶端铜套饰。器整体呈圆柱形，由下至上逐渐收分，上端顶部饰一圆环纽，下端饰一圆銮。通长2.5、銮径

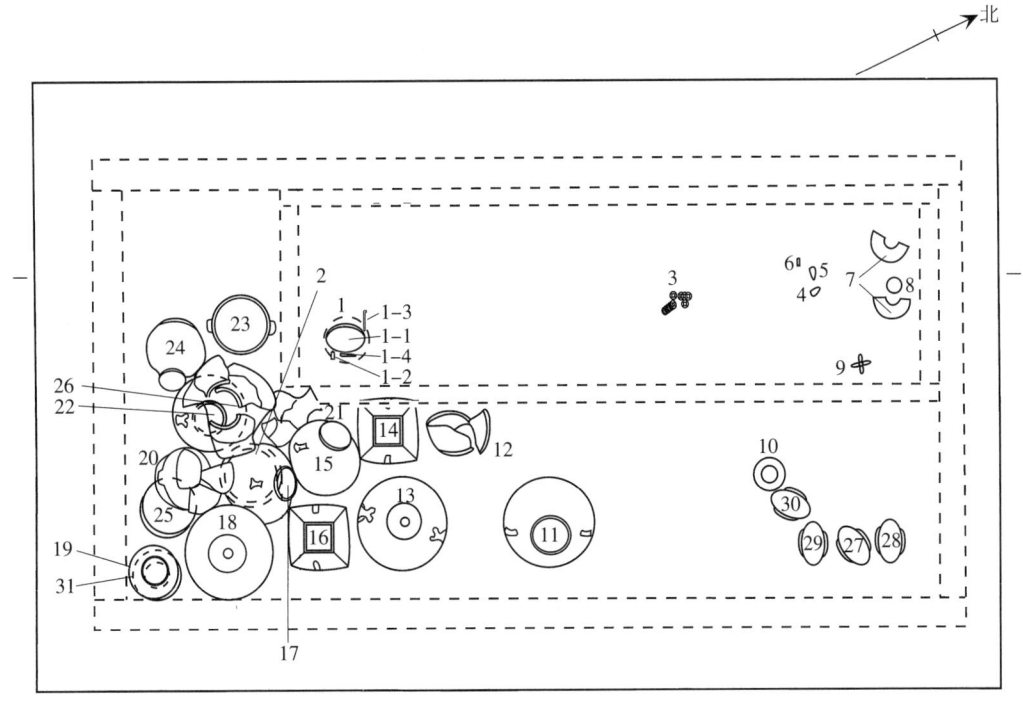

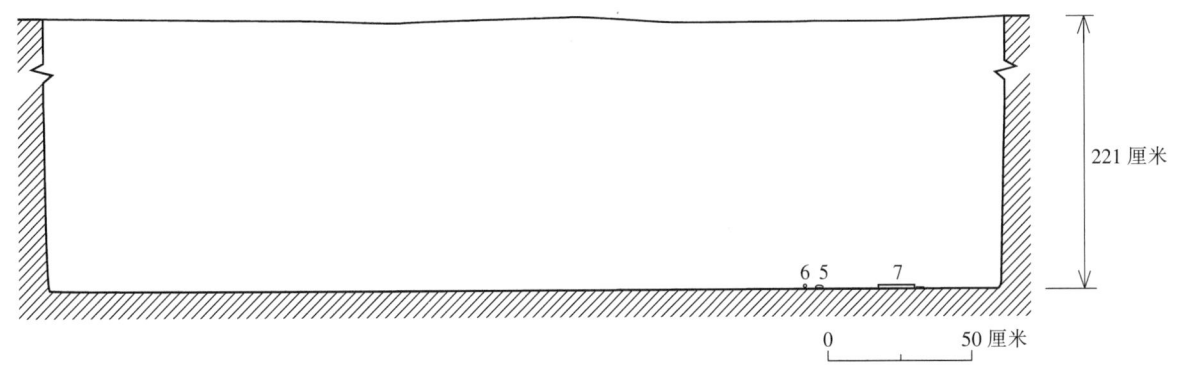

图 3 - 8B - 16a 圩庄组 B 区 M171 平面、剖视图

1. 漆奁 1 - 1. 铜镜 1 - 2～1 - 4. 铜刷 2、23. 釉陶鼎 3. 铜钱 4、5. 琉璃琀 6. 琉璃塞 7. 铜璧 8. 铜泡钉 9. 柿蒂纹铜饰 10. 陶罐 11、15、17、19、21、24. 釉陶壶 12. 铜盆 13、18、22. 釉陶瓿 14、16. 釉陶钫 20、25. 釉陶盒 27～30. 漆耳杯 26、31. 釉陶罐

1 厘米。（图 3 - 8B - 16b1；彩版二一三，3）

M171：1 - 3，出土于棺内东南角漆奁内。烟斗形，器身细长，一端内收为尖状，一端折为圆孔，孔内刷毛已朽。孔径 0.9、通长 12 厘米。（图 3 - 8B - 16b1；彩版二一三，3）

M171：1 - 4，出土于棺内东南角漆奁内。"一"字形，器身细长，一端为圆銎，孔内刷毛已朽，另一端内收为尖状，近尖处饰一穿孔。器长 5.5、銎径 0.7 厘米。（图 3 - 8B - 16b1；彩版二一三，3）

泡钉 1 组。M171：8，出土于棺内北部。主体呈半圆球面形，背面正中饰一圆锥形钉。器面径 4.4、高 3.8 厘米。（图 3 - 8B - 16b1；彩版二一三，4）

柿蒂纹铜饰 1 组。M171：9，出土于棺内北部挡板旁。清理时因棺木朽尽，铜饰散落于棺痕附近。器一组共约 8 件，平面为柿蒂形，中部饰一小孔，顶心以一鎏金铜泡钉插入小孔。器径

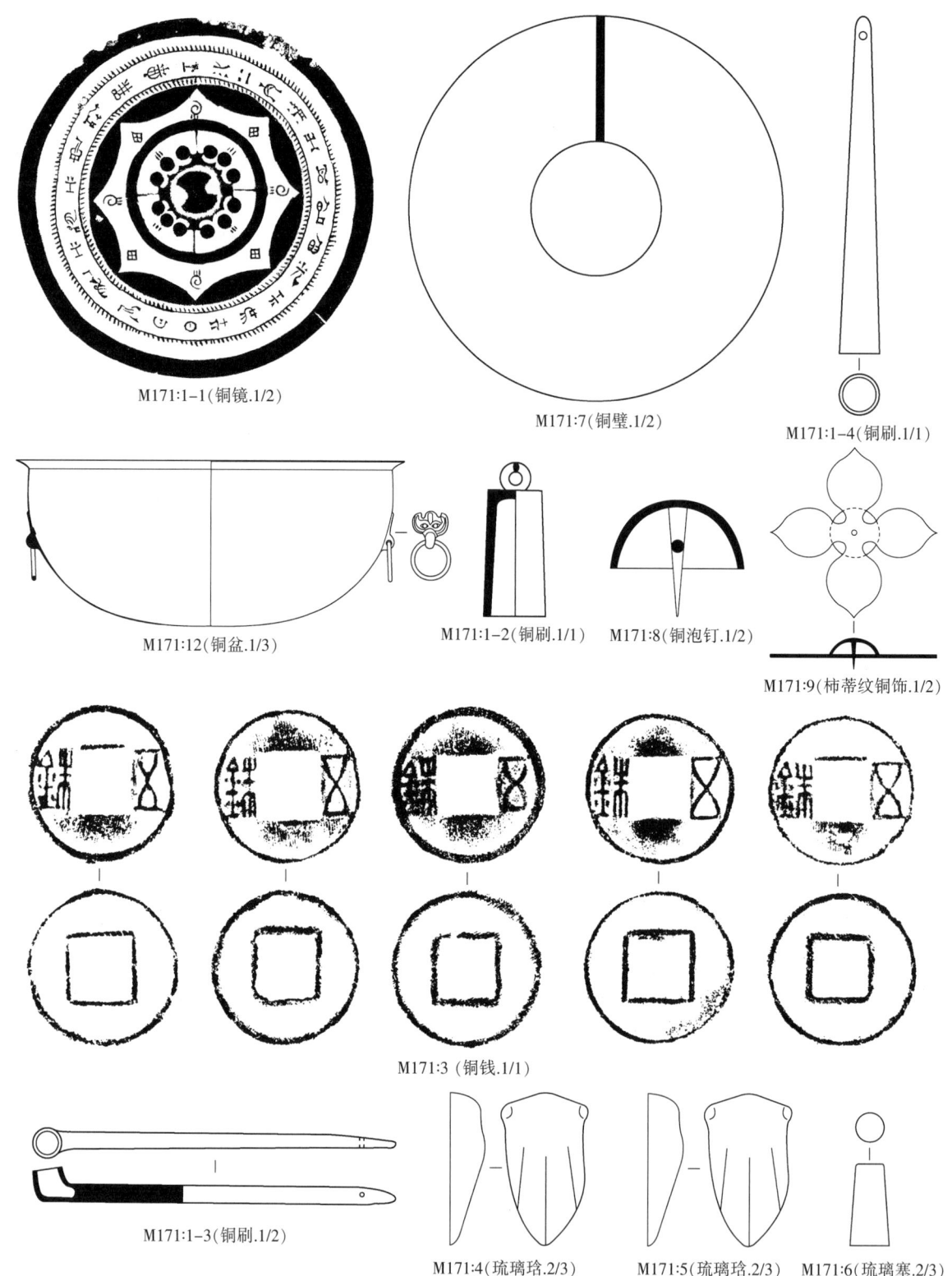

图 3 - 8B - 16b1　圩庄组 B 区 M171 出土器物图

5.5、高 1 厘米。（图 3 - 8B - 16b1）

铜钱　1 组。M171：3，出土于棺内中部。12 枚，皆为五铢钱，形制、尺寸、钱文基本相同。
钱径 2.3、穿径 1、缘厚 0.11 厘米。（图 3 - 8B - 16b1；彩版二一三，5、6）

2. 琉璃器

3件。器形为珩、塞。

珩 2件。M171：4，出土于棺内北部。器作蝉形，呈灰白色，正面隆起，棱角分明，纹饰简练，背面平直。长3.7、宽2.2、厚0.9厘米。（图3－8B－16b1；彩版二一三，7左）

M171：5，出土于棺室北部。形制、尺寸、纹饰与M171：4相同。（图3－8B－16b1；彩版二一三，7中）

塞 1件。M171：6，出土于棺内北部。器作圆台柱形，呈灰白色。顶面直径0.7、底面直径1、高2厘米。（图3－8B－16b1；彩版二一三，7右）

3. 漆器

5件。器形为耳杯、奁。

耳杯 4件。M171：27，出土于东边箱北部。夹纻胎，其外与内底髹黑漆，余髹朱漆。口径14.8、连耳宽11.2、高4.6厘米。（彩图五二，3）

M171：28、M171：29、M171：30，出土于东边箱北部。三件皆为夹纻胎。形制、尺寸与M171：27同。

奁 1件。M171：1，出土于棺内东南角。器外髹黑漆，内髹朱漆。惜残损严重，具体形制、尺寸、纹饰不明。

4. 陶器

18件。器形为鼎、盒、壶、钫、瓿、罐。

鼎 2件。M171：2，出土于南边箱内。釉陶。覆平底钵形盖，平顶较宽略弧。鼎身子母口，尖圆唇，口部饰一对称耳，斜弧腹，平底，三蹄足。耳面饰叶脉纹。盖口径20、高5.5厘米，鼎身口径18.2、高16.6厘米。（图3－8B－16b2；彩版二一四，1）

M171：23，出土于南边箱内。釉陶。覆平底钵形盖，平顶较宽。鼎身子母口，尖圆唇，口部饰一对称耳，斜弧腹，平底，三蹄足。盖口径18.6、高6.9厘米，鼎身口径16.9、高16.6厘米。（图3－8B－16b2；彩版二一四，2）

盒 2件。M171：20，出土于南边箱内。釉陶。覆平底钵形盖，平顶较宽略弧。盒身子母口，尖圆唇内敛，斜弧腹，平底内凹。盖口径20.2、高5.6厘米，盒身口径18.2、底径11.6、高12.7厘米。（图3－8B－16b2；彩版二一四，3）

M171：25，出土于南边箱内。釉陶。覆平底钵形盖，平顶较宽，中部凸起。盒身子母口，尖圆唇内敛，斜弧腹，平底内凹。盖口径21、高5.5厘米，盒身口径20.4、底径12、高12.6厘米。（图3－8B－16b2；彩版二一四，4）

壶 6件。M171：11，出土于东边箱内。釉陶。敛口，束直颈，溜肩，双桥形耳，鼓腹斜收，平底内凹。肩部饰水波纹与凹弦纹组合，耳部上方贴饰羊角纹，下方贴饰一周按捺纹，耳面饰叶脉纹。口径10.4、底径14.8、高30.8厘米。（图3－8B－16b3；彩版二一五，1）

M171：15，出土于东边箱内。釉陶。形制、尺寸、纹饰与M171：11相同。（图3－8B－16b3；彩版二一五，2）

M171：17，出土于南边箱内。釉陶。敛口，束直颈，溜肩，双桥形耳，鼓腹斜收，平底内凹。

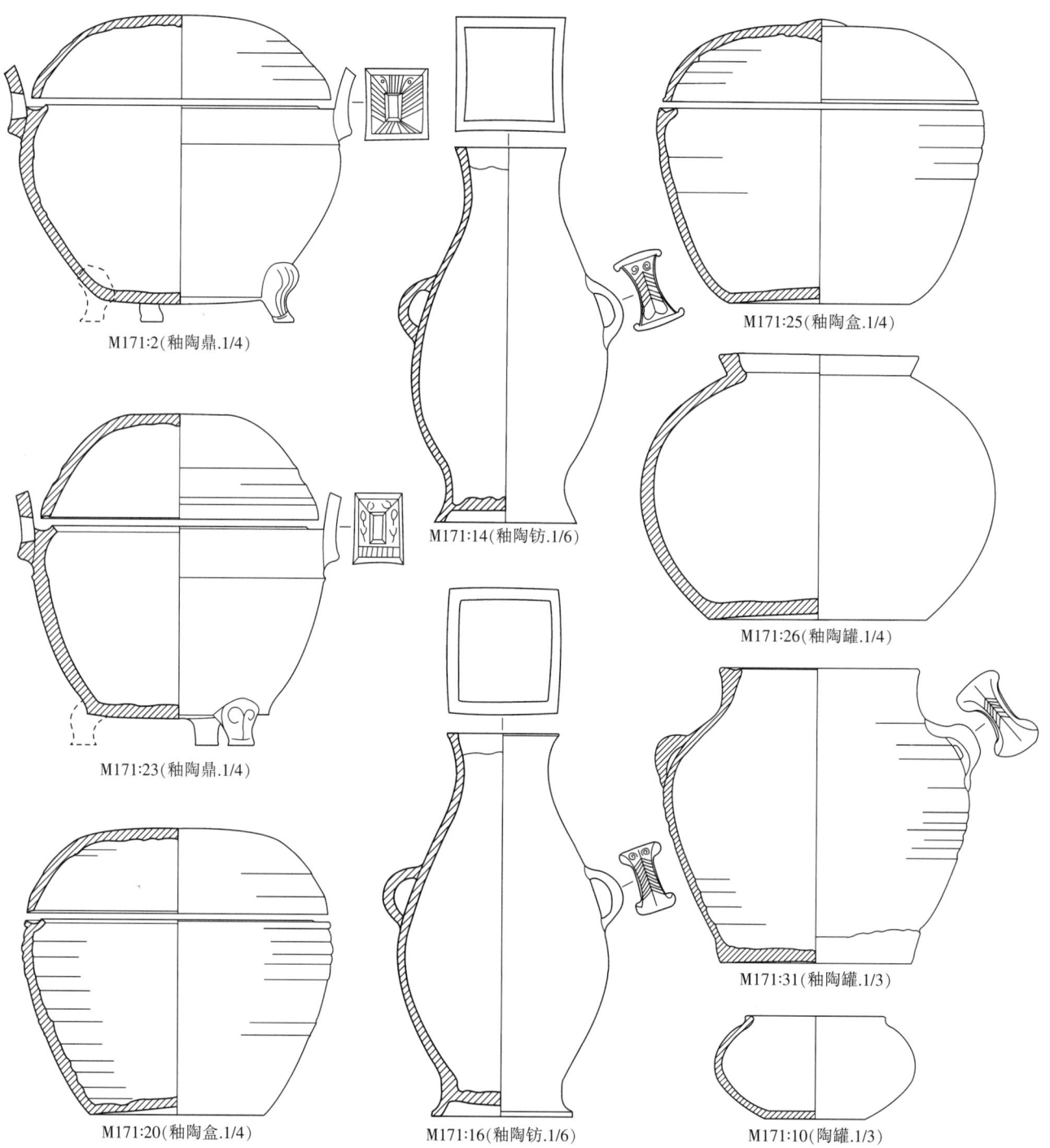

M171:2(釉陶鼎.1/4)

M171:23(釉陶鼎.1/4)

M171:20(釉陶盒.1/4)

M171:14(釉陶钫.1/6)

M171:16(釉陶钫.1/6)

M171:25(釉陶盒.1/4)

M171:26(釉陶罐.1/4)

M171:31(釉陶罐.1/3)

M171:10(陶罐.1/3)

图 3 – 8B – 16b2　圩庄组 B 区 M171 出土器物图

耳面饰叶脉纹。口径 9.3、底径 12.3、高 23.7 厘米。（图 3 – 8B – 16b3；彩版二一五，3）

　　M171：21，出土于南边箱内。釉陶。形制、纹饰与 M171：17 相同。口径 10、底径 13.2、高 26 厘米。（图 3 – 8B – 16b3；彩版二一五，4）

　　M171：19，出土于南边箱内。釉陶。圆唇，侈口，长束直颈，溜肩，鼓腹弧收，圈足。口径 7.5、底径 12.4、高 23.1 厘米。（图 3 – 8B – 16b3；彩版二一五，5）

　　M171：24，出土于南边箱内。釉陶。形制、纹饰与 M171：19 相近。口径 8.4、底径 12.4、高

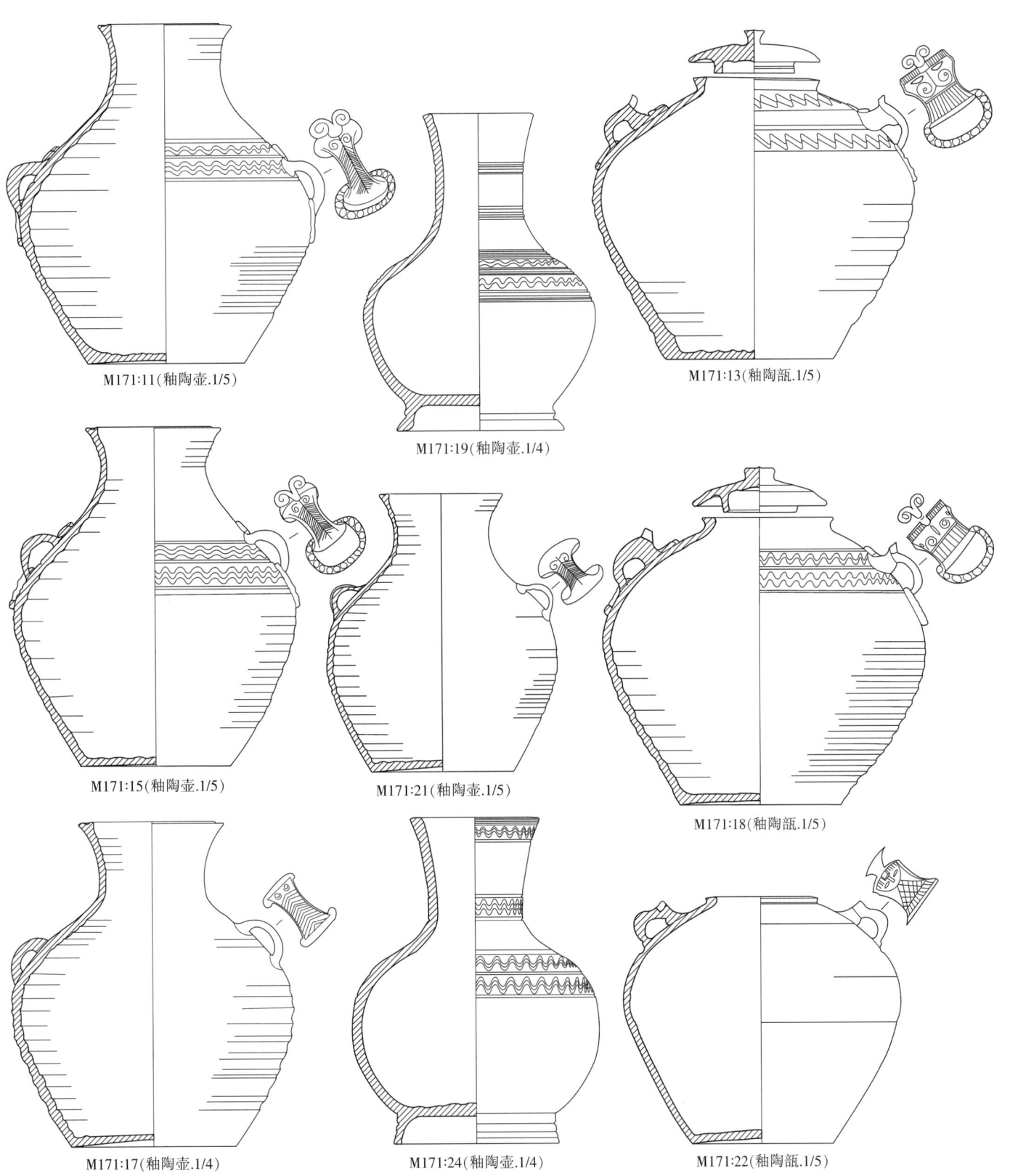

M171:11(釉陶壶.1/5)

M171:19(釉陶壶.1/4)

M171:13(釉陶瓿.1/5)

M171:15(釉陶壶.1/5)

M171:21(釉陶壶.1/5)

M171:18(釉陶瓿.1/5)

M171:17(釉陶壶.1/4)

M171:24(釉陶壶.1/4)

M171:22(釉陶瓿.1/5)

图 3-8B-16b3　圩庄组 B 区 M171 出土器物图

24.8 厘米。（图 3 - 8B - 16b3；彩版二一五，6）

钫　2 件。M171：14，出土于东边箱内。釉陶。器侈口，平沿，束颈，溜肩，近底部外撇成圈足。腹中部两侧各饰一铺首衔环。口径 11、底径 14.5、高 36.5 厘米。（图 3 - 8B - 16b2；彩版二一六，1）

M171：16，出土于南边箱内。釉陶。形制、尺寸、纹饰与 M171：14 相同。（图 3 - 8B - 16b2；彩版二一六，2）

瓿　3 件。M171：13，出土于东边箱内。蘑菇状纽盖。器小口内敛，尖圆唇，平沿，溜肩，弧腹渐收，平底。肩两侧饰兽面耳一对并饰凹弦纹与水波纹组合，耳面上方贴饰羊角纹，耳面下方贴饰一周按捺纹。盖径 8、盖高 4、器身口径 10、底径 16、器高 26.7 厘米。（图 3 - 8B - 16b3；彩版二一六，3）

M171：18，出土于南边箱内。釉陶。形制、尺寸、纹饰与 M171：13 相同。（图 3 - 8B - 16b3；彩版二一六，4）

M171：22，出土于南边箱内。釉陶。敛口，尖唇，斜平沿，鼓肩，弧腹渐收，平底内凹。肩两侧饰兽面耳一对。器身口径 11.2、底径 13.2、器高 22.5 厘米。（图 3 - 8B - 16b3；彩版二一六，5）

罐　3 件。M171：10，出土于东边箱内。釉陶。侈口，圆唇，鼓肩，弧腹，平底。通体素面。口径 6.8、底径 5、高 5 厘米。（图 3 - 8B - 16b2；彩版二一四，5）

M171：26，出土于南边箱内。釉陶。侈口，平沿，短束颈，鼓肩，弧腹，平底内收。通体素面。口径 11.1、底径 14.4、高 17.5 厘米。（图 3 - 8B - 16b2；彩版二一四，6）

M171：31，出土于南边箱内。釉陶。侈口，圆唇，沿面内凹，短束颈，溜肩，鼓腹弧收，平底内凹。肩部两侧各饰一叶脉纹耳，余通体素面。口径 9.8、底径 9.5、高 14.3 厘米。（图 3 - 8B - 16b2；彩版二一四，7）

十七、172 号墓（M172）

M172 位于圩庄组取土场 B 区墓地中部，东面与 M169 相邻，西北与 M171 相邻。清理前，墓坑开口已被高速公路施工方破坏，开口距现地表深度不明，墓坑底部随葬品组合未遭扰动。

墓葬形制为长方形竖穴土坑，开口长 301、宽 183 厘米，残深 132 厘米。方向 15°。（图 3 - 8B - 17a；彩版二一七，1、2）

葬具为一椁二棺。从残存木结构可知，椁置于墓坑底部偏西，西、南、东三面侧板及底板尚存，椁平面呈长方形，长 225、宽 142、残高 41 厘米，底板厚 7、侧板厚 6 厘米。东、西二棺置于木椁底部，两棺相距 4 厘米，形制、尺寸基本相同，棺底板和东、西侧板局部尚存，棺长 216、宽 60、残高 50 厘米，侧板及底板厚 7 厘米。

该墓共出土铜器、铁器、石器、角器、陶器等遗物 18 件（组）。

1. 铜器

9 件（组）。器形为盆、镜、印、带钩、刷、铜钱。

盆　1 件。M172：14，出土于墓坑内南部。敞口，斜沿，鼓腹弧收，圜底。口径 20.1、高 9.5

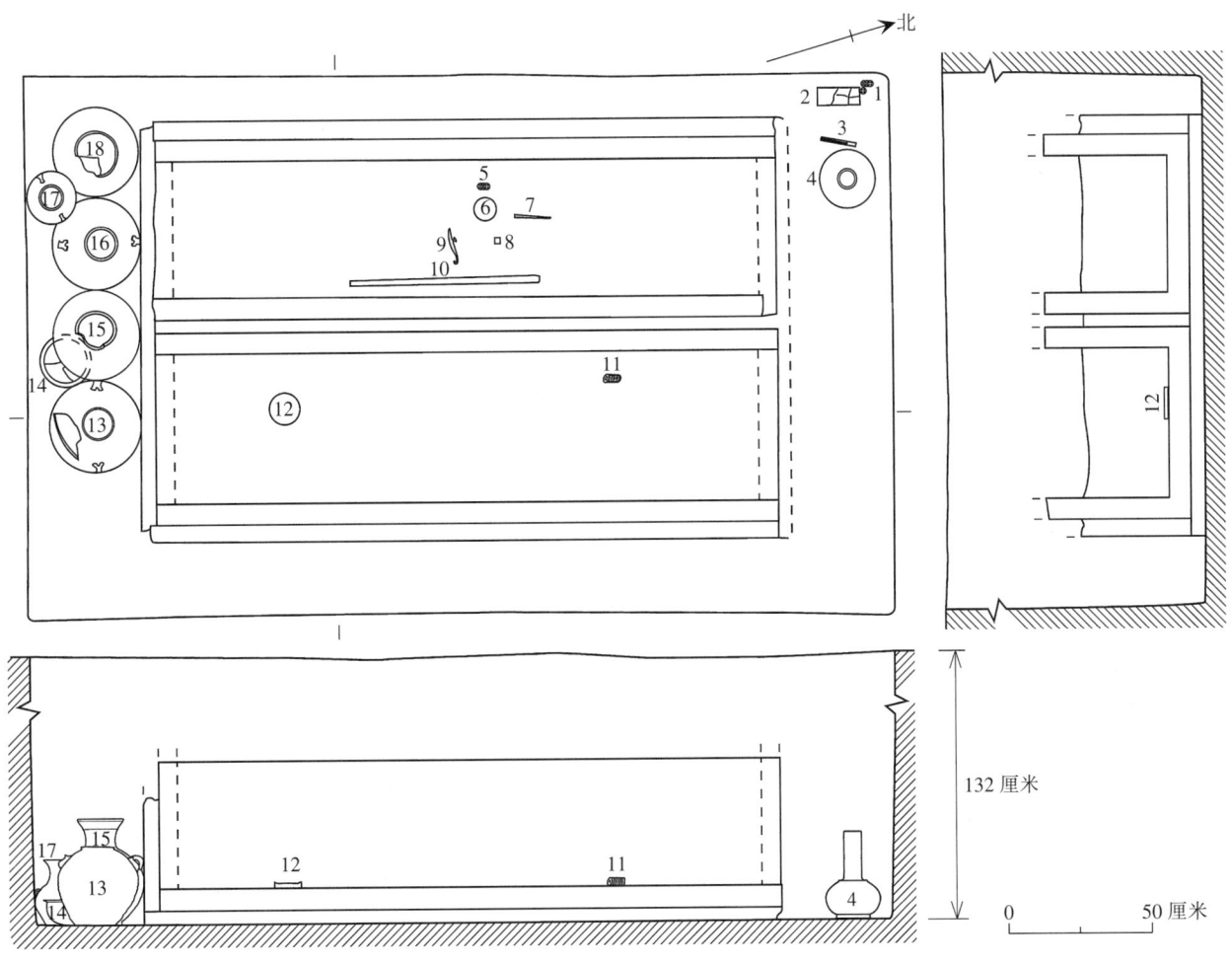

图 3 - 8B - 17a　圩庄组 B 区 M172 平面、剖视图

1、5、11. 铜钱　2. 石黛板　3. 角笄　4、15、17、18. 釉陶壶　6、12. 铜镜　7. 铜刷　8. 铜印　9. 铜带钩　10. 铁剑　13、16. 釉陶瓿　14. 铜盆

厘米。(图 3 - 8B - 17b1)

　　镜　2 件。M172：6，出土于西棺内中部。昭明镜。圆形，桥形纽，圆纽座。座外三短线纹与小乳丁各四组相间环列，外饰一周凸弦纹圈带，带外饰三短线纹与单弧线纹各四组相间环列，其外八内向连弧纹，外圈两周短斜线纹间饰一周铭文。铭文为"内而清而以而昭而明而光而象而日月心忽而不"。窄缘。镜面微凸。面径 8.5、背径 8.3、纽高 0.58、纽宽 1.2、缘宽 0.29、缘厚 0.45、肉厚 0.13 厘米。(图 3 - 8B - 17b1；彩版二一七，3)

　　M172：12，出土于东棺内南部。星云纹镜。圆形，连峰纽，圆纽座。座外单弧线纹和半圆扇面纹各四组相间排列，其外一周十六内向连弧纹，外饰两周凸弦纹，间以四枚并蒂连珠纹底座乳丁，乳丁间各施七枚小乳丁，相互间以弧线相连。十六内向连弧纹缘。镜面微凸。面径 9.7、背径 9.5、纽高 0.8、纽宽 1.65、缘宽 0.65、缘厚 0.2、肉厚 0.13 厘米。(图 3 - 8B - 17b1；彩版二一七，4)

　　印　1 件。M172：8，出土于西棺内中部。印身方形，顶面饰桥形纽，印文"王口之印"。印边长 1.8、印身高 0.7、通高 1.8 厘米。(图 3 - 8B - 17b1；彩版二一七，5、6)

　　带钩　1 件。M172：9，出土于西棺内中部。细长琵琶形钩身，龙首形钩首，身下饰一圆纽。器长 11、宽 0.8、高 1.1 厘米 (图 3 - 8B - 17b1；彩版二一七，7)

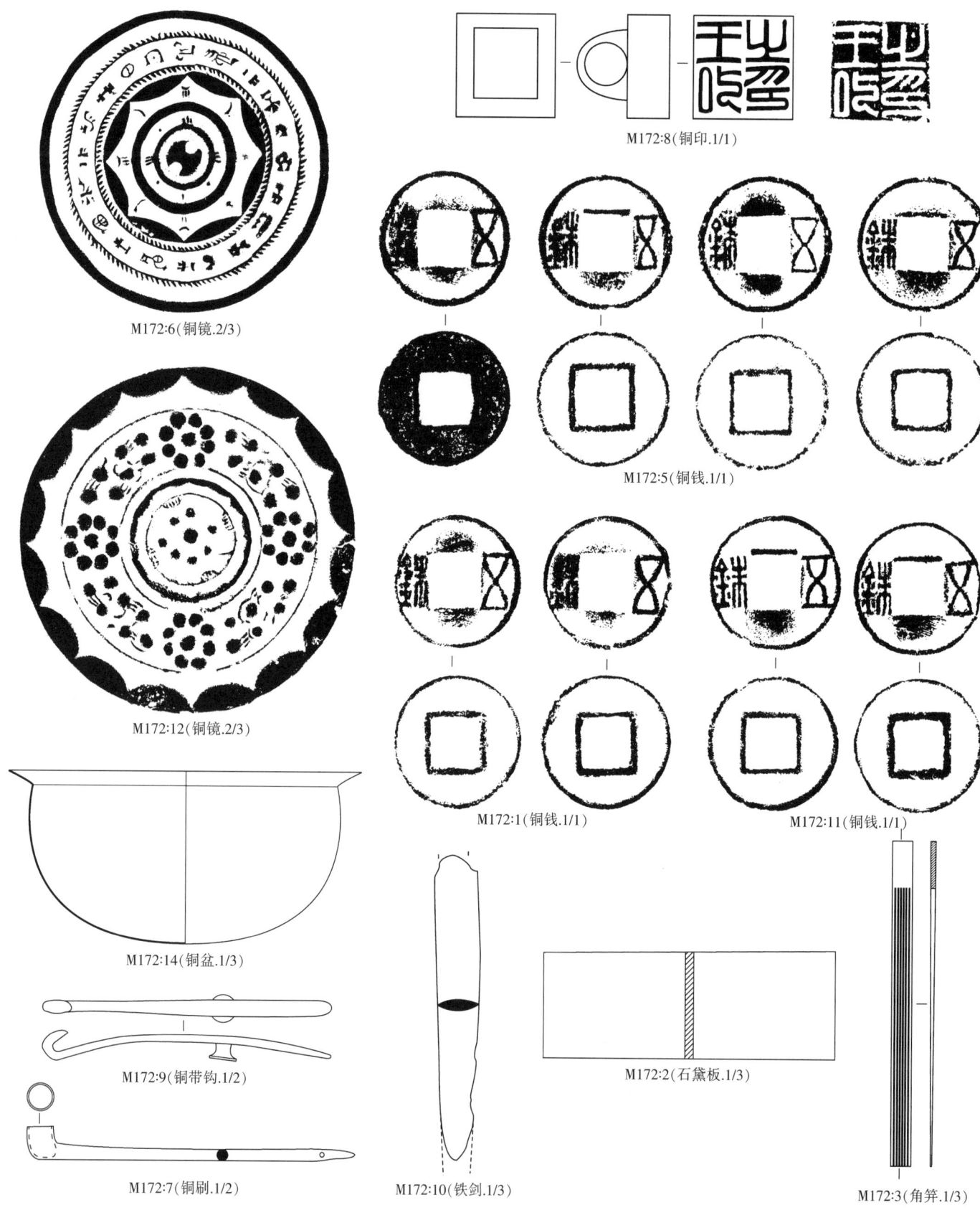

M172:6(铜镜.2/3)

M172:8(铜印.1/1)

M172:5(铜钱.1/1)

M172:12(铜镜.2/3)

M172:1(铜钱.1/1)　　　　M172:11(铜钱.1/1)

M172:14(铜盆.1/3)

M172:9(铜带钩.1/2)

M172:7(铜刷.1/2)

M172:10(铁剑.1/3)

M172:2(石黛板.1/3)

M172:3(角笄.1/3)

图 3-8B-17b1　圩庄组 B 区 M172 出土器物图

刷　1件。M172：7，出土于西棺内中部。烟斗形，器身细长，一端内收为尖状，一端折为圆孔，孔内刷毛已朽。孔径1、通长12.5厘米。（图3-8B-17b1；彩版二一七，8）

铜钱　3组。M172：1，出土于墓坑内西北角。9枚，皆为五铢钱，形制、尺寸、钱文基本相同。钱径2.3、穿径1厘米。（图3-8B-17b1）

M172：5，出土于西棺内中部。24枚，皆为五铢钱，形制、尺寸、钱文基本相同。钱径2.3、穿径1厘米。（图3-8B-17b1）

M172：11，出土于东棺内北部。9枚，皆为五铢钱，形制、尺寸、钱文基本相同。钱径2.3、穿径1厘米。（图3-8B-17b1）

2. 铁器

1件。器形为剑。

剑　1件。M172：10，出土于西棺内中部。整器残损严重。器残长17厘米，发掘时可辨认该剑朽痕残长74厘米。（图3-8B-17b1）

3. 石器

1件。器形为黛板。

黛板　1件。M172：2，出土于墓坑内西北角。青石质，器形较大，长方形，正面光滑，为碾磨面。长16.4、宽5.8、厚0.5厘米。（图3-8B-17b1；彩版二一七，9）

4. 角器

1件。器形为笄。

笄　1件。M172：3，出土于墓坑内北部西侧。长板形，稍弯曲，齿长细密，分布均匀。长18、宽1.2、厚0.4厘米。（图3-8B-17b1；彩版二一七，10）

5. 陶器

6件。器形为壶、瓿。

壶　4件。M172：4，出土于墓坑内北部。釉陶。直口，平沿，长直颈，鼓肩，弧腹，矮圈足。口沿下方、颈中部、颈下部、腹中部各饰弦纹。口径5.8、底径12、高29.4厘米。（图3-8B-17b2；彩版二一八，1）

M172：15，出土于墓坑内南部。釉陶。侈口，圆唇，束颈，溜肩，鼓腹弧收，矮圈足。肩部两侧各饰一桥形纽，纽面光素。口沿下方与颈部下方各饰一周水波纹。口径14.8、底径13.6、高34厘米。（图3-8B-17b2；彩版二一八，2）

M172：17，出土于墓坑内南部西侧。釉陶。侈口，圆唇，束颈，溜肩，鼓腹弧收，矮圈足。肩部两侧各饰一桥形纽，纽上方各饰一"S"形贴塑，纽面饰叶脉纹。口沿下方与颈部下方各饰一周水波纹。口径9.9、底径9、高22.8厘米。（图3-8B-17b2；彩版二一八，3）

M172：18，出土于墓坑内南部西侧。釉陶。侈口，圆唇，直颈，溜肩，鼓腹弧收，矮圈足。肩部两侧各饰一桥形纽，纽面饰叶脉纹。口沿下方与颈部下方各饰一周水波纹。口径13.2、底径13.6、高33.8厘米。（图3-8B-17b2；彩版二一八，4）

瓿　2件。M172：13，出土于墓坑内南部。釉陶。敛口，尖圆唇，沿面内凹，鼓肩，斜腹，平底内凹。肩两侧饰兽面耳各一对。口径9.4、底径13.8、高26.6厘米。（图3-8B-17b2；彩版

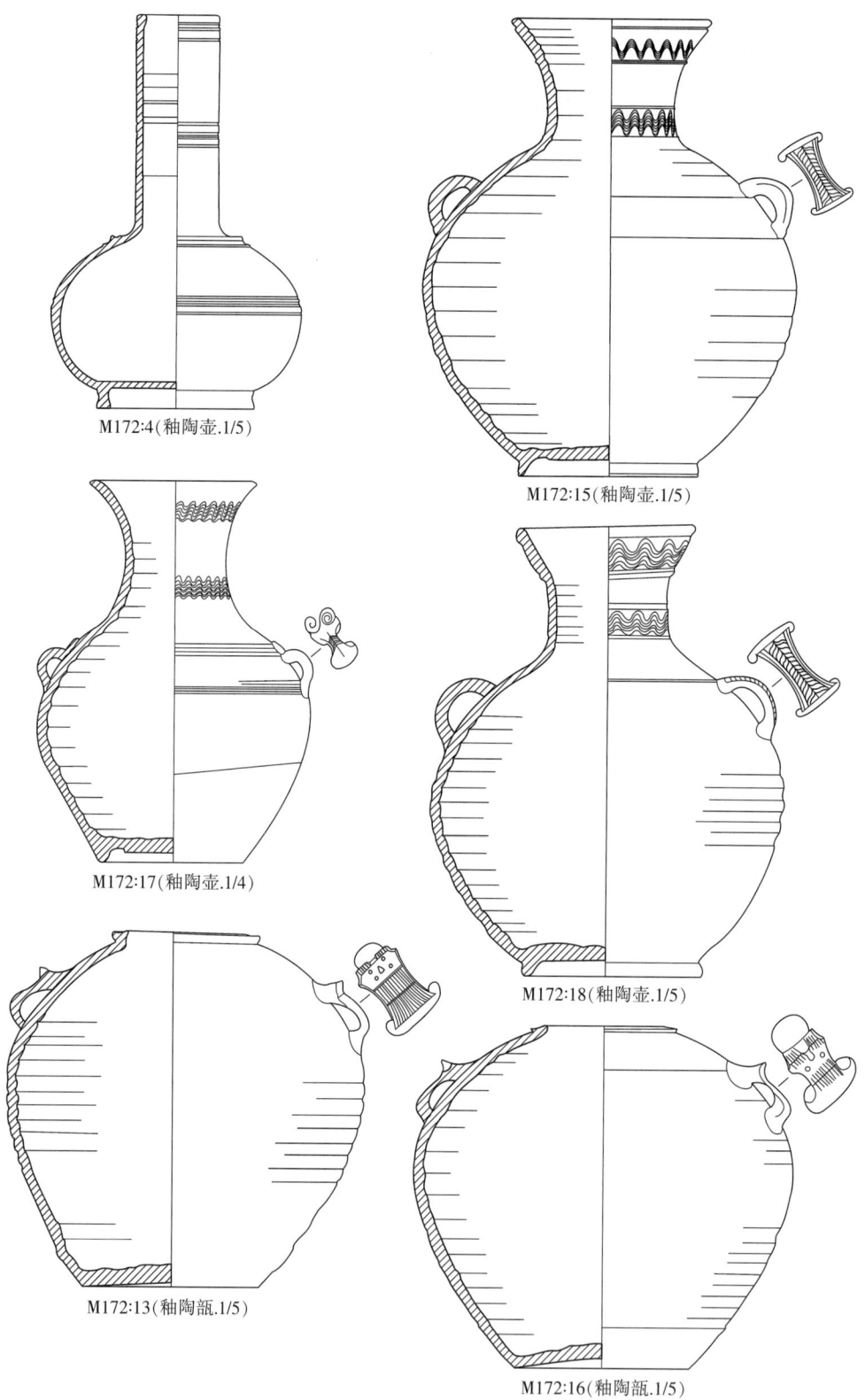

M172:4(釉陶壶.1/5)

M172:15(釉陶壶.1/5)

M172:17(釉陶壶.1/4)

M172:18(釉陶壶.1/5)

M172:13(釉陶瓿.1/5)

M172:16(釉陶瓿.1/5)

图3-8B-17b2　圩庄组B区M172出土器物图

二一八，5)

M172：16，出土于墓坑内南部。形制、尺寸、纹饰与 M172：13 相近。(图 3 - 8B - 17b2；彩版二一八，6)

十八、173 号墓（M173）

M173 位于圩庄组取土场 B 区墓地中部，西面与 M182 相邻，东面与 M174 相邻。清理前，墓坑开口已被高速公路施工方破坏，开口距现地表深度不明，墓坑底部随葬品组合未遭扰动。

墓葬形制为长方形竖穴土坑，开口长 250、宽 151 厘米，残深 75 厘米。方向 25°。(图 3 - 8B - 18a)

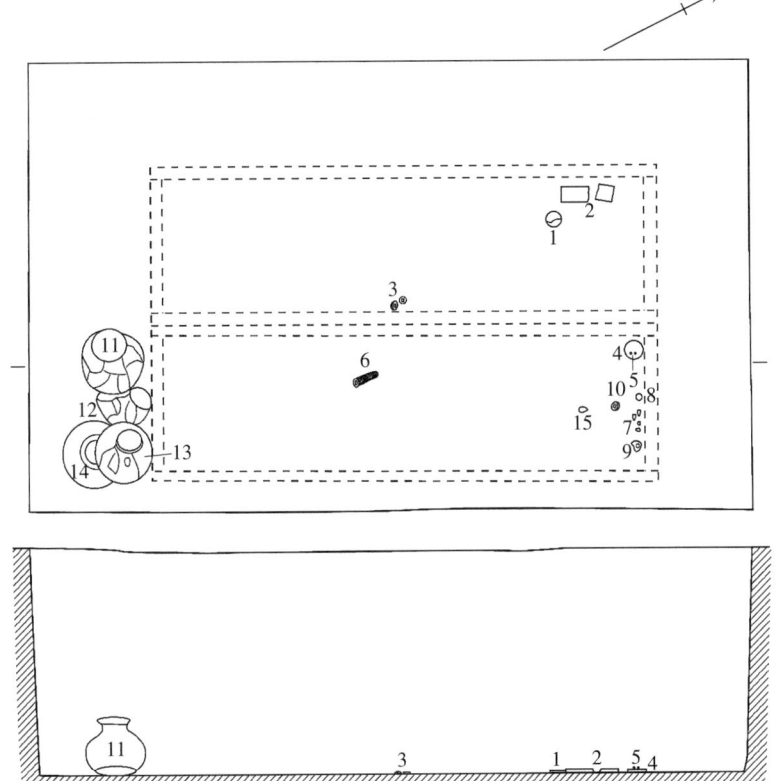

图 3 - 8B - 18a 圩庄组 B 区 M173 平面、剖视图

1、4. 铜镜 2. 石黛板 3、6、7、10. 铜钱 5. 琉璃珠 8. 陶珠 9. 陶纺轮
11、12. 陶壶 13、14. 陶瓿 15. 琉璃珰

葬具为双棺，木结构基本朽尽。从朽痕可知，双棺位于墓坑底部偏东，东、西两棺紧靠，两棺尺寸、形制基本相同，棺长 175、宽 53 厘米，高度不明。

该墓共出土铜器、琉璃器、石器、陶器等遗物 15 件（组）。

1. 铜器

6 件（组）。器形为镜、铜钱。

镜 2 件。M173：1，出土于西棺北部。四乳禽兽纹镜。圆形，半圆纽，圆纽座。器残损严重，纹饰不明，大体可分辨为四乳禽兽纹。窄缘。镜面微凸。面径 6.4 厘米。

M173：4，出土于东棺北部。日光镜。圆形，半圆纽，圆纽座。座外单弧线纹八组相间环列，

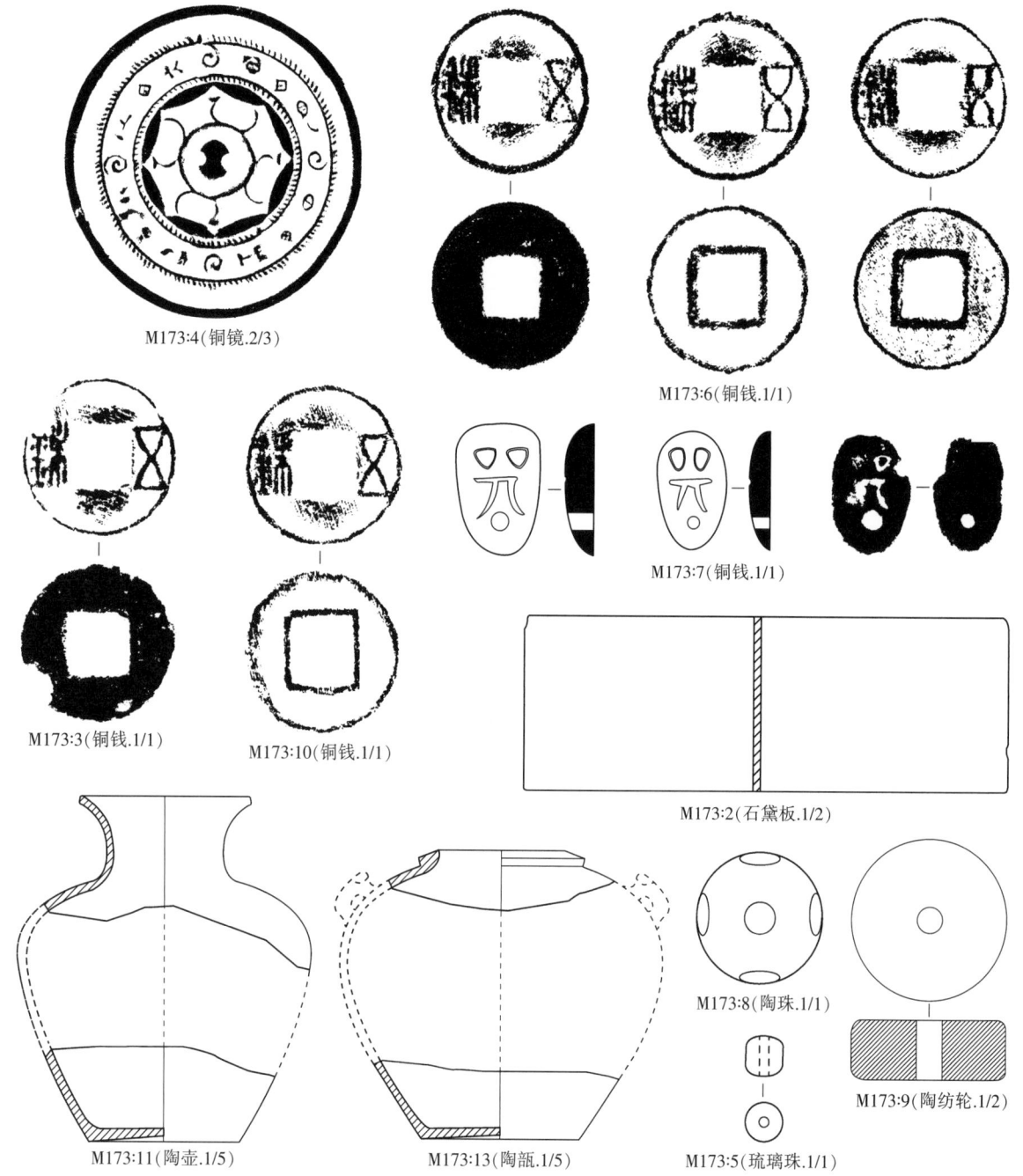

M173:4(铜镜.2/3)

M173:6(铜钱.1/1)

M173:7(铜钱.1/1)

M173:3(铜钱.1/1)　　　　M173:10(铜钱.1/1)

M173:2(石黛板.1/2)

M173:8(陶珠.1/1)

M173:9(陶纺轮.1/2)

M173:11(陶壶.1/5)　　　　M173:13(陶瓿.1/5)　　　　M173:5(琉璃珠.1/1)

图3-8B-18b　圩庄组B区M173出土器物图

外饰八内向连弧纹，其外两周斜线纹间饰一周铭文，铭文间以"の"形与菱形"田"字纹符号间隔。铭文为"见日之光天下大明"。窄缘。镜面微凸。面径7.2、背径7、纽高0.6、纽宽1.1、缘宽0.2、缘厚0.39、肉厚0.11厘米。（图3-8B-18b；彩版二一九，1）

　　铜钱　4组。M173：3，出土于西棺中部。共2枚，皆为五铢钱，形制、尺寸、钱文基本相同。钱径2.3、穿径1厘米。（图3-8B-18b；彩版二一九，2）

　　M173：6，出土于东棺中部。共24枚，皆为五铢钱，形制、尺寸、钱文基本相同。钱径2.3、穿径1厘米。（图3-8B-18b；彩版二一九，3）

　　M173：7，出土于东棺北部。共4枚，皆为蚁鼻钱，形制、尺寸、纹饰基本相同。长1.9、宽

1.3 厘米。（图 3 – 8B – 18b）

M173：10，出土于东棺北部。共 4 枚，皆为五铢钱，形制、尺寸、钱文基本相同。钱径 2.3、穿径 1 厘米。（图 3 – 8B – 18b；彩版二一九，4）

2. 琉璃器

2 件（组）。器形为玲、珠。

玲　1 件。M173：15，出土于东棺北部。器风化锈蚀严重，形制、尺寸皆不明。（彩版二一九，5）

珠　1 组。M173：5，出土于东棺北部。2 颗，形制、尺寸相同。器呈墨绿色，整体为圆柱形，中部饰一穿孔。器径 0.6、器高 0.6、孔径 0.1 厘米。（图 3 – 8B – 18b；彩版二一九，6）

3. 石器

1 件。器形为黛板。

黛板　1 件。M173：2，出土于西棺北部。青石质，器形较大，长方形，正面光滑，为碾磨面。长 15.2、宽 5.2、厚 0.25 厘米。（图 3 – 8B – 18b；彩版二一九，7）

4. 陶器

6 件。器形为壶、瓿、纺轮、珠。

壶　2 件。M173：11，出土于墓坑南部。红陶。圆唇，束颈，鼓肩，弧腹斜收，平底内凹。口径 13.2、底径 11.2、复原高 26 厘米。（图 3 – 8B – 18b）

M173：12，出土于墓坑南部。红陶。残损严重，从残片推测，形制、尺寸与 M173：11 基本相同。

瓿　2 件。M173：13，出土于墓坑南部。红陶。敛口，尖唇，鼓肩，斜腹，平底内凹。口径 9.8、底径 12、复原高 21.6 厘米。（图 3 – 8B – 18b）

M173：14，出土于墓坑南部。红陶。残损严重，从残片推测，形制、尺寸与 M173：13 基本相同。

纺轮　1 件。M173：9，出土于东棺北部。器作圆饼形，中部饰一圆形穿孔。器径 4.8、高 1.8、孔径 0.8 厘米。（图 3 – 8B – 18b）

珠　1 件。M173：8，出土于东棺北部。器作圆球形，器表戳印圆圈纹。器径 2 厘米。（图 3 – 8B – 18b）

十九、174 号墓（M174）

M174 位于圩庄组取土场 B 区墓地中部，西面与 M173 相邻。清理前，墓坑开口已被高速公路施工方破坏，开口距现地表深度不明，墓坑底部随葬品组合未遭扰动。

墓葬形制为长方形竖穴土坑，开口长 283、宽 81 厘米，残深 60 厘米。方向 15°。（图 3 – 8B – 19a；彩版二二〇，1）

葬具为一椁一棺，木结构基本朽尽。从朽痕可知，椁置于墓坑底部偏北，平面呈长方形，长 256、宽 65 厘米，高度不明。棺置于木椁北部，长 206、宽 58 厘米，高度不明。南边箱由棺和椁西、东、南三面侧板之间的空间组成。

该墓共出土铜器、琉璃器、石器、陶器等遗物 6 件（组）。

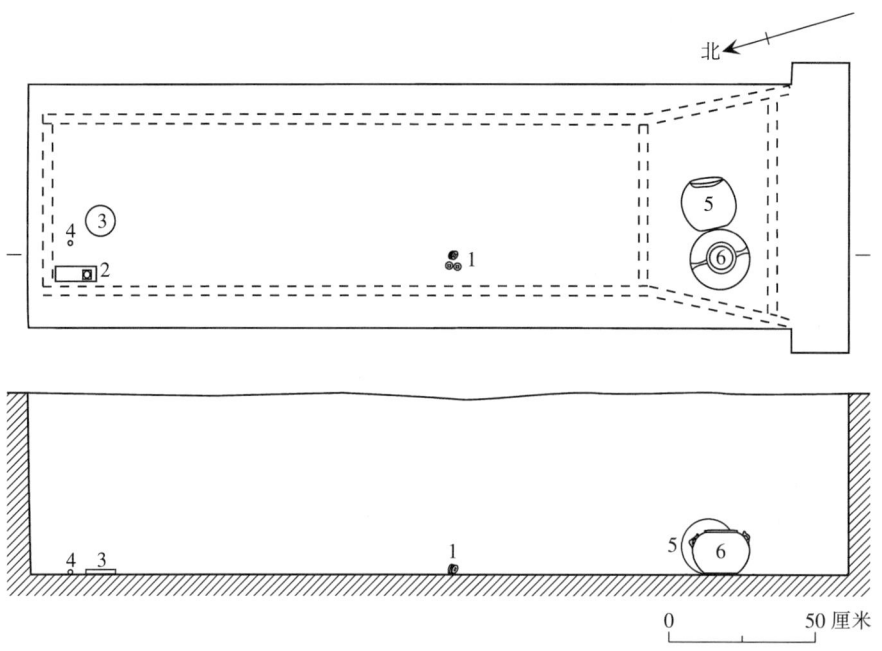

图 3 – 8B – 19a　圩庄组 B 区 M174 平面、剖视图
1. 铜钱　2. 石黛板/研石　3. 铜镜　4. 琉璃珠　5. 陶壶　6. 陶瓿

1. 铜器

2 件（组）。器形为镜、铜钱。

镜　1 件。M174：3，出土于棺内北部。四乳禽兽纹镜。圆形，半圆纽，圆纽座。座外三竖线纹与单弧线纹各四组相间环列，外饰一周凸弦纹，其外两周短斜线纹间有四乳和四虺相间环绕，四乳带圆纽座，四虺呈钩形，其两侧各饰一鸟。宽素平缘。镜面微凸。面径 9.6、背径 9.4、纽高 0.7、纽宽 1.45、缘宽 0.8、缘厚 0.46、肉厚 0.16 厘米。（图 3 – 8B – 19b）

铜钱　1 组。M174：1，出土于棺内中部偏西。共 6 枚，皆为五铢钱，形制、尺寸、钱文基本相同。钱径 2.1、穿径 1 厘米。（图 3 – 8B – 19b）

2. 琉璃器

1 件。器形为珠。

珠　1 件。M174：4，出土于棺内西北角。器呈墨绿色，整体为扁圆柱形，中部饰一穿孔。器径 0.8、器高 0.6、孔径 0.1 厘米。（图 3 – 8B – 19b；彩版二二〇，2）

3. 石器

1 组。器形为黛板和研石。

黛板/研石　1 组。M174：2，出土于棺室西北角。石黛板，青石质，平面呈长方形，正面光滑，为研磨面，器长 13.1、宽 5、厚 0.8 厘米。研石，青石质，顶面呈圆形，底面呈方形，底面光滑，为研磨面，底径 3、高 1.4 厘米。（图 3 – 8B – 19b；彩版二二〇，3）

4. 陶器

共 2 件。器形为壶、瓿。

壶　1 件。M174：5，出土于南边箱中部。泥质红陶，陶质疏软。腹部破损严重，圆唇，束颈，鼓腹，平底内凹。口径 12.6、底径 9.4、复原高 24.6 厘米。（图 3 – 8B – 19b）

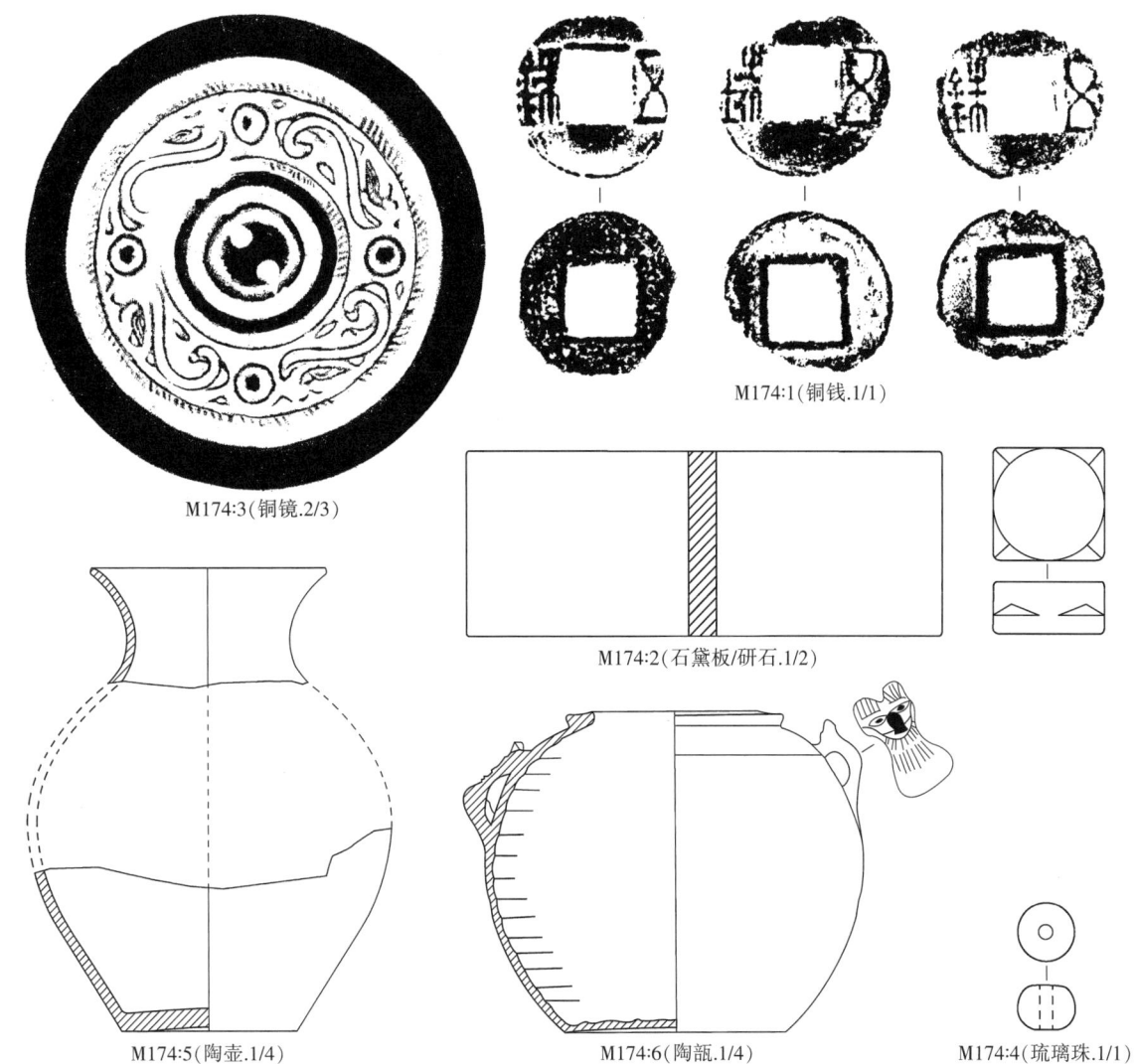

M174:3(铜镜.2/3)

M174:1(铜钱.1/1)

M174:2(石黛板/研石.1/2)

M174:5(陶壶.1/4)

M174:6(陶瓿.1/4)

M174:4(琉璃珠.1/1)

图 3 - 8B - 19b　圩庄组 B 区 M174 出土器物图

瓿　1 件。M174：6，出土于南边箱西部。泥质红陶。小侈口，圆唇，沿面内凹，鼓肩，弧腹渐收，平底内凹。肩两侧饰兽面耳一对。口径 9、底径 12、高 17.1 厘米。（图 3 - 8B - 19b；彩版二二〇，4）

二十、175 号墓（M175）

M175 位于圩庄组取土场 B 区墓地南部，东南与 M176 相邻，东北与 M174 相邻。清理前，墓坑开口已被高速公路施工方破坏，开口距现地表深度不明，墓坑底部随葬品组合未遭扰动。

墓葬形制为长方形竖穴土坑，开口长 247、宽 76 厘米，残深 156 厘米。方向 20°。（图 3 - 8B - 20a）

葬具为单棺，木结构基本朽尽。从朽痕可知，棺平面呈长方形，长 195、宽 56 厘米，高度不明。

该墓共出土铜器、铁器、琉璃器、石器、陶器等遗物 8 件（组）。

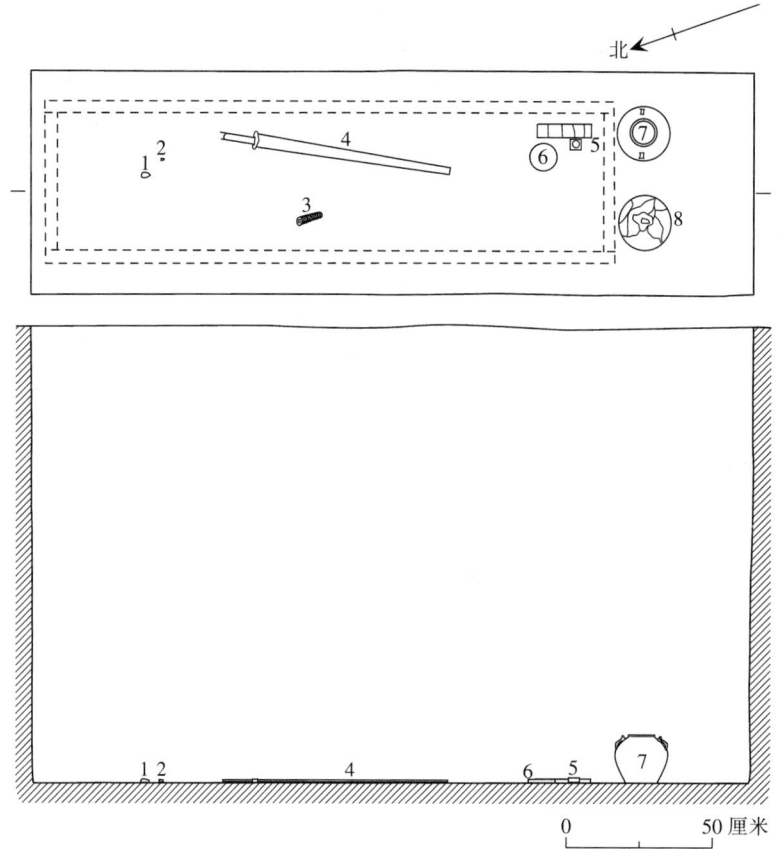

图 3 – 8B – 20a　圩庄组 B 区 M175 平面、剖视图

1. 琉璃珌　2. 琉璃塞　3. 铜钱　4. 铁剑　5. 石黛板/研石　6. 铜镜　7. 陶瓿　8.
陶壶

1. 铜器

2 件（组）。器形为镜、铜钱。

镜　1 件。M175：6，出土于棺内东南角。日光镜。圆形，半圆纽，圆纽座。座外三竖线纹与单弧线纹各四组相间环列，外饰十二内向连弧纹。其外两周短斜线纹间饰一周铭文。铭文间以"の"形与菱形"田"字纹符号间隔。铭文为"见日之光天下大明"。宽素平缘，镜面微凸。面径 8.1、背径 7.9、纽高 0.6、纽宽 1.4、缘宽 0.8、缘厚 0.44、肉厚 0.25 厘米。（彩版二二一，1）

铜钱　1 组。M175：3，出土于棺内中部西侧。共 10 枚，皆为五铢钱，形制、尺寸、钱文基本相同。钱径 2.5、穿径 1 厘米。（图 3 – 8B – 20b；彩版二二一，2）

2. 铁器

1 件。器形为剑。

剑　1 件。M175：4，出土于棺内中部东侧。整器残损严重，仅存铜格与少量剑身。整器残长6.2、格宽 4.2 厘米。（图 3 – 8B – 20b；彩版二二一，3）

3. 琉璃器

2 件。器形为珌、塞。

珌　1 件。M175：1，出土于棺内北部。器作蝉形，残朽严重，具体形制与纹饰难辨。器残长

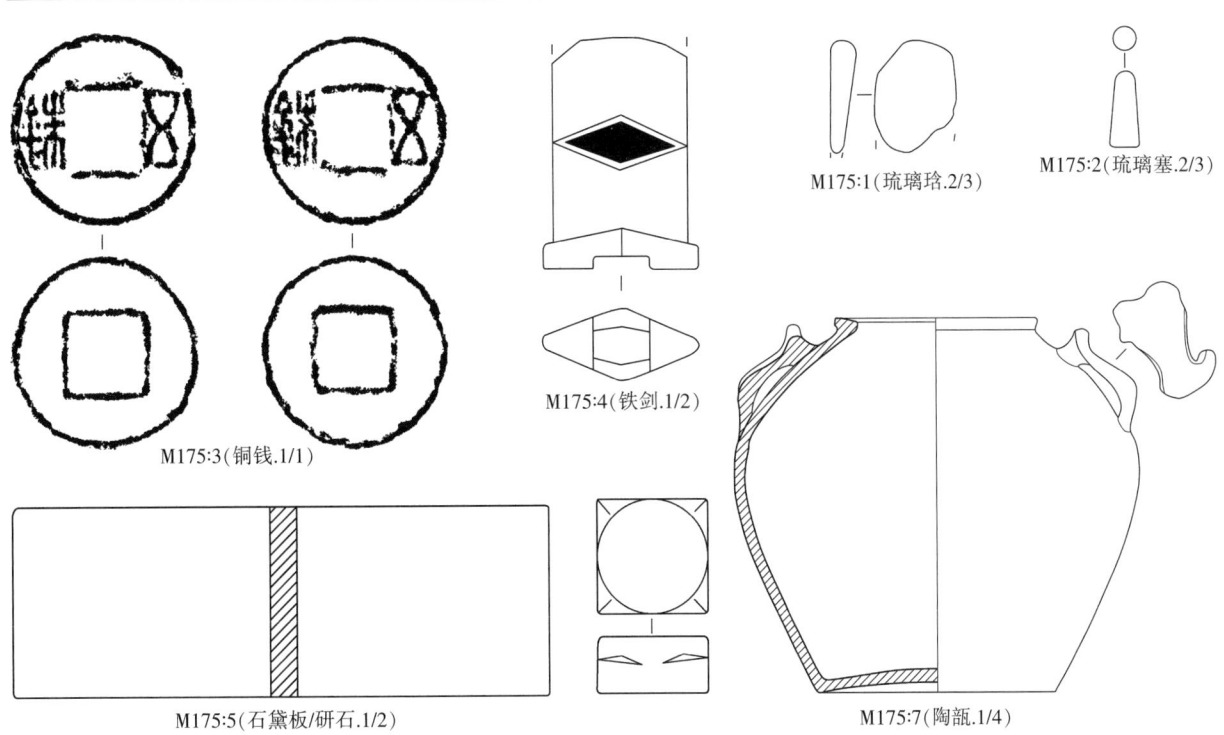

M175:1(琉璃珩.2/3)

M175:2(琉璃塞.2/3)

M175:3(铜钱.1/1)

M175:4(铁剑.1/2)

M175:5(石黛板/研石.1/2)

M175:7(陶瓿.1/4)

图3-8B-20b 圩庄组B区M175出土器物图

2.2、残宽1.7、残厚0.53厘米。（图3-8B-20b；彩版二二一，4）

塞 1件。M175：2，出土于棺内北部。器作圆台柱形，呈灰白色。顶面直径0.4、底面直径0.6、高1.5厘米。（图3-8B-20b；彩版二二一，5）

4. 石器

1组。器形为黛板和研石。

黛板/研石 1组。M175：5，出土于棺内东南。石黛板，青石质，平面呈长方形，正面光滑，为研磨面，器长14.7、宽5.1、厚0.7厘米。研石，青石质，顶面呈圆形，底面呈方形，底面光滑，为研磨面，底径3、高1.5厘米。（图3-8B-20b；彩版二二一，6）

5. 陶器

共2件。器形为壶、瓿。

壶 1件。M175：8，出土于棺外南侧。泥质红陶，陶质疏软。整器破损严重，无法复原，形制、尺寸不明。

瓿 1件。M175：7，出土于棺外南侧。泥质红陶。侈口，尖圆唇，斜肩，鼓腹，斜直腹，平底内凹。口沿下各饰一铺首衔环耳。口径11.1、底径12.9、高19.8厘米。（图3-8B-20b；彩版二二一，7）

二十一、176号墓（M176）

M176位于圩庄组取土场B区墓地南部，西面与M175相邻，东面与M177相邻。清理前，墓坑开口已被高速公路施工方破坏，开口距现地表深度不明，墓坑底部随葬品组合未遭扰动。

墓葬形制为长方形竖穴土坑，开口长237、宽76厘米，残深131厘米。方向35°。（图3-8B-

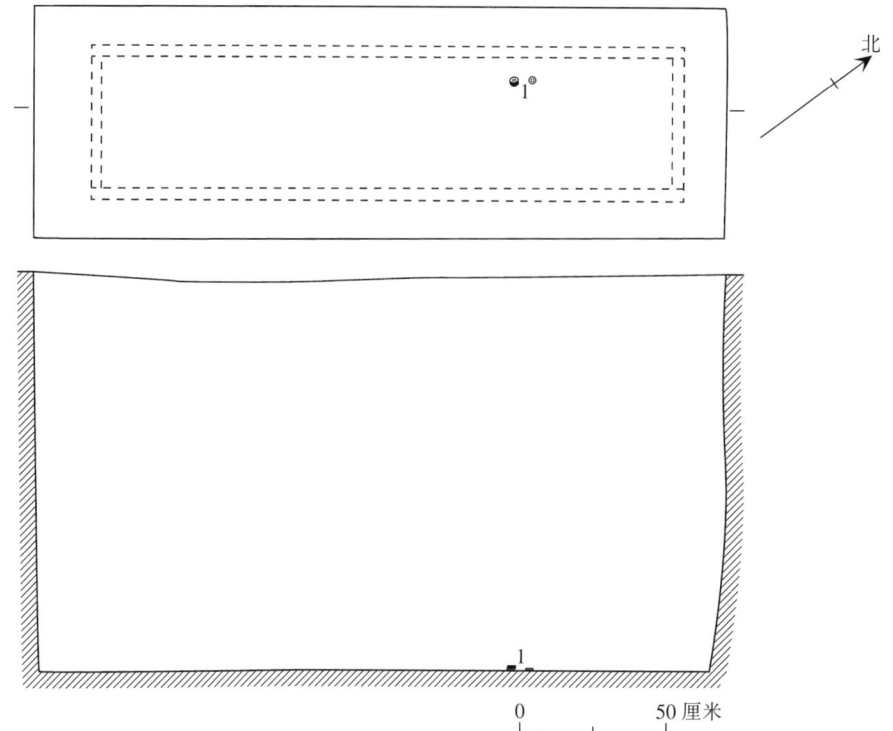

图 3 - 8B - 21a　圩庄组 B 区 M176 平面、剖视图
1. 铜钱

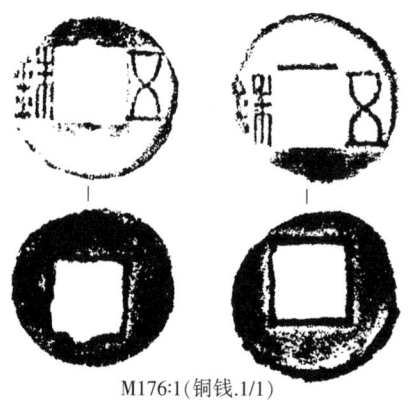

M176:1(铜钱.1/1)

图 3 - 8B - 21b　圩庄组 B 区 M176 出土器物图

21a；彩版二二二，1）

　　葬具为单棺，木结构基本朽尽。从朽痕可知，棺平面呈长方形，长 204、宽 51 厘米，高度不明。

　　该墓共出土铜器 1 组。

铜器

　　1 组。器形为铜钱。

　　铜钱　1 组。M176：1，出土于棺内北部西侧。共 6 枚，均为五铢钱，形制、尺寸、钱文基本相同。钱径 2.1、穿径 1 厘米。（图 3 - 8B - 21b；彩版二二二，4）

二十二、177 号墓（M177）

M177 位于圩庄组取土场 B 区墓地南部，东南与 M178 相邻，西南与 M176 相邻。清理前，墓坑开口已被高速公路施工方破坏，开口距现地表深度不明，墓坑底部未遭扰动。

墓葬形制为长方形竖穴土坑，开口长 206、宽 54 厘米，残深 67 厘米。方向 20°。（图 3 – 8B – 22；彩版二二二，2）

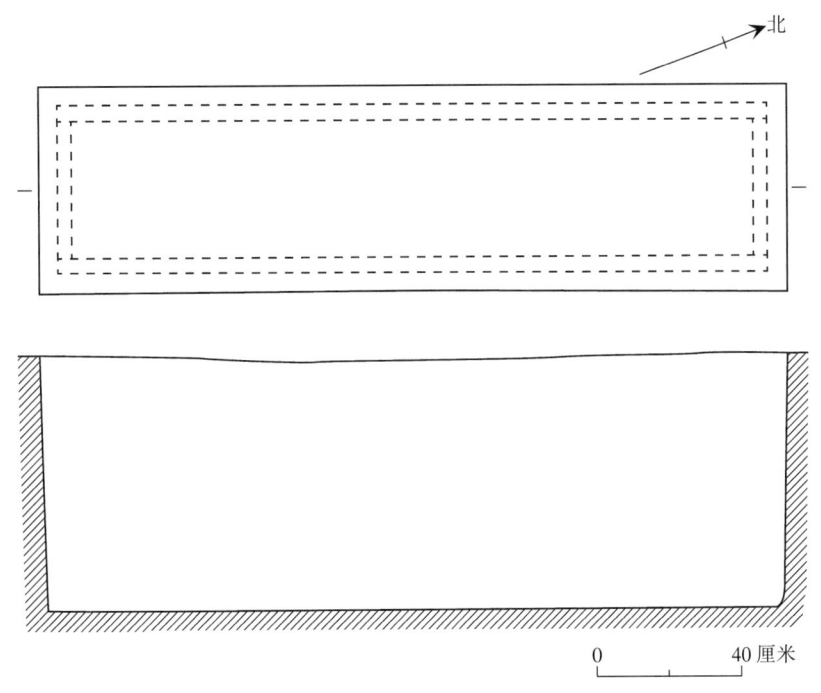

图 3 – 8B – 22　圩庄组 B 区 M177 平面、剖视图

葬具为单棺，木结构完全朽尽。从朽痕可知，棺置于墓坑底部，长 196、宽 45 厘米，高度不明。

该墓虽经细致清理，但未出土任何遗物。

二十三、178 号墓（M178）

M178 位于圩庄组取土场 B 区墓地南部，西北与 M177 相邻，东南与 M179 相邻。清理前，墓坑开口已被高速公路施工方破坏，开口距现地表深度不明，墓坑底部随葬品组合未遭扰动。

墓葬形制为长方形竖穴土坑，开口长 276、宽 112 厘米，残深 116 厘米。方向 22°。（图 3 – 8B – 23a；彩版二二二，3）

葬具为单棺，木结构基本朽尽。从朽痕可知，棺长 205、宽 71 厘米。

该墓共出土铜器、陶器等遗物 3 件（组）。

1. 铜器

2 件（组）。器形为镜、铜钱。

镜　1 件。M178：1，出土于棺内北部西侧。昭明镜。圆形，半圆组，圆组座。座外短竖线（每组三线）与单短线各四组相间环列，外饰八内向连弧纹，外圈两周短斜线纹间饰一周铭文。铭

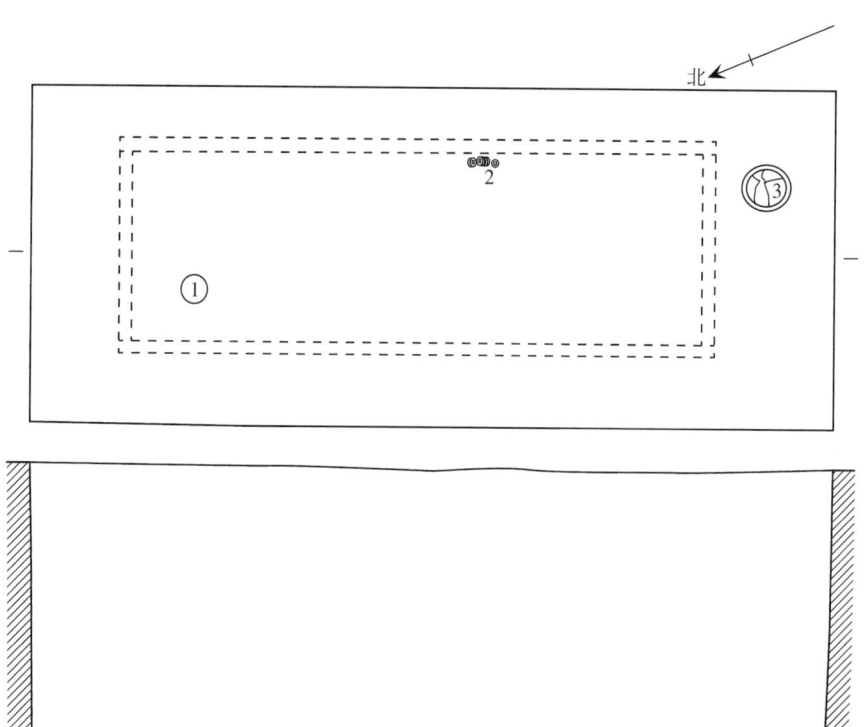

图 3-8B-23a　圩庄组 B 区 M178 平面、剖视图
1. 铜镜　2. 铜钱　3. 陶瓿

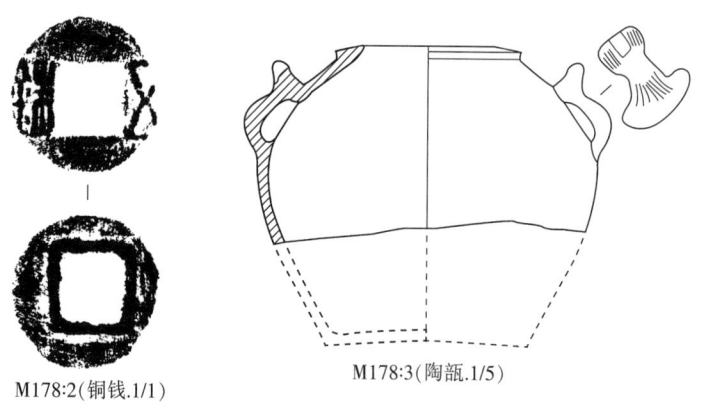

M178:2(铜钱.1/1)　　M178:3(陶瓿.1/5)

图 3-8B-23b　圩庄组 B 区 M178 出土器物图

文为"内而清而以而昭而明而光而夫日而月而"。宽素平缘。镜面微凸。面径 9.3、背径 9.1、纽高 0.6、纽宽 1.3、缘宽 1.03、缘厚 0.4、肉厚 0.2 厘米。(彩版二二二,5)

　　铜钱　1 组。M178:2,出土于棺内中部东侧。共 12 枚,皆为五铢钱,形制、尺寸、钱文基本相同。钱径 2.2、穿径 1 厘米。(图 3-8B-23b)

　　2. 陶器

　　1 件。器形为瓿。

陶瓶 1 件。M178：3，出土于棺外南部东侧。泥质红陶，陶质疏软。器下腹部和底部残损。小口内敛，尖唇，折沿，溜肩，弧腹渐收。肩部饰一对桥形耳。器口径 9 厘米。（图 3 - 8B - 23b）

二十四、179 号墓（M179）

M179 位于圩庄组取土场 B 区墓地南部，西面与 M178 相邻，东面与 M180 相邻。清理前，墓坑开口已被高速公路施工方破坏，开口距现地表深度不明，墓坑底部随葬品组合未遭扰动。

墓葬形制为长方形竖穴土坑，开口长 260、宽 87 厘米，残深 60 厘米。方向 20°。（图 3 - 8B - 24a）

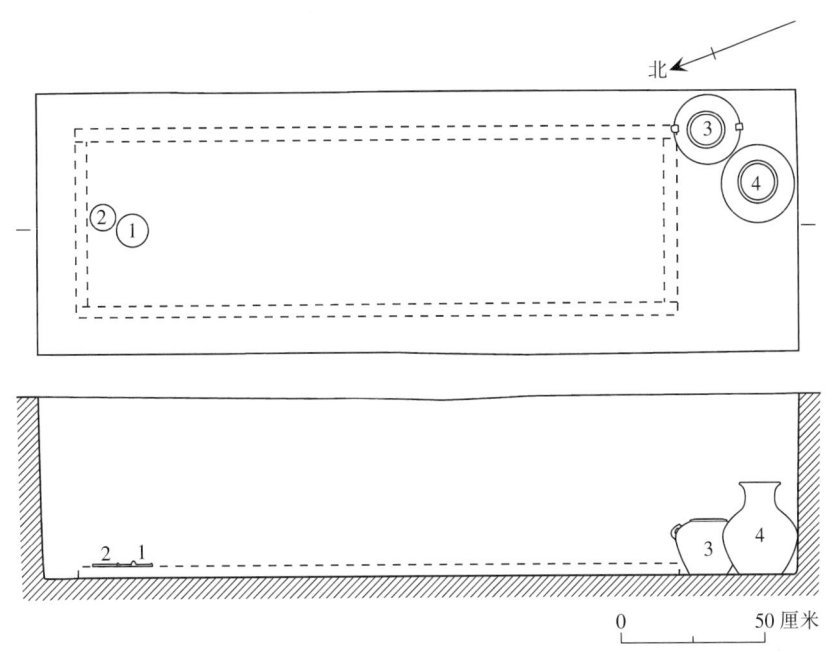

图 3 - 8B - 24a 圩庄组 B 区 M179 平面、剖视图
1、2. 铜镜 3. 陶瓶 4. 陶壶

葬具为单棺，木结构基本朽尽。从朽痕可知，棺置于墓坑底部偏北，长 205、宽 62 厘米，高度不明。

该墓共出土铜器、陶器等遗物 4 件。

1. 铜器

2 件。器形为镜。

镜 2 件。M179：1，出土于棺内北部。四乳禽兽纹镜。圆形，半圆纽，圆纽座。座外三竖线纹与单弧线纹各四组相间环列，外饰一周凸弦纹，其外两周短斜线纹间有四乳和四虺相间环绕，四乳带圆纽座，四虺呈钩形，其两侧各饰一鸟。宽素平缘。镜面微凸。面径 8.6、背径 8.4、纽高 0.7、纽宽 1.4、缘宽 0.9、缘厚 0.5、肉厚 0.19 厘米。（彩版二二三，1）

M179：2，出土于棺内北部。四乳禽兽纹镜。圆形，半圆纽，圆纽座。座外三竖线纹与单弧线纹各四组相间环列，外饰一周凸弦纹圈带，其外两周短斜线纹间有四乳和四虺相间环绕，四乳带圆纽座，四虺呈钩形，其两侧各饰一鸟。宽素平缘。镜面微凸。面径 12.1、背径 11.9、纽高 0.8、纽宽 1.7、缘宽 1.5、缘厚 0.6、肉厚 0.26 厘米。（彩版二二三，2）

2. 陶器

2 件。器形为壶、瓿。

壶 1 件。M179：4，出土于墓室南部东侧。泥质红陶。器残损，仅剩口部、下腹部与底部。器侈口，圆唇，直颈，斜弧腹内收，平底内凹。口径 14.1、底径 15.3 厘米。（图 3－8B－24b）

瓿 1 件。M179：3，出土于墓室南部东侧。泥质红陶。器残损，仅剩口部、肩部、下腹部与底部。器小口内敛，尖圆唇，折沿，溜肩，斜腹内收，平底内凹。肩部饰一对称耳。口径 9.5、底径 12.2 厘米。（图 3－8B－24b）

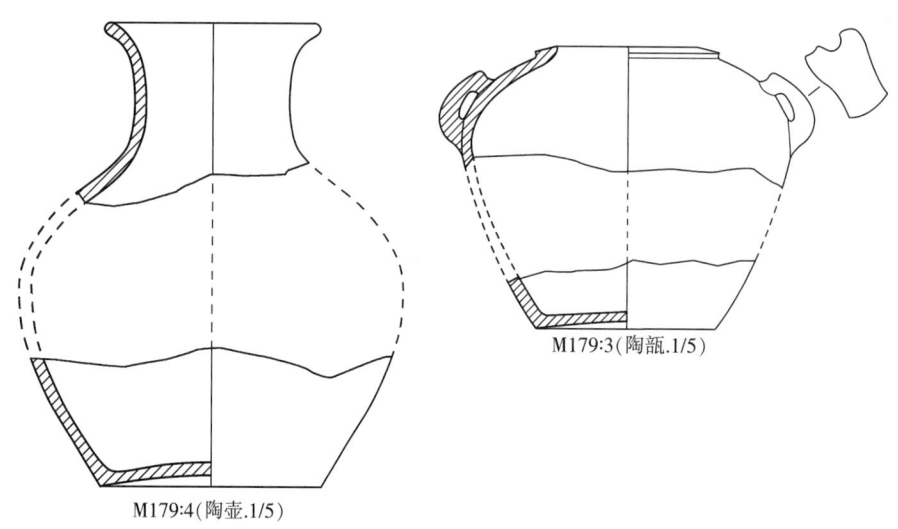

M179:4（陶壶.1/5）

M179:3（陶瓿.1/5）

图 3－8B－24b　圩庄组 B 区 M179 出土器物图

二十五、180 号墓（M180）

M180 位于圩庄组取土场 B 区墓地南部，西面与 M179 相邻，东面与 M181 相邻。清理前，墓坑开口已被高速公路施工方破坏，开口距现地表深度不明，墓坑底部未遭扰动。

墓葬形制为长方形竖穴土坑，开口长 237、宽 80 厘米，残深 121 厘米。方向 25°。（图 3－8B－25）

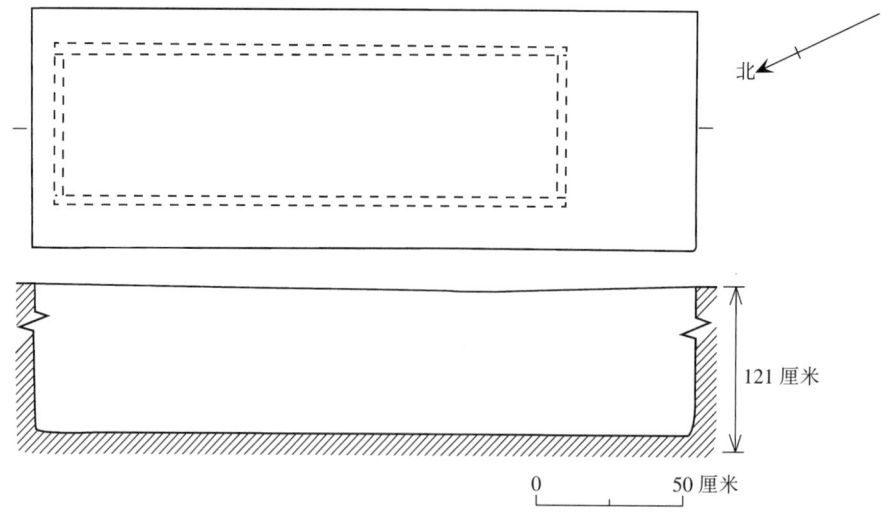

北

121 厘米

0　　　50 厘米

图 3－8B－25　圩庄组 B 区 M180 平面、剖视图

葬具为单棺，木结构基本朽尽。从朽痕可知，棺长 183、宽 54 厘米，高度不明。

该墓虽经细致清理，但未出土任何遗物。

二十六、181 号墓（M181）

M181 位于圩庄组取土场 B 区墓地南部，西面与 M180 相邻，南面与 M183 相邻。清理前，墓坑开口已被高速公路施工方破坏，开口距现地表深度不明，墓坑底部随葬品组合未遭扰动。

墓葬形制为长方形竖穴土坑，开口长 270、宽 110 厘米，残深 105 厘米。方向 30°。（图 3 – 8B – 26a）

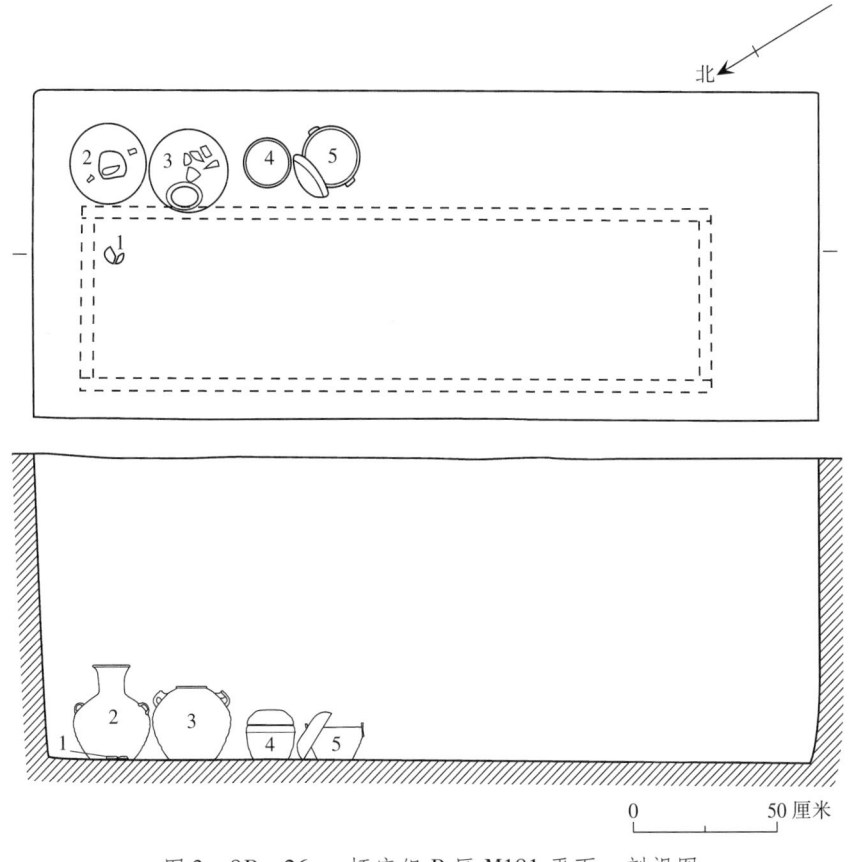

图 3 – 8B – 26a　圩庄组 B 区 M181 平面、剖视图
1. 铜镜　2. 釉陶壶　3. 釉陶瓿　4. 釉陶盒　5. 釉陶鼎

葬具为单棺，木结构基本朽尽。从朽痕可知，棺置于墓坑中部，长 220、宽 62 厘米，高度不明。

该墓共出土铜器、陶器等遗物 5 件。

1. 铜器

1 件。器形为镜。

镜　1 件。M181：1，出土于棺内北部。日光镜。残损严重，仅存三分之一。圆形，半圆纽，圆纽座。座外单弧线纹与三角锥形丁各四组相间排列，外饰八内向连弧纹，其外饰短斜线纹两周，其内夹饰铭文一周，铭文间以"の"形与菱形"田"字纹符号间隔。尚可见铭文为"……光天

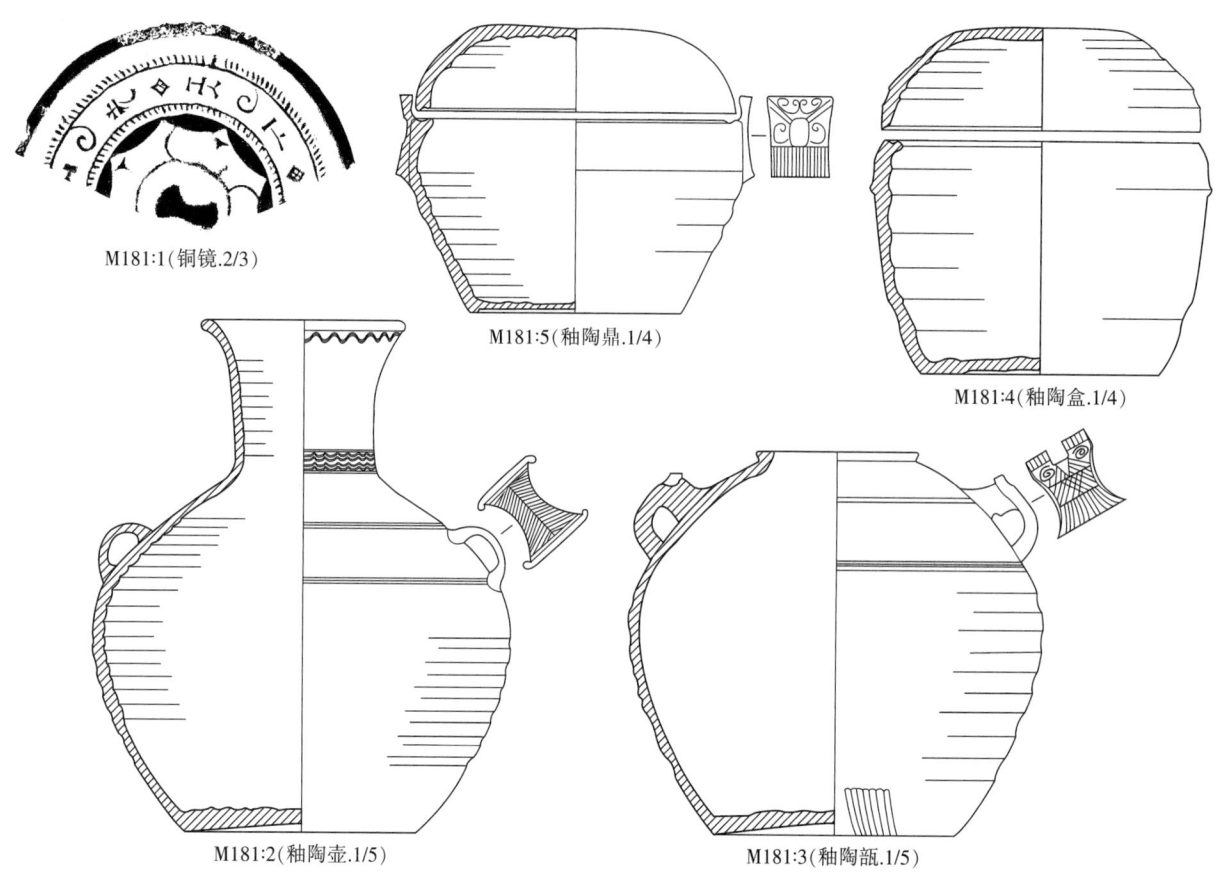

M181:1(铜镜.2/3)

M181:5(釉陶鼎.1/4)

M181:4(釉陶盒.1/4)

M181:2(釉陶壶.1/5)

M181:3(釉陶瓿.1/5)

图 3－8B－26b　圩庄组 B 区 M181 出土器物图

下……"。素缘。面径 7.4、背径 7.2、纽高 0.6、纽宽 1.1、缘宽 0.23、缘厚 0.36、肉厚 0.1 厘米。（图 3－8B－26b；彩版二二三，3）

2. 陶器

4 件。器形为鼎、盒、壶、瓿。

鼎　1 件。M181：5，出土于墓室东部。釉陶。覆平底钵形盖，宽平顶。鼎身子母口，尖圆唇敛口，斜腹，矮圈足。口部饰一对称耳，耳外侧模印勾连纹。盖口径 17.4、高 4.5 厘米，鼎身口径 16.2、底径 11.6、高 11.6 厘米。（图 3－8B－26b；彩版二二三，4）

盒　1 件。M181：4，出土于墓室东部。釉陶。覆平底钵形盖，平顶较宽。盒身子母口，尖圆唇，侈口，弧腹，平底内凹。盖口径 18、高 5.4 厘米，盒身口径 15.3、底径 13.2、高 12.4 厘米。（图 3－8B－26b；彩版二二三，5）

壶　1 件。M181：2，出土于墓室东部。釉陶。侈口，圆唇，直颈，溜肩，双桥形耳，鼓腹渐收，平底内凹。耳面饰叶脉纹。口部饰一周水波纹带，颈部饰两道凹弦纹，间饰四周水波纹。口径 12.8、底径 16、高 34 厘米。（图 3－8B－26b；彩版二二三，6）

瓿　1 件。M181：3，出土于墓室东部。釉陶。敛口，尖圆唇，沿面内凹，斜鼓肩，弧腹渐收，平底。肩两侧饰兽面耳一对。口径 11、底径 17、高 25.5 厘米。（图 3－8B－26b；彩版二二三，7）

二十七、182 号墓（M182）

M182 位于圩庄组取土场 B 区墓地南部，东面与 M173 相邻。清理前，墓坑开口及南部已被高速公路施工方破坏，开口距现地表深度不明，墓坑底部随葬品组合遭受扰动。

墓葬形制为长方形竖穴土坑，开口残长 270、宽 140 厘米，残深 60 厘米。方向 30°。（图 3 - 8B - 27a；彩版二二四，1）

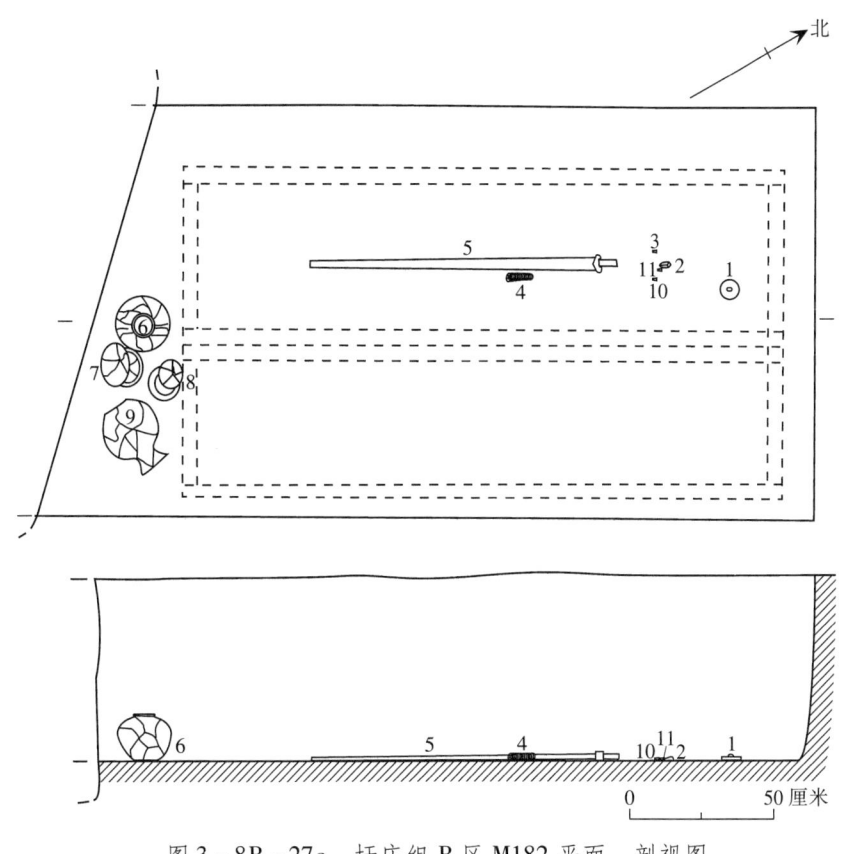

图 3 - 8B - 27a　圩庄组 B 区 M182 平面、剖视图

1. 铜镜　2. 琉璃玲　3、10、11. 琉璃塞　4. 铜钱　5. 铁剑　6. 陶瓿　7. 陶鼎　8. 陶盒　9. 陶壶

葬具为双棺，木结构基本朽尽。从朽痕可知，两棺形制、尺寸基本同，西棺长 205、宽 60 厘米，东棺长 205、宽 50 厘米。

该墓共出土铜器、铁器、琉璃器、陶器等遗物 11 件（组）。

1. 铜器

2 件（组）。器形为镜、铜钱。

镜　1 件。M182：1，出土于西棺北部。日月镜。圆形，半圆纽，圆纽座。座外单弧线纹与双弧线纹各四组相间环列，外饰八内向连弧纹，其外饰一周斜线纹，外饰一周铭文带，铭文间以"の"形符号间隔。铭文为"见光日月心勿夫"。面径 7、背径 7.8、纽高 0.5、纽宽 1.15、缘宽 0.35、缘厚 0.23、肉厚 0.12 厘米。（彩版二二四，2）

铜钱　1 组。M182：4，出土于棺内中部。共 24 枚，皆为五铢钱，形制、尺寸、钱文基本相同。钱径 2.3、穿径 1 厘米。（图 3 - 8B - 27b；彩版二二四，3）

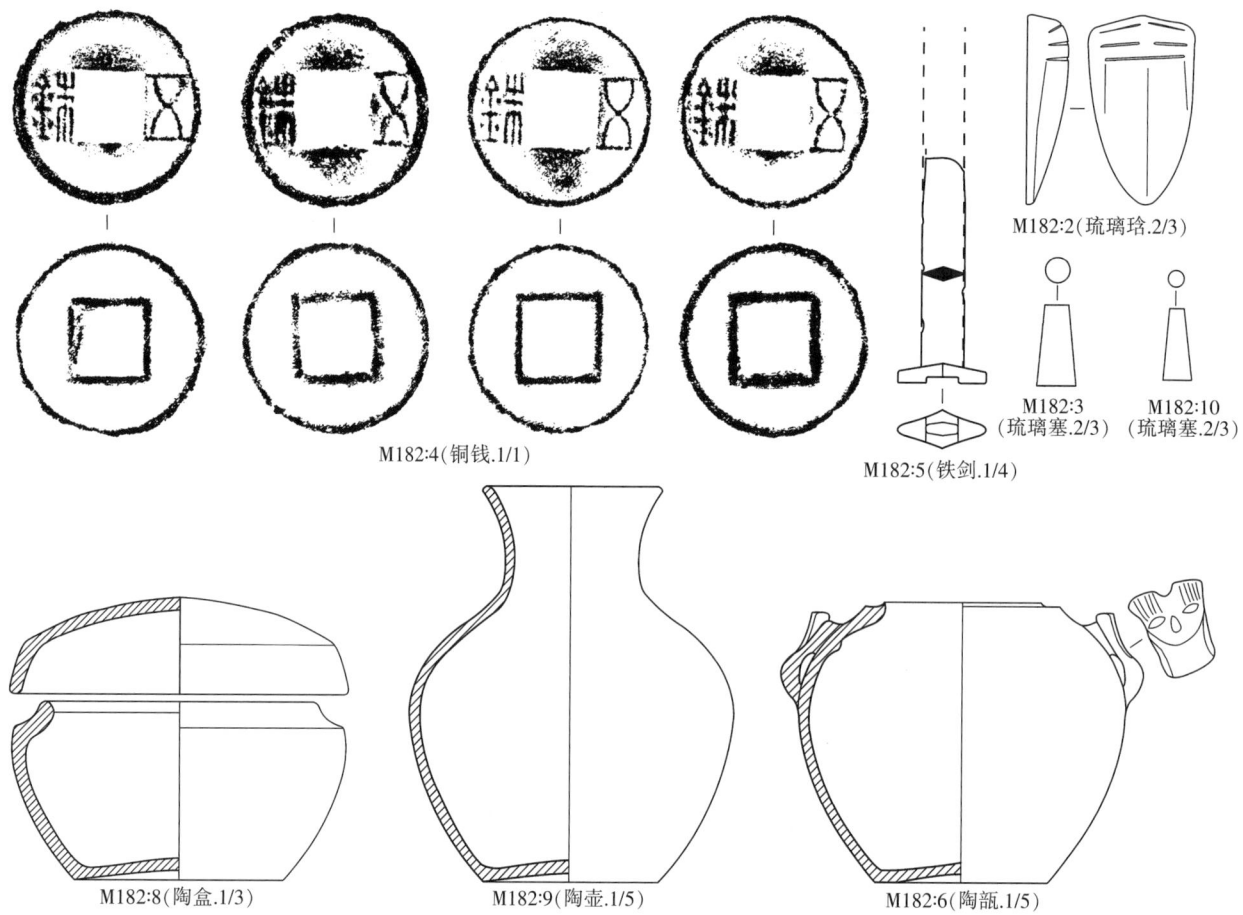

图 3 - 8B - 27b　圩庄组 B 区 M182 出土器物图

2. 铁器

1 件。器形为剑。

剑　1 件。M182：5，出土于棺内中部。整器残损严重，仅铜格与部分铁质剑身尚存。残长 12、格宽 4.8 厘米。（图 3 - 8B - 27b）

3. 琉璃器

4 件。器形为珩、塞。

珩　1 件。M182：2，出土于棺内北部。器作蝉形，呈灰白色，正中隆起，纹饰简练，上部左右对称各分布三道刻划纹。通长 3.7、宽 2.2、厚 0.85 厘米。（图 3 - 8B - 27b；彩版二二四，4）

塞　3 件。均出土于棺内北部。M182：3，器呈灰白色，整体呈圆台柱形。顶面直径 0.5、底面直径 0.8、高 1.6 厘米。（图 3 - 8B - 27b；彩版二二四，5 左）

M182：10、M182：11，两件形制、尺寸与 M182：3 基本相近。（图 3 - 8B - 27b；彩版二二四，5 中、右）

4. 陶器

4 件。器形为鼎、盒、壶、瓿，均出土于棺外南部。

鼎　1 件。M182：7，泥质红陶。整器残损严重，无法复原，形制、尺寸不明。

盒　1 件。M182：8，盒盖泥质灰陶，盒身泥质红陶。覆钵形圈顶盖。盒身子母口，侈口，圆唇，弧腹内收，平底内凹。盒盖口径13.2、高3.8厘米，盒身口径10.8、底径8.4、高7厘米。（图3-8B-27b；彩版二二四，6）

壶 1件。M182：9，泥质红陶。侈口，圆唇，束颈，溜肩，鼓腹内收，平底内凹。通体素面。口径和底径均为12厘米，高26厘米。（图3-8B-27b）

瓿 1件。M182：6，泥质红陶。直口微侈，斜沿，沿面内凹，鼓肩，斜腹内收，平底内凹。肩两侧饰一对称兽面耳。口径10.4、底径11.6、高18厘米。（图3-8B-27b；彩版二二四，7）

二十八、183号墓（M183）

M183位于圩庄组取土场B区墓地南部，北面与M181相邻。清理前，墓坑及墓道开口已被高速公路施工方破坏，开口距现地表深度不明，墓坑底部随葬品组合未遭扰动。

该墓坐北朝南，墓葬形制为斜坡墓道土坑墓，斜坡墓道南窄北宽，残长294、宽140、最深处残深87厘米，墓坑长400、宽248、残深90厘米。方向3°。（图3-8B-28a；彩版二二五，1、2）

葬具为一椁双棺。砖椁位于墓坑正中，椁东、北、西三面由砖垒砌而成，南面为木门，砖椁长385、宽240、残高90厘米，砖长28.25、宽14、厚4厘米。砖椁内为双棺，木结构基本朽尽，从朽痕可知，双棺纵向排列，东棺较南，西棺偏北，两棺形制、尺寸基本相同，棺长217、宽70厘米，高度不明。

该墓共出土铜器、铁器、陶器等遗物5件。

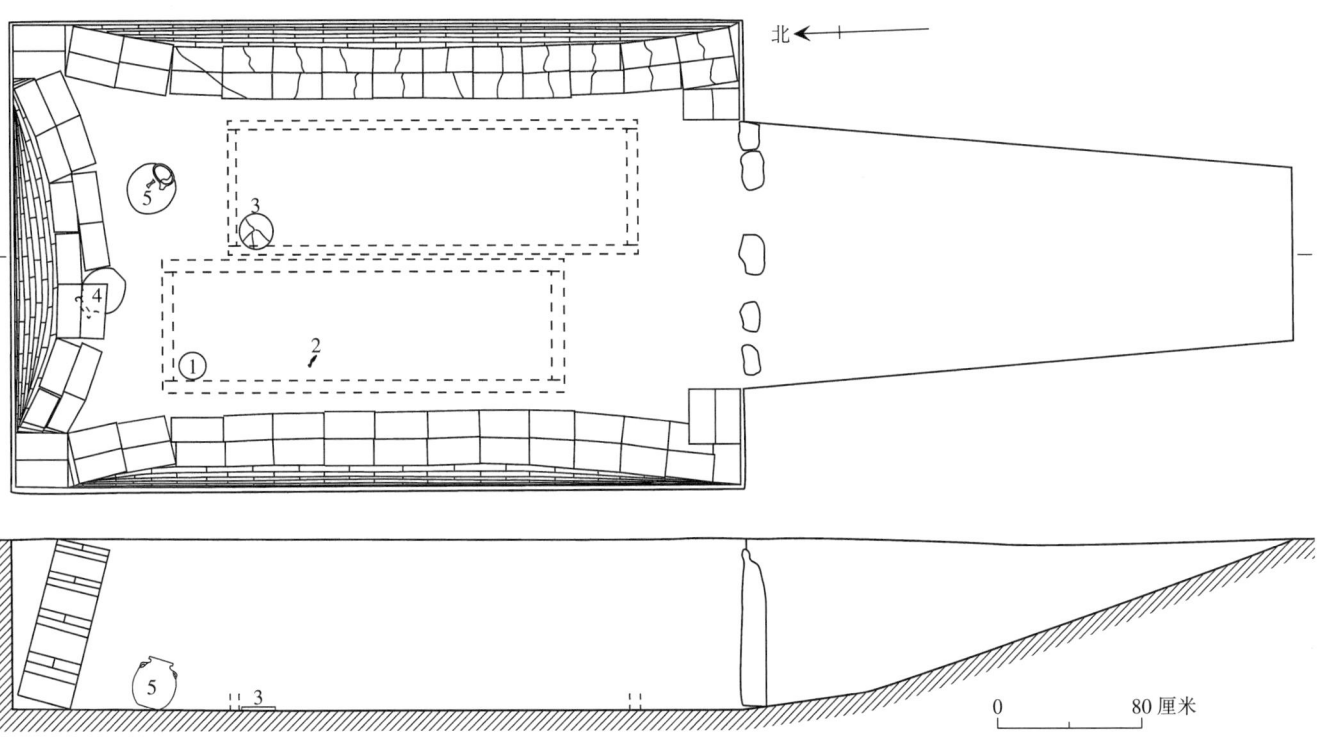

图3-8B-28a 圩庄组B区M183平面、剖视图
1、3. 铜镜 2. 铁带钩 4、5. 陶罐

1. 铜器

2 件。器形为镜。

镜 2 件。

M183：1，出土于西棺北部。四乳禽兽纹镜。圆形，半圆纽，四叶纹纽座。座外饰一周凸弦纹圈带，其外两周短斜线纹间有四乳和四虺相间环绕，四乳带圆纽座，四虺呈钩形，其外侧各饰三鸟纹。宽素平缘。面径 12.7、背径 12.5、纽高 0.7、纽宽 1.5、缘宽 1.2、缘厚 0.56、肉厚 0.3 厘米。（图 3 - 8B - 28b；彩版二二五，3）

M183：3，出土于东棺北部。四神博局镜。圆形，半圆纽，四叶纹纽座。座外弦纹方格及双线方格各一个，其间折绕十二乳及十二地支，其外八枚内向八连弧圆座乳丁及博局纹将内区分为四方八极，空间填饰四神及羽人禽兽纹，外饰一周铭文及一周短斜线纹带。内区铭文为"子丑寅卯

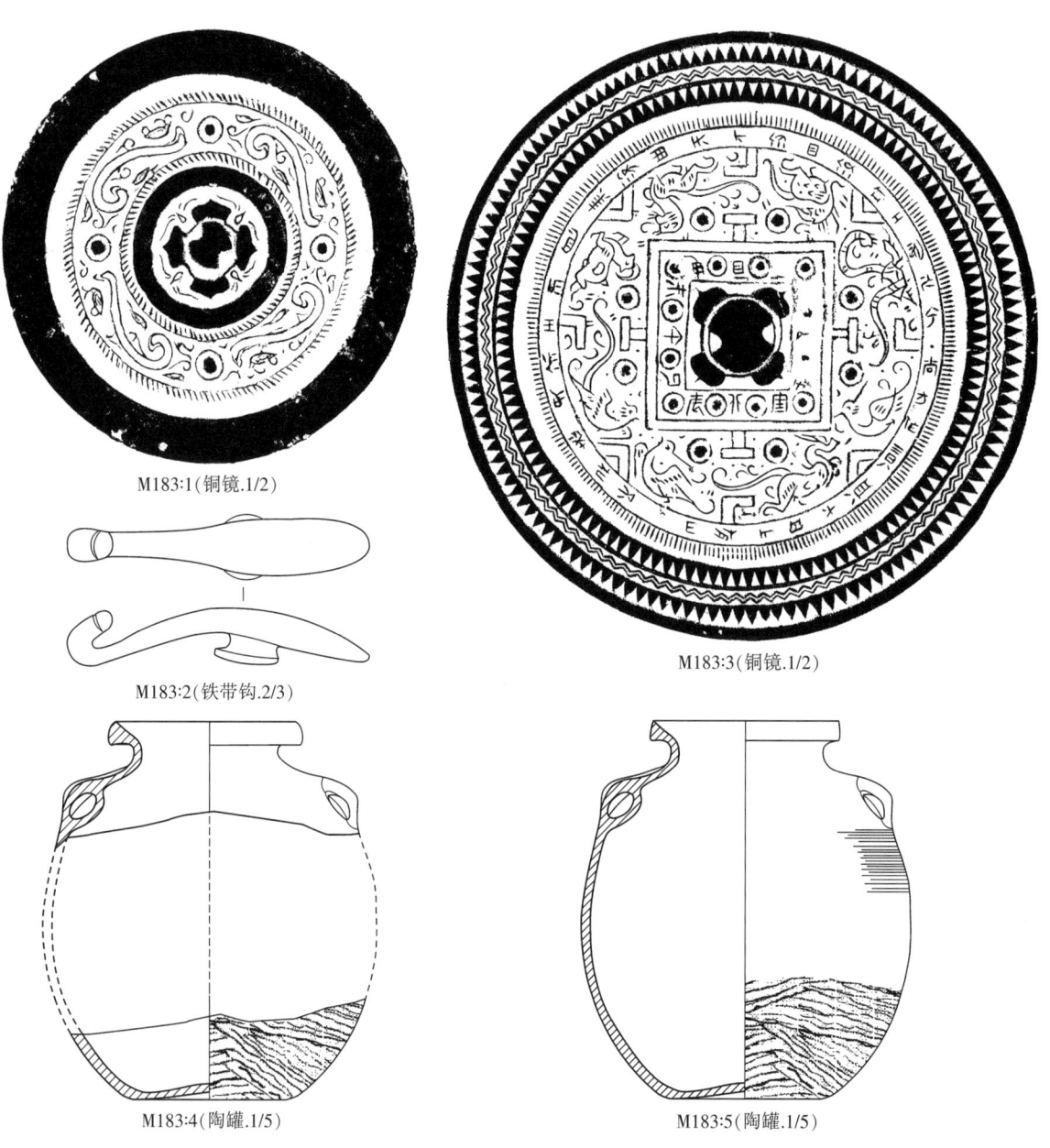

M183:1(铜镜.1/2)

M183:2(铁带钩.2/3)

M183:3(铜镜.1/2)

M183:4(陶罐.1/5)

M183:5(陶罐.1/5)

图 3 - 8B - 28b 圩庄组 B 区 M183 出土器物图

辰巳午未申酉戌亥"，外区铭文为"尚方作镜真大好上有山人不知老渴饮玉泉食□浮由天下遨四海作工刻之兮"。宽平缘上饰双线波折纹及三角锯齿纹。面径 17.4、背径 17.6、纽高 0.7、纽宽1.5、缘宽 1.2、缘厚 0.56、肉厚 0.3 厘米。（图 3 - 8B - 28b；彩版二二五，4）

2. 铁器

1 件。器形为带钩。

带钩　1 件。M183：2，出土于西棺中部。钩首，钩身作弓形，弧背，腹下近中部有一圆纽。器长 6.7、宽 1.2 厘米。（图 3 - 8B - 28b；彩版二二五，5）

3. 陶器

2 件。器形为罐，均出土于棺外北部砖椁内。

罐　2 件。M183：5，泥质灰陶。侈口，尖圆唇，卷沿外翻，短颈，鼓肩，弧腹，平底内凹。肩部饰对称牛鼻耳一对，下腹饰绳纹。口径 13、底径 11、高 27 厘米。（图 3 - 8B - 28b；彩版二二五，6）

M183：4，泥质灰陶。形制与 M183：5 基本相同。口径 13.2、底径 12 厘米。（图 3 - 8B - 28b）

附录

185 号墓（M185）

M185 位于圩庄组取土场 B 区墓地南部，西面与 M183 相邻。清理前，墓坑开口已被高速公路施工方破坏，开口距现地表深度不明，墓坑底部随葬品组合与棺木结构未遭扰动。

墓葬形制为长方形竖穴土坑，开口 250、宽 197.5 厘米，残深 60 厘米。方向 100°。（附图 3 - 8B - 1a；彩版二二六，1）

葬具为双棺，棺木结构保存尚好。两棺一南一北横向并列，置于墓坑中部，形制、尺寸基本相同，棺皆由整段圆木斫成，上窄下宽，呈袋状，东、西挡板插入南、北侧板之间，棺长 205、宽65、残高 43 厘米，底板厚 6 厘米，侧板厚 5 厘米。

该墓共出土铜器、陶器等遗物 4 件（组）。

1. 铜器

2 组。器形为铜钱。

铜钱　2 组。M185：1，散布于南棺内。共 4 枚，开元通宝、治平元宝各 2 枚，形制、尺寸基本相同。钱径 2.3、穿径 0.6 厘米。（附图 3 - 8B - 1b1；彩版二二六，2）

M185：3，散布于北棺内。共 6 枚，开元通宝，形制、尺寸均同。钱径 2.3、穿径 0.6 厘米。（附图 3 - 8B - 1b1）

2. 陶器

2 件。器形为罐。

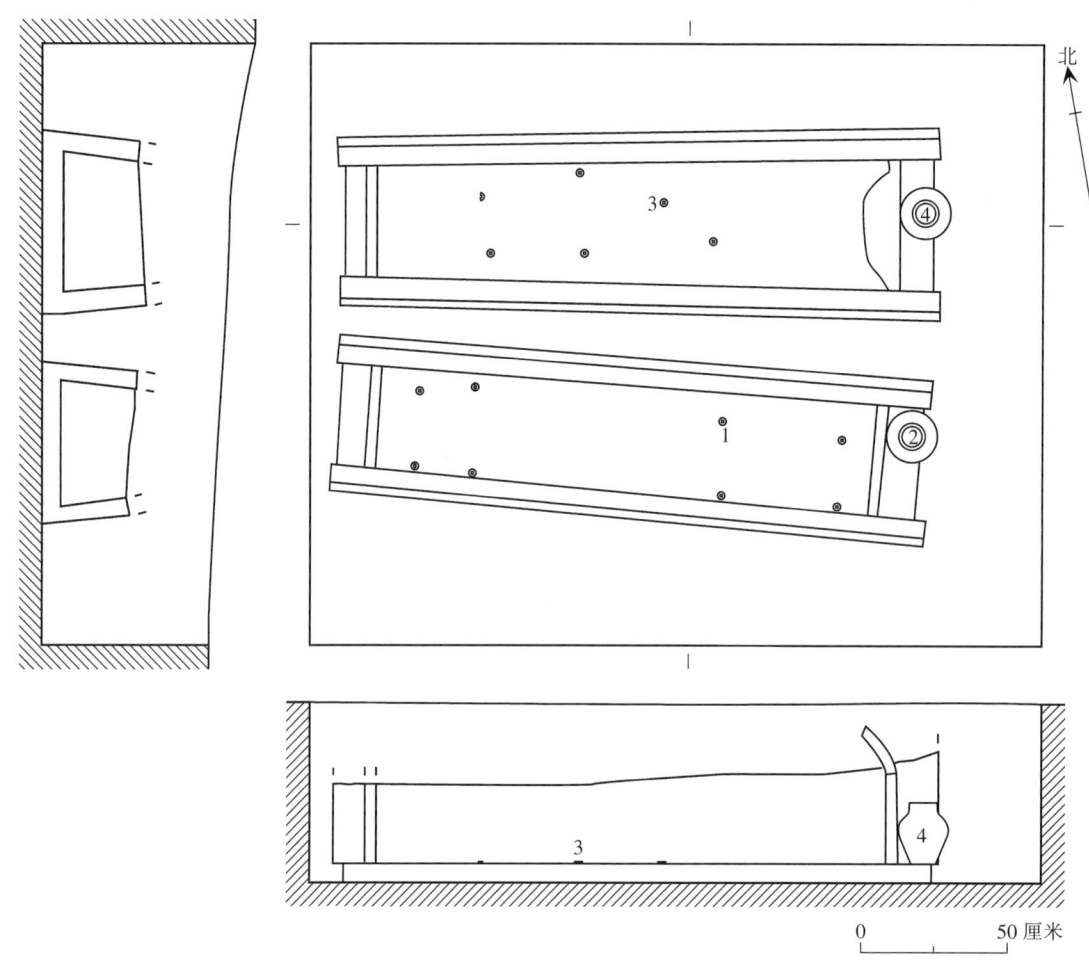

附图 3 - 8B - 1a　圩庄组 B 区 M185 平面、剖视图

1、3. 铜钱　2、4. 陶罐

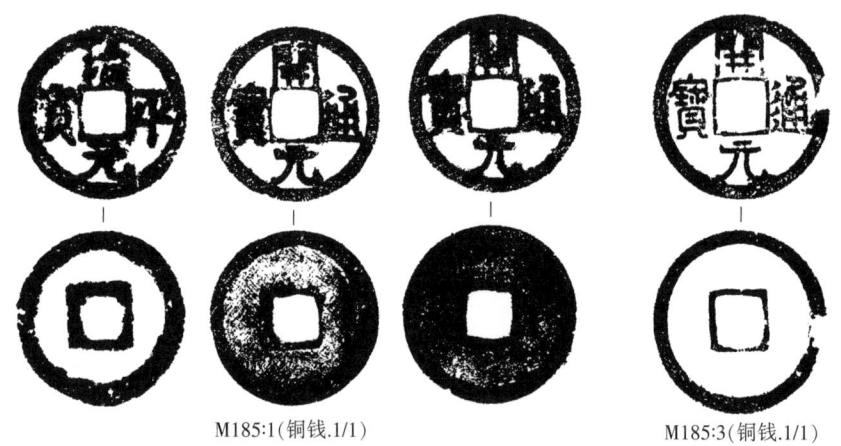

M185:1(铜钱.1/1)　　　　　M185:3(铜钱.1/1)

附图 3 - 8B - 1b1　圩庄组 B 区 M185 出土器物图

罐　2 件。M185:2，出土于南棺东侧板外。直口，平唇，口周有一圈内凹，斜肩，斜腹内收，平底。通体素面。口径 9.2、底径 8.3、高 20 厘米。（附图 3 - 8B - 1b2；彩版二二六，3）

M185:4，出土于北棺东侧板外。直口，平唇，口周有一圈内凹。斜肩，折腹斜收，平底。器上

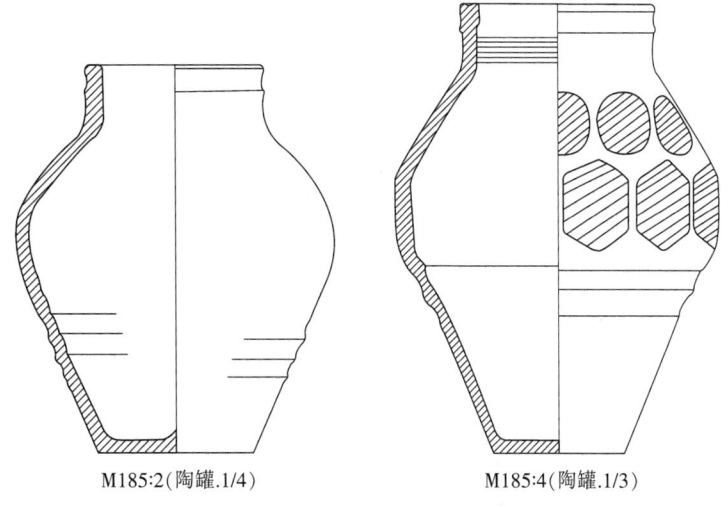

M185:2(陶罐.1/4)　　　　M185:4(陶罐.1/3)

附图 3 - 8B - 1b2　圩庄组 B 区 M185 出土器物图

部模印一周圆形斜线纹和一周六边形斜线纹。口径 7.6、底径 5.3、高 17.6 厘米。（附图 3 - 8B -
1b2；彩版二二六，4）

叁　圩庄组取土场墓地 C 区

C 区墓地位于圩庄组取土场南部，西、南两面为水库、北、东两面为耕地。B 区平面呈长方
形，东西长 62、南北宽 32 米。发掘前，该地地势平坦，为水稻田。

C 区共发掘墓葬 13 座，根据工作顺序编号为 184 号墓（M184）、186～196 号墓（M186～
M196）、205 号墓（M205）。（图 3 - 8C - 0）

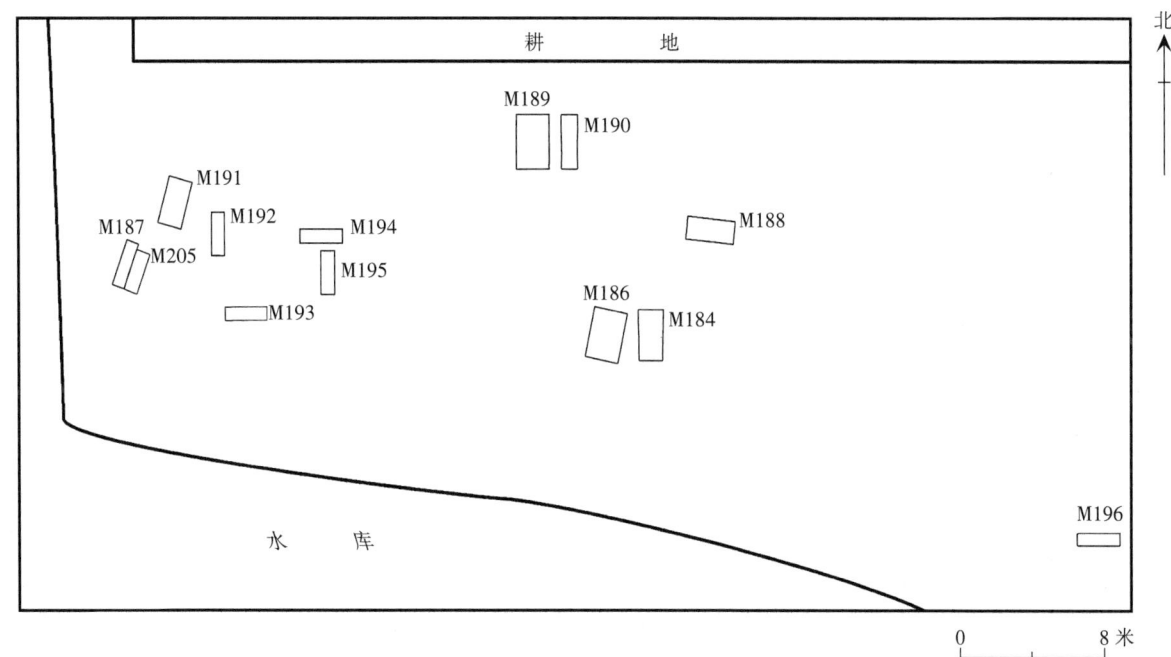

图 3 - 8C - 0　圩庄组取土场墓地 C 区墓葬平面分布图

一、184 号墓（M184）

M184 位于圩庄组取土场 C 区墓地中部，西面与 M186 相邻。清理前，墓坑开口已被高速公路施工方破坏，开口距现地表深度不明，墓坑底部随葬品组合未遭扰动。

墓葬形制为长方形竖穴土坑，开口长 262.5、宽 140 厘米，残深 70.4 厘米。方向 0°。（图 3 - 8C - 1a；彩版二二七，1）

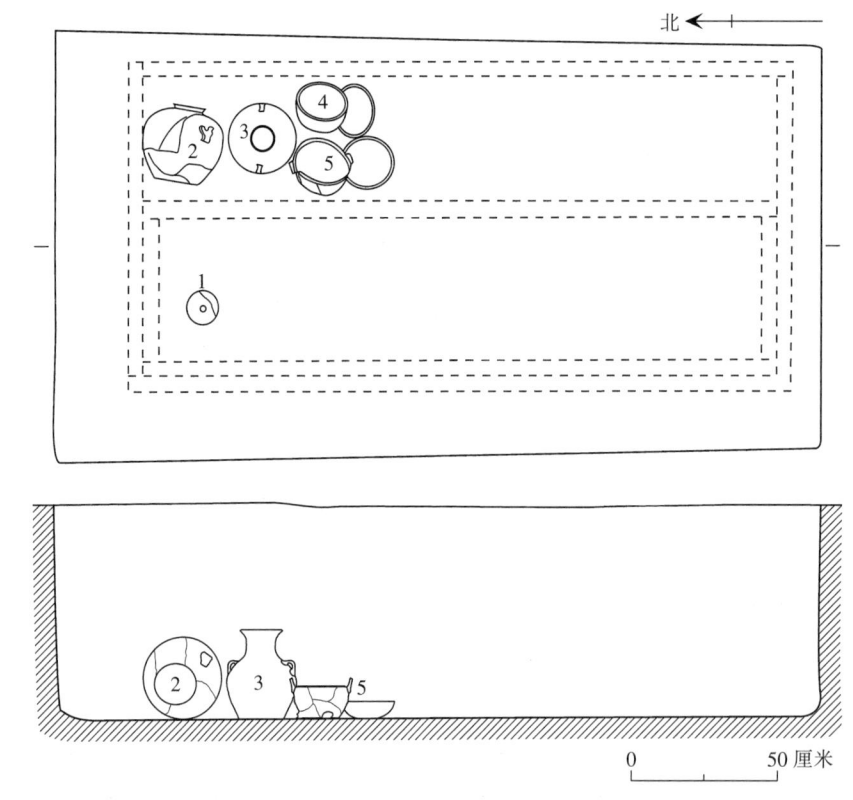

图 3 - 8C - 1a　圩庄组 C 区 M184 平面、剖视图
1. 铜镜　2. 釉陶瓿　3. 釉陶壶　4. 釉陶盒　5. 釉陶鼎

葬具为一椁一棺，木结构基本朽尽。从朽痕可知，椁置于墓坑正中，椁长 230、宽 110 厘米。棺位于木椁西部，棺长 220、宽 60 厘米。东边箱由椁室北、东、南三侧板及棺之间的空间构成。

该墓共出土铜器、陶器等遗物共 5 件。除铜镜出土于棺北部，其余器物均出土于东边箱北部。

1. 铜器

1 件。器形为镜。

镜　1 件。M184：1，出土于棺内北部。星云纹镜。圆形，连峰纽，圆纽座。座外单弧线纹和半圆扇面纹各四组相间排列，其外一周十六内向连弧纹，外饰两周凸弦纹，间以四枚连珠纹底座乳丁，乳丁间各施七枚小乳丁，相互间以弧线相连。十六内向连弧纹缘。面径 9.7、背径 9.5、纽高 0.9、纽宽 1.6、缘宽 0.7、缘厚 0.22、肉厚 0.12 厘米。（图 3 - 8C - 1b；彩版二二七，2）

2. 陶器

4件。器形为鼎、盒、壶、瓿，均出土于东边箱内。

鼎 1件。M184：5，釉陶。覆平底钵形盖，宽平顶内凹。鼎身子母口，尖圆唇敛口，口部饰一对称耳，斜腹，三简化兽蹄足。盖口径16.8、高6厘米，鼎身口径15、高14.4厘米。（图3-8C-1b；彩版二二七，3）

盒 1件。M184：4，釉陶。覆平底钵形盖，平顶较宽。盒身子母口，圆唇内敛，弧腹，平底内凹。盖口径17.6、高4.5厘米，盒身口径15.6、底径12.4、高11厘米。（图3-8C-1b；彩版二二七，4）

壶 1件。M184：3，釉陶。侈口，圆唇，直颈，溜肩，鼓腹渐收，平底内凹。双桥形耳，耳面饰叶脉纹。口径13.3、底径14、高27.5厘米。（图3-8C-1b；彩版二二七，5）

瓿 1件。M184：2，釉陶。敛口，圆唇，斜沿，沿面微内凹，鼓肩，弧腹渐收，平底内凹。肩两侧饰兽面耳一对。器下腹近底部饰一周按窝纹。口径10.8、底径15.3、高24厘米。（图3-8C-1b；彩版二二七，6）

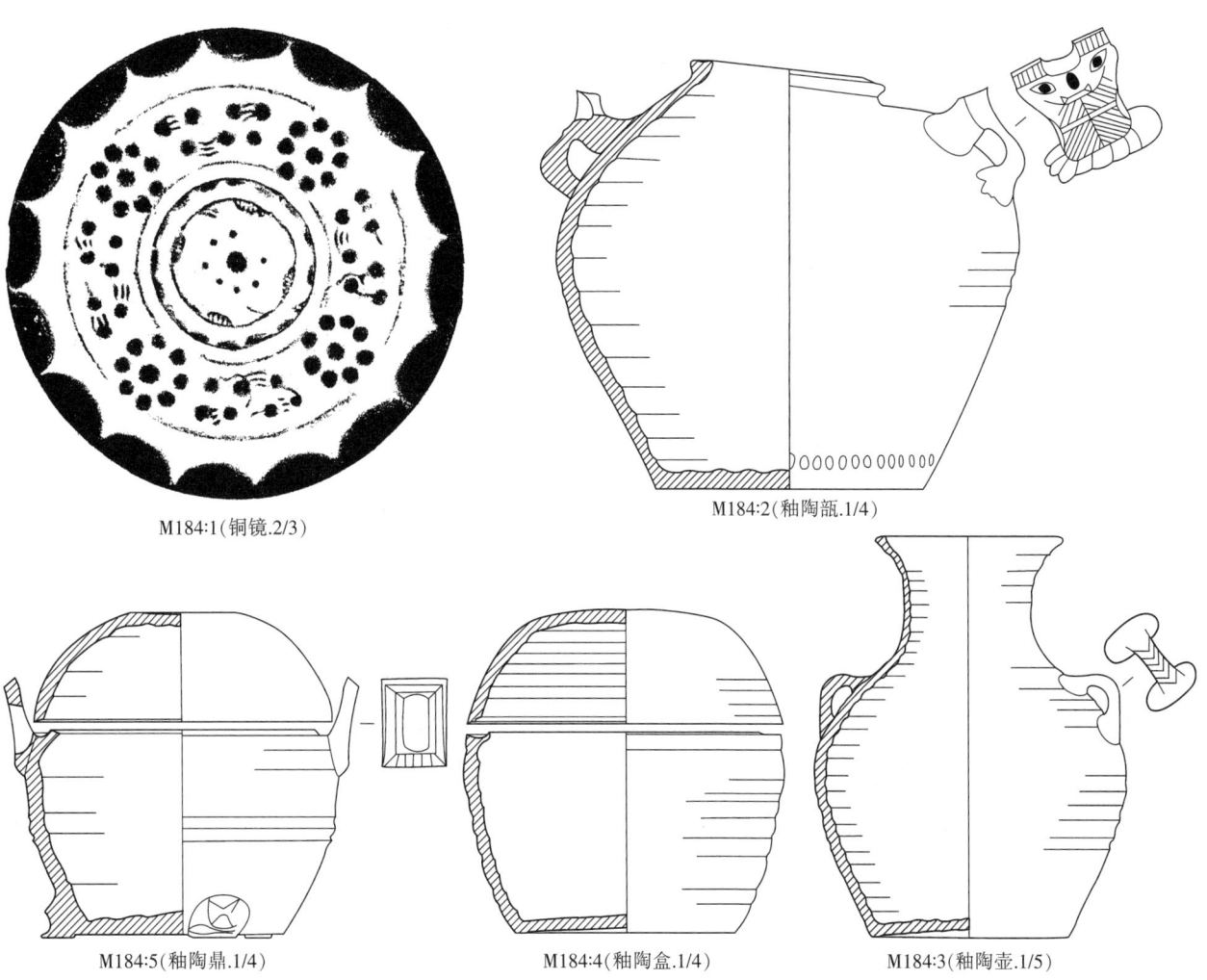

M184:1(铜镜.2/3)

M184:2(釉陶瓿.1/4)

M184:5(釉陶鼎.1/4)

M184:4(釉陶盒.1/4)

M184:3(釉陶壶.1/5)

图3-8C-1b 圩庄组C区M184出土器物图

二、186 号墓（M186）

M186 位于圩庄组取土场 C 区墓地中部，东面与 M184 相邻。清理前，墓坑开口已被高速公路施工方破坏，开口距现地表深度不明，墓坑底部随葬品组合未遭扰动。

墓葬形制为长方形竖穴土坑，开口长 260、宽 184 厘米，残深 220 厘米。方向 192°。（图 3 - 8C - 2a；彩版二二八，1）

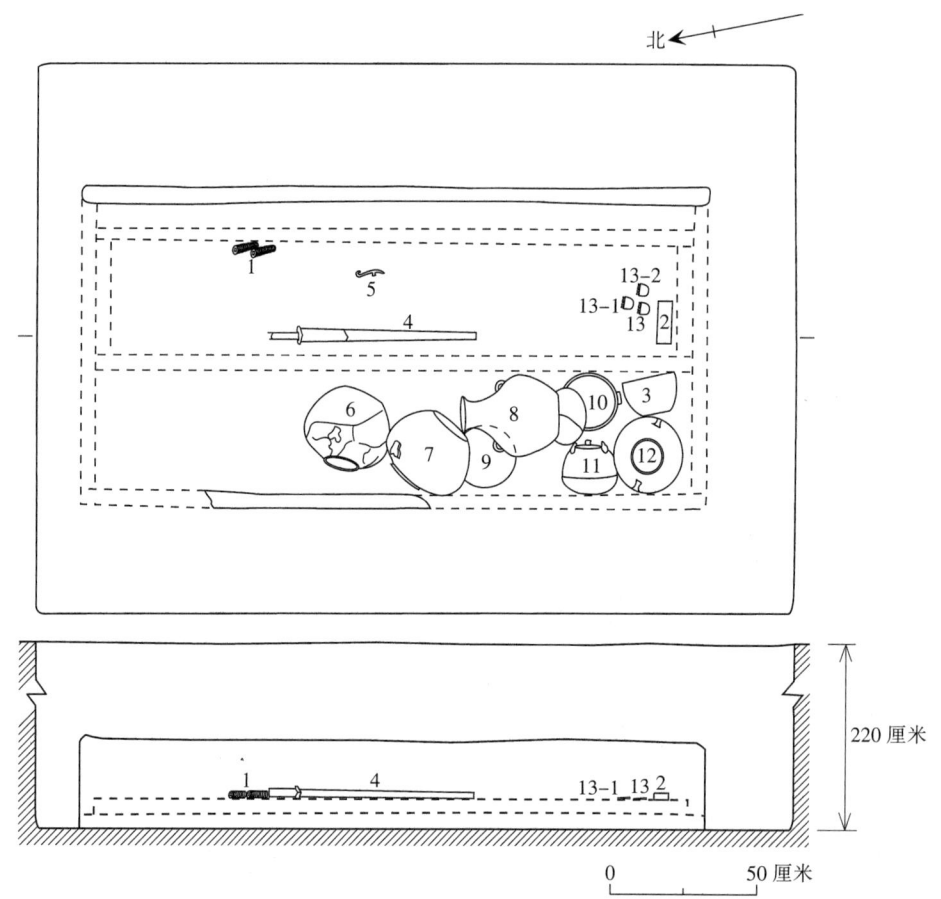

图 3 - 8C - 2a　圩庄组 C 区 M186 平面、剖视图

1. 铜钱　2. 石黛板　3、9. 釉陶盒　4. 铁剑　5. 铜带钩　6、7. 釉陶瓿　8、12. 釉陶壶
10、11. 釉陶鼎　13. 木梳　13 - 1、13 - 2. 木篦

葬具为一椁一棺。从朽痕与残存木结构可知，椁置于墓坑底部正中，椁长 218、宽 106、侧板厚 5、底板厚 5.5 厘米。棺位于木椁东部，长 207.5、宽 53、侧板厚 5、底板厚 5.5 厘米。西边箱由椁北、西、南三面侧板及棺之间的空间构成。

该墓共出土铜器、铁器、木器、石器、陶器等遗物 15 件（组）。除陶器出土于西边箱外，其余器物均出土于棺内。

1. 铜器

2 件（组）。器形为带钩、铜钱。

带钩　1 件。M186：5，出土于棺内中部。琵琶形钩身，圆形钩首，带身下饰一圆纽。器长 9.5、宽 1.4、残高 1.7 厘米。（图 3 - 8C - 2b1；彩版二二八，2）

　　铜钱　1组。M186：1，出土于棺内中部。22枚，皆为五铢钱，形制、尺寸、钱文基本相同。钱径2.35、穿径1厘米。（图3－8C－2b1；彩版二二八，3、4）

　　2. 铁器

　　1件。器形为剑。

　　剑　1件。M186：4，出土于棺内中部。整器残损严重，仅存铜格与少量剑身。残长13.2、格宽4.6厘米。（图3－8C－2b1；彩版二二八，5）

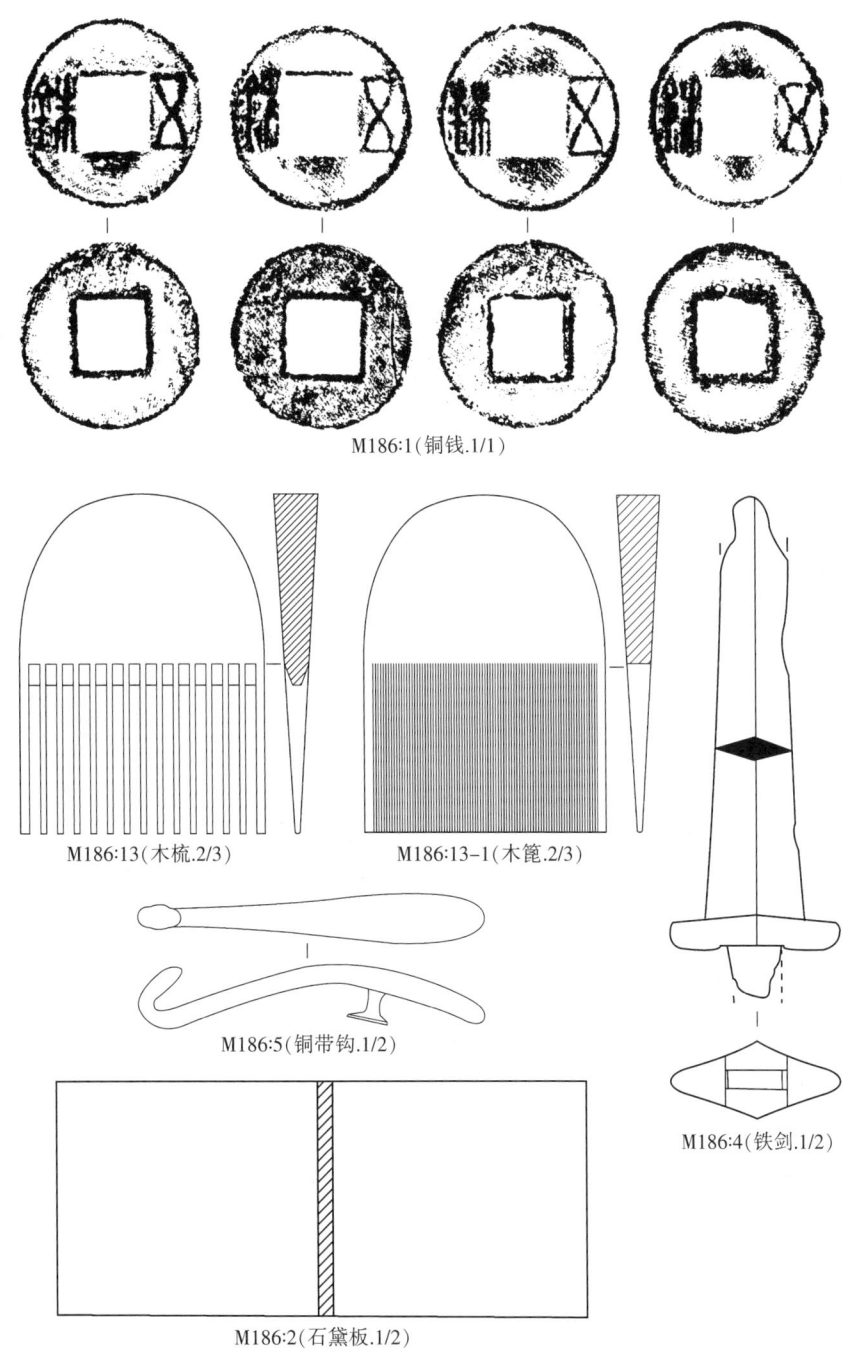

M186:1(铜钱.1/1)

M186:13(木梳.2/3)　　　　M186:13-1(木篦.2/3)

M186:5(铜带钩.1/2)

M186:4(铁剑.1/2)

M186:2(石黛板.1/2)

图3－8C－2b1　圩庄组C区M186出土器物图

3. 木器

3件。器形为梳、篦。

梳 1件。M186：13，出土于棺内南部。器弧背长方形，背部厚，齿端薄，背长与齿长基本相同，15齿。通长6.7、宽5、厚0.9厘米。（图3-8C-2b1）

篦 2件。M186：13-1，形制与木梳M186：13同，唯齿更密，85齿。通长6.7、宽5、厚0.9厘米。（图3-8C-2b1）

M186：13-2，形制、尺寸与M186：13-1相同。

4. 石器

1件。器形为黛板。

黛板 1件。M186：2，出土于棺内南部。青石质，平面呈长方形，正面光滑，为碾磨面。长14.4、宽6.2、厚0.4厘米。（图3-8C-2b1；彩版二二八，6）

5. 陶器

8件。器形为鼎、盒、壶、瓿，均出土于西边箱内。

鼎 2件。M186：10，釉陶。覆平底钵形盖，宽平顶。鼎身子母口，尖圆唇侈口，口部饰一对称耳，弧腹，三兽蹄足。耳面饰刻划纹。盖口径18.6、高5.6厘米，鼎身口径17.8、高14.2厘米。（图3-8C-2b2；彩版二二九，1）

M186：11，形制与M186：10相同，尺寸有差异，略宽扁。盖口径16、高5.3厘米。鼎身口径15、高14.2厘米。（图3-8C-2b2；彩版二二九，2）

盒 2件。M186：3，釉陶。覆平底钵形盖，平顶较宽。盒身子母口，圆唇内敛，斜弧腹，平底。盖口径18.3、高5.7厘米，盒身口径16.2、底径12、高11.1厘米。（图3-8C-2b2；彩版二二九，3）

M186：9，形制与M186：3基本相同，尺寸有差异。盖口径18.3、高5.1厘米，盒身口径17.6、底径12.1、高12厘米。（图3-8C-2b2；彩版二二九，4）

壶 2件。M186：8，釉陶。侈口，圆唇，直颈，斜肩，双桥形耳，鼓腹斜收，平底内凹。耳面饰叶脉纹，叶脉纹上方勾画一羊角纹。口径12.5、底径15、高31厘米。（图3-8C-2b2；彩版二三〇，1）

M186：12，形制、尺寸与M186：8基本相同。（图3-8C-2b2；彩版二三〇，2）

瓿 2件。M186：6，釉陶。直口，圆唇，平沿，沿面内凹，斜肩，鼓腹斜收，平底内凹。肩两侧饰兽面耳一对。口径10.8、底径16.4、高24.8厘米。（图3-8C-2b2；彩版二三〇，3）

M186：7，釉陶。形制、尺寸与M186：6基本相同。（图3-8C-2b2；彩版二三〇，4）

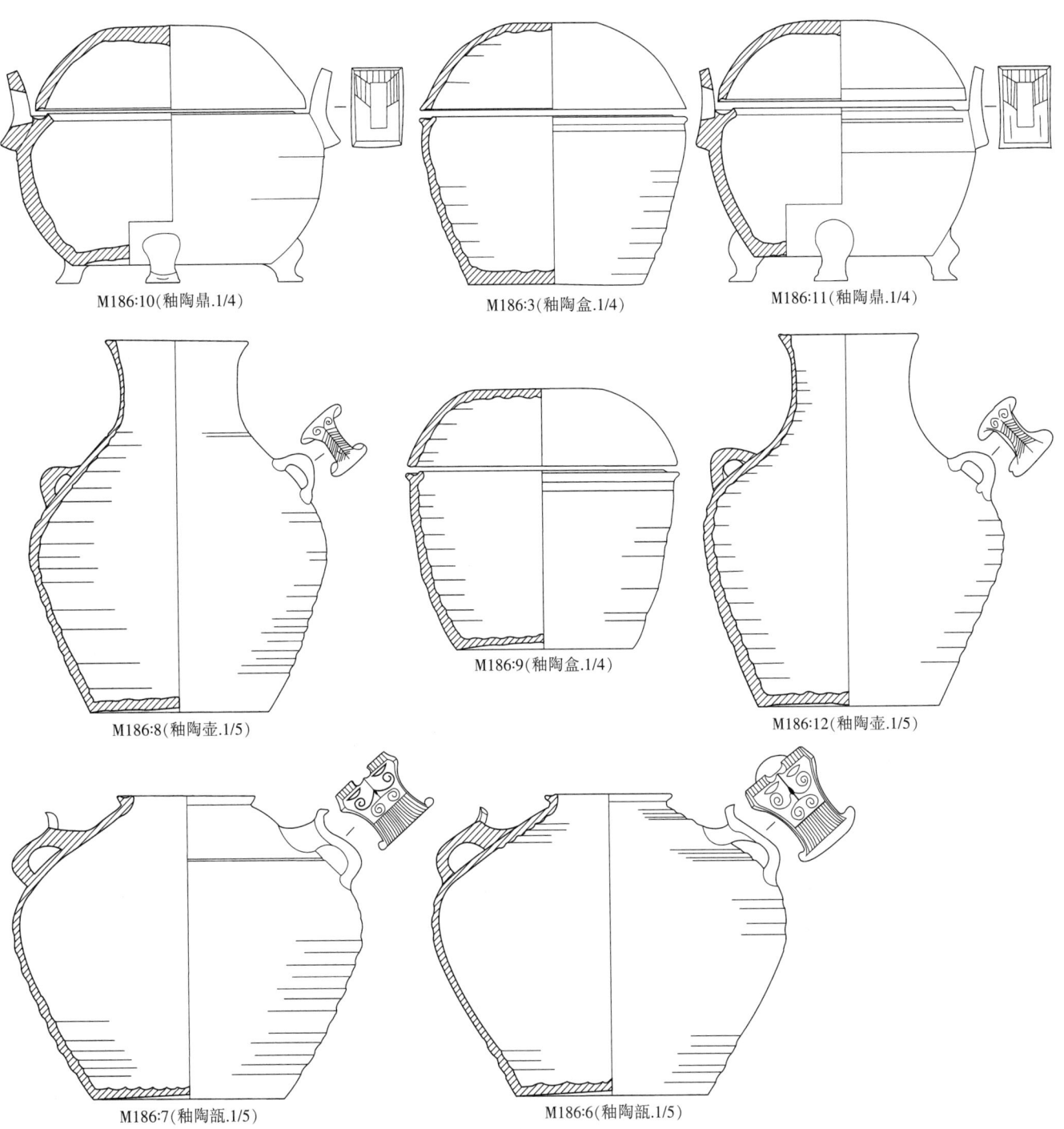

M186:10(釉陶鼎.1/4)　　　M186:3(釉陶盒.1/4)　　　M186:11(釉陶鼎.1/4)

M186:8(釉陶壶.1/5)　　　M186:9(釉陶盒.1/4)　　　M186:12(釉陶壶.1/5)

M186:7(釉陶瓿.1/5)　　　M186:6(釉陶瓿.1/5)

图 3 - 8C - 2b2　圩庄组 C 区 M186 出土器物图

三、187 号墓（M187）

M187 位于圩庄组取土场 C 区墓地西部，该墓墓坑东部打破 M205。清理前，墓坑开口已被高速公路施工方破坏，开口距现地表深度不明，墓坑底部随葬品组合未遭扰动。

墓葬形制为长方形竖穴土坑，开口长 240、宽 70 厘米，残深 78.8 厘米。方向 200°。（图 3 - 8C - 3a)

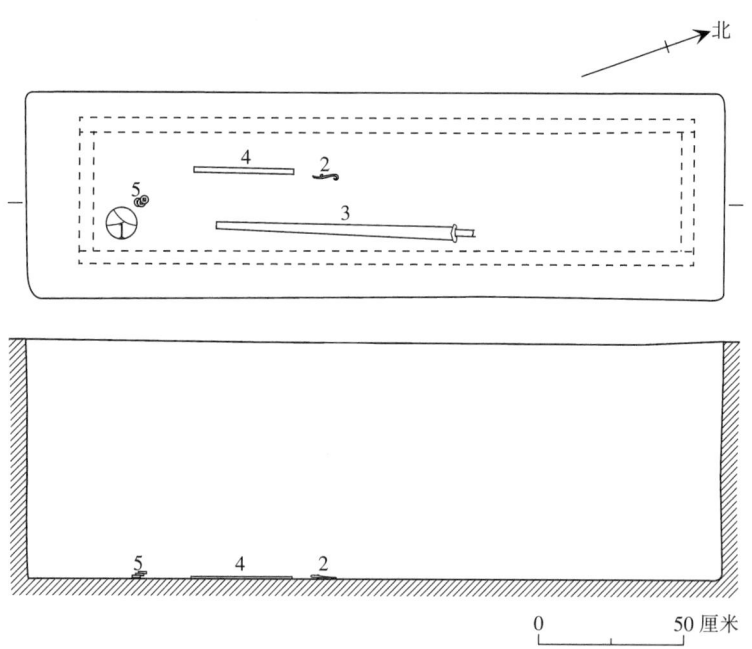

图 3 - 8C - 3a　圩庄组 C 区 M187 平面、剖视图
1. 铜镜　2. 铜带钩　3. 铁剑　4. 铁削　5. 铜钱

葬具为单棺，木结构基本朽尽。从朽痕可知，棺置于墓坑中部，长 220、宽 52、侧板厚 5 厘米。

该墓共出土铜器、铁器等遗物 5 件（组），均出土于棺内。

1. 铜器

3 件（组）。器形为镜、带钩、铜钱。

镜　1 件。M187：1，出土于棺内南部。蟠螭纹镜。圆形，三弦纽，圆纽座。座外饰一周铭文，惜字体模糊，铭文不清，其外以四株三叠状花瓣纹分饰四区，其间饰蟠螭纹为四组主纹。宽素缘，缘边上卷。面径 10.9、背径 10.7、纽高 0.56、纽宽 1.4、缘宽 0.8、缘厚 0.5、肉厚 0.14 厘米。（图 3 - 8C - 3b；彩版二三一，1）

带钩　1 件。M187：2，出土于棺内中部。琵琶形钩身，圆形钩首，带身下饰一圆纽。器长 8.1、身宽 0.65、高 1.4 厘米。（图 3 - 8C - 3b；彩版二三一，2）

铜钱　1 组。M187：5，出土于棺内南部。共 4 枚，皆为五铢钱，形制、尺寸、钱文基本相同。钱径 2.3、穿径 1 厘米。（图 3 - 8C - 3b；彩版二三一，3）

2. 铁器

2 件。器形为剑、削。

剑　1 件。M187：3，出土于棺内中部。整器残损严重，仅存铜格与部分剑身。残长 6.2、格宽 5 厘米。（图 3 - 8C - 3b；彩版二三一，4）

削　1 件。M187：4，出土于棺内中西部。器残损严重，仅存一小部分削身。残长 2.8 厘米。（图 3 - 8C - 3b）

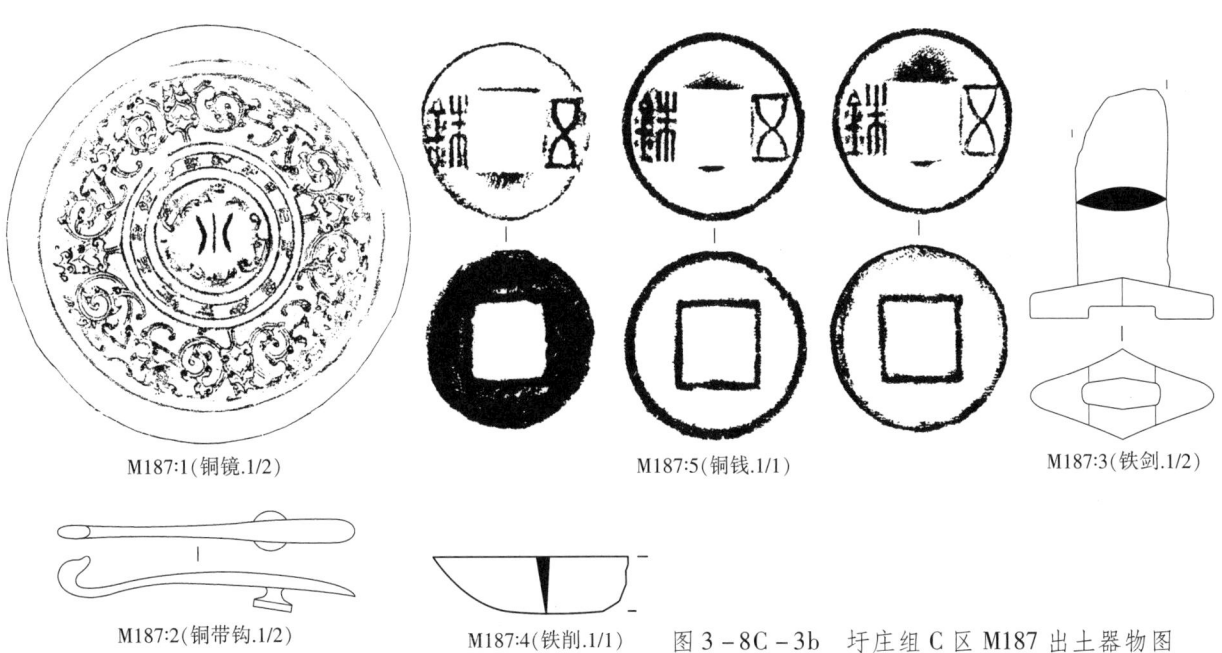

M187:1(铜镜.1/2)　　　　　M187:5(铜钱.1/1)　　　　　M187:3(铁剑.1/2)

M187:2(铜带钩.1/2)　　　M187:4(铁削.1/1)　　图 3－8C－3b　圩庄组 C 区 M187 出土器物图

四、188 号墓（M188）

M188 位于圩庄组取土场 C 区墓地中部。西南与 M184 和 M186 相邻，西北与 M189 和 M190 相邻。清理前，墓坑开口已被高速公路施工方破坏，开口距现地表深度不明，墓坑底部随葬品组合遭受扰动。

墓葬形制为长方形竖穴土坑，开口长 260、宽 116 厘米，残深 15 厘米。方向 95°。（图 3－8C－4a；彩版二三一，5）

葬具为单棺，木结构完全朽尽。从朽痕可知，棺置于墓坑中部，棺长 201.5、宽 62.5、侧板厚 4 厘米。

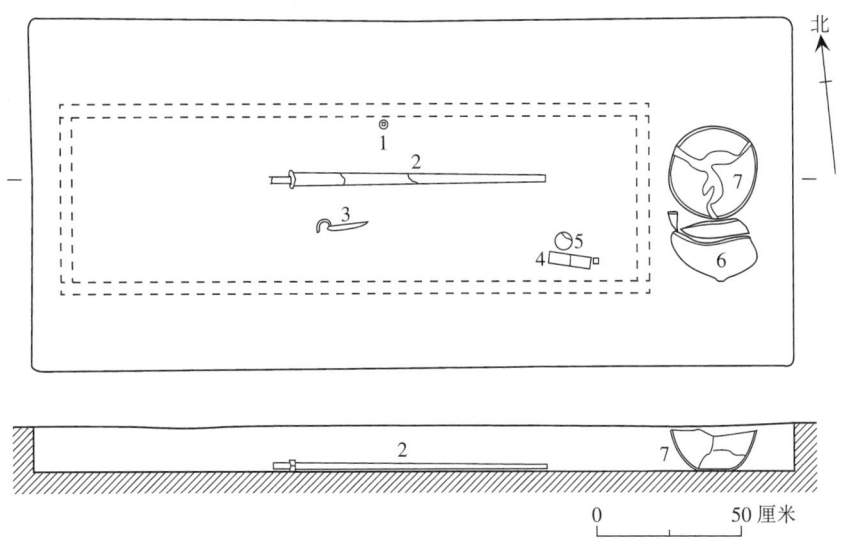

图 3－8C－4a　圩庄组 C 区 M188 平面、剖视图

1. 铜钱　2. 铁剑　3. 铜削　4. 石黛板/研石　5. 铜镜　6. 釉陶瓿　7. 釉陶壶

该墓共出土铜器、铁器、石器、陶器等遗物共 7 件（组）。除陶器出土于棺外东部外，其余均出土于棺内。

1. 铜器

3 件（组）。器形为镜、削、铜钱。

镜　1 件。M188：5，出土于棺内东部。器残损严重，纹饰不明。面径 7 厘米。

削　1 件。M188：3，出土于棺内中部。削背平直，断面呈三角形，一端内收为尖，环首残损。残长 18.8、刃宽 1、环首外径 4.2 厘米。（图 3 – 8C – 4b；彩版二三一，7）

铜钱　1 组。M188：1，出土于棺内中部。共 2 枚，皆为五铢钱，形制、尺寸、钱文基本相同。钱径 2.3、穿径 1 厘米。（图 3 – 8C – 4b）

2. 铁器

1 件。器形为剑。

剑　1 件。M188：2，出土于棺内中部。整器残损严重，仅存铜格与部分剑身。残长 15.8、格宽 4.7 厘米。（图 3 – 8C – 4b）

3. 石器

1 组。器形为黛板和研石。

黛板/研石　1 组。M188：4，出土于棺内东部。长方形黛板为青石质，正面光滑，为碾磨面，长 15、宽 5、厚 0.3 厘米。研石方形，亦为青石质，底面光滑，为碾磨面，底径 2.4、厚 0.25 厘米。

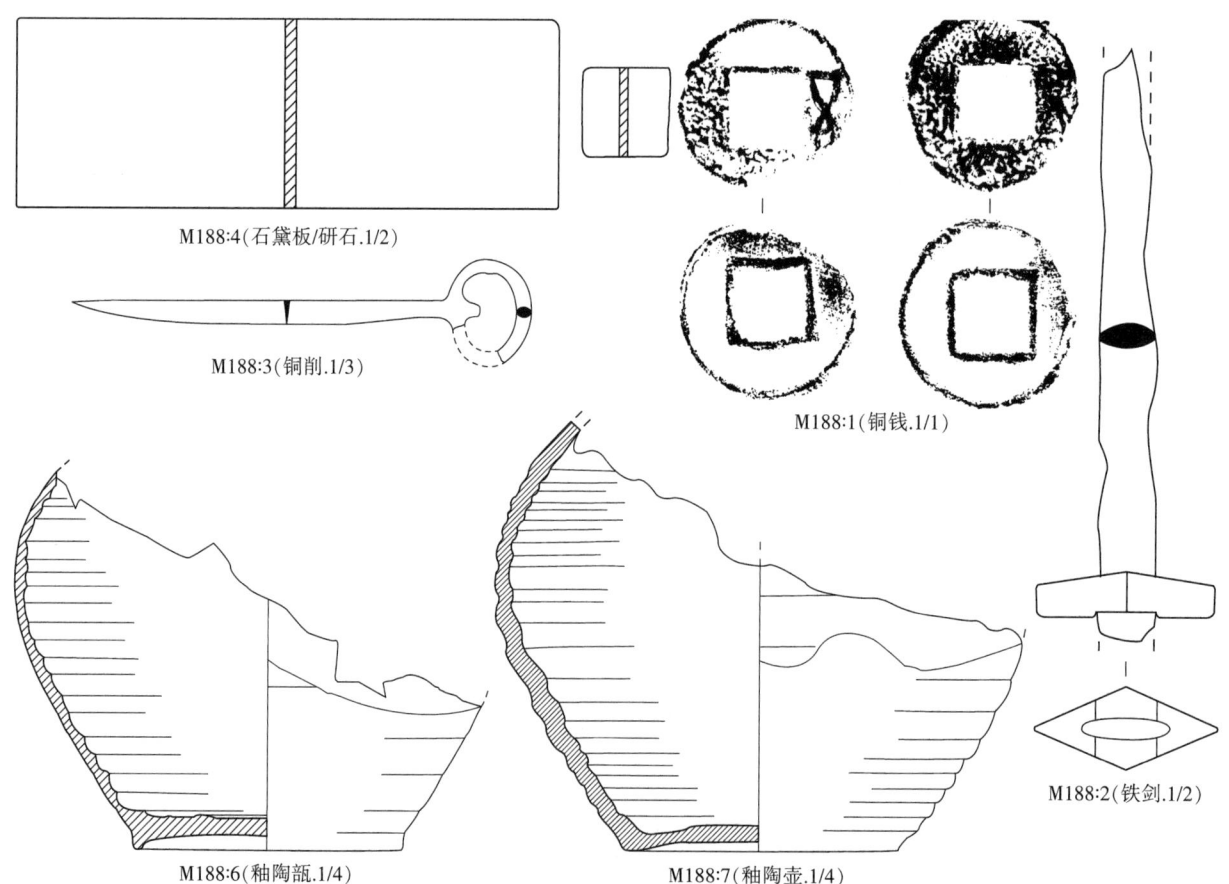

M188:4(石黛板/研石.1/2)

M188:3(铜削.1/3)

M188:1(铜钱.1/1)

M188:2(铁剑.1/2)

M188:6(釉陶瓿.1/4)

M188:7(釉陶壶.1/4)

图 3 – 8C – 4b　圩庄组 C 区 M188 出土器物图

（图 3 - 8C - 4b）

4. 陶器

2 件。器形为壶、瓿。

壶 1 件。M188∶7，出土于墓室东部。釉陶。因墓坑东部遭遇施工破坏，器物残缺严重，仅存下半部。底径 14.9 厘米。（图 3 - 8C - 4b；彩版二三一，6）

瓿 1 件。M188∶6，出土于墓室东部。釉陶。因墓坑东部遭遇施工破坏，器物残缺严重，仅存下半部。底径 14.7 厘米。（图 3 - 8C - 4b；彩版二三一，8）

五、189 号墓（M189）

M189 位于圩庄组取土场 C 区墓地中部，东面与 M190 相邻。清理前，墓坑开口已被高速公路施工方破坏，开口距现地表深度不明，墓坑底部随葬品组合未遭扰动。

墓葬形制为长方形竖穴土坑，开口长 280、宽 180 厘米，残深 110 厘米。方向 0°。（图 3 - 8C - 5a；彩版二三二，1）

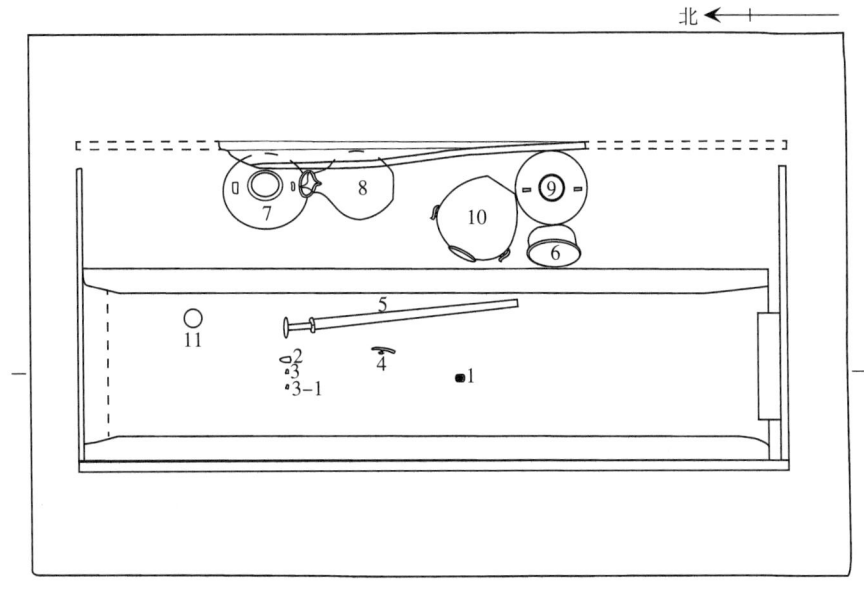

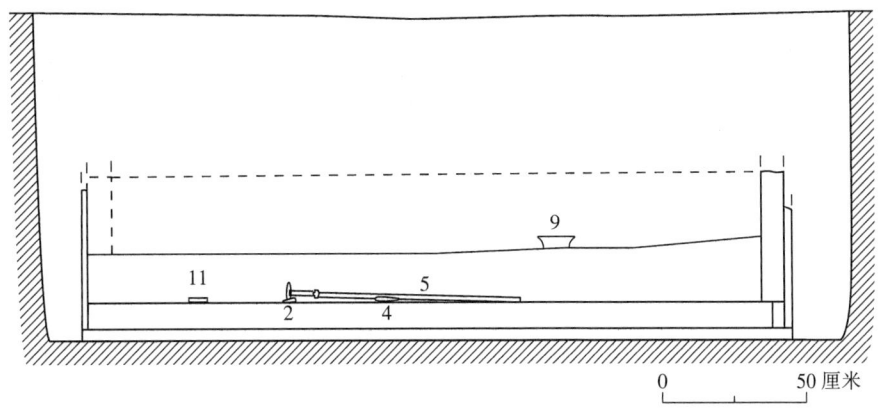

图 3 - 8C - 5a 圩庄组 C 区 M189 平面、剖视图

1. 铜钱 2. 琉璃玲 3、3 - 1. 琉璃塞 4. 铜带钩 5. 铁剑 6. 铜盆 7、10. 釉陶瓿 8、9. 釉陶壶 11. 铜镜

葬具为一椁一棺。从残存木结构可知，椁置于墓坑中部，长240、宽110、残高50厘米。棺位于椁西部，由整块圆木斫成，南、北两挡板插入东、西侧板之间，棺长230、宽63、残高50厘米，侧板和底板均厚8厘米。东边箱由椁北、东、南三面侧板及棺之间的空间构成。

该墓共出土铜器、铁器、琉璃器、陶器等遗物12件（组）。

1. 铜器

4件（组）。器形为盆、镜、带钩、铜钱。

盆　1件。M189：6，出土于东边箱内。敞口，斜平沿，弧腹，圜底，通体素面。口径21.2、高8.1厘米。（图3－8C－5b1）

镜　1件。M189：11，出土于棺内北部。日光镜。圆形，整体残损严重。面径6.5厘米。

带钩　1件。M189：4，出土于棺内中部。琵琶形钩身，钩首残损，带身下饰一圆纽。器残长7.2、宽1.2、残高0.8厘米。（图3－8C－5b1；彩版二三二，2）

铜钱　1组。M189：1，出土于棺内中部。10枚，皆为五铢钱，形制、尺寸、钱文基本相同。钱径2.35、穿径1厘米。（图3－8C－5b1；彩版二三二，3）

2. 铁器

1件。器形为剑。

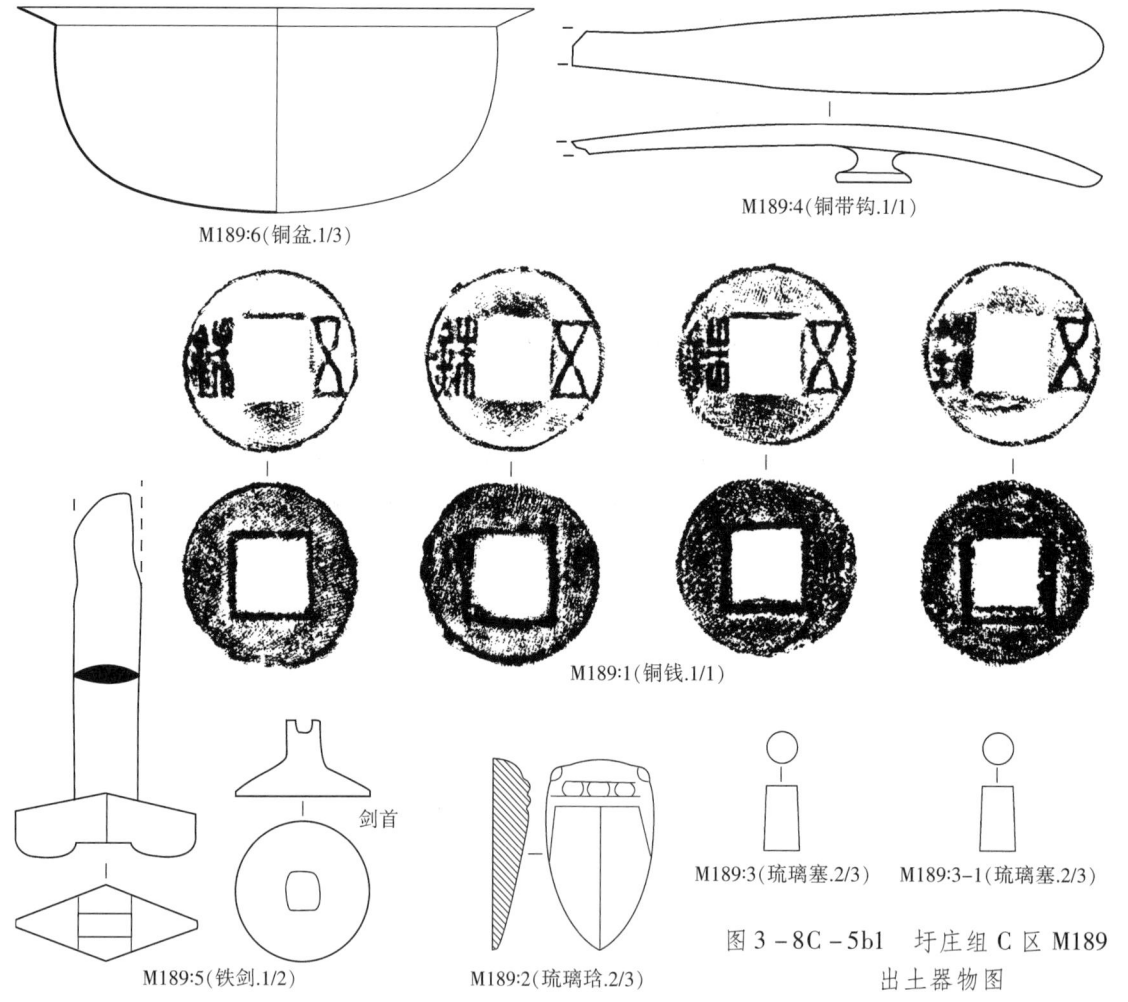

M189:6(铜盆.1/3)

M189:4(铜带钩.1/1)

M189:1(铜钱.1/1)

剑首

M189:5(铁剑.1/2)

M189:2(琉璃珰.2/3)

M189:3(琉璃塞.2/3)　　M189:3-1(琉璃塞.2/3)

图3－8C－5b1　圩庄组C区M189
出土器物图

剑　1件。M189：5，出土于棺内中部。整器残损严重，仅存铜格与部分剑身。残长9.4、格宽5厘米。剑首呈喇叭状，径3.6厘米。（图3-8C-5b1）

3. 琉璃器

3件。器形为玲、塞。

玲　1件。M189：2，出土于棺内北部。器呈灰白色，蝉形，器表纹饰简洁。器长3.8、宽2.2、高0.8厘米。（图3-8C-5b1；彩版二三二，4）

塞　2件。M189：3和M188：3-1，两件均出土于棺内北部。形制、尺寸同。器呈灰白色，整体呈圆台柱形。顶面直径0.6、底面直径0.7、高1.3厘米。（图3-8C-5b1）

4. 陶器

4件。器形为壶、瓿，均出土于东边箱。

壶　2件。M189：8，釉陶。侈口，圆唇，直颈，溜肩，鼓腹渐收，平底，矮圈足。双桥形耳，耳面饰叶脉纹。颈部下方饰水波纹一组，肩部饰凹弦纹两道。口径13.2、底径13.2、高36.7厘米。（图3-8C-5b2；彩版二三三，1）

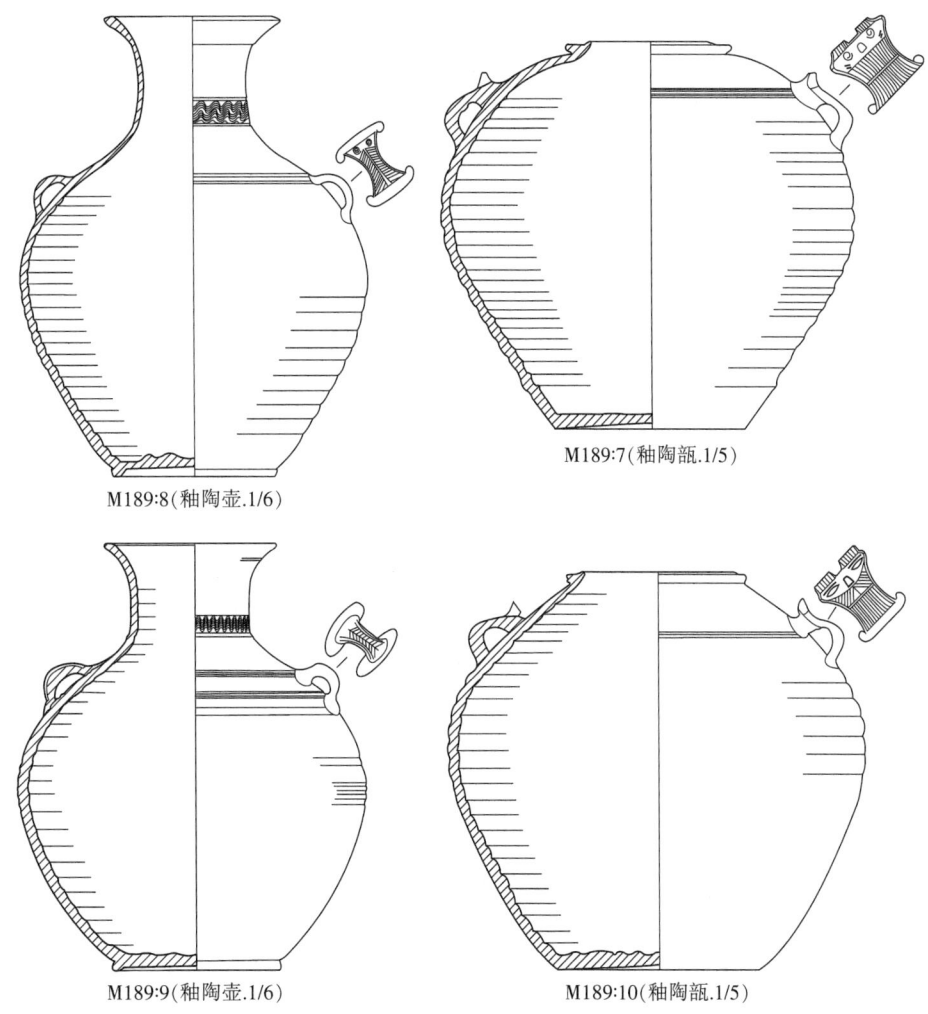

M189:8（釉陶壶.1/6）

M189:7（釉陶瓿.1/5）

M189:9（釉陶壶.1/6）

M189:10（釉陶瓿.1/5）

图3-8C-5b2　圩庄组C区M189出土器物图

M189：9，形制、纹饰与 M189：8 基本相同。口径 13.8、底径 13.2、高 34 厘米。（图 3 - 8C - 5b2；彩版二三三，2）

瓿 2 件。M189：7，釉陶。敛口，圆唇，沿面内凹，鼓肩，斜腹渐收，平底微内凹。肩两侧饰兽面耳一对。口径 8.1、底径 13、高 25.4 厘米。（图 3 - 8C - 5b2；彩版二三三，3）

M189：10，形制、纹饰与 M189：7 基本相同。口径 10.4、底径 13.8、高 26.6 厘米。（图 3 - 8C - 5b2；彩版二三三，4）

六、190 号墓（M190）

M190 位于圩庄组取土场 C 区墓地中部，西面与 M189 相邻。清理前，墓坑开口已被高速公路施工方破坏，开口距现地表深度不明，墓坑底部随葬品组合未遭扰动。

墓葬形制为长方形竖穴土坑，开口长 280、宽 92 厘米，残深 61 厘米。方向 180°。（图 3 - 8C - 6）

葬具为单棺，木结构基本朽尽。从朽痕可知，棺长 220、宽 70 厘米，高度不明。

该墓虽经细致清理，但未出土任何遗物。

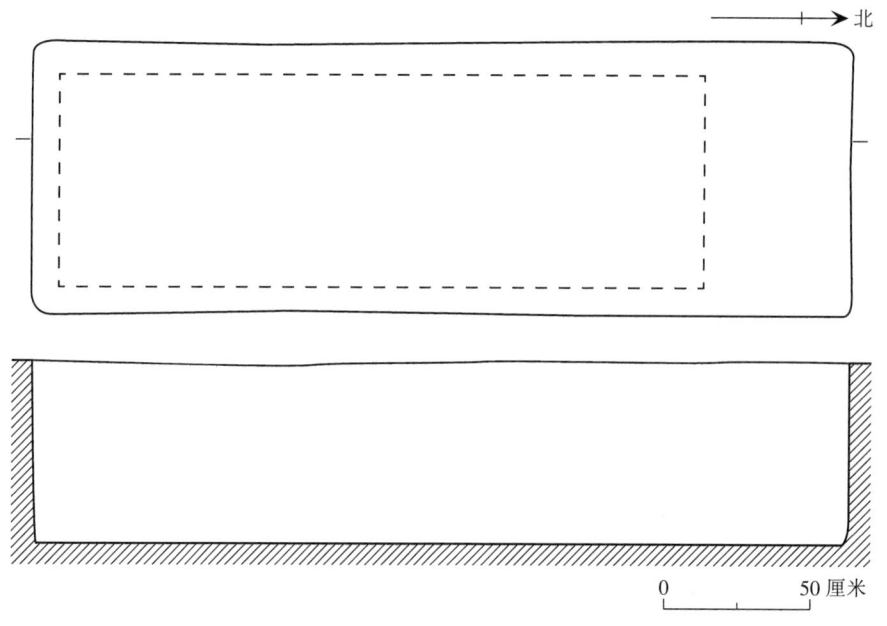

图 3 - 8C - 6　圩庄组 C 区 M190 平面、剖视图

七、191 号墓（M191）

M191 位于圩庄组取土场 C 区墓地西部，东南与 M192 相邻，西南与 M187 和 M205 相邻。清理前，墓坑开口已被高速公路施工方破坏，开口距现地表深度不明，墓坑底部随葬品组合遭受扰动。

墓葬形制为长方形竖穴土坑，开口长 249、宽 133 厘米，残深 28 厘米。方向 195°。（图 3 - 8C - 7a；彩版二三四，1）

葬具为一椁一棺，木结构基本朽尽。从朽痕可知，椁置于墓坑底部正中，长 208、宽 117 厘米，高度不明。棺置于椁内东侧，长 199、宽 55 厘米，高度不明。西边箱由椁北、西、南三面侧

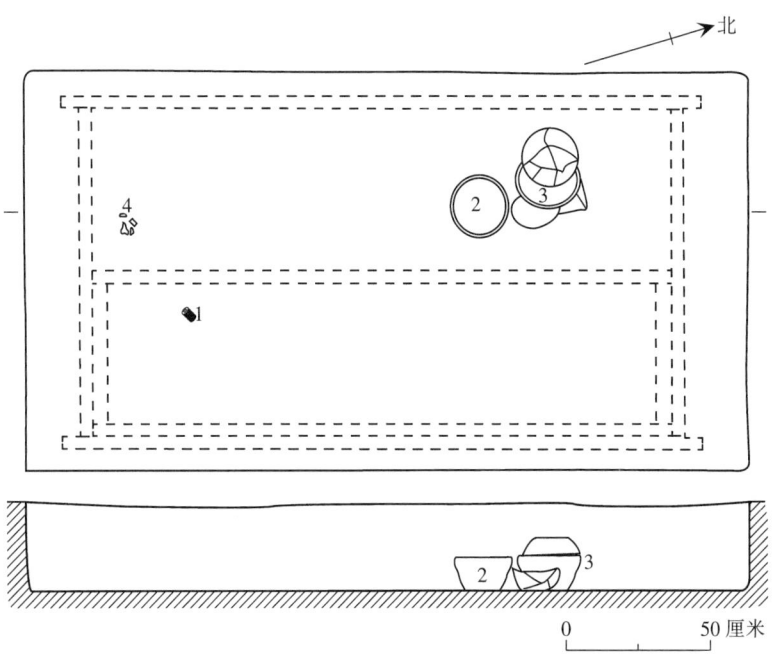

图 3 -8C -7a　圩庄组 C 区 M191 平面、剖视图

1. 铜钱　2. 釉陶盒　3. 釉陶鼎　4. 铜盆

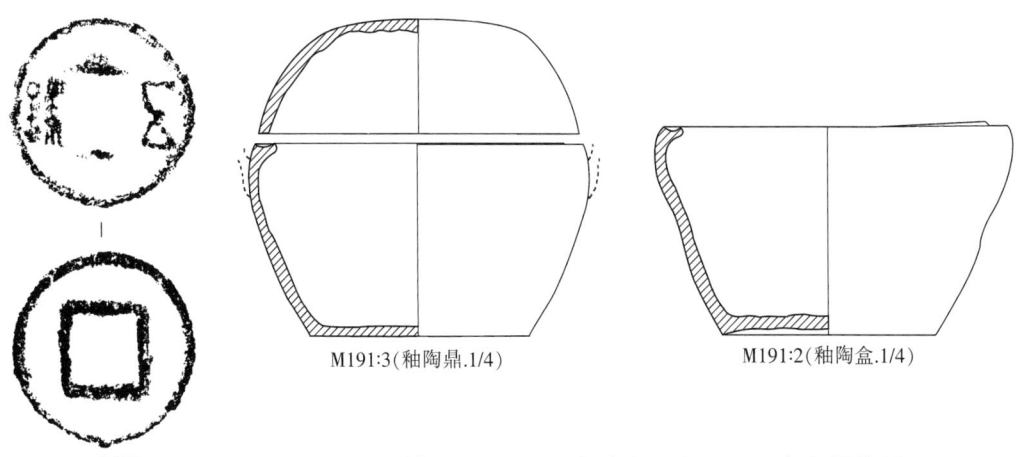

M191:1(铜钱.1/1)　　　图 3 -8C -7b　圩庄组 C 区 M191 出土器物图

板和棺之间的空间组成。

该墓共出土铜器、陶器等遗物 4 件（组）。

1. 铜器

2 件（组）。器形为盆、铜钱等。

盆　1 件。M191：4，出土于西边箱东南角。器残损严重，形制、尺寸皆不明。

铜钱　1 组。M191：1，出土于棺内南部西侧。共 12 枚，皆为五铢钱，形制、尺寸、钱文相同。钱径 2.4、穿径 1 厘米。（图 3 -8C -7b）

2. 陶器

2 件。器形为鼎、盒。

鼎　1 件。M191：3，出土于西边箱北部。釉陶。覆平顶钵形盖，平顶较宽。鼎身子母口，尖圆唇外侈，斜腹，平底，口沿下两侧鼎耳残缺。器盖口径17.7、高6.1厘米，器身口径15.8、底径12.2、高10.2厘米。（图3-8C-7b；彩版二三四，2）

盒 1件。M191：2，出土于西边箱北部。釉陶。盖部残损，无法复原。盒身子母口，尖圆唇外侈，斜腹，平底内凹。器身口径16.8、底径11.8、高11厘米。（图3-8C-7b；彩版二三四，3）

八、192号墓（M192）

M192位于圩庄组取土场C区墓地西部，西面与M187和M205相邻，东面与M194和M195相邻。清理前，墓坑开口已被高速公路施工方破坏，开口距现地表深度不明，墓坑底部随葬品组合未遭扰动。

墓葬形制为长方形竖穴土坑，开口长222、宽71厘米，残深70厘米。方向0°。（图3-8C-8a；彩版二三四，4）

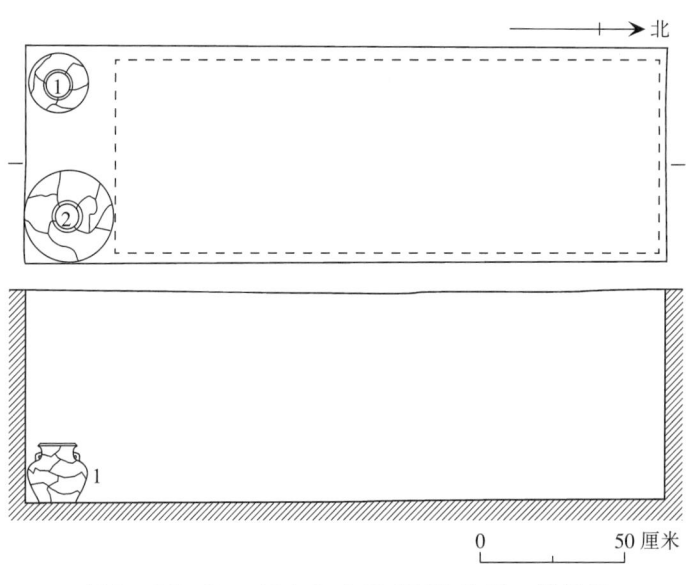

图3-8C-8a　圩庄组C区M192平面、剖视图
1. 陶罐　2. 釉陶罐

葬具为单棺，木结构完全朽尽。从朽痕可知，棺平面呈长方形，长187、宽62厘米，高度不明。

该墓共出土陶器2件，均出土于墓坑底部棺外南部。

陶器

2件。器形为罐。

罐 2件。M192：1，泥质灰陶。器物肩腹部残损。侈口，尖唇，折沿，短直颈，圆肩，平底略内凹。肩部饰对称耳。素面。口径11.9、底径12.4厘米，高度不明。（图3-8C-8b）

M192：2，釉陶。直口微侈，平沿，短直颈，溜肩，弧腹渐收，平底略内凹。素面。口径13.2、底径16、高29.2厘米。（图3-8C-8b；彩版二三四，5）

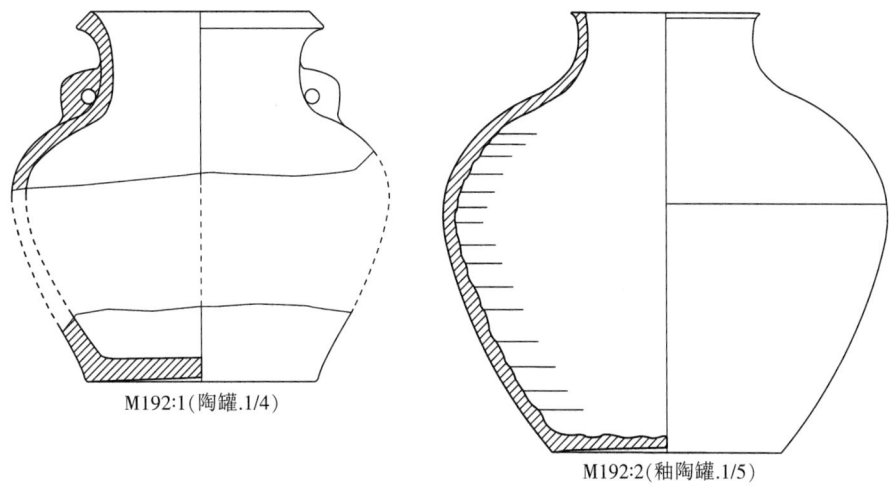

M192:1(陶罐.1/4)

M192:2(釉陶罐.1/5)

图 3 - 8C - 8b　圩庄组 C 区 M192 出土器物图

九、193 号墓（M193）

M193 位于圩庄组取土场 C 区墓地西部，东北与 M195 相邻。清理前，墓坑开口已被高速公路施工方破坏，开口距现地表深度不明，墓坑底部随葬品组合未遭扰动。

墓葬形制为长方形竖穴土坑，开口长 230、宽 81 厘米，残深 82 厘米。方向 270°。（图 3 - 8C - 9a；彩版二三五，1、2）

葬具为单棺。从残存木结构可知，棺置于墓坑底部偏西，长 179、宽 61、残高 50 厘米，南、北侧板厚 8 厘米，东、西挡板厚 7 厘米，底板厚 10 厘米。

该墓共出土铜器、琉璃器、陶器等遗物 6 件（组）。

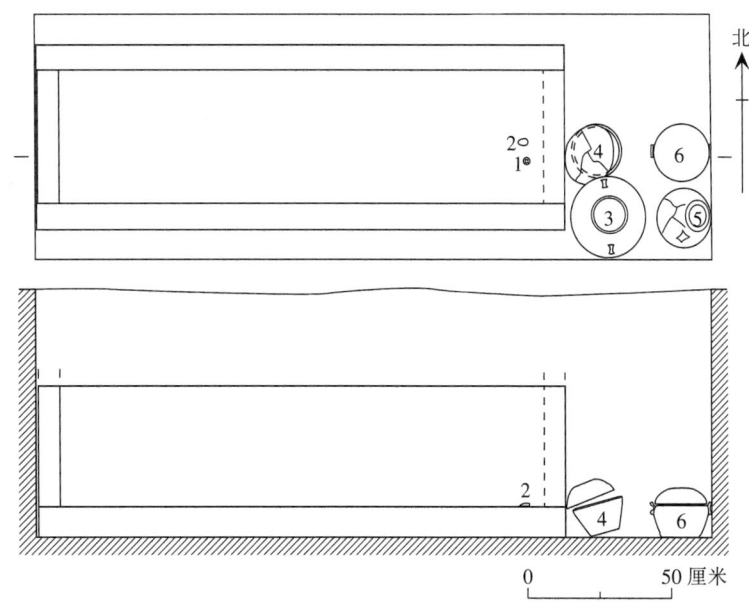

0　　　　　　　50 厘米

图 3 - 8C - 9a　圩庄组 C 区 M193 平面、剖视图

1. 铜钱　2. 琉璃玲　3. 釉陶壶　4. 釉陶盒　5. 釉陶瓿　6. 釉陶鼎

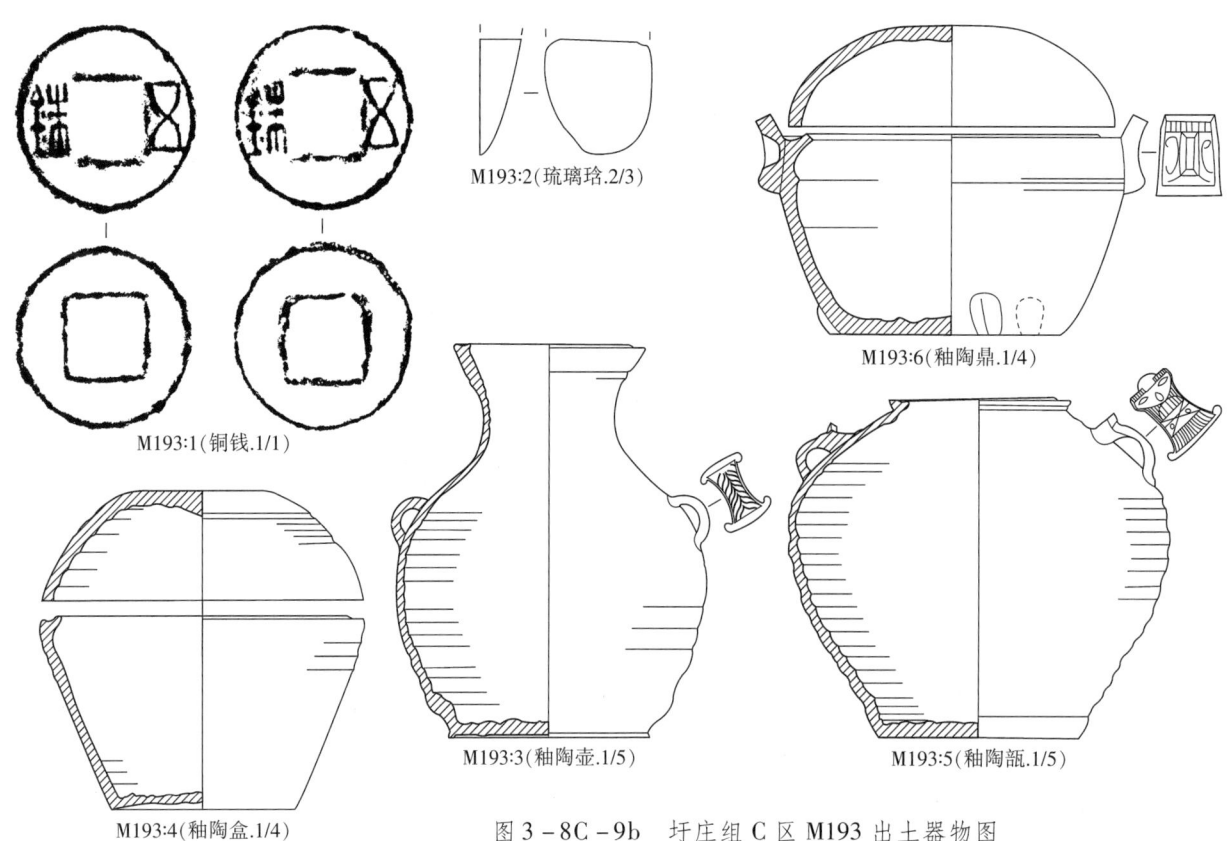

M193:2(琉璃珰.2/3)

M193:6(釉陶鼎.1/4)

M193:1(铜钱.1/1)

M193:3(釉陶壶.1/5)

M193:5(釉陶瓿.1/5)

M193:4(釉陶盒.1/4)

图 3 - 8C - 9b　圩庄组 C 区 M193 出土器物图

1. 铜器

1 组。器形为铜钱。

铜钱　1 组。M193：1，出土于棺内东部。共 4 枚，皆为五铢钱，形制、尺寸、钱文相同。钱径 2.3、穿径 1 厘米。（图 3 - 8C - 9b）

2. 琉璃器

1 件。器形为珰。

珰　1 件。M193：2，出土于棺内东部。器呈灰白色，残朽严重，大体可辨识为蝉形。器残长 2.3、宽 2.2、厚 0.8 厘米。（图 3 - 8C - 9b）

3. 陶器

4 件。器形为鼎、盒、壶、瓿。

鼎　1 件。M193：6，出土于棺外东部。釉陶。覆平顶钵形盖，平顶较宽。鼎身子母口，方唇敛口，斜弧腹，平底，三附足。口部饰一对称耳，耳外侧模印勾连纹。器盖口径 17.8、高 5.4 厘米，器身口径 15.8、底径 11.8、高 11.8 厘米。（图 3 - 8C - 9b；彩版二三五，3）

盒　1 件。M193：4，出土于棺外东部。釉陶。覆平顶钵形盖，平顶较宽。盒身子母口，圆唇内敛，斜腹，平底内凹。器盖口径 17.6、高 5.8 厘米，器身口径 15.8、底径 10、高 10.3 厘米。（图 3 - 8C - 9b）

壶　1 件。M193：3，出土于棺外东部。釉陶。敛口，圆唇，沿面内凹，束颈，溜肩，鼓腹渐收，平底，矮圈足。肩部饰一对称双桥形耳，耳面模印叶脉纹。口径 11.2、底径 13.8、高 26 厘米。（图 3 - 8C - 9b；彩版二三五，4）

瓿　1 件。M193：5，出土于棺外东部。釉陶。敛口，圆唇，沿面内凹，斜肩，弧腹渐收，平

底。肩两侧饰兽面耳一对。口径10、底径13.6、高22.4厘米。（图3－8C－9b；彩版二三五，5）

十、194 号墓（M194）

M194 位于圩庄组取土场 C 区墓地西部，南面与 M195 相邻。清理前，墓坑开口已被高速公路施工方破坏，开口距现地表深度不明，墓坑底部随葬品组合遭受扰动。

墓葬形制为长方形竖穴土坑，开口长232、宽71 厘米，残深32 厘米。方向270°。（图3－8C－10a；彩版二三六，1）

葬具为单棺，木结构基本朽尽。从朽痕可知，长204、宽63 厘米，高度不明。

该墓共出土铜器4 件（组）。

铜器

4 件（组）。器形为印、带钩、剑格、铜钱。

印 1 件。M194：2，出土于棺内西部北侧。龟纽印，方形印面，印文残朽，字体不明。印面边长1.9、高1.1 厘米。（图3－8C－10b；彩版二三六，2）

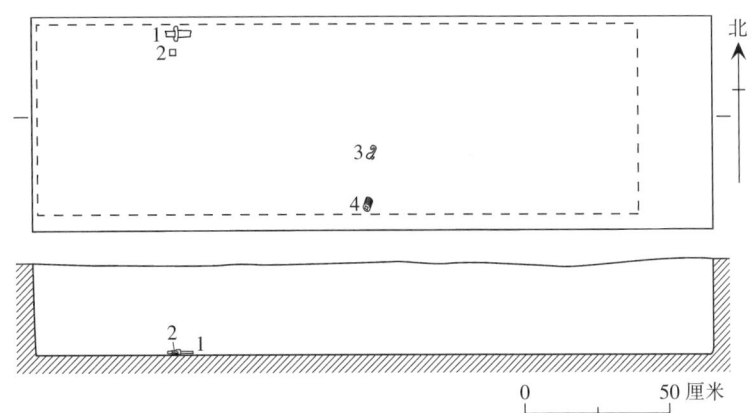

0　　　　50厘米

图3－8C－10a　圩庄组 C 区 M194 平面、剖视图
1. 铜剑格　2. 铜印　3. 铜带钩　4. 铜钱

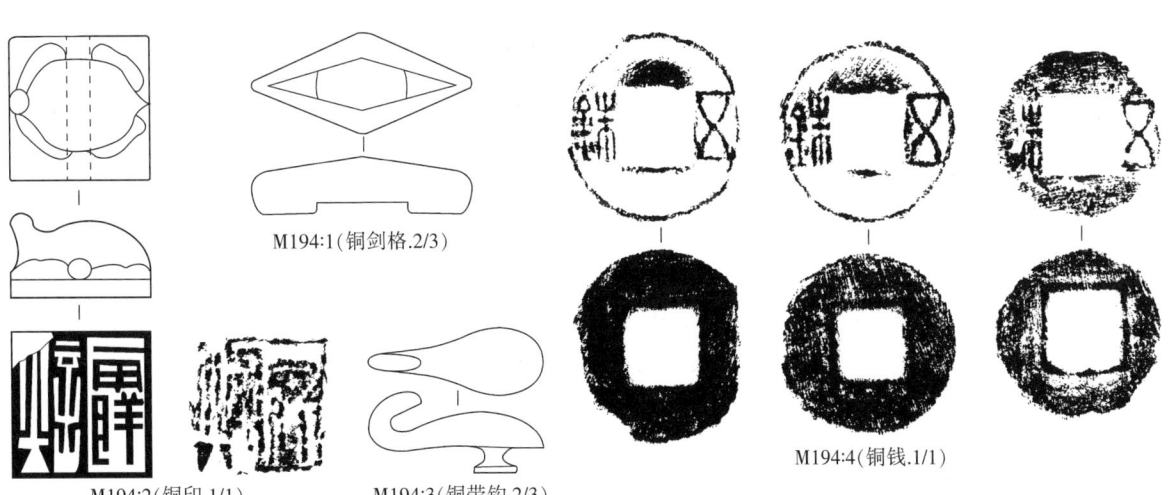

M194:1（铜剑格.2/3）

M194:2（铜印.1/1）　　M194:3（铜带钩.2/3）　　M194:4（铜钱.1/1）

图3－8C－10b　圩庄组 C 区 M194 出土器物图

带钩 1件。M194：3，出土于棺内中部。琵琶形钩身，一端上翘为圆形钩首，带身下饰一圆纽。器长3.6、宽1.4、高1.6厘米。（图3-8C-10b；彩版二三六，3）

剑格 1件。M194：1，出土于棺内西部北侧。铁剑残损严重，仅存铜质剑格。剑格宽4.5厘米，断面呈菱形。铁剑整体形制、尺寸皆不明。（图3-8C-10b）

铜钱 1组。M194：4，出土于棺内中部南侧。共7枚，皆为五铢钱，形制、尺寸、钱文相同。钱径2.3、穿径1厘米。（图3-8C-10b；彩版二三六，4）

十一、195号墓（M195）

M195位于圩庄组取土场C区墓地西部，北面与M194相邻，西南与M193相邻。清理前，墓坑开口已被高速公路施工方破坏，开口距现地表深度不明，墓坑底部随葬品组合未遭扰动。

墓葬形制为长方形竖穴土坑，开口长230、宽76厘米，残深70厘米。方向0°。（图3-8C-11a；彩版二三六，5）

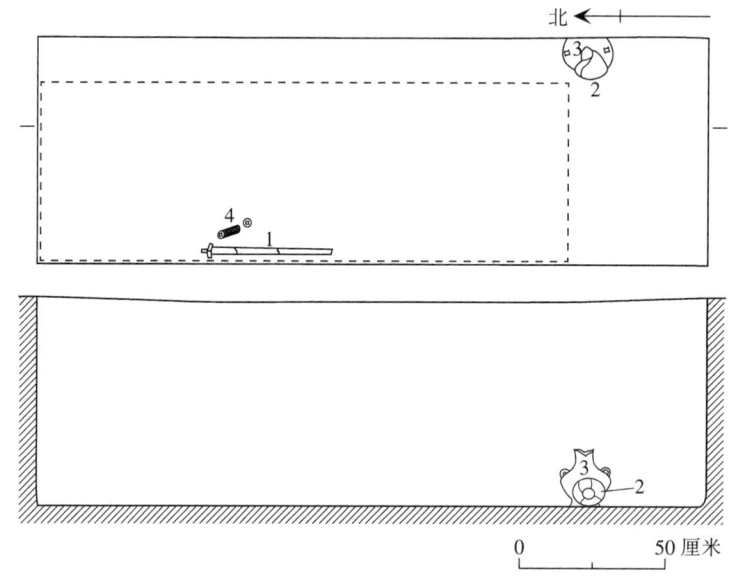

图3-8C-11a 圩庄组C区M195平面、剖视图

1. 铁剑 2. 陶钵 3. 釉陶壶 4. 铜钱

葬具为单棺，棺基本朽尽。从朽痕可知，棺平面呈长方形，长181、宽59厘米，高度不明。

该墓共出土铜器、铁器、陶器4件（组）。

1. 铜器

1组。器形为铜钱。

铜钱 1组。M195：4，出土于棺内中部西侧。共20枚，皆为五铢钱，形制、尺寸、钱文相同。钱径2.45、穿径1.1厘米。（图3-8C-11b；彩版二三六，6~8）

2. 铁器

1件。器形为剑。

剑 1件。M195：1，出土于棺内中部西侧。整器残损严重，仅存铜格与少量剑身，剑身和铜剑格断面均呈菱形。剑身最宽3.8、剑格宽5.2厘米。（图3-8C-11b；彩版二三六，9）

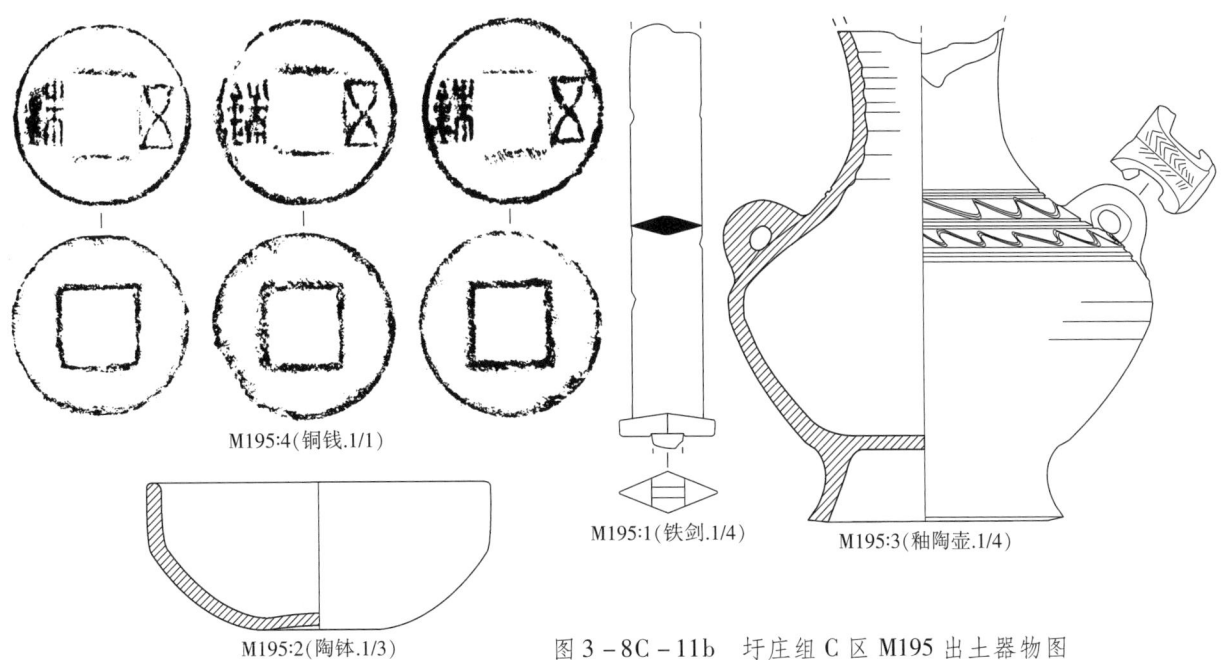

M195:4(铜钱.1/1)

M195:1(铁剑.1/4)

M195:3(釉陶壶.1/4)

M195:2(陶钵.1/3)

图 3-8C-11b　圩庄组 C 区 M195 出土器物图

3. 陶器

2 件。器形为壶、钵。

壶　1 件。M195:3，出土于棺外东南部墓坑内。釉陶。口部残缺，束颈，斜肩，斜腹内收，最大径在腹部，高圈足喇叭底。肩部饰一对称桥形耳，耳面模印叶脉纹。肩部饰三组凹弦纹，每组凹弦纹由上下紧密相连的两道凹弦纹组成，每两组凹弦纹间饰两圈水波纹。器底径 12.2、圈足高 3.8 厘米。（图 3-8C-11b；彩版二三六，10）

钵　1 件。M195:2，出土于棺外东南部墓坑内。灰陶。圆唇，直口，斜弧腹，小平底内凹。口径 13.6、底径 5.2、高 5.9 米。（图 3-8C-11b）

十二、196 号墓（M196）

M196 位于圩庄组取土场 C 区墓地东南部。清理前，墓坑开口已被高速公路施工方破坏，开口距现地表深度不明，墓坑底部随葬品组合未遭扰动。

墓葬形制为长方形竖穴土坑，开口长 227、宽 67 厘米，残深 43 厘米。方向 270°。（图 3-8C-12）

葬具为单棺，棺基本朽尽。从朽痕可知，棺平面呈长方形，长 199、宽 53 厘米，高度不明。

该墓虽经细致清理，但未出土任何遗物。

十三、205 号墓（M205）

M205 位于圩庄组取土场 C 区墓地西部，西面被 M187 打破。清理前，墓坑开口已被高速公路施工方破坏，开口距现地表深度不明，墓坑底部随葬品组合未遭扰动。

墓葬形制为长方形竖穴土坑，开口长 215、宽 81 厘米，残深 82 厘米。方向 198°。（图 3-8C-13）

葬具为单棺，棺基本朽尽。从朽痕可知，棺平面呈长方形，长 187、宽 44 厘米，高度不明。

该墓虽经细致清理，但未出土任何遗物。

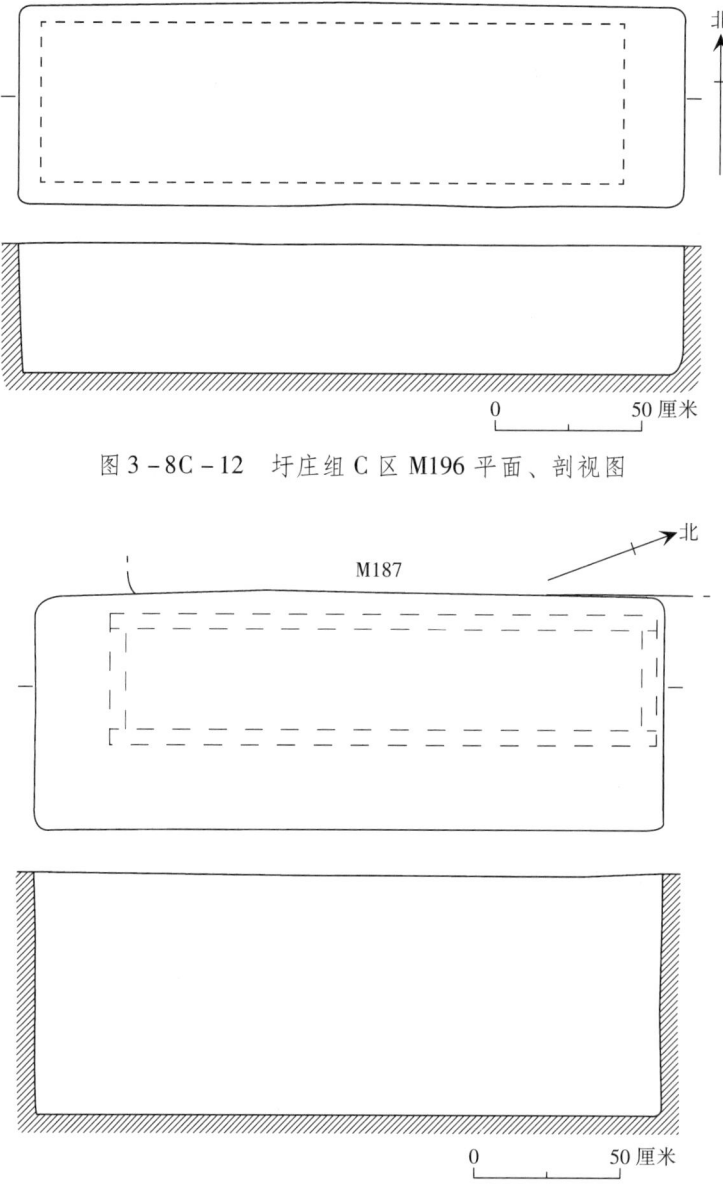

图 3 - 8C - 12　圩庄组 C 区 M196 平面、剖视图

图 3 - 8C - 13　圩庄组 C 区 M205 平面、剖视图

第九节　军庄组三号取土场墓地

军庄组三号取土场墓地位于盱眙县马坝镇东阳社区军庄居民组南侧。金马高速公路东阳段进入现场施工后，军庄组居民区南侧一水塘成为取土场。

发掘前，该水塘为养鱼塘，平均深度距地面 2 米左右，塘内积水已被排尽。由于施工方在水塘底部进行取土过程中发现有古代墓葬，考古队闻讯后进入现场进行抢救性发掘。经过对该取土场进行钻探发掘，考古队在取土场范围内共计发掘墓葬 23 座，陪葬坑 1 座。

为便于叙述，本报告将军庄组三号取土场墓地分为 A、B 两区。A 区与 B 区分别位于三号取土场西部与东部，两区东西相距约 100 米。

壹 军庄组三号取土场墓地 A 区

A 区墓地位于该取土场西部，发掘前，A 区墓地完全没入水塘之下。据当地村民介绍，该处水塘所在地原为一高岗，后因平整土地及农田建设需要，高岗被推平并向下取土改为水塘。

A 区平面大致呈方形，南北长 27、东西宽 28 米。

A 区共发掘墓葬 9 座，根据工作顺序编号为 206～214 号墓（M206～M214），此外还发掘陪葬坑 1 座，编号 K1。（图 3 - 9A - 0）

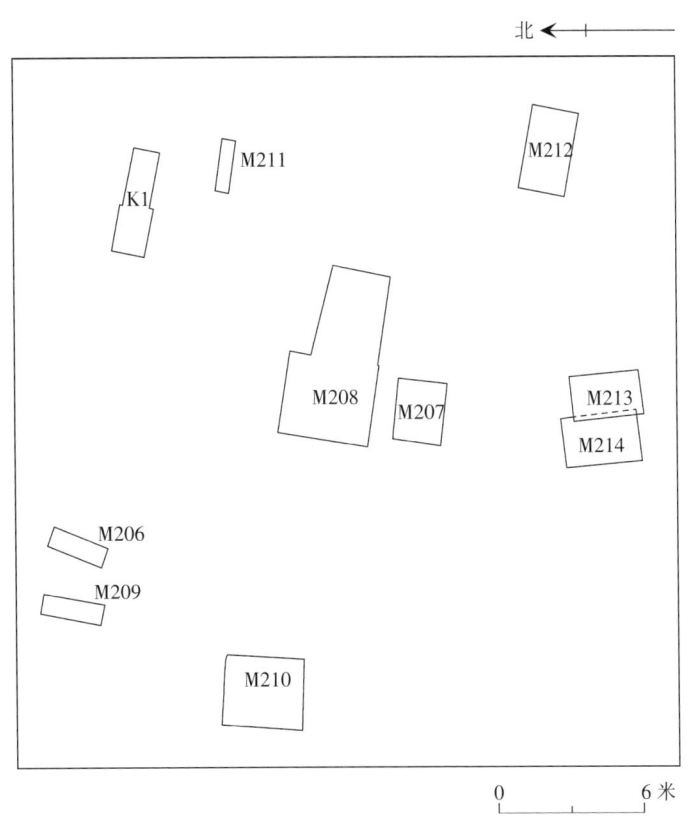

北 ←

0   6 米

图 3 - 9A - 0 军庄组三号取土场墓地 A 区墓葬平面分布图

一、206 号墓（M206）

M206 位于军庄组三号取土场 A 区墓地北部，西面与 M209 相邻。清理前，墓坑开口及棺椁结构顶部已被高速公路施工方破坏，开口距现地表深度不明，墓坑底部随葬品组合未遭扰动。

墓葬形制为长方形竖穴土坑，开口长 284、宽 94 厘米，残深 38 厘米。方向 205°。（图 3 - 9A - 1a；彩版二三七，1）

葬具为一棺一椁。从残存木结构可知，椁置于墓坑底部正中，平面呈长方形，长 277、宽 86、残高 38 厘米。棺位于椁南部，长 220、宽 68、残高 34 厘米。北边箱位于椁室北部，由椁东、西、北三面侧板及棺之间的空间组成，长 76、宽 32、残高 34 厘米。

该墓共出土铜器、琉璃器、陶器等遗物 11 件（组）。（彩版二三七，2）

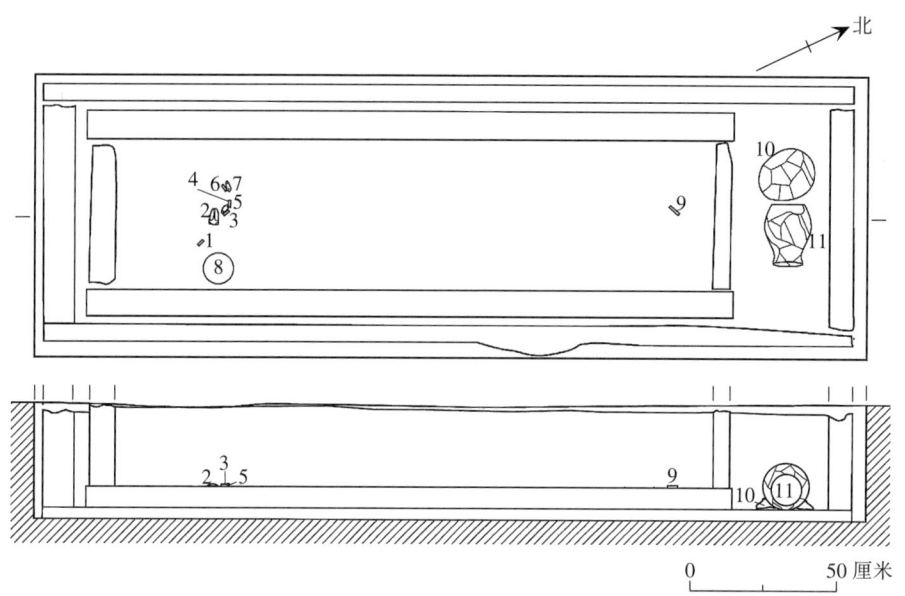

图 3 - 9A - 1a　军庄组三号 A 区 M206 平面、剖视图

1、3、5、6、9. 琉璃塞　2. 琉璃玲　4、7. 琉璃眼罩　8. 铜镜　10. 陶瓿　11. 陶壶

1. 铜器

共 1 件。器形为镜。

镜　1 件。M206：8，出土于棺内南部。四乳禽兽纹镜。圆形，半圆纽，柿蒂纹纽座。座外饰一周凸弦纹圈带，其外两周短斜线纹间有四乳和四虺相间环绕，四乳带圆纽座，四虺呈钩形，其外侧各饰一鸟。宽平缘。镜面微凸。面径 13.4、背径 13.2、纽高 0.7、缘宽 1.5、缘厚 0.5、肉厚 0.25 厘米。（彩版二三七，3）

2. 琉璃器

共 8 件。器形为玲、塞、眼罩。

玲　1 件。M206：2，出土于棺内南部。器作蝉形，纹饰简练，正面隆起，背部平直。器长 5.6、宽 3.3、厚 0.8 厘米。（图 3 - 9A - 1b；彩版二三七，4）

塞　5 件。形制、尺寸略不同。M206：1，出土于棺内南部。器形作圆台柱形，器底残损。顶面直径 0.5 厘米，底面直径 0.7、高 2.3 厘米。（图 3 - 9A - 1b；彩版二三七，6）

M206：3，出土于棺内南部。器形作圆台柱形，中部有圆形凹槽。顶面直径 0.5、底面直径 0.7、高 2.3 厘米。（图 3 - 9A - 1b；彩版二三七，6）

M206：5，出土于棺内南部。器形作圆台柱形，中部有圆形小凹槽。顶面直径 0.5、底面直径 0.7、高 2.3 厘米。（图 3 - 9A - 1b；彩版二三七，6）

M206：6，出土于棺内南部。器形作圆台柱形，底部内凹。顶面直径 0.5、底面直径 0.7、高 2.3 厘米。（图 3 - 9A - 1b；彩版二三七，6）

M206：9，出土于棺内北部。器形作圆柱形，直径 0.7、高 4.2 厘米。（图 3 - 9A - 1b；彩版二三七，2、5）

眼罩　2 件。均出土于棺内南部。M206：4，器形呈椭圆形，两端略尖，近两端处各有一小孔。器通长 3.8、宽 1.6、厚 0.3 厘米。（图 3 - 9A - 1b；彩版二三七，7 左）

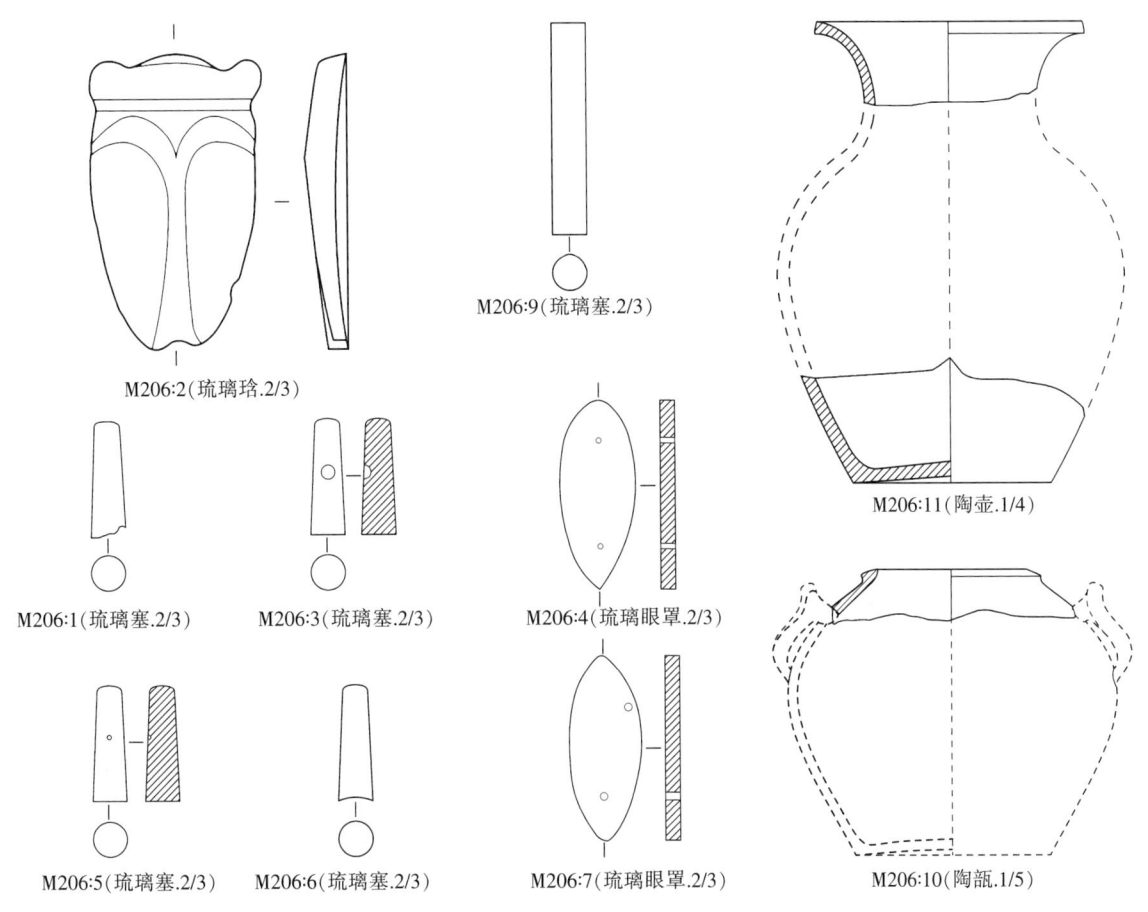

M206:2（琉璃琀.2/3）

M206:9（琉璃塞.2/3）

M206:1（琉璃塞.2/3）　　M206:3（琉璃塞.2/3）　　M206:4（琉璃眼罩.2/3）

M206:11（陶壶.1/4）

M206:5（琉璃塞.2/3）　　M206:6（琉璃塞.2/3）　　M206:7（琉璃眼罩.2/3）

M206:10（陶瓿.1/5）

图 3-9A-1b　军庄组三号 A 区 M206 出土器物图

M206:7，器形略呈椭圆形，两端窄，一端有一圆形凹槽，另一端饰一圆形小孔。长 3.7、宽 1.5、厚 0.3 厘米。（图 3-9A-1b；彩版二三七，7 右）

3. 陶器

共 2 件。器形为壶、瓿，皆出土于北边箱内。

壶　1 件。M206:11，泥质红陶。出土时残损严重，仅存口沿和器底。平沿，方唇。口径 14.3 厘米。（图 3-9A-1b）

瓿　1 件。M206:10，泥质红陶。出土时残损严重，仅存口沿。口径 10.4 厘米。（图 3-9A-1b）

二、207 号墓（M207）

M207 位于军庄组三号取土场 A 区墓地中部，北面与 M208 相邻。清理前，墓坑开口及棺椁结构顶部已被高速公路施工方破坏，开口距现地表深度不明，墓坑底部随葬品组合未遭扰动。

墓葬形制为长方形竖穴土坑，开口长 270、宽 172 厘米，残深 98 厘米。方向 280°。（图 3-9A-2a；彩版二三八）

葬具为一椁一棺，木结构保存大体完整。椁位于墓坑底部正中，平面呈长方形，长 262、宽 165、高 89 厘米。棺位于椁室北部，由整木斫成，长 224、宽 70、高 71 厘米。南边箱位于椁室南部，有椁东、西、南三面侧板及棺之间的空间组成，长 224、宽 52、高 74 厘米。

该墓共出土铜器、铁器、琉璃器、漆器、木器、角器/玳瑁器、陶器等遗物 37 件（组）。

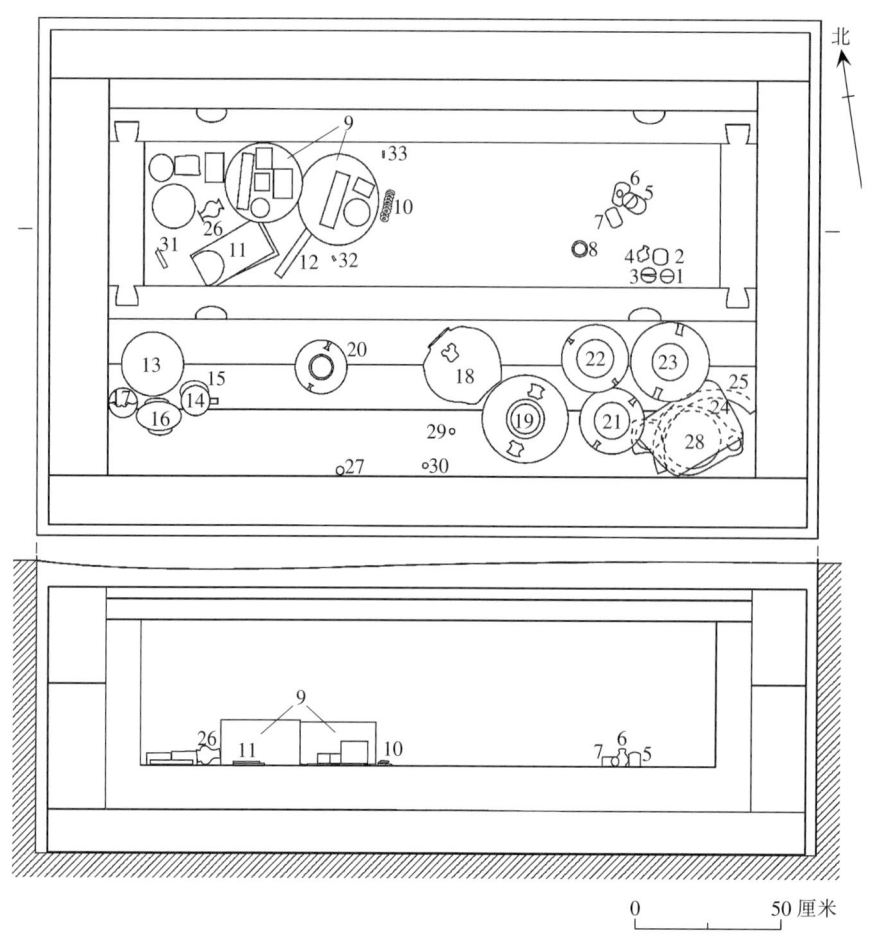

图 3－9A－2a　军庄组三号 A 区 M207 平面、剖视图

1～8. 木器　9、24. 漆奁　9－9. 木梳　9－10、9－11. 木篦　10. 铜钱　11. 木枕　12. 漆握　13、15. 铜盆　14. 铜卮　16. 铁器 17. 漆盛　18、19. 釉陶瓿　20～23. 釉陶壶　25. 陶瓿　26. 漆壶　27、29、30. 铜环　28. 陶灶　31. 玳瑁笄　32. 琉璃塞　33. 角饰

1. 铜器

共 8 件。器形为盆、卮、镜、环、铜钱。

盆　2 件。M207：13，出土于南边箱西部。敞口，折沿，鼓腹弧收，圈底。口径 21.1、高 10.1 厘米。（图 3－9A－2b1）

M207：15，出土于南边箱西部。敞口，折沿，斜弧腹，圈底。口径 11.1、高 4.5 厘米。（图 3－9A－2b1；彩版二三九，1）

卮　1 件。M207：14，出土于南边箱西部。器形可辨，但整器残损严重，无法复原。

镜　1 件。M207：9－1，出土于漆奁（M207：9）内。昭明镜。圆形，半圆纽，圆纽座。座外三竖线纹四组相间环列，外饰八内向连弧纹，外圈两周短斜线纹间饰一周铭文。铭文为"内清以而昭明而光而象而夫而日之月心而忽杨□而□而不泄"。宽素平缘。镜面微凸。面径 18、背径 17.8、纽高 0.6、缘宽 2.3、缘厚 0.38、肉厚 0.2 厘米。（彩版二三九，2）

环　3 件。M207：27，出土于南边箱中部。器作环形，器身截面呈圆形。器外环径 3.2、内环径 2.5 厘米。（图 3－9A－2b1）

M207：29，出土于棺内。形制与 M207：27 同。器外环径 1.8、内环径 1.2 厘米。（图 3－

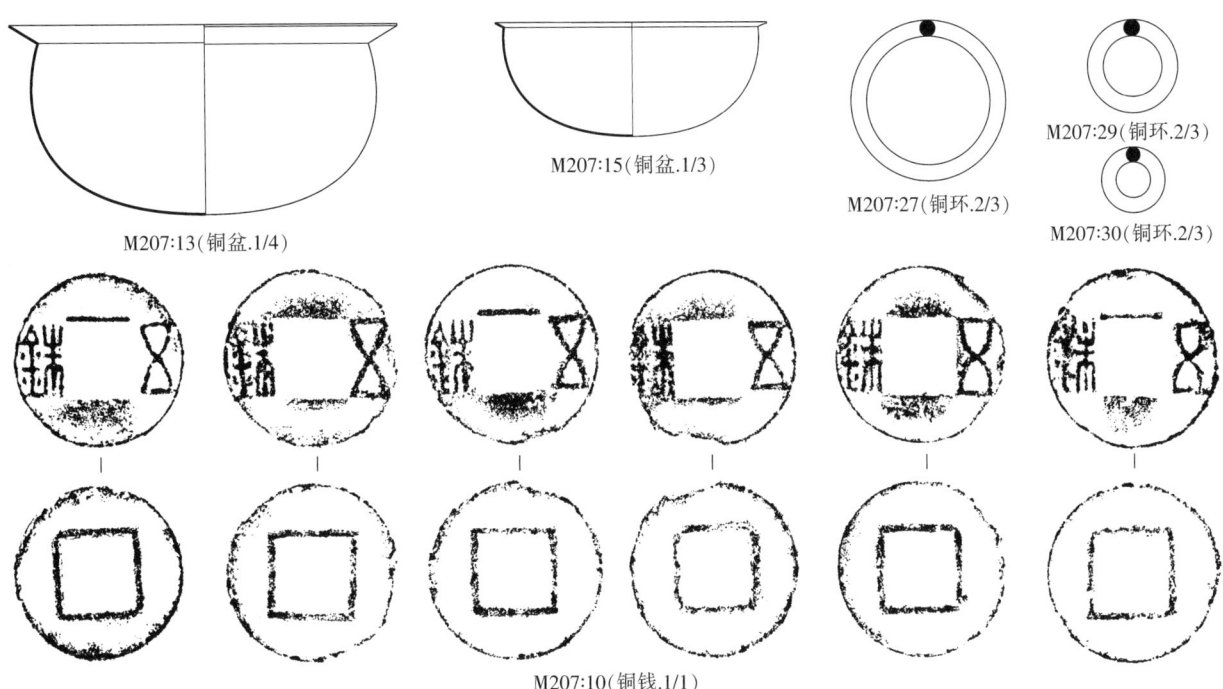

M207:13(铜盆.1/4)　M207:15(铜盆.1/3)　M207:27(铜环.2/3)　M207:29(铜环.2/3)　M207:30(铜环.2/3)

M207:10(铜钱.1/1)

图 3 - 9A - 2b1　军庄组三号 A 区 M207 出土器物图

9A - 2b1）

M207：30，出土于棺内。形制与 M207：27 同。器外环径 1.3、内环径 0.7 厘米。（图 3 - 9A - 2b1）

铜钱　1 组。M207：10，出土于棺内西部。共 38 枚。皆为五铢钱，形制、尺寸、钱文基本相同。穿背方郭，穿两侧为"五铢"二字，"五"字中间两笔稍弯曲。"铢"字的"金"字头作箭镞形，"朱"字头上面方折、下面圆折。钱径 2.3、穿径 1.1 厘米。（图 3 - 9A - 2b1；彩版二三九，3、4）

2. 铁器

共 1 件。器形不明。

铁器　1 件。M207：16，出土于棺内西部。整器残损严重，器形不明。

3. 琉璃器

共 1 件。器形为塞。

塞　1 件。M207：32，出土于棺内。器作圆台柱形，呈灰白色，通体磨光，前端圆弧形，略细，后端平直，略粗。顶面直径 0.6、底面直径 0.8、高 1.6 厘米。（图 3 - 9A - 2b2；彩版二三九，5）

4. 漆器

共 5 件（组）。器形有盛、壶、奁、握。

盛　1 件。M207：17，出土于棺内西部。部分残朽。木胎，直口，方唇，深腹，圈足微外撇。器外髹黑漆，内壁髹朱漆，内底髹黑漆，器内口沿部髹一周黑色描边。器高 5.3、口径 10、底径 6 厘米。（彩图五三，1；彩版二三九，7）

壶　1 件。M207：26，出土于棺内西部。木胎。侈口，束颈，溜肩，扁圆腹，圈足外撇。壶内外通体髹黑漆，用朱漆彩绘。口沿下饰三道朱绘弦纹，颈部朱绘三角形纹饰带、内填勾连纹与

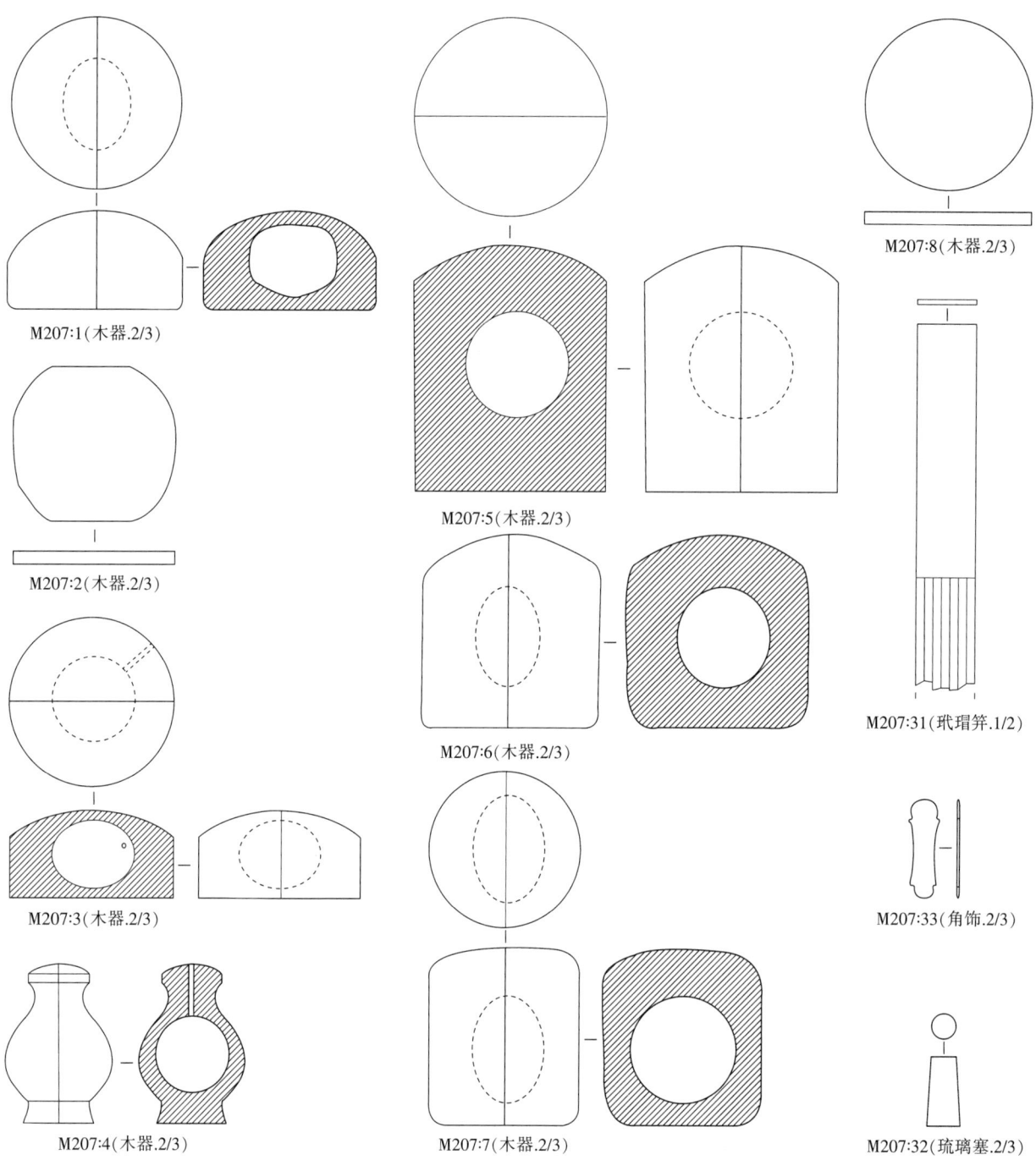

M207:1（木器.2/3）

M207:2（木器.2/3）

M207:3（木器.2/3）

M207:4（木器.2/3）

M207:5（木器.2/3）

M207:6（木器.2/3）

M207:7（木器.2/3）

M207:8（木器.2/3）

M207:31（玳瑁笄.1/2）

M207:33（角饰.2/3）

M207:32（琉璃塞.2/3）

图 3－9A－2b2　军庄组三号 A 区 M207 出土器物图

点纹组合。肩部及上腹部绘三道弦纹，由上至下第一、第二道间绘菱形纹饰带及朱点，第二、第三道间绘涡纹纹饰带。器高 8.8、口径 3.5、底径 4.4 厘米。（彩图五三，2；彩版二三九，8）

奁　2 组。M207：9，出土于棺内西部。七子圆奁。整器大奁为圆形彩绘漆奁，夹纻胎，外髹黑漆，内髹朱漆。由奁盖、奁身两部分组成。盖顶隆起，肩有四凸棱，外壁圆直，口沿残。奁身平底，下为矮圈足。盖顶以三圈银扣分隔出两圈纹饰带和顶心区，顶心中央嵌一银质柿蒂纹并朱漆勾边，柿蒂纹外侧对称分布朱绘勾连纹；两圈纹饰带均为朱、黄漆绘云气纹和几何纹各一周，几何纹为弧线三角云纹，外圈分十八组、内圈分十六组。盖身外壁上下各饰一周几何纹，中饰朱、黄漆云气纹和弧线纹，云气纹上下为朱漆双弦边框，二周几何纹结构及用漆与盖肩外周几何纹相同，再以三圈银扣分隔成两圈纹饰带；盖内顶髹朱漆，上用黑、黄漆绘云气纹；奁盖口沿内侧髹朱漆、上绘一周间隔弧线三角菱纹和卷云纹，内壁上用黑、黄漆绘云气纹，与盖顶内纹饰相同。奁身外壁上下各饰一周弧线三角卷云纹，中饰双弦边框云气纹，分四组，每组间分别嵌饰鹿、兔子等禽兽纹，再以三圈银扣分隔成两圈纹饰带。奁身口沿内侧髹朱漆，上绘一周弧线三角菱纹，以卷云纹间隔，器身内壁和内底用黑、黄漆描绘云气纹。奁盖高12.6、直径22.1厘米，奁身高10.3、直径21.9厘米。（彩图五四、五五；彩版二四〇）

该漆奁内共出土子奁7件、铜镜1件、木梳1件、木篦2件。（彩图五六；彩版二四一，1）

M207：9-2，大圆形子奁。圆形，分奁身和奁盖两部分。奁身，夹纻胎，外髹黑漆，内壁近口沿处饰黄漆弦纹两道，其间夹饰简化云气纹。腹壁圆直，平底。外壁口沿与近底处各嵌银扣一周，扣间由上自下朱绘弦纹六道，第三、四道弦纹间以朱、黄两色饰云气纹。奁身直径7.4、高4.9厘米。奁盖，夹纻胎，外髹黑漆，内髹朱漆，口沿内侧饰黑漆弦纹两道，纹间以黑、黄两色绘简化云气纹。顶面隆起，有两周凸棱，外壁圆直。顶面因凸棱分为四层区域：最内层镶银质四叶；第二层为四叶周围朱绘一圈弦纹边框，边框和四叶间以朱、黄两色绘云气纹；第三层饰银扣一周；第四层则以朱、黄两色饰勾连纹。盖外壁上下各饰银扣一周，其间以朱、黄两色绘云气纹与点纹组合，纹饰结构疏松，线条流畅。奁盖直径8、高5.6厘米。（彩图五七；彩版二四二，1）

M207：9-3，大长方形子奁。长方形，分奁身和奁盖两部分。奁身，夹纻胎，外髹黑漆，内壁除口部一周髹黑、黄纹饰外，其余均髹朱漆。腹壁方直，平底。外壁口沿与近底处各饰银扣一周，其间朱绘三圈弦纹，由上自下第一、二道纹间以朱、黄两色绘云气纹，纹饰结构疏松，线条流畅。由上自下第二、三道纹间以朱、黄两色绘涡纹及几何变形纹。奁身14.6、宽3.5、高4.8厘米。奁盖，夹纻胎，外髹黑漆，内壁除口部一周外，其余均髹朱漆。顶面隆起，中平，肩有四折棱，并有一圈凸棱，外壁方直。最顶部中镶银质四叶。叶外朱绘一圈弦纹与一圈长方形边框，边框和四叶间以朱、黄两色绘云气神兽纹。凸棱与盖转角处朱绘弦纹四道，由上自下第二、三道弦纹间饰涡纹与几何变形纹。内壁口部饰两周黄色弦纹，纹间以黑漆饰折线纹。奁盖长15、宽3.4、高5厘米。（彩图五八、五九；彩版二四二，2）

M207：9-4，马蹄形子奁。马蹄形，分奁身和奁盖两部分。奁身，夹纻胎，外髹黑漆，内壁除口部一周外，其余均髹朱漆。腹壁圆直，平底。外壁口沿与近底处各饰银扣一周，扣间以朱漆弦纹一道将纹饰分为上下两层。上层以朱、黄两色绘云气纹，纹饰结构疏松，线条流畅。下层朱绘涡纹与几何变形纹。内壁口部饰黄漆弦纹两道，纹间以黑、黄两色绘几何纹。奁身长8.4、宽6.2、高4.9厘米。奁盖，夹纻胎，外髹黑漆，内壁除口部一周外，其余均髹朱漆。顶面隆起，中平，肩有二折棱，外壁圆直。顶部正中镶银质三叶，叶外沿叶面朱绘一圈弦纹，其外再朱绘两圈弦纹及银扣一周。由内至外三叶外第一道弦纹与第二道弦纹间朱绘云气神兽纹。由内至外第二、三道弦纹间朱绘变形弧线三角卷云纹和几何纹带。外壁口沿外饰银扣一周，其上朱绘简化云气纹。内壁口部朱漆底上饰两周黄漆弦纹，纹间黑漆绘几何纹。奁盖长8.8、宽6.6、高5.9厘米。（彩图六〇；彩版二四二，3）

M207：9-5，小长方形子奁。长方形，分奁身和奁盖两部分。奁身，夹纻胎，外髹黑漆，内壁除口部一周外，其余均髹朱漆。腹壁方直，平底。外壁口沿与近底处各饰银扣一周，其间由上自下朱绘三圈弦纹。第一、二圈弦纹间朱绘涡纹与变形几何纹；第二、三圈弦纹间以朱、黄两色绘简化云气纹，纹饰结构疏松，线条流畅。内壁口部朱漆底上饰两周黄色弦纹带，纹间黑漆绘几何纹。奁身长7、宽3.1、高4.4厘米。奁盖，夹纻胎，外髹黑漆，内壁除口部一周外，其余均髹朱漆。顶面隆起，中平，肩有四折棱，并有一圈凸棱，外壁方直。最顶部中镶银质四叶。叶外沿叶面朱绘一圈弦纹，其外再朱绘四圈长方形边框。由内至外第一道朱绘边框与四叶纹之间朱绘神兽云气纹。第二、三道长方形边框内朱绘涡纹与变形几何纹。盖外壁饰银扣两周，扣间朱绘两圈弦纹，弦纹间内绘云气纹，纹饰结构疏松，线条流畅。内壁口部朱漆底上饰两周黄色圈带，纹间黑漆绘几何纹。奁盖长7.5、宽3.7、高4.6厘米。（彩图六一；彩版二四二，4）

M207：9-6，小方形子奁。方形，分奁身和奁盖两部分。奁身，夹纻胎，外髹黑漆，内壁除口部一周外，其余均髹朱漆。腹壁方直，平底。外壁饰银扣两道，其间朱绘四圈弦纹，第三、四圈弦纹间内朱绘简化云气纹，纹饰结构疏松，线条流畅。内壁口部黑漆底上饰一周黄漆弦纹。奁身边长3.3、高4.4厘米。奁盖，夹纻胎，外髹黑漆，内壁除口部外，其余均髹朱漆。顶面隆起，有一周凸棱，外壁方直。顶面中心镶银质四叶。四叶外沿叶面外缘以黄漆绘一圈弦纹，其外饰弦纹五道。由内至外第二、三道弦纹间绘涡纹与几何变形纹。盖外壁饰银扣两道，其间朱绘四圈弦纹，第二、三道弦纹间内绘云气纹与点纹组合，纹饰结构疏松，线条流畅。内壁口部朱漆底上饰一周黄色弦纹。奁盖边长3.7、高4.6厘米。（彩图六二；彩版二四二，5）

M207：9-7，椭圆形子奁。椭圆形，分奁身和奁盖两部分。奁身，夹纻胎，外髹黑漆，内壁除口部一周外，其余均髹朱漆。腹壁圆直，平底。外壁饰银扣两道，其间绘四圈弦纹，纹间以朱、黄、紫漆绘简化云气纹，纹饰结构疏松，线条流畅。内壁口部朱漆底上饰两周黄漆弦纹，纹间以黑漆绘几何纹。奁身直径6.6、高4.4厘米。奁盖，夹纻胎，外髹黑漆，内壁除口部一周外，其余均髹朱漆。顶面隆起，有一周凸棱，外壁圆直。顶面中心镶银质四叶。四叶外饰弦纹三道。由内至外第一道弦纹和四叶间朱绘简化云气纹。第一、二道弦纹间内绘几何变形纹。盖外壁饰银扣两周，其间朱绘两圈弦纹，纹间内绘云气纹与点纹组合，纹饰结构疏松，线条流畅。内壁口部朱漆底上饰两周黄漆弦纹，纹间黑漆绘几何纹。奁盖直径7.2、高4.6厘米。（彩图六三，1；彩版二四二，6）

M207：9-8，小圆形子奁。圆形，分奁身和奁盖两部分。奁身，夹纻胎，外髹黑漆，内壁除口部一周外，其余均髹朱漆。腹壁圆直，平底。外壁口沿与近底处各饰一周银扣，扣间朱绘四圈弦纹，由上自下第二、三道弦纹间内朱绘简化云气纹，纹饰结构疏松，线条流畅。内壁口部朱漆底上饰两道黄漆弦纹，纹间黑漆绘几何纹。奁身直径4.3、高4.5厘米。奁盖，夹纻胎，外髹黑漆，内壁除口部一周外，其余均髹朱漆。顶面隆起，有两周凸棱，外壁圆直。顶面中心镶银质四叶，四叶外沿叶面外缘朱绘一圈弦纹，其外饰弦纹三道。由内至外第一道弦纹和四叶间朱绘简化云气纹。第一、二道弦纹间饰涡纹与变形几何纹。盖外壁饰银扣两道，扣间绘云气纹与点纹组合，纹饰结构疏松，线条流畅。内壁口部朱漆底上饰两周黄漆弦纹，纹间黑漆绘几何纹。奁盖直径4.4、高4.5厘米。（彩图六三，2；彩版二四二，7）

M207：24，出土于南边箱东部。圆形漆奁。奁盖身缺失，仅存器身。器身夹纻胎，内外通体髹黑漆，素面。器身口径24、高16厘米。（图3-9A-2b3）

握　1件。M207：12，出土于棺内西部。器整体呈圆柱形，一端饰一圆形穿孔，中部截面为

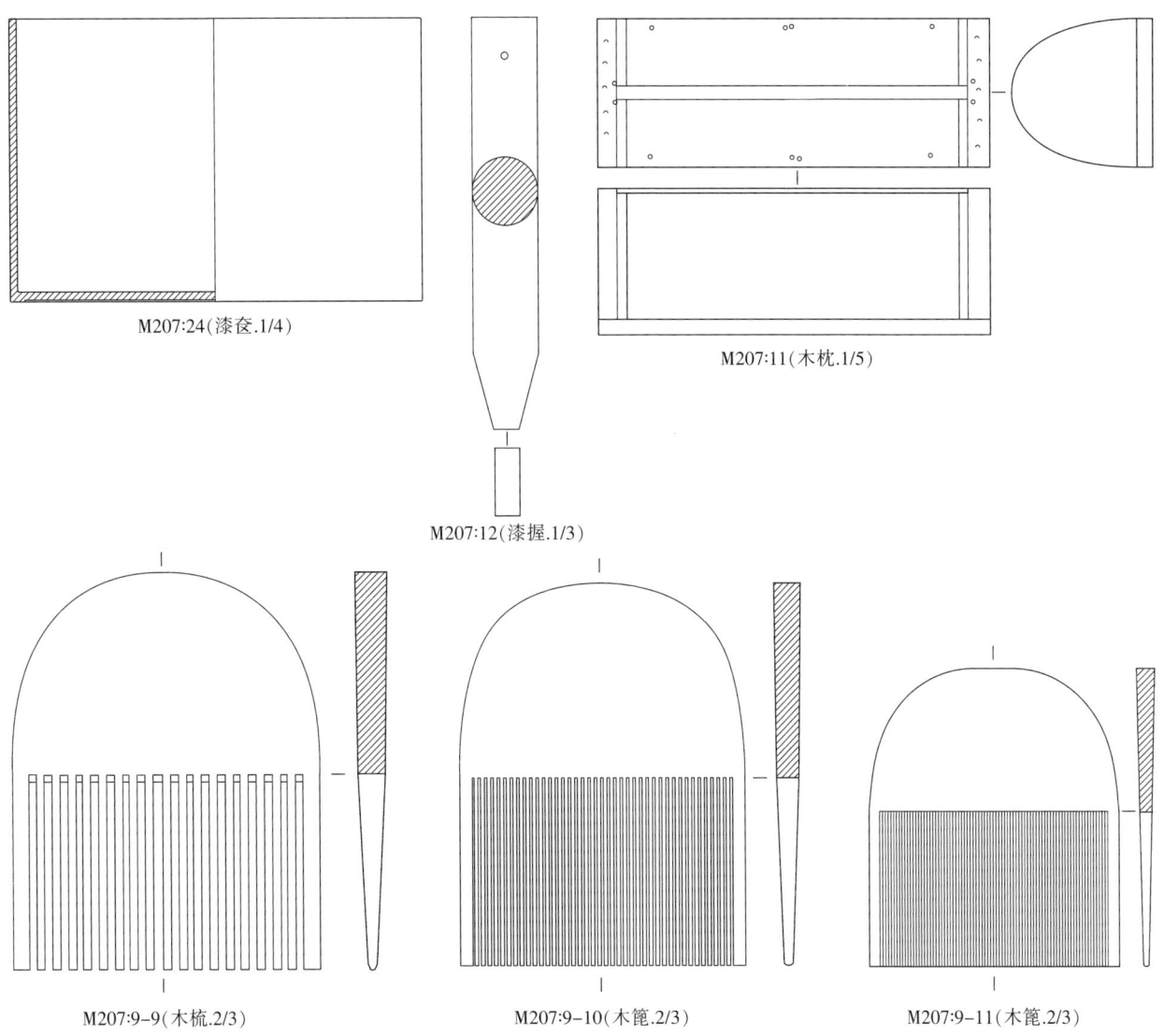

M207:24(漆奁.1/4)

M207:11(木枕.1/5)

M207:12(漆握.1/3)

M207:9-9(木梳.2/3)　　　M207:9-10(木篦.2/3)　　　M207:9-11(木篦.2/3)

图3-9A-2b3　军庄组三号A区M207出土器物图

圆形。器长17.5、直径2.9厘米。(图3-9A-2b3;彩版二四一,2)

5. 木器

共12件。器形有梳、篦、枕等。

梳　1件。M207:9-9,出土于棺内西部。整体呈马蹄形,背圆弧形,齿尖平齐较薄,齿根各刻一横线,两侧设护齿,共17齿。木质细腻,纹理清晰。通长8.4、宽6.7、背长4.3、齿长4.1、厚0.6厘米。(图3-9A-2b3;彩版二四三,7左)

篦　2件。M207:9-10,出土于棺内西部。形制与梳M207:9-9同,唯齿更密,背长与齿长基本相同,共40齿。长8.1、宽6.2、厚0.6厘米。(图3-9A-2b3;彩版二四三,7中)

M207:9-11,出土于棺内西部。形制与篦M207:9-10基本相同,唯齿更密、尺寸小。(图3-9A-2b3;彩版二四三,7右)

枕　1件。M207:11,出土于棺内西部。器平面为长方形,两侧半圆形侧板及长方形底板尚存,枕面竹席腐朽断裂。长28.8、宽10.6、高10.2厘米。(图3-9A-2b3;彩版二四三,8)

不明用途木器　8件。皆出土于棺内东部。M207：1，圆柱形。器分为两半，整体拼合呈矮圆柱体，顶部弧突，内部凿出圆球形。器高2.3、直径4厘米。（图3-9A-2b2；彩版二四三，1）

M207：2，圆角矩形木片。长3.6、宽3.9、厚0.3厘米。（图3-9A-2b2）

M207：3，圆柱形，形制与M207：1同。器高2.1、直径4厘米。（图3-9A-2b2；彩版二四三，2）

M207：4，器作壶形，分为两半，中部凿出圆球形，球形上部凿有长条形沟壑。器高3.7、腹径2.6、顶部直径1.5、底部直径1.7厘米。（图3-9A-2b2；彩版二四三，3）

M207：5，圆柱形，形制与M207：1同，器身较高，内部凿出圆球形。器高5.8、直径4.6厘米。（图3-9A-2b2；彩版二四三，4）

M207：6，圆柱形，形制与M207：1同，内部凿出圆球形。器高4.5、直径4.3厘米。（图3-9A-2b2；彩版二四三，5）

M207：7，圆柱形，形制与M207：1同，顶部较平坦，内部凿出圆球形。器高4.2、直径3.7厘米。（图3-9A-2b2；彩版二四三，6）

M207：8，圆形木片。直径4、厚0.3厘米。（图3-9A-2b2）

6. 角器/玳瑁器

共2件（组）。

笄　1件。M207：31，出土于棺内西部。玳瑁质。扁长条形，呈浅黄色，尾端分为7齿。长11.5、宽1.9、厚0.16厘米。（图3-9A-2b2）

角饰　1组。M207：33，出土于棺内西部。2件，形制相同。器为长条形，中部束腰，两端圆弧形。器长2.3、宽0.7、厚0.06厘米。（图3-9A-2b2；彩版二三九，6）

7. 陶器

共8件。器形为壶、瓿、甑、灶。

壶　4件。M207：20，出土于南边箱中部。釉陶。敞口，圆唇，长束颈，溜肩，圆腹，最大腹径在中部，圈足微外撇。肩部附对称桥耳，耳面饰叶脉纹。颈部饰一组水波纹，肩部、腹部饰凹弦纹。通高30.5、口径13.3、底径14.7厘米。（图3-9A-2b4；彩版二四四，1）

M207：21，出土于南边箱东部。釉陶。敞口，圆唇，束颈，溜肩，圆腹，最大腹径在中部，圈足外撇。肩部附对称桥形耳，耳面饰叶脉纹。颈部饰水波纹两组，肩部饰凸弦纹两组。通高28.9、口径12.6、底径12.4厘米。（图3-9A-2b4；彩版二四四，2）

M207：23，出土于南边箱东部。釉陶。形制与M207：21基本相同。通高34.1、口径14.5、底径11.7厘米。（图3-9A-2b4；彩版二四四，3）

M207：22，出土于南边箱东部。釉陶。敞口，圆唇，束颈，鼓肩弧腹，圈足外撇。肩部附对称桥形耳，耳面饰叶脉纹。颈部饰水波纹两组及凹弦纹，腹部饰凸弦纹。通高39、口径18.6、底径16.6厘米。（图3-9A-2b4；彩版二四四，4）

瓿　2件。M207：18，出土于南边箱东部。釉陶。直口微侈，沿面微内凹，尖圆唇，圆肩，圆鼓腹向下渐内收，平底内凹。肩部附对称铺首桥耳，上饰简化兽面纹、竖弦纹。腹部饰凹弦纹。通高25、口径8.9、底径13.7厘米。（图3-9A-2b4；彩版二四四，5）

M207：19，出土于南边箱东部。釉陶。直口，沿微内凹，圆唇，溜肩，圆鼓腹，最大腹径偏

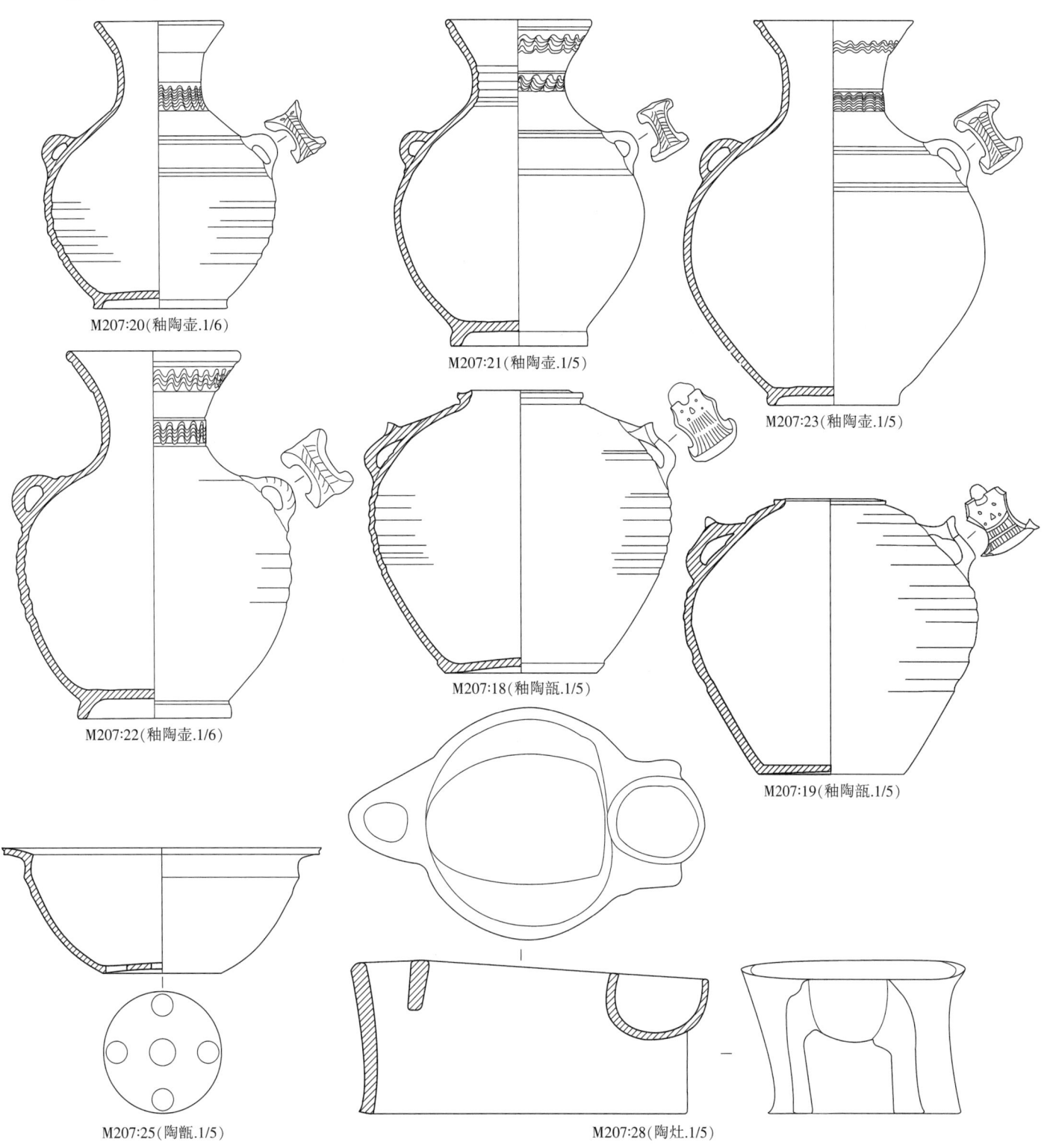

M207:20（釉陶壶.1/6）

M207:21（釉陶壶.1/5）

M207:23（釉陶壶.1/5）

M207:22（釉陶壶.1/6）

M207:18（釉陶瓿.1/5）

M207:19（釉陶瓿.1/5）

M207:25（陶甑.1/5）

M207:28（陶灶.1/5）

图 3 - 9A - 2b4 军庄组三号 A 区 M207 出土器物图

上，向下内收，平底微内凹。肩部附对称铺首桥耳，上饰简化兽面纹、竖弦纹。器身下腹以上饰凸棱纹饰。通高 25.4、口径 8.5、底径 14 厘米。（图 3 - 9A - 2b4；彩版二四四，6）

甑　1件。M207：25，出土于南边箱东部。泥制灰陶。敞口，斜沿，方唇，弧腹，平底微内凹，底带五个圆形镂孔。肩部饰一圈弦纹。通高 11、口径 29.2、底径 10.8 厘米。（图 3 - 9A -

2b4；彩版二四五，1）

灶　1件。M207：28，出土于南边箱东部。泥制灰陶。灶呈马蹄形，器身中下部束腰，灶面饰三个火眼，中间大火眼两旁设置小火眼，灶后壁中间开拱形火门，灶体中空。素面。通长32.8、宽20.4、高13.6厘米。（图3－9A－2b4；彩版二四五，2）

三、208号墓（M208）

M208位于军庄组三号取土场A区墓地中部，南面与M207相邻。清理前，墓坑开口已被高速公路施工方破坏，开口距现地表深度不明，墓坑棺椁结构与随葬品组合未遭扰动。

墓葬为土坑竖穴墓，墓坑平面整体近似刀把形，南边成一直线，北边中部向南90°折向后，继续向东与东边相连，开口南边长758、西边长369、东边长272厘米，北边西段长345、东段长412厘米，残深101厘米。方向280°。

墓葬棺椁结构大体保存完整，葬具为一椁双棺。椁室位于墓坑西部，椁外北侧与东侧各有一边箱，盖板尚存。椁呈长方形，东西向，长310、宽222、合盖通高158厘米。盖板由三块南北向木板东西平置而成，其相互间以高低榫卯合相连，由东至西第一块盖板长220、宽100～121、厚24厘米，第二块盖板长218、宽90～101、厚24厘米，第三块长220、宽78～80、厚24厘米，为增强盖板强度，盖板侧面尚制有亚腰形凹槽，用于嵌入亚腰形木构件。（图3－9A－3a；彩版二四六）

北棺位于椁室北部，与椁室北侧板紧靠，棺长248、宽80、合盖通高90厘米。发掘时，椁盖板清理后，在该棺盖板之上发现有一层隔板。隔板由多块木板以榫卯相连，上刻饰穿璧纹，穿璧尺寸大体相同，内径10、外径24厘米。隔板清理后即为北棺盖板，清理时，棺盖板东、中、西三部各发现有棺束一组，每组棺束均由6股麻绳构成，宽6厘米。出土时，西部棺束的南段与中段及东部棺束的北段尚留有柿蒂形鎏金铜泡钉，棺侧板外侧及棺底部的棺束皆以朽尽。（图3－9A－3a1、3a2；彩版二四七，1～3）

南棺位于椁室南部，与椁室南侧板紧靠，棺长250、宽80、合盖通高90厘米。发掘时，椁盖板清理后，在该棺盖板之上发现铁戟与铁矛各2件。该棺盖板之上尚留有少量棺束痕迹与鎏金柿蒂纹泡钉四件，但整体保存情况不如北棺外棺束。（彩版二四七，4～6）

东边箱呈长方形，南北向，长250、宽144、合盖通高118厘米。其盖板由五块木板南北排列组成，木板东西长134、厚11厘米，由北至南宽度为18～30、20、60、54～60、20～30厘米。（彩版二四八）

北边箱亦呈长方形，东西向，长241、宽92、合盖通高120厘米。其盖板由五块木板东西排列组成，木板南北均长90、厚12厘米，由东至西宽度为50、22、61、23、60厘米。

该墓出土遗物323件（组）。为便于叙述，下文以北棺、南棺、北边箱、东边箱四个单位分述说明。

（一）北棺

共出土铜器、铁器、琉璃器、漆器、木器等遗物29件（组）。（图3－9A－3b）

1. 铜器

共9件。器形为熏、镜、刷。

图 3-9A-3a　军庄组三号 A 区 M208 平面、剖视图

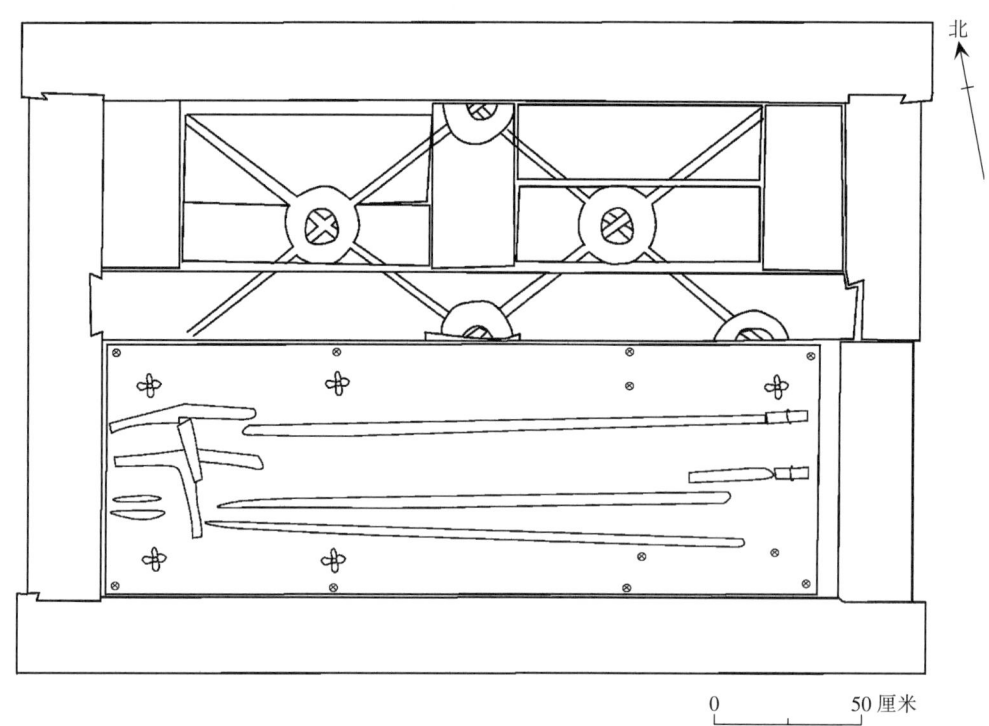

0   50 厘米

图 3 – 9A – 3a1   军庄组三号 A 区 M208 北棺上隔板及南棺盖板上出土器物平面分布图

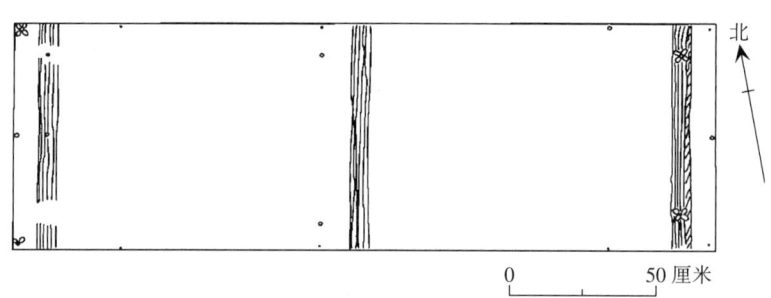

0   50 厘米

图 3 – 9A – 3a2   军庄组三号 A 区 M208 北棺棺盖棺束清理后平面图

熏   1 件。M208：235，出土于北棺东部。由炉盖、炉体两部分组成。炉盖呈博山形，山峰重叠，峰间饰有镂孔，盖顶插饰一昂首站立的鸟。炉身为豆形，子母口微敛，与炉盖相接，鼓弧腹两侧附对称的铺首，圜底下有座，座为喇叭形圈足，上部有凸棱。盖口径 8.6、高 5.5 厘米，炉身口径 8.4、高 10.2、底座径 6.8 厘米。（图 3 – 9A – 3b1；彩版二四九，1）

镜   4 件。M208：233 – 1，出土于北棺东部漆奁（M208：233）内。日光镜。圆形，半圆纽，圆纽座。座外三竖线纹四组相间排列，外饰一周八内向连弧纹，其外饰短斜弦纹与铭文各一周，铭文间以"の"形与菱形"田"字纹符号间隔。铭文为"见日之光长毋相忘"。素缘。面径 8.8、背面径 8.6、纽高 0.6、纽宽 1.5、缘宽 0.6、缘厚 0.36、肉厚 0.13 厘米。（彩版二四九，2）

M208：242 – 1，双圈铭文镜。圆形，半圆纽，并蒂连珠纹纽座。座外饰凸弦纹细圈带两周，其间饰内圈铭文一周，外圈两周短斜弦纹间饰另一周铭文。内圈铭文为"见日之光长毋相忘"，外圈铭文为"内清质以……日月心忽杨而愿忠然雍塞而不泄"。宽素平缘。镜面微

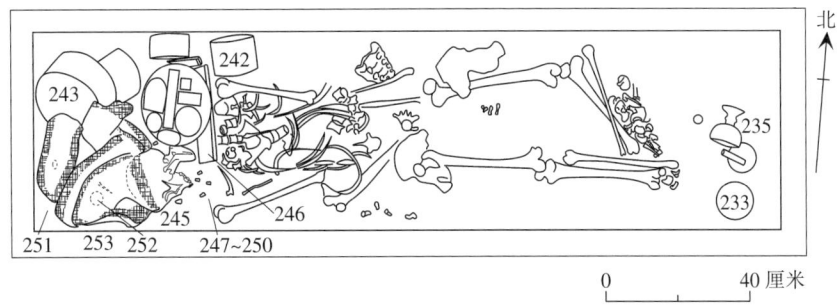

图 3－9A－3b　军庄组三号 A 区 M208 北棺器物分布图

233、242、243. 漆奁　233－1、242－1、243－1、251. 铜镜　235. 铜熏　242－2、242－3、
243－9、243－10. 木篦　242－4、243－11. 木梳　242－5、242－6、243－13、254. 铜刷
243－2～243－8. 七子奁　243－12. 木刷　243－14. 铁镊　243－15. 铁剪　245. 琉璃珰
246. 木枕　247～250. 琉璃塞　252. 木器　253. 草编织物

凸。面径 12.2、背纽 12、纽高 0.7、纽宽 1.6、缘宽 0.7、缘厚 0.36、肉厚 0.17 厘米。（彩版二四九，4）

M208：243－1，出土于棺室北端西侧漆奁（M208：243）内。双圈铭文镜。圆形，半圆纽，并蒂十二连珠纹纽座。纽座外饰短斜线纹、凸弦纹圈带各两周，间饰铭文一周，外圈饰短斜线纹两周间饰铭文一周。内圈铭文为"内清质以昭明光辉象夫日月心忽杨而愿忠然雍塞而不泄□"，外圈铭文为"洁清白而事君志□骊之合明作玄锡之流泽恐疏而日忘糜美之愿穷承可□□之毋绝"。宽素平缘。镜面微凸。面径 18.6、纽高 0.9、纽宽 1.9、缘宽 1.1、缘厚 0.6、肉厚 0.3 厘米。（彩版二四九，5）

M208：251，出土于北棺室西侧。星云纹镜。圆形，连峰纽，圆纽座。座外单弧弦纹和半圆扇面纹各四组相间排列，其外一周十六内向连弧纹，外饰两周凸弦纹，间以四枚并蒂连珠纹座乳丁，乳丁间各施七枚小乳丁，相互间以弧线相连。镜缘内一周饰十六内向连弧纹。镜面微凸。面径 15.65、背面径 15.6、纽高 1.25、纽宽 1.7、缘宽 1.4、缘厚 0.5、肉厚 0.19 厘米。（彩版二四九，6）

刷　4 件。M208：242－5，烟斗形，刷毛已朽，刷柄一端为龙首形，另一端上翘为圆形銮。通长 13.1、銮径 1.1 厘米。（图 3－9A－3b1）

M208：242－6，"一"字形，刷毛已朽，刷柄一端为龙首形，另一端为圆形銮。通长 8、銮径 0.73 厘米。（图 3－9A－3b1）

M208：243－13，烟斗形，刷毛已朽，刷柄为木质，髹漆，黑漆地绘朱漆线纹，刷柄顶端有一凸纽，穿孔，柄端上翘为圆形銮，铜质鎏金。通长 13.7、銮径 1 厘米。（彩图六四，1）

M208：254，"一"字形，刷毛已朽，刷柄一端为龙首形，另一端为圆形銮。通长 8.2、銮径 0.83 厘米。（图 3－9A－3b1）

2. 铁器

共 2 件。器形为镊、剪。

镊　1 件。M208：243－14，出土于漆奁 M208：243 内之长方形子奁内。其由整根铁片制成，顶部弯折似梅花状，刃部平直，断面呈长方形。长 8.8、刃宽 1 厘米。（图 3－9A－3b1）

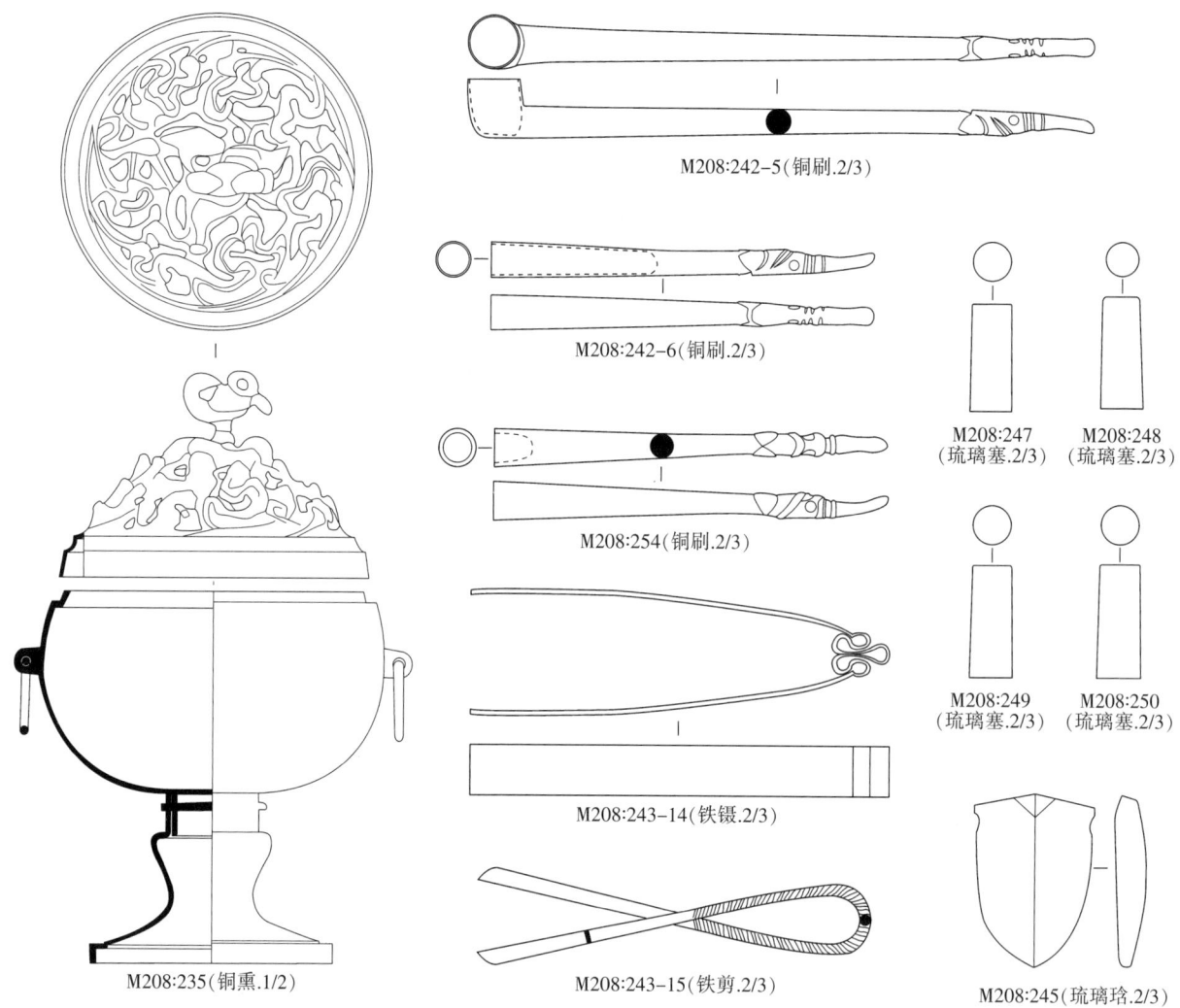

M208:242-5(铜刷.2/3)

M208:242-6(铜刷.2/3)

M208:254(铜刷.2/3)

M208:247
(琉璃塞.2/3)

M208:248
(琉璃塞.2/3)

M208:249
(琉璃塞.2/3)

M208:250
(琉璃塞.2/3)

M208:243-14(铁镊.2/3)

M208:235(铜熏.1/2)

M208:243-15(铁剪.2/3)

M208:245(琉璃琀.2/3)

图 3 - 9A - 3b1　军庄组三号 A 区 M208 北棺出土器物图

剪　1 件。M208:243 - 15，出土于漆奁 M208:243 内之长方形子奁内。其由整根铁丝交股而成，柄部略细，断面呈圆形，饰螺纹，刃部单面平直，背弧形，末起刃锋，断面呈扁长方形。长 8.3、刃长 4.6、刃宽 0.3 厘米。（图 3 - 9A - 3b1）

3. 琉璃器

共 5 件。器形为琀、塞。

琀　1 件。M208:245，出土于北棺中部偏西。器作蝉形，正面隆起，纹饰简单，背面平直，棱角分明。长 3.6、宽 2.6、厚 0.7 厘米。（图 3 - 9A - 3b1）

塞　4 件。均出土于北棺西部。

M208:247，整体呈圆柱形，底面径略大于顶面径。通体素面。顶面径 0.8、底面径 0.85、高 2.2 厘米。（图 3 - 9A - 3b1）

M208:248~250，三件形制、尺寸同 M208:247。（图 3 - 9A - 3b1）

4. 漆器

共 3 组。器形为奁。

奁　3 组。M208：233，出土于北棺东部。器整体呈圆筒状，由盖、器身两部分组成。奁内出土铜镜（M208：233 - 1）1 件。盖面微弧，髹黑漆，盖面中部及边缘镶嵌一圈银扣。顶中心嵌银质柿蒂纹，柿蒂纹四周朱漆饰云气纹，银扣间饰云气纹和鸟纹。盖身上口、腹部中间及底部各镶一道带状银扣饰。内壁髹朱漆，仅底部黑漆绘简单的菱形纹和卷云纹。盖身外壁髹黑漆，于三道银扣间绘云气纹、鸟纹、兽纹。器盖内髹朱漆，黑漆绘卷云纹。器身上口、腹部中间及底部各镶一道带状银扣饰。内壁髹朱漆，仅上部黑漆绘简单的菱形纹和卷云纹。器身外壁髹黑漆，于三道银扣间绘云气纹、兽纹，底髹朱漆，黑漆绘卷云纹。盖身、器身的线条细如游丝，流畅奔放，造型精致。盖口径 10.4、盖高 8 厘米，器身口径 9.9、器身高 7 厘米。（彩图六五、六六）

M208：242，出土于北棺西部。整体呈圆筒状，由盖、器身、隔板组成。盖面微弧，髹黑漆，盖面中部及边缘镶嵌一圈银扣。顶中心嵌银质柿蒂纹，柿蒂纹中心饰圆形红宝石，叶分饰四个水滴状红宝石。柿蒂纹周饰对称的禽兽纹和云气纹，再环饰一周朱漆圆圈，外饰菱形纹、圆圈纹等几何纹，两道银扣间饰走兽飞鸟纹和云气纹，外饰菱形纹、圆圈纹等几何纹。盖身上口、腹部中间及底部各镶一道带状银扣饰。内壁髹朱漆。盖身外壁髹黑漆，于三道银扣间绘云气纹、禽兽纹及凤鸟纹。器身口沿处有一内盖，圆饼形。盖面髹黑漆，正中嵌柿蒂纹银片，周朱漆绘云气纹。内盖下饰一隔板，圆柱形，内髹朱漆，光素无纹饰。外髹黑漆，上镶一道银扣，下朱漆绘凤鸟纹、云气纹。隔内有马蹄形凹槽。漆奁纹饰线条如行云流水般流畅，细如游丝。盖口径 13.1、盖高 10.5 厘米，奁身口径 12.6、奁高 9 厘米，内盖直径 11.4、隔板高 5.6 厘米。（彩版二五〇至二五二）

M208：243，出土于北棺西北角。器整体呈圆筒状，由盖和器身组成。盖面微弧，髹黑漆，朱漆绘纹饰。盖顶中心嵌银质柿蒂纹，柿蒂纹周、盖面中部及边缘镶嵌一圈银扣，银扣将整个漆盖的纹饰分为三组纹饰。柿蒂纹和最内的一圈银扣间为简单的云气纹，第二组纹饰为云气纹与四个走兽纹，外有一圈变形几何纹，第三组纹饰为云气纹、走兽纹、凤鸟纹，外有一圈变形几何纹。盖身上口、腹部中间及底部各镶一道带状银扣饰。盖身外壁髹黑漆，于三道银扣间朱漆绘云气纹、禽兽纹及凤鸟纹。内壁髹朱漆，顶部黑漆地上绘走兽纹，底部边缘处黑漆地绘简单的几何纹。器身外壁髹黑漆，于三道银扣间绘云气纹、禽兽纹及凤鸟纹。内壁髹朱漆，仅上部黑漆绘几何纹，底部黑漆地上朱漆绘云气纹。器底内凹。盖口径 20.8、盖高 12.5 厘米，奁身口径 20、奁身高 10.5 厘米。（彩图六七、六八；彩版二五三）

该圆形大奁内共出土子奁 7 件、木梳 1 件、木篦 1 件、铜镜 1 件、木刷 1 件、铜刷 1 件、铁镊 1 件、铁剪 1 件。（彩版二五四）

M208：243 - 2，大长方形子奁。盖盝顶，盖面为长方形，髹黑漆朱漆绘纹饰。中心嵌银质柿蒂纹，柿蒂纹四周朱漆绘云气纹，左右各有一朱漆兽纹，外有一圈变形几何纹，盖边缘镶嵌银扣。盖身上口和底部各镶一道银扣，黑漆地朱漆云气纹。盖内壁髹朱漆，顶和底部边缘髹黑漆，顶黑漆地朱漆云气纹，底缘黑漆地饰排列整齐的朱漆点。器身上部和底部各镶一道银扣，黑漆地朱漆云气纹。奁长 15.5、宽 3.4 厘米，奁合盖高 4.5 厘米。（彩图六九；彩版二五五，1）

M208：243 - 3，马蹄形子奁。盖面呈马蹄形，髹黑漆，朱漆绘纹饰。中心嵌银质柿蒂纹，柿蒂纹四周朱漆绘云气纹和兽纹，外有一圈变形几何纹，盖边缘镶嵌银扣。盖身长方形，上口和底部各镶一道银扣，黑漆地髹朱漆云气纹。盖内壁髹朱漆，顶和底部边缘髹黑漆，顶黑漆地朱漆云气纹，底缘黑漆地饰排列整齐的朱漆点。器身上部和底部各镶一道银扣，黑漆地朱漆云气纹。奁盖长8.9、宽6.8厘米，奁合盖高5.8厘米。（彩图七〇；彩版二五五，2）

M208：243－4，大圆形子奁。盖面微弧，髹黑漆，朱漆绘纹饰。盖顶中心嵌银质柿蒂纹，柿蒂纹周、盖面中部及边缘的三个朱漆同心圆将纹饰分成三组，由内至外依次为兽纹、变形几何纹和云气纹，边缘镶嵌一圈银扣。盖身上口和底部各镶一道银扣，黑漆地髹朱漆云气纹。盖内壁髹朱漆，顶和底部边缘髹黑漆，顶黑漆地朱漆云气纹，底缘黑漆地饰排列整齐的朱漆点。器身和盖身内外壁装饰基本相同。奁盖口径8.2、合盖高5.7厘米。（彩图七一，1；彩版二五五，3）

M208：243－5，小圆形子奁。盖面微弧，髹黑漆，朱漆绘纹饰。盖顶中心嵌银质柿蒂纹，柿蒂纹周朱漆云气纹，外有一周朱漆变形几何纹，边缘镶嵌一圈银扣。盖身上口和底部各镶一道银扣，黑漆地髹朱漆云气纹。盖内壁髹朱漆，顶和底部边缘髹黑漆，顶黑漆地朱漆云气纹，底缘黑漆地饰排列整齐的朱漆点。器身和盖身内外壁装饰基本相同。奁盖口径4.9、合盖高4.7厘米。（彩图七一，2；彩版二五五，4）

M208：243－6，椭圆形子奁。盖面呈椭圆形，髹黑漆，朱漆绘纹饰。盖顶中心嵌银质柿蒂纹，柿蒂纹周朱漆云气纹，外有一周朱漆变形几何纹，边缘镶嵌一圈银扣。盖身上口和底部各镶一道银扣，黑漆地髹朱漆云气纹。盖内壁髹朱漆，顶和底部边缘髹黑漆，顶黑漆地朱漆云气纹，底缘黑漆地饰排列整齐的朱漆点。器身和盖身内外壁装饰基本相同，仅器身底部纹饰不同，器身底髹黑漆无朱漆纹饰。奁盖长6.6、宽3.6厘米，奁合盖高4.7厘米。（彩图七二，1；彩版二五五，5）

M208：243－7，小长方形子奁。盖盝顶，盖面为长方形，髹黑漆，朱漆绘纹饰。中心嵌银质柿蒂纹，柿蒂纹四周朱漆绘云气纹，外有一圈变形几何纹，盖边缘镶嵌银扣。盖身上口和底部各镶一道银扣，黑漆地朱漆云气纹。盖内壁髹朱漆，盖顶中部和底部边缘髹黑漆，顶黑漆地朱漆云气纹，底缘黑漆地饰排列整齐的朱漆点。器身和盖身内外壁装饰基本相同。奁盖长7.7、宽3.8厘米，奁合盖高4.5厘米。（彩图七二，2；彩版二五五，6）

M208：243－8，小方形子奁。盖盝顶，盖面为方形，髹黑漆，朱漆绘纹饰。中心嵌银质柿蒂纹，柿蒂纹四周朱漆绘云气纹，外有一圈变形几何纹，盖边缘镶嵌银扣。盖身上口和底部各镶一道银扣，黑漆地朱漆云气纹。盖内壁髹朱漆，盖顶中部和底部边缘髹黑漆，顶黑漆地朱漆云气纹，底缘黑漆地饰排列整齐的朱漆点。器身和盖身内外壁装饰基本相同。奁盖边长3.9厘米，奁合盖高4.5厘米。（彩图七二，3；彩版二五五，7）

5. 木器

共9件。器形为梳、篦、枕、刷等。

梳　2件。M208：242－4，木梳形制基本完整，呈马蹄形，器弧背长方形，背部厚，齿端薄，背长大于齿长，15齿。长7.3、宽5.8、厚1厘米。（图3－9A－3b2）

M208：243－11，形制、尺寸与M208：242－4基本相同。（图3－9A－3b2）

篦　4件。M208：242－2，呈马蹄形，器弧背长方形，背部厚，齿端薄。长6.9、宽6、厚1

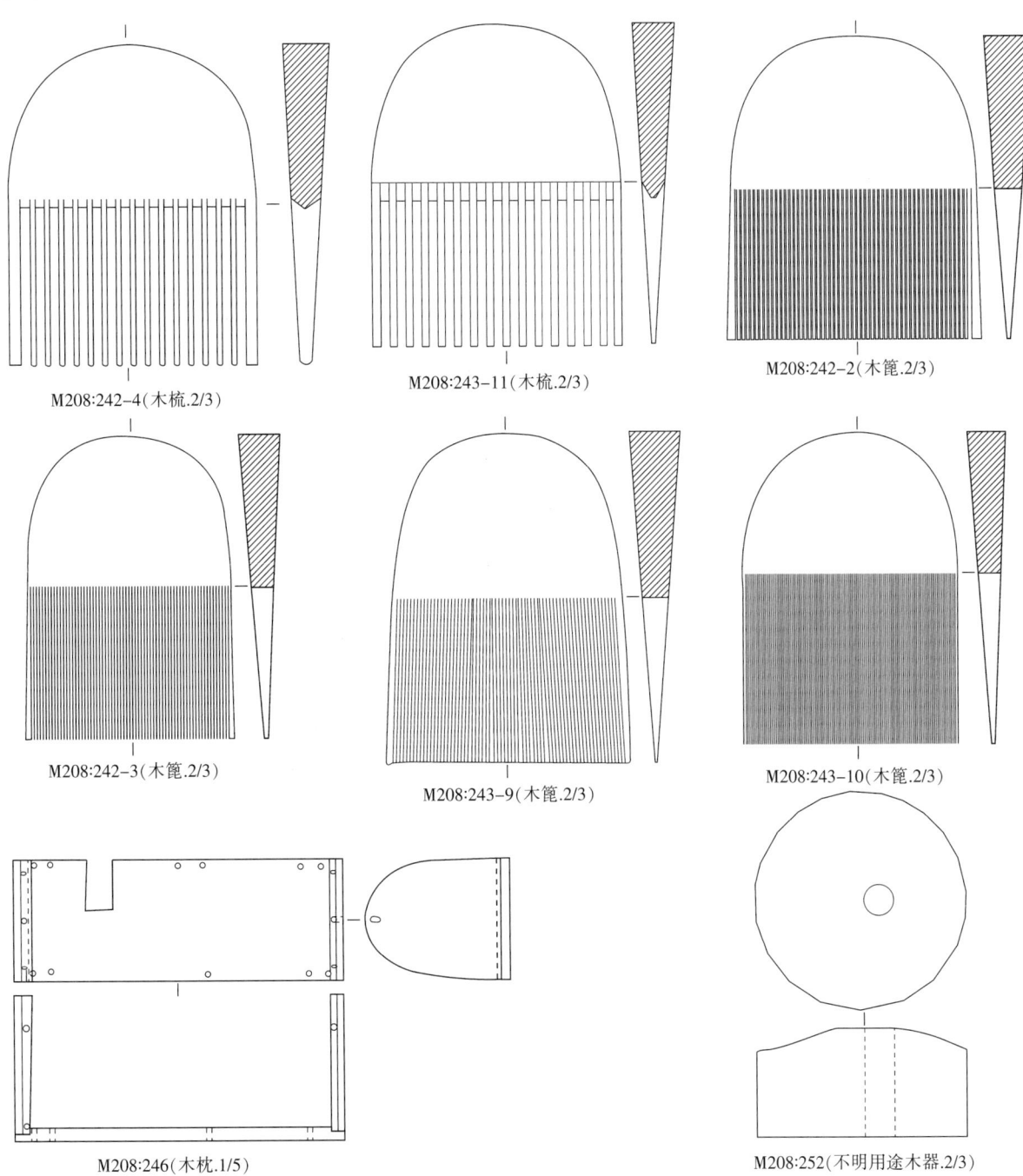

M208:242-4(木梳.2/3)

M208:243-11(木梳.2/3)

M208:242-2(木篦.2/3)

M208:242-3(木篦.2/3)

M208:243-9(木篦.2/3)

M208:243-10(木篦.2/3)

M208:246(木枕.1/5)

M208:252(不明用途木器.2/3)

图 3 - 9A - 3b2　军庄组三号 A 区 M208 北棺出土器物图

厘米。(图 3 - 9A - 3b2)

M208：242 - 3，形制与 M208：242 - 2 基本相同。长 6.9、宽 4.9、厚 0.9 厘米。(图 3 - 9A - 3b2)

M208：243 - 9，形制与 M208：242 - 2 基本相同，66 齿。长 7.6、宽 5.7、厚 1.2 厘米。(图 3 - 9A - 3b2)

M208：243 - 10，形制与 M208：242 - 2 基本相同。长 7.1、宽 5.1、厚 0.9 厘米。(图 3 - 9A - 3b2)

枕 1 件。M208：246，出土于北棺西部。枕面长条席皆朽。器长方形，中空，平底，两端嵌入半圆形木板。底板长边有一长方形缺口，两侧各有六个对称的孔，底板与侧板连接处各有三孔，孔内皆有木钉相连，侧板上部饰一孔。器长 25.8、宽 9.3、高 11.1 厘米，底板厚 0.94 厘米。（图 3-9A-3b2；彩版二四九，3）

刷 1 件。M208：243-12，整体呈圆柱形，由上到下呈增大趋势，顶端有一凸纽，穿孔，下端为圆銎。刷柄外髹黑漆，上有简单的朱漆纹饰。通长 2.6、銎径 0.86 厘米。（彩图六四，2）

不明用途木器 1 件。M208：252，出土于北棺西部。扁圆柱形，残，中间偏右有一穿孔。器径 5、高 2.5、穿孔径 0.7 厘米。（图 3-9A-3b2）

6. 其他

共 1 组，为草编织物。

草编织物 1 组。M208：253，出土于北棺西部。清理时无法辨识明确器形，尺寸不明，但现存编织痕迹清晰。

（二）南棺

共出土铜器、铁器、琉璃器、漆器、木器、玉器等遗物 34 件（组）。（图 3-9A-3c）

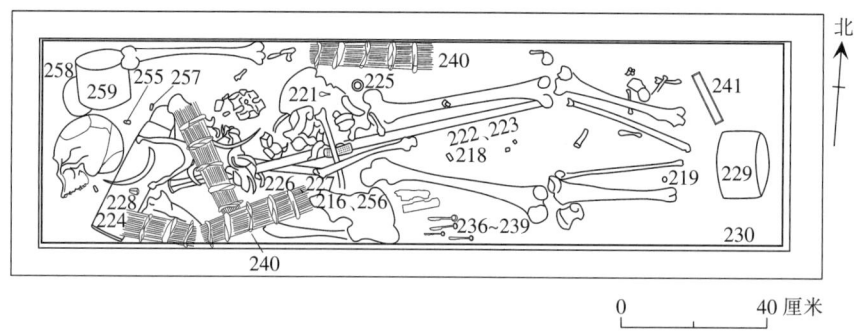

图 3-9A-3c 军庄组三号 A 区 M208 南棺器物分布图

216. 木刚卯 217、255、257. 玉塞 218、225~227. 木饰件 219. 琉璃珠 221. 铜带钩 222、223. 铁剑 224. 木枕 228. 玉玲 229. 漆奁 229-1. 木梳 229-2、229-3. 木篦 229-4、259. 铜刷 230. 木笭床 236~239. 铁削 240. 束草 241.（木笄）漆盒 241-1. 木笄 256. 木严卯 258. 铜镜

1. 铜器

共 4 件。器形为镜、刷、带钩。

镜 1 件。M208：258，出土于漆奁 M208：229 内。昭明镜。圆形，半圆纽，圆纽座。座外四组单竖线纹与单弧线纹相间排列，其外饰凸弦纹圈带两道，其间涡纹、三弧线纹各四组相间环列，最外圈两周短斜线纹间饰一周铭文。铭文为"内清之以昭明光而象夫日月心忽扬然忠而不泄"。素缘。镜面微凸。面径 13.4、背径 13.2、纽高 0.8、纽宽 1.8、缘宽 0.65、缘厚 0.51、肉厚 0.21 厘米。（彩版二五六，1）

刷 2 件。M208：229-4，出土于漆奁 M208：229 内。整器仅存铜质刷柄，柄呈圆柱形，由銎端到顶端逐步内收，顶端有一穿孔凸纽。通长 3.1、銎径 1.1 厘米。（图 3-9A-3c1）

M208：259，器呈烟斗形，刷毛已朽，刷柄一端为龙首形，另一端上翘为圆形銎。通长 11.2、銎径 0.8 厘米。（图 3-9A-3c1）

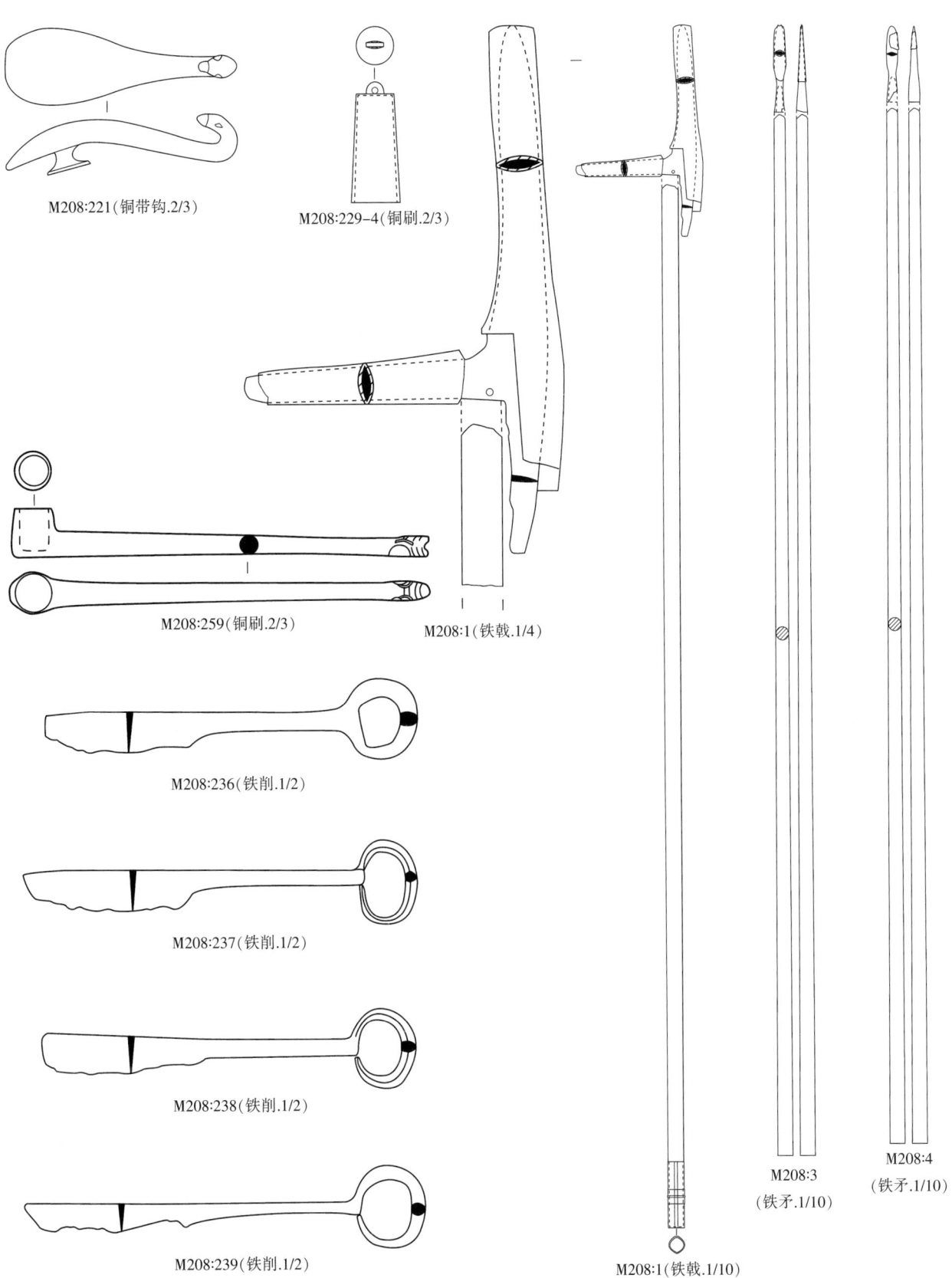

M208:221（铜带钩.2/3）

M208:229-4（铜刷.2/3）

M208:259（铜刷.2/3）

M208:1（铁戟.1/4）

M208:236（铁削.1/2）

M208:237（铁削.1/2）

M208:238（铁削.1/2）

M208:239（铁削.1/2）

M208:1（铁戟.1/10）

M208:3
（铁矛.1/10）

M208:4
（铁矛.1/10）

图 3-9A-3c1　军庄组三号 A 区 M208 南棺出土器物图

带钩 1件。M208:221,出土于南棺中部偏西。琵琶形钩身,下有一圆纽,钩首作雁首形。长6.2、宽2、厚1.1厘米。(图3-9A-3c1)

2. 铁器

共10件。器形为戟、矛、剑、削。

戟 2件。出土时皆放置于南棺棺盖板之上,戟头向西。

M208:1,戟身整体呈"卜"字形,刺双面弧刃,栏部厚直,胡单面弧刃,脊近平,枝横柳叶形,根部扁平,有一穿孔。刺、胡、枝均带漆鞘,下有木柄。木柄底端套一铜镦,镦近似圆柱状,截面一端呈凸棱。刺长21.3、胡长14.4、胡宽2.9、木柄长168.5、镦长11.3、镦截面宽2.6厘米。(图3-9A-3c1;彩版二五六,2左、3)

M208:2,形制、尺寸与M208:1相同,唯戟铁质部分残朽更甚。(彩版二五六,2右)

矛 2件。出土时与铁戟并行放置于南棺棺盖板之上,矛头皆向西。M208:3,矛前锋弧尖,矛身起脊,截面呈菱形。矛骹呈椭圆筒形,骹口呈圆形,銎内呈圆锥柱状,截面为圆形。出土时铁矛矛身尚留有漆鞘。矛叶长9.8、骹长5.4、銎长4.6、銎径1.2、柄长180厘米。(图3-9A-3c1)

M208:4,形制与M208:3相同。矛叶长7.5、骹长6.2、銎长4.4、銎径1.6、柄长180厘米。(图3-9A-3c1)

剑 2件。皆出土于南棺中部。M208:222,剑身朽蚀严重,但形制尚存。剑锋残,剑身扁平,中脊较明显,两刃锋利,截面呈菱形。菱形一字格,剑首细长,截面呈椭圆形。器残长66.3、中宽2.4、茎长10厘米。(图3-9A-3c2)

M208:223,剑及外部漆鞘保存完好,饰玉剑具。其形制与M208:222基本相同。黑漆绘"S"形纹饰环绕漆鞘一周,间以菱格纹为饰。中部有一玉剑璏,剑璏饰乳丁纹,一端刻划兽面纹。菱形玉剑格上刻饰卷云纹。剑首呈喇叭状。器通长94.6、中宽3.2、茎长17.7、剑璏长6.8厘米。(图3-9A-3c2;彩版二五六,5)

削 4件。皆出土于南棺中部。M208:236,环首,直背,单面刃,锋和刃均残,截面为等腰三角形。器通长13.2、环首径2.8、削身宽1.4厘米。(图3-9A-3c1)

M208:237,形制同M208:236。通长14、环首径2.9、削身宽1.4厘米。(图3-9A-3c1)

M208:238,形制同M208:236。通长13.3、环首径2.8、削身宽1.3厘米。(图3-9A-3c1)

M208:239,形制同M208:236。通长14.2、环首径2.8、削身宽0.9厘米。(图3-9A-3c1)

3. 琉璃器

共1件。

珠 1件。M208:219,出土于南棺东部墓主人足踝附近。器为扁圆珠形,中部偏上饰一穿孔。珠径1.2、孔径0.1厘米。(图3-9A-3c3)

4. 漆器

共2件(组)。器形为盒、奁。

盒 1件。M208:241,出土于南棺东部。木胎。盒整体呈长方形,由盒盖与盒身上下扣合构成,通体素面,清理时,盒身内壁尚残留有朱砂痕迹。器长30.8、宽5.2、高1.2厘米。(图3-

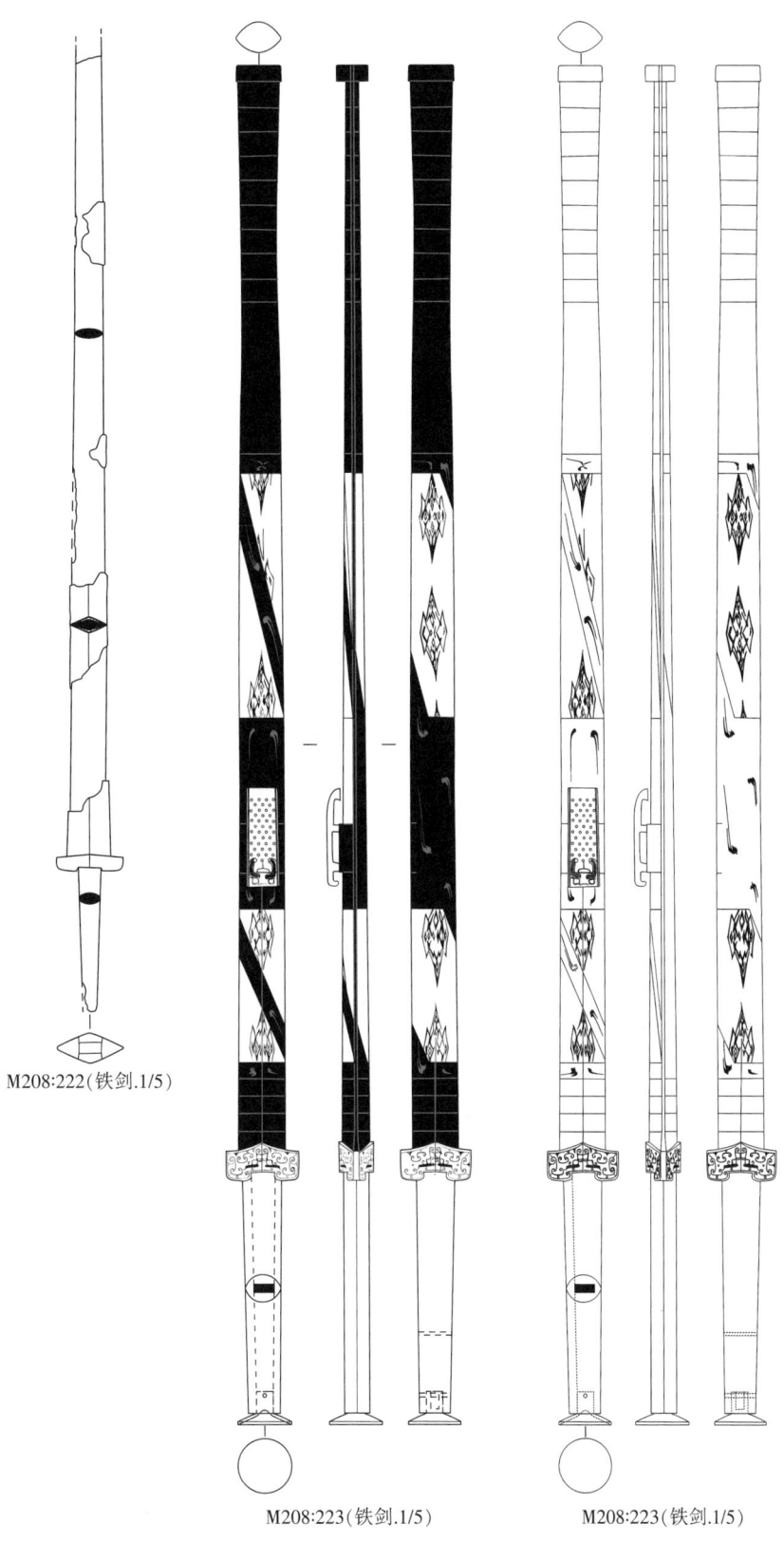

M208:222(铁剑.1/5)

M208:223(铁剑.1/5)　　　　M208:223(铁剑.1/5)

图 3 - 9A - 3c2　军庄组三号 A 区 M208 南棺出土器物图

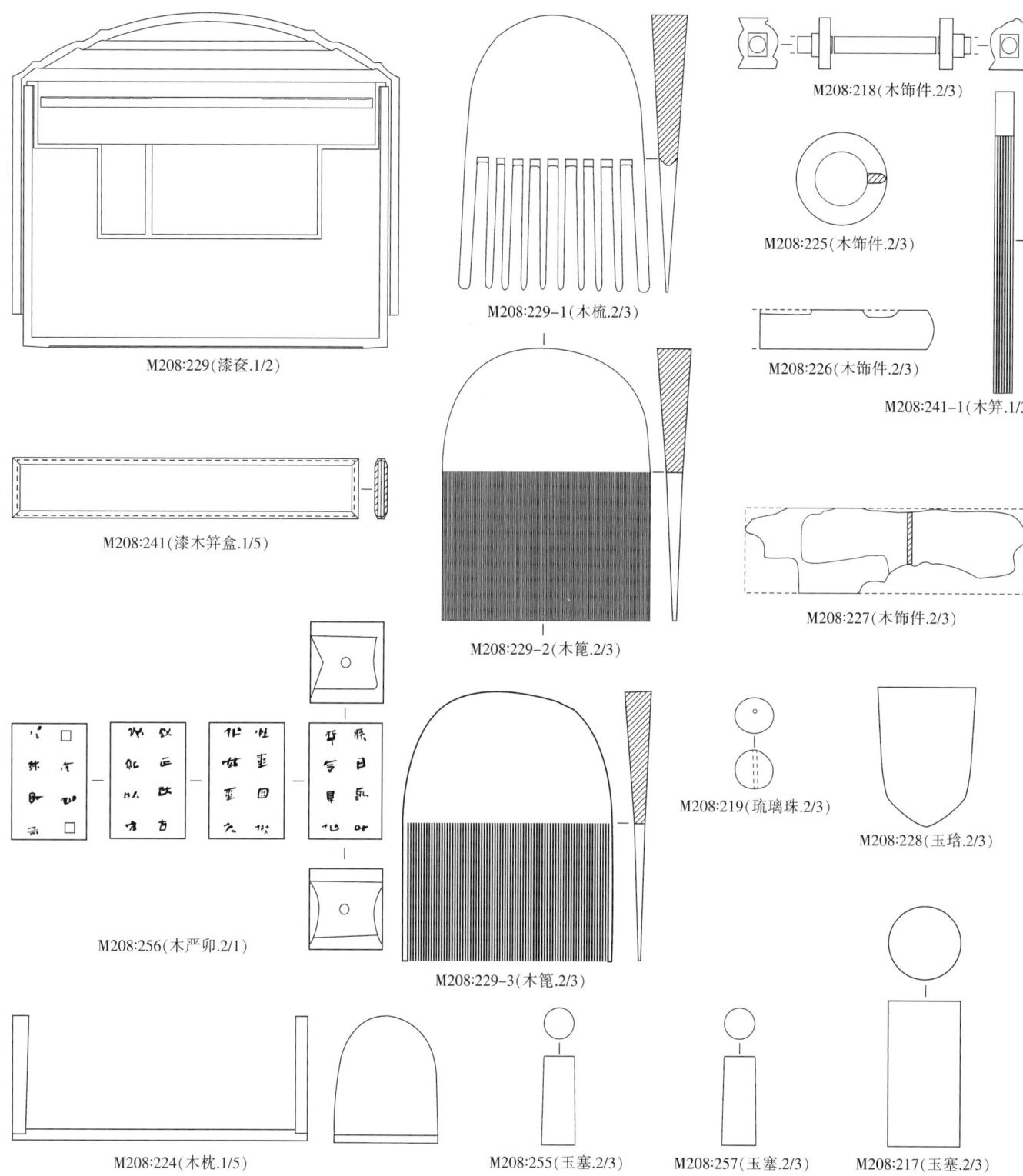

M208:229(漆奁.1/2)

M208:229-1(木梳.2/3)

M208:229-2(木篦.2/3)

M208:218(木饰件.2/3)

M208:225(木饰件.2/3)

M208:226(木饰件.2/3)

M208:241-1(木笄.1/3)

M208:227(木饰件.2/3)

M208:241(漆木笄盒.1/5)

M208:256(木严卯.2/1)

M208:229-3(木篦.2/3)

M208:219(琉璃珠.2/3)

M208:228(玉玲.2/3)

M208:224(木枕.1/5)

M208:255(玉塞.2/3)

M208:257(玉塞.2/3)

M208:217(玉塞.2/3)

图3-9A-3c3 军庄组三号A区M208南棺出土器物图

9A-3c3；彩版二五七，2)

　　盒内出土木笄1件（M208：241-1）。

　　奁 1组。M208：229，出土于南棺东侧。器整体呈圆筒状，由盖、器身、隔板组成。盖面微弧，髹黑漆，盖顶正面饰四圈纹饰，顶中心嵌柿蒂纹银箔饰，环柿蒂纹朱绘神兽云气纹，其外依次饰几何纹、云气纹和几何纹组合，其中第三圈云气纹中间嵌饰动物纹银箔三处。盖身中部黑漆地上朱绘卷云纹，卷云纹中部嵌动物纹银箔两处，卷云纹上下刻划一圈栉齿纹，外饰几何纹。器身上下黑漆地上朱绘数道弦纹，弦纹间饰云气纹。器身口沿处有一内盖，盖面髹朱漆，正中嵌银质柿蒂纹箔饰，外用黑漆饰五重圆圈，饰卷云纹和云气纹。器身内分马蹄形、长方形和月牙形三个暗隔，整体呈"凸"字形。隔外壁髹黑漆，隔内壁、奁内均髹朱漆，光素无纹饰。奁口径13、合盖高11.4、隔高5.4、宽12.8厘米。（图3-9A-3c3；彩图七三、七四；彩版二五七，1；彩版二五八）

奁内装有铜镜1件（M208：258）、木梳1件（M208：229-1）、木篦2件（M208：229-2、3）、铜刷1件（M208：229-4）。

5. 木器

共12件。器形为刚卯、严卯、笭床、枕、笄、梳、篦等。

刚卯 1件。M208：216，出土于南棺中部。整器为长方体形，中心有一穿孔，外壁四面各书两行墨书，共三十四字。文曰："正月刚卯既央，灵殳四方。赤青白黄，四色是当。帝令祝融，以教夔龙。庶蠖刚瘅，莫我敢当。"其一侧绘四色彩绘。长0.85、宽0.95、高1.7厘米。（彩图七五，1；彩版二五九）

严卯 1件。M208：256，出土于南棺中部。形体较刚卯M208：216较小。整器为长方体形，中心饰一穿孔，外壁四面各书两行墨书，共三十二字。文曰："疾日严卯，帝令夔化，慎尔周伏，化兹灵殳，既正既直，既觚既方，庶疫刚瘅，莫我敢当。"长0.7、宽0.7、高1厘米。（图3-9A-3c3；彩版二六〇）

笭床 1件。M208：230，出土于南棺墓主人尸骨之下。笭床为木质，平面为长方形，长199、宽52厘米。其整体以青灰色漆为底漆，四周边框饰一圈内轮廓，其内以间隔空间绘连续的不规则几何纹，中心对称，纹饰的小长方形内填朱漆。笭床四角各有一四分之一形状的圆形镂孔，半径1.96~2.1厘米。两长边分别饰三个半穿璧纹，上下位置对称，中间有四个大小、形状基本一致的穿璧纹。上部半穿璧纹间隔38.5、直径10.3厘米，内有半圆形镂孔，孔径约为3.3厘米；下部半穿璧纹间隔39.2~41.3、直径8.4~10.2厘米，内有半圆形镂孔，孔径为3.5~4.1厘米。半穿璧纹黑漆外轮廓内有朱漆一道，黄漆地上绘五个"×"形纹饰。穿璧纹距左侧内轮廓20、距右侧17.6厘米，各穿璧间距离从左至右依次为40.4、39.2、41.3厘米。穿璧直径为9.3、镂孔孔径3.5厘米，装饰与半穿璧基本相同，黑漆外轮廓内有朱漆一道，黄漆地上由纵横交错的直线构成小菱格纹。半穿璧纹、穿璧纹和四角镂孔间有条带，将其连接，宽度2.2厘米。除左侧两穿无纹饰外，其余内部纹饰与笭床内外轮廓线内纹饰相同。半穿璧纹、穿璧纹和四角镂孔将笭床隔成三个菱形和十个三角形，分饰纹饰。

出土时，笭床表面纹饰有的已模糊不清，无法识别。从现存纹饰可知，上下对角对称的八个三角形内，分别有四个菱形镂孔，中心对称分布，孔径大小不一，外皆有一周黑漆轮廓。三角形内用黑色、朱色、青色、白色绘卷云纹、云气纹等。最左侧三角形内纹饰无法识别，最右侧三角形内黑漆云气纹，残有一兽身，其爪与羽翼清晰可辨，其他部分缺失，无法辨别为何兽。三个菱形空间绘主体纹饰。左侧内绘天马，头上黑漆、朱漆、灰黑漆绘触角，五官清晰生动，无足，神兽首下部用灰黑漆和朱漆绘翎羽。中间菱形空间的左侧以黑色、朱色、青色、白色漆绘卷云纹及云气纹组合，其余空间饰一半"〔"形纹饰，似汉画像砖中伏羲所持之"矩"，下部有倒钩，首端似权杖，纹饰已完全看不清，无法辨别其性质。右侧菱形左侧黑漆、朱漆、黄漆绘老虎，老虎头在下，足在上，张牙舞爪，孔武有力，右侧绘云气纹。（彩图七五，2；彩版二六一）

枕　1件。M208：224，出土于南棺西部。枕面长条席皆朽。器长方形，中空，平底，两端嵌入半圆形木板。漆面皆光素。器底板长26.2、宽9.8、厚1.5、侧板高10.4厘米。（图3－9A－3c3；彩版二六二，1）

笄　1件。M208：241－1，出土于漆盒M208：241内。扁长条形，短柄，尾端分为7齿。通长15.6、宽1、厚0.15、柄长2.3厘米（图3－9A－3c3）。

梳　1件。M208：229－1，梳形制基本完整，呈马蹄形，器弧背长方形，背部厚，齿端薄，背长大于齿长。木梳有10齿。长7.2、宽5.1、厚0.9厘米。（图3－9A－3c3；彩版二六二，2左）

篦　2件。皆出土于漆奁M208：229内。

M208：229－2，篦形制基本完整，呈马蹄形，器弧背长方形，背部厚，齿端薄，齿密。长7.1、宽5.1、厚0.9厘米。（图3－9A－3c3；彩版二六二，2中）

M208：229－3，形制完整，与M208：229－2基本相同。长6.9、宽5.6、厚0.7厘米。（图3－9A－3c3；彩版二六二，2右）

木饰件　4件。M208：218，出土于南棺中部骨骼左大腿处。整体呈"工"形，中间为长方形圆轴，两端为一对称的木构件，木构件为"亚"字形，上有外方内圆的木片凸出。器通长4.8、高1.3厘米。（图3－9A－3c3）

M208：225，出土于南棺中部。圆环状，内平外弧，内厚外薄。内径1.4、外径2.4、厚0.24厘米。（图3－9A－3c3）

M208：226，出土于南棺中部。器作长方形，一短边为圆弧，一长边有两个残口。残长4.6、宽1厘米。（图3－9A－3c3）

M208：227，出土于南棺中部。残损严重，呈不规则形。残长7.5、残宽2.2、厚0.12厘米。（图3－9A－3c3）

6. 玉器

共4件。器形为玲、塞。

玲　1件。M208：228，出土于南棺西部。器为简化蝉形，通体素面。长3.6、宽2.6、厚0.5厘米。（图3－9A－3c3；彩版二五六，4）

塞　3件。M208：217，出土于南棺中部。其为长圆柱形，通体素面。长3.7、底径1.9厘米。（图3－9A－3c3；彩版二五六，4）

M208：255，出土于南棺西部，细长圆柱形，通体素面。长2.3、底径0.9厘米。（图3－9A－3c3；彩版二五六，4）

M208：257，出土于南棺西部，形制、尺寸同M208：255。（图3－9A－3c3；彩版二五六，4）

此外，南棺西部还出土了束草一组（编号M208：240），清理时束草完全没入棺内积水中。现场可辨至少存在4捆，每捆束草长度均为35厘米。

（三）北边箱

位于椁室北侧板外侧，共出土铜器、陶器、竹器等遗物14件（组）。（图3-9A-3d）

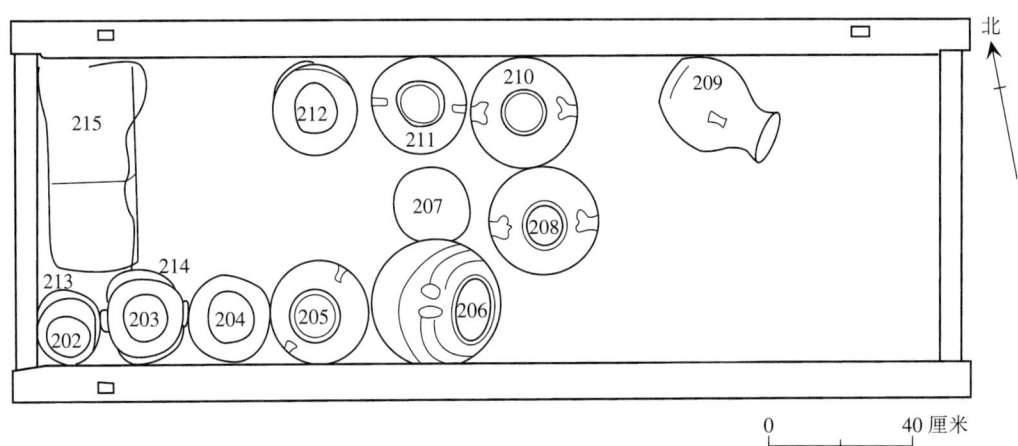

图3-9A-3d 军庄组三号A区M208北边箱器物分布图

202. 铜镂 203、212. 釉陶鼎 204、207. 陶盒 205、209、211. 釉陶壶 206、213、214. 陶罐
208、210. 釉陶瓿 215. 竹笥

1. 铜器

共1件。器形为铜镂。

铜镂 1件。M208：202，出土于北边箱西北角。盖顶面微弧，饰三环纽，盖身下端外弧，与器身口沿弧度相合。器身直口，短颈，圆鼓腹，圜底，下附三矮蹄形足。提梁呈弓形，两端为龙首状，龙口衔链环与肩侧半环纽上铜环相套接。器身口径7.6、通高21厘米。（彩版二六三，1）

2. 陶器

共12件。器形有鼎、盒、壶、瓿、罐。

鼎 2件。皆出土于北边箱西北角。M208：203，釉陶。覆钵形盖，平顶。鼎身子母口，沿面内凹，内沿高，尖唇，深腹，腹壁较直，平底，三蹄形足。两侧有两对称耳，上有兽面纹。器身饰凸弦纹。盖径16.8、高6厘米，器身通高15.2、口径15.6、底径12厘米。（图3-9A-3d1；彩版二六三，2）

M208：212，釉陶。形制同M208：203。盖径18.1、盖高6.6厘米，器身通高15.6、口径15、底径12.6厘米。（图3-9A-3d1；彩版二六三，3）

盒 2件。M208：204，出土于北边箱西北角。呈覆钵形盖，平顶。器身子母口，沿面内凹，深弧腹，腹壁近直，向下渐内收，平底内凹。盖及器身饰弦纹。盖口径18、高6.3厘米，盒身高11.6、口径16.3、底径11.7厘米。（图3-9A-3d1）

M208：207，出土于北边箱中部。形制与M208：204基本相同。盖口径18、高7.3厘米，器身高14.6、口径16.4、底径11厘米。（图3-9A-3d1）

壶 3件。M208：205，出土于北边箱西南角。釉陶。沿面微内凹，圆唇，束颈，溜肩，弧腹，平底内凹。肩部附对称桥耳，耳饰叶脉纹。下腹部饰弦纹。通高28、口径10、底径15.4厘米。（图3-9A-3d2；彩版二六四，1）

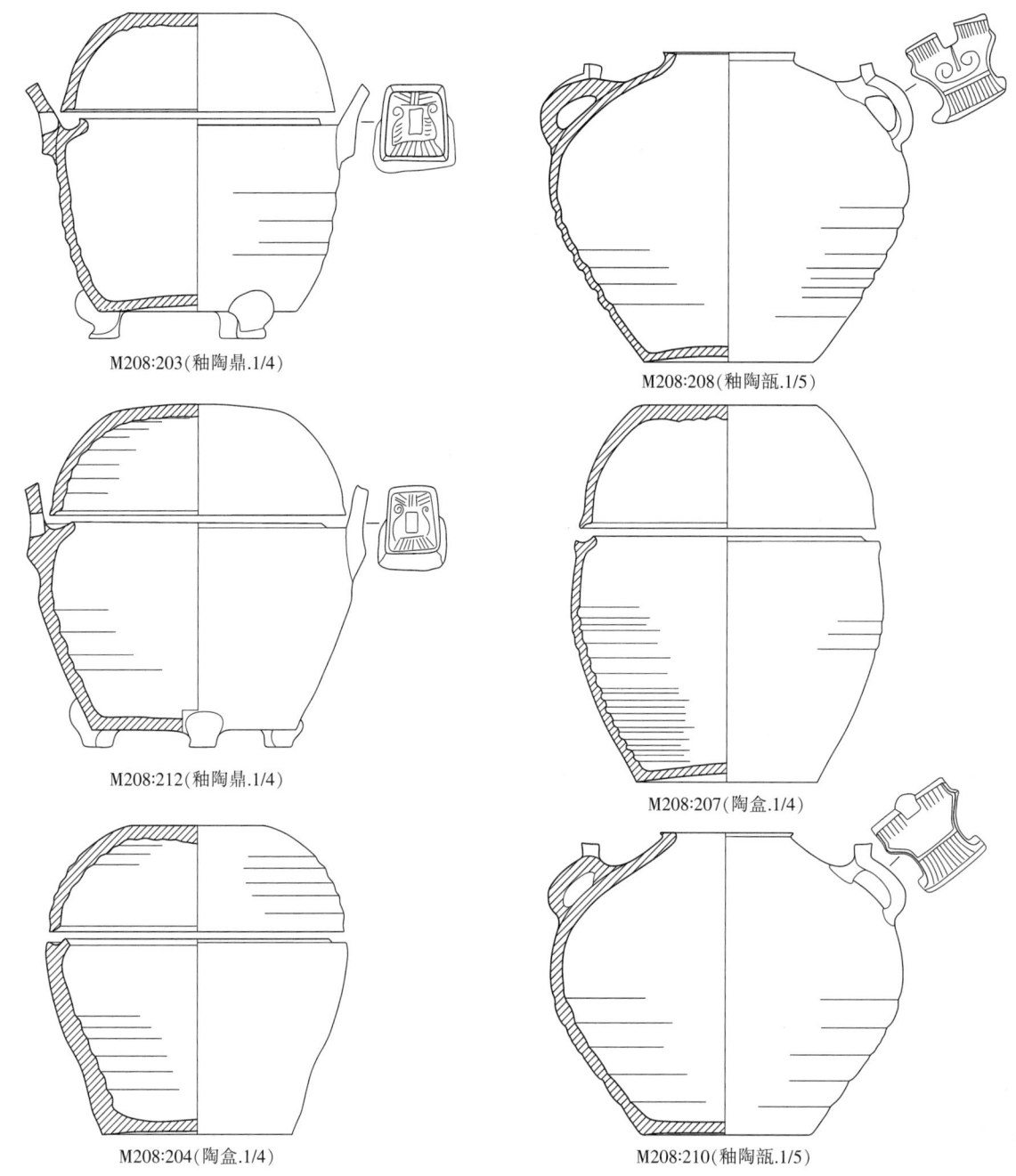

M208:203(釉陶鼎.1/4)

M208:208(釉陶瓿.1/5)

M208:212(釉陶鼎.1/4)

M208:207(陶盒.1/4)

M208:204(陶盒.1/4)

M208:210(釉陶瓿.1/5)

图3-9A-3d1　军庄组三号A区M208北边箱出土器物图

M208：209，出土于北边箱东部。釉陶。侈口，沿面微内凹，圆唇，束颈，溜肩，弧腹最大腹径在中部，底内凹。最大腹径上部附对称桥耳，耳饰叶脉纹。颈部、腹部饰凸弦纹。器身通高30.8、口径10、底径12.8厘米。（图3-9A-3d2；彩版二六四，2）

M208：211，出土于北边箱西北部。釉陶。侈口，沿面微内凹，尖圆唇，束颈，溜肩，弧腹，底内凹。肩部附对称桥耳，耳饰叶脉纹。下腹部饰弦纹。通高30.5、口径10.1、底径12.7厘米。（图3-9A-3d2；彩版二六四，3）

瓿　2件。均出土于北边箱中部。M208：208，釉陶。侈口，斜直沿，尖唇，鼓肩，深弧腹，内凹底。肩部附对称桥形铺首，上饰卷云纹、竖弦纹。器身下腹部饰数道弦纹。器通高23.1、口

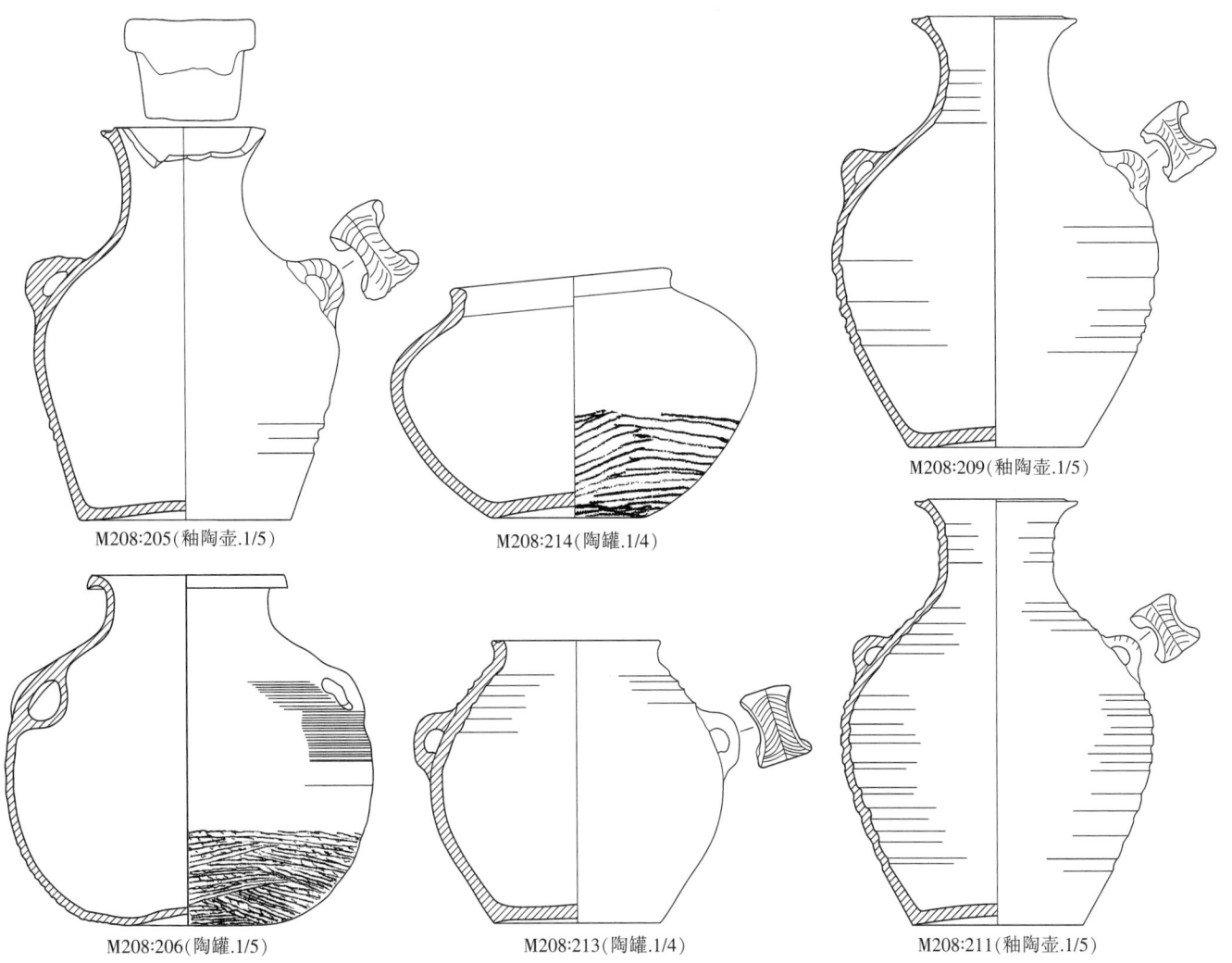

M208:205（釉陶壶.1/5）

M208:214（陶罐.1/4）

M208:209（釉陶壶.1/5）

M208:206（陶罐.1/5）

M208:213（陶罐.1/4）

M208:211（釉陶壶.1/5）

图 3－9A－3d2　军庄组三号 A 区 M208 北边箱出土器物图

径 10、底径 12.9 厘米。（图 3－9A－3d1；彩版二六四，4）

M208：210，釉陶。口微侈，平沿，尖唇，溜肩，圆鼓腹向下渐内收，平底微内凹。肩部附对称桥耳，耳面饰竖弦纹。最大腹径偏上，下腹部饰凸棱纹饰。通高 22.3、口径 9、底径 12.8 厘米。（图 3－9A－3d1；彩版二六四，5）

罐　3 件。M208：206，出土于北边箱中部。侈口，卷沿，圆唇，束颈，溜肩，圆腹，内凹底。肩部附双耳，肩部饰弦纹，底部饰交错的粗绳纹。通高 25.1、口径 14、底径 12.4 厘米。（图 3－9A－3d2；彩版二六三，4）

M208：213，出土于北边箱西南角。侈口，沿面内凹，溜肩，弧腹，底内凹。腹部附对称桥形双耳，耳面饰叶脉纹。肩部饰数道弦纹。通高 16.2、口径 9.7、底径 9.8 厘米。（图 3－9A－3d2）

M208：214，出土于北边箱西南角。圆唇，口微侈，圆鼓肩，弧腹，底内凹，器形不对称，一侧肩略高。器腹和内凹底饰绳纹，纹饰较粗糙。通高 14.4、口径 12、底径 9 厘米。（图 3－9A－3d2）

3. 竹器

共 1 件。器形为笥。

笥 1 件。M208：215，出土于北边箱西部，出土时整器残损严重，仅存痕迹，具体形制与尺寸皆不明。现场可见痕迹周边出土桃核果实等水果遗物。

（四）东边箱

出土铜器、铁器、漆器、木器、石器、陶器等遗物共 246 件（组）。（图 3 - 9A - 3e）

1. 铜器

共 10 件（组）。器形有盆、卮、钫、甑盆釜组合等。

盆 6 件。M208：16，器敞口，宽沿外折，腹较浅，上腹壁直，下腹折收，平底。通体素面。口径 22.5、底径 9、高 7.6 厘米。（图 3 - 9A - 3e1）

M208：131，形制与 M208：16 基本相同。口径 28.3、底径 12、高 9.2 厘米。（图 3 - 9A - 3e1）

M208：18，器敛口，外折沿，鼓腹，圜底。通体素面。口径 19.9、高 9 厘米。（图 3 - 9A - 3e1；彩版二六五，1）

M208：19，形制与 M208：18 基本相同。口径 19.6、高 10.6 厘米。（图 3 - 9A - 3e1；彩版二六五，2）

M208：20，器侈口，卷沿，上腹壁直，下弧腹内收，平底。底部有明显的浇铸痕迹。上腹部饰弦纹，对置铺首衔环。口径 24.9、底径 14、高 13 厘米。（图 3 - 9A - 3e1；彩版二六五，3）

M208：17，形制与 M208：20 基本相同，唯尺寸略小。口径 23、底径 13.5、高 12 厘米。（彩版二六五，4）

卮 2 件。M208：21，侈口，深弧腹，平底。通体素面，一侧饰一鋬手。口径 13.5、底径 8.7、高 7.6 厘米。（彩版二六五，5）

M208：22，形制同 M208：21。口径 13.2、底径 8.4、高 7.5 厘米。（彩版二六五，6）

钫 1 件。M208：128，器侈口，平沿，束颈，溜肩，近底部外撇成圈足。腹中部两侧各饰一铺首衔环。口径 7.8、底径 10、高 24.5 厘米。（彩版二六六，1）

甑盆釜组合 1 组。M208：129，出土于边箱中部。由甑、盆、釜三件组成，上为一倒扣状盆，下为甑，中间为釜。甑，敛口，折沿，弧腹，平底，矮圈足，素面。底部有三角形镂孔，四分对称，口径 14、底径 5.5、高 9.5 厘米。盆，敛口，折沿，弧腹，平底，通体素面，口径 14.5、底径 5.4、高 8.1 厘米。釜，敛口，短颈，溜肩，鼓腹，平底，腹部饰高凸棱腰沿一周，肩部饰对称的铺首衔环，口径 5.4、底径 5.7、高 13 厘米。（图 3 - 9A - 3e1；彩版二六六，2、3）

2. 铁器

共 1 件。器形为釜。

釜 1 件。M208：195，出土于东边箱南部。侈口，深弧腹，圜底。器身留有浇铸痕迹，口沿上附对称圆环捉手，下附铺首状凸起。口径 16.8、高 15.2 厘米，捉手径 3.6 厘米。（图 3 - 9A - 3e1；彩版二六六，4）

图 3-9A~3e 军庄组三号 A 区 M208 东边箱器物分布图

M208 东边箱第三层器物分布图

M208 东边箱第四层器物分布图

M208 东边箱第一层器物分布图

M208 东边箱第二层器物分布图

6~9、74、75、103~107、110~114、174、175、177~179、199、200. 木俑 10~15、140~143、172. 漆盏 16~20、131. 漆匜 21、22. 铜匜 23、24. 漆盘 25. 漆壶 26~29、132、158~163. 漆盘 30~55、58~69、76~87、91~102、144~157、164、165、170、171、180~193. 漆耳杯 56、70、108、137、139. 漆筒 57、73. 漆案 71、168、169、173、194. 漆勺 72. 漆六博棋盘 88. 漆奁 89. 漆镶 90. 漆耳杯盒 108-1、108-2、167. 漆弓儿 109. 木儿 115. 漆器盖 116、123. 漆虎 117、119、122、130. 釉陶钫 118、120、121、136. 釉陶壶 124、125. 釉陶瓶 126. 陶瓶 127、135. 漆簪盒 128. 铜鐎盆釜组合 129. 铜鐎盆 133、134. 釉陶鼎 138. 漆博具盒 166. 漆槛 176. 漆弩 176-1. 漆弓 195. 铁釜 196. 釉陶颠 197. 漆黛板盒 197-1. 石黛板 197-2. 研石 198. 漆簪盒 198-1、198-2. 漆簪 201. 木器座

133.134. 釉陶鼎 138. 漆博具盒 166. 漆槛 176. 漆弩 176-1. 漆弓 195. 铁釜 196. 釉陶颠 197. 漆黛板盒 197-1. 石黛板 197-2. 研石 198. 漆簪盒 198-1、198-2. 漆簪 201. 木

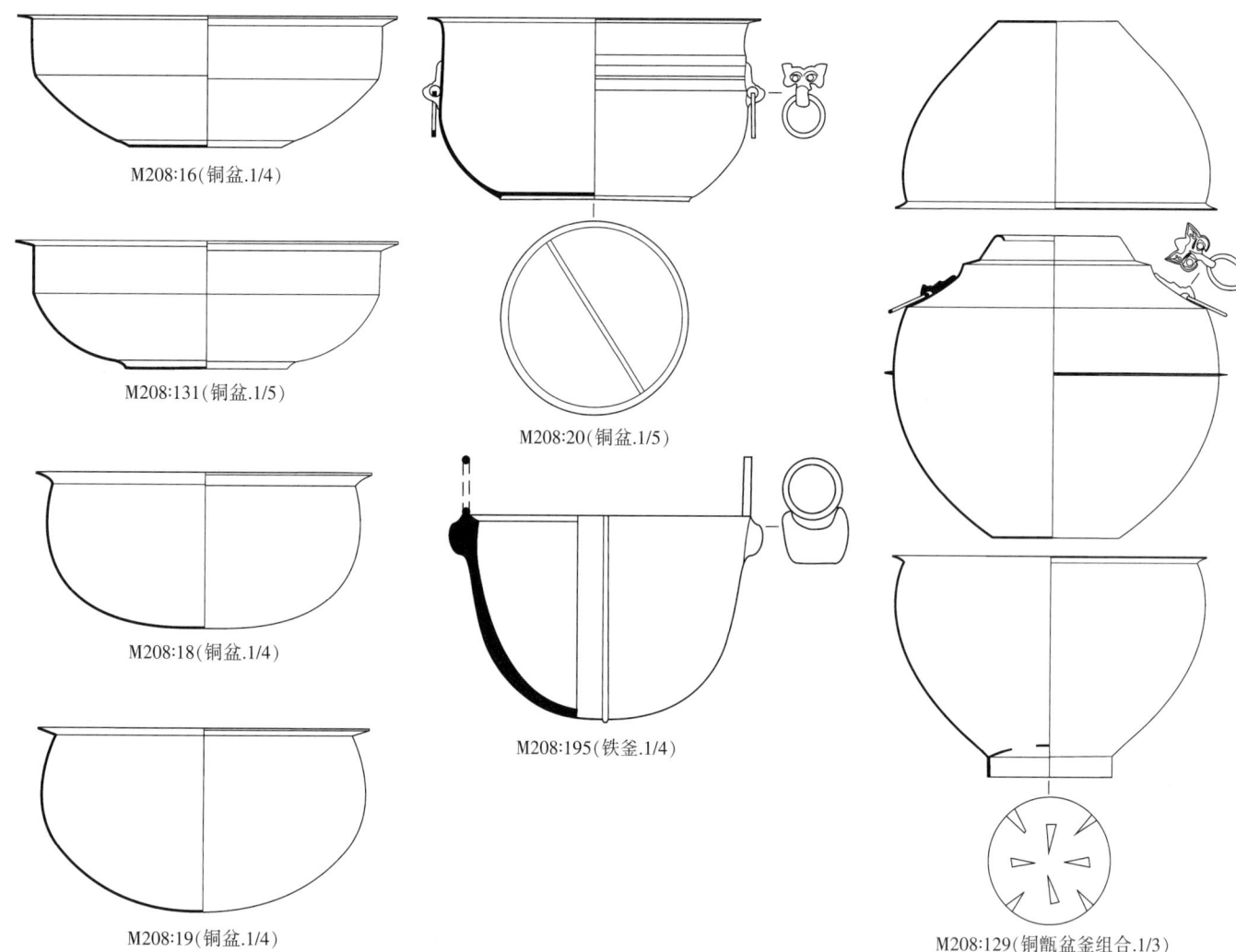

M208:16(铜盆.1/4)

M208:131(铜盆.1/5)

M208:20(铜盆.1/5)

M208:18(铜盆.1/4)

M208:195(铁釜.1/4)

M208:19(铜盆.1/4)

M208:129(铜甑盆釜组合.1/3)

图3－9A－3e1　军庄组三号A区M208东边箱出土器物图

3. 漆器

共151件。器形有耳杯、盘、卮、樽、勺、盛、壶、楄、案、箸、笥、盒、奁、缴、弓、弩、器盖、六博棋盘等。

耳杯　123件。形制基本相同，平面呈椭圆形，两侧附对称上扬的月牙形双耳，圆唇，弧壁，平底。根据纹饰、尺寸、胎质的差异分为五类。

第一类，共10件。均为木胎。M208：144，内外壁均髹黑漆，黑漆地上朱漆绘纹饰。杯底正中绘柿蒂纹，柿蒂的四瓣将底部四分，绘对称的云气纹。内壁饰云气纹，耳面饰涡纹和几何勾连纹。外壁纹饰相对简单，仅在上壁和耳外壁绘双道朱弦纹，中间绘涡纹等纹饰。长10.6、连耳宽8.5、高3.2厘米。（彩图七六，1；彩版二六七，1）

M208：150，纹饰与M208：144大体相同。长18、连耳宽14.4、高5.4厘米。（彩图七六，2；彩版二六七，2）

M208：157，纹饰与M208：144大体相同，细部有差异。长18、连耳宽14.4、高5.4厘米。（彩图七六，3；彩版二六七，3）

M208：145～149、M208：156、M208：164，纹饰、尺寸与M208：144基本相同。（彩版二六

七，4～10)

第二类，共15件。均为木胎。M208：76，内壁及底髹朱漆，无其他纹饰，内壁口沿、双耳及外壁髹黑漆。漆耳耳面及外壁朱漆绘同心圆纹饰。长14.9、连耳宽12.8、高4.9厘米。（彩图七七，1；彩版二六八，1)

M208：191，纹饰与M208：76基本相同，唯耳面绘圆圈纹。长16.5、连耳宽12.8、高5厘米。（彩图七七，3)

M208：77～87，纹饰、尺寸与M208：76相同。

M208：192、193，纹饰、尺寸与M208：191相同。

第三类，共14件。均为木胎。M208：91，器残损严重，胎体大体已朽，但保存漆皮相对较多，尚可整体复原。耳杯内壁及底髹朱漆，耳及外壁髹黑漆。杯底正中黑漆绘四个圆圈纹并以此将纹饰四分，分别饰变形龙纹。外壁无纹饰，耳面及外壁沿耳面一周饰连线的同心圆纹。长12.1、连耳宽10、高3.6厘米。（彩图七七，2；彩版二六八，2)

M208：30、31、92～102，皆残损严重，从残存碎片可知，其纹饰、尺寸与M208：91相同。其中，M208：92～102与M208：91，清理时以相互套叠状出土于耳杯盒M208：90中。

第四类，共55件。均为木胎。M208：151，内壁及底髹朱漆，内壁口沿、双耳及外壁髹黑漆，无其他纹饰。长16.6、连耳宽12.7、高5厘米。（彩图七八，1)

M208：152～154、180～187，纹饰、尺寸与M208：151相同。（彩版二六八，3)

M208：165，耳杯内外朱漆与黑漆布局与M208：151相同。长15.2、连耳宽12.9、高5.6厘米。（彩图七八，2)

M208：32～43，纹饰、尺寸与M208：165相同。

M208：155，耳杯内外朱漆与黑漆布局与M208：151相同。长13.2、连耳宽10、高4.1厘米。（彩图七八，3)

M208：58～69、170、171、188～190，纹饰、尺寸与M208：155相同。（彩版二六八，4)

M208：44，耳杯内外朱漆与黑漆布局与M208：151相同。长10.9、连耳宽9.7、高4.2厘米。（彩图七八，4)

M208：45～55，纹饰、尺寸与M208：44相同。

第五类，共29件。均为夹纻胎。M208：139－2，通体黑漆，素面。长15、连耳宽11.4、高4.5厘米。（图3－9A－3e2)

M208：139－3～11，纹饰、尺寸与M208：139－2相同。

M208：139－13，通体黑漆，素面。长13、连耳宽9.6、高3.8厘米。（图3－9A－3e2)

M208：139－14～22，纹饰、尺寸与M208：139－13相同。

M208：139－24，通体黑漆，素面。长11.1、连耳宽8.5、高3.6厘米。（图3－9A－3e2)

M208：139－25～32，纹饰、尺寸与M208：139－13相同。

盘 19件。形制基本相同，敞口，平沿，方唇，弧腹，平底。根据纹饰、尺寸、胎质的差异分为三类。

第一类，共4件。均为木胎。M208：28，漆盘通体髹黑漆，黑漆地上朱漆勾勒纹饰。盘底正

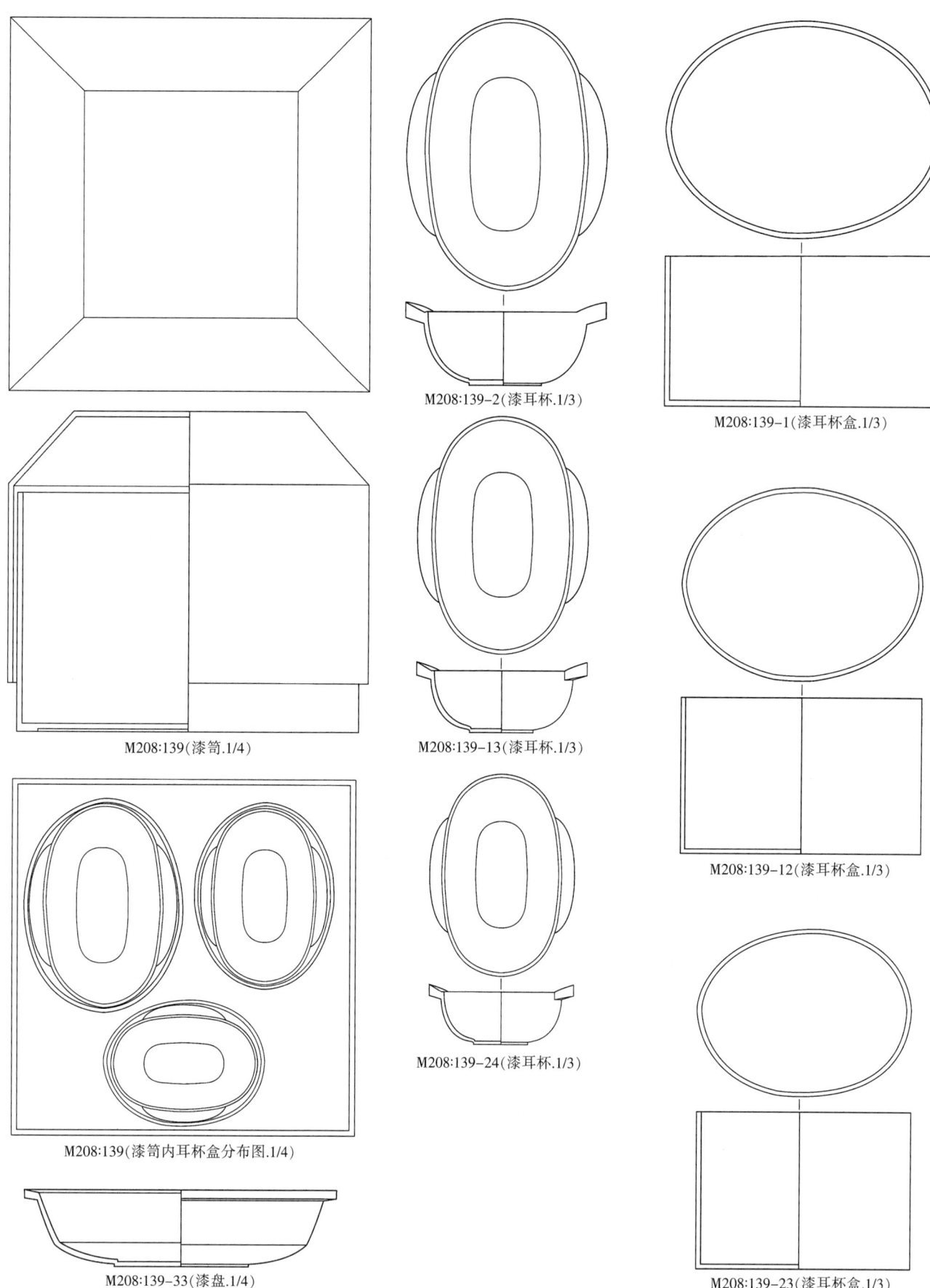

M208:139-2(漆耳杯.1/3)

M208:139-1(漆耳杯盒.1/3)

M208:139(漆笥.1/4)

M208:139-13(漆耳杯.1/3)

M208:139-12(漆耳杯盒.1/3)

M208:139(漆笥内耳杯盒分布图.1/4)

M208:139-24(漆耳杯.1/3)

M208:139-33(漆盘.1/4)

M208:139-23(漆耳杯盒.1/3)

图 3-9A-3e2　军庄组三号 A 区 M208 东边箱出土器物图

中绘同心圆，圆内绘云气纹，内壁近口沿处饰带状相间的"井"字形纹和菱形纹，口沿及口沿外壁饰同心圆纹，器腹外壁饰变形凤鸟纹和同心圆纹。口径24.6、底径15.5、高6.6厘米。（彩图七九；彩版二六九，1～3）

M208：29，纹饰、尺寸与M208：28相同。（彩版二六九，4）

M208：26，纹饰与M208：28相同，唯内腹壁通体髹朱漆。口径24.6、底径15.5、高6.6厘米。（彩图八〇；彩版二六九，5）

M208：27，纹饰、尺寸与M208：26相同。

第二类，共7件。均为木胎。M208：132，盘内壁及底髹朱漆。盘底中部黑漆圆形上朱漆绘云气纹和点纹，正中饰一张牙舞爪的神兽。腹壁与底连接处黑漆地饰带状朱漆纹饰，以双线分隔出菱形并绘几何纹，沿面黑漆地绘朱漆涡纹和几何勾连纹。盘外壁髹黑漆，仅口沿处有一周朱漆弦纹。口径24.6、底径15.1、高5.5厘米。（彩图八一，1；彩版二七〇，1、2）

M208：158～163，纹饰、尺寸与M208：132相同，唯纹饰细部略有差异。（彩图八一，2；彩图八二、八三；彩图八四，1；彩版二七〇，3～5；彩版二七一）

第三类，共8件。均为夹纻胎。M208：139－33，通体黑漆，皆素面。口径23.6、底径10.1、高5.6厘米。（图3－9A－3e2）

M208：139－34～40，纹饰、尺寸与M208：139－33相同。

卮　2件。M208：23，无盖。器身呈直筒形，直口，圆唇，直壁，平底，底部有三蹄形足。器身一侧上腹部附一鋬，鋬为圆环形附扁尾，似"6"形。器身外壁、内壁口沿及足髹黑漆，内壁髹朱漆。值得注意的是，器身外侧镶嵌一周长方形玳瑁片饰，皆打磨光滑。器口径10、通高8.3厘米。（彩图八四，2；彩版二七二，1）

M208：24，形制、纹饰与M208：23基本相同。器身外侧镶嵌一周长方形玳瑁片饰，打磨光滑。口径10、通高8.1厘米。（彩图八四，3；彩版二七二，2）

樽　3件。M208：167，木胎。三足已缺失。器身作筒状，直壁，平底。器身上原有两铺首，已失。器身内壁髹朱漆，无其他纹饰。外壁黑漆地上朱漆、黄褐漆绘纹饰。上部和底部绘涡纹、弦纹和点纹，纹饰基本对称，中间绘流畅的云气纹、神兽纹、凤鸟纹等纹饰。口径22.6、残高13.8厘米。（彩图八五；彩版二七二，3～5）

M208：108－1，木胎。器身有破损，可整体复原。盖外壁髹黑漆，内壁髹朱漆。盖面弧，俯视为圆形，朱漆绘纹饰。盖面中间有一铜环捉手，底部为柿蒂纹，捉手四周朱漆绘龙纹、云气纹、几何勾连纹等。外有一周朱漆条带，黑漆绘菱格纹、变形龙纹，最外一周为几何勾连纹和同心圆纹。器身作筒状，直壁，平底，附三蹄足。器身外壁、内壁口沿及器底髹黑漆，内壁髹朱漆。外壁用朱漆绘纹饰，中间勾勒出龙纹、凤鸟纹、云气纹，线条流畅，上下为变形的几何纹。内底朱漆绘云气纹。三蹄足髹朱漆，黑漆绘出兽面。盖径22.6、高4.7厘米，器身口径21、带足高16.5厘米。（彩图八六；彩图八七，1；彩版二七二，6）

M208：108－2，木胎。形制、尺寸与M208：108－1基本相同。（彩图八七，2；彩版二七二，7、8）

勺　5件。皆为木胎，依据形制与纹饰差异分为两类。

第一类，3件。勺斗呈椭圆形，柄截面近梯形，柄端下折。M208：71，柄残。勺内通体髹朱

漆，仅斗缘处髹黑漆，无其他纹饰。斗宽6.1、残长19.5厘米。（彩图八八，1；彩版二七三，1）

M208：173，勺内髹朱漆，柄部黑漆绘云气纹，勺外黑漆地上朱漆绘云气纹。斗宽9.7、通长23.8厘米。（彩图八八，2；彩版二七三，3、4）

M208：194，形制、纹饰与M208：173相同。斗宽9、通长23.5厘米。（彩图八八，3；彩版二七三，2）

第二类，2件。器作鸭形。M208：168，勺作鸭形，鸭身为斗，鸭脖与鸭首作柄，形象逼真。斗似桃形，斗内壁髹朱漆，缘处髹一周黑漆，斗底用黄褐漆绘一条鱼。斗外壁髹黑漆，上用朱漆、黄褐漆绘鸭的羽翼，脖髹黄褐漆，柄端即鸭嘴髹黑漆，并用朱漆绘出细部特征。斗宽9.4、通长10.8厘米。（彩图八九，1；彩版二七三，5~8）

M208：169，形制、纹饰与M208：168相同。斗宽9.7、通长13.3厘米。（彩图八九，2；彩版二七三，9、10）

盛　11件。皆为木胎，形制大体相同，根据纹饰差异分为三类。

第一类，6件。口微侈，圆唇，口沿下有一凹槽，弧腹鼓，圈足。M208：143，内壁髹朱漆，外壁及口沿处髹黑漆。器底朱漆地上用黑漆绘云气纹。口径20.2、底径15.6、高8.9厘米。（彩图九〇，1；彩版二七四，1、2）

M208：141，纹饰、尺寸与M208：143相同。（彩图九〇，2）

M208：140，纹饰与M208：143相同，尺寸较小。口径15.9、底径11.5、高7.4厘米。（彩图九〇，3；彩版二七四，3）

M208：10、13、142，纹饰、尺寸与M208：140相同。（彩版二七四，4~6）

第二类，2件。侈口，卷沿，圆唇，弧腹，最大腹径在底部，圈足。M208：11，内壁髹朱漆，外壁及口沿处髹黑漆，内外壁均有纹饰。内底黑漆绘云气纹、凤鸟纹，内壁有漆书"□氏"，内壁口沿处朱漆绘几何纹和点纹。外壁口沿下有一周朱漆条带，腹部一周朱漆锯齿纹，中间朱漆、黄褐漆绘云气纹。口径19.6、底径13.8、高8厘米。（彩图九一，1；彩版二七四，7）

M208：12，内壁髹朱漆，外壁及口沿处髹黑漆。内底黑漆绘云气纹、鸟兽纹，内壁口沿处朱漆绘变形几何纹。外壁口沿下有一周朱漆条带，腹部一周朱漆锯齿纹，中间朱漆、黄褐漆绘相连的方胜纹，菱格内外分别有对称的四个和两个圆圈。口径20、底径13.7、高8厘米。（彩图九一，2；彩版二七四，8、9）

第三类，3件。侈口，卷沿，圆唇，沿下有一凹槽，与腹壁相连处有一突脊。M208：14，内壁髹朱漆，外壁及口沿处髹黑漆。内底黑漆地朱漆绘龙纹，口沿绘卷云纹。外壁口沿绘一周朱漆，腹部有两道朱漆线纹，中间朱漆、黄褐漆绘禽兽纹，间以云气纹。口径14.4、底径7.6、高6.4厘米。（彩图九二；彩版二七五，1、2）

M208：15，纹饰与M208：14相同，口径14.5、底径7.6、高6.4厘米。（彩图九三；彩版二七五，3~5）

M208：172，纹饰与M208：14相同，口径15.3、底径8.2、高6.4厘米。（彩图九四；彩版二七五，6、7）

壶　1件。M208：25，木胎。侈口，圆唇，束颈，溜肩，扁圆腹，圈足微外撇。壶内髹朱漆，外通体髹黑漆，上有朱、黄色彩绘。沿下饰一道朱绘的弦纹，颈部朱绘三角形纹饰带，上绘水珠状黑漆点，用朱漆线条勾边。肩部及上腹部朱绘两组云气纹，纹饰之间绘双道朱弦纹。下腹及圈足亦饰双道朱绘弦纹，下腹弦纹间饰几何纹、涡纹及朱点纹组成的纹饰带。口径6.4、底径8.5、通高17.2厘米。（彩图九五，1；彩版二七六，1、2）

槅　1件。M208：166，直口，短颈，溜肩微鼓，肩部装饰有弦纹，扁长方形腹，平底，两侧有横长方形足。器身内外通体髹黑漆，素面。口径7、宽19.8、通高15.6厘米。（图3－9A－3e3）

案　2件。M208：57，木胎。案面长方形，四周有一圈边框，底部靠近两端横嵌入短长方形木衬，木衬两头各安一蹄形案足。案面中心髹朱漆地，上用黑漆、黄褐漆和灰漆绘云气纹，外有一圈几何纹。外一圈黑漆地朱绘云气纹，再外朱漆地灰褐漆绘云气纹，最外一圈边框髹黑漆，朱漆绘涡纹、几何纹等。云气纹为双线条，精致流畅。四条蹄形案足内侧面髹黑漆，素面，外侧面朱漆绘倒三角纹。案面长57.1、宽36.8厘米，足高13、通高16厘米。（彩图九六；彩版二七六，4、5）

M208：73，木胎。形制、纹饰与M208：57基本相同。案面长58、宽38.3厘米，足高13、通高16.2厘米。（彩图九七；彩版二七六，6）

箸　2件。出土于M208：198箸盒之内。M208：198－1，尖头圆尾。通体髹漆，黑漆地上用朱漆、灰漆绘弦纹、几何纹等纹饰。通长22.6厘米。（彩图九五，2）

M208：198－2，尺寸、纹饰与M208：198－1相同，两者为一对。

笥　5件（组）。M208：56，木胎，表面漆皮掉落严重。仅存部分盖身及器身。盖内外壁髹黑漆，上以朱漆绘云气纹。器内底髹朱漆，外底与口沿处髹黑漆。器身长48.3、宽29.3、残高1.6、盖残高5厘米。清理时，该笥内部出土小长方形子笥6个，编号M208：56－1~6。（彩图九八）

M208：56－1，残损严重，仅存盖身局部及器身底部。器盖外髹黑漆，盖面黑漆地朱漆绘云气纹，四周绘卷云纹和变形几何纹，器盖内和器底髹朱漆，无其他纹饰。器身长25.8、宽11.4、残高0.8、盖残高3.4厘米。（彩图九九，1；彩版二七七，1、2）

M208：56－2~6，皆残损严重，尺寸不明，无法复原。

M208：70，木胎。器残损严重，仅存器盖。盖内髹朱漆，外髹黑漆，上用朱漆绘云气纹和几何纹。盖长50.1、宽22.3、残高7.7厘米。（彩图九九，3；彩版二七七，3）

M208：108，木胎。器残损严重，仅存器身底部。底内髹朱漆，外髹黑漆。长48、残宽17、残高1厘米。该器清理时，其内发现有漆樽2件（M208：108－1、2）。（彩图九九，2）

M208：137，夹纻胎。器身长方形，盖盝顶。盖外壁、内顶和内壁口沿髹黑漆，内壁髹朱漆。器身分上下两层，外壁、内壁口沿、顶部和底部皆髹黑漆，内壁髹朱漆，通体素面。器身长31、宽19、高16、盖高13.2厘米。清理时，该笥内发现有4个子笥，编号M208：137－1~4。（彩图一〇〇；彩版二七七，4）

M208：137－1，长方形子笥，盖盝顶。盖外壁、内顶和内壁口沿髹黑漆，内壁髹朱漆。器身外壁、内壁口沿和底部髹黑漆，内壁髹朱漆。器身长16.2、宽9.6、高8、盖高8厘米。（彩图一〇一，1、2）

M208：137－2，形制、尺寸与M208：137－1相同。

M208：137－3，圆形子笥。器呈筒形，外壁髹黑漆，内壁髹朱漆，上部有一扇形开口。口径

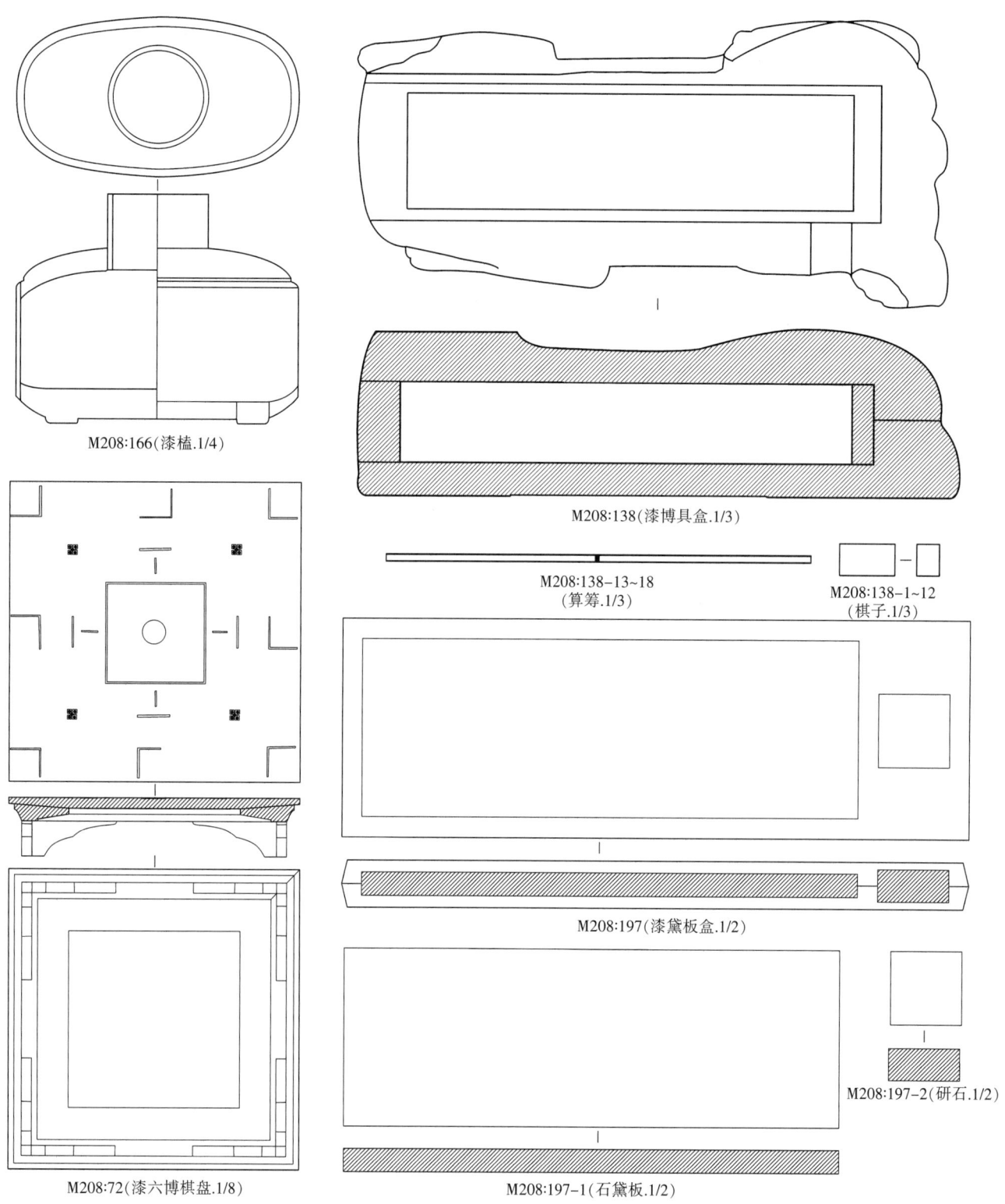

M208:166(漆樋.1/4)

M208:138(漆博具盒.1/3)

M208:138-13~18
(算筹.1/3)

M208:138-1~12
(棋子.1/3)

M208:197(漆黛板盒.1/2)

M208:197-2(研石.1/2)

M208:72(漆六博棋盘.1/8)

M208:197-1(石黛板.1/2)

图 3 - 9A - 3e3　军庄组三号 A 区 M208 东边箱出土器物图

7.9、高 8 厘米。(彩图一〇一，3；彩版二七七，5)

　　M208：137-4，正方形子笥。外壁及内壁口沿髹黑漆，内壁髹朱漆。边长 7.8、高 7.8 厘米。

(彩图一〇一，4)

　　M208：139，夹纻胎。器盖盝顶，平面呈正方形。器通体髹黑漆，素面。器边长 26、身高

17.4、盖边长 27.2、盖高 19.6 厘米。清理时该筒内出土尺寸依次递减的耳杯盒共 3 件（M208：139 - 1、12、23）及漆盘 8 件（M208：139 - 33 ~ 40）。（图 3 - 9A - 3e2；彩版二七八至彩版二八〇）

盒 7 件。M208：90，耳杯盒。木胎。残损严重，形制不明。清理时，其内装有漆耳杯 12 件（M208：91 ~ 102）。（彩图一〇二，1）

M208：138，博具盒。木胎。整体呈虎形，上下扣合，器身开口为长方形。通体髹黑漆，上用朱漆和黄褐漆绘出虎身花纹，惟妙惟肖。通长 31.6、高 8.2 厘米，器身口沿长 23.5、宽 6 厘米。该盒内出土 12 枚棋子（M208：138 - 1 ~ 12）和 6 根算筹（M208：138 - 13 ~ 18）。（图 3 - 9A - 3e3；彩图一〇二，2；彩版二八一，1 ~ 3）

M208：138 - 1，棋子。木胎。长方体形，外髹黑漆。长 2.9、宽 1.2、高 1.6 厘米。

M208：138 - 2 ~ 12，棋子。形制、尺寸与 M208：138 - 1 相同。（图 3 - 9A - 3e3）

M208：138 - 13，算筹。木胎。细长条形，截面为长方形。长 22.3、宽 0.35、厚 0.2 厘米。（图 3 - 9A - 3e3）

M208：138 - 14 ~ 18，算筹。形制、尺寸与 M208：138 - 13 相同。（图 3 - 9A - 3e3）

M208：139 - 1，夹纻胎。无盖。平面呈椭圆形，器两侧附对称上扬的月牙形双耳，圆唇，弧壁，平底。长径 15.5、短径 11.8、高 8.3 厘米。清理时，该盒与 M208：139 - 12、23 共放置于漆筒 M208：139 内，M208：139 - 2 ~ 11 共 10 件耳杯则呈累叠状放于该盒内。（图 3 - 9A - 3e2）

M208：139 - 12，夹纻胎。形制与 M208：139 - 1 相同。长径 13.5、短径 10.5、高 8.5 厘米。（图 3 - 9A - 3e2）

M208：139 - 23，夹纻胎。形制与 M208：139 - 1 相同。长径 12、短径 9.1、高 8.5 厘米。（图 3 - 9A - 3e2）

M208：197，木胎。整体呈长方形，由上下完全相同的两部分扣合而成，上下均有两个长方形内凹，合在一起横截面为一长方形和正方形，用来放置石黛板和研石。黛板盒外通体髹黑漆，朱漆绘云气纹、走兽纹、凤鸟纹等，外绘一周变形几何纹，盒两侧绘树纹。长 22、宽 7.4、高 1.6 厘米。（图 3 - 9A - 3e3；彩版二八二，1、2）

M208：198，木胎。清理时其内出土箸两件。惜整体残损严重无法复原，尺寸不明。

奁 1 件。M208：88，木胎。整体残损严重，形制不明。仅存漆皮，外髹黑漆，内髹朱漆。黑漆地上可见朱漆的云气纹、几何勾连纹等纹饰。

缴 4 件。M208：89，木胎。器仅存柄，柄顶端有八棱形铜箍，截面为八边形，柄末端外撇为喇叭形，朱漆地上黑漆绘三角形。底部带榫。柄径 0.6、高 9.3 厘米。（图 3 - 9A - 3e4）

M208：89 - 1、3，木胎。形制、尺寸、纹饰与 M208：89 相同。

M208：89 - 2，仅存柄。木胎。柄端有圆形铜箍，末端外撇为喇叭形，上髹漆并绘纹饰，底部带榫。柄径 1、高 10 厘米。（彩图一〇三，1）

弓 1 件。M208：176 - 1，清理时残损严重，仅剩弧形木板。出土时其与弩共处一处。残长 31.1、宽 2.2、厚 0.12 厘米。（图 3 - 9A - 3e4）

弩 1 件。M208：176，清理时，铜质弩机的牙、望山、悬刀等构件基本齐全，保存完整。木臂基本完整，外髹黑漆。长 51、高 10.3 厘米。（图 3 - 9A - 3e4；彩版二八二，3）

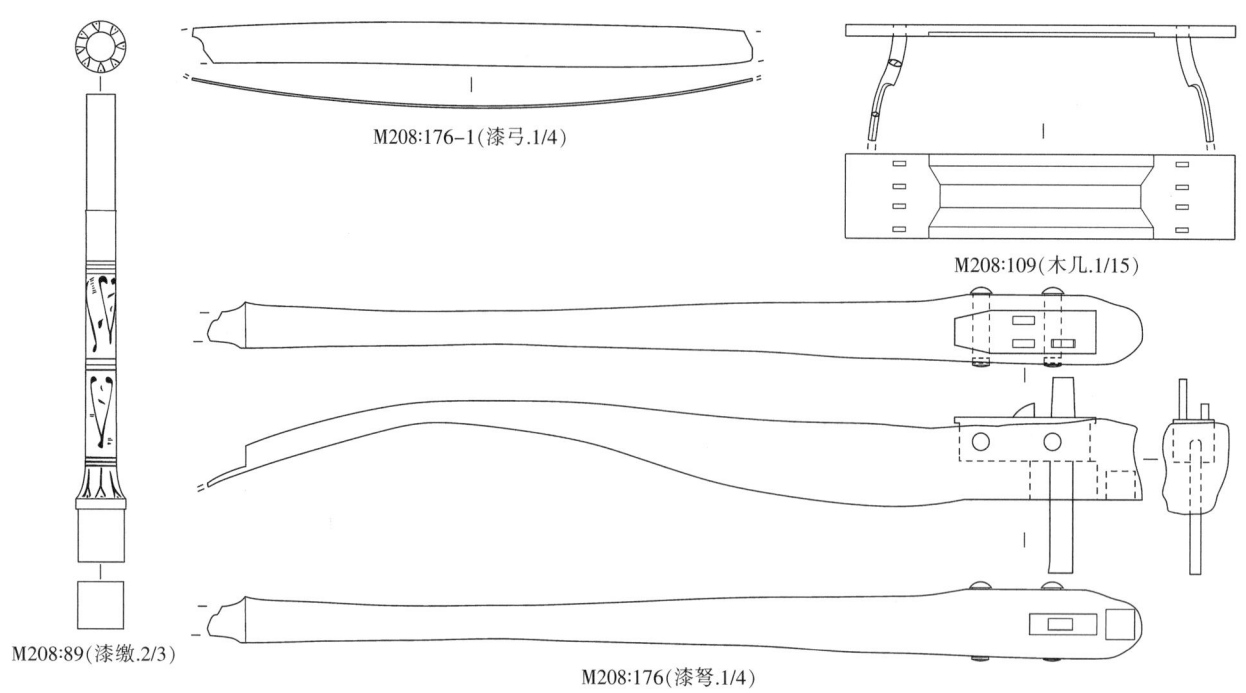

M208:176-1(漆弓.1/4)

M208:109(木几.1/15)

M208:89(漆缴.2/3)

M208:176(漆弩.1/4)

图3-9A-3e4　军庄组三号A区M208东边箱出土器物图

器盖　1件。M208:115，木胎。整体雕刻为博山状，用朱漆及黄漆勾出山峰及叶脉纹，山顶蹲踞一兽。盖口径4.5、通高7.7厘米。推测其极可能与漆壶（M208:25）为一套。（彩图一〇三，2；彩版二七六，3）

六博棋盘　1件。M208:72，木胎。正方形，四角下附有曲尺形矮足。盘面光滑平整，上髹黑漆。盘面中心刻划一小圆圈，圆圈周刻双线正方形内框，四边正中刻划"T"字形和"L"字形，盘与内框正方形四角连线中间处各有一柿蒂状的刻划凹陷，盘面四角用线隔出对称的四个正方形。边长40.8、厚1.5、足高7.1、器通高8.6厘米。（图3-9A-3e3；彩版二八一，4、5）

4. 木器

共25件。器形有俑、几、器座等。

俑　23件。出土时俑呈散乱状分布，存在不同程度的朽蚀与变形，有无彩绘不明。根据俑是否站立分为两类。

第一类，12件。俑均为站立状。M208:6，下巴前凸，双手拢于腹前，肚腩鼓起呈球状，左腿直立微微前屈，右腿提起前屈。高23.5、宽8厘米。（图3-9A-3e5；彩版二八三，1）

M208:74，面部刻出鼻子形状，呈三角形，双手拱于腹部，双腿并立微向前屈膝，长袍及地，广袖下垂。高52.8、宽14厘米。（图3-9A-3e5；彩版二八三，2）

M208:75，双手拢于腹部，身体微微前倾，长袍及地，广袖下垂。高48.8、宽12厘米。（图3-9A-3e5）

M208:104，脸残损，五官不明，双臂缺失，肚腩微微鼓起，左腿直立微微前屈，右腿提膝前屈。高46、宽15.9厘米。（图3-9A-3e5；彩版二八三，3）

M208:105，脸残损，五官不明，双臂缺失，左腿直立微微前屈，右腿提膝前屈。高43.6、

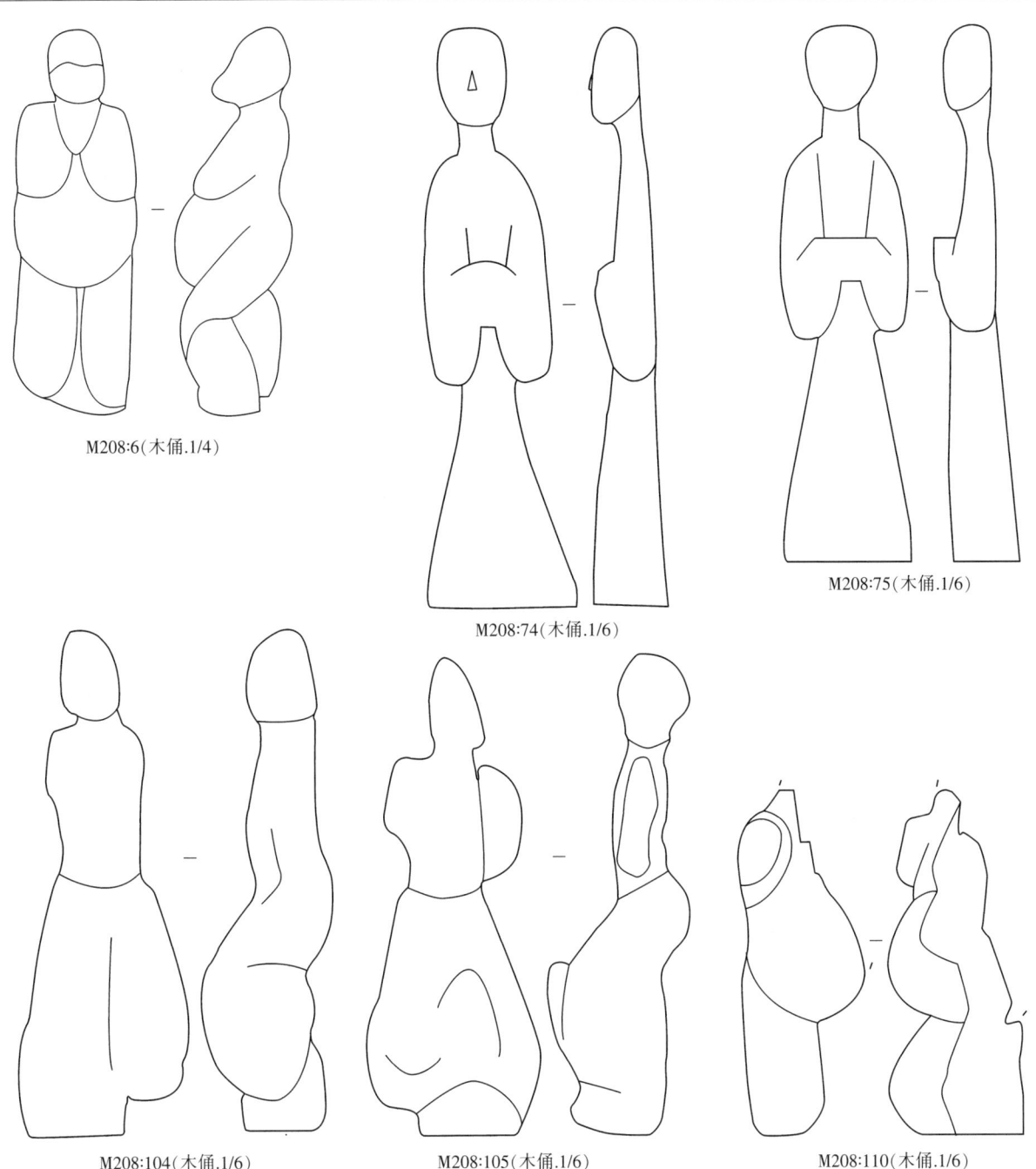

M208:6(木俑.1/4)

M208:74(木俑.1/6)

M208:75(木俑.1/6)

M208:104(木俑.1/6)

M208:105(木俑.1/6)

M208:110(木俑.1/6)

图3-9A-3e5 军庄组三号A区M208东边箱出土器物图

宽16.4厘米。(图3-9A-3e5；彩版二八三，4)

M208：110，俑头和双臂缺失，肚腩鼓起呈球状，左腿直立微微前屈，右腿提膝前屈。残高31.4、宽11.6厘米。(图3-9A-3e5)

M208：113，残损严重，仅存俑身底部，呈梯形，侧视可看出俑身前倾。残高19.2、残宽16.5厘米。(图3-9A-3e6)

M208：174，双手拢于腹部，长袍曳地，广袖下垂。高47.6、宽12.8厘米。(图3-9A-3e6)

M208：175，残损严重，形制与M208：113基本相同，仅存俑身底部。残高16、残宽14厘米。(图3-9A-3e6)

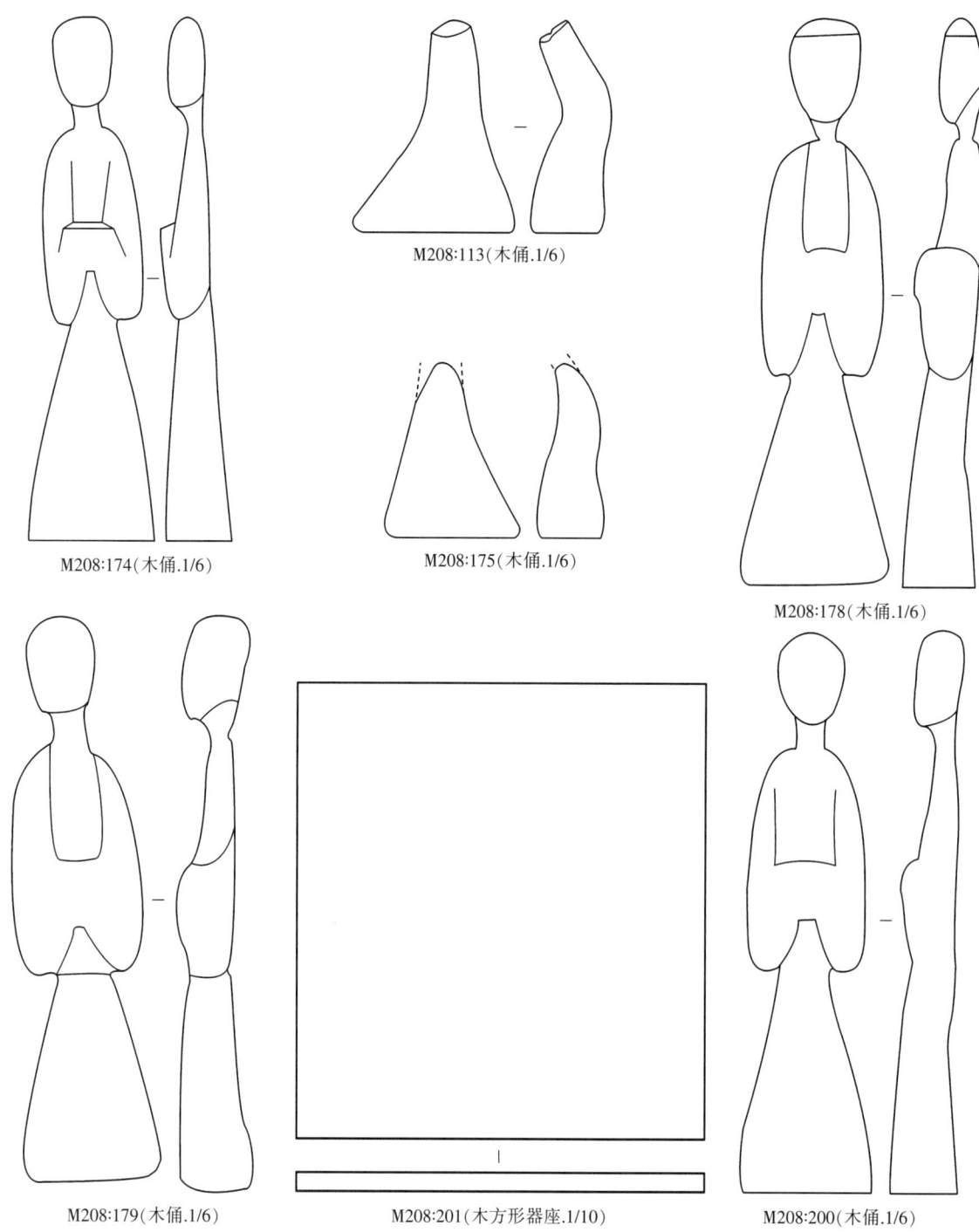

M208:113(木俑.1/6)

M208:174(木俑.1/6)

M208:175(木俑.1/6)

M208:178(木俑.1/6)

M208:179(木俑.1/6)

M208:201(木方形器座.1/10)

M208:200(木俑.1/6)

图 3-9A-3e6　军庄组三号 A 区 M208 东边箱出土器物图

M208：178，形制与 M208：174 基本相同。高 51.5、宽 14.9 厘米。（图 3-9A-3e6；彩版二八三，5）

M208：179，形制与 M208：174 基本相同。高 51.5、宽 13.9 厘米。（图 3-9A-3e6）

M208：200，形制与 M208：74 基本相同。高 51、宽 13.3 厘米。（图 3-9A-3e6）

第二类，9 件。俑呈坐立状。M208：103，双手举于胸前，双腿跪坐，广袖下垂。高 33.1、宽 18.4 厘米。（图 3-9A-3e7；彩版二八四，1）

M208：111，形制与 M208：103 相同。高 34.2、宽 16.6 厘米。（图 3 - 9A - 3e7；彩版二八四，2）

M208：114，形制与 M208：103 相同。高 31.2、宽 12 厘米。（图 3 - 9A - 3e7）

M208：8，手垂放于膝盖上，一手放于胸腹部。俑高 34、宽 16.7 厘米。（图 3 - 9A - 3e7；彩版二八四，3）

M208：7，形制与 M208：8 相同。俑头缺失。残高 22.1、宽 17.3 厘米。（图 3 - 9A - 3e7）

M208：106，形制与 M208：8 相同。高 30.9、宽 16.2 厘米。（图 3 - 9A - 3e7；彩版二八四，4）

M206：107，形制与 M208：8 相同。高 33.1、宽 17.6 厘米。（图 3 - 9A - 3e7；彩版二八四，5）

M208：199，双手垂放于膝上。高 32.1、宽 14.1 厘米。（图 3 - 9A - 3e7；彩版二八四，6）

M208：112。木俑跪坐，广袖下垂，双手捧脸。高 33.7、宽 17.1 厘米。（图 3 - 9A - 3e7；彩版二八四，7）

此外，另有 2 件木俑残损严重，形制不明。M208：9，俑头和双臂缺失，无法判断其具体形制。残高 21.8、宽 15.3 厘米。（图 3 - 9A - 3e7）

M208：177，残损严重，形制、尺寸不明。

几 1 件。M208：109，长条形几面，左右各两兽蹄形足。面板长 79.5、宽 16.4、厚 2.3、足残高 23 厘米。（图 3 - 9A - 3e4）

方形器座 1 件。M208：201，平面呈正方形，通体素面。边长 69.1、厚 2.8 厘米。（图 3 - 9A - 3e6）

5. 石器

共 2 件。出土于漆黛板盒 M208：197 之内。

黛板 1 件。M208：197 - 1，平面长方形，一面打磨光滑，长 17.3、宽 6、厚 0.75 厘米。（图 3 - 9A - 3e3）

研石 1 件。M208：197 - 2，平面近似方形，一面打磨光滑，边长 2.4、厚 1 厘米。（图 3 - 9A - 3e3）

6. 陶器

共 18 件，器形有鼎、盒、壶、钟、钫、瓿、甑、熏，除甑为灰陶器外，余皆釉陶。

鼎 2 件。M208：133，覆钵形盖，盖顶圈形捉手。鼎身子母口敛，沿微内凹，内沿略高，两侧有两对称耳，圆唇，弧腹，腹壁斜直内收，底内凹，三蹄形足等距分布。上有卷云纹、竖弦纹等纹饰。器身饰凸弦纹，盖饰数道弦纹。盖径 21.4、高 7.5 厘米，器身口径 21.5、底径 14.8、高 17.2 厘米。（图 3 - 9A - 3e8；彩版二八五，1）

M208：134，鼎身子母口敛，沿内凹，内沿高，两侧有两对称耳，尖唇，深腹，腹壁较直，底内凹，三蹄形足。上饰四角对称卷云纹。器身口径 19.5、底径 14、高 19.6 厘米。（图 3 - 9A - 3e8；彩版二八五，2）

盒 2 件。M208：127，覆钵形盖，圈形捉手。器身子母口敛，沿内凹，内沿高，深弧腹，腹壁近直，向下渐内收，底内凹。盖径 21、高 6.4 厘米，器身口径 17.4、底径 10.4、高 14.8 厘米。（图 3 - 9A - 3e8；彩版二八五，3）

M208:103(木俑.1/6)

M208:111(木俑.1/6)

M208:114(木俑.1/6)

M208:8(木俑.1/6)

M208:7(木俑.1/6)

M208:106(木俑.1/6)

M208:107(木俑.1/6)

M208:199(木俑.1/6)

M208:112(木俑.1/6)

M208:9(木俑.1/6)

图 3 - 9A - 3e7　军庄组三号 A 区 M208 东边箱出土器物图

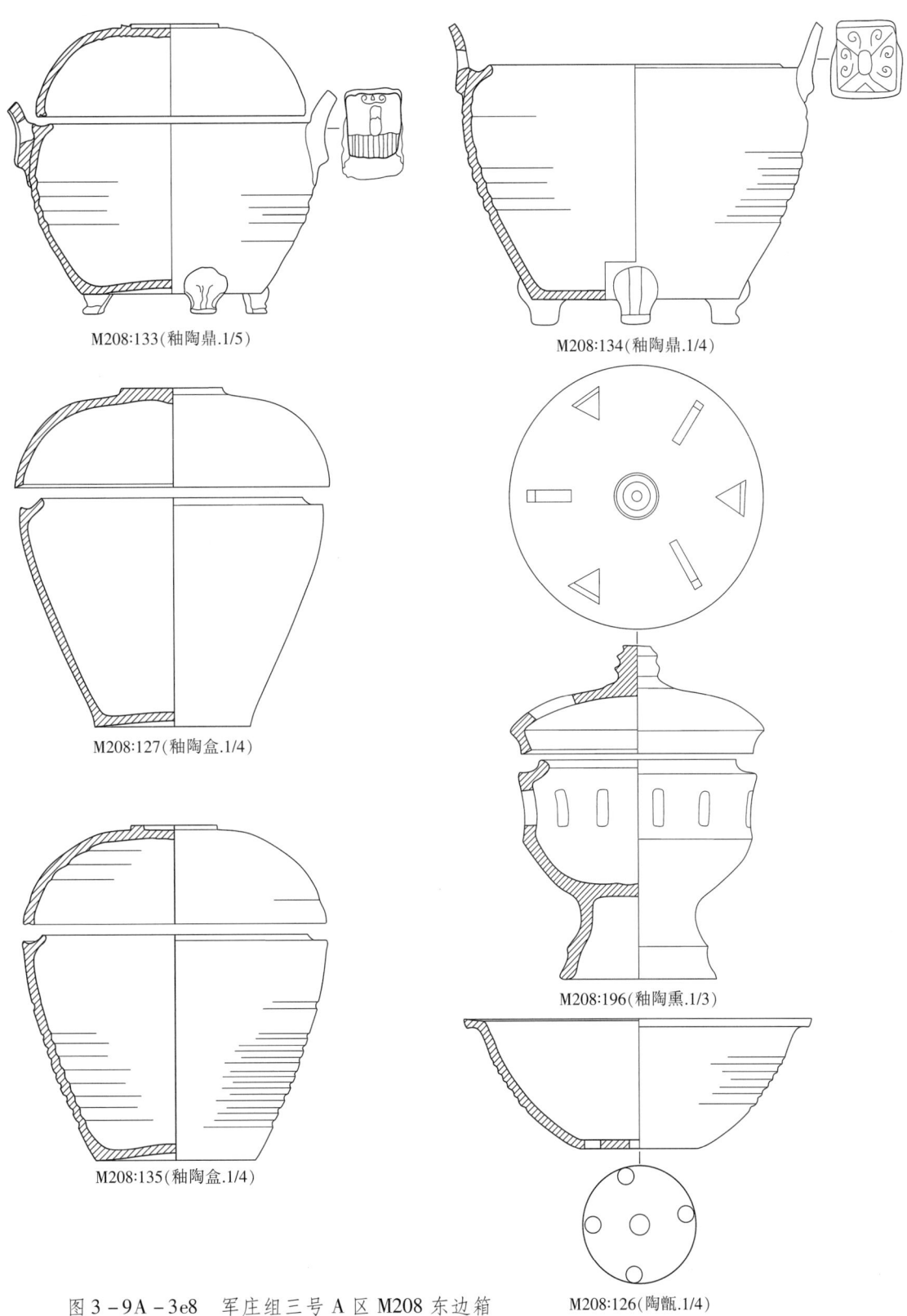

M208:133(釉陶鼎.1/5)

M208:134(釉陶鼎.1/4)

M208:127(釉陶盒.1/4)

M208:196(釉陶熏.1/3)

M208:135(釉陶盒.1/4)

M208:126(陶甑.1/4)

图 3 - 9A - 3e8　军庄组三号 A 区 M208 东边箱
出土器物图

M208：135，形制、尺寸与 M208：127 基本相同。（图 3 - 9A - 3e8）

壶 4 件。M208：118，侈口，圆唇，束颈，溜肩，弧腹，圈足微外撇。肩部附对称双耳，耳部饰叶脉纹。口沿、颈部及肩部饰凹弦纹、水波纹，器身口径 11.5、底径 12、高 27.6 厘米。（图 3 - 9A - 3e9；彩版二八五，4）

M208：120，侈口，尖圆唇，沿面内凹，束颈，溜肩，弧腹，足内凹。肩部附对称桥耳，上无纹饰。器身饰弦纹。器身口径 11.4、底径 12.7、高 24.8 厘米。（图 3 - 9A - 3e9；彩版二八五，5）

M208：121，侈口，尖唇，斜沿，束颈，圆肩，弧腹向下渐内收，内凹底。肩部附对称桥耳，耳面饰叶脉纹。器身口径 10.5、底径 12、高 24 厘米。（图 3 - 9A - 3e9）

M208：136，侈口，圆唇，长束颈，溜肩，圆腹，最大腹径在中部，圈足微外撇。最大腹径上部附对称桥形耳，几无纹饰。口沿、颈部及上腹部饰水波纹，腹部饰凸弦纹。器身口径 10.8、底径 12、高 28.7 厘米。（图 3 - 9A - 3e9；彩版二八五，6）

锺 2 件。M208：116，侈口，圆唇，束颈，溜肩，鼓腹，最大腹径在上腹部，向下渐内收，圈足外撇，圈足上有圆形镂空。最大腹径处附对称铺首，饰兽面纹、叶脉纹。口沿、颈部及最大腹径处饰水波纹，颈部饰两道凹弦纹，最大腹径处饰凸弦纹。器身口径 18、底径 20.7、高 46.5 厘米。（图 3 - 9A - 3e9；彩版二八六，1）

M208：123，侈口，圆唇，束颈，鼓肩，弧腹，圈足外撇，足上有圆形镂空。肩部附对称铺首，上饰兽面纹。口沿、颈部饰水波纹，肩部饰弦纹。器身口径 17、底径 21.6、高 47.3 厘米。（图 3 - 9A - 3e9；彩版二八六，2）

钫 2 件。M208：124，盖作盝顶，上饰四角对称卷云纹。器身平沿，尖唇，束颈，溜肩，弧腹，圈足外撇，上有圆形镂空。肩部附对称桥耳，耳面饰叶脉纹。盖径 7.3、高 4.5 厘米，器身口径 11.7、底径 14.6、高 35.6 厘米。（图 3 - 9A - 3e9；彩版二八六，3）

M208：125，形制、纹饰与 M208：124 相同。盖径 12、高 4 厘米，器身口径 10.7、底径 13.5、高 37.3 厘米。（图 3 - 9A - 3e9；彩版二八六，4）

瓿 4 件。M208：117，子母口盖，呈伞状，盖面斜直，饰弦纹，顶部有蘑菇形纽。器身侈口，平沿微内凹，圆唇，鼓肩，弧腹较深，底内凹。肩部附对称铺首，铺首饰兽面纹、叶脉纹。器身肩部饰弦纹、水波纹。盖径 14.5、高 4.6 厘米，器身口径 11.7、底径 19.4、高 33.9 厘米。（图 3 - 9A - 3e10；彩版二八七，1）

M208：119，子母口盖，呈伞状，盖面斜直，饰弦纹，顶有蘑菇状纽。器身侈口，尖唇，沿面略内凹，圆肩，弧腹较深，向下渐内收，平底。肩部附对称双耳，饰兽面纹、竖弦纹。器身肩部饰水波纹，腹部饰凸棱纹饰。盖径 12.8、高 4.4 厘米，器身口径 13.1、底径 17.5、高 29.8 厘米。（图 3 - 9A - 3e10；彩版二八七，2）

M208：122，盖上部圆弧，纽呈蘑菇状。器身口微敛，沿内凹，圆唇，束颈，溜肩，圆鼓腹，最大腹径偏上，向下渐内收，底内凹。最大腹径处附对称铺首桥耳，耳面饰兽面纹。上腹部饰弦纹和水波纹。盖径 16.2、高 4.8 厘米，器身口径 12、底径 18、高 34.2 厘米。（图 3 - 9A - 3e10；彩版二八七，3、4）

M208:123(釉陶锺.1/6)

M208:124(釉陶钫.1/6)

M208:116(釉陶锺.1/8)

M208:121(釉陶壶.1/4)

M208:118(釉陶壶.1/5)

M208:120(釉陶壶.1/5)

M208:125(釉陶钫.1/5)

M208:136(釉陶壶.1/5)

图 3-9A-3e9　军庄组三号 A 区 M208 东边箱出土器物图

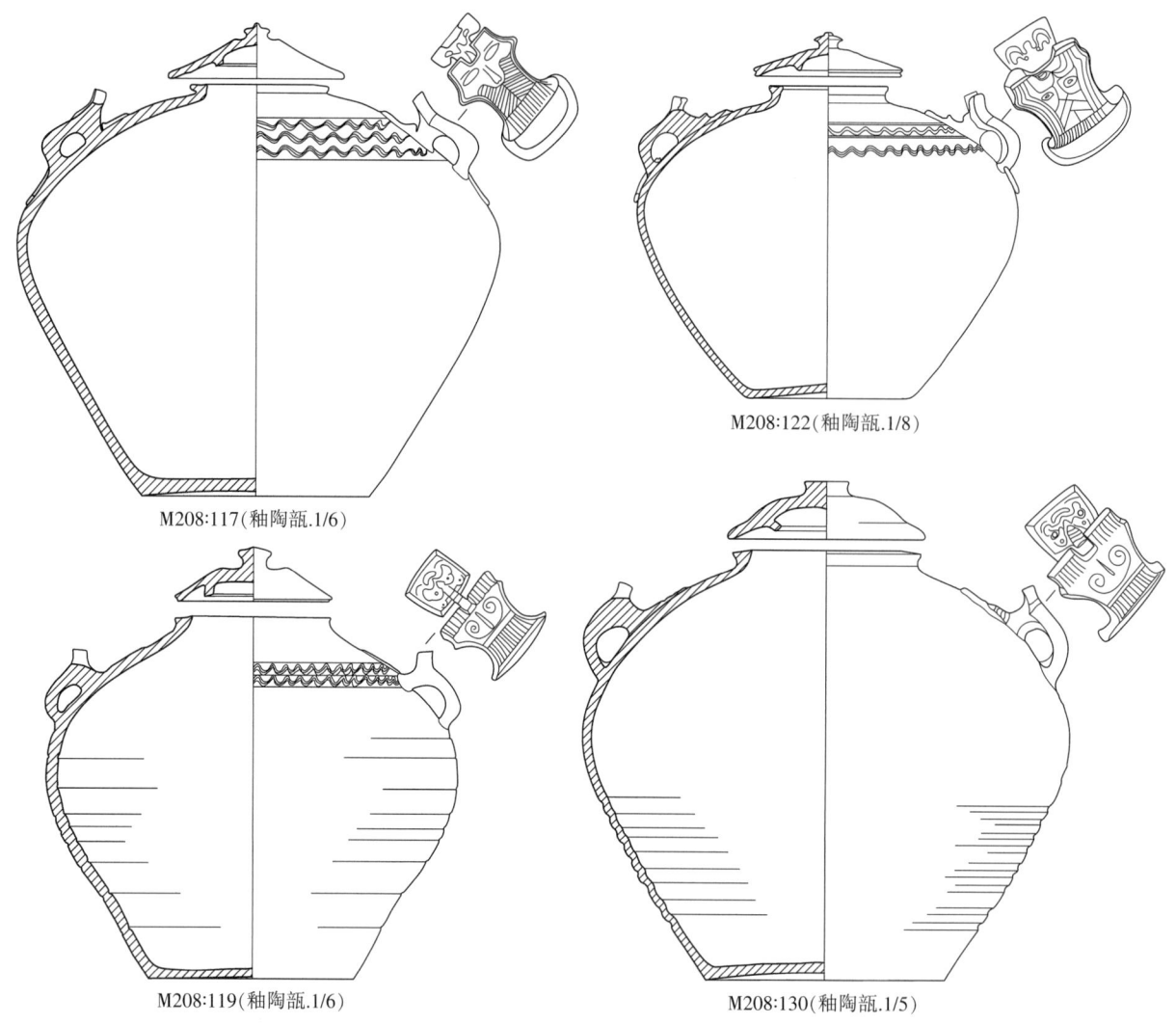

M208:117(釉陶瓿.1/6)　　M208:122(釉陶瓿.1/8)

M208:119(釉陶瓿.1/6)　　M208:130(釉陶瓿.1/5)

图3－9A－3e10　军庄组三号A区M208东边箱出土器物图

M208：130，盖上部圆弧，顶部有圆形捉手，盖面上有凹弦纹。器身侈口，斜直沿，尖唇，鼓肩，深弧腹，内凹底，肩部附对称桥形铺首，上饰兽面纹。器身下腹部饰数道弦纹。盖径13.6、高3.9厘米，器身口径10.6、底径16.8、高29.5厘米。（图3－9A－3e10；彩版二八七，5）

甑　1件。M208：126，侈口，斜沿，方唇，浅弧腹，平底，底带圆形镂孔。器腹饰弦纹。口径23.4、底径8、高8.4厘米。（图3－9A－3e8）

熏　1件。M208：196，盖呈扁圆形，敛口，上有捉手，盖面有三组三角形、长条形及一个同心圆镂孔。器身子母口，侈口，圆唇，折肩，近直腹内凹，下腹斜收，高圈足呈喇叭形，腹部有长方形镂孔。盖径11.7、高5.2厘米，器身口径10、底径8、高10.7厘米。（图3－9A－3e8）

四、209号墓（M209）

M209位于军庄组三号取土场A区墓地西北部，东面与M206相邻。清理前，墓坑开口已被高速公路施工方破坏，开口距现地表深度不明，墓坑底部随葬品组合遭受扰动。

墓葬形制为长方形竖穴土坑，开口长 272、宽 89 厘米，残深 23 厘米。方向 5°。（图 3 – 9A – 4a）

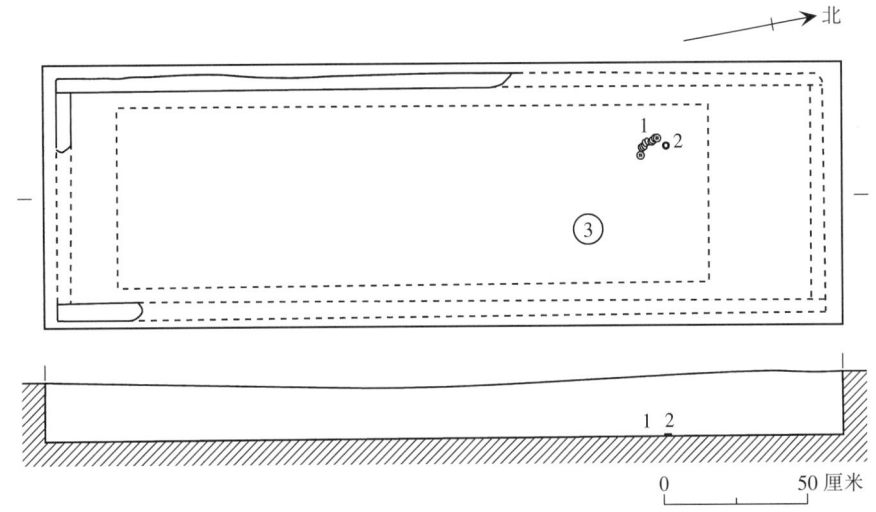

图 3 – 9A – 4a 军庄组三号 A 区 M209 平面、剖视图
1. 铜钱 2. 铜环 3. 铜镜

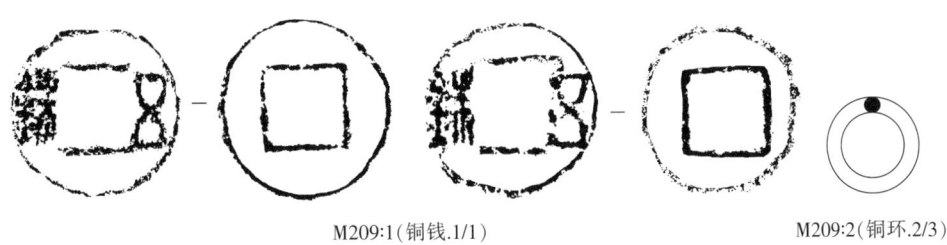

M209:1（铜钱.1/1） M209:2（铜环.2/3）

图 3 – 9A – 4b 军庄组三号 A 区 M209 出土器物图

葬具为一椁一棺，木结构基本朽尽。从朽痕可知，椁位于墓坑正中，长 262、宽 80 厘米，高度不明。棺平面呈长方形，长 200、宽 60 厘米，高度不明。

该墓共出土器物 3 件（组），皆为铜器。

铜器

共 3 件。器形为镜、环、铜钱。

镜 1 件。M209：3，出土于棺内北部。四乳禽兽纹镜。圆形，半圆纽，圆纽座。座外两周短斜弦纹间有四乳和四虺相间环绕，四乳带圆纽座，四虺呈钩形，其两侧各饰一鸟。宽素平缘。镜面微凸。面径 9.1、背面径 8.9、纽高 0.6、纽宽 1.5、缘宽 1.2、缘厚 0.4、肉厚 0.2 厘米。（彩版二八八，1）

环 1 件。M209：2，出土于棺内北部。环身截面呈圆形。外环径 1.9、内环径 1.3、环厚 0.3 厘米。（图 3 – 9A – 4b）

铜钱 1 组。M209：1，出土于棺内北部。共 6 枚，皆为五铢钱，形制、尺寸、钱文基本相同。钱径 2.25、穿径 1.1 厘米。（图 3 – 9A – 4b；彩版二八八，2）

五、210 号墓（M210）

M210 位于军庄组三号取土场 A 区墓地西部。清理前，墓坑开口已被高速公路施工方破坏，开口距现地表深度不明，墓坑底部随葬品组合与棺椁结构未遭扰动。

　　墓葬形制为长方形竖穴土坑，开口长332、宽281厘米，残深164厘米。方向10°。（图3-9A-5a；彩版二八九）

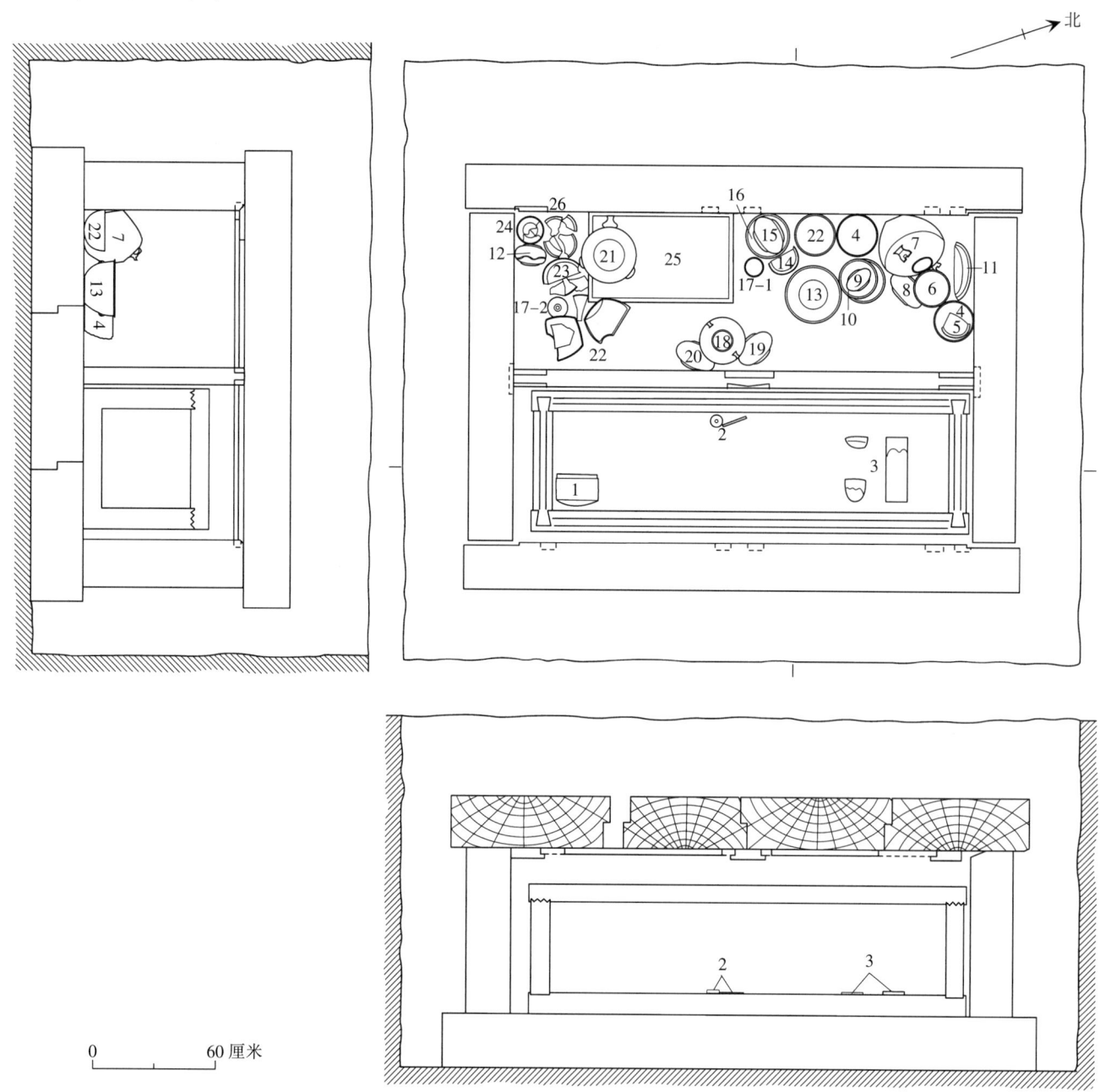

图3-9A-5a　军庄组三号A区M210平面、剖视图

1. 漆奁　1-1、1-2. 漆子奁　1-3、1-4. 木篦　1-5. 木梳　1-6. 铜镜　2. 陶纺轮　3. 木枕　4、10. 釉陶盒　5、11、16、24、26. 漆盘　6、13. 铜盆　7. 釉陶瓿　8、9、12、15、19、20. 漆耳杯　14. 漆盛　17. 釉陶熏　18. 釉陶壶　21. 漆樽　22、23. 釉陶鼎　25. 漆案

　　葬具为一椁一棺，木结构保存基本完整。椁位于墓坑中部，整体长278、宽210、高121厘米。椁盖板由四块东西向长方形木板由北向南依次组成，每块木板间以高低榫相合，盖板长216、宽56~77、厚24厘米（图3-9A-5a1；彩版二八九，1）。椁底板则由三块长280、宽66~74、厚25厘米的木板拼接组成，同样以高低榫相合。椁盖板揭开后发现有一层隔板，隔板较薄，厚度在

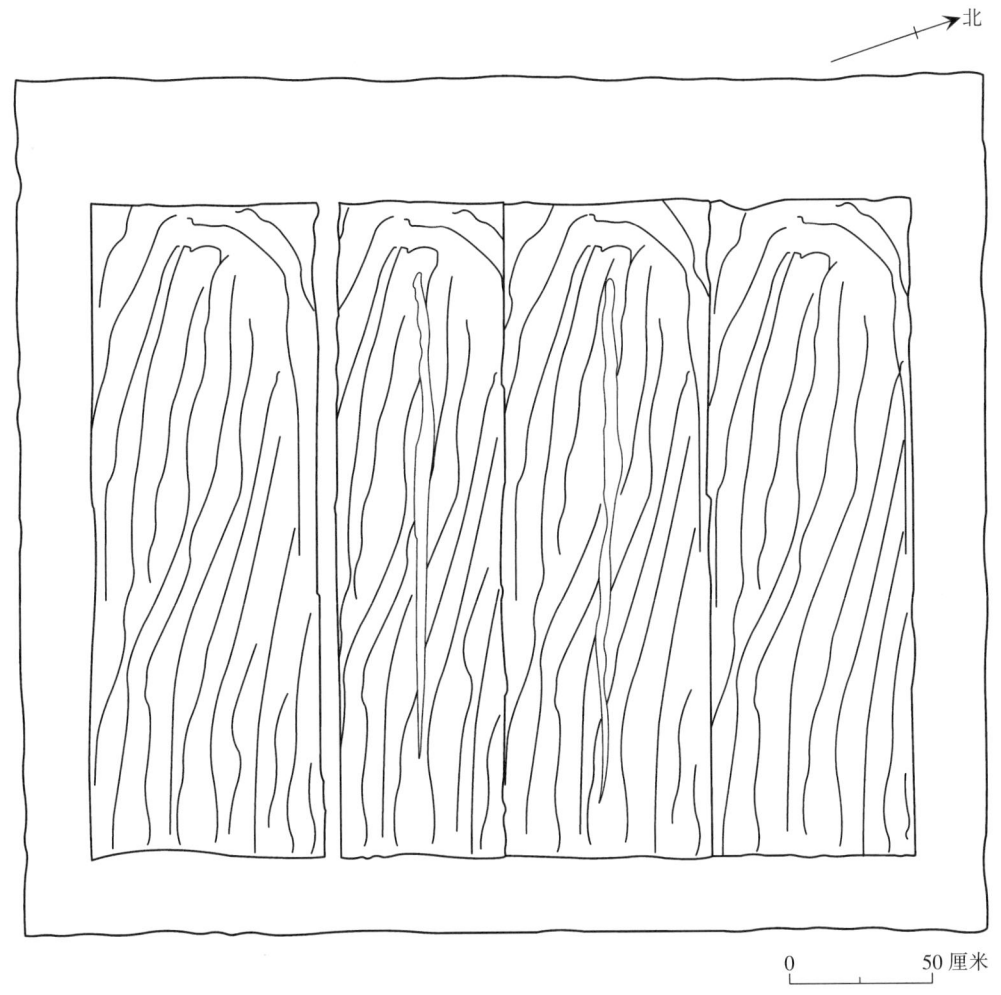

图 3 – 9A – 5a1　军庄组三号 A 区 M210 椁盖板平面图

2.8~4.6 厘米之间，共 14 块，其利用椁室侧板的榫卯结构搭建而成，每边各有三块纵向木板与四块横向木板（图 3 – 9A – 5a2；彩版二八九，3、4；彩版二九〇，1、2）。由于隔板表面腐朽严重，清理时已无法明确隔板表面是否刻划有图案。隔板揭开后即为棺与西边箱（彩版二八九，2；彩版二九〇，3、4）。棺位于椁室东部，与椁北、东、南三面侧板紧靠，长 212、宽 67、合盖高 61 厘米。西边箱长 222、宽 74、高 78 厘米。

该墓共出土铜器、漆器、木器、陶器共 30 件（组）。

1. 铜器

共 3 件，器形有盆、镜。

盆　2 件。均出土于西边箱西北部。M210：13，器侈口，斜折沿，最高腹径偏上，有不明显圈足。腹部饰一周箍状纹，两侧各附一半环形耳。口径 27.6、底径 13.6、高 12.6 厘米。（图 3 – 9A – 5b1；彩版二九一，1）

M210：6，器侈口，折沿，弧腹且浅，圜底。素面。口径 19、高 7.5 厘米。（图 3 – 9A – 5b1；彩版二九一，2）

镜　1 件。M210：1 – 6，云雷纹镜。圆形，半圆纽，柿蒂纹纽座。座外一周凹弦纹圈带，其

图 3 - 9A - 5a2　军庄组三号 A 区 M210 椁盖板下方隔板平面图

外两周凹弦纹间满饰简化云雷纹。窄缘。面径 12、背径 11.8、纽高 0.6、纽宽 1.5、缘厚 0.5、肉厚 0.15 厘米。(彩版二九一，3)

2. 漆器

共 15 件（组）。器形有耳杯、盘、樽、盛、案、奁。

耳杯　6 件。出土于西边箱内。皆为木胎。椭圆形口，耳缘上翘，弧腹，平底。M210：8，器外髹黑漆，耳正面、边缘亦髹黑漆，余通髹朱漆。内底书"榬"字。口径长 18.6、连耳宽 14、底径长 5.2、高 5.2 厘米。(彩图一〇四，1；彩版二九二，1)

M210：9、15、19，形制、尺寸与 M210：8 相同。内底皆书"榬"字。(彩图一〇四，2、3；彩图一〇五，1；彩版二九二，2~5)

M210：12，器外髹黑漆，耳正面与边缘、内底亦髹黑漆，余通髹朱漆。内底书"榬"字。口径长 13.2、连耳宽 9.2、底径长 3.8、高 3.6 厘米。(彩图一〇五，2；彩版二九二，7、8)

M210：20，通体髹黑漆。口径长 11.8、连耳宽 9、底径长 4、高 3.6 厘米。(彩图一〇五，3；彩版二九二，6)

盘　5 件。M210：5，木胎。口沿破损，斜平沿，弧腹，平底。盘外通髹黑漆，素面。内沿与内底髹黑漆，余通髹朱漆。口径残长 18.6、底径 14、残高 3.4 厘米。(彩图一〇六，1)

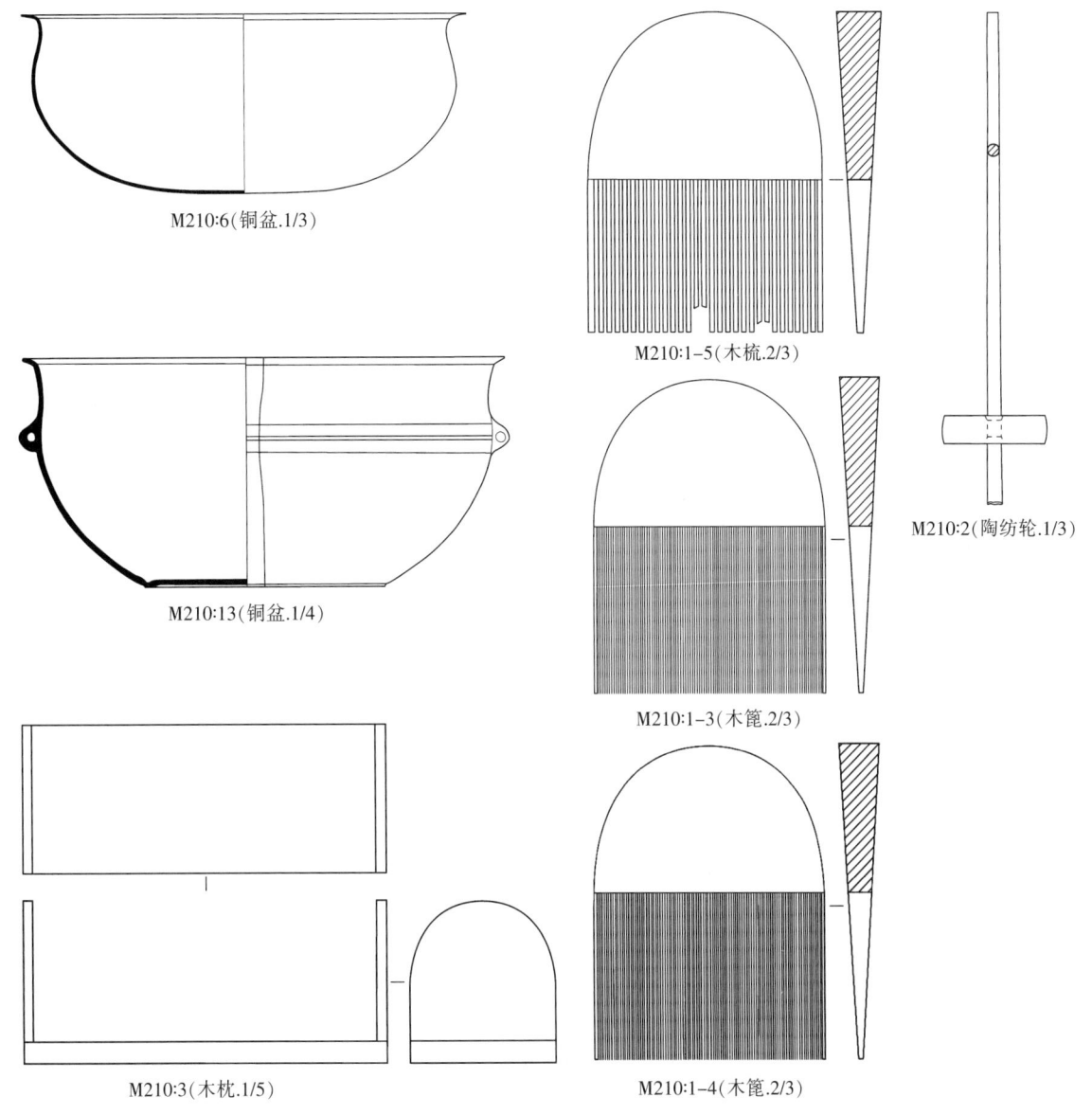

M210:6(铜盆.1/3)

M210:1-5(木梳.2/3)

M210:13(铜盆.1/4)

M210:2(陶纺轮.1/3)

M210:1-3(木篦.2/3)

M210:3(木枕.1/5)

M210:1-4(木篦.2/3)

图3-9A-5b1 军庄组三号A区M210出土器物图

M210：11，木胎。敞口平沿，方唇，弧腹，平底。盘外通髹黑漆，素面。内沿与内底髹黑漆，余通髹朱漆。口径26.5、底径16.2、高4.4厘米。（彩图一〇六，2；彩版二九三，1）

M210：16，木胎。形制同M210：11。内外皆髹黑漆。内底朱书"棱"，盘口径22.8、底径9.5、高5.4厘米。（彩图一〇六，3；彩版二九三，2、3）

M210：24，夹纻胎。形制同M210：11。通体髹黑漆。素面。口径23.3、底径10.5、高5.6厘米。（彩图一〇六，4）

M210：26，木胎。斜平沿，弧腹，平底。盘外通髹黑漆，内沿与内底髹黑漆，余通髹朱漆。内壁绘几何纹和流云纹。口径14.6、底径7.6、高2.3厘米。（彩图一〇六，5）

樽 1件。M210：21，出土于西边箱西南部。木胎。惜整器残朽严重，仅余器底和残足。器底部髹黑漆，器底上部髹朱漆，中绘黑色圆形纹饰，纹饰内饰流云纹。樽底附三蹄足，兽面，朱绘纹饰。底径27、残高6.3厘米。（彩图一〇七，1；彩版二九三，4）

盛　1件。M210：14，出土于西边箱西部。木胎。微侈口，口下饰一条凹槽，直壁，鼓腹，圈足。外壁和器底髹黑漆，余髹朱漆。素面。口径16.4、底径11.1、高6.4厘米。（彩图一〇七，2；彩版二九三，5）

案　1件。M210：25，出土于西边箱西南部。木胎。平面呈长方形。外髹黑漆，内髹朱漆，有纹饰处以黑漆作底，朱漆作纹饰。惜整件器物残朽严重，具体纹饰不明，仅残存部分流云纹。器长70、宽42、案板残高3厘米。（彩图一〇八；彩版二九三，6）

奁　1组。M210：1，出土于棺室东南部。夹纻胎。圆形，顶部隆起，顶部器外髹黑漆，器内髹朱漆，顶外部圈状纹饰向内，最外层与最内层饰几何勾连纹，中间层饰流云纹。顶内部中心饰黑色圆形纹饰，上绘流云纹。器身直壁，外髹黑漆，内髹朱漆，外壁纹饰和盖外部统一，内壁纹饰仅有几何勾连纹，底部中心有黑色圆形纹饰，绘简化流云纹。器身口径19、器高9、盖径20.1、盖高11.5厘米。（彩图一〇九、一一〇；彩版二九四，1、2）

该奁内部出土有圆形子奁1件、马蹄形子奁1件、木梳1件、木篦2件、铜镜1件。

M210：1-1，圆形子奁。夹纻胎，器内外皆髹黑漆。器盖外绘几何勾连纹，内饰流云纹。器身和器盖纹饰相同。器身口径7.3、器身高4.5、盖口径8.1、盖高5.8厘米。（彩图一一一，1；彩版二九四，3）

M210：1-2，马蹄形漆子奁。夹纻胎，器内外皆髹黑漆。器平面呈马蹄形，盖面隆起、顶平，盒身外壁竖直、底平。上绘流云纹和几何勾连纹。器身长7.9、宽6.5、高5.1、盖长8.7、盖高5厘米。（彩图一一一，2；彩版二九四，4）

3. 木器

共4件。器形有梳、篦、枕。

梳　1件。M210：1-5，器弧背长方形，背部厚，齿端薄，齿余长较短，32齿。残长6.7、宽5、厚1厘米。（图3-9A-5b1；彩版二九四，5左）

篦　2件。

M210：1-3，形制与M210：1-5相同，唯齿更密。长6.6、宽5、厚0.9厘米。（图3-9A-5b1；彩版二九四，5中）

M210：1-4，形制、尺寸与M210：1-3基本相同。（图3-9A-5b1；彩版二九四，5右）

枕　1件。M210：3，出土于棺室北部。器平面呈长方形，两侧半圆形侧板及长方形底板尚存，枕面已朽。长26.1、宽10.1、高11.4厘米。（图3-9A-5b1）

4. 陶器

共8件，器形有鼎、盒、壶、瓶、熏、纺轮，除纺轮外皆为釉陶。

鼎　2件。釉陶。覆钵形盖。鼎身子母口，尖唇，敛口，近口部饰一对称长方形附耳，弧鼓腹，下承三矮蹄形足。M210：22，出土于西边箱西北部。盖顶内凹，上饰一道凹弦纹。鼎身口径19.9、高20.8、盖口径20.6、盖高7厘米。（图3-9A-5b2；彩版二九五，1）

M210：23，出土于西边箱南部。盖弧顶，耳素面，足外侧饰多道弦纹。鼎身口径18.6、高18.8、盖口径20.1、盖高6.5厘米。（图3-9A-5b2；彩版二九五，2）

盒　2件。均出土于边箱西北部。釉陶。覆钵形盖，顶上立三乳丁纽，尖唇，子母口内敛，

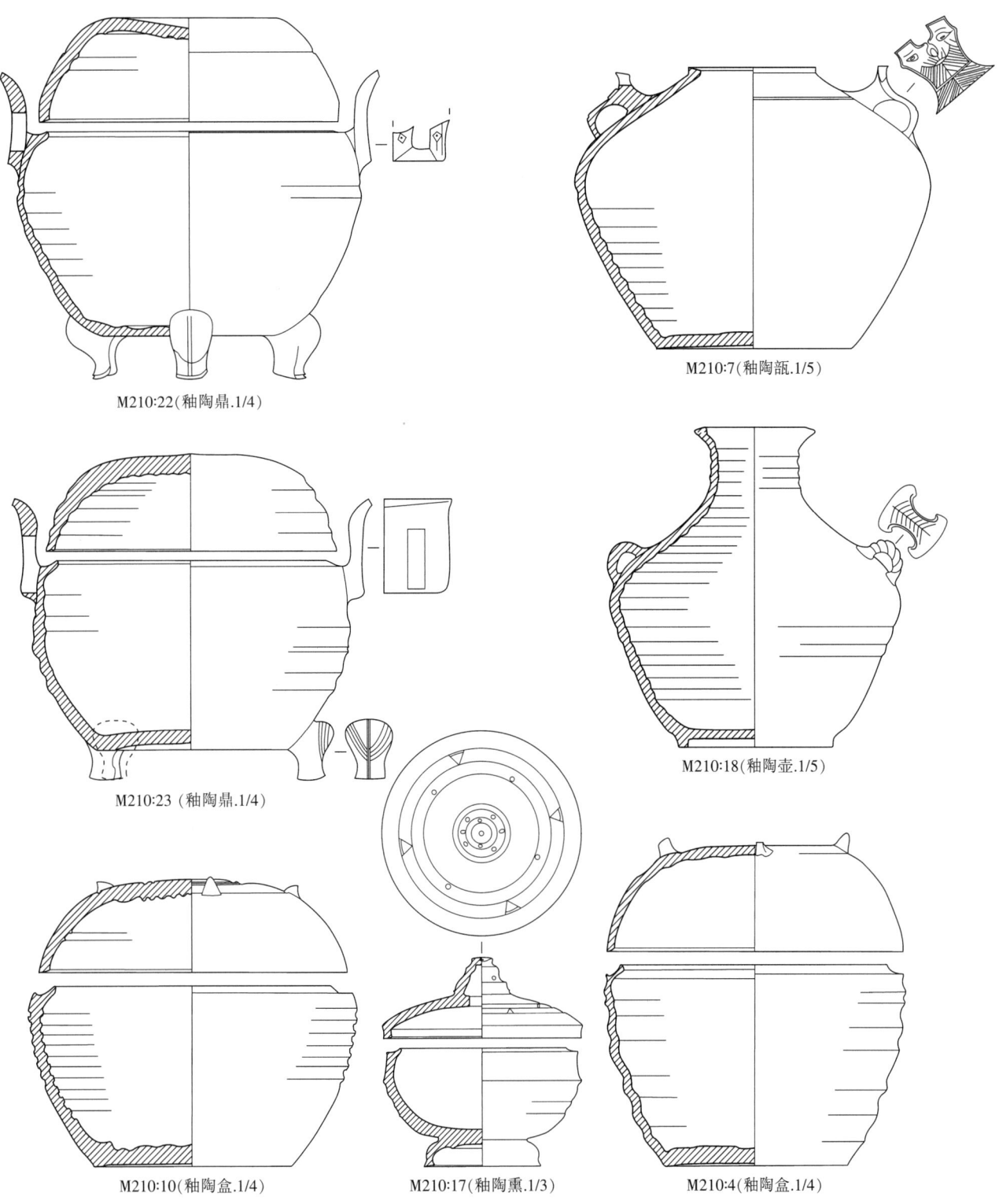

M210:22（釉陶鼎.1/4）

M210:7（釉陶瓿.1/5）

M210:23（釉陶鼎.1/4）

M210:18（釉陶壶.1/5）

M210:10（釉陶盒.1/4）

M210:17（釉陶熏.1/3）

M210:4（釉陶盒.1/4）

图 3 - 9A - 5b2　军庄组三号 A 区 M210 出土器物图

斜腹略弧，平底略内凹。M210：4，盖顶近平。盒身口径 18.6、底径 12.9、高 13.5、盖口径 20.7、盖高 8 厘米。（图 3 - 9A - 5b2；彩版二九五，3）

　　M210：10，盖弧顶，上饰凹弦纹三道。盒身口径 19.1、底径 13.7、高 12、盖口径 21.6、盖高 6.3 厘米。（图 3 - 9A - 5b2；彩版二九五，4）

壶　1件。M210：18，釉陶。侈口，束颈，溜肩，鼓腹弧收，圈足。腹径最大处上有双桥形耳，耳面饰叶脉纹。器身有凹弦纹。口径10.4、底径13.4、高26.8厘米。（图3-9A-5b2；彩版二九六，1）

瓿　1件。M210：7，出土于西边箱西北部。釉陶。直口方唇，弧腹渐收，平底内凹。最大腹径两侧饰两个兽形器耳，旁饰弦纹。器身口径11.2、底径17.2、高23.6厘米。（图3-9A-5b2；彩版二九六，2）

熏　1件。M210：17，出土于西边箱中部。釉陶。子母口，熏身内沿略高，弧腹，圈足，上承盖。盖为覆盘型，直沿，中设一纽，外饰四个尖部朝纽、对称排列的三角形镂孔，向内一圈有四个对称排列的圆形镂孔，纽身上分布圆形镂孔。器口径8.6、底径6、高6、盖径10.2、盖高4厘米。（图3-9A-5b2；彩版二九六，3、4）

纺轮　1件。M210：2，出土于棺西部。灰陶质。圆形，中间饰圆孔。清理时，孔内尚留有木棒，木棒一端较粗，另一端较细。纺轮直径4.5、厚1.2、孔径0.85厘米，棒直径在0.5~0.65厘米，残长21厘米。（图3-9A-5b1；彩版二九五，5）

六、211号墓（M211）

M211位于军庄组三号取土场A区墓地东北部，北面与K1相邻。清理前，墓坑开口已被高速公路施工方破坏，开口距现地表深度不明，墓坑底部随葬品组合遭受扰动。

墓葬形制为长方形竖穴土坑，开口长210、宽58厘米，残深31厘米。方向95°。（图3-9A-6a；彩版二八八，3）

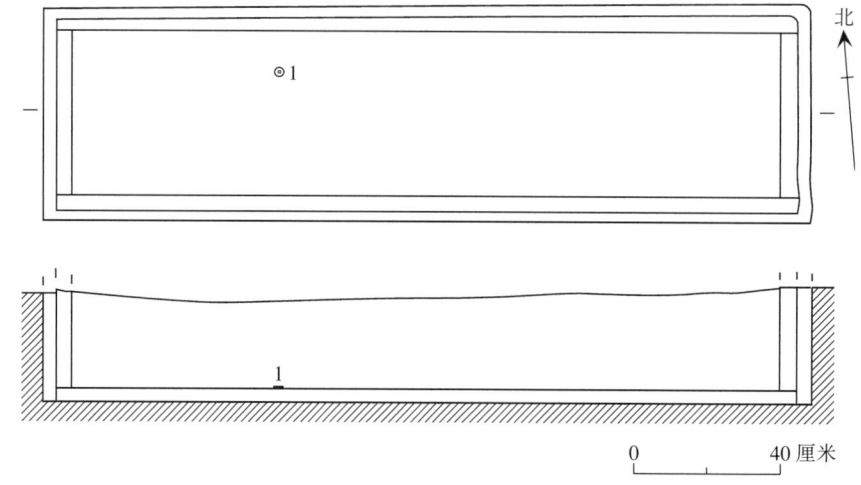

图3-9A-6a　军庄组三号A区M211平面、剖视图
1. 铜钱

葬具为单棺，木结构残损严重。从残存构件可知，棺位于墓坑正中，长204、宽52、残高31厘米。该墓共出土器物1组，为铜钱。

铜钱　1组。M211：1，出土于棺内北部。共2枚，皆为五铢钱，形制、尺寸、钱文基本相同。钱径2.45、穿径1.1厘米。（图3-9A-6b；彩版二八八，4、5）

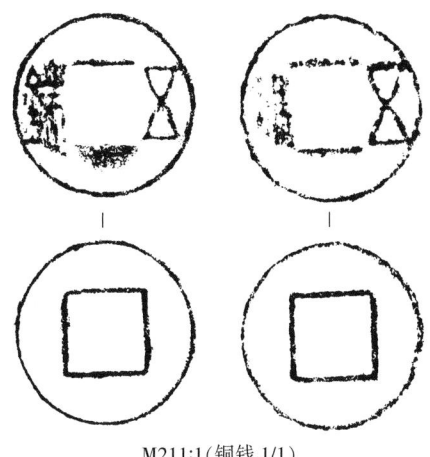

M211:1(铜钱.1/1)

图 3 - 9A - 6b 军庄组三号 A 区 M211 出土器物图

七、212 号墓（M212）

M212 位于军庄组三号取土场 A 区墓地东南部。清理前，墓坑开口已被高速公路施工方破坏，开口距现地表深度不明，墓坑底部仅椁东部盖板遭受扰动，其余部分保存相对完整，随葬品组合未遭扰动。

墓葬形制为长方形竖穴土坑，开口长 315、宽 200 厘米，残深 132 厘米。方向 286°。（图 3 - 9A - 7a；彩版二九七，1）

葬具为一椁双棺，木结构保存基本完整。椁位于墓坑中部，整体长 254、宽 173、高 111 厘米。椁盖板中部与东部残存有四块南北向长方形木板由西向东依次组成，每块木板间残朽严重，彼此间原先是否以高低榫相合无法判断，盖板南北均长 146、残宽 40～54、厚 14 厘米。盖板揭开后即为双棺，双棺南北并列，呈东西向放置，棺结构保存基本完整，几乎充满整个椁室内部空间，北棺长 222、宽 72、合盖通高 60 厘米。南棺长 216、宽 69、合盖通高 58 厘米。东边箱则构建于椁室外东部，椁东侧板与边箱北、东、南三面组成封闭空间，主要出土陶器等随葬品。东边箱长 148、宽 44、高 40 厘米。（图 3 - 9A - 7a1；彩版二九七，2～4）

该墓共出土铜器、铁器、玛瑙器、漆器、木器、石器、陶器等遗物 34 件（组）。

1. 铜器

6 件。器形有镜、带钩、刷、铜钱。

镜 2 件。M212：2，四乳禽兽纹镜。圆形，半圆纽，圆纽座。座外短竖线纹（每组三线）与单弧线纹各四组相间环列，其外两周短斜线纹间有四乳和四虺相间环绕，四乳带圆纽座，四虺呈钩形，其外侧各饰一简化鸟纹。宽素平缘。镜面微凸。面径 11、背径 10.8、纽高 0.6、纽宽 1.46、缘宽 1.1、缘厚 0.5、肉厚 0.16 厘米。（彩版二九八，1）

M212：18，星云纹镜。圆形，连峰纽，圆纽座，座外四组单弧线纹与四竖线纹相间排列，座外一周十六内向连弧纹，外饰两周凸弦纹，间以四枚八连珠纹底座乳丁，乳丁间各施七枚小乳丁，相互间以弧线相连。十六内向连弧纹缘。镜面直径 10.5、纽高 0.8、纽宽 1.4、肉厚 1.6 厘米。（彩版二九八，2）

图 3-9A-7a　军庄组三号 A 区 M212 平面、剖视图

1. 石黛板　2、18. 铜镜　3. 铜刷　4、19. 木梳　5、10、20、23. 木篦　6. 铜带钩　7、13. 铜钱　8. 铁剑　9、22. 木枕　11、33. 铁削　12. 漆奁　14、17. 竹节形漆器
15、16. 葫芦形木器　21. 漆器　24. 木尺　25、26. 铁釜　27、28. 釉陶罐　29~31. 釉陶壶　32. 不明用途木器　34. 玛瑙珠饰

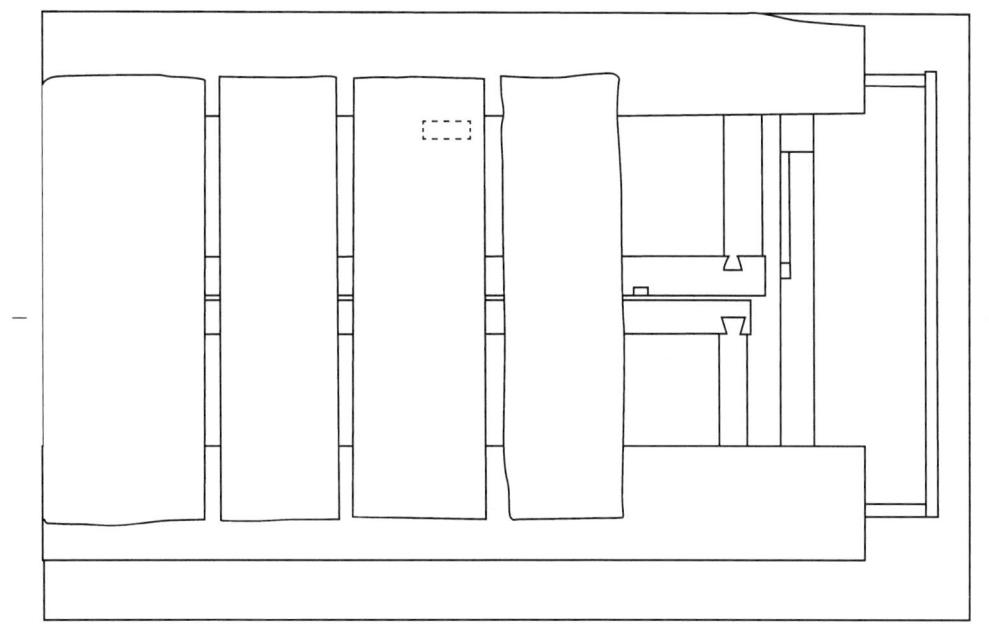

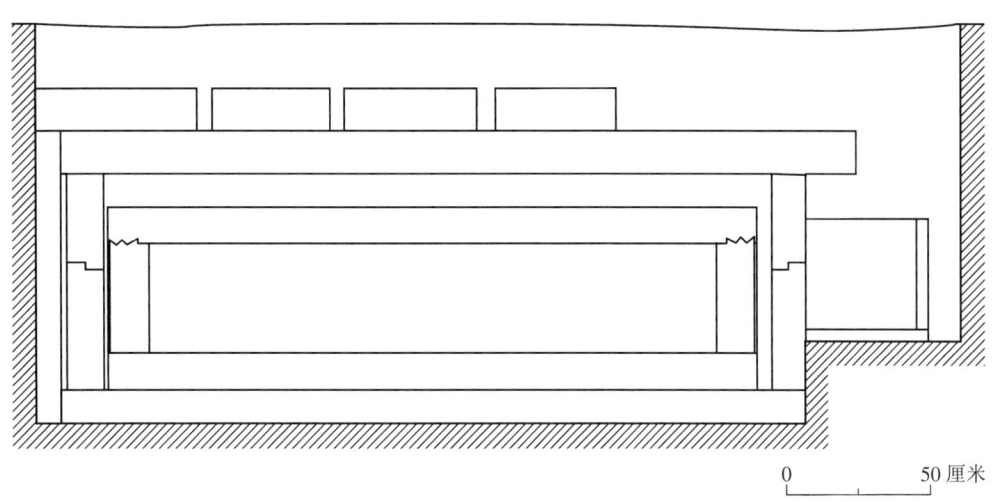

0   50厘米

图 3 – 9A – 7a1　军庄组三号 A 区 M212 结构平面、剖视图

带钩　1 件。M212：6，出土于南棺中部。琵琶形钩身，兽形钩首，钩身细长，面弧，背平，钩背置一圆扣纽。器长 7.2、宽 1.3、纽径 1.1 厘米。（图 3 – 9A – 7b1；彩版二九八，3）

刷　1 件。M212：3，出土于南棺东端。器为烟斗形，刷銎平面呈椭圆状，口平齐，断面为圆形，末端宽扁呈龙首状，微上翘，有一横向穿孔。长 6.2、刷銎径 0.4、柄长 5.6 厘米。（图 3 – 9A – 7b1；彩版二九八，4）

铜钱　2 组。M212：7，出土于南棺中部。共 6 枚，皆五铢钱，尺寸基本相同。正、背有郭，穿背方郭，穿两侧为"五铢"二字，篆体，"五"字中间两笔稍弯曲，"铢"字的"金"字头作箭镞形，"朱"字头上面方折下面圆折。直径 2.4、穿径长 1 厘米。（图 3 – 9A – 7b2；彩版二九八，5 ~ 7）

M212：13，出土于北棺中部偏东。共 11 枚，皆五铢钱，尺寸基本相同。正、背有郭，穿背方

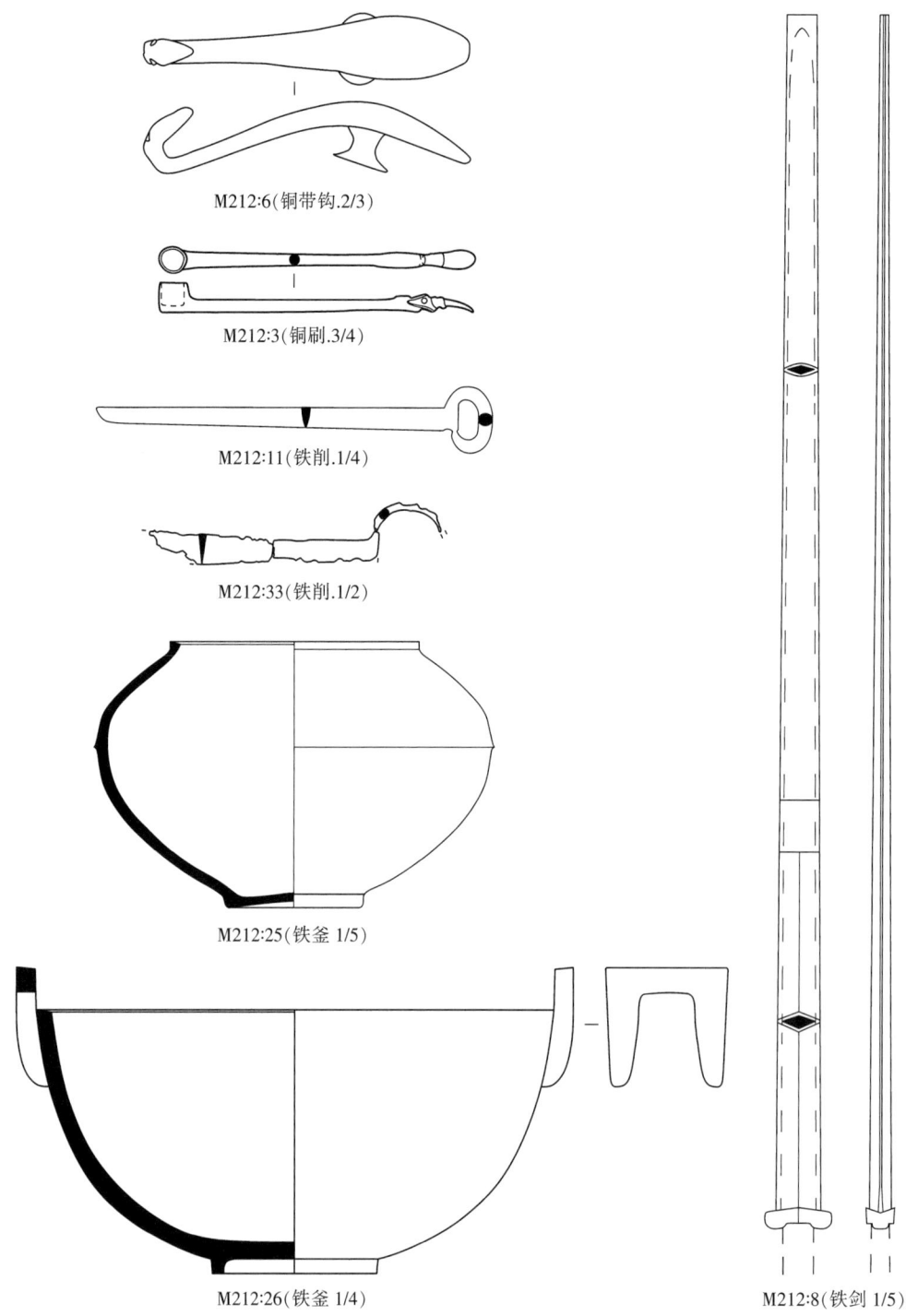

M212:6(铜带钩.2/3)

M212:3(铜刷.3/4)

M212:11(铁削.1/4)

M212:33(铁削.1/2)

M212:25(铁釜 1/5)

M212:26(铁釜 1/4)

M212:8(铁剑 1/5)

图 3 - 9A - 7b1　军庄组三号 A 区 M212 出土器物图

郭，穿两侧为"五铢"二字，篆体，"五"字交笔略曲，上下两横稍长，"铢"字的"金"字头
呈"三角形"，"朱"字头上面方折，下面圆折。直径 2.5、穿径 1 厘米。（图 3 - 9A - 7b2；彩版
二九八，8 ~ 10）

2. 铁器

共 5 件。器形有釜、剑、削。

釜　2 件。皆出土于东边箱内。M212：25，罐形，直口，内斜沿，溜肩，鼓腹，最大腹径处

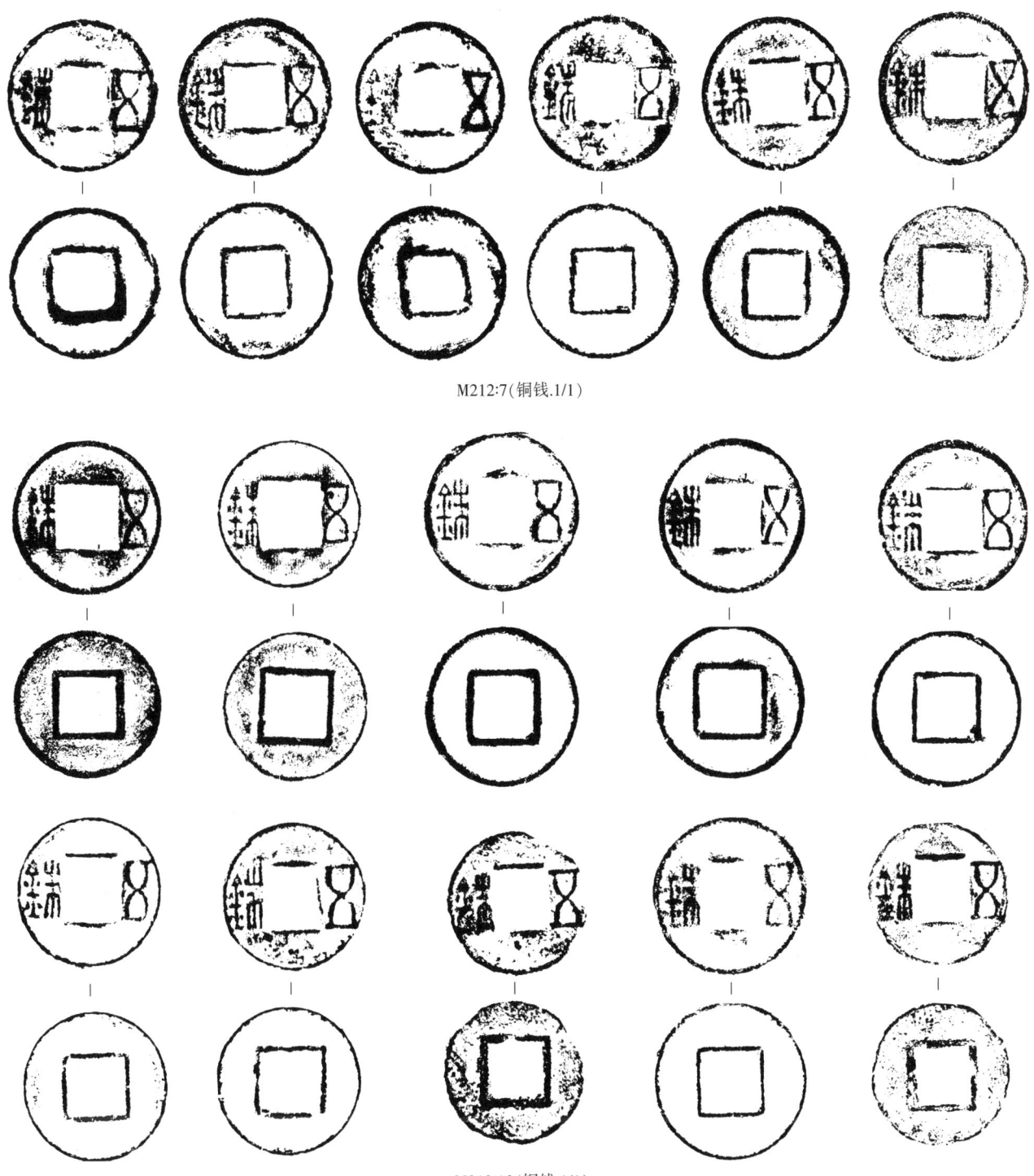

M212:7(铜钱.1/1)

M212:13(铜钱.1/1)

图 3-9A-7b2 军庄组三号 A 区 M212 出土器物图

有一明显铸缝，圈足，底内凹。口径 18.4、最大腹径 29.6、底径 10、高 19.2 厘米。（图 3-9A-7b1；彩版二九九，1）

M212：26，敞口，内斜沿，上有二对称耳，弧腹，平底，矮圈足。口径 30.9、底径 9.7、高 17.4 厘米。（图 3-9A-7b1；彩版二九九，2）

剑 1 件。M212：8，出土于南棺中部。剑身扁平，鞘尚存。中脊较明显，两刃锋利，截面呈

菱形。菱形一字格，剑柄残朽。器残长 87.2、格宽 4.6 厘米。（图 3 - 9A - 7b1；彩版二九九，3）

削 2 件。M212：11，出土于南棺中部。单面弧刃，背面扁平，柄部环首，背厚直，前端渐薄。长 23.4、宽 1.2 厘米。（图 3 - 9A - 7b1；彩版二九九，4）

M212：33，出土于北棺东部。整器残损严重，仅能辨识器形。残长 8.6 厘米。（图 3 - 9A - 7b1）

3. 玛瑙器

共 1 件。器形为珠饰。

珠饰 1 件。M212：34，出土于南棺。器形为串饰。中间穿有对孔，上下相接的对称六棱台。通体磨光，呈红色。珠径 0.9、高 0.8、孔径 0.1 厘米。（图 3 - 9A - 7b3；彩版二九九，5）

4. 漆器

共 4 件（组）。器形有奁等。

奁 1 件。M212：12，出土于北棺中部。夹纻胎，内髹朱漆，外髹黑漆。器为圆形，由奁盖、奁身两部分组成。盖顶部隆起，中镶一银质柿蒂，肩出四凸棱，分别镶直棱银扣、斜棱银扣、平银扣，盖外壁圆直，饰四周银扣。奁盖、奁身各饰三圈银扣，其间绘两圈云气纹，云气纹间有凤鸟、鹿纹。奁身口径 9.5、高 8.1、奁盖口径 10.2、盖高 8.8 厘米。（彩图一一二、一一三；彩版三〇〇）

竹节形漆器 2 组。M212：14，出土于北棺中部。1 件。整器修长，外髹黑漆。器径 1.1、残长 16.6 厘米。（图 3 - 9A - 7b3；彩版三〇一，1）

M212：17，出土于北棺东部。6 件，编号 M212：17 - 1～6。器皆呈竹节形，外髹黑漆，素面。（彩版三〇一，2）

M212：17 - 1，器径 2.4、长 14.5 厘米。（图 3 - 9A - 7b3；彩图一一四，1）

M212：17 - 2，形制与 M212：17 - 1 相同。（图 3 - 9A - 7b3；彩图一一四，1）

M212：17 - 3，器径 2.9、长 10.3 厘米。（图 3 - 9A - 7b3；彩图一一四，2）

M212：17 - 4，形制与 M212：17 - 3 相同。（图 3 - 9A - 7b3；彩图一一四，2）

M212：17 - 5，器径 2、长 10.4 厘米。（图 3 - 9A - 7b3；彩图一一四，3）

M212：17 - 6，器径 2.9、长 8.1 厘米。（图 3 - 9A - 7b3；彩图一一四，4）

漆器 1 件。M212：21，出土于北棺西部。器为扁圆筒形，两端宽，中间内凹，中间内凹处髹朱漆。器径 3.5、高 1.7 厘米。（图 3 - 9A - 7b3；彩版三〇一，3）

5. 木器

共 12 件。器形有梳、篦、枕、尺等。

梳 2 件。M212：4，出土于南棺。木质细腻，纹理清晰。器马蹄形，背圆弧形，较厚，齿尖平齐，齿根各刻一横线，两侧设护齿，共 18 齿。长 8.2、宽 6.1、厚 0.6 厘米。（图 3 - 9A - 7b4；彩版三〇二，1）

M212：19，出土于北棺。木质细腻，纹理清晰，呈淡黄色。器马蹄形，背圆弧形，较厚，齿尖略弯曲，齿根各刻一横线，两侧设护齿，共 20 齿。长 8.1、宽 6.3、厚 0.7 厘米。（图 3 - 9A - 7b4；彩版三〇二，2）

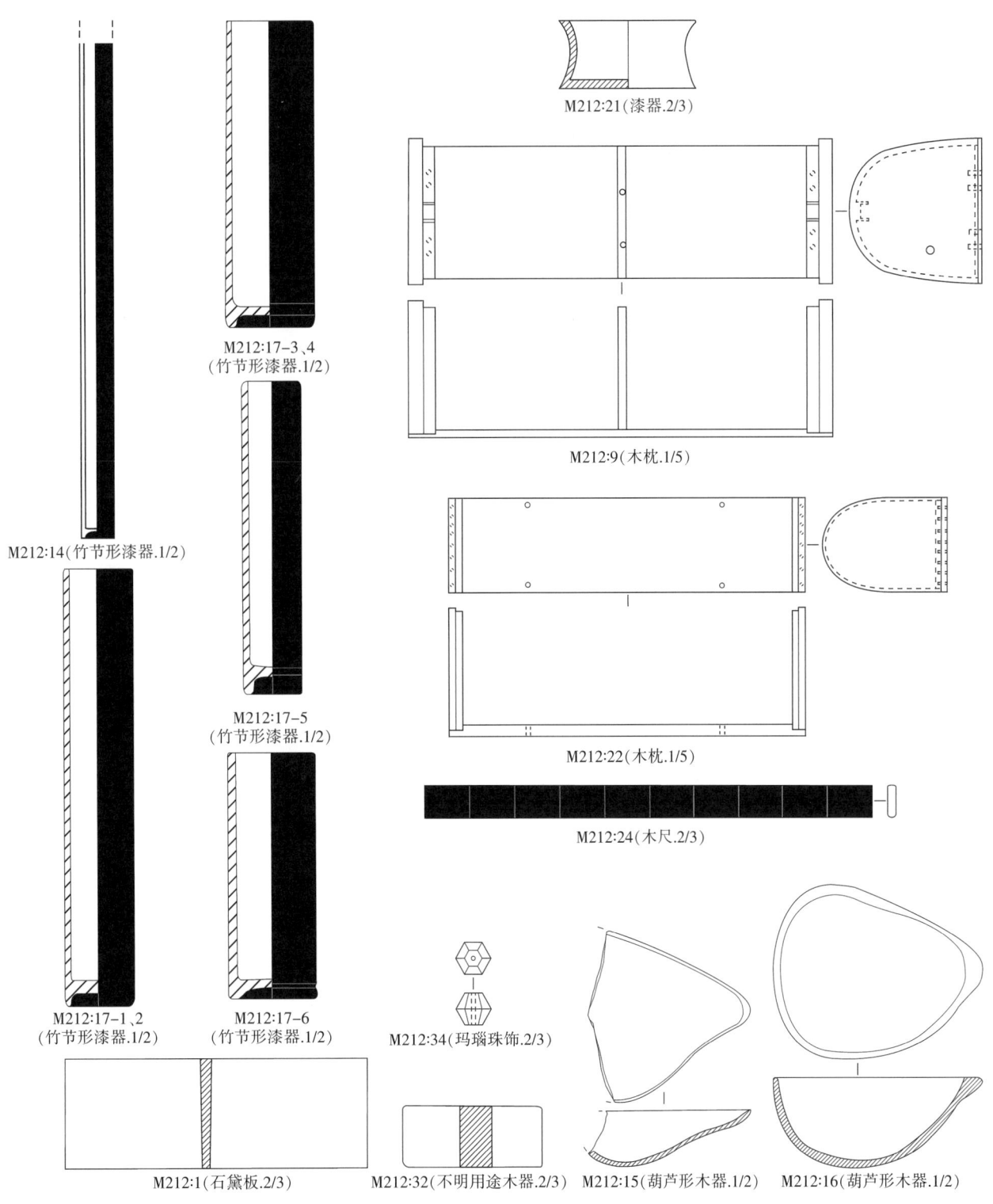

M212:21(漆器.2/3)

M212:17-3、4
(竹节形漆器.1/2)

M212:14(竹节形漆器.1/2)

M212:9(木枕.1/5)

M212:17-5
(竹节形漆器.1/2)

M212:22(木枕.1/5)

M212:24(木尺.2/3)

M212:17-1、2
(竹节形漆器.1/2)

M212:17-6
(竹节形漆器.1/2)

M212:34(玛瑙珠饰.2/3)

M212:1(石黛板.2/3)

M212:32(不明用途木器.2/3)

M212:15(葫芦形木器.1/2)

M212:16(葫芦形木器.1/2)

图 3-9A-7b3　军庄组三号 A 区 M212 出土器物图

篦　4 件。M212：5，出土于南棺东端。呈浅黄色。器马蹄形，背圆弧形，较厚，齿尖平齐，一面平直，另一面斜折，齿根各刻一横线，共 78 齿。长 7.7、宽 5.6、厚 0.43 厘米。（图 3-9A-7b4；彩版三〇二，3）

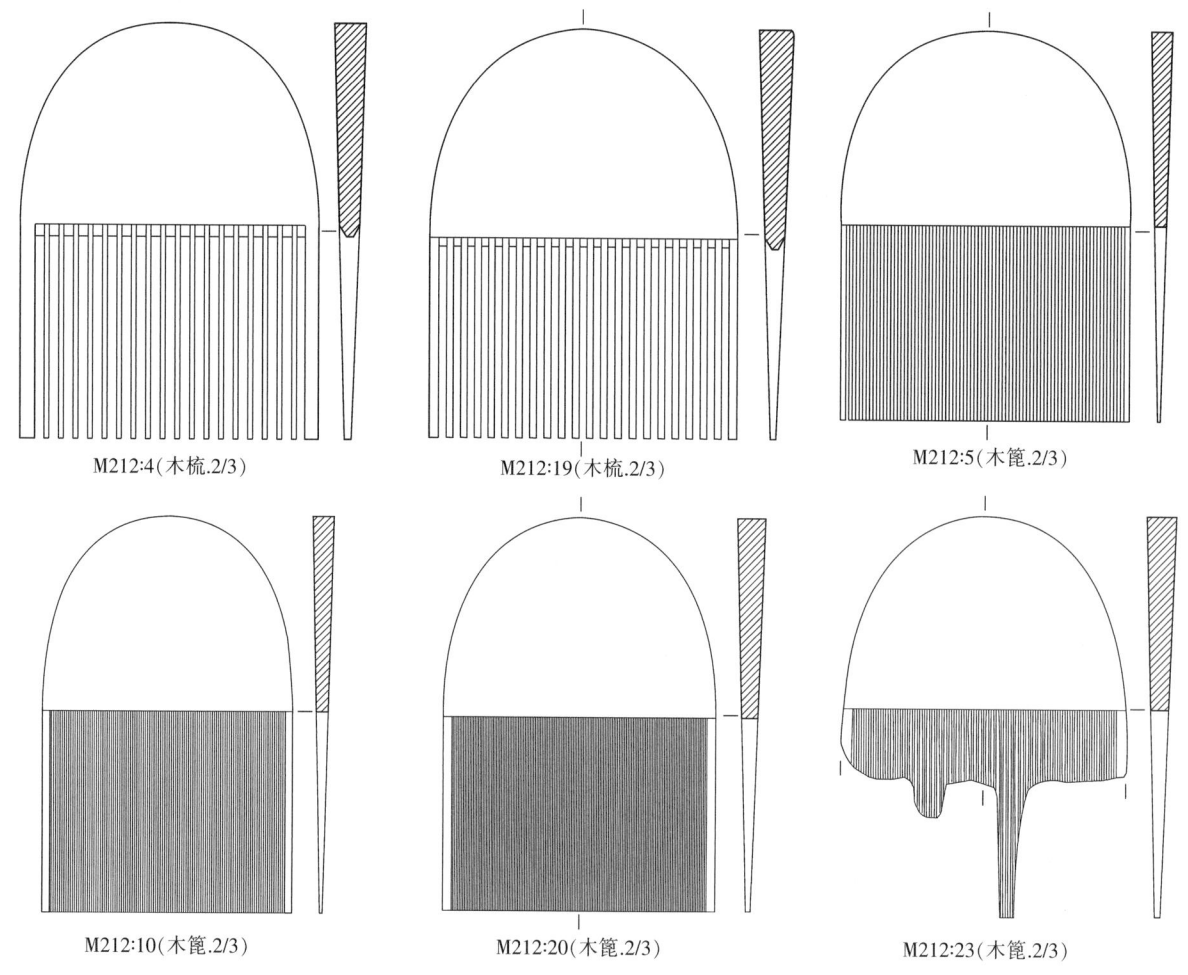

M212:4(木梳.2/3)　　　　M212:19(木梳.2/3)　　　　M212:5(木篦.2/3)

M212:10(木篦.2/3)　　　　M212:20(木篦.2/3)　　　　M212:23(木篦.2/3)

图3-9A-7b4　军庄组三号A区M212出土器物图

M212：10，出土于南棺东端。器形制与M212：5基本相同，共110齿。长7.8、宽5.1、厚0.43厘米。（图3-9A-7b4；彩版三〇二，4）

M212：20，出土于北棺西端。木质细腻，纹理清晰，呈淡黄色。器马蹄形，背圆弧形，齿尖平齐，两侧设护齿，共148齿。长7.7、宽5.2、厚0.57厘米。（图3-9A-7b4；彩版三〇二，5）

M212：23，出土于北棺西端。器形制与M212：20基本相同，共103齿。长7.9、宽5.3、厚0.61厘米。（图3-9A-7b4；彩版三〇二，6）

枕　2件。M212：9，出土于南棺西端。长方形，平底，两侧和中间有立板，立板整体为半圆形，背部圆弧，下面为方形，侧面立板各凿有一孔相通。长36.4、宽12.1、高11.4厘米。（图3-9A-7b3；彩版三〇二，7）

M212：22，出土于北棺中部。长方形，中空，平底，枕面凿有四孔与底相连，枕四壁及底分别制作后用木钉相连。长30.8、宽7.8、高11.2厘米。（图3-9A-7b3；彩版三〇二，8）

尺　1件。M212：24，出土于北棺东部。长条形，尺身有九个刻度，尺首有一圆孔。长11.6、宽0.8、厚0.2厘米。（图3-9A-7b3；彩图一一四，5；彩版三〇二，9）

葫芦形木器　2件。M212：15，出土于北棺东部。器为葫芦形，出土时分为两半，整器残损

严重。残长 5.6 厘米。（图 3 - 9A - 7b3；彩版三〇二，11）

M212：16，出土于北棺东部。器为半葫芦形。残长 7.2 厘米。（图 3 - 9A - 7b3；彩版三〇二，12）

不明用途木器　1 件。M212：32，出土于北棺东部。器为长方形，中间有一孔。长 3.6、宽 1.5 厘米。（图 3 - 9A - 7b3；彩版三〇二，12）

6. 石器

共 1 件。器形为黛板。

黛板　1 件。M212：1，青灰色细砂石质。器为长方形，正面平整光滑，有黑色、铁锈色斑点，背面平整，未经打磨。长 7.8、宽 2.7、厚 0.3 厘米。（图 3 - 9A - 7b3；彩版二九九，6）

7. 陶器

共 5 件。器形为壶、罐，皆出土于东边箱。

壶　3 件。M212：29，釉陶。侈口，尖圆唇，束颈，溜肩，鼓腹，平底，矮圈足。上腹饰两对称桥形耳，耳面饰叶脉纹。颈部偏下饰水波纹，腹部饰数道凸弦纹。口径 12、底径 10、高 25.6 厘米。（图 3 - 9A - 7b5；彩版三〇三，1）

M212：30，釉陶。形制、纹饰与 M212：29 基本相同。口径 13.5、底径 11、高 26 厘米。（图 3 - 9A - 7b5；彩版三〇三，2）

M212：31，釉陶。敞口、直颈，尖唇，溜肩，鼓腹，平底，矮圈足。上腹饰两对称桥形耳，

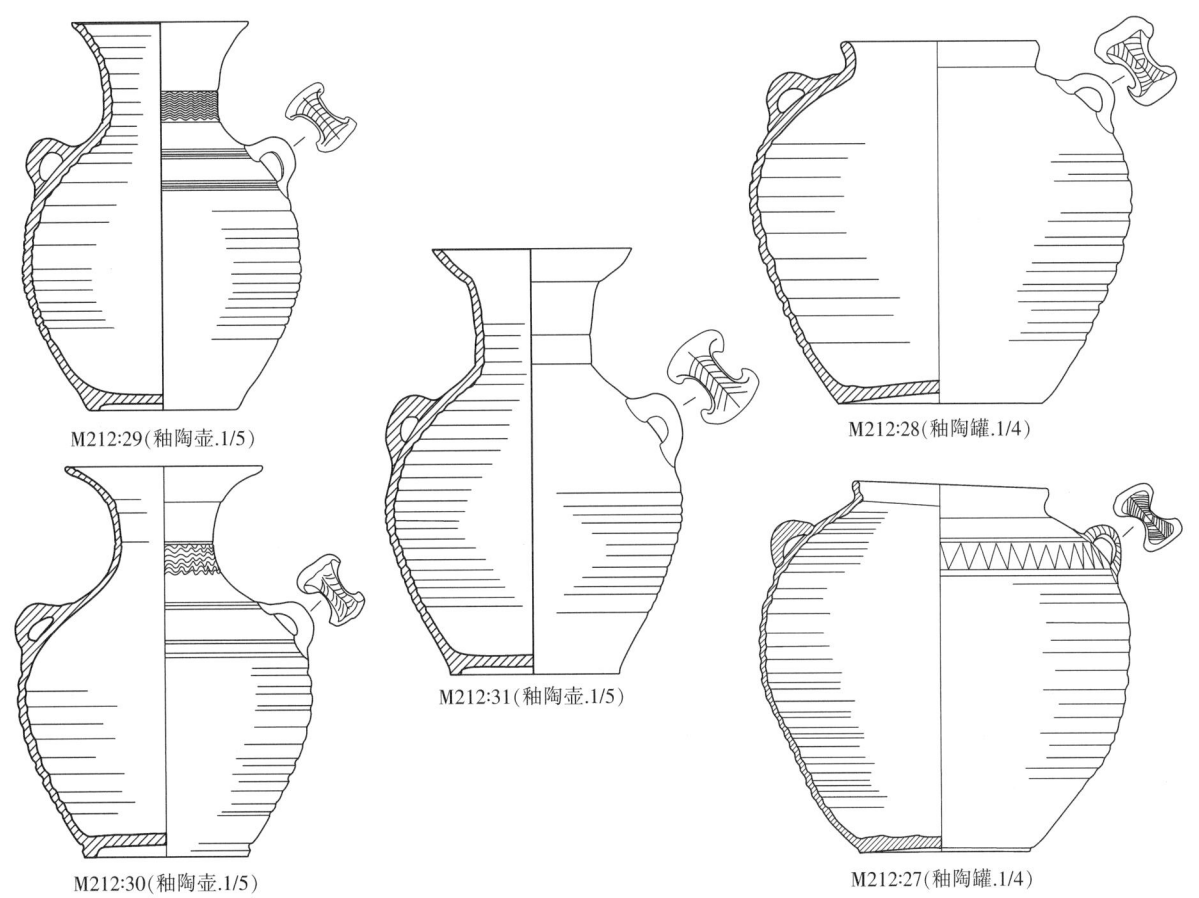

M212:29(釉陶壶.1/5)

M212:28(釉陶罐.1/4)

M212:31(釉陶壶.1/5)

M212:30(釉陶壶.1/5)

M212:27(釉陶罐.1/4)

图 3 - 9A - 7b5　军庄组三号 A 区 M212 出土器物图

耳面饰叶脉纹。腹部饰数道凸弦纹。口径 13.5、底径 11.2、高 28 厘米。（图 3 - 9A - 7b5；彩版三〇三，3）

罐 2 件。M212：27，釉陶。口微内敛，圆唇，矮束颈，溜肩，圆鼓腹，最大腹径在中部偏上，腹壁渐内收，底内凹。腹部偏上饰两对称桥形耳，耳面饰叶脉纹。肩部饰锯齿纹，腹部饰数道凸弦纹。口径 10.5、底径 9.3、高 19.5 厘米。（图 3 - 9A - 7b5；彩版三〇三，4）

M212：28，釉陶。侈口，圆唇，束颈，溜肩，鼓腹，最大腹径在中部偏上，腹壁渐内收，底内凹。口径 10.6、底径 11.1、高 19.2 厘米。（图 3 - 9A - 7b5；彩版三〇三，5）

八、213 号墓（M213）

M213 位于军庄组三号取土场 A 区墓地南部，该墓墓坑西部打破 M214 墓坑。清理前，墓坑开口已被高速公路施工方破坏，开口距现地表深度不明，墓坑棺椁结构及随葬品组合未遭扰动。

墓葬形制为长方形竖穴土坑，开口长 289、宽 171 厘米，残深 200 厘米。方向 185°。（图 3 - 9A - 8a；彩版三〇四，1）

葬具为一椁一棺，木结构保存基本完整。椁位于墓坑中部，整体长 255、宽 155、合盖高 113 厘米。椁盖板由六块东西向长方形木板由北向南依次组成，盖板长 155、宽 32 ~ 51、厚 18 厘米。椁底板则由四块南北向长 256、宽 38、厚 15 厘米的木板拼接组成，以高低榫相合（图 3 - 9A - 8a1；彩版三〇四，1）。所有盖板、侧板及底板两端侧面，皆有亚腰形木构件嵌入以加固厚度。椁盖板揭开后发现有一层隔板。其利用椁室侧板的榫卯结构搭建而成，出土时于棺盖板上方隔板尚留有九块，由三块横向木板与六块纵向木板组成（图 3 - 9A - 8a2；彩版三〇四，2 ~ 5）。隔板较薄，均为素面，厚度在 2.8 ~ 4.6 厘米之间。由于东边箱上方隔板腐朽严重，清理时已无法明确该区域隔板分布情况。隔板揭开后即为棺与东边箱（彩版三〇四，6）。棺位于椁室西部，与椁北、西、南三面侧板紧靠，长 225、宽 74、合盖高 74 厘米。东边箱内部空间长 236、宽 40、高 80 厘米。

该墓共出土铜器、铁器、漆器、木器、竹器、玳瑁器、陶器等各类遗物共 56 件（组）。（彩版三〇五）

1. 铜器

共 3 件（组）。器形有盆、镜、铜钱。

盆 1 件。M213：18，出土于东边箱南部。敞口，折沿，方唇，扁弧腹，下腹弧形内收，小平底，质地轻薄。口径 21.6、底径 9、高 7.8 厘米。（图 3 - 9A - 8b1；彩版三〇六，1）

镜 1 件。M213：48 - 2，出土于漆笥（M213：48）内。昭明镜。器圆形，半圆纽，圆纽座。座外饰一周凸弦纹圈带，短斜线纹一周，其外饰八内向连弧纹，外圈两周短斜线纹间饰一周铭文。铭文为"内而清而以而昭而明而光而象而日月心忽而不"。宽素平缘。镜面微凸。镜面直径 11.1、纽高 0.6、纽宽 1.4、肉厚 0.6 厘米。（图 3 - 9A - 8b1；彩版三〇六，2）

铜钱 1 组。M213：50，出土于棺内中部。共 10 枚，皆五铢钱，尺寸基本相同。正、背有郭，穿背方郭，穿两侧为"五铢"二字，篆体。直径 2.4、穿径 1 厘米。（图 3 - 9A - 8b1；彩版三〇六，3、4）

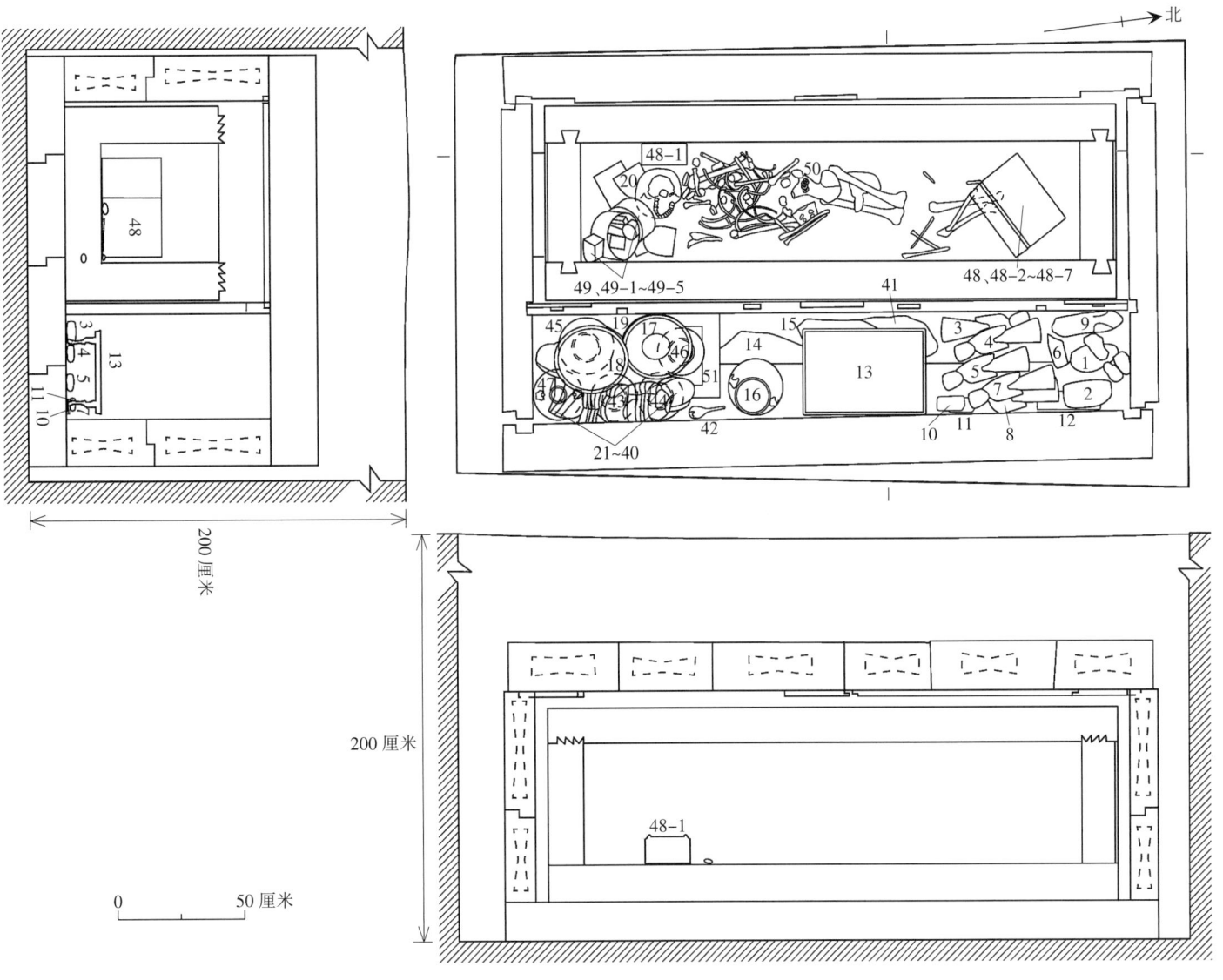

图3-9A-8a 军庄组三号A区M213平面、剖视图

1~9. 木俑 10~12. 木牌饰 13. 漆案 14、15、41. 竹笥 16、43~46. 釉陶壶 17、19. 漆盘 18. 铜盆 20. 木枕 21~40. 漆耳杯 42. 漆勺 47. 釉陶瓿 48. 漆笥 48-1. 漆子笥 48-2. 铜镜 48-3. 木梳 48-4. 木篦 48-5. 铁削 48-6. 玳瑁笄 48-7. 铁夹 49. 漆奁 50. 铜钱

2. 铁器

共2件。器形有削、夹。

削 1件。M213:48-5,出土于漆笥（M213:48）内。器削背平直,断面呈三角形,一端内收为尖,环首。长17、刃宽1、环首外径2.5厘米。（图3-9A-8b1;彩版三〇六,5）

夹 1件。M213:48-7,出土于漆笥（M213:48）内。器保存完整,夹子顶部饰花瓣纹装饰。长5.1、宽1厘米。（图3-9A-8b1;彩版三〇六,6）

3. 漆器

共26件。器形有耳杯、盘、勺、案、奁、笥等。

耳杯 20件。出土于东边箱内。清理时呈一摞状,皆为木胎。耳杯形制基本相同,根据尺寸大小分为三类。

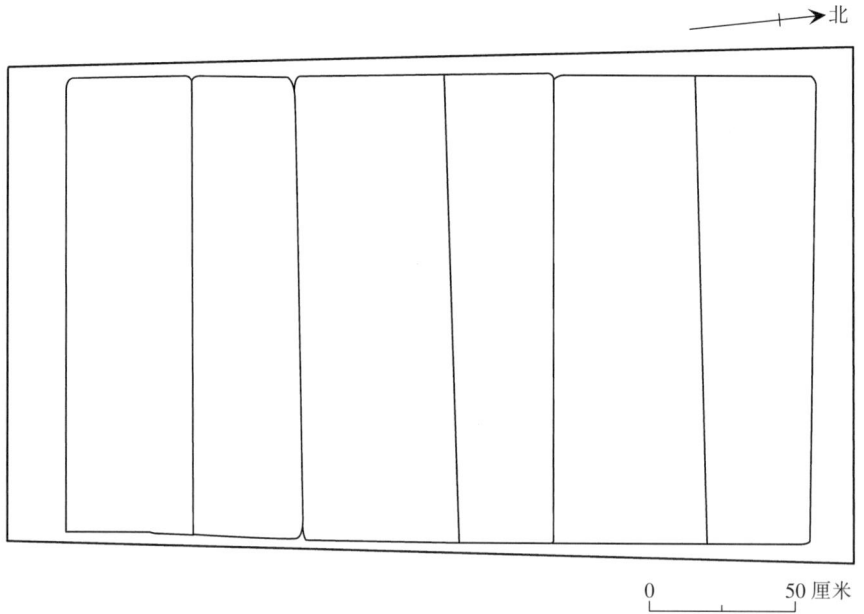

图3-9A-8a1　军庄组三号A区M213椁盖板平面图

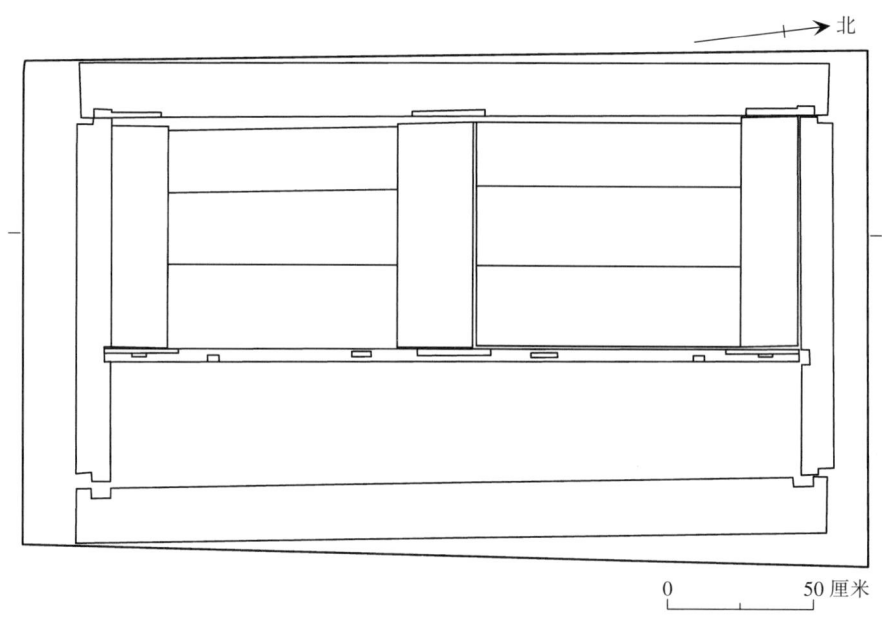

图3-9A-8a2　军庄组三号A区M213椁盖板下隔板平面图

第一类，共10件。器形较大。M213：21，敞口，方圆形唇，两侧附月牙形耳，耳外侧上翘，高出口沿，腹壁弧形内收，圜底，椭圆形假圈足。内髹朱漆，外髹黑漆。器素面无纹，耳下朱漆髹铭文，内容不明。口径长16.1、连耳宽13、底径长9.7、底径宽4.8、通高5.5厘米。（彩图一一五，1；彩版三〇七，1、2）

M213：22～25，形制、尺寸与M123：21相同。耳下皆髹铭文。（彩图一一五，2；彩图一一六；彩图一一七，1；彩版三〇七，3～7）

M213：26～30，形制、尺寸与M123：21相同。耳下无铭文。（彩图一一七，2）

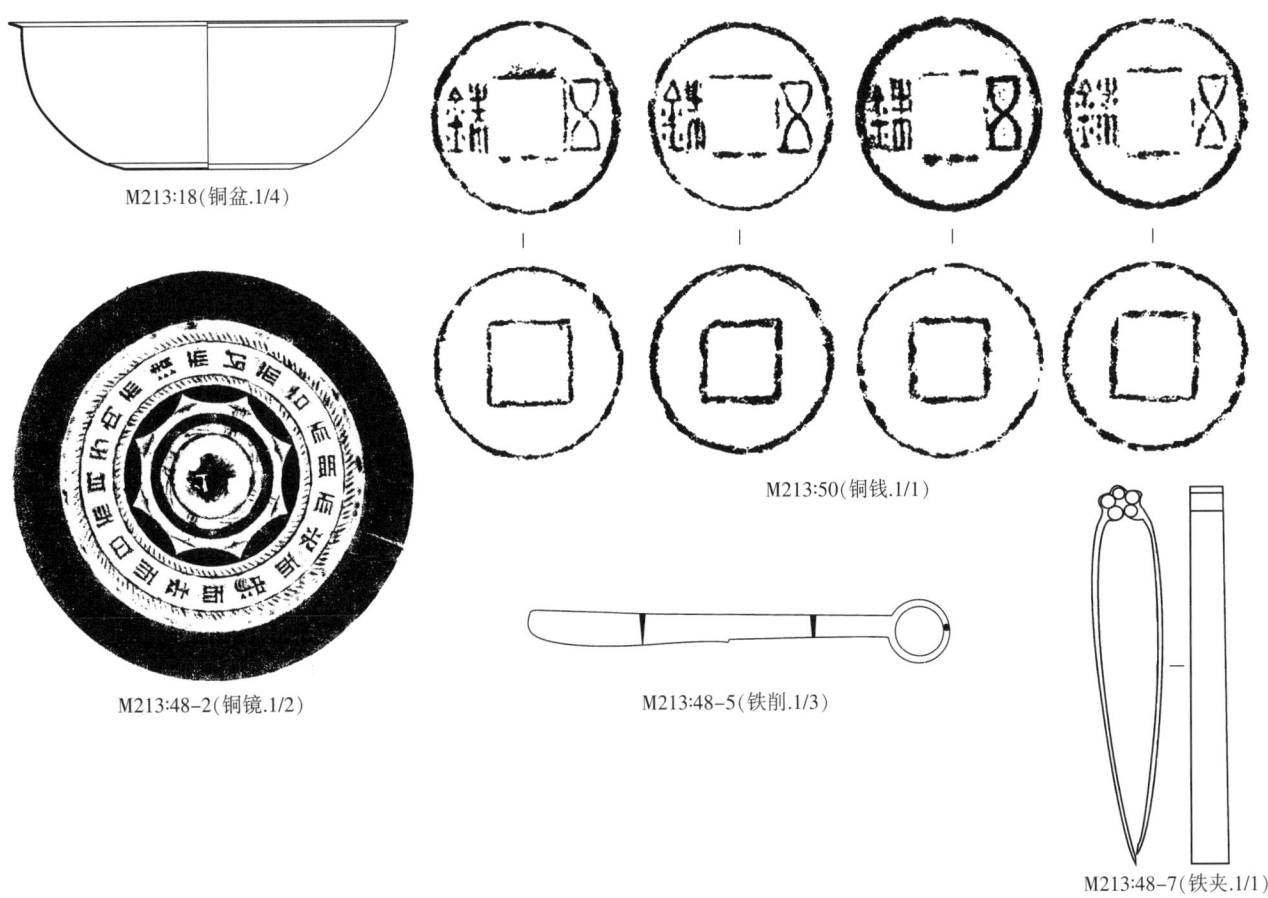

M213:18(铜盆.1/4)

M213:50(铜钱.1/1)

M213:48-2(铜镜.1/2)

M213:48-5(铁削.1/3)

M213:48-7(铁夹.1/1)

图 3-9A-8b1 军庄组三号 A 区 M213 出土器物图

第二类，共 3 件。尺寸较第一类小。

M213：31，形制与 M213：21 相同。内髹朱漆，外髹黑漆。器素面无纹。口径长 12.4、连耳宽 10.2、底径长 7.1、底径宽 3.8、高 5.2 厘米。（彩图一一八，1）

M213：32、33，形制、尺寸与 M213：31 相同。

第三类，共 7 件。尺寸最小。

M213：34，形制与 M213：21 相同。内髹朱漆，外髹黑漆。口径长 11.4、连耳宽 9.5、底径长 6.4、底径宽 3.2、高 5 厘米。（彩图一一八，2）

M213：35~40，形制、尺寸与 M213：34 相同。

盘 2 件。皆出土于东边箱内。M213：17，木胎。敞口，斜平沿，方唇，折腹，矮假圈足，平底。沿面与外沿髹黑漆，盘外通髹黑漆，素面。内沿与内底髹黑漆，余通髹朱漆。口径 25、底径 13.35、高 6.04 厘米。（彩图一一八，3；彩版三○七，8）

M213：19，夹纻胎。形制、纹饰与 M213：17 相同。口径 24.9、底径 9.9、高 6 厘米。（彩图一一八，4；彩版三○七，9）

勺 1 件。M213：42，出土于东边箱南部。木胎。敞口，圆唇，浅腹，圆底。器身完整，内外皆髹黑漆。勺内饰朱漆云气纹、黄漆同心圆圈纹，外缘为双线边框，勺外饰纵向对称水波纹，外缘为双线边框。长 14.5、宽 4.8、高 8.8 厘米。（彩图一一九，1；彩版三○八，1）

案　1件。M213：13，出土于东边箱中部。木胎。案平面长方形，器由盘、足组成。盘浅腹，平底，用木条固定在底板四周上面成沿，盘背面两端各置一横档。案足为马蹄形，马蹄足上部为圆柱形木榫，插于横档圆孔内，圆孔深至盘底。足、盘外髹黑漆，盘内髹朱漆。素面。案长44.5、宽31.8、足高11.2、通高13.4厘米。（彩图一一九，2；彩版三〇八，2）

笥　1组。M213：48，出土于棺内。木胎。器长方形，由盖、身、内盖、内隔四部分组成。盖，盝顶，外髹黑漆，内髹朱漆。盖盝顶中心外侧髹朱漆，其间以黑灰色绘神兽云气纹。盝顶四面坡外侧通髹黑漆，其上以朱绿等色绘云气纹，纹间绘奔鹿纹。盖壁平直，通髹黑漆，由上至下朱绘弦纹十二道。第二、三道弦纹间与第十、十一道弦纹间均绘几何纹与圈点纹组合，第六、七道弦纹间朱绘云气纹，另以朱、褐漆绘奔鹿纹跳跃其间。盖身一周饰铜铺首衔环六件。笥身外髹黑漆，仅近底部朱绘弦纹四道，其间夹饰几何纹与圈点纹组合。笥身内髹朱漆，素面。内盖置于内格口沿之上，盖正面髹黑漆，中心嵌饰一铜质铺首衔环，反面髹朱漆，素面。正面由外至内朱绘弦纹六道，第二、三道弦纹间夹饰几何纹与圈点纹组合。内盖中心朱绘云气纹，四只飞禽间饰其中。内格置于笥身口沿之上，其内分为圆形、长方形子格六个。口沿正面髹黑漆，朱绘短线纹与圈点纹组合。子格均髹朱漆，格底分饰龙纹、奔鹿纹、飞禽纹。笥身长31.3、宽18.9、高14.4、笥盖长32.5、宽20.1、盖高16.7厘米。（图3-9A-8b2；彩图一二〇、一二一；彩版三一一、三一二）

该笥共出土长方形子笥1件（M213：48-1）、铜镜1件（M213：48-2）、木梳1件（M213：48-3）、木篦1件（M213：48-4）、铁削1件（M213：48-5）、玳瑁笄1件（M213：48-6）、铁夹1件（M213：48-7）。

M213：48-1，出土于漆笥（M213：48）内。木胎，内髹朱漆，外髹黑漆。器长方形，由盖、身两部分组成，弇合时盒身底部外露。盖，盝顶，四顶角各置一铜泡纽。顶平，中部饰交错卷云纹和云气纹，外饰三周单弦纹边框，顶外缘饰一周连弧三角纹，盖肩圆滑，装饰以漆绘云气纹为主，几何纹为辅，线条纤细流畅，盝顶外沿饰一周菱形几何纹，菱形内部绘有卷云纹。漆笥盖壁平直，上下部饰以几何纹、双弦纹交错构成菱形方框，中间填充卷云纹和麻点纹，并以双弦纹为框。中部饰交错的卷云纹，辅之以麻点纹，上下同样以双弦线为框。笥身平直，四角方圆，四角下各置一铜泡形矮足，足底近平。笥身外髹黑漆，唯底部饰一简单纹饰边框，短线纹与卷云纹为主，双弦纹为框，所有漆绘皆为朱漆绘制，线条流畅纤细。笥身长16.9、宽8.6、高10、笥盖长17.9、宽9.3、盖高11.1厘米。（彩图一二二、一二三；彩版三一三，1~3）

奁　1组。M213：49，出土于棺内。圆形奁。器夹纻胎，内髹朱漆，外髹黑漆。由盖身、盖盒两部分组成，弇合时盒身底部外露。装饰纹样以云气纹为主，几何纹、羽人纹、禽兽纹为辅。奁盖，顶部隆起，肩部出四凸棱，外壁圆直。奁盖顶部外侧中心镶一银质柿蒂，柿蒂外围用朱漆描绘弦边纹框，四兽及云气纹，用青灰漆勾勒四兽及云气纹，四个小兽两两位置相对；奁盖顶部内侧，以黑色双弦圆形纹为框，中间饰以黑色卷云纹，纹饰纤细流畅；奁盖肩部以朱漆和黄漆两色双弦纹为边框，饰两周几何纹饰，为弧线三角卷云纹；饰两周云气纹，云气纹间内青灰漆勾勒禽兽纹装饰，包括鹿纹、鸟纹、兔纹、凤纹。几何纹带和云气纹带交错排列装饰。盖身平直，纹饰分为三部分，上部和下部以朱漆、黄漆双弦纹勾勒边框，中间饰几何纹饰，为弧线三角卷云纹；

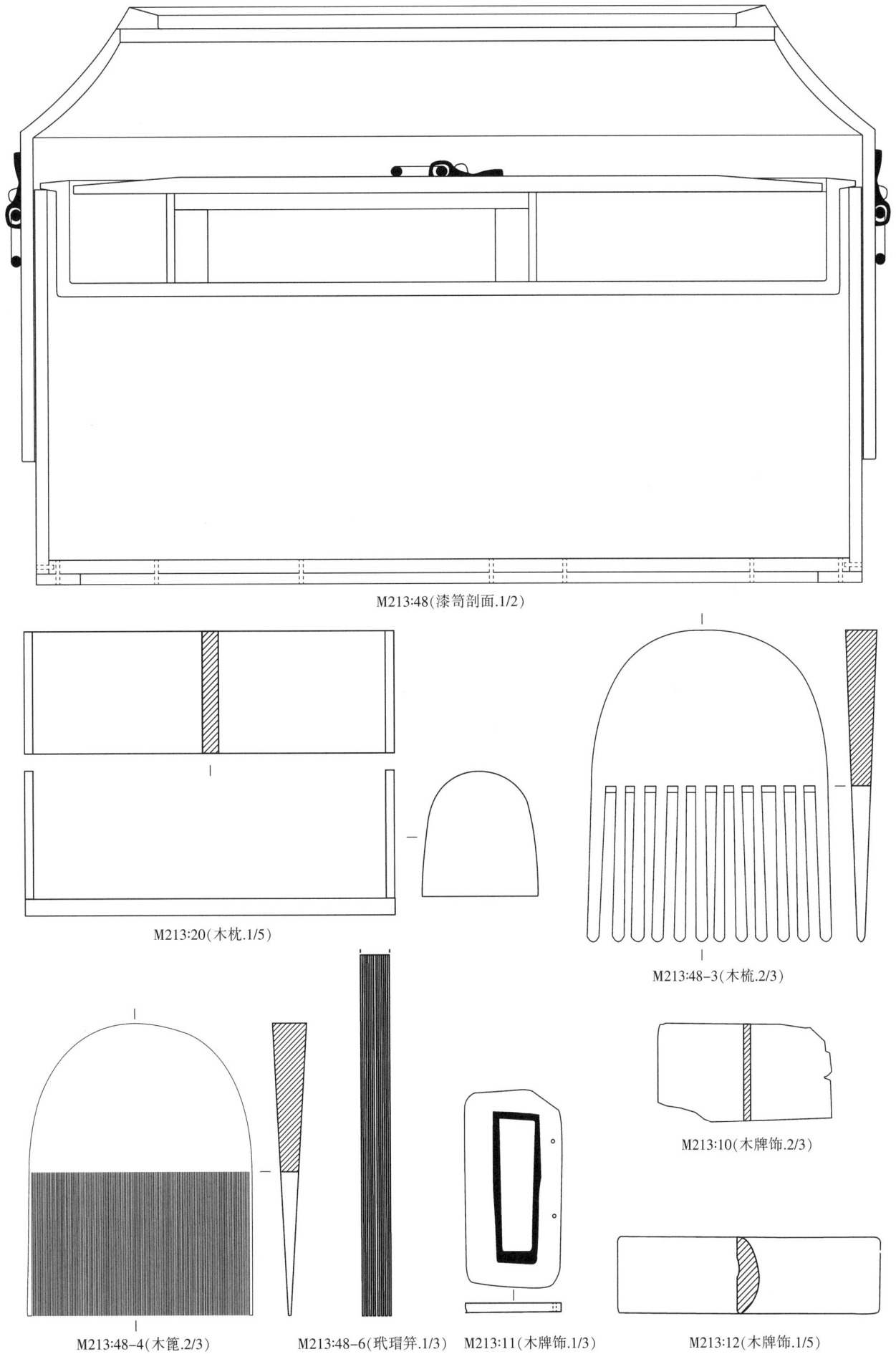

M213:48(漆笥剖面.1/2)

M213:20(木枕.1/5)

M213:48-3(木梳.2/3)

M213:10(木牌饰.2/3)

M213:48-4(木篦.2/3)　　M213:48-6(玳瑁笄.1/3)　　M213:11(木牌饰.1/3)　　M213:12(木牌饰.1/5)

图 3-9A-8b2　军庄组三号 A 区 M213 出土器物图

中部同为朱漆、黄漆双弦线为框，中部装饰流畅"S"形云气纹，云纹中间饰青灰漆勾勒羽人纹、鹿纹、兔纹、凤鸟纹。奁身直壁，盒身内底平，外底内侧有一周矮圈足，底部装饰内容与盖身几乎相似，奁身内部口沿处装饰一周弧线三角卷云纹，黑色双弦纹为边。奁身口径16.8、高11、奁盖口径18、盖高12厘米。（彩图一二四、一二五；彩版三〇九）

M213：49－1，大长方形子奁。夹纻胎，内髹朱漆，外髹黑漆。由奁盖、奁身两部分组成，弇合时奁身底部外露。奁盖直壁、盝顶，奁身直壁、平底。盖顶中心镶一银质四叶，左右各朱漆绘凤鸟纹，云气纹为辅，盖肩部出一凸棱，饰一周波折几何纹，由交替对列双线三角纹组成。盖身纹饰简洁，朱漆双弦线为框，中间饰深朱漆、朱漆双线云气纹。奁身长14.8、宽2.1、高4.8、奁盖长15.5、宽2.8、盖高4.8厘米。（彩图一二六；彩版三一〇，1~4）

M213：49－2，马蹄形子奁。夹纻胎，内髹朱漆，外髹黑漆。由奁盖、奁身两部分组成，弇合时奁身底部外露。奁盖顶部隆起，中平，镶一银质三叶；盖肩弧形，有二折棱，装饰纹样以云气纹为主、几何纹为辅，见于奁盖、奁身外壁，奁盖上一周云气纹、一周波折三角纹、两周弦纹，每周云气纹、波折三角纹上下各配一道弦纹边框，皆用朱漆描绘。奁盖壁、奁身壁平直，奁盖壁为朱漆、深朱漆双线描"S"形云气纹为主，辅以麻点纹，云气纹上下各配两道朱漆单弦纹为框。奁身壁纹饰与奁盖不同，以深朱漆为主的流畅云气纹，辅以短小的朱漆云气纹。奁身长7、宽4.8、高4.7、盖长8、宽5.4、盖高4.8厘米。（彩图一二七；彩版三一〇，5）

M213：49－3，小长方形子奁。夹纻胎，内髹朱漆，外髹黑漆。由奁盖、奁身两部分组成。奁盖直壁、盝顶，奁身直壁、平底。装饰纹样以云气纹、波折几何纹为主，见于奁盖、奁身外壁和奁盖顶。盖顶中心镶一银质四叶，周围饰以云气纹，盖肩部出一凸棱，饰一周波折几何纹，由交替对列双线三角纹组成。盖身平直，纹饰简洁，朱漆双弦线为框，中间饰深朱漆、朱漆双线云气纹。奁身长4.8、宽2.4、高4.8、奁盖长5.4、宽2.8、盖高4.8厘米。（彩图一二八，1；彩版三一〇，7）

M213：49－4，大圆形子奁。夹纻胎，内髹朱漆，外髹黑漆。由奁盖、奁身两部分组成。奁盖顶饰朱漆单线弦纹四周，波折三角纹，位于二周单线弦纹之上，奁盖壁圆直，盖身壁平直，纹饰简洁，朱漆双弦线为框，中间是深朱漆、朱漆双线云气纹。奁身口径6.1、高5、奁盖口径6.7、盖高5.3厘米。（彩图一二八，2；彩版三一〇，6）

M213：49－5，小圆形子奁。夹纻胎，内髹朱漆，外髹黑漆。由奁盖、奁身两部分组成。奁盖顶部隆起，肩部出三凸棱，外壁圆直，中镶一银质柿蒂，柿蒂外围用朱漆描绘弦边纹框，奁盖顶饰朱漆单线弦纹三周，波折三角纹位于二周单线弦纹之上。奁盖壁、盖身，纹饰简洁，朱漆双弦线为框，中间是深朱漆、朱漆双线云气纹。奁身口径3.4、高5、奁盖口径3.7、盖高4.7厘米。（彩图一二八，3；彩版三一〇，8）

4. 木器

共15件。器形有俑、梳、篦、枕、牌饰等。

俑　9件。出土于东边箱内，部分木俑残朽严重。M213：1，着冠立俑。面部呈椭圆形，五官残损不清，着圆领衫，长袍落地，宽袖下垂，溜肩，俑身基本完好，俑高30、肩宽10厘米。（图3－9A－8b3）

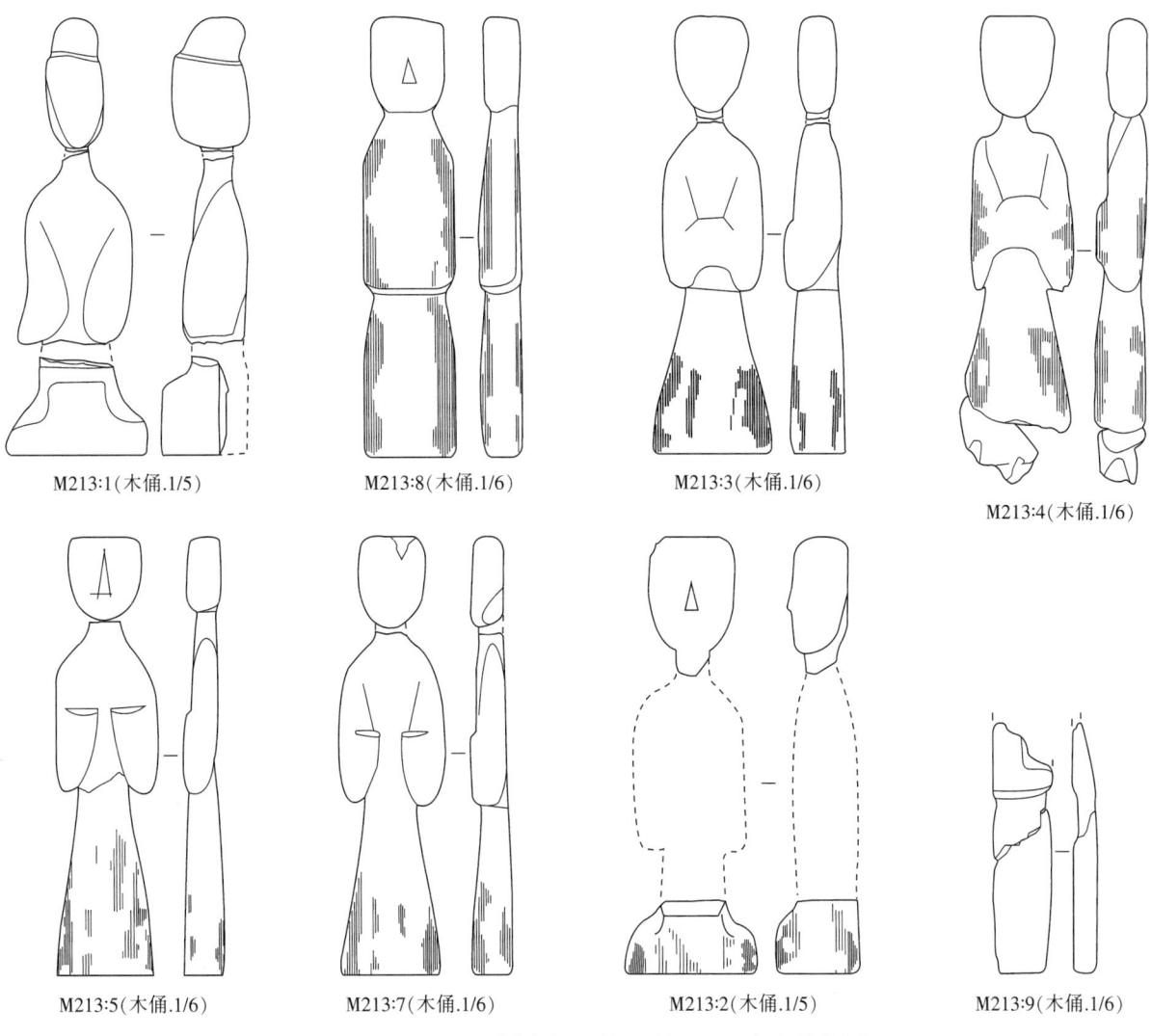

M213:1(木俑.1/5)　　M213:8(木俑.1/6)　　M213:3(木俑.1/6)

M213:4(木俑.1/6)

M213:5(木俑.1/6)　　M213:7(木俑.1/6)　　M213:2(木俑.1/5)　　M213:9(木俑.1/6)

图 3 - 9A - 8b3　军庄组三号 A 区 M213 出土器物图

M213：8，无冠立俑。人俑完整，面部上方形下椭圆形，五官不清晰，仅见刻画三角形鼻子轮廓，俑身纹饰不明，宽袖下垂，长袍落地，不露足履。俑高36.2、肩宽6.5厘米。（图 3 - 9A - 8b3；彩版三一四，1）

M213：3，无冠立俑。面部清瘦，五官已不清晰，长袍着地，底边呈扇形散开，不露足履，双手合拢于腹部，广袖下垂。俑高36、肩宽7.5厘米。（图 3 - 9A - 8b3；彩版三一四，2）

M213：4，无冠立俑。体型、衣着与 M213：3 基本相同，五官已不清晰，长袍着地，底边残损，双手合拢于腹部，广袖下垂。俑高38.2、肩宽6.6厘米。（图 3 - 9A - 8b3；彩版三一四，3）

M213：5，无冠立俑。面部圆润，溜肩，五官已不清晰，仅见刻画三角形鼻子轮廓，长袍落地，不露足履，两手皆屈于胸前。俑高35.8、肩宽8.4厘米。（图 3 - 9A - 8b3；彩版三一四，4）

M213：7，无冠立俑。神态、衣着与 M213：5 基本相同，五官已不清晰，长袍落地，不露足履，两手皆屈于胸前。俑高36、肩宽8.4厘米。（图 3 - 9A - 8b3；彩版三一四，5）

M213：2，无冠立俑。俑身残损，仅存俑头和俑座，俑面可见鼻部，鼻部采用半肉雕呈三角形。头残高9.6、底座残高5.2厘米。（图 3 - 9A - 8b3）

M213：6，残损严重，形制、尺寸皆不明。

M213：9，仅残存俑身下半部。残高 20.6、残宽 5 厘米。（图 3 – 9A – 8b3）

梳　1 件。M213：48 – 3，出土于漆笥（M213：48）内。器弧背长方形，背部厚，齿端薄，背长与齿长基本相同，10 齿。长 8.6、宽 6.7、厚 0.9 厘米。（图 3 – 9A – 8b2；彩版三一三，4）

篦　1 件。M213：48 – 4，出土于漆笥（M213：48）内。形制与木梳 M213：48 – 3 相同，唯齿更密，90 齿。长 8、宽 6.5、厚 1 厘米。（图 3 – 9A – 8b2；彩版三一三，5）

枕　1 件。M213：20，出土于棺内。平面呈长方形，两侧为半圆形侧板，底部为长方形，枕面已朽。器长 35、宽 11.3、高 13.6 厘米。（图 3 – 9A – 8b2；彩版三〇八，3）

牌饰　3 件。皆残损，出土于东边箱内。M213：10，长方形，两角缺损。残长 5、宽 2.7 厘米。（图 3 – 9A – 8b2；彩版三〇八，5 左）

M213：11，近长方形，一角残损，一面黑漆绘方框形纹饰，牌面上部钻两孔。长 10.9、宽 5.5 厘米。（图 3 – 9A – 8b2；彩版三〇八，5 右）

M213：12，长方形，底面平直，上面呈弧形，剖面为半圆形。长 25.5、宽 7 厘米。（图 3 – 9A – 8b2；彩版三〇八，4）

5. 竹器

共 3 件。器形为笥。

笥　3 件。出土于东边箱内。M213：14、15、41，出土时皆残损严重，无法复原。清理时部分竹笥内，鸡骨遗物尚存。

6. 玳瑁器

共 1 件。器形为笄。

笄　1 件。M213：48 – 6，出土于漆笥（M213：48）内。器扁长条形，共八股，笄首已残损，笄股尖细。残长 20、宽 1.5 厘米。（图 3 – 9A – 8b2；彩版三〇六，7）

7. 陶器

共 6 件。器形为壶、瓿，均为釉陶，皆出土于东边箱内。

壶　5 件。M213：16，侈口，圆唇，束直颈，溜肩，鼓腹弧收，平底，圈足。双桥形耳，耳面饰叶脉纹。颈部饰两周弦纹，中间饰水波纹，肩部饰四周凹弦纹，腹部饰数道凹弦纹。口径 12、底径 11.8、高 27.6 厘米。（图 3 – 9A – 8b4；彩版三一五，1）

M213：43，形制与 M213：16 基本相同。口径 10.8、底径 9.9、高 22.5 厘米。（图 3 – 9A – 8b4；彩版三一五，2）

M213：44，形制与 M213：16 基本相同。口径 11.5、底径 10.2、高 21.9 厘米。（图 3 – 9A – 8b4；彩版三一五，3）

M213：45，形制与 M213：16 基本相同。口径 12、底径 11.4、高 29.9 厘米。（图 3 – 9A – 8b4；彩版三一五，4）

M213：46，形制与 M213：16 基本相同。口径 9.9、底径 10.2、高 23.4 厘米。（图 3 – 9A – 8b4；彩版三一五，5）

瓿　1 件。M213：47，敛口，尖唇，唇沿微外侈，短颈，溜肩，扁圆鼓腹，平底内凹。肩、腹

M213:16(釉陶壶.1/4)

M213:45(釉陶壶.1/4)

M213:43(釉陶壶.1/4)

M213:46(釉陶壶.1/4)

M213:44(釉陶壶.1/4)

M213:47(釉陶瓿.1/5)

图 3 - 9A - 8b4　军庄组三号 A 区 M213 出土器物图

饰数道凹弦纹，铺首饰模印兽面纹。口径 8、底径 15、高 30.9 厘米。（图 3 - 9A - 8b4；彩版三一五，6）

九、214 号墓（M214）

M214 位于军庄组三号取土场 A 区墓地南部，该墓墓坑东部被 M213 墓坑打破。清理前，墓坑开口已被高速公路施工方破坏，开口距现地表深度不明，墓坑棺椁结构及随葬品组合未遭扰动。

墓葬形制为长方形竖穴土坑，开口长 289、宽 192 厘米，残深 200 厘米。方向 187°。（图 3 - 9A - 9a）

葬具为一椁一棺，木结构保存基本完整。椁位于墓坑中部，整体长 258、宽 155、合盖高 113 厘米（图 3 - 9A - 9a）。椁盖板由四块东西向长方形木板由北向南依次组成，盖板长 157、宽 57 ~ 68、厚 18 厘米（图 3 - 9A - 9a1；彩版三一六，1）。椁底板则由三块南北向长 256、宽 54.1、厚 16 厘米的木板拼接组成，以高低榫相合。所有盖板、侧板及底板两端侧面，皆有亚腰形木构件嵌入以加固厚度。

椁盖板揭开后发现有一层饰有穿璧纹的隔板。其利用椁室侧板的榫卯结构搭建而成，出土时部分穿璧纹保存较好，清晰可见。（图 3 - 9A - 9a5、9a6、9a7）棺盖板上方隔板由八块单体木板组成，西边箱顶部隔板则由五块单体木板组成。其中，棺盖板上方的隔板中，中间的 5 块单体木板表面雕刻有明显的穿璧纹，现场残留的纹饰痕迹判断所有穿璧纹由减地凿刻的方法突起形成穿璧纹效果。所有隔板上的木板无论表面是否有纹饰，其边缘一周，皆留有简易榫卯结构，确保总共十三块木板相对固定安装于椁盖板之下。该墓清理时，待椁盖板揭开后，穿璧纹隔板基本完整暴露于发掘者视线中。（图 3 - 9A - 9a2、9a3；彩版三一六，2 ~ 4）

隔板揭开后即为棺与西边箱（图 3 - 9A - 9a4）。棺位于椁室东部，与椁北、东、南三面侧板紧靠，长 221、宽 72.5、合盖高 70 厘米。西边箱内部空间长 232.5、宽 45、高 73.7 厘米。（图 3 - 9A - 9a4；彩版三一七、彩版三一八、彩版三一九）

该墓共出土铜器、铁器、铅器、琉璃器、漆器、木器、竹器、石器、陶器等各类遗物共 138 件（组）。

1. 铜器

共 8 件（组）。器形有盆、镜、印、带钩、刷、铜饰、铜钱等。

盆　1 件。M214∶9，出土于西边箱南部。敞口，折沿，弧腹，圜底。通体素面。口径 21、高 10.1 厘米。（图 3 - 9A - 9b1；彩版三二〇，1）

镜　1 件。M214∶102，出土于棺内。日光镜。圆形，半圆纽，圆纽座。座外饰双弧弦纹四组，外饰八内向连弧纹，其外饰短斜弦纹两周，间饰铭文一周，铭文间以"の"形与菱形"田"字纹符号间隔。铭文为"见日之光天下大明"。窄缘。镜面微凸。面径 7.7、背径 7.4、纽高 0.43、纽宽 1、缘宽 0.5、缘厚 0.2、肉厚 0.1 厘米。（彩版三二〇，2）

印　1 件。M214∶110，出土于棺内中部。印身方形，顶面兽形纽，印文为"椹仁私印"。印面边长 1.7、印身高 0.8、通高 2 厘米。（图 3 - 9A - 9b1；彩版三二〇，3）

带钩　1 件。M214∶115，出土于棺内。琵琶形钩身，身下饰一圆纽，钩身略粗，面弧，背平。器长 4.9、身宽 1.1、纽径 1.2 厘米。（图 3 - 9A - 9b1）

刷 1 件。M214：101，出土于棺内。烟斗形，器身细长，一端内收为尖状，一端折为圆孔，孔内刷毛已朽。长 10.5、銎径 0.7 厘米。（图 3 - 9A - 9b1；彩版三二〇，4）

铜饰 1 件。M214：117，出土于棺内中部。器为细长圆管形，一端有銎，中部饰一周简化凸棱纹。器长 4.8、銎径 0.6 厘米。（图 3 - 9A - 9b1；彩版三二〇，5）

铜钱 2 组。M214：2，出土于棺盖外盖面北部。共 4 枚，皆为五铢钱，形制、尺寸、钱文基本相同。钱径 2.5、穿径 1.1 厘米。（图 3 - 9A - 9b1；彩版三二〇，6）

M214：108，出土于棺内。18 枚，皆为五铢钱，形制、尺寸、钱文基本相同。钱径 2.5、穿径 1.2 厘米。（图 3 - 9A - 9b1；彩版三二〇，7、8）

2. 铁器

共 5 件，器形有矛、铍、剑、削、带钩。

矛 1 件。M214：3，出土于棺盖之上。器残朽严重，现场清理时可知，骹呈椭圆筒形，骹口内凹，一侧铸有耳，用以系缨。矛铁质部分长约 23 厘米，骹口内木杆残朽痕迹为 200 厘米。

铍 1 件。M214：4，出土于棺盖北部。清理时，未见木质铍杆，仅存铁质铍身及铍鞘。铍身细长，扁刃，尾部内收呈柄，用以插入铍杆。铍身宽 2.8、厚 0.5、通长 102 厘米。（图 3 - 9A - 9b1；彩版三二〇，10）

剑 1 件。M214：103，出土于棺内中部。剑及外部漆鞘保存基本完好，饰木剑具。剑身扁平，中脊较明显，两刃锋利，截面呈菱形。菱形一字格。剑首细长，截面呈椭圆形。清理时，剑柄外侧木片及麻绳保存完好，极为难得。器通长 105、身宽 3.5、格宽 4.1 厘米。（图 3 - 9A - 9b1；彩版三二〇，9）

削 1 件。M214：109，出土于棺内北部。削身平直，截面呈三角形，环首。保存较完好，器身近环首处有密集小圆形装饰。削身残长 31.6、宽 1.9、环首径 4.6 厘米。（图 3 - 9A - 9b1；彩版三二〇，11）

带钩 1 件。M214：116，出土于棺内中部。琵琶形钩身，钩首面弧，下饰一圆纽。长 3.6、宽 1.6、纽径 1.5 厘米。（图 3 - 9A - 9b1）

3. 铅器

共 8 件。器形为弹丸。

弹丸 8 件。M214：68，圆形弹丸，实心状。直径 1.5 厘米。（图 3 - 9A - 9b1；彩版三二一，1）M214：68 - 1 ~ 7，形制、尺寸与 M214：68 相同。

4. 琉璃器

共 3 件。器形有琀、塞，均出土于棺内。

琀 1 件。M214：113，器蝉形，正面隆起，纹饰简练略有残损，背面平直。器表为灰白色。长 3.8、宽 1.9、厚 0.9 厘米。（图 3 - 9A - 9b2；彩版三二一，2）

塞 2 件。M214：111，圆台柱形。表面呈灰白色。器顶径 0.5、底径 0.8、高 1.5 厘米。M214：112，形制、尺寸与 M214：111 相同。（图 3 - 9A - 9b2；彩版三二一，2）

5. 漆器

共 76 件。器形有耳杯、盘、樽、盛、案、黛板盒、砚盒、弓、缴、箭箙、箭、纱冠等。

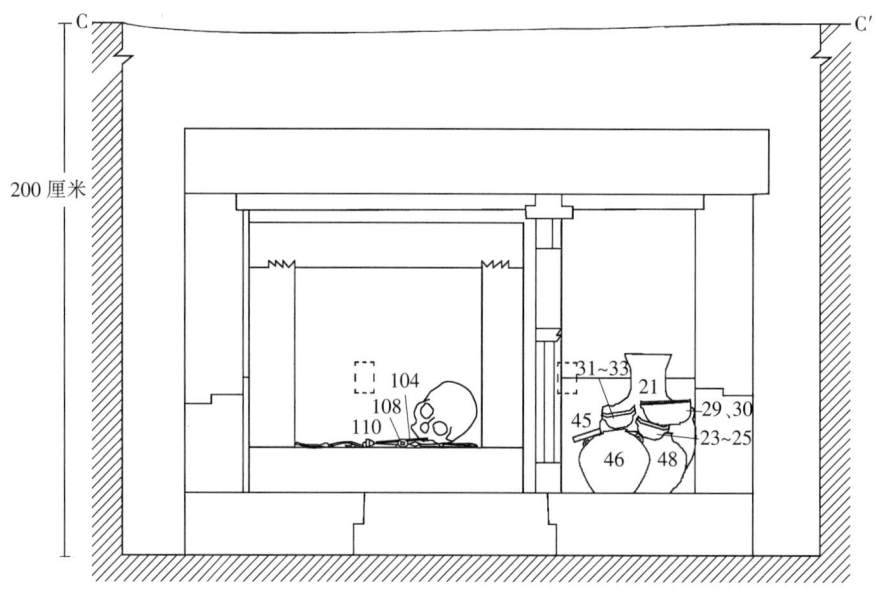

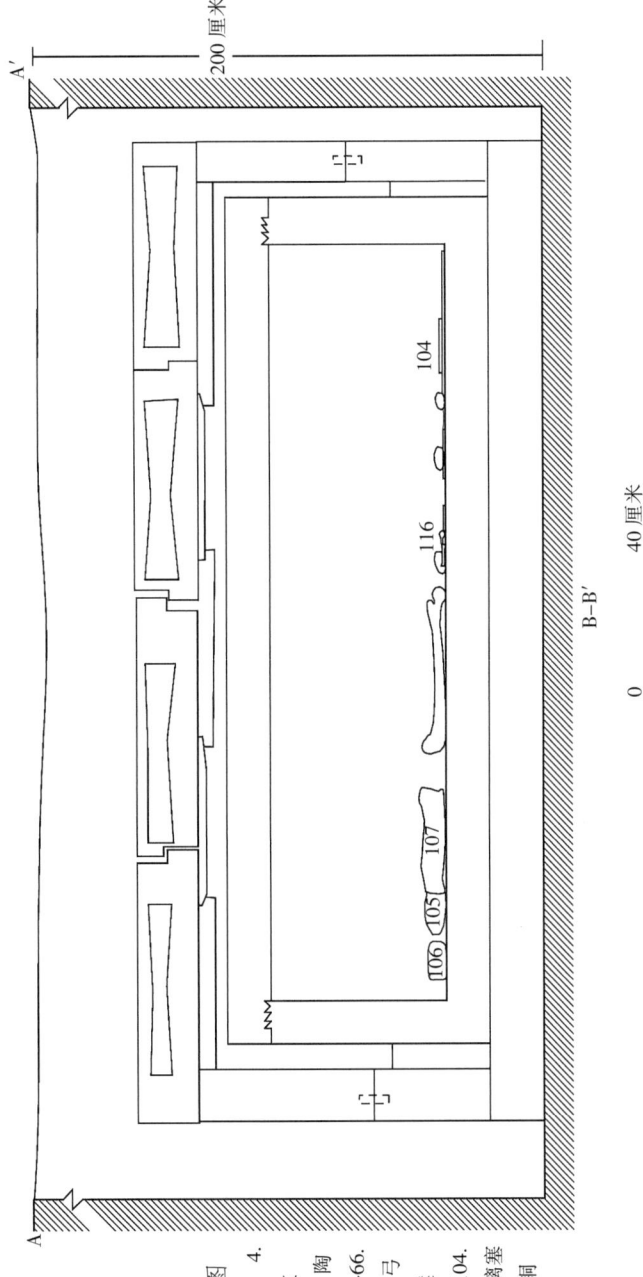

图 3-9A～9a　罕庄组三号 A 区 M214 平面、剖视图

1. 漆黛板盒　1-1. 石黛板　1-2. 研石　2、108. 铜钱　3. 铁矛　4. 铜盆　铁钺　5. 木盒　6～8、10～19、22～42、69～73、84. 漆耳杯　9. 铜盆　20、46. 陶瓿　21. 陶壶　43、44、93. 漆盘　45. 漆箭箙　47、48. 陶罐　49. 漆砚盒　50、52～56、74、77～83. 木人俑　51. 木儿　57～66. 漆弓　漆繳　67、96. 漆樽　68. 铅弹丸　75、76. 木动物俑　85、95. 漆案　86～88. 木牌饰　89. 漆饰件　90～92. 竹笥　94. 漆盛　97. 漆案　98、99. 木笆　100. 木梳　101. 铜刷　102. 铜镜　103. 铁剑　104. 琉璃塞　木枕　105～107. 琉璃珩　109. 铁削　110. 铜印　111、112. 琉璃塞　113. 蒲草束　114. 漆纱冠　115. 铜带钩　116. 铁带钩　117. 铜饰

200厘米

B-B'

0　40厘米

图 3 - 9A - 9a1　军庄组三号 A 区 M214 椁盖板平面分布图

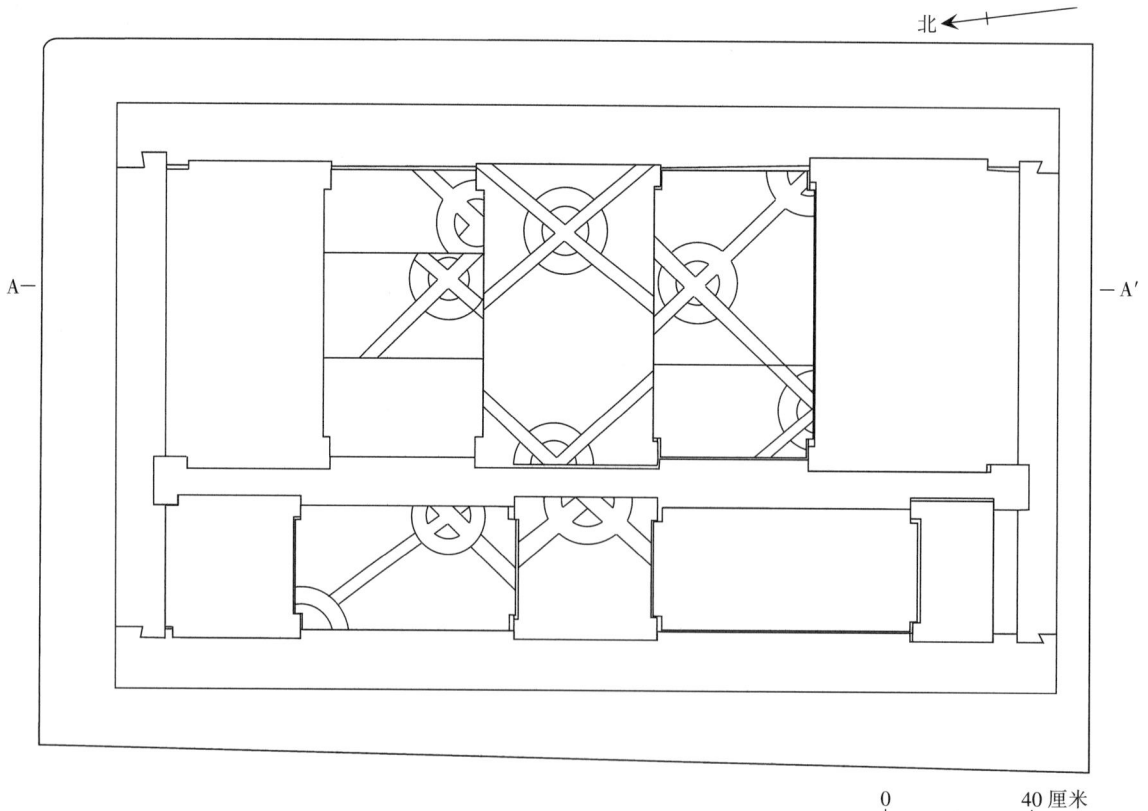

图 3 - 9A - 9a2　军庄组三号 A 区 M214 穿璧纹隔板平面图

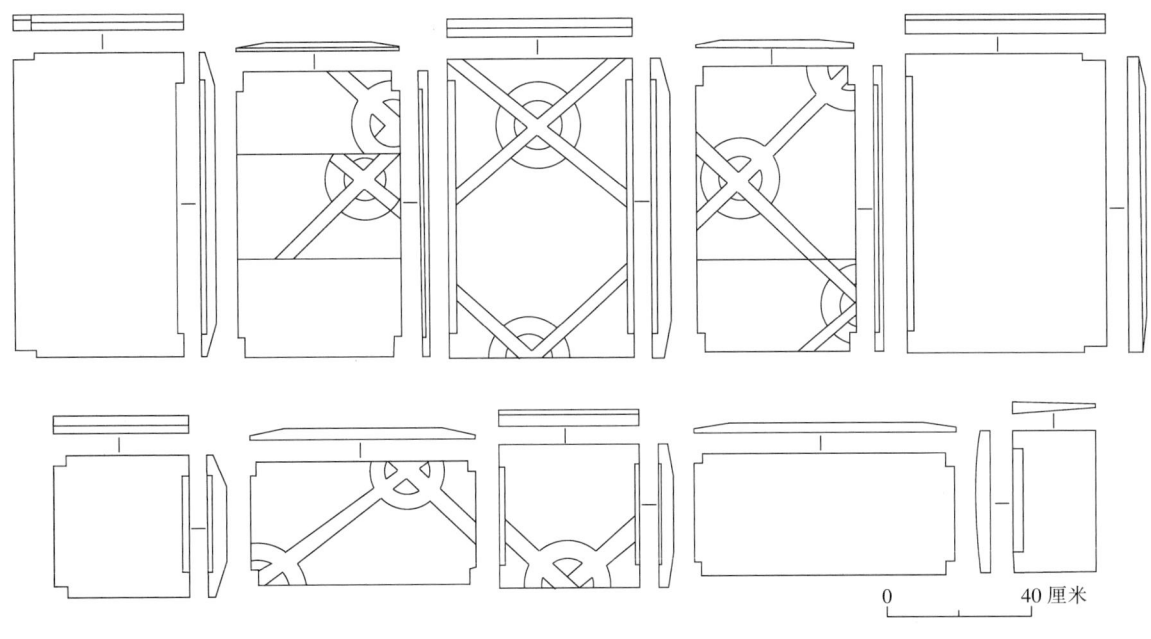

图 3 - 9A - 9a3 军庄组三号 A 区 M214 穿璧纹隔板构件平面、侧面图

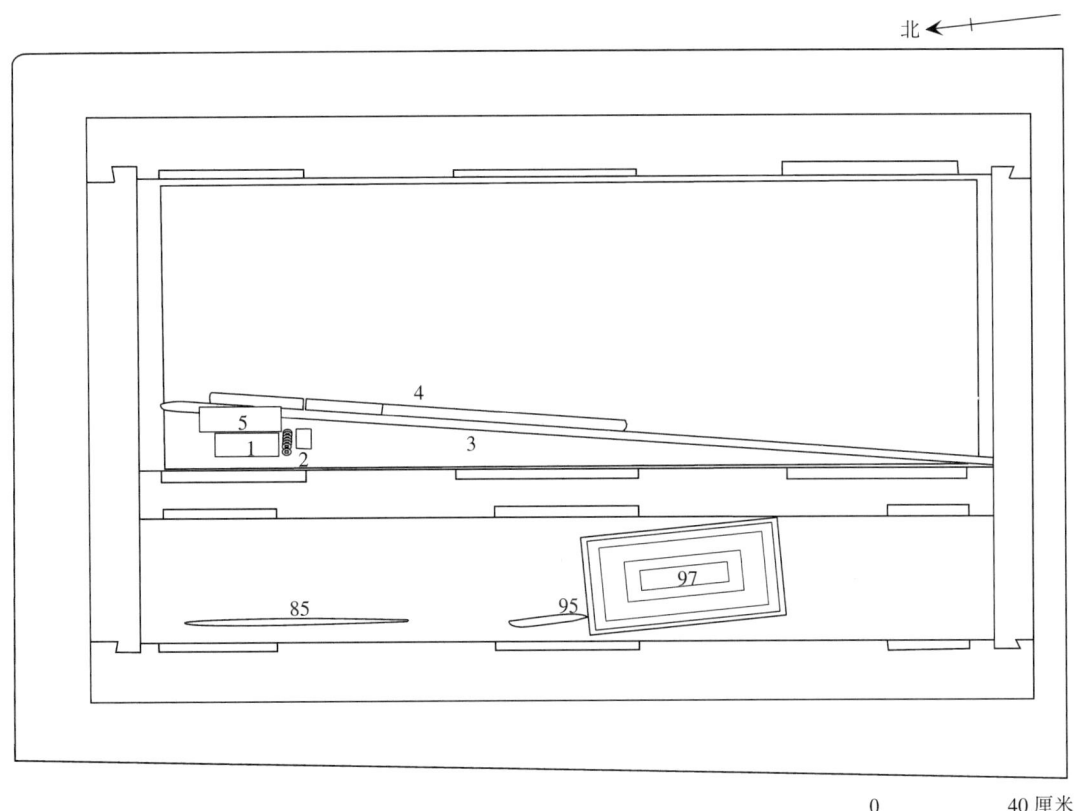

图 3 - 9A - 9a4 军庄组三号 A 区 M214 棺盖板上方器物及西边箱内漂浮状器物平面分布图

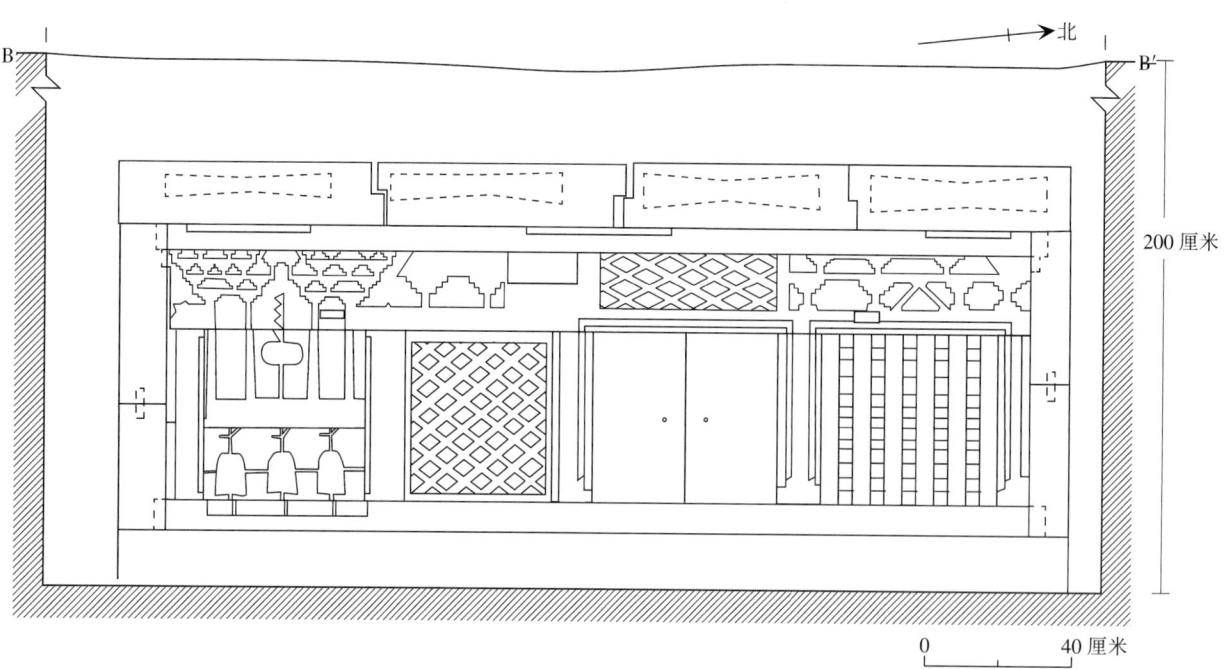

图 3 – 9A – 9a5　军庄组三号 A 区 M214 木构建筑纹隔板正视图（由棺向西边箱方向）

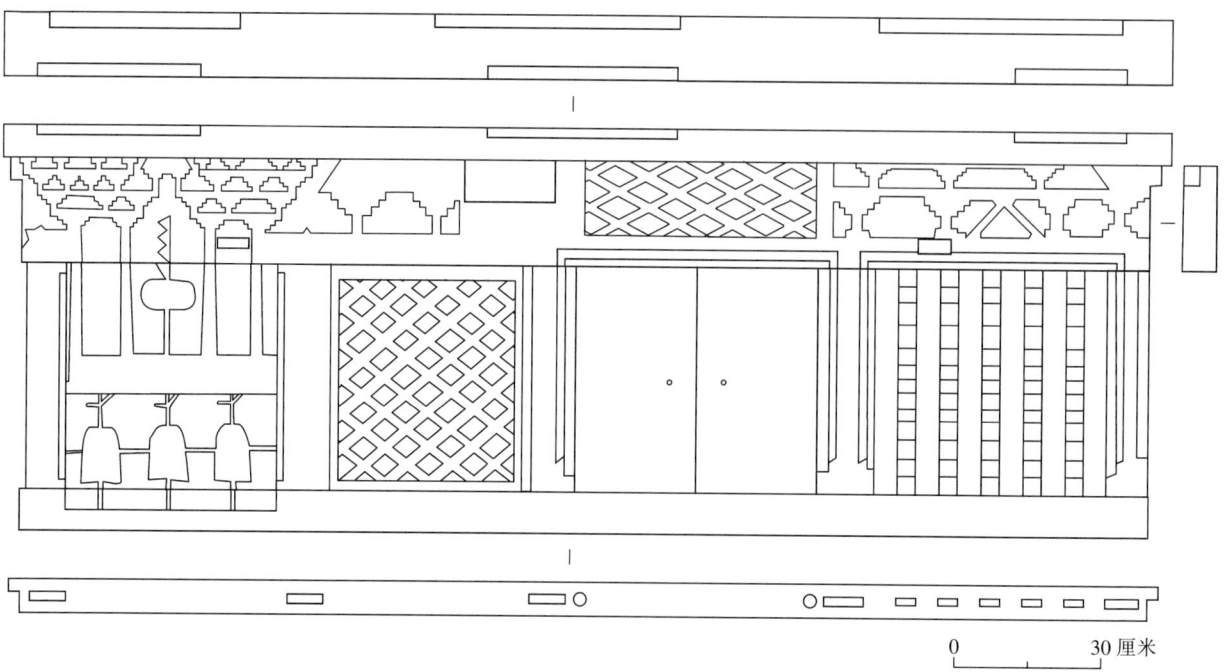

图 3 – 9A – 9a6　军庄组三号 A 区 M214 木构建筑纹隔板正视图

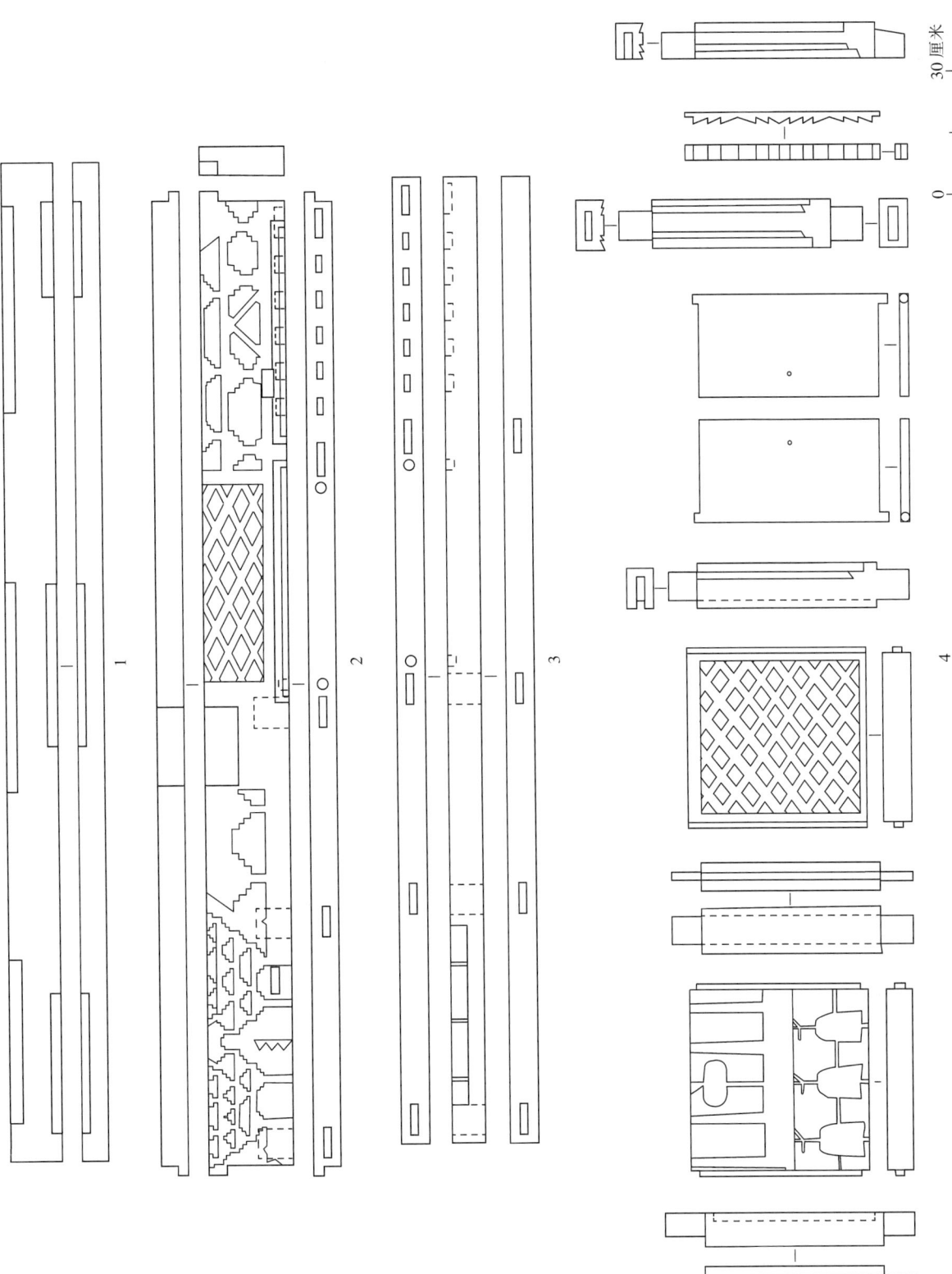

图 3-9A~9a7 罕庄组三号 A 区 M214 木构建筑绞隔板俯视、侧视、仰视、正视图

1. 由上至下第一根横梁俯视、侧视图 2. 由上至下第二根横梁俯视、侧视、仰视图 3. 由上至下第三根横梁俯视、侧视、仰视图 4. 木构建筑隔板构件图

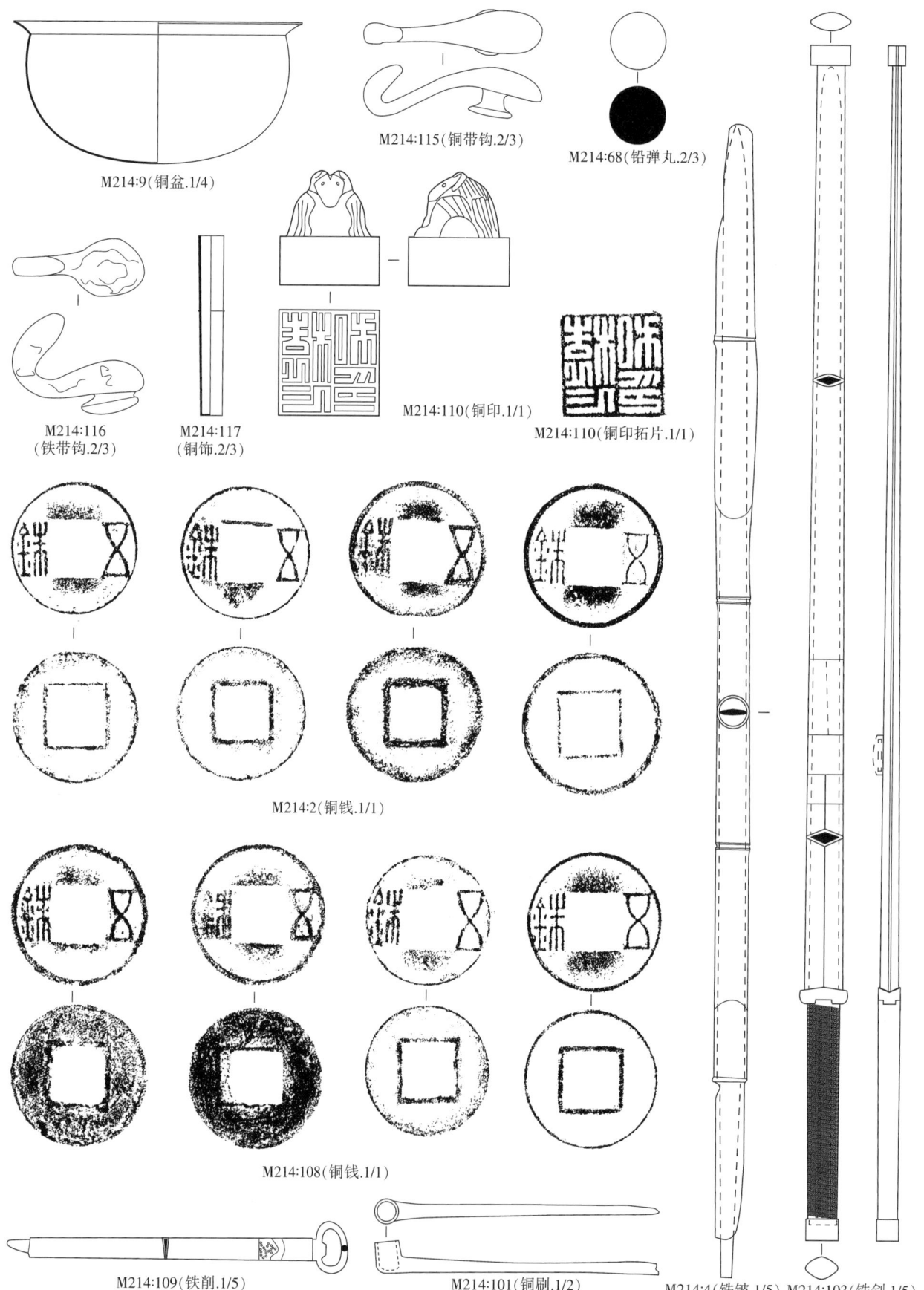

M214:9(铜盆.1/4)

M214:115(铜带钩.2/3)

M214:68(铅弹丸.2/3)

M214:116
(铁带钩.2/3)

M214:117
(铜饰.2/3)

M214:110(铜印.1/1)

M214:110(铜印拓片.1/1)

M214:2(铜钱.1/1)

M214:108(铜钱.1/1)

M214:109(铁削.1/5)

M214:101(铜刷.1/2)

M214:4(铁铍.1/5)　M214:103(铁剑.1/5)

图3-9A-9b1　军庄组三号A区M214出土器物图

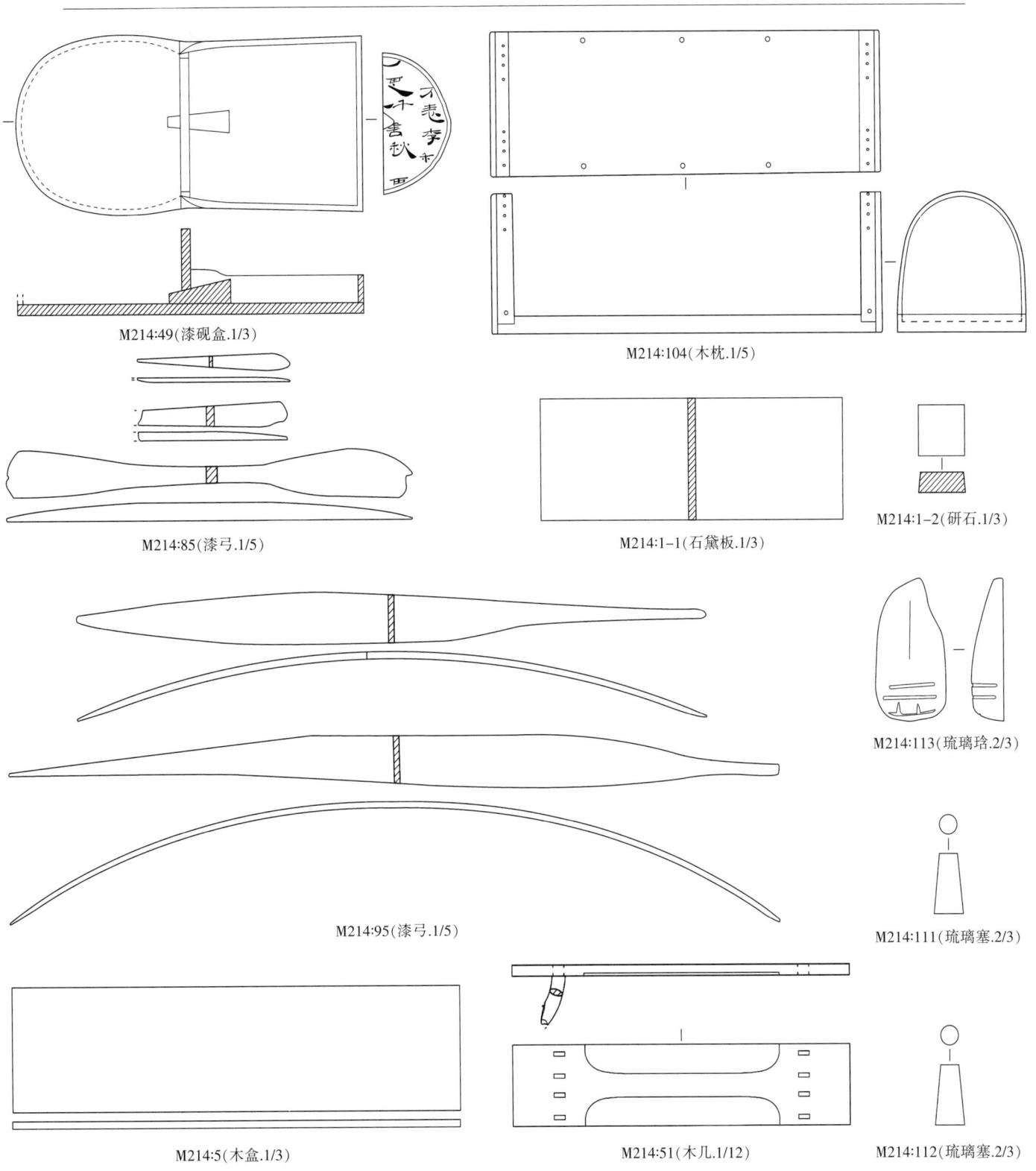

M214:49(漆砚盒.1/3)

M214:104(木枕.1/5)

M214:85(漆弓.1/5)

M214:1-1(石黛板.1/3)

M214:1-2(研石.1/3)

M214:95(漆弓.1/5)

M214:113(琉璃珌.2/3)

M214:111(琉璃塞.2/3)

M214:5(木盒.1/3)

M214:51(木几.1/12)

M214:112(琉璃塞.2/3)

图 3-9A-9b2　军庄组三号 A 区 M214 出土器物图

耳杯　40 件。皆出土于西边箱内。依尺寸大小分为三类。（彩版三二一，4）

第一类，20 件。器形较大。M214：34，木胎。外髹黑漆，内髹朱漆。椭圆形口，双耳肥厚，耳缘上翘，弧腹，平底。内底有墨书铭文"袁氏"。口径长 16.2、连耳宽 13.6、底径长 6.4 厘米。（彩图一二九，1；彩版三二二，1）

M214：22、23、35～41，形制、尺寸与 M214：34 相同，皆有墨书铭文。（彩图一二九，2、3；彩图一三〇、一三一；彩版三二二，2～7）

M214：28，木胎。形制与 M214：34 相同，器表有纹饰。器耳与外腹壁上部朱漆绘双勾几何纹，内填同心圆圈纹，外腹壁下部绘鸟纹。口径长 15.3、连耳宽 12.8、底径长 5.5 厘米。（彩图一三二，1；彩版三二三，1）

M214：7、10～12、26、27、71～73，形制与 M214：28 相同。口径长 16.4、连耳宽 14、底径长 6 厘米。（彩图一三二，2；彩图一三三、一三四；彩版三二三，2～10）

第二类，10 件。器形中等。M214：6，木胎。外髹黑漆，内髹朱漆。椭圆形口，双耳肥厚，耳缘上翘，弧腹，平底。内底有墨书铭文"袁氏"。口径长 12、连耳宽 10.9、底径 4.5 厘米。（彩图一三五，1；彩版三二四，1）

M214：13～19、29、30，形制、尺寸与 M214：6 相同，皆有墨书铭文。（彩图一三五，2～5；彩图一三六；彩版三二四，2～8）

第三类，10 件。器形较小。M214：25，木胎。外髹黑漆，内髹朱漆。椭圆形口，双耳肥厚，耳缘上翘，弧腹，平底。内底有墨书铭文"袁氏"。口径长 10.6、连耳宽 9.1、底径 4 厘米。（彩图一三七，1；彩版三二五，1）

M214：31、32、69，形制、尺寸与 M214：25 相同，皆有墨书铭文"袁氏"。（彩图一三七，2～4；彩版三二五，2～4）

M214：8、24、33、42、70、84。形制、尺寸与 M214：25 相同，但皆无墨书铭文。（彩图一三七，5；彩版三二五，5～10）

盘　3 件。皆为木胎。M214：44，侈口，平沿，方唇，鼓腹，圈足。盘内口沿处和腹部最鼓处以上及内底髹黑漆，余髹朱漆。口沿处饰圈纹，两条圈纹内另绘同心圆纹。腹部以上绘几何纹和菱形纹组合纹饰，盘底绘流云纹和小型卷云纹。漆盘外壁髹黑漆，口沿处有圈纹和同心圆纹组合纹饰，盘身朱漆绘刻划纹。口径 23.8、底径 14.7、高 6 厘米。（彩图一三八，1；彩版三二六，1）

M214：93，形制、尺寸、纹饰与 M214：44 相同。（彩版三二六，2）

M214：43，侈口，斜平沿，方唇，折腹，圈足。素面，外壁和内壁口沿处髹黑漆，其余髹朱漆。口径 32、底径 16、高 7.2 厘米。（彩图一三八，2；彩版三二六，3）

樽　2 件。皆为木胎。M214：67，出土于西边箱北部。清理时，现场尚可初步判断，器身呈圆柱形且樽底附兽面纹三蹄足，惜整器残朽严重，无法复原。从朽痕判断器高 17.6 厘米。（彩版三二六，4）

M214：96，出土于西边箱中部。器身呈圆筒形，直壁，平底，下有三蹄足，无盖。整器内外口沿与足部髹黑漆，内壁髹朱漆，外壁以黑、灰两色漆填涂。整体素面无纹饰。器径 10.8、通高 8.8 厘米。（彩图一三九，1；彩版三二六，5）

盛　1 件。M214：94，出土于西边箱中部。侈口，平沿，束颈，浅弧腹，圈足。内壁口沿髹黑漆，余髹朱漆。内壁口沿处饰同心圆和几何勾连纹，底部饰圈纹和凤鸟纹。外壁上腹部朱绘流云纹，下饰锯齿纹。口径 15.3、底径 9.4、高 7 厘米。（彩图一四〇；彩版三二六，6）

案　1 件。M214：97，出土于西边箱中部。木胎。案内髹朱黑素面圈带各两周，中部朱漆素面圈带纹墨书铭文"袁氏"。外底部和四兽蹄足皆髹黑漆，光素无纹饰。案长54.4、宽37.8、高16厘米。（彩图一三九，2；彩版三二七，1、2）

黛板盒 1件。M214：1，出土于棺盖盖面上。木胎。盒身长方形，正反两面皆髹黑漆，其内朱绘神兽云气纹。盒内出土有石黛板与研石各一件。盒长22.3、宽7.2厘米。（彩图一四一，1）

砚盒 1件。M214：49，木胎。平面整体类似鞋面，一端呈椭圆形，顶部残缺，另一端近似方形，两端中间以半圆形木片相隔，其上残存墨书。整器通髹黑漆，皆素面。器长19、宽8.7、高4.2厘米。（图3-9A-9b2；彩版三二七，3、4）

饰件 1件。M214：89，出土于西边箱北部。木胎。通体髹朱漆。圆形，内有两孔。器身直径4、孔径0.2、器厚0.5厘米。（彩图一四一，2）

弓 2件。M214：85，出土于西边箱北部。出土时该弓仅存木质构件三片，其上所髹黑漆大部残朽。三残片中体量较大者平面为亚腰形，残长37.2、最宽处宽4、束腰处宽1.4厘米，其余两件残长13.6、14厘米。（图3-9A-9b2）

M214：95，出土于西边箱北部。弓身呈弧形，清理时仅发现有两木片呈叠合状出土。较大的一件木片长74厘米，较小的一件木片长57.2厘米。（图3-9A-9b2；彩版三二七，5）

缴 10件。均出土于西边箱中部。皆为木胎。依据形制差异可分为两类。（彩版三二八，1）

第一类，共5件。M214：63，整器由纺锤形圆木陀与空心圆木棒组成。木陀上下两端平齐，上端略大于下端。陀上方中部套接空心圆木棒。木陀通髹黑漆，素面。木棒下端通髹黑漆，其上朱绘云气纹与勾连纹。木棒上端套以鎏金铜箍。木陀底径2.1、最大径3.8、通高17.6厘米。（彩图一四二，1；彩版三二八，2）

M214：57、62、64、65，形制、尺寸、纹饰与M214：63基本相同。（彩图一四二，2、3；彩版三二八，3、4）

第二类，共5件。M214：60，整体形制与M214：63基本相同，唯木棒为八棱柱形，且其外壁朱绘简化花卉纹。木陀底径1.7、最大径3.8、通高16.5厘米。（彩图一四三，1）

M214：58、59，形制、尺寸与M214：60基本相同。（彩图一四三，2、3）

M214：61、66，虽残损严重，无法复原，但据现场整理资料，推测其与M214：60形制、尺寸基本相同。（彩图一四三，4）

箭箙 1件。M214：45，木胎。整器呈扁长方体形。出土时，器身残损严重，胎体基本朽尽，仅存黑漆外壳，黑漆表面尚存有少量银色奔兽云气纹。器长96、宽10.8厘米。（彩图一四四，1）

箭 12件。M214：45-1，出土时胎体基本朽尽，箭尾部尚残存极少量木质胎体，箭头部尚留存三棱式铜镞。箭身截面为圆形，自铜镞以下72.8厘米处髹黑漆，尾部最后14厘米髹朱漆。整器通长87.8、箭身直径0.9厘米。（彩图一四四，2）

M214：45-2~12，残朽严重，从现场清理资料看，形制、尺寸与M214：45-1相同。

纱冠 1件。M214：114，出土于棺内。残损严重，无法判断具体形制和尺寸，仅存部分黑色漆纱残片。（彩版三二七，6）

6. 木器

共25件。器形有俑、盒、几、梳、箅、枕、牌饰等。

俑 16 件。分为人俑、动物俑两类。

人俑 共 14 件。皆出土于西边箱北部。依据形制可分为立俑和跪坐俑两类。

立俑 9 件。M214：50，虽构件残损严重，无法分辨五官和衣着细部，总体形制尚可辨识。俑拢手，长袍舒展拖地，底边呈扇形散开，不露足履，双手合拢于胸前，广袖下垂。俑宽 9.5、高 45.4 厘米。（图 3 - 9A - 9b3；彩版三二九，1）

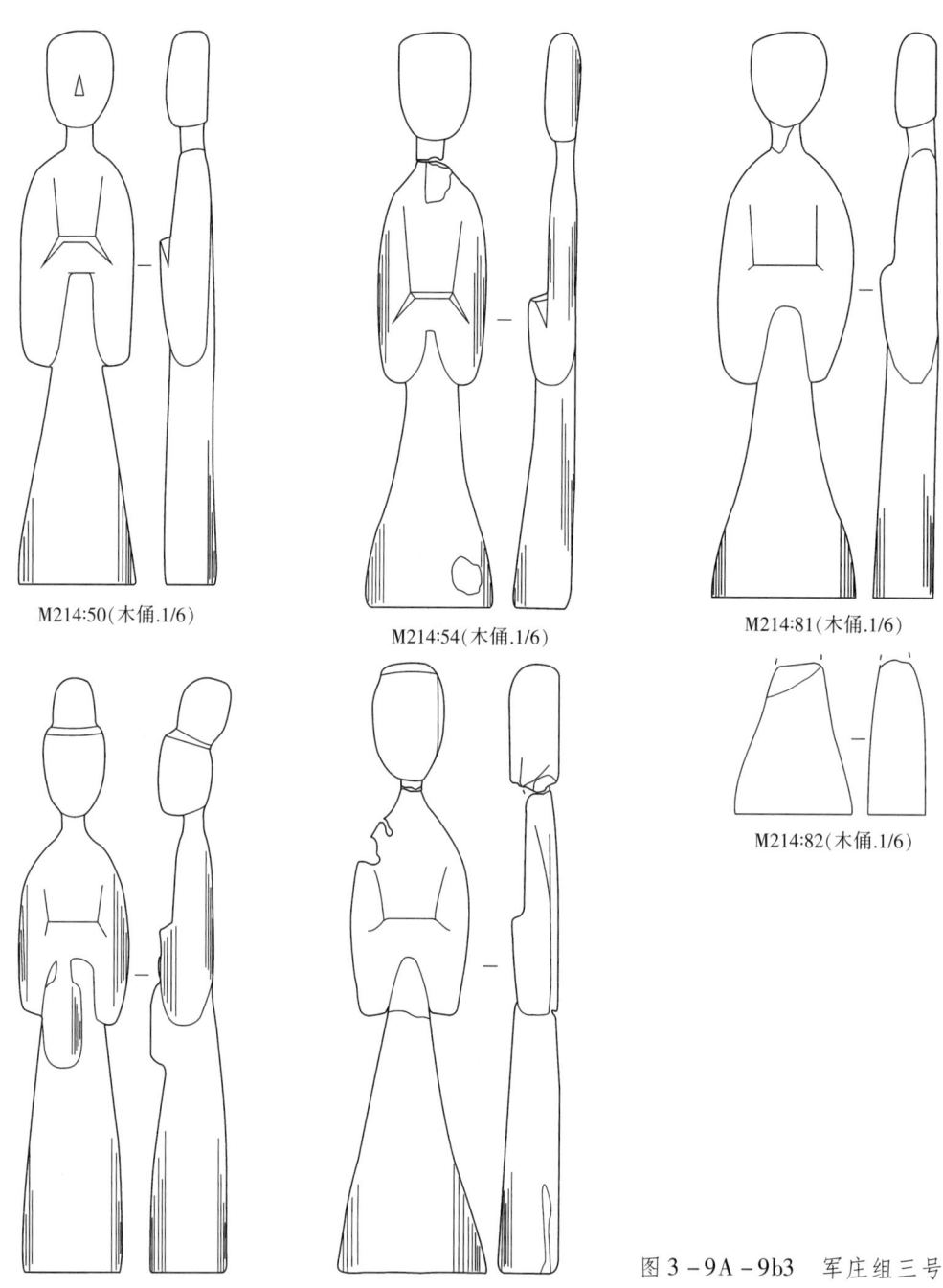

M214:50(木俑.1/6)

M214:54(木俑.1/6)

M214:81(木俑.1/6)

M214:82(木俑.1/6)

M214:52(木俑.1/6)

M214:78(木俑.1/6)

图 3 - 9A - 9b3 军庄组三号 A 区
M214 出土器物图

M214：52、54、74、78、79、81、82、83，残损皆严重，均无法分辨五官和衣着细部，形制与 M214：50 大体相同。俑宽 9.4 ~ 10.3 厘米，M214：82 残高 12.6 厘米，余高 46 ~ 50.5 厘米。（图 3 - 9A - 9b3；彩版三二九，2 ~ 4、6）

跪坐俑 5件。M214∶55，俑背部微微弓起，双手举于胸前，屈膝作跪坐状。其面部和身体均使用浮雕法刻出眼、鼻、口。俑宽13.8、高36厘米。（图3－9A－9b4；彩版三三〇，1）

M214∶77、56、80共3件，形制与M214∶55大体相同。俑宽12.5～16、高34.8～36厘米。（图3－9A－9b4；彩版三二九，5；彩版三三〇，2～4）

M214∶53，俑双手自然下垂双膝，其余形制与M214∶55大体相同，俑宽12.8、高38.4厘米。（图3－9A－9b4）

动物俑 共2件。皆出土于西边箱北部。M214∶75，残损严重，虽无法判断五官细部，但整体外形似犬，体呈"S"形，勉强可以分辨出四爪伏地的姿势，头微微抬起，嘴鼻处凸出。长20.6、高8.6厘米。（图3－9A－9b4；彩版三三〇，5）

M214∶76，残损严重，无法判断种类。残长11、残高4.8厘米。（图3－9A－9b4）

盒 1件。M214∶5，出土于棺盖之上。盒身长方形，原由两片木片上下扣合而成，清理时，仅存一片。整器光素无纹。器长24.5、宽6、厚0.4厘米。（图3－9A－9b2；彩版三三一，1）

几 1件。M214∶51，出土于西边箱北部。出土时仅余长条形面板和一足，其余七足基本朽尽。面板为长条形，正面光素平整，反面两端各饰四个卯孔。残存一足整器外撇，剖面呈椭圆形。面板长77.8、宽16.8、厚2.3厘米，残高12.2厘米。（图3－9A－9b2）

梳 1件。出土于棺内南部。M214∶100，器弧背长方形，背部厚，齿端薄，背长略大于齿长，19齿。长8.3、宽6.3、厚0.8厘米。（图3－9A－9b5；彩版三三一，2）

篦 2件。均出土于棺内南部。M214∶98，器弧背长方形，背部厚，齿端薄，背长与齿长基本相同，齿密，部分已残损。长8.1、宽6.5、厚0.8厘米。（图3－9A－9b5；彩版三三一，3）

M214∶99，形制、尺寸与M214∶98大体相同，唯齿相对稀疏。（图3－9A－9b5；彩版三三一，4）

枕 1件。M214∶104，出土于棺内南部。器平面呈长方形，两侧半圆形侧板及长方形底板尚存，枕面已朽。器长36、宽12.7、高12.5厘米。（图3－9A－9b2；彩版三三一，5）

牌饰 3件。均出土于西边箱北部，惜皆残损严重，具体形制、用途、纹饰不明。M214∶86，残长12、厚0.6厘米。（图3－9A－9b5）

M214∶87，残长10.3、厚0.4厘米。（图3－9A－9b5）

M214∶88，残长6.5、厚1厘米。（图3－9A－9b5）

7. 竹器

共3件。器形为笥。

笥 3件。出土于西边箱北部。M214∶90～92，均残损严重，无法判断具体形制及尺寸。

8. 石器

共2件。器形为黛板和研石。

黛板 1件。M214∶1－1，平面呈长方形，正面光滑为研磨面。长16.9、宽6、厚0.4厘米。（图3－9A－9b2；彩版三二一，3）

研石 1件。M214∶1－2，平面近似正方形，正面光滑为研磨面。边长2.6、厚1厘米。（图3－9A－9b2；彩版三二一，3）

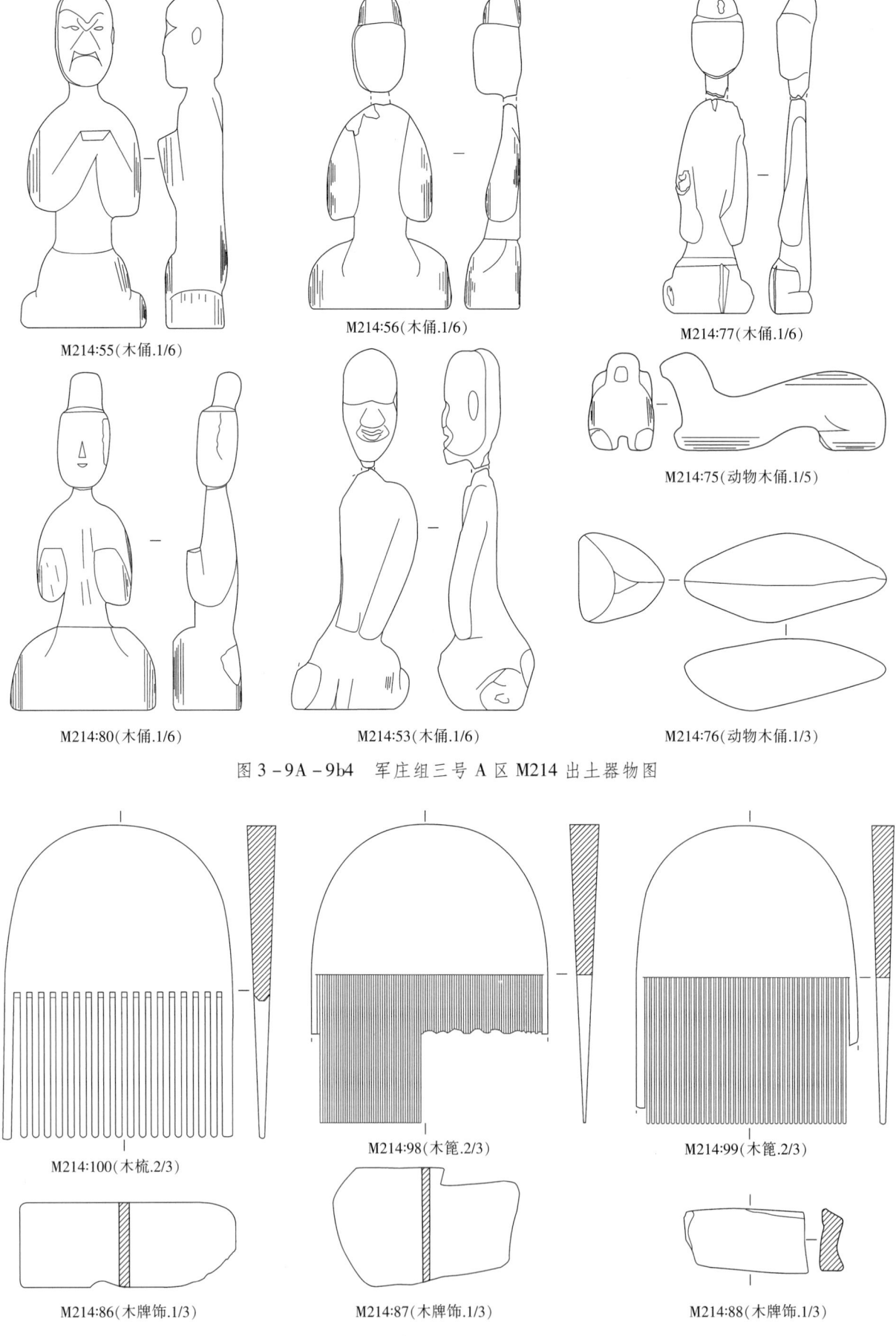

M214:55(木俑.1/6)

M214:56(木俑.1/6)

M214:77(木俑.1/6)

M214:75(动物木俑.1/5)

M214:80(木俑.1/6)

M214:53(木俑.1/6)

M214:76(动物木俑.1/3)

图 3-9A-9b4　军庄组三号 A 区 M214 出土器物图

M214:100(木梳.2/3)

M214:98(木篦.2/3)

M214:99(木篦.2/3)

M214:86(木牌饰.1/3)

M214:87(木牌饰.1/3)

M214:88(木牌饰.1/3)

图 3-9A-9b5　军庄组三号 A 区 M214 出土器物图

9. 陶器

共 5 件。器形有壶、瓿、罐。

壶 1 件。M214：21，出土于西边箱南部。侈口，口沿微内凹，直束颈，溜肩，弧腹渐收，圈足。肩两侧附衔环铺首，面饰叶脉纹。壶口和颈部饰有水波纹，肩部以上饰流云纹，肩部到腹部之间有走兽纹，以凸棱纹作为图案分割线。口径 25.9、底径 29.1、高 74.7 厘米。（图 3 - 9A - 9b6；彩版三三二，1）

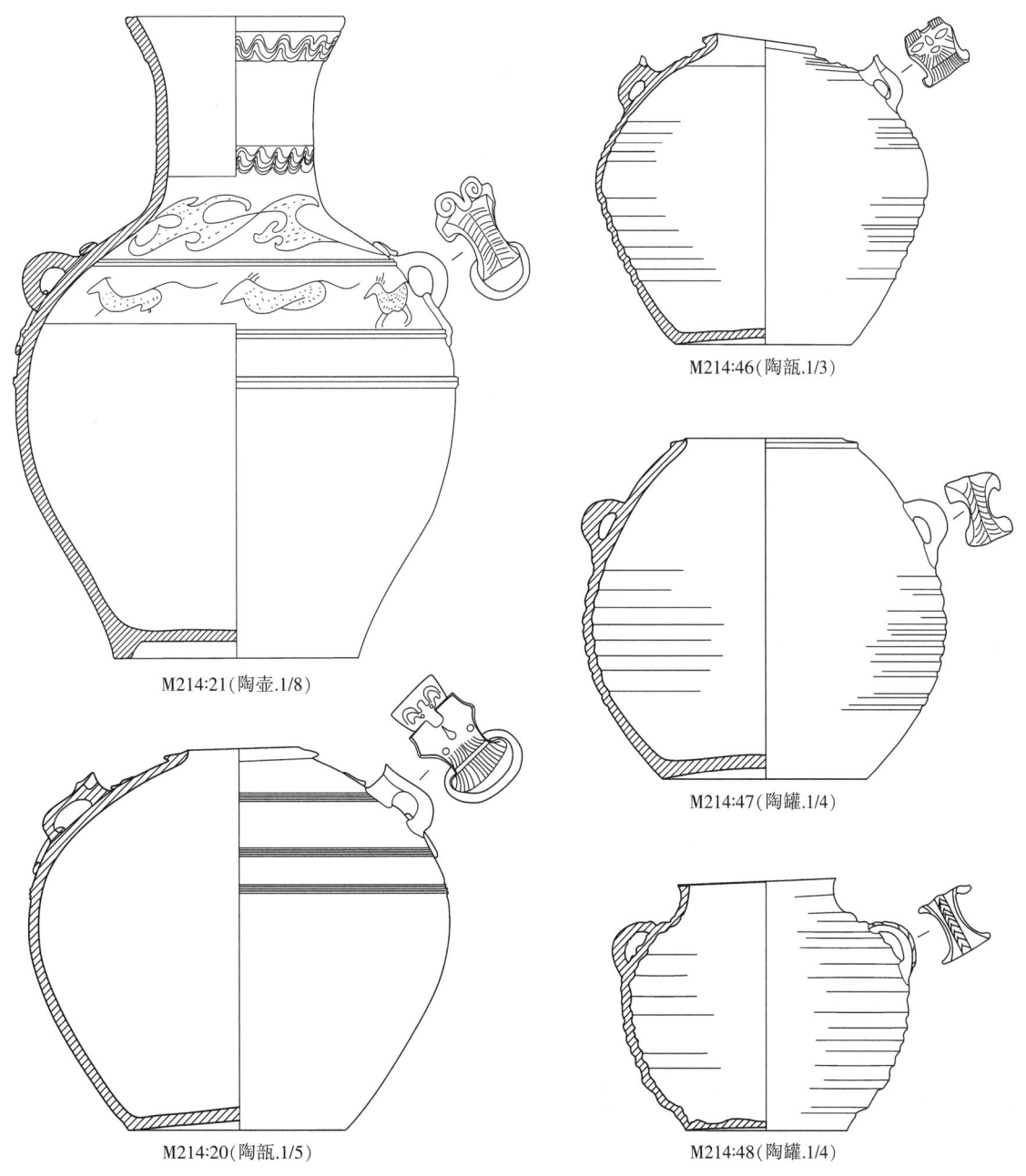

M214:21(陶壶.1/8)

M214:46(陶瓿.1/3)

M214:47(陶罐.1/4)

M214:20(陶瓿.1/5)

M214:48(陶罐.1/4)

图 3 - 9A - 9b6 军庄组三号 A 区 M214 出土器物图

瓿 2 件。M214：20，出土于西边箱南部。平沿，口内凹，尖唇，最大径靠上，鼓肩，弧腹渐收，平底内凹。器身肩以上处有密集弦纹，肩两侧饰衔环铺首。口径 11.6、底径 16.3、高 27.7

厘米。（图 3 - 9A - 9b6；彩版三三二，2）

M214：46，出土于西边箱中部。侈口，斜沿，圆唇，溜肩，鼓腹渐收，平底内凹。器身有弦纹装饰，肩两侧饰兽面耳一对并饰凹弦纹。口径 5.1、底径 8、高 13.3 厘米。（图 3 - 9A - 9b6；彩版三三二，3）

罐 2 件。皆出土于边箱中部。M214：47，微侈口，圆唇，沿面内凹，溜肩，弧腹，平底内凹。肩部附桥形耳，耳面饰叶脉纹。器身有弦纹。口径 11.4、底径 12.4、高 19.8 厘米。（图 3 - 9A - 9b6；彩版三三二，4）

M214：48，微侈口，尖唇，斜沿，微鼓肩，弧腹渐收，平底微内凹。肩两侧附桥形耳，耳面饰叶脉纹。器身有弦纹。口径 9.9、底径 9.7、高 14.4 厘米。（图 3 - 9A - 9b6；彩版三三二，5）

10. 其他

共 3 组。器形为蒲草束。

蒲草束 3 组。皆出土于棺内。M214：105 ~ 107，皆朽残严重，无法绘图及判断具体尺寸。

十、车马坑 K1

K1 位于军庄组三号取土场 A 区墓地东北部，南面与 M211 相邻。清理前，K1 开口及部分盖板木结构已被高速公路施工方破坏，开口距现地表深度不明，坑内随葬品组合未遭扰动。

K1 平面形制为一东西向梯形，东西长 432、西壁宽 139、东壁宽 103、残深 45 厘米。（图 3 - 9A - 10a；彩版三三三，1）

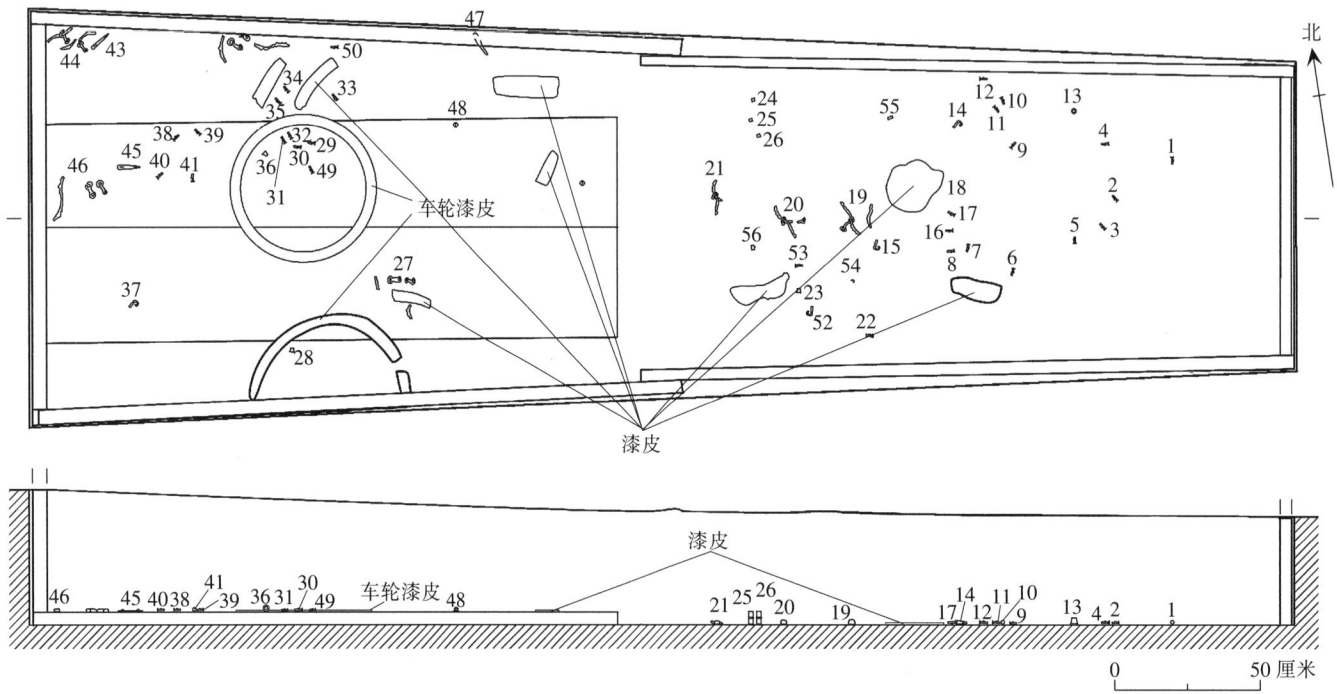

图 3 - 9A - 10a 军庄组三号 A 区 K1 平面、剖视图

1 ~ 12、16 ~ 18、22、29 ~ 35、38 ~ 41、49、50、53. 盖弓帽 13、23、36. 车軎 14、15、37、52. 軏足饰 19 ~ 21、27、44、46. 马衔镳 24 ~ 26、55. 横末軏首饰 43、45、47. 当卢 28、48. 节约 54、56. 带扣

葬具为一椁。椁平面与 K1 平面相同，所有侧板均紧靠坑壁。清理时，盖板大部朽尽且遭施工方扰动，其余木结构残朽严重，仅存少量木板留存。从现场清理迹象看，椁室内东、西两侧，各有一辆明器马车出土。惜整车均朽蚀严重，仅部分车厢、车轮的漆皮痕迹与铜质金属明器构件尚存。

该坑共出土盖弓帽、车軎、横末轭首饰、轭足饰、当卢、马衔镳、带扣、节约等共 54 件。

盖弓帽 共 30 件。K1∶30，圆柱形。近帽首处有一钩，通体素面。帽径 1、銎径 0.5、长 2.4 厘米。(图 3-9A-10b；彩版三三三，2)

K1∶1~12、16~18、22、29、31~35、38~41、49、50、53 等，形制、尺寸与 K1∶30 相同。(彩版三三三，2)

车軎 共 3 件。K1∶13，整体圆管形，一侧辖孔尚存。长 1.2、銎径 0.8 厘米。(图 3-9A-10b；彩版三三三，3)

K1∶23、36，形制、尺寸与 K1∶13 相同。(彩版三三三，3)

横末轭首饰 4 件。K1∶55，圆管形，一端有銎，器中部有一周箍饰。长 1.6、銎径 0.5 厘米。(图 3-9A-10b；彩版三三三，6)

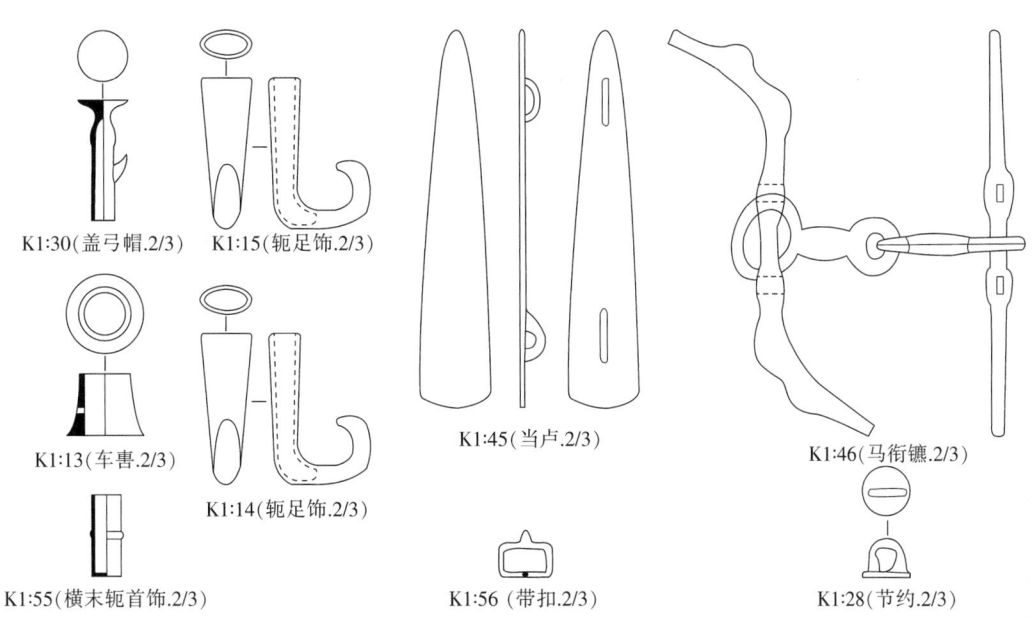

图 3-9A-10b 军庄组三号 A 区 K1 出土器物图

K1∶24，圆管形，器表素面，器长度与銎径基本相同。长 1.2、銎径 1.1 厘米。(彩版三三三，4)

K1∶25、26，形制、尺寸与 K1∶24 相同。(彩版三三三，4)

轭足饰 4 件。K1∶14，弯钩形，内部中空，椭圆形銎。长 3.1、銎径 1 厘米。(图 3-9A-10b；彩版三三三，5)

K1∶15 (图 3-9A-10b)、37、52，形制、尺寸与 K1∶14 相同。(彩版三三三，5)

当卢 共 3 件。K1∶45，叶形，器身扁长，一端为尖圆形，另一端为圆弧形，背面有两处半圆形纽鼻。长 7.5、宽 1.5 厘米。(图 3-9A-10b；彩版三三三，7)

K1：43、47，形制、尺寸与 K1：45 相同。

马衔镳　共 6 件。K1：46，结索状衔，衔端各有一圆环，环内各穿一马镳。镳平面为 "S"
形，内有两长方形穿孔。衔长 6.1、镳长 8 厘米。（图 3 – 9A – 10b；彩版三三三，8）

K1：19～21、27、44，形制、尺寸与 K1：46 相同。（彩版三三三，9）

带扣　共 2 件。K1：56，长方形，一边中部有一弯钩。长 1.1、宽 0.95 厘米。（图 3 – 9A –
10b；彩版三三三，10）

K1：54，形制、尺寸与 K1：56 相同。

节约　共 2 件。K1：28，平面为圆帽形，一面饰一半环纽。帽径 1、器高 0.8 厘米。（图 3 –
9A – 10b；彩版三三三，11）

K1：48，形制、尺寸与 K1：28 相同。

贰　军庄组三号取土场墓地 B 区

B 区墓地位于该取土场东部，发掘前，B 区墓地完全没入水塘之下。据当地村民介绍，B 区墓
地所在地原为一高岗，后因平整土地及农田建设需要，高岗被推平并向下取土改为水塘。

B 区平面呈长方形，南北长 44、东西宽 35.2 米。共发掘墓葬 17 座，根据工作顺序编号为 197 ～
204 号墓（M197 ～ M204）、215 ～ 223 号墓（M215 ～ M223）。（图 3 – 9B – 0）

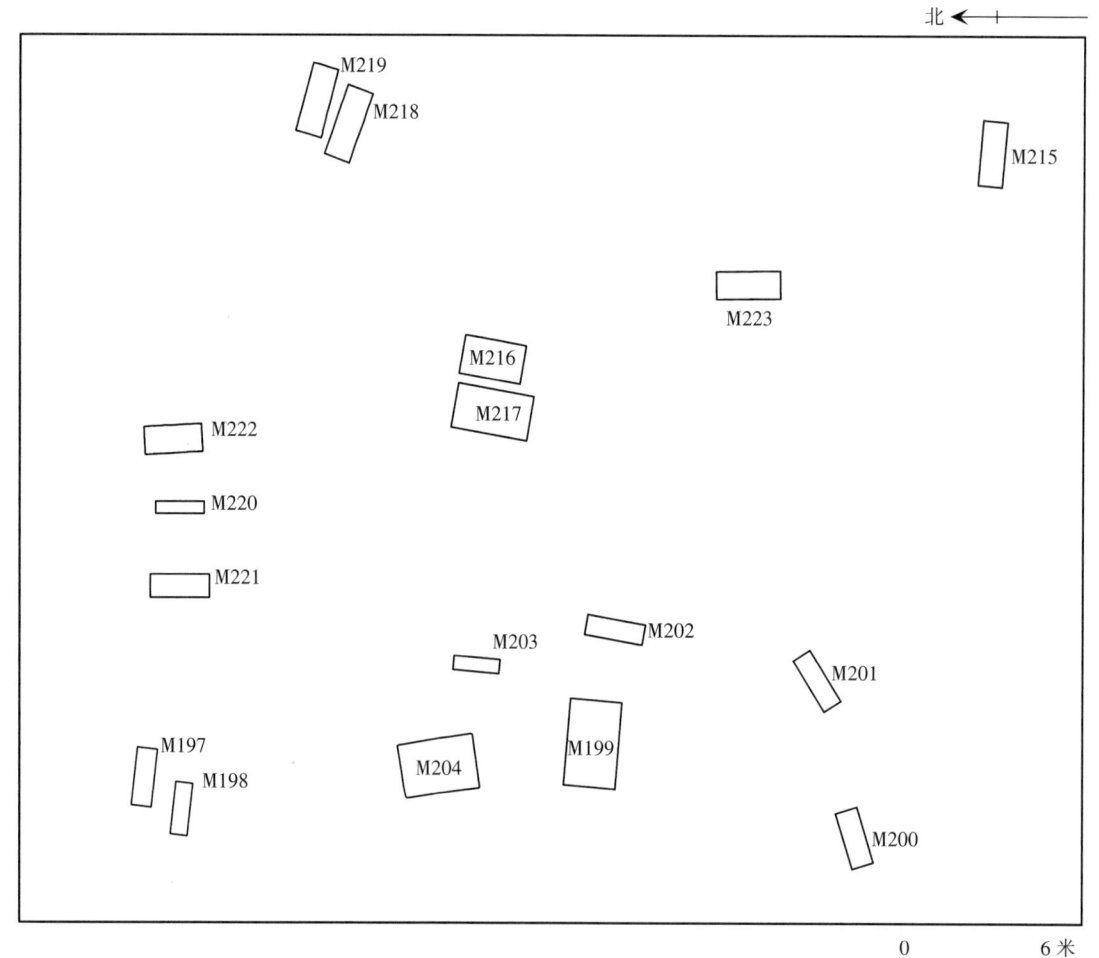

图 3 – 9B – 0　军庄组三号取土场墓地 B 区墓葬平面分布图

一、197 号墓（M197）

M197 位于军庄组三号取土场 B 区墓地西北角，南临 M198。清理前，墓坑开口已被高速公路施工方破坏，开口距现地表深度不明，墓坑底部随葬品组合未遭扰动。

墓葬形制为长方形竖穴土坑墓，墓坑长 264、宽 53 厘米，残深 35 厘米。方向 270°。清理时，墓坑内填塞青膏泥。（图 3 – 9B – 1a）

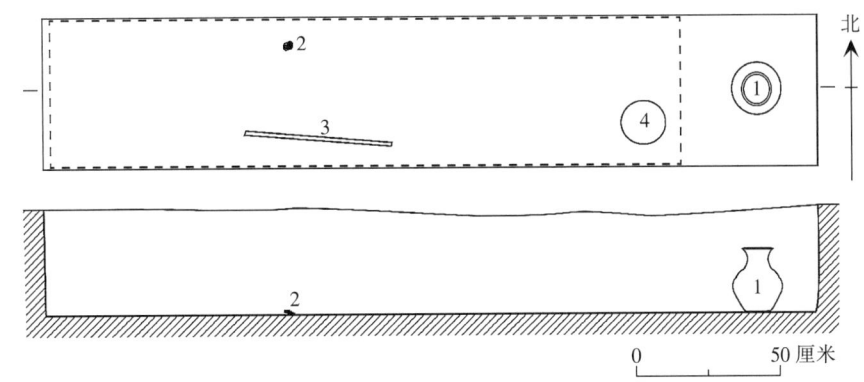

图 3 – 9B – 1a 军庄组三号 B 区 M197 平面、剖视图
1. 陶壶 2. 铜钱 3. 铁剑 4. 漆奁

葬具为单棺，现场仅存棺木朽痕。从残存迹象可知，木棺置于坑内西部，棺平面呈长方形，东西长 214、南北宽 49 厘米，高度不明。

该墓共出土铜器、铁器、漆器、陶器共 4 件（组）。

1. 铜器

共 1 组。器形为铜钱。

铜钱 1 组。M197：2，出土于棺内中部北侧。共 8 枚，皆为五铢钱，形制、尺寸、钱文大体相同。钱径 2.45、穿径 1.1、缘厚 0.12 厘米。（图 3 – 9B – 1b；彩版三三四，1）

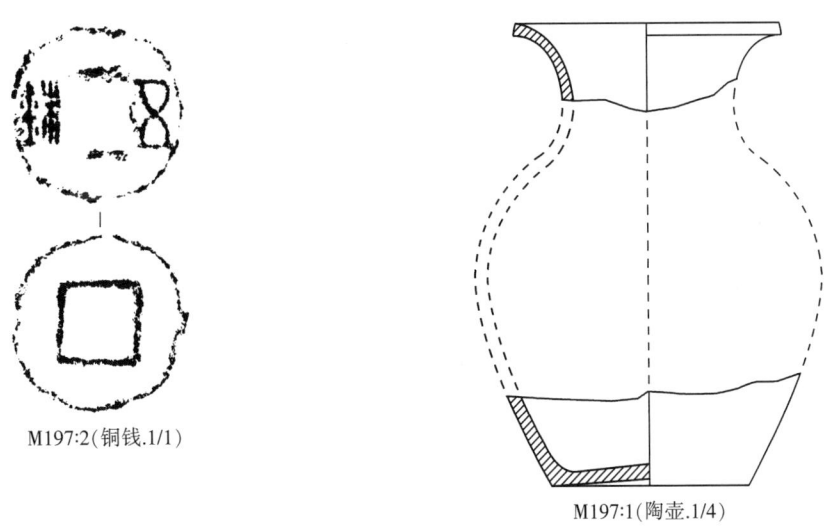

M197:2(铜钱.1/1)

M197:1(陶壶.1/4)

图 3 – 9B – 1b 军庄组三号 B 区 M197 出土器物图

2. 铁器

共 1 件。器形为剑。

剑　1 件。M197：3，出土于棺内中部南侧。整器残损严重，锈蚀殆尽，仅存朽痕，其具体形制、尺寸皆不明。

3. 漆器

共 1 件。器形为奁。

奁　1 件。M197：4，出土于棺内东部南侧。器残损变形严重，外髹黑漆，形制、尺寸、纹饰皆不明。

4. 陶器

共 1 件。器形为壶。

壶　1 件。M197：1，泥质红陶。出土于棺外东侧。器物残损破碎严重，仅剩器物口部和底部，肩腹部缺失。器侈口，方唇，平底内凹。器口径 14.6、底径 10.9 厘米，其余形制、尺寸不明。（图 3 - 9B - 1b）

二、198 号墓（M198）

M198 位于军庄组三号取土场 B 区墓地西北角，北临 M197。清理前，墓坑开口与底部部分区域已被高速公路施工方破坏，开口距现地表深度不明，墓坑底部随葬品组合遭受扰动。

墓葬形制为长方形竖穴土坑，墓坑长 248、宽 95 厘米，残深 71 厘米。方向 270°。清理时，木椁与墓坑壁间填塞青膏泥。（图 3 - 9B - 2a；彩版三三四，5）

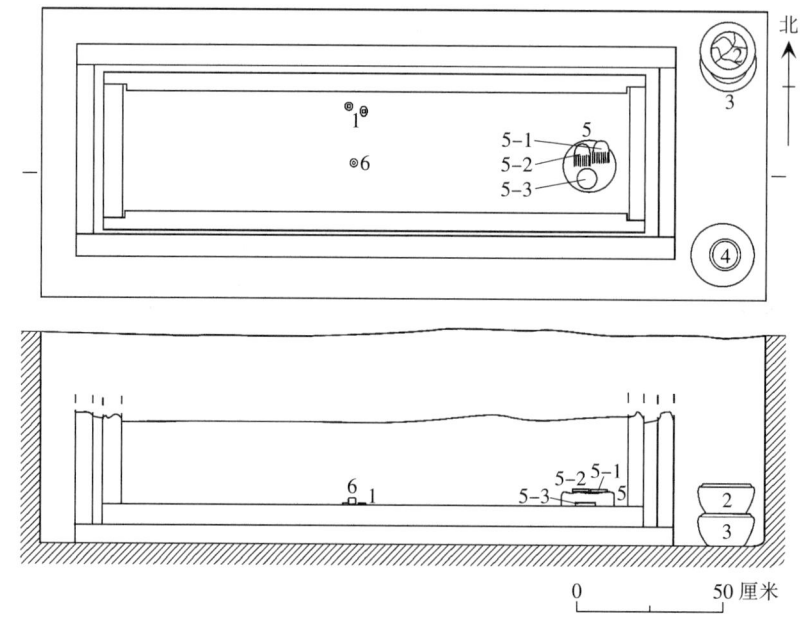

图 3 - 9B - 2a　军庄组三号 B 区 M198 平面、剖视图
1. 铜钱　2、3. 陶盒　4. 陶壶　5. 漆奁　5 - 1. 铜镜　5 - 2. 木篦　5 - 3. 木梳
6. 琉璃珠

葬具为一椁一棺。木椁置于墓坑底部略偏西，底板和局部侧板木结构尚存，椁室平面呈长方形，长205、宽70、残高44厘米，底板和侧板厚约6厘米。木棺置于木椁内，虽残朽严重，但底板和局部侧板木结构尚存，棺平面呈长方形，长186、宽52、残高38厘米。

该墓共出土铜器、琉璃器、漆器、木器、陶器共9件（组）。

1. 铜器

共2件（组）。器形为镜、铜钱。

镜 1件。M198：5-1，出土于棺内东部的漆奁M198：5内。星云纹镜。器圆形，连峰纽，圆纽座。座外饰凸弦纹与短斜线纹各一周，其间饰以四枚圆纽底座乳丁，乳丁间各施七枚小乳丁，相互间以弧线相连。十六内向连弧纹缘。镜面直径7、纽高0.9、纽宽1.6、肉厚0.12厘米。（彩版三三四，6）

铜钱 1组。M198：1，出土于棺内中部北侧。共2枚，皆为五铢钱，形制、尺寸、钱文相同。钱径2.45、穿径1.1、缘厚0.12厘米。（图3-9B-2b；彩版三三四，2）

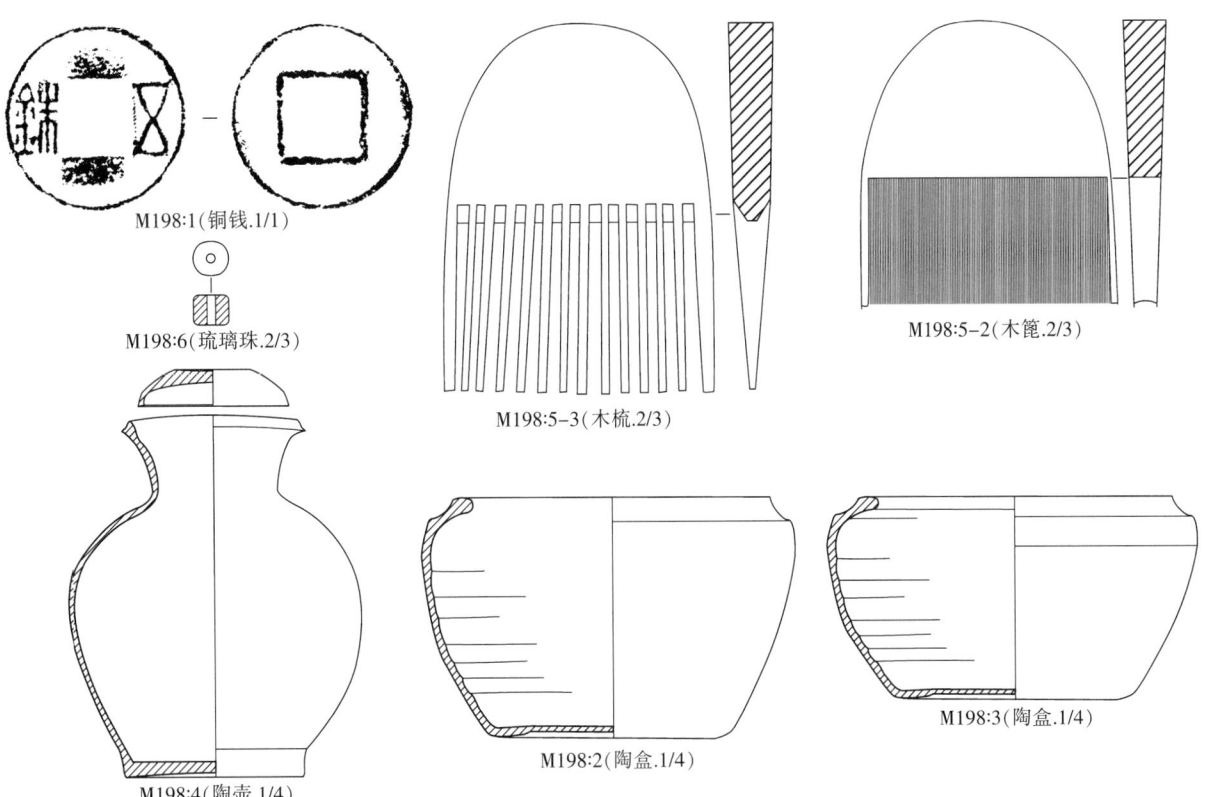

M198:1（铜钱.1/1）

M198:6（琉璃珠.2/3）

M198:5-2（木篦.2/3）

M198:5-3（木梳.2/3）

M198:4（陶壶.1/4）

M198:2（陶盒.1/4）

M198:3（陶盒.1/4）

图3-9B-2b 军庄组三号B区M198出土器物图

2. 琉璃器

共1件。器形为珠。

珠 1件。M198：6，出土于棺内中部。圆柱体，蓝色，内有孔。直径0.7、孔径0.2、高0.6厘米。（图3-9B-2b；彩版三三四，3）

3. 漆器

共1件。器形为奁。

奁　1件。M198：5，出土于棺内东部。器残损严重，外髹黑漆，形制、尺寸皆不明。奁内有铜镜（M198：5－1）、木梳（M198：5－3）和木篦（M198：5－2）。

4. 木器

共2件。器形为梳、篦。

梳　1件。M198：5－3，出土于棺内东部的漆奁M198：5内。器弧背长方形，背部厚，齿端薄，14齿，背长与齿长基本相同。通长7.3、宽5.5、厚0.9厘米。（图3－9B－2b；彩版三三四，4左）

篦　1件。M198：5－2，出土于漆奁M198：5内。形制与木梳M198：5－3同，唯齿更密，90齿。残长5.8、宽5.4、背厚0.9厘米。（图3－9B－2b；彩版三三四，4右）

5. 陶器

共3件。器形为盒、壶。

盒　2件。均出土于墓坑东北角。M198：2，灰陶。无盖。子母口，圆唇，弧壁渐收，平底内凹。口径17.3、底径11.1、高12.8厘米。（图3－9B－2b；彩版三三四，7）

M198：3，灰陶。无盖。形制与M198：2基本相同。口径17.3、底径11.1、高10.8厘米。（图3－9B－2b；彩版三三四，8）

壶　1件。M198：4，出土于墓坑东南角。灰陶。带盖身近钵形，盖顶近平内凹。器身侈口，尖唇，束颈，溜肩，鼓腹斜收，平底略内凹。通体素面。盖径8.2、盖高2厘米，器身口径9.1、底径9.6、高19.8厘米。（图3－9B－2b；彩版三三四，9）

三、199号墓（M199）

M199位于军庄组三号取土场B区墓地西部，北临M204，东临M202，东北临M203。清理前，墓坑开口已被高速公路施工方破坏，开口距现地表深度不明，墓坑底部随葬品组合未遭扰动。

墓葬形制为长方形竖穴土坑，长361、宽239厘米，残深72厘米。方向275°。（图3－9B－3a；彩版三三五，1）

葬具为一椁二棺。棺椁结构保存较好，外髹黑漆、内髹朱漆。木椁置于墓坑底部偏北，四面墙板及底板尚存，底板有四块东西向的木板南北拼接而成，底板上还有一层木垫板，由五块东西向的木板南北拼接而成。椁室平面呈长方形，长306、宽185、残高53厘米。南、北二棺位于椁内底部偏东。棺室平面均呈长方形，整棺由整木斫成，东、西挡板和南、北侧板间均用榫卯相接，棺挡板外侧表面饰四叶纹铜饰组合，北棺长225、宽65、高46厘米，南棺长230、宽69、高48厘米。西边箱由椁北、西、南三面侧板及两棺西挡板之间的空间组成，平面呈长方形。（图3－9B－3a1；彩版三三五，2~4）

该墓共出土铜器、铁器、琉璃器、漆器、木器、石器、陶器等各类文物52件（组）。

1. 铜器

共16件（组）。器形有鼎、盘、盆、卮、镜、带钩、刷、牌饰、泡饰、铜钱等。

鼎　1件。M199：5，出土于西边箱南部。器身子口，附环形立耳，深腹，圜底，三蹄足。腹中部饰一圈凸棱纹。器身口径19.5、连耳高21.9厘米。（图3－9B－3b1）

北

37　36

34
Ⅱ
35
37-1　33

14
11
7　10
9
16　15
8　12　13
17
21　6
40
18、19
20
22
24
5　3
4　2
23　1

30　38　25

31
28
29　35　36
39　26　27

33　34　37
38　25
28　人骨

6
32　30　25
21　17
18　12
19　20

0　50厘米

图 3 -9B -3a　军庄组三号 B 区 M199 平面、剖视图

1、7~10、16. 漆耳杯　2、4. 漆盘　3. 铜盘　5. 铜鼎　6. 漆案　11、18、19. 铜盆　12、13. 铜卮　14、28、37. 漆奁　15. 铜牌饰　17、21. 釉陶瓿　20. 铁炉　22、23. 釉陶壶　24. 铜泡饰　25. 铁剑　26. 环首铁刀　27. 铁削　28 -1、37 -1. 铜镜　28 -2、28 -4、28 -5. 木篦　28 -3、28 -6、28 -7、28 -8. 木梳　28 -9. 铜刷　29、35、36. 铜钱　30、33. 木枕　31. 铜带钩　32. 漆黛板盒　32 -1. 石黛板　32 -2. 研石　34. 琉璃耳珰　38、39. 木握　40. 漆卮

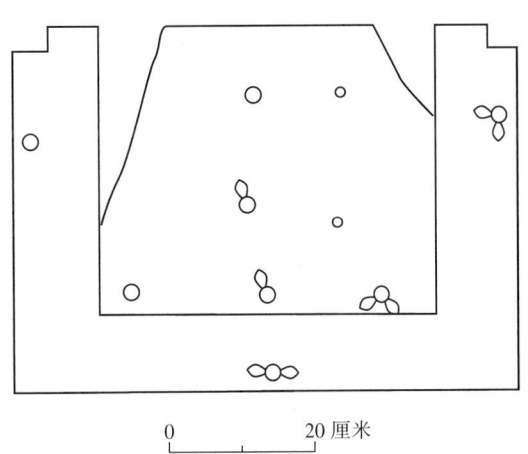

0　20厘米

图 3 -9B -3a1　军庄组三号 B 区 M199 南棺东挡板铜饰正视图

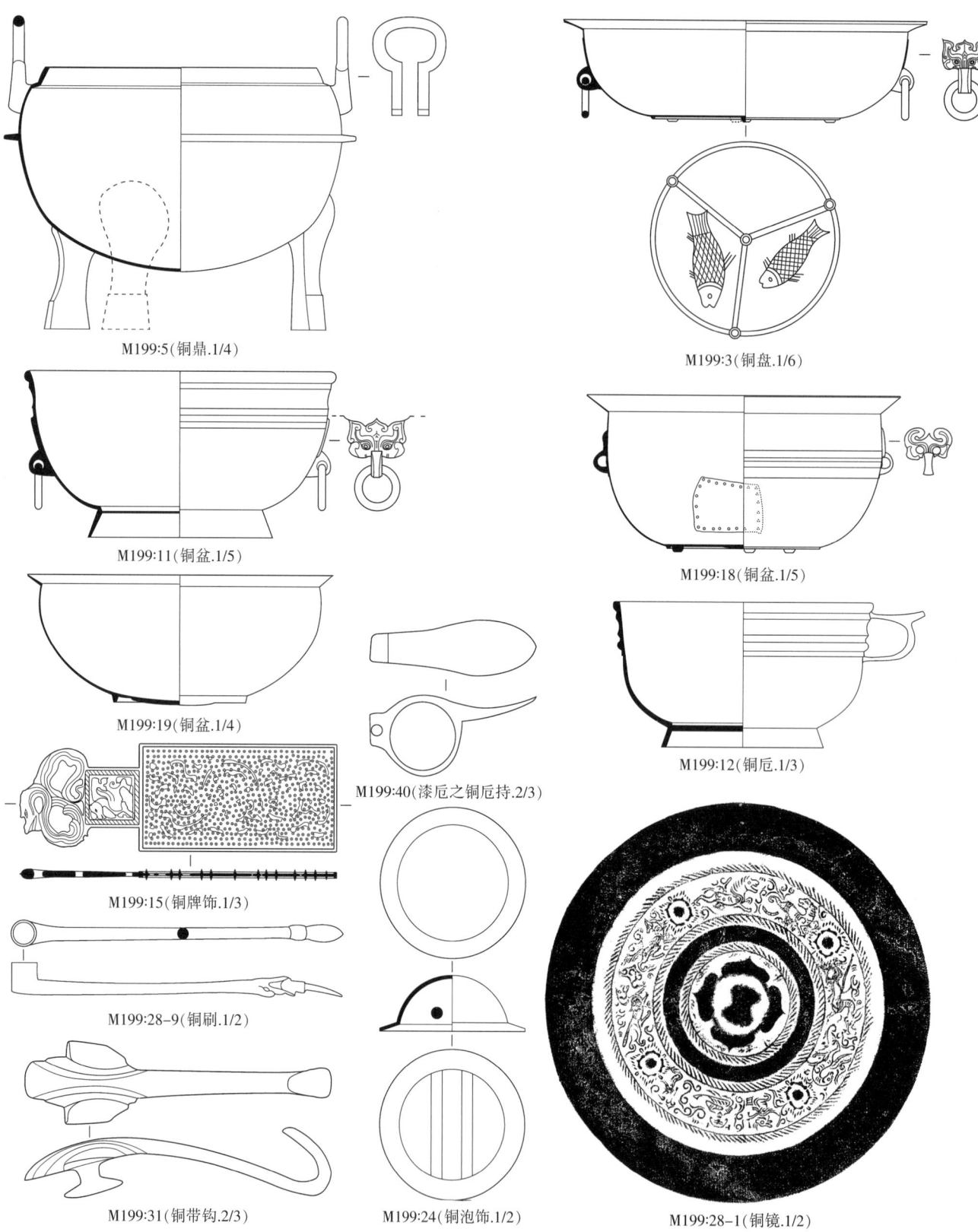

M199:5(铜鼎.1/4)

M199:3(铜盘.1/6)

M199:11(铜盆.1/5)

M199:18(铜盆.1/5)

M199:19(铜盆.1/4)

M199:40(漆卮之铜卮持.2/3)

M199:12(铜卮.1/3)

M199:15(铜牌饰.1/3)

M199:28-9(铜刷.1/2)

M199:31(铜带钩.2/3)

M199:24(铜泡饰.1/2)

M199:28-1(铜镜.1/2)

图3-9B-3bl　军庄组三号B区M199出土器物图

盘　1件。M199：3，出土于西边箱南部。敞口，斜宽沿外折，弧腹，平底饰三矮乳丁足。腹壁两侧饰铺首衔环耳。外底饰双鱼纹。口径39、底径20、高10.6厘米。（图3－9B－3b1；彩版三三六，1）

盆　3件。M199：11，出土于西边箱北部。敞口，微卷沿，弧腹，圈足外撇。下腹壁两侧各饰一铺首衔环耳。外壁口沿下饰凸弦纹两道。口径27.2、底径16.6、高14.4厘米。（图3－9B－3b1；彩版三三六，2）

M199：18，出土于西边箱中部。敞口，斜宽沿外折，束颈，弧腹，平底饰三矮乳丁足。外壁口沿下两侧各饰一铺首。下腹部留有一处修补痕迹，以一圈细铆钉将长方形铜片贴于内壁。口径28、底径13.6、高13.6厘米。（图3－9B－3b1；彩版三三六，3）

M199：19，出土于西边箱中部。敞口，斜宽沿外折，束颈，弧腹，弧腹外凸，矮圈足。口径22.2、底径9.6、高9.1厘米。（图3－9B－3b1；彩版三三六，4）

卮　2件。皆出土于西边箱北部。M199：12，侈口，深弧腹，平底，圈足外撇。口沿下饰凸弦纹三道，一侧饰一錾手。口径14、底径8.7、高7.6厘米。（图3－9B－3b1；彩版三三六，5）

M199：13，形制、尺寸、纹饰与M199：12相同。

镜　2件。M199：28－1，出土于南棺西南角漆奁内。四乳禽兽纹镜。圆形，半圆纽，四叶纹纽座。座外凸弦纹圈带与短斜线纹各一周，其外又饰两周短斜线纹，其间饰四叶纹纽座乳丁纹四组，禽兽纹环列其间。宽素平缘。镜面直径14.1、纽高0.71、纽宽1.8、肉厚0.4厘米。（图3－9B－3b1；彩版三三七，1）

M199：37－1，出土于北棺西部奁盒内。四乳禽兽纹镜。圆形，半圆纽，圆纽座。座外三竖线纹与单弧线纹各四组相间环列，外饰两周短斜线纹带，其间饰圆纽座乳丁四个，四组禽兽纹环列其间。缘面宽平，上饰双线波折纹。镜面直径8.5、纽高0.54、纽宽1.4、肉厚0.25厘米。（彩版三三七，2）

带钩　1件。M199：31，出土于南棺西部。近似琵琶形钩身，身左右两侧各饰一翼，圆形钩首，下饰一圆纽。器长8.3、宽2.2、高1.9厘米。（图3－9B－3b1；彩版三三七，3）

刷　1件。M199：28－9，出土于南棺西南角漆奁内。烟斗形，器身细长，一端内收为龙首形，一端折为圆孔，孔内刷毛已朽。孔径0.9、通长11.9厘米。（图3－9B－3b1；彩版三三七，4）

牌饰　1件。M199：15，出土于西边箱北部。器平面作长方形，双面满饰小尖圆锥，其间饰若干不规则形镂孔。柄身为方形，上饰动物纹。器通长17.2、宽5.6、厚0.6厘米。（图3－9B－3b1；彩版三三七，5）

泡饰　1件。M199：24，出土于西边箱南部。器平面呈圆形，正面为半圆球形，背面中空，近底部饰两横穿。器底径5.3、高2厘米。（图3－9B－3b1；彩版三三七，6）

铜钱　3组。M199：29，出土于南棺西部。80件，皆为大泉五十钱，形制、尺寸、钱文基本相同。钱径2.8、缘厚0.19、穿径0.9厘米。（图3－9B－3b2；彩版三三七，7～11）

M199：35，出土于北棺中部。6件，皆为大泉五十钱，形制、尺寸、钱文相同。钱径2.5、缘厚0.17、穿径0.9厘米。（图3－9B－3b2；彩版三三七，12、13）

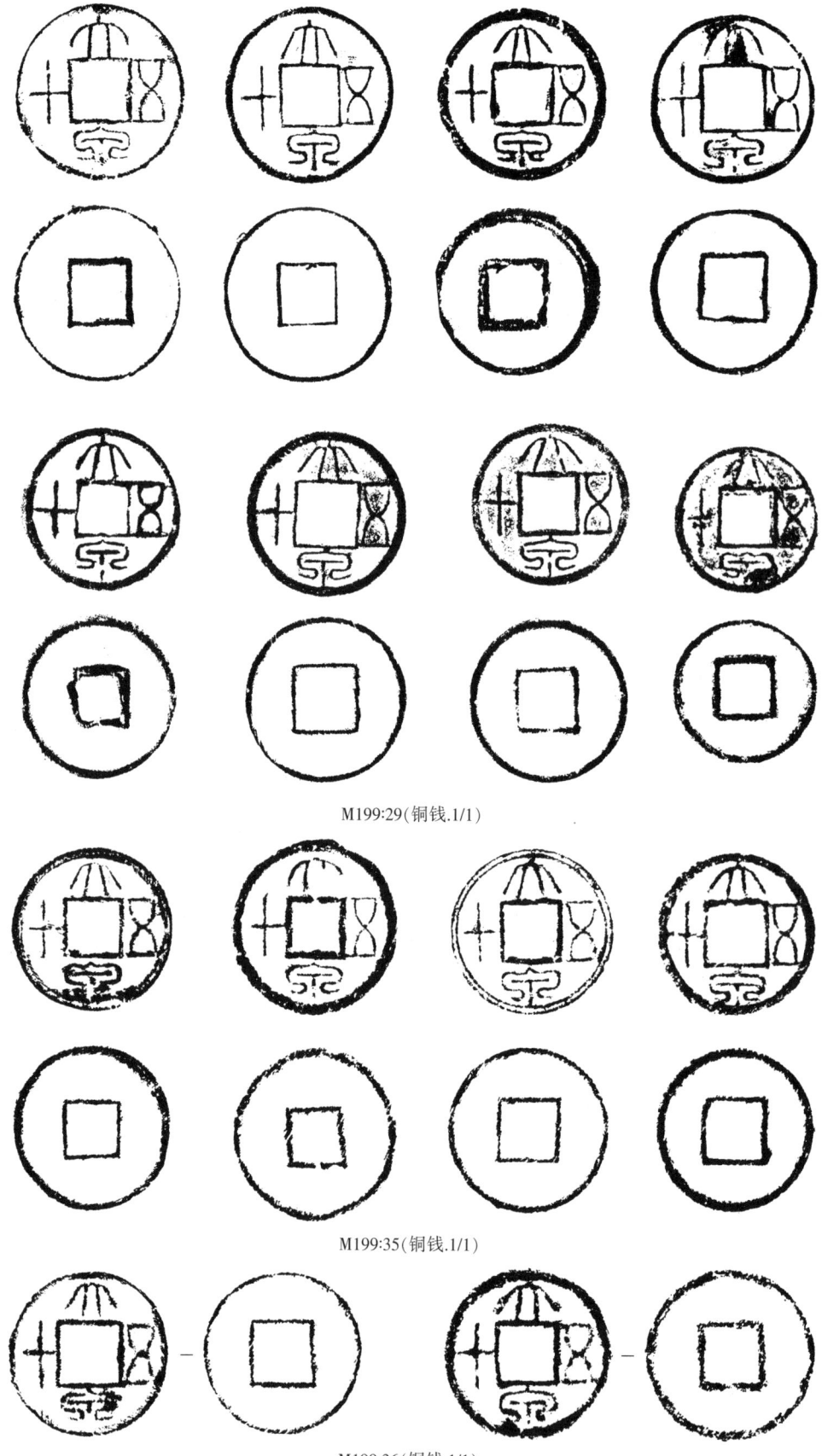

M199:29(铜钱.1/1)

M199:35(铜钱.1/1)

M199:36(铜钱.1/1)

图 3 - 9B - 3b2　军庄组三号 B 区 M199 出土器物图

M199：36，出土于北棺东部。3 件，皆为大泉五十钱，形制、尺寸、钱文基本相同。钱径2.8、缘厚 0.19、穿径 0.9 厘米。（图 3 - 9B - 3b2；彩版三三七，14、15）

2. 铁器

共 4 件。器形为炉、剑、环首刀、削。

炉 1 件。M199：20，出土于西边箱南部。器平面呈长方形，敞口，折颈，斜直腹，平底，四兽蹄足。腹壁两侧中部各饰一穿纽，中部一周饰长条形镂孔六个，底面饰圆形及四边形镂孔十个。口径长 37.7、宽 18、通高 17.5 厘米。（图 3 - 9B - 3b3；彩版三三八，1、2）

剑 1 件。M199：25，出土于南棺中部北侧。剑身较长，断面呈菱形，格为铜质。漆剑鞘、木质剑璏、木质剑首基本保存完整。剑通长 110、格长 4.9、剑首长 4 厘米。（图 3 - 9B - 3b3；彩版三三八，3）

环首刀 1 件。M199：26，出土于南棺中部南侧。刀身平直，中部略带弧背，断面呈三角形，环首。鞘保存较好，通髹黑漆，素面。木璏位于鞘身近柄处。器残长 89.6、刃宽 2.6、环径 5.2 厘米。（图 3 - 9B - 3b3；彩版三三八，4）

削 1 件。M199：27，出土于南棺中部南侧。削身平直略弧，断面呈三角形，环首。鞘保存较好，通髹黑漆，素面。鞘长 24.3、刃宽 2.1、环径 4.2 厘米。（图 3 - 9B - 3b3；彩版三三八，5）

3. 琉璃器

共 1 件。器形为琉璃耳珰。

耳珰 1 件。M199：34，出土于北棺西部。器呈墨绿色，整体作亚腰形，中间饰一穿孔。顶面径 0.65、底面径 1.1、高 1.3 厘米。（图 3 - 9B - 3b3；彩版三三八，6）

4. 漆器

共 14 件。器形有耳杯、盘、卮、案、奁、黛板盒。

耳杯 6 件。M199：1，出土于西边箱南部。夹纻胎。椭圆形口，耳缘上翘，弧腹，平底。器内外通髹黑漆，通体素面。口径长 11.47、连耳宽 9.2、底径长 6、宽 3.1、通高 2.8 厘米。（彩图一四五，1）

M199：7，出土于西边箱北部。木胎。椭圆形口，耳缘上翘，弧腹，平底。除内壁口沿饰一道朱漆外，余通髹深褐色漆。内壁上腹处朱漆铭文一处，内容为“富贵”。口径长 15.1、连耳宽11.3、底径长 8.3、宽 4.3、通高 4.4 厘米。（彩图一四五，2；彩版三三九，1）

M199：8、9、10、16，均出土于西边箱北部。皆为木胎。形制、尺寸与 M199：7 相同。（彩图一四五，3、4；彩版三三九，2）

盘 2 件。均出土于西边箱南部。M199：2，木胎。敞口，浅盘，近平底。盘底外侧饰三横条，外端皆饰一方形銎，似各插饰一足，推测该盘极可能为三足盘。盘内通髹朱漆，一侧墨书铭文，盘外通髹黑漆。口径 36.2、高 2.7 厘米。（彩图一四六，1；彩版三三九，3、4）

M199：4，夹纻胎。残损严重，现场仅存少量漆皮，形制、尺寸皆不明。

卮 1 件。M199：40，出土于西边箱北部。卮身朽尽，仅存铜卮持，卮持为环形，长 4.5、宽2.1、环径 1.8 厘米。（图 3 - 9B - 3b1；彩版三三九，5）

案 1 件。M199：6，出土于西边箱中部。器木胎。平面呈长方形。外髹黑漆，盘内饰黑、朱两色长方形圈带。长 59.1、宽 38、高 2.9 厘米。（彩图一四六，2）

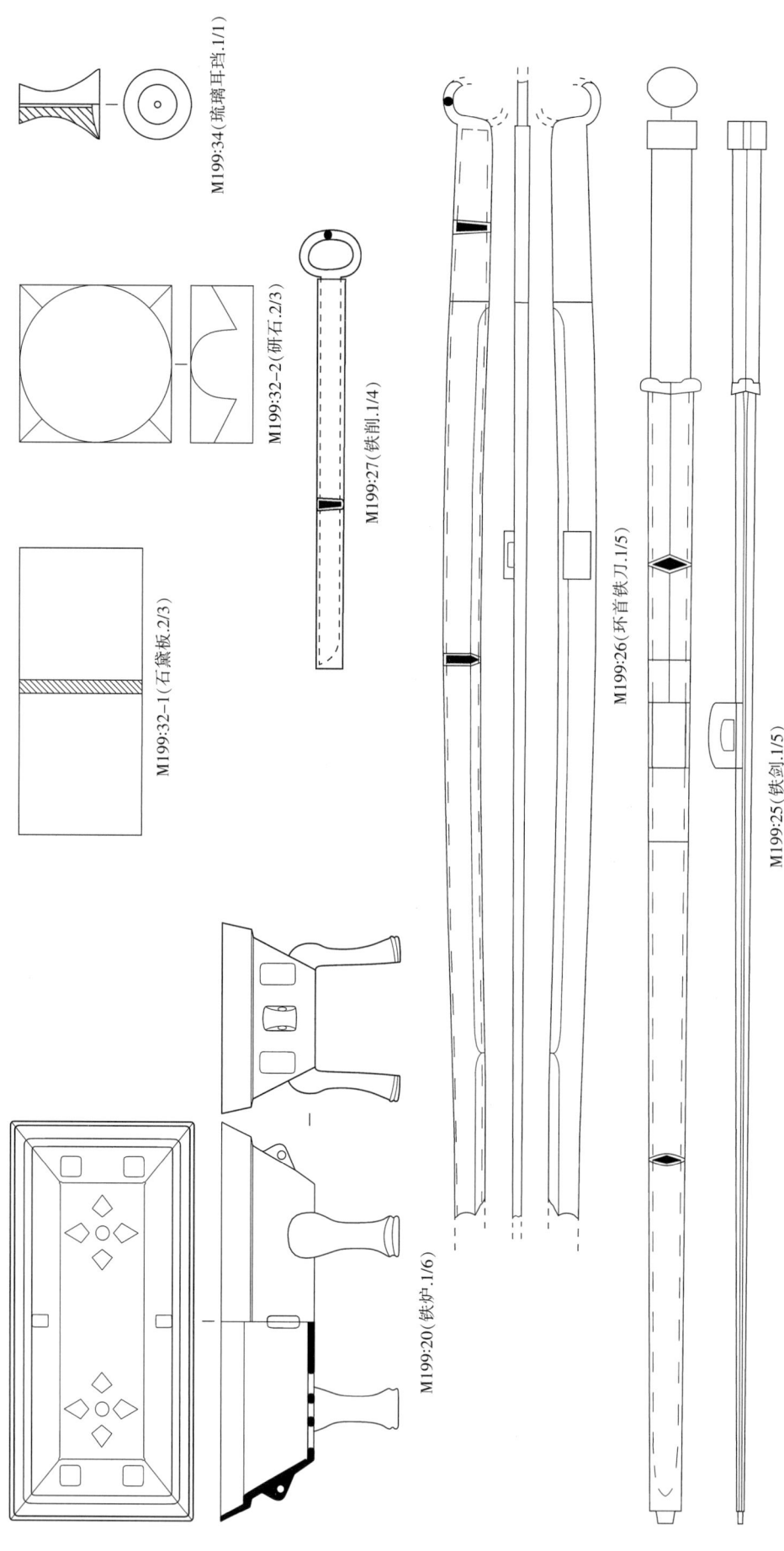

M199:34（琉璃耳珰.1/1）

M199:32-2（砺石.2/3）

M199:27（铁削.1/4）

M199:32-1（石黛板.2/3）

M199:26（环首铁刀.1/5）

M199:25（铁剑.1/5）

M199:20（铁炉.1/6）

图 3-9B-3b3　军庄组三号 B 区 M199 出土器物图

奁 3件。M199：14，出土于西边箱北部。仅剩底部。夹纻胎，外髹黑漆，内髹朱漆。底径11.3厘米。（彩图一四七，1）

M199：28，出土于南棺西南角。夹纻胎。圆形，外髹黑漆，内髹朱漆，残损严重，口径8、高7.4厘米。（图3－9B－3b4）

M199：37，出土于北棺西部。夹纻胎，外髹黑漆，内髹朱漆。残损严重。器身口径14.4、高13.6厘米，器盖口径15.2、残高8厘米。（图3－9B－3b4）

黛板盒 1件。M199：32，出土于南棺西部。器平面作圆角长方形，由器盖和器身两部分构成。器盖外髹黑漆，通体素面，内侧近口沿处髹黑漆，余通髹朱漆。器身形制与盖相近，内外通髹黑漆，与盖身相扣。盒内出土石黛板与研石各1件。器长10.6、宽3.9、盖厚0.5、身厚0.5厘米。（彩图一四七，2）

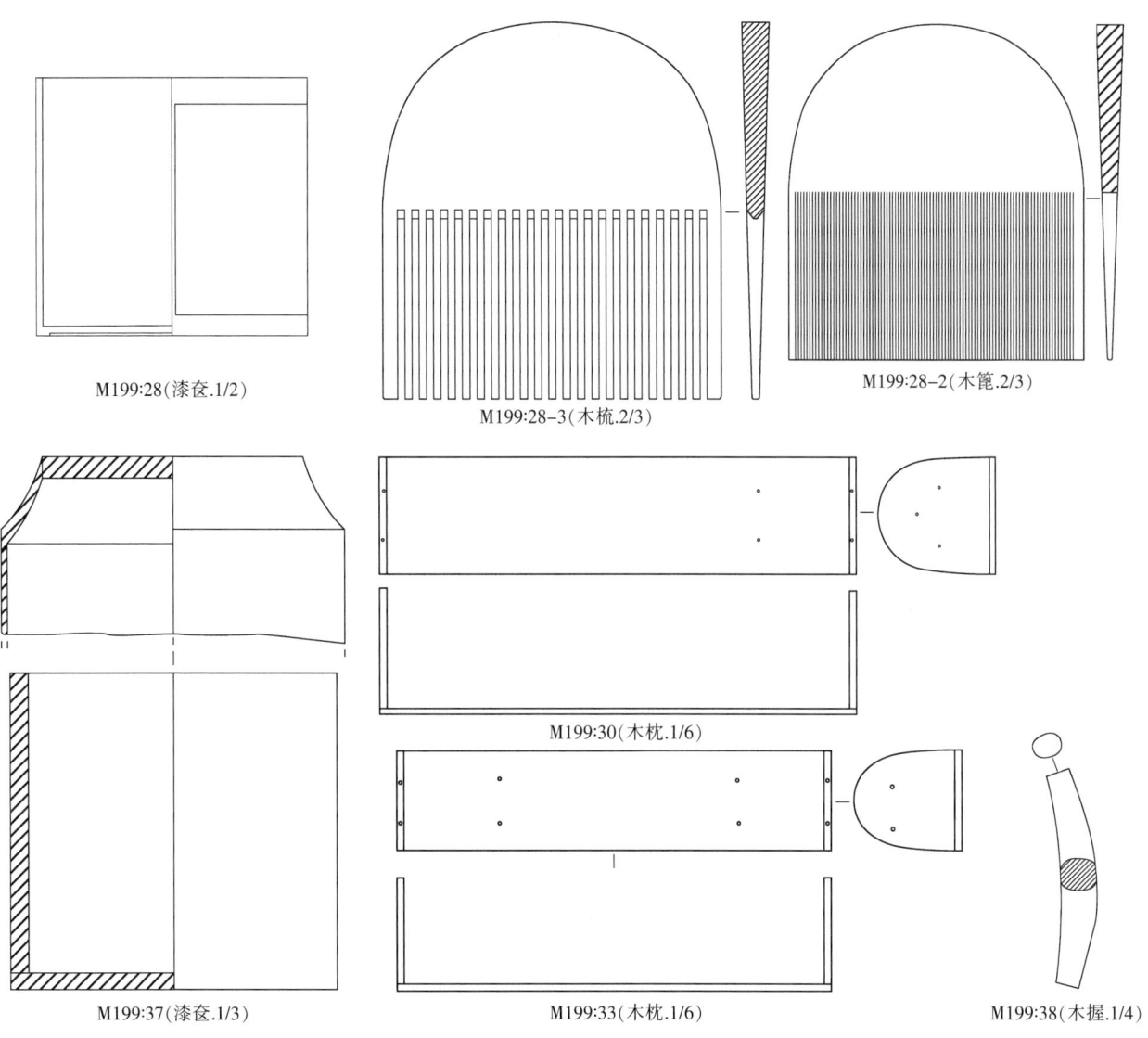

M199:28(漆奁.1/2)

M199:28-3(木梳.2/3)

M199:28-2(木篦.2/3)

M199:37(漆奁.1/3)

M199:30(木枕.1/6)

M199:33(木枕.1/6)

M199:38(木握.1/4)

图3－9B－3b4　军庄组三号B区M199出土器物图

5. 木器

共 11 件。器形有梳、篦、枕、握。

梳 4 件。均出土于南棺漆奁内。M199：28 - 3，器弧背长方形，背部厚，齿端薄，23 齿，背长与齿长基本相同。通长 8、宽 7.5、厚 0.65 厘米。（图 3 - 9B - 3b4；彩版三三九，6）

M199：28 - 6、28 - 7、28 - 8，形制、尺寸同 M199：28 - 3。（彩版三三九，7）

篦 3 件。均出土于南棺漆奁内。M199：28 - 2，形制与木梳 M199：28 - 3 相同，唯齿更密，90 齿。通长 7.2、宽 6.6、厚 0.6 厘米。（图 3 - 9B - 3b4）

M199：28 - 4、28 - 5，形制、尺寸同 M199：28 - 2。（彩版三三九，8、9）

枕 2 件。M199：30，出土于南棺西部。器仅剩底板及两端侧板，底板平面为长方形，上饰四个小孔。两侧板立面为马蹄形，其顶部饰两个小孔，立面中部则饰三个小孔。底板长 42.1、宽 10、厚 0.5 厘米。侧板高 10.7、厚 0.6 厘米。（图 3 - 9B - 3b4；彩版三三九，10）

M199：33，出土于北棺中部。器仅剩底板及两端侧板，底板平面为长方形，上饰四个小孔。两侧板立面为马蹄形，顶部及立面各有两个小孔。底板长 38.4、宽 8.6、厚 0.6 厘米。侧板高 9.8、厚 0.7 厘米。（图 3 - 9B - 3b4）

握 2 件。均出土于南棺中部。M199：38，器整体类似弓形，中部截面为圆角方形。器长 12.3、厚 2.1 厘米。（图 3 - 9B - 3b4；彩版三三九，11）

M199：39，形制、尺寸与 M199：38 相同。（彩版三三九，11）

6. 石器

共 2 件。器形为黛板、研石，均出土于漆黛板盒 M199：32 内。

黛板 1 件。M199：32 - 1，青石质。平面呈长方形，正面光滑，为碾磨面。长 6.8、宽 3、厚 0.3 厘米。（图 3 - 9B - 3b3）

研石 1 件。M199：32 - 2，青石质。顶面呈圆形，底面呈方形，底面光滑，为碾磨面。底长 3.6、高 1.5 厘米。（图 3 - 9B - 3b3）

7. 陶器

共 4 件。器形为壶、瓿。皆为釉陶。

壶 2 件。均出土于西边箱南部。M199：23，侈口，圆唇，斜沿，直颈，溜肩，鼓腹斜收，平底微内凹。肩部两侧各饰一桥形纽，纽面饰叶脉纹。颈部下方饰一周水波纹，肩部上方另饰凸弦纹三组。口径 13.6、底径 13、高 32.4 厘米。（图 3 - 9B - 3b5；彩版三四〇，1）

M199：22，形制与 M199：23 基本相同，肩部上方另饰凸弦纹两组。口径 14.3、底径 13.6、高 32.9 厘米。（图 3 - 9B - 3b5；彩版三四〇，2）

瓿 2 件。M199：17，出土于西边箱中部。侈口，斜平沿，鼓肩，斜腹，平底。肩两侧饰兽面耳各一对，颈部至腹部饰凸弦纹三组。口径 8.1、底径 13.2、高 22.5 厘米。（图 3 - 9B - 3b5；彩版三四〇，3）

M199：21，出土于西边箱南部。形制与 M199：17 基本相同。颈部至腹部凸弦纹两组。口径 8.4、底径 12.9、高 22 厘米。（图 3 - 9B - 3b5；彩版三四〇，4）

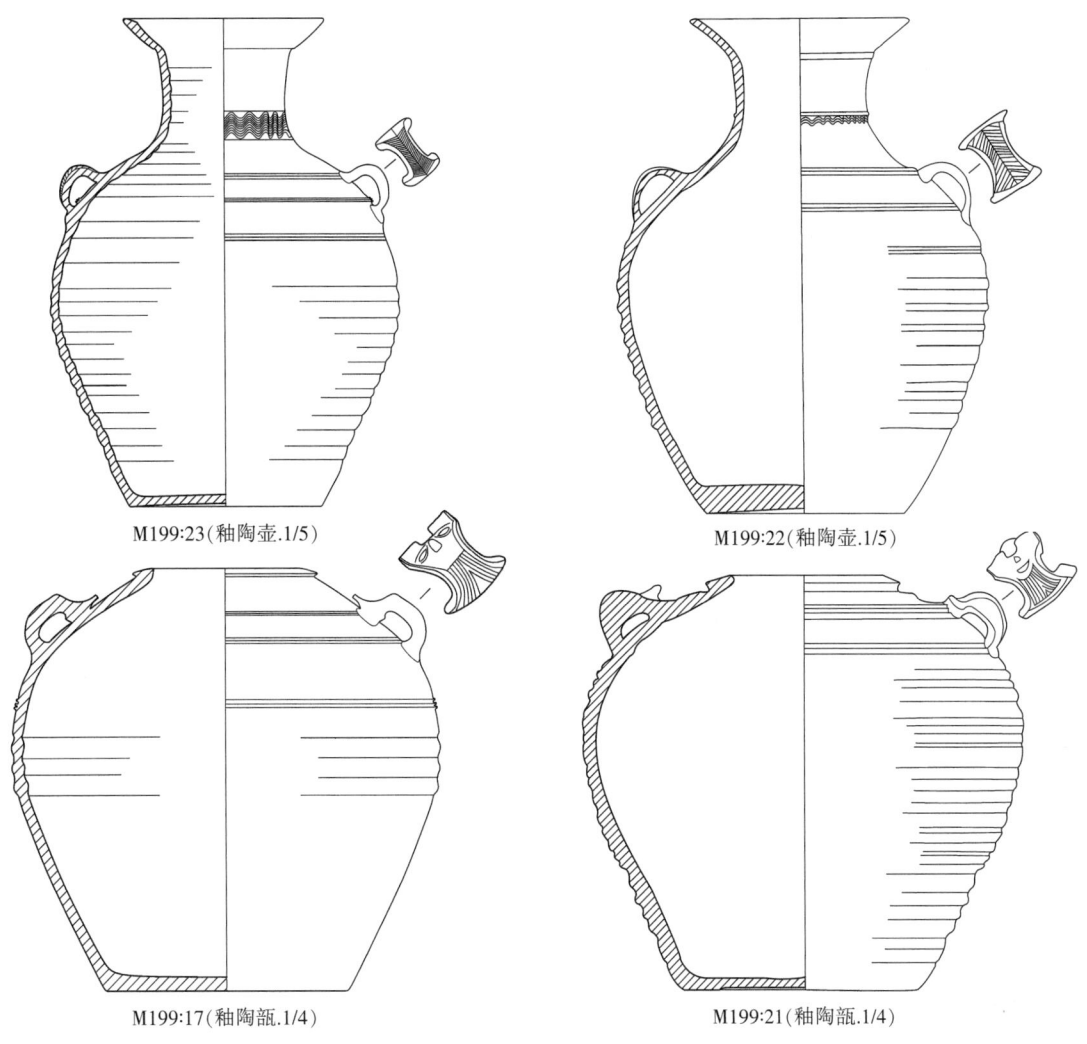

M199:23（釉陶壶.1/5）　　　　　　　M199:22（釉陶壶.1/5）

M199:17（釉陶瓿.1/4）　　　　　　　M199:21（釉陶瓿.1/4）

图 3－9B－3b5　军庄组三号 B 区 M199 出土器物图

四、200 号墓（M200）

M200 位于军庄组三号取土场 B 区墓地西南部，东邻 M201。清理前，墓坑大部分已被高速公路施工方破坏，仅墓坑底部尚有棺椁结构留存。

墓葬形制为长方形竖穴土坑，长 232、宽 91、残深 44 厘米，方向为 75°。清理时，木椁侧板与坑壁间填塞青膏泥。（图 3－9B－4a；彩版三四一，1）

葬具为一椁一棺。木椁置于墓坑底部偏西，清理时尚留有底板、东侧板及前后挡板，余皆腐朽。椁室平面近似长方形，长 214、一端宽 70、另一端宽 61、残高 30 厘米。木棺置于木椁内，清理时尚留有底板、南北两侧板及东侧板，因整体朽蚀严重，无法判断髹漆情况。木棺因受坍塌的填土挤压，清理后平面呈平行四边形，棺长 188、宽 38、残高 26 厘米。

该墓共出土铜器、铁器、漆器、木器等遗物共 7 件（组）。

1. 铜器

共 2 件（组）。器形为镜、铜钱。

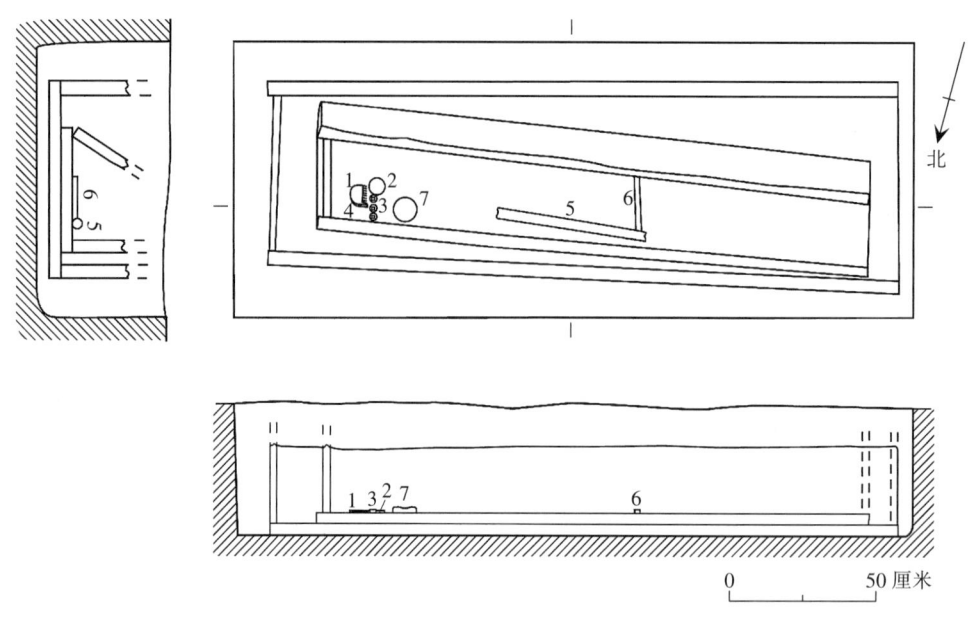

图 3 -9B -4a　军庄组三号 B 区 M200 平面、剖视图
1. 木梳　2. 铜镜　3. 铜钱　4. 木篦　5. 漆棍形器　6. 铁削　7. 漆奁

镜　1 件。M200：2，出土于棺内东部。日光镜。圆形，半圆纽，圆形纽座，宽素平缘。座外短竖线（每组三线）与单弧线纹各四组相间环列，外饰十二内向连弧纹。其外两周短斜线纹间饰一周铭文带，铭文间以"の"形符号间隔。铭文为"见日之光天下大明"。镜面直径 5.2、纽高 0.44、纽宽 1.2、肉厚 0.1 厘米。（图 3 -9B -4b；彩版三四一，2）

铜钱　1 组。M200：3，出土于棺内东部。共 9 枚，皆为五铢钱。形制、尺寸、钱文基本相同。钱径 2.45、穿径 0.9、缘厚 0.12 厘米。（图 3 -9B -4b；彩版三四一，3~6）

2. 铁器

共 1 件。器形为削。

削　1 件。M200：6，出土于棺内中部。铁质削身朽尽，唯其鞘身尚留有一部分。鞘身木胎，断面呈长方形，外髹黑漆。残长 20、宽 1.9、厚 0.9 厘米。（图 3 -9B -4b）

3. 漆器

共 2 件。器形为奁、棍形器。

奁　1 件。M200：7，出土于棺内东部，残损严重，仅残留部分漆皮，具体形制与尺寸不明。

棍形器　1 件。M200：5，出土于棺内中部，木胎，两端皆残损，外髹黑漆，截面为圆形。残长 32.4、截面径 2.4 厘米。（图 3 -9B -4b）

4. 木器

共 2 件。器形为梳、篦。均出土于棺内东部。

梳　1 件。M200：1，半圆形梳背，梳齿残损严重，根据残留的齿根推知，梳齿为 14 齿。器残长 3.8、宽 5.1、厚 0.4 厘米。（图 3 -9B -4b）

篦　1 件。M200：4，半圆形篦背，篦齿残损严重，齿数不明。器残长 4、宽 5.1、厚 0.4 厘米。（图 3 -9B -4b）

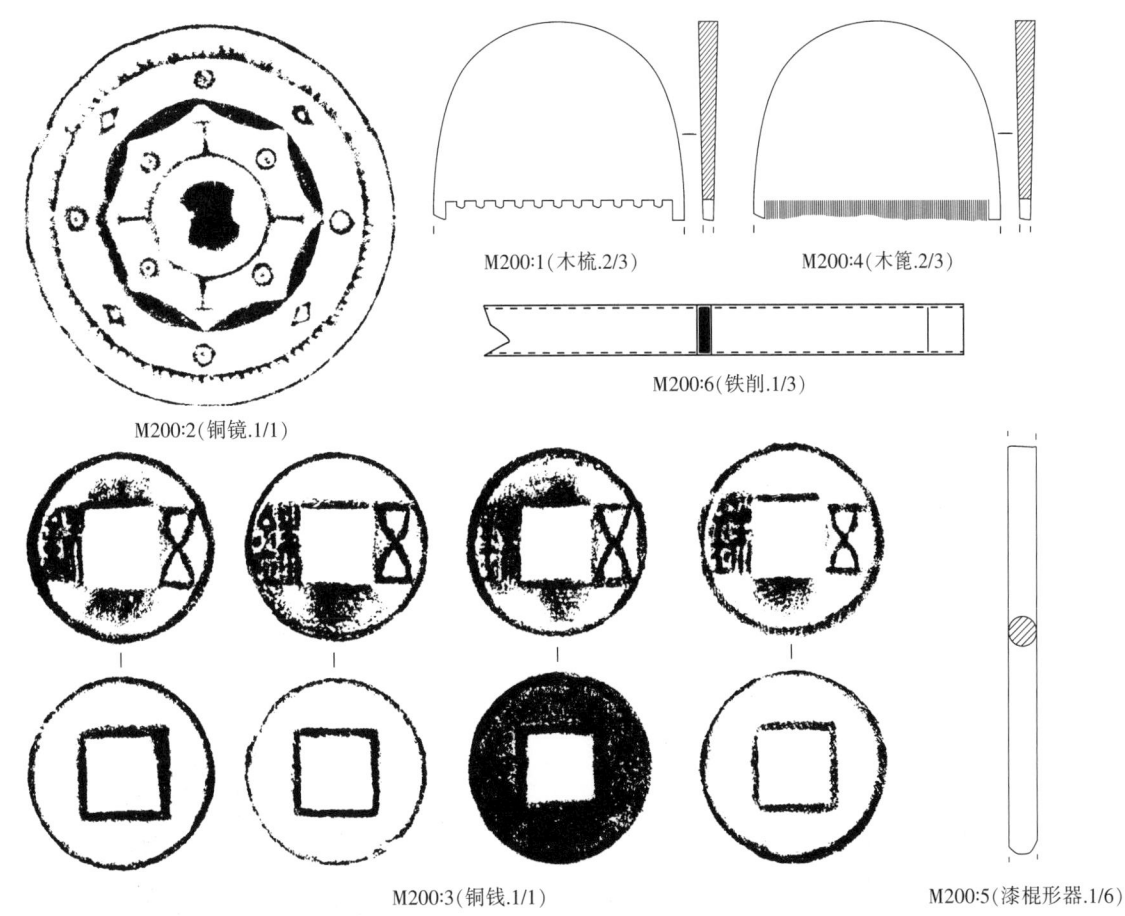

M200:1（木梳.2/3）　　　M200:4（木篦.2/3）

M200:6（铁削.1/3）

M200:2（铜镜.1/1）

M200:3（铜钱.1/1）　　　　　　　M200:5（漆棍形器.1/6）

图 3－9B－4b　军庄组三号 B 区 M200 出土器物图

五、201 号墓（M201）

M201 位于金马高速东阳汉墓群军庄组三号取土场 B 区墓地西部，西邻 M200，北邻 M202。清理前，墓坑大部分已被高速公路施工方破坏，仅墓坑底部木棺底板尚有木结构留存。

墓葬形制为长方形竖穴土坑，长 240、宽 80 厘米，残深 58 厘米。方向 240°。（图 3－9B－5a；彩版三四一，7）

葬具为单棺。木棺位于墓坑底部偏东，棺东侧板与墓室东壁紧靠，从朽痕与残存木结构可知，棺长 198、宽 55、残高 26 厘米。

该墓共出土铜器、陶器等遗物共 4 件（组）。

1. 铜器

共 2 件（组）。器形为镜、铜钱。

镜　1 件。M201：2，出土于棺内西部。日光镜。较完整。圆形，半圆纽，圆形纽座，宽素平缘。座外短竖线（每组三线）与单弧线纹各四组相间环列，外饰十二内向连弧纹，其外两周短斜线纹间饰一周铭文带，铭文间以"の"形符号间隔。铭文为"见日之光天下大明"。镜面直径 7.9、纽高 0.6、纽宽 1.2、肉厚 0.15 厘米。（彩版三四一，8）

铜钱　1 组。M201：1，出土于棺内中部。共 10 枚，皆为五铢钱，形制、尺寸、钱文基本相

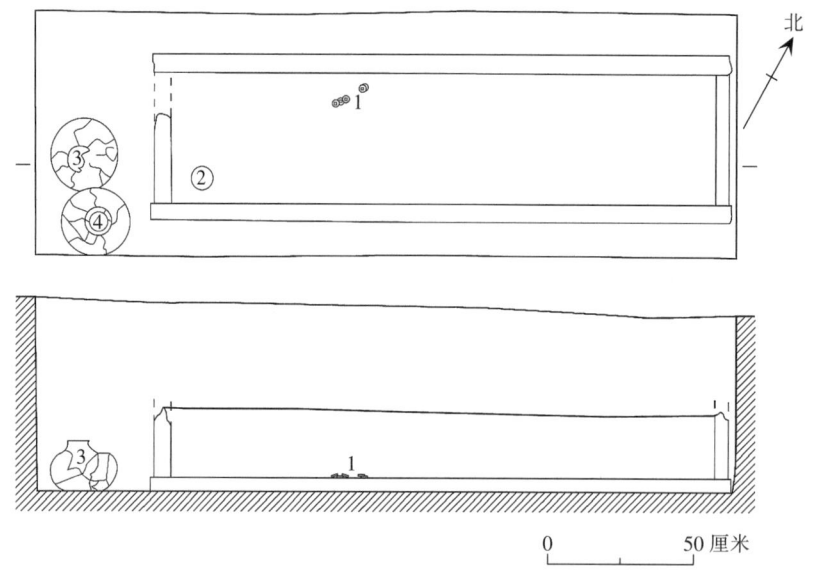

图 3 - 9B - 5a　军庄组三号 B 区 M201 平面、剖视图
1. 铜钱　2. 铜镜　3. 陶瓿　4. 陶壶

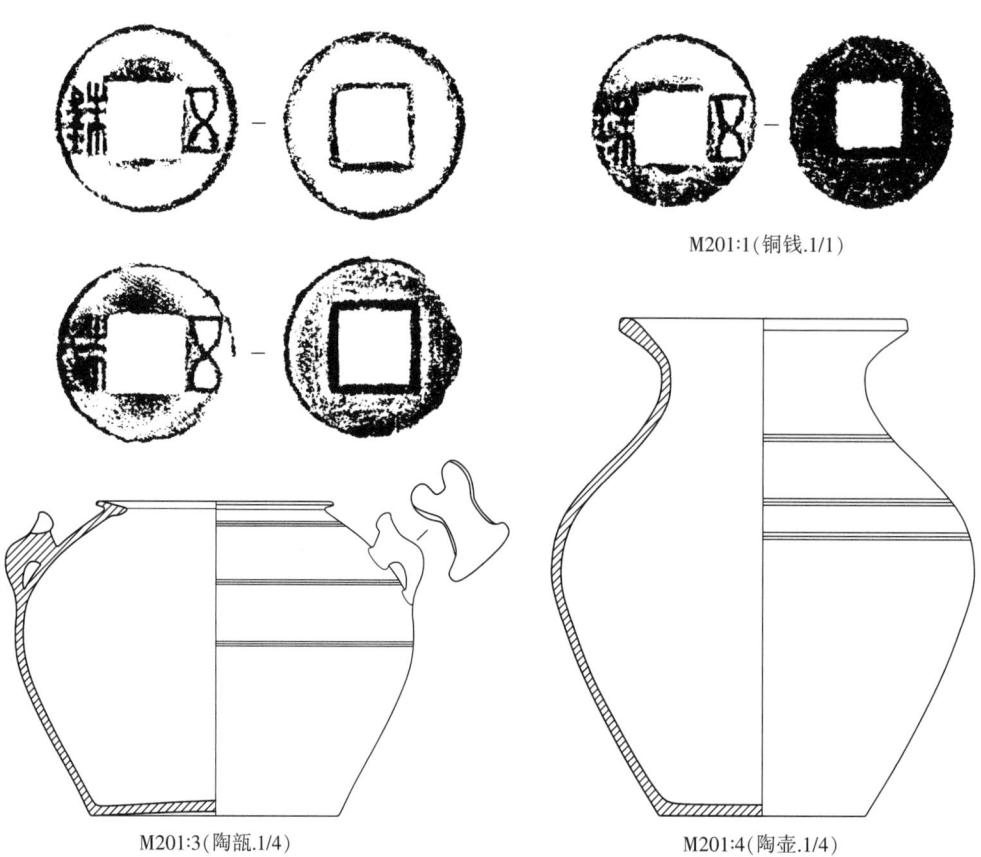

M201:1(铜钱.1/1)

M201:3(陶瓿.1/4)　　　　　　　　M201:4(陶壶.1/4)

图 3 - 9B - 5b　军庄组三号 B 区 M201 出土器物图

同。钱径 2. 45、穿径 0. 9、缘厚 0. 12 厘米。(图 3 - 9B - 5b；彩版三四一，9)

2. 陶器

共 2 件。器形为壶、瓿，均出土于墓坑西部。

壶　1件。M201:4，泥质红陶。侈口，圆唇，束颈，溜肩，鼓腹斜收，平底。通体素面。口径15.6、底径11.2、高26.4厘米。（图3-9B-5b）

瓿　1件。M201:3，泥质红陶。侈口，斜平沿，鼓肩，斜腹，平底内凹。肩两侧饰简化兽面耳各一对。颈部至腹部饰凹弦纹三组。口径12.9、底径13.5、高16.6厘米。（图3-9B-5b；彩版三四一，10）

六、202号墓（M202）

M202位于金马高速东阳汉墓群军庄组三号取土场B区墓地西南处，南临M201，北临M203，西临M199。清理前，墓坑开口已被高速公路施工方破坏，开口距现地表深度不明，墓坑底部棺椁结构与随葬品组合未受扰动。

墓葬形制为长方形竖穴土坑，墓室平面呈长方形，长242、宽82厘米，残深50厘米。方向190°。（图3-9B-6a；彩版三四二，1）

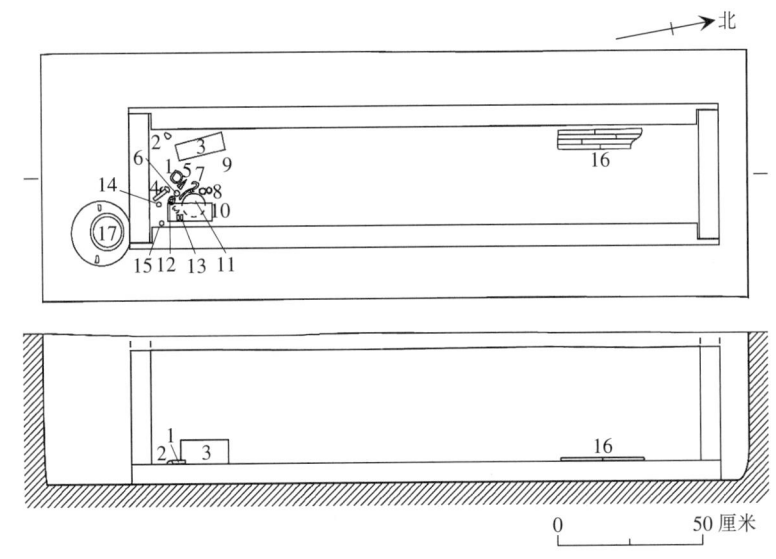

图3-9B-6a　军庄组三号B区M202平面、剖视图

1、6、8、9. 铜环　2. 琉璃琀　3. 漆卮　4. 铜盖弓帽　5. 铜镞　7. 铜带钩　10. 石黛板　11. 铜镜　12. 铜钱　13. 铜印　14. 琉璃珠　15. 铜节约　16. 铜算筹　17. 陶壶

葬具为单棺。木棺位于墓坑底部正中，木棺结构除盖板外大体保存完整，棺长200、宽50、残高45厘米。

该墓共出土铜器、琉璃器、漆器、石器、陶器等共17件（组），除陶器外，其余遗物均出土于棺内。

1. 铜器

共12件（组）。器形为镜、印、带钩、镞、盖弓帽、节约、环、算筹、铜钱等。

镜　1件。M202:11，出土于棺内南部。昭明镜。圆形，连峰纽，圆形纽座，窄缘。座外双弧线纹四组相间环列，外饰一周凸弦纹圈带，其外为半圆扇面纹和"V"形纹相间环列，外饰八内向连弧纹，外圈两周短斜线纹间饰一周铭文。铭文为"内而清而以昭而明光而象夫日□月心而忽不泄"。镜面直径9.3、纽高0.85、纽宽1.45、肉厚0.25厘米。（图3-9B-6b；彩版三四三，1）

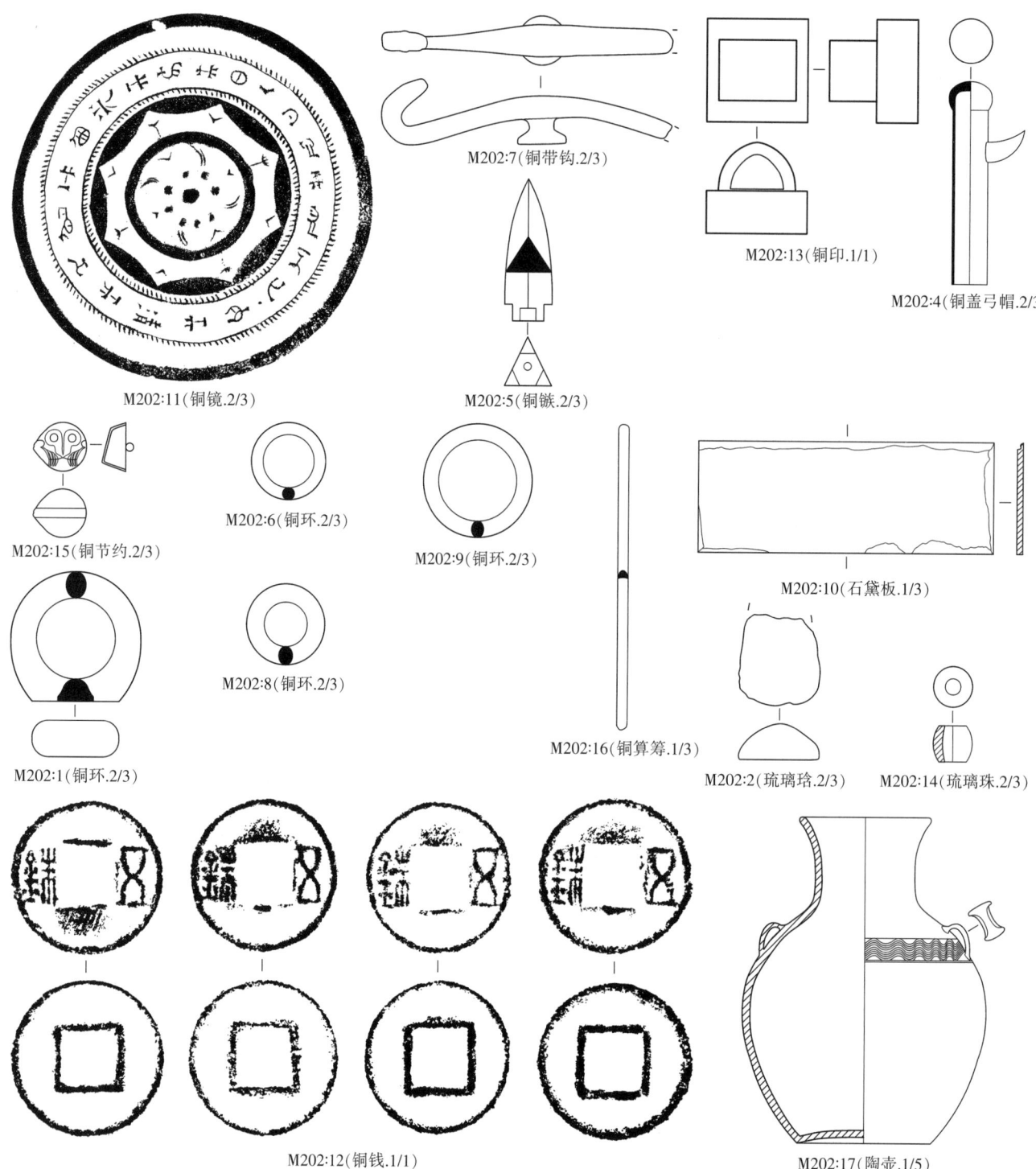

M202:11(铜镜.2/3)

M202:7(铜带钩.2/3)

M202:13(铜印.1/1)

M202:4(铜盖弓帽.2/3)

M202:5(铜镞.2/3)

M202:15(铜节约.2/3)

M202:6(铜环.2/3)

M202:9(铜环.2/3)

M202:10(石黛板.1/3)

M202:8(铜环.2/3)

M202:1(铜环.2/3)

M202:16(铜算筹.1/3)

M202:2(琉璃珌.2/3)

M202:14(琉璃珠.2/3)

M202:12(铜钱.1/1)

M202:17(陶壶.1/5)

图3-9B-6b 军庄组三号B区M202出土器物图

印 1件。M202:13，桥形纽，方形印面，印面无印文。印面边长1.7、高1.5厘米。（图3-9B-6b；彩版三四三，2）

带钩 1件。M202:7，出土于棺内南部。琵琶形钩身，一端残损，圆形钩首，下饰一圆纽。器残长7.4、宽1.2、高1.6厘米。（图3-9B-6b；彩版三四三，3）

镞 1件。M202:5，出土于棺内南部。镞身三棱形，向前聚合成锋，前锋尖锐，关断面呈六

边形，底端饰一小圆銎。器长 3.5 厘米。（图 3 - 9B - 6b；彩版三四三，4）

盖弓帽 1 件。M202：4，出土于棺内南部。器身为圆柱形，帽首圆形，近帽首处饰一钩。器长 5、銎径 0.9 厘米。（图 3 - 9B - 6b；彩版三四三，5）

节约 1 件。M202：15，器平面呈圆形，正面饰熊纹，背面中空，底部饰一横穿。器底径 1、高 1.5 厘米。（图 3 - 9B - 6b；彩版三四三，6）

环 4 件。均出土于棺内南部。M202：1，器身截面呈圆形，一端为平底。器外环径 3.3、内环径 2、厚 0.9 厘米。（图 3 - 9B - 6b；彩版三四三，7）

M202：6，器身截面呈圆形。器外环径 1.9、内环径 1.3、厚 0.3 厘米。（图 3 - 9B - 6b；彩版三四三，8）

M202：8，形制与 M202：6 相同，唯尺寸有差异。器外环径 2、内环径 1.1、厚 0.35 厘米。（图 3 - 9B - 6b；彩版三四三，9）

M202：9，形制与 M202：6 相同，唯尺寸有差异。器外环径 2.8、内环径 2、厚 0.3 厘米。（图 3 - 9B - 6b；彩版三四三，10）

算筹 1 组。M202：16，出土于棺内北部。一组六根，形制、尺寸相同。器长 15、宽 0.5、厚 0.36 厘米。（图 3 - 9B - 6b；彩版三四三，11）

铜钱 1 组。M202：12，出土于棺内南部。共 36 枚，皆为五铢钱，形制、尺寸、钱文大体相同。钱径 2.5、穿径 1、缘厚 0.11 厘米。（图 3 - 9B - 6b；彩版三四三，12、13）

2. 琉璃器

共 2 件。器形为玲、珠。

玲 1 件。M202：2，出土于棺内南部。器作蝉形，正面隆起，惜器表锈蚀严重，纹饰不明。残长 2.2、宽 2、厚 0.9 厘米。（图 3 - 9B - 6b；彩版三四二，2）

珠 1 件。M202：14，器整体呈矮圆柱形，中部鼓起，内饰一穿孔。器高 0.9、穿径 0.4 厘米。（图 3 - 9B - 6b）

3. 漆器

共 1 件。器形为卮。

卮 1 件。M202：3，出土于棺内南部。夹纻胎。残损严重，尚能大体复原。盖身平顶，器外髹黑漆，由上至下朱绘弦纹十道，第五、六道弦纹间夹饰五行朱漆点纹，盖内近口沿处髹黑漆一道，余通髹朱漆。器身平口，直壁，外髹黑漆，内髹朱漆，纹样与盖身基本相同。盖径 16.2、盖高 6.3、器径 15.8、器高 7.7、合盖通高 8 厘米。（彩图一四八，1）

4. 石器

共 1 件。器形为黛板。

黛板 1 件。M202：10，青石质，平面长方形，正面光滑，为碾磨面。长 15、宽 5.5、厚 0.3 厘米。（图 3 - 9B - 6b；彩版三四二，3）

5. 陶器

共 1 件。器形为壶。

壶 1 件。M202：17，出土于墓室南部。灰陶。侈口，圆唇，直颈，溜肩，鼓腹渐收，平底内凹。肩两侧饰双桥形耳。颈部饰一圈水波纹。口径 10.8、底径 11.3、高 26.8 厘米。（图 3 - 9B - 6b；彩版三四二，4）

七、203 号墓（M203）

M203 位于金马高速东阳汉墓群军庄组三号取土场 B 区墓地西部偏北，西临 M204，南临 M199 和 M202。清理前，墓坑开口及墓底南部部分区域已被高速公路施工方破坏，开口距现地表深度不明。

墓葬形制为长方形竖穴土坑，墓坑长 187.5、宽 58 厘米，残深 67.5 厘米。方向 5°。（图 3 - 9B - 7；彩版三四四，1）

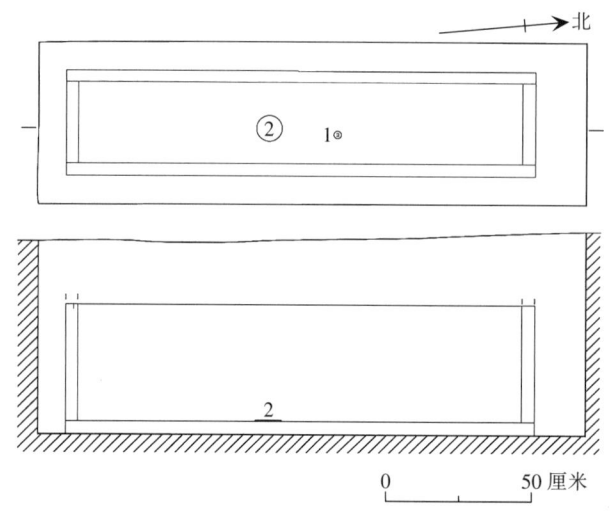

图 3 - 9B - 7　军庄组三号 B 区 M203 平面、剖视图
1. 铜钱　2. 漆奁

葬具为单棺。木棺位于墓坑底部正中略偏南，清理时木棺底板尚有部分木结构留存，棺长 162、宽 36、残高 45 厘米。

该墓共出土铜器、漆器遗物 2 件。

1. 铜器

共 1 件。器形为铜钱。

铜钱　1 件。M203：1，出土于棺内中部略偏东。铜钱残损锈蚀严重，无法拓印，可大体辨识为五铢钱。

2. 漆器

共 1 件。器形为奁。

奁　1 件。M203：2，出土于棺内中部。夹纻胎。器残朽严重，仅存盖顶部分漆皮。盖顶通髹黑漆，其内朱绘祥云纹环绕奁盖一周，内圈绘云气纹。奁盖径 11.1 厘米，其余纹饰与尺寸皆不明。（彩图一四八，2）

八、204 号墓（M204）

M204 位于金马高速东阳汉墓群军庄组三号取土场 B 区墓地西北部，东临 M203，南临 M199。

清理前，墓坑开口区域已被高速公路施工方破坏，开口距现地表深度不明。

该墓墓葬形制为长方形竖穴土坑，墓坑长320、宽220厘米，残深136厘米。方向170°。（图3-9B-8a；彩版三四四，2）

葬具为两棺一椁，棺椁结构保存大体完整。木椁置于墓坑底部正中略偏南，椁室平面呈长方形，长254、宽182、高86厘米。椁室底板共六块，纵向拼接，不用边榫，每块底板长254、宽30、厚13厘米。南北侧板由两块木板上下拼接而成，不用边榫，每块木板长171、宽37、厚7.6厘米。棺位于椁室中部，两棺形制大小基本相同，结构保存完整，棺长220、宽72、高72、棺底板厚12厘米。椁室北壁外有一北边箱，其由三块木板围合而成，长106、宽28.8、高33.2厘米，

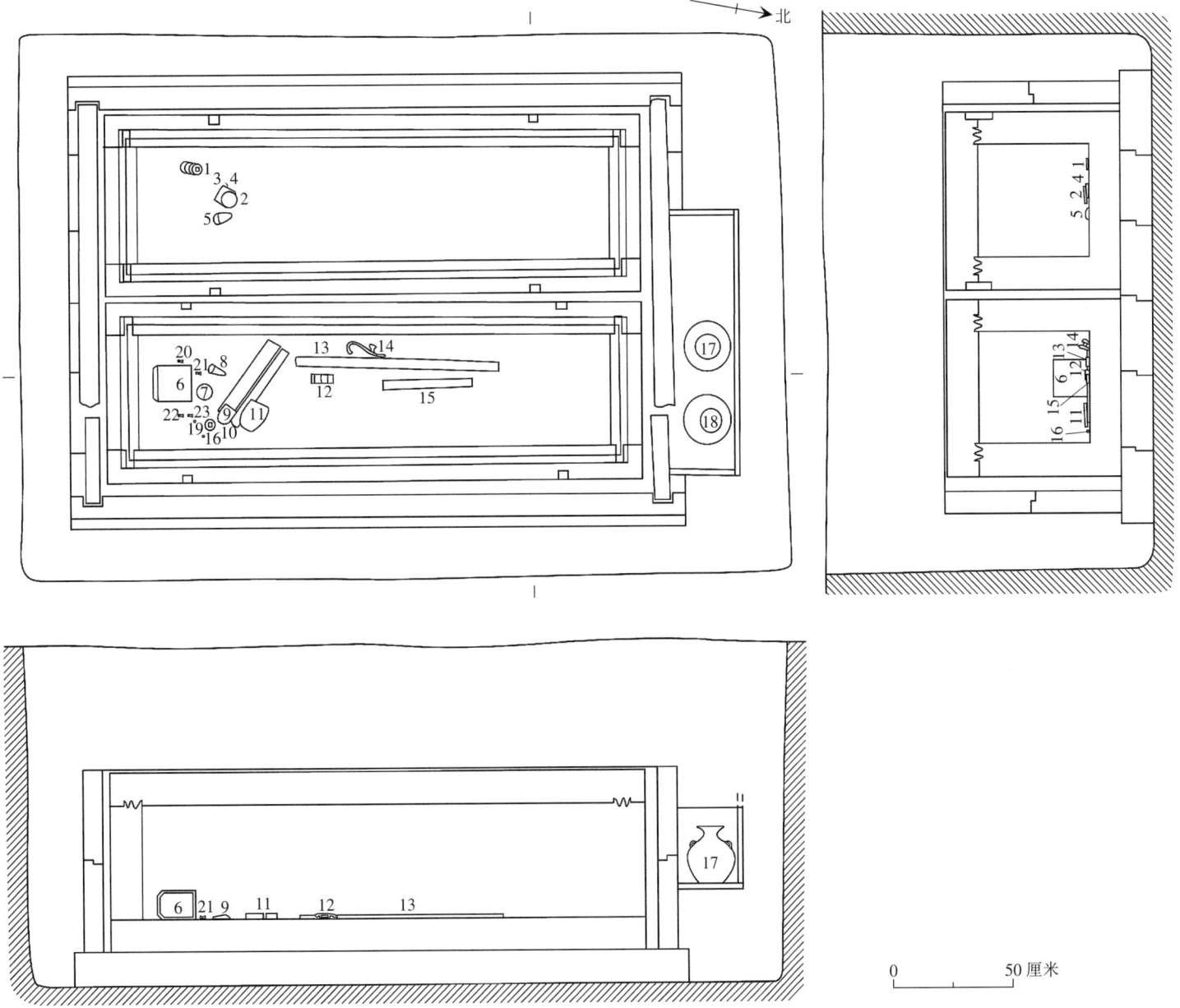

图3-9B-8a 军庄组三号B区M204平面、剖视图

1. 铜钱 2、7. 铜镜 3、9. 木梳 4、10. 木篦 5、8. 琉璃琀 6. 漆奁 11. 木枕 12. 木剑璏 13. 铁剑 14. 铜带钩 15. 铁削 16、19. 琉璃珠 17. 陶壶 18. 陶瓿 20~23. 琉璃塞

箱中部出土陶壶一件，东部则出土陶瓿一件。（彩版三四四，3）

该墓共出土铜器、铁器、琉璃器、漆器、木器、陶器等遗物共 23 件（组），除陶器出土于北边箱内，其余遗物均出土于棺内。

1. 铜器

共 4 件（组）。器形为镜、带钩、铜钱等。

镜　2 件。M204：2，出土于西棺南部。日光镜。圆形，半圆纽，圆纽座。座外短竖线（每组三线）与单弧线纹各四组相间环列，外饰八内向连弧纹，其外两周短斜线纹间饰一周铭文带，铭文间以"の"形符号间隔。铭文为"见日之光天下大明"。镜面直径 7.5、纽高 0.53、纽宽 1、肉厚 0.12 厘米。（图 3 - 9B - 8b1；彩版三四五，1）

M204：7，出土于东棺南部。日月镜。圆形，半圆纽，圆纽座。座外八内向连弧纹，其外两周短斜线纹间夹饰一周铭文，铭文间以"の"形符号间隔。铭文为"见光□日月心勿"。镜面直径 6.4、纽高 0.68、纽宽 1.2、肉厚 0.1 厘米。（图 3 - 9B - 8b1；彩版三四五，2）

带钩　1 件。M204：14，出土于东棺中部。器通体鎏金，琵琶形钩身，龙首形钩首，下饰一圆纽。器表饰涡纹与斜方格纹组合。器长 13.3、宽 1.6、高 2.2 厘米。（图 3 - 9B - 8b1；彩版三四五，3）

铜钱　1 组。M204：1，均出土于西棺南部。共 8 枚，皆为五铢钱，形制、尺寸、钱文基本相同。钱径 2.55、穿径 1、缘厚 0.15 厘米。（图 3 - 9B - 8b1；彩版三四五，4、5）

2. 铁器

共 2 件。器形为剑、削。

剑　1 件。M204：13，出土于东棺中部。剑身较长，断面呈菱形，格为铜质。剑格以上部分保存较差，除木质剑柄、木质剑珌、铜质剑首保存完整外，余皆大体朽尽。复原通长 98、格长 4.8、剑首径 4 厘米。（图 3 - 9B - 8b1；彩版三四五，6）

削　1 件。M204：15，出土于东棺中部。削身平直略弧，断面呈三角形，环首。鞘保存较好，通髹黑漆，素面。通长 24.3、刃宽 2.1、环径 4.2 厘米。（图 3 - 9B - 8b1；彩版三四五，7）

3. 琉璃器

共 8 件。器形为琀、塞、珠。

琀　2 件。M204：5，出土于西棺南部。器作蝉形，正面隆起。长 3.9、宽 2.2、厚 0.9 厘米。（图 3 - 9B - 8b2；彩版三四五，8）

M204：8，出土于东棺南部。形制、尺寸与 M204：5 基本相同。（图 3 - 9B - 8b2；彩版三四五，9）

塞　4 件。M204：20，出土于东棺南部。器作圆台柱形，呈墨绿色。顶面直径 0.5、底面直径 0.9、高 1.8 厘米。（图 3 - 9B - 8b2；彩版三四五，10）

M204：21 ~ 23，形制、尺寸与 M204：20 相同。（彩版三四五，10）

珠　2 件。

M204：16，出土于东棺南部。器整体呈扁圆珠形，内饰一穿孔。器高 0.6、珠径 1 厘米。（图 3 - 9B - 8b2；彩版三四五，11 左）

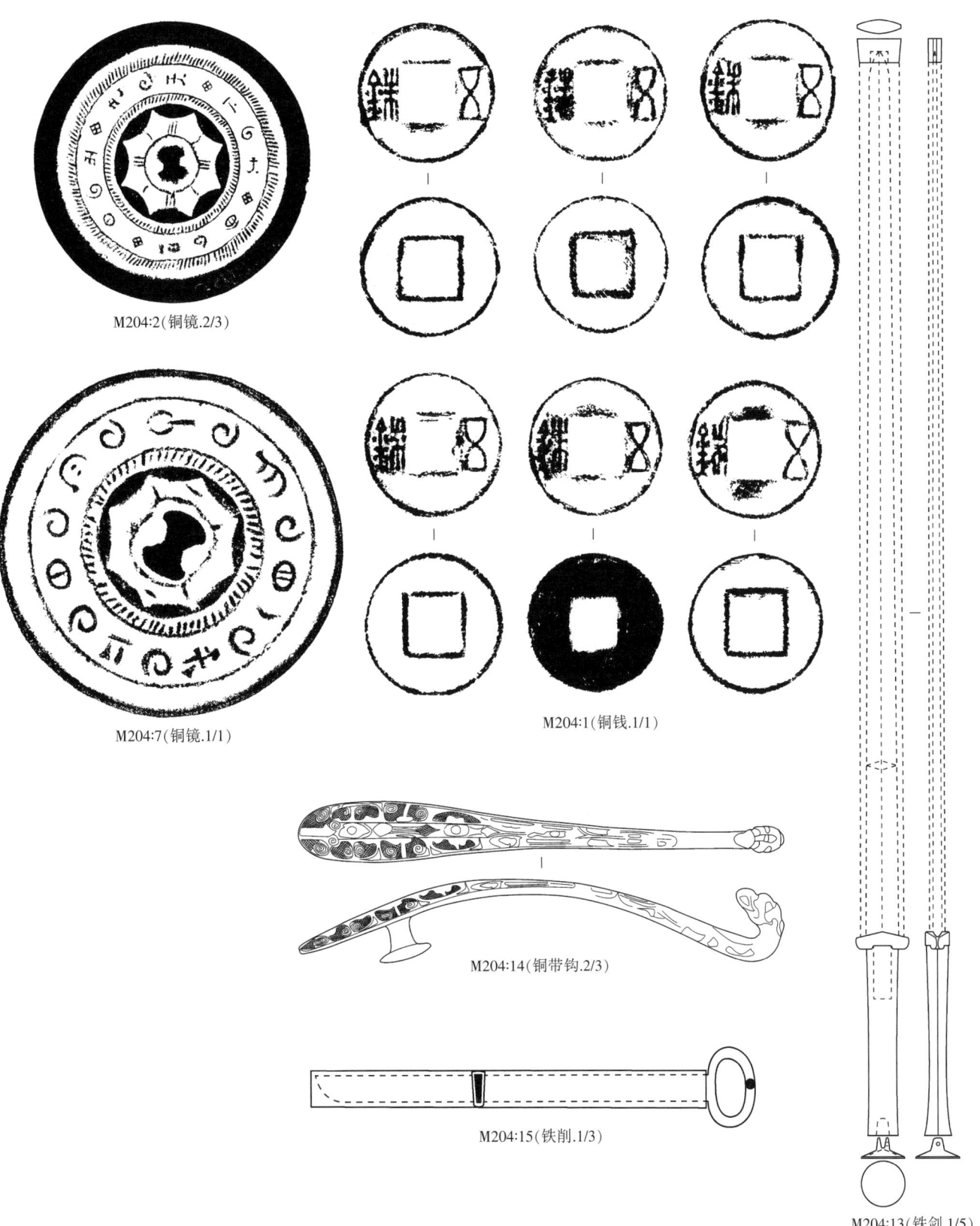

M204:2(铜镜.2/3)

M204:7(铜镜.1/1)

M204:1(铜钱.1/1)

M204:14(铜带钩.2/3)

M204:15(铁削.1/3)

M204:13(铁剑.1/5)

图 3 - 9B - 8b1　军庄组三号 B 区 M204 出土器物图

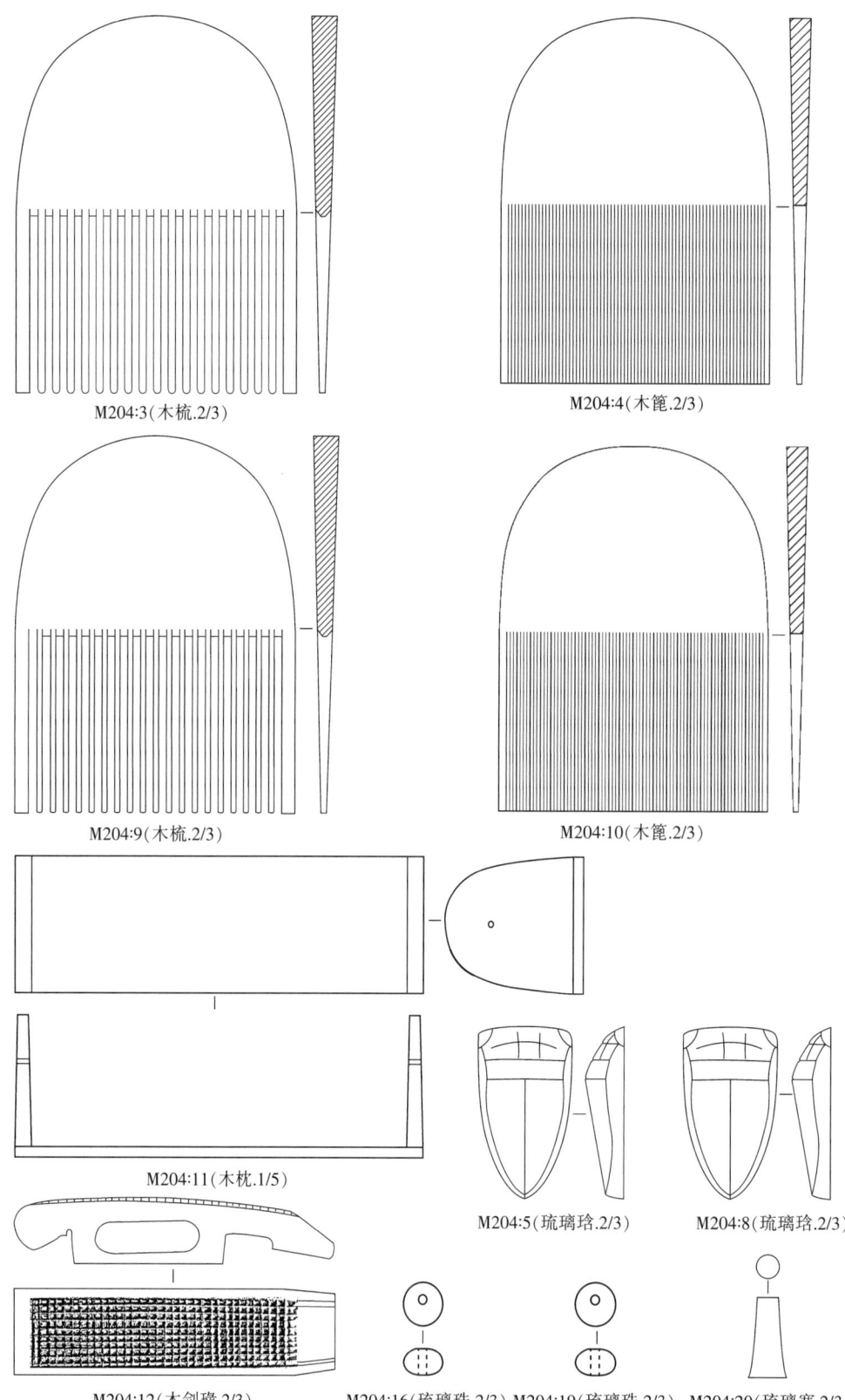

M204:3(木梳.2/3)

M204:4(木篦.2/3)

M204:9(木梳.2/3)

M204:10(木篦.2/3)

M204:11(木枕.1/5)

M204:5(琉璃琀.2/3)

M204:8(琉璃琀.2/3)

M204:12(木剑璏.2/3)

M204:16(琉璃珠.2/3)　M204:19(琉璃珠.2/3)　M204:20(琉璃塞.2/3)

图 3－9B－8b2　军庄组三号 B 区 M204 出土器物图

M204：19，出土于东棺南部。形制、尺寸与 M204：16 相同。（图 3 - 9B - 8b2；彩版三四五，11 右）

4. 漆器

共 1 件。器形为奁。

奁 1 件。M204：6，出土于东棺南部。器木胎，平面呈方形。盖身盝顶，器外髹黑漆，器内髹朱漆，皆素面。器身直壁，外髹黑漆，内髹朱漆，素面。盖径 13.1、盖高 11.6 厘米，器身口径 12.2、高 10.7 厘米，合盖通高 11.6 厘米。（彩图一四八，3；彩版三四六，1）

5. 木器

共 6 件。器形有梳、篦、枕、剑璏等。

梳 2 件。M204：9，出土于东棺南部。器弧背长方形，背部厚，齿端薄，背长与齿长基本相同，19 齿。长 8.6、宽 6.5、厚 0.75 厘米。（图 3 - 9B - 8b2；彩版三四六，2）

M204：3，出土于西棺南部。形制、尺寸与 M204：9 相同。（图 3 - 9B - 8b2；彩版三四六，3）

篦 2 件。M204：10，出土于东棺南部。形制与木梳 M204：9 相同，唯齿更密，60 齿。长 8.3、宽 6.3、厚 0.5 厘米。（图 3 - 9B - 8b2；彩版三四六，4）

M204：4，出土于西棺南部。形制、尺寸与 M204：10 相同。（图 3 - 9B - 8b2；彩版三四六，5）

枕 1 件。M204：11，出土于东棺南部。器平面呈长方形，两侧半圆形侧板及长方形底板尚存，枕面已朽。器长 32、宽 10.4、高 10.8 厘米。（图 3 - 9B - 8b2；彩版三四六，6）

剑璏 1 件。M204：12，出土于东棺南部。器通体木质。正面呈长方形，其中一端向下呈卷钩，表面隆起，刻饰方格纹，刀法娴熟，背面饰长方形穿。器长 7.6、宽 2、厚 1.5 厘米。（图 3 - 9B - 8b2；彩版三四六，7）

6. 陶器

共 2 件。器形为壶、瓿。

壶 1 件。M204：17，出土于北边箱内。红陶。侈口，圆唇，束颈，溜肩，鼓腹渐收，平底内凹。肩两侧饰双桥形耳。肩部与上腹部共饰三圈水波纹。口径 13.8、底径 12.9、高 30.9 厘米。（图 3 - 9B - 8b3；彩版三四四，4）

瓿 1 件。M204：18，出土于北边箱内。泥质红陶。侈口，斜平沿，鼓肩，斜腹，平底。肩两侧饰简化兽面耳各一对。肩部饰凹弦纹一组。口径 8.7、底径 14.4、高 25.8 厘米。（图 3 - 9B - 8b3；彩版三四四，5）

九、215 号墓（M215）

M215 位于金马高速东阳汉墓群军庄组三号取土场 B 区墓地东南角。清理前，墓坑开口区域已被高速公路施工方破坏，开口距现地表深度不明。

墓葬为长方形竖穴土坑，墓坑长 270、宽 109 厘米，残深 108 厘米。方向 275°。（图 3 - 9B - 9a）

葬具为一椁一棺。从残存木结构可知，椁室为长方形，位于墓坑底部正中，长 262、宽 102、残高 91 厘米。棺位于椁室西部，棺西侧板与椁西侧板紧靠，棺长 193、宽 69、残高 64 厘米。棺东侧板与椁北、东、南三面侧板之间组成东边箱，东边箱南北长 85、东西宽 52、残深 45 厘米。

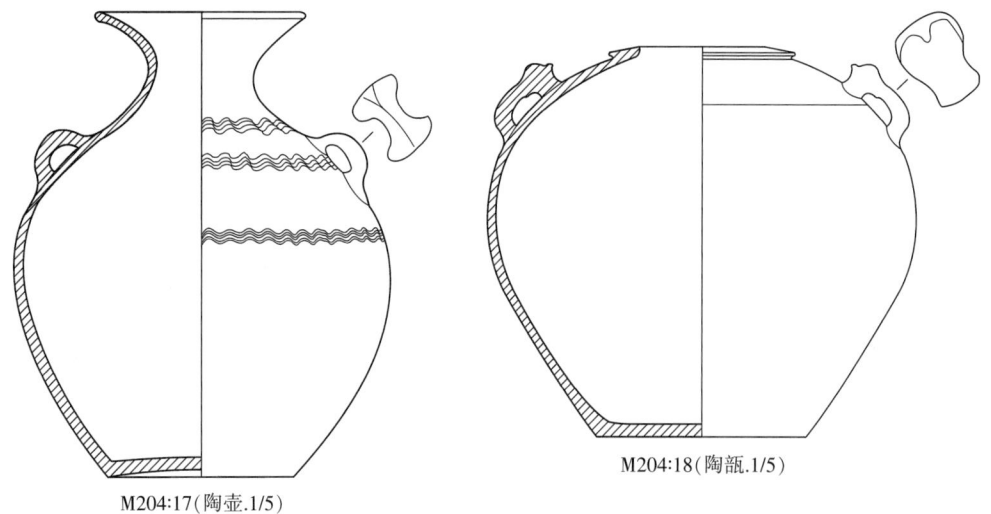

M204:17(陶壶.1/5)　　　　　　M204:18(陶瓿.1/5)

图 3 - 9B - 8b3　军庄组三号 B 区 M204 出土器物图

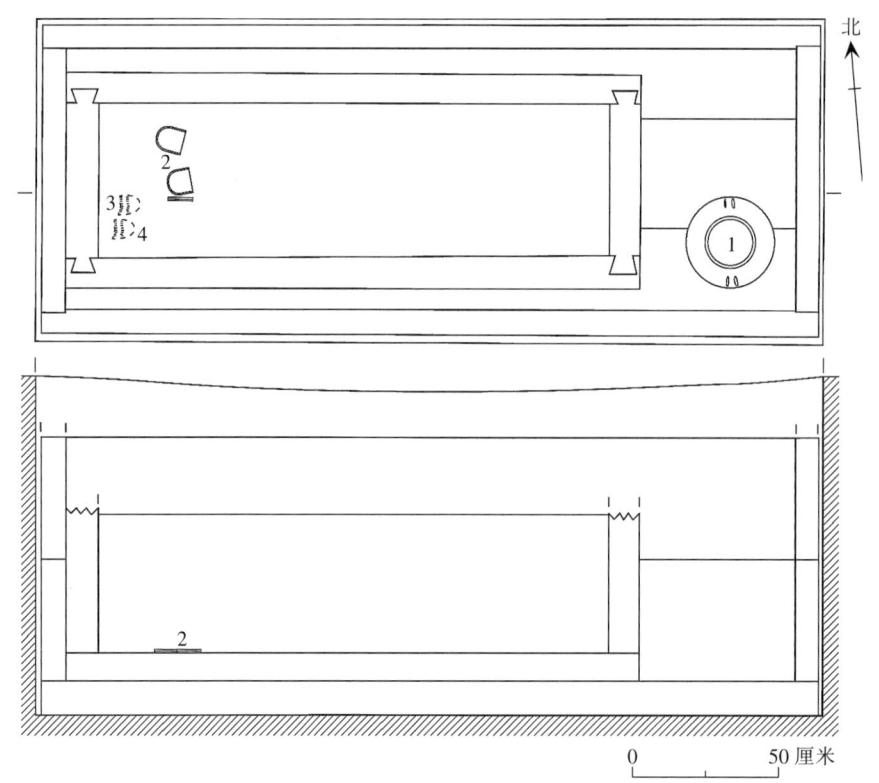

图 3 - 9B - 9a　军庄组三号 B 区 M215 平面、剖视图
1. 陶罐　2. 木枕　3. 木梳　4. 木篦

该墓共出土木器、陶器等遗物共 4 件。

1. 木器

共 3 件。器形有梳、篦、枕。

梳　1 件。M215：3，出土于棺内西部。因残损严重，无法复原。发掘时仅见木灰痕迹，其平面呈马蹄形，背圆弧形，齿尖平齐，两侧设护齿。

篦 1件。M215:4,出土于棺内西部。形制与梳 M215:3 相似,唯齿更密。该篦同样残损严重,无法复原。

枕 1件。M215:2,出土于棺内西部。残损严重,仅存一块侧板保存尚好。侧板平面为半圆形。侧板长9、宽8、厚1厘米。(图3-9B-9b)

2. 陶器

共1件。器形为罐。

罐 1件。M215:1,出土于东边箱南部。灰陶。直口微侈,尖圆唇,圆肩,圆鼓腹向下渐内收,最大腹径在中部略偏下,圜底内凹。肩部附对称桥耳。腹部饰绳纹。器口径14.8、底径12.8、高28厘米。(图3-9B-9b;彩版三四七,1)

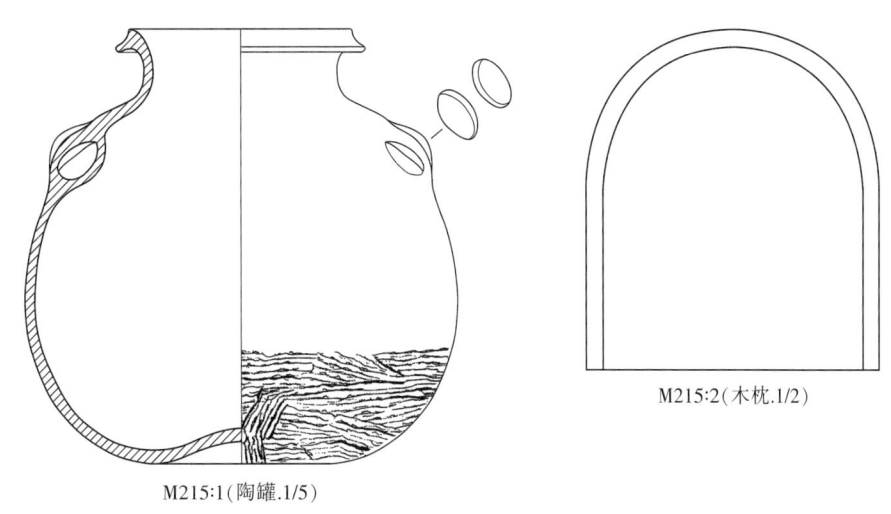

M215:1(陶罐.1/5)

M215:2(木枕.1/2)

图3-9B-9b 军庄组三号B区 M215 出土器物图

十、216号墓(M216)

M216 位于金马高速东阳汉墓群军庄组三号取土场 B 区墓地中部,西临 M217。清理前,墓坑开口及棺椁盖板处已被高速公路施工方破坏,开口距现地表深度不明,墓坑底部随葬品组合未遭扰动。

墓葬形制为长方形竖穴土坑,墓坑长252、宽154.7厘米,残深137.3厘米。方向10°。(图3-9B-10a)

葬具为一椁一棺。椁位于墓坑底部正中,椁平面为长方形,长236.8、宽137.3、残高88.4厘米。木棺置于椁内西部,棺平面呈长方形,长202.1、宽63.2、残高39.5厘米。棺外东部与椁东侧板间形成东边箱。

该墓共出土木器、陶器等遗物共14件(组)。

1. 木器

共4件。器形为俑。

俑 4件。均出土于东边箱内。M216:10,俑为站立状,虽无法分辨五官和衣着细部,总体形制尚可辨识。俑拢手,长袍舒展拖地,不露足履,双手合拢于胸前,广袖下垂。俑宽10.4、高

图 3 - 9B - 10a 军庄组三号 B 区 M216 平面、剖视图

1、2. 釉陶瓿 3、4. 釉陶壶 5、6. 陶盒 7、8. 陶鼎 9 - 1. 陶釜 9 - 2. 陶甑 10 ~ 13. 木俑

38 厘米。（图 3 - 9B - 10b1；彩版三四八，1）

M216：11、12、13，整体形制与 M216：10 基本相同，唯残损程度各有差异。M216：11，宽 10.8、高 40.3 厘米。M216：12，宽 10.1、高 36 厘米。M216：13，宽 10.2、高 39 厘米。（图 3 - 9B - 10b1；彩版三四八，2~4）

2. 陶器

共 10 件。器形为鼎、盒、壶、瓿、釜、甑。

鼎 2 件。皆为红陶。M216：7，覆钵形盖，平顶，上饰浅凹弦纹。鼎身子口，敛口圆唇，肩部置两对称弧形立耳，斜弧腹，平底内凹，无足。耳面饰竖线纹。盖高 4.8 厘米，器身口径 14.1、底径 8.7、高 9.3 厘米。（图 3 - 9B - 10b2；彩版三四九，1）

M216：8，形制、纹饰、尺寸与 M216：7 基本相同。（图 3 - 9B - 10b2；彩版三四九，2）

盒 2 件。皆为红陶。M216：5，盖覆钵形，平顶。盒身子口，敛口圆唇，内沿略高，腹壁斜直内收，平底内凹。盖、腹部皆饰弦纹。盖高 4.8 厘米，器身口径 14.1、底径 9.4、高 8.2 厘米。（图 3 - 9B - 10b2；彩版三四九，3）

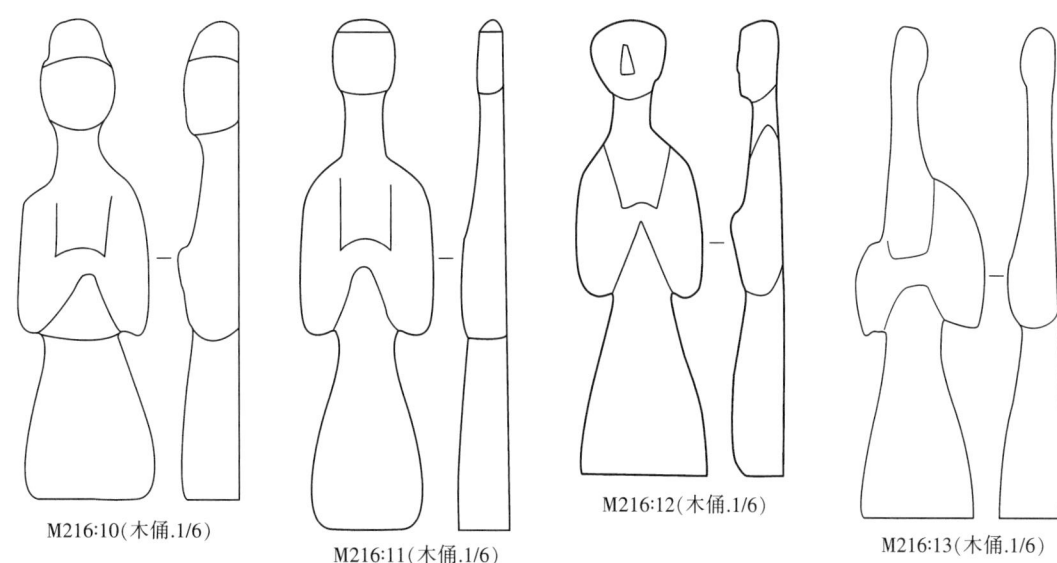

M216:10(木俑.1/6)

M216:11(木俑.1/6)

M216:12(木俑.1/6)

M216:13(木俑.1/6)

图 3 – 9B – 10b1 军庄组三号 B 区 M216 出土器物图

M216：6，形制、纹饰、尺寸与 M216：5 相同。（彩版三四九，4）

壶 2 件。皆为釉陶。M216：3，敛口，沿面近平，短束颈，溜肩，鼓腹斜收，圈足。肩两侧各置一对称桥形耳。口沿下及肩部饰水波纹。口径 11.4、底径 16、高 34.4 厘米。（图 3 – 9B – 10b2；彩版三四九，5）

M216：4，侈口，斜平沿，束颈，溜肩，鼓腹斜收，圈足。肩两侧各置一对称桥形耳。口沿下及颈部饰水波纹，肩部饰凹弦纹。口径 11.5、底径 13.5、高 35 厘米。（图 3 – 9B – 10b2；彩版三四九，6）

瓿 2 件。均为釉陶。M216：1，小敛口，外斜沿，尖圆唇，溜肩，深腹，弧腹渐收，平底。肩两侧各置一对称铺首耳，耳面饰竖线纹。口径 10.1、底径 15、高 27.2 厘米。（图 3 – 9B – 10b2；彩版三四九，7）

M216：2，形制、纹饰与 M216：1 基本相同。口径 11、底径 15.5、高 24 厘米。（图 3 – 9B – 10b2；彩版三四九，8）

釜 1 件。灰陶。M216：9 – 1，敛口，圆唇，鼓肩，弧腹，圜底。口径 9.9、高 11.1 厘米。该陶釜与陶甑 M216：9 – 2 为一套器物。（图 3 – 9B – 10b2；彩版三四七，2、3）

甑 1 件。M216：9 – 2，敞口，平沿，斜弧腹，平底，其上饰算孔五个。口径 18.1、底径 6、高 8.4、算孔径 0.75 厘米。（图 3 – 9B – 10b2；彩版三四七，2、4）

十一、217 号墓（M217）

M217 位于金马高速东阳汉墓群军庄组三号取土场 B 区墓地中部略偏西位置，东临 M216。清理前，墓坑开口及棺椁盖板处已被高速公路施工方破坏，开口距现地表深度不明，墓坑底部随葬品组合未遭扰动。

墓葬形制为长方形竖穴土坑，墓坑长 316、宽 178 厘米，残深 57 厘米。方向190°。（图 3 – 9B – 11a）

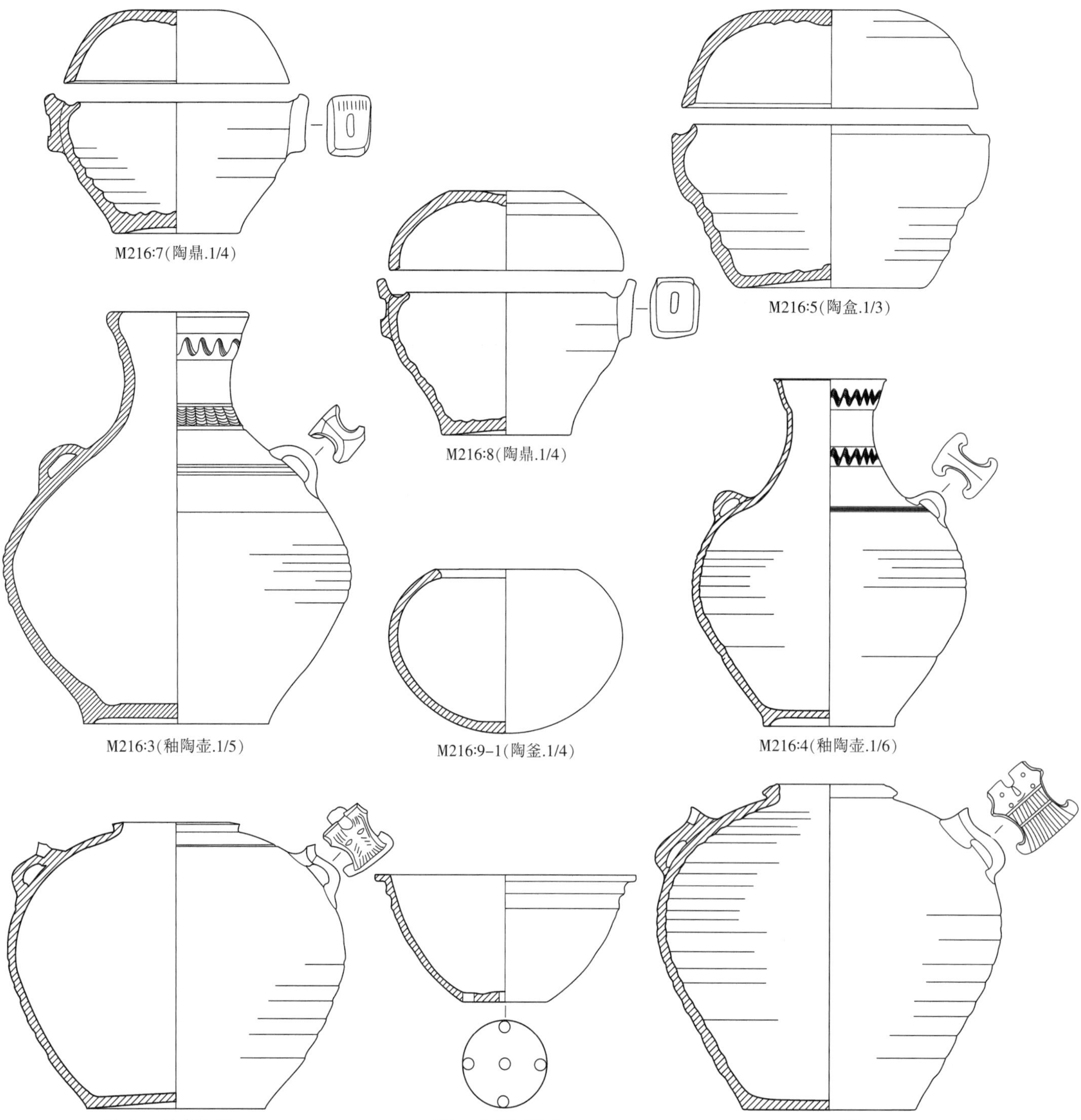
M216:7（陶鼎.1/4）
M216:8（陶鼎.1/4）
M216:5（陶盒.1/3）
M216:3（釉陶壶.1/5）
M216:9-1（陶釜.1/4）
M216:4（釉陶壶.1/6）
M216:2（釉陶瓿.1/5）
M216:9-2（陶甑.1/4）
M216:1（釉陶瓿.1/5）

图 3-9B-10b2　军庄组三号 B 区 M216 出土器物图

葬具为一椁一棺。椁位于墓坑底部正中，平面为长方形，长 303、宽 170、残高 52 厘米。木棺置于椁内东部，棺平面呈长方形，长 210、宽 77、残高 17 厘米。棺外西部与南部各有一道隔板，其与椁侧板间形成西边箱与南边箱。南边箱长 139、宽 59 厘米，未见随葬品。西边箱长 213、宽 55 厘米，出土铜器、铁器等各类遗物。

该墓共出土铜器、铁器、琉璃器、漆器、木器、玳瑁器、陶器等遗物共 24 件（组）。

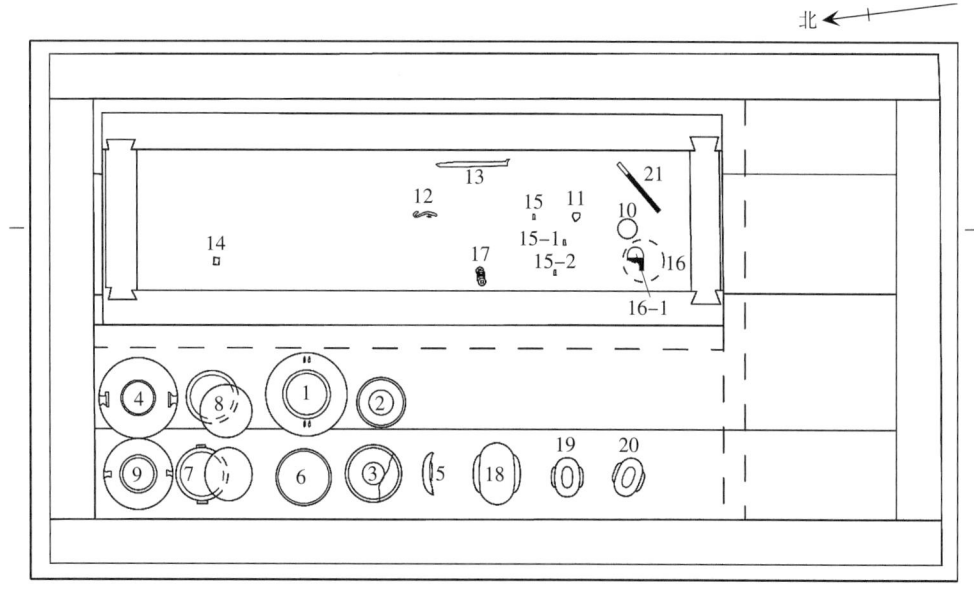

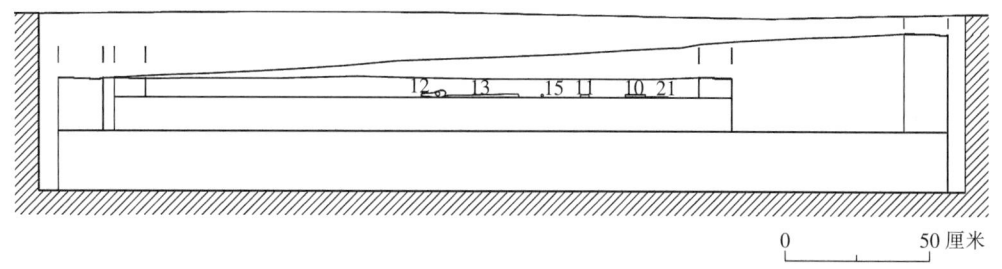

图3-9B-11a　军庄组三号B区M217平面、剖视图

1. 陶罐　2、3. 漆盘　4. 釉陶瓿　5、18~20. 漆耳杯　6. 铜盆　7. 釉陶鼎　8. 釉陶盒　9. 釉陶壶　10. 铜镜　11. 琉璃玲
12. 铜带钩　13. 铁削　14. 琉璃剑首　15、15-1、15-2. 琉璃塞　16. 漆奁　16-1. 木篦　17. 铜钱　21. 玳瑁笄

1. 铜器

共4件（组）。器形为盆、镜、带钩、铜钱。

盆　1件。M217∶6，出土于西边箱内。敞口，折沿，扁弧腹，圜底。口径18.1、器高10厘米。（图3-9B-11b1；彩版三五○，1）

镜　1件。M217∶10，出土于棺内南部。日光镜。圆形，半圆纽，圆纽座。座外饰短斜弦纹一周，其外饰铭文一周，铭文间以"の"字纹符号间隔。铭文为"见日之光天下大明"。窄缘。镜面微凸。面径6.6、背径6.6、纽高0.7、纽宽1.1、缘宽0.4、缘厚0.3、肉厚0.13厘米。（彩版三五○，2）

带钩　1件。M217∶12，出土于棺内中部。琵琶形，钩首兽形，钩身略粗，面弧，背平，钩尾面鼓，后端饰两道横向凸棱，前端置一圆扣形纽。铸造。长7.9、尾宽1.5、纽径1.3厘米。（图3-9B-11b1；彩版三五○，3）

铜钱　1组。M217∶17，出土于棺内中部。共6枚，皆为五铢钱，形制、尺寸、钱文基本相同。钱径2.5、穿径1、缘厚0.1厘米。（图3-9B-11b1；彩版三五○，4~6）

2. 铁器

共1件。器形为削。

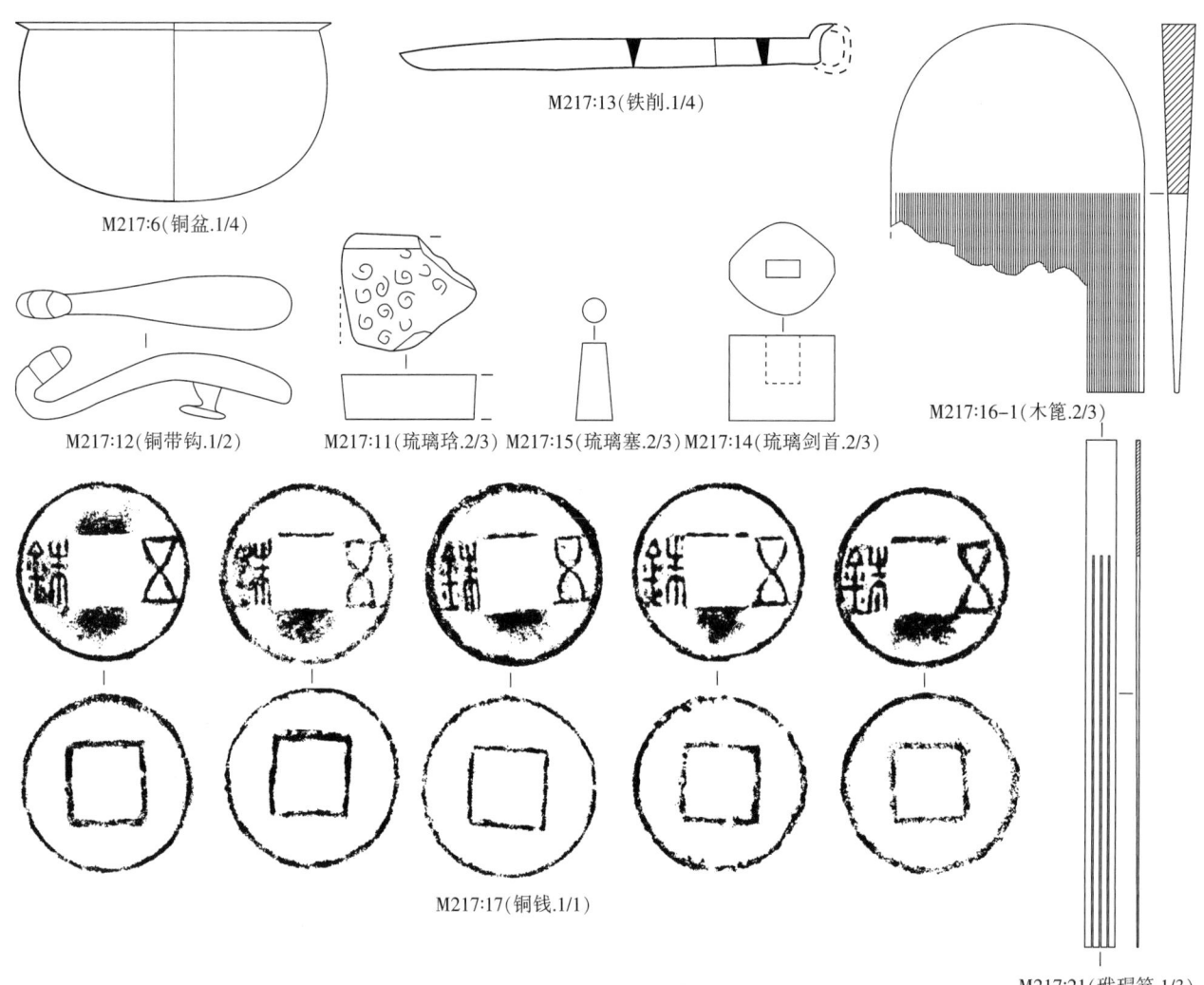

M217:6(铜盆.1/4)

M217:13(铁削.1/4)

M217:12(铜带钩.1/2)

M217:11(琉璃玲.2/3) M217:15(琉璃塞.2/3) M217:14(琉璃剑首.2/3)

M217:16-1(木笥.2/3)

M217:17(铜钱.1/1)

M217:21(玳瑁笄.1/3)

图 3 - 9B - 11b1　军庄组三号 B 区 M217 出土器物图

削　1 件。M217：13，出土于棺内中部。尖刃，柄较短，上下平直，柄截面略呈梯形，刃截面呈三角形。削长 26、柄长 5.4、柄宽 1.5、环首长 2.9 厘米。（图 3 - 9B - 11b1；彩版三五〇，7）

3. 琉璃器

共 5 件。器形有玲、塞、剑首。

玲　1 件。M217：11，出土于棺内南部。残，整体呈淡绿色，上饰卷云纹。器残长 2.9、宽 2.1、厚 0.9 厘米。（图 3 - 9B - 11b1；彩版三五〇，9）

塞　3 件。均出土于棺内南部。M217：15，器作圆台柱形，呈灰白色。顶面径 0.5、底面径 0.8、高 1.6 厘米。（图 3 - 9B - 11b1；彩版三五〇，10 左）

M217：15 - 1、15 - 2，形制、尺寸与 M217：15 大体相同。（彩版三五〇，10 中、右）

剑首　1 件。M217：14，出土于棺内北部。器整体呈椭圆柱形，微透亮，中间饰一长方形凹槽。整器长 2.3、宽 1.9、高 1.8 厘米。（图 3 - 9B - 11b1；彩版三五〇，8）

4. 漆器

共 7 件。器形有耳杯、盘、奁。

耳杯 4件。皆出土于西边箱内。M217：5，木胎。残损严重，仅存器耳，耳为月牙形。正面饰铜扣，背面黑漆地上朱绘云气纹、卷云纹。耳长7.1厘米。（彩图一四九，1；彩版三五一，1）

M217：18，木胎。敞口，圆唇，两侧附月牙形耳，耳外侧上翘，腹壁弧形内收，平底。器通体髹黑漆，内壁朱绘云气纹。器长20.6、连耳宽16.1、高5厘米。（彩图一四九，2）

M217：19，夹纻胎。敞口，圆唇，两侧附月牙形耳，耳外侧上翘，腹壁弧形内收，平底。除内腹壁髹朱漆外，余通髹黑漆。器长13、连耳宽10.6、高3.1厘米。（彩图一四九，3；彩版三五一，2）

M217：20，夹纻胎。形制、尺寸与M217：19基本相同。（彩图一四九，4；彩版三五一，3）

盘 2件。皆出土于西边箱内。M217：2，夹纻胎。圆形，斜平沿，折弧腹，平底。除内腹下半部髹朱漆外，余通髹黑漆。外底线刻铭文为"卫囗"。口径16.5、底径7.8、高2.6厘米。（彩图一五〇，1；彩版三五一，4）

M217：3，夹纻胎。圆形。通体素面髹黑漆。口径23.7、底径10.2、高6厘米。（彩图一五〇，2；彩版三五一，5）

奁 1件。M217：16，出土于棺内南部。器残损严重，无法复原。奁内出土1件木篦（M217：16-1）。

5. 木器

共1件。器形为篦。

篦 1件。M217：16-1，出土于漆奁M217：16内。纹理清晰，材质细腻。马蹄形，器一面平直，另一面斜直，背弧形，一侧齿前部残，共104齿。器长7.7、宽5.5、齿长4.1、背厚0.7厘米。（图3-9B-11b1）

6. 玳瑁器

共1件。器形为笄。

笄 1件。M217：21，出土于西边箱内。玳瑁质，纹理清晰，材质细腻。整体呈扁长条形，一端4齿。器长21.2、柄宽1.3、齿长16.4、齿厚0.15厘米。（图3-9B-11b1；彩版三五〇，11）

7. 陶器

共5件。器形为鼎、盒、壶、瓿、罐。均出土于西边箱内。

鼎 1件。M217：7，覆钵形盖，平顶，上饰浅凹弦纹。釉陶。鼎身子口，敛口圆唇，肩部置两对称弧形立耳，斜弧腹，平底内凹，外设三等距矮蹄足。耳面饰卷云纹。腹部饰浅凹弦纹。器身口径17.2、底径13.7、通高18厘米。（图3-9B-11b2；彩版三五二，1）

盒 1件。M217：8，釉陶。盖覆钵形，平顶。盒身子口，敛口圆唇，内沿略高，腹壁斜直内收，平底内凹。盖、腹部皆饰弦纹。器身口径17.8、底径12.2、通高20.3厘米。（图3-9B-11b2；彩版三五二，2）

壶 1件。M217：9，釉陶。侈口，沿面近平，短束颈，溜肩，鼓腹，平底内凹。肩两侧各置一对称桥形耳，桥耳饰蕉叶纹。口径12、底径14、高28.2厘米。（图3-9B-11b2；彩版三五二，3）

瓿 1件。M217：4，釉陶，质地坚硬。小敛口，外斜沿，尖唇，溜肩，深腹，弧腹渐收，平底内凹。肩两侧各置一对称铺首耳，耳面饰网格纹。口径11.7、底径16.1、高21.8厘米。（图3-9B-11b2；彩版三五二，4）

罐 1件。M217：1，灰陶。尖圆唇，沿面内凹，粗短颈，溜肩，鼓腹，圈底内凹。肩部两侧

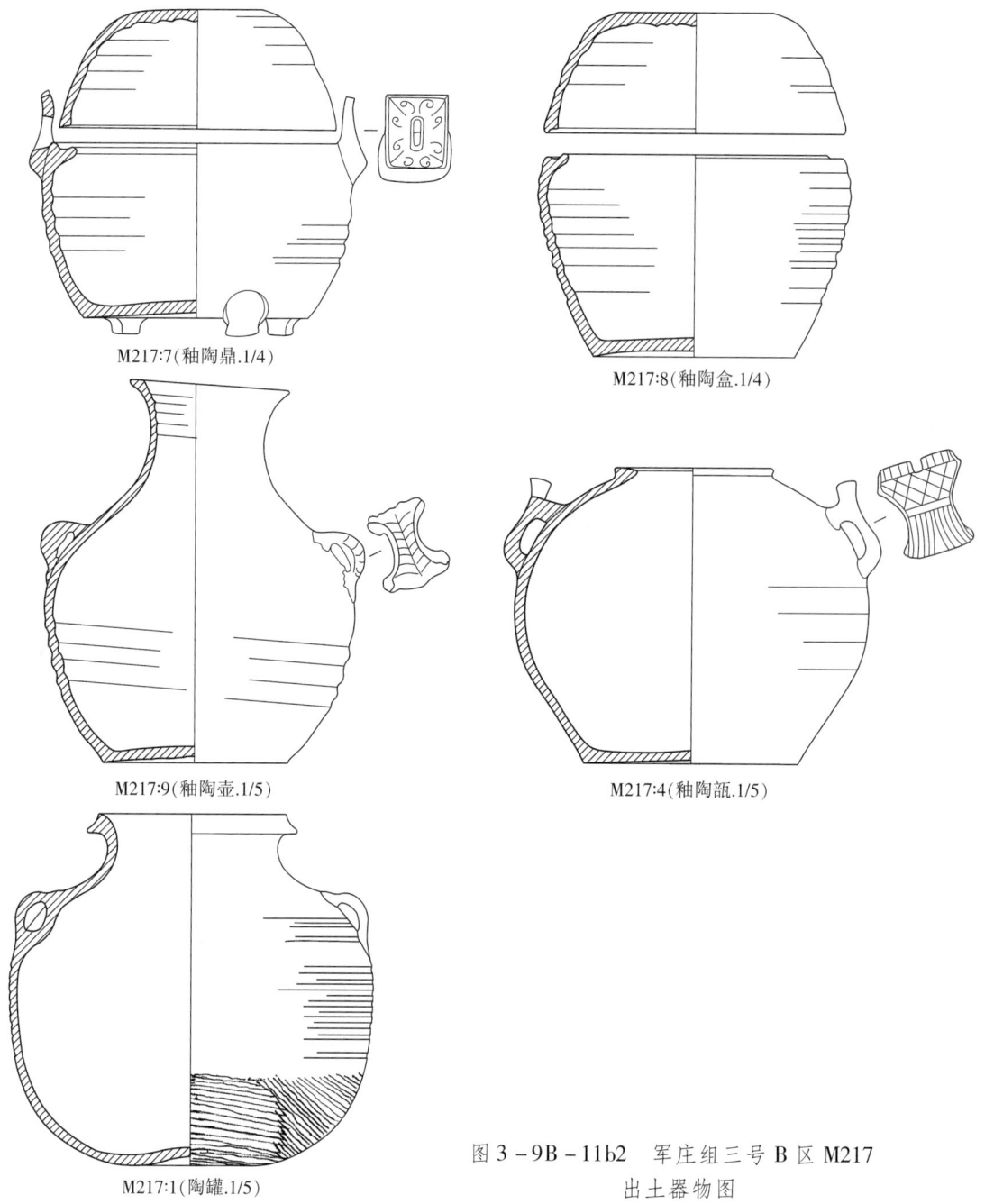

M217:7(釉陶鼎.1/4)

M217:8(釉陶盒.1/4)

M217:9(釉陶壶.1/5)

M217:4(釉陶瓿.1/5)

M217:1(陶罐.1/5)

图3－9B－11b2　军庄组三号B区M217
出土器物图

各饰一桥形耳。腹身上部饰绳纹。口径14.2、高25.8厘米。（图3－9B－11b2；彩版三五二，5）

十二、218号墓（M218）

M218位于金马高速东阳汉墓群军庄组三号取土场B区墓地东北角，北临M219。清理前，墓坑开口已被高速公路施工方破坏，开口距现地表深度不明，墓坑底部随葬品组合遭受扰动。

墓葬形制为长方形竖穴土坑，墓坑长296、宽110厘米，残深50厘米。方向280°。（图3－9B－12a）

葬具为一椁一棺。椁平面为长方形，木结构基本朽尽，仅余板灰痕迹。棺木结构残损严重，仅存底板，棺长205、宽52厘米。

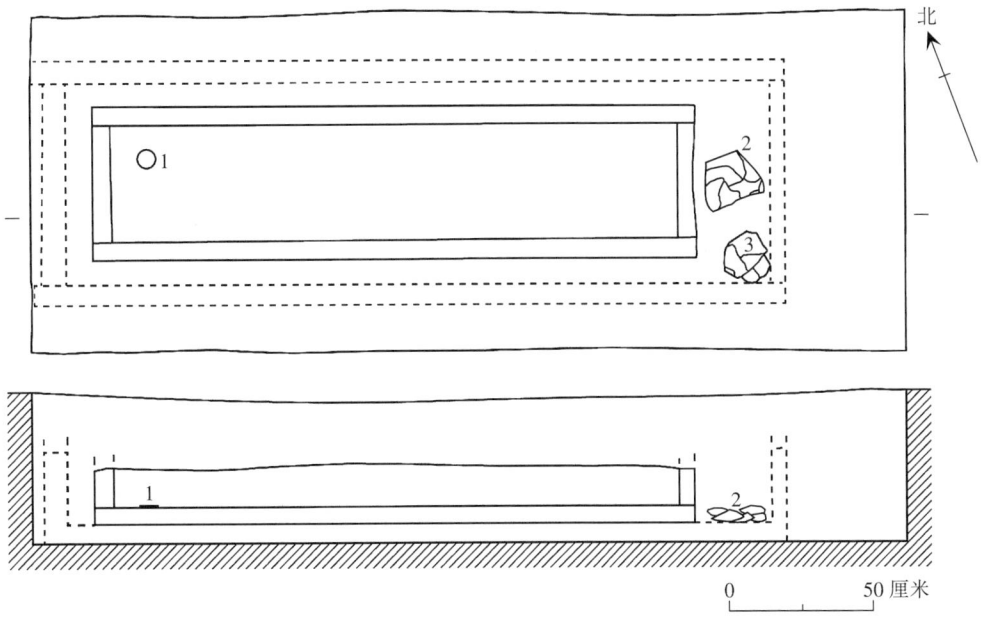

图 3 -9B -12a　军庄组三号 B 区 M218 平面、剖视图
1. 铜镜　2. 陶壶　3. 陶瓿

该墓共出土铜器、陶器等遗物共 3 件。

1. 铜器

共 1 件。器形为镜。

镜　1 件。M218：1，出土于棺内西部偏北。昭明镜。圆形，桥形纽，圆纽座。座外三短线纹与单弧线纹各四组相间环列，八内向连弧纹，外圈一周短斜线纹与连弧纹间饰一周铭文。铭文为"内而清以而质以光夫而……"。窄缘。镜面微凸。面径 8.7、背径 8.5、纽高 0.56、纽宽 1.2、缘宽 0.3、缘厚 0.45、肉厚 0.15 厘米。（彩版三五三，1）

2. 陶器

共 2 件。器形为壶、瓿，皆出土于墓坑东部。

壶　1 件。M218：2，泥质红陶。残损较严重，口沿与颈部均不存。底径 11.3、残高 15.6 厘米。（图 3 -9B -12b）

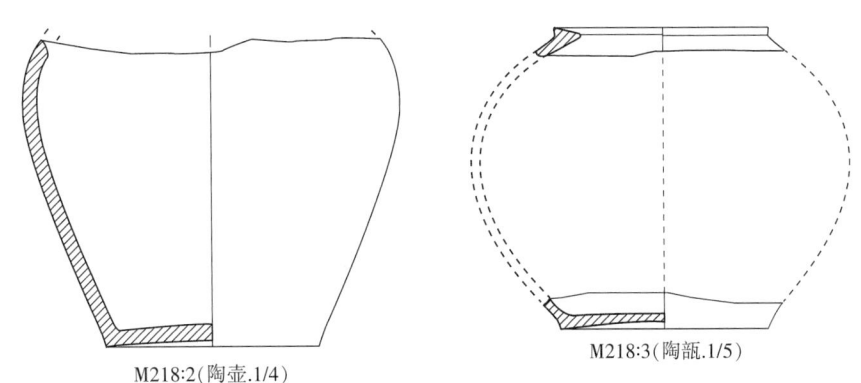

M218:2(陶壶.1/4)　　　　　M218:3(陶瓿.1/5)

图 3 -9B -12b　军庄组三号 B 区 M218 出土器物图

瓿　1件。M218：3，泥质红陶。器残损严重，仅存口沿与器底。直口微侈，溜肩，器底平底微凹。口径14.8、底径14.4厘米。（图3–9B–12b）

十三、219号墓（M219）

M219位于金马高速东阳汉墓群军庄组三号取土场B区墓地东北角，南临M218。清理前，墓坑开口已被高速公路施工方破坏，开口距现地表深度不明，墓坑底部随葬品组合遭受扰动。

墓葬形制为长方形竖穴土坑，墓坑长280、宽110厘米，残深30厘米。方向280°。（图3–9B–13a）

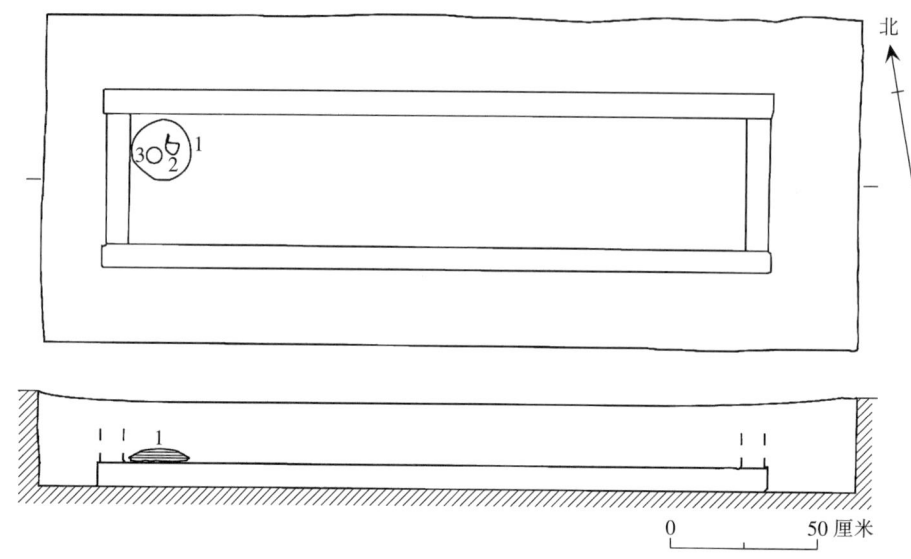

图3–9B–13a　军庄组三号B区M219平面、剖视图
1. 漆奁盖　2. 木梳　3. 铜镜

葬具为单棺，棺木结构残损严重，仅存底板。棺长232、宽60厘米。

该墓共出土铜器、漆器、木器等遗物共3件。

1. 铜器

共1件。器形为镜。

镜　1件。M219：3，出土于棺内西部。日光镜。圆形，半圆纽，圆纽座。座外饰一周凸弦纹细圈带，外圈两周斜弦纹，其间饰一周铭文带，铭文间以"の"形符号间隔。铭文不清。窄缘。镜面微凸，面径6.2、背面径6.0、纽高0.5、纽宽1.25、缘宽0.12、缘厚0.21、肉厚0.1厘米。（彩版三五三，2）

2. 漆器

共1件。器形为奁。

奁　1件。M219：1，出土于棺内西部。木胎。器身残朽严重，仅余器盖。盖内髹朱漆，外髹黑漆。盖顶中心隆起，饰两周凸棱，外壁圆直。直径18.4、残高3厘米。（彩图一五○，3；彩版三五三，3）

3. 木器

共1件。器形为梳。

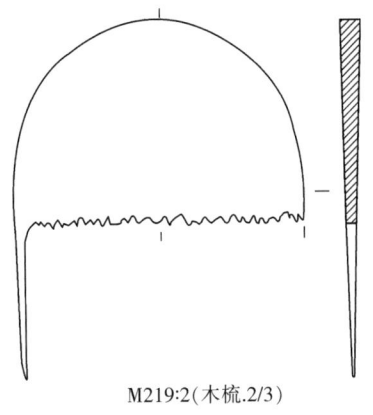

M219:2(木梳.2/3)

图 3 - 9B - 13b　军庄组三号 B 区 M219 出土器物图

梳　1 件。M219：2，出土于夋内。器弧背长方形，背部厚，齿端薄，背长与齿长基本相同。残长 7.2、宽 5.8、厚 0.3 厘米。（图 3 - 9B - 13b）

十四、220 号墓（M220）

M220 位于金马高速东阳汉墓群军庄组三号取土场 B 区墓地北部偏西，东临 M222，西临 M221。清理前，墓坑开口已被高速公路施工方破坏，开口距现地表深度不明，墓坑底部随葬品组合遭受扰动。

墓葬形制为长方形竖穴土坑，墓坑长 210、宽 55 厘米，残深 11 厘米。方向 180°。（图 3 - 9B - 14）

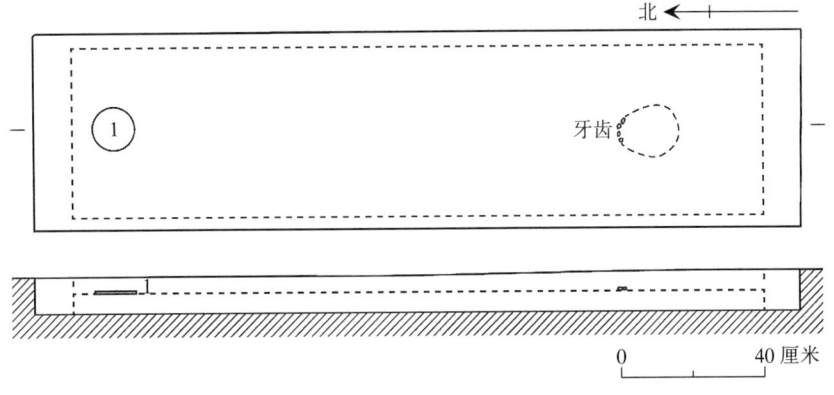

图 3 - 9B - 14　军庄组三号 B 区 M220 平面、剖视图
1. 铜镜

葬具为单棺，棺木结构残损严重，仅存朽痕。从朽痕看，棺长 190、宽 45 厘米。

该墓共出土铜器 1 件。

铜器

共 1 件。器形为镜。

镜　1 件。M220：1，出土于棺内北部正中。四乳禽兽纹镜。圆形，半圆纽，圆纽座。座外三竖线纹与单弧线纹各四组相间环列，外饰一周凸弦纹，其外两周短斜线纹间有四乳和四眍相间环绕，四乳带圆纽座，四眍呈钩形，其两侧各饰一鸟。宽素平缘。镜面微凸。面径 9.8、背径 9.6、

纽高 0.7、纽宽 1.55、缘宽 1.2、缘厚 0.46、肉厚 0.19 厘米。（彩版三五三，4）

十五、221 号墓（M221）

M221 位于金马高速东阳汉墓群军庄组三号取土场 B 区墓地北部偏西，东临 M220，西临 M197 和 M198。清理前，墓坑开口已被高速公路施工方破坏，开口距现地表深度不明，墓坑底部随葬品组合遭受扰动。

墓葬形制为长方形竖穴土坑，墓坑长 242、宽 90 厘米，残深 22 厘米。方向 180°。（图 3－9B－15a）

葬具为单棺，棺木结构残损严重，仅存底板。从残存棺木痕迹看，棺长 202、宽 58 厘米。

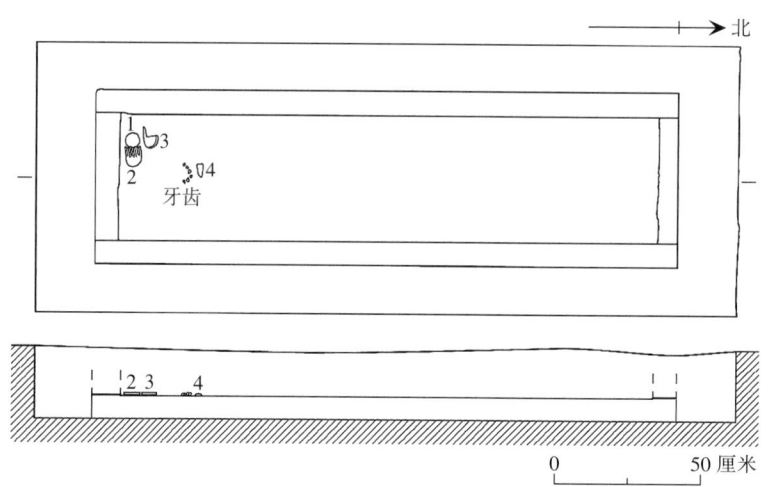

图 3－9B－15a 军庄组三号 B 区 M221 平面、剖视图
1. 铜镜 2. 木篦 3. 木梳 4. 琉璃琀

该墓共出土铜器、琉璃器、木器等遗物共 4 件。

1. 铜器

共 1 件。器形为镜。

镜 1 件。M221：1，出土于棺内南部偏西。日月镜。圆形，半圆纽，圆纽座。座外饰一周凸弦纹细圈带，外圈两周斜弦纹，其间饰一周铭文带，铭文间以"の"形符号间隔。铭文不清，尚可见"日月"等字。窄缘。镜面微凸。面径 6.3、背面径 6.1、纽高 0.54、纽宽 1.25、缘宽 0.13、缘厚 0.23、肉厚 0.1 厘米。（彩版三五三，5）

2. 琉璃器

共 1 件。器形为琀。

琀 1 件。M221：4，出土于棺室南部。器作蝉形，正面隆起，惜器表锈蚀严重，纹饰不明。长 3.6、宽 2.2、厚 0.5 厘米。（图 3－9B－15b；彩版三五三，6）

3. 木器

共 2 件。器形有梳、篦，皆出土于棺内南部。

梳 1 件。M221：3，形制与 M221：2 大体相同，唯齿更稀疏，共 18 齿。残长 5.4、宽 6.7、

背厚0.6厘米。（图3-9B-15b；彩版三五三，7）

篦　1件。M221：2，马蹄形，弧背，共80齿。长7.5、宽6.2、背厚0.3厘米。（图3-9B-15b；彩版三五三，7）

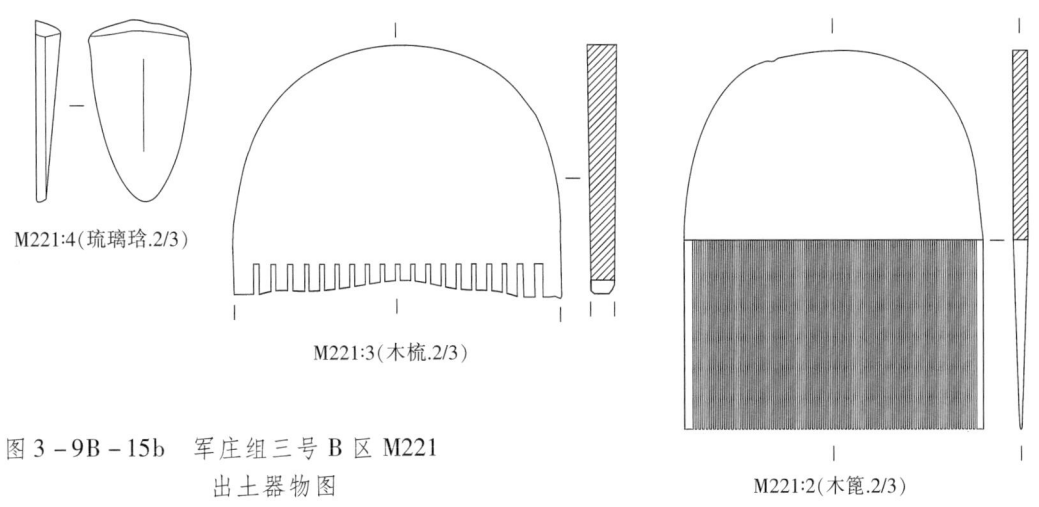

M221:4（琉璃珩.2/3）

M221:3（木梳.2/3）

图3-9B-15b　军庄组三号B区M221
出土器物图

M221:2（木篦.2/3）

十六、222号墓（M222）

M222位于金马高速东阳汉墓群军庄组三号取土场B区墓地北部偏西，西临M220。清理前，墓坑开口已被高速公路施工方破坏，开口距现地表深度不明，墓坑底部随葬品组合未遭扰动。

墓葬形制为长方形竖穴土坑，墓坑长240、宽110厘米，残深45厘米。方向3°。（图3-9B-16a）

葬具为单棺，棺木结构残损严重，仅存底板。从残存棺木痕迹看，棺长220、宽54厘米。

该墓出土铜器、木器等随葬品共3件。

1. 铜器

共1件。器形为镜。

镜　1件。M222：1，出土于棺内北部。昭明镜。圆形，半圆纽，圆纽座。座外三弧线纹八组相间环列，外饰八内向连弧纹，外圈两周短斜线纹间饰一周铭文。铭文为"内而清而以而昭而明而光而象而日而月而观"。宽素平缘。镜面微凸。面径10.2、背径10.1、纽高0.8、纽宽1.5、缘宽0.8、缘厚0.45、肉厚0.3厘米。（彩版三五四，1）

2. 木器

共2件。器形为梳、篦，皆出土于棺内北部。

梳　1件。M222：2，整体呈马蹄形，器弧背长方形，背部厚，齿端薄，背长大于齿长，齿虽残，仍可判断为15齿。残长6、宽6.2、厚0.3厘米。（图3-9B-16b；彩版三五四，2左）

篦　1件。M222：3，形制与梳M222：2基本相同，唯齿更密，齿残。残长5、宽5、厚0.3厘米。（图3-9B-16b；彩版三五四，2右）

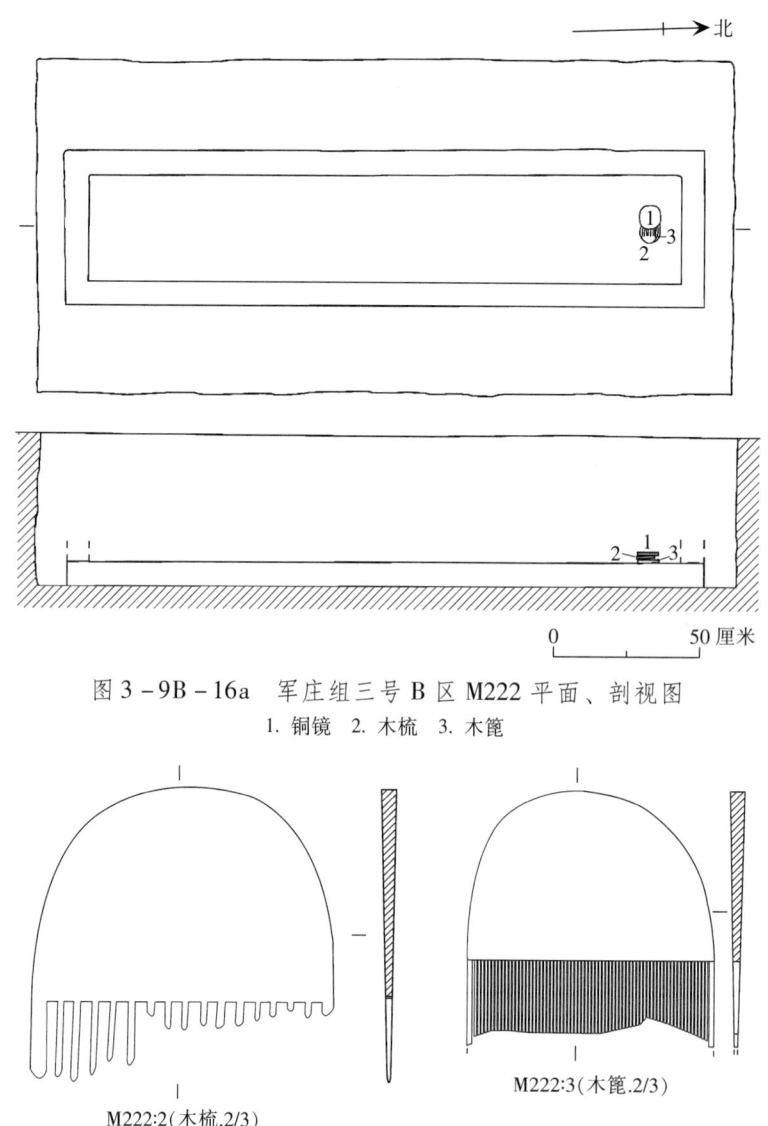

图 3-9B-16a　军庄组三号 B 区 M222 平面、剖视图

1. 铜镜　2. 木梳　3. 木篦

M222:2（木梳.2/3）

M222:3（木篦.2/3）

图 3-9B-16b　军庄组三号 B 区 M222 出土器物图

十七、223 号墓（M223）

M223 位于金马高速东阳汉墓群军庄组三号取土场 B 区墓地中部，南临 M215，北临 M216 与 M217。清理前，墓坑开口已被高速公路施工方破坏，开口距现地表深度不明，墓坑底部随葬品组合遭受扰动。

墓葬形制为长方形竖穴土坑，墓坑长 260、宽 111 厘米，残深 20 厘米。方向 180°。（图 3-9B-17a）

葬具为单棺，棺木结构残损严重，仅存底板。从残存棺木痕迹看，棺长 196、宽 62 厘米。

该墓共出土陶器遗物 2 件。

陶器

2 件。器形为壶、瓿，均出土于墓坑南部。

壶　1 件。M223：1，釉陶。侈口，圆唇，束颈，溜肩，弧腹，矮圈足。桥形耳，耳面饰叶脉

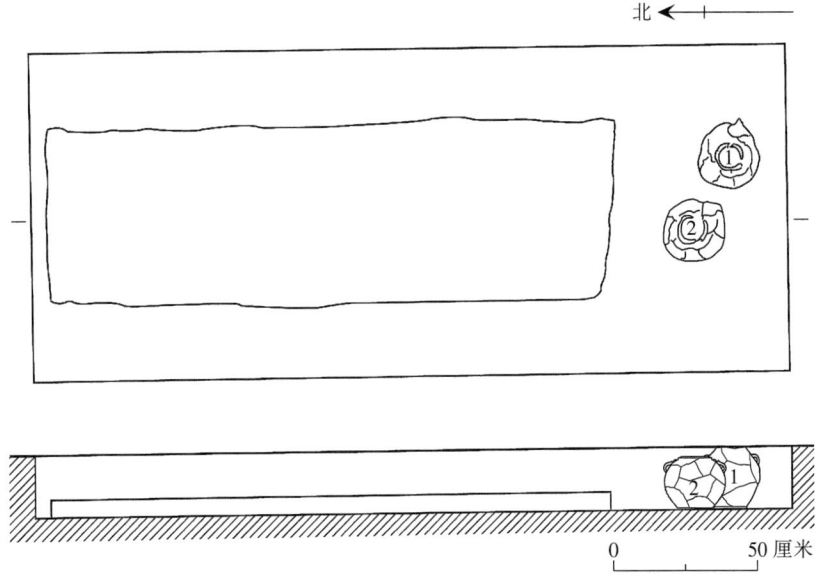

北 ←

0　　　　50 厘米

图 3 - 9B - 17a　军庄组三号 B 区 M223 平面、剖视图

1. 釉陶壶　2. 釉陶瓿

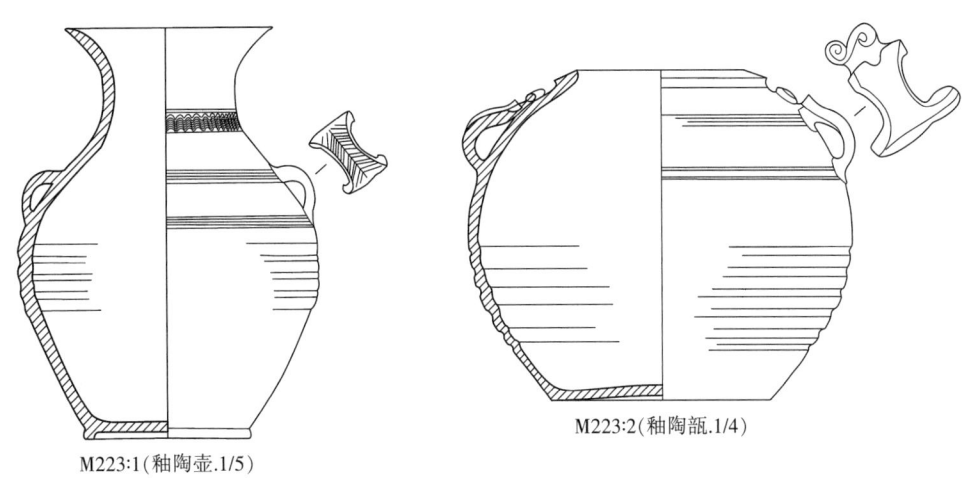

M223:1(釉陶壶.1/5)

M223:2(釉陶瓿.1/4)

图 3 - 9B - 17b　军庄组三号 B 区 M223 出土器物图

纹。颈部饰水波纹。口径 14、底径 11、高 27 厘米。（图 3 - 9B - 17b；彩版三五四，3）

　　瓿　1 件。M223：2，釉陶。方唇，口微侈，短束颈，鼓肩，圆腹，平底微内敛。肩部附双耳，桥形，耳上方堆塑卷云纹。器耳与腹部连接处饰细弦纹，下腹部饰凸弦纹。口径 9、底径 12、高 17.4 厘米。（图 3 - 9B - 17b；彩版三五四，4）

第四章 结 语

第一节 墓葬时代

本报告所公布的 223 座墓葬，绝大多数墓葬时代为汉代。所有墓葬出土的随葬品中，陶器最为常见，大多数墓葬都有一定数量的陶器出土。这类随葬陶器种类繁多，器形复杂多变，极具时代特征。

考虑到本报告所公布的墓葬中，均未有明确的纪年资料出土，因此这批墓葬的时代判断，主要依据以往汉代墓葬随葬陶器年代学研究成果。当然，需要考虑的因素是，本报告东阳汉墓出土陶器的文化与区域属性，需要与原有研究成果中利用的汉代纪年墓葬资料具有同一性，这是开展陶器年代学类比研究的首要基础。

本报告中提及的东阳汉墓均分布于汉东阳城城址外，这一地区汉代历史沿革清晰明确。汉初，高祖六年（前 201 年）春正月丙午，韩王信等奏请以故东阳郡、鄣郡、吴郡五十三县立刘贾为荆王（《汉书·高帝纪》）。东阳属荆国。高祖十二年（前 195 年），立沛侯刘濞为吴王，王故荆地（《史记·荆燕世家》）。东阳改属吴国，为吴国要地①。景帝三年（前 154 年），吴破，徙（汝南王非）为江都王，治吴故国（《史记·五宗世家》）。东阳改属江都国。武帝元狩二年（前 121 年）江都王刘建谋反自杀，国除为广陵郡。元狩六年（前 117 年），武帝以广陵郡之部分置广陵国，"分沛、东阳置临淮郡"。一直到西汉末，东阳属临淮郡。沿革详见下表。

汉代东阳城沿革表（到西汉末）

西汉				
高祖六年至高祖十一年（前 201～前 196 年）	高祖十二年至景帝三年（前 195～前 154 年）	景帝三年至武帝元狩二年（前 154～前 121 年）	元狩二年至元狩六年（前 121～前 117 年）	元狩六年（前 117）至西汉末
属荆国	属吴国	属江都国	属广陵郡	属临淮郡

---

① 《后汉书·郡国志》载"东阳故属临淮。有长洲泽，吴王濞太仓在此。"（范晔：《后汉书》志第二十一《郡国三》，中华书局，1965 年，第 3461 页）刘濞统治时，太仓设在东阳城，则东阳城为吴国要地。

从上述资料看，东阳汉墓的区位属性为从属于东阳城遗址周边的汉代墓葬区，文化属性与东阳城所属的荆国—吴国—江都国—广陵郡临淮郡系统一脉相承。

要对东阳汉墓出土陶器进行年代学研究，既往研究的标本本身当具有典型性，故研究所采用的标本均为纪年（或时代基本明确）墓葬所出陶器。经过筛选，各时期标本采自以下墓葬：

西汉早期（吴国时期）墓葬，江苏仪征团山汉墓（早于前154年）、江苏扬州刘毋智墓（早于前154年）[①]；

西汉早中期（江都国时期）墓葬，大云山6号墓（前144年左右）、大云山9号墓（早于前127年）、大云山2号墓（前129年）、大云山1号墓（前127年）[②]；

西汉中晚期（广陵国时期）墓葬，江苏扬州胡场5号墓（前70年）、江苏高邮天山广陵王墓（前54年）、扬州胥浦101号墓（5年）[③]。

（一）器形分析

东阳汉墓出土陶器器类中，鼎、盒、壶、瓿组合最为典型，一般认为其演变规律如下[④]。（图4-1-1）

鼎

西汉早期（吴国时期，前195～前154年）为弧腹鼎（带盖）。弧顶盖，盖顶附三鸟首状纽。鼎身深子母口，斜弧腹，圜底，最大腹径在腹中部。鼎足较高，兽蹄形，足跟正面模印兽面纹。

西汉早中期（江都国时期，前154～前121年）为弧腹鼎向深腹鼎过渡期。至少在江都国早期，大云山9号墓所出陶鼎整体形制基本与吴国时期陶鼎相同，但到江都国晚期（前129年），陶鼎造型明显变化。第一，盖顶装饰纽极度简化，演变为乳丁状，不见鸟首形；第二，从深子母口演变为浅子母口；第三，腹部由斜弧腹演变为深弧腹，腹底由圜底演变为平底；第四，蹄足较前一阶段更矮，足跟正面纹饰更为简化。

进入西汉中晚期，陶鼎形制变化更为明显。现有纪年资料表明，至迟到前54年，陶鼎在汉墓随葬品中消失。胡场5号墓（前70年）出土的陶鼎表明，顶盖中间为平顶，盖面装饰用三纽已经消失；腹部演变为斜直腹；蹄足降为最矮，足跟正面装饰极为简化。

盒

西汉早期（吴国时期，前195～前154年）为弧腹盒（带盖）。盖为素面，圈足形捉手。盒身深子母口，斜弧腹，矮圈足器底。

西汉早中期（江都国时期，前154～前121年）为弧腹盒向斜腹盒过渡期。在江都国早期，大云山9号墓所出陶盒尚与西汉早期刘毋智墓所出陶盒同，进入江都国晚期，大云山2号墓（前129年）

① 南京博物院、仪征博物馆筹备办公室：《仪征张集团山西汉墓》，《考古学报》1992年第4期。扬州市文物考古研究所：《江苏扬州西汉刘毋智墓发掘简报》，《文物》2010年第3期。

② 南京博物院、盱眙县文广新局：《江苏盱眙大云山西汉江都王陵一号墓》，《考古》2013年第10期。南京博物院、盱眙县文广新局：《江苏盱眙大云山江都王陵二号墓发掘简报》，《文物》2013年第1期。南京博物院、盱眙县文广新局：《江苏盱眙大云山江都王陵M9、M10发掘简报》，《东南文化》2013年第1期。

③ 扬州博物馆、邗江县图书馆：《江苏邗江胡场五号汉墓》，《文物》1981年第11期。扬州博物馆：《江苏仪征胥浦101号汉墓》，《文物》1987年第1期。高邮天山广陵王墓资料现存南京博物院。

④ 陈刚、李则斌：《关于安徽天长纪庄汉墓年代学的考察——以出土陶器的类型学研究为线索》，《简帛研究》2010年第1期。

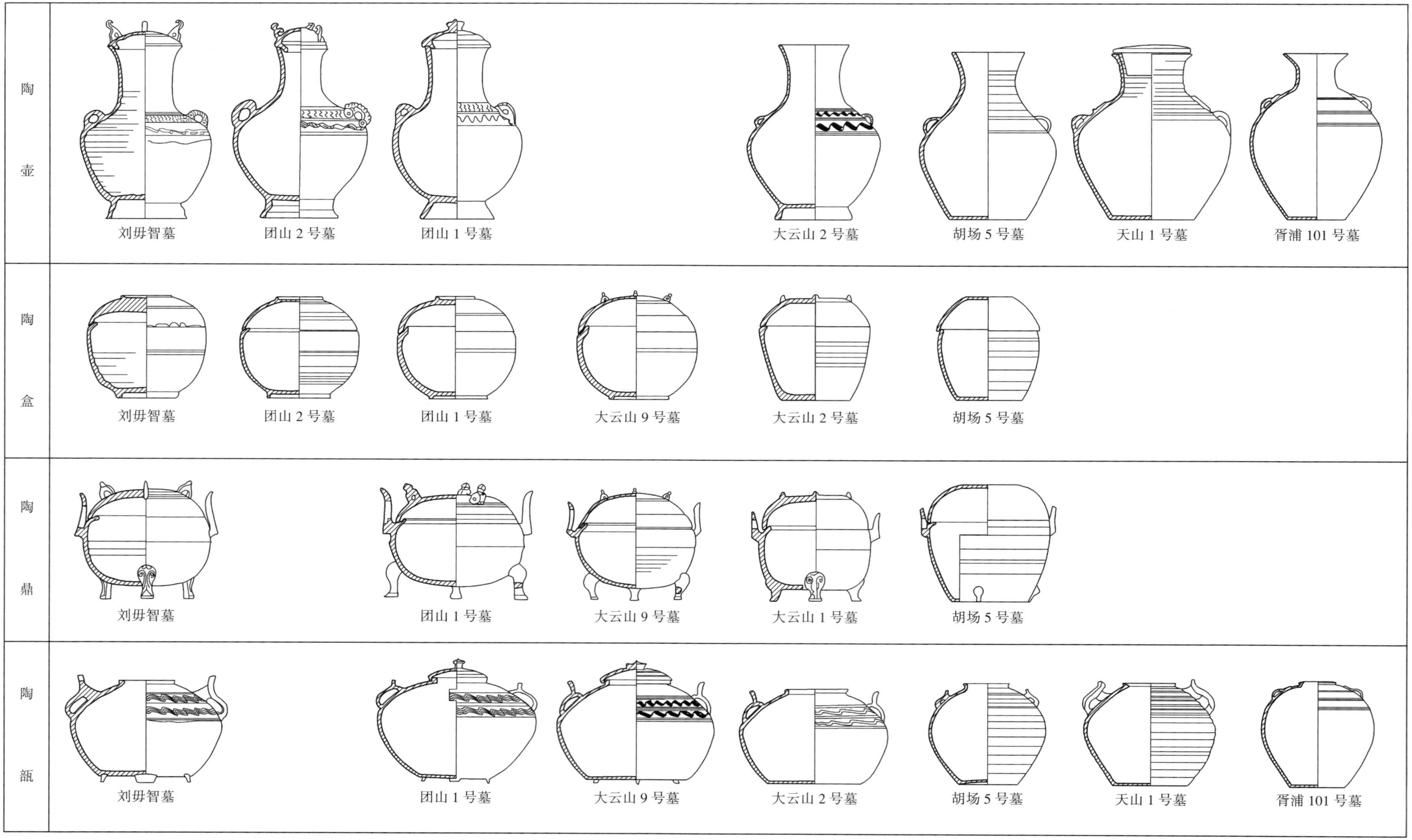

图 4-1-1 西汉时期典型釉陶器

所出陶盒则变化明显：首先，盒盖顶部纹饰从圈足形捉手演变为三乳丁状纽；其次，深子母口演变为浅子母口；再次，腹部由斜弧腹演变为深弧腹，腹底由矮圈足演变为平底。

进入西汉中晚期，陶盒形制变化更为明显。现有纪年资料表明，至迟到前54年，陶盒已在汉墓随葬品中消失。胡场5号墓（前70年）出土的陶盒表明，顶盖中间为平顶，盖面装饰用三纽已经消失；子母口已不明显，从敛口演变为敞口，腹部演变为斜直腹；平底。

壶

西汉早期（吴国时期，前195～前154年），整体造型为瘦长形（带盖）。盖为子母口，弧顶盖，盖顶附三鸟首状纽或蘑菇状捉手。壶身长颈，鼓肩，最大腹径在腹中部，高圈足，肩部水波纹刻划明显。

西汉早中期（江都国时期，前154～前121年），整体向圆鼓形演变。与前述陶鼎、陶盒的演变类似，在江都国早期，大云山9号墓所出陶壶与西汉早期刘毋智墓所出陶壶基本相同，但圈足开始变矮，整体造型向圆鼓形变化。进入江都国晚期，大云山1号墓所出陶壶与西汉早期变化更为明显。首先，长颈演变为束颈，鼓肩演变为溜肩；其次，高圈足演变为矮圈足；再次，肩部纹饰水波纹极度简化，接近消失。

进入西汉中晚期，陶壶形制变化明显。现有纪年资料表明，陶壶整体造型愈加演变为圆鼓形，最迟到胡场汉墓（前54年）时期，陶壶圈足已经消失。此外，束长颈逐渐演变为短颈，腹部更为宽扁。

瓿

西汉早期（吴国时期，前195～前154年），瓿整体造型为方唇，口微侈，溜肩，鼓腹，平底，三个矮扁足。肩部贴附对称宽扁耳，耳面模印兽面纹，肩部刻划水波纹与弦纹。

江都国早期，大云山9号墓所出陶瓿整体形制基本与吴国时期陶瓿相同，但到江都国晚期（前129年），陶瓿造型明显变化，陶瓿的三足彻底消失，演变为平底，肩部纹饰更为简化。

进入西汉中晚期，陶瓿形制与纹饰变化明显。整体造型从扁矮演变为瘦高形，肩部附耳从竖直演变为斜坡状，肩部的水波纹彻底消失，通体刻划弦纹。

除了陶器之外，半两钱、五铢钱、新莽钱是否出现、不同阶段流行的铜镜纹饰与铭文、墓葬结构、随葬品组合等，也是判断墓葬相对年代的重要参数。

（二）墓葬年代

1. 山南组取土场墓地

墓地共发掘墓葬10座，根据工作顺序编号为5号墓（M5）、7～13号墓（M7～M13）、28号墓（M28）、29号墓（M29）。

M5出土器物较少，从陶壶形制看，墓葬时代为西汉晚期。

M7出土大泉五十铜钱，考虑到出土陶器组合为壶、瓿，结合壶、瓿形制看，墓葬时代为新莽时期。

M8仅残留铜镜一件，为昭明镜，从铜镜纹饰看，墓葬时代为西汉中晚期。

M9情况与M8类似，仅出土铜镜一件，为日光镜，从铜镜纹饰看，墓葬时代为西汉晚期。

M10仅残留出土陶器两件，为瓿、罐，从陶器残存组合及陶器残片形制看，墓葬时代为西汉晚期到东汉早期。

M11出土大泉五十铜钱，考虑到出土陶器为灰陶壶，结合壶本身形制特征，墓葬时代为新莽时期到东汉早期。

M12 出土铜镜及盒、壶、瓿组合，铜镜为昭明镜，结合铜镜纹饰与陶器形制特征，墓葬时代为西汉晚期。

M13 为砖室墓，出有四乳禽兽纹镜和铜带钩等。从墓葬形制、铜镜纹饰等因素可知墓葬时代为东汉早中期。

M28 仅残留出土琉璃器物，推测该墓时代为西汉晚期到新莽时期。

M29 残留出土壶、盒、罐组合，墓葬时代为西汉中晚期。

2. 山头组取土场墓地

墓地共发掘墓葬 10 座，根据工作顺序编号为 3 号墓（M3）、4 号墓（M4）、24 号墓（M24）、30 ~ 33 号墓（M30 ~ M33）、45 ~ 47 号墓（M45 ~ M47）。此外，在该取土场东北角正北方向 90 米处，也发掘了一处墓葬，编号为 1 号墓（M1），一并放入该墓地中。

M1 为竖穴岩坑墓，出土铜镜、铜灯、铜熏炉、铜盆、琉璃璧等器物显示墓主人身份较高，从陶器组合为壶、瓿并结合各自形制特征、铜镜纹饰看，该墓时代为新莽时期。

M3 出土鼎、盒、壶、瓿陶器组合，从陶器形制及铜镜纹饰看，墓葬时代为西汉中晚期。

M4 为竖穴岩坑墓，尽管因盗扰未出土陶器，但出土的铜器种类尤其是铜镜纹饰看，墓葬时代为西汉中晚期。

M24 残存文物为陶壶、罐，墓葬时代为西汉。

M30 为竖穴岩坑墓，墓室内出土大泉五十铜钱，结合其墓葬结构、随葬品种类、陶器组合与形制等诸多因素分析，墓葬时代为新莽时期。

M31 为竖穴岩坑墓，墓室内出土大泉五十铜钱，结合其墓葬结构、随葬品种类、陶器组合与形制（壶、瓿组合）等诸多因素分析，墓葬时代为新莽时期。

M32 出土大泉五十铜钱，结合出土陶瓿形制特征等因素看，墓葬时代为新莽时期。

M33 为砖室墓，从墓葬结构与墓砖尺寸等因素看，推测墓葬时代为宋代。

M45 为砖室墓，从墓室结构、陶器形制、出土遗物组合看，墓葬时代为东汉。

M46 未出土遗物，从木棺结构、出土地点等因素看，推测墓葬时代为宋代。

M47 仅残留部分开元通宝铜钱，推测墓葬时代为唐代。

3. 人民组一号涵洞取土场墓地

该墓地发掘墓葬 7 座，根据工作顺序编号为 2 号墓（M2）、6 号墓（M6）、23 号墓（M23）、34 ~ 37 号墓（M34 ~ M37）。

M2 出土鼎、盒、壶、瓿陶器组合，从陶器形制特征及五铢钱等因素看，墓葬时代为西汉中晚期。

M6 未出土陶器，从铜镜纹饰与五铢钱看，墓葬时代为西汉晚期。

M23 出土壶、瓿、罐组合，从陶器形制特征及铜镜纹饰看，墓葬时代为西汉晚期。

M34 遭受扰动，残存陶器有鼎、盒、瓿组合，从陶器形制特征看，墓葬时代为西汉中晚期。

M35 出土鼎、盒、壶、瓿、罐陶器组合，从陶器形制特征、五铢钱等因素看，墓葬时代为西汉中期。

M36 出土瓿、罐组合，从陶器形制特征、铜镜纹饰等因素看，墓葬时代为西汉中晚期。

M37 出土了鼎、盒、壶、瓿陶器组合，从陶器形制特征看，墓葬时代为西汉中晚期。

4. 人民组二号涵洞取土场墓地

该墓地共发掘墓葬12座，根据工作顺序编号为14～22号墓（M14～M22）、25～27号墓（M25～M27）。

M14 未出土陶器，从铜镜纹饰、五铢钱等因素看，墓葬时代为西汉晚期。

M15 未出土陶器，从铜镜铭文等因素看，墓葬时代为西汉晚期。

M16 仅出土五铢钱，墓葬时代为西汉。

M17 出土大泉五十铜钱，结合铜镜铭文等因素看，墓葬时代为新莽时期。

M18 出土壶、盒陶器组合，结合铜镜纹饰、五铢钱、陶器形制特征看，墓葬时代为西汉晚期。

M19 出土壶、瓿组合，从陶器形制特征看，墓葬时代为西汉晚期。

M20 出土鼎、盒、壶、瓿组合，从陶器形制特征、铜镜纹饰、五铢钱等因素看，墓葬时代为西汉中期。

M21 出土盒、壶、瓿陶器组合，从陶器形制特征、铜镜纹饰等因素看，墓葬时代为西汉晚期。

M22 出土壶、瓿陶器组合，从陶器形制特征、铜镜纹饰、五铢钱等因素看，墓葬时代为西汉晚期。

M25 出土鼎、盒、壶、瓿陶器组合，从陶器形制特征、五铢钱等因素看，墓葬时代为西汉中晚期。

M26 出土鼎、盒、壶、瓿、罐陶器组合，从陶器形制特征、五铢钱、铜镜纹饰等因素看，墓葬时代为西汉中期。

M27 残存陶器皆为罐，从陶器形制特征来看，墓葬时代为西汉中晚期。

5. 人民组取土场墓地

该墓地共发掘墓葬13座，根据工作顺序编号为38～43号墓（M38～M43）、70～73号墓（M70～M73）、165～167号墓（M165～M167）。

M38 出土盒、壶、瓿陶器组合，从陶器形制特征、铜镜纹饰、五铢钱等因素看，墓葬时代为西汉晚期。

M39 未留存遗物，从现场残留棺椁遗迹看，墓葬时代为汉代。

M40 未留存陶器，从铜镜纹饰看，墓葬时代为西汉中期。

M41 出土鼎、盒、壶、瓿陶器组合，从陶器形制特征、铜镜纹饰等因素看，墓葬时代为西汉中期。

M42 出土鼎、盒、壶、瓿陶器组合，从陶器形制特征、铜镜纹饰、半两钱等因素看，墓葬时代为西汉早中期。

M43 未有遗物残留，从现场残留木棺遗迹等因素看，推测墓葬时代为汉代。

M70 未有遗物残留，从墓葬形制及出土墓砖，推测墓葬时代在唐宋时期。

M71 残留出土盒、瓿、罐陶器组合，从陶器形制特征看，墓葬时代为西汉中晚期。

M72 出土鼎、盒、壶、瓿陶器组合，从陶器形制特征、铜镜纹饰、漆木器形制及纹饰等因素看，墓葬时代为西汉中晚期。

M73 出土盒、瓿、罐组合，从陶器形制特征、铜镜纹饰、五铢钱等因素看，墓葬时代为西汉中晚期。

M165 仅残存铜带钩一件，从带钩形制看，墓葬时代为西汉。

M166 出土鼎、盒、壶、瓿陶器组合，陶器皆残损严重，从残片形制特征及铜带钩形制等因素看，墓葬时代为西汉中晚期。

M167 未出土遗物，结合墓葬特征，推测墓葬时代为汉代。

6. 军庄组一号取土场墓地

该墓地发掘墓葬22座，根据工作顺序编号为48～69号墓（M48～M69）。

M48 出土元丰通宝铜钱，结合陶罐形制及棺木结构等因素，墓葬时代为宋代。

M49 出土元丰通宝铜钱，结合陶罐形制、棺木结构、相邻墓葬分布等因素看，墓葬时代为宋代。

M50 出土盒、壶、瓿陶器组合，从陶器形制特征及铜镜纹饰看，墓葬时代为西汉中晚期。

M51 为一椁双棺墓葬结构，出土鼎、盒、壶、瓿陶器组合，从陶器形制特征、铜镜纹饰等因素看，墓葬时代为西汉中期。

M52 出土鼎、盒、壶、瓿陶器组合，从陶器形制特征及铜镜纹饰等因素看，墓葬时代为西汉中期。

M53 出土红陶罐一件，罐身虽无法复原，但从形制特征看，墓葬时代为汉代。

M54 出土壶、罐，从陶器形制特征及铜镜纹饰等因素看，墓葬时代为西汉中晚期。

M55 未出土遗物，结合墓葬特征，推测墓葬时代为汉代。

M56 出土壶、罐陶器，从陶器形制特征等因素看，墓葬时代为西汉中晚期。

M57 出土鼎、盒、壶、瓿陶器组合，从陶器形制特征与铜镜纹饰等因素看，墓葬时代为西汉中晚期。

M58 出土遗物大多残损严重，从五铢钱与琉璃器等因素看，墓葬时代为西汉中晚期。

M59 出土鼎、盒、壶、瓿陶器组合，从陶器形制特征等因素看，墓葬时代为西汉中晚期。

M60 出土鼎、盒、壶、瓿陶器组合，从陶器形制特征、铜镜纹饰与铭文等因素看，墓葬时代为西汉中晚期。

M61 仅出土无法复原漆器两件，结合墓地特征、墓葬形制等因素看，墓葬时代为西汉。

M62 出土鼎、盒、壶、瓿、罐陶器组合，从陶器形制特征、铜镜纹饰与铭文、铜盆形制等因素看，墓葬时代为西汉中晚期。

M63 出土壶、瓿陶器组合，从陶器形制特征、五铢钱、铜镜纹饰等因素看，墓葬时代为西汉晚期。

M64 出土壶、罐陶器组合，从陶器形制特征、铜镜铭文等因素看，墓葬时代为西汉晚期。

M65 出土铜镜与漆奁皆残损严重，从墓葬特征、器物组合等因素看，墓葬时代为西汉。

M66 出土盒、壶、瓿陶器组合，从陶器形制特征、随葬品整体组合等因素看，墓葬时代为西汉中晚期。

M67 出土铜镜与铁削皆残损严重，从墓葬特征、随葬品组合等因素看，墓葬时代为西汉。

M68 仅残存五铢钱，从墓葬特征、五铢钱等因素看，墓葬时代为汉代。

M69 出土盒、壶陶器组合，从陶器形制特征、铜镜铭文等因素看，墓葬时代为西汉晚期。

7. 军庄组二号取土场墓地

该墓地共发掘墓葬35座，根据工作顺序编号为44号墓（M44）、74～107号墓（M74～M107）。

M44 仅残留出土陶罐及琉璃玲等器物，从陶罐残片、墓葬形制等因素看，墓葬时代为西汉。

M74 仅出土铁剑一件，从铁剑形制、墓葬特征等因素看，墓葬时代为西汉。

M75 未见遗物出土，从墓葬特征、墓坑形制等因素看，推测墓葬时代为汉代。

M76 情况与M75相同，推测墓葬时代为汉代。

M77 为砖室墓，无残存遗物出土，从墓葬特征、墓葬结构等因素看，墓葬时代为六朝时期。

M78 为砖室墓，出土瓷碗与瓷壶，从瓷器形制特征、墓葬结构等因素看，墓葬时代为南朝晚期。

M79 为砖室墓，虽未见遗物出土，从墓葬结构等因素看，墓葬时代为六朝时期。

M80 情况与M79相同，墓葬时代为六朝时期。

M81 出土鼎、盒陶器组合，从陶器形制特征与铜镜纹饰等因素看，墓葬时代为西汉中晚期。

M82 为砖室墓，从墓葬结构等因素看，墓葬时代为六朝时期。

M83 未见遗物出土，从墓葬特征、墓坑形制等因素看，推测墓葬时代为汉代。

M84 出土壶、罐陶器组合，从陶器形制特征等因素看，墓葬时代为汉代。

M85 为砖室墓，未见遗物出土，从墓葬结构等因素看，墓葬时代为宋代。

M86 未见遗物出土，从墓葬特征、墓坑形制等因素看，推测墓葬时代为汉代。

M87 为砖室墓，现场未有遗物残留，从墓葬结构等因素看，推测墓葬时代为六朝。

M88 为砖室墓，墓内仅残留铁质棺钉若干，从墓葬结构等因素看，墓葬时代为宋代。

M89 出土壶、瓿陶器组合，从陶器形制特征、大泉五十铜钱、铜镜纹饰等特征看，墓葬时代为新莽时期。

M90 出土鼎、盒、壶、瓿陶器组合，从陶器形制特征及铜镜纹饰等因素看，墓葬时代为西汉中期。

M91 出土壶、瓿、罐陶器组合，从陶器形制特征及五铢钱等因素看，墓葬时代为西汉晚期。

M92 出土陶壶一件，从陶壶形制、五铢钱等因素看，墓葬时代为西汉中晚期。

M93 出土壶、瓿陶器组合，从陶器形制特征等因素看，墓葬时代为西汉中晚期。

M94 情况与M93基本一致，墓葬时代为西汉中晚期。

M95 情况与M93基本一致，墓葬时代为西汉中晚期。

M96 出土鼎、盒、壶、瓿陶器组合，从陶器形制特征、铜镜铭文等因素看，墓葬时代为西汉晚期。

M97 出土鼎、盒、壶、瓿陶器组合，从陶器形制特征、铜镜纹饰等因素看，墓葬时代为西汉中期。

M98 未见遗物出土，从墓葬特征、墓坑形制等因素看，推测墓葬时代为汉代。

M99 出土壶、罐陶器组合，从陶器形制特征、大泉五十铜钱、铜镜铭文等因素看，墓葬时代为新莽时期。

M100 未见陶器出土，从铜镜铭文、五铢钱等因素看，墓葬时代为西汉晚期。

M101 出土壶、瓿陶器组合，从陶器形制特征、铜镜纹饰、五铢钱等因素看，墓葬时代为西汉晚期。

M102 未见陶器出土，从铜镜铭文等因素看，墓葬时代为西汉晚期。

M103 出土壶、瓿陶器组合，从陶器形制特征、随葬品组合等因素看，墓葬时代为西汉晚期。

M104 情况与 M103 基本相同，结合铜镜铭文等因素，墓葬时代为西汉晚期。

M105 出土盒、壶、瓿、豆陶器组合，从陶器形制特征、五铢钱、铜镜铭文、随葬品组合等因素看，墓葬时代为西汉晚期。

M106 出土陶壶一件，从陶壶形制、随葬品组合等因素看，墓葬时代为西汉中晚期。

M107 未出土陶器，从五铢钱、铜镜铭文等因素看，墓葬时代为西汉晚期。

8. 圩庄组取土场墓地

（1）圩庄组取土场墓地 A 区

A 区共发掘墓葬 45 座，根据工作顺序编号为 110 号墓（M110）、112～122 号墓（M112～M122）、125～129 号墓（M125～M129）、134～157 号墓（M134～M157）、160～162 号墓（M160～M162）、168 号墓（M168）。

M110 出土壶、瓿陶器组合，从陶器形制特征、五铢钱、铜镜铭文等因素看，墓葬时代为西汉晚期。

M112 出土壶、罐陶器组合，从陶器形制特征、大泉五十铜钱等因素看，墓葬时代为新莽时期。

M113 出土壶、罐陶器组合，从陶器形制特征、五铢钱、铜镜铭文等因素看，墓葬时代为西汉晚期。

M114 出土壶、瓿陶器组合，从陶器形制特征、铜镜铭文与纹饰、随葬品组合等因素看，墓葬时代为西汉晚期。

M115 出土鼎、盒、壶、瓿陶器组合，从陶器形制特征、铜镜铭文、随葬品组合等因素看，墓葬时代为西汉中晚期。

M116 出土鼎、盒、壶、瓿陶器组合，从陶器形制特征、随葬品组合等因素看，墓葬时代为西汉中期。

M117 出土残存鼎、盒、壶陶器组合，从陶器形制特征、铜镜铭文等因素看，墓葬时代为西汉中期。

M118 出土鼎、盒、壶、瓿陶器组合，从陶器形制特征等因素看，墓葬时代为西汉中期。

M119 未出土陶器，从铜镜铭文、随葬品组合等因素看，墓葬时代为西汉晚期。

M120 出土壶、瓿陶器组合，从陶器形制特征、铜镜铭文等因素看，墓葬时代为西汉晚期。

M121 出土陶壶两件，从陶器形制特征及五铢钱等因素看，墓葬时代为西汉晚期。

M122 因墓坑破坏未见陶器出土，从五铢钱、铜镜铭文等因素看，墓葬时代为西汉晚期。

M125 出土铜镜一件，从铜镜铭文等因素看，墓葬时代为西汉晚期。

M126 未见遗物出土，从墓地特征、墓坑形制等因素看，推测墓葬时代为汉代。

M127 与 M126 情况相同，未见遗物出土，从墓地特征、墓坑形制等因素看，推测墓葬时代为汉代。

M128 出土壶、罐陶器组合，从陶器形制特征等因素看，墓葬时代为西汉晚期。

M129 未见陶器出土，从出土五铢钱、墓坑形制等因素看，墓葬时代为汉代。

M134 出土鼎、盒、壶、瓿、罐陶器组合，从陶器形制特征、铜镜铭文、墓葬结构等因素看，墓葬时代为西汉中期。

M135 仅出土铜镜一件，从铜镜铭文、墓坑形制等因素看，墓葬时代为西汉晚期。

M136 出土壶、瓿陶器组合，从陶器形制特征、铜镜纹饰、大泉五十铜钱等因素看，墓葬时代为新莽时期。

M137 出土壶、瓿陶器组合，从陶器形制特征、五铢钱、铜镜纹饰与铭文、随葬品组合等因素看，墓葬时代为西汉晚期。

M138 出土壶、瓿陶器组合，从陶器形制特征、五铢钱、铜镜纹饰、随葬品组合等因素看，墓葬时代为西汉晚期。

M139 墓葬遭受破坏，出土残存遗物陶壶与铜镜等，从陶壶形制、铜镜纹饰等因素看，墓葬时代为西汉晚期到新莽之间。

M140 未见遗物出土，从墓地特征、墓坑形制等因素看，推测墓葬时代为汉代。

M141 与 M140 情况相同，未见遗物出土，从墓地特征、墓坑形制等因素看，推测墓葬时代为汉代。

M142 出土鼎、盒、壶、瓿、罐陶器组合，从陶器形制特征、五铢钱、铜镜铭文等因素看，墓葬时代为西汉中期。

M143 出土鼎、盒、壶、瓿陶器组合，从陶器形制特征、铜镜铭文、随葬品组合等因素看，墓葬时代为西汉中期。

M144 出土陶壶两件，从陶壶形制特征、铜镜纹饰等因素看，墓葬时代为西汉晚期到新莽之间。

M145 出土壶、瓿陶器组合，从陶器形制特征、铜镜纹饰等因素看，墓葬时代为西汉晚期。

M146 出土壶、瓿陶器组合，从陶器形制特征、铜镜铭文等因素看，墓葬时代为西汉晚期到新莽之间。

M147 出土壶、罐组合，从陶器形制特征、大泉五十铜钱、铜镜纹饰与铭文等因素看，墓葬时代为新莽时期。

M148 未出土陶器，从铜镜纹饰与铭文、墓葬形制等因素看，墓葬时代为西汉晚期。

M149 出土鼎、盒、壶、瓿陶器组合，从陶器形制特征、铜镜纹饰与铭文、五铢钱、随葬品组合等因素看，墓葬时代为西汉中晚期。

M150 出土陶壶两件，从陶壶形制特征、五铢钱、铜镜铭文、墓葬形制等因素看，墓葬时代为西汉晚期。

M151 未出土陶器，从铜镜铭文、五铢钱、墓葬形制等因素看，墓葬时代为西汉晚期。

M152 出土壶、瓿陶器组合，从陶器形制特征、五铢钱、墓葬形制、随葬品组合等因素看，墓葬时代为西汉晚期。

M153 出土壶、瓿、罐陶器组合，从陶器形制特征、大泉五十铜钱、铜镜纹饰及随葬品组合等因素看，墓葬时代为新莽时期。

M154 出土鼎、盒、壶、瓿、罐陶器组合，从陶器形制特征、铜镜纹饰、随葬品组合等因素看，墓葬时代为西汉中期。

M155 未出土陶器，从铜镜纹饰、五铢钱、随葬品组合、墓葬形制等因素看，墓葬时代为西汉晚期。

M156 出土鼎、盒、壶、瓿陶器组合，从陶器形制特征、五铢钱、铜镜铭文等因素看，墓葬时代为西汉中晚期。

M157 受施工扰动，仅出土铜镜、漆奁等遗物，从铜镜纹饰与铭文、墓葬形制等因素看，墓葬时代为西汉晚期。

M160 出土鼎、盒、壶、瓿陶器组合，从陶器形制特征、五铢钱、铜镜铭文等因素看，墓葬时代为西汉中晚期。

M161 出土壶、瓿陶器组合，从陶器形制特征、五铢钱、铜镜纹饰与铭文等因素看，墓葬时代为西汉晚期。

M162 未出土陶器，从铜镜铭文、五铢钱、随葬品组合、墓葬形制等因素看，墓葬时代为西汉中晚期。

M168 仅出土残损铜镜一面，从墓葬形制等因素看，墓葬时代为汉代。

（2）圩庄组取土场墓地 B 区

B 区共发掘墓葬 29 座，根据工作顺序编号为 108 ～ 109 号墓（M108 ～ M109）、111 号墓（M111）、123 号墓（M123）、124 号墓（M124）、130 ～ 133 号墓（M130 ～ M133）、158 ～ 159 号墓（M158 ～ M159）、163 号墓（M163）、164 号墓（M164）、169 ～ 183 号墓（M169 ～ M183）、185 号墓（M185）

M108 受到施工方破坏，陶器仅残存瓿一件，从陶瓿形制特征、铜镜铭文、五铢钱等因素看，墓葬时代为西汉晚期。

M109 出土壶、瓿陶器组合，从陶器形制特征、四乳禽兽纹镜、五铢钱等因素看，墓葬时代为西汉晚期。

M111 出土壶、瓿陶器组合，从陶器形制特征、铜镜纹饰与铭文、五铢钱、随葬品组合等因素看，墓葬时代为西汉晚期。

M123 出土鼎、盒、壶、瓿陶器组合，从陶器形制特征、铜镜纹饰与铭文、五铢钱等因素看，墓葬时代为西汉中晚期。

M124 出土壶、瓿陶器组合，从陶器形制特征、五铢钱等因素看，墓葬时代为西汉晚期。

M130 出土鼎、盒、壶、瓿、罐组合，从陶器形制特征、铜镜铭文等因素看，墓葬时代为西汉中期。

M131 出土壶、瓶陶器组合，从陶器形制特征、五铢钱等因素看，墓葬时代为西汉晚期。

M132 受到施工破坏，仅出土铜镜、铜钱等，从铜镜纹饰、五铢钱等因素看，墓葬时代为西汉晚期。

M133 受到施工破坏未出土陶器，从铜镜铭文、随葬品组合等因素看，墓葬时代为西汉晚期。

M158 出土鼎、盒、壶、钫、瓶、罐陶器组合，从陶器形制特征、铜镜纹饰、五铢钱、随葬品组合等因素看，墓葬时代为西汉晚期。

M159 出土鼎、盒、壶、瓶陶器组合，从陶器形制特征、五铢钱、铜镜纹饰、随葬品组合等因素看，墓葬时代为西汉中晚期。

M163 出土鼎、盒、壶、瓶陶器组合，从陶器形制特征、铜镜纹饰、五铢钱等因素看，墓葬时代为西汉中晚期。

M164 出土鼎、盒、壶、瓶陶器组合，从陶器形制特征、铜镜纹饰、五铢钱等因素看，墓葬时代为西汉中晚期。

M169 出土壶、罐陶器组合，从陶器形制特征、铜镜纹饰、五铢钱等因素看，墓葬时代为西汉晚期。

M170 出土鼎、盒、壶、瓶、罐陶器组合，从陶器形制特征、铜镜纹饰、五铢钱、随葬品组合、墓葬形制等因素看，墓葬时代为西汉中期。

M171 出土鼎、盒、壶、钫、瓶、罐陶器组合，从陶器形制特征、铜镜纹饰、五铢钱、随葬品组合等因素看，墓葬时代为西汉中期。

M172 出土壶、瓶陶器组合，从陶器形制特征、五铢钱、随葬品组合等因素看，墓葬时代为西汉晚期。

M173 出土壶、瓶陶器组合，从陶器形制特征、五铢钱、铜镜纹饰等因素看，墓葬时代为西汉晚期。

M174 出土壶、瓶陶器组合，从陶器形制特征、铜镜纹饰、五铢钱等因素看，墓葬时代为西汉晚期。

M175 出土壶、瓶陶器组合，从陶器形制特征、铜镜纹饰、五铢钱、随葬品组合等因素看，墓葬时代为西汉晚期。

M176 未出土陶器，从出土五铢钱、墓地特征等因素看，墓葬时代为汉代。

M177 未见遗物出土，从墓地特征、墓坑形制等因素看，推测墓葬时代为汉代。

M178 出土陶瓶一件，从陶瓶形制特征、铜镜纹饰、五铢钱等因素看，墓葬时代为西汉晚期。

M179 出土壶、瓶陶器组合，从陶器形制特征、铜镜纹饰等因素看，墓葬时代为西汉晚期。

M180 未见遗物出土，从墓地特征、墓坑形制等因素看，推测墓葬时代为汉代。

M181 出土鼎、盒、壶、瓶陶器组合，从陶器形制特征、铜镜纹饰等因素看，墓葬时代为西汉中晚期。

M182 出土鼎、盒、壶、瓶陶器组合，从陶器形制特征、铜镜纹饰、五铢钱、随葬品组合等因素看，墓葬时代为西汉中晚期。

M183 出土陶罐两件，从木质椁盖、砖砌椁身、铜镜纹饰、陶器形制特征等因素看，墓葬时代为新莽到东汉早期之间。

M185 出土陶罐 2 件，从陶罐形制与釉色特征、治平元宝、墓葬结构等因素看，墓葬时代为宋代。

（3）圩庄组取土场墓地 C 区

C 区共发掘墓葬 13 座，根据工作顺序编号为 184 号墓（M184）、186～196 号墓（M186～M196）、205 号墓（M205）。

M184 出土鼎、盒、壶、瓿陶器组合，从陶器形制特征、铜镜纹饰等因素看，墓葬时代为西汉中期。

M186 出土鼎、盒、壶、瓿陶器组合，从陶器形制特征、五铢钱等因素看，墓葬时代为西汉中期。

M187 未见陶器出土，从蟠螭纹铜镜、五铢钱等因素看，墓葬时代为西汉中期。

M188 出土壶、瓿陶器组合，从陶器形制特征、五铢钱等因素看，墓葬时代为西汉晚期。

M189 出土壶、瓿陶器组合，从陶器形制特征、铜镜纹饰、五铢钱、随葬品组合等因素看，墓葬时代为西汉晚期。

M190 未见遗物出土，从墓地特征、墓坑形制等因素看，推测墓葬时代为汉代。

M191 出土鼎、盒陶器组合，从陶器形制特征、五铢钱等因素看，墓葬时代为西汉中期。

M192 出土陶罐两件，从陶罐形制特征、墓坑形制等因素看，墓葬时代为西汉中晚期。

M193 出土鼎、盒、壶、瓿陶器组合，从陶器形制特征、五铢钱等因素看，墓葬时代为西汉中期。

M194 未出土陶器，从五铢钱、随葬品组合等因素看，墓葬时代为武帝发行五铢钱之后到新莽之间。

M195 出土陶壶与陶钵，从壶与钵各自形制特征、五铢钱等因素看，墓葬时代为西汉中晚期。

M196 未见遗物出土，从墓地特征、墓坑形制等因素看，推测墓葬时代为汉代。

M205 未见遗物出土，从墓地特征、墓坑形制等因素看，推测墓葬时代为汉代。

9. 军庄组三号取土场墓地

（1）军庄组三号取土场墓地 A 区

A 区共发掘墓葬 9 座，根据工作顺序编号为 206～214 号墓（M206～M214），此外还发掘陪葬坑 1 座，编号 K1。

M206 出土壶、瓿陶器组合，从陶器形制特征、铜镜纹饰等因素看，墓葬时代为西汉晚期。

M207 出土壶、瓿陶器组合，从陶器形制特征、铜镜纹饰、随葬品组合等因素看，墓葬时代为西汉晚期。

M208 为本报告中资料最为丰富的一座墓葬，出土鼎、盒、壶、钫、瓿、镳、罐陶器组合，从陶器形制特征、铜镜纹饰、随葬品组合等因素看，墓葬时代为西汉中期。

M209 未见陶器出土，从铜镜纹饰、五铢钱等因素看，墓葬时代为西汉晚期。

M210 出土鼎、盒、壶、瓿、熏陶器组合，从陶器形制特征、墓葬结构、随葬品组合等因素看，墓葬时代为西汉中期。

M211 仅出土铜钱一组，从五铢钱、墓葬结构等因素看，墓葬时代为汉武帝发行五铢钱之后到西汉晚期之间。

M212 出土壶、罐陶器组合，从陶器形制特征、铜镜纹饰、五铢钱、随葬品组合等因素看，墓葬时代为西汉晚期。

M213 出土壶、瓿陶器组合，从陶器形制特征、昭明镜、五铢钱、随葬品组合、墓葬结构等因素看，墓葬时代为西汉晚期。

M214 出土壶、瓿、罐陶器组合，从陶器形制特征、铜镜纹饰、五铢钱、墓葬结构等因素看，墓葬时代为西汉晚期。

（2）军庄组三号取土场墓地 B 区

B 区共发掘墓葬 17 座，根据工作顺序编号为 197～204 号墓（M197～M204）、215～223 号墓（M215～M223）。

M197 出土陶壶一件，从陶壶形制特征、五铢钱等因素看，墓葬时代为西汉晚期。

M198 出土壶、盒陶器组合，从陶器形制特征、五铢钱、铜镜纹饰等因素看，墓葬时代为西汉中晚期。

M199 出土壶、瓿陶器组合，从陶器形制特征、铜镜纹饰、大泉五十铜钱、随葬品组合等因素看，墓葬时代为新莽时期。

M200 未出土陶器，从铜镜纹饰、五铢钱等因素看，墓葬时代为西汉晚期。

M201 出土壶、瓿陶器组合，从陶器形制特征、五铢钱、铜镜纹饰等因素看，墓葬时代为西汉晚期。

M202 出土陶壶一件，从陶壶形制特征、五铢钱、铜镜纹饰等因素看，墓葬时代为西汉晚期。

M203 仅出土铜钱与漆器各一件，从五铢钱、墓葬结构等因素看，墓葬时代为武帝发行五铢钱之后到新莽之间。

M204 出土壶、瓿陶器组合，从陶器形制特征、五铢钱、铜镜纹饰、随葬品等因素看，墓葬时代为西汉晚期。

M215 出土陶罐一件，从陶罐形制与纹饰、随葬品组合、墓葬结构等因素看，墓葬时代为汉代。

M216 出土鼎、盒、壶、瓿、釜、甑陶器组合，从陶器形制特征、随葬品组合等因素看，墓葬时代为西汉中期。

M217 出土鼎、盒、壶、瓿罐陶器组合，从陶器形制特征、随葬品组合、五铢钱等因素看，墓葬时代为西汉中期。

M218 出土壶、瓿陶器组合，从陶器形制特征、铜镜纹饰等因素看，墓葬时代为西汉晚期。

M219 未出土陶器，从铜镜纹饰、墓葬结构等因素看，墓葬时代为西汉晚期。

M220 未出土陶器，从铜镜纹饰、墓葬结构等因素看，墓葬时代为西汉晚期到新莽之间。

M221 未出土陶器，从铜镜纹饰与铭文、随葬品组合等因素看，墓葬时代为西汉晚期。

M222 未出土陶器，从铜镜铭文、随葬品组合等因素看，墓葬时代为西汉晚期。

M223 出土壶、瓿陶器组合，从陶器形制特征、墓葬结构等因素看，墓葬时代为西汉晚期。

第二节　相关展望

东阳汉墓群作为配合高速公路施工建设的考古发掘项目，一部分发掘地点因为取土场施工需要，可以大面积揭露。考古遗迹，尤其是整个墓地布局可以揭示得相对完整，如圩庄组取土场墓地。因此，使该部分墓地考古材料的完整性公布得以保障。但是一部分发掘地点仅是根据施工图纸的规划区域进行有限发掘，所发掘的地点及周边区域未经全面勘探，现场只能做到限于施工区域内的随工清理，如人民组一号涵洞和二号涵洞取土场墓地，虽然墓葬分布密集，但小区域内的考古材料完整性无法保障。

东阳汉墓群揭露出若干不同面积的墓地，收获了铜器、铁器、琉璃器、漆器、木器、陶器等不同材质的古代遗物，研究价值依然很大。在前三章公布基本素材的基础上，报告编写团队对这批资料后续可供继续研究的主题进行了展望，希望有更多的研究者进一步深入讨论。相关主题如下：

（一）东阳城城址与周边墓葬的空间关系

从现有东阳城外墓地分布图可以清楚看出，东阳大城外西北部极可能为西汉至新莽时期的棠邑侯墓地，大城北部为西汉早中期的江都王陵，大城外东部则分布有王氏和袁氏（具有一定的身份）家族墓地，南部与西部则为其他家族墓地。

从宏观上看，大城西墙与北墙均依山势而建，东墙则依高岗而筑，营建过程与布局模式显然经过精心考量。据初步测量，大城的周长为6360米，其面积与汉代广陵城的面积相当。由于广陵城周长为6900米①，与《后汉书·郡国志》中"广陵，吴王濞所都，城周十四里半"相吻合，基本可以确定西汉广陵城曾为吴国的国都。如此，作为与吴国都城面积相当的东阳大城，其城址的性质当有进一步探讨的可能。江都王陵位于东阳大城北面的大云山区域，两者的关系究竟如何尚需深入探讨。

从现有资料看，到西汉中期以后，东阳大城外紧靠城墙的区域几乎均为墓葬用地所占据，地位高如王侯者则占据大云山、小云山，地位略低者则占据城墙外高岗，地位更低者则似乎出城墙外就近掩埋，在这一空间分布中，到底有哪些因素是最终形成此种格局的原因，需进一步探讨。

（二）墓地与人群、家族的关系

不同家族的墓地与墓地之间尚留有较大的平面空间，家族与家族之间是否因地位变动而导致墓地分布的微妙变化，这些尚需对墓地的资料进行进一步分析。

（三）墓葬出土典型遗物的探讨

1. 关于陶器

报告公布的墓葬资料中，大部分墓葬未经盗扰且均出土不同种类、不同质地、不同数量的陶器，这些组合完整的西汉到新莽时期的随葬陶器，无论是对于类型学、年代学基本研究，还是对工艺及地域文化等方面的解读，都有进一步讨论的必要。

2. 关于漆木器

本报告中，有部分墓葬（如圩庄组取土场墓地和军庄组三号取土场墓地）中出土了大量漆木器，由于墓葬棺椁结构保存较好，这批饱水状态下的漆木器在器物种类、工艺、纹饰、形制等方

---

① 中国社会科学院考古研究所、南京博物院、扬州市文物考古研究所：《扬州城——1987～1998年考古发掘报告》，文物出版社，2010年。

面，成为近年来长三角地区出土的最为重要的汉代漆器资料之一，极易开展后续研究。

3. 关于铜镜

本报告中，由于大部分墓葬未经盗扰，加之埋藏环境的影响，超过150件保存完整、纹样清晰的铜镜，是近年来集中公布汉代铜镜最为丰富的一次，在地域性汉代铜镜分期、铜镜工艺、铭文等后续研究方面有很大的探讨空间。

4. 几座重点墓葬

本报告中，有几座保存完整、出土遗物相对丰富的墓葬值得深入讨论。

（1）关于 M30

由于墓葬中未出土铜印及其他文字材料，因此关于墓主人等级与身份的信息无法直接得知，但是从与 M30 相距20米的 M32（墓葬时代为新莽时期）棺内出土"陈□"铜印这一资料看[1]，推测 M30 男性墓主人的姓氏极可能与"陈"姓相关。考虑到以往发掘的小云山一号墓墓主人为陈君孺[2]，包括 M30、M32 在内的小云山墓葬群极可能为西汉至新莽时期的陈氏家族墓地。此外，该墓出土的微雕宝石项链、博局纹铜镜、银扣贴金箔漆奁、鎏金银扣漆樽、神兽云气纹耳杯等皆为同时代同类器物中的精品，研究价值极高。

（2）关于 M114

该墓除出土了包括铜器、铁器、琉璃器、玛瑙器、漆器、木器、陶器等在内的各类遗物106件（组），其随葬品种类多样、纹样精美。最重要的是，该墓还出土了木刻星象图，这是继1974年盱眙首次出土木刻星象图之后，该地区第二次完整出土的西汉木刻星象图，其揭示了汉代丰富的天文观测成果，为了解汉代天文考古学提供了珍贵资料，具有极高的学术价值。

（3）关于 M208

该墓保存完整，出土了包括铜器、铁器、琉璃器、漆器、木器、陶器等在内的各类遗物284件（组），其随葬品种类丰富、工艺精美，为近年来江淮地区西汉墓葬中出土遗物较为丰富的一次发现。此外，该墓出土的笭床、刚卯、博具盒、七子奁等漆木器保存完整，极具研究价值。

（4）关于 M213、M214

两墓保存基本完整，结构均为一椁一棺一边箱，出土了包括铜器、铁器、漆器、木器、琉璃器、陶器等在内的各类遗物194件（组）。M214 出土的穿璧纹隔板、木构建筑纹隔板、漆缴等遗物保存完整，极具研究价值。此外，出土铜印印文为"榬仁私印"、耳杯铭文为"袁氏"等资料表明墓主人为东阳当地榬氏家族成员。考虑到东阳城外已发掘的谢氏墓葬的简牍材料中，明确记载了围绕谢氏人情往来、并与谢氏官员身份相当的几个当地家族中，榬氏家族是其中明确记载的一家。[3] 因此，这批墓葬被认为是西汉东阳城地方豪族墓葬的典型样本。

---

① 资料现存南京博物院考古研究所。
② 盱眙县博物馆：《江苏东阳小云山一号汉墓》，《文物》2004年第5期。
③ 天长市文物管理所、天长市博物馆：《安徽天长西汉墓发掘简报》，《文物》2006年第11期。

Abstract

During the construction of the Jinma Highway in Jiangsu Province during 2011 to 2014, a significant number of ancient graves were found. Authorized by the National Cultural Heritage Administration, archaeologists from Nanjing Museum and Xuyi County Museum conducted thorough archaeological surveys and rescue excavations of the ancient Dongyang City and surrounding graves affected by the project and found 223 of them.

Remarkably, more than 3000 artifacts were unearthed from those graves, comprising a diverse range of items such as bronze vessels, jade, glass objects, lacquerware and pottery. This is another important archaeological discovery in Xuyi county after the excavation of the King of Jiangdu's mausoleum at Dayunshan. The discovery shows great significance in related studies.

The findings presented in this report hold valuable insights for scholars in areas like history and archaeology, as well as teachers and students pursuing related disciplines in universities and colleges.

彩

图

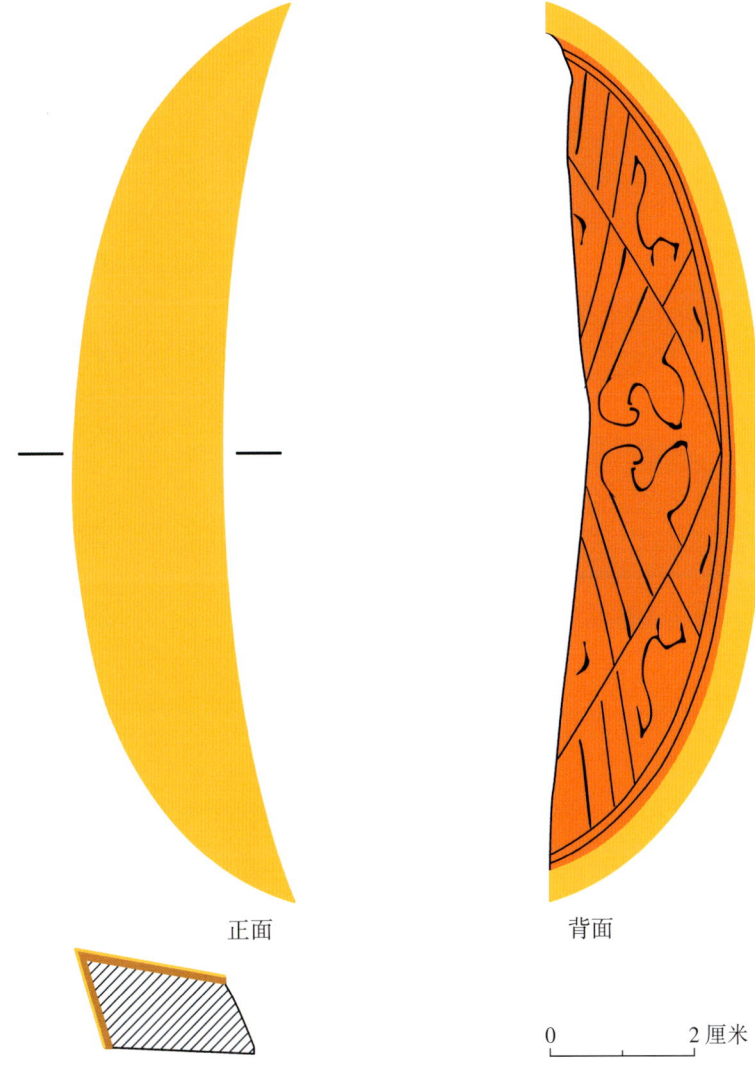

正面　　　　　　　　　背面

0　　　　　2厘米

漆耳杯（M1：1）

彩图一　山头组M1出土漆器

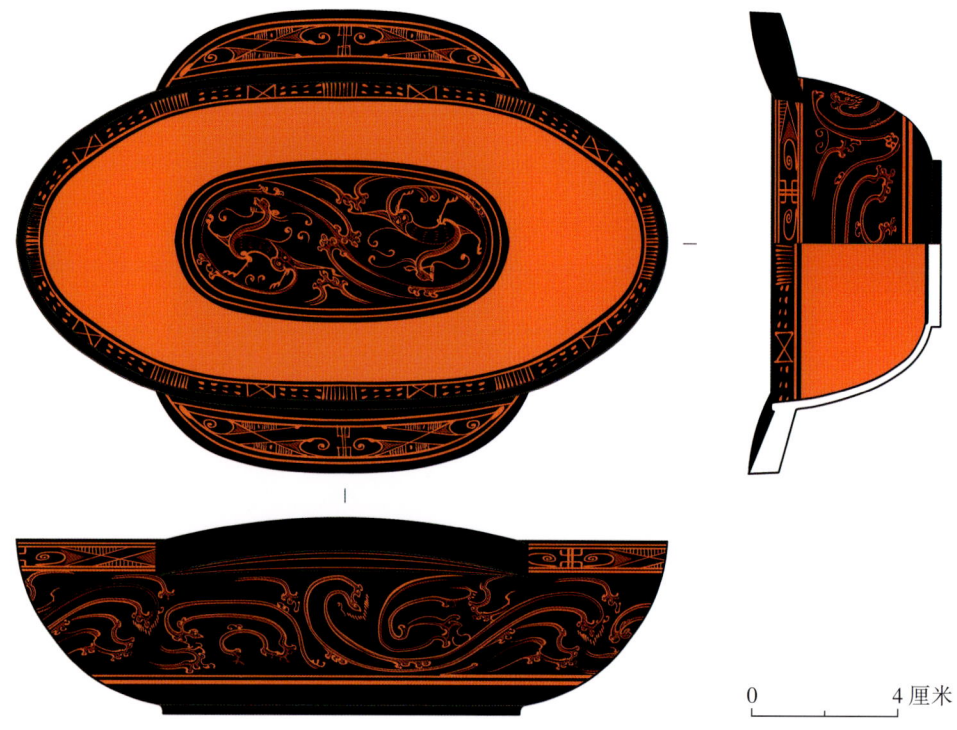

1. 漆耳杯（M30：26）

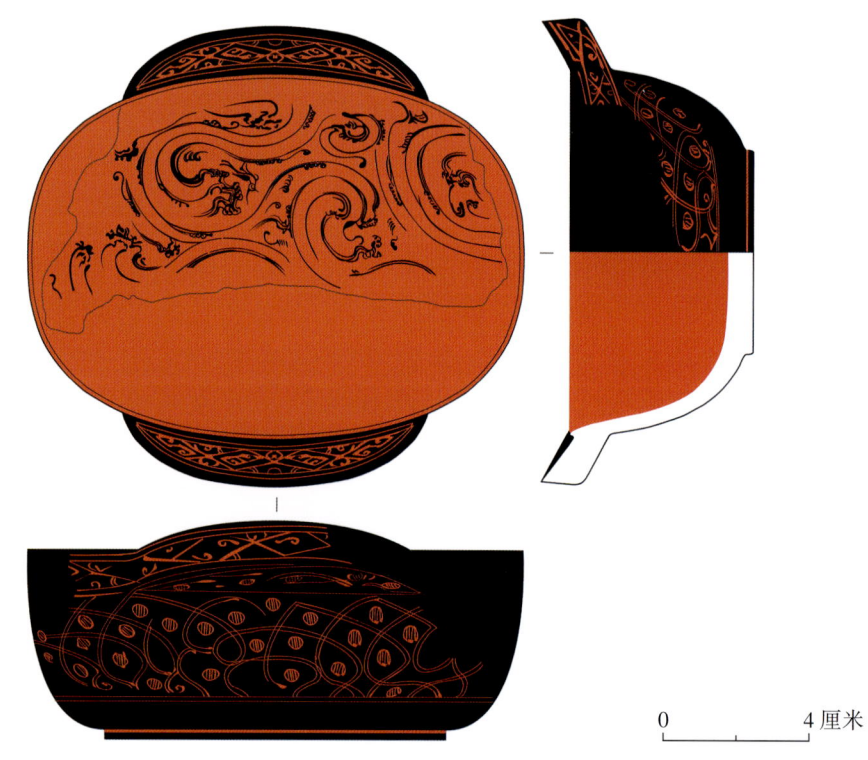

2. 漆耳杯（M30：29）

彩图二　山头组M30出土漆器

0   6厘米

1. 漆盘（M30：24）

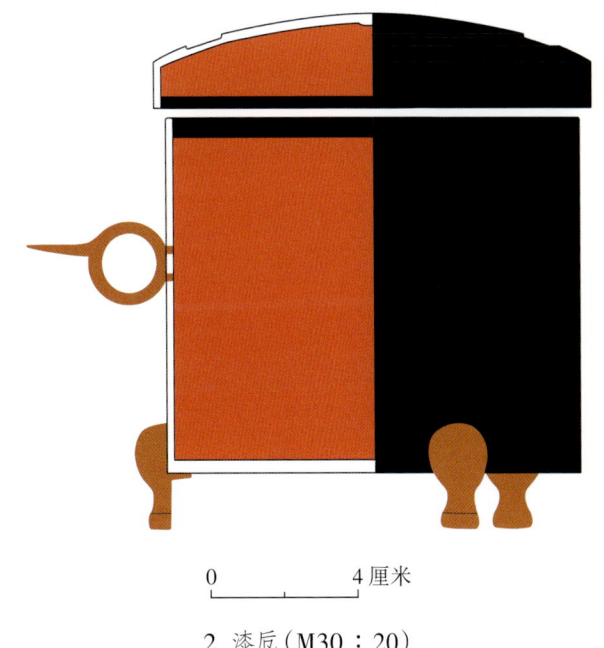

0   4厘米

2. 漆卮（M30：20）

彩图三　山头组M30出土漆器

0 4厘米

1. 漆樽 (M30：23)

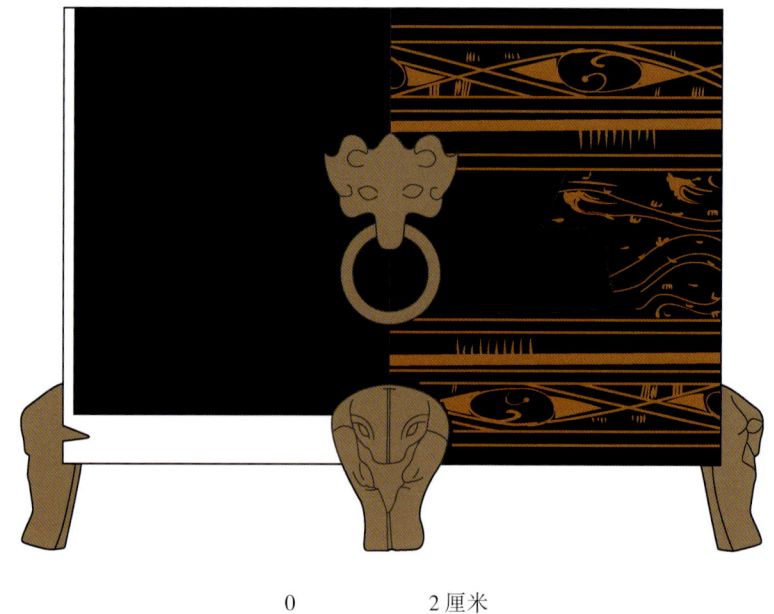

0 2厘米

2. 漆樽（M30：25）

彩图四　山头组M30出土漆器

2. 漆奁(M30：5)奁盖俯视图

1. 漆奁(M30：5)奁盖侧视与剖面图

3. 漆奁(M30：5)奁身外壁纹饰展开图

彩图五　山头组M30出土漆器

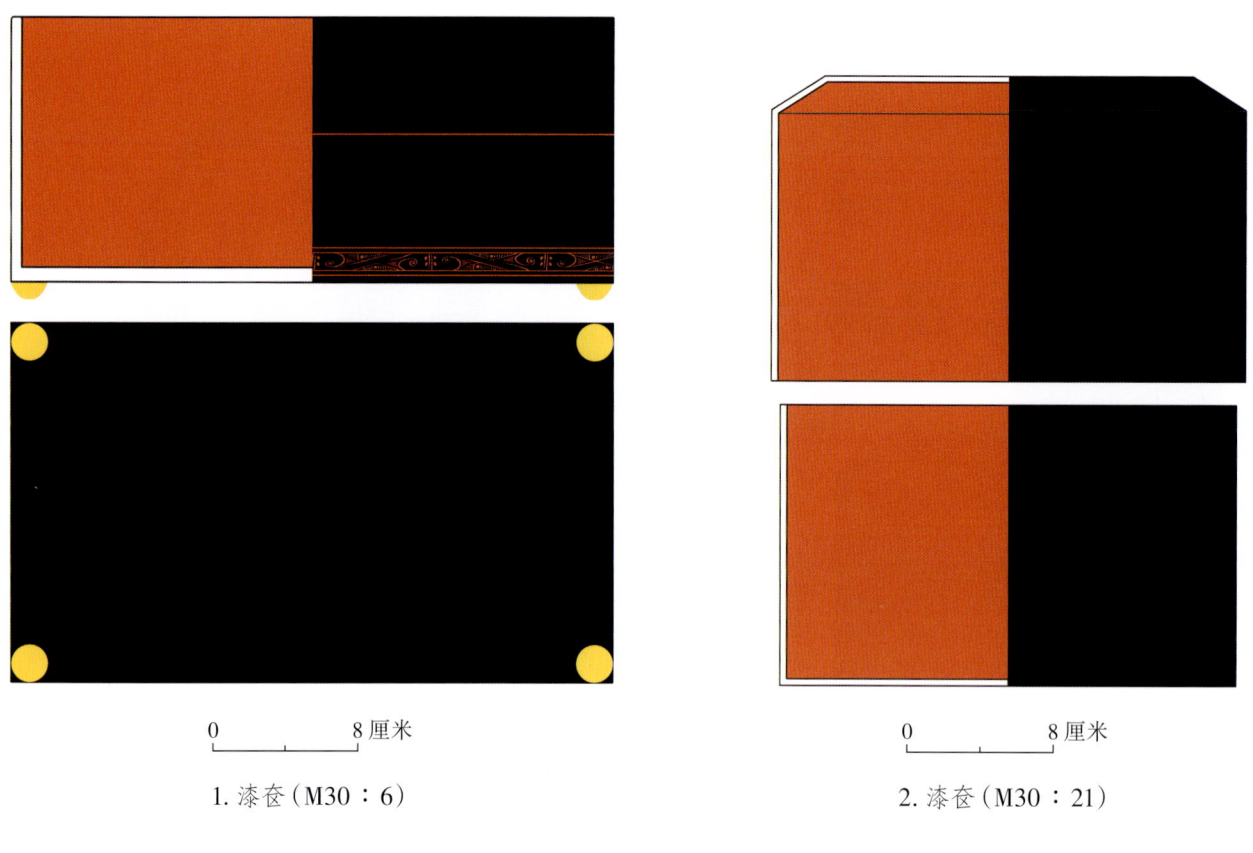

0   8厘米

1. 漆奁（M30：6）

0   8厘米

2. 漆奁（M30：21）

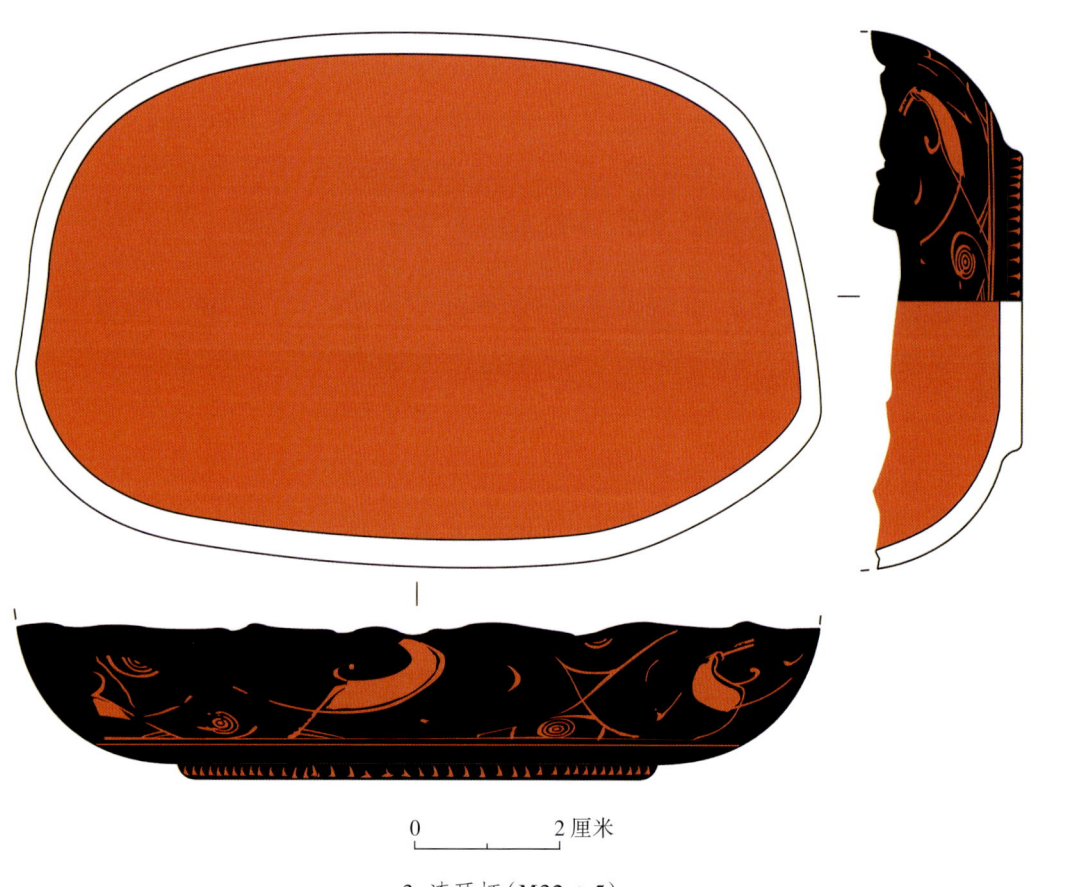

0   2厘米

3. 漆耳杯（M32：5）

彩图六　山头组M30、M32出土漆器

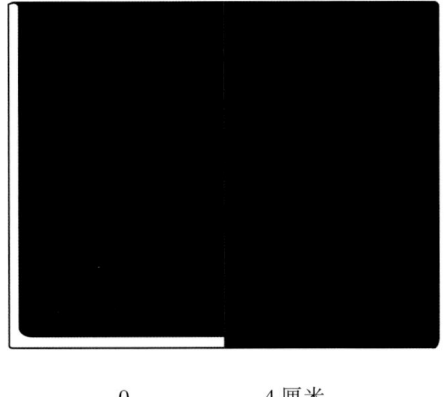

0   4 厘米

1. 漆卮（M35：11）

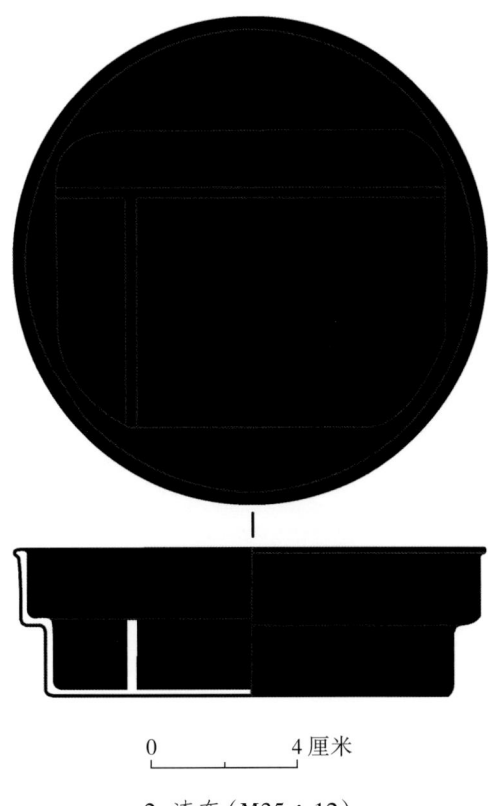

0   4 厘米

2. 漆奁（M35：12）

彩图七　人民组一号涵洞M35出土漆器

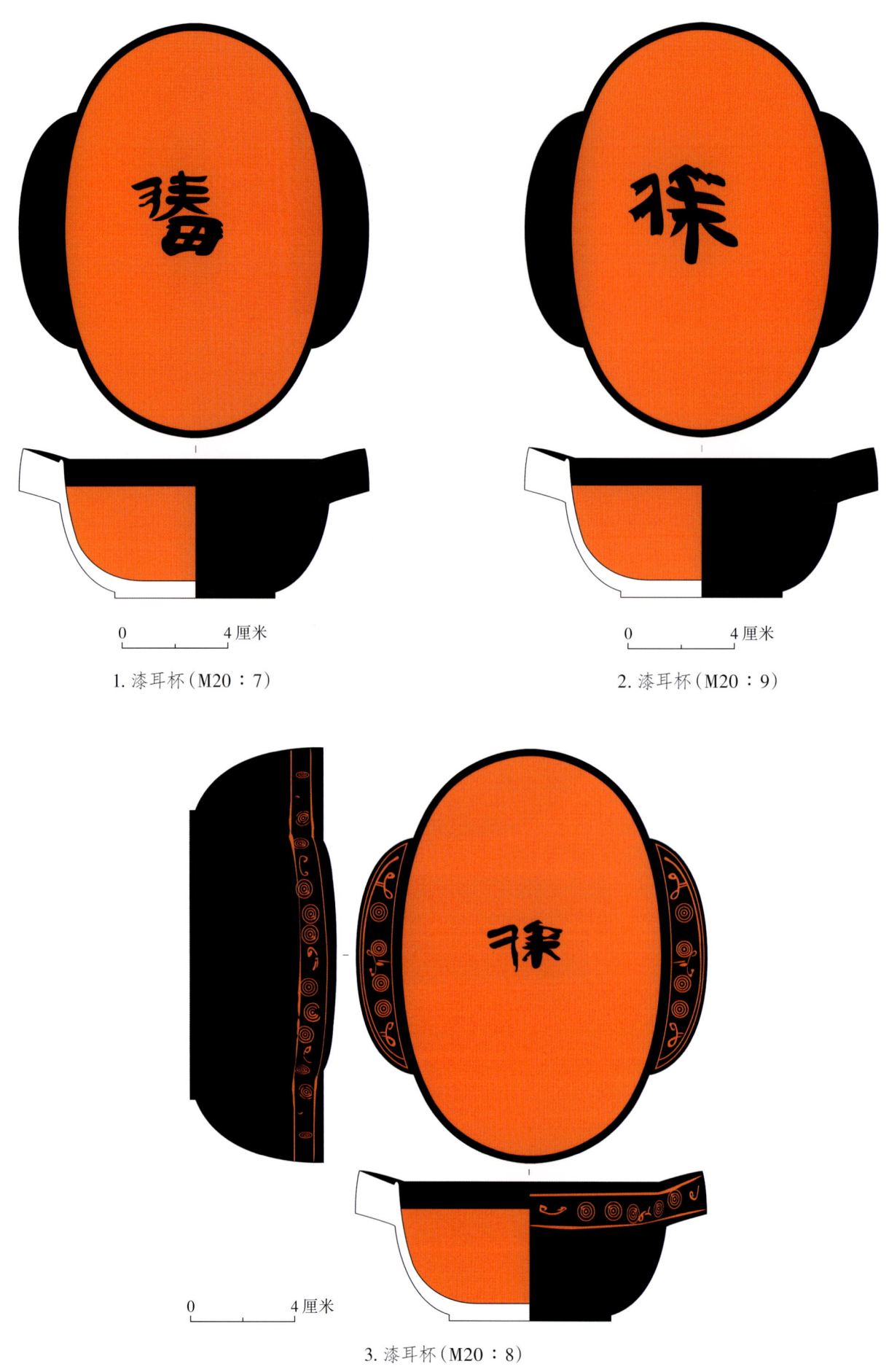

0   4厘米

1. 漆耳杯（M20∶7）

0   4厘米

2. 漆耳杯（M20∶9）

0   4厘米

3. 漆耳杯（M20∶8）

彩图八　人民组二号涵洞M20出土漆器

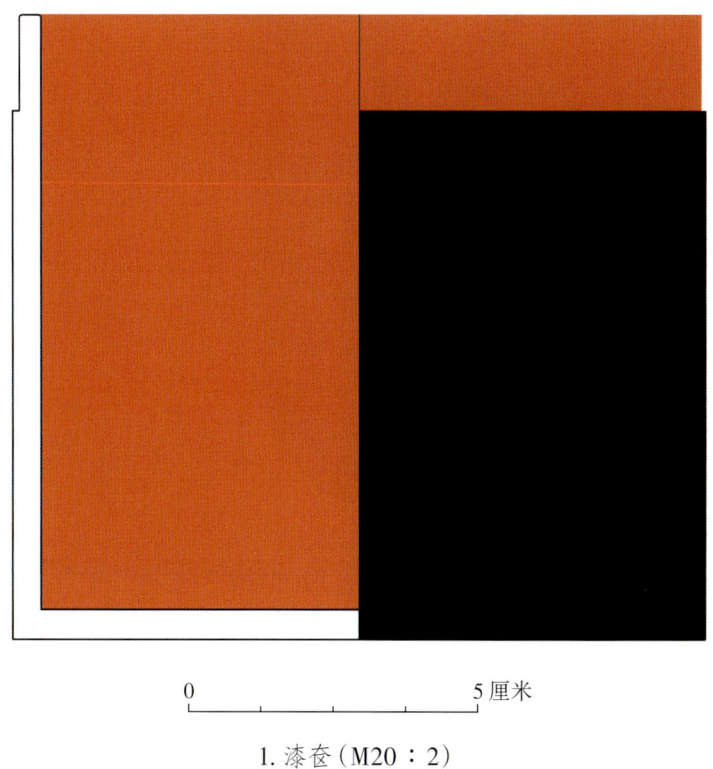

0   5厘米

1. 漆奁（M20：2）

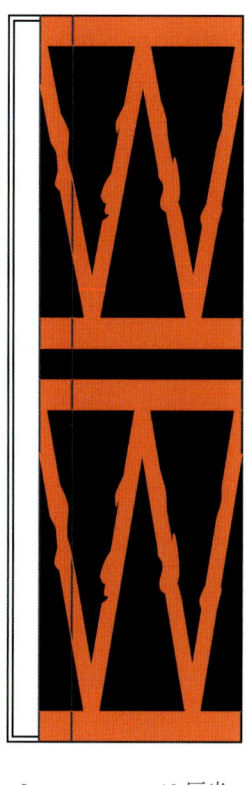

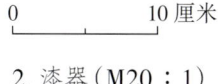

0   10厘米

2. 漆器（M20：1）

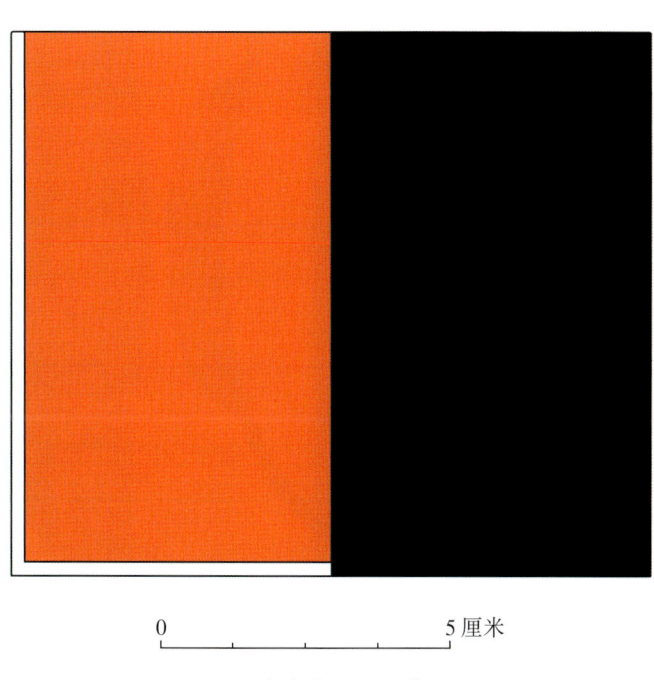

0   5厘米

3. 漆奁（M25：7）

彩图九　人民组二号涵洞M20、M25出土漆器

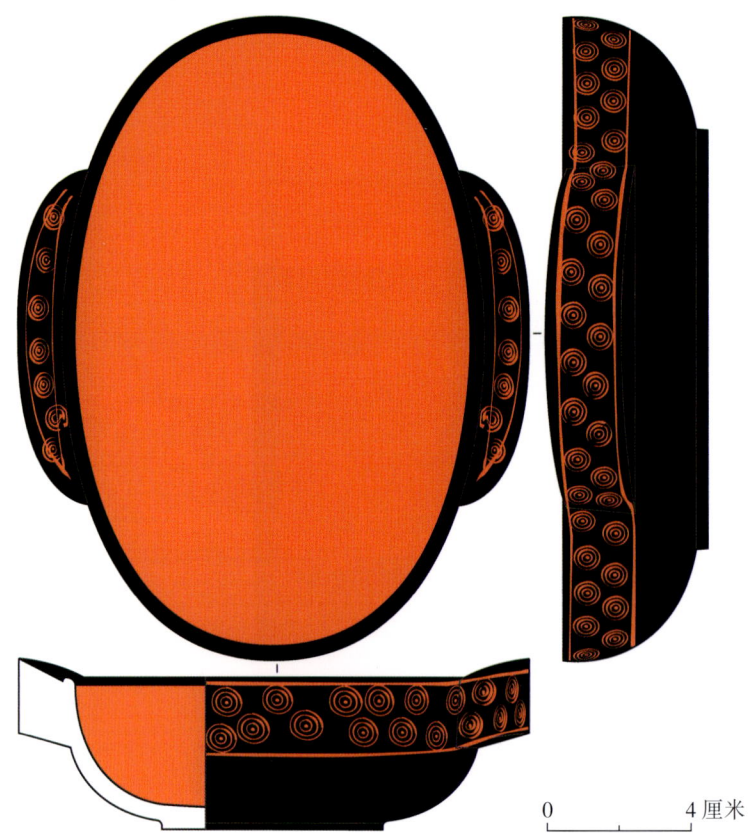

1. 漆耳杯（M72：3）

0   4厘米

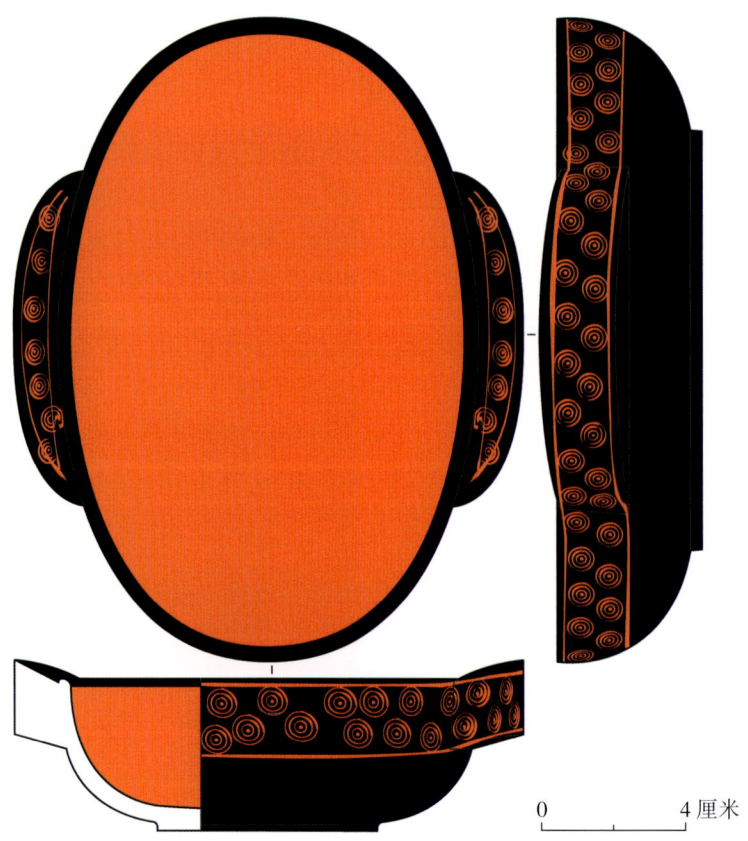

2. 漆耳杯（M72：11）

0   4厘米

彩图一〇　人民组M72出土漆器

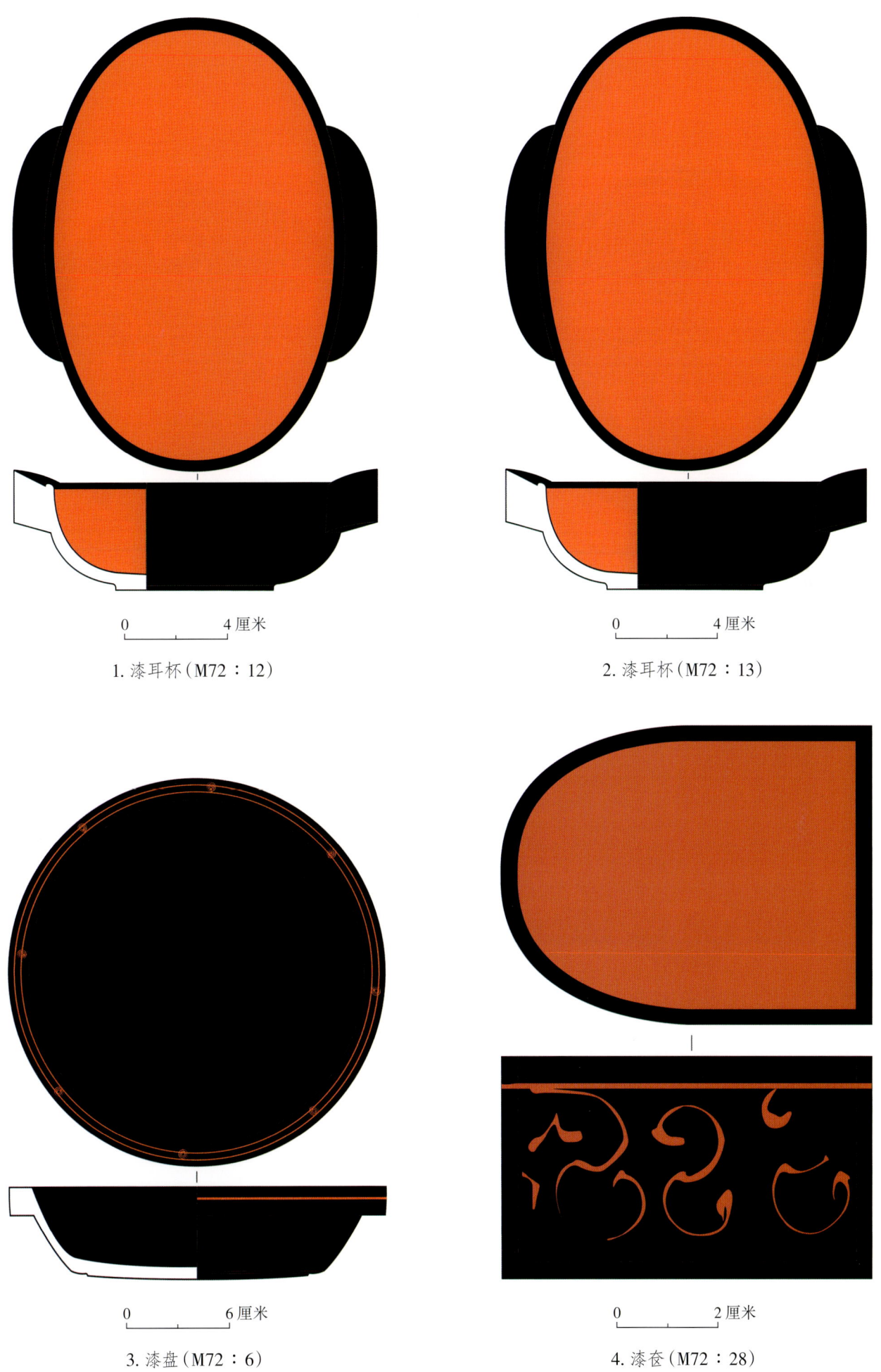

0   4 厘米

1. 漆耳杯（M72：12）

0   4 厘米

2. 漆耳杯（M72：13）

0   6 厘米

3. 漆盘（M72：6）

0   2 厘米

4. 漆奁（M72：28）

彩图一一　　人民组M72出土漆器

0   5厘米

0   5厘米

1. 漆樽（M72：1）

2. 漆樽（M72：2）

彩图一二　人民组M72出土漆器

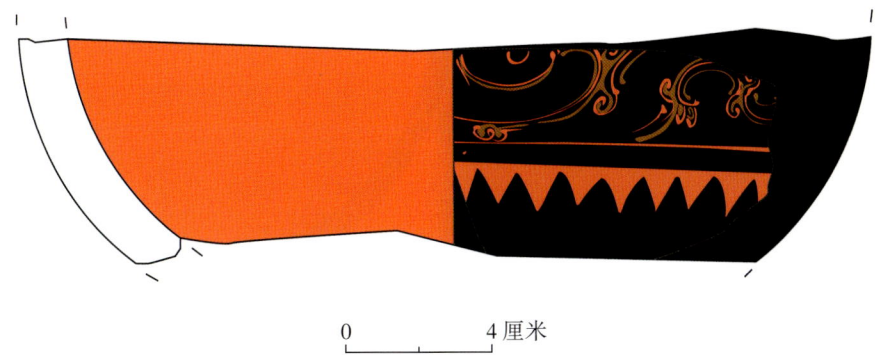

0　　　　　4厘米

漆盛（M62：19）

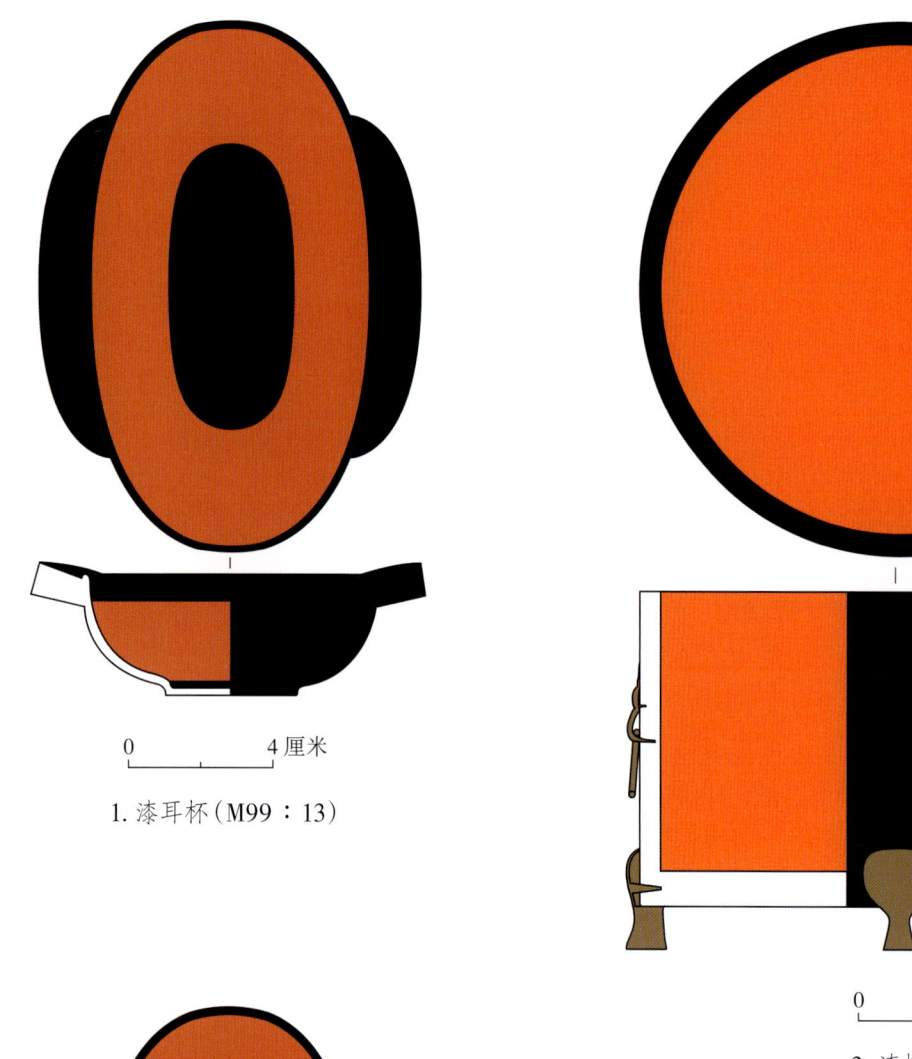

0   4厘米

1. 漆耳杯（M99：13）

3. 漆樽（M99：15）

0   4厘米

2. 漆耳杯（M99：16）

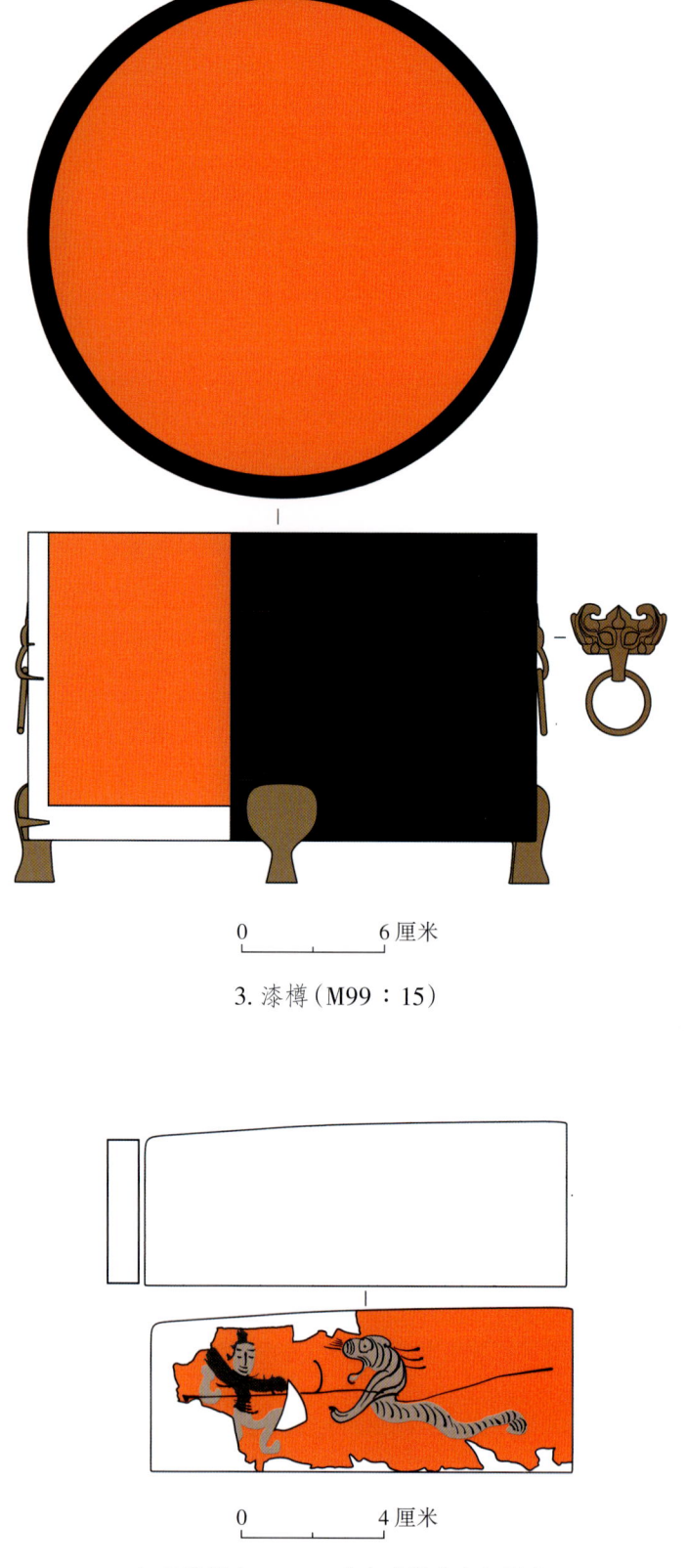

0   4厘米

4. 石黛板（M100：2）上残留漆皮之图案

彩图一四　军庄组二号M99、M100出土器物

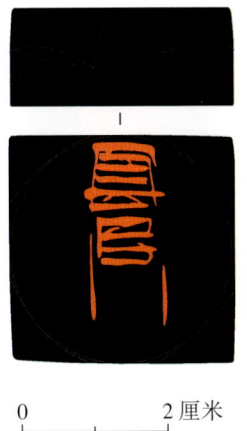

0   2厘米

1. 石黛板（研石）（M113：12）

0   4厘米

2. 漆樽（M114：7）

彩图一五　圩庄组A区M113、M114出土器物

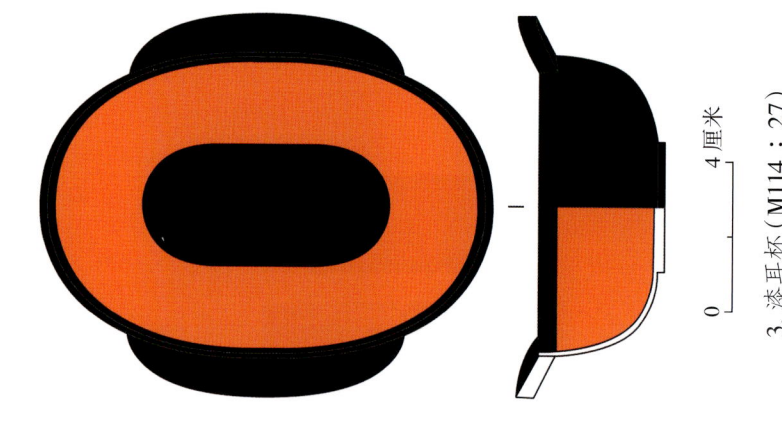

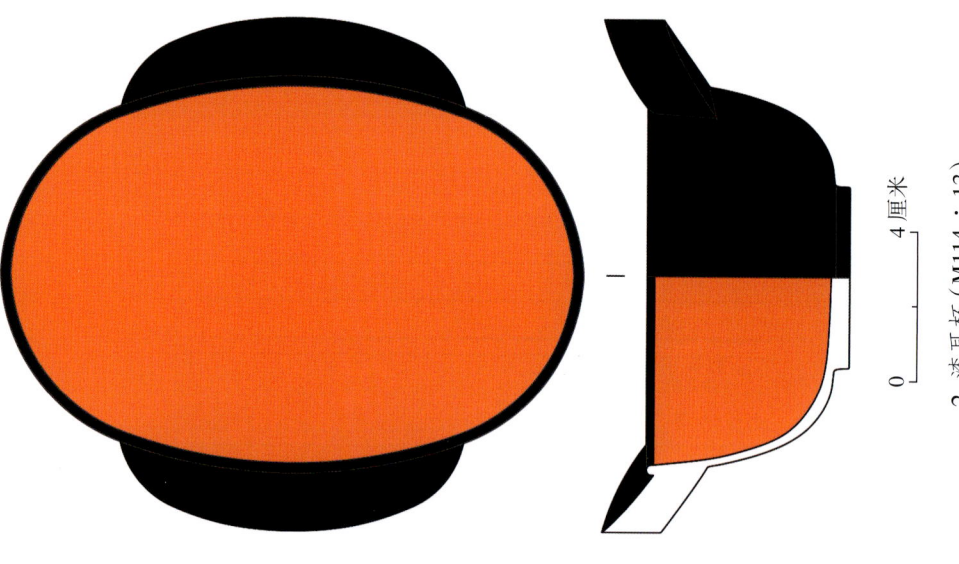

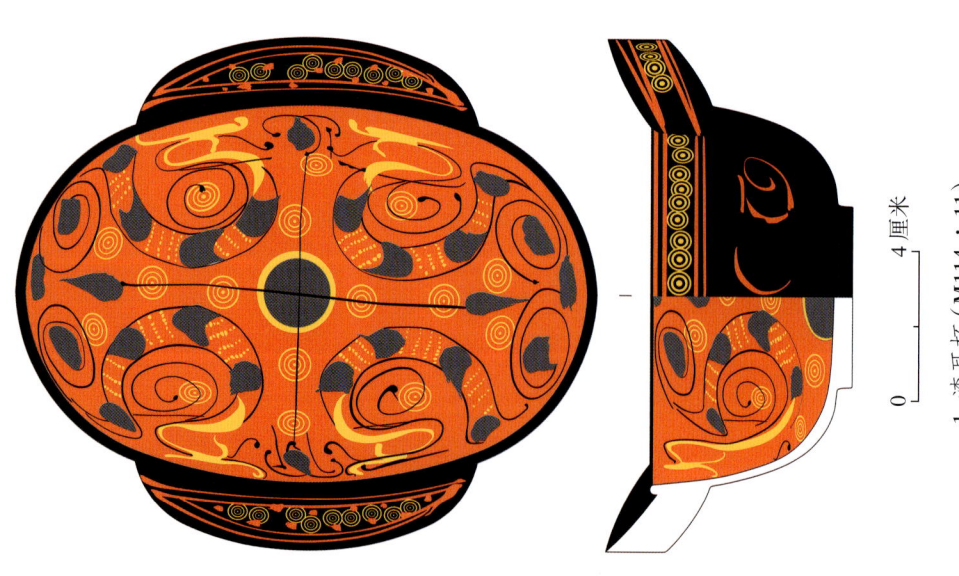

0　　　　　4厘米

3. 漆耳杯（M114：27）

0　　　　　4厘米

2. 漆耳杯（M114：13）

0　　　　　4厘米

1. 漆耳杯（M114：11）

彩图一六　圩庄组A区M114出土漆器

漆奁（M114：59）

彩图一七　坪庄组A区M114出土漆器

6厘米

0

0 ———— 3厘米

漆奁（M114∶59）奁身俯视图

彩图一八　圩庄组A区M114出土漆器

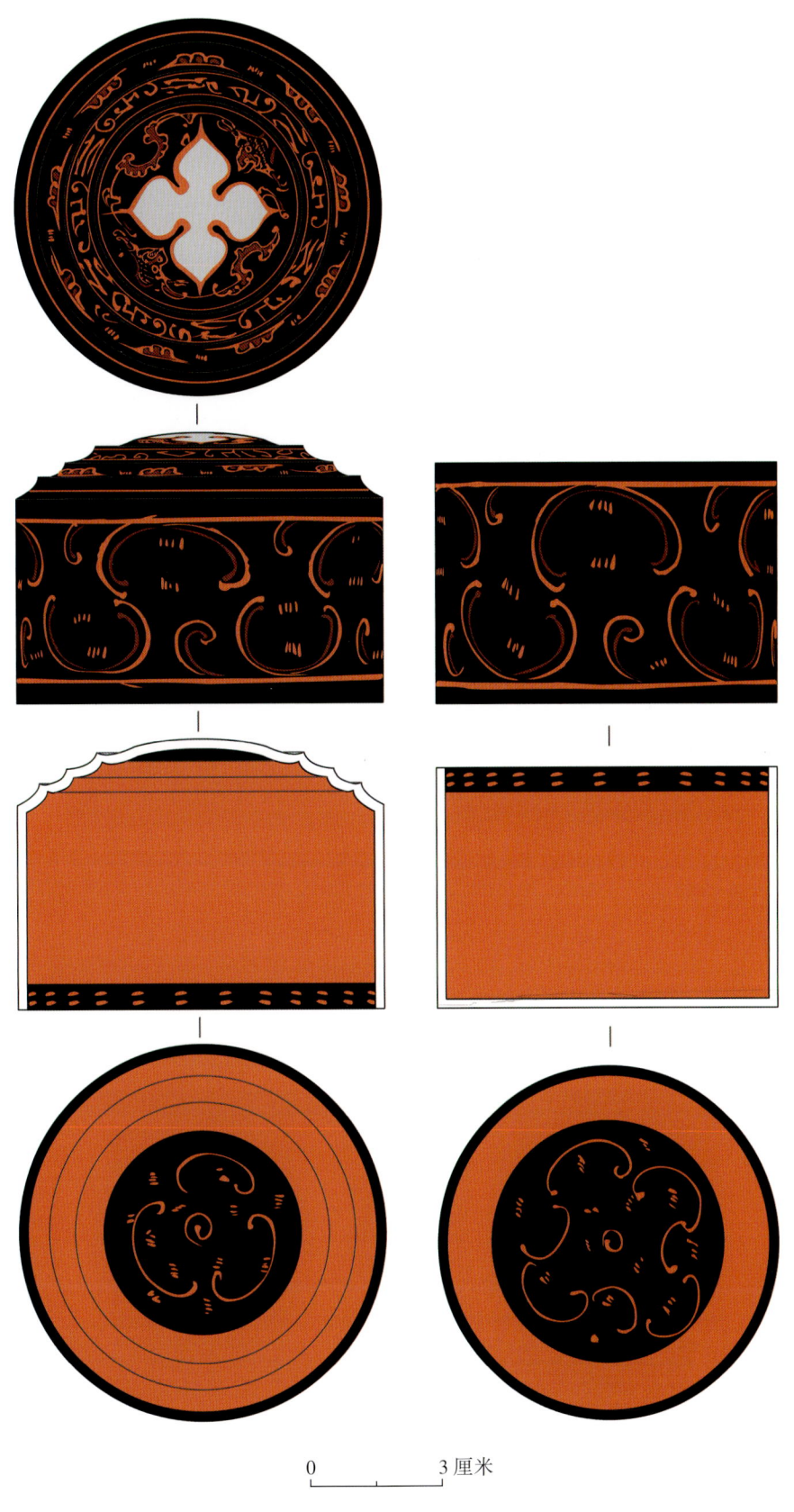

0　　　　　3厘米

大圆形子奁（M114：59–1）

彩图一九　圩庄组A区M114出土漆器

0   3厘米

大长方形子奁（M114：59-2）

彩图二〇　圩庄组A区M114出土漆器

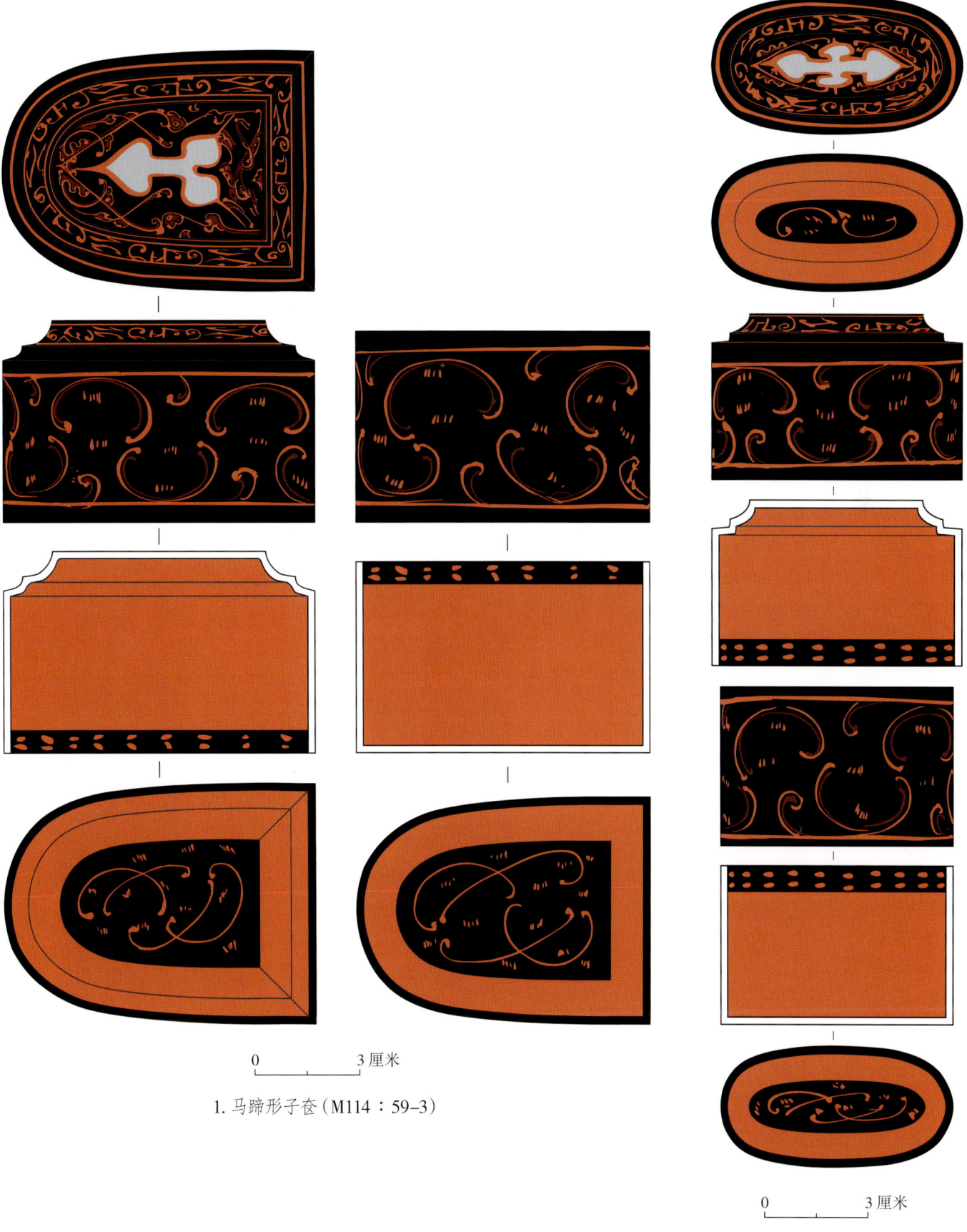

0   3 厘米

1. 马蹄形子奁（M114：59-3）

0   3 厘米

2. 椭圆形子奁（M114：59-5）

彩图二一　圩庄组A区M114出土漆器

0　　　　3厘米

0　　　　3厘米

0　　　　3厘米

1. 小长方形子奁（M114：59-4）　　　　2. 小圆形子奁（M114：59-6）　　　　3. 小方形子奁（M114：59-7）

彩图二二　圩庄组A区M114出土漆器

0   4厘米

漆樽（M115∶26）

彩图二三　圩庄组A区M115出土漆器

漆奁（M115∶18）奁盖外壁纹饰展开图

0   5 厘米

彩图二四　圩庄组A区M115出土漆器

0   3厘米

漆奁（M115∶18）奁盖

彩图二五　圩庄组A区M115出土漆器

0   3厘米

漆奁（M115：18）奁身

彩图二六　圩庄组A区M115出土漆器

0   3厘米

1. 漆奁（M115：18）奁身俯视图

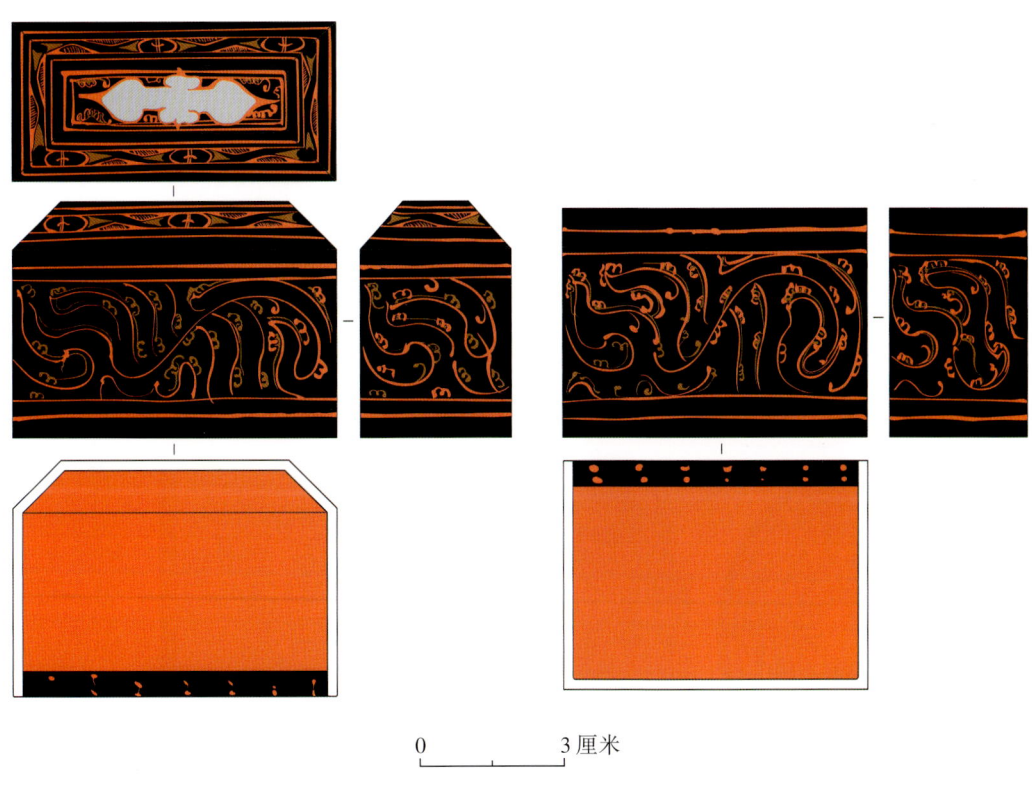

0   3厘米

2. 长方形子奁（M115：18-3）

彩图二七　圩庄组A区M115出土漆器

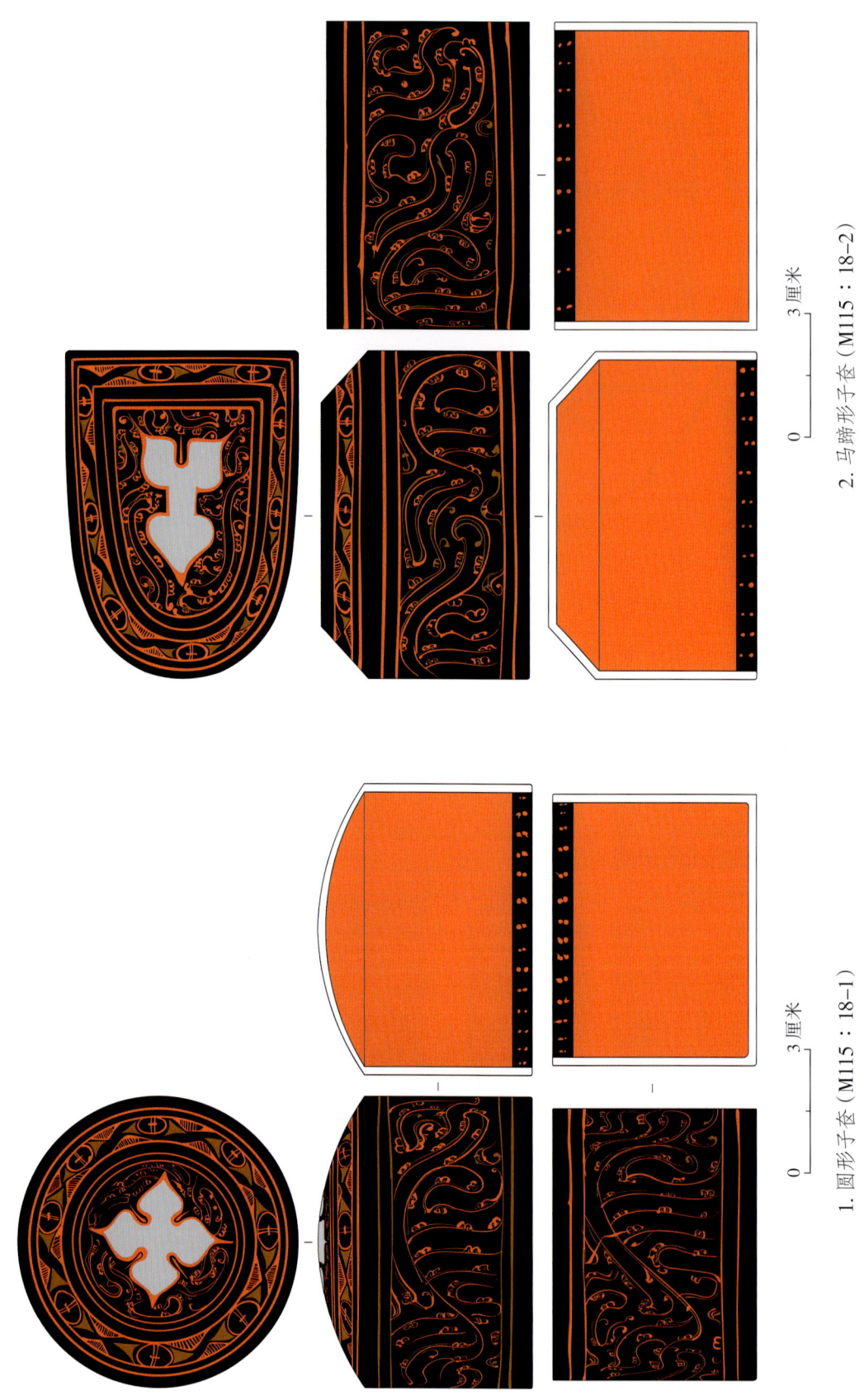

1. 圆形子奁（M115：18-1）

2. 马蹄形子奁（M115：18-2）

0   3 厘米

彩图二八　圩庄组A区M115出土漆器

0   4厘米

1. 漆卮（M116：6）

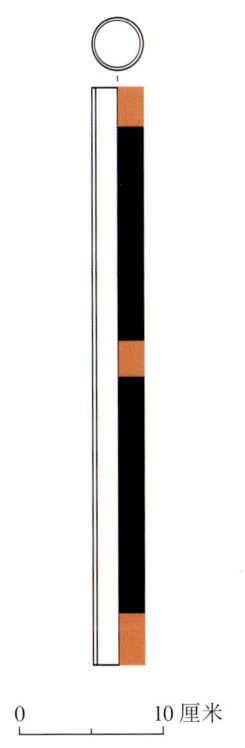

0   10厘米

2. 漆柱形器（M119：10）

彩图二九　圩庄组A区M116、M119出土漆器

0 ⸺⸺ 5 厘米

漆奁（M119∶1）奁盖纹饰展开图

彩图三〇　坪庄组A区M119出土漆器

1. 漆奁（M119：1）奁盖俯视图

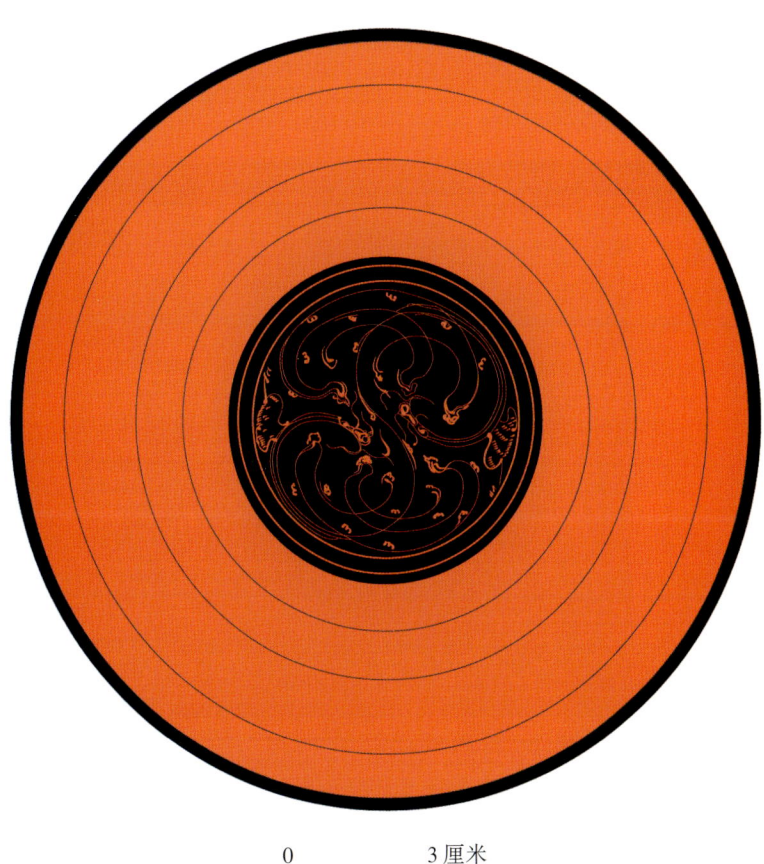

2. 漆奁（M119：1）奁盖内侧纹饰图

彩图三一　圩庄组A区M119出土漆器

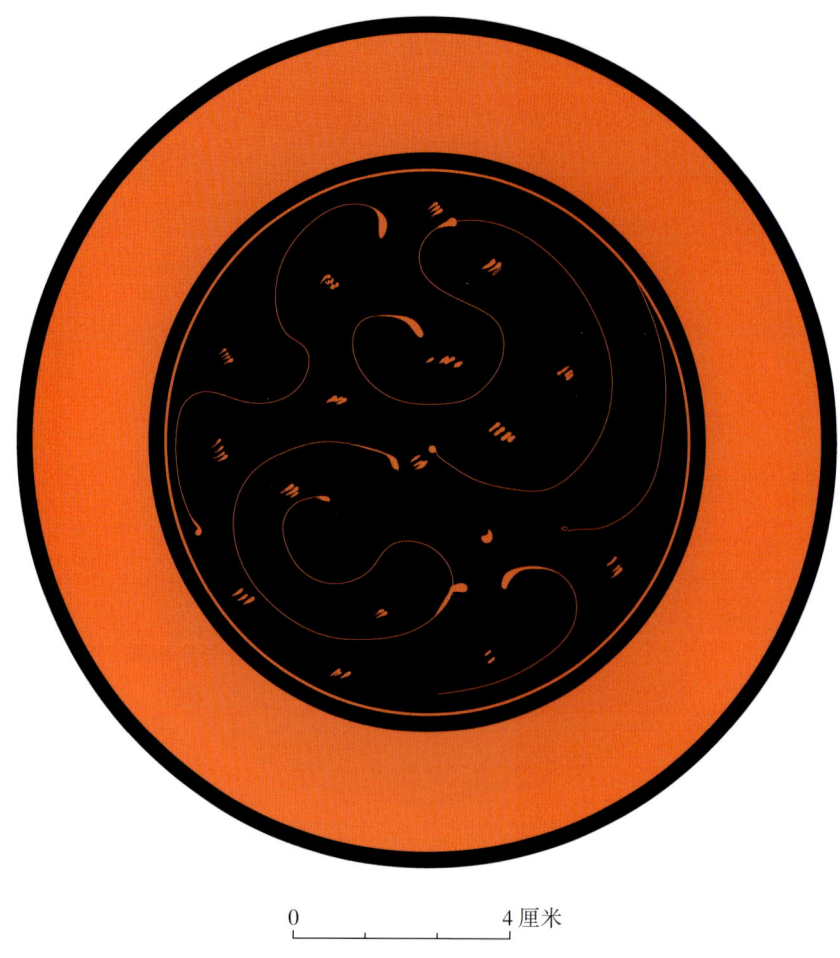

0   4厘米

1. 漆奁（M119：1）奁身内底纹饰图

0   4厘米

2. 漆奁（M119：1）奁身外壁纹饰展开图

彩图三二　圩庄组A区M119出土漆器

0   4厘米

1. 漆奁（M119：1）奁身俯视图

0   4厘米

2. 长方形子奁（M119：1-3）

彩图三三　圩庄组A区M119出土漆器

0   4厘米

圆形子奁（M119：1-1）

彩图三四　圩庄组A区M119出土漆器

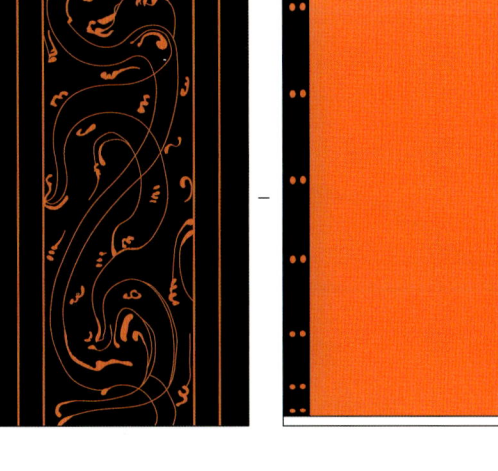

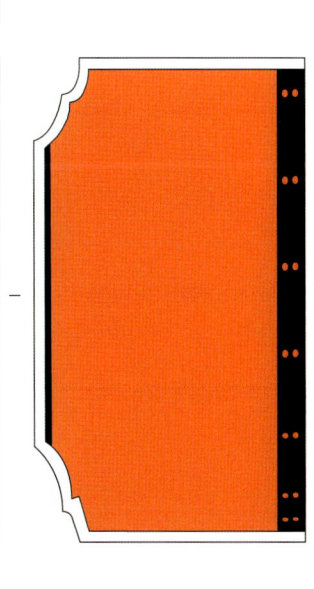

马蹄形子奁（M119：1-2）

0　　　　　　　　4厘米

彩图三五　圩庄组A区M119出土漆器

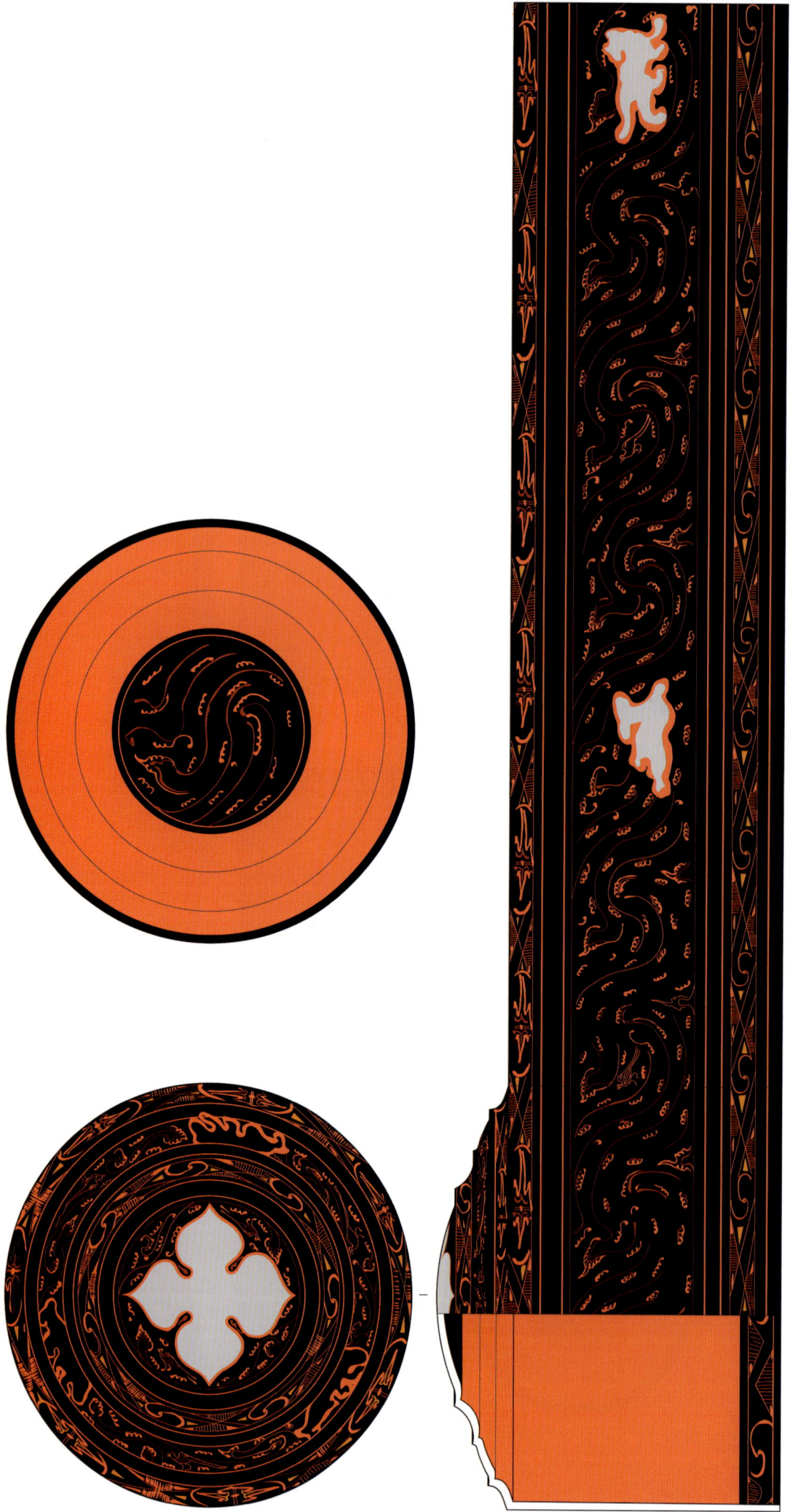

0 ┤─────┤ 4 厘米

漆奁（M119：2）奁盖

彩图三六　圩庄组A区M119出土漆器

漆卮（M119：2）卮身外壁纹饰展开图

0 　　　　 4厘米

彩图三七　圩庄组A区M119出土漆器

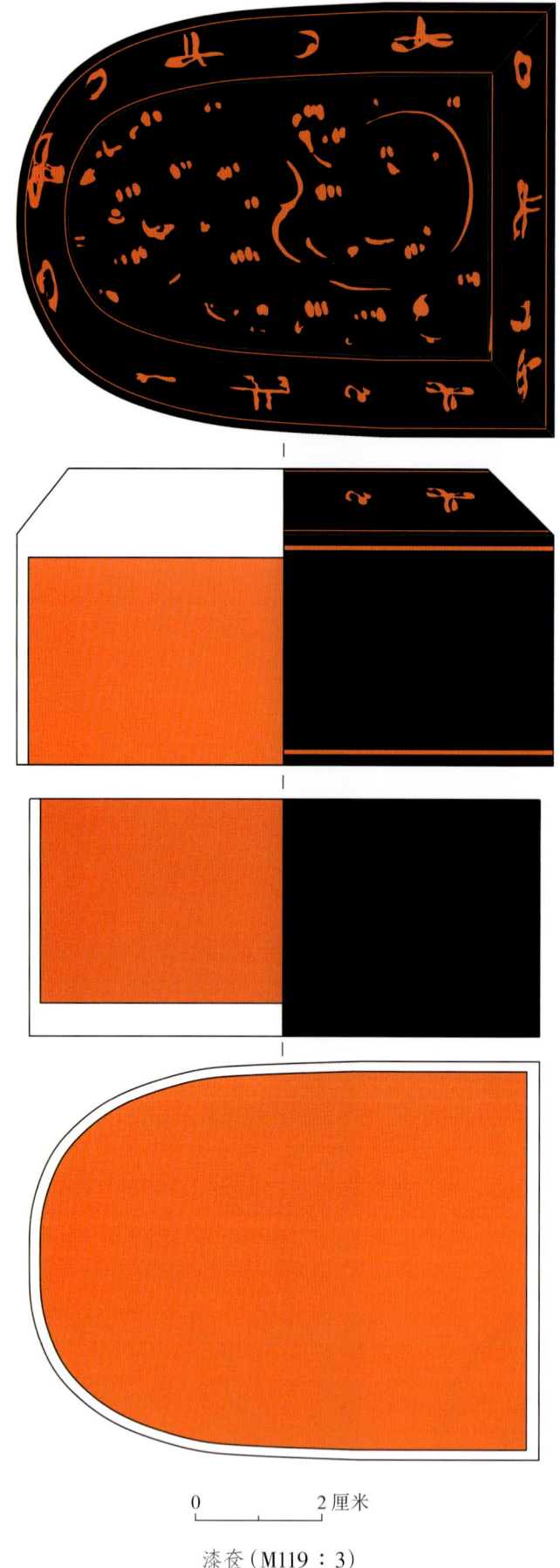

0   2厘米

漆奁（M119：3）

彩图三八　圩庄组A区M119出土漆器

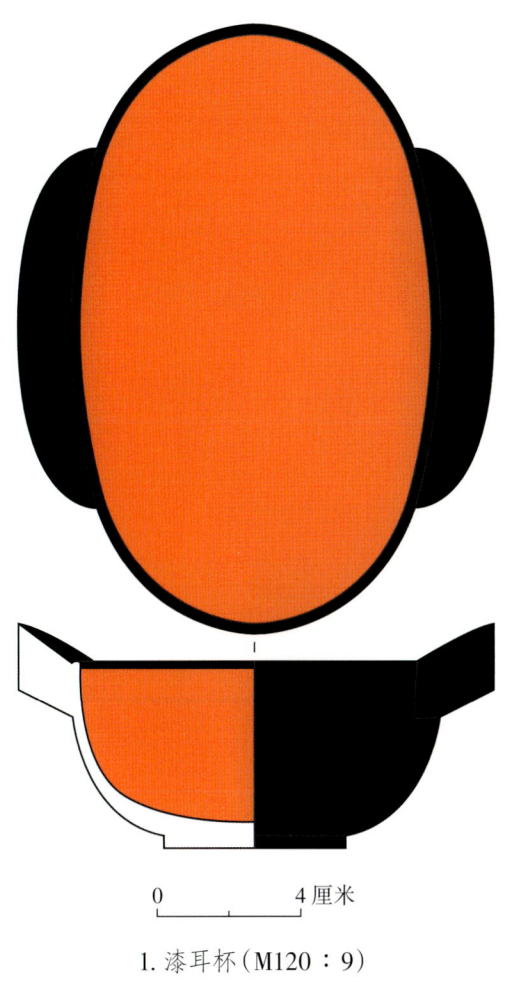

0   4厘米

1. 漆耳杯（M120：9）

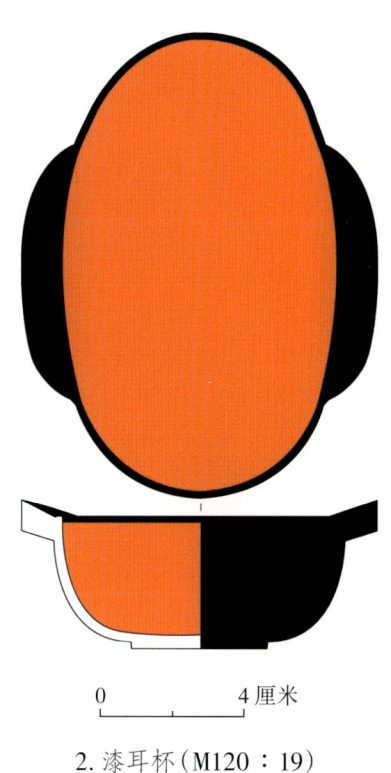

0   4厘米

2. 漆耳杯（M120：19）

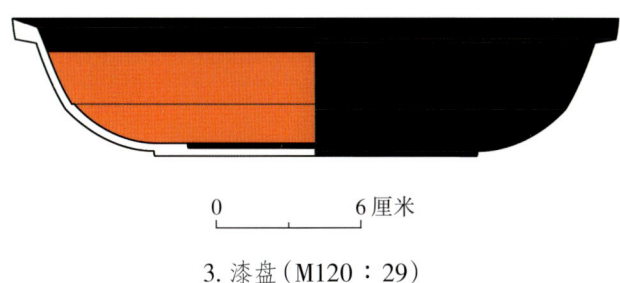

0   6厘米

3. 漆盘（M120：29）

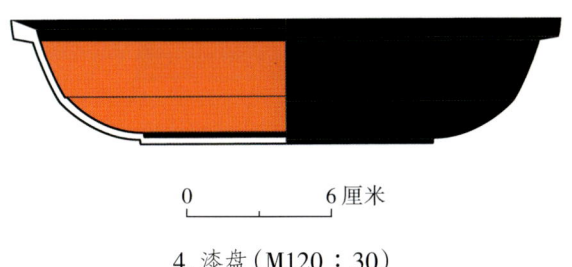

0   6厘米

4. 漆盘（M120：30）

彩图三九　圩庄组A区M120出土漆器

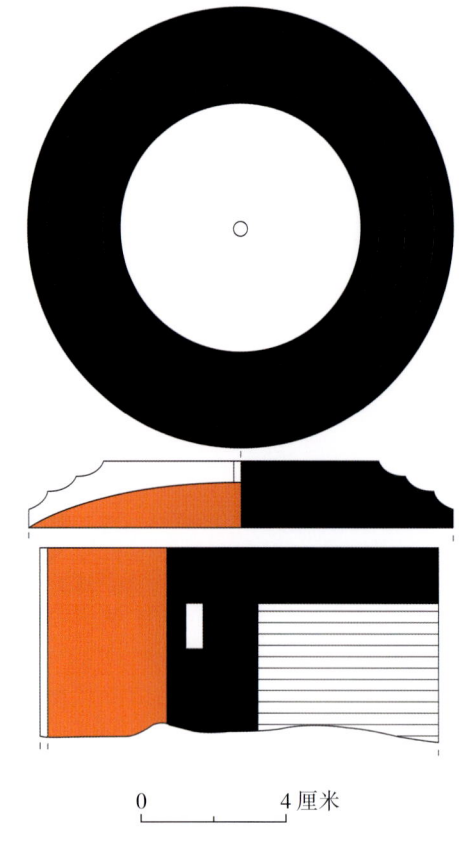

0   4厘米

1. 漆樽（M120：3）

0   4厘米

2. 漆樽（M120：6）

彩图四〇　圩庄组A区M120出土漆器

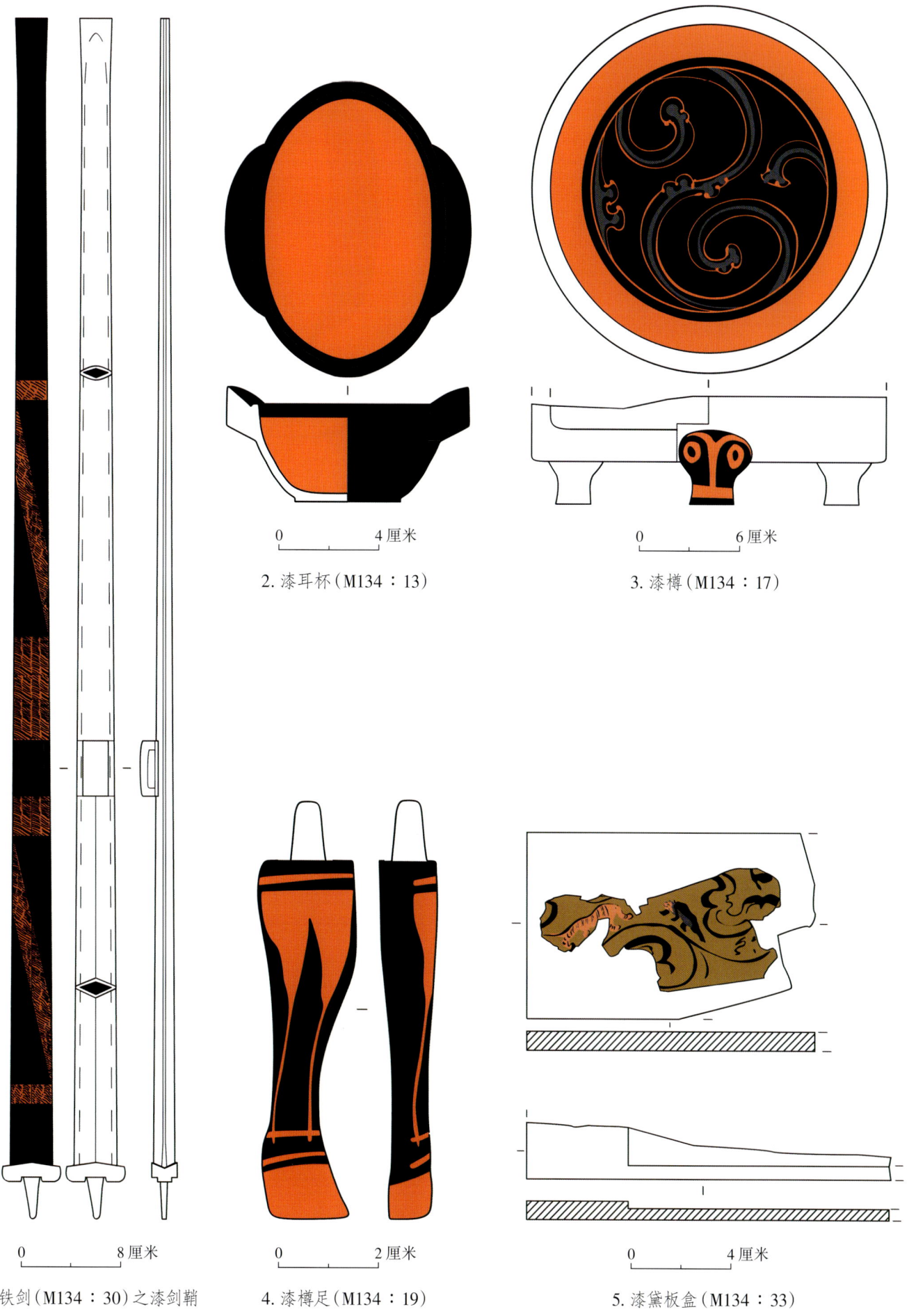

1. 铁剑（M134：30）之漆剑鞘　　　　4. 漆樽足（M134：19）　　　　5. 漆黛板盒（M134：33）

2. 漆耳杯（M134：13）　　　　3. 漆樽（M134：17）

0　　　　8厘米　　　　0　　　　2厘米　　　　0　　　　4厘米

0　　　　4厘米　　　　0　　　　6厘米

彩图四一　圩庄组A区M134出土器物

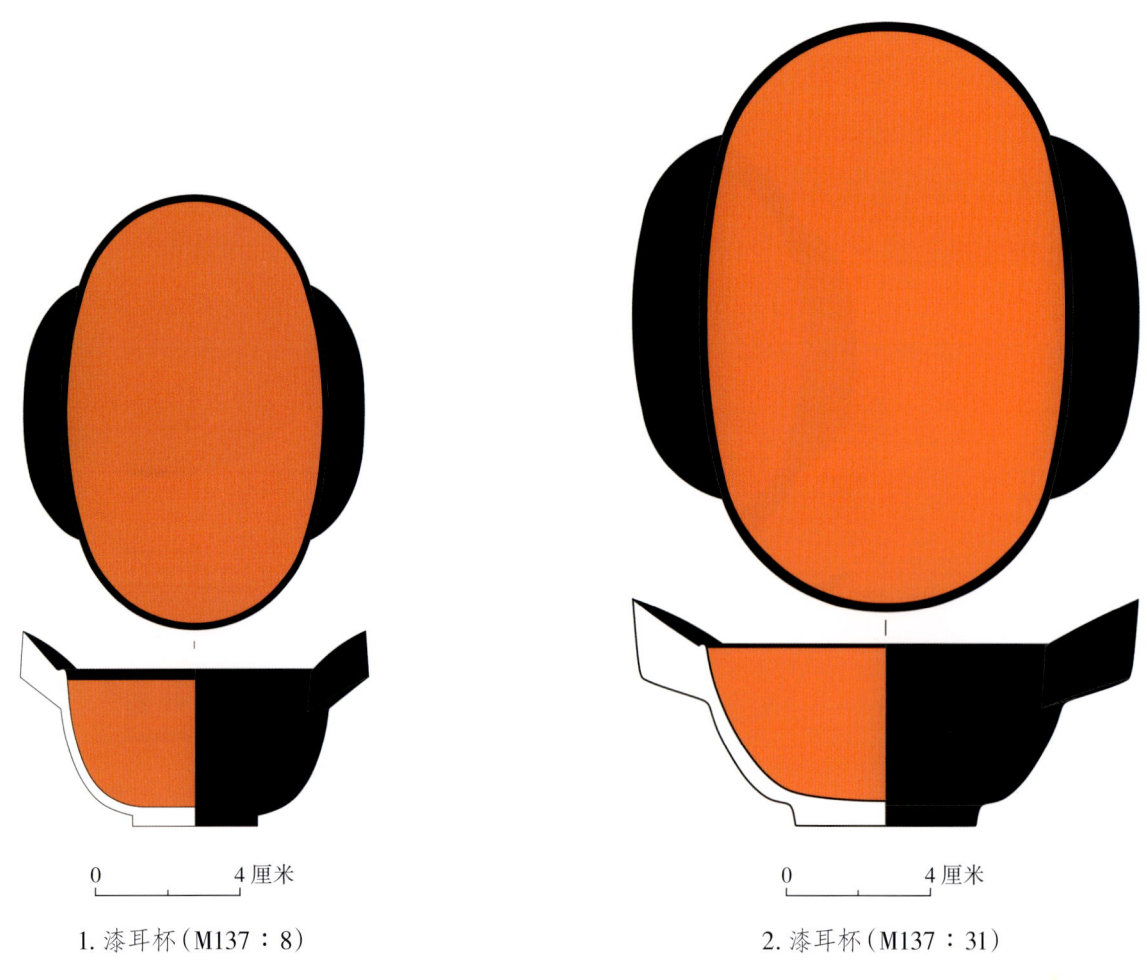

1. 漆耳杯（M137：8）　　　　2. 漆耳杯（M137：31）

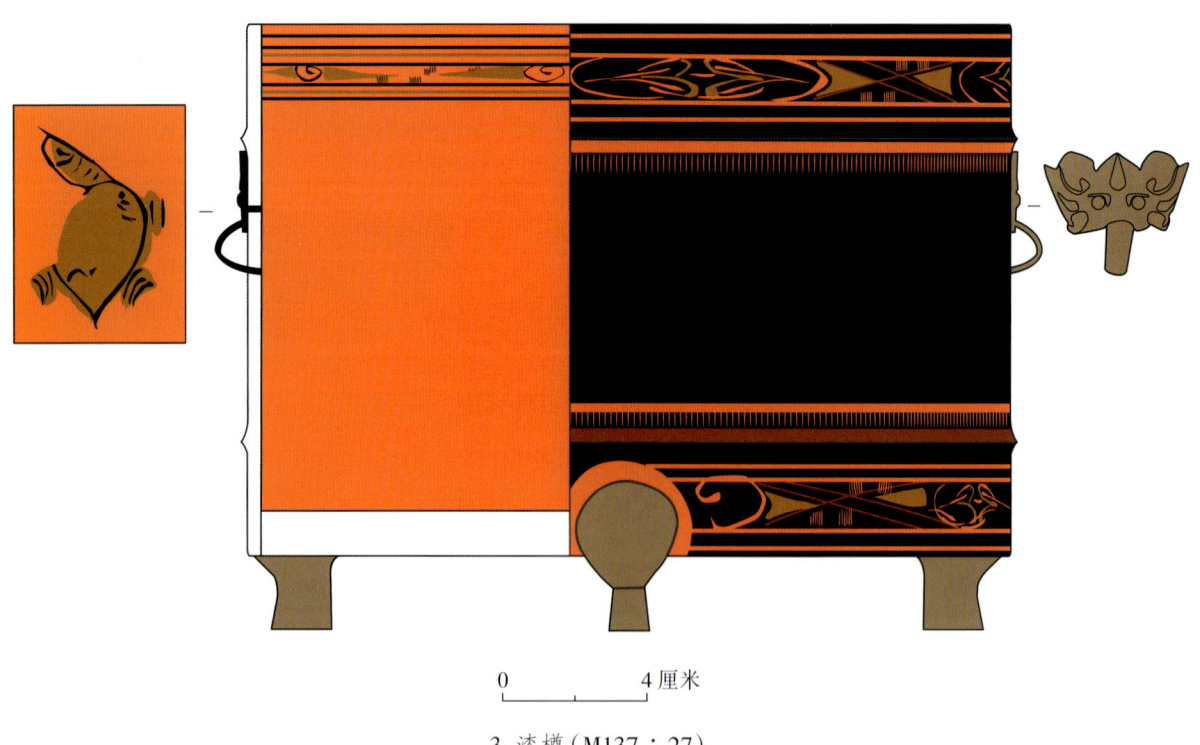

3. 漆樽（M137：27）

彩图四二　圩庄组A区M137出土漆器

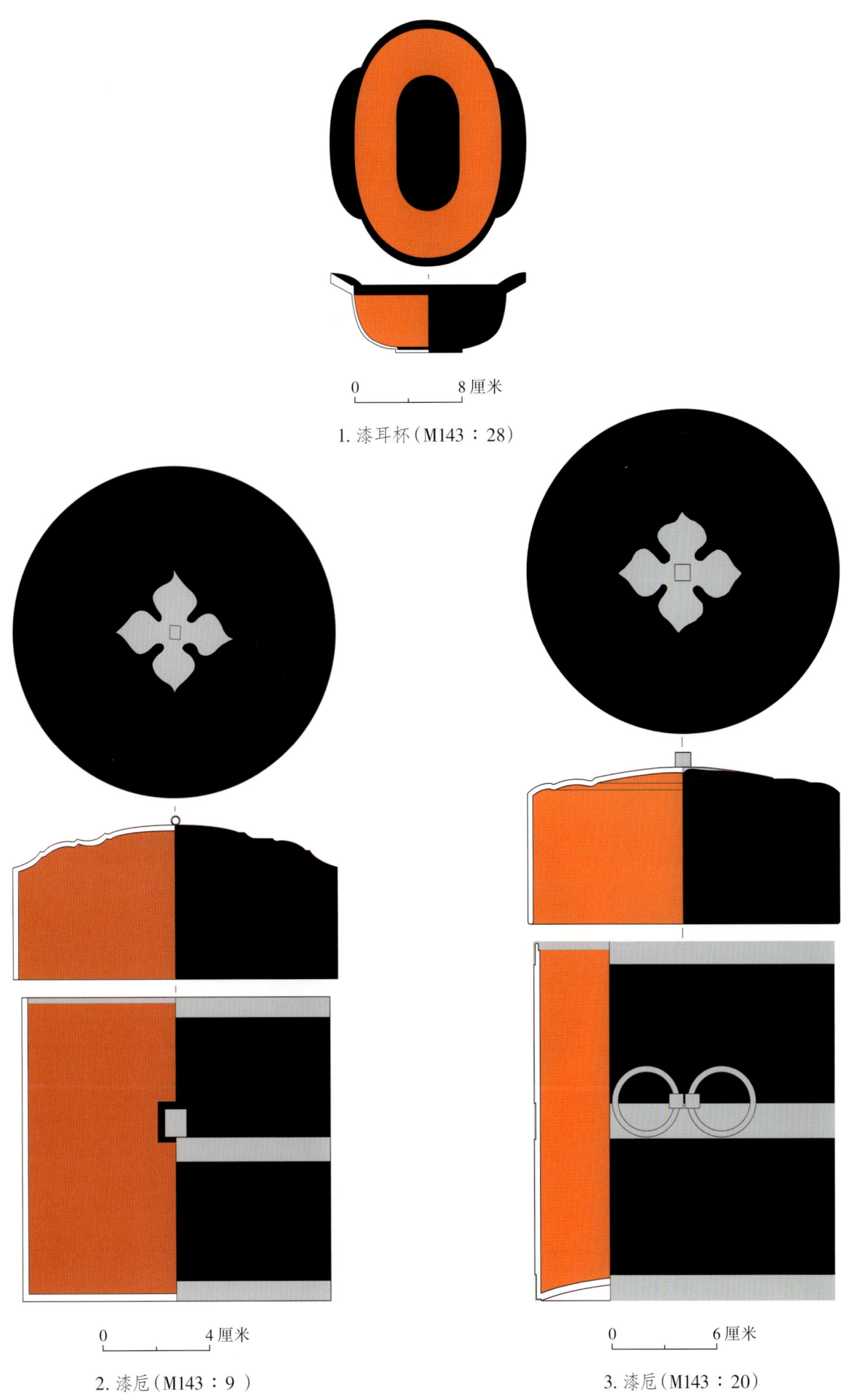

1. 漆耳杯（M143：28）

2. 漆卮（M143：9）

3. 漆卮（M143：20）

彩图四三　圩庄组A区M143出土漆器

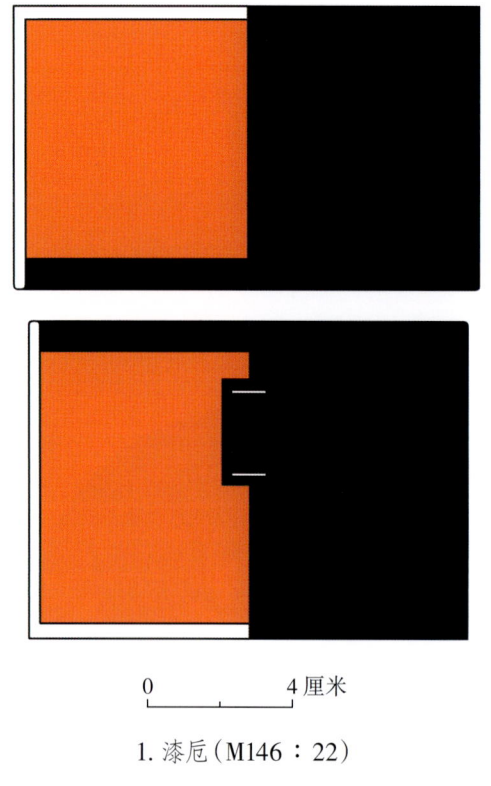

0   4厘米

1. 漆卮（M146：22）

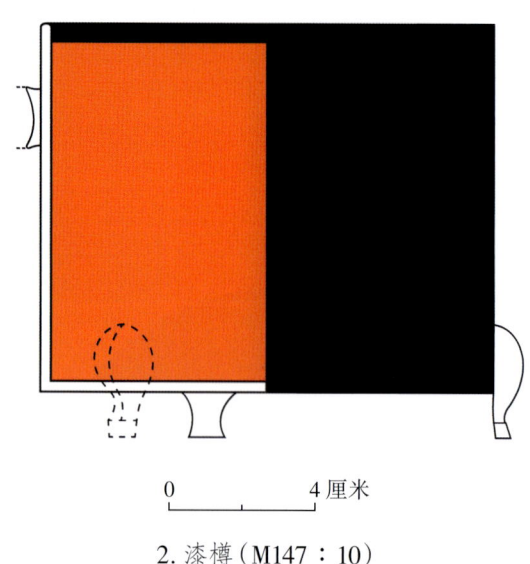

0   4厘米

2. 漆樽（M147：10）

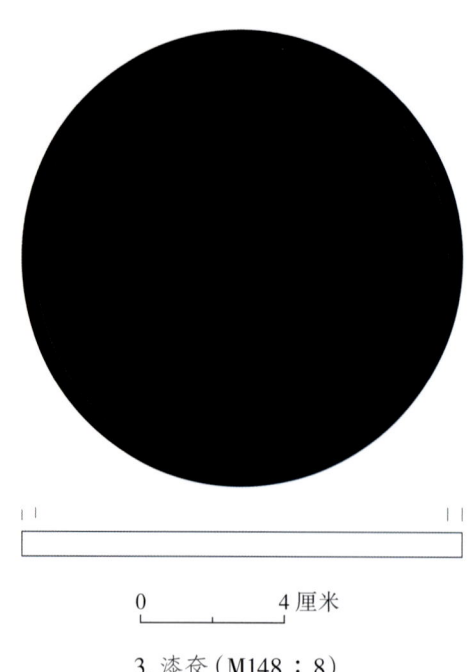

0   4厘米

3. 漆奁（M148：8）

彩图四四　圩庄组A区M146、M147、M148出土漆器

彩图四五　圩庄组A区M148出土漆器

漆奁（M148：7）

0　　　　　　　　4厘米

0   3厘米

1. 漆奁（M148∶7）奁盖俯视图

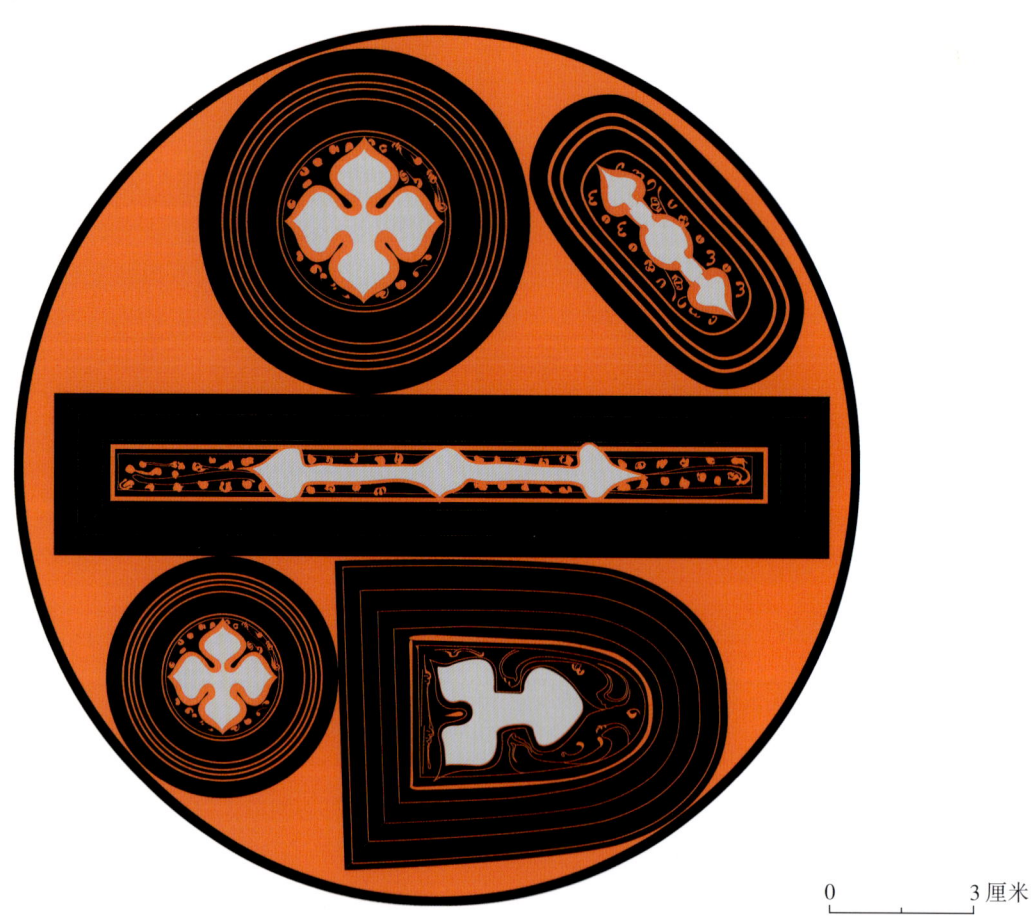

0   3厘米

2. 漆奁（M148∶7）奁身俯视图

彩图四六　圩庄组A区M148出土漆器

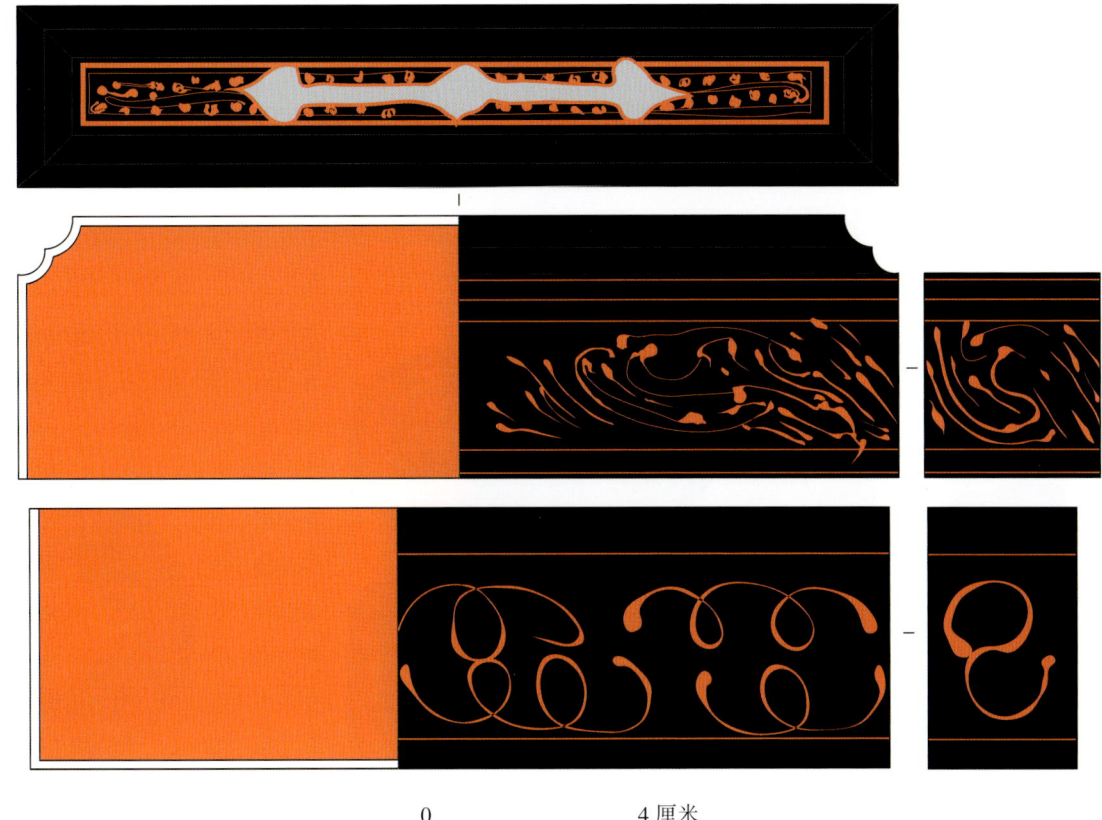

0　　　　　　　4厘米

1. 长方形子奁（M148：7-2）

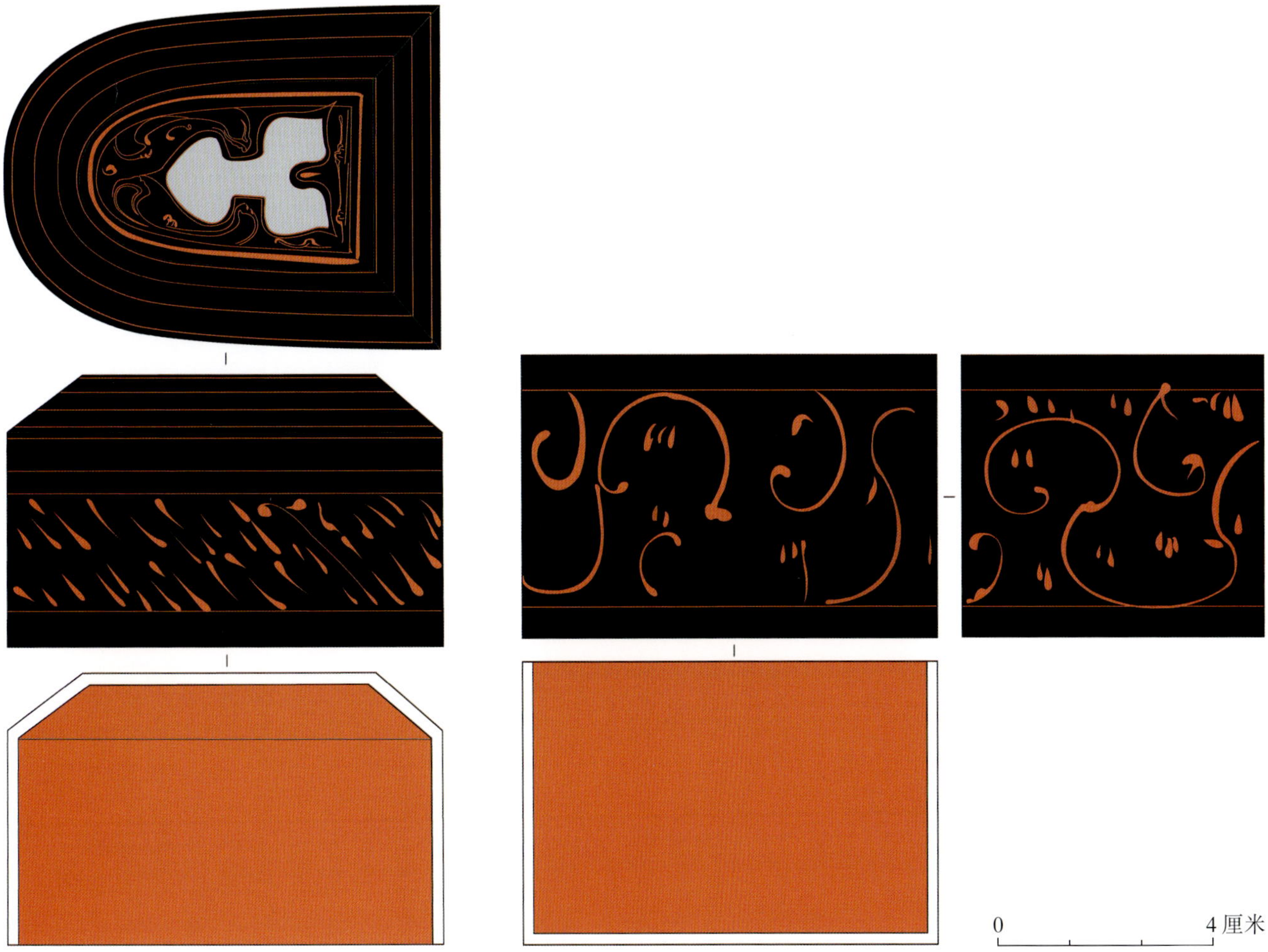

0　　　　　　　4厘米

2. 马蹄形子奁（M148：7-3）

彩图四七　圩庄组A区M148出土漆器

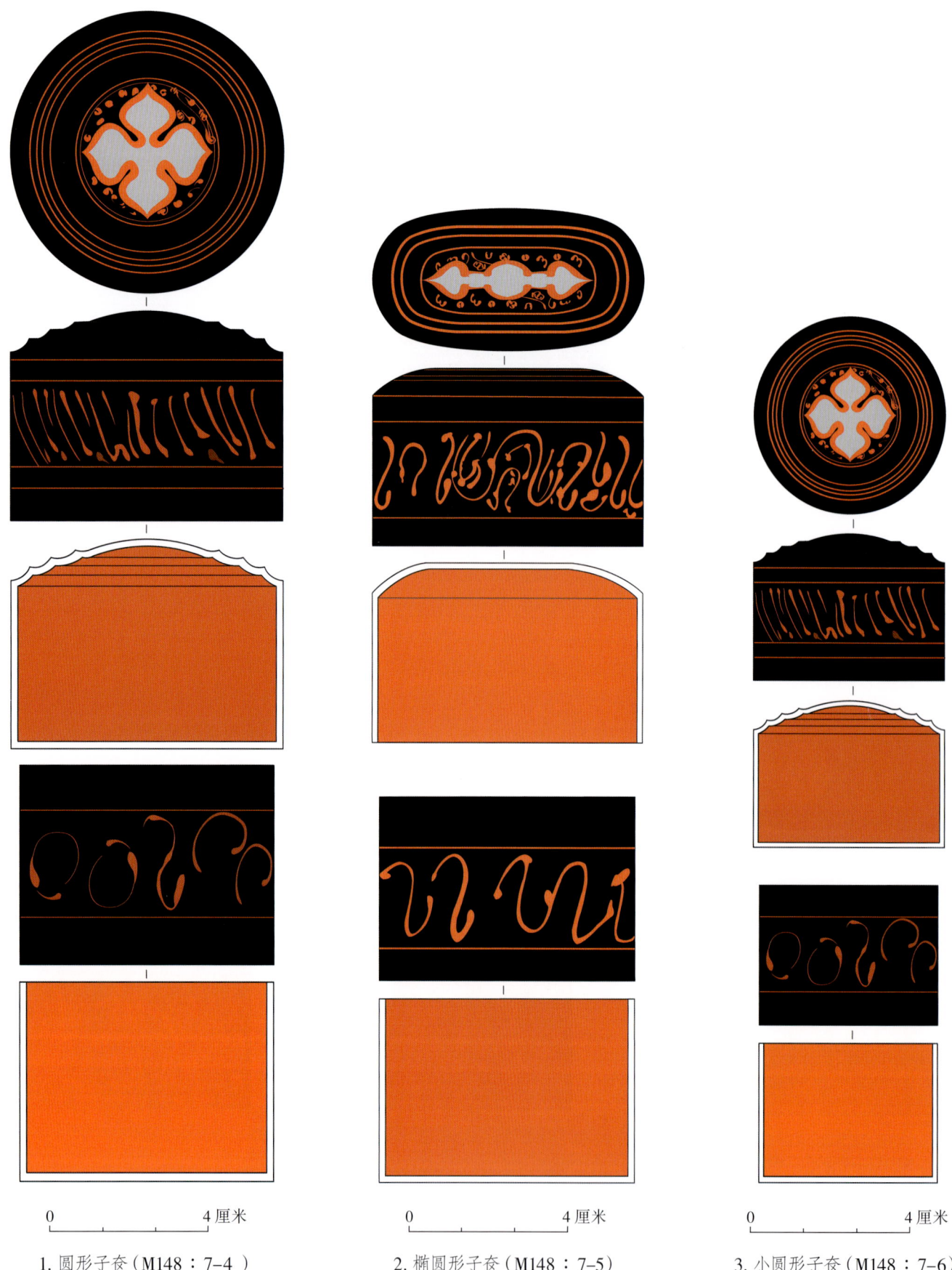

0   4厘米

1. 圆形子奁（M148：7-4）

0   4厘米

2. 椭圆形子奁（M148：7-5）

0   4厘米

3. 小圆形子奁（M148：7-6）

彩图四八　圩庄组A区M148出土漆器

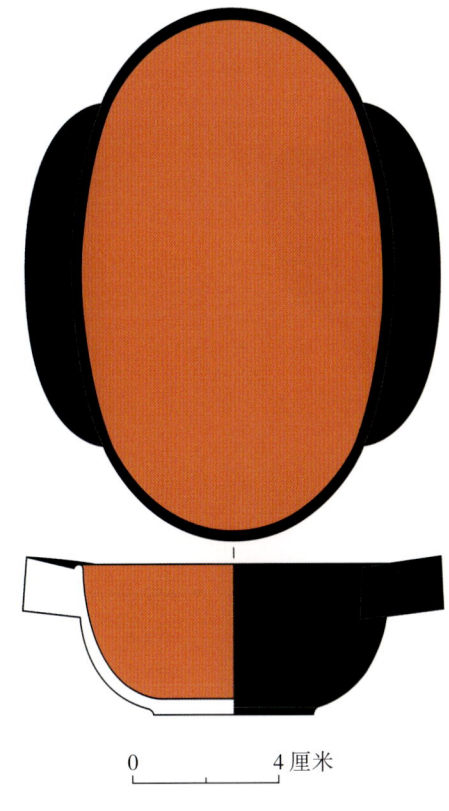

0 ___ 4厘米

1. 漆耳杯（M149：10）

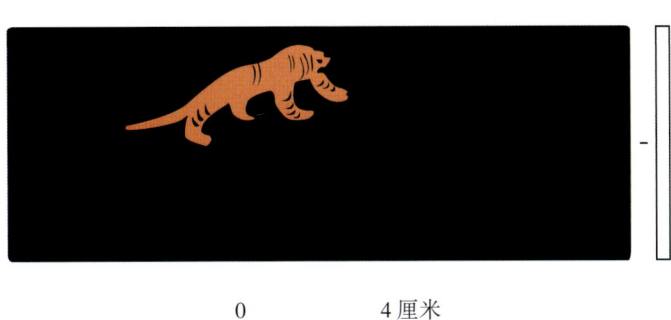

0 ___ 4厘米

2. 石黛板（M149：12）上残留漆皮之图案

彩图四九　圩庄组A区M149出土器物

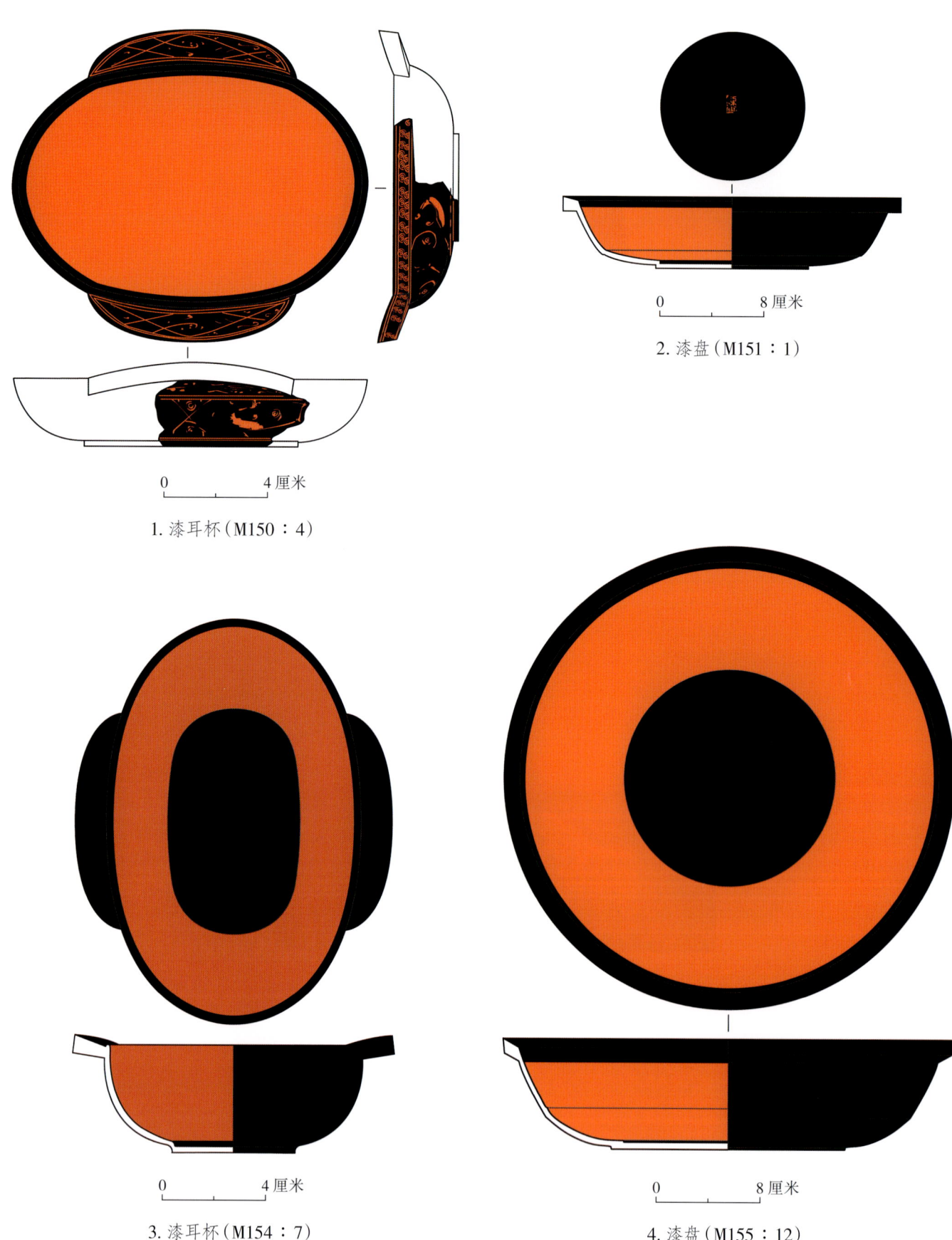

1. 漆耳杯（M150：4）

2. 漆盘（M151：1）

3. 漆耳杯（M154：7）

4. 漆盘（M155：12）

彩图五〇　圩庄组A区M150、M151、M154、M155出土漆器

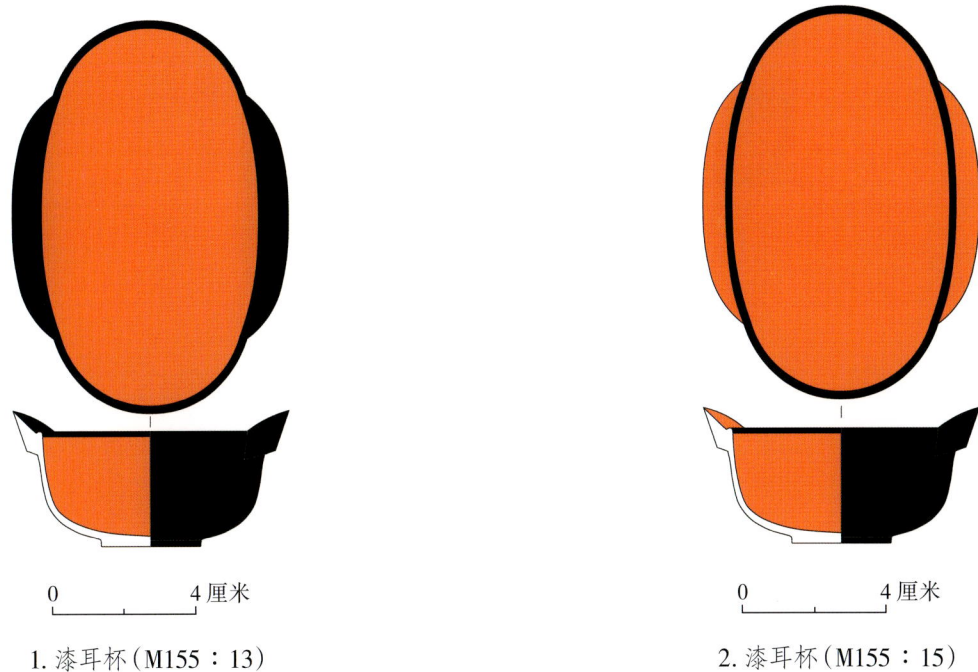

0   4 厘米

1. 漆耳杯（M155∶13）

0   4 厘米

2. 漆耳杯（M155∶15）

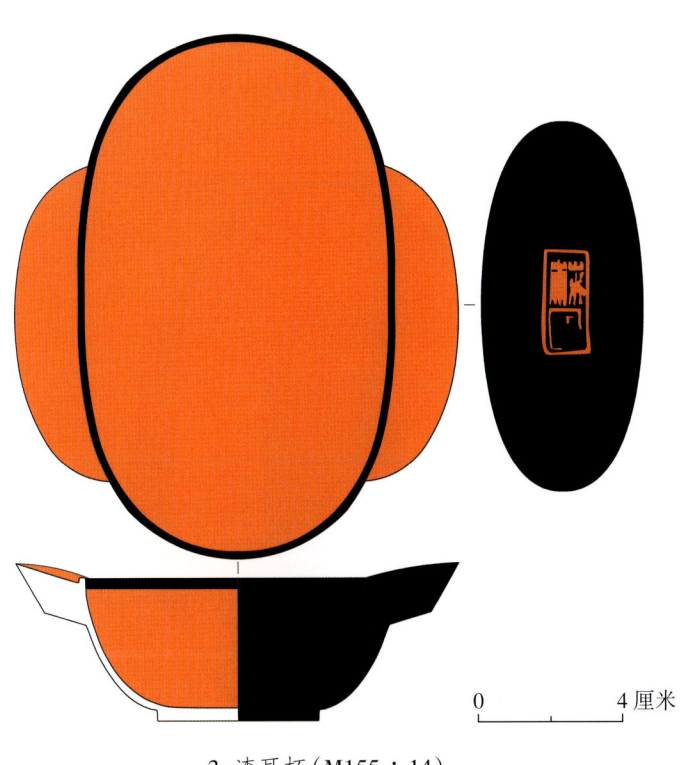

0   4 厘米

3. 漆耳杯（M155∶14）

彩图五一　圩庄组A区M155出土漆器

0   4厘米

1. 石黛板（M123：6）上残留漆皮之图案

0   4厘米

2. 石黛板（M130：9）上残留漆皮之图案

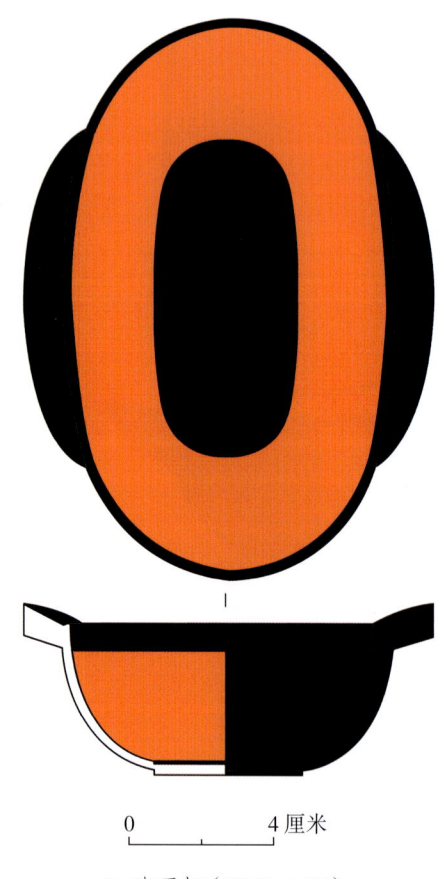

0   4厘米

3. 漆耳杯（M171：27）

彩图五二　圩庄组B区M123、M130、M171出土器物

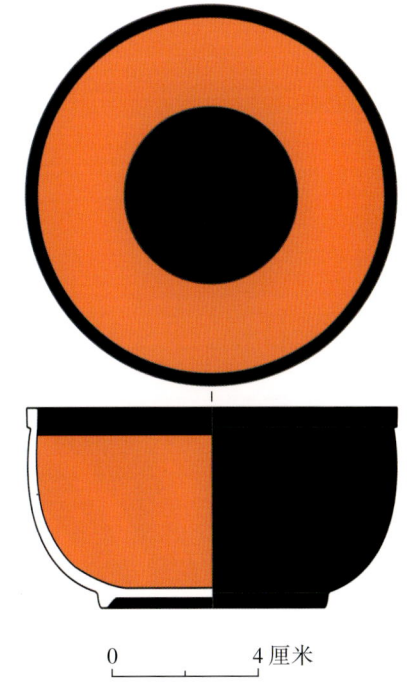

0   4厘米

1. 漆盛（M207：17）

0   2厘米

2. 漆壶（M207：26）

彩图五三　军庄组三号A区M207出土漆器

彩图五四　军庄组三号A区M207出土漆器

漆奁（M207：9）奁盖

0　　　　6厘米

0 5 厘米

漆奁（M207：9）奁身

彩图五五　军庄组三号A区M207出土漆器

0   4厘米

漆奁（M207：9）奁身俯视图

彩图五六　军庄组三号A区M207出土漆器

1. 大圆形子奁 (M207：9-2) 奁盖

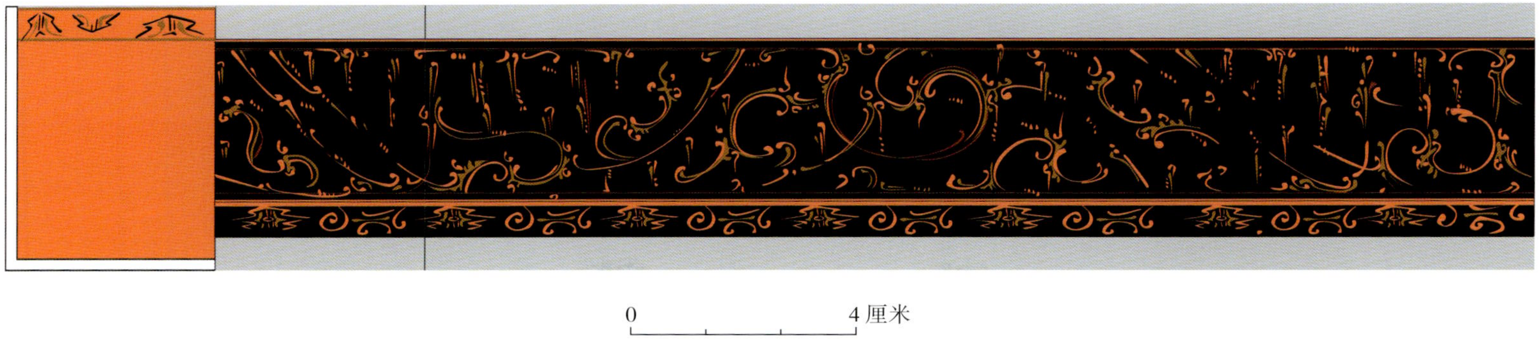

0 ⊢———⊣ 4 厘米

2. 大圆形子奁 (M207：9-2) 奁身

0 ⊢———⊣ 4 厘米

彩图五七　军庄组三号A区M207出土漆器

0   4厘米

大长方形子奁（M207：9-3）奁盖

彩图五八　军庄组三号A区M207出土漆器

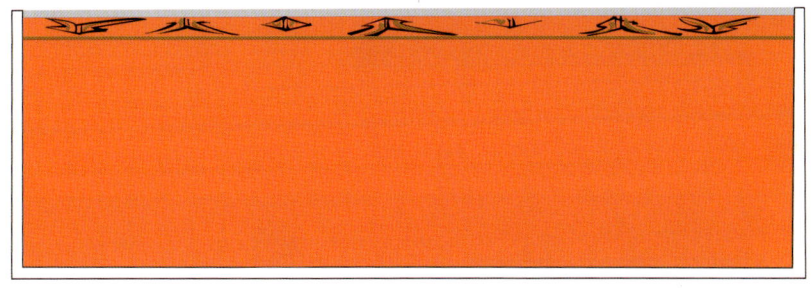

0 —————— 4厘米

大长方形子奁（M207：9-3）奁身

彩图五九　军庄组三号A区M207出土漆器

0   3厘米

0   3厘米

马蹄形子奁（M207：9-4）

彩图六〇　军庄组三号A区M207出土漆器

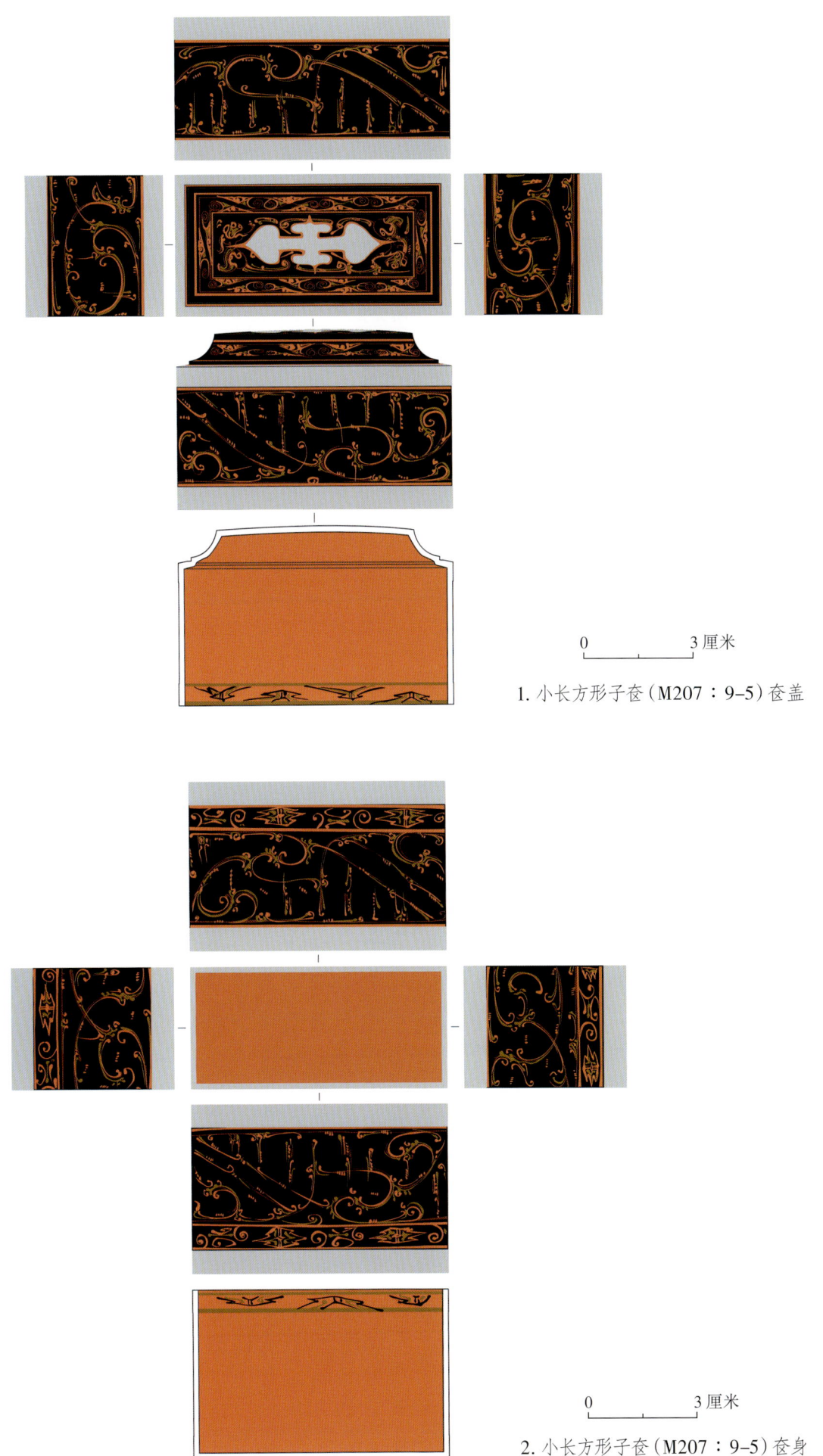

0   3厘米

1. 小长方形子奁（M207：9-5）奁盖

0   3厘米

2. 小长方形子奁（M207：9-5）奁身

彩图六一　军庄组三号A区M207出土漆器

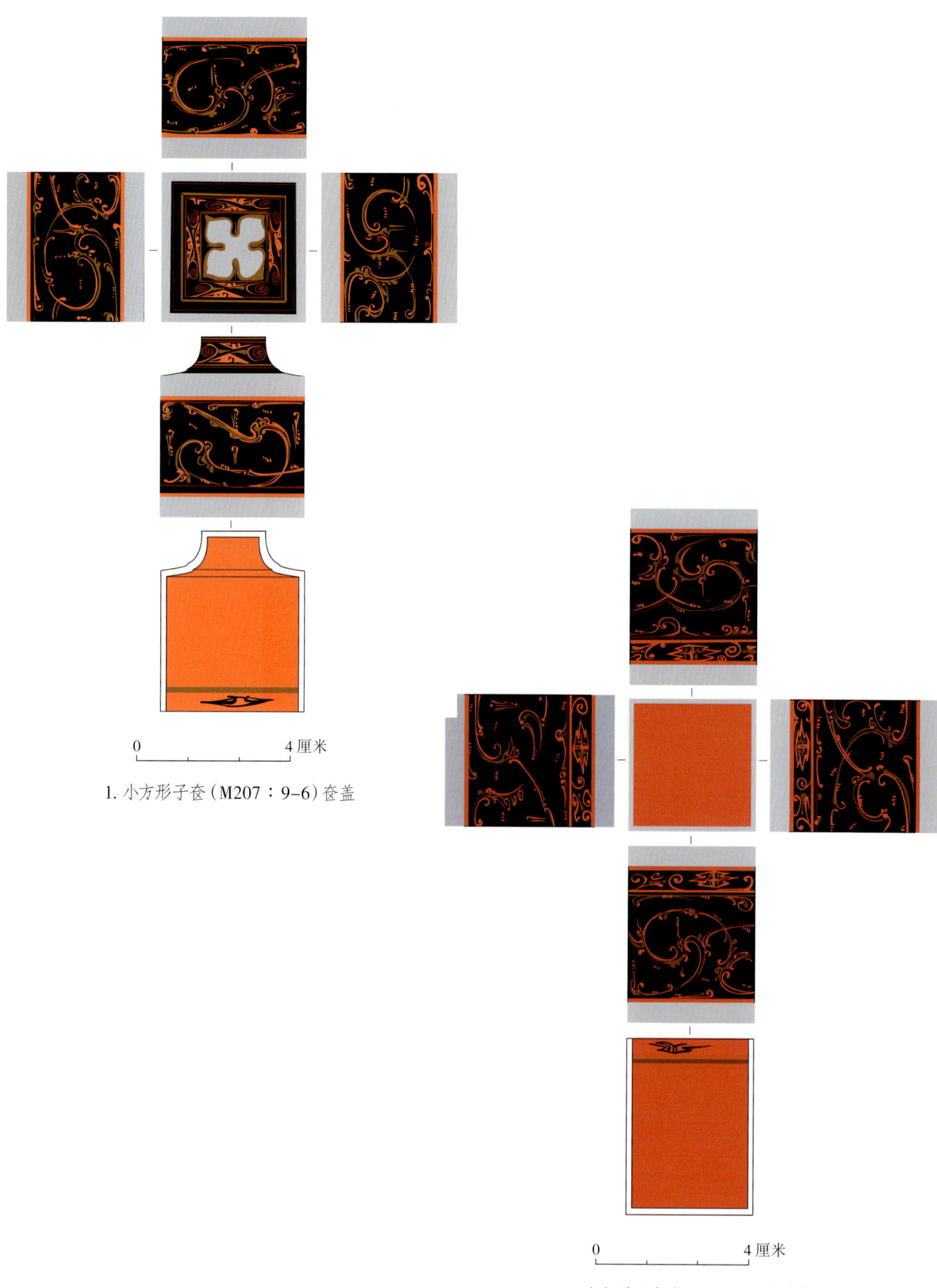

1. 小方形子奁（M207：9-6）奁盖

0   4厘米

2. 小方形子奁（M207：9-6）奁身

0   4厘米

彩图六二　军庄组三号A区M207出土漆器

0   3厘米

1. 椭圆形子奁（M207：9-7）奁盖、奁身

0   3厘米

2. 小圆形子奁（M207：9-8）奁盖、奁身

彩图六三　　军庄组三号A区M207出土漆器

0   2 厘米

1. 铜刷（M208：243-13）

0   2 厘米

2. 木刷（M208：243-12）

彩图六四　军庄组三号A区M208北棺出土器物

0 _____ 3 厘米

漆奁（M208：233）奁盖

彩图六五　罕庄组三号A区M208北棺出土漆器

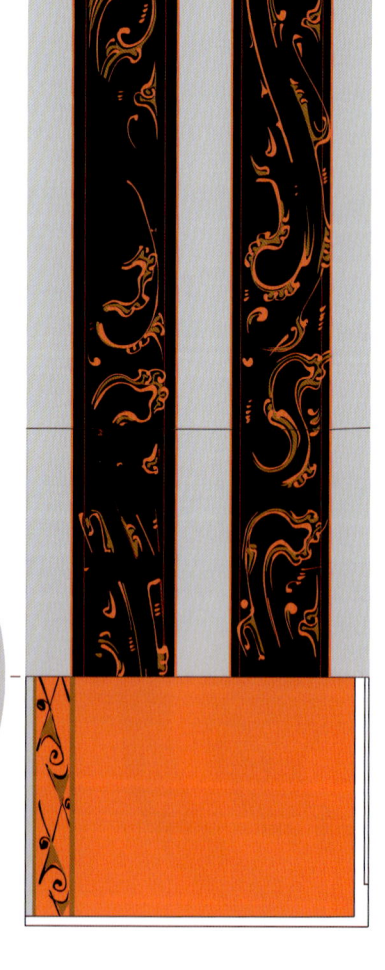

0   3 厘米

漆卮（M208：233）卮身

彩图六六　军庄组三号A区M208北棺出土漆器

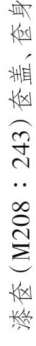

0 ⸺ 6 厘米

漆奁（M208：243）奁盖、奁身

彩图六七 军庄组三号 A 区 M208 北棺出土漆器

0   4厘米

1. 漆奁（M208∶243）奁盖俯视图

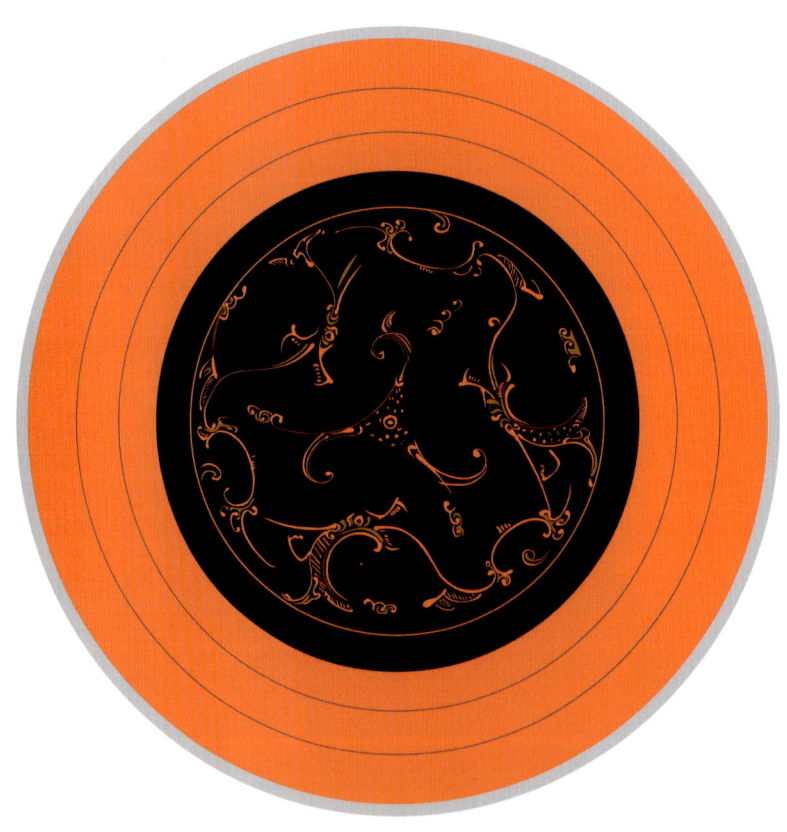

0   4厘米

2. 漆奁（M208∶243）奁盖内侧纹饰图

彩图六八　军庄组三号A区M208北棺出土漆器

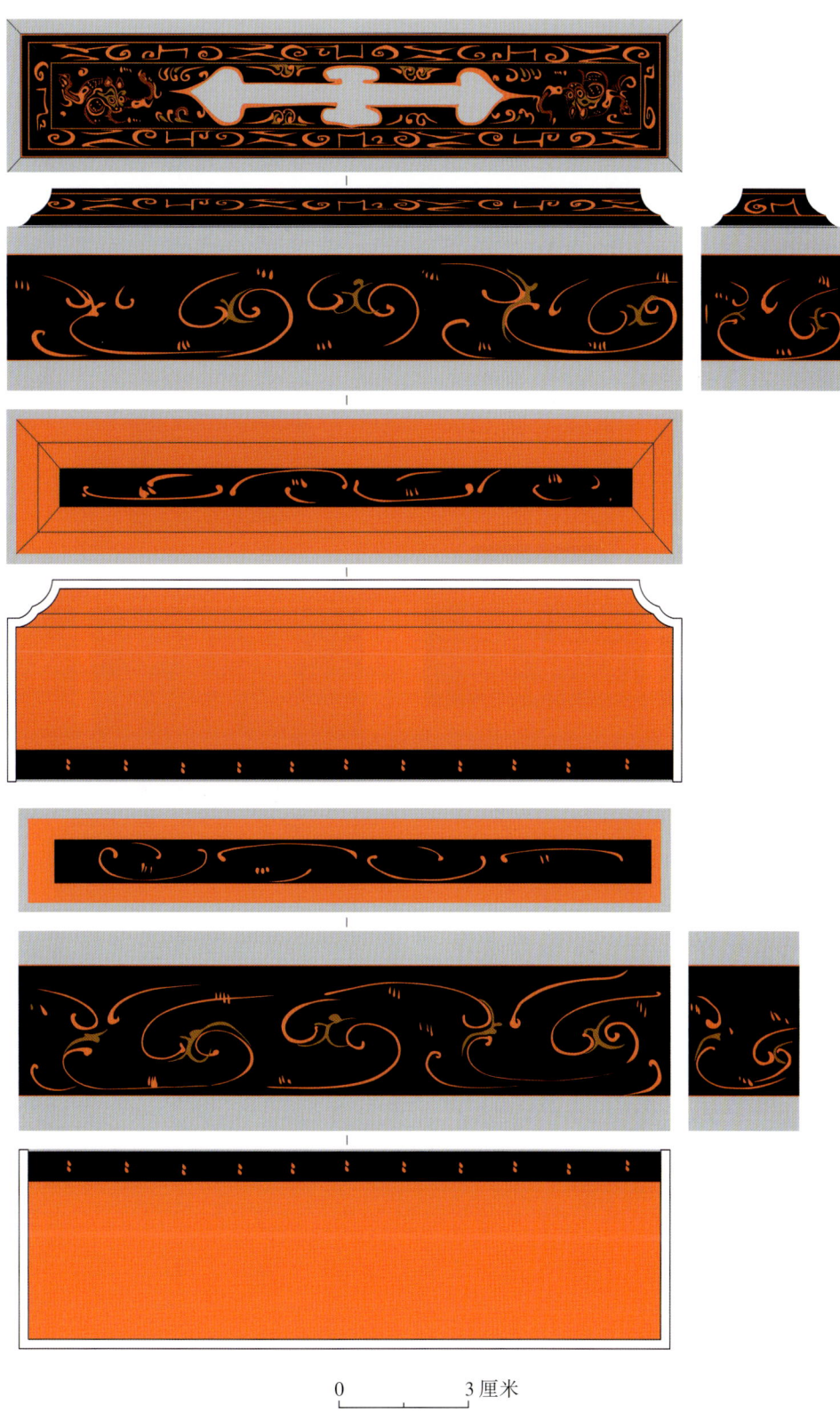

大长方形子奁（M208：243-2）

0 ⊢———⊣ 3 厘米

彩图六九　军庄组三号A区M208北棺出土漆器

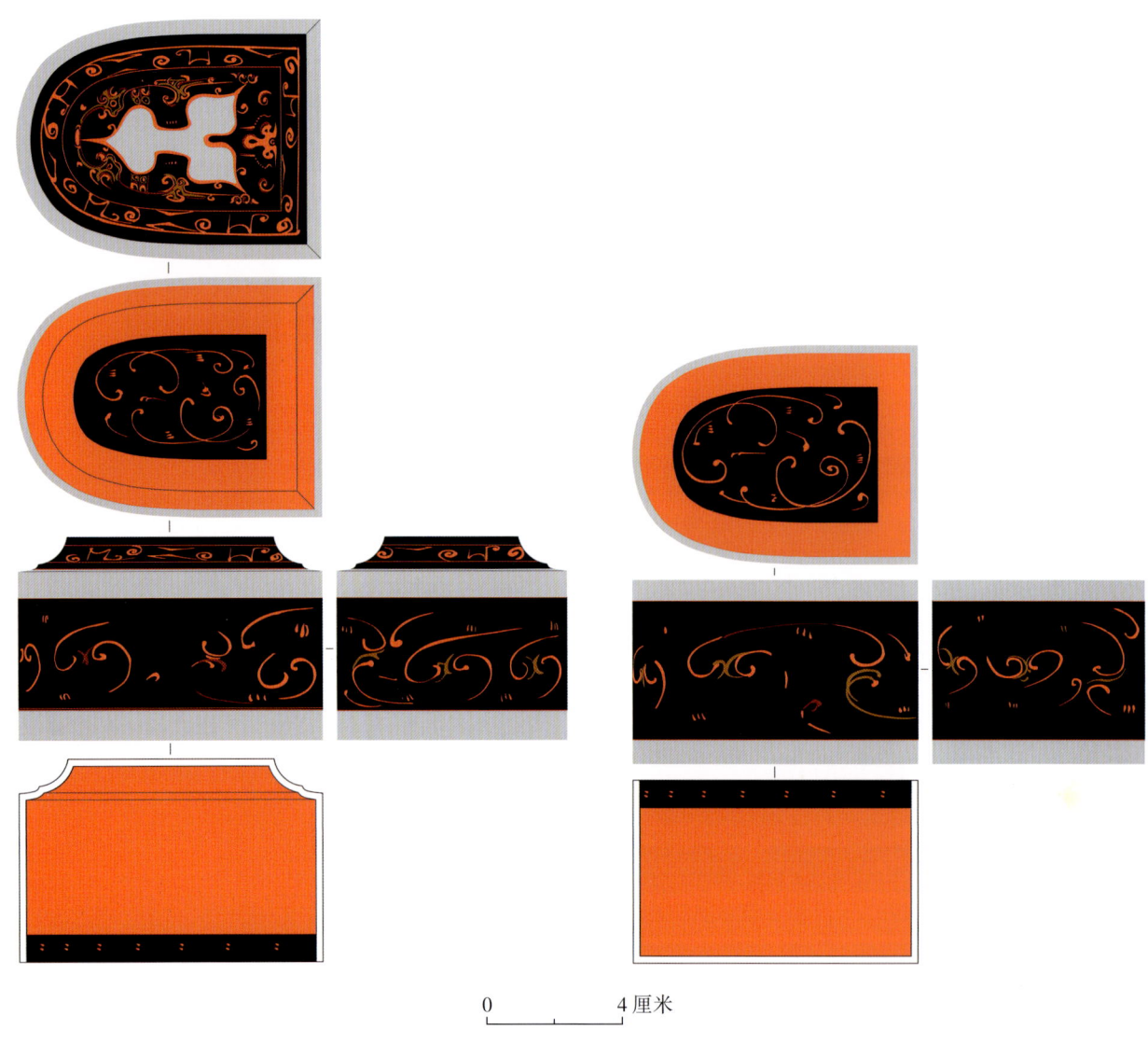

0 —————— 4 厘米

马蹄形子奁（M208：243-3）

彩图七〇　军庄组三号A区M208北棺出土漆器

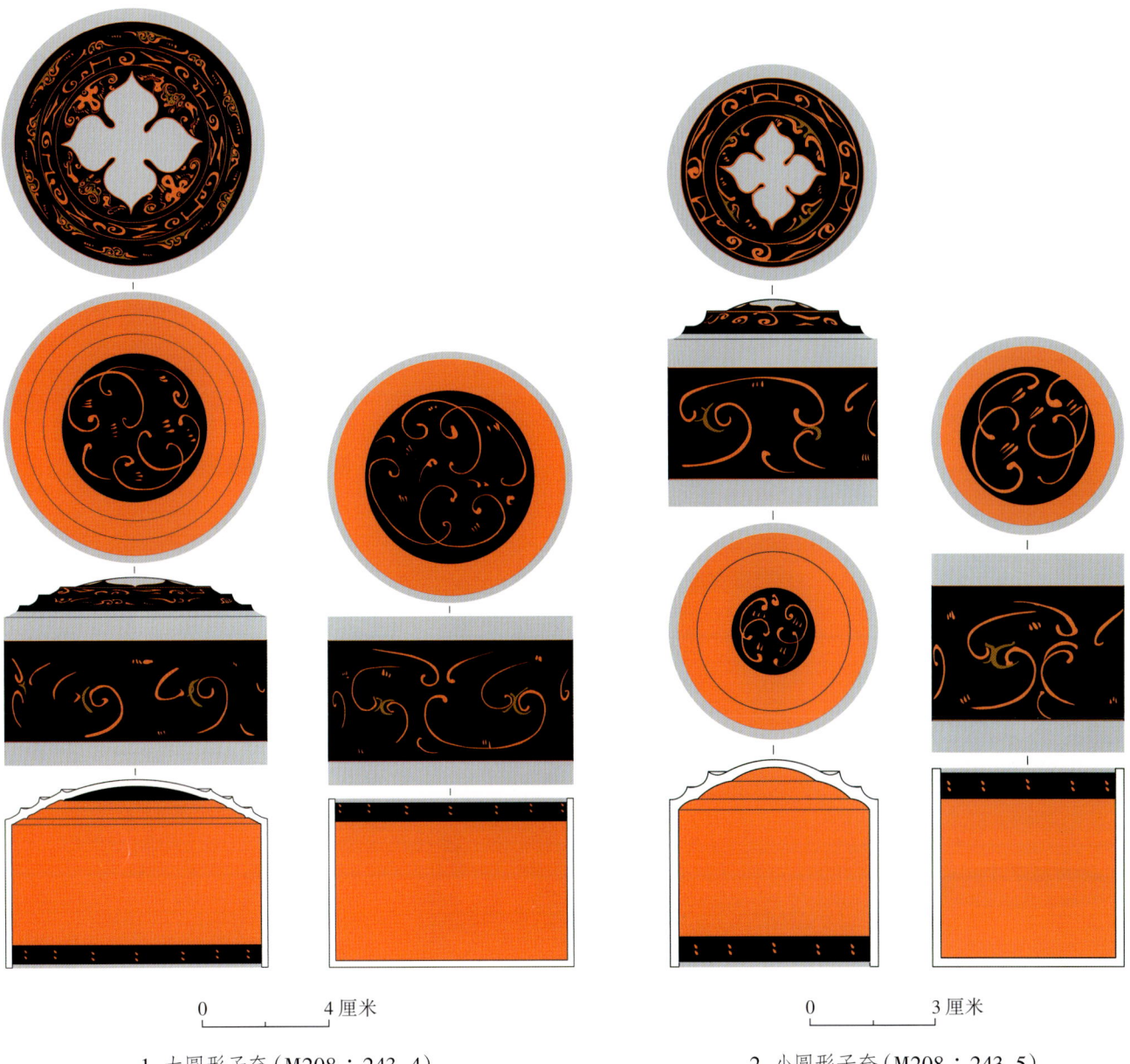

0　　　　　4 厘米

0　　　　　3 厘米

1. 大圆形子奁（M208：243-4）　　　　　　　　　2. 小圆形子奁（M208：243-5）

彩图七一　军庄组三号A区M208北棺出土漆器

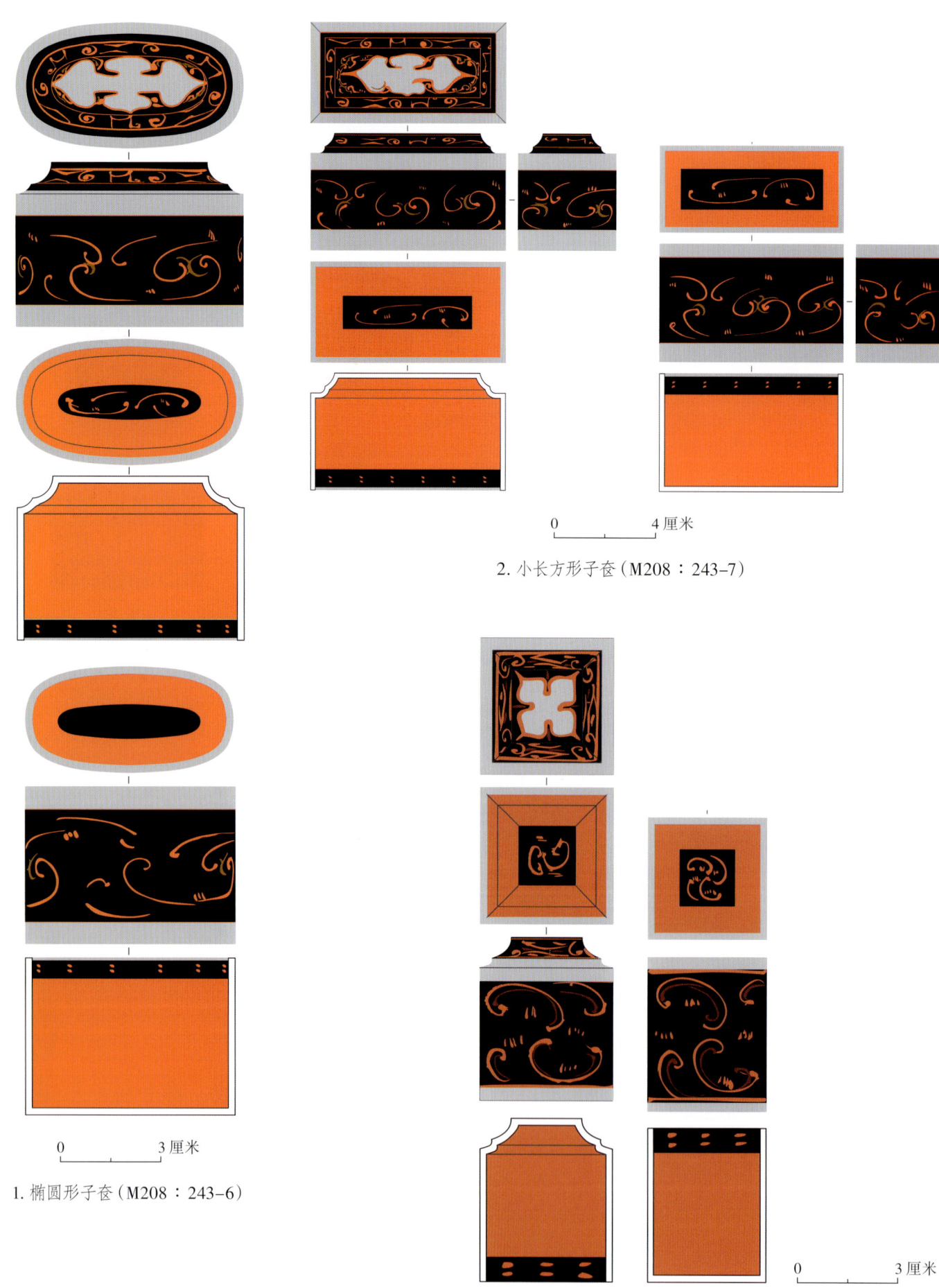

0   4厘米

2. 小长方形子奁（M208：243-7）

0   3厘米

1. 椭圆形子奁（M208：243-6）

0   3厘米

3. 小方形子奁（M208：243-8）

彩图七二　军庄组三号A区M208北棺出土漆器

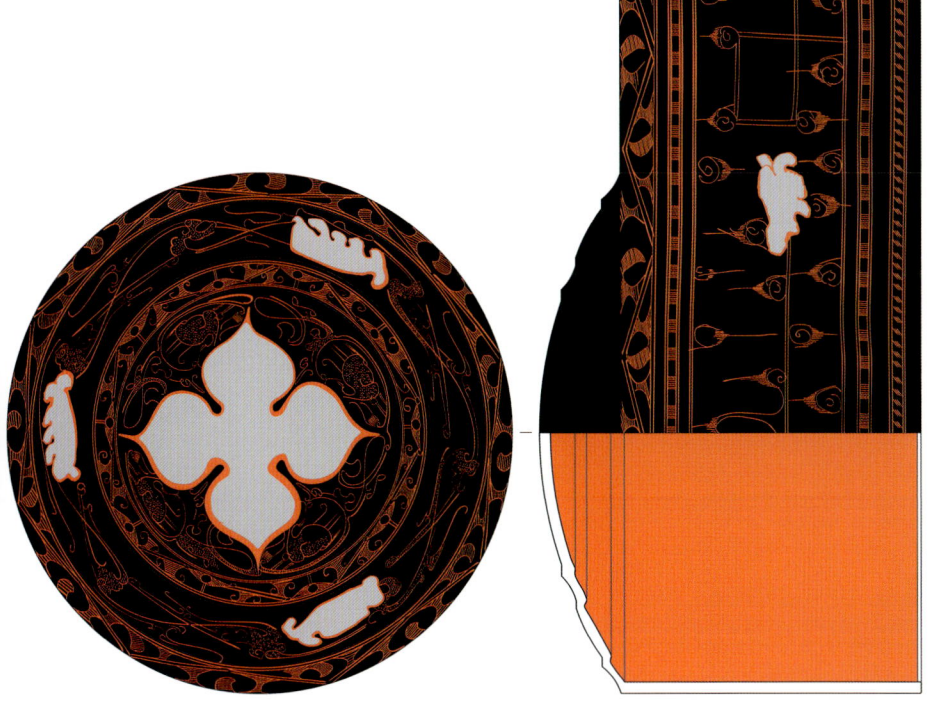

4厘米

0

漆奁（M208 : 229）奁盖

彩图七三　牟庄组三号A区M208南棺出土漆器

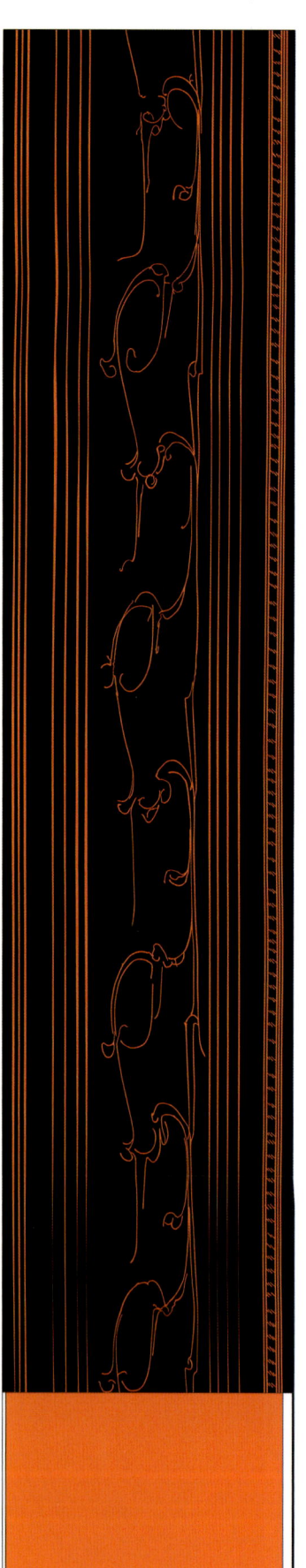

0 　　　 4 厘米

1. 漆奁（M208：229）奁身

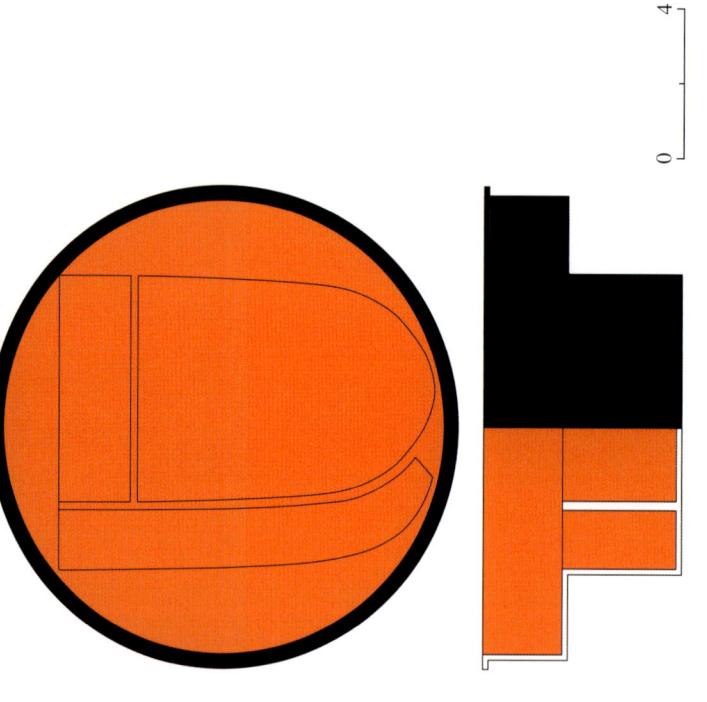

0 　　　 4 厘米

2. 漆奁（M208：229）隔板

彩图七四　牟庄组三号A区M208南棺出土漆器

1. 木刚卯（M208：216）

0 ___ 2厘米

2. 木葬床（M208：230）

0 ___ 16厘米

彩图七五　军庄组三号A区M208南棺出土木器

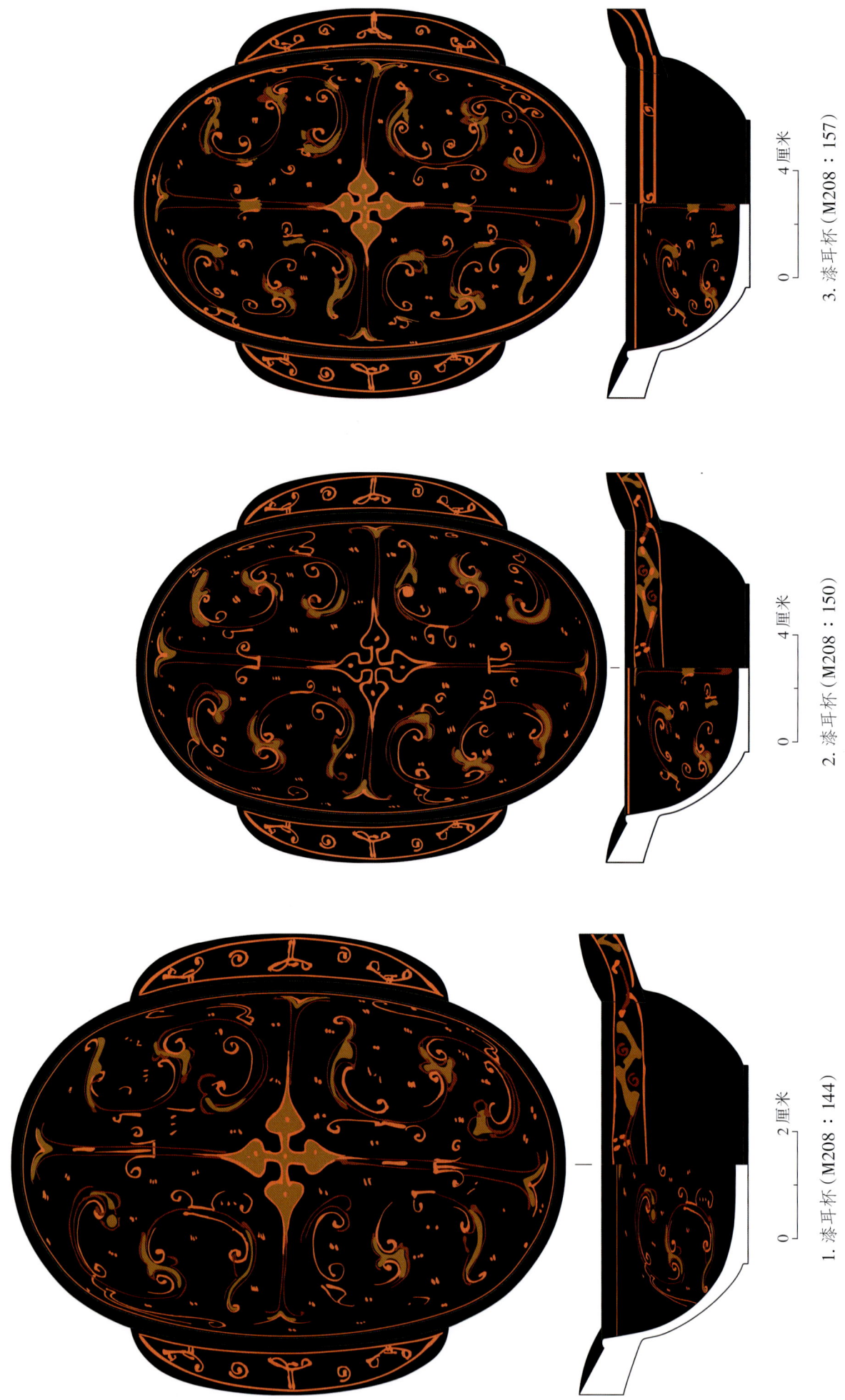

3. 漆耳杯（M208 : 157）

2. 漆耳杯（M208 : 150）

1. 漆耳杯（M208 : 144）

彩图七六　军庄组三号A区M208东边厢出土漆器

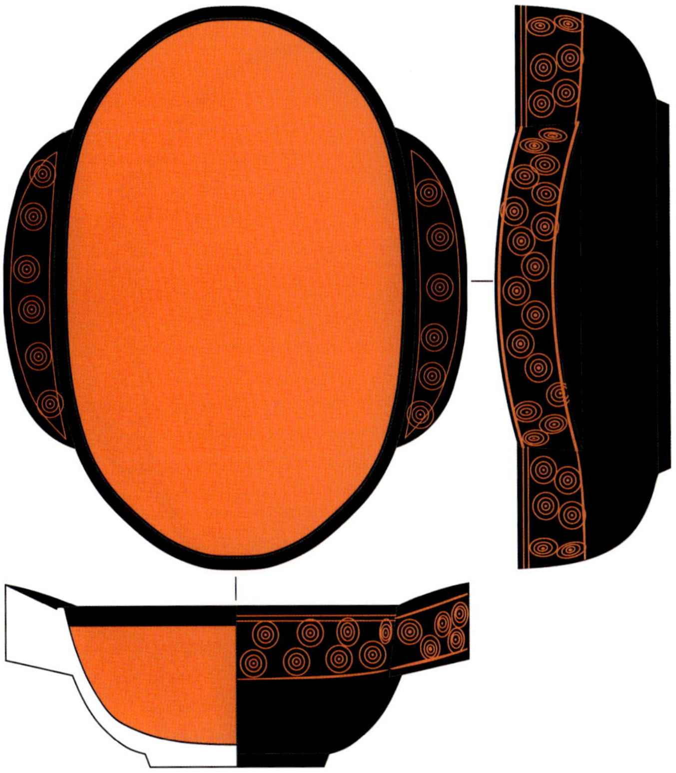

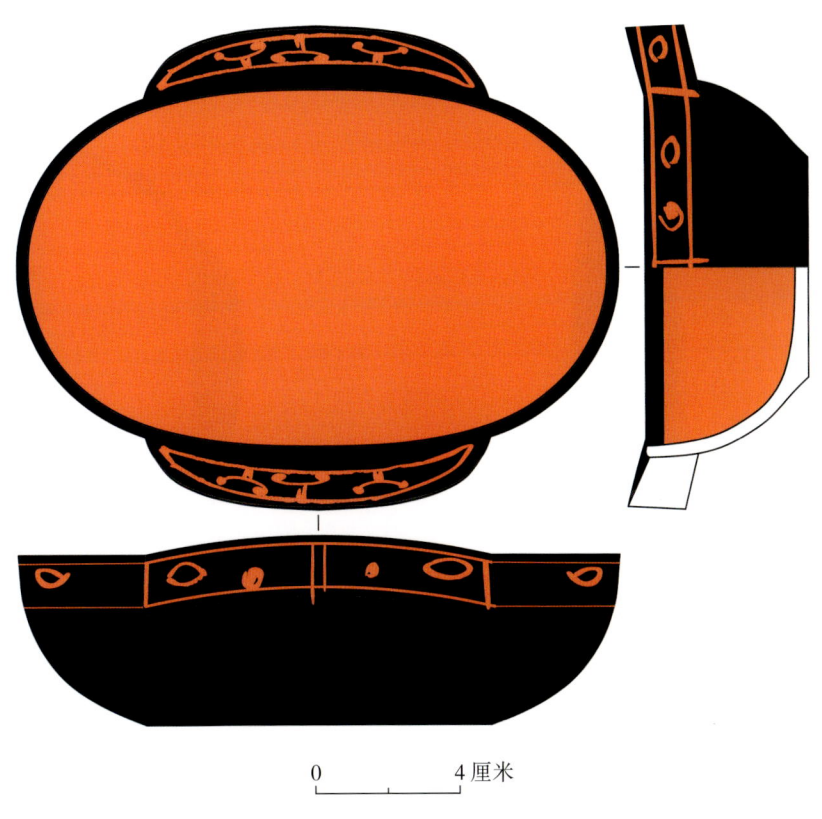

0 ____ 4厘米

1. 漆耳杯（M208：76）

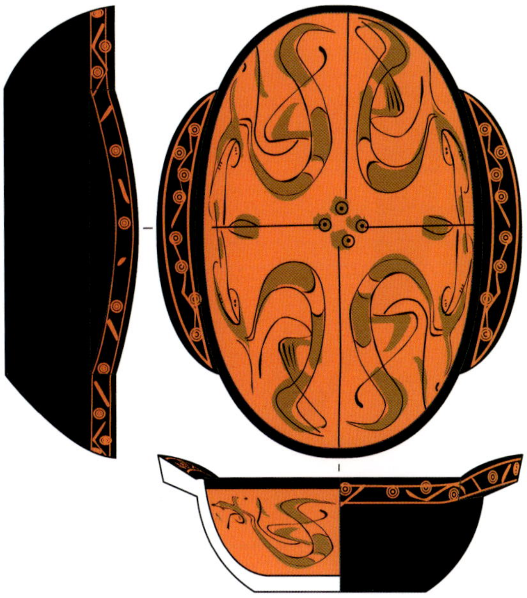

0 ____ 4厘米

2. 漆耳杯（M208：91）

0 ____ 4厘米

3. 漆耳杯（M208：191）

彩图七七　军庄组三号A区M208东边厢出土漆器

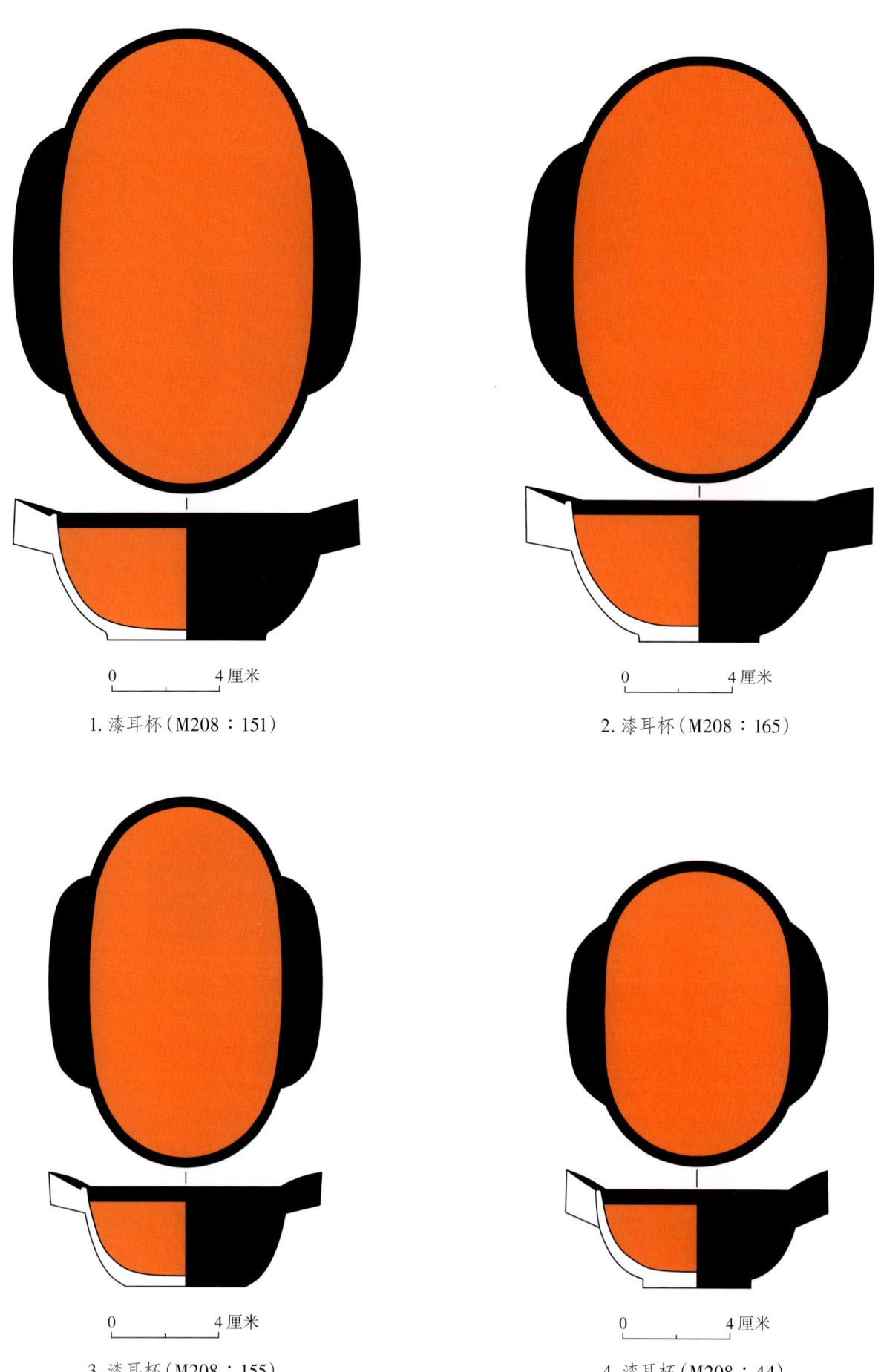

1. 漆耳杯（M208：151）

2. 漆耳杯（M208：165）

3. 漆耳杯（M208：155）

4. 漆耳杯（M208：44）

彩图七八　军庄组三号A区M208东边厢出土漆器

彩图七九　牟庄组三号A区M208东边厢出土漆器

0 ⸺ 5 厘米

漆盘（M208：28）

0   5 厘米

漆盘（M208：26）

彩图八〇　军庄组三号 A 区 M208 东边厢出土漆器

2. 漆盘（M208：158）

1. 漆盘（M208：132）

彩图八一　军庄组三号A区M208东边厢出土漆器

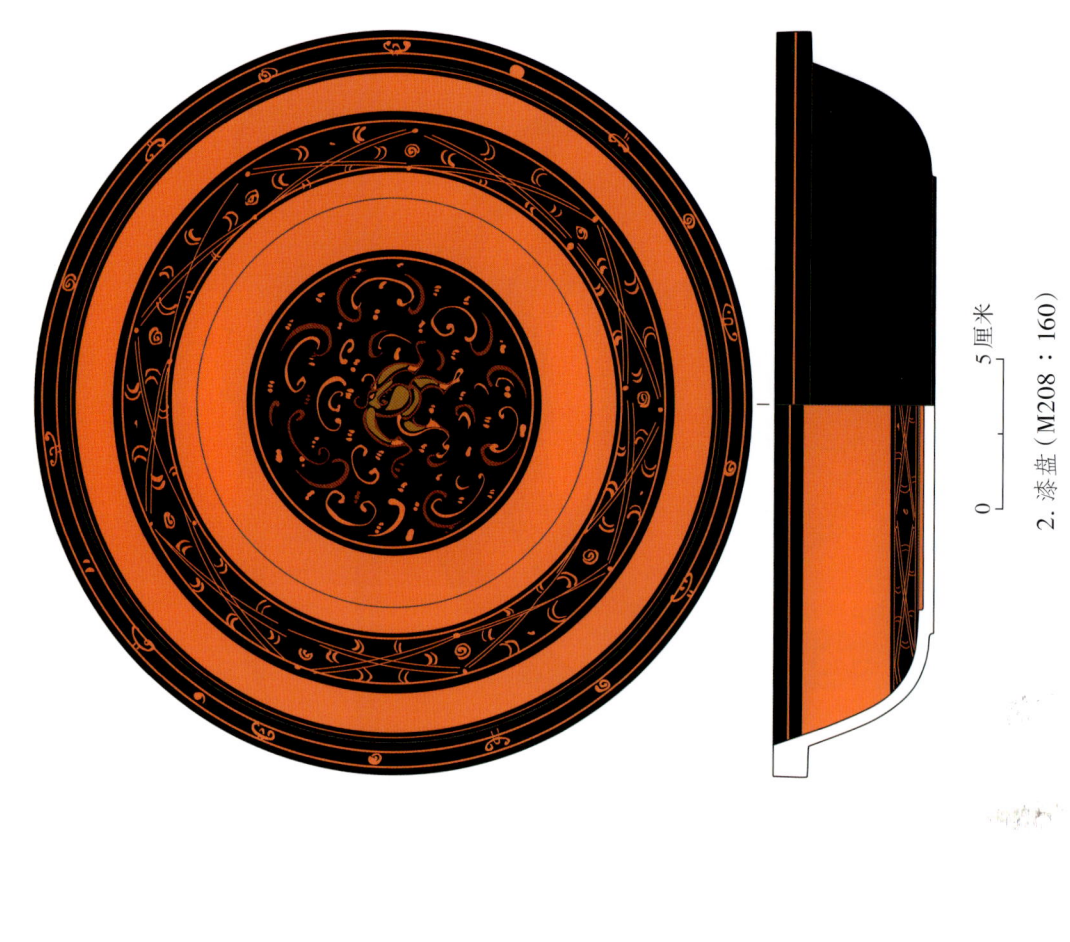

2. 漆盘（M208：160）

1. 漆盘（M208：159）

彩图八二　军庄组三号A区M208东边厢出土漆器

2. 漆盘（M208：162）

1. 漆盘（M208：161）

5 厘米

0

彩图八三　罕庄组三号A区M208东边厢出土漆器

0　　　　　5 厘米

1. 漆盘（M208∶163）

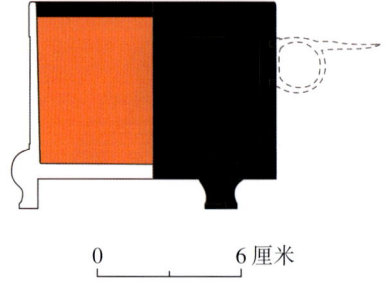

0　　　　　6 厘米

2. 漆卮（M208∶23）

0　　　　　6 厘米

3. 漆卮（M208∶24）展开图

彩图八四　军庄组三号A区M208东边厢出土漆器

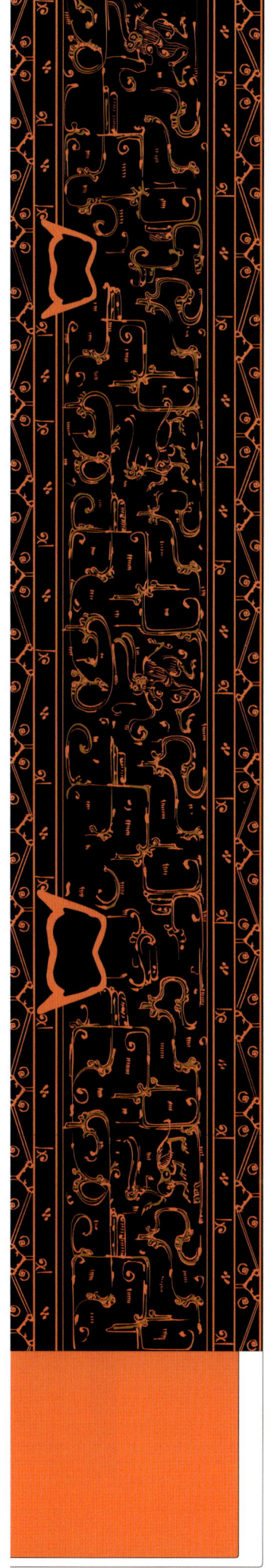

0 ____ 6 厘米

漆樽（M208：167）

彩图八五　牢庄组三号A区M208东边厢出土漆器

0   6厘米

1. 漆樽（M208：108-1）樽身俯视图

0   6厘米

2. 漆樽（M208：108-1）樽身纹饰展开图

彩图八六　罕庄组三号A区M208东边厢出土漆器

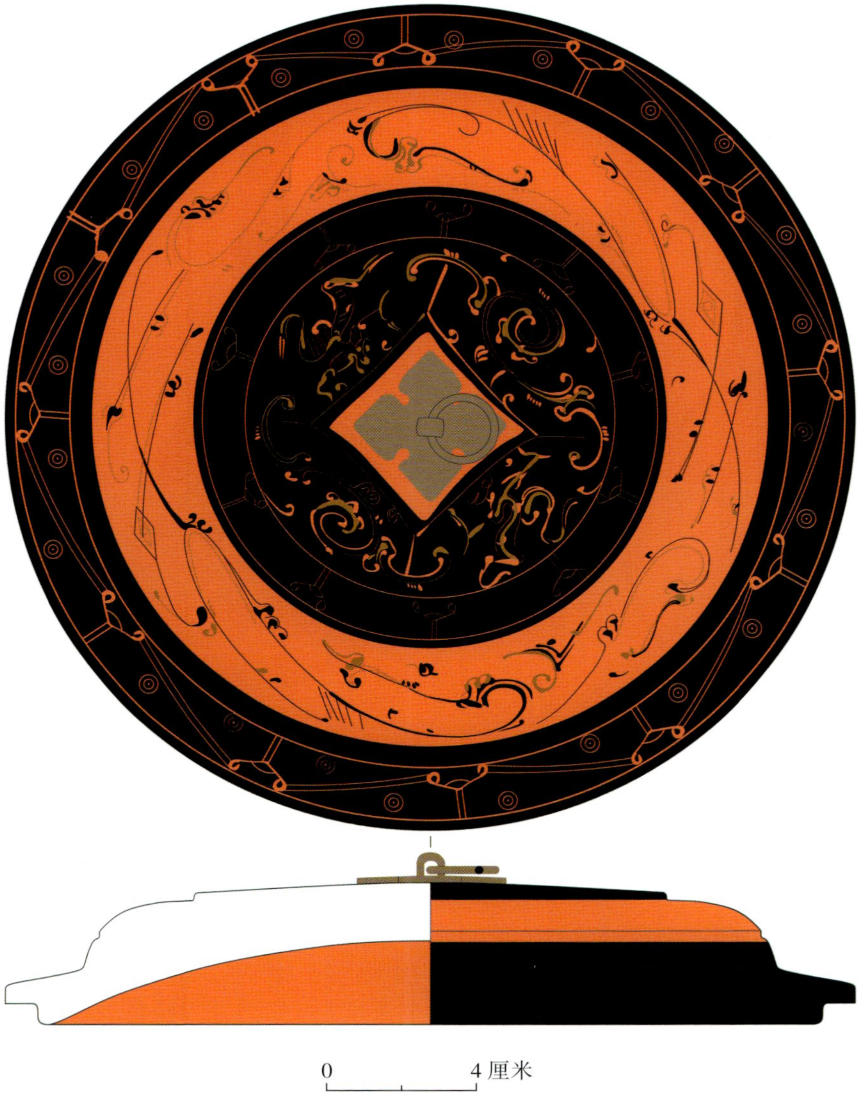

1. 漆樽 (M208：108-1) 樽盖

2. 漆樽 (M208：108-2) 樽盖

彩图八七　军庄组三号A区M208东边厢出土漆器

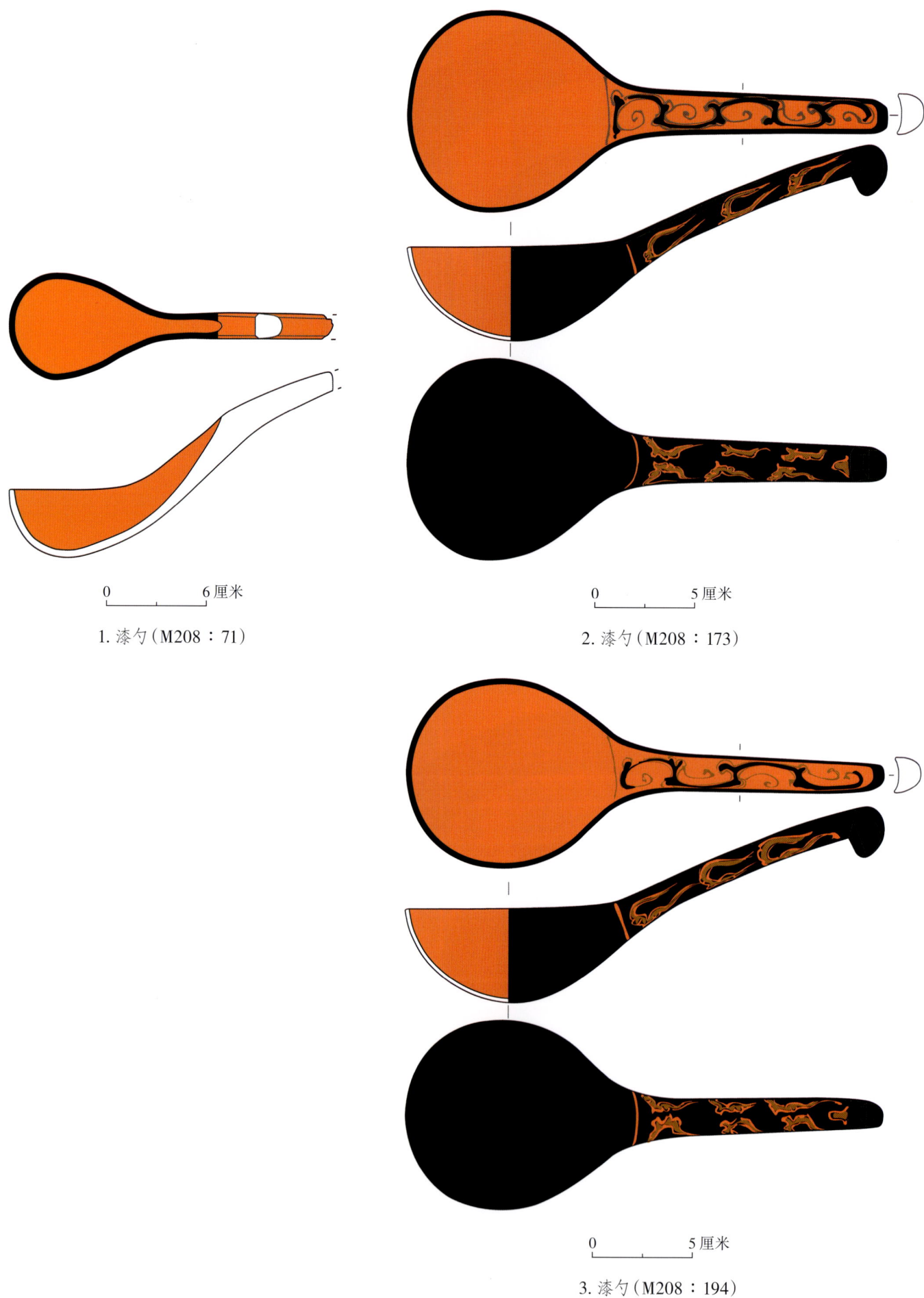

1. 漆勺（M208：71）

2. 漆勺（M208：173）

3. 漆勺（M208：194）

彩图八八　军庄组三号A区M208东边厢出土漆器

1. 漆勺（M208：168）

0   4厘米

2. 漆勺（M208：169）

0   4厘米

彩图八九　军庄组三号A区M208东边厢出土漆器

0   5 厘米

1. 漆盛（M208：143）

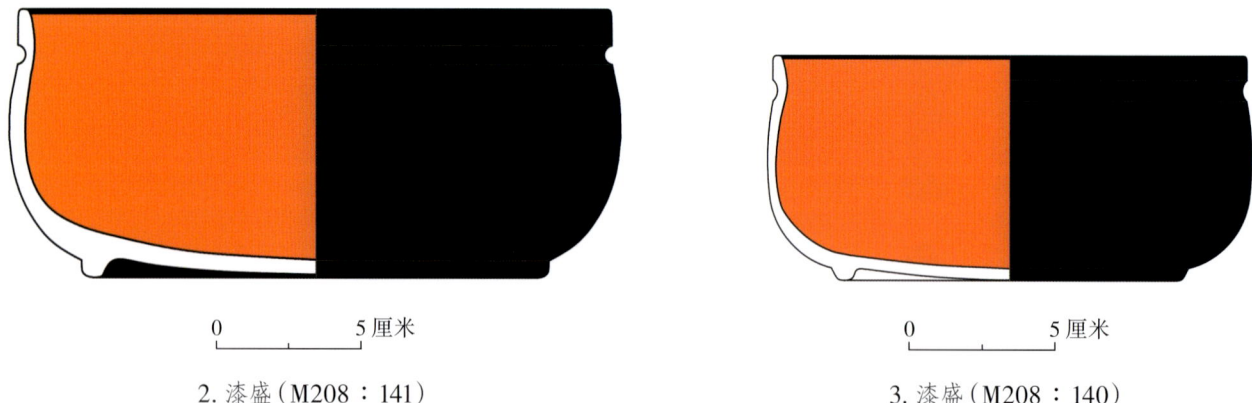

0   5 厘米

2. 漆盛（M208：141）

0   5 厘米

3. 漆盛（M208：140）

彩图九〇　军庄组三号A区M208东边厢出土漆器

2. 漆盛（M208∶12）

0   5 厘米

1. 漆盛（M208∶11）

0   5 厘米

彩图九一　罕庄组三号A区M208东边厢出土漆器

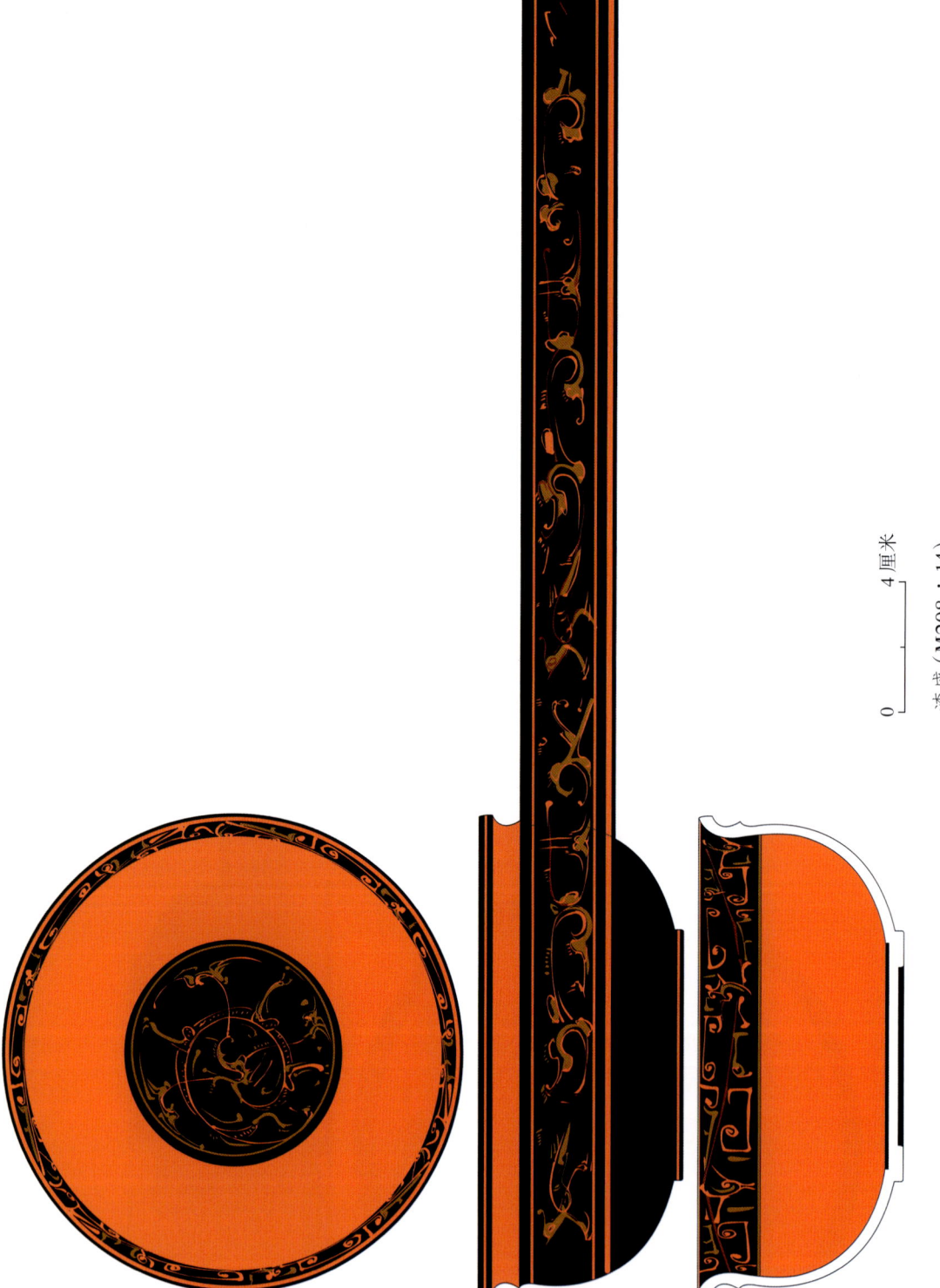

0 _____ 4 厘米

漆盘（M208：14）

彩图九二　军庄组三号 A 区 M208 东边厢出土漆器

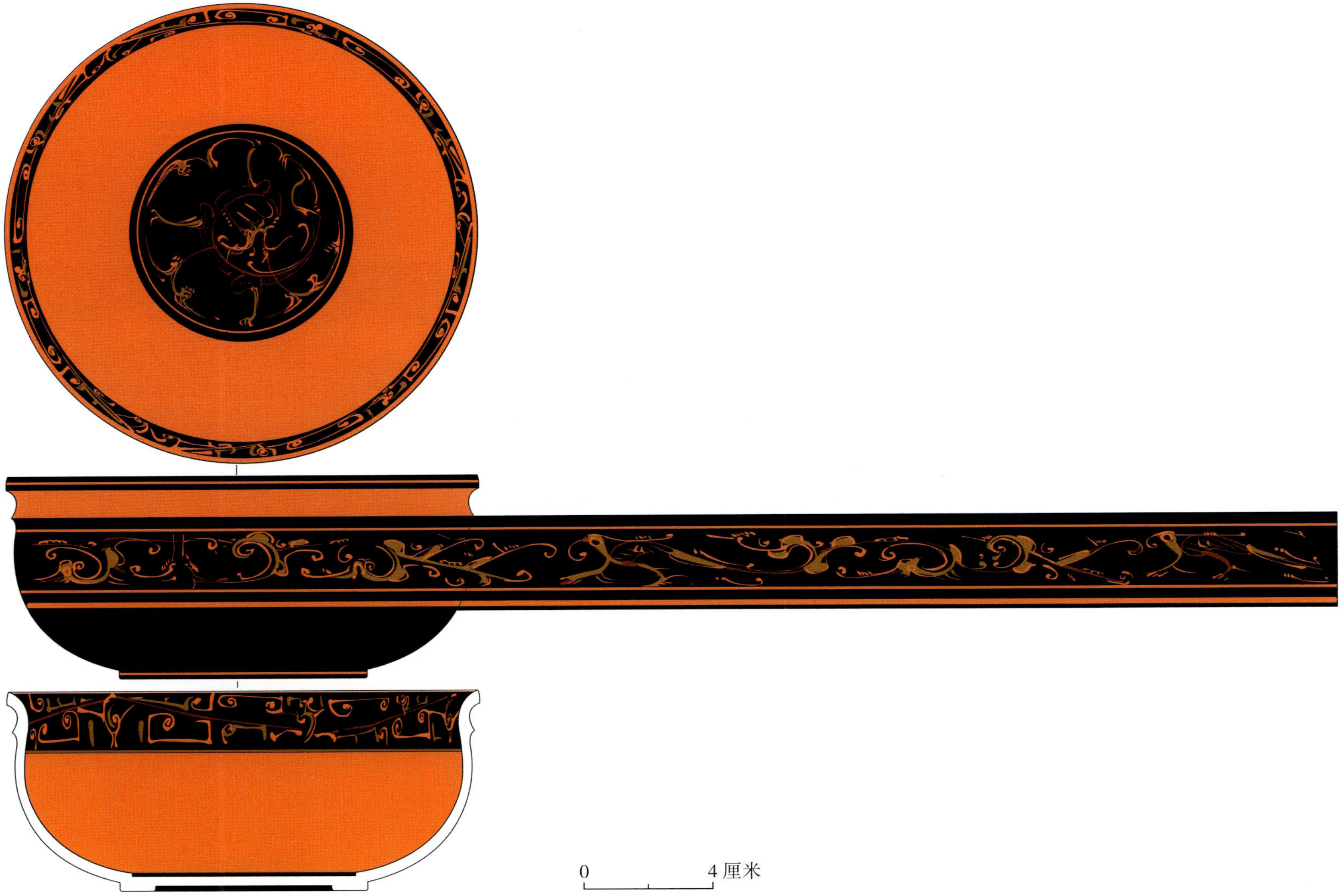

彩图九三　罕庄组三号A区M208东边厢出土漆器

漆盛（M208∶15）

0 ⌞___⌟ 4 厘米

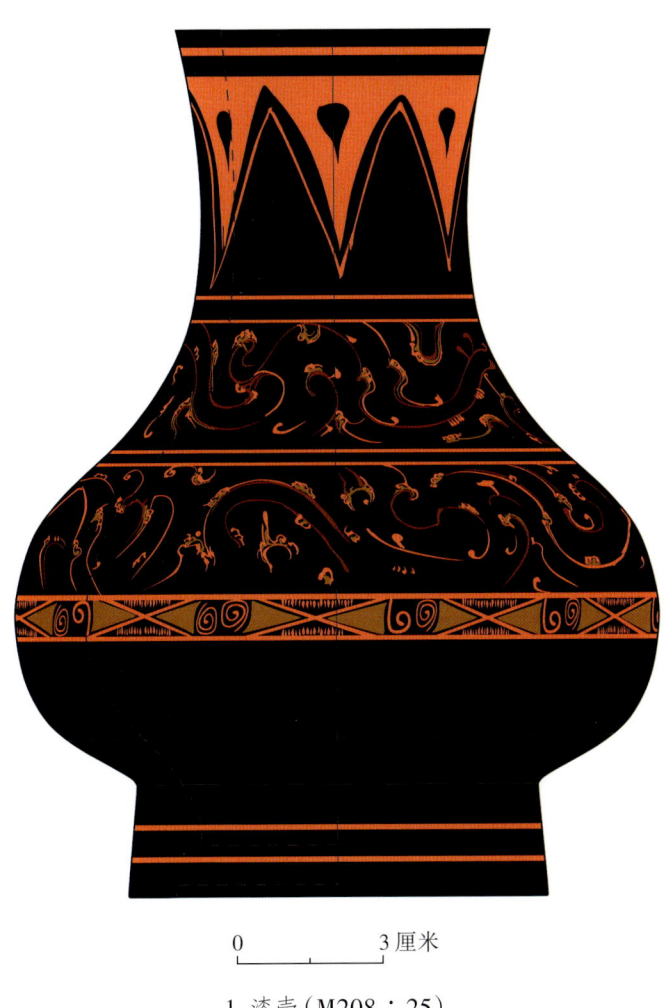

0 ⊢━━━━━┤ 3 厘米

1. 漆壶（M208：25）

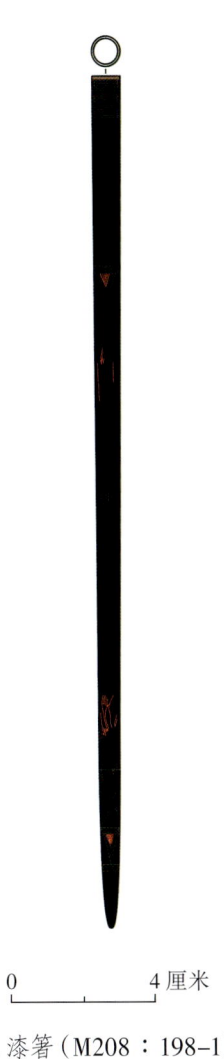

0 ⊢━━━━━┤ 4 厘米

2. 漆箸（M208：198-1）

彩图九五　军庄组三号A区M208东边厢出土漆器

0   15 厘米

漆案（M208：57）

彩图九六　军庄组三号A区M208东边厢出土漆器

0 ⊢————⊣ 6厘米

漆案（M208：73）

彩图九七 军庄组三号A区M208东边厢出土漆器

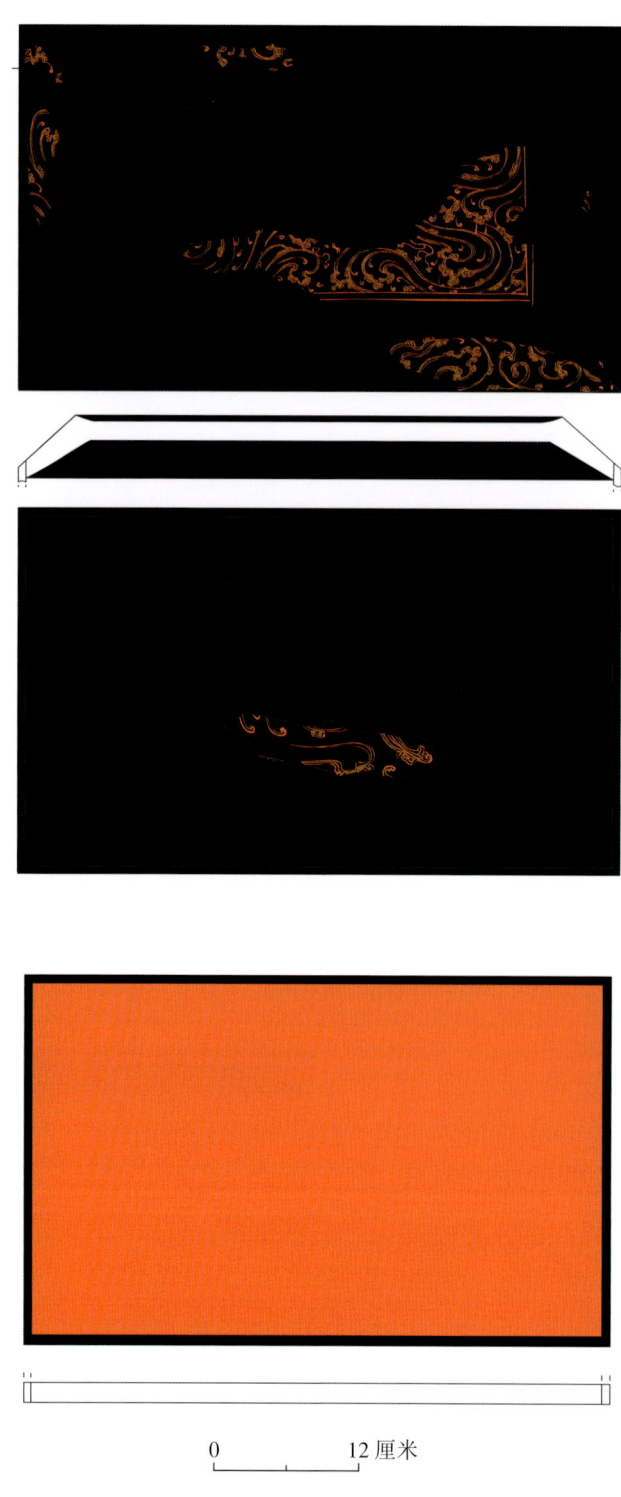

0   12 厘米

漆笥（M208：56）

彩图九八　军庄组三号A区M208东边厢出土漆器

1. 子笥（M208：56–1） 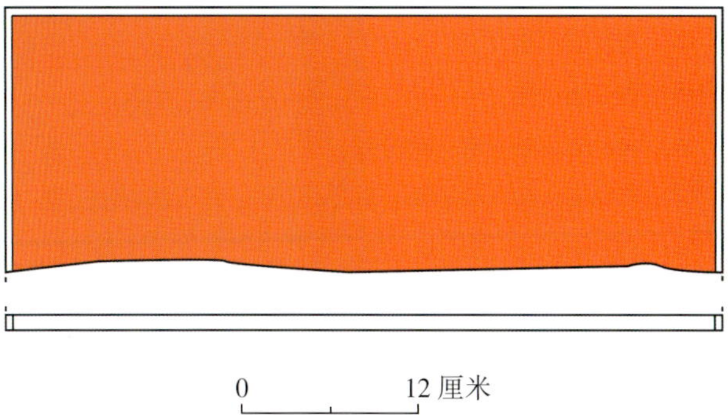　　　　　　　　　　　2. 漆笥（M208：108）

0　　　　6厘米

0　　　　12厘米

0　　　　6厘米

3. 漆笥（M208：70）笥盖

彩图九九　军庄组三号A区M208东边厢出土漆器

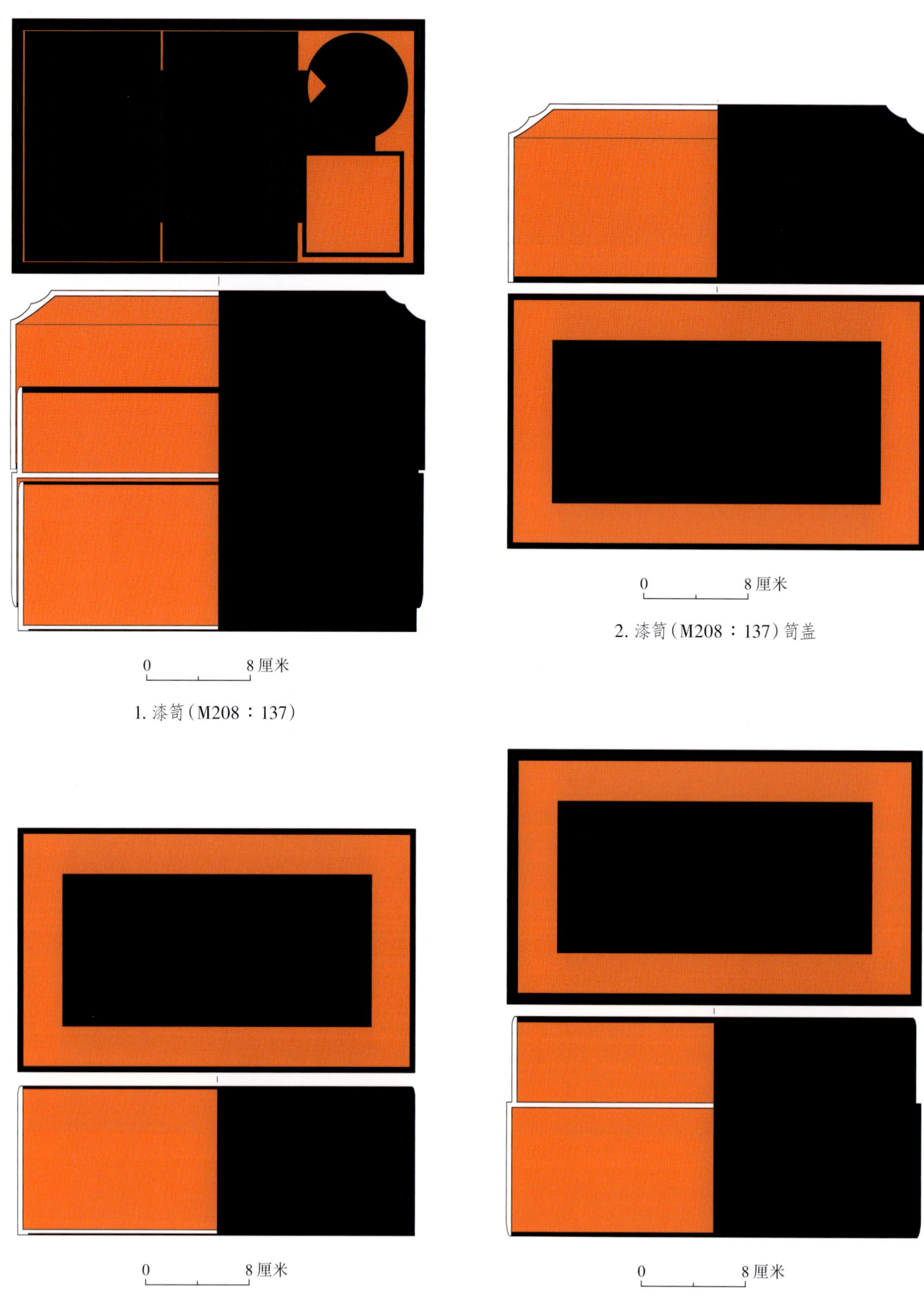

0　　　　　8厘米

1. 漆笥（M208：137）

0　　　　　8厘米

2. 漆笥（M208：137）笥盖

0　　　　　8厘米

3. 漆笥（M208：137）笥底

0　　　　　8厘米

4. 漆笥（M208：137）隔板

彩图一〇〇　军庄组三号A区M208东边厢出土漆器

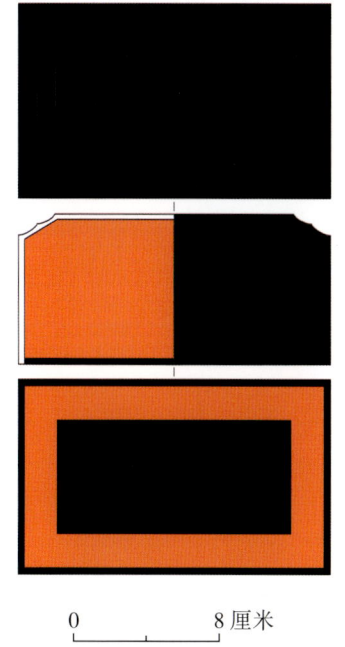

0   8 厘米

1. 长方形子笥（M208：137-1）笥盖

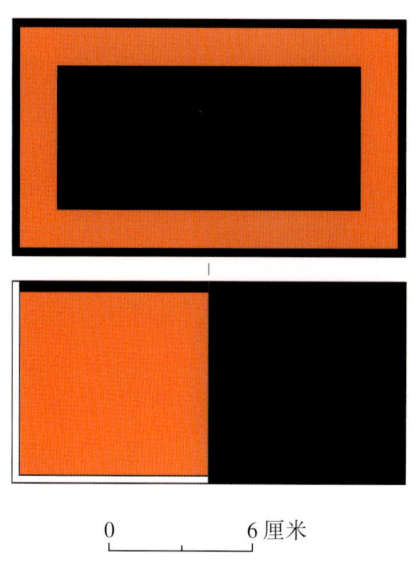

0   6 厘米

2. 长方形子笥（M208：137-1）笥身

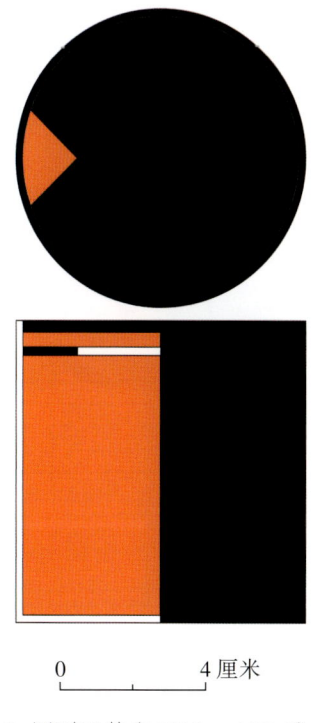

0   4 厘米

3. 圆形子笥（M208：137-3）

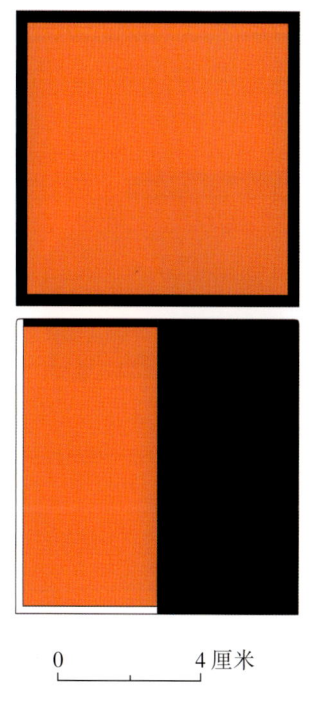

0   4 厘米

4. 正方形子笥（M208：137-4）

彩图一〇一　军庄组三号A区M208东边厢出土漆器

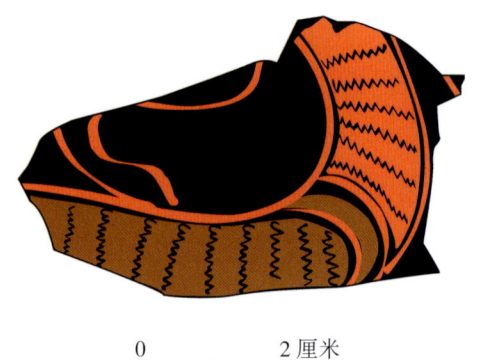

0   2厘米

1. 漆耳杯盒（M208∶90）

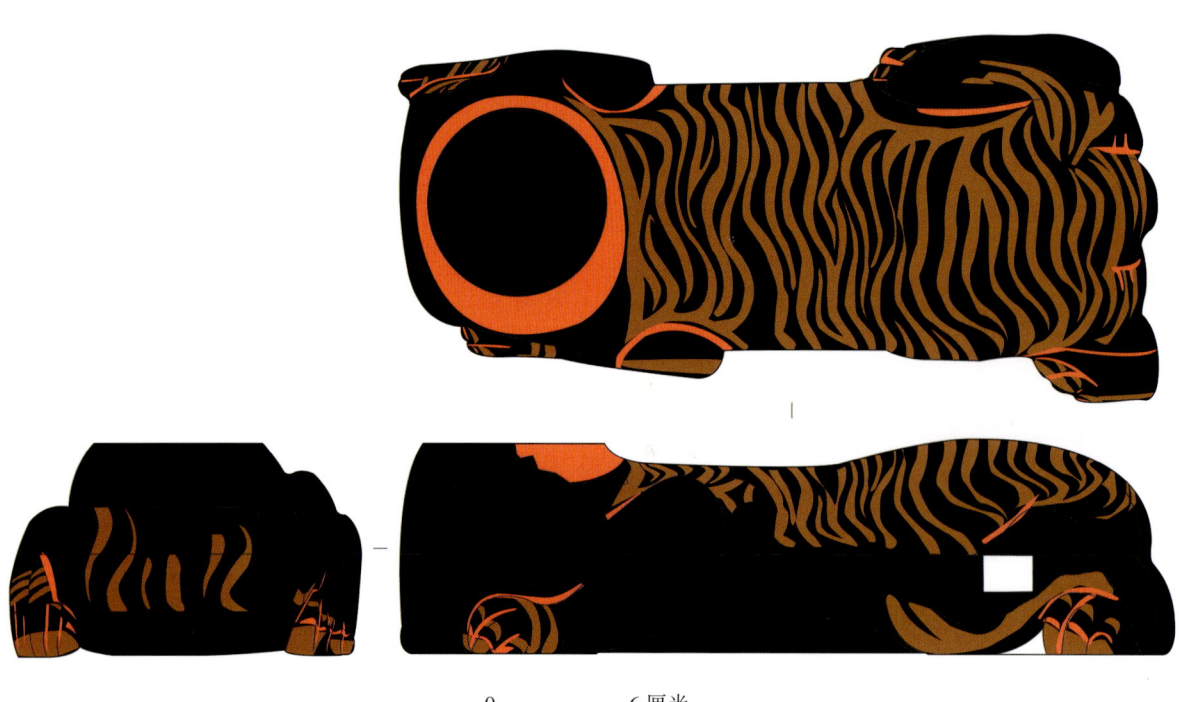

0   6厘米

2. 漆博具盒（M208∶138）

彩图一〇二　军庄组三号A区M208东边厢出土漆器

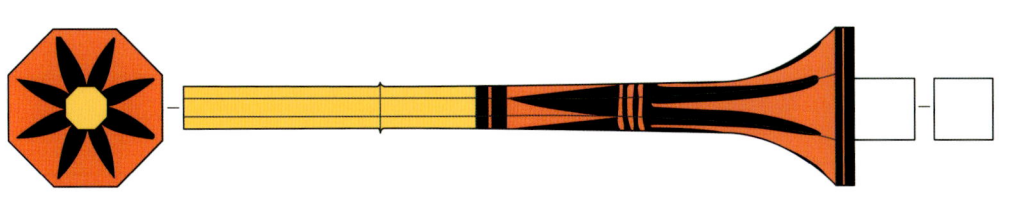

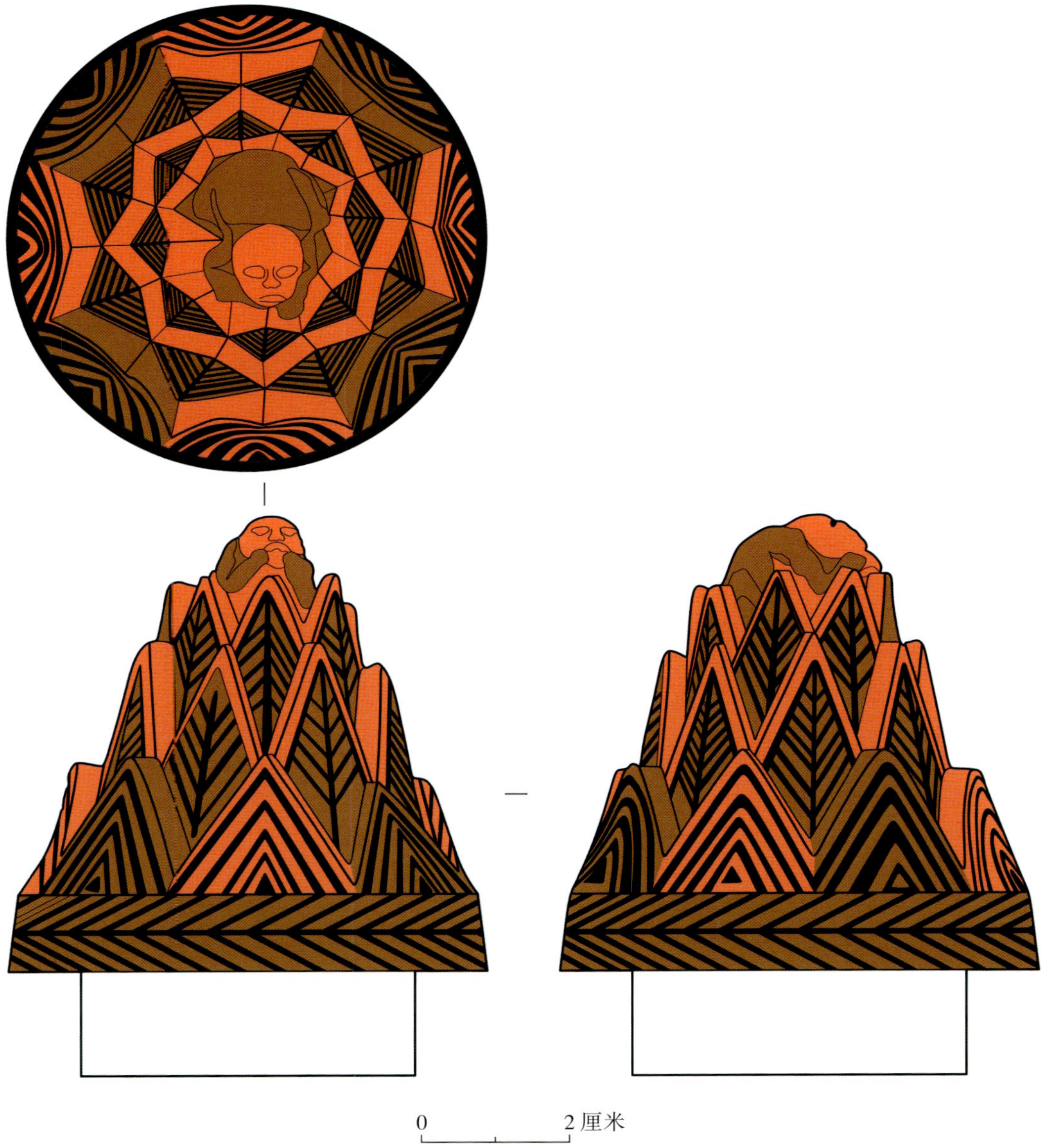

2. 漆器盖（M208：115）

0   2厘米

1. 漆敦（M208：89-2）

0   2厘米

彩图一〇三　军庄组三号A区M208东边厢出土漆器

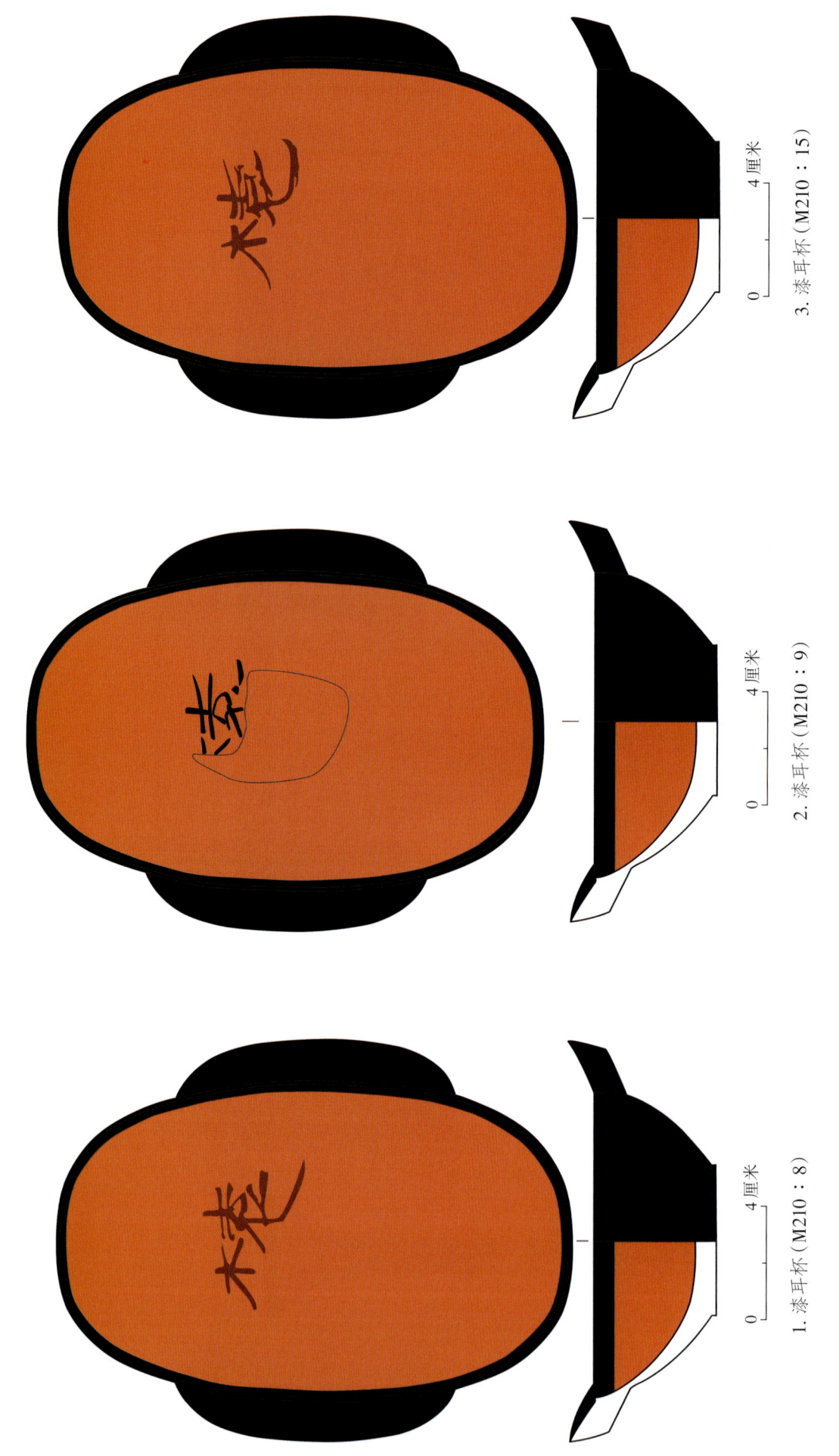

3. 漆耳杯（M210：15）　　2. 漆耳杯（M210：9）　　1. 漆耳杯（M210：8）

彩图一〇四　军庄组三号A区M210出土漆器

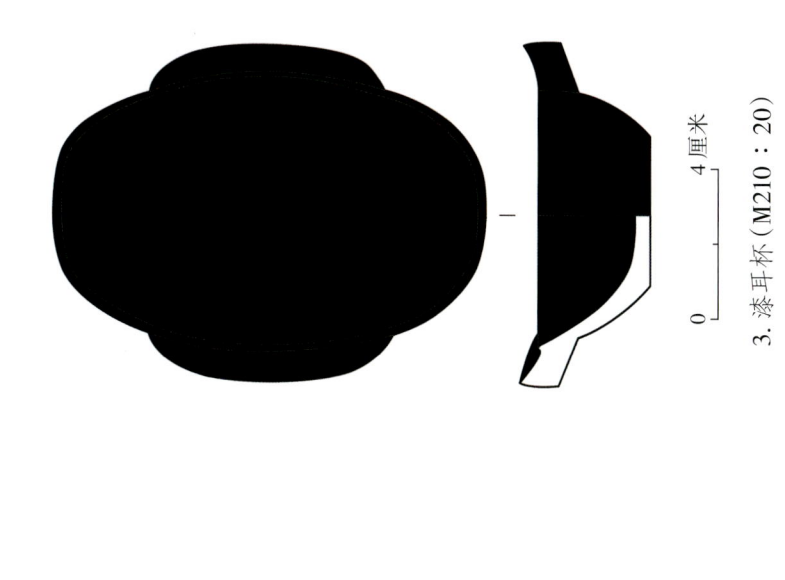

1. 漆耳杯（M210：19）

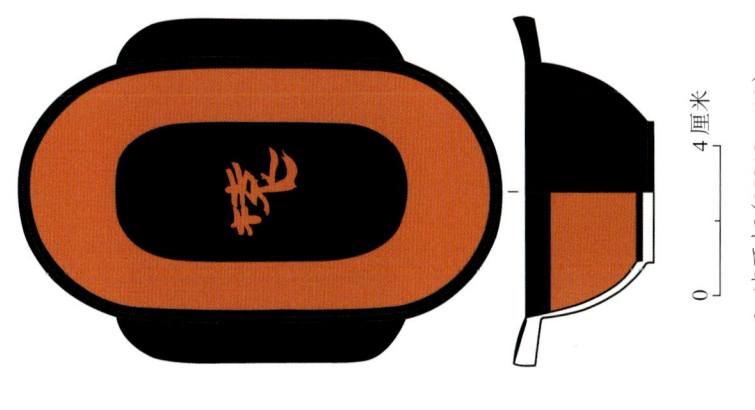

2. 漆耳杯（M210：12）

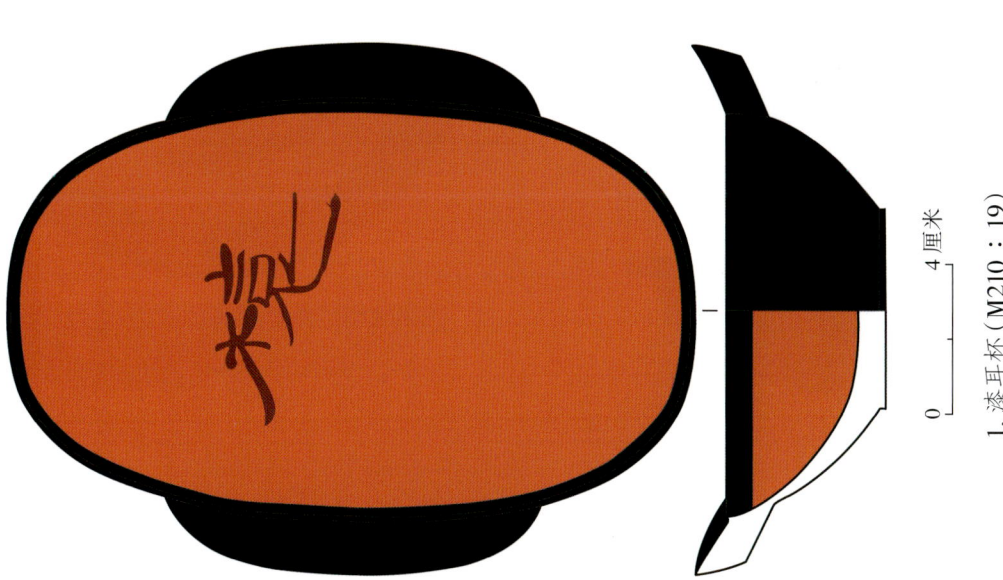

3. 漆耳杯（M210：20）

彩图一〇五　牟庄组三号A区M210出土漆器

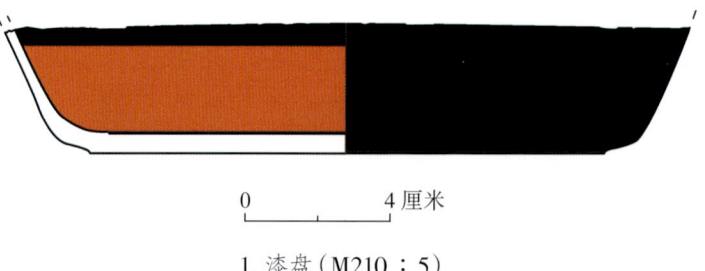

0 —— 4 厘米

1. 漆盘（M210：5）

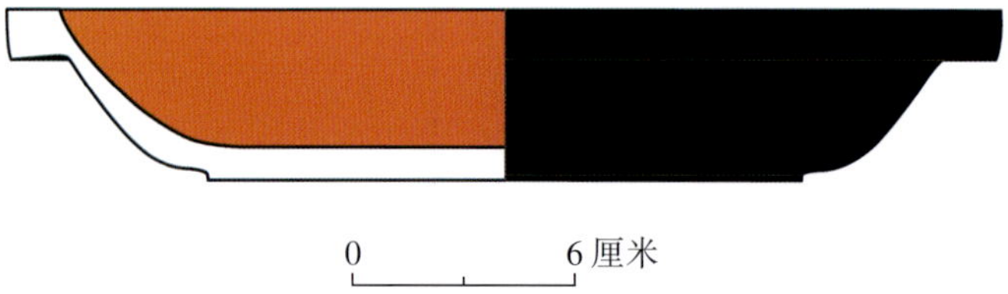

0 —— 6 厘米

2. 漆盘（M210：11）

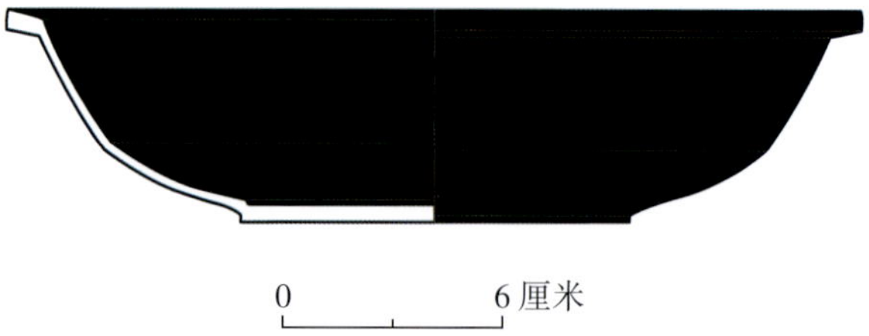

0 —— 6 厘米

4. 漆盘（M210：24）

0 —— 6 厘米

3. 漆盘（M210：16）

0 —— 4 厘米

5. 漆盘（M210：26）

彩图一〇六　军庄组三号A区M210出土漆器

0   6厘米

1. 漆樽（M210∶21）

0   4厘米

2. 漆盛（M210∶14）

彩图一〇七　军庄组三号A区M210出土漆器

0   10 厘米

漆案（M210：25）

彩图一〇八　军庄组三号A区M210出土漆器

0 —— 6厘米

1. 漆奁（M210 : 1）

0 —— 4厘米

3. 漆奁（M210 : 1）奁盖内侧纹饰图

0 —— 4厘米

2. 漆奁（M210 : 1）奁盖俯视图

彩图一〇九　军庄组三号A区M210出土漆器

0   4厘米

1. 漆奁（M210：1）奁身内底俯视图

0   4厘米

2. 漆奁（M210：1）奁身

彩图一一〇　　军庄组三号A区M210出土漆器

2. 马蹄形漆子奁（M210：1-2）

0   3 厘米

1. 圆形子奁（M210：1-1）

0   3 厘米

彩图一一一　军庄组三号A区M210出土漆器

0   3 厘米

1. 漆奁（M212∶12）奁盖

0   3 厘米

2. 漆奁（M212∶12）奁身

彩图一一二　罕庄组三号A区M212出土漆器

0   5 厘米

1. 漆奁（M212∶12）奁盖

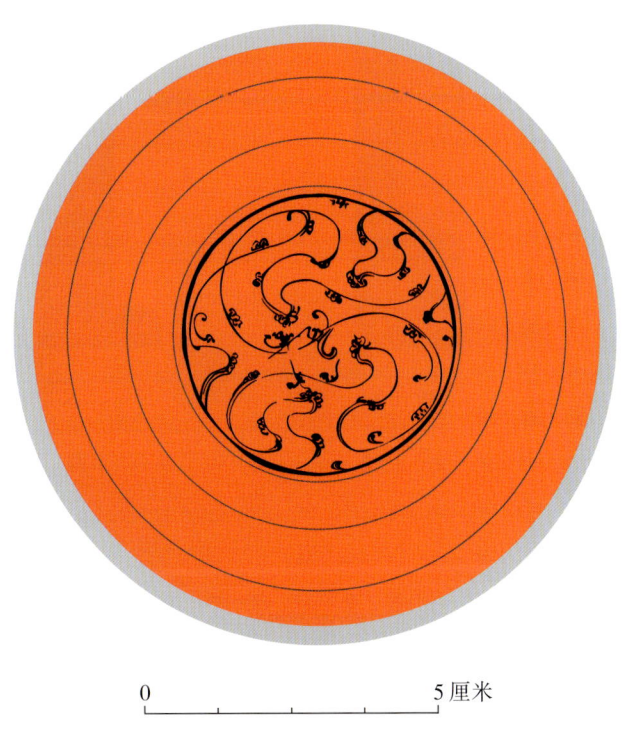

0   5 厘米

2. 漆奁（M212∶12）奁身内底

彩图一一三　军庄组三号A区M212出土漆器

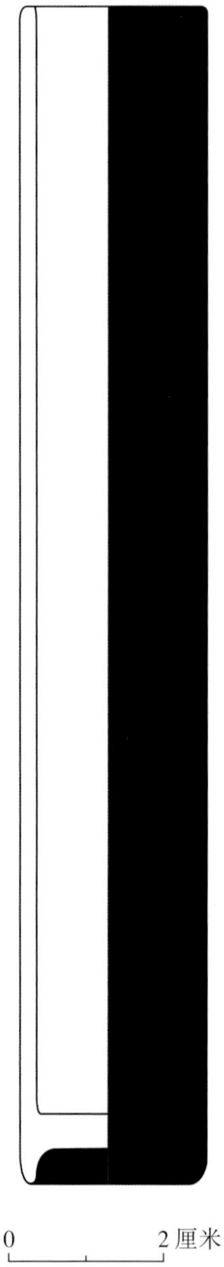

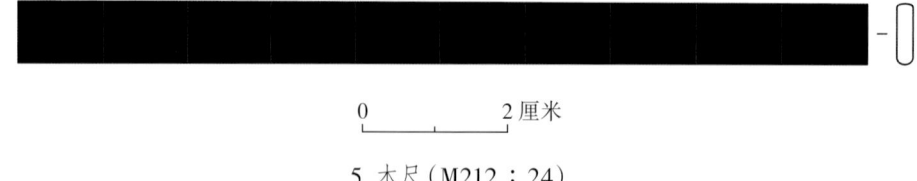

0   2 厘米   0   2 厘米   0   2 厘米   0   2 厘米

1. 竹节形漆器（M212：17–1/2） 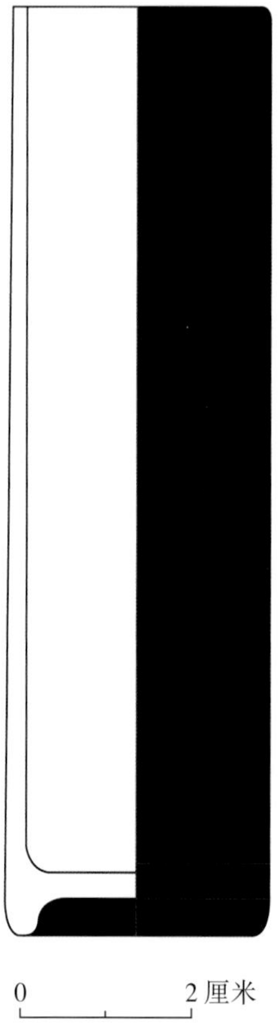   2. 竹节形漆器（M212：17–3/4） 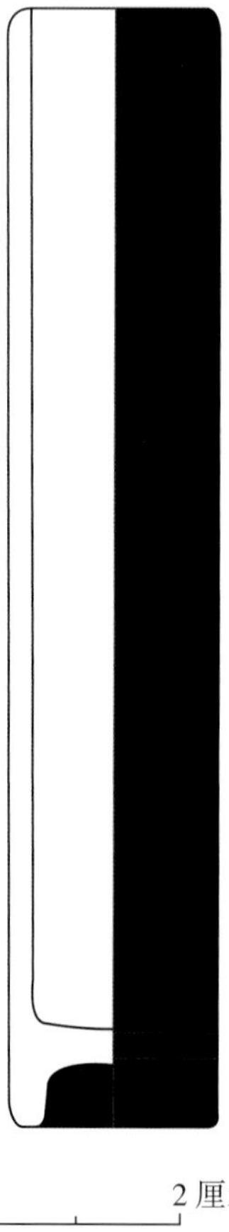   3. 竹节形漆器（M212：17–5） 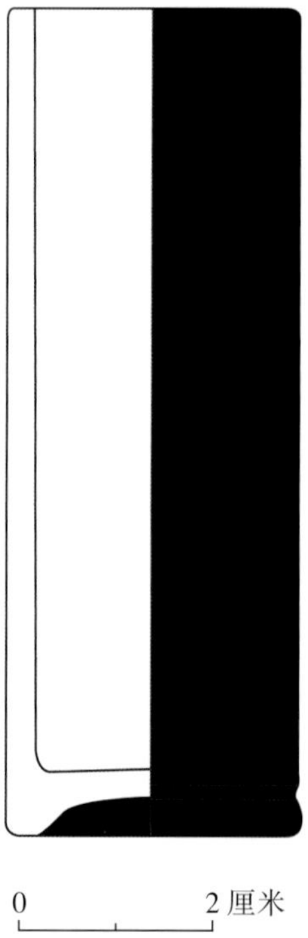   4. 竹节形漆器（M212：17–6）

0   2 厘米

5. 木尺（M212：24）

彩图一一四　军庄组三号A区M212出土器物

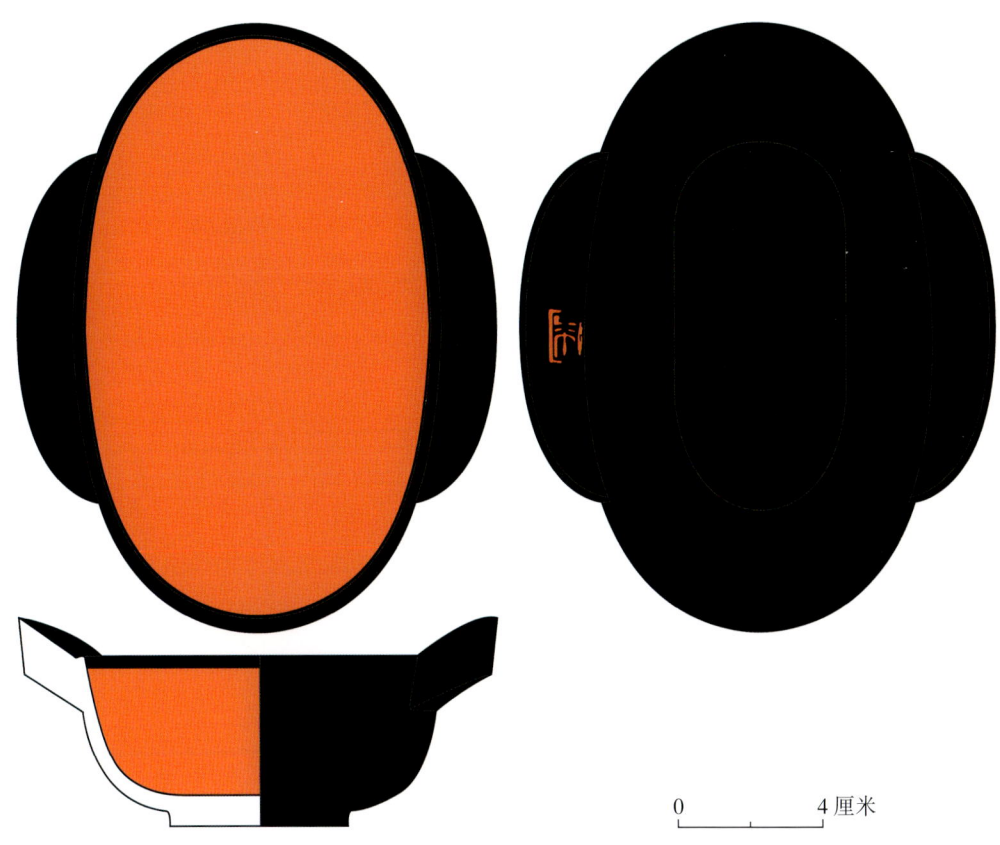

1. 漆耳杯（M213：21）

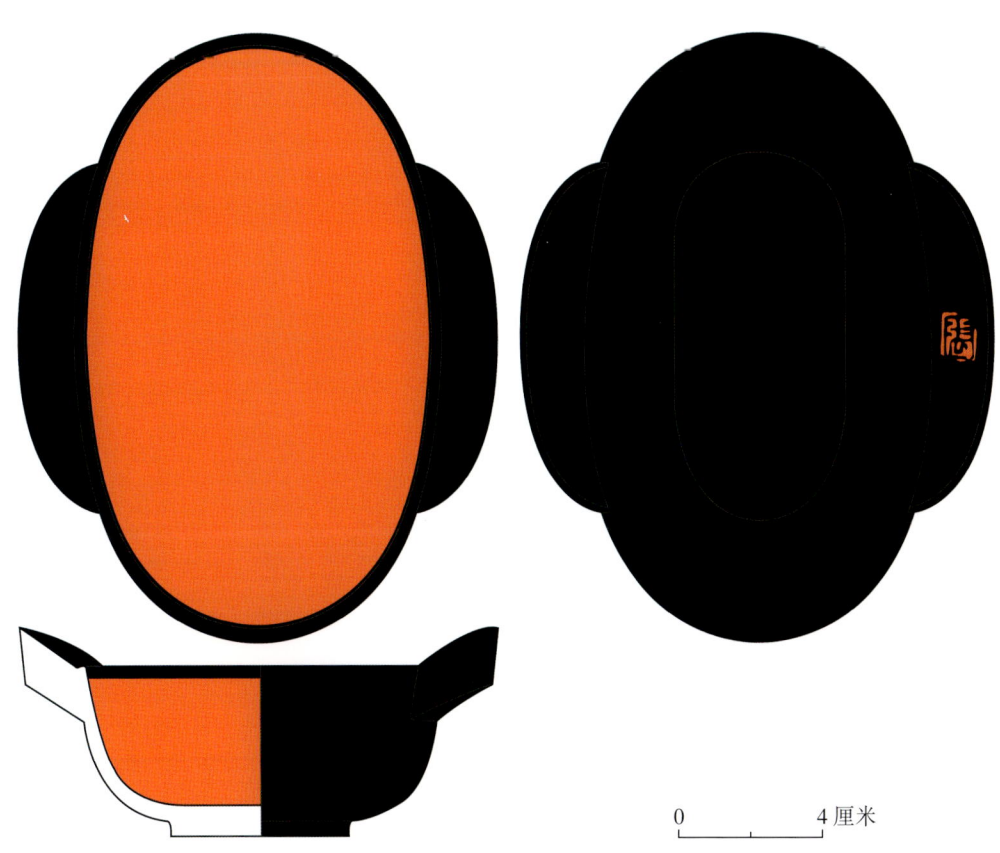

2. 漆耳杯（M213：22）

彩图一一五　军庄组三号A区M213出土漆器

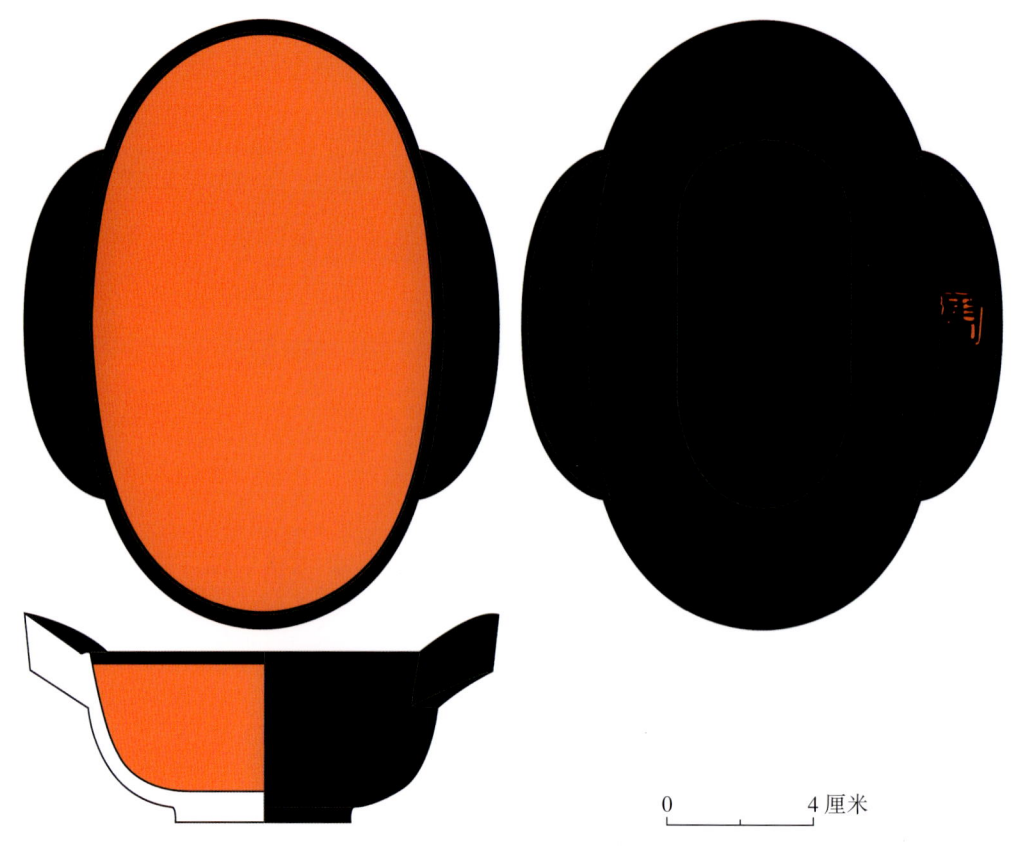

1. 漆耳杯（M213：23）

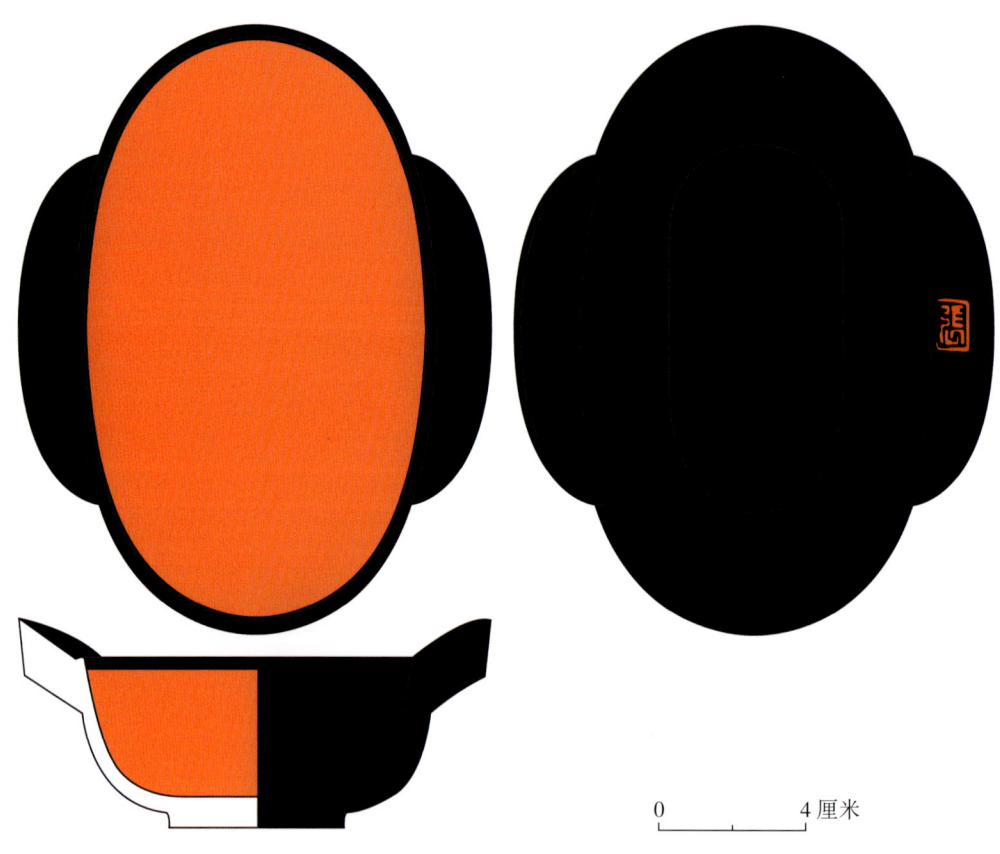

2. 漆耳杯（M213：24）

彩图一一六　军庄组三号A区M213出土漆器

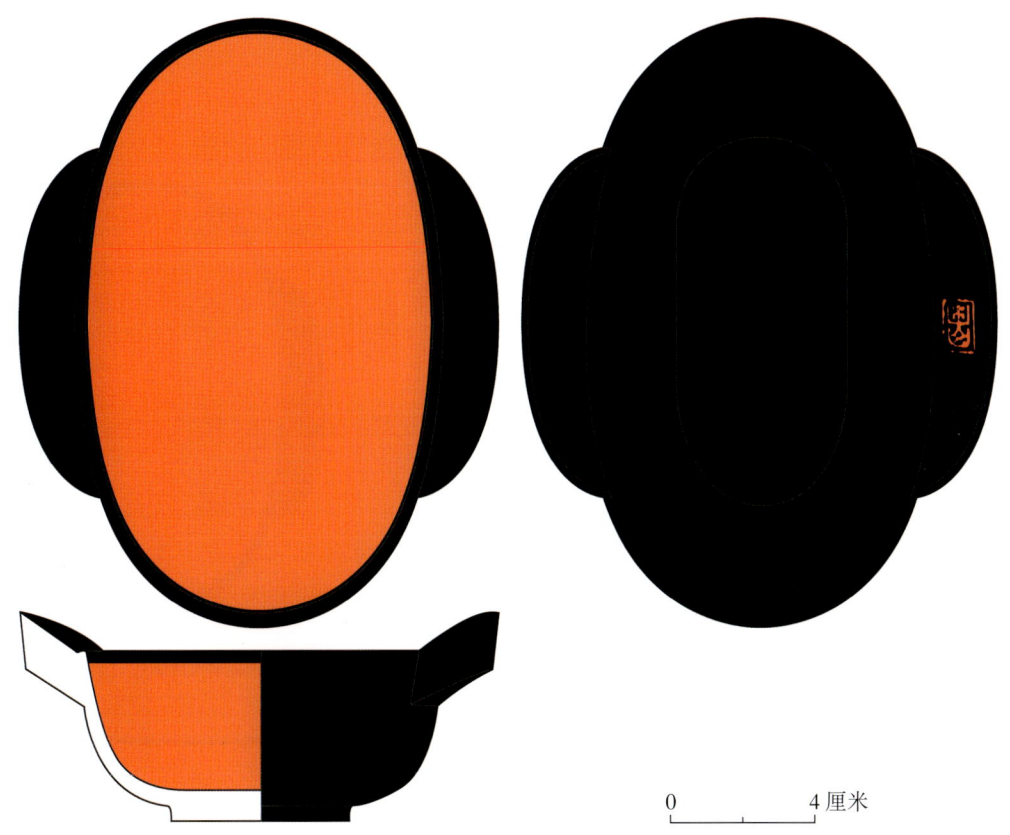

1. 漆耳杯（M213：25）

0 ———— 4 厘米

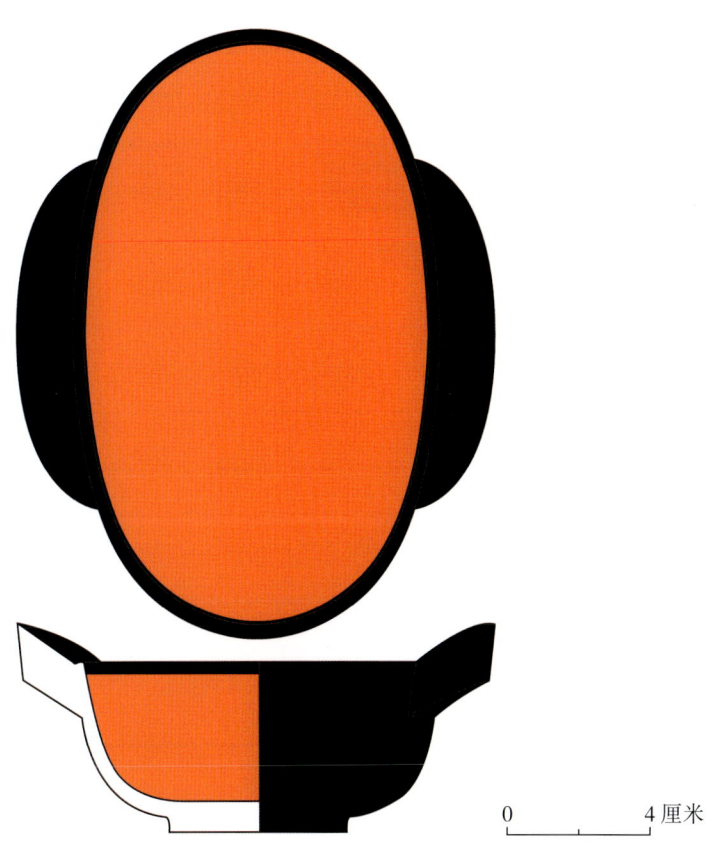

2. 漆耳杯（M213：26）

0 ———— 4 厘米

彩图一一七　军庄组三号A区M213出土漆器

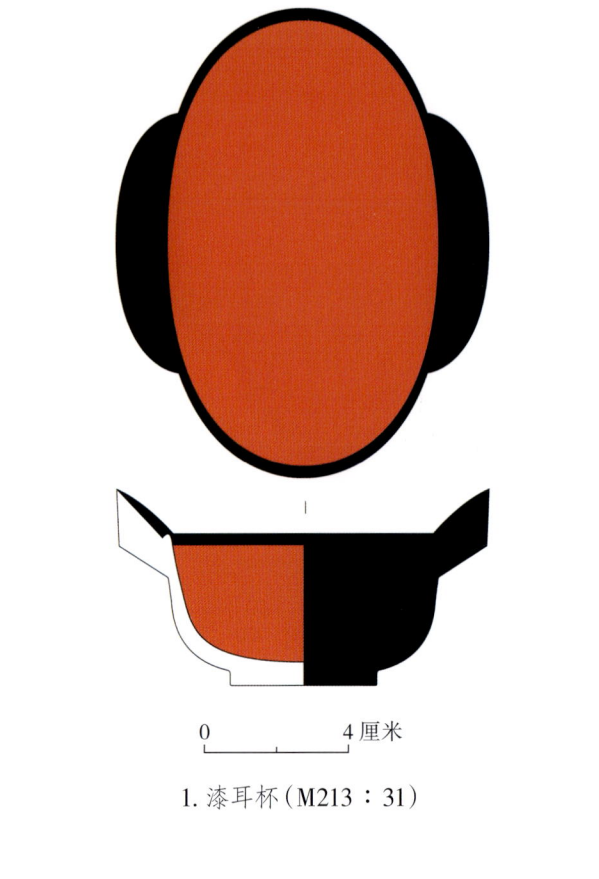

0   4厘米

1. 漆耳杯（M213：31）

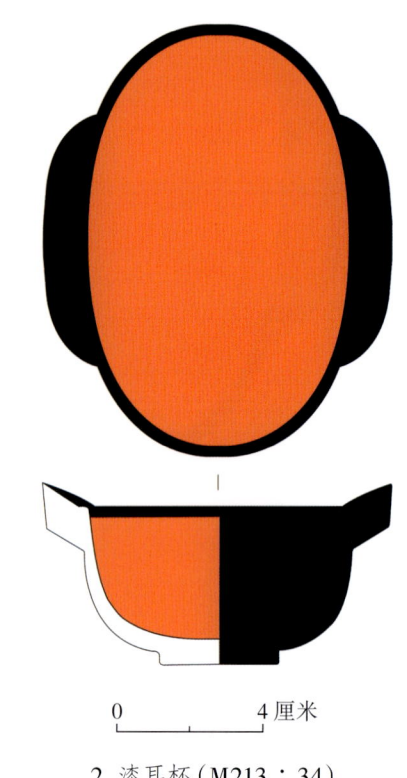

0   4厘米

2. 漆耳杯（M213：34）

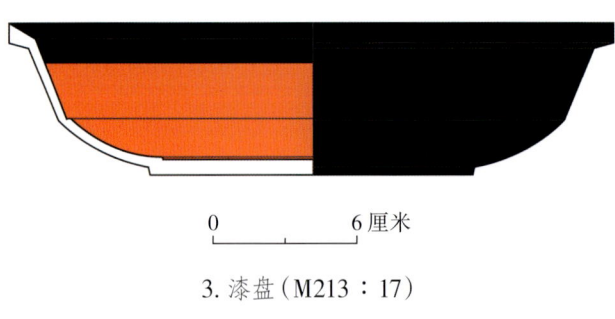

0   6厘米

3. 漆盘（M213：17）

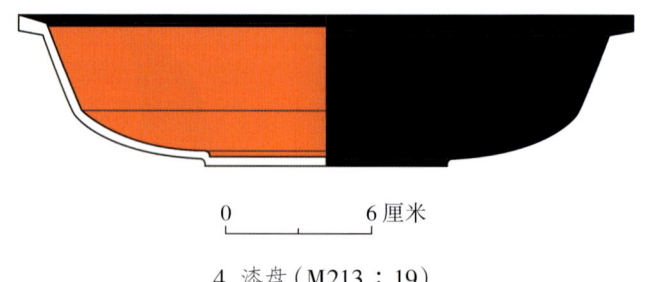

0   6厘米

4. 漆盘（M213：19）

彩图一一八　军庄组三号A区M213出土漆器

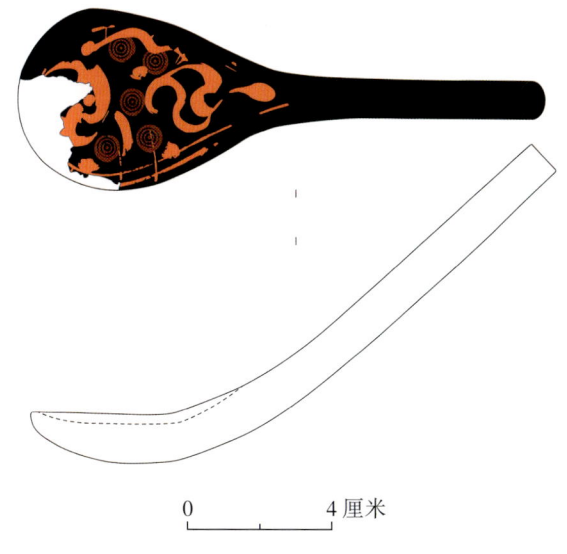

0 ———— 4厘米

1. 漆勺（M213：42）

0 ———— 8厘米

2. 漆案（M213：13）

彩图一一九　军庄组三号A区M213出土漆器

2. 漆笥（M213：48）笥身

0 ____ 6厘米

1. 漆笥（M213：48）内盖、内隔

0 ____ 6厘米

彩图一二〇　军庄组三号A区M213出土漆器

漆笥（M213∶48）笥盖

0 ⸻ 6厘米

彩图一二一　军庄组三号A区M213出土漆器

0 ⎣___|___⎦ 3厘米

1. 长方形子笥（M213：48-1）剖面图

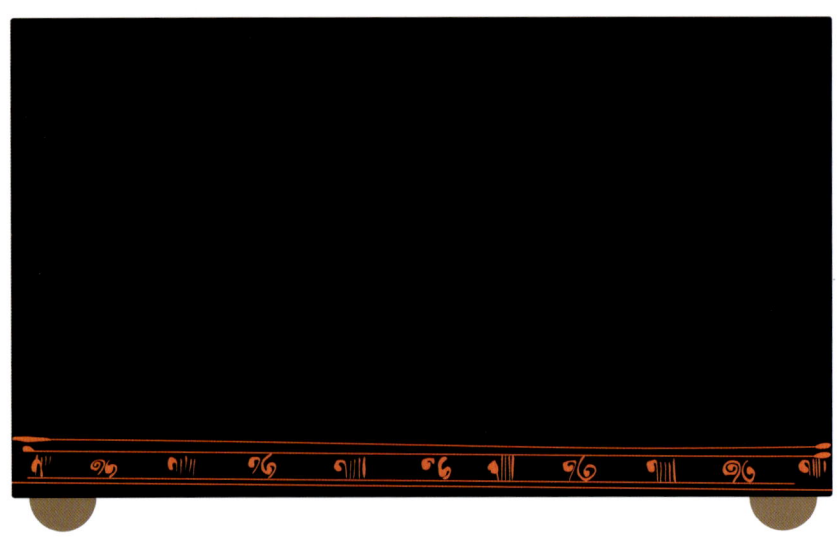

0 ⎣___|___⎦ 3厘米

2. 长方形子笥（M213：48-1）笥身侧视图

彩图一二二　军庄组三号A区M213出土漆器

0 —————— 3厘米

长方形子笥（M213：48-1）笥盖

彩图一二三　军庄组三号A区M213出土漆器

1. 漆奁（M213：49）奁盖

0 —— 6厘米

2. 漆奁（M213：49）奁身

0 —— 5厘米

彩图一二四　军庄组三号A区M213出土漆器

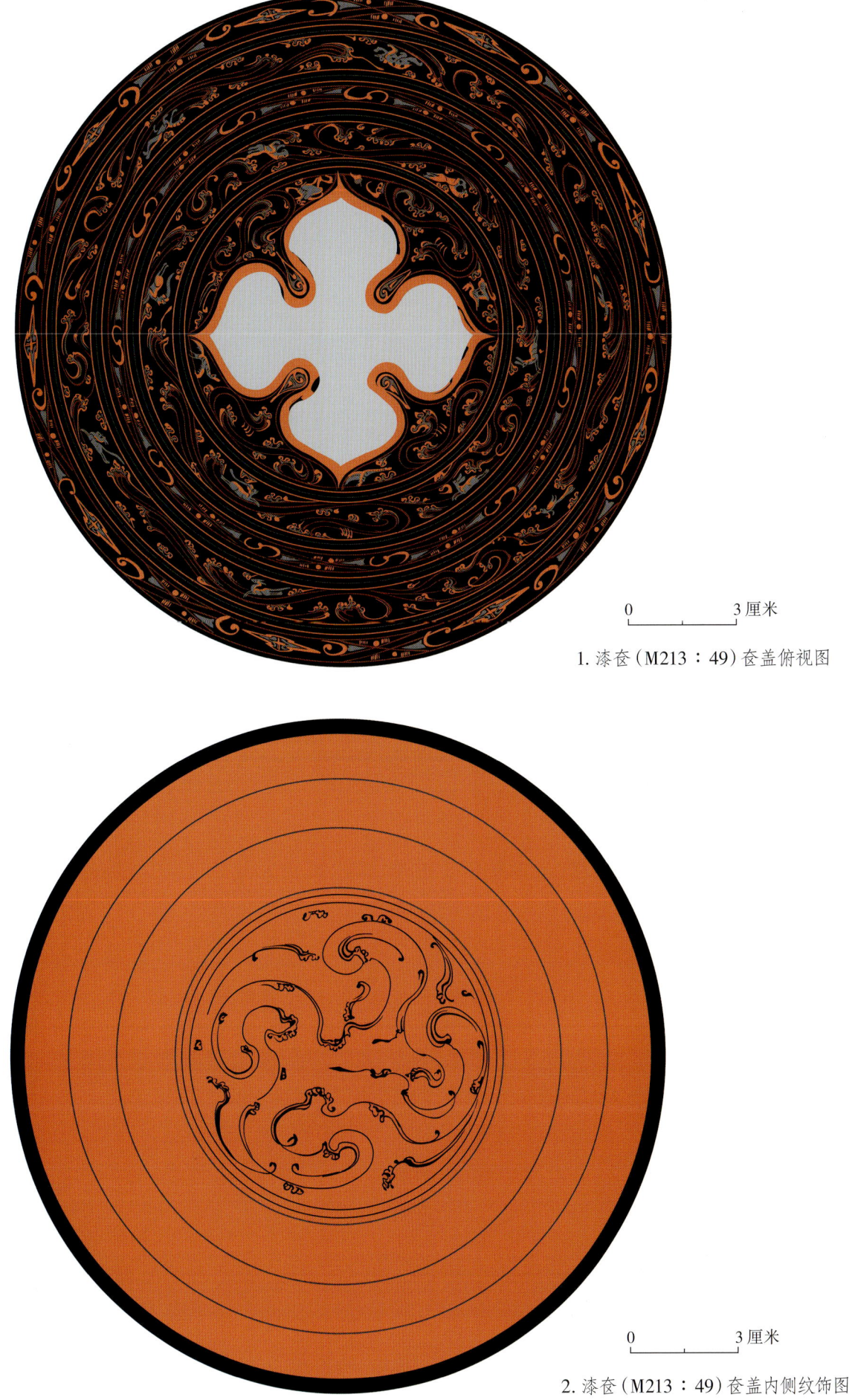

0 ⊢——⊣ 3厘米

1. 漆奁（M213：49）奁盖俯视图

0 ⊢——⊣ 3厘米

2. 漆奁（M213：49）奁盖内侧纹饰图

彩图一二五　军庄组三号A区M213出土漆器

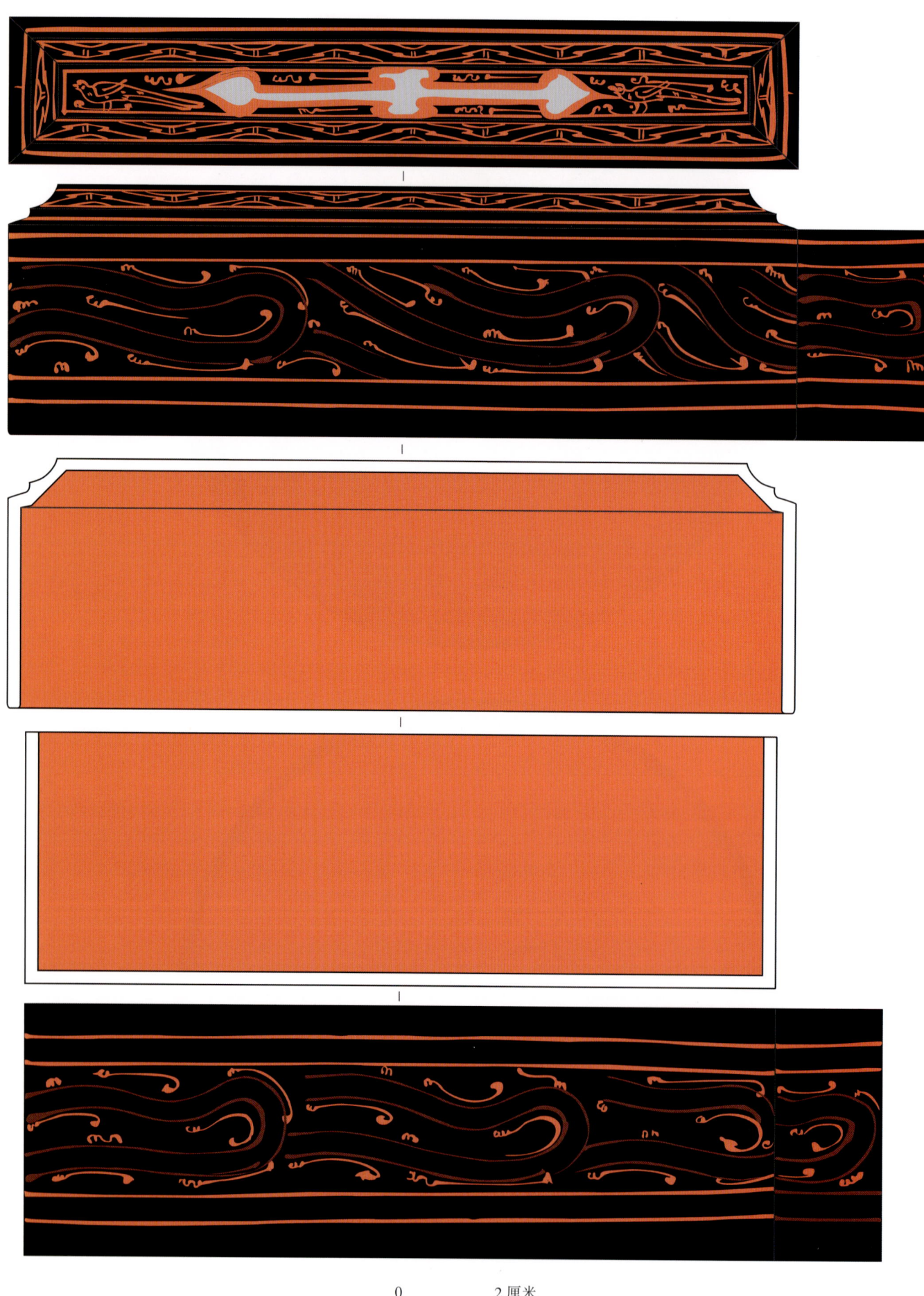

0   2厘米

大长方形子奁（M213：49-1）

彩图一二六　军庄组三号A区M213出土漆器

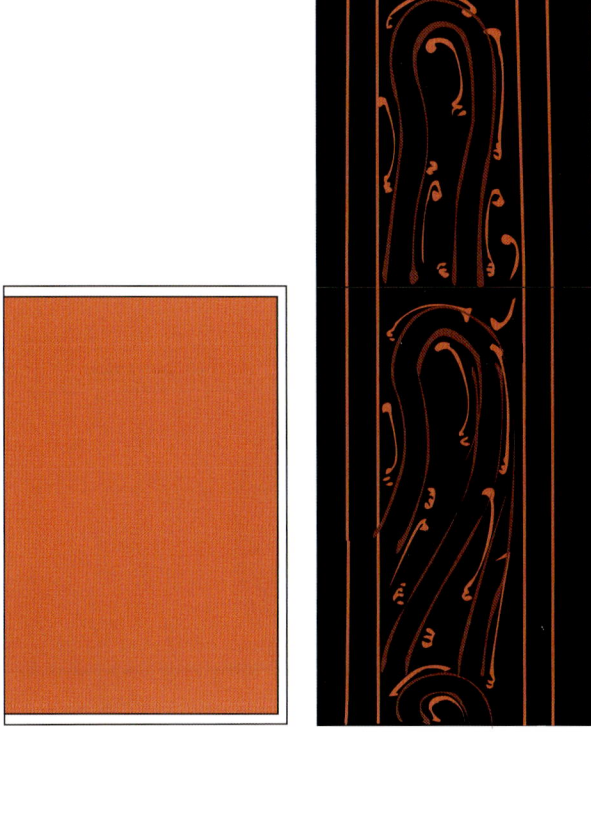

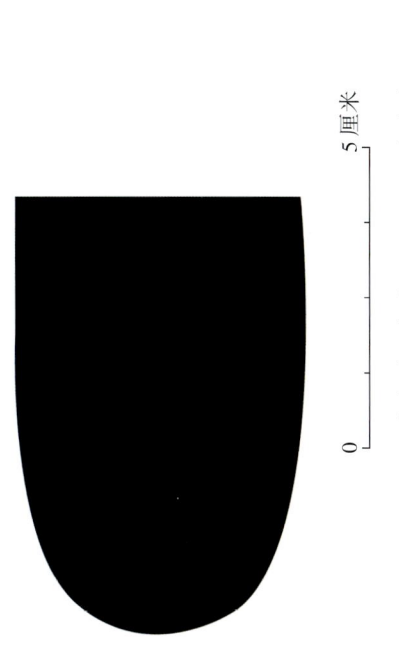

2. 马蹄形子奁 (M213∶49-2) 奁身

0   5 厘米

1. 马蹄形子奁 (M213∶49-2) 奁盖

0   5 厘米

彩图一二七　罕庄组三号A区M213出土漆器

0   5 厘米   0   5 厘米   0   5 厘米

1. 小长方形子奁（M213：49–3）　　　2. 大圆形子奁（M213：49–4）　　　3. 小圆形子奁（M213：49–5）

彩图一二八　军庄组三号A区M213出土漆器

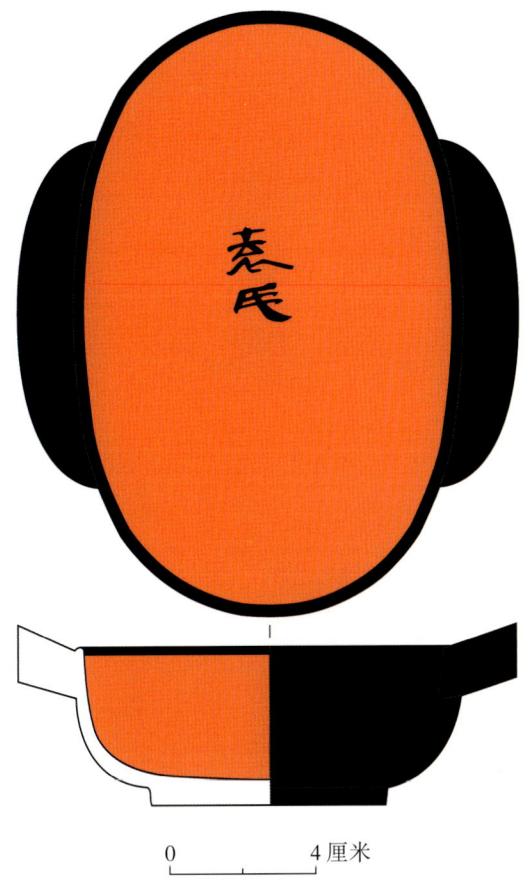

0   4厘米

1. 漆耳杯（M214：34）

0   4厘米

2. 漆耳杯（M214：22）

0   4厘米

3. 漆耳杯（M214：23）

彩图一二九　军庄组三号A区M214出土漆器

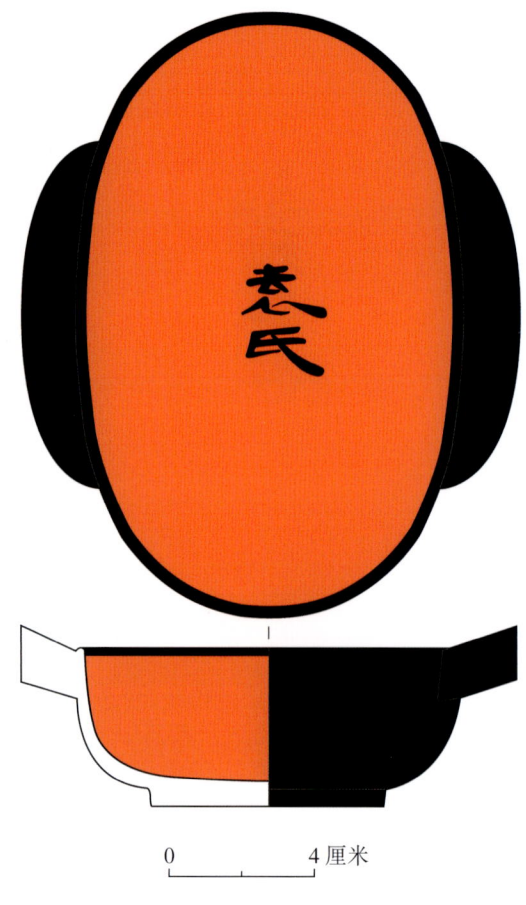

袁氏
0
4厘米

1. 漆耳杯（M214：35）

袁氏
0
4厘米

2. 漆耳杯（M214：36）

袁氏
0
4厘米

3. 漆耳杯（M214：37）

彩图一三〇　军庄组三号A区M214出土漆器

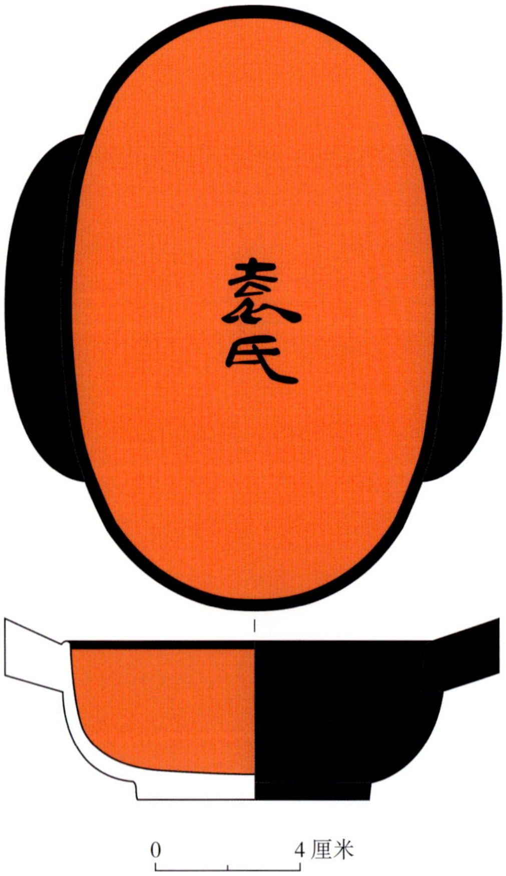

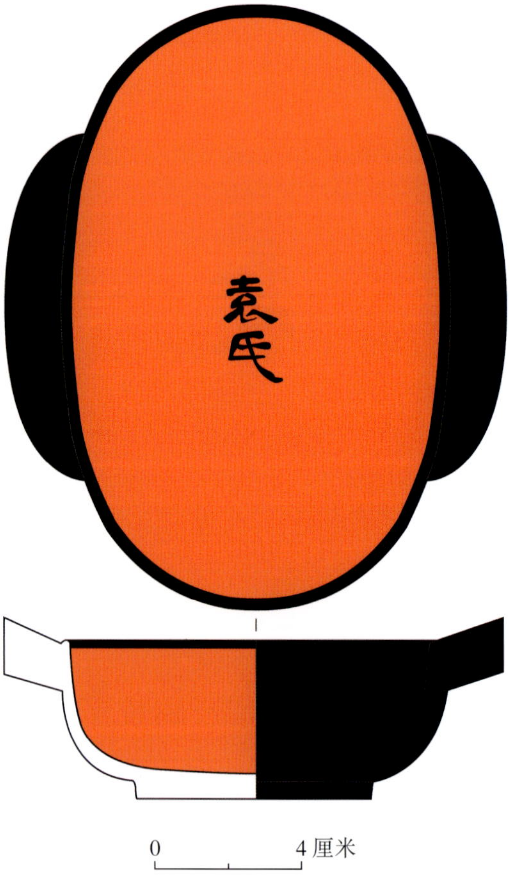

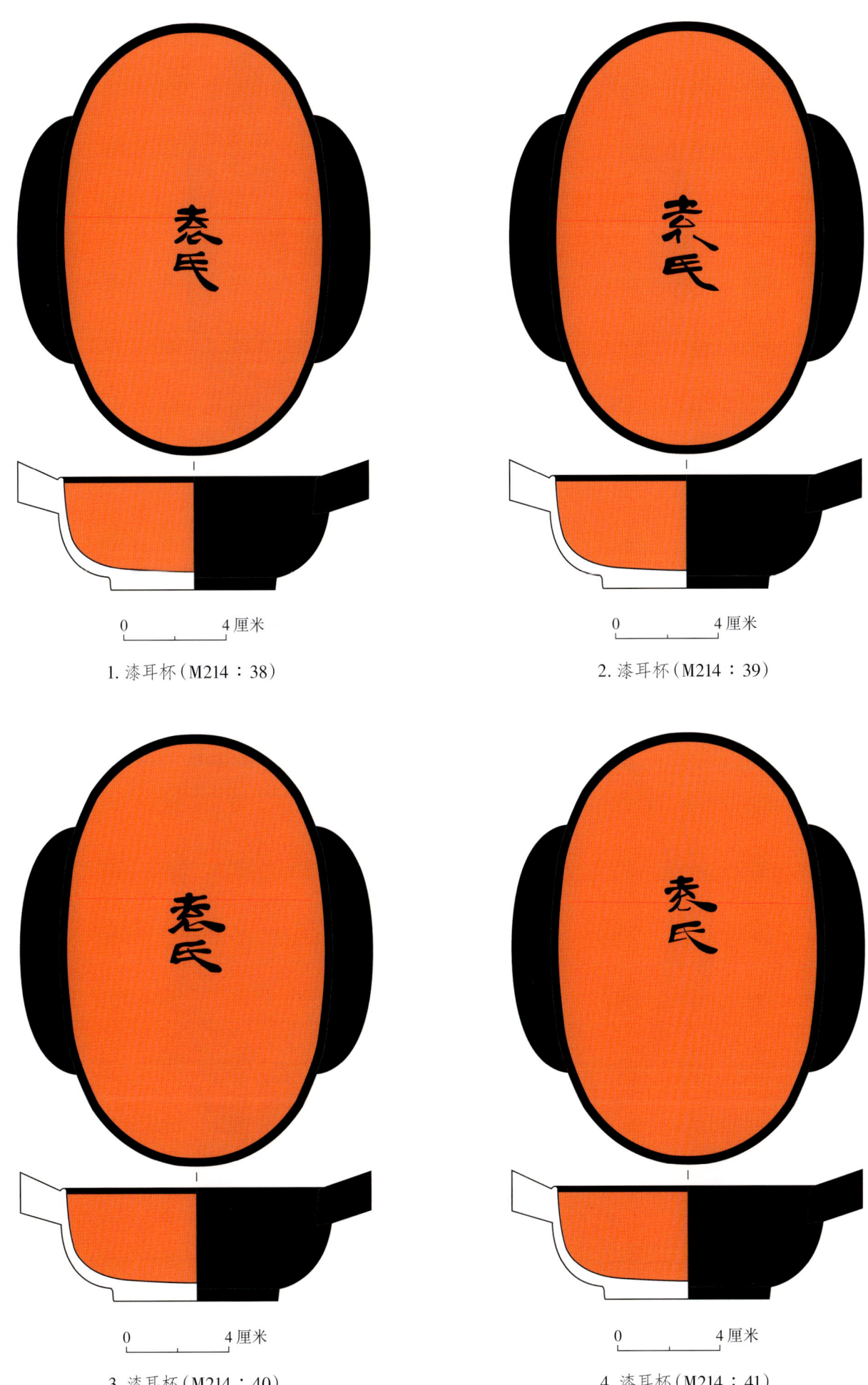

0   4厘米

1. 漆耳杯（M214：38）

0   4厘米

2. 漆耳杯（M214：39）

0   4厘米

3. 漆耳杯（M214：40）

0   4厘米

4. 漆耳杯（M214：41）

彩图一三一　　军庄组三号A区M214出土漆器

1. 漆耳杯（M214∶28）

2. 漆耳杯（M214∶7）

彩图一三二　军庄组三号A区M214出土漆器

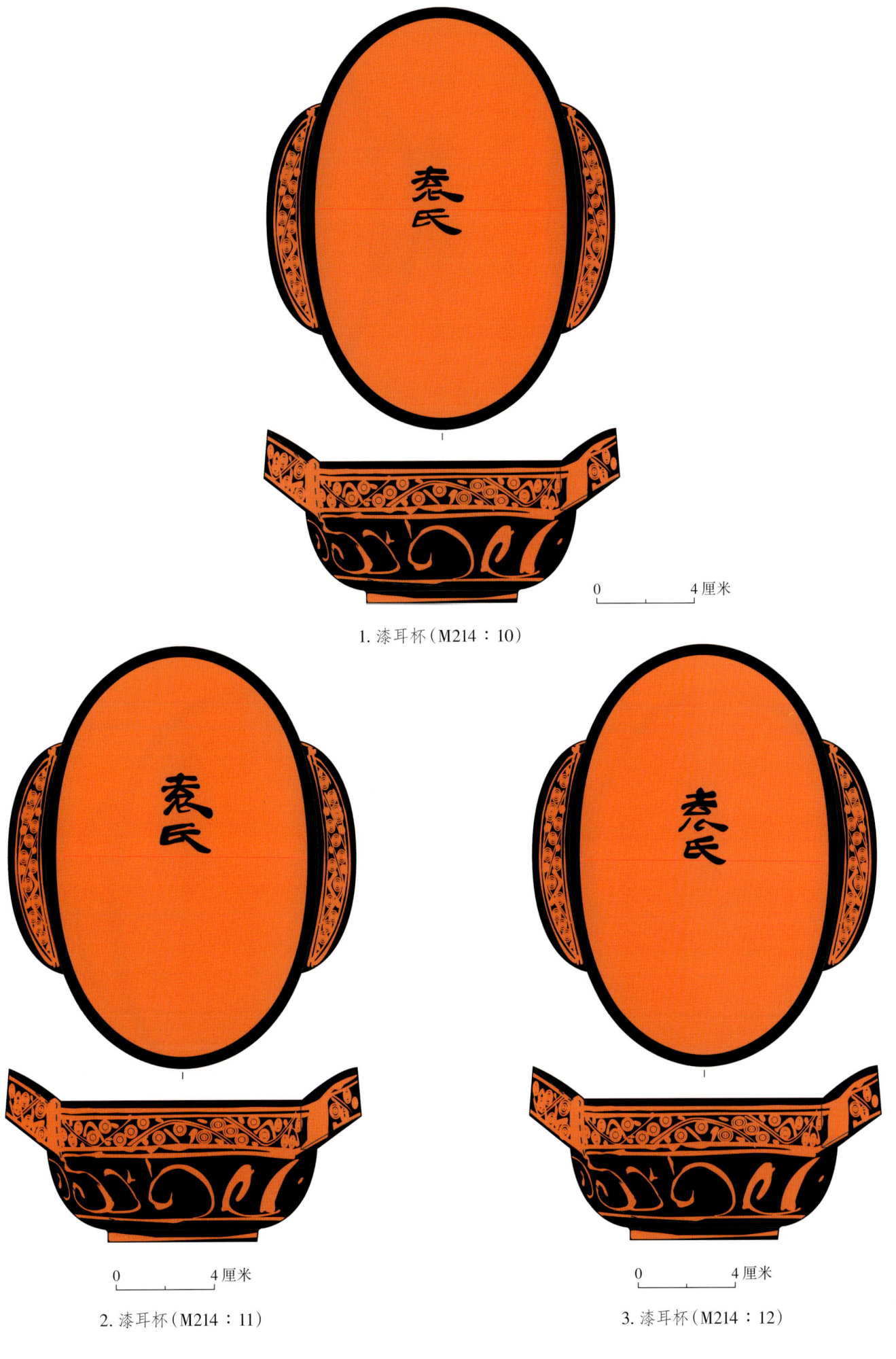

1. 漆耳杯（M214：10）

2. 漆耳杯（M214：11）

3. 漆耳杯（M214：12）

彩图一三三　军庄组三号A区M214出土漆器

1. 漆耳杯（M214：26）

2. 漆耳杯（M214：27）

3. 漆耳杯（M214：71）

4. 漆耳杯（M214：72）

彩图一三四　军庄组三号A区M214出土漆器

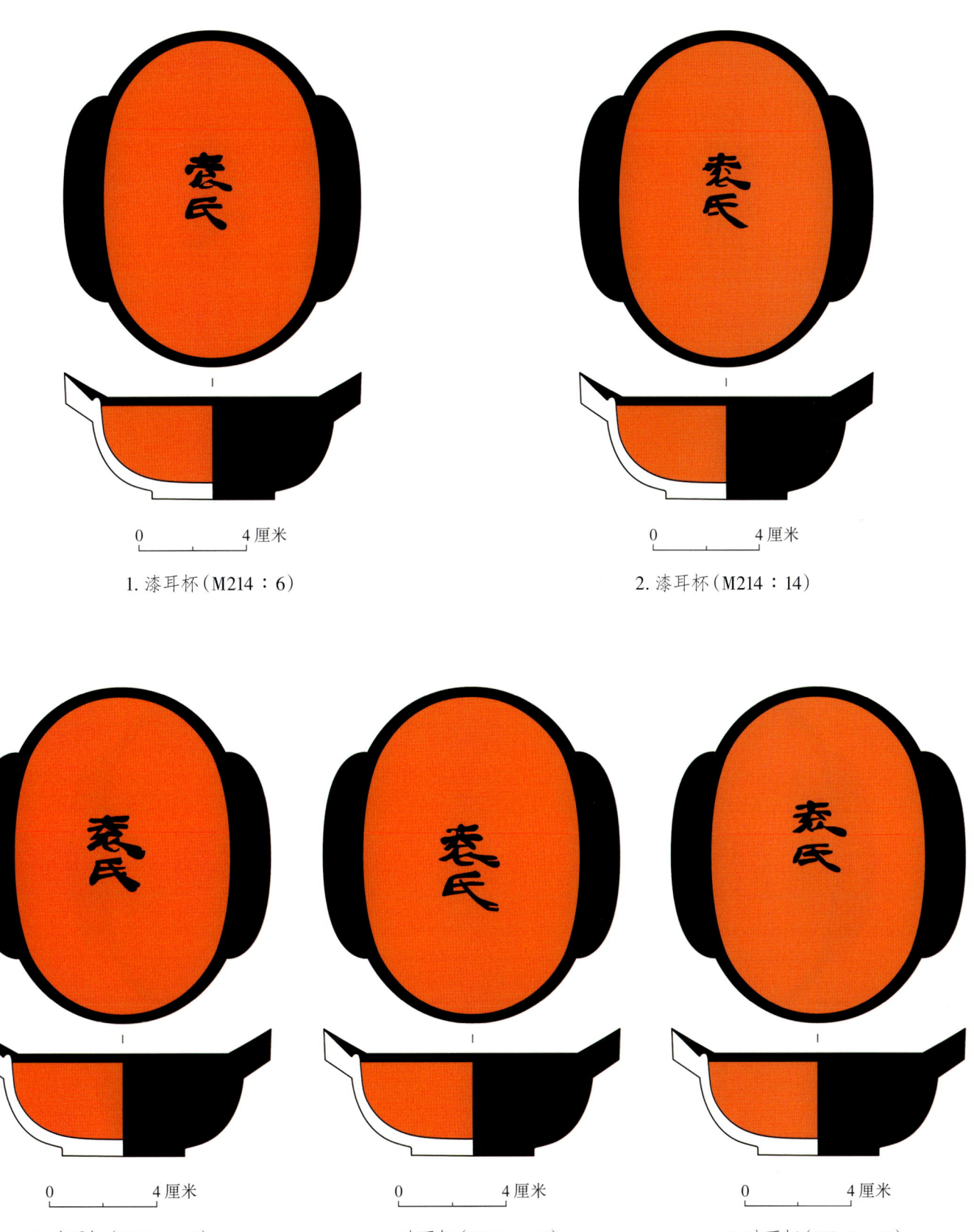

1. 漆耳杯（M214：6）

2. 漆耳杯（M214：14）

3. 漆耳杯（M214：15）

4. 漆耳杯（M214：16）

5. 漆耳杯（M214：17）

彩图一三五　军庄组三号A区M214出土漆器

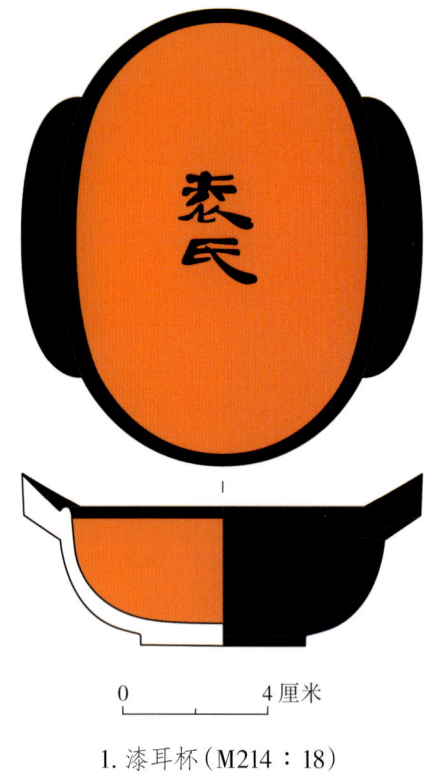

1. 漆耳杯（M214：18）

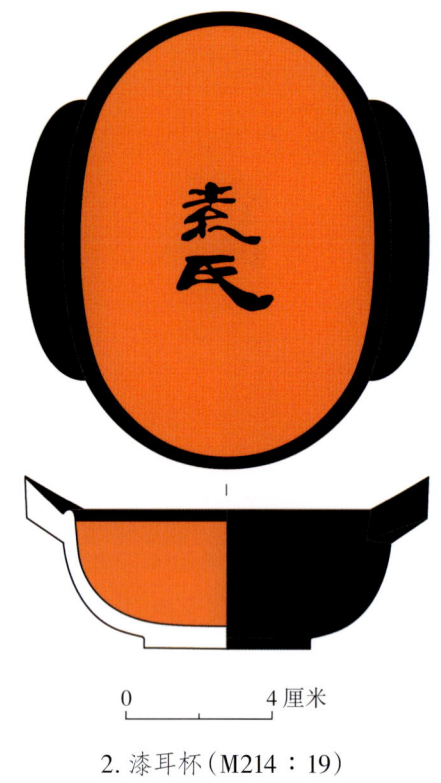

2. 漆耳杯（M214：19）

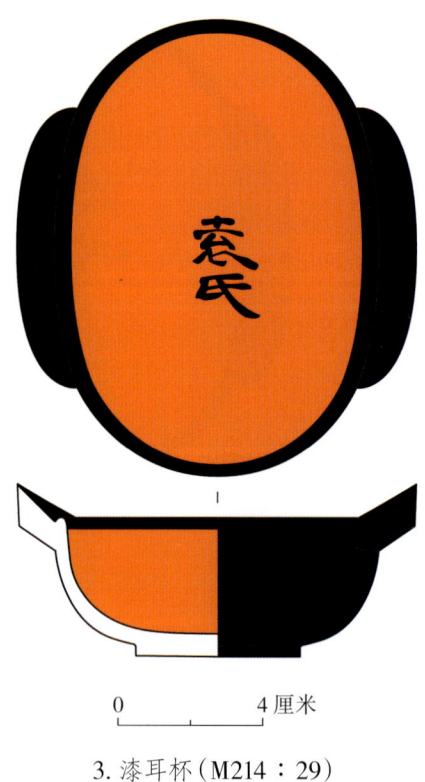

3. 漆耳杯（M214：29）

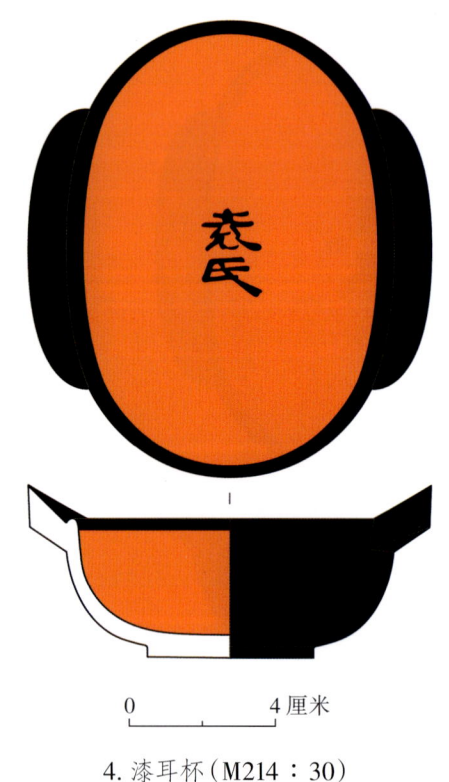

4. 漆耳杯（M214：30）

彩图一三六　军庄组三号A区M214出土漆器

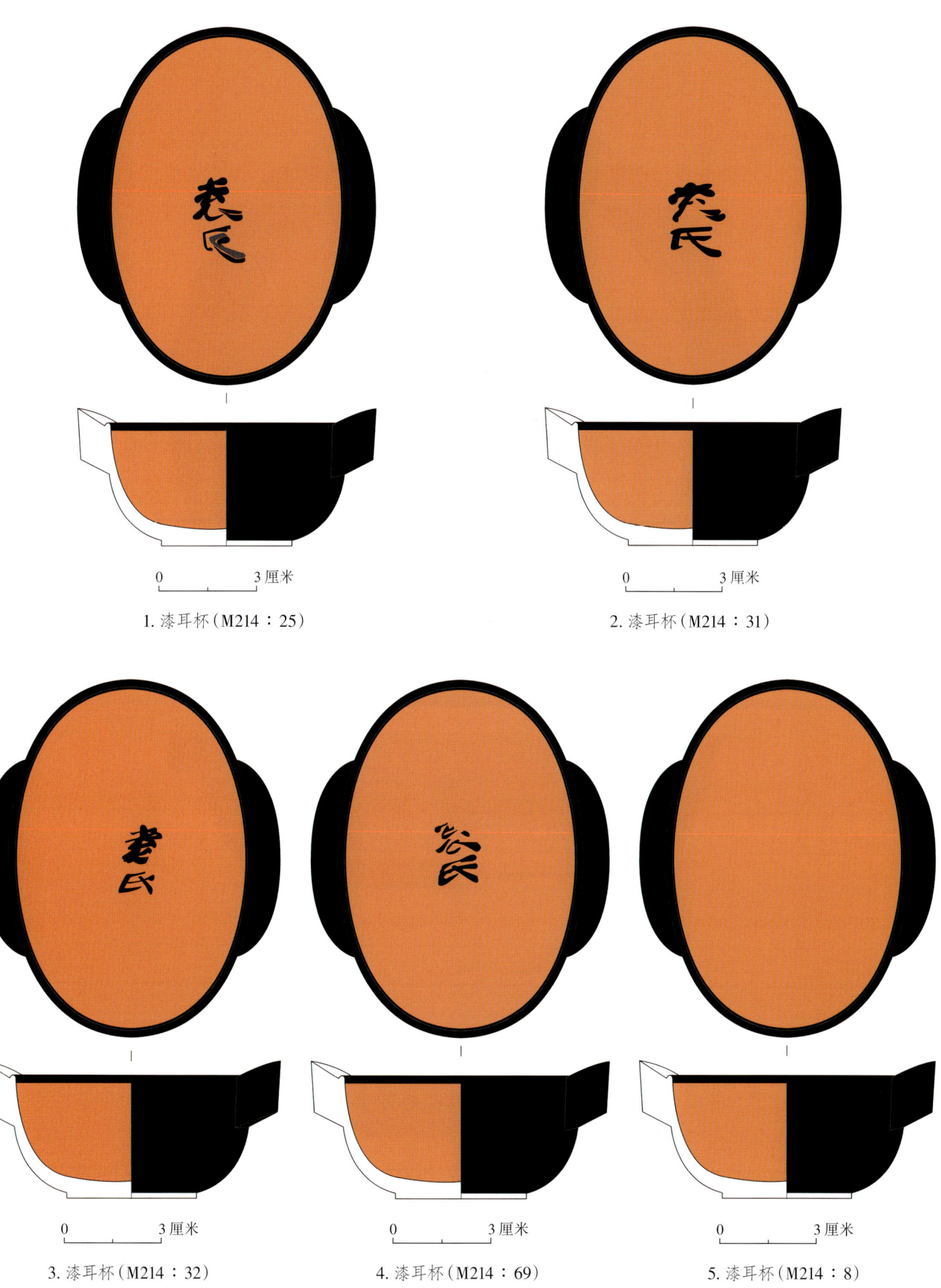

1. 漆耳杯（M214：25）

2. 漆耳杯（M214：31）

3. 漆耳杯（M214：32）

4. 漆耳杯（M214：69）

5. 漆耳杯（M214：8）

彩图一三七　军庄组三号A区M214出土漆器

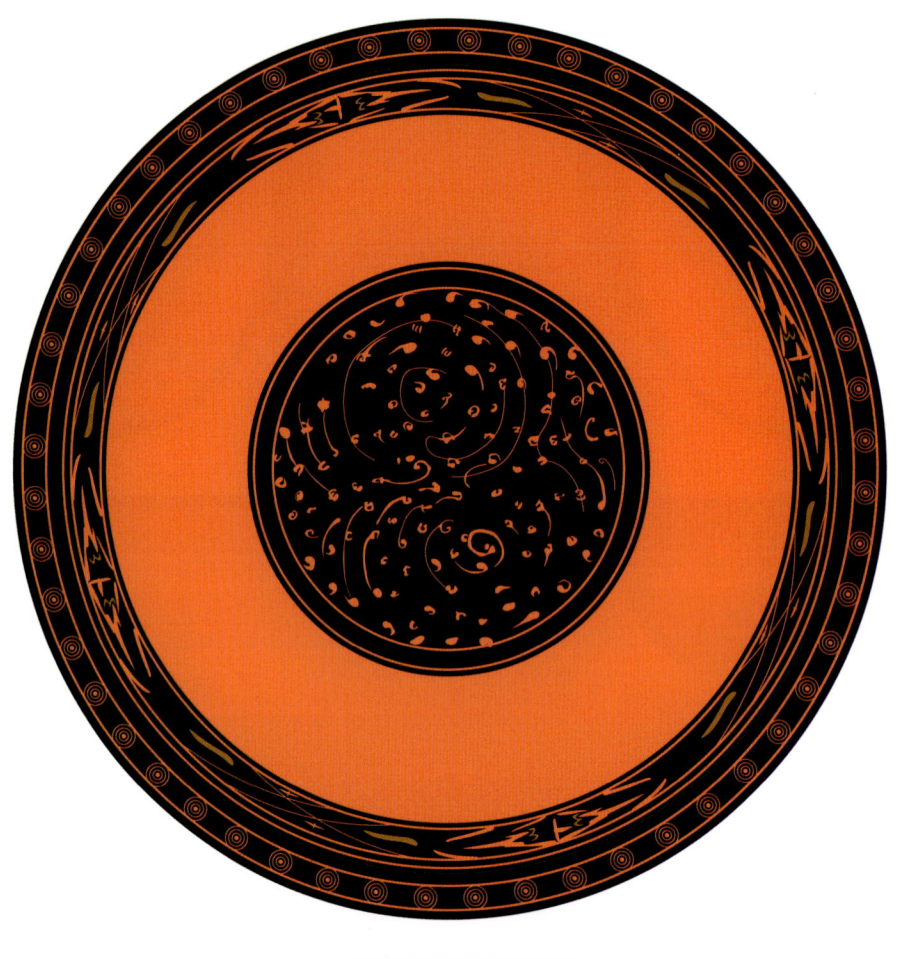

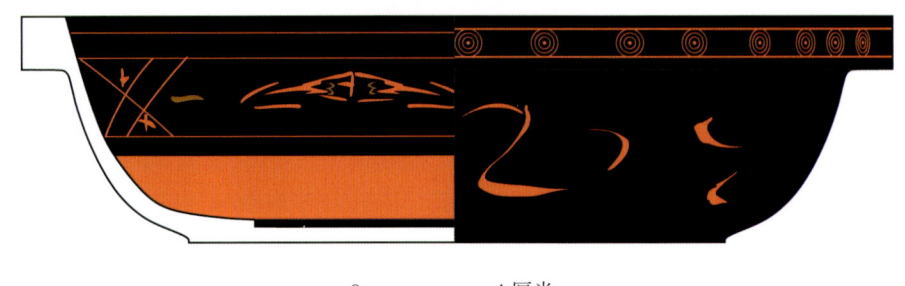

0　　　　　4厘米

1. 漆盘（M214：44）

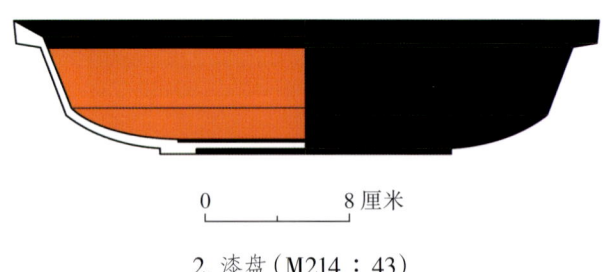

0　　　　　8厘米

2. 漆盘（M214：43）

彩图一三八　军庄组三号A区M214出土漆器

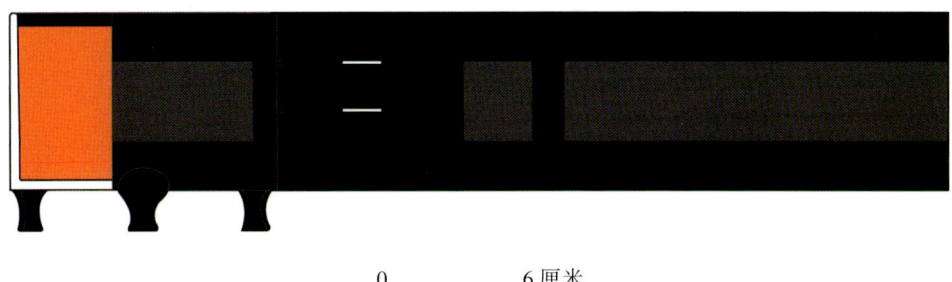

0　　　　　6厘米

1. 漆樽（M214：96）

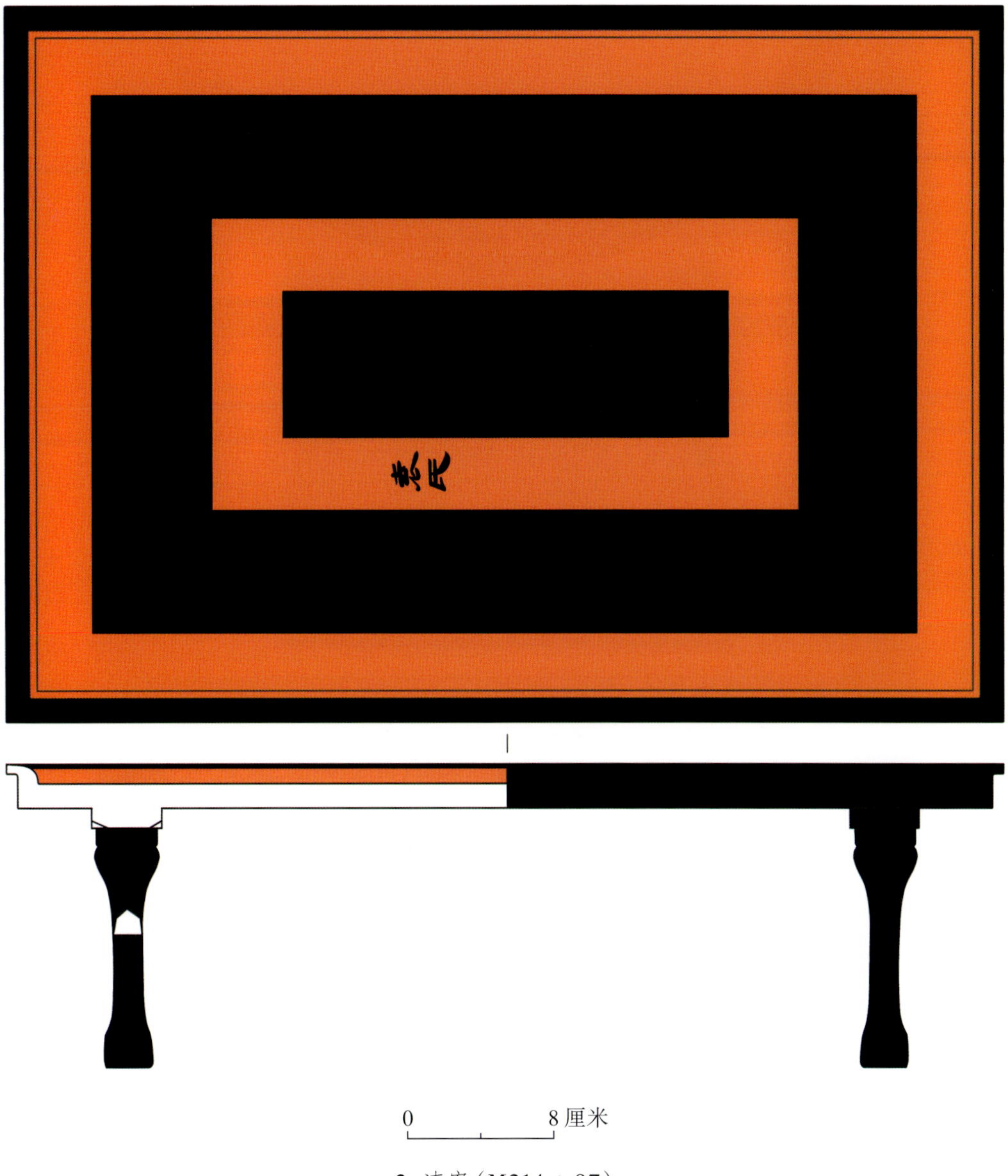

0　　　　　8厘米

2. 漆案（M214：97）

彩图一三九　军庄组三号A区M214出土漆器

0   3厘米

漆盛（M214：94）

彩图一四〇　军庄组三号A区M214出土漆器

0　　　　　4厘米

1. 漆黛板盒（M214：1）

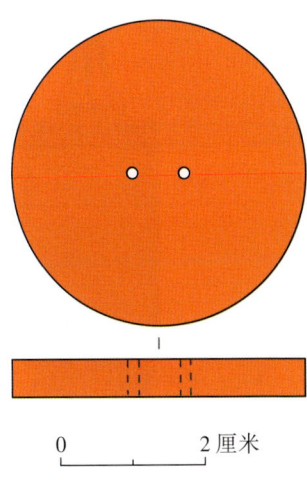

0　　　　　2厘米

2. 漆饰件（M214：89）

彩图一四一　军庄组三号A区M214出土漆器

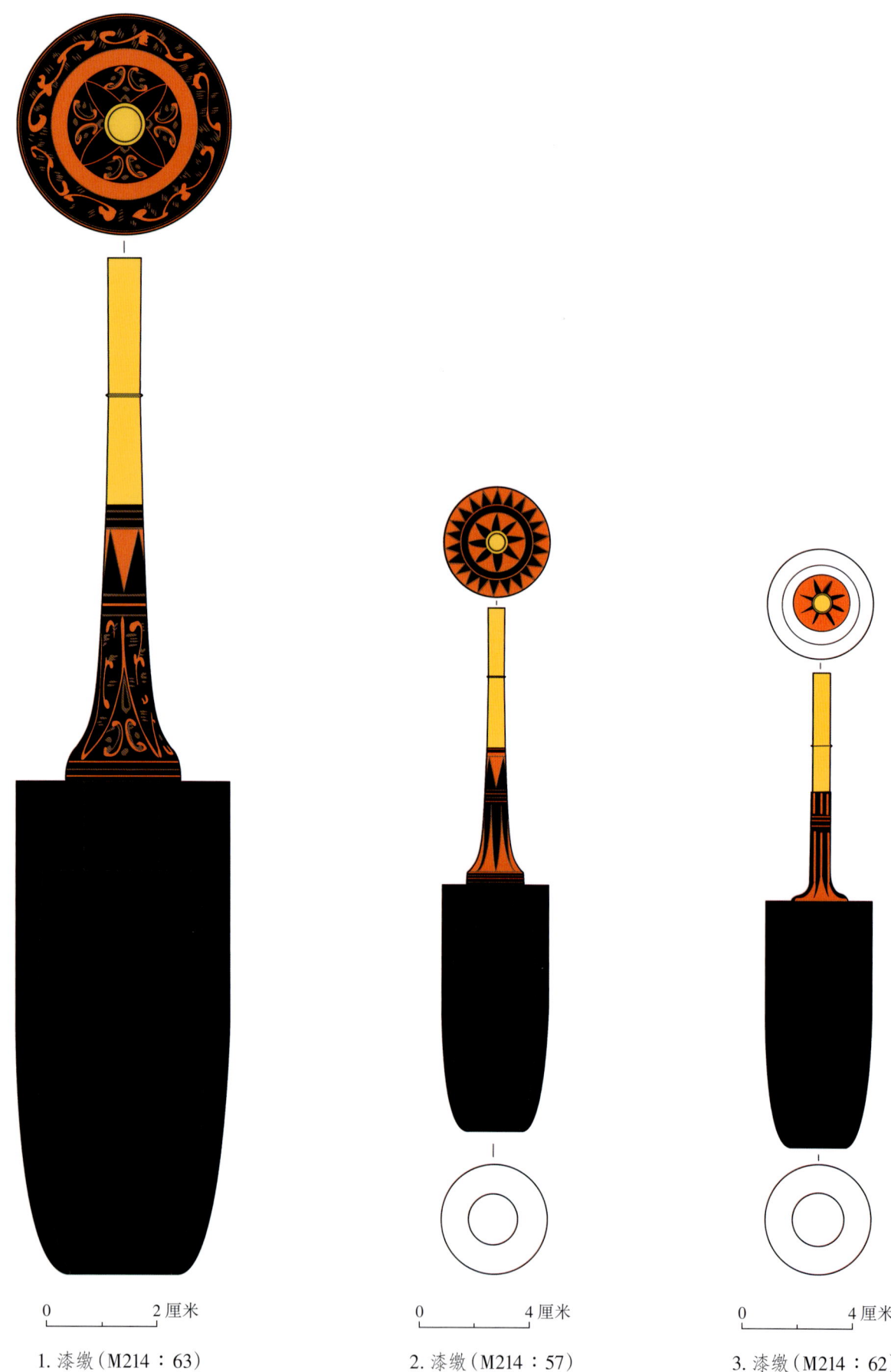

0   2 厘米

1. 漆镦（M214：63）

0   4 厘米

2. 漆镦（M214：57）

0   4 厘米

3. 漆镦（M214：62）

彩图一四二　军庄组三号A区M214出土漆器

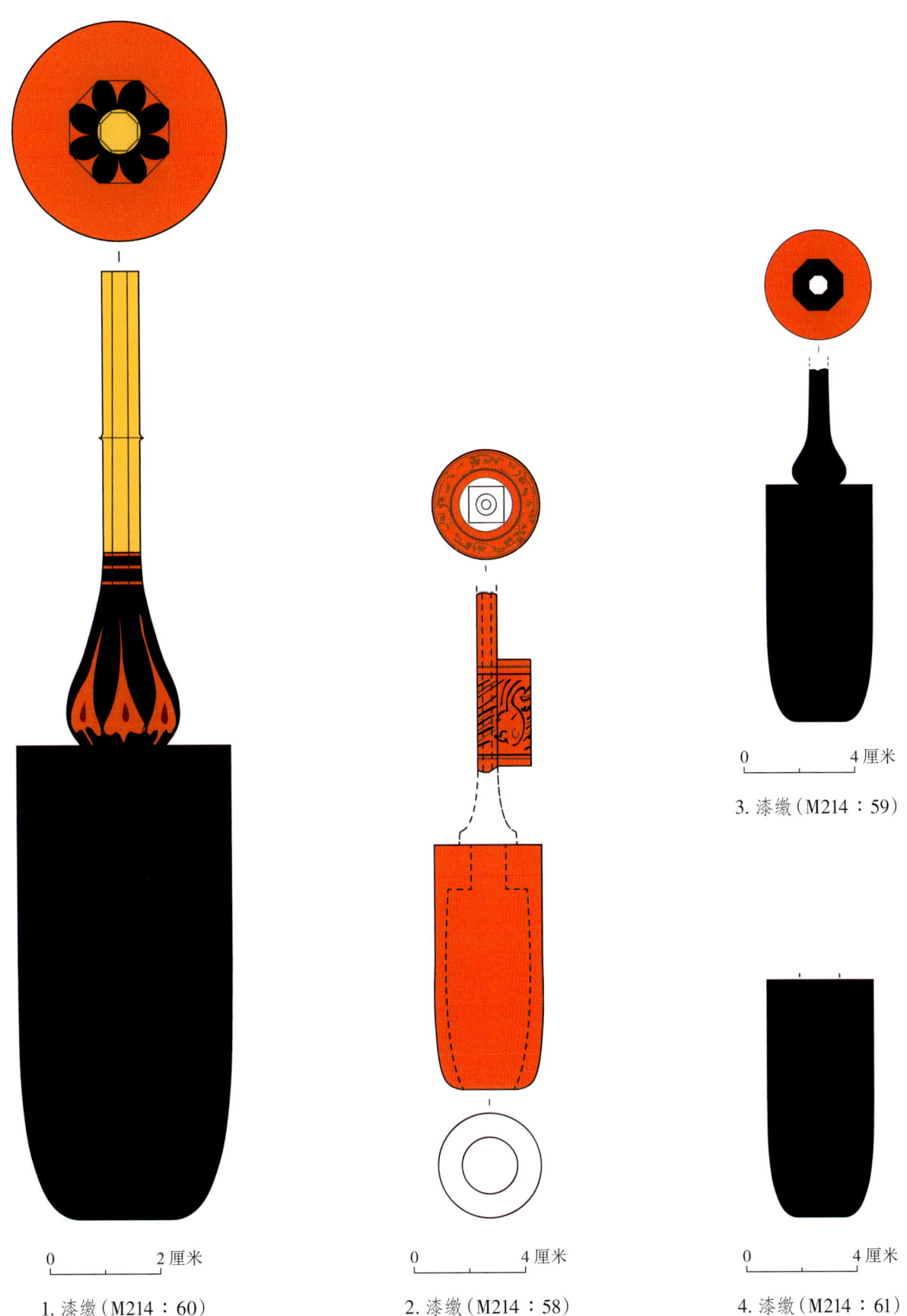

0　　　　2厘米

1. 漆缴（M214：60）

0　　　　4厘米

2. 漆缴（M214：58）

0　　　　4厘米

3. 漆缴（M214：59）

0　　　　4厘米

4. 漆缴（M214：61）

彩图一四三　军庄组三号A区M214出土漆器

0 ————— 8 厘米

1. 漆箭箙（M214：45）

0 ————— 8 厘米

2. 漆箭（M214：45–1）

彩图一四四　牟庄组三号A区M214出土漆器

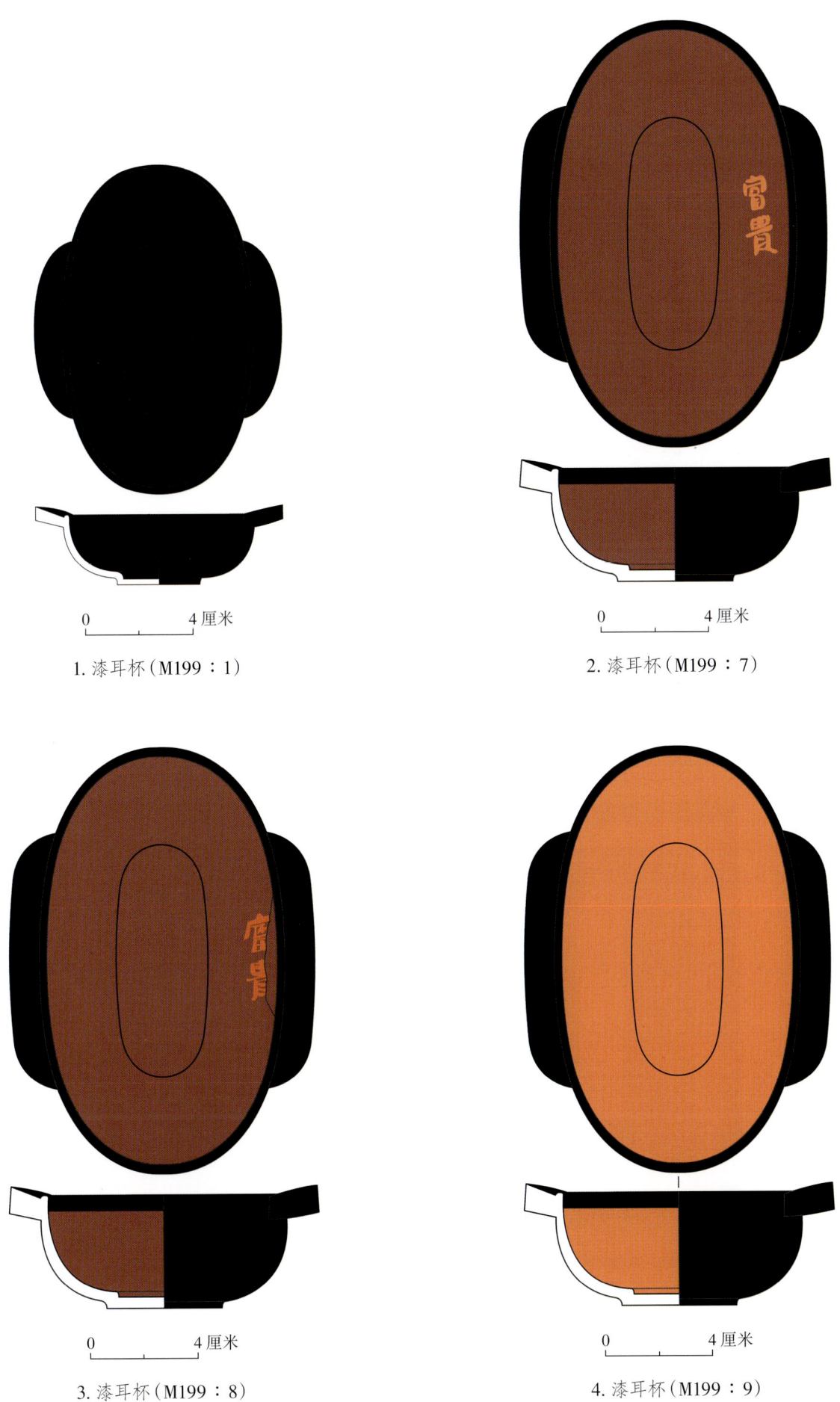

0   4厘米

1. 漆耳杯（M199：1）

0   4厘米

2. 漆耳杯（M199：7）

0   4厘米

3. 漆耳杯（M199：8）

0   4厘米

4. 漆耳杯（M199：9）

彩图一四五　军庄组三号B区M199出土漆器

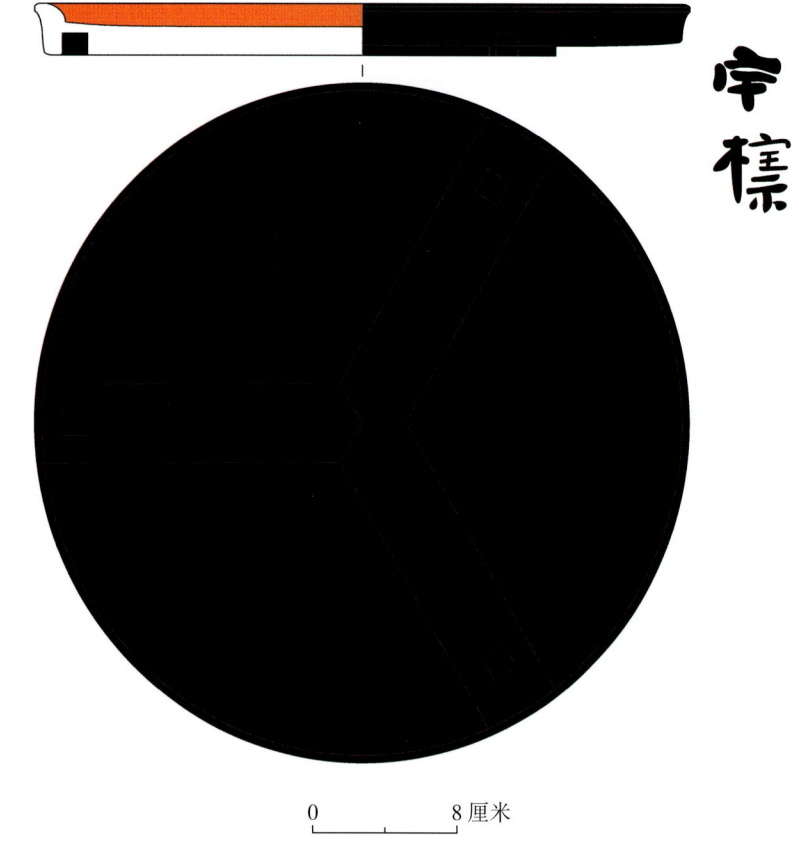

宇樏

0　　　8厘米

1. 漆盘（M199：2）

0　　　10厘米

2. 漆案（M199：6）

彩图一四六　军庄组三号B区M199出土漆器

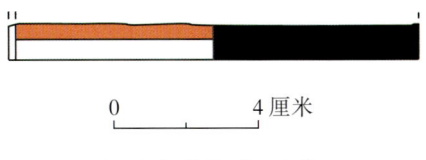

0   4厘米

1. 漆奁（M199：14）

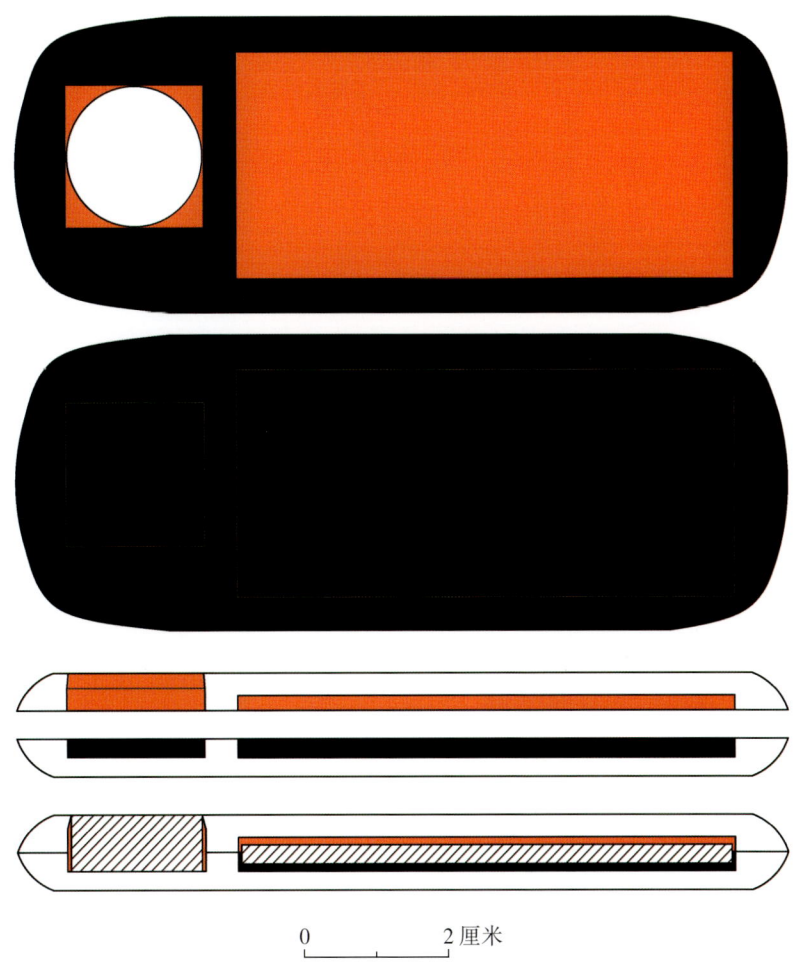

0   2厘米

2. 漆黛板盒（M199：32）

彩图一四七　军庄组三号B区M199出土漆器

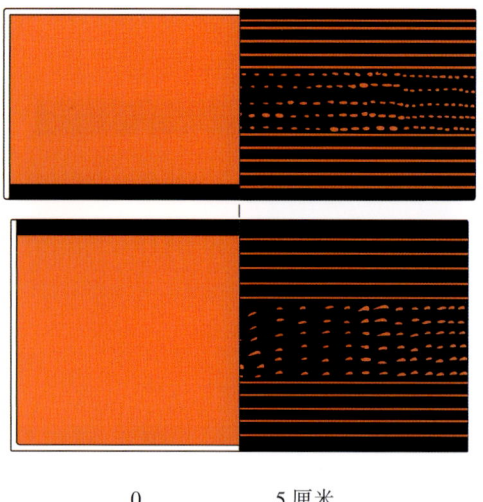

0   5厘米

1. 漆卮（M202∶3）

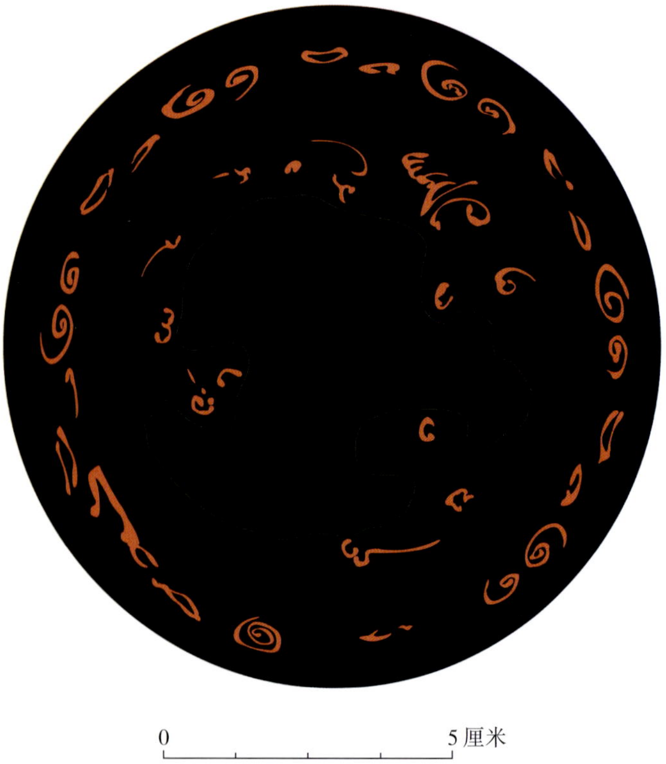

0   5厘米

2. 漆奁（M203∶2）奁盖

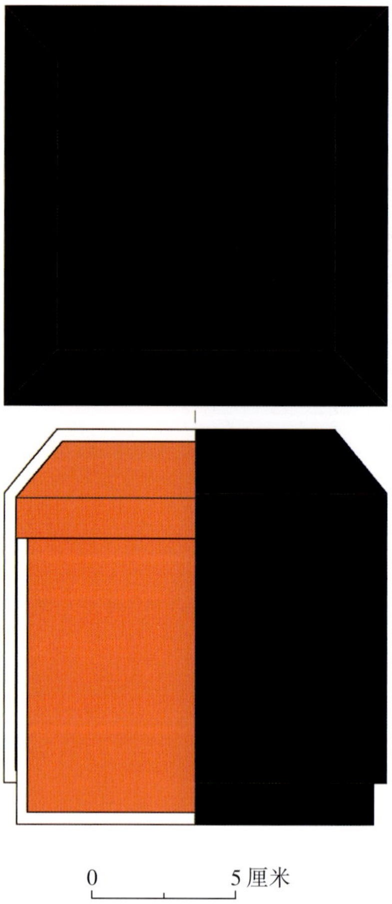

0   5厘米

3. 漆奁（M204∶6）

彩图一四八　军庄组三号B区M202、M203、M204出土漆器

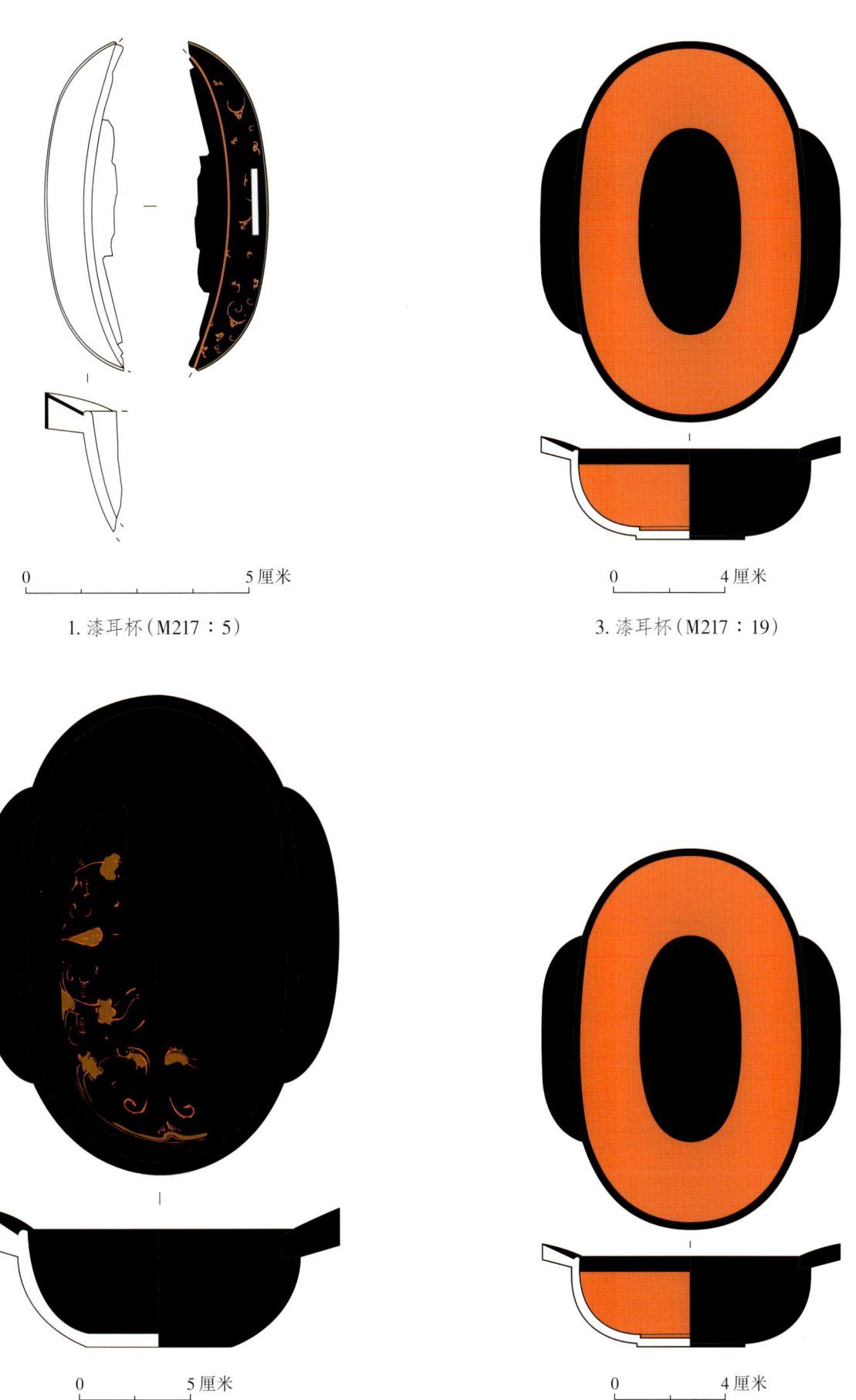

1. 漆耳杯（M217：5）

3. 漆耳杯（M217：19）

2. 漆耳杯（M217：18）

4. 漆耳杯（M217：20）

彩图一四九　军庄组三号B区M217出土漆器

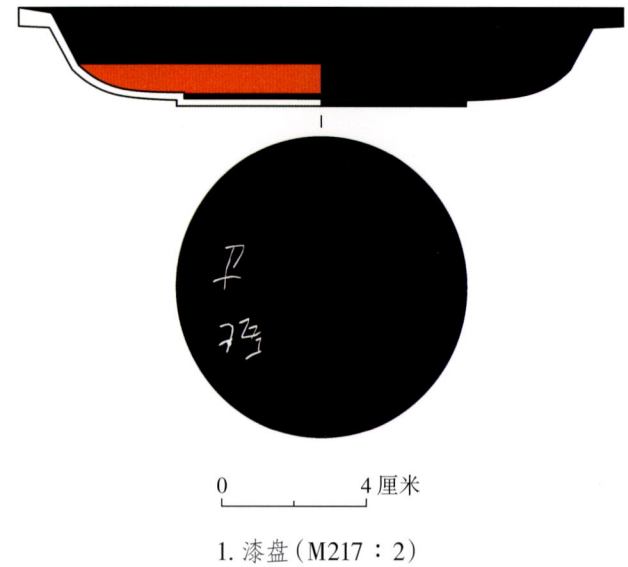

0   4厘米

1. 漆盘（M217：2）

0   6厘米

2. 漆盘（M217：3）

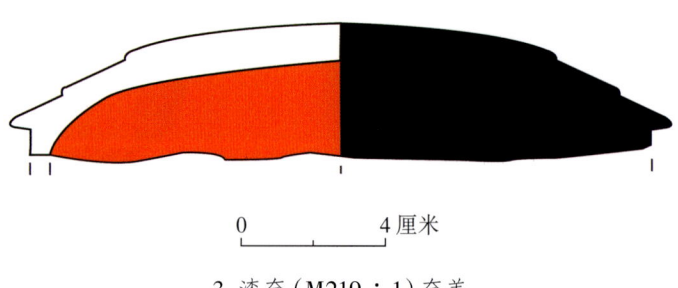

0   4厘米

3. 漆奁（M219：1）奁盖

彩图一五〇　军庄组三号B区M217、M219出土漆器

本报告为

江苏地域文明探源工程汉代郡国城址和陵墓研究课题

阶段性重要成果

东阳城与东阳汉墓

（上册）

南京博物院
江苏省文物考古研究院　　编著
淮安市文物保护和考古研究所
盱眙县博物馆

文物出版社

图书在版编目（CIP）数据

东阳城与东阳汉墓／南京博物院等编著． -- 北京：
文物出版社，2025.5
　　ISBN 978-7-5010-8275-9

　　Ⅰ．①东…　Ⅱ．①南…　Ⅲ．①汉墓—考古发掘—发掘
报告—东阳　Ⅳ．①K878.85

　　中国国家版本馆 CIP 数据核字（2023）第 227898 号

　　地图审批号：GS（2024）0152 号

东阳城与东阳汉墓
DONGYANGCHENG YU DONGYANG HANMU

编　　著：南京博物院　江苏省文物考古研究院
　　　　　淮安市文物保护和考古研究所　盱眙县博物馆

责任编辑：崔叶舟　谷艳雪
封面设计：钮　茜
责任印制：张　丽

出版发行：文物出版社
社　　址：北京市东城区东直门内北小街 2 号楼
邮　　编：100007
网　　址：http://www.wenwu.com
邮　　箱：wenwu1957@126.com
经　　销：新华书店
印　　刷：天津裕同印刷有限公司
开　　本：889mm×1194mm　1/16
印　　张：73.75
版　　次：2025 年 5 月第 1 版
印　　次：2025 年 5 月第 1 次印刷
书　　号：ISBN 978-7-5010-8275-9
定　　价：1280.00 元（全三册）

The Ancient Dongyang City and Dongyang Han Graves

(I)

Nanjing Museum

Jiangsu Provincial Institute of Cultural Relics and Archaeology

Huai'an Institute of Cultural Relics Preservation and Archaeology

Xuyi County Museum

Cultural Relics Press

Beijing · 2025

主　　编：盛之翰

副 主 编：陈　刚　李则斌　杨汝钰

考古调查发掘与报告编纂人员

项目负责：李则斌（第一期）　陈　刚（第二期）

调查发掘：盛之翰　李则斌　陈　刚　齐　军　谭　勇
　　　　　张春鹏　程　浩　韩建立　余　伟　王会锋
　　　　　田长有　白　记　刘显谋　王军来　刘　斌
　　　　　吴　伟　张　蕾

报告整理：李则斌　陈　刚　谭　勇　张春鹏　程　浩
　　　　　齐　军　杨汝钰　冯薪羽　胡　兵　田长有
　　　　　王会锋　白　记　黄　孟　邢　力　秦　颖
　　　　　钮　茜　刘　倩　吴敏华　赵润雨　杨　烁
　　　　　任海默　朱　琳

执　　笔：第一章　张春鹏（盱眙县博物馆）
　　　　　　　　　赵李博（淮安市文物保护和考古研究所）
　　　　　　　　　李则斌（江苏省文物考古研究院）
　　　　　第二章　程　浩（盱眙县博物馆）
　　　　　　　　　冯薪羽（南京博物院）
　　　　　第三章　杨汝钰（江苏省文物考古研究院）
　　　　　　　　　张　蕾（南京博物院）
　　　　　　　　　谭　勇（盱眙县国家森林公园管理发展中心）
　　　　　第四章　陈　刚（江苏省文物考古研究院）
　　　　　　　　　王　栋（大云山汉王陵博物馆）

目 录

（以上为中册）

彩　版

（以上为下册）

插图目录

（以上为中册）

彩图目录

（以上为中册）

彩版目录

（以上为下册）

第一章　概　述

第一节　地理环境与历史沿革

东阳城城址位于江苏省盱眙县马坝镇东部，西距盱眙县城约 30 千米。遗址发现于 20 世纪 60 年代①，现为江苏省省级文物保护单位。2010 年 10 月至 2014 年 3 月，因金马（金湖至马坝）高速公路建设工程将经过东阳城遗址附近区域，南京博物院与盱眙县博物馆组成联合考古队，对东阳城遗址及东阳汉墓群进行了考古调查与抢救性发掘。（图 1 - 1 - 1）

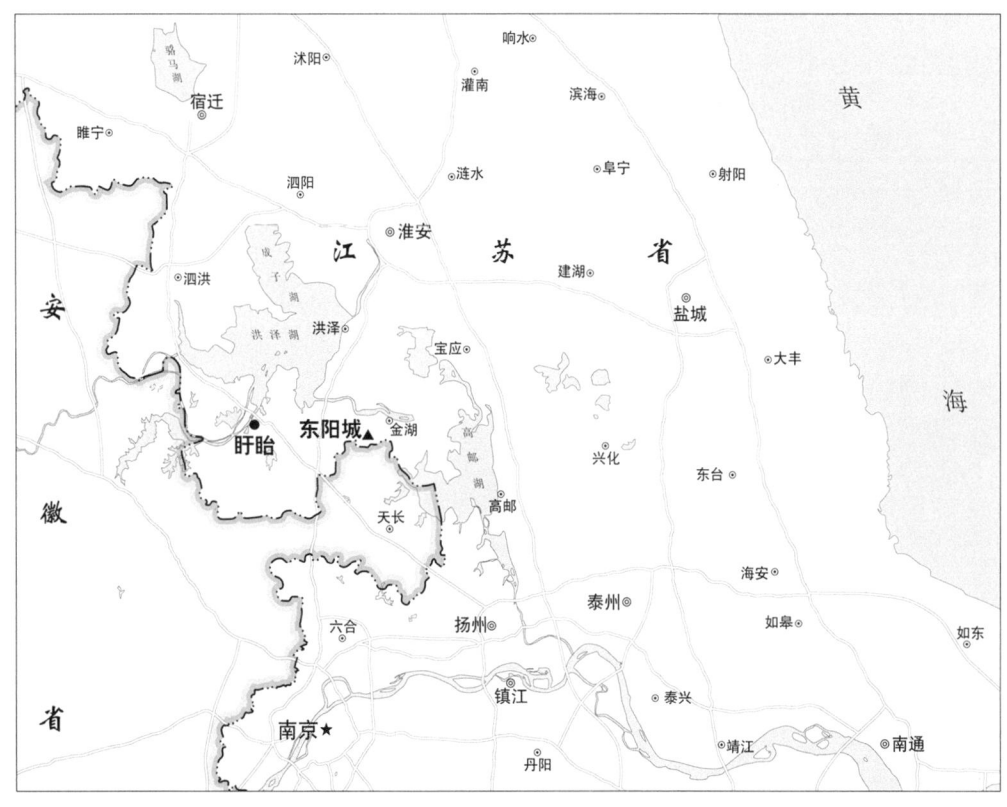

图 1 - 1 - 1　盱眙东阳城地理位置图

---

① 尹焕章、赵青芳：《淮阴地区考古调查》，《考古》1963 年第 1 期。秦士芝：《盱眙地区的考古调查和发现》，《盱眙文史资料选辑》第四辑。

一　地理环境

城址整体处于大云山、青墩山、小云山三座小山的山麓南部，东、西城墙外侧地貌主要为高岗及低矮丘陵，南城墙外侧地势相对平坦。

城址所在地处于北亚热带与暖温带过渡区域，属季风性湿润气候区。该地四季分明，季际、年际变异性突出，春季气温回升快，秋季降温早，春、秋两季突出。年平均日照总量 2222.4 小时，平均气温 14.7℃，无霜期 215 天，平均年降水量 1005.4 毫米。

城址所在的盱眙县物产资源极为丰富。相关资料表明，该县生物资源方面主要有狼、獾、狐、兔、黄鼬、草獐以及 10 目 23 科 51 种鸟类等野生动物，县域内的洪泽湖和淮河盛产龙虾、鳊鱼、鳇鱼、鲤鱼、鲫鱼、银鱼、黄鳝等各种水生动物。中药材资源方面，主要有野生药用植物 738 个品种，药用动物 42 个品种，蜈蚣、灵芝、黄精、猫爪草等珍稀名贵药材和丹参、山楂、桔梗、柴胡、白头翁等常规药材较为著名。林木资源方面，现存树种计 65 科 232 种，有漆树、毛叶欧李、迎春花、野核桃、羽叶泡花树、湖北楂、毛木来、红脉钓樟、中华石楠等。农作物方面，主要农作物有稻麦、豆类、薯类。同时，该地区地下矿产资源十分丰富，境内蕴藏着凹凸棒黏土、玄武岩、石灰石、矿泉水、石油等多种矿藏。宁淮、宁宿徐两条高速过境穿越城址所在县域三分之二的乡镇，已形成四通八达的交通网，成为苏北地区重要的交通中转和枢纽。

二　历史沿革

从现有考古学材料看，东阳城及其周边地区，商周时期当属东夷文化分布区，至西周时，该地区成为东夷徐国属地。

进入春秋时期，到周敬王八年（前 512 年），吴王阖闾灭徐国，该地区当为吴国属地。

进入战国后，周元王三年（前 473 年），越王勾践伐吴。吴灭，其地皆归越国，这一地区转属越国。周贞定王二十四年（前 445 年），楚国大举东进，江淮以北皆为楚国领土，该地区则为楚邑东阳属地。秦王政二十四年（前 223 年），秦灭楚。东阳改属秦地。

秦一统后，推行郡县制，设东阳县，治所当为本报告中的东阳城城址。《史记·项羽本纪》："项梁乃以八千人渡江而西。闻陈婴已下东阳，使使欲与连和俱西。陈婴者，故东阳令史，居县中，素信谨，称为长者。东阳少年杀其令，相聚数千人，欲置长，无适用，乃请陈婴。婴谢不能，遂强立婴为长，县中从者得二万人。"张守节《正义》引《括地志》："东阳故城在楚州盱眙县东七十里，秦东阳县城也，在淮水南。"[①] 前述文献中所提之东阳，即为本报告中的东阳城。

汉初，高祖六年（前 201 年），韩王信等奏请以故东阳郡、鄣郡、吴郡五十三县立刘贾为荆王。此阶段东阳则属荆国。《汉书·高帝纪下》：高祖六年（前 201 年），"春正月丙午，韩王信等奏请以故东阳郡、鄣郡、吴郡五十三县立刘贾为荆王"。颜师古注引文颖曰："东阳，今下邳也。

---

① 司马迁：《史记》卷七《项羽本纪》，中华书局，1959 年，第 298～299 页。

鄣郡，今丹阳也。吴郡，本会稽也。"① 另据《括地志》，东阳在吴西北四十里。②

高祖十二年（前195年），立沛侯刘濞为吴王，王故荆地。东阳改属吴国，为吴国要地③。《后汉书》志第二十一《郡国三》："东阳故属临淮。有长洲泽，吴王濞太仓在此。"④ 刘濞的太仓即设在东阳县的长洲泽。景帝三年（前154年），七国之乱末期，吴破，徙（汝南王非）为江都王，以东阳、鄣郡置江都国，封景帝子刘非，吴郡属汉，东阳改属江都国。武帝元狩二年（前121年）江都王刘建谋反自杀，国除为广陵郡，鄣郡合庐江郡东部四县更名丹阳郡，撤东阳郡，东阳改属广陵郡。元狩六年（前117年）武帝以广陵郡之部分置广陵国，封武帝子刘胥，"分沛、东阳置临淮郡"。一直到西汉末，东阳属临淮郡，属徐州刺史部。新莽时期，东阳县仍属临淮郡。进入东汉后，东阳县属广陵郡，上隶扬州。

晋武帝太康元年（280年），既平孙吴，增置临淮郡。西晋时期，东阳县属临淮郡，上隶徐州。东晋早期尚沿袭西晋行政区划，东阳县隶属关系不变。晋明帝太宁年间（323~325年），北方民族政权不断南下，东阳县境内百姓不断逃亡，东阳城废弃。到义熙七年（411年）侨立山阳县，将原东阳县周边地区划归山阳县，上隶山阳郡。

公元420年，宋王刘裕废东晋恭帝，即皇帝位，国号宋，史称刘宋。东阳地区为刘宋统治区域，属于山阳县，上隶山阳郡。南朝齐梁时期，该地区行政区划沿袭刘宋时期制度，属于山阳县，上隶山阳郡。公元550年，东魏丞相、齐郡王高洋废东魏静帝，自称为皇帝，国号为齐，史称北齐。梁承圣元年（552年），高洋趁南朝陷于"侯景之乱"的机会，配合辛术南侵，使江北之地皆归北齐，东阳地区转属北齐。北齐仍沿袭梁的地方行政区划。该地区仍属山阳县，上隶山阳郡。陈太建五年（573年）三月，大将吴明彻、裴忌领兵10万，分出秦郡（六合）、历阳（安徽和县）攻齐。到十二月，连下北齐数十城，收复江北、淮泗诸地。这时，东阳地区北齐统治结束，又回归南朝陈的地域。陈仍沿袭北齐时期的地方行政区划，该地区属于山阳县，上隶山阳郡。陈太建十一年（579年），大将吴明彻等被北周大将王轨击败，第二年，陈的江北之地全部为北周所占领，东阳地区改属北周地域。这一时期，境内行政区划发生重大变化。北周宣帝宇文赟划出山阳县的西南部设置为石鳖县。其时东阳地区改属石鳖县，上属阳平郡。

开皇三年（583年），隋文帝对全国地方行政区划进行了重大改革，撤销郡一级，由州郡县三级制改为州县两级制。石鳖县被撤销，石鳖县所辖地域并入安宜县。东阳地区改属安宜县。隋炀帝时把全国的州都改称叫郡，其时，安宜县上属江都郡。

入唐后，改隋炀帝时的郡为州，武德四年（621年），在安宜城置仓州，东阳地区属安宜县，上隶仓州。武德七年（624年），撤销仓州，安宜县改隶东楚州（淮安）。第二年，东楚州改为楚

---

① 班固撰，颜师古注：《汉书》卷一下《高帝纪》，中华书局，1962年，第60~62页。
② 《史记·荆燕世家·荆王刘贾》："汉六年春，会诸侯于陈，废楚王信，因之，分其地为二国。当是时也，高祖子幼，昆弟少，又不贤，欲王同姓以镇天下。乃诏曰：'将军刘贾有功，及择子弟可以为王者。'群臣皆曰：'立刘贾为荆王，王淮东五十二城……'"《索隐》："按：《表》云刘贾都吴。又《汉书》以东阳郡封贾。东阳即临淮，故云王淮东。"《正义》："《括地志》云西北四十里，盖此县是也。"（司马迁撰，裴骃集解，司马贞索隐，张守节正义：《史记》卷五十一《荆燕世家》，中华书局，1959年，第1994页）
③ 参见班固撰，颜师古注：《汉书》卷二十七下之上《五行志》，中华书局，1962年，第1470页。
④ 范晔：《后汉书》志第二十一《郡国三》，中华书局，1965年，第3461页。

州。东阳地区仍属安宜县，改隶楚州。肃宗宝应元年（762年）因真如献宝，肃宗传旨：改年号为宝应元年，安宜县更名为宝应县。终唐之世，东阳地区属宝应县，上隶淮南道楚州。

五代十国时期，东阳地区先属吴、南唐，后属后周。该地区属宝应县，上隶楚州。

北宋初，撤销"道"一级区划，废掉节度使的实权，让所有州直属中央。至太宗时又在州以上设"路"一级区划。其时，东阳地区属宝应县，上隶楚州，为淮南路属地。南宋时期地方行政区划沿袭北宋，但在一些军事重镇设置相当于州一级区划"军"。宝庆三年（1227年），因宝应地当抗金前线，升宝应为宝应州，随后又改宝应州为宝应军。东阳地区属宝应县，上隶宝应军，为淮南东路属地。

入元后的地方行政区划，开始创设"行中书省"，简称"省"，下设路、府、县三级。东阳地区属宝应县，隶安宜府。至元二十年（1283年），安宜府裁撤，改隶高邮府，属河南江北行省。

明代东阳地区属宝应县，隶高邮州，上属南直隶扬州府。

清初地方行政区划基本沿袭明代制度，分全国为15个省。省以下的行政区划有府、州、厅、县。东阳地区属宝应县，隶高邮州；上隶江苏省扬州府。乾隆三十二年（1767年），高邮州改为散州，不再管县，宝应县由隶属高邮州改为直接隶属扬州府，延续至清末。

民国时期，实行省、县两级行政区划。东阳地区属宝应县。至抗日战争、国共战争时期，宝应县行政归属变更频繁，但东阳地区仍属宝应管辖。

1949年后，东阳地区仍属宝应县管辖。1960年5月21日，江苏省人民委员会将宝应县东阳故城区域划归西边的盱眙县。东阳地区遂由盱眙县云山乡管辖，后撤乡并镇，现隶属盱眙县马坝镇东阳社区。

第二节　东阳城及东阳汉墓群以往调查与考古发掘概况

东阳城城址自20世纪60年代发现之后，南京博物院、淮安市博物馆、盱眙县博物馆先后多次对东阳城城址进行了考古踏查。70年代以后，考古工作者在东阳城城内外开展了多次考古调查与发掘工作，收获颇多。2000年之后，南京博物院、淮安市博物馆、淮安市文物考古研究所、盱眙县博物馆等机构，在东阳城城址周边还发掘了大量汉代墓葬，出土了包括铜器、漆器、木器、陶器等在内的大量文物。

东阳城城址的工作及认识主要分为三个阶段。

第一阶段为20世纪60年代，南京博物院通过对东阳城城址的初步踏查，首次确定了尚保存有明显城墙遗迹的古城即为秦汉东阳城遗址。当时认为东阳城平面为长方形，城墙东西长500米，南北宽400米，城内汉文化地层深厚，周围有汉代墓葬。[①]

第二阶段为20世纪70年代到2009年。这一阶段中，南京博物院、盱眙县博物馆的考古工作者对东阳城城址及周边进行了多次调查与发掘，并对东阳城城址有了进一步认识。认为东阳城由东、西两城并列组成。两城均略呈方形，皆为正南北方向，两城的南城墙处在一条东西向直线上。

---

① 尹焕章、赵青芳：《淮阴地区考古调查》，《考古》1963年第1期。

东城的四面城墙保存相对完整，皆有明显高出地表的迹象。西城的东墙即为东城的西墙。西城的其他三面城墙保存较差，但踏查时可清晰看出部分城墙尚留存有明显高出现地表的遗迹。发掘方面，1976 年，南京博物院在东城内发掘了探沟四条，清理出包括蚁鼻钱、秦半两、汉五铢等战国秦汉时期的各种货币。此外还发掘了秦汉时期常见的空心砖、动物纹与卷云纹半瓦当等各种器物。

第三阶段为 2010 年至今，南京博物院和盱眙县博物馆组成的联合考古队，对东阳城城址重新进行了系统钻探。结果表明东阳城城址由大城和小城两个区域组成。小城位于大城东南区域，平面大致为方形，东、南两面城墙与大城东、南两面城墙依次相连。

除了东阳城城址外，20 世纪 60 年代以后，相关考古工作者在东阳城城址周边发掘了大量墓葬。[①] 其中，城址北部的小云山、青墩山、大云山上均发现并发掘了数量较多的西汉高等级贵族墓葬。

小云山山顶区域在历次调查中，均发现大量完整的汉代砖瓦遗物，结合已经发掘的相关墓葬，表明该处墓地存在规模不小的墓园建筑，墓地等级很高。[②]

青墩山因近年来开山采石破坏严重，现地表基本不见山体。但在历年来的考古调查中，有相关墓上建筑遗迹与高等级墓葬陆续被发现，表明青墩山与小云山同为汉代贵族墓地。[③]

大云山山顶区域考古工作及成果最为显著。2009 年至 2012 年，南京博物院、盱眙县博物馆组成的联合考古队对大云山汉墓进行了抢救性考古发掘，揭露出一处比较完整的西汉诸侯王陵园，陵园内共发现主墓 3 座、祔葬墓 11 座、陪葬墓 2 座、车马陪葬坑 2 座、兵器陪葬坑 2 座、陵园建筑设施等大量遗迹。其中，一号墓与二号墓出土了包括玉棺、金缕玉衣等在内的大量铜器、金器、银器、玉器、漆器、陶器等精美文物，许多文物均为首次发现。结合文献和出土资料证实一号墓墓主人为西汉第一代江都王刘非，大云山汉墓区为西汉第一代江都王陵园。[④]

① 已发表资料，见南京博物院：《江苏盱眙东阳汉墓》，《考古》1979 年第 5 期。安徽省文物工作队：《安徽天长县汉墓的发掘》，《考古》1979 年第 4 期。天长市文物管理所、天长市博物馆：《安徽天长西汉墓发掘简报》，《文物》2006 年第 11 期。淮安市文物考古研究所、盱眙县大云山汉王陵文物保护管理所：《江苏盱眙东阳汉墓群 M279、M288 发掘报告》，《东南文化》2019 年第 6 期。其余未发表资料在南京博物院、淮安市博物馆、盱眙县博物馆、天长市博物馆等单位各有保存。
② 小云山汉代墓葬已发表资料，见盱眙县博物馆：《江苏东阳小云山一号汉墓》，《文物》2004 年第 5 期。发掘者依据出土"陈君孺"印章与漆器书有"东阳庐里巨田侯外家"等文字推测墓主人极可能为堂邑侯陈婴后代。南京博物院、淮安博物馆、盱眙县博物馆：《盱眙小云山六七号西汉墓发掘报告》，《东南文化》2002 年第 11 期。其余未发表资料现存南京博物院与盱眙县博物馆。
③ 青墩山汉代墓葬资料现存盱眙县博物馆。
④ 南京博物院、盱眙县文广新局：《江苏盱眙县大云山汉墓》，《考古》2012 年第 7 期。南京博物院、盱眙县文广新局：《江苏盱眙大云山西汉江都王陵一号墓》，《考古》2013 年第 10 期。南京博物院、盱眙县文广新局：《江苏盱眙大云山江都王陵二号墓发掘简报》，《文物》2013 年第 1 期。南京博物院、盱眙县文广新局：《江苏盱眙大云山江都王陵 M9、M10 发掘简报》，《东南文化》2013 年第 1 期。南京博物院、盱眙县文广新局：《江苏盱眙县大云山西汉江都王陵东区陪葬墓》，《考古》2013 年第 10 期。南京博物院、盱眙县文广新局：《江苏盱眙县大云山西汉江都王陵北区陪葬墓》，《考古》2014 年第 3 期。

第二章　东阳城城址

第一节　项目由来与概况

2011年3月，因金湖县到盱眙县马坝镇高速公路路线设计规划过程中，需要考虑路线如何穿过文物埋藏比较丰富的东阳城及周边地区，江苏省文物局委托南京博物院对东阳城遗址进行全面调查勘探，为高速公路路线规划设计提供决策依据。

东阳城城址调查勘探项目时间为2011年3月到2012年6月，项目负责人为李则斌（南京博物院），参加人员有陈刚（南京博物院）、张春鹏（盱眙县博物馆）、程浩（盱眙县博物馆）、齐军（南京博物院）、王会锋（南京博物院）、白记（南京博物院）、刘显某（技术工人）、王军来（技术工人）。

2012年6月，因高速公路施工过程中发现了古代墓葬，经国家文物局批准，由南京博物院和盱眙县博物馆组成联合考古队，对高速公路东阳段发现的古代墓葬进行抢救性考古发掘。

该发掘项目共分为两期。

第一期项目野外工作时间为2012年6月至12月，共计发掘墓葬197座。领队为李则斌，发掘成员有陈刚、谭勇、程浩、张春鹏、齐军、王会锋、白记、田长有（南京博物院）。

第二期项目野外工作时间为2013年1月至7月，共计发掘墓葬26座。领队陈刚，发掘成员有李则斌、谭勇、程浩、张春鹏、齐军、王会锋、白记、田长有。

野外工作结束后，自2014年6月至2023年5月，由陈刚负责对墓葬材料统一进行整理。相关工作人员及分工如下：

　　　　绘图：齐军、王会锋、白记、田长有

　　　　拓片：左骏、齐军

　　　　修复：余伟、韩建立

　　　　摄影：王晓涛

　　　　文字：陈刚、李则斌、杨汝钰、冯薪羽

此外，资料整理与报告编写期间，南京大学考古学及博物馆学专业的部分硕士研究生也参与了大量工作。主要有：刘斌、张蕾、吴伟、黄孟、邢力、秦颖、钮茜、刘倩、吴敏华、赵润雨、杨烁、任海默等。

本次东阳古墓群发掘项目中，主要对高速公路路基施工范围内和路基周边取土场范围内出土的墓葬进行抢救性清理。根据工作先后顺序，报告以取土场为单位，对9个取土场墓地的资料分别进行说明。

九个取土场墓地分别为：山南组取土场墓地、山头组取土场墓地、人民组一号涵洞取土场墓地、人民组二号涵洞取土场墓地、人民组取土场墓地、军庄组一号取土场墓地、军庄组二号取土场墓地、圩庄组取土场墓地、军庄组三号取土场墓地。（图2－1－1；彩版一）

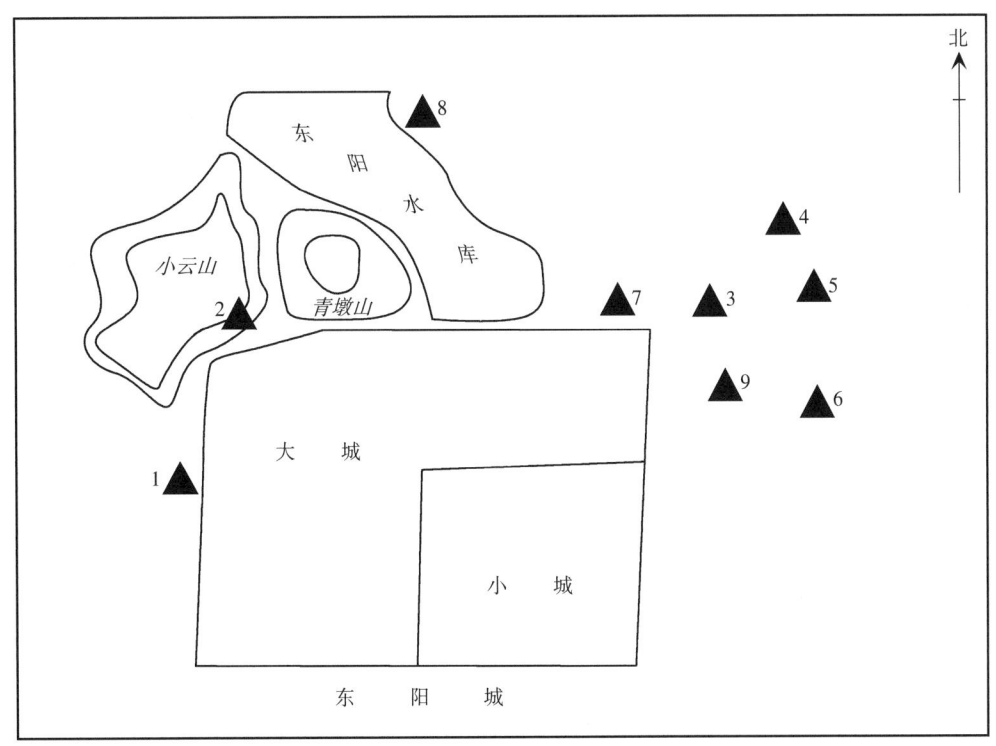

图2－1－1　东阳汉墓群墓地分布示意图

1. 山南组取土场墓地　2. 山头组取土场墓地　3. 人民组一号涵洞取土场墓地　4. 人民组二号涵洞取土场墓地　5. 人民组取土场墓地　6. 军庄组一号取土场墓地　7. 军庄组二号取土场墓地　8. 圩庄组取土场墓地　9. 军庄组三号取土场墓地

第二节　东阳城考古调查与勘探收获

2011年3月开始的调查勘探，改变了以往对东阳城遗址的认识，首次发现了小城外存在范围更广的大城，部分大城城垣基址地表尚存。

小城位于大城东南方向，与大城东、南两面相连，现为东阳社区（原东阳乡）市集所在，现代民居较多，城墙、城壕遗迹保存明显。小城平面略呈正方形，东西稍长、南北略窄。北墙长约980米，现存墙基高出地表1~2米；东墙长约860米，其中南段保存最为完整，现存墙体高出地表近4米；南墙长约950米，东段保存较好，高出地表近2米；西墙长约810米，仅存墙基，高出地表近1米。墙体普遍宽度为25米左右。北、东、南三面城墙外，均留有城壕遗迹，现存宽度均在30米左右；西城壕淤塞较为严重，但明显留有长条形洼地，经钻探确认为南北相连的城壕。

　　小城四面城墙近中间处均留有缺口，推测极有可能与城门遗迹相关。城内现代建筑较多，加之近年来新房修砌较多，本次地表调查中已难以见到高出地表的夯土台基，但随处可见散落于地表的汉代瓦片、五铢钱等遗物。

　　大城城内现地貌主要为农田，城内散落有雁庄、槐庄、新山、山南、耿庄等自然村。北、东、南、西四面城墙均在地表之上有所残留。城壕方面，整体上河道走向较为清晰，但西城壕和南城壕西段淤塞较多，部分城壕或平为农田或扩为鱼塘。大城（包括小城在内）平面呈长方形，东西长、南北窄，城壕均与小城城壕相通，东墙南部和南墙东部则直接与小城东墙和南墙相连沿用。由于北墙紧靠小云山，因此城墙西北角并不十分规整，而是沿小云山山脚顺势修建。北墙长约1790米，西段保存较差，部分墙体受水库建设已被破坏，但东段保存较好，部分墙体尚高出地表4米左右；东墙长约1390米，北段城墙已无地表遗迹，南段墙体沿用小城南墙，地表遗迹明显；南墙长约1830米，地表遗迹明显，其中西段墙体高出地表近1米；西墙长约1350米，墙基保存明显，高出周围地表近1米。墙体宽度与小城墙体宽度相近，均为25米左右。

　　大城城内中部偏南和西南角均发现有高出地表约1米的夯土台基，台基地表散见瓦当、铺地砖等各类建筑遗物。

第三章 墓 葬

第一节 山南组取土场墓地

山南组取土场墓地位于盱眙县马坝镇东阳社区山南居民组东侧。金马高速公路东阳段进入现场施工后，该处被选为建筑取土地点，取土过程中发现古墓葬。考古队进入现场后在取土场范围内共清理墓葬10座，根据工作顺序编为5号墓（M5）、7~13号墓（M7~M13）、28、29号墓（M28、M29）。（图3-1-0）

墓地大体呈长方形，南北长52米，东西宽15米，位于东阳城大城西城墙中段外侧，其东侧边距离西城墙约100米。在成为取土场前，该区域地势平坦，种植水稻。

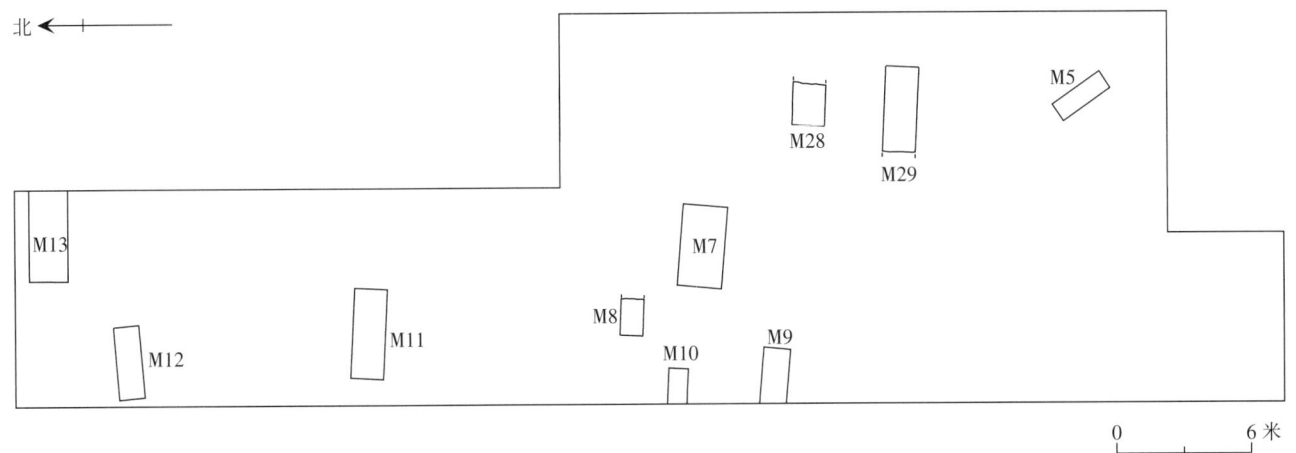

图3-1-0 山南组取土场墓地墓葬平面分布图

一、5号墓（M5）

M5位于山南组取土场墓地东南部。发掘前地表未见封土迹象。清理前，墓坑大部分已被高速公路施工方破坏，仅留有厚约30厘米的墓底，开口距现地表深度不明。

墓葬形制为长方形竖穴土坑墓，开口长230、宽80厘米，残深20厘米。方向325°。（图3-1-1a）

葬具为单棺，棺木结构保存极差，木质部分基本朽尽，唯朽痕清晰留存。木棺置于墓坑底部偏西，西侧挡板与墓坑西壁紧靠，棺长200、宽60厘米，高度不明，从朽痕判断棺侧板厚4厘米。

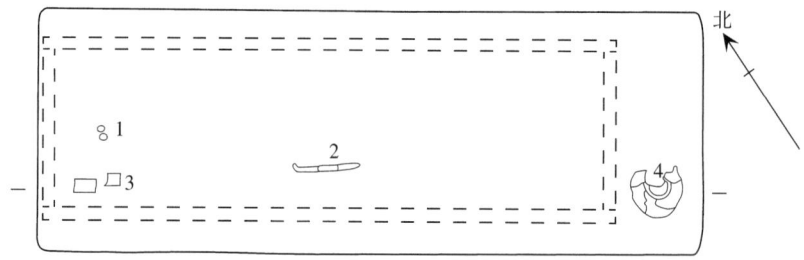

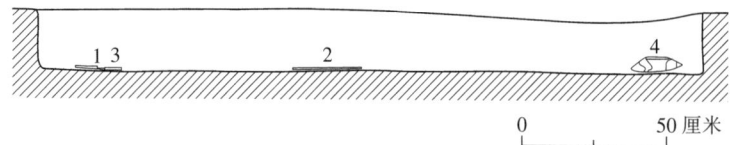

图 3 - 1 - 1a   山南组 M5 平面、剖视图
1. 铜钱   2. 铁剑   3. 石黛板   4. 釉陶壶

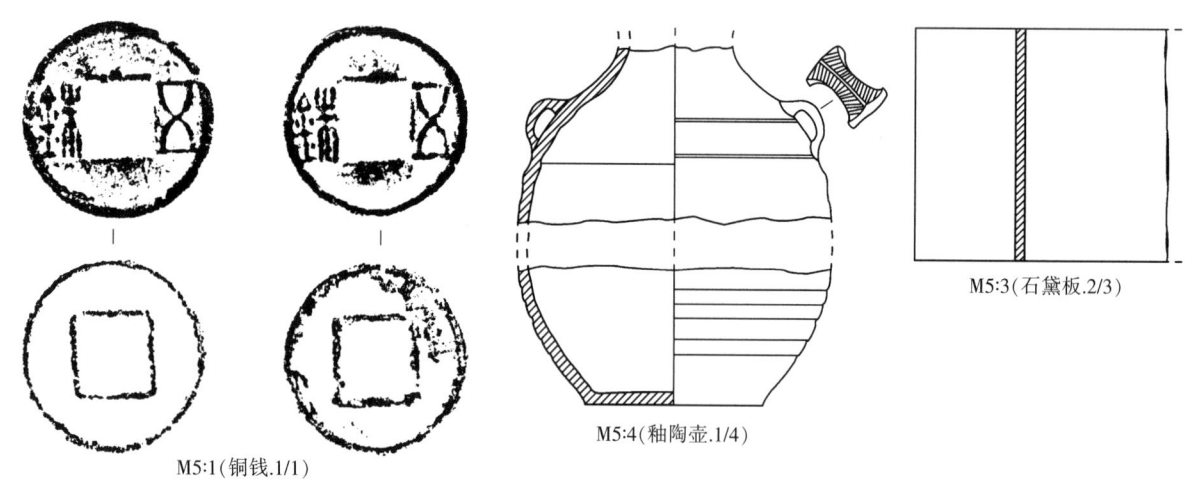

图 3 - 1 - 1b   山南组 M5 出土器物图

该墓共出土铜器、铁器、石器、陶器共 4 件（组）。陶壶出土于棺外东侧，其余遗物均出土于棺内。

1. 铜器

1 组。器形为铜钱，出土于棺内北部。

铜钱   1 组。M5：1，25 枚，五铢钱，形制、尺寸基本相同。钱径 2.6、穿径 1 厘米。（图 3 - 1 - 1b）

2. 铁器

1 件。器形为剑，出土于棺内中部。

剑   1 件。M5：2，腐朽严重，无法复原。残长 35 厘米。

3. 石器

1 件。器形为黛板，出土于棺内北部。

黛板 1件。M5:3,青石质。器物有残损,完整器当为长方形。正面光滑,为碾磨面。残长5.2、宽4.6、厚0.2厘米。(图3-1-1b)

4. 陶器

1件。器形为壶,出土于棺外南侧。

壶 1件。M5:4,釉陶,施半截釉。口部残缺,溜肩,双桥形耳,鼓腹,平底。肩部饰凹弦纹,耳面饰叶脉纹。底径9.6厘米。因施工破坏,该器无法整体复原。(图3-1-1b)

二、7号墓(M7)

M7位于山南组取土场墓地中部,墓坑西北角与M8墓坑东南角相距约1.2米。发掘前地表未见封土迹象,墓坑东北角已被高速公路施工方破坏。

墓葬形制为长方形竖穴土坑,开口距现地表深约40厘米,开口长320、宽180厘米,墓坑深172厘米。方向275°。墓葬开口至椁室顶部填五花土,至椁盖上方处填塞35厘米厚的青膏泥,椁室侧板与坑壁之间亦填塞青膏泥。

葬具为一椁二棺。木椁置于墓坑底部正中,椁室平面呈长方形,长280、宽140、残高76厘米,椁室底板基本朽尽,厚约6厘米。两棺位于椁室偏西,与椁板西壁紧靠,东侧则与椁室东壁形成一侧箱。南棺结构大体保存完整,由整段圆木斫成,南、北两端插入挡板,因棺木表层朽尽,棺木内外两侧髹漆情况不明,棺室通长228、宽76、除盖残高70厘米,棺室侧板厚6厘米,底板厚10厘米。北棺基本朽尽,尺寸不明。(图3-1-2a;彩版二,1)

该墓共出土铜器、铁器、木器、玳瑁器、陶器共10件(组)。

1. 铜器

共4件(组)。器形为镜、铜钱。

镜 2件。

M7:1,出土于南棺内西部。四乳禽兽纹镜。圆形,半圆纽,圆形纽座。座外短竖线(每组三线)和单短线各四组相间环列,外饰一周凸弦纹,其外两周短斜弦纹间有四乳和四蝙蝠相间环绕,四乳带圆纽座。宽平缘间饰复线三角锯齿纹。镜面微凸。面径8.3、背面径8.1、纽高0.6、纽宽1.6、缘宽1.3、缘厚0.24、肉厚0.15厘米。(图3-1-2b;彩版三,1)

M7:7,从朽痕看器物出土于北棺西部。整器残损严重,无法复原。

铜钱 2组。

M7:2,出土于南棺内中部。2枚,大泉五十钱,形制、尺寸相同。钱径2.7、穿径1厘米。(图3-1-2b)

M7:6,出土于北棺内西部。3枚,大泉五十钱,形制、尺寸相同。尺寸与M7:2相同。(图3-1-2b)

2. 铁器

共1件。器形为环首刀,出土于南棺内中部。

环首刀 1件。M7:3,仅存刀身,环首已缺,刀背较直,刀部略弧,顶端弧收为尖,断面呈三角形。残长42.4厘米。(图3-1-2b;彩版三,2)

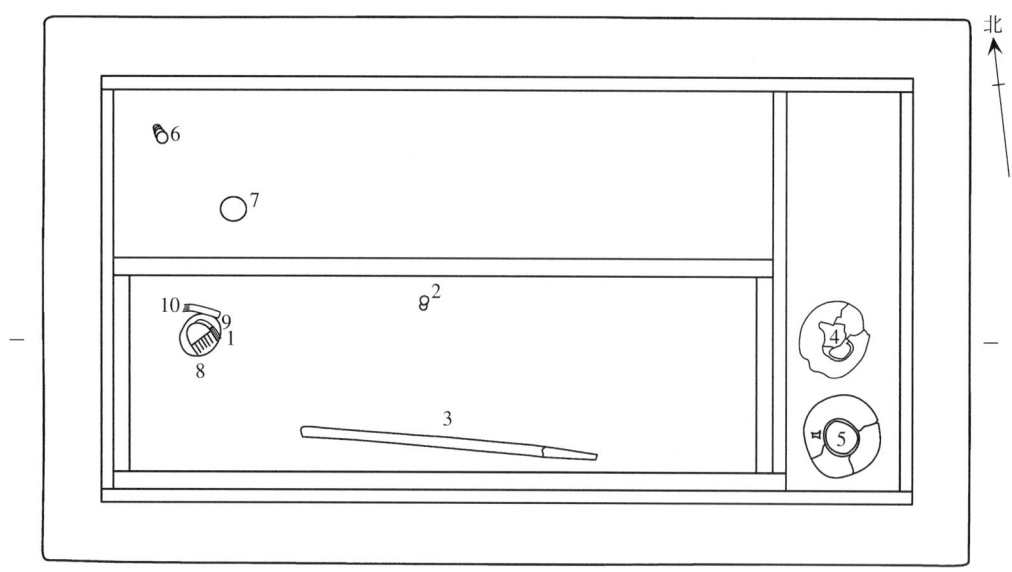

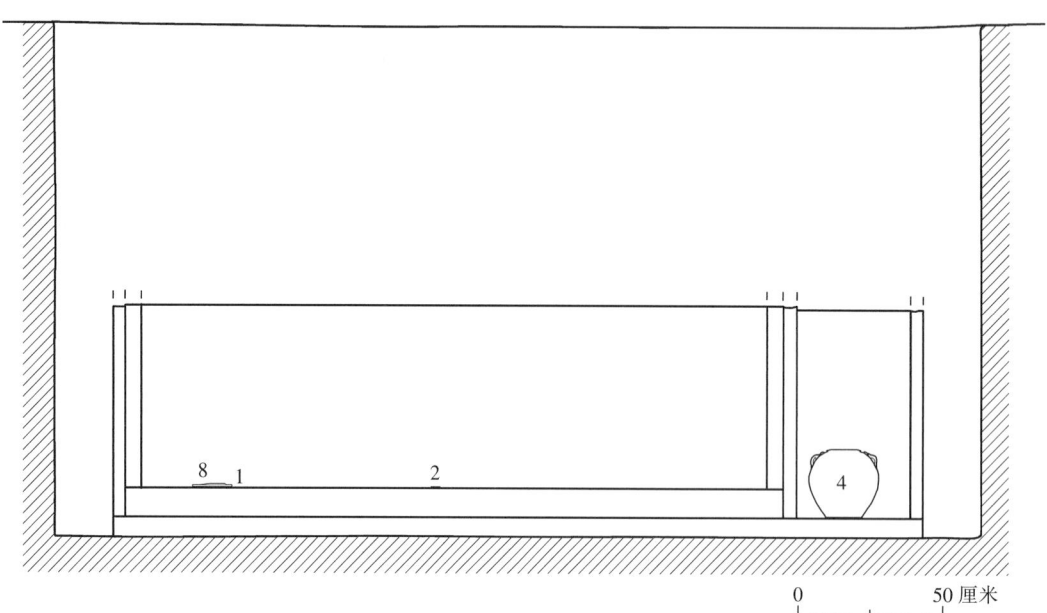

图 3 - 1 - 2a　山南组 M7 平面、剖视图

1、7. 铜镜　2、6. 铜钱　3. 环首铁刀　4. 釉陶瓿　5. 釉陶壶　8. 木梳　9. 木篦　10. 玳瑁笄

3. 木器

共 2 件。器形为梳、篦，均出土于南棺内西部。

梳　1 件。M7：8，弧背长方形，背部厚，齿端薄，背长与齿长基本相同，20 齿。通长 8、宽 7.4、厚 0.1～0.6 厘米。（图 3 - 1 - 2b；彩版三，3）

篦　1 件。M7：9，形制与木梳同，唯齿更密，79 齿。通长 7.8、宽 6.6、厚 0.1～0.6 厘米。（图 3 - 1 - 2b）

4. 玳瑁器

1 件。器形为笄，出土于南棺内西部。

笄　1 件。M7：10，玳瑁制成。窄长方形，齿部残损，可确定为 7 齿。残长 9.7、宽 1.6、厚

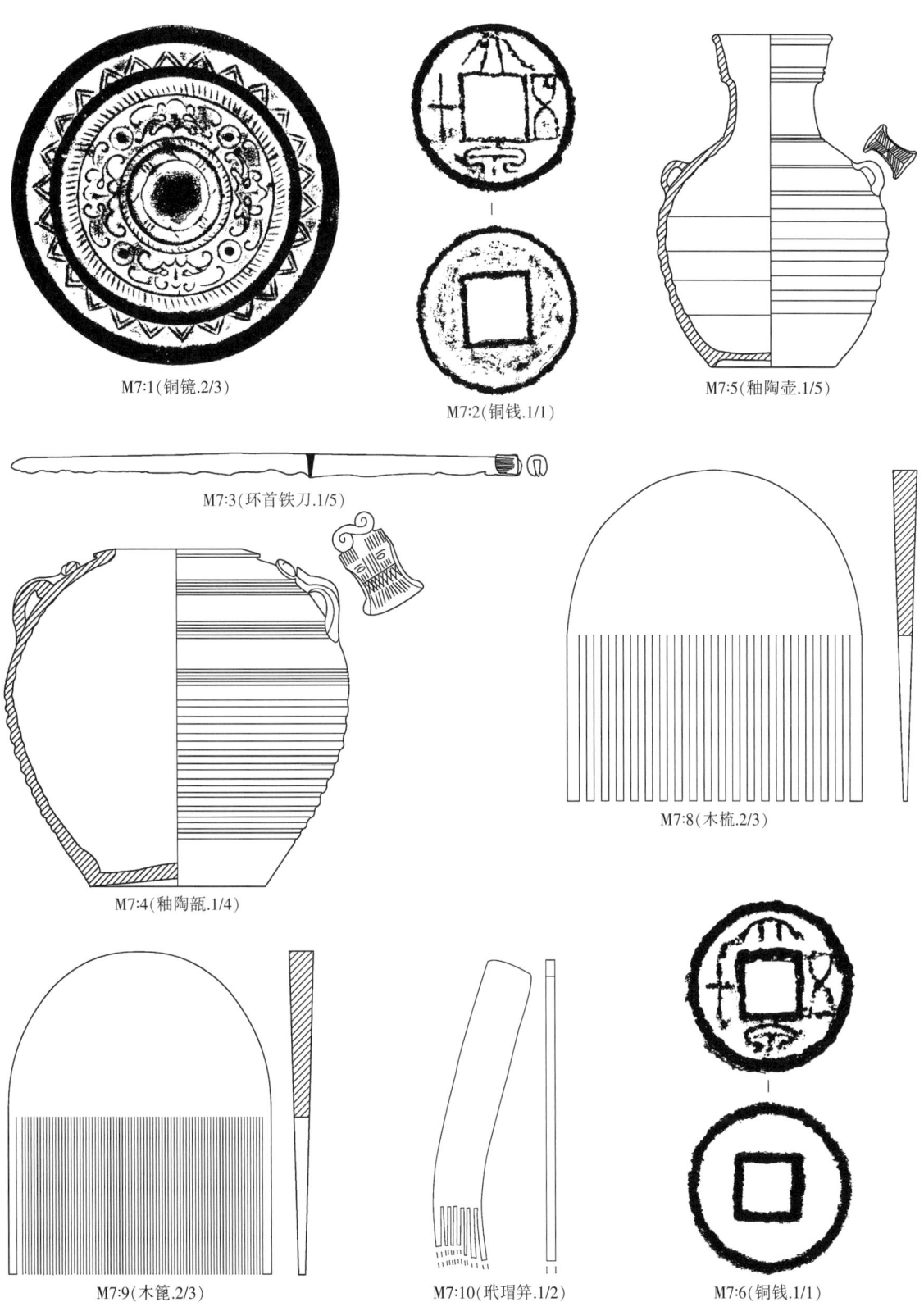

M7:1(铜镜.2/3)

M7:2(铜钱.1/1)

M7:5(釉陶壶.1/5)

M7:3(环首铁刀.1/5)

M7:8(木梳.2/3)

M7:4(釉陶瓿.1/4)

M7:9(木篦.2/3)

M7:10(玳瑁笄.1/2)

M7:6(铜钱.1/1)

图 3 - 1 - 2b 山南组 M7 出土器物图

0.3 厘米。（图 3 - 1 - 2b；彩版三，4）

5. 陶器

共 2 件。器形为壶、瓿，均出土于东边箱内。

壶 1 件。M7：5，釉陶。侈口，圆唇，盘口，束颈，溜肩，鼓腹渐收，矮圈足。肩两侧置桥形耳一对，耳面饰叶脉纹。肩饰凹弦纹，最大径在腹部，上半部施青釉。口径 9.6、底径 10.6、高 26.8 厘米。（图 3 - 1 - 2b；彩版三，5）

瓿 1 件。M7：4，釉陶。小口内敛，圆唇，圆肩，弧腹渐收，平底内凹。肩两侧饰兽面耳与"S"形贴塑各一对。肩部饰凸弦纹。上半部施青釉。口径 8.5、底径 12、高 21.9 厘米。（图 3 - 1 - 2b；彩版三，6、7）

三、8 号墓（M8）

M8 位于山南组取土场墓地中部，墓坑东南角与 M7 墓坑西北角相距 2 米，墓坑西南角与 M10 墓坑西北角相距 2 米。清理前，墓坑西半部分已被高速公路施工方彻底破坏，墓坑东半部分尚留有厚约 60 厘米的填土，开口距现地表深度不明。

墓葬形制为长方形竖穴土坑，墓口残长 140、宽 90 厘米。方向 272°。

该墓葬具为单棺，棺木结构基本朽尽。木棺置于墓坑正中，从朽痕可知，棺残长 135、宽 70、残高 60 厘米，侧板厚 6 厘米，底板厚约 10 厘米。（图 3 - 1 - 3a；彩版二，2）

该墓共出土铜器 1 件。

铜器

1 件。器形为镜，出土于棺内西部。

镜 1 件。M8：1，昭明镜。圆形，半圆纽，圆形纽座。座外单短线与短斜线（每组两线）各四组相间环列，外饰一周八内向连弧纹，其外两周短斜弦纹间饰一周铭文。铭文为"内而清而明

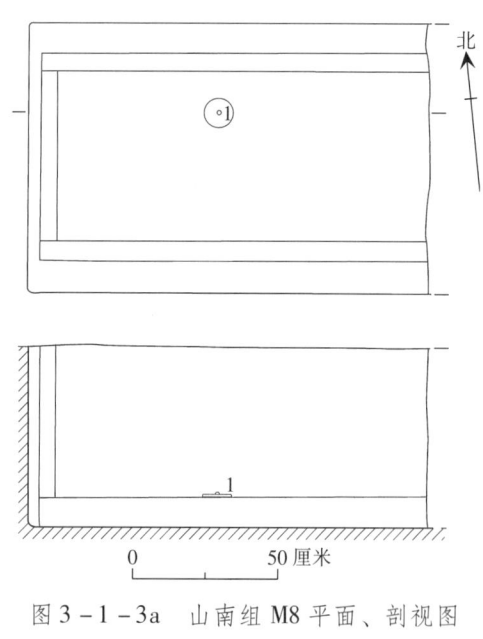

图 3 - 1 - 3a　山南组 M8 平面、剖视图
1. 铜镜

M8:1（铜镜.2/3）

图 3 - 1 - 3b　山南组 M8 出土器物图

而以而昭而明而日而月"。宽素平缘，镜面微凸。面径9.3、背面径9.1、纽高0.6、纽宽1.4、缘宽1.1、缘厚0.4、肉厚0.3厘米。（图3-1-3b；彩版三，8）

四、9号墓（M9）

M9位于山南组取土场墓地中部，北与M10呈平行分布，墓坑东北角距M10墓坑东南角约3米。清理前，墓坑西半部分已被高速公路施工方彻底破坏，墓坑东半部分尚留有厚约60厘米的填土，开口距现地表深度不明。

墓葬形制为长方形竖穴土坑，墓口残长150、宽80厘米，残高60厘米。方向275°。

葬具为单棺，木结构基本朽尽。木棺置于墓坑底正中，从朽痕可知，棺残长140、宽52、残高58厘米，侧板厚6厘米，底板厚约10厘米。（图3-1-4a；彩版二，3）

该墓共出土遗物2件（组），均为铜器。

铜器

共2件（组）。器形为镜、铜钱。

镜　1件。M9：1，出土于棺内东部。日光镜。圆形，半圆纽，圆形纽座。座外饰凸弦纹一周，其外两周短斜弦纹间饰一周铭文，铭文间以"の"形符号间隔。铭文与纹饰因锈蚀严重而不清楚，大致可见"……日……光……"。镜面微凸。面径5.5、背面径5.3、纽高0.5、纽宽1.4、缘宽0.1、缘厚0.2、肉厚0.1厘米。（图3-1-4b；彩版三，9）

铜钱　1组。M9：2，均出土于棺内中部。2枚，五铢钱，形制、尺寸相同，锈蚀严重。钱径2.5、穿径1厘米。

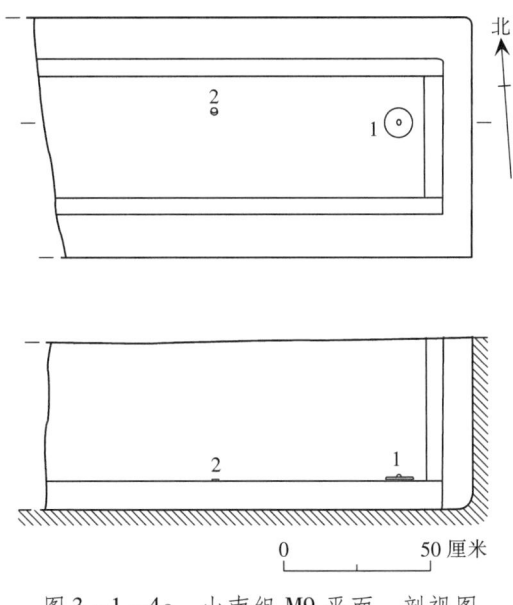

图3-1-4a　山南组M9平面、剖视图
1. 铜镜　2. 铜钱

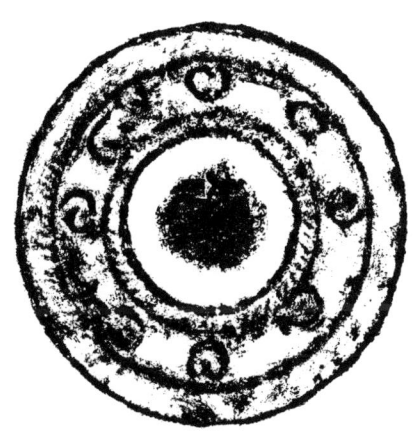

M9：1（铜镜.1/1）

图3-1-4b　山南组M9出土器物图

五、10 号墓（M10）

M10 位于山南组取土场墓地中部，与 M8、M9 相邻，墓坑东北角距 M8 西南角约 2 米，墓坑东南角距 M9 墓坑东北角约 3 米。清理前，墓坑西部已被高速公路施工方破坏，开口距现地表深度不明。

墓葬形制为长方形竖穴土坑，墓口残长 110、宽 80 厘米，残深 54 厘米。方向 273°。

葬具为单棺。木棺置于墓坑底部中部偏西，东侧挡板与墓坑东壁形成宽 40 厘米的空间，用于放置随葬陶器。棺木结构基本朽尽，从朽痕可知，棺残长 60、宽 60、残高 30 厘米，底板厚约 10 厘米。（图 3－1－5a；彩版二，4）

该墓共出土遗物 2 件，均为陶器。

陶器

共 2 件。器形有瓿、罐，均出土于棺外东侧。

瓿 1 件。M10:2，泥质红陶。残损严重，尚可复原。小口内敛，圆唇，圆肩，弧腹渐收，平底。肩两侧饰兽面耳一对，器表素面。口径 8.4、底径 11.4、复原高 19.8 厘米。（图 3－1－5b）

罐 1 件。M10:1，泥质红陶。残损严重，尚可复原。敞口，圆唇，束领，鼓肩，弧腹渐收，平底。口径 13.2、底径 10.8、复原高 21.9 厘米。（图 3－1－5b）

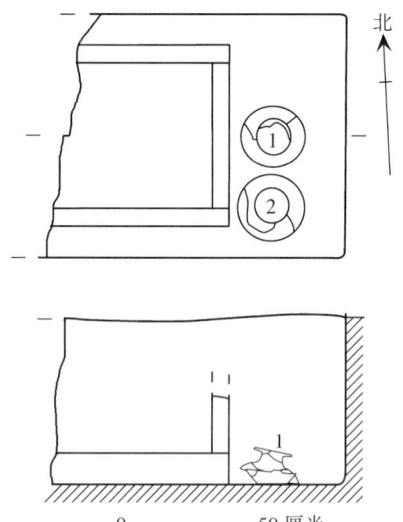

图 3－1－5a　山南组 M10 平面、剖视图
1. 陶罐 2. 陶瓿

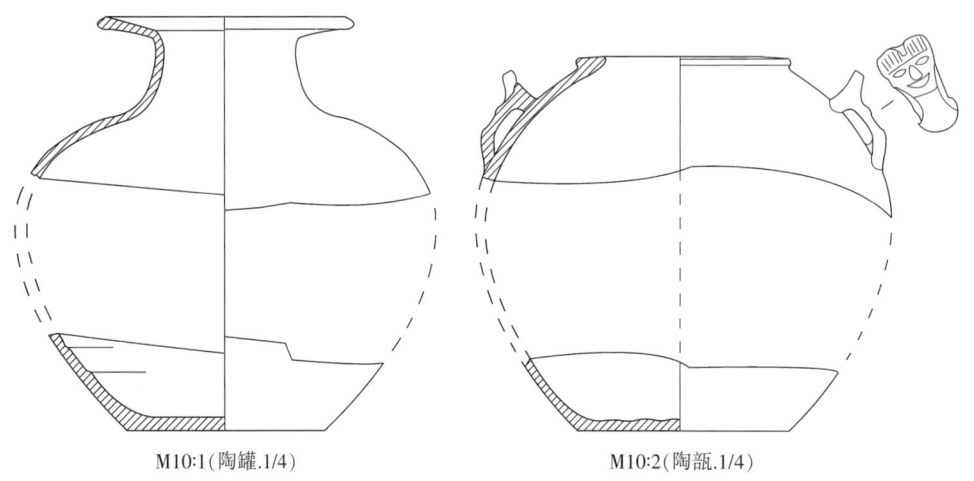

M10:1(陶罐.1/4)　　　　　M10:2(陶瓿.1/4)

图 3－1－5b　山南组 M10 出土器物图

六、11 号墓（M11）

M11 位于山南组取土场墓地中北部。清理前，墓坑开口已被高速公路施工方破坏，开口距现地表深度不明，墓室底部随葬品未受扰动。

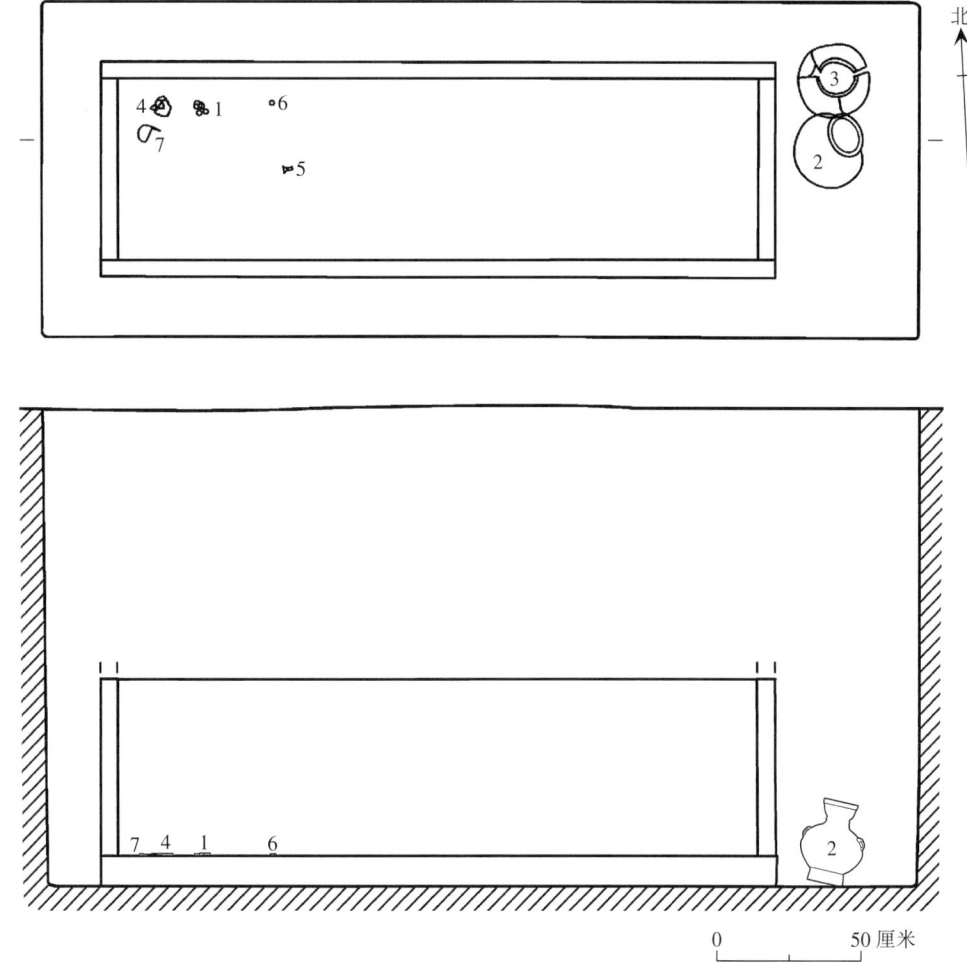

图 3 – 1 – 6a 山南组 M11 平面、剖视图
1、6. 铜钱 2、3. 陶壶 4. 铜镜 5. 琉璃耳珰 7. 木梳

墓葬形制为长方形竖穴土坑，现存墓坑长 300、宽 111 厘米，残深 159 厘米。方向 273°。

葬具为单棺。木棺置于墓坑中部偏西，东侧棺挡板与墓坑东壁形成宽约 45 厘米的空间，用于放置随葬陶器。木棺顶板已朽，南、北两侧板及底板虽残损严重，但仍可确定棺前端由整段圆木斫成，棺长 229、宽 73、残高 68 厘米，侧板均厚 6 厘米，底板厚 10 厘米。（图 3 – 1 – 6a；彩版二，5）

该墓共出土铜器、琉璃器、木器、陶器等各类遗物 7 件（组）。陶壶出土于棺外东侧，其余遗物均出土于棺内。

1. 铜器

3 件（组）。器形为镜、铜钱。

镜 1 件。M11：4，出土于棺内西北部。残损严重，纹饰、尺寸不明。

铜钱 2 组。

M11：1，均出土于棺内西北部。6 枚，大泉五十钱，形制、尺寸相同。钱径 2.5、穿径 1 厘米。（图 3 – 1 – 6b）

M11：6，出土于棺内西北部。1 枚，五铢钱。钱径 2.3、穿径 1 厘米。（图 3 – 1 – 6b）

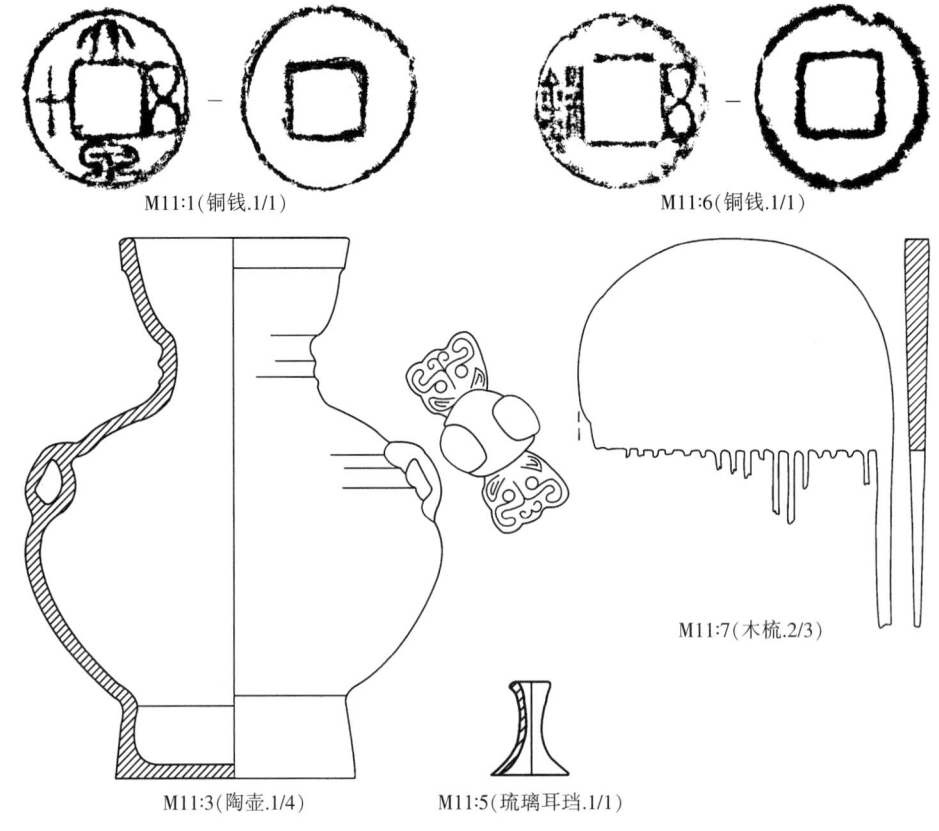

M11:1(铜钱.1/1)　　　　　　M11:6(铜钱.1/1)

M11:7(木梳.2/3)

M11:3(陶壶.1/4)　　　M11:5(琉璃耳珰.1/1)

图 3 - 1 - 6b　山南组 M11 出土器物图

2. 琉璃器

1 件。器形为耳珰，出土于棺内西部。

耳珰　1 件。M11：5，器作束腰喇叭形，内中空。整体呈墨绿色。一面直径 0.5、另一面直径 1、长 1.2 厘米，器壁厚约 0.1 厘米。（图 3 - 1 - 6b）

3. 木器

1 件。器形为梳，出土于棺内西部。

梳　1 件。M11：7，弧背长方形，背部厚，齿端薄，背长与齿长基本相同，齿数目残缺不明。通长 7.7、宽 6.5、厚 0.1～0.5 厘米。（图 3 - 1 - 6b）

4. 陶器

2 件。器形均为壶，出土于棺外东侧。

壶　2 件。两件形制、尺寸相同。M11：3，泥质灰陶。敞口微侈，圆唇，束颈，溜肩，鼓腹渐收，假圈足，平底。肩两侧置牛鼻耳一对，耳部上下两侧各模印铺首纹一处。口径 12.1、底径 13.2、高 28.5 厘米。（图 3 - 1 - 6b）

M11：2，泥质灰陶。相关数据同 M11：3。

七、12 号墓（M12）

M12 位于山南组取土场墓地北部，东北与 M13 相邻，墓坑东北角距 M13 西南角约 3 米。发掘前地表未见封土迹象，尽管墓坑开口有小部分遭高速公路施工方破坏，开口距地表深度不明，但

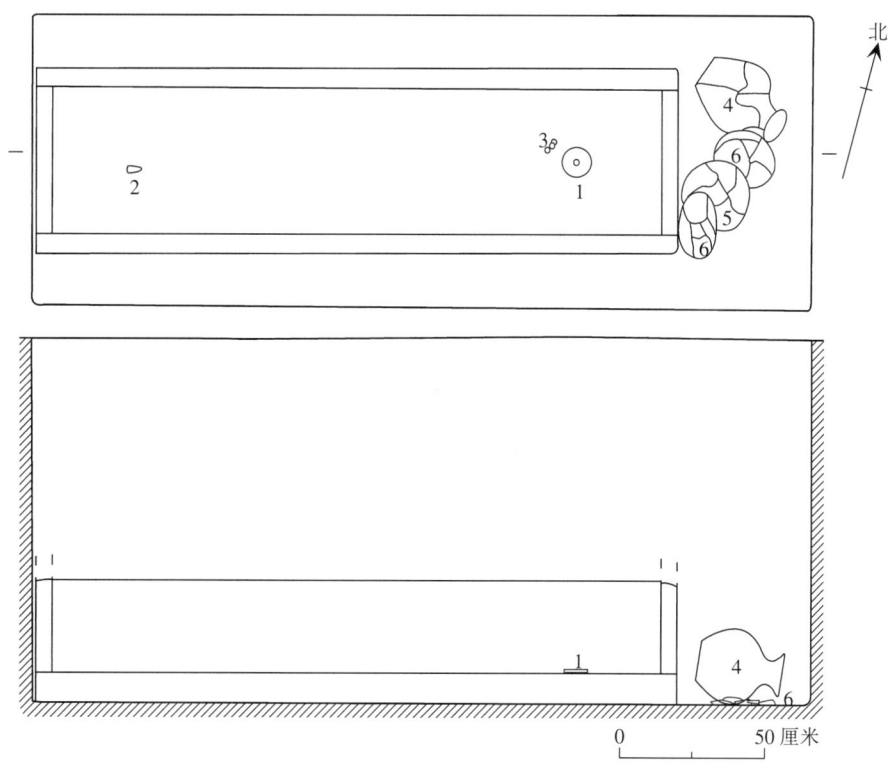

图 3 - 1 - 7a　山南组 M12 平面、剖视图
1. 铜镜　2. 琉璃琀　3. 铜钱　4. 陶壶　5. 陶瓿　6. 陶盒

墓室底部随葬品未受扰动。

　　墓葬形制为长方形竖穴土坑墓，墓坑长 266、宽 96 厘米，残深 120 厘米。方向 255°。

　　葬具为单棺。木棺置于墓坑中部偏西，东侧棺挡板与墓坑东壁形成宽 45 厘米的空间，用于放置随葬陶器。棺木结构基本朽尽，从朽痕可知，长 218、宽 60、残高 40 厘米，棺侧板厚约 6 厘米，底板厚约 10 厘米。（图 3 - 1 - 7a；彩版四，1）

　　该墓共出土铜器、琉璃器、陶器等各类遗物共 6 件（组）。除陶器出土于棺外东侧，其余遗物均出土于棺内。

1. 铜器

　　2 件（组）。器形为镜、铜钱，均出土于棺室东部。

　　镜　1 件。M12：1，昭明镜。出土时铜镜断裂为几块，后经修复大体完整。圆形，半圆纽，圆形纽座。座外短竖线（每组三线）和单弧线共四组相间环列，外饰一周凸弦纹，其外饰十二内向连弧纹与两周短斜弦纹，间饰一周铭文。铭文为"内而清而明而以而昭而□光夫而□泄月"。宽平缘。镜面微凸。面径 10.3、背径 10.1、纽高 0.7、纽宽 1.9、缘宽 1.1、缘厚 0.45、肉厚 0.18 厘米。（图 3 - 1 - 7b；彩版五，1）

　　铜钱　1 组。M12：3，4 枚，五铢钱，形制、尺寸相同，锈蚀严重。钱径 2.6、穿径 1 厘米。

2. 琉璃器

　　1 件。器形为琀，出土于棺内西部。

　　琀　1 件。M12：2，器作蝉形，正面隆起，背面平直。素面。长 3.5、宽 2、厚 0.6 米。（图

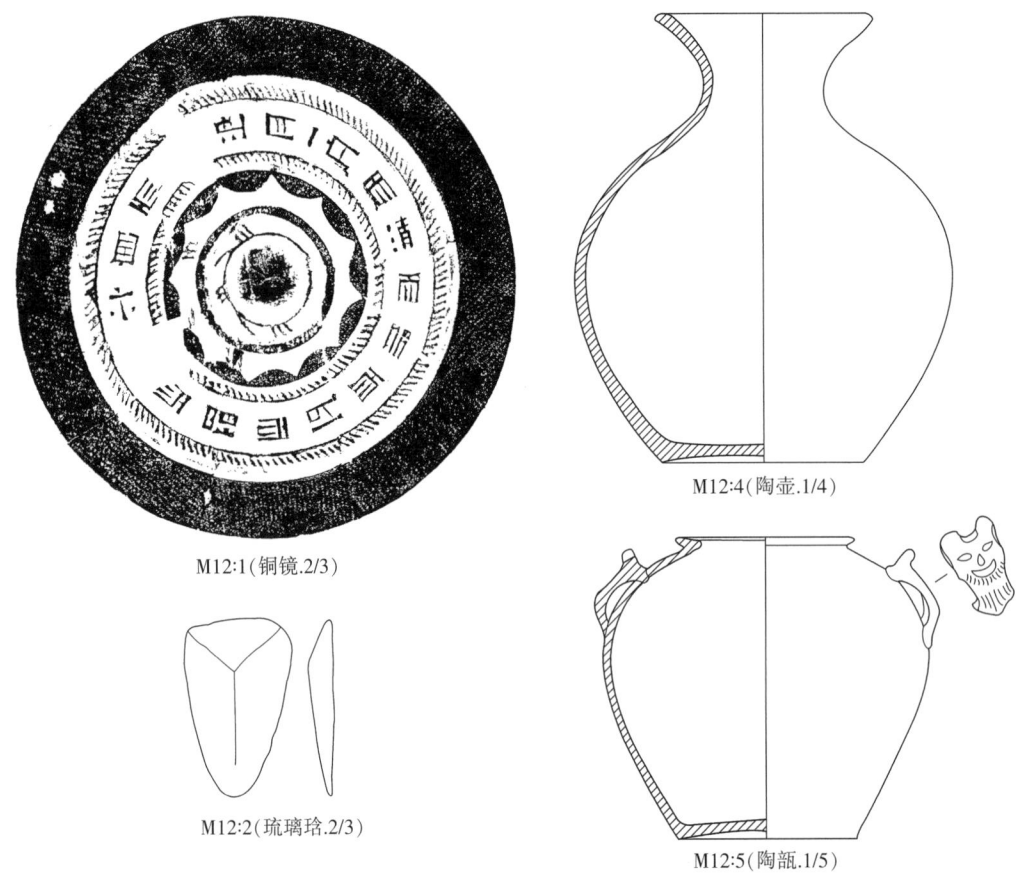

M12:1(铜镜.2/3)

M12:4(陶壶.1/4)

M12:2(琉璃琀.2/3)

M12:5(陶瓿.1/5)

图 3 - 1 - 7b　山南组 M12 出土器物图

3 - 1 - 7b；彩版五，2）

3. 陶器

3 件。器形为盒、壶、瓿，出土于棺外东侧。

盒　1 件。M12：6，泥质灰陶。残损严重，无法复原。

壶　1 件。M12：4，泥质红陶。侈口，圆唇，束颈，溜肩，鼓腹渐收，平底内凹。素面。口径 11.1、底径 11、高 23.7 厘米。（图 3 - 1 - 7b）

瓿　1 件。M12：5，泥质红陶。侈口，尖圆唇，斜沿，束颈，圆肩，弧腹渐收，平底内凹。素面，肩部贴塑一对兽面耳饰。口径 11.2、底径 12、高 20 厘米。（图 3 - 1 - 7b）

八、13 号墓（M13）

M13 位于山南组取土场墓地北部，西南与 M12 相邻，墓坑西南角距 M12 东北角相距 3 米。清理前，地面未见封土遗迹，墓坑西部已被高速公路施工方扰乱，未见墓道、甬道。

墓葬形制为长方形竖穴土坑砖室墓，墓坑开口距现地表 74 厘米，墓坑长 409、宽 158、深 178 厘米。方向 270°。砖室长方形，现存墓室后墙、南墙以及北墙东段，南、北两墙因长年挤压变形严重，呈亚腰形。墓室地面由砖整齐铺砌成席纹，南墙靠近墓门处隐约可见封门砖。现存三面墓墙皆由四组两顺一丁垒砌，其上砌三顺，再上不存，推测起券为券顶。砖室长 341、宽 139、残高 98 厘米。墓砖尺寸基本相同，长 26、宽 13、厚 3.7 厘米。（图 3 - 1 - 8a；彩版四，2）

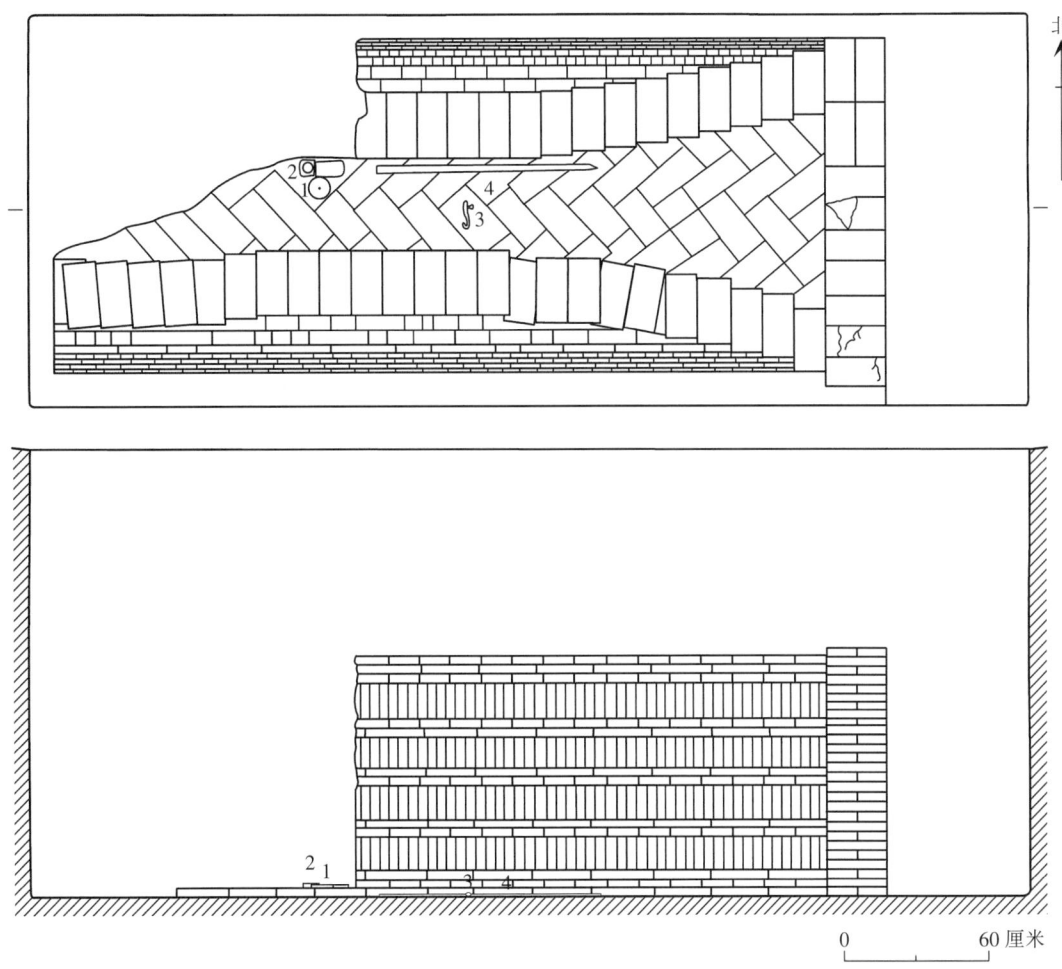

图 3-1-8a 山南组 M13 平面、剖视图
1. 铜镜 2. 石黛板/研石 3. 铜带钩 4. 铁刀

墓室内葬具已腐朽殆尽,现场仅见若干黑漆木片,推测为该墓漆棺碎片。

该墓共出土铜器、铁器、石器等各类遗物共4件(组)。

1. 铜器

2件。器形为镜、带钩。

镜 1件。M13:1,出土于墓室中部偏西。四乳禽兽纹镜。圆形,半圆纽,圆纽座。座外饰细凸弦纹两周与短斜弦纹一周,间饰四乳,乳间饰禽兽纹四组,其中一组中间夹饰五铢钱纹。宽斜平缘,饰云气纹。镜面微凸。面径10、背径9.4、纽高0.8、纽宽1.9、缘宽1.3、缘厚0.56、肉厚0.2厘米。(图3-1-8b;彩版五,3)

带钩 1件。M13:3,出土于墓室中部。琵琶形,钩首兽首形,钩身细长,断面呈半圆形,钩尾面鼓,背有一柱状圆扣形纽。总长6.6、宽0.4~2.2厘米,纽柱高0.4厘米。(图3-1-8b;彩版五,4)

2. 铁器

1件。器形为刀。

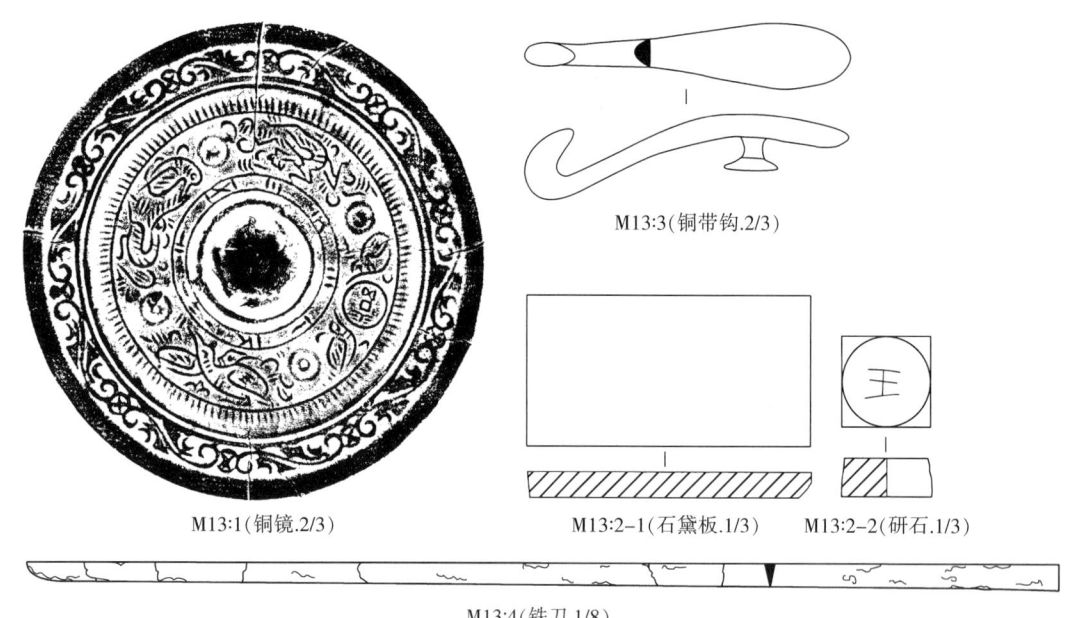

M13:1(铜镜.2/3)　　　　　M13:2-1(石黛板.1/3)　　M13:2-2(研石.1/3)

M13:4(铁刀.1/8)

图 3 - 1 - 8b　山南组 M13 出土器物图

刀　1 件。M13：4，出土于墓室中部铜带钩（M13：3）北侧。柄部残缺，刀身锈蚀较严重，宽背薄刃，断面呈三角形。残长 113 厘米。（图 3 - 1 - 8b）

3. 石器

1 组。器形为黛板和研石，出土于铜镜（M13：1）北侧。

黛板/研石　该组石黛板包括黛板和研石两部分，均青石质。M13：2 - 1，石黛板，长方形薄片状，正面平整光滑，有黑色痕迹，背面略缺一角，长 11.5、宽 6、厚 1 厘米。M13：2 - 2，研石由上下两部分构成，下部为方形石板，上部为圆形石板，内切于方板，两部由一块整石雕凿而成，上表面光滑，刻一"王"字，底径 3.6、高 1.5 厘米。推测两件物品组合使用，一为黛板一为研磨工具。（图 3 - 1 - 8b；彩版五，5）

九、28 号墓（M28）

M28 位于山南组取土场墓地中东部，西南与 M29 相邻，墓坑西南角距离 M29 东北角约 3 米。发掘前地表未见封土迹象，墓坑上部及东半部已被高速公路施工方破坏，开口距现地表深度不明。

墓葬形制为长方形竖穴土坑，开口残长 168、宽 132 厘米，墓坑残深 90 厘米。方向为 274°。

葬具为单棺，棺木结构基本朽尽。木棺置于墓坑底中部偏西，从朽痕可知，棺残长 128、宽 50 厘米，侧板厚 8 厘米，底板厚 6 厘米。（图 3 - 1 - 9a；彩版四，3）

该墓共出土遗物 3 件，均为琉璃器。

琉璃器

3 件。器形为琀、塞，出土于棺内北部偏西。

琀　1 件。M28：1，器作蝉形，正面隆起，纹饰简练，背面平直，素面。长 3.6、宽 2.1、厚 1 厘米。（图 3 - 1 - 9b；彩版五，6）

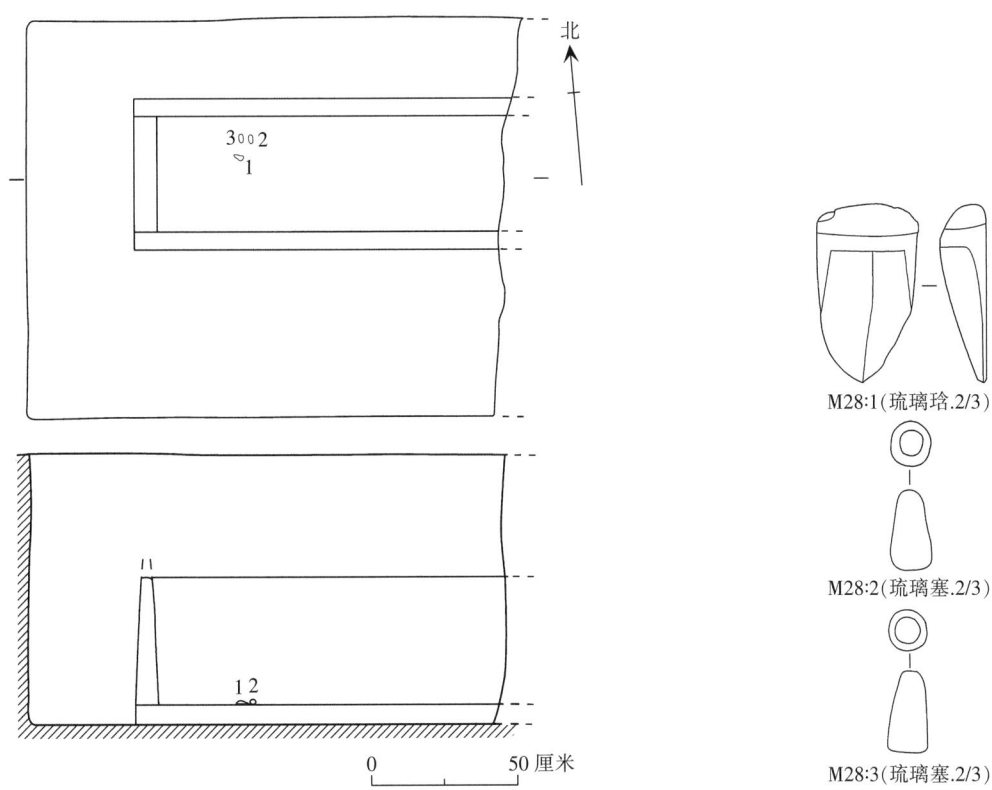

图 3-1-9a 山南组 M28 平面、剖视图
1. 琉璃玲 2、3. 琉璃塞

图 3-1-9b 山南组 M28 出土器物图

塞 2 件。两件形制尺寸同。M28:2,器作圆台柱形,呈灰白色。顶面直径 0.5、底面直径 0.8、高 1.6 厘米。(图 3-1-9b;彩版五,7 左)

M28:3,尺寸同 M28:2。(图 3-1-9b;彩版五,7 右)

十、29 号墓(M29)

M29 位于山南组取土场墓地中东部,北与 M28 相邻,墓坑东北角与 M28 东南角相距 3 米。发掘前地表未见封土迹象,墓坑上部及西半部已被高速公路施工方破坏,开口距现地表深度不明。

墓葬形制为长方形竖穴土坑,墓坑开口残长 192、宽 76 厘米,残深 75 厘米。方向 270°。

葬具为单棺。木棺置于墓坑底部正中偏西,东侧棺挡板与墓坑东壁形成宽 50 厘米的空间,用于放置随葬陶器和漆器。棺木结构基本朽尽,从朽痕可知,棺残长 140、宽 54、残高 36 厘米,侧板厚 6 厘米,底板厚 9 厘米。(图 3-1-10a;彩版四,4)

该墓共出土漆器、陶器等各类遗物共 4 件。均出土于棺外东侧。

1. 漆器

1 件。器形不明。

残漆器 1 件。M29:4,残损严重,器形不明。

2. 陶器

3 件。器形为盒、壶、罐。

盒 1 件。M29:2,灰陶。器盖缺失,仅存器身。盒身子母口,尖圆唇内敛,斜腹,平底内

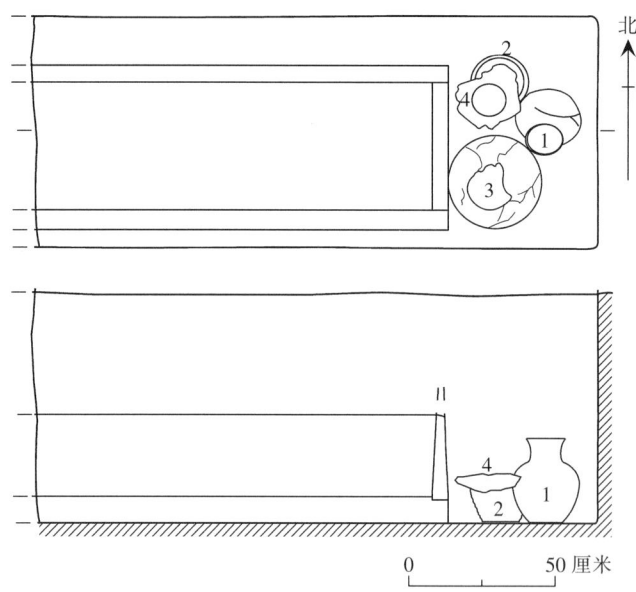

图 3 - 1 - 10a　山南组 M29 平面、剖视图
1. 陶壶　2. 陶盒　3. 陶罐　4. 残漆器

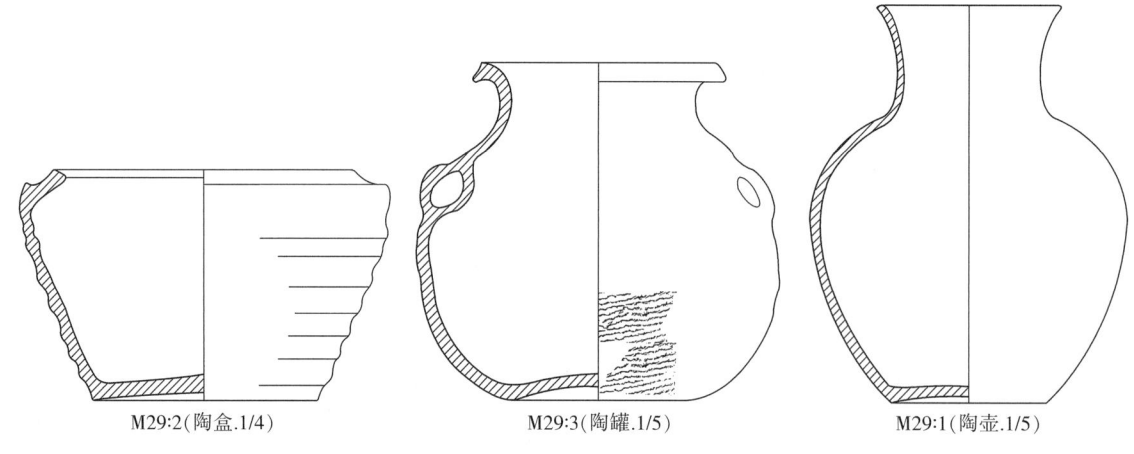

M29:2(陶盒.1/4)　　　　　M29:3(陶罐.1/5)　　　　　M29:1(陶壶.1/5)

图 3 - 1 - 10b　山南组 M29 出土器物图

凹。盒身口径 16.3、底径 12.2、高 12 厘米。（图 3 - 1 - 10b；彩版五，8）

壶　1件。M29：1，灰陶。侈口，圆唇，束颈，溜肩，鼓腹渐收，平底内凹。通体素面。口径 12、底径 10.5、高 26.2 厘米。（图 3 - 1 - 10b；彩版五，9）

罐　1件。M29：3，灰陶。敞口，尖唇，卷沿外翻，沿面内凹，短束颈，溜肩，弧腹，平底内凹。肩部饰牛鼻耳一对，下腹饰绳纹。口径 16、底径 11.8、高 22.1 厘米。（图 3 - 1 - 10b）

第二节　山头组取土场墓地

　　山头组取土场墓地位于盱眙县马坝镇东阳社区山头居民组。金马高速公路东阳段进入现场施工后，该处取土场被选为建筑取土与取石地点，施工过程中发现古墓葬。考古队进入现场后在取

土场范围内共清理发掘墓葬 10 座，根据工作顺序编为 3、4 号墓（M3、M4）、24 号墓（M24）、30～33 号墓（M30～M33）、45～47 号墓（M45～M47）。此外，在该取土场东北角正北方向 90 米处，也发掘了一处墓葬，编号为 1 号墓（M1），一并放入该墓地中。（图 3-2-0）

墓地大体呈长方形，南北长 47 米，东西宽 36 米，位于东阳城大城北城墙西段外侧，小云山山顶最高峰往南 150 米，取土场南边到北城墙距离为 50 米。发掘前，该区域属于小云山南面山坡，地表无农作物，仅有居民自有住宅零星分布。

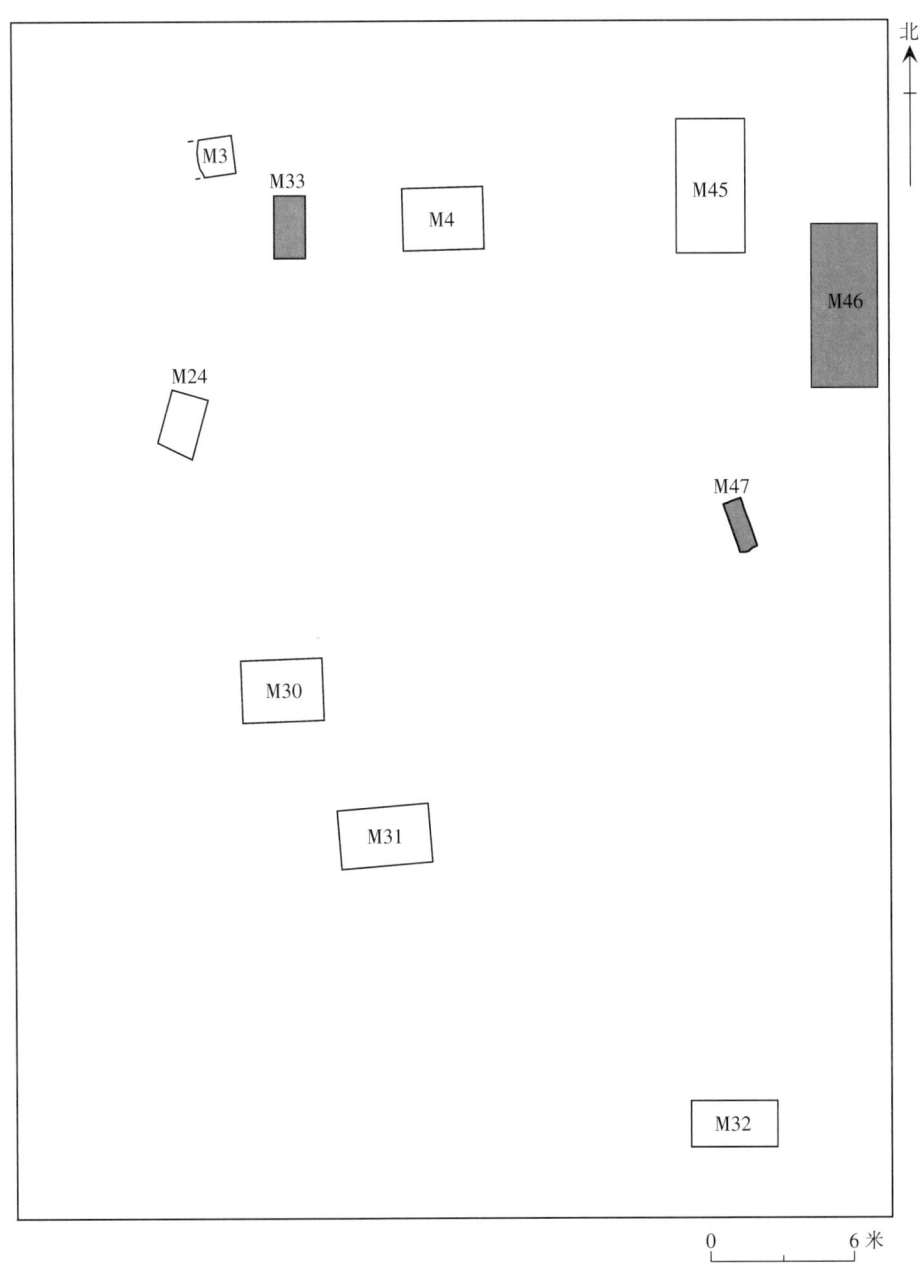

图 3-2-0 山头组取土场墓地墓葬平面分布图

一、1号墓（M1）

M1 位于山头组取土场墓地东北角正北方向 90 米处，东距小云山主峰约 70 米。清理前，墓坑开口已被破坏，墓坑内部分区域墓底被挖穿。

墓葬形制为长方形竖穴岩坑墓，坑壁凿制粗糙，未见打磨痕迹，墓坑长 436、宽 240 厘米。方向 280°。清理时，椁盖上方填塞有青膏泥，厚度不明。木椁侧板与岩坑壁之间填塞五花土。

葬具为一椁一棺，除木椁与棺的底板外，其余木结构基本朽尽。木椁置于墓坑底部正中，椁室平面呈长方形，东西残长 350、南北宽 170 厘米。椁室内分一棺室和两个边箱，棺残长 120、宽 68 厘米，高度不明。（图 3 - 2 - 1a；彩版六，1）

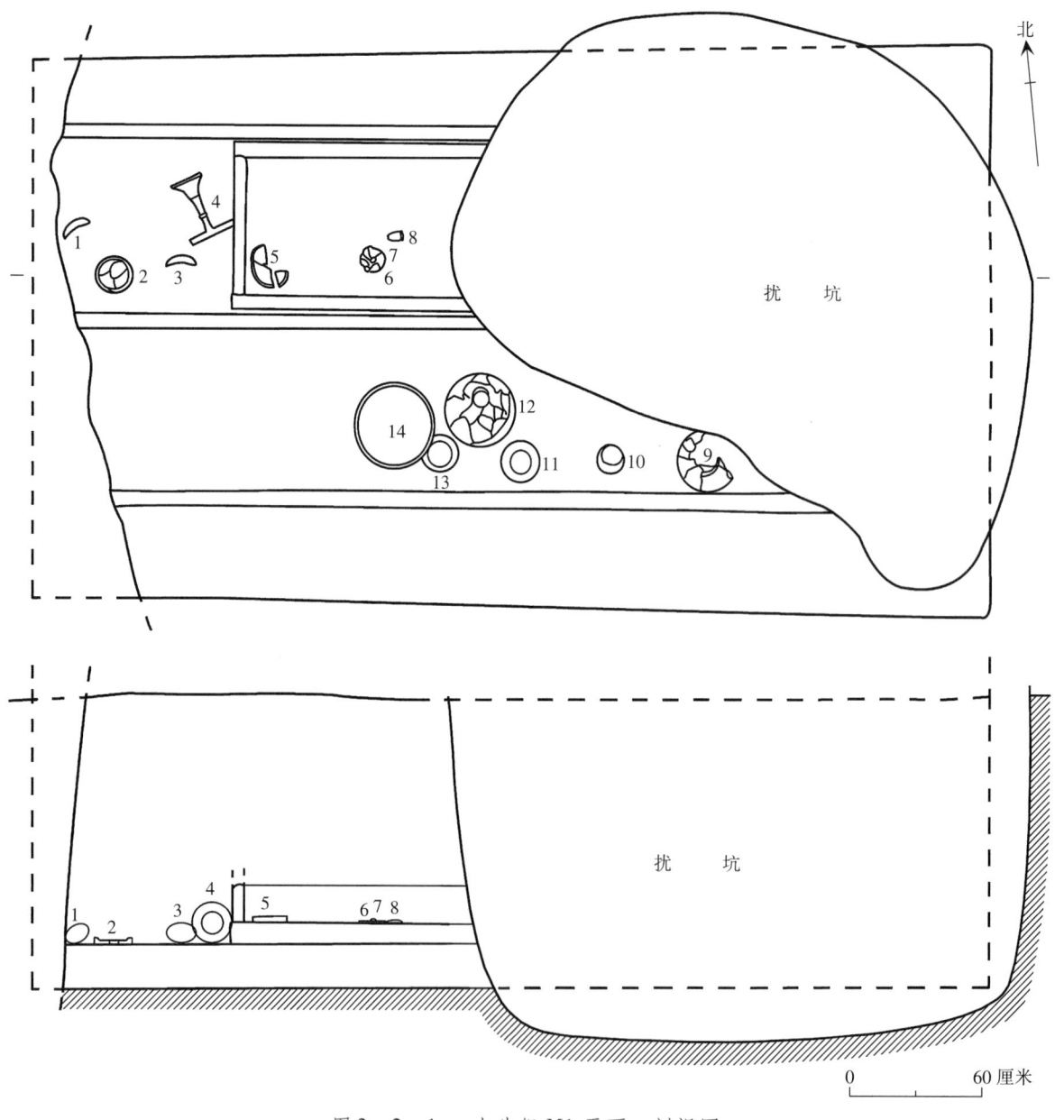

图 3 - 2 - 1a　山头组 M1 平面、剖视图

1、3. 漆耳杯　2、5. 铜镜　4. 铜灯　6. 琉璃璧　7. 铜泡饰　8. 琉璃玲　9、12. 釉陶瓿　10、11. 釉陶壶　13. 铜熏炉　14. 铜盆

该墓共出土铜器、琉璃器、漆器、陶器等各类遗物共 14 件。

1. 铜器

共 6 件。器形有盆、灯、熏炉、镜、泡饰共 5 种。

盆 1 件。M1：14，出土于南边箱中部。敞口，斜宽沿外折，上腹部为直壁，下腹部弧收，平底矮圈足。腹壁两侧饰铺首衔环耳。口径 36.5、底径 8.5、高 10 厘米。（图 3 - 2 - 1b；彩版七，1）

灯 1 件。M1：4，出土于西边箱北部。豆形，灯盘为直壁、浅腹、平底，盘中心为圆锥状火柱。细长柄，下半部饰箍状纹。喇叭形圈足。盘口径 16.4、圈足径 13.4、高 28 厘米。（图 3 - 2 - 1b）

熏炉 1 件。M1：13，出土于南边箱中部。由炉盖、炉体和托盘三部分组成。炉盖为典型博山式纹样，盖顶略残。炉体呈半球形，子母口微敛，上腹部饰一圈箍状纹。托盘内底中部隆起，以一圆形立柱与炉体相连。盘为宽平沿外折，浅腹，腹壁斜收，外底中空。口径 10.2、盘径 20.8、通高 21.6 厘米。（图 3 - 2 - 1b）

镜 2 件。M1：2，出土于西边箱西部。云纹博局镜。圆形，半圆纽，圆纽座。座外双线方格，方格内四角饰单线双点纹，方格外为博局纹，TLV 纹饰间环列八乳，空间填饰云气纹，其外饰一圈铭文带及一周斜弦纹带。铭文为"上大山，见神人，食玉英，饮泉，驾文龙，东浮云，宜官。"宽平缘上饰云气纹及三角锯齿纹。镜面微凸。面径 16.6、背面径 16.4、纽高 0.9、纽宽 2、缘宽 2.4、缘厚 0.47、肉厚 0.29 厘米。（图 3 - 2 - 1b；彩版七，2）

M1：5，出土于棺内西南角。云纹博局镜。形制、尺寸、纹饰与 M1：2 相同。（彩版七，3）

泡饰 1 件。M1：7，出土于棺内西部。主体呈球面形，正面鎏金，背面有两个平行横梁。直径 5.2、高 4.1 厘米。（图 3 - 2 - 1b；彩版六，2、3）

2. 琉璃器

共 2 件。器形为璧、琀，均出土于棺内。

璧 1 件。M1：6，出土于棺内西部。器物残损，风化严重，两面均饰谷纹。经复原，外径 10.2、内径 2.4、厚 0.3 厘米。（图 3 - 2 - 1b）

琀 1 件。M1：8，出土于棺内西部。器作蝉形，正面隆起，纹饰简练，背面平直，素面。长 5.3、宽 3.1、厚 0.5 厘米。（图 3 - 2 - 1b；彩版六，4）

3. 漆器

共 2 件。器形为耳杯，出土于西边箱。

耳杯 2 件。两件形制相同，均仅存器耳。

M1：1，木胎。耳杯杯身朽尽，仅存器耳外饰。外饰为鎏金铜扣，耳反面通体髹朱漆，以黑漆绘云气纹。（彩图一）

M1：3，尺寸、纹饰与 M1：1 相同。

4. 陶器

共 4 件。器形为壶、瓿，均出土于南边箱。

壶 2 件。两件形制有差异，均为青釉陶。M1：10，出土于南边箱东部。侈口，圆唇，近平沿，直颈，溜肩，鼓腹渐收，平底。肩两侧饰桥形耳一对。直颈下半部饰水波纹，肩饰凹弦纹，最

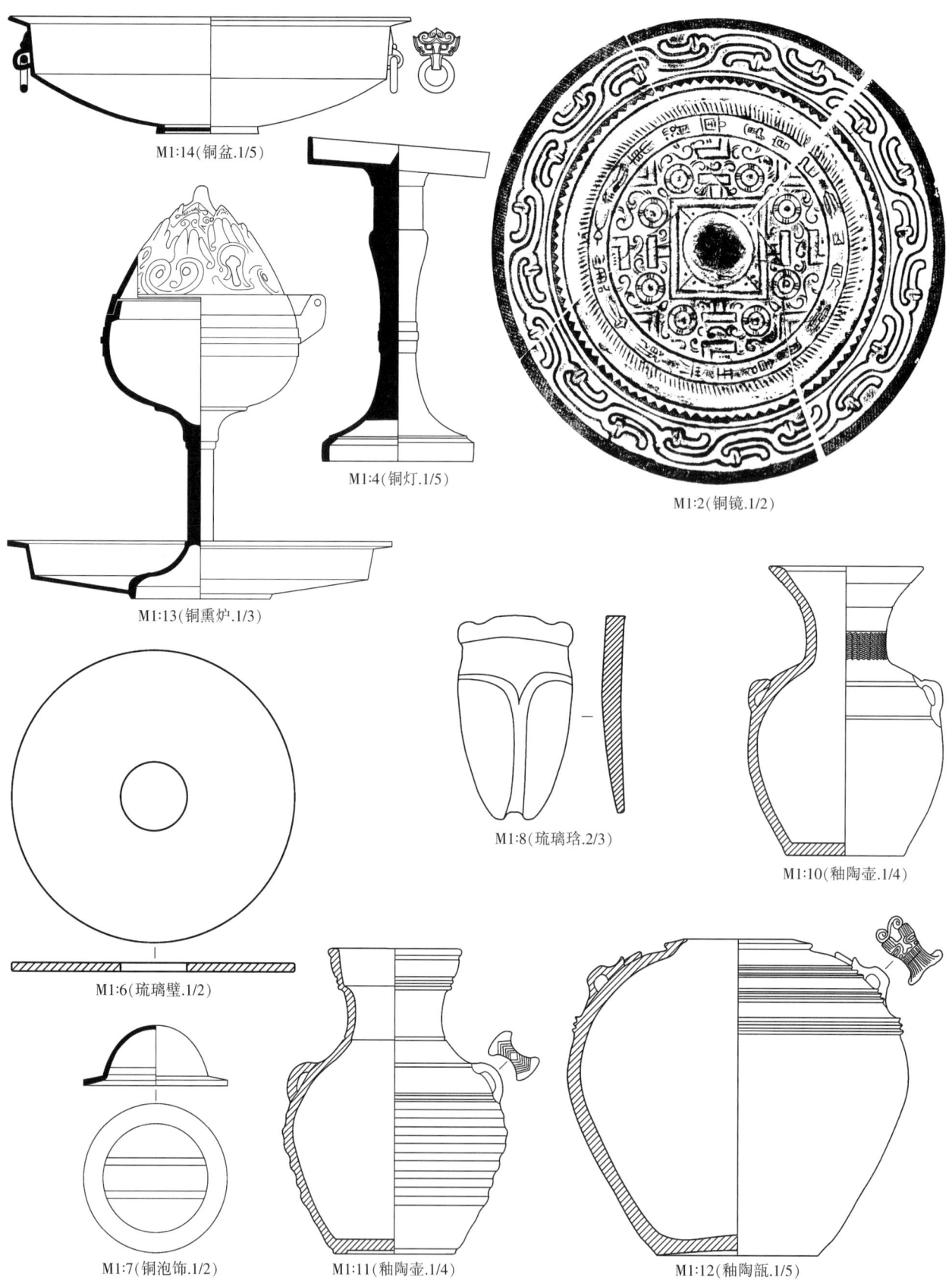

M1:14(铜盆.1/5)

M1:4(铜灯.1/5)

M1:2(铜镜.1/2)

M1:13(铜熏炉.1/3)

M1:8(琉璃玲.2/3)

M1:10(釉陶壶.1/4)

M1:6(琉璃璧.1/2)

M1:7(铜泡饰.1/2)

M1:11(釉陶壶.1/4)

M1:12(釉陶瓿.1/5)

图 3-2-1b　山头组 M1 出土器物图

大径在腹部，上半部施青釉。口径 10.9、底径 8.5、高 20 厘米。（图 3 - 2 - 1b；彩版七，4）

M1 ∶ 11，出土于南边箱中部。侈口，圆唇，盘口，束颈，溜肩，鼓腹渐收，矮圈足。肩两侧置桥形耳一对，耳面饰叶脉纹。肩饰凹弦纹，最大径在腹部，上半部施青釉。口径 9.5、底径 9.0、高 21.2 厘米。（图 3 - 2 - 1b；彩版七，5）

瓿 2 件。两件形制基本相同，均为青釉陶。M1 ∶ 12，出土于南边箱中部。小口内敛，圆唇，圆肩，弧腹渐收，平底内凹。肩两侧饰兽面耳与"S"形贴塑各一对。肩部饰凸弦纹，上半部施青釉。口径 9.2、底径 14.4、高 27.5 厘米。（图 3 - 2 - 1b；彩版七，6）

M1 ∶ 9，出土于南边箱东部。尺寸与 M1 ∶ 12 相同。

二、3 号墓（M3）

M3 位于山头组取土场墓地西北部，东南与 M33 相邻，其墓坑东南角距 M33 西北角约 3 米。清理前，墓葬开口及西半部分墓坑已被高速公路施工方彻底破坏，仅留有墓室东半区近墓底部分。

墓葬形制为长方形竖穴土坑，开口残长 132、宽 146 厘米，墓坑残深 25 厘米。方向 103°。

葬具为一椁一棺。棺椁结构保存较差，木质部分大多朽尽，唯棺椁底板尚有木质结构留存。木椁置于墓坑底部正中，椁室平面呈长方形，残长 106、宽 110 厘米，高度不明，椁室仅存部分侧板与底板，厚度均为 5 厘米。棺位于椁室南部，与椁室南壁椁板紧靠。棺由整段圆木斫成，残长 104、宽 64 厘米，高度不明，棺侧板厚 5 厘米，底板厚 6 厘米。北边箱位于椁室北部，由椁室北、东、西三面侧板及棺北侧板之间的空间组成，残长 104、宽 38 厘米，高度不明。（图 3 - 2 - 2a）

该墓共出土铜器、陶器等遗物共 7 件。除铜镜出土于棺内外，其余遗物均出土于北边箱内。

图 3 - 2 - 2a 山头组 M3 平面、剖视图
1. 釉陶壶 2、5. 釉陶瓿 3. 陶盒 4. 陶鼎 6. 铜盆 7. 铜镜

1. 铜器

共 2 件。器形为盆、镜。

盆 1 件。M3 ∶ 6，出土于北边箱内。残损严重，无法复原。

镜 1 件。M3 ∶ 7，出土于棺内东南角。日月镜。圆形，大部残缺。纽座外饰一周凸弦纹带，其外饰两周短斜弦纹，间饰一圈铭文带。铭文为"……勿忘……"。窄缘。镜面直径 7.1、肉厚 0.13 厘米。（图 3 - 2 - 2b）

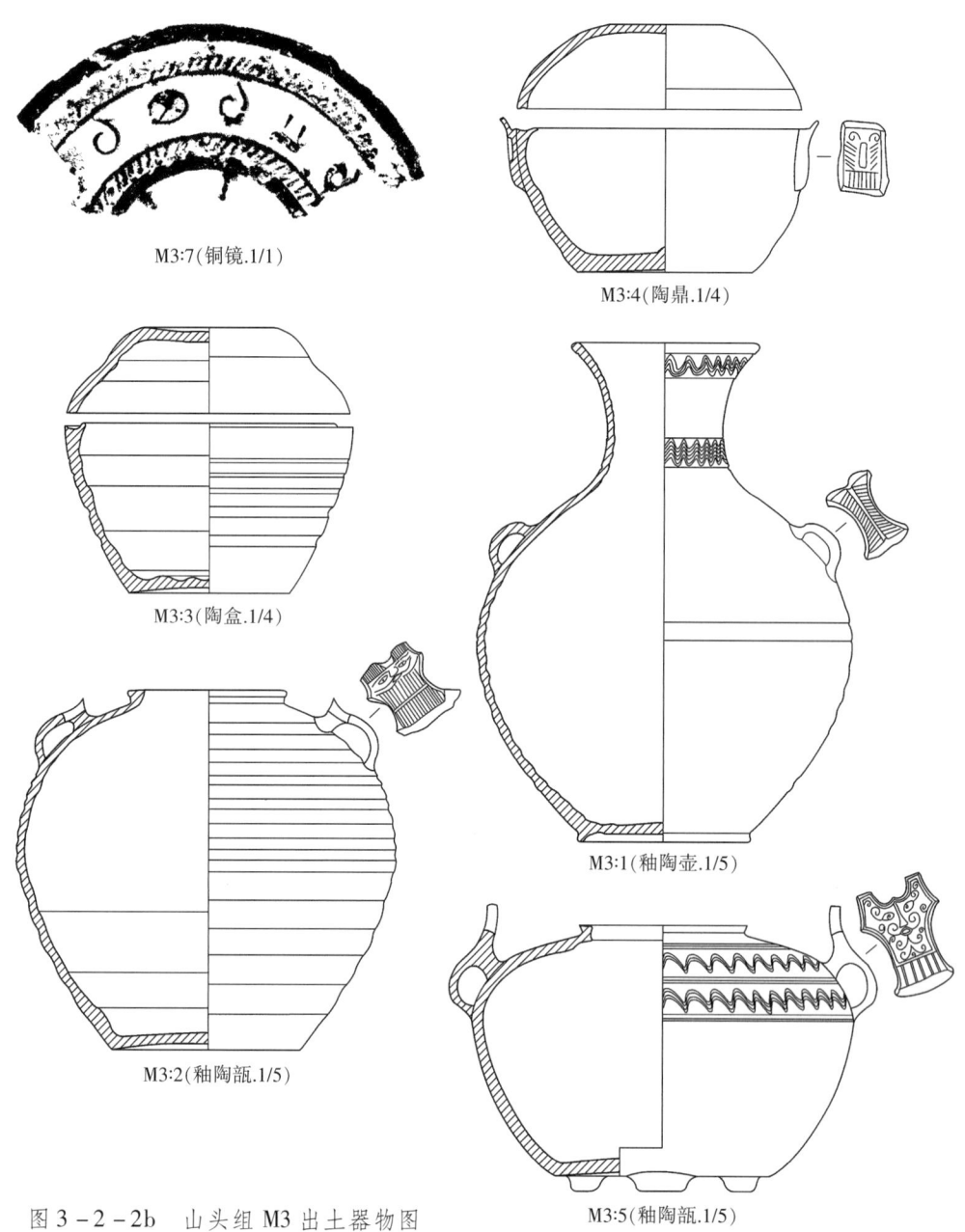

M3:7(铜镜.1/1)

M3:4(陶鼎.1/4)

M3:3(陶盒.1/4)

M3:1(釉陶壶.1/5)

M3:2(釉陶瓿.1/5)

M3:5(釉陶瓿.1/5)

图 3 - 2 - 2b　山头组 M3 出土器物图

2. 陶器

共 5 件。器形为鼎、盒、壶、瓿，均出土于北边箱内。

鼎　1 件。M3:4，红陶质地，火候较高。覆平底钵形盖，平顶较宽。鼎身子母口，尖圆唇，口部饰一对称耳，斜弧腹，平底内凹。耳外侧模印叶脉纹。盖口径 15.9、高 4.8 厘米，鼎身口径 15、底径 9.6、高 8.4 厘米。（图 3 - 2 - 2b；彩版八，1）

盒　1 件。M3:3，盖红陶质地，平底钵形，宽平顶微凹。盒身釉陶，子母口，圆唇内敛，斜弧腹，平底内凹。盖口径 16.2、高 4.5 厘米，盒身口径 14.4、底径 9、高 9.3 厘米。（图 3 - 2 - 2b；彩版八，2）

壶　1 件。M3:1，釉陶，施半截青黄釉。侈口，圆唇，直颈，溜肩，鼓腹渐收，平底，矮圈足。双桥形耳，耳面饰叶脉纹。口沿下与颈部下端各饰一圈水波纹。口径12.4、底径12、高34厘米。（图3-2-2b；彩版八，3）

瓿 2件。两件形制不同，皆釉陶，施半截青釉。M3：2，小口内敛，尖圆唇，平沿，圆肩，弧腹渐收，平底内凹。肩两侧饰兽面耳一对并饰凹弦纹。口径10.8、底径13.2、高24.8厘米。（图3-2-2b；彩版八，4）

M3：5，尖圆唇，平沿，宽肩，弧腹，平底内凹，有三宽扁足。肩两侧饰兽面耳一对并饰三圈凹弦纹，凹弦纹间饰两圈水波纹。口径12、高19.5厘米。（图3-2-2b；彩版八，5）

三、4号墓（M4）

M4位于山头组取土场墓地北部，西面与M33相邻，其墓坑西南角与M33东南角相距约4米。清理前，墓坑开口面以上区域大部分已被高速公路施工方破坏，木椁内部分区域遭受破坏扰动。

墓葬形制为长方形竖穴岩坑，长370、宽240厘米，深度不明。方向90°。

葬具为一椁两棺。棺椁保存较差，但大体形制相对完整。木椁置于墓坑底部正中，椁室平面呈长方形，长310、宽180、残高44厘米，椁室底板厚8厘米。两棺均位于椁室西部，北棺与椁室北壁椁板紧靠，南棺与北棺间隔20厘米，两棺均由整段圆木斫成，南、北两端插入挡板。北棺长210、宽60、残高44厘米，棺侧板厚6厘米，底板厚10厘米。南棺长218、宽66、残高46厘米。侧板与底部厚度同北棺。东边箱位于椁室东部，由椁室北、东、南三面侧板及两棺东挡板之间的空间组成，长162、宽64厘米。（图3-2-3a）

尽管受到盗扰，该墓仍出土铜器、铁器、漆器等各类遗物共12件。

1. 铜器

共10件（组）。器形为镜、带钩、泡饰、铜钱。

镜 5件。M4：1，出土于南棺内东部。凤鸟纹镜。圆形，半圆纽，并蒂连珠纹纽座。纽座外饰一周短斜弦纹及一周凸弦纹带，其外饰两周短斜弦纹，间饰十三组凤鸟纹。宽素平缘。镜面直径14.8、纽高1.1、纽宽2、肉厚0.25厘米。（图3-2-3b；彩版九，1）

M4：2，出土于南棺内东部。四乳禽兽纹镜。圆形，四叶纹纽座，中部残缺。纽座外饰一周短斜弦纹及一周凸弦纹带，其外饰两周短斜弦纹间饰四乳，乳间饰四神纹。宽素平缘。镜面直径16.6、肉厚0.27厘米。（图3-2-3b）

M4：4，出土于东边箱内。昭明镜。圆形，半圆纽，圆形纽座。座外四组短竖线（每组三线）与短弧线相间环列，外饰一周凸弦纹带和一周十二内向连弧纹，其外饰两周短斜弦纹，间饰铭文带一圈。铭文为"内而清而以而昭而明而光而象而夫而日而月而"。宽素平缘。镜面直径10.2、纽高0.8、纽宽1.5、肉厚0.18厘米。（图3-2-3b；彩版九，2）

M4：5，出土于东边箱内。昭明镜。圆形，半圆纽，圆形纽座。座外短竖线（每组三线）和单短线各四组相间环列，外饰一周凸弦纹圈带和一周八内向连弧纹，其间月牙短弦纹与"の"形符号各四组相间环列，其外两周短斜弦纹间饰篆隶式铭文带。铭文为"内清之以昭明光而象夫日月而心忽忠扬而不泄"。窄素平缘。镜面直径10.5、纽高0.8、纽宽1.5、肉厚0.18厘米。（图3-2-3b；彩版九，3）

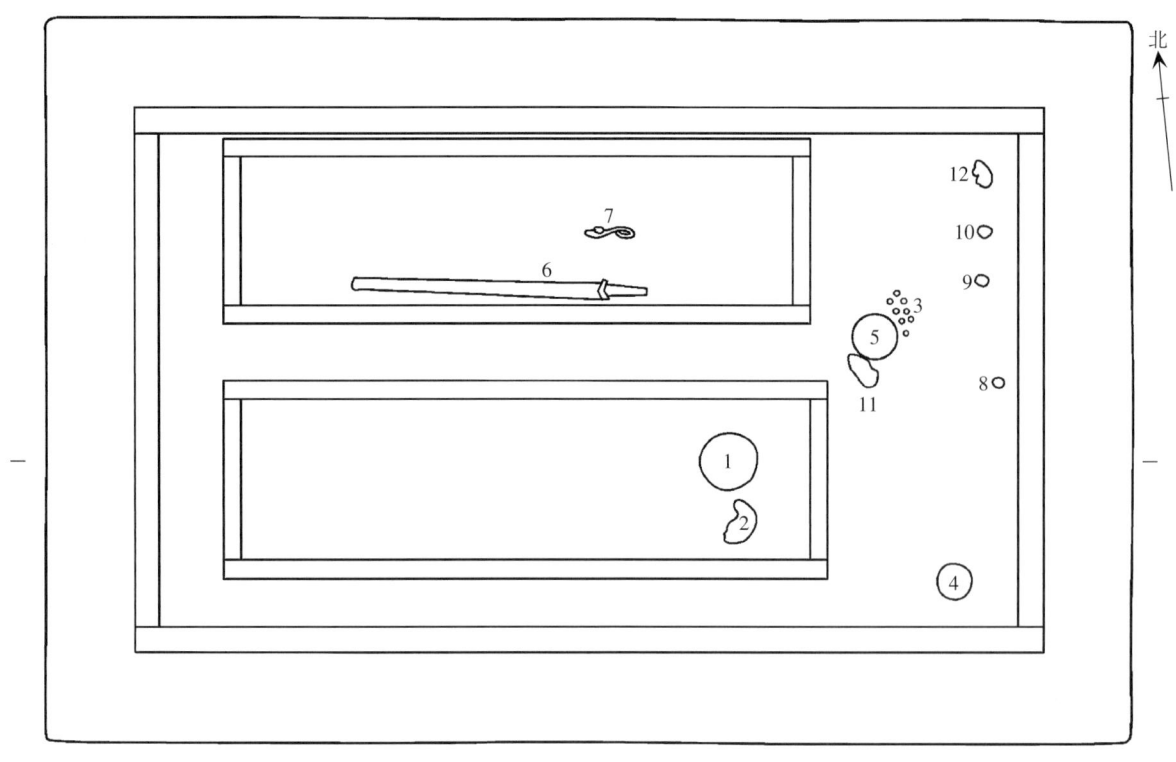

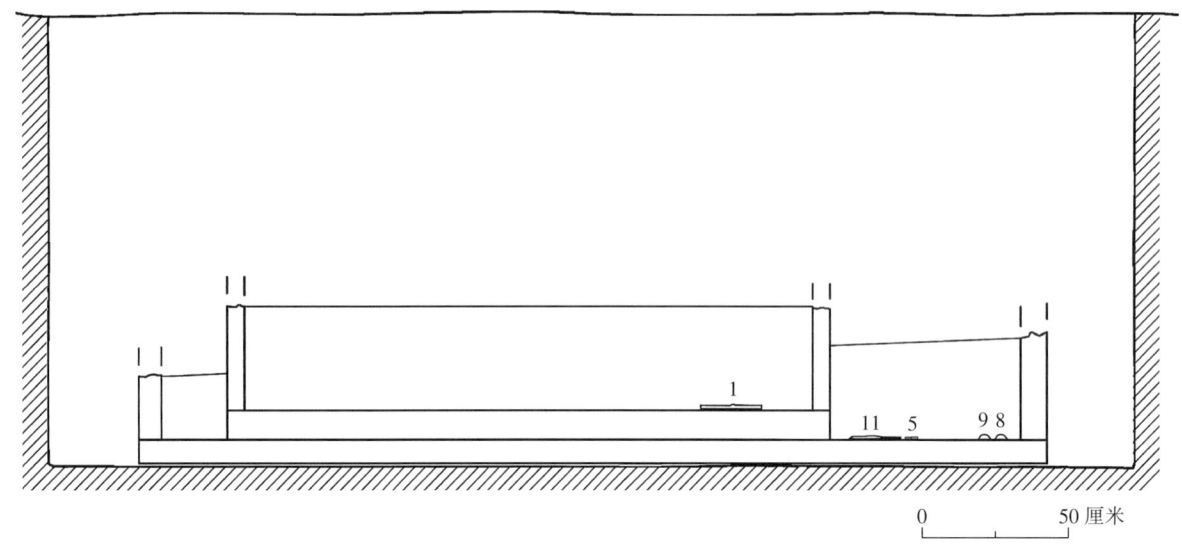

图 3 - 2 - 3a　山头组 M4 平面、剖视图

1、2、4、5、12. 铜镜　3. 铜钱　6. 铁剑　7. 铜带钩　8、9、10. 铜泡饰　11. 漆奁

M4：12，似为四乳禽兽纹镜，出土于东边箱内。残损严重，仅存少量碎片。

带钩　1件。M4：7，出土于北棺内中部。钩部做龙首形，钩身较长，作弓形，弧背，腹下近中部有一圆纽。器长 9.6 厘米。（图 3 - 2 - 3b；彩版九，4）

泡饰　3件。均出土于东边箱内，形制尺寸同。M4：8，器作帽形，半圆顶，内部中空，顶端内侧置一圆形柱。器径 3.2、高 1.6 厘米。（图 3 - 2 - 3b；彩版九，5）

M4：9、10，尺寸与 M4：8 同。（彩版九，5）

铜钱　1组。均出土于东边箱。M4：3，共 30 枚，五铢钱，形制尺寸同。钱径 2.6、穿径 1

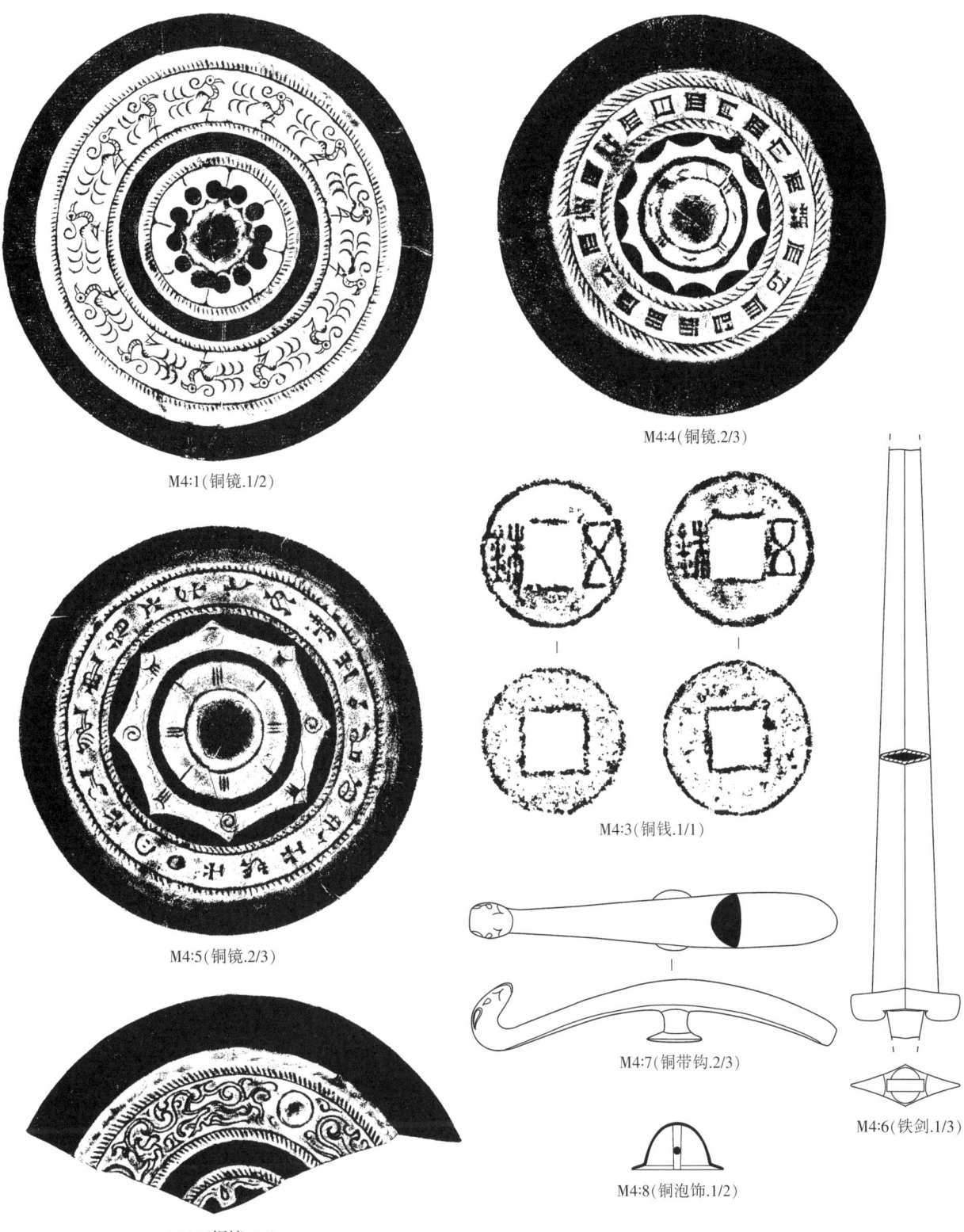

M4:1(铜镜.1/2)

M4:4(铜镜.2/3)

M4:5(铜镜.2/3)

M4:3(铜钱.1/1)

M4:7(铜带钩.2/3)

M4:6(铁剑.1/3)

M4:2(铜镜.1/2)

M4:8(铜泡饰.1/2)

图 3 - 2 - 3b　山头组 M4 出土器物图

厘米。(图 3 - 2 - 3b)

2. 铁器

1 件。器形为剑，出土于北棺内中部。

剑　1件。M4：6，剑身中部以上及柄部残缺，剑身扁平，中起脊，断面呈菱形。铜格。残长29.4、中宽3.4、格宽5.6厘米。（图3-2-3b；彩版九，6）

3. 漆器

1件。器形为奁，出土于东边箱内。

奁　1件。M4：11，夹纻胎。整器残损严重，形制不明，器表用金银薄片贴饰云气纹。

四、24 号墓（M24）

M24 位于山头组取土场墓地北部，正北方向距离 M3 约 10 米。清理前，墓坑开口及南半部已被高速公路施工方彻底破坏，开口距现地表深度不明。

墓葬形制为长方形竖穴土坑，墓口残长180、宽120厘米，残深20厘米。方向11°。

葬具为单棺，棺木结构基本朽尽。从朽痕可知，棺置于墓坑底部正中，残长127、宽70厘米，高度不明。（图3-2-4a；彩版六，5）

尽管墓坑受到破坏，该墓仍出土遗物2件，均为陶器。

陶器　2件。器形为壶、罐。

壶　1件。M24：1，出土于棺外西侧。灰陶。侈口，圆唇，束颈，圆肩，鼓腹渐收，中腹部起折棱，平底。肩与颈部交接处饰两桥形纽。口径11.4、底径11.8、高23.2厘米。（图3-2-4b）

罐　1件。M24：2，出土于棺外西侧。灰陶。侈口，圆唇，束颈，斜肩，折鼓腹渐收，平底微内凹。肩与颈部交接处饰两桥形纽。口径9.6、底径11.2、高15.1厘米。（图3-2-4b；彩版六，6）

五、30 号墓（M30）

M30 位于山头组取土场墓地中部，南边与 M31 相邻，墓坑东南角距离 M31 西北角相距 5 米。

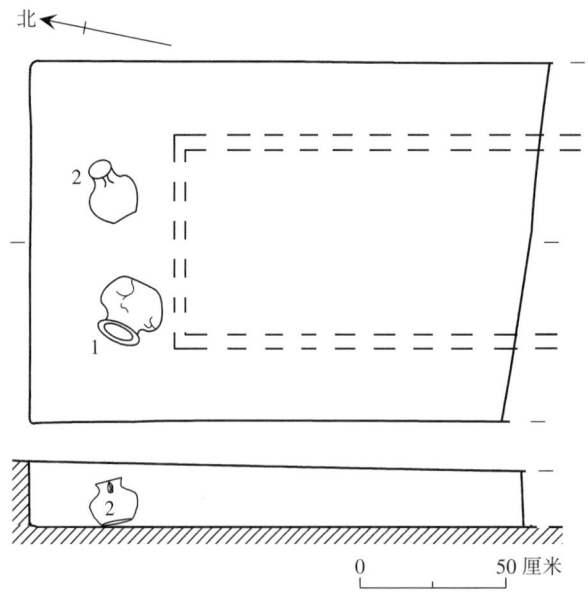

图 3-2-4a　山头组 M24 平面、剖视图

1. 陶壶　2. 陶罐

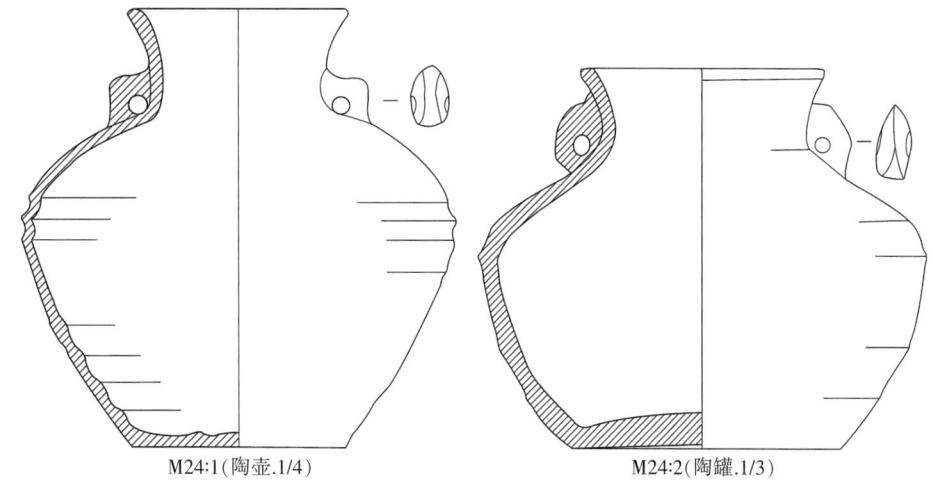

M24:1(陶壶.1/4) M24:2(陶罐.1/3)

图 3 - 2 - 4b 山头组 M24 出土器物图

高速公路施工方进场取土石之前，因近年来这一地区开山采石破坏严重，清理前墓葬是否有封土已无法判断，墓坑开口已被高速公路施工方破坏，部分木椁盖板已露头。

墓葬为长方形竖穴土坑墓，土坑近底部 0.4 米处已直接开凿于基岩之上，开口长 340、宽 248 厘米，残深 105 厘米。方向 95°。

墓室棺椁结构清晰，葬具为一椁双棺。椁室位于墓坑底部正中，由南北双棺与西边箱构成，椁室平面呈长方形，长 309、宽 186、残高 85 厘米。棺位于椁室中部，南北双棺均先由整段圆木斫成"U"字形棺室，再于其东、西两端各插入挡板组装而成，棺盖板皆基本朽尽，尺寸不明。北棺长 236、宽 78、除盖残高 65 厘米，南棺长 230、宽 70、除盖残高 63 厘米。西边箱位于椁室西部，由椁室北、西、南三面侧板及两棺西挡板之间的空间组成，长 156、宽 25、残高 85 厘米。

由于墓室未遭盗扰，墓室内随葬品的种类与组合基本保存完整，共计出土铜器、铁器、琉璃器、玛瑙器、漆器、玉器、玳瑁器、陶器等 42 件（组）。其中，温明、漆奁、铁剑、铁削、铜镜等出土于棺内，漆耳杯、漆盘、陶器等出土于西边箱内。（图 3 - 2 - 5a；彩版一〇）

1. 铜器

共出土 19 件（组）。器形为盆、镜、泡钉、环、柿蒂纹铜饰、铜钱。

盆 1 件。M30：31，出土于西边箱北部。敞口，弧沿，斜弧腹，平底。口径 22.8、底径 8.1、高 6.9 厘米。（图 3 - 2 - 5b2；彩版一一，1）

镜 7 件。M30：1，出土于南棺内东部。四神博局镜。半圆纽，四叶纹纽座。座外弦纹、方格纹及双线方格各一个，其间折绕十二乳及十二地支，其外八枚八内向连弧纹圆座乳丁及博局纹将内区分为四方八极，空间填饰四神及羽人禽兽纹，外饰一周铭文及一周短斜弦纹带。内区铭文为"子丑寅卯辰巳午未申酉戌亥"，外区铭文为"上于大山见神人，食玉英兮饮醴泉，驾文龙，东浮云，宜官秩，保子孙，寿万年，贵富昌，乐未央"。缘面宽平，上饰云气纹及三角锯齿纹。镜面直径 18.8、纽高 1、纽宽 2.1、肉厚 0.3 厘米。（图 3 - 2 - 5b1；彩版一一，2）

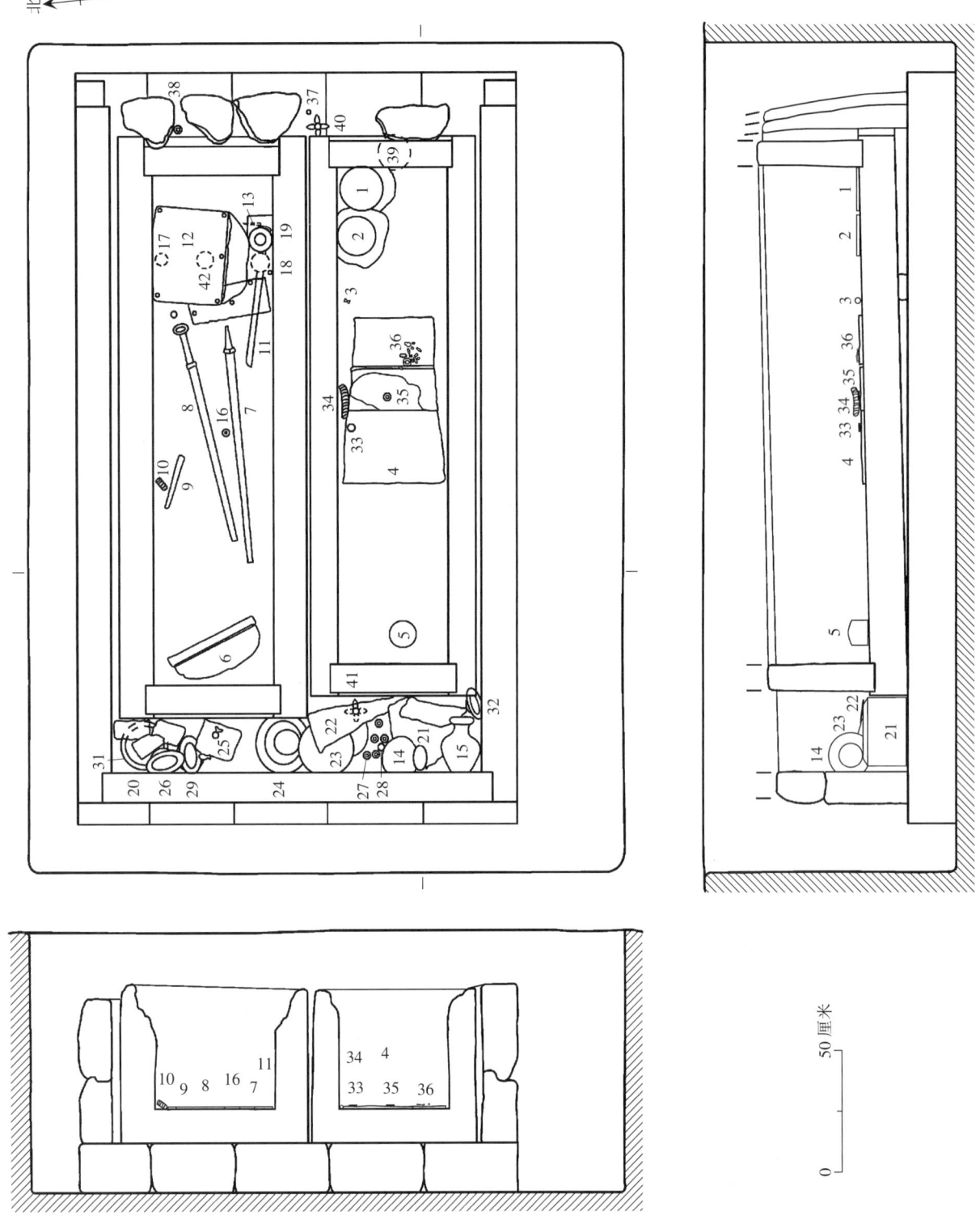

图 3-2-5a 山头组 M30 平面、剖视图

1、2、6-1、17、18、39、42.铜镜 3. 玛瑙耳珰 4、12. 温明 5、6、21. 漆奁 7. 铁剑 8、11. 环首铁刀 9. 铁削 10、16、27、34、35、38.铜钱 13. 玑瑁簪 14、15. 釉陶壶
19. 琉璃璧 20. 漆卮 22. 漆筒 23、25. 漆笥 24. 漆盘 26、29、32. 漆耳杯 28、37. 铜泡钉 31. 铜盆 33. 铜环 36. 琉璃玉石项链 40、41. 柿蒂纹铜饰(30 为空号)

50 厘米

M30:1(铜镜.1/2)

M30:2(铜镜.1/2)

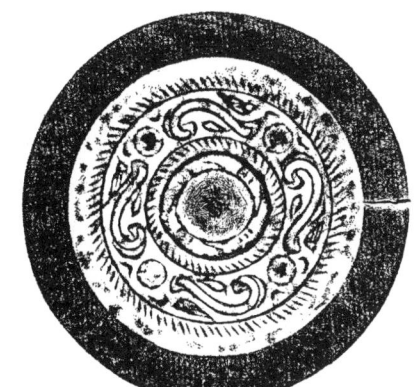

M30:18(铜镜.2/3)

M30:6-1(铜镜.1/2)

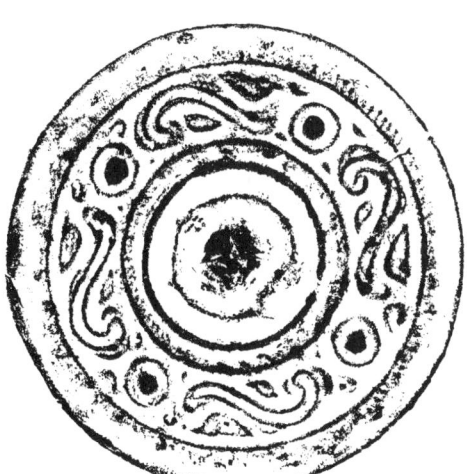

M30:17(铜镜.1/1)

M30:39(铜镜.1/2)

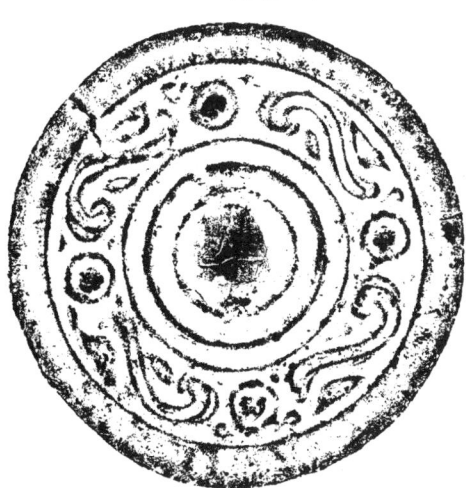

M30:42(铜镜.1/1)

图 3-2-5b1　山头组 M30 出土器物图

M30：2，出土于南棺内东部。昭明镜。半圆纽，并蒂十二连珠纹纽座。座外饰凸弦纹圈带一周，外饰涡纹四组，其外饰八内向连弧纹，外圈饰短弦纹两周，其间夹饰一周铭文。铭文内容为"内清之以昭明光辉象夫日月心忽杨而忠然塞泄"。缘面宽素。镜面直径11.6、纽高0.6、纽宽1.4、肉厚0.15厘米。（图3－2－5b1；彩版一二，1）

M30：6－1，出土于北棺内西部奁盒内。昭明镜。半圆纽，并蒂十二连珠纹纽座。座外饰凸弦纹圈带一周，外饰八组三弧弦纹与四组单弧弦纹相间排列，其外饰八内向连弧纹，外圈饰短斜弦纹两周，其内夹饰铭文一周。铭文内容为"内而清而以昭明光而象夫而日之月而心忽而忠然而不泄兮"。缘面宽素。镜面直径12.9、纽高0.8、纽宽1.7、肉厚0.28厘米。（图3－2－5b1；彩版一二，2）

M30：17，出土于北棺内东部。四乳禽兽纹镜。半圆纽，圆纽座。座外饰一周凸弦纹，其外两周短斜弦纹间有四乳和四虺相间环绕，四乳带圆纽座，四虺呈钩形，其外侧各饰一鸟。窄缘。镜面直径6.3、纽高0.6、纽宽1.1、肉厚0.1厘米。（图3－2－5b1；彩版一一，3）

M30：18，出土于北棺内东部。四乳禽兽纹镜。半圆纽，圆纽座。座外短竖线（每组三线）和单弧线各四组相间环列，外饰一周凸弦纹，其外两周短斜弦纹间有四乳和四虺相间环绕，四乳带圆纽座，四虺呈钩形，其外侧各饰一鸟。缘面宽素。镜面直径8.1、纽高0.6、纽宽1.1、肉厚0.3厘米。（图3－2－5b1；彩版一一，4）

M30：39，出土于南棺底板下。四乳禽兽纹镜。半圆纽，四叶纹纽座。座外一周凸弦纹带，外饰两周短斜弦纹带，间饰四叶纹纽座乳丁四个，四神纹、羽人纹、奔鹿纹等环列其间。缘面宽平，上饰双线波折纹及三角锯齿纹。镜面直径13.9、纽高1.7、纽宽1、肉厚0.3厘米。（图3－2－5b1；彩版一二，3）

M30：42，出土于北棺内东部。四乳禽兽纹镜。半圆纽，圆纽座。座外饰一周凸弦纹，其外两周短斜弦纹间有四乳和四虺相间环绕，四乳带圆纽座，四虺呈钩形，其外侧各饰一鸟。窄缘。镜面直径6.3、纽高0.6、纽宽1.1、肉厚0.1厘米。（图3－2－5b1；彩版一一，5）

泡钉 2件。M30：28，出土于西边箱中部。主体呈半圆球面形，背面正中饰一圆锥形插钉。器面径3.1、高2厘米。（图3－2－5b2；彩版一一，6）

M30：37，出土于北棺外东侧。形制、尺寸与M30：28相同。

环 1件。M30：33，出土于南棺内中部偏北。外环径2.1、内环径1.8、厚0.15厘米。（图3－2－5b2）

柿蒂纹铜饰 2件。M30：40，出土于南棺外东部。器作四叶纹柿蒂状。长10.7、厚0.08厘米。（图3－2－5b2；彩版一一，7左）

M30：41，出土于南棺外西部。形制、尺寸与M30：40相同。（彩版一一，7右）

铜钱 6组。M30：10，出土于北棺内中部偏北。共32枚，皆为五铢钱，形制、钱文、尺寸基本相同。钱径2.6、穿径0.9、缘厚0.16厘米。（图3－2－5b2）

M30：16，出土于北棺内中部。1枚，形制保存完整，惜钱文不明。钱径2.45、穿径1.1、缘厚0.09厘米。（图3－2－5b2）

M30：27，出土于西边箱底板上。20枚，皆为大泉五十钱，形制、钱文、尺寸基本相同。钱

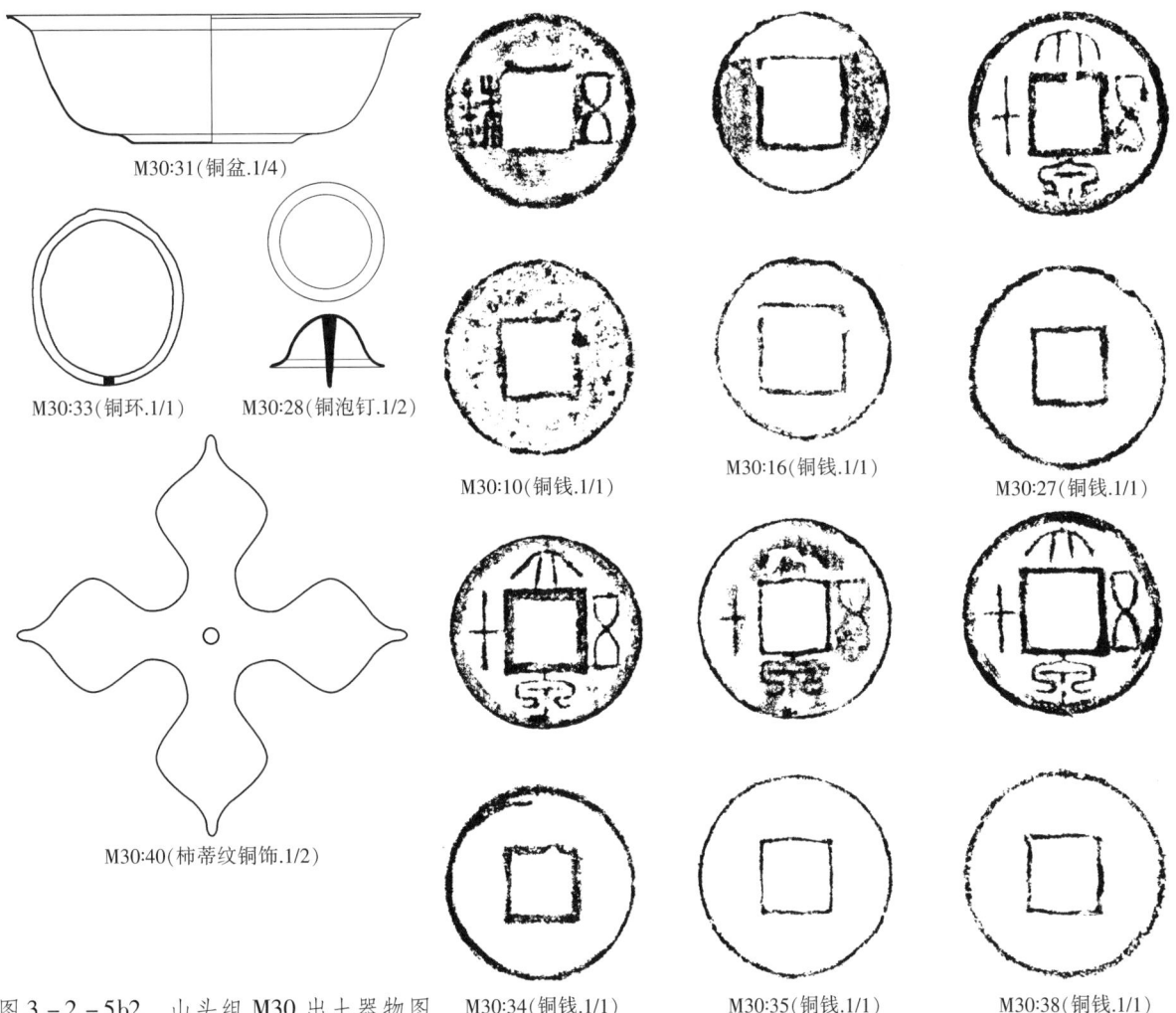

图 3 - 2 - 5b2 山头组 M30 出土器物图

径 2.76、穿径 0.08、缘厚 0.23 厘米。(图 3 - 2 - 5b2)

M30：34，出土于南棺内中部。30 枚，皆为大泉五十钱，形制、钱文、尺寸基本相同。钱径 2.76、穿径 0.08、缘厚 0.23 厘米。(图 3 - 2 - 5b2)

M30：35，出土于南棺内中部。1 枚，为大泉五十钱。钱径 2.76、穿径 0.08、缘厚 0.23 厘米。(图 3 - 2 - 5b2)

M30：38，出土于北棺外北侧。1 枚，为大泉五十钱。钱径 2.76、穿径 0.08、缘厚 0.23 厘米。(图 3 - 2 - 5b2)

2. 铁器

共出土 4 件。器形为剑、环首刀、削，均出土于北棺内。

剑 1 件。M30：7，出土于北棺内中部。剑身较长，断面呈菱形，格为铜质。剑身漆鞘保存较好，鞘身顶部平直，前半段截面为椭圆形，剑璏以下部分截面呈菱形。剑身长 86、最宽处 2.8、通长 104.6、格宽 4.6 厘米，剑鞘长 87.6、最宽处 3.4 厘米。(图 3 - 2 - 5b3；彩版一二，4)

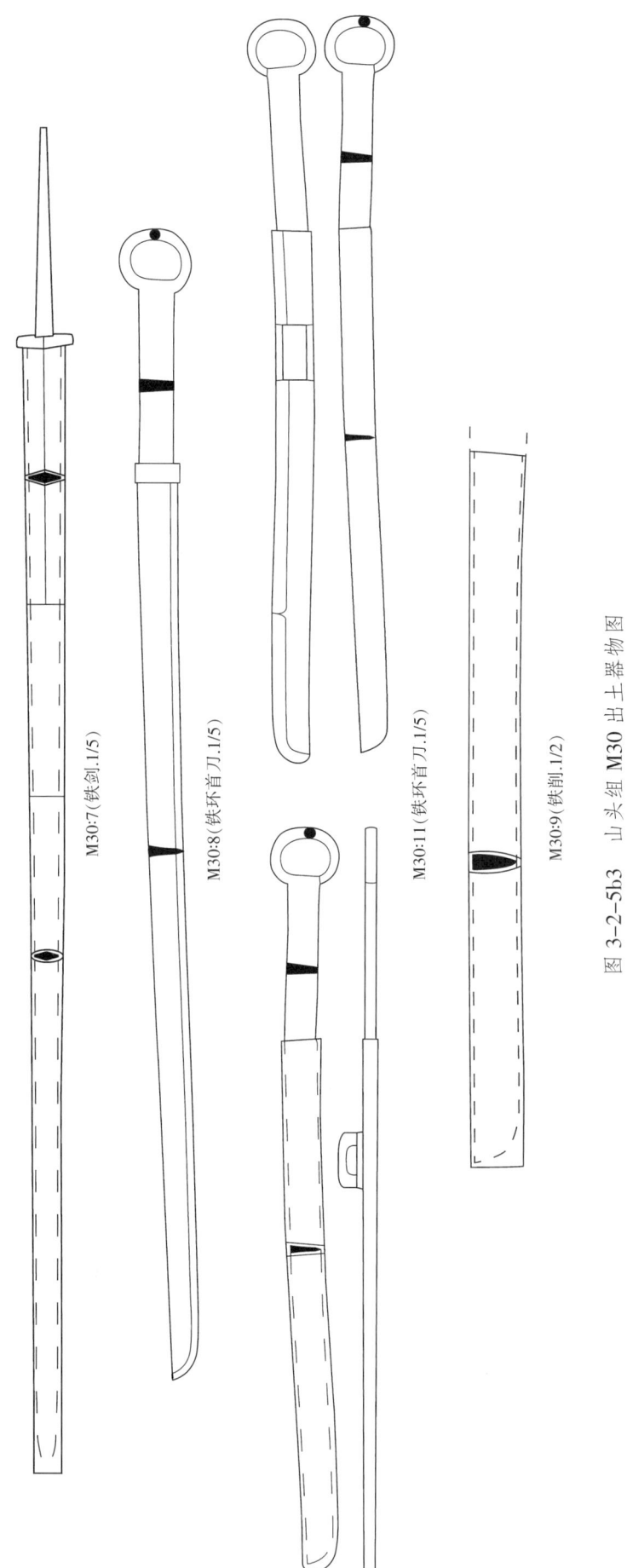

M30:7（铁剑.1/5）

M30:8（铁环首刀.1/5）

M30:11（铁环首刀.1/5）

M30:9（铁削.1/2）

图 3-2-5b3　山头组 M30 出土器物图

环首刀 2件。M30：8，出土于北棺内中部。素面环首，长方形柄，刀身平直，顶端弧收为尖，断面呈三角形。鞘身通髹黑漆，素面。通长89.6、刃宽3.2、环径6厘米。（图3-2-5b3；彩版一二，5）

M30：11，出土于北棺内东南部。素面环首，长方形柄，刀身平直，整体为弧背，顶端弧收为尖，断面呈三角形。鞘身通髹黑漆，一侧饰有漆彘，皆素面。通长58、刃宽2.4、环径5.6厘米。（图3-2-5b3；彩版一二，6）

削 1件。M30：9，出土于北棺内中部偏北。削身平直略弧，断面呈三角形，环首残朽。鞘保存较好，通髹黑漆，素面。残长22.1、刃宽1.4厘米。（图3-2-5b3；彩版一二，7）

3. 琉璃器

共出土2件（组）。器形有琉璃玉石项链、璧。

项链 1组。M30：36，出土于南棺内中部。该组琉璃项链共由13件不同质地串饰穿饰而成，质地种类包括琉璃、水晶、玉、玛瑙。（图3-2-5b4；彩版一三，1）

M30：36-1，玛瑙质，外表呈淡红色。器整体作圆管形，中部略鼓，两端中部贯穿一圆孔。长1.5、宽0.5厘米。（图3-2-5b4）

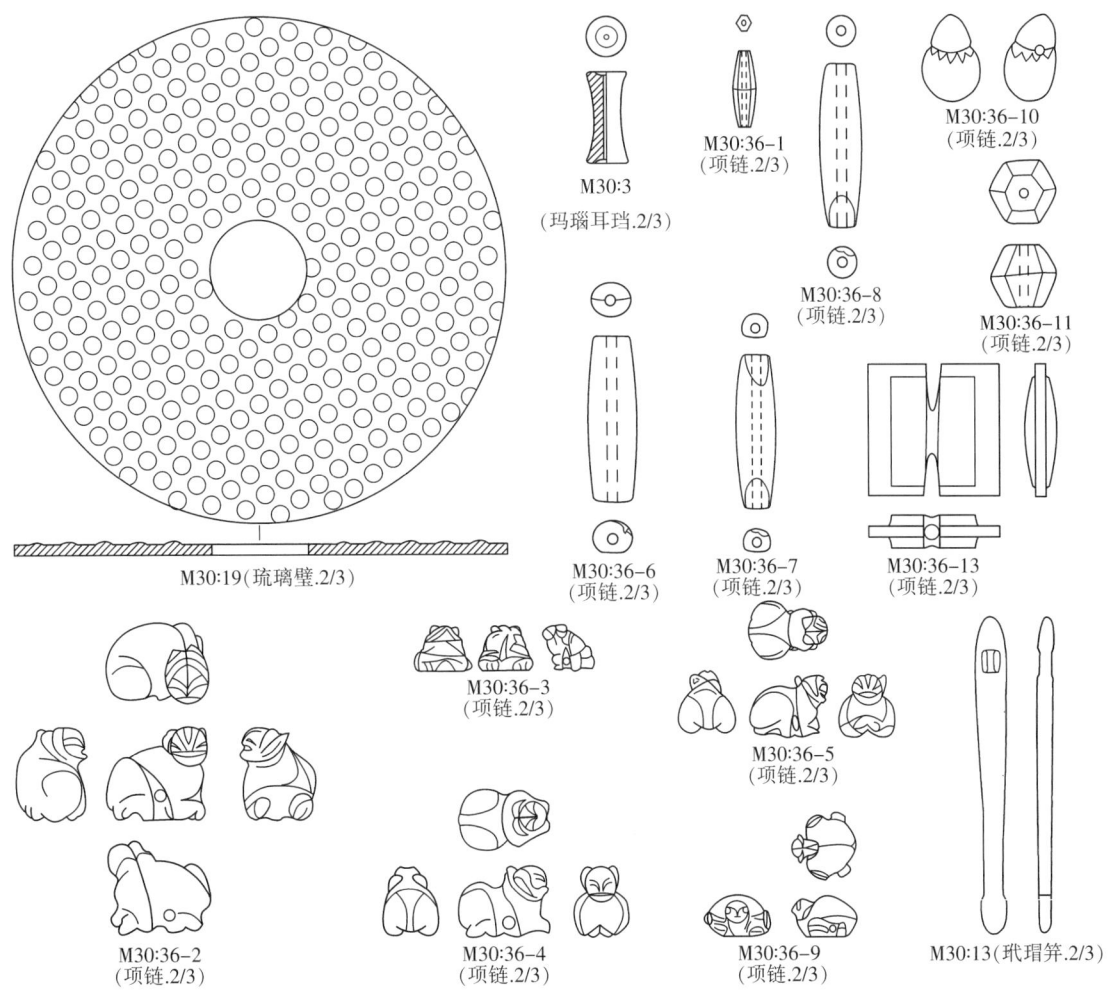

图3-2-5b4 山头组M30出土器物图

M30：36 - 2，琉璃质，外表呈淡黄色，略带透明状。器作兽形，四足蹲踞，底部饰一穿孔。长 2、宽 1.5、高 1.8 厘米。（图 3 - 2 - 5b4）

M30：36 - 3，水晶质，外表呈紫色，略带透明状。器作蟾蜍形，蹲踞状，底部饰一穿孔。长 1、宽 1、高 0.9 厘米。（图 3 - 2 - 5b4）

M30：36 - 4，琉璃质，外表呈淡黄色，略带透明状。器作兽形，四足蹲踞，底部饰一穿孔。长 1.8、宽 1.1、高 1.4 厘米。（图 3 - 2 - 5b4）

M30：36 - 5，琉璃质，外表呈蓝色，略带透明状。器作兽形，四足蹲踞，底部饰一穿孔。长 1.5、宽 1.2、高 1.2 厘米。（图 3 - 2 - 5b4）

M30：36 - 6，玛瑙质，外表褐色与透明色相间。器整体作圆管形，中部略鼓，两端中部贯穿一圆孔。长 3.3、宽 1 厘米。（图 3 - 2 - 5b4）

M30：36 - 7，玛瑙质，外表褐色与透明色相间。器整体作圆管形，中部略鼓，两端中部贯穿一圆孔。长 3、宽 0.85 厘米。（图 3 - 2 - 5b4）

M30：36 - 8，玛瑙质，外表褐色与透明色相间。器整体作圆管形，中部略鼓，两端中部贯穿一圆孔。长 3.3、宽 0.9 厘米。（图 3 - 2 - 5b4）

M30：36 - 9，水晶质，外表呈紫色，略带透明状。器作龟形，底部饰一穿孔。长 1.3、宽 1.2、高 0.85 厘米。（图 3 - 2 - 5b4）

M30：36 - 10，琉璃质，外表呈蓝色，略带透明状。器作葫芦形，中部饰一穿孔。宽 1.2、高 1.7 厘米。（图 3 - 2 - 5b4）

M30：36 - 11，水晶质，通体透明。器作六棱圆管形，中部起凸棱，上下两端饰一穿孔。宽 1.4、高 1.3 厘米。（图 3 - 2 - 5b4）

M30：36 - 12，水晶质，通体透明。形制、尺寸与 M30：36 - 11 相同。

M30：36 - 13，白玉质。器整体呈工字形，中部隆起，两端中间饰一穿孔。长 2.7、宽 2.6、厚 0.7 厘米。（图 3 - 2 - 5b4）

璧　1 件。M30：19，出土于北棺内东部，其与铜泡共出，出土时铜泡尚镶嵌于璧孔之内。器物残损，风化严重，两面均饰谷纹。经复原，外径 10、内径 2、厚 0.3 厘米。（图 3 - 2 - 5b4）

4. 玛瑙器

出土 1 件，器形为耳珰。

耳珰　1 件。M30：3，出土于南棺内东部。器外表呈淡红色，略带透明状。整体为圆管形，中部束腰，两端饰一贯穿孔。长 1.8、宽 0.8 厘米。（图 3 - 2 - 5b4）

5. 漆器

共出土 13 件。器形有耳杯、盘、卮、樽、温明、筒、奁。

耳杯　3 件。M30：26，出土于西边箱北部。夹纻胎。椭圆形口，耳缘上翘，弧腹，平底。器外髹深褐色漆，耳正面朱绘弦纹两道，其内夹饰勾连纹。外口边朱绘弦纹四道，由上至下第二、三道弦纹间夹饰涡纹与三角填弦纹，外腹壁通饰云气纹。内口边饰弦纹一道，其上饰朱漆点纹与篦纹组合，内腹壁髹朱漆。内底面髹深褐色漆，中心饰对称状神兽云气纹一组，其外饰弦纹两道。口径长 17.8、连耳宽 12.4、底径长 10、宽 4.4、通高 5.2 厘米。（彩图二，1）

M30：32，出土于西边箱南部。形制、尺寸、纹饰与 M30：26 相同。

M30：29，出土于西边箱北部。夹纻胎。椭圆形口，耳缘上翘，深弧腹，平底。器外髹深褐色漆，外口边及外耳沿饰弦纹三道，由上至下第二、三道弦纹间夹饰勾连纹与折弦纹。外腹壁及耳背面皆饰云气纹与圆圈填弦纹组合。耳正面饰两周弦纹，内饰勾连纹与折弦纹。器内通髹朱漆，上饰云气纹。口径长 13.4、连耳宽 12.3、底径长 9.4、宽 5.3、通高 5.8 厘米。（彩图二，2）

盘 1 件。M30：24，出土于西边箱中部。夹纻胎。敞口，斜平沿，弧折腹，平底。沿面饰弦纹四道，由内至外第一、二道与第三、四道弦纹间夹饰梳齿纹。外沿饰弦纹两道，其间夹饰朱漆点纹。外腹壁通髹黑漆，素面。内沿髹黑漆，余通髹朱漆。内底髹黑漆，中心饰三组对称状云气纹，外圈饰弦纹三道，由内至外第二、三道弦纹间夹饰篦纹。口径 25.2、底径 12、高 4.8 厘米。（彩图三，1）

卮 1 件。M30：20，出土于西边箱内。夹纻胎。器盖外髹黑漆，盖面中部饰一周凹弦纹圈带，盖内近口沿处髹一周黑漆，余通饰朱漆。器身外壁及内口沿处髹黑漆，素面，余通髹朱漆。外壁中部一侧饰一铜鋬手，底部饰三兽蹄形铜足。盖径 12、盖高 2.5、器身口径 11.3、器高 10.9、合盖通高 12.3 厘米。（图 3－2－5b5；彩图三，2）

樽 2 件。M30：23，出土于西边箱中部。盖与器身底部均为木胎，器壁为夹纻胎。盖顶内外通髹黑漆，顶面饰凸棱三道。顶心饰鎏金铜环一个，外饰三鎏金凤首纹铜立饰。器身外壁髹黑漆，口沿与近底部均朱绘弦纹四道，其间夹饰朱绘勾连纹。外壁中部残损严重，残留部分尚可见凤鸟栖树题材。外壁口沿下两侧另各饰一鎏金铜铺首衔环。器底饰三足，皆为鎏金铜兽形足。盖径 21.7、盖高 5.6、器身口径 23、器高 17.4、合盖通高 22.6 厘米。（彩图四，1）

M30：25，出土于西边箱中部偏北。夹纻胎。盖身缺失。器身内外通髹黑漆，外壁口沿与近底处均朱绘弦纹四道，其间均夹饰朱绘云气纹。外壁中部朱绘弦纹六道，其间亦夹饰云气纹。器身中部两侧各饰一铜铺首衔环，底部饰三熊形足。器身口径 9、高 7.2 厘米。（图 3－2－5b5；彩图四，2）

温明 2 件。M30：4，出土于南棺内中部。器为夹纻胎。惜残朽严重，整体面貌、形制、尺寸皆无法复原。器残存部分表明其外髹黑漆，上绘云气纹，内髹朱漆。

M30：12，出土于北棺内东部。器为木胎，未见髹漆痕迹。清理过程表明，整器当由若干梯形和长方形木板组合而成。惜器物坍塌变形严重，详细形制及尺寸皆不明。

箅 1 件。M30：22，出土于西边箱中部。器为木胎，通体髹黑漆。整体呈长方形，惜残损严重，具体形制与尺寸皆不明。

奁 3 件。M30：5，出土于南棺西部。圆形奁，盖顶中心贴饰柿蒂纹银扣，其上贴饰水滴形金箔饰，周饰四组云气纹金箔饰。外圈饰银扣一道，其外贴饰动物云气纹金箔饰。盖身外壁通髹黑漆，上饰银扣三道。银扣间均夹饰动物纹、狩猎纹、云气纹、树纹等金箔饰。器盖内壁亦通髹黑漆，皆素面。器身内外壁通髹黑漆，外壁饰银扣三道，其间皆贴饰动物纹、云气纹、羽人纹等不同题材金箔饰。盖径 10、盖高 8.1、器身口径 9.5、器身高 8、合盖通高 9.8 厘米。（彩图五；彩版一四、一五）

M30：6，出土于北棺西部。器作长方形，仅存器身。器外髹黑漆，中部朱绘弦纹一道，近底

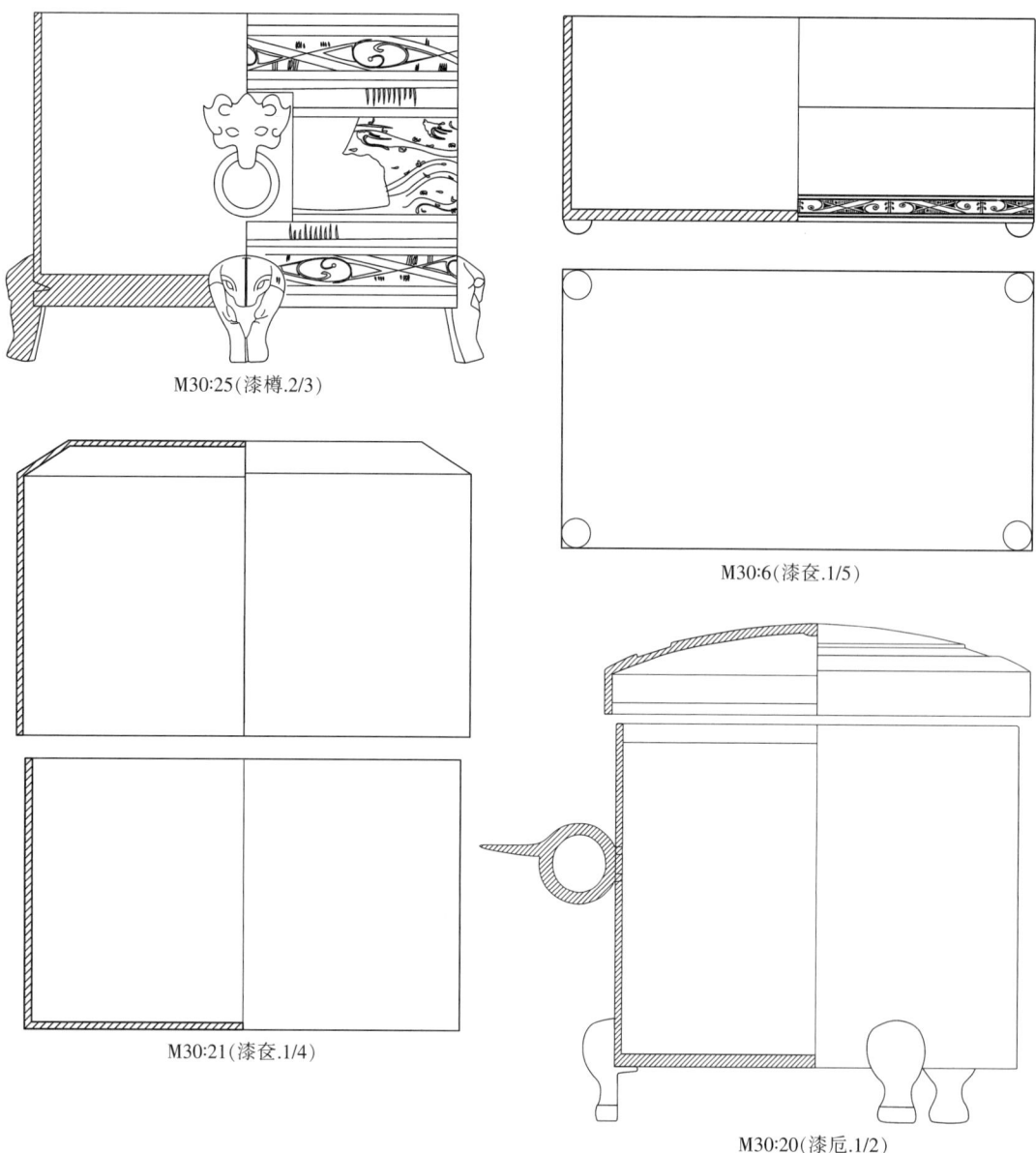

M30:25(漆樽.2/3)

M30:6(漆奁.1/5)

M30:21(漆奁.1/4)

M30:20(漆卮.1/2)

图3-2-5b5　山头组 M30 出土器物图

处饰弦纹四道，由上至下第二、三道弦纹间朱绘勾连纹与点纹组合。器内通髹朱漆。外底四角各饰一鎏金铜乳丁足。长33、宽18.8、高14.7厘米。（图3-2-5b5；彩版六，1）

M30：21，出土于西边箱南部。器作方形，盖身为盝顶，外髹黑漆，内髹朱漆，皆素面。器身亦外髹黑漆，内髹朱漆，皆素面。盖径边长25.8、高16.2、器身边长24.9、器高15、合盖通高18厘米。（图3-2-5b5；彩版六，2）

6. 玳瑁器

出土1件。器形为笄。

笄　1件。M30：13，玳瑁质，出土于北棺东部。器作长条形，一端饰一穿孔。长6.3、宽0.65、厚0.35厘米。（图3-2-5b4；彩版一三，2）

7. 陶器

共出土 2 件。器形皆为釉陶壶。

壶　2 件。M30：14，出土于西边箱南部。侈口，圆唇，盘口，束颈，溜肩，鼓腹渐收，平底内凹。肩两侧饰桥形耳一对，耳面饰叶脉纹。肩饰凹弦纹，最大径在腹部，上半部施青釉。口径 11.2、底径 9、高 24.6 厘米。（图 3－2－5b6；彩版一三，3）

M30：15，出土于西边箱南部。形制、尺寸、纹饰与 M30：14 基本相同。（图 3－2－5b6；彩版一三，4）

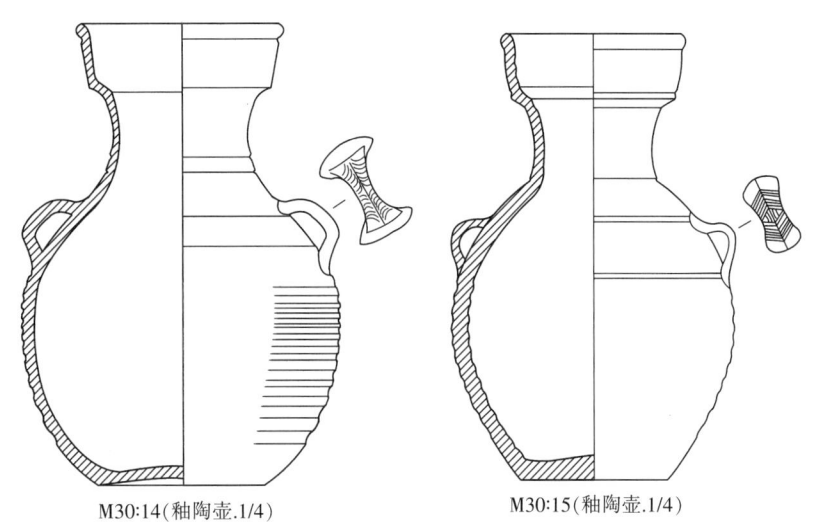

M30:14(釉陶壶.1/4)　　　　M30:15(釉陶壶.1/4)

图 3－2－5b6　山头组 M30 出土器物图

六、31 号墓（M31）

M31 位于山头组取土场墓地南部，北边与 M30 相邻，墓坑西北角与 M30 东南角相距 5 米。高速公路施工方进场取土石之前，因近年来这一地区开山采石破坏严重，清理前墓葬是否有封土已无法判断，墓坑开口及墓室一部分已被高速公路施工方破坏，开口深度不明。

墓葬形制为长方形竖穴土坑，土坑近底部 0.4 米处已直接开凿于基岩之上，长 360、宽 230 厘米，残深 80 厘米。方向 105°。

墓室内棺椁结构清晰，葬具为长方形一椁一棺结构，保存状况较差。木椁置于墓坑底部正中，椁室平面呈长方形，长 330、宽 204、残高 50 厘米，椁室底板由九块长方形木板南北向横铺在墓底，木板长 204、残宽 20～38、板厚均为 20 厘米，椁室南、北两边侧板沿椁底板两边横向垒筑，南、北侧板两端内侧各有一宽 12、深 4 厘米凹槽，东、西挡板横向由凹槽内直接插入底板上。棺位于椁室北部，棺内外均髹黑漆，棺盖板基本朽尽，尺寸不明，棺长 224、宽 68、残高 34 厘米，侧板与底板均厚 12 厘米。（图 3－2－6a；彩版一六，1）

该墓出土铜器、铁器、琉璃器、漆木器、玳瑁、石、陶器等各类遗物共计 28 件（组）。

1. 铜器

8 件（组）。器形为镜、封泥筒、格、镦、棺饰、铜钱。

图 3-2-6a　山头组 M31 平面、剖视图

1、4. 釉陶瓿　2、3、14. 釉陶壶　5. 铜镦　6、7、24、25. 铁镇　8. 铜辂　9. 铜封泥筒　10、11、13. 漆耳杯　12. 漆案　15. 琉璃塞　16. 琉璃珌　17. 扎肾笄
18. 铁剑　19. 铜钱　20、27. 铜镜　21. 漆樽　22、23. 漆樽　26. 石黛板　28. 铜棺饰　23. 漆卮

镜 2件。

M31：20，出土于棺内西部。四神博局镜。半圆纽，圆纽座。座外弦纹方格及双线方格各一个，其间折绕十二乳及十二地支，其外八枚八内向连弧圆座乳丁及博局纹将内区分为四方八极，空间填饰四神及羽人禽兽纹，外饰一周铭文及一周短斜弦纹带。铭文为"新兴辟雍建明堂，然（单）于举士列侯王，将军令尹民户行，诸生万舍在北方，郊祀后稷并朱明，子孙复具治中央，左龙右虎辟不详（祥）。"缘面宽平，上饰云气纹及三角锯齿纹。镜面直径18.6、纽高1、纽宽2.5、肉厚0.3厘米。（彩版一七，1）

M31：27，出土于棺外底与椁室底板之间。昭明镜。半圆纽，并蒂十二连珠纹纽座。座外饰凸弦纹圈带一周，其外涡纹、单弧弦纹、三竖弦纹、半圆扇面纹相间排列，外饰八内向连弧纹，外圈饰两周短斜弦纹，其间饰一周铭文。铭文为"内清以而昭明之光辉之象日月心忽杨而愿忠塞不泄"。镜面直径13.3、纽高0.9、纽宽1.7、肉厚0.28厘米。（图3-2-6b1；彩版一七，2）

封泥筒 1件。M31：9，长筒形，带盖。盖顶置一穿孔纽，器边饰凹弦纹两道。器身作直筒状，口沿下起一箍饰，器底外侧可有铭文，字体不清。盖径3.8、盖高2.3厘米。器身口径3.7、带盖通高10.2厘米。（图3-2-6b1；彩版一六，4、5）

格 1件。M31：8，出土于南边箱内。长9.5、宽3.6厘米。（图3-2-6b1；彩版一六，6）

镦 1件。M31：5，出土于南边箱内。瘦长圆筒形，断面呈杏形，中部起一箍。末端底部内凹，以"十"字阳线将底面分为四区。长16、径2.9厘米。此镦与格形铜饰当为一件兵器上下两部件，由于铁质与木柲基本朽尽，具体形制无法判断，推测该兵器为铩，M31：8有可能为铩之镡。（图3-2-6b1；彩版一六，7）

棺饰 2件。M31：23，正面呈方形，略有残损，背面铸有圆柱形纽钉。正面直径2、器高0.4厘米。M31：22，形制、尺寸同M31：23。（图3-2-6b1）

铜钱 1组。M31：19，出土于棺内中部。共25枚，皆为大泉五十钱，形制、钱文基本相同。钱径2.5、穿径1厘米。（图3-2-6b1）

2. 铁器

5件。器形为剑、镇。

剑 1件。M31：18，出土于棺内中部。剑身锈蚀严重，唯铜格保存较好。剑长约95、宽4厘米。（图3-2-6b1）

镇 4件。四件镇当为一套，形制基本相同。M31：7，近似圆锥形，锈蚀严重，器表纹饰不明。底径4.7、高2.9厘米。M31：6、24、25，尺寸与M31：7相近。（图3-2-6b1；彩版一六，2）

3. 琉璃器

2件（组）。器形为珩、塞，皆出土于棺内。

珩 1件。M31：16，器呈灰白色，风化严重，尺寸与形制无法复原。（图3-2-6b2）

塞 1组。M31：15，一组两件，形制、尺寸相同。器作圆台柱形，呈灰白色。顶面直径0.5、底面直径0.7、高2.2厘米。（图3-2-6b2）

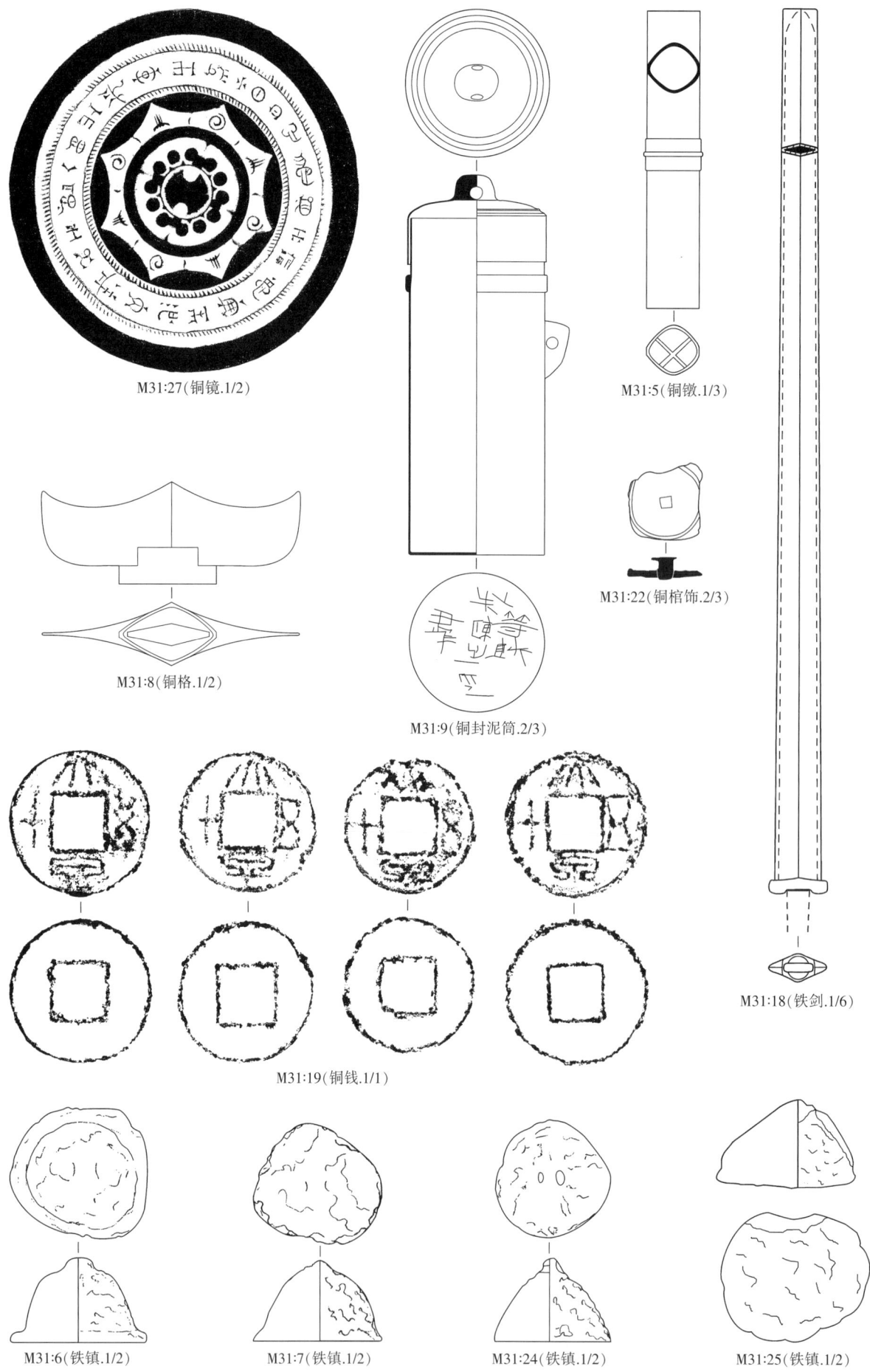

M31:27(铜镜.1/2)

M31:8(铜格.1/2)

M31:9(铜封泥筒.2/3)

M31:19(铜钱.1/1)

M31:6(铁镇.1/2)

M31:7(铁镇.1/2)

M31:24(铁镇.1/2)

M31:25(铁镇.1/2)

M31:5(铜镦.1/3)

M31:22(铜棺饰.2/3)

M31:18(铁剑.1/6)

图 3 - 2 - 6b1 山头组 M31 出土器物图

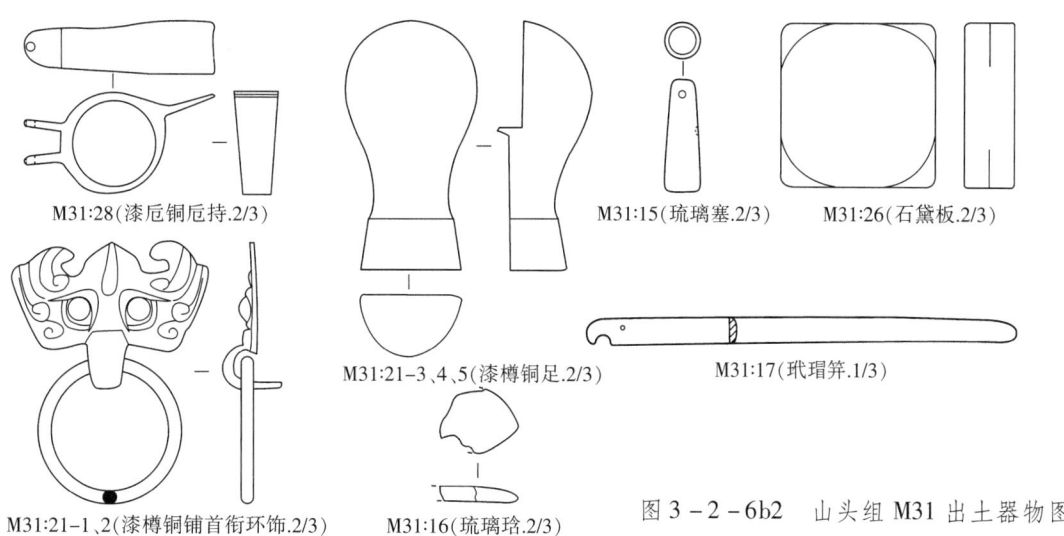

M31:28(漆卮铜卮持.2/3)　　M31:15(琉璃塞.2/3)　　M31:26(石黛板.2/3)

M31:21-3、4、5(漆樽铜足.2/3)　　M31:17(玳瑁笄.1/3)

M31:21-1、2(漆樽铜铺首衔环饰.2/3)　　M31:16(琉璃玲.2/3)

图3-2-6b2　山头组 M31 出土器物图

4. 漆木器

6 件。器形为耳杯、卮、樽、案。

耳杯　3 件。M31：10、11、13，出土于东边箱内。器皆残损严重，仅存漆皮，外髹黑漆，具体尺寸与纹饰均不明。

卮　1 件。M31：28，出土于南边箱内。夹纻胎。器身残损严重，尺寸与纹饰皆不明，仅残长一铜质卮持。持长 3.4 厘米。（图 3-2-6b2）

樽　1 件。M31：21，出土于北边箱内。夹纻胎。器身残损严重，尺寸与纹饰皆不明，仅残存铜铺首衔环饰 2 件（M31：21-1、2）和铜樽足 3 件（M31：21-3、4、5）。（图 3-2-6b2）

M31：21-1，铜铺首衔环饰，为漆樽器表装饰用。长 5.2 厘米，环径 3 厘米。M31：21-2 形制、尺寸同 M31：21-1。（图 3-2-6b2）

M31：21-3，樽足饰。足为简化兽足形，长 5、宽 2.7 厘米。M31：21-4、5 两件，形制、尺寸同 M31：21-3。（图 3-2-6b2）

案　1 件。M31：12，出土于东边箱内。器平面呈长方形，整体残朽严重，仅存少量漆皮痕迹，具体尺寸与纹饰不明。

5. 玳瑁器

1 件。器形为笄，出土于棺内。

笄　1 件。M31：17，长条形，一端起钩并穿饰一孔。长 17.8、宽 1.2、厚 0.3 厘米。（图3-2-6b2；彩版一六，3）

6. 石器

1 件。器形为黛板。

黛板　1 件。M31：26，出土于棺内中部。器青石质。平面为方形，顶面呈圆台形。器边长 3.2、高 1 厘米。（图 3-2-6b2）

7. 陶器

5 件。器形为壶、瓿，皆为釉陶。

　　壶　3件。M31：2，出土于西边箱内。侈口，圆唇，盘口，束颈，溜肩，鼓腹渐收，矮圈足。肩两侧置桥形耳一对，耳面饰叶脉纹。肩饰凹弦纹，最大径在腹部，上半部施青釉。口径8.6、底径7.8、高21.2厘米。（图3－2－6b3；彩版一八，1）

　　M31：3，出土于西边箱内。侈口，圆唇，斜弧沿，直颈，溜肩，鼓腹渐收，平底内凹。肩两侧置桥形耳一对，耳面饰叶脉纹。束颈处饰水波纹，肩饰凹弦纹。口径13.5、底径13、高33.2厘米。（图3－2－6b3；彩版一八，2）

　　M31：14，出土于北边箱内。侈口，圆唇，斜沿微凸，直颈，溜肩，鼓腹渐收，平底内凹。肩

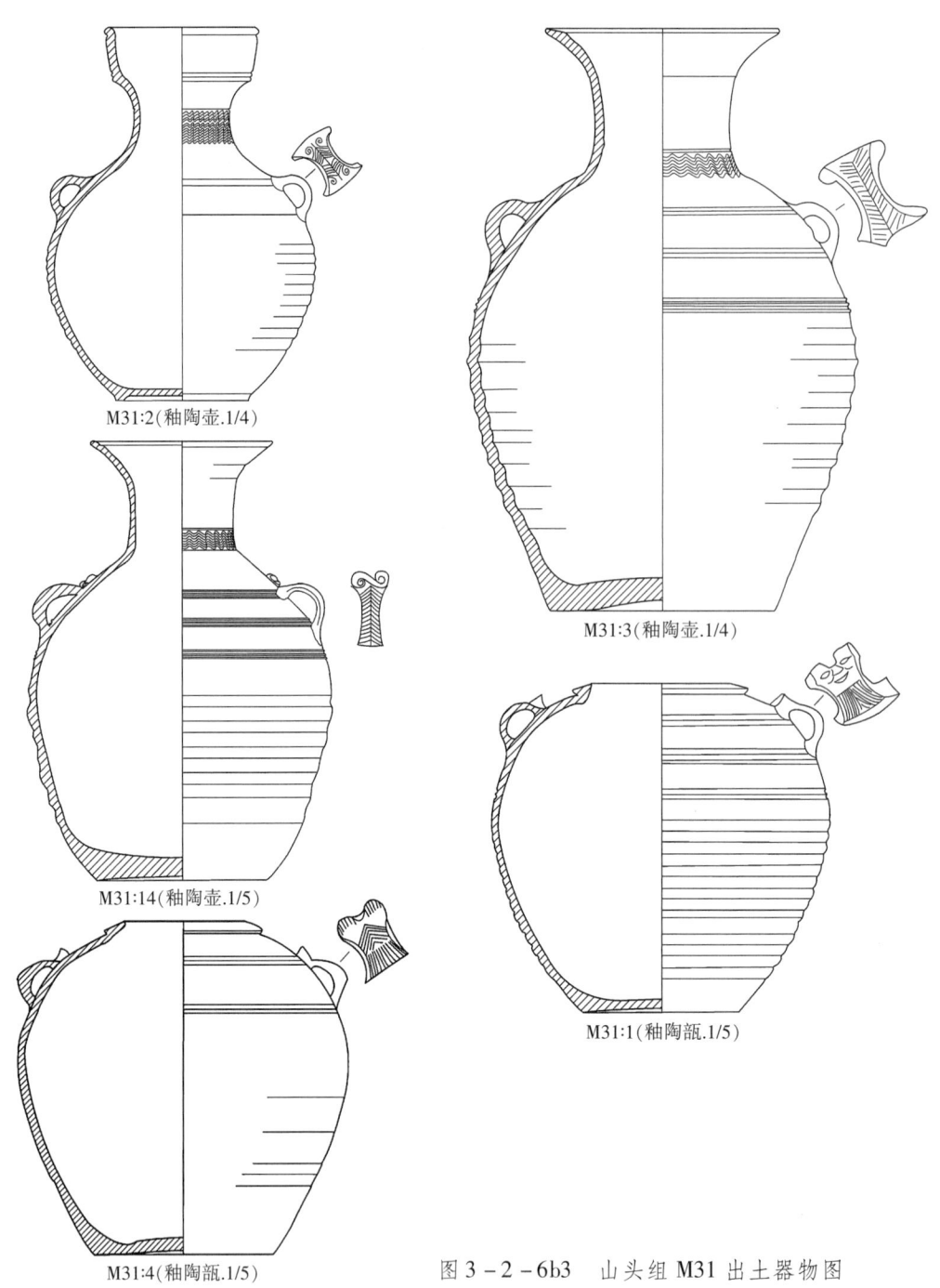

M31:2(釉陶壶.1/4)

M31:3(釉陶壶.1/4)

M31:14(釉陶壶.1/5)

M31:1(釉陶瓿.1/5)

M31:4(釉陶瓿.1/5)

图3－2－6b3　山头组M31出土器物图

两侧置"S"形贴塑与桥形耳各一对,耳面饰叶脉纹。肩饰凹弦纹。口径 13.2、底径 12.5、高 31.2 厘米。(图 3 - 2 - 6b3;彩版一八,3)

瓿 2件。M31:1,出土于西边箱内。敛口,尖圆唇,斜沿,无颈,圆肩,弧腹渐收,平底内凹。肩两侧饰兽面耳一对。肩部饰凸弦纹。口径 10、底径 11.4、高 23.4 厘米。(图 3 - 2 - 6b3;彩版一八,4)

M31:4,出土于西边箱内。敛口,尖圆唇,斜沿,无颈,圆肩,弧腹渐收,平底内凹。肩两侧饰简化兽面纹耳一对。肩部饰凸弦纹。口径 11.2、底径 13.2、高 24 厘米。(图 3 - 2 - 6b3;彩版一八,5)

七、32 号墓(M32)

M32 位于山头组取土场墓地南部。清理前,墓坑开口部分被高速公路施工方破坏,开口距现地表深度不明。

墓葬形制为长方形竖穴土坑,开口长 328、宽 170 厘米,残深 70 厘米。方向 90°。

葬具为一椁一棺,棺椁结构保存较好。木椁置于墓坑底部中部偏东,椁室平面呈长方形,长 326 厘米,宽 106、高 78 厘米,椁室底板由三块长方形木板东西向横铺在墓底,木板长度 326 厘米,宽度由北向南依次为 30、35、40 厘米,板厚均为 8 厘米,椁室南、北侧板沿椁底板两边横向垒筑,板长 326、高 72、板厚 6 厘米,东、西两块挡板由南、北墙板两端内侧直接插入底板上,板长 94、高 72、板厚 6 厘米。棺位于椁室北部,与椁室北、东两侧板紧靠,其由整段圆木斫成"U"字形棺室,东、西两端挡板由南、北两边墙板内侧插入底板上,棺长 239、宽 66、高 60 厘米。侧板厚 6 厘米,底板厚 10 厘米。南边箱位于椁室南部,长 246、宽 28、高 72 厘米。西边箱位于椁室西部,由椁北、西、南三面侧板及隔板之间的空间组成,长 106、宽 78、高 72 厘米。(图 3 - 2 - 7a)

该墓共出土铜器、铁器、漆木器、玉器、石器、陶器等各类遗物 9 件(组)。

1. 铜器

3 件(组)。器形有熏炉、印、铜钱。

熏炉 1 件。M32:6,出土于西边箱南部。由炉盖、炉体和托盘三部分组成。炉盖为半圆球形,盖顶置一圆环。炉体呈半球形,子母口微敛,上腹部饰一圈箍状纹。托盘内底中部隆起,以喇叭状底座与炉体相连。盘为宽平沿外折,浅弧腹,外底中空。口径 4.5、盘径 18、通高 18 厘米。(图 3 - 2 - 7b)

印 1 件。M32:4,出土于棺内中部。扁方形,单面印文,顶部纽缺失。印文"陈口"。边长 1.6、残高 0.6 厘米。(彩版一九,1)

铜钱 1 组。M32:2,出土于棺内中部。36 枚,大泉五十钱,形制、尺寸相同。钱径 2.5、穿径 0.9 厘米。(图 3 - 2 - 7b)

2. 铁器

1 件。器形为剑。

剑 1 件。M32:1,出土于棺内中部。顶端尚有部分漆鞘留存,剑格以下残缺。剑身扁平,中背起脊,断面呈菱形。铜格。残长 87.7、中宽 3、格宽 5.2 厘米。(图 3 - 2 - 7b)

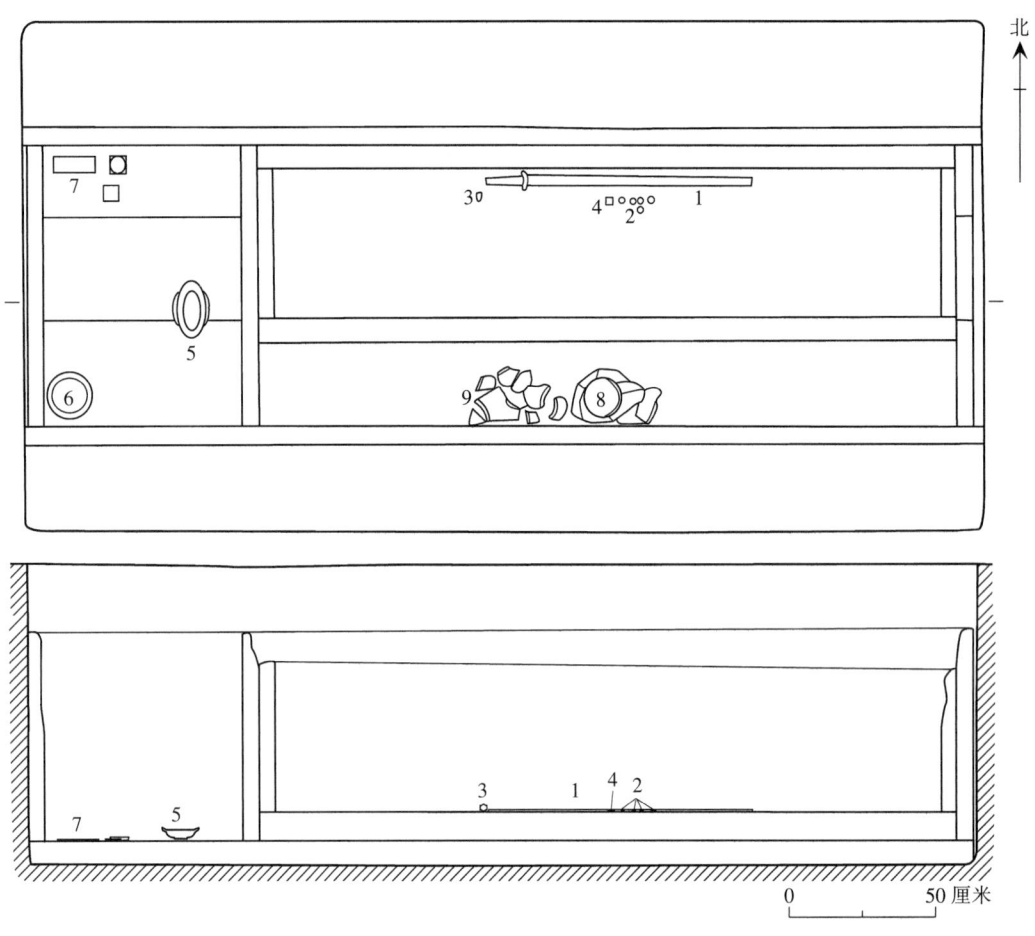

图 3-2-7a　山头组 M32 平面、剖视图
1. 铁剑　2. 铜钱　3. 玉饰件　4. 铜印　5. 漆耳杯　6. 铜熏炉　7. 石黛板　8、9. 陶瓿

3. 漆木器

1件。器形为耳杯。

耳杯　1件。M32:5，木胎。口沿残缺，椭圆形底。外腹壁髹黑漆，朱绘凤鸟云气纹，近底处朱绘三角纹。内壁通髹朱漆。底径长 6.2、宽 3.8、残高 2.1 厘米。（彩图六，3）

4. 玉器

1件。器形为饰件。

饰件　1件。M32:3，出土于棺内中部。器作柱形，中部穿孔。长 2.2、宽 1.5、高 2.4 厘米。（图 3-2-7b）

5. 石器

1组。器形为黛板，出土于西边箱内。

黛板　1组。M32:7，一组共 3 件。一件器形较大，青石质，长方形，正面光滑，为碾磨面，长 11.5、宽 5.1、厚 0.4 厘米。另两件器形较小，皆近似正方形，正面光滑，为碾磨面，一件边长 3.2、厚 0.4 厘米，另一件边长为 3.3、厚 1 厘米。（图 3-2-7b；彩版一九，2）

6. 陶器

2件。器形均为瓿，出土于南边箱内。

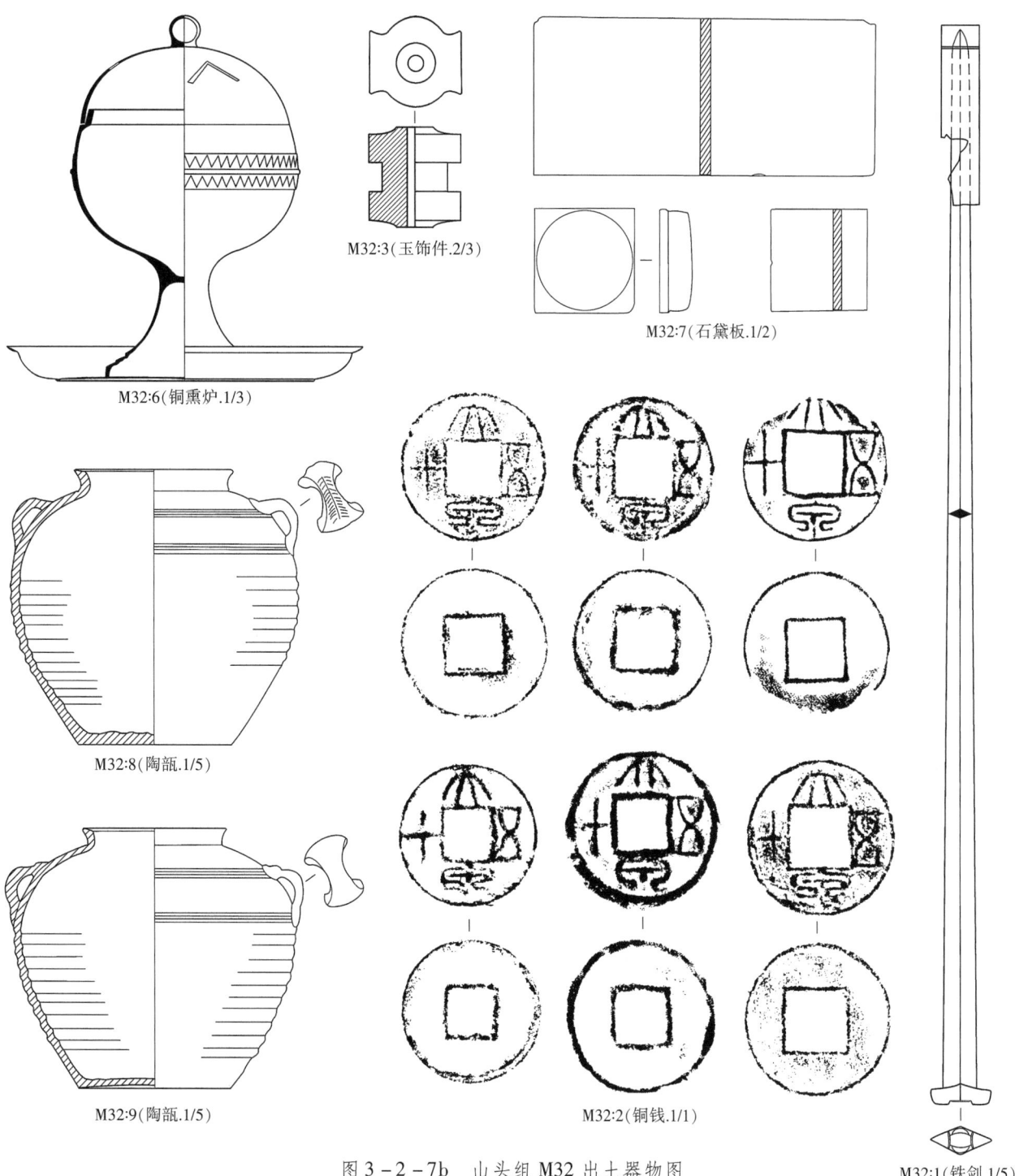

M32:3(玉饰件.2/3)

M32:6(铜熏炉.1/3)

M32:7(石黛板.1/2)

M32:8(陶瓿.1/5)

M32:9(陶瓿.1/5)

M32:2(铜钱.1/1)

M32:1(铁剑.1/5)

图 3-2-7b 山头组 M32 出土器物图

瓿 2 件。形制与尺寸有异。

M32∶8，侈口，圆唇，斜沿内凹，圆肩，弧腹渐收，平底。肩两侧饰叶脉纹桥形耳一对。肩部饰凸弦纹。口径 13.2、底径 12.9、高 22.4 厘米。（图 3-2-7b）

M32∶9，侈口，圆唇，斜沿略外凸，圆肩，弧腹渐收，平底内凹。肩两侧饰桥形耳一对。肩部饰凸弦纹。口径 12、底径 13、高 21.2 厘米。（图 3-2-7b；彩版一九，3）

八、45 号墓（M45）

M45 位于山头组取土场墓地东北部，东面与 M46 相邻。发掘前，地表未见封土。清理前，墓坑上部已被高速公路施工方破坏，开口距地表深度不明。

墓葬形制为长方形竖穴土坑砖室墓，墓坑残深 30、长 459 厘米，宽 244 厘米。方向 178°。墓室前端设有甬道，无铺地砖。

墓室前壁中间开有墓门，封门砖由双砖并列及纵横相隔两种砌法混合砌成，后壁由双砖并列砌成，东、西两壁由双砖并列及纵横相隔砌成。砖块尺寸相同，长 28、宽 13、厚 3.9 厘米。墓室长 423、宽 232、残高 60 厘米，墓门宽 154、残高 19 厘米，后壁残高 37 厘米，东壁残高 60 厘米，西壁残高 32 厘米。墓室铺地砖因盗扰严重，基本无存，东、西及后壁因挤压均已向内倾斜，券顶已塌陷。（图 3 - 2 - 8a；彩版二〇，1）

该墓出土铜器、铁器、琉璃器、煤精器、陶器共 8 件（组）。

1. 铜器

1 件。器形为铜钱。

铜钱　1 件。M45：7，出土于墓室南部。残损严重，尺寸不明，但可辨出"五铢"二字。

2. 铁器

1 件。器形为带钩。

带钩　1 件。M45：1，出土于墓室西北角。钩身较长，作弓形，弧背，腹下近中部有一圆纽。器长 6.4、宽 0.7、纽径 1.3 厘米。（图 3 - 2 - 8b；彩版二〇，2）

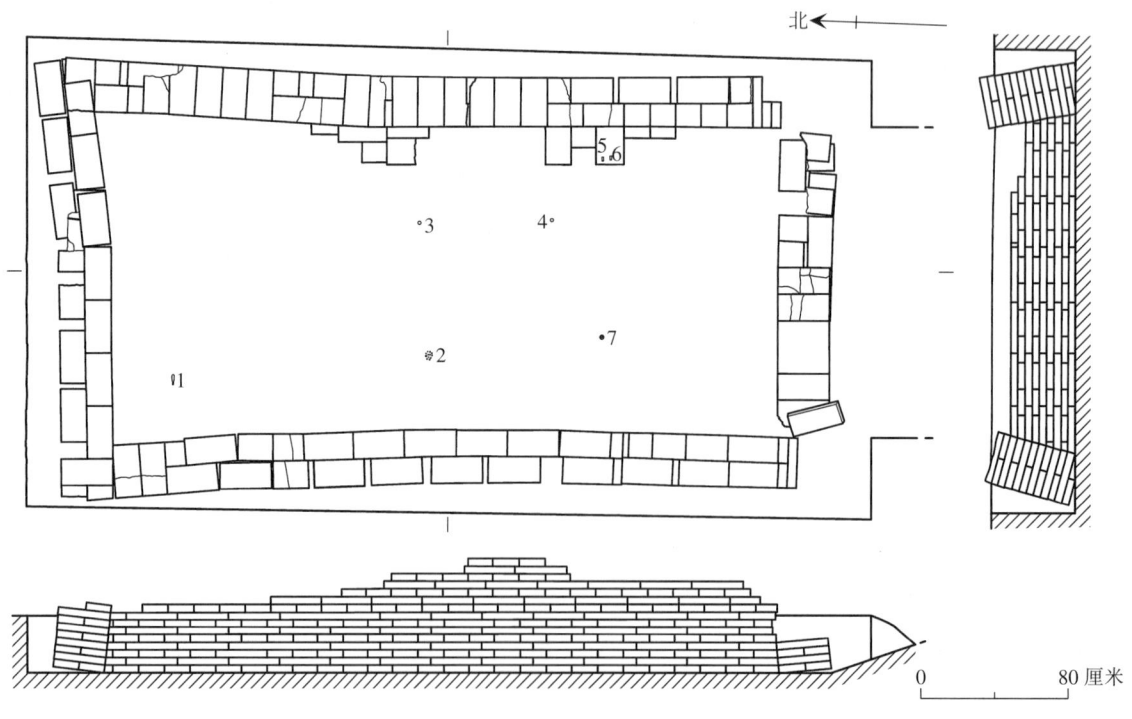

图 3 - 2 - 8a　山头组 M45 平面、剖视图
1. 铁带钩　2. 琉璃串珠饰　3、4. 煤精饰件　5、6. 琉璃耳珰　7. 铜钱

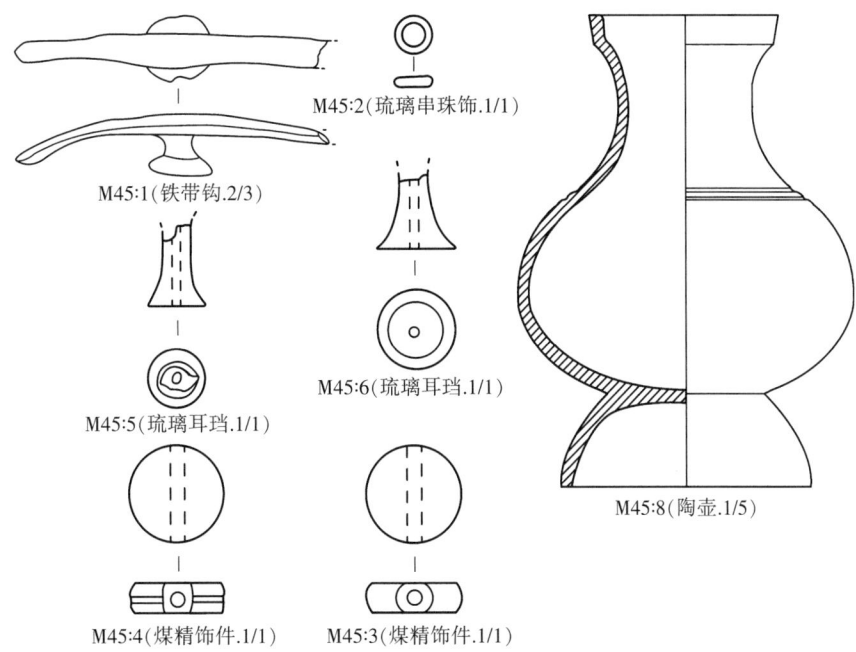

M45:2(琉璃串珠饰.1/1)

M45:1(铁带钩.2/3)

M45:5(琉璃耳珰.1/1)

M45:6(琉璃耳珰.1/1)

M45:4(煤精饰件.1/1)   M45:3(煤精饰件.1/1)

M45:8(陶壶.1/5)

图 3 - 2 - 8b 山头组 M45 出土器物图

3. 琉璃器

3 件（组）。器形为串珠饰、耳珰。

串珠饰 1 组。M45：2，出土于墓室西部。共 142 件。琉璃珠基本为圆环形。直径 0.5、穿径 0.3 厘米。（图 3 - 2 - 8b；彩版二〇，3）

耳珰 2 件。均出土于墓室东部。M45：5，器作圆台柱形。顶面直径 0.4、底面直径 0.8、高 1.1 厘米。（图 3 - 2 - 8b；彩版二〇，4 左）

M45：6，器作圆台锥形。顶面直径 0.4、底面直径 1.0、高 0.98 厘米。（图 3 - 2 - 8b；彩版二〇，4 右）

4. 煤精器

2 件。器形为饰件。

饰件 2 件。M45：3，圆形，中饰一穿孔。直径 1.3、厚 0.4 厘米。（图 3 - 2 - 8b；彩版二〇，5 左）

M45：4，形制、尺寸同 M45：3。（图 3 - 2 - 8b；彩版二〇，5 右）

5. 陶器

1 件。器形为壶。

壶 1 件。M45：8，出土于填土内。盘口，直颈，鼓腹，高圈足。肩部饰两道凹弦纹。口径 13.1、底径 17.2、高 31 厘米。（图 3 - 2 - 8b）

附录

一、33 号墓（M33）

　　M33 位于山头组取土场墓地北部，东面与 M4 相邻。发掘前，地表未见封土。清理前，墓坑上部已被高速公路施工方破坏，但墓室内部当未经盗扰。

　　墓葬形制为长方形竖穴土坑砖室墓，开口长 270、宽 118 厘米，墓坑残深 130 厘米。方向 178°。砖室四周与坑壁间填塞五花土。砖室墓位于墓坑北部，墓室由尺寸一致的砖砌成，砖长 25.4、宽 13.1、厚 3.9 厘米。墓室长 181.9、宽 118.5、高 113.4 厘米。墓室前后壁由两道砖平砌至顶，形成券顶状。东、西两壁由单砖纵砌，砌至 18 层起券，但该墓室室顶未形成券顶状，而是通过四组砖将墓顶叠砌成三角状，其中，最顶部由两组切去一角的砖紧贴构成三角状。室顶分前中后三部分，前后部分结构一致，但前半部已塌陷，后半部保存完好。中部由于前后部分的砌砖向前后倾斜，在室顶中部留下倒三角形空间，用大小不等的砖砌成券顶。

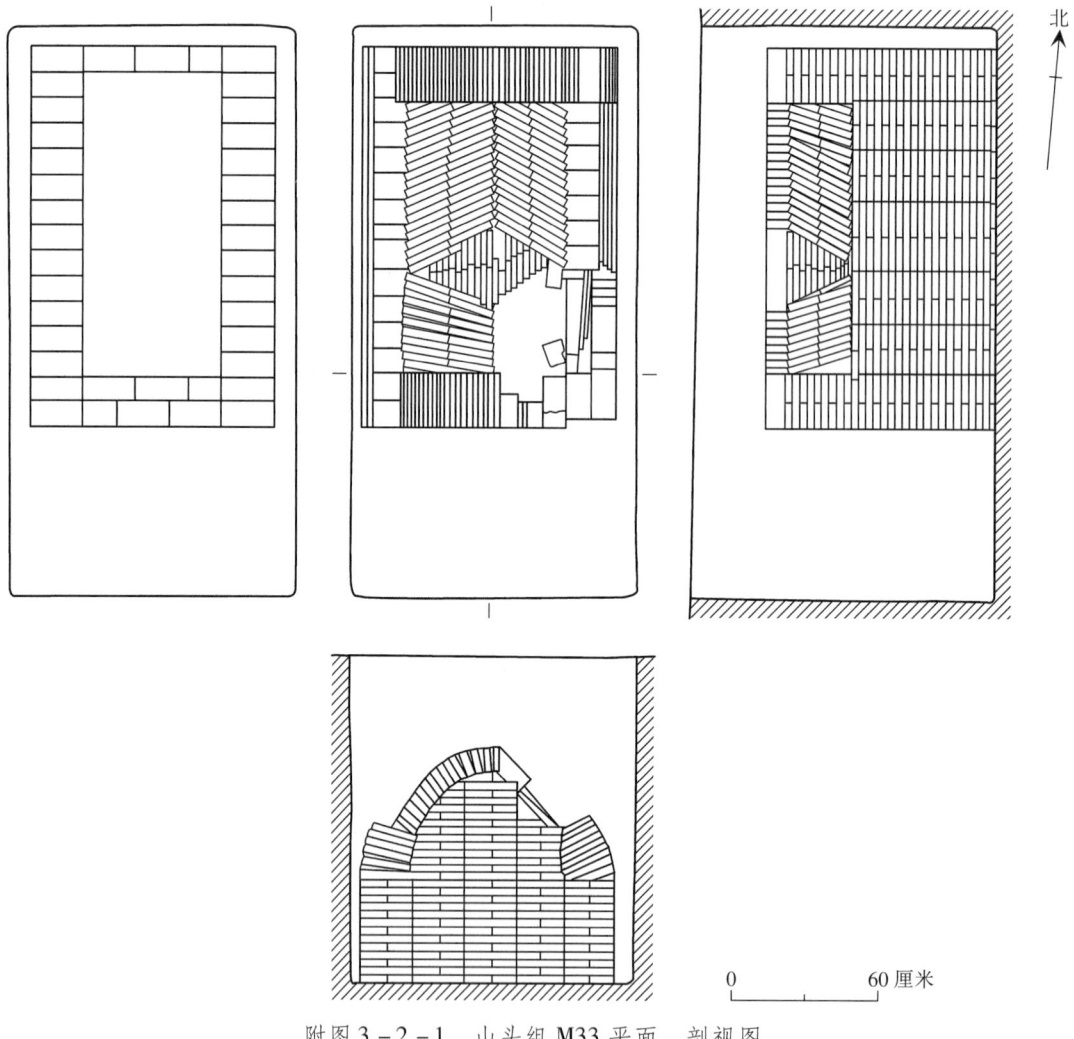

附图 3-2-1　山头组 M33 平面、剖视图

墓室内未发现任何遗物。（附图 3 - 2 - 1；彩版二一，1、2）

二、46 号墓（M46）

M46 位于山头组取土场墓地东北部，西面与 M45 相邻。发掘前，地表未见封土。清理前，墓坑基本已被高速公路施工方彻底破坏，仅存 10 厘米墓底，开口距地表深度不明。

墓葬形制为长方形竖穴土坑墓，二棺合葬，长 244、宽 168 厘米，墓坑残深 5 厘米。方向 30°。

葬具为两棺，东西并列，两棺间未见间隔。东棺残长 209、残宽 58 厘米，高度不明，仅存东侧板，残高 14 厘米，底板由南北向 3 块木板构成，木板厚 10.1 厘米。西棺残长 221、宽 61 厘米，高度不明，仅存西侧板，残高 7.6 厘米，底板结构、厚度与东棺同。

墓室内未发现任何遗物。（附图 3 - 2 - 2；彩版二一，3）

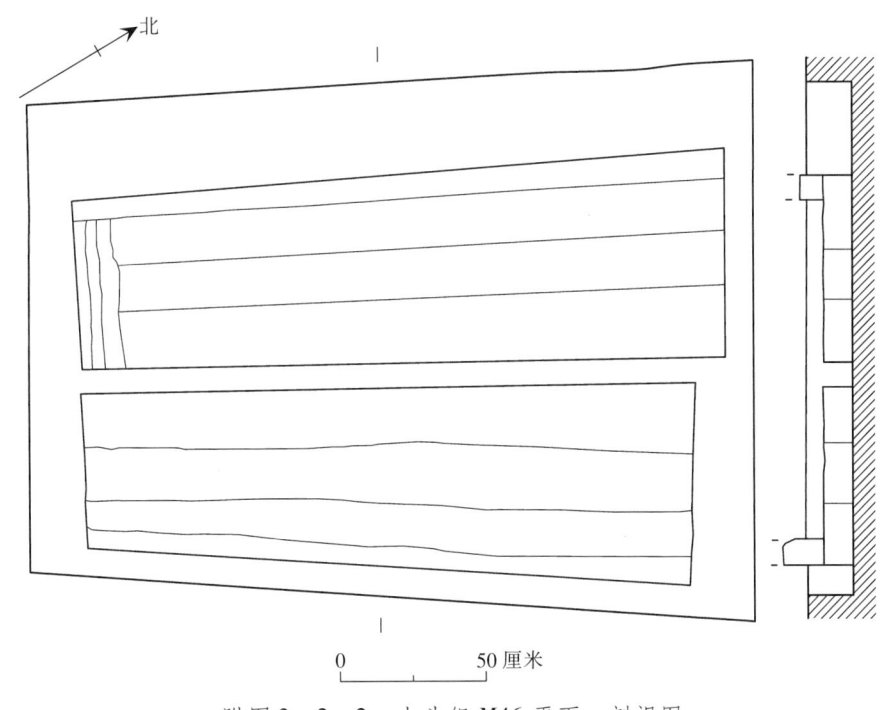

附图 3 - 2 - 2 山头组 M46 平面、剖视图

三、47 号墓（M47）

M47 位于山头组取土场墓地东部，发掘前，地表未见封土。清理前，墓坑南部已被高速公路施工方彻底破坏。

墓葬形制为长方形竖穴土坑墓，残长 202、宽 74 厘米，墓坑残深 27 厘米。方向 340°。

葬具为单棺，木结构完全朽尽。木棺置于墓坑底部正中，从朽痕可知，棺残长 130、宽 53 厘米，高度不明。（附图 3 - 2 - 3a；彩版二一，4）

该墓共出土铜器 1 组。

铜器

1 组。器形为铜钱。

铜钱 1组。M47：1，出土于棺内西端。8枚，开元通宝钱，形制、尺寸同。钱径2.47、穿径0.65厘米。（附图3-2-3b；彩版二一，5~8）

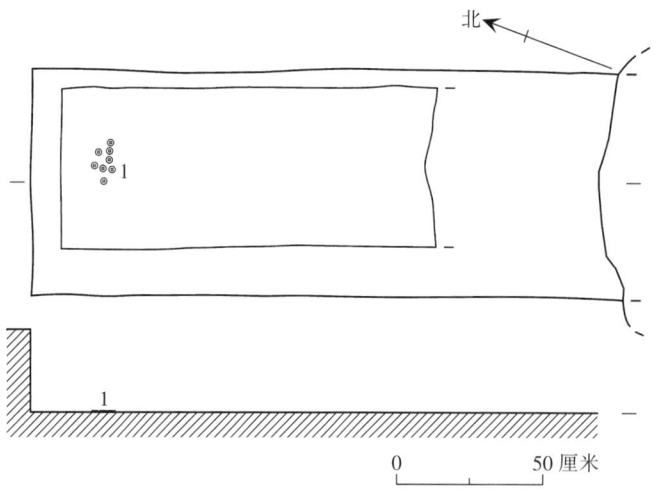

北

0   50厘米

附图3-2-3a 山头组M47平面、剖视图
1. 铜钱

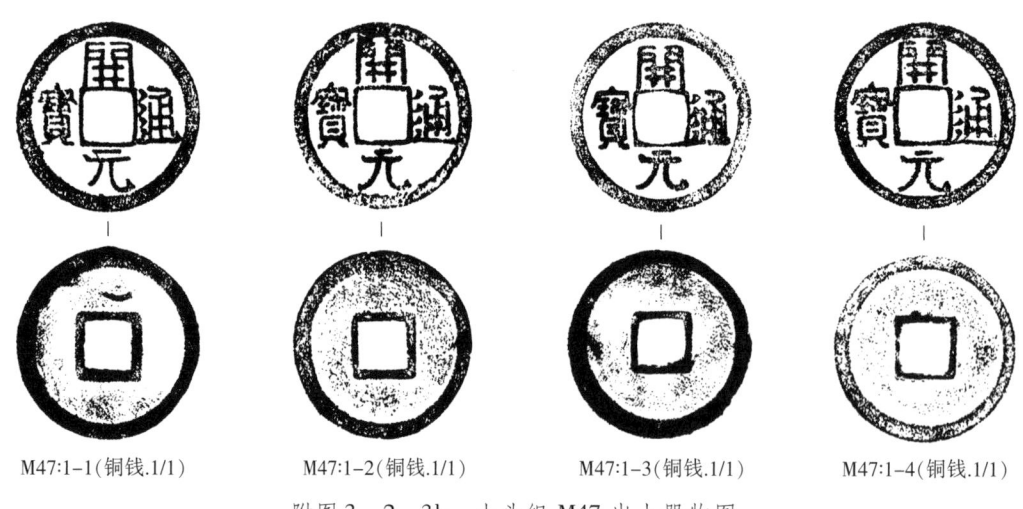

M47:1-1(铜钱.1/1)　　　M47:1-2(铜钱.1/1)　　　M47:1-3(铜钱.1/1)　　　M47:1-4(铜钱.1/1)

附图3-2-3b 山头组M47出土器物图

第三节　人民组一号涵洞取土场墓地

人民组一号涵洞取土场墓地位于盱眙县马坝镇东阳社区人民居民组。金马高速公路东阳段进入现场施工后，一号涵洞所在地因修建涵洞成为取土场，施工过程中工人发现有古代墓葬。考古队进入现场后在施工范围内共清理发掘墓葬7座，根据工作顺序编号为2号墓（M2）、6号墓（M6）、23号墓（M23）、34~37号墓（M34~M37）。（图3-3-0）

墓地大体呈长方形，呈东北—西南走向。长40、宽29米，位于东阳城大城东北角外侧150米处。发掘前，该区域中部为宽约10米的人工河渠，清理的所有墓葬，均在河渠两岸。

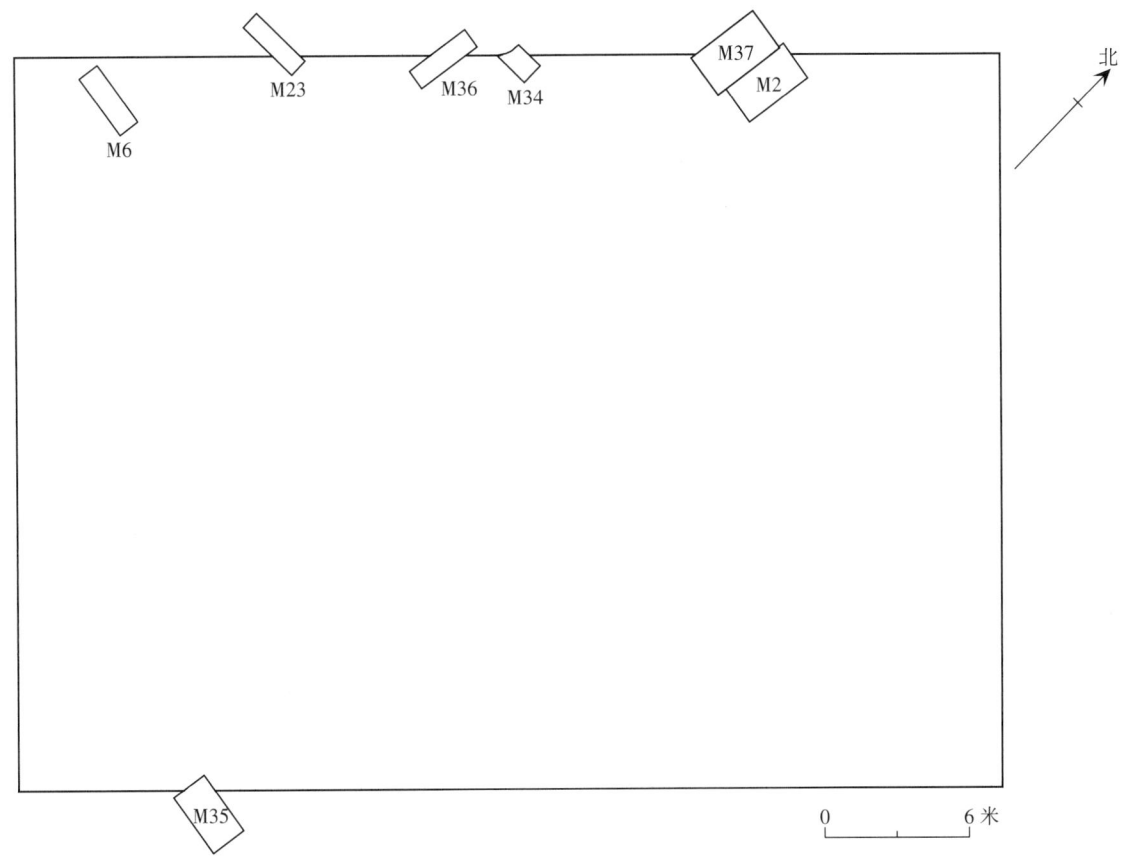

图 3 - 3 - 0　人民组一号涵洞取土场墓地墓葬平面分布图

一、2 号墓（M2）

M2 位于人民组一号涵洞取土场墓地北部东侧，西部被 M37 打破。清理前，墓坑部分开口已被高速公路施工方破坏，但椁室内遗物未受影响。

墓葬形制为长方形竖穴土坑，开口距现地表深 40 厘米，开口长 280、宽 150 厘米，墓坑深 220 厘米。方向 10°。墓葬开口至椁室顶部填五花土，至椁盖上方处填塞 30 厘米厚的青膏泥，椁室侧板与坑壁之间亦填塞青膏泥。

葬具为一椁一棺，棺椁结构大体保存完整。木椁置于墓坑底部正中，椁室平面呈长方形，长 240、宽 122、高 60 厘米，椁室底板共三块，纵向拼接，不用边榫，每块底板长 240、宽 43、厚 6.5 厘米，椁室东、西侧板和南、北侧板沿椁底板四边垒筑，板厚 6.5 厘米。棺位于椁室西部，与椁室西侧板紧靠，棺由整段圆木斫成，盖板基本朽尽，尺寸不明，棺长 228、宽 62、除盖高 48 厘米，棺室侧板厚 6 厘米，底板厚 10 厘米。边箱位于椁室东部，由椁室北、东、南三面侧板及棺之间的空间组成，长 226、宽 52、高 54 厘米。（图 3 - 3 - 1a；彩版二二，1）

该墓共出土铜器、铁器、琉璃器、石器、陶器等各类遗物共 17 件（组）。其中，陶器均出土于东边箱，其余遗物除铜弩机外均出土于棺内。

1. 铜器

共 5 件（组）。器形为带钩、刷、剑首、弩机、铜钱。

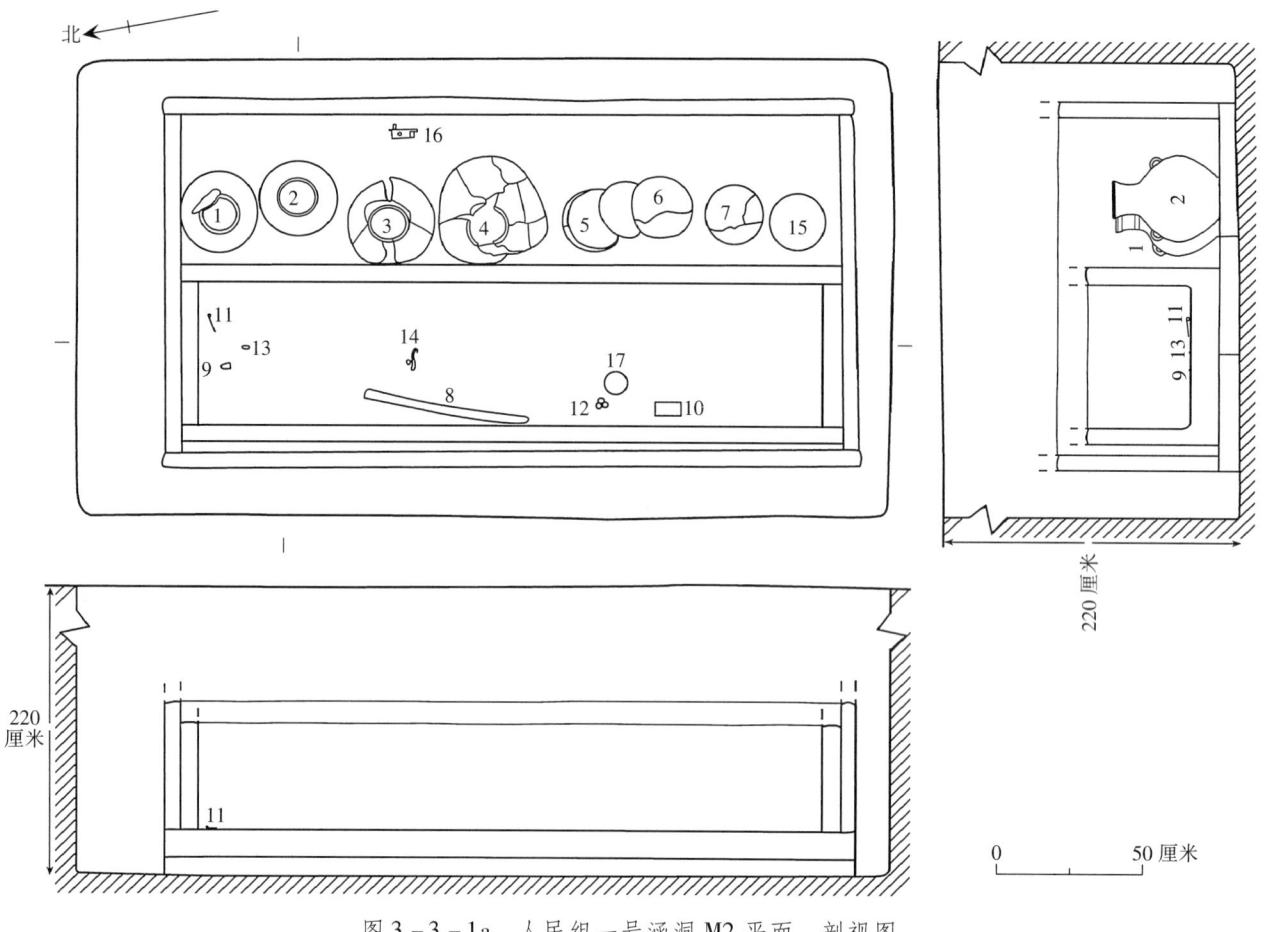

图 3 - 3 - 1a　人民组一号涵洞 M2 平面、剖视图

1、2. 釉陶壶　3、4. 釉陶瓿　5、7. 釉陶盒　6、15. 陶鼎　8. 铁剑　9. 琉璃琀　10. 石黛板　11. 铜刷
12. 铜钱　13. 琉璃塞　14. 铜带钩　16. 铜弩机　17. 铜剑首

带钩　1件。M2∶14，出土于棺内中部。琵琶形，雁首，钩身细长，断面呈方形，腹下近尾端饰一圆纽。通长 5.5、尾宽 1 厘米。（图 3 - 3 - 1b1；彩版二二，3）

刷　1件。M2∶11，出土于棺内北部。烟斗形，刷头圆形筒状，孔内刷毛已朽，柄细长，断面圆形，末端渐细。孔径 0.6、通长 6.3 厘米。（图 3 - 3 - 1b1；彩版二二，4）

剑首　1件。M2∶17，出土于棺内中南部。器作喇叭形，顶部圆管中空。顶部管径 1.2、底径 4.2、残高 2.3 厘米。从出土位置看，其当为 M2∶8 铁剑构件。（图 3 - 3 - 1b1）

弩机　1件。M2∶16，出土于东边箱中北部。有郭、望山、牙、悬刀、钩心等构件，未见前后键。郭面前窄后宽，中有弧形箭槽，箭槽前端渐宽深。望山呈扁高四棱台状。望山、牙、悬刀、钩心锈固于郭厢。器高 13.5、郭长 11.0、郭宽 1.5～2.8、郭高 3.1、望山长 1.4～1.8、望山宽 0.3～0.6、望山高 3.1 厘米。（图 3 - 3 - 1b1；彩版二二，2）

铜钱　1组。M2∶12，出土于棺内中南部。共 19 枚，五铢钱，形制、尺寸同。钱径 2.6、穿径 1 厘米。（图 3 - 3 - 1b1）

2. 铁器

1件。器形为剑。

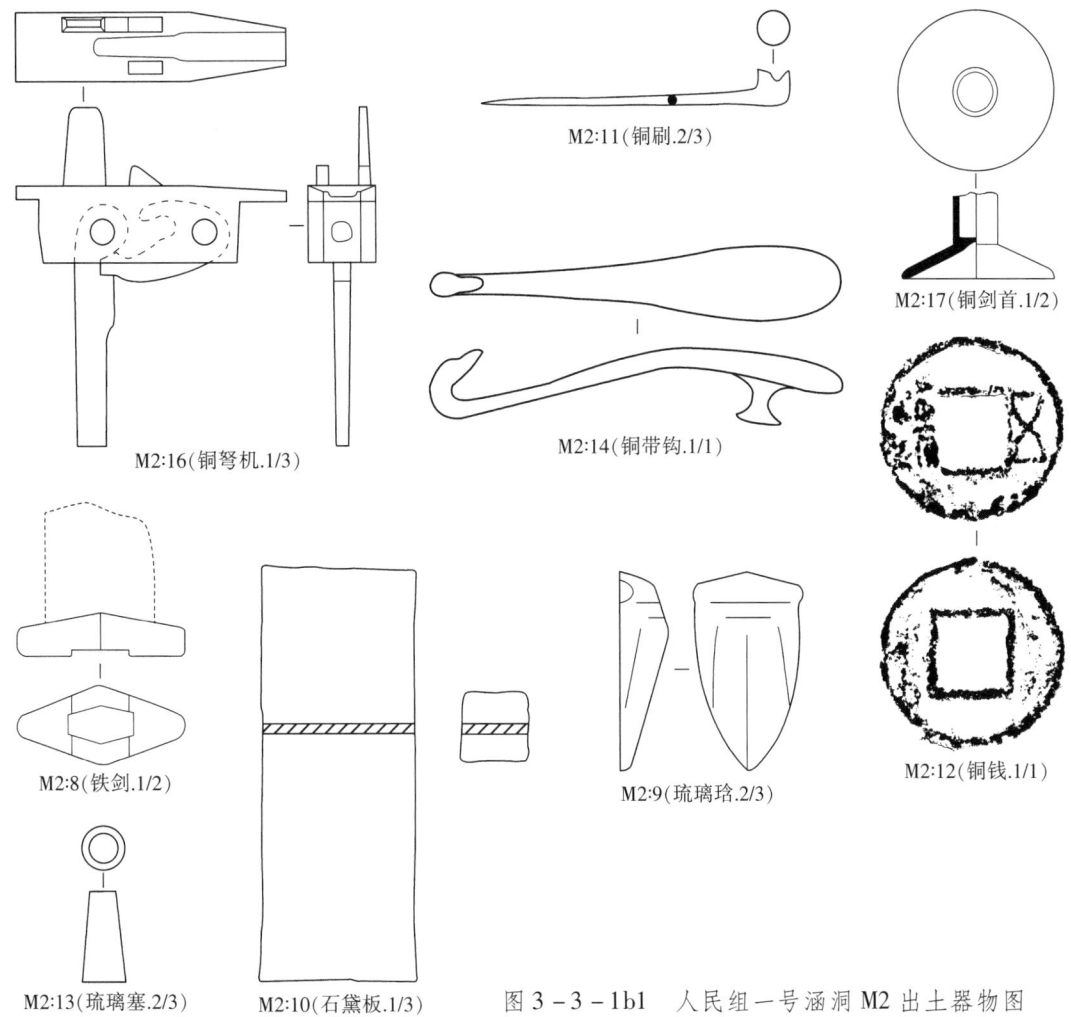

M2:11（铜刷.2/3）

M2:17（铜剑首.1/2）

M2:16（铜弩机.1/3）

M2:14（铜带钩.1/1）

M2:12（铜钱.1/1）

M2:8（铁剑.1/2）

M2:9（琉璃琀.2/3）

M2:13（琉璃塞.2/3）　　M2:10（石黛板.1/3）　　图 3-3-1b1　人民组一号涵洞 M2 出土器物图

剑　1件。M2：8，出土于棺内中部。剑身锈蚀严重，从朽痕看，残长60厘米。（图3-3-1b1）

3. 琉璃器

共2件。器形为琀、塞，均出土于棺内北部。

琀　1件。M2：9，器作蝉形，呈墨绿色，正面隆起，棱角分明，纹饰简练，背面平直。长3.9、宽2.3、厚1厘米。（图3-3-1b1）

塞　1件。M2：13，圆台柱形，呈墨绿色。顶面直径0.5、底面直径0.9、高1.8厘米。（图3-3-1b1）

4. 石器

1组。器形为黛板，出土于棺内南部。

黛板　1组。M2：10，一组大小两件，均青石质。一件器形较大，长方形，一面光滑，为碾磨面。长16.6、宽6.2、厚0.4厘米。一件器形较小，近似正方形，一面光滑，为碾磨面。长2.9、宽2.8、厚0.4厘米。（图3-3-1b1；彩版二二，5）

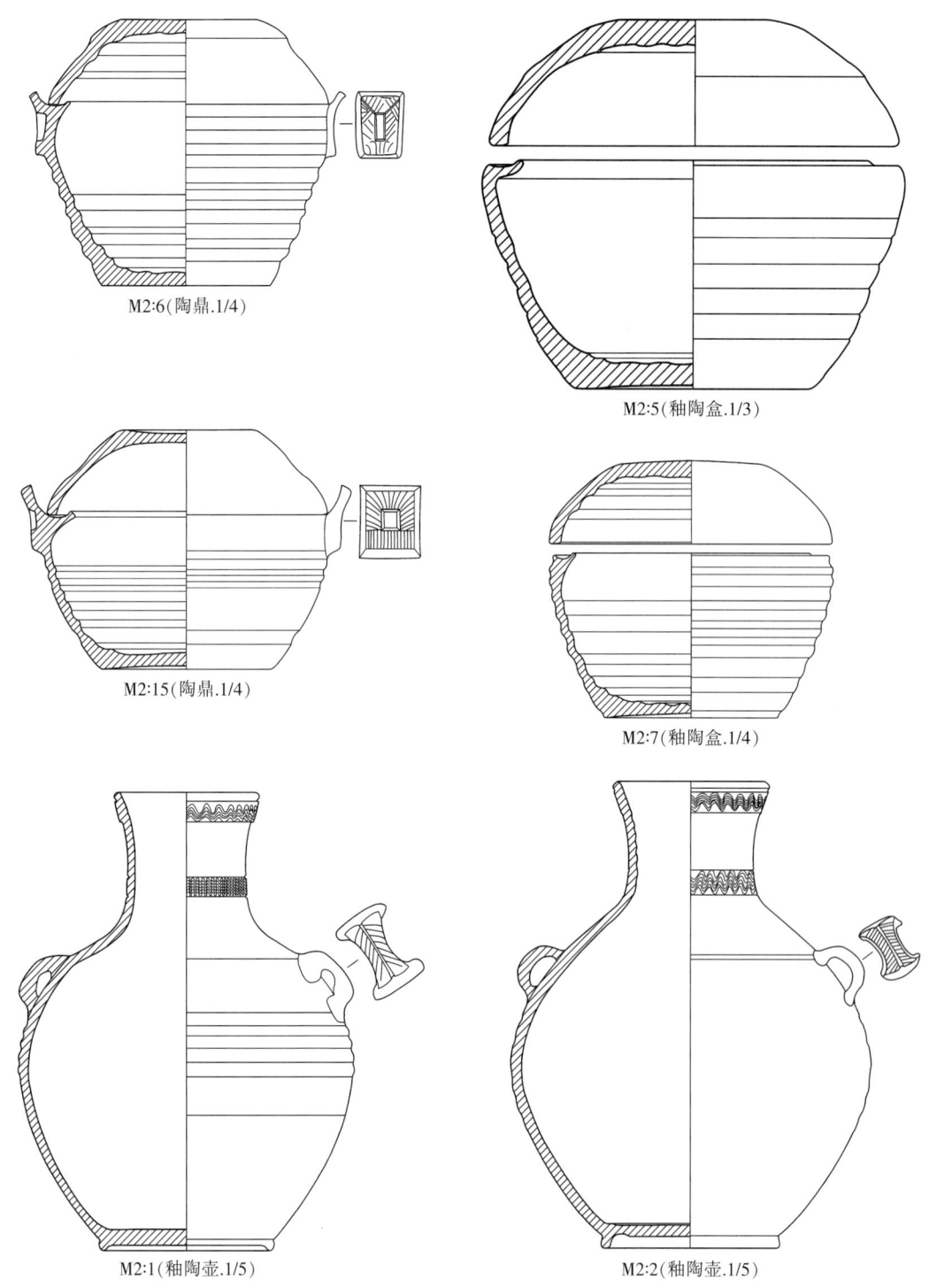

M2:6(陶鼎.1/4)

M2:5(釉陶盒.1/3)

M2:15(陶鼎.1/4)

M2:7(釉陶盒.1/4)

M2:1(釉陶壶.1/5)

M2:2(釉陶壶.1/5)

图 3 - 3 - 1b2　人民组一号涵洞 M2 出土器物图

5. 陶器

共 8 件。器形为鼎、盒、壶、瓿，均出土于东边箱内。

鼎　2 件。两件形制基本相同，均为红陶，火候较高。M2：6，出土于东边箱南部。覆平底钵形盖，平顶较宽。鼎身子母口，尖圆唇，口部饰一对称耳，斜弧腹，平底。耳外侧模印叶脉纹。盖口径 17.4、高 5.4 厘米。鼎身口径 14.4、底径 10.5、高 11.6 厘米。（图 3 - 3 - 1b2）

M2：15，出土于东边箱南部。盖口径 17.4、高 5.4 厘米。鼎身口径 14.4、底径 10.2、高 11

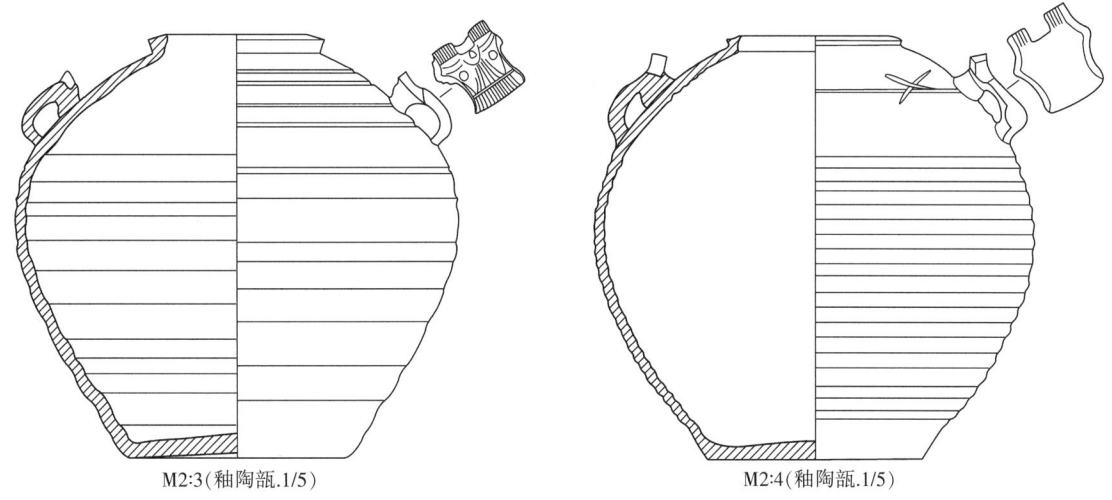

M2:3（釉陶瓴.1/5）　　　　　　　M2:4（釉陶瓴.1/5）

图 3 - 3 - 1b3　人民组一号涵洞 M2 出土器物图

厘米。（图 3 - 3 - 1b2；彩版二三，1）

盒　2 件。两件形制基本相同，器身均为釉陶，器盖为红陶。M2:7，出土于东边箱南部。覆平底钵形盖，平顶较宽。盒身子母口，圆唇内敛，斜弧腹，平底内凹。盖口径 17.4、高 5.4 厘米。盒身口径 14.4、底径 10.8、高 9.9 厘米。（图 3 - 3 - 1b2；彩版二三，2）

M2:5，出土于东边箱中南部，尺寸与 M2:7 相同。（图 3 - 3 - 1b2）

壶　2 件。两件形制基本相同，均为釉陶，施半截青黄釉。M2:1，出土于东边箱北部。侈口，圆唇，直颈，溜肩，双桥形耳，鼓腹渐收，平底，矮圈足。口沿下与颈部下端各饰一圈水波纹，肩饰凹弦纹，耳面饰叶脉纹。口径 11.2、底径 13.2、高 34.4 厘米。（图 3 - 3 - 1b2；彩版二三，3）

M2:2，出土于东边箱北部。尺寸与 M2:1 相同。（图 3 - 3 - 1b2）

瓴　2 件。两件形制基本相同。M2:3，出土于东边箱中北部。小口内敛，尖唇，溜肩，弧腹渐收，平底内凹。肩两侧饰兽面耳一对并饰凹弦纹。口径 12、底径 14.8、高 28 厘米。（图 3 - 3 - 1b3；彩版二三，4）

M2:4，出土于东边箱中部。尺寸与 M2:3 相同。（图 3 - 3 - 1b3）

二、6 号墓（M6）

M6 位于人民组一号涵洞取土场墓地西北角，北面与 M23 相邻。清理前，墓坑大部分已被高速公路施工方破坏，仅留有厚约 30 厘米的墓底，开口距现地表深度不明。

墓葬形制为长方形竖穴土坑，开口长 280、宽 80 厘米，残深 25 厘米。墓向 91°。

葬具为单棺。木棺置于墓坑底部偏东，从木结构朽痕可知，棺长 200、宽 66 厘米，高度不明。（图 3 - 3 - 2a）

该墓共出土铜器、铁器等遗物共 3 件（组），所有遗物均出土于棺内。

1. 铜器

共 2 件（组）。器形为镜、铜钱。

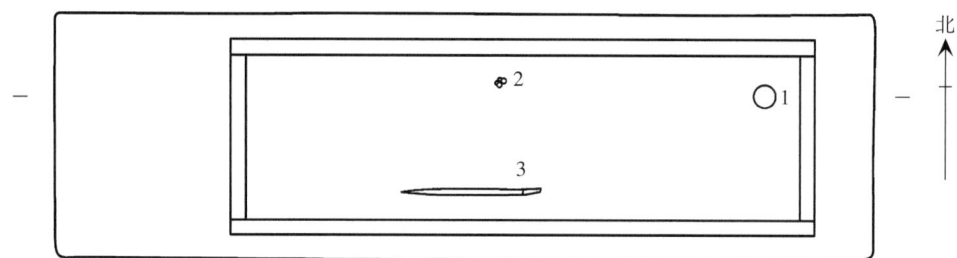

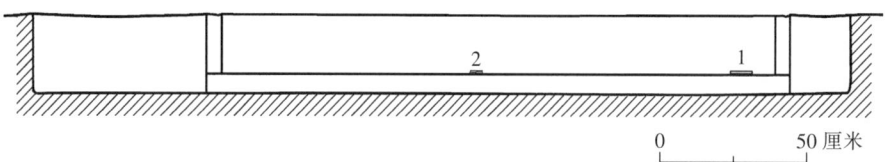

图 3 – 3 – 2a　人民组一号涵洞 M6 平面、剖视图
1. 铜镜　2. 铜钱　3. 铁剑

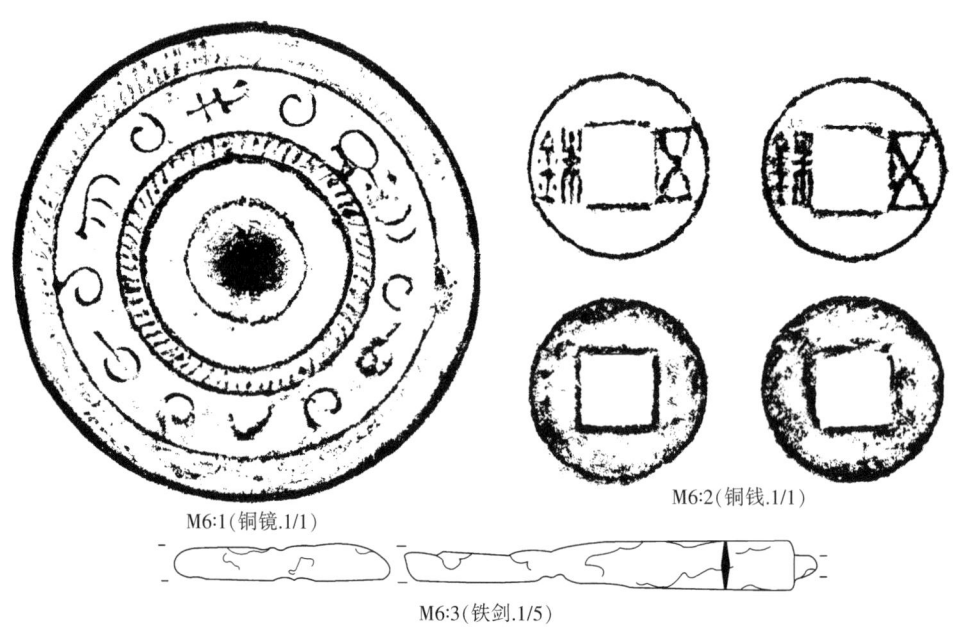

M6:1(铜镜.1/1)　　　　　　　　　　　M6:2(铜钱.1/1)

M6:3(铁剑.1/5)

图 3 – 3 – 2b　人民组一号涵洞 M6 出土器物图

　　镜　1 件。M6：1，出土于棺内东部。圆形，半圆纽，圆形纽座。座外饰一周凸棱，其外饰两周短斜弦纹，间饰一周铭文。铭文间以"の"形符号间隔。铭文为"见日月心勿夫"。窄缘。镜面直径 6.6、纽高 0.7、纽宽 1.6、肉厚 0.15 厘米。（图 3 – 3 – 2b）

　　铜钱　1 组。M6：2，出土于棺内中部偏北。8 枚，五铢钱，形制、尺寸相同，钱径 2.5、穿径 1 厘米。（图 3 – 3 – 2b）

　　2. 铁器

　　1 件。器形为剑，出土于棺内中部偏南。

　　剑　1 件。M6：3，剑身中部以上及柄部残损严重，剑身扁平，中背起脊，断面呈菱形。残长

44、中宽 3.2 厘米（图 3 – 3 – 2b）。

三、23 号墓（M23）

M23 位于人民组一号涵洞取土场墓地北边缘处，南面与 M6 相邻。

墓葬形制为长方形竖穴土坑，开口距现地表深 230 厘米，墓口长 280、宽 80 厘米，深 190 厘米。方向 90°。

葬具为单棺，棺木结构基本朽尽。木棺置于墓坑底中部偏东，从朽痕可知，棺长 200、宽 62、残高 45 厘米。（图 3 – 3 – 3a）

该墓共出土铜器、陶器等各类遗物 5 件（组）。

1. 铜器

2 件（组）。器形为镜、铜钱。

镜　1 件。M23：1，出土于棺内东部。日月镜。圆形，半圆纽，圆纽座。座外饰两周短斜弦纹，间饰一周铭文，铭文间以"の"形符号间隔。铭文为"日勿心"。窄缘。镜面直径 6、纽高 0.6、纽宽 1.5、肉厚 0.15 厘米。（图 3 – 3 – 3b）

铜钱　1 组。M23：2，出土于棺内中部。共 12 枚，五铢钱，形制、尺寸相同。钱径 2.5、穿

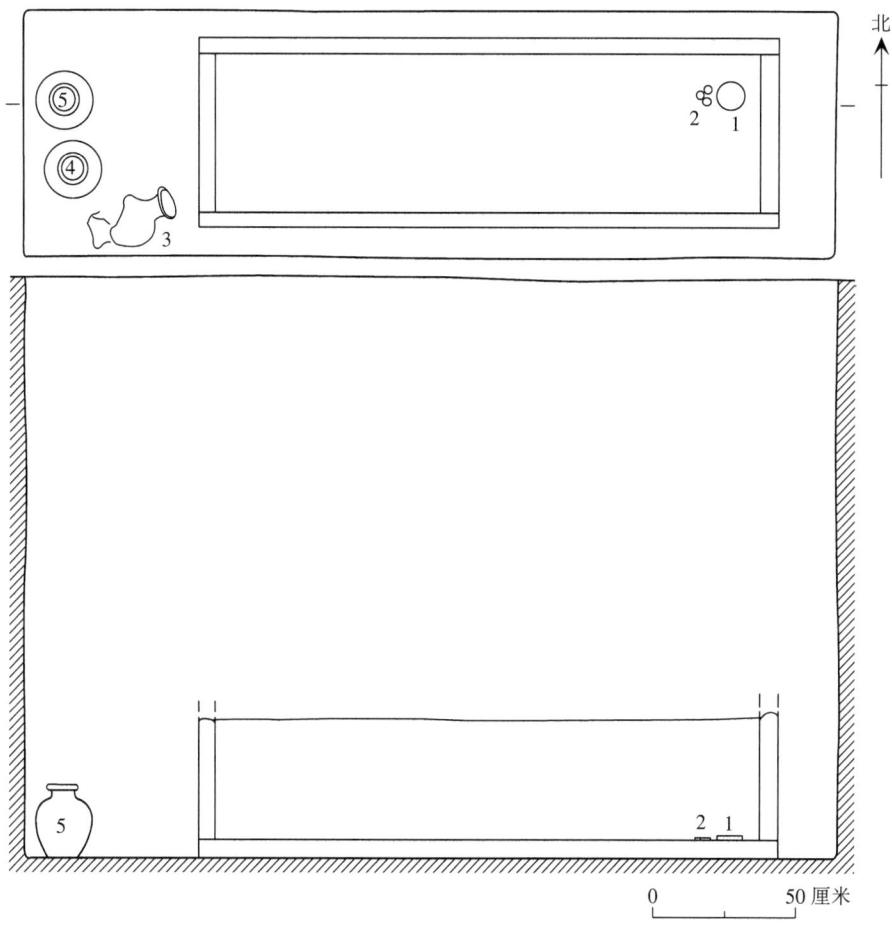

图 3 – 3 – 3a　人民组一号涵洞 M23 平面、剖视图
1. 铜镜　2. 铜钱　3. 陶壶　4. 陶瓿　5. 陶罐

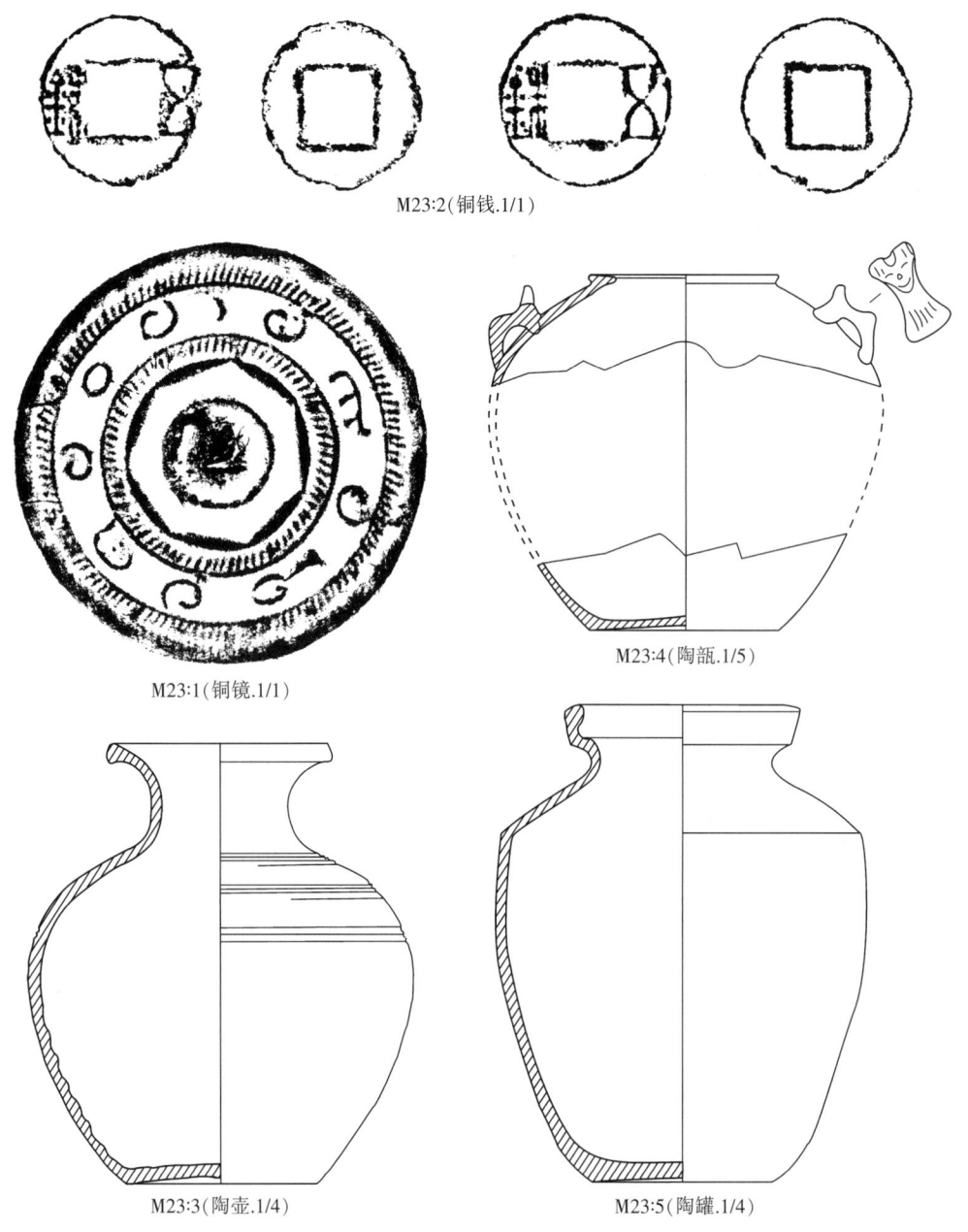

M23:2(铜钱.1/1)

M23:1(铜镜.1/1)

M23:4(陶瓿.1/5)

M23:3(陶壶.1/4)

M23:5(陶罐.1/4)

图 3 - 3 - 3b　人民组一号涵洞 M23 出土器物图

径 1 厘米。(图 3 - 3 - 3b)

2. 陶器

3 件。器形为壶、瓿、罐,均出土于棺外西侧。

壶　1 件。M23:3,泥质红陶。侈口,尖圆唇,束颈,溜肩,鼓腹渐收,平底微内凹。肩部饰三组凹弦纹。口径 12、底径 10.8、高 24 厘米。(图 3 - 3 - 3b)

瓿　1 件。M23:4,泥质红陶。敛口,圆唇,斜平沿,圆肩,弧腹渐收,腹部残损,平底内凹。肩两侧饰兽面耳一对。口径 10、底径 13.3、复原高 24 厘米。(图 3 - 3 - 3b)

罐　1 件。M23:5,灰陶。敛口,圆唇,折沿,束颈,折肩,深直腹,平底微内凹。口径 11.4、底径 10.1、高 25.8 厘米。(图 3 - 3 - 3b;彩版二三,5)

四、34 号墓（M34）

M34 位于人民组一号涵洞取土场墓地北边缘处，南面与 M36 相邻。清理前，墓坑上部及东半部已被高速公路施工方彻底破坏，仅存墓坑西部，开口距现地表深度不明。

墓葬形制为长方形竖穴土坑，墓口残长 130、残宽 100 厘米，深 60 厘米。方向 90°。（图 3－3－4a；彩版二四，1）

葬具朽尽，具体情况不详。

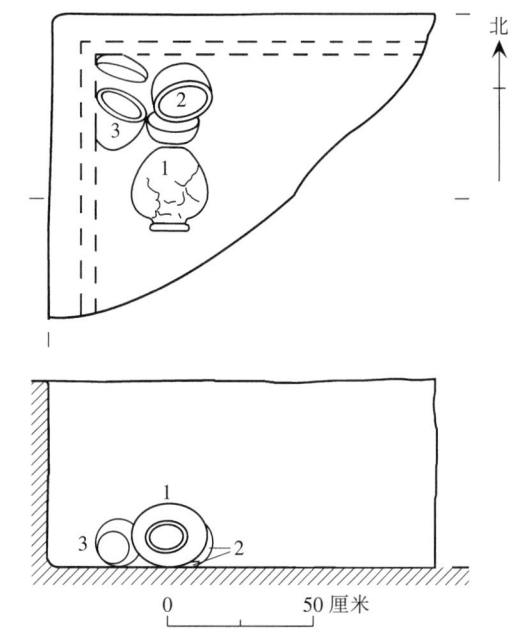

图 3－3－4a 人民组一号涵洞 M34 平面、剖视图
1. 釉陶瓿　2. 釉陶盒　3. 釉陶鼎

该墓共出土遗物 3 件，均为陶器，器形为鼎、盒、瓿。皆出土于墓室西北角。

陶器

共 3 件。器形为鼎、盒、瓿。

鼎 1 件。M34：3，釉陶。覆平底钵形盖，平顶较宽。鼎身子母口，尖圆唇，口部饰一对称耳，斜腹，平底微内凹。盖口径 14.4、高 4.9 厘米。鼎身口径 14.4、底径 10.8、高 10.4 厘米。（图 3－3－4b；彩版二四，2）

盒 1 件。M34：2，釉陶。覆平底钵形盖，平顶较宽微内凹。盒身子母口，圆唇内敛，斜弧腹，平底内凹。盖口径 15.9、高 4.8 厘米。盒身口径 14.2、底径 9.3、高 9.7 厘米。（图 3－3－4b；彩版二四，3）

瓿 1 件。M34：1，釉陶。敛口，尖唇，溜肩，弧腹渐收，平底内凹。肩两侧饰兽面耳一对并饰凹弦纹。口径 7.9、底径 12.6、高 20.2 厘米。（图 3－3－4b；彩版二四，4）

五、35 号墓（M35）

M35 位于人民组一号涵洞取土场墓地南边缘处，发掘前地表未见封土迹象。清理前，墓坑上

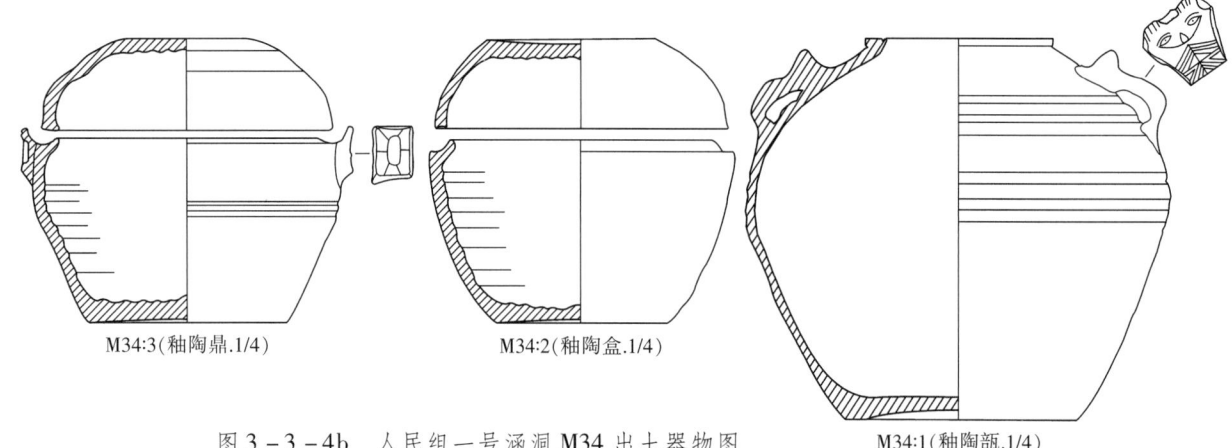

M34:3(釉陶鼎.1/4)　　　　M34:2(釉陶盒.1/4)　　　　M34:1(釉陶瓿.1/4)

图 3 - 3 - 4b　人民组一号涵洞 M34 出土器物图

部和西部已被高速公路施工方破坏，开口距现地表深度不明，但椁樟部分未受扰动。

墓葬形制为长方形竖穴土坑，开口长 260、宽 144 厘米，残深 120 厘米。方向 280°。墓葬开口至椁室顶部填五花土，至椁盖上方处填塞 20 厘米厚的青膏泥，椁室侧板与坑壁之间亦填塞青膏泥。

葬具为一椁一棺，棺椁结构保存尚好。木椁置于墓坑底中部偏西，椁室平面呈长方形，长 230、宽 130、高 60 厘米，椁室底板由五块长方形木板东西向横铺在墓底，木板长度 230、厚为 6 厘米。棺位于椁室北部，与椁室北侧板紧靠，棺由整段圆木斫成 "U" 字形棺室，棺长 206、宽 60、高 54 厘米。南边箱位于椁室南部，由椁室东、西、南三面侧板与隔板组成的空间构成，长 206、宽 40、高 54 厘米。（图 3 - 3 - 5a；彩版二五，1）

该墓共出土铜器、铁器、漆木器、陶器等各类遗物 17 件（组）。

1. 铜器

3 件（组）。器形为印、带钩、铜钱。

印　1 件。M35：1，出土于棺内中部。扁方形，双面印文，一面是 "骊延君"，另一面是 "骊买臣"，阴文深凹。边长 1.6、宽 0.6 厘米。（图 3 - 3 - 5b1；彩版二五，2、3）

带钩　1 件。M35：2，出土于棺内中部。器身较短，钩首，正面饰兽面纹，腹下近尾端饰一圆纽。长 3.6、宽 2 厘米。（图 3 - 3 - 5b1；彩版二五，4）

铜钱　1 组。M35：5，出土于棺内西北南边箱西部。50 枚，五铢钱。钱径 2.5、穿径 1 厘米。（图 3 - 3 - 5b1；彩版二五，5）

2. 铁器

3 件。器形为鼎、剑、削。

鼎　1 件。M35：6，出土于南边箱东部。锈蚀严重，颈部以上缺失，溜肩，鼓腹，圜底，三足。残高 12 厘米。（图 3 - 3 - 5b1）

剑　1 件。M35：3，出土于棺内中部。剑身锈蚀严重，仅存朽痕。残长 8 厘米。（图 3 - 3 - 5b1）

削　1 件。M35：4，出土于棺内中部偏南。器身锈蚀严重。残长 40 厘米。（图 3 - 3 - 5b1）

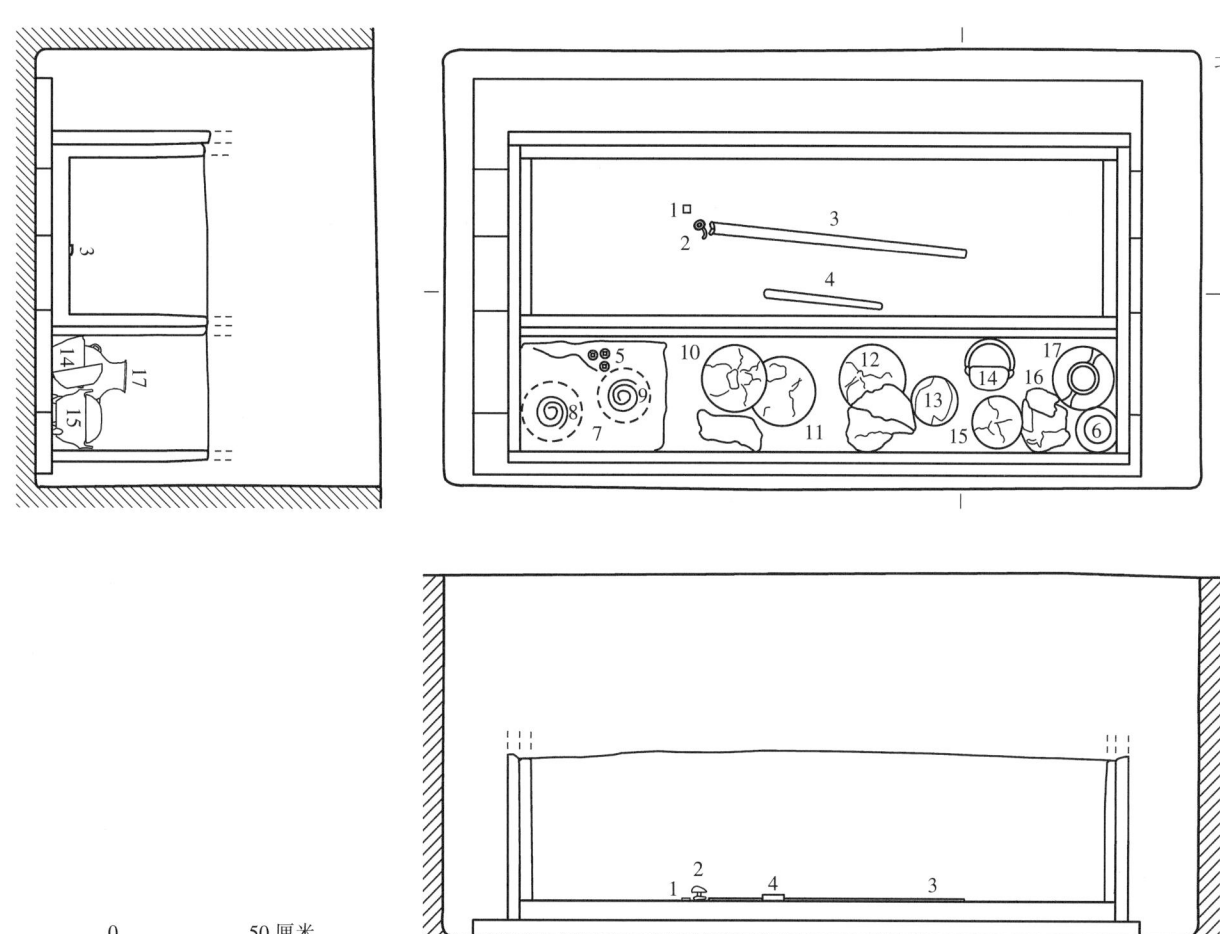

图 3 - 3 - 5a　人民组一号涵洞 M35 平面、剖视图
1. 铜印　2. 铜带钩　3. 铁剑　4. 铁削　5. 铜钱　6. 铁鼎　7. 漆案　8、9. 陶罐　10、13. 漆盘　11. 漆卮　12. 漆奁　14. 釉陶盒　15. 釉陶鼎　16. 釉陶瓿　17. 釉陶壶

3. 漆器

5 件。器物变形严重，可辨器形有盘、卮、案、奁等。

盘　2 件。M35：10、M35：13，皆出土于南边箱内，均仅存漆皮，胎质与尺寸不明。

卮　1 件。M35：11，出土于南边箱内。夹纻胎。盖部缺失。卮身圆唇，直口，内外壁皆髹黑漆。口径 11.1、底径 11.6、高 9.2 厘米。（彩图七，1）

案　1 件。M35：7，出土于南边箱西部。仅存漆皮。残长 48、宽 27 厘米。

奁　1 件。M35：12，出土于南边箱内。夹纻胎。盖与器身均缺失，仅存中部夹层。器作圆形，中部下凹为长方圆形，内外壁皆髹黑漆。器径 12.9、底径 11.1、高 4 厘米。（彩图七，2）

4. 陶器

6 件。器形为鼎、盒、壶、瓿、罐，均出土于南边箱内。

鼎　1 件。M35：15，釉陶。覆平底钵形盖，宽平顶。鼎身子母口，尖唇内敛，口部饰一对称耳，斜弧腹，平底装三足，足部制作粗糙。盖口径 14.4、高 4.8 厘米。鼎身口径 12.6、高 12.4 厘米。鼎身底径 10.8 厘米（图 3 - 3 - 5b2；彩版二六，1）

盒　1 件。M35：14，釉陶。覆平底钵形盖，平顶较宽。盒身子母口，圆唇内敛，斜腹，平底

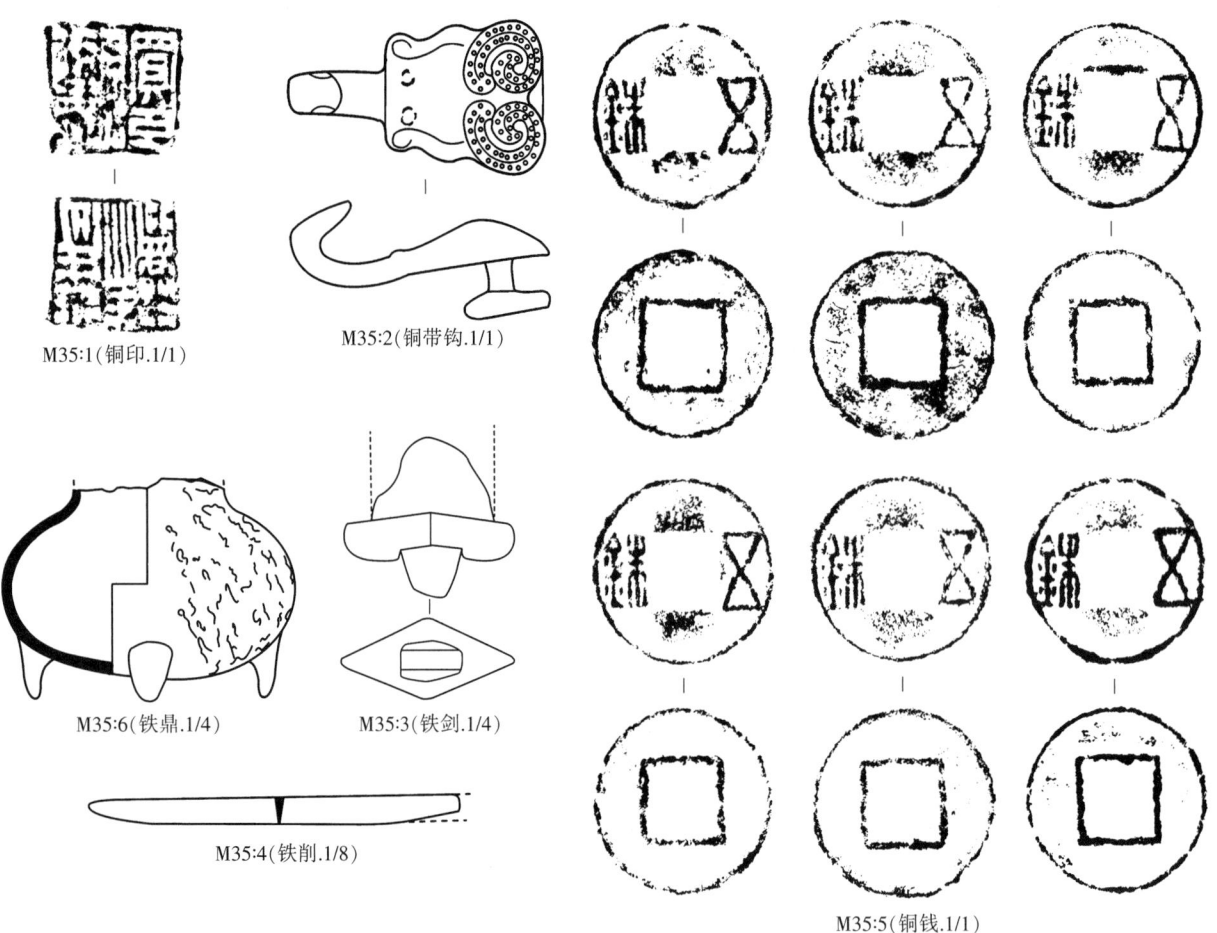

M35:1（铜印.1/1）　　　M35:2（铜带钩.1/1）

M35:6（铁鼎.1/4）　　　M35:3（铁剑.1/4）

M35:4（铁削.1/8）

M35:5（铜钱.1/1）

图 3 - 3 - 5b1　人民组一号涵洞 M35 出土器物图

微内凹。盖口径 15.3、高 5.4 厘米。盒身口径 13.2、底径 9、高 10 厘米。（图 3 - 3 - 5b2；彩版二六，2）

　　壶　1 件。M35：17，釉陶。侈口，圆唇，直颈，溜肩，鼓腹渐收，平底。双桥形耳，耳面饰叶脉纹。口径 8.1、底径 12、高 23.4 厘米。（图 3 - 3 - 5b2；彩版二六，3）

　　瓿　1 件。M35：16，釉陶。侈口，尖唇，沿面略内凹，圆肩，弧腹渐收，平底内凹。肩两侧饰兽面耳一对。口径 7.2、底径 12、高 17.9 厘米。（图 3 - 3 - 5b2；彩版二六，4）

　　罐　2 件。两件陶罐形制、尺寸皆有差异。M35：8，灰陶。侈口，圆唇，直颈，斜肩，折鼓腹渐收，平底内凹。肩与颈部交接处饰两桥形纽。口径 12、底径 11.4、高 19.2 厘米。（图 3 - 3 - 5b2；彩版二六，5）

　　M35：9，灰陶。侈口，圆唇，束颈，斜肩，鼓腹渐收，平底微内凹。肩与颈部交接处饰两桥形纽。口径 15.6、底径 14.8、高 27 厘米。（图 3 - 3 - 5b2）

六、36 号墓（M36）

　　M36 位于人民组一号涵洞取土场墓地北边缘处，北面与 M34 相邻。发掘前地表未见封土迹

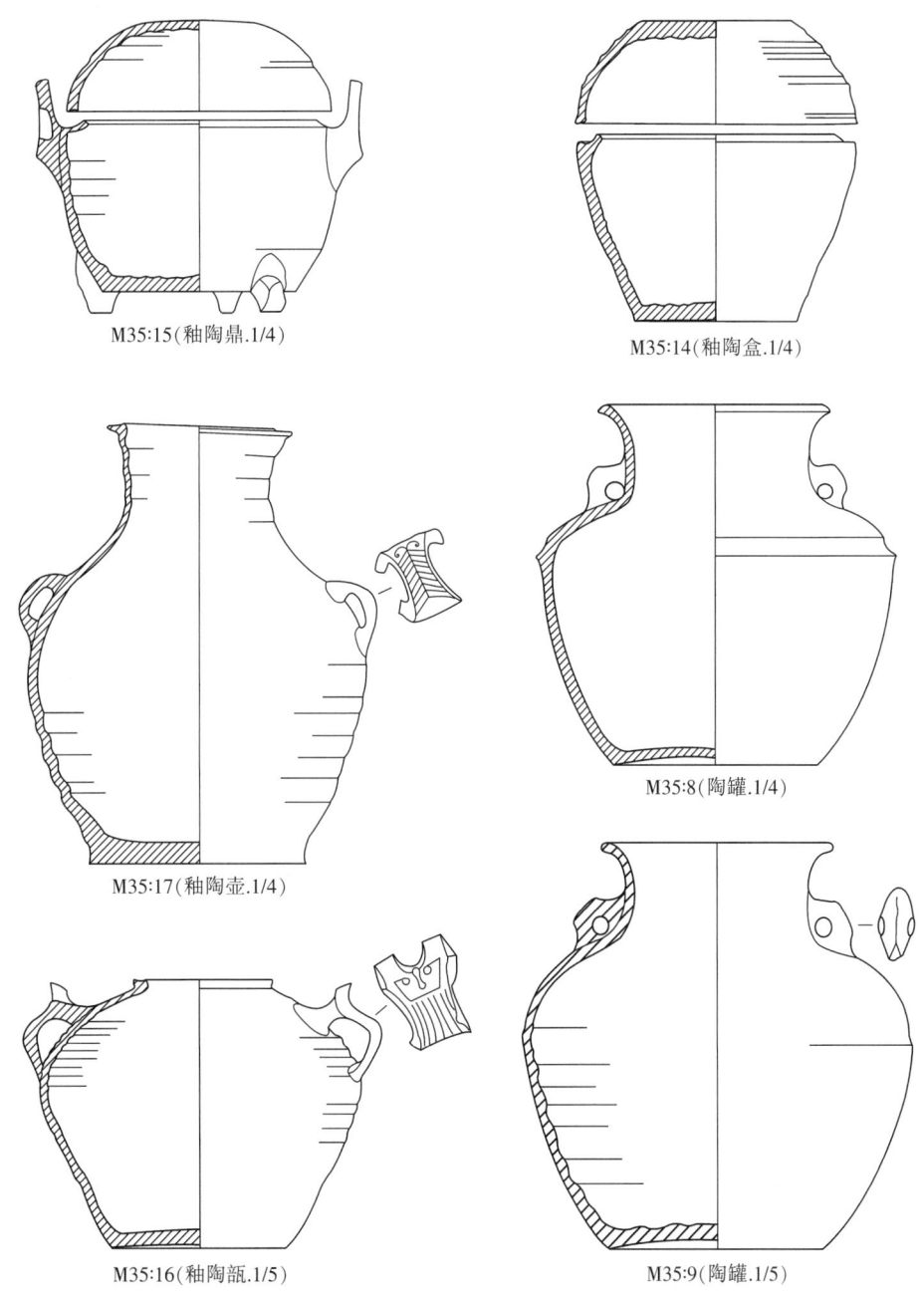

M35:15(釉陶鼎.1/4)

M35:14(釉陶盒.1/4)

M35:17(釉陶壶.1/4)

M35:8(陶罐.1/4)

M35:16(釉陶瓿.1/5)

M35:9(陶罐.1/5)

图 3 - 3 - 5b2　人民组一号涵洞 M35 出土器物图

象。清理前，墓坑上部及东南角已被高速公路施工方破坏，但随葬品分布尚保存完整。

墓葬形制为长方形竖穴土坑，开口距现地表深 80 厘米，开口长 270、宽 80 厘米，深 135 厘米。方向 190°。

葬具为一椁一棺，棺椁结构保存尚好。木椁置于墓坑底中部偏南，平面呈长方形，长 250、宽 60、残高 32.5 厘米，椁室底板由三块长方形木板南北向横铺在墓底，木板长度为 270 厘米，厚均为 4 厘米。棺位于椁室南部，与椁东、西侧板紧靠，棺由整段圆木斫成 "U" 字形棺室，长 205、宽 52、残高 32 厘米。北边箱位于椁室北部，由椁室北、东、西三面侧板及棺之间的空间组成，长 52、宽 35、高 36 厘米。（图 3 - 3 - 6a；彩版二七，1）

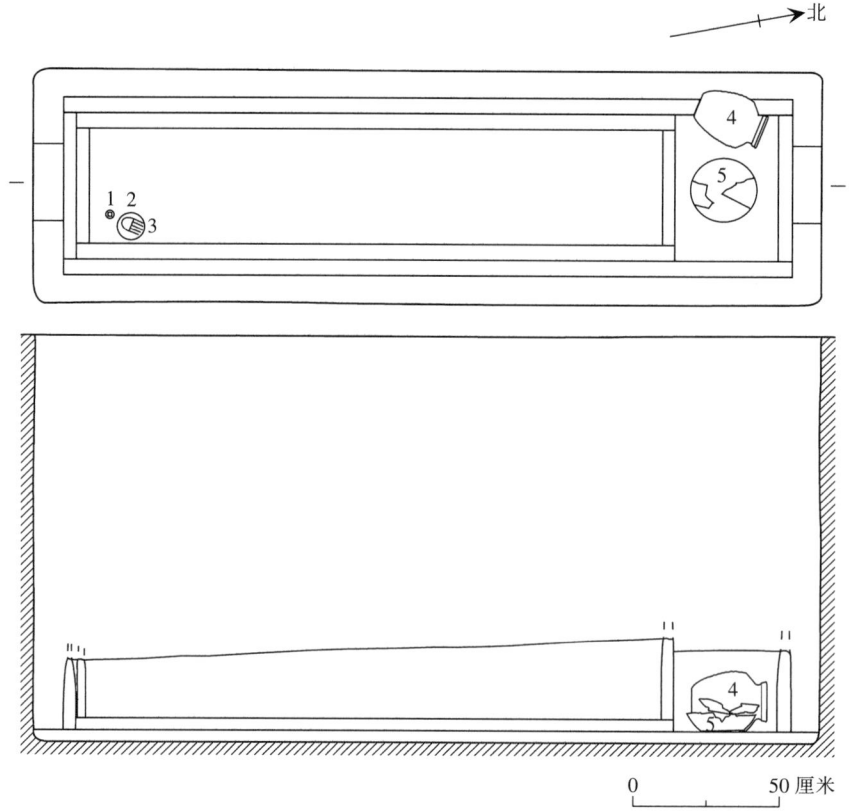

图 3 - 3 - 6a　人民组一号涵洞 M36 平面、剖视图
1. 铜钱　2. 木梳　3. 铜镜　4. 陶罐　5. 陶瓿

该墓共出土铜器、木器、陶器等各类遗物 5 件（组）。除陶器出土于北边箱外，其余遗物均出土于棺内。

1. 铜器

2 件（组）。器形为镜、铜钱，均出土于棺内南部。

镜　1 件。M36：3，星云镜。圆形，连峰纽，圆纽座。座内饰四组双弧弦纹，座外一周十六内向连弧纹，外饰两周凸弦纹，间以四枚连珠纹底座乳丁，乳丁间各施七枚小乳丁，相互间以弧线相连。十六内向连弧纹缘。镜面直径 9.9、纽高 0.8、纽宽 1.5、肉厚 1.5 厘米。（图 3 - 3 - 6b）

铜钱　1 组。M36：1，2 件，皆为五铢钱，尺寸同。钱径 2.5、穿径 1 厘米。（图 3 - 3 - 6b）

2. 木器

1 件。器形为梳。

梳　1 件。M36：2，弧背长方形，背部厚，齿端渐薄收尖，背长与齿长基本相同，16 齿。通长 7.2、宽 5.1、厚 1 厘米。（图 3 - 3 - 6b；彩版二七，2）

3. 陶器

2 件。器形为瓿、罐。

瓿　1 件。M36：5，灰陶。腹部残损严重。敛口，尖圆唇，溜肩，弧腹渐收，平底。口径 14.8、底径 14、复原高 25.2 厘米。（图 3 - 3 - 6b）

罐　1 件。M36：4，灰陶。敛口，圆唇，折沿，束颈，折肩，深斜直腹，平底微内凹。口径

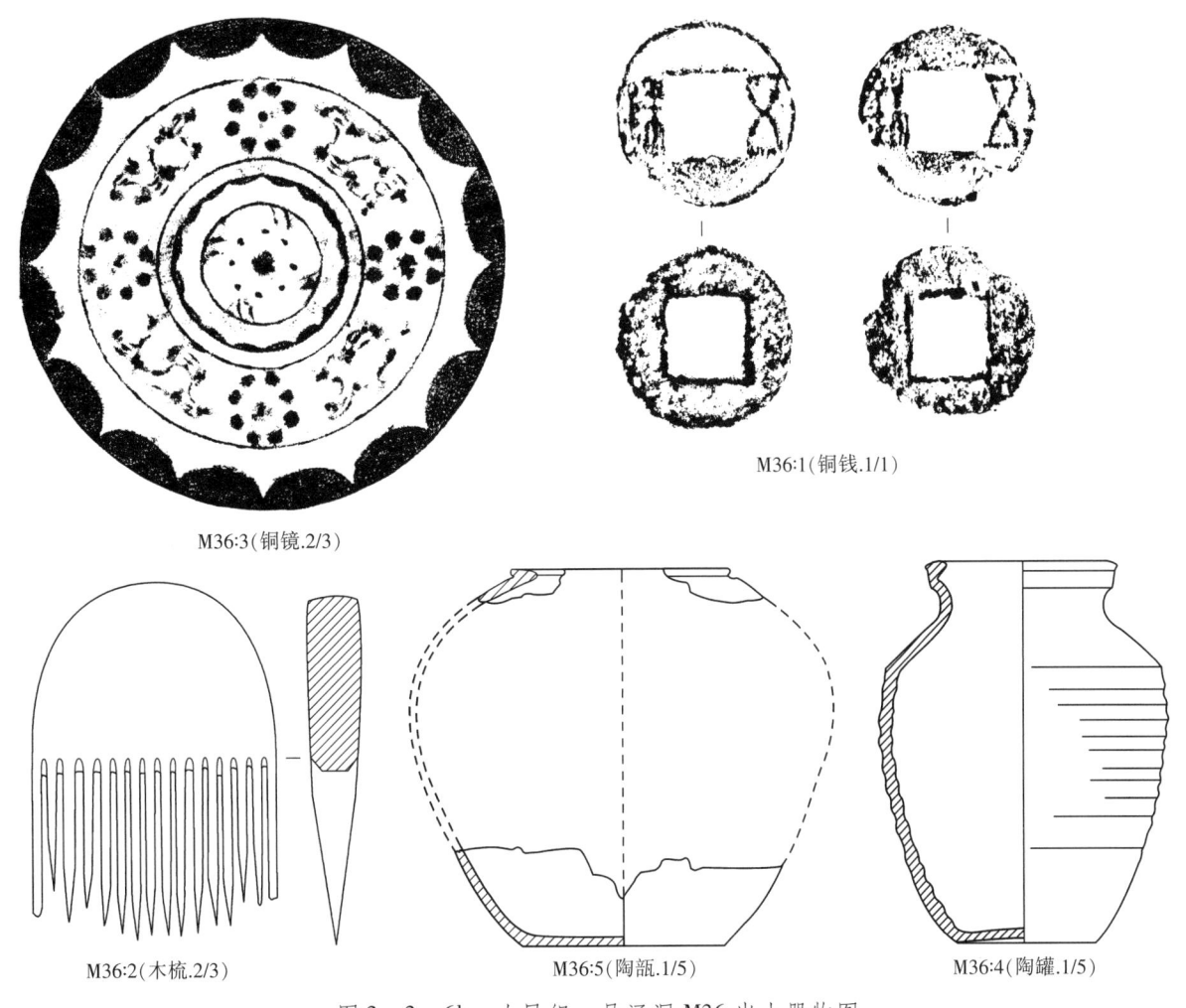

M36:1（铜钱.1/1）

M36:3（铜镜.2/3）

M36:2（木梳.2/3）　　　M36:5（陶瓶.1/5）　　　M36:4（陶罐.1/5）

图 3 - 3 - 6b　人民组一号涵洞 M36 出土器物图

11.6、底径 9.5、高 25.4 厘米。（图 3 - 3 - 6b；彩版二七，3）

七、37 号墓（M37）

M37 位于人民组一号涵洞取土场墓地北边缘处，东面与 M2 相邻，并打破 M2 墓坑。发掘前地表未见封土迹象。清理前，墓坑部分开口已被高速公路施工方破坏，但随葬品未遭影响。

墓葬形制为长方形竖穴土坑，开口距现地表深 40 厘米，开口长 320、宽 190 厘米，深 220 厘米。方向 10°。墓葬开口至椁室顶部填五花土，至椁盖上方处填塞 30 厘米厚的青膏泥，椁室侧板与坑壁之间亦填塞青膏泥。

葬具为一椁一棺，棺椁结构大体保存完整。木椁置于墓坑底部正中，椁室平面呈长方形，长 234、宽 144、高 65 厘米。椁室底板共四块，纵向拼接，不用边榫，每块底板长 234、宽 38、厚 6 厘米。棺位于椁室东部，与椁室东侧板紧靠，棺由整段圆木斫成"U"字形棺室，棺盖板基本朽尽，尺寸不明，棺通长 222、宽 72、高 54 厘米。边箱位于椁室西部，由椁室北、西、南三面侧板及棺之间的空间组成，长 222、宽 60、高 54 厘米。（图 3 - 3 - 7a；彩版二八，1）

该墓共出土铜器、陶器等遗物共 9 件。均出土于西边箱内，棺内未见遗物出土。

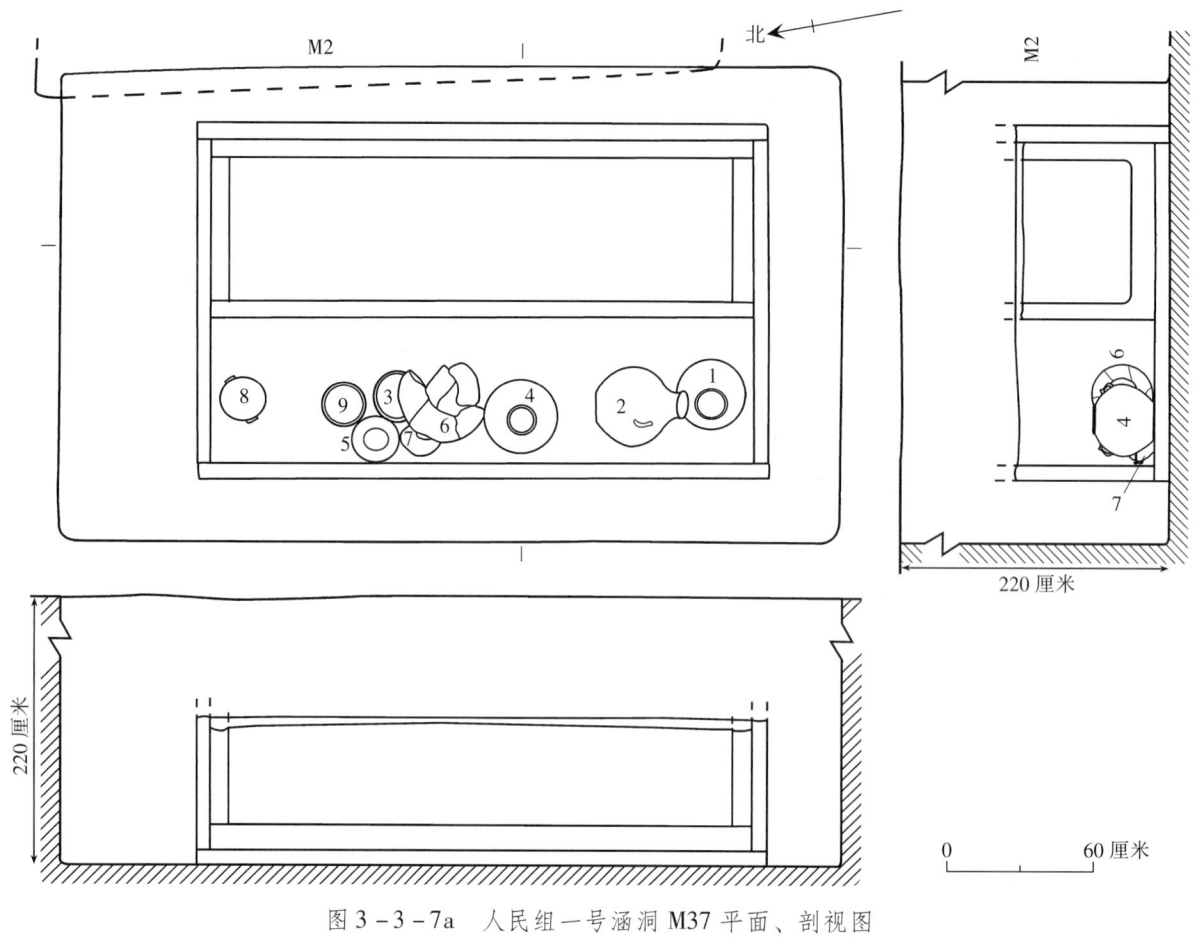

图 3 - 3 - 7a　人民组一号涵洞 M37 平面、剖视图
1、2. 釉陶壶　3、5. 釉陶盒　4、6. 陶瓿　7、8. 陶鼎　9. 铜盆

1. 铜器

1 件。器形为盆。

盆　1 件。M37：9，折沿，束颈，鼓腹，圜底。通体素面。口径 18.6、高 10.4 厘米。（图 3 - 3 - 7b）

2. 陶器

8 件。器形为鼎、盒、壶、瓿。

鼎　2 件。两件形制、尺寸基本相同，均为红陶，火候较高。M37：7，覆平底钵形盖，宽平顶内凹。鼎身子母口，圆唇内敛，口部饰一对称耳，斜弧腹，平底内凹。耳外侧模印叶脉纹。盖口径 16.3、高 5.4 厘米。鼎身口径 16.3、底径 9.6、高 8.8 厘米。（图 3 - 3 - 7b；彩版二八，2）

M37：8 尺寸与 M37：7 基本相同。（图 3 - 3 - 7b；彩版二八，3）

盒　2 件。两件形制、尺寸基本相同，器身均为红陶，器盖为釉陶。M37：3，覆平底钵形盖，平顶较宽。盒身子母口，圆唇内敛，斜弧腹，平底内凹。盖口径 15.9、高 4.8 厘米。盒身口径 15、底径 10.2、高 8.4 厘米。（图 3 - 3 - 7b；彩版二八，4）

M37：5 尺寸与 M37：3 大致相同。（图 3 - 3 - 7b；彩版二八，5）

壶　2 件。两件形制基本相同，均为釉陶，施半截青黄釉。M37：2，侈口，圆唇，直颈，溜肩，双桥形耳，鼓腹渐收，平底，矮圈足。耳面饰叶脉纹，口沿下饰一圈水波纹，颈下部与肩饰

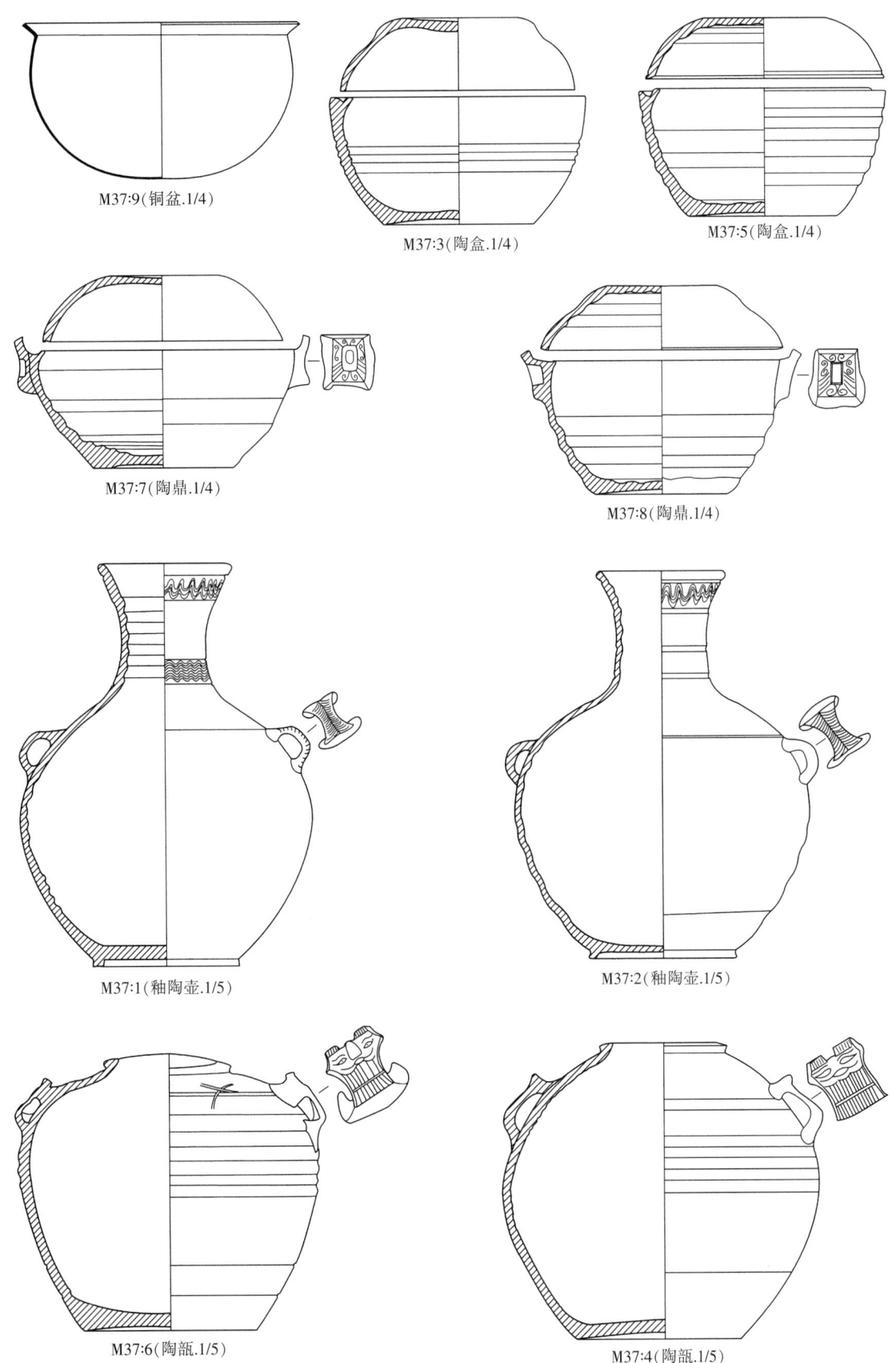

M37:9(铜盆.1/4)

M37:3(陶盒.1/4)

M37:5(陶盒.1/4)

M37:7(陶鼎.1/4)

M37:8(陶鼎.1/4)

M37:1(釉陶壶.1/5)

M37:2(釉陶壶.1/5)

M37:6(陶瓿.1/5)

M37:4(陶瓿.1/5)

图 3 - 3 - 7b 人民组一号涵洞 M37 出土器物图

凹弦纹三组。口径 10.4、底径 12.4、高 32 厘米。（图 3 - 3 - 7b；彩版二九，1）

M37：1，形制与 M37：2 相同，唯颈部下段多饰一圈水波纹。口径 10.8、底径 12.4、高 33.2 厘米。（图 3 - 3 - 7b；彩版二九，2）

瓿　2 件。两件形制基本相同，红陶，火候较高。M37：6，小口内敛，尖唇，斜平沿，圆肩，弧腹渐收，平底内凹。肩两侧饰兽面耳一对并饰凹弦纹，肩中部饰"X"形刻划符号一处。口径 10.8、底径 14.8、高 22.8 厘米。（图 3 - 3 - 7b；彩版二九，3）

M37：4，口径 11.2、底径 14.4、高 24.4 厘米。（图 3 - 3 - 7b；彩版二九，4）

第四节　人民组二号涵洞取土场墓地

人民组二号涵洞取土场墓地位于盱眙县马坝镇东阳社区人民居民组。金马高速公路东阳段进入现场施工后，二号涵洞所在地因修建涵洞成为取土场，施工过程中工人发现有古代墓葬。考古队进入现场后在施工范围内共清理发掘墓葬 12 座，根据工作顺序编号为 14 ~ 22 号墓（M14 ~ M22）、25 ~ 27 号墓（M25 ~ M27）。（图 3 - 4 - 0）

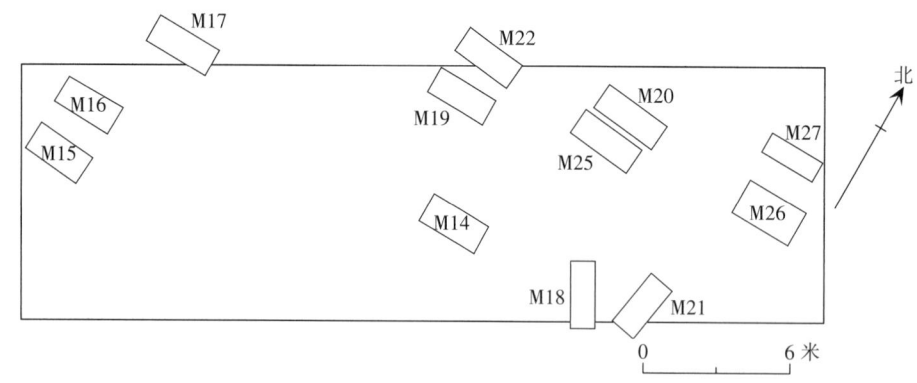

图 3 - 4 - 0　人民组二号涵洞取土场墓地墓葬平面分布图

墓地大体呈长方形，呈东北—西南走向。长 33、宽 10 米，位于东阳城大城东北角外侧 350 米处，西南距人民组一号涵洞取土场墓地 200 米。发掘前，该区域中部为宽约 10 米的人工河渠。从后续发掘可知，新中国成立以后该地区统一挖掘水渠时，曾经破坏了一次部分墓葬的开口，本次高速公路施工方进行施工时，又再一次对部分墓葬进行了破坏。本次在取土场范围内发现的墓葬，主要分布在河渠底部淤泥之下和河渠两岸。

一、14 号墓（M14）

M14 位于人民组二号涵洞取土场墓地中部。清理前，墓坑上部已被高速公路施工方破坏，开口距现地表深度不明。

墓葬形制为长方形竖穴土坑，开口长 262、宽 112 厘米，残深 114 厘米。方向 90°。

葬具为单棺。木棺置于墓坑中部偏西，顶板已朽，南、北侧板及底板由整段圆木斫成，东、西两块长方形木板构成侧挡，棺长 220、宽 70、残高 45 厘米。（图 3 - 4 - 1a）

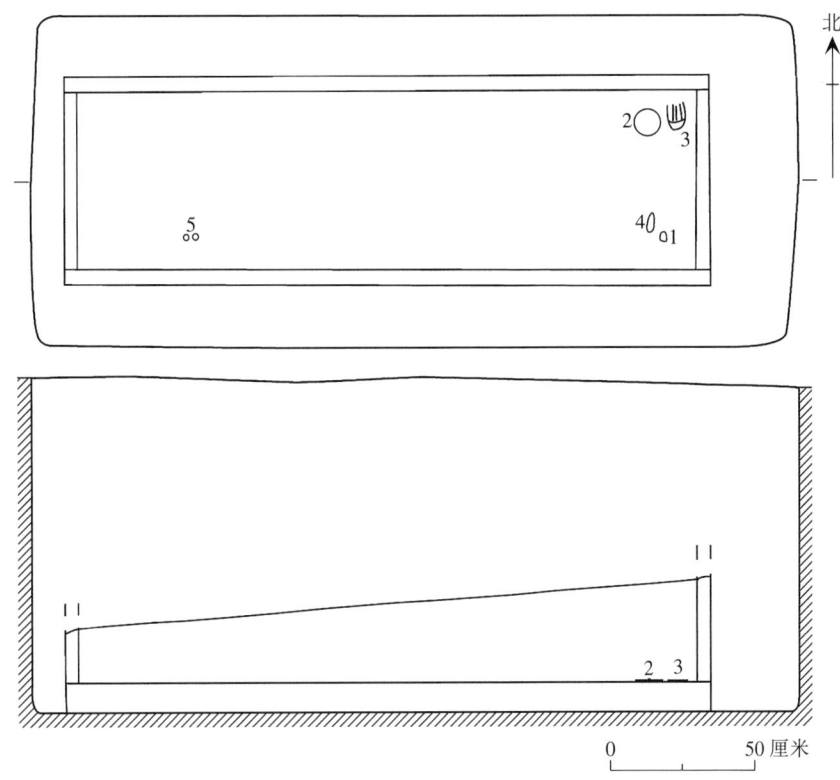

图3-4-1a 人民组二号涵洞M14平面、剖视图
1. 木篦 2. 铜镜 3. 木梳 4. 琉璃玲 5. 铜钱

该墓共出土铜器、琉璃器、木器等各类遗物共5件（组）。均出土于棺内。

1. 铜器

2件（组）。器形为镜、铜钱。

镜 1件。M14：2，出土于棺内东北部。日月镜。圆形，半圆纽，圆纽座。座外饰两周斜弦纹，其间饰一周铭文带，铭文间以"の"形符号间隔。铭文为"见光日月心勿夫"。窄缘。镜面微凸。面径6.4、背径6.2、纽高0.7、纽宽1.3、缘宽0.1、缘高0.19、肉厚0.15厘米。（图3-4-1b；彩版三〇，1）

铜钱 1组。M14：5，出土于棺内西南部。4枚，五铢钱，形制、尺寸同。钱径2.6、穿径1.1厘米。（图3-4-1b）

2. 琉璃器

1件。器形为玲，出土于棺内东南部。

玲 1件。M14：4，器作蝉形，正面隆起，背面平直，正面脊的上方有两条刻划纹。长3.7、宽2.3、厚0.8厘米。（图3-4-1b；彩版三〇，2）

3. 木器

2件。器形为梳、篦。

梳 1件。M14：3，出土于铜镜（M14：2）东侧。弧背长方形，背部厚，齿端薄，背长与齿长基本相同，20齿。通长8.1、宽6、厚0.1~0.7厘米。（图3-4-1b）

篦 1件。M14：1，出土于棺室东南部。弧背长方形，背部厚，齿端薄，齿细密，仅存齿根，

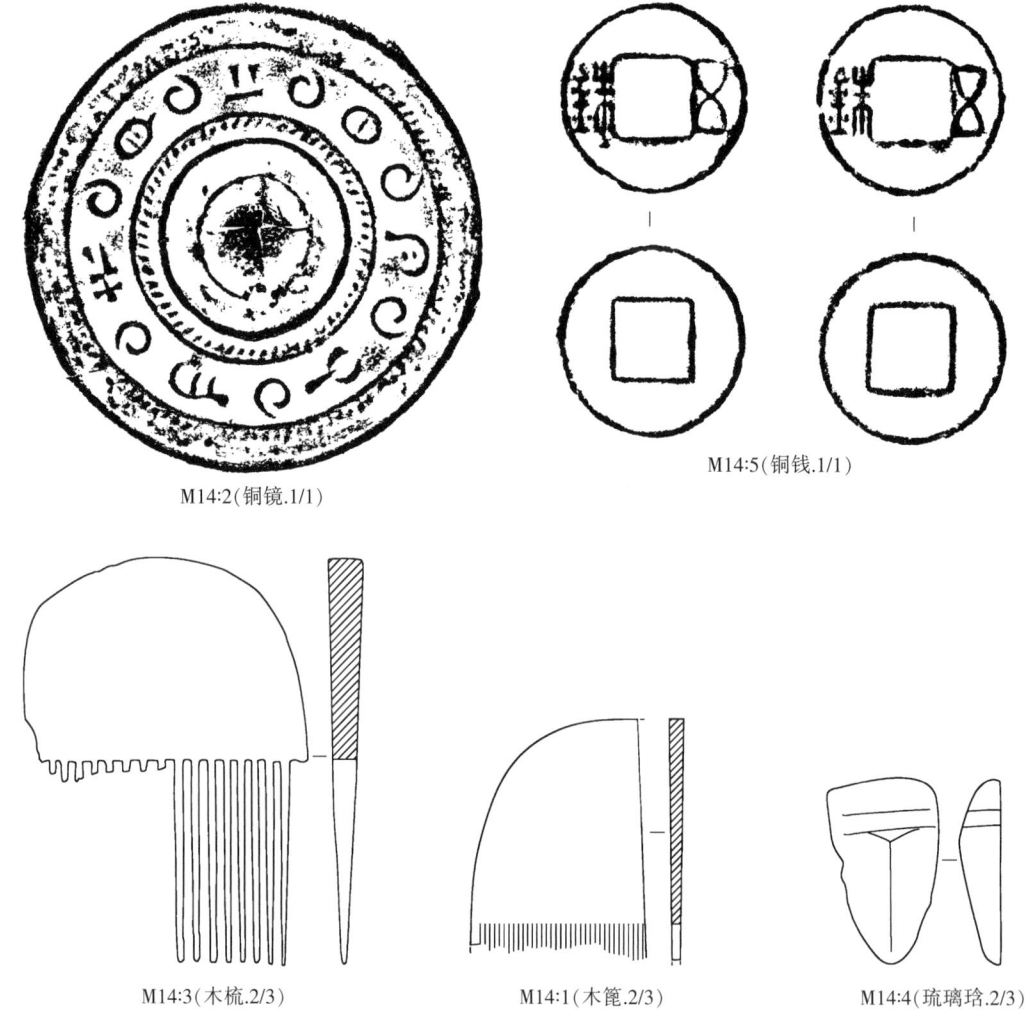

M14:2（铜镜.1/1）

M14:5（铜钱.1/1）

M14:3（木梳.2/3）　　　　M14:1（木篦.2/3）　　　　M14:4（琉璃玲.2/3）

图 3 - 4 - 1b　人民组二号涵洞 M14 出土器物图

残损严重，未能复原。残长 4.8、厚 0.2 ~ 0.3 厘米。（图 3 - 4 - 1b）

二、15 号墓（M15）

M15 位于人民组二号涵洞取土场墓地西部，北面与 M16 相邻。清理前，墓坑上部已被高速公路施工方破坏，开口距现地表深度不明。

墓葬形制为长方形竖穴土坑，开口长 280、宽 110 厘米，残深 80 厘米。方向 277°。

葬具为单棺，棺木结构基本朽尽。木棺置于墓坑底部正中，从朽痕可知，棺长 230、宽 65、残高 55 厘米。（图 3 - 4 - 2a）

该墓共出土铜器、铁器、石器等各类遗物共 4 件（组）。均出土于棺内。

1. 铜器

2 件。器形为镜、带钩。

镜　1 件。M15：3，出土于棺室西壁中部。家常贵富镜。圆形，半圆纽，圆纽座。座外饰两周斜弦纹，间饰四乳，乳间饰"家常贵富"四字铭文。宽素平缘。镜面微凸。面径 7.6、背径 7.4、纽高 0.6、纽宽 1、缘宽 0.6、缘厚 0.37、肉厚 0.15 厘米。（图 3 - 4 - 2b；彩版三〇，3）

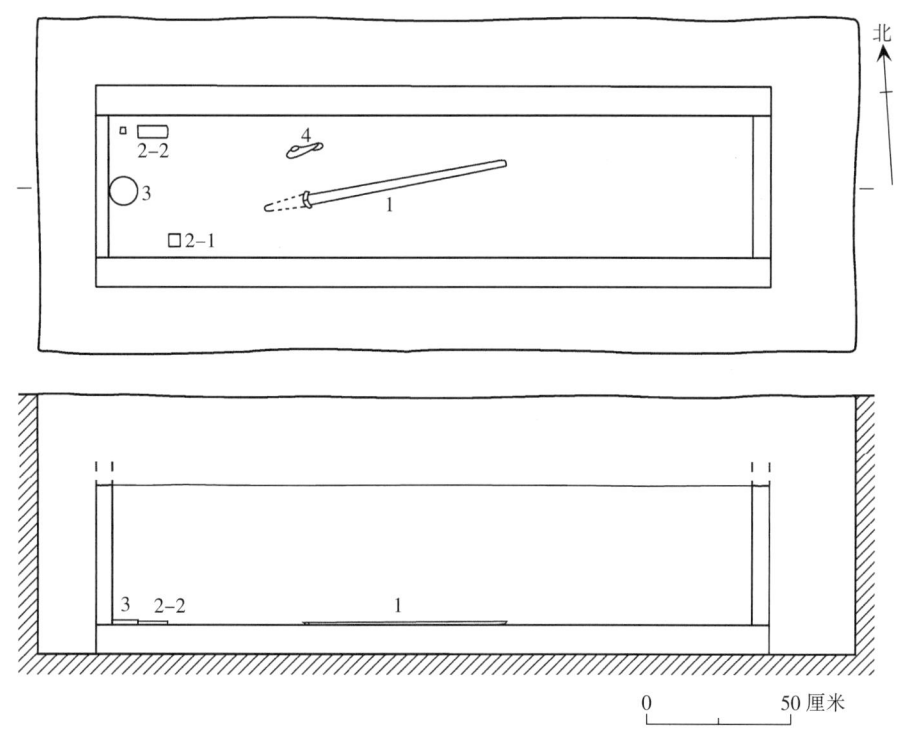

图 3 - 4 - 2a　人民组二号涵洞 M15 平面、剖视图
1. 铁剑　2 - 1、2 - 2. 石黛板　3. 铜镜　4. 铜带钩

带钩　1 件。M15：4，出土于棺室中部偏西。琵琶形，钩部作龙首形，钩身较长，作弓形，弧背，腹下近中部有一圆纽。钩身正面饰凤鸟纹，背面饰菱纹，内有圆点，圆纽底面刻铭文"长吉羊（祥）"。器长 6.1 厘米。（图 3 - 4 - 2b；彩版三○，4）

2. 铁器

1 件。器形为剑，出土于棺内中部。

剑　1 件。M15：1，剑身细长，尖峰，双面刃，中起脊，断面呈菱形。铜格，喇叭形铜质剑首。漆鞘大部残缺。通长 44、中宽 2.8、格长 5、格宽 2、剑首直径 3.6 厘米。（图 3 - 4 - 2b）

3. 石器

1 组。器形为黛板，出土于棺室西部。

黛板　1 组。M15：2，一组大小两件。M15：2 - 1，青石质。器形较大，长方形，正面光滑，为碾磨面。长 14.7、宽 5.8、厚 0.4 厘米。M15：2 - 2，青石质。器形较小，部分残损，近似正方形。长 2.8、厚 0.6 厘米。（图 3 - 4 - 2b；彩版三○，5）

三、16 号墓（M16）

M16 位于人民组二号涵洞取土场墓地西部，南面与 M15 相邻，北面与 M17 相邻。清理前，墓坑上部已被高速公路施工方破坏，开口距现地表深度不明。

墓葬形制为长方形竖穴土坑，开口长 260、宽 90 厘米，残深 80 厘米。方向 270°。

葬具为单棺。木棺置于墓坑底部正中。棺木结构基本朽尽，从朽痕可知，棺长 200、宽 60、残高 48 厘米。（图 3 - 4 - 3a）

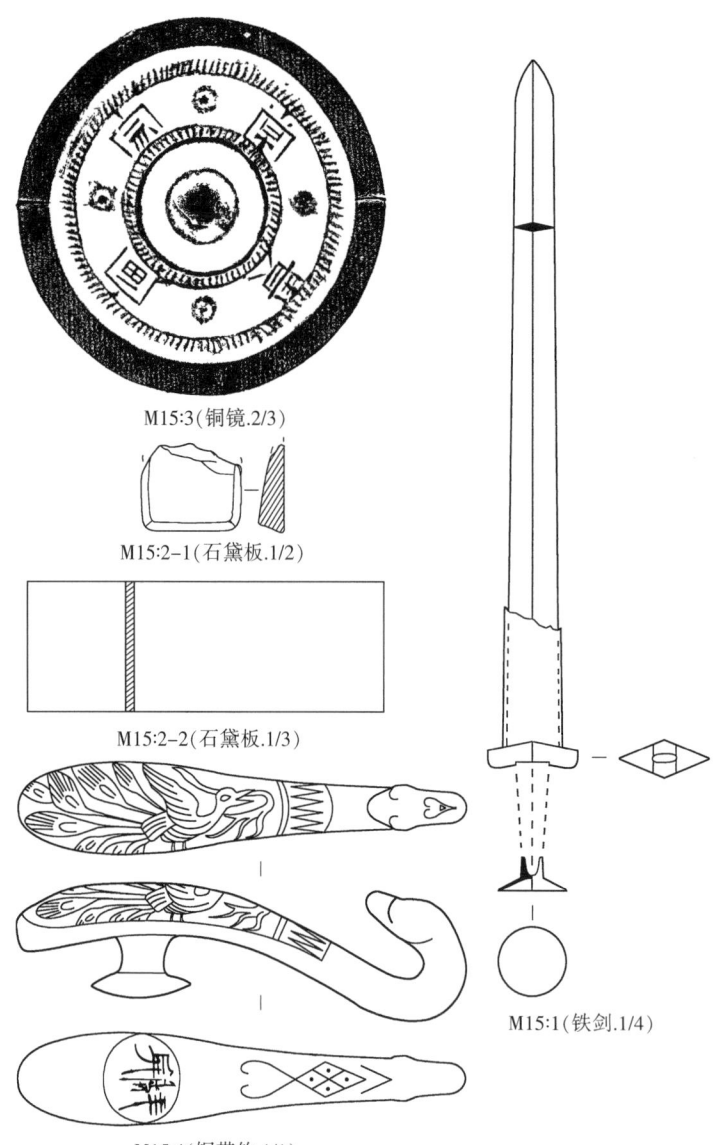

M15:3(铜镜.2/3)

M15:2-1(石黛板.1/2)

M15:2-2(石黛板.1/3)

M15:4(铜带钩.1/1)

M15:1(铁剑.1/4)

图 3 - 4 - 2b　人民组二号涵洞 M15 出土器物图

该墓共出土铜器 1 组。出土于棺室北壁中部。

铜器

1 组。器形为铜钱。

铜钱　1 件。M16：1，4 枚，五铢钱，形制、尺寸同。钱径 2.6、穿径 1.1 厘米。（图 3 - 4 - 3b）

四、17 号墓（M17）

M17 位于人民组二号涵洞取土场墓地西部，南面与 M16 相邻。清理前，墓坑上部已被高速公路施工方破坏，开口距现地表深度不明。

墓葬形制为长方形竖穴土坑，开口长 280、宽 140 厘米，残深 80 厘米。方向 270°。

葬具为单棺。木棺置于墓坑底部正中，棺木结构基本朽尽，从朽痕可知，棺长 220、宽 56、

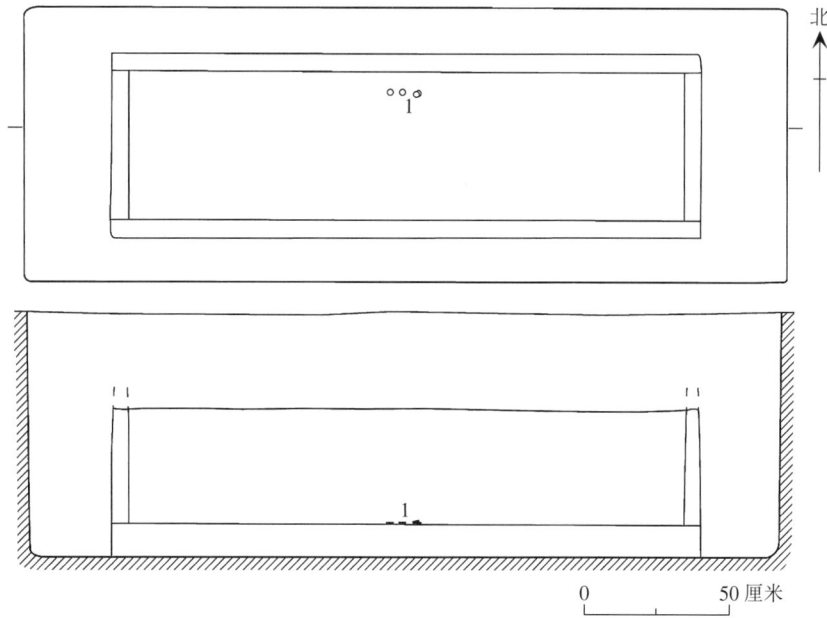

图 3 – 4 – 3a　人民组二号涵洞 M16 平面、剖视图
1. 铜钱

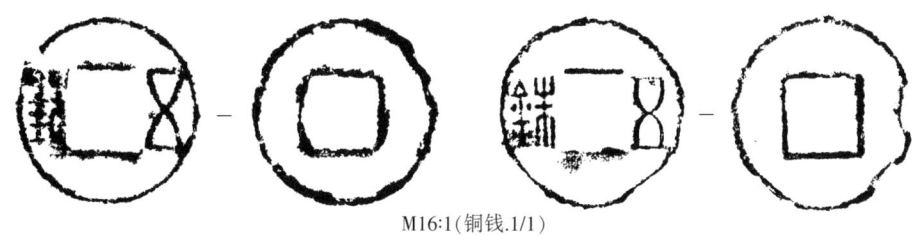

M16:1(铜钱.1/1)

图 3 – 4 – 3b　人民组二号涵洞 M16 出土器物图

残高 54 厘米。（图 3 – 4 – 4a）

该墓出土铜器、琉璃器、木器等各类遗物共 4 件（组）。均位于棺室西部。

1. 铜器

2 件（组）。器形为镜、铜钱。

镜　1 件。M17：2，出土于棺室西部。昭明镜。圆形，半圆纽，圆纽座。座外单斜线与单横三竖线组合各四组相间环列，外饰十二内向连弧纹，其外饰两周短斜弦纹，间饰一周铭文，铭文间以"の"形符号间隔。铭文为"内而清而质而以而昭而明而象而夫而日而月"。宽素平缘。镜面微凸。面径 8.2、背径 8、纽高 0.6、纽宽 1.3、缘宽 0.8、缘厚 0.33、肉厚 0.15 厘米。（图 3 – 4 – 4b；彩版三一，1）

铜钱　1 组。M17：4，出土于棺内西北部。4 枚，大泉五十，形制、尺寸相同。钱径 2.7、穿径 0.9 厘米。（图 3 – 4 – 4b）

2. 琉璃器

1 组。器形为塞，出土于棺内西部偏南。

塞　1 组。M17：3，一组 2 件。残损严重，无法复原。

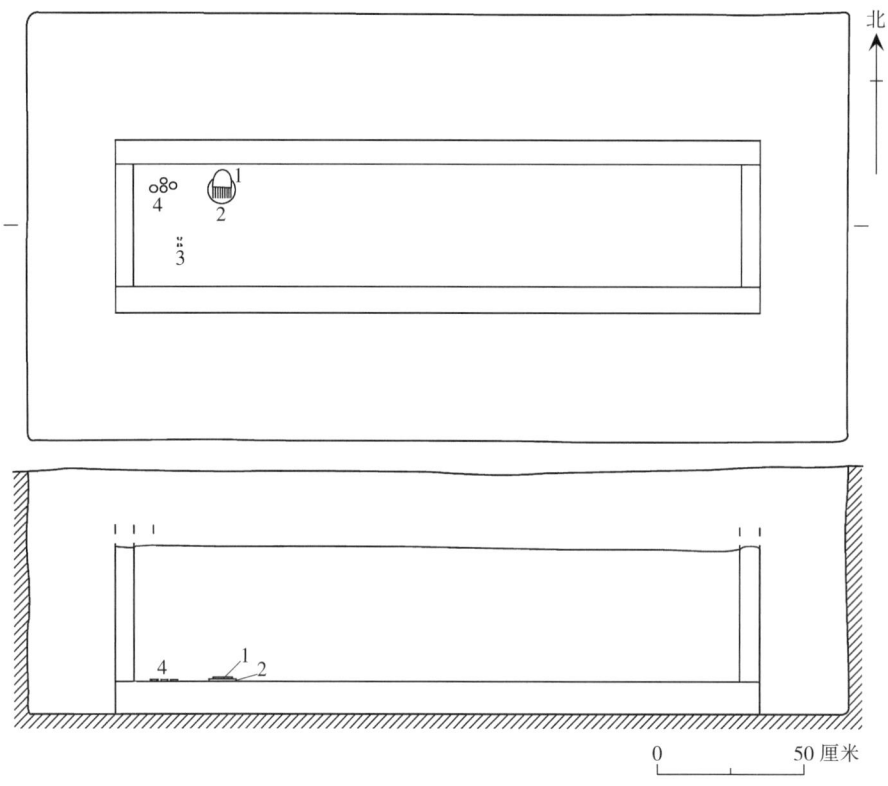

图 3 - 4 - 4a　人民组二号涵洞 M17 平面、剖视图
1. 木梳　2. 铜镜　3. 琉璃塞　4. 铜钱

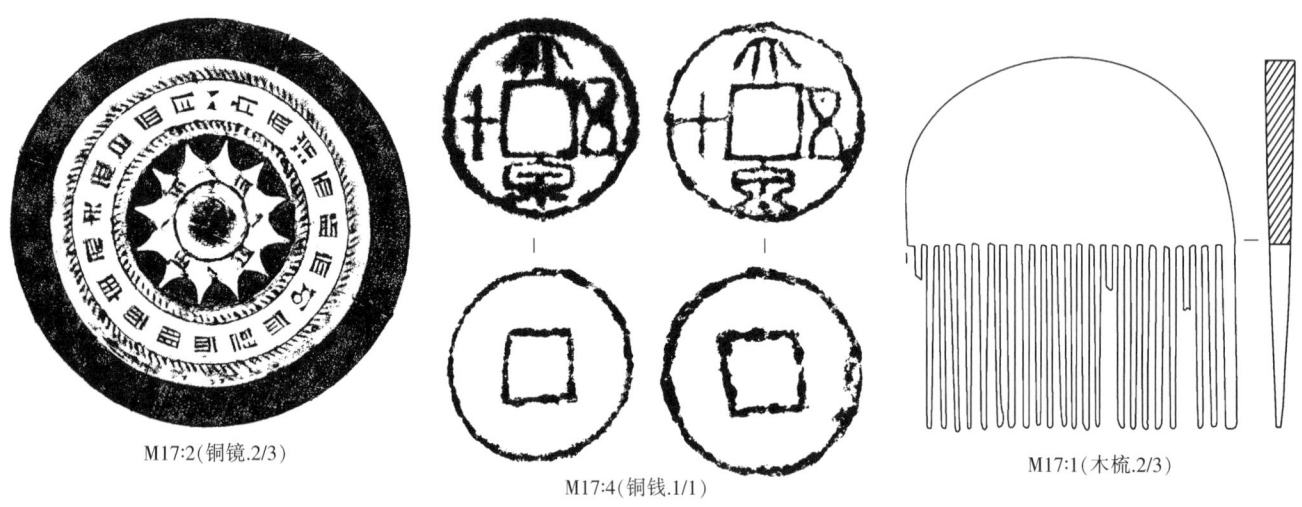

M17:2(铜镜.2/3)

M17:4(铜钱.1/1)

M17:1(木梳.2/3)

图 3 - 4 - 4b　人民组二号涵洞 M17 出土器物图

3. 木器

1 件。器形为梳。

梳　1 件。M17:1，出土于铜镜（M17:2）之上。弧背长方形，背部厚，齿端薄，背长与齿长基本相同，26 齿。通长 7.4、宽 6.7、厚 0.1～0.6 厘米。（图 3 - 4 - 4b；彩版三一，2）

五、18 号墓（M18）

M18 位于人民组二号涵洞取土场墓地东部，东面与 M21 相邻。清理前，墓坑上部已被高速公路施工方破坏，开口距现地表深度不明。

墓葬形制为长方形竖穴土坑，开口长 290、宽 118 厘米，残深 80 厘米。方向 150°。

葬具为单棺。木棺置于墓坑底中部，棺木结构保存较差，棺长 210、宽 60、残高 60 厘米。（图 3－4－5a）

该墓共出土铜器、木器、陶器等各类遗物 5 件（组）。除陶器外，其他遗物均出土于棺内。

1. 铜器

2 件（组）。器形为镜、铜钱。

镜 1 件。M18：1，出土于棺内东南部。日月镜。圆形，半圆纽，圆纽座。座外饰两周短斜弦纹，间饰一周铭文，铭文间以"の"形符号间隔。铭文为"见日月□勿□"。窄缘。镜面微凸。面径 6.6、背径 6.4、纽高 0.6、纽宽 1.2、缘宽 0.1、缘厚 0.22、肉厚 0.15 厘米。（图 3－4－5b；彩版三一，3）

铜钱 1 组。M18：2，出土于棺内西北部。8 枚，五铢钱，形制、尺寸皆同。钱径 2.5、穿径 1 厘米。（图 3－4－5b）

2. 木器

1 件。器形为篦。

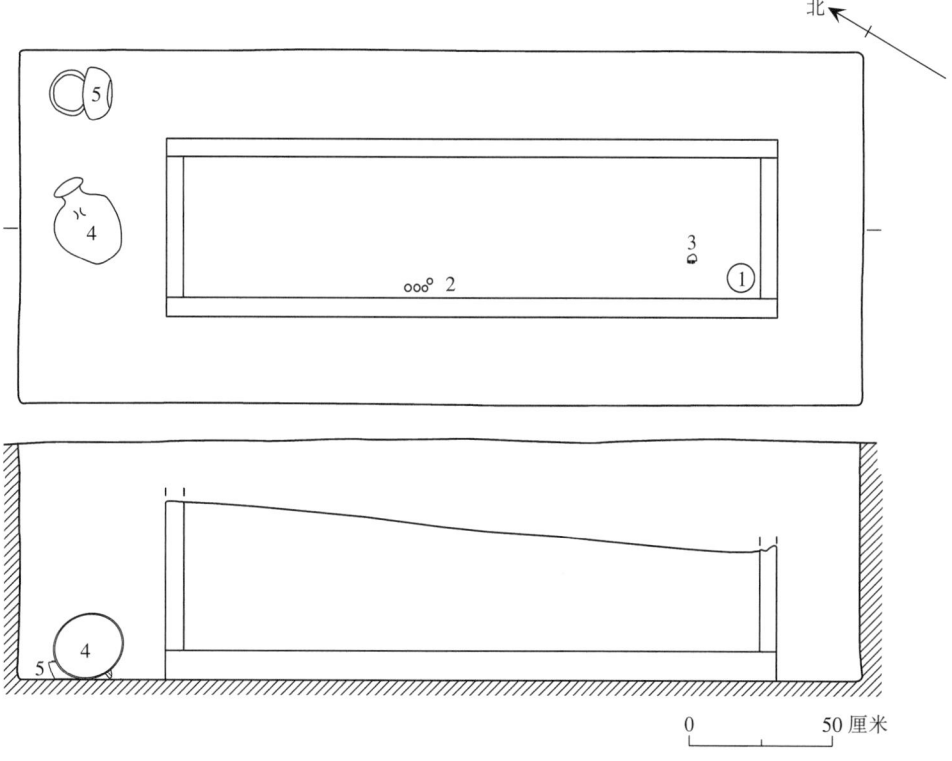

图 3－4－5a 人民组二号涵洞 M18 平面、剖视图
1. 铜镜 2. 铜钱 3. 木篦 4. 陶壶 5. 陶盒

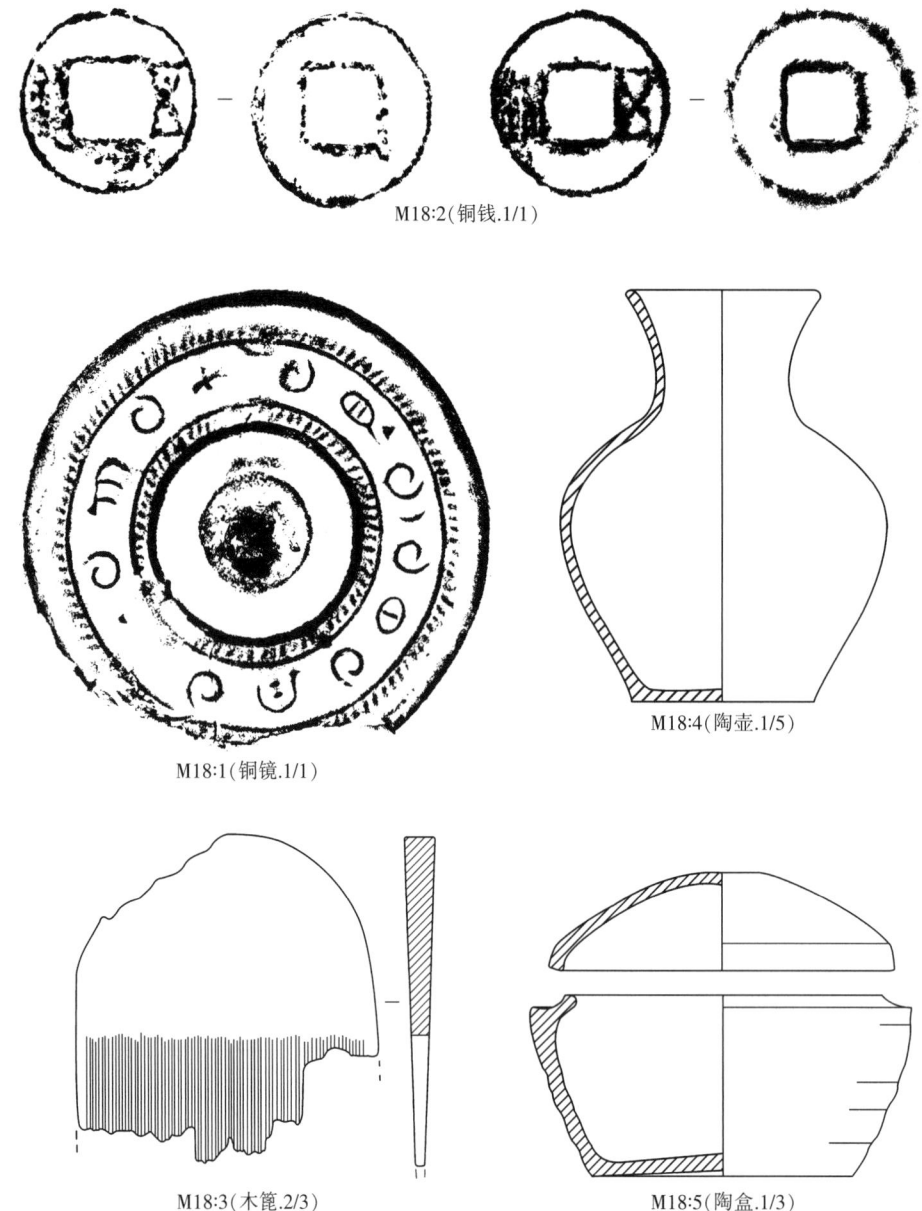

M18:2(铜钱.1/1)

M18:1(铜镜.1/1)

M18:4(陶壶.1/5)

M18:3(木篦.2/3)

M18:5(陶盒.1/3)

图 3 – 4 – 5b　人民组二号涵洞 M18 出土器物图

　　篦　1 件。M18:3，出土于棺内东部。弧背长方形，背部厚，齿端薄，背长与齿长基本相同，齿数因器物残损不明。残长 6.5、残宽 6.1、厚 0.1~0.6 厘米。（图 3 – 4 – 5b）

　　3. 陶器

　　2 件。器形为盒、壶，均出土于棺外西侧。

　　盒　1 件。M18:5，泥质红陶。覆平底钵形盖，小平顶。盒身子母口，圆唇内敛，斜腹，平底内凹。盖口径 13.2、高 4 厘米。盒身口径 13、底径 10.6、高 7.2 厘米。（图 3 – 4 – 5b；彩版三一，4）

　　壶　1 件。M18:4，泥质红陶。侈口，圆唇，束颈，溜肩，鼓腹渐收，平底。通体素面。口径 12.6、底径 12.8、高 27.2 厘米。（图 3 – 4 – 5b）

六、19号墓（M19）

M19位于人民组二号涵洞取土场墓地中部，北面与M22相邻，南面与M14相邻。清理前，墓坑上部已被高速公路施工方破坏，开口距现地表深度不明。

墓葬形制为长方形竖穴土坑，开口长300、宽142厘米，残深85厘米。方向90°。

葬具为单棺。木棺置于墓坑底部正中，棺木结构保存较差，棺长237、宽58、残高60厘米。（图3-4-6a）

该墓共出土陶器遗物2件。均出土于棺外西侧。

陶器

2件。器形为壶、瓿。

壶　1件。M19:2，泥质红陶。侈口，圆唇，斜沿，束颈，溜肩，弧腹渐收，平底内凹。素面。口径11.4、底径9.3、高24.1厘米。（图3-4-6b；彩版三一，5）

瓿　1件。M19:1，泥质红陶。敛口，尖圆唇，斜沿，束颈，圆肩，弧腹渐收，平底内凹。肩部贴塑兽面纹耳饰一对。口径11.4、底径9.6、高18.6厘米。（图3-4-6b）

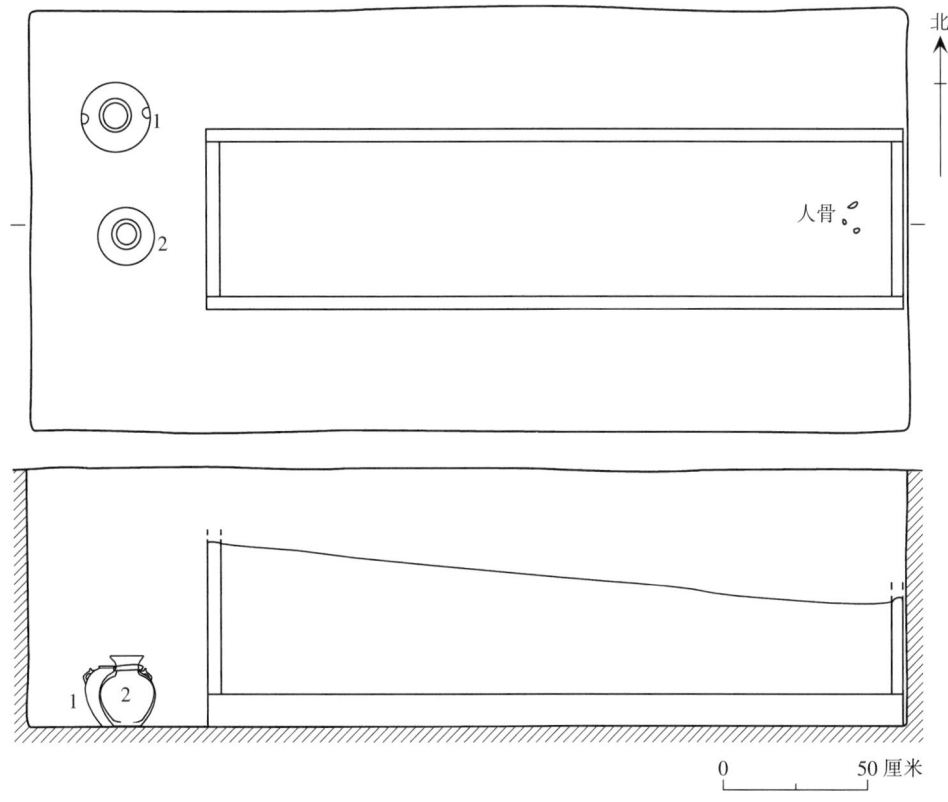

图3-4-6a　人民组二号涵洞M19平面、剖视图
1. 陶瓿　2. 陶壶

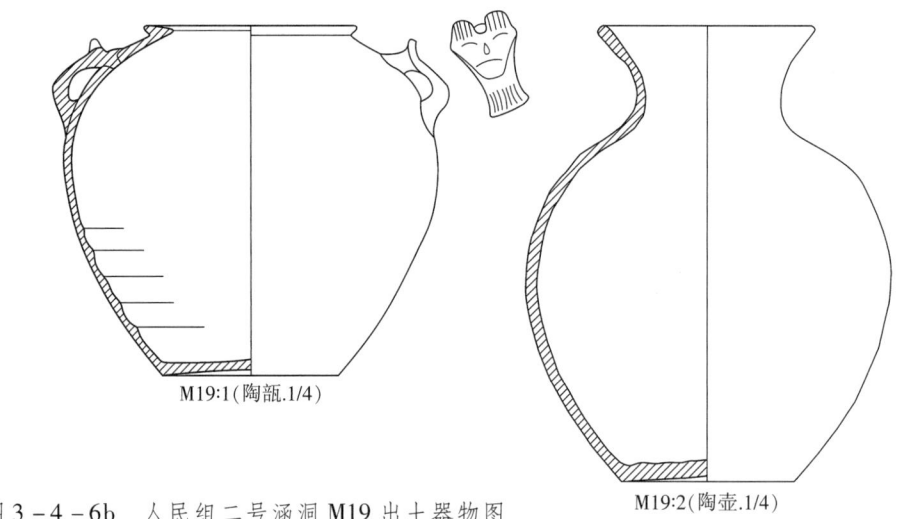

M19:1(陶瓿.1/4)

M19:2(陶壶.1/4)

图 3 - 4 - 6b　人民组二号涵洞 M19 出土器物图

七、20 号墓（M20）

M20 位于人民组二号涵洞取土场墓地北部，南面与 M25 相邻。清理前，墓坑上部已被高速公路施工方破坏，开口距现地表深度不明。

墓葬形制为长方形竖穴土坑，开口长 270、宽 108 厘米，残深 105 厘米。方向 275°。

葬具为一椁一棺。木椁置于墓坑底部正中，木结构大体保存完整，椁室平面呈长方形，长 262、宽 84、残高 60 厘米，椁室南北侧板沿椁底板两边横向垒筑，板长 262、高 60、板厚 9 厘米，东、西侧板则由南、北侧板两端内侧直接插入底板上，板长 64、高 60、板厚 6 厘米。棺位于椁室东部，棺由整段圆木斫成，东、西挡板插入棺南、北两侧与底板相连，西侧挡板已朽尽，仅存榫卯相接部分，棺通长 206、宽 56、残高 32 厘米。西边箱位于椁室西部，由椁室西、南、北三面侧板与棺之间的空间组成，长 64、宽 38、残高 60 厘米。（图 3 - 4 - 7a）

该墓共出土铜器、琉璃器、漆器、木器、陶器等各类遗物 11 件（组）。

1. 铜器

2 件（组）。器形为镜、铜钱。

镜　1 件。M20：2 - 1，出土于棺内西部漆奁盒（M20：2）旁。四乳镜。圆形，半圆纽，圆纽座。座外饰凸弦纹一周，外饰两周短斜弦纹，间饰四乳，乳间各饰两小乳丁。十四内向连弧纹缘。镜面微凸。面径 7.1、背径 6.9、纽高 0.7、纽宽 1、缘宽 0.7、缘厚 0.35、肉厚 0.15 厘米。（图 3 - 4 - 7b；彩版三二，1）

铜钱　1 组。M20：11，2 枚，五铢钱，形制、尺寸同。钱径 2.8、穿径 1 厘米。

2. 琉璃器

1 件。器形为塞。

塞　1 件。M20：10，出土于棺室西部。器作柱状，上窄下宽，横截面圆形，纵截面梯形。上径 0.6、底径 0.9、高 1.7 厘米。（图 3 - 4 - 7b；彩版三二，2）

3. 漆器

5 件。器形为耳杯、奁等。

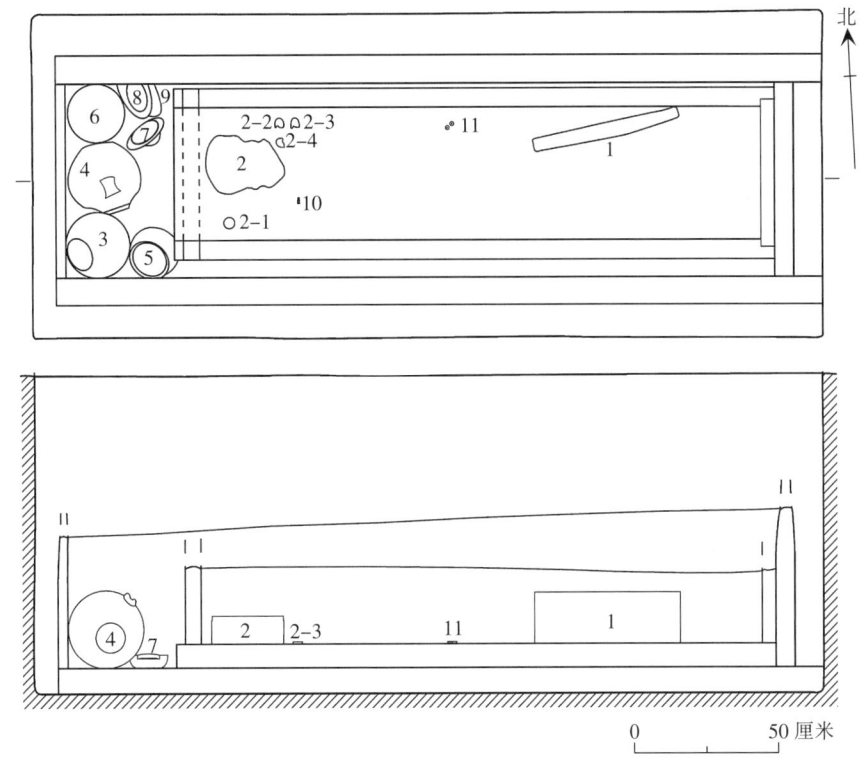

图3-4-7a　人民组二号涵洞 M20 平面、剖视图

1. 漆器　2. 漆奁　2-1. 铜镜　2-2~2-4. 木梳　3. 釉陶瓿　4. 釉陶壶　5. 釉陶盒　6. 釉陶鼎　7~9. 漆耳杯　10. 琉璃塞　11. 铜钱

耳杯　3件。均出土于西边箱内。

M20：7，夹纻胎。椭圆形口，耳缘上翘，弧腹，平底，矮圈足。器外通体髹深褐色漆，内口边饰一道深褐色漆，内腹壁与底面髹朱漆，内底中心以深褐色漆书铭文"徐田"。通高5.6、口径长15、连耳宽13.2、底径长10.6、宽6厘米。（彩图八，1）

M20：8，夹纻胎。椭圆形口，耳缘上翘，弧腹，平底，矮圈足。器外髹深褐色漆，外口边与耳边缘共饰两道弦纹夹朱漆涡纹，内口边饰一道深褐色漆带，内腹壁与底面髹朱漆，中心以深褐色漆书铭文"徐"。通高5.6、口径长15、连耳宽13.2、底径长10.6、宽6厘米。（彩图八，3；彩版三二，3、4）

M20：9，夹纻胎。形制、尺寸、纹饰与M20：7相同。内底中心以深褐色漆书铭文"徐"。（彩图八，2）

奁　1件。M20：2，出土于棺内西部。夹纻胎。圆形，盖部残损，仅存器身。器身子母口，口沿外髹朱漆，余通髹黑漆，器身内壁髹朱漆。器身口径11.8、底径12、高10.4厘米。（彩图九，1）

漆器　1件。M20：1，出土于棺内东北部。器物呈扁长方形条状，外髹黑漆，上存两组朱漆纹饰，每组均由上下两条带及中间的"W"形纹饰构成。残长48、宽16厘米，厚度不明。（彩图九，2）

4. 木器

3件。器形为梳，均出土于漆奁（M20：2）旁。

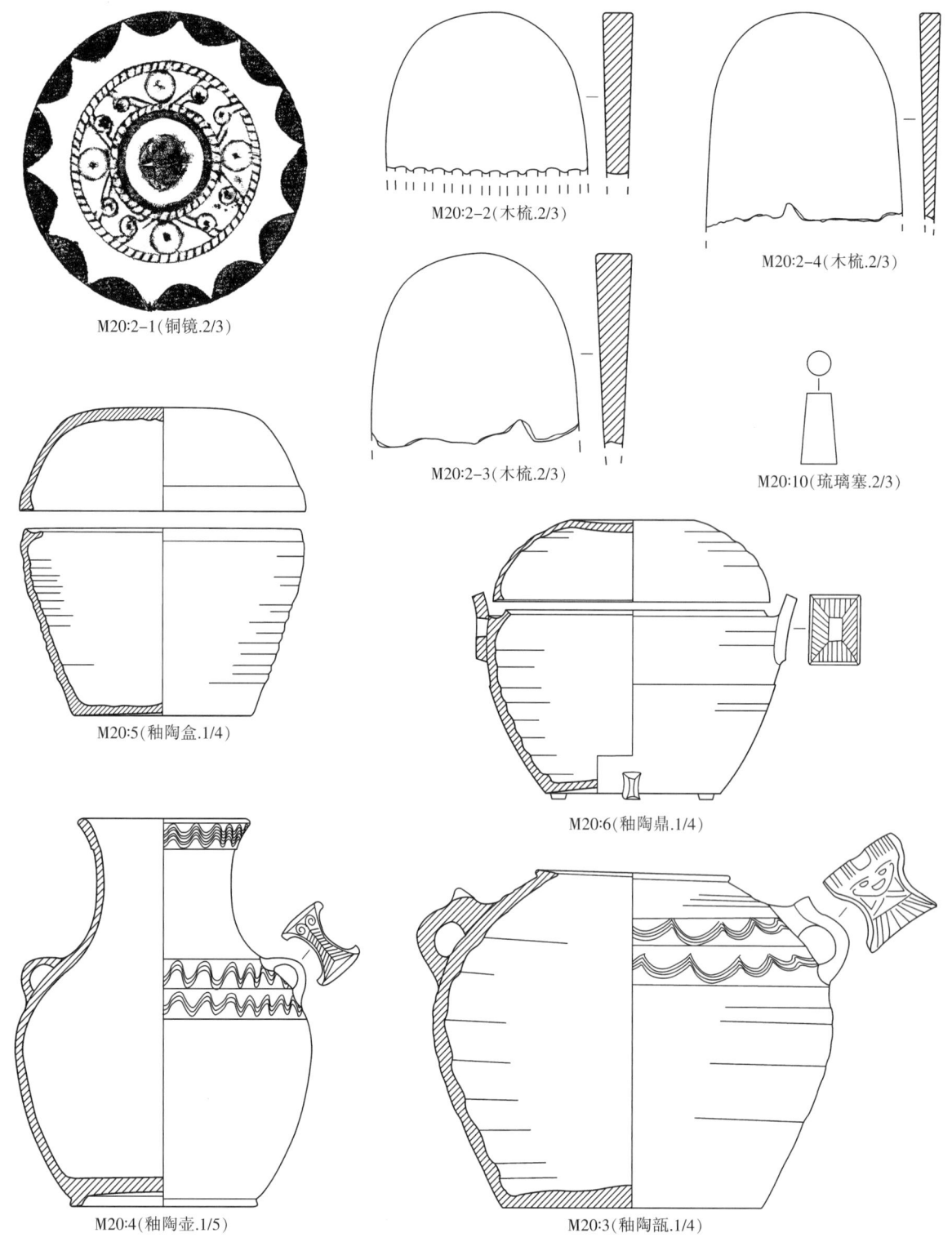

M20:2-1(铜镜.2/3)

M20:2-2(木梳.2/3)

M20:2-4(木梳.2/3)

M20:2-3(木梳.2/3)

M20:10(琉璃塞.2/3)

M20:5(釉陶盒.1/4)

M20:6(釉陶鼎.1/4)

M20:4(釉陶壶.1/5)

M20:3(釉陶瓿.1/4)

图3-4-7b　人民组二号涵洞 M20 出土器物图

梳　3件。

M20：2-2，残损严重，齿部残缺。弧背长方形，背部厚，齿端薄。残长3.9、残宽5、厚0.5~0.9厘米。（图3-4-7b）

M20：2-3，残损严重，齿部残缺。弧背长方形，背部厚，齿端薄。残长4.7、残宽5.2、厚

0.5～0.9厘米。（图3-4-7b）

M20：2-4，残损严重，齿部残缺。弧背长方形，背部厚，齿端薄。残长5.1、残宽5、厚0.3～0.5厘米。（图3-4-7b）

M20：2-3与M20：2-4因齿部残损严重，无法判断齿目数量，故有可能为篦。

5. 陶器

4件。器形为鼎、盒、壶、瓿，均为釉陶，均出土于西边箱。

鼎　1件。M20：6，覆平底钵形盖，平顶较宽内凹。鼎身子母口，尖圆唇，口部饰一对称耳，斜弧腹，平底内凹，三足近乎退化，足跟制作粗糙。耳外侧模印叶脉纹。盖口径18.5、高5.4厘米。鼎身口径17.1、底径10.8、高13.2厘米。（图3-4-7b；彩版三二，5）

盒　1件。M20：5，覆平底钵形盖，平顶较宽。盒身子母口，圆唇内敛，斜弧腹，平底微内凹。盖口径17.4、高6.7厘米。盒身口径16.2、底径12、高12.2厘米。（图3-4-7b；彩版三二，6）

壶　1件。M20：4，侈口，圆唇，直颈，溜肩，鼓腹渐收，平底，矮圈足。双桥形耳，耳面饰叶脉纹。口沿下饰一圈水波纹，颈部下端饰两圈水波纹，肩饰凹弦纹。口径13.4、底径15.2、高31.4厘米。（图3-4-7b；彩版三二，7）

瓿　1件。M20：3，小口内敛，尖唇，斜沿，溜肩，弧腹渐收，平底。肩两侧饰兽面耳一对并水波纹两道。口径12.6、底径17.1、高21.9厘米。（图3-4-7b）

八、21号墓（M21）

M21位于人民组二号涵洞取土场墓地北部，西面与M18相邻。清理前，墓坑上部已被高速公路施工方破坏，开口距现地表深度不明。

墓葬形制为长方形竖穴土坑，开口长290、宽120厘米，残深67.5厘米。方向190°。

葬具为一椁一棺，棺椁结构大体保存完整。木椁置于墓坑底部正中，椁室平面呈长方形，长252、宽76、残高70厘米，椁室底板共两块，纵向拼接，不用边榫，每块底板长252、宽38、厚6厘米。木棺位于椁室东部，棺由整段圆木斫成"U"字形棺室，东、西两端挡板插入侧板并与底板相连，棺通长204、宽64、残高52厘米。西边箱位于椁室西部，由椁室东、西、南三面侧板与棺之间的空间组成。（图3-4-8a；彩版三三，1）

该墓共出土铜器、琉璃器、木器、陶器等各类遗物共11件（组）。

1. 铜器

4件（组）。器形为盆、镜、铜钱。

盆　1件。M21：9，出土于西边箱内。器物残损严重，腹部以下缺失。敞口，斜沿。口径20.4、残高3.9厘米。（图3-4-8b）

镜　1件。M21：1，出土于棺内南部。昭明镜。圆形，半圆纽，四叶纹纽座。座外饰凸弦纹一周与凸弦纹带一圈，其间饰三短弦纹八组，外饰两周凸弦纹，间饰一周铭文。铭文为"日月心忽夫扬忠然雍塞不泄内"。宽素平缘。面径10、背径9.9、纽高0.6、纽宽1.4、缘宽0.9、缘厚0.3、肉厚0.2厘米。（图3-4-8b；彩版三三，2）

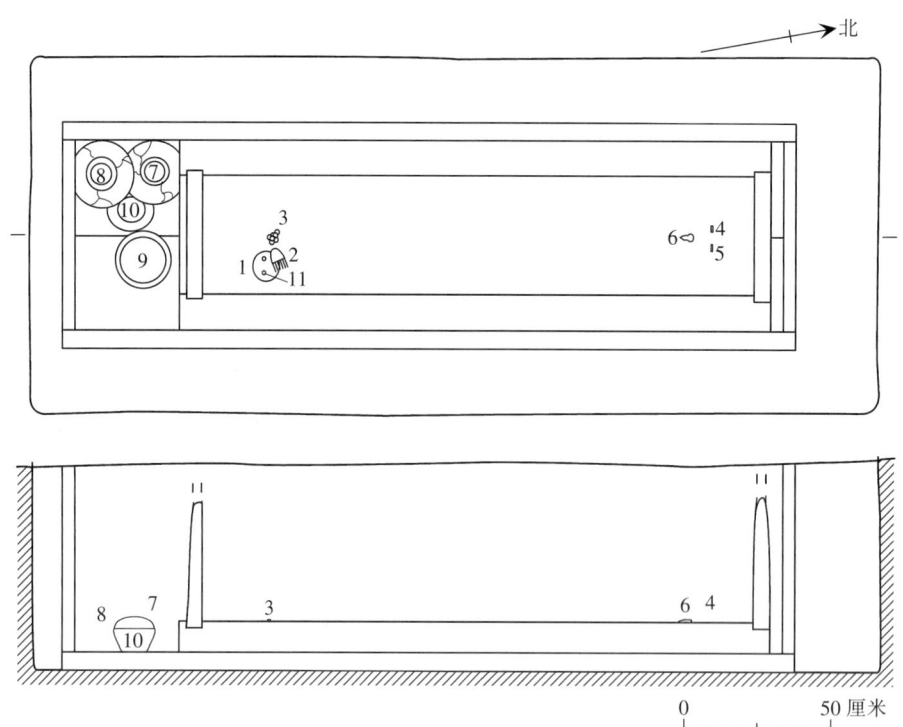

图 3 - 4 - 8a　人民组二号涵洞 M21 平面、剖视图

1. 铜镜　2. 木梳　3、11. 铜钱　4、5. 琉璃塞　6. 琉璃玲　7. 陶瓶　8. 陶壶　9. 铜盆　10. 陶盒

铜钱　2 组。均出土于棺内南部。

M21：3，6 枚，五铢钱，形制、尺寸同。钱径 2.5、穿径 1 厘米。（图 3 - 4 - 8b）

M21：11，1 枚，五铢钱。钱径 1、穿径 0.4 厘米。（图 3 - 4 - 8b）

2. 琉璃器

3 件。器形为玲、塞。

玲　1 件。M21：6，器作蝉形，正面隆起，纹饰简练，背面平直，表面风化严重。残长 3、宽 2.2、厚 0.8 厘米。（图 3 - 4 - 8b；彩版三三，3）

塞　2 件。M21：4，器作圆台柱形，呈灰白色，器表风化严重。顶面直径 0.4、底面直径 0.8、高 1.7 厘米。（图 3 - 4 - 8b）

M21：5，尺寸、形制同 M21：4。（图 3 - 4 - 8b）

3. 木器

1 件。器形为梳。

梳　1 件。M21：2，出土于棺内东部。弧背长方形，背部厚，齿端薄，21 齿。长 8.6、宽 6.1、厚 0.1 ~ 0.7 厘米。（图 3 - 4 - 8b）

4. 陶器

3 件。器形为盒、壶、瓶，均出土于西边箱内。

盒　1 件。M21：10，泥质红陶。罨顶钵形盖。盒身子母口，圆唇内敛，斜弧腹，平底微内凹。盖口径 12.9、高 3.9 厘米。盒身口径 12、底径 8.4、高 7.9 厘米。（图 3 - 4 - 8b；彩版三三，4）

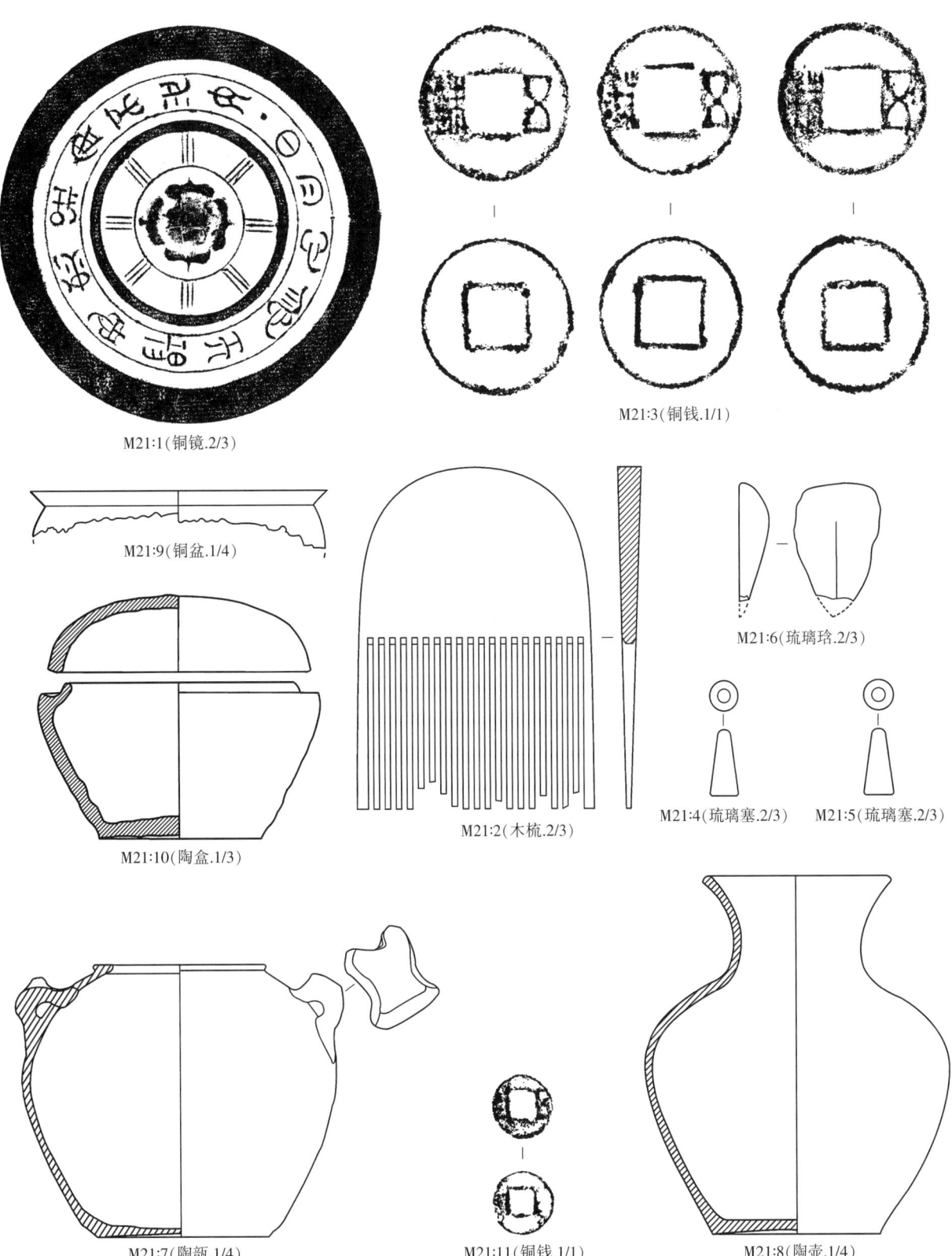

M21:1(铜镜.2/3)

M21:3(铜钱.1/1)

M21:9(铜盆.1/4)

M21:10(陶盒.1/3)

M21:2(木梳.2/3)

M21:6(琉璃玲.2/3)

M21:4(琉璃塞.2/3)　　M21:5(琉璃塞.2/3)

M21:7(陶瓿.1/4)

M21:11(铜钱.1/1)

M21:8(陶壶.1/4)

图3-4-8b 人民组二号涵洞M21出土器物图

壶 1件。M21:8，泥质红陶。侈口，圆唇，束颈，溜肩，鼓腹渐收，平底微内凹。通体素面。口径12.2、底径12、高24厘米。（图3-4-8b；彩版三三，5）

瓿 1件。M21:7，泥质红陶。敛口，圆唇，平沿，圆肩，弧腹渐收，平底内凹。肩两侧饰兽面耳一对。口径9.6、底径12、高18.3厘米。（图3-4-8b；彩版三三，6）

九、22号墓（M22）

M22位于人民组二号涵洞取土场墓地中部，南面与M19相邻。发掘前地表未见封土迹象。清理前，墓坑上部已被高速公路施工方破坏，但随葬品分布未受影响。开口距现地表深度不明。

墓葬形制为长方形竖穴土坑，开口长260、宽120厘米，残深80厘米。方向275°。

葬具为单棺。木棺置于墓坑底部正中，棺木结构保存较差，棺长190、宽64、残高60厘米，棺侧板厚6厘米，底板厚10厘米。（图3-4-9a；彩版三四，1）

该墓共出土铜器、木器、陶器等各类遗物6件（组）。

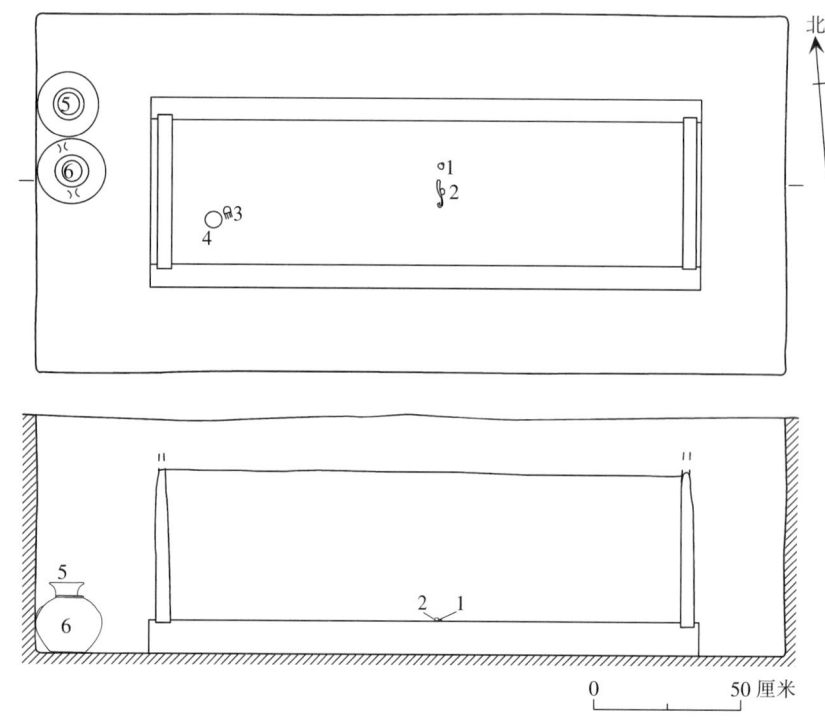

图3-4-9a 人民组二号涵洞M22平面、剖视图
1. 铜钱 2. 铜带钩 3. 木梳 4. 铜镜 5. 陶壶 6. 陶瓿

1. 铜器

3件（组）。器形为镜、带钩、铜钱。

镜 1件。M22:4，出土于棺内西部。日月镜。圆形，半圆纽，圆纽座。座外饰两周短斜弦纹，间饰一周铭文，铭文间以"の"形符号间隔。铭文为"日勿心"。窄缘。面径6.2、背径5.9、纽高0.6、纽宽1.5、缘宽0.1、缘厚0.16、肉厚0.15厘米。（图3-4-9b；彩版三四，2）

带钩 1件。M22:2，出土于棺内中部。琵琶形，钩部作龙首形，正面起两道折棱，腹下近

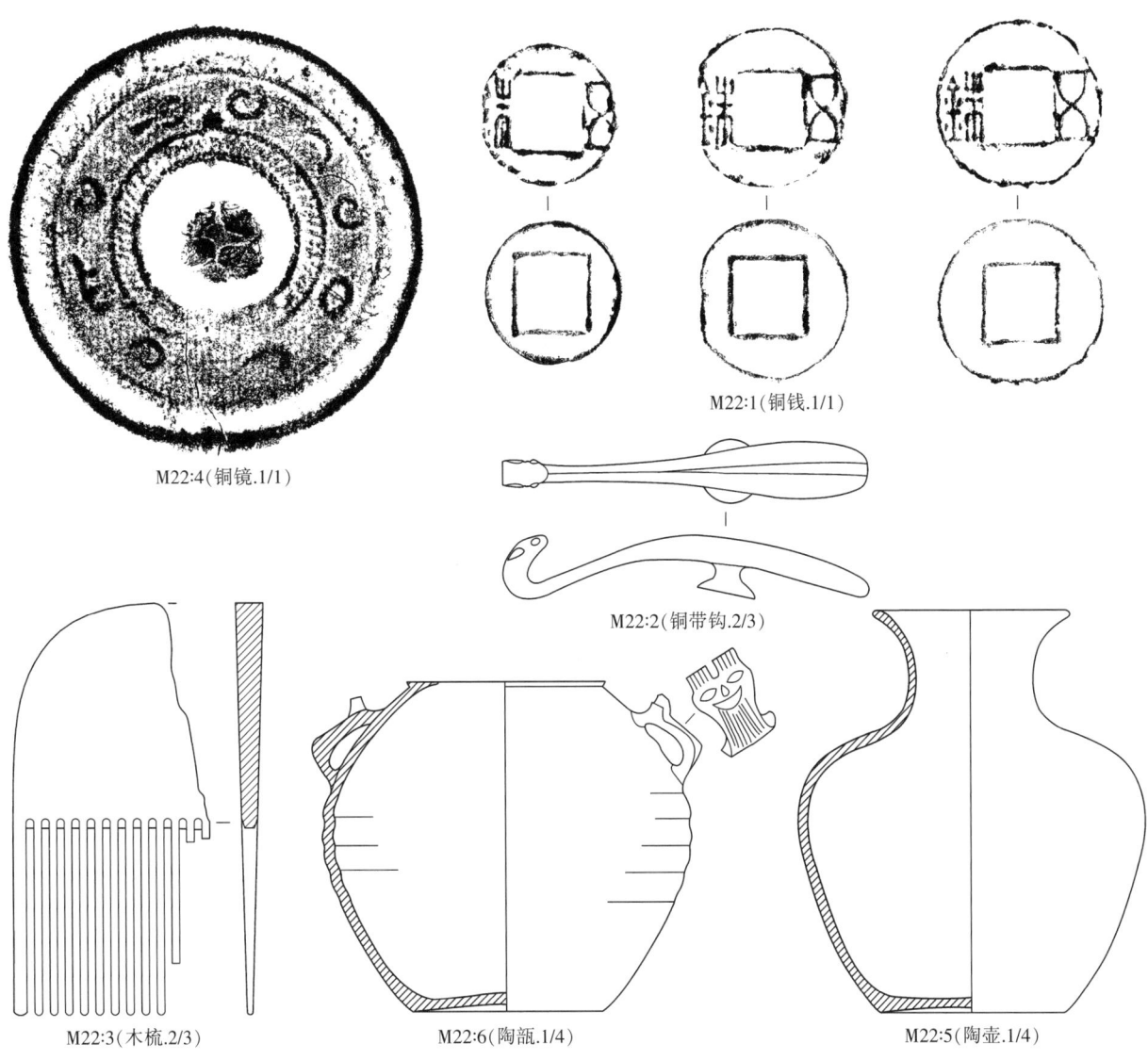

M22:4(铜镜.1/1)

M22:1(铜钱.1/1)

M22:2(铜带钩.2/3)

M22:3(木梳.2/3)　　　　M22:6(陶瓶.1/4)　　　　M22:5(陶壶.1/4)

图 3-4-9b　人民组二号涵洞 M22 出土器物图

尾端饰一圆纽。长 8、宽 1.2、纽径 1.3 厘米。（图 3-4-9b；彩版三四，3）

　　铜钱　1 组。M22：1，皆出土于棺内中部。16 枚，五铢钱，形制、尺寸基本相同。钱径 2.5、穿径 1 厘米。（图 3-4-9b）

　　2. 木器

　　1 件。器形为梳，出土于棺内西南部。

　　梳　1 件。M22：3，弧背长方形，背部厚，齿端薄，器物残损，齿数不明。长 8.7、残宽 4.3、厚 0.1～0.6 厘米。（图 3-4-9b）

　　3. 陶器

　　2 件。器形为壶、瓶，均出土于棺外西侧。

　　壶　1 件。M22：5，泥质红陶。侈口，圆唇，束颈，溜肩，鼓腹渐收，平底微内凹。通体素面。口径 11.1、底径 11、高 22.8 厘米。（图 3-4-9b；彩版三四，4）

瓿 1件。M22：6，泥质红陶。敛口，圆唇，平沿，圆肩，弧腹渐收，平底内凹。肩两侧饰兽面耳一对。口径7.8、底径10.9、高18.6厘米。（图3-4-9b；彩版三四，5）

十、25号墓（M25）

M25位于人民组二号涵洞取土场墓地北部，北面与M20相邻。发掘前地表未见封土迹象。清理前，墓坑上部已被高速公路施工方破坏，开口距现地表深度不明，但随葬品分布未受影响。

墓葬形制为长方形竖穴土坑，开口长260、宽96厘米，残深84厘米。方向95°。

葬具为一椁一棺，棺椁结构大体保存完整。木椁置于墓坑底部正中。椁室平面呈长方形，长260、宽80、残高50厘米，椁南北两侧板沿椁底板两边横向垒筑，板长260、高50、板残厚4厘米，东、西侧板由南、北侧板两端内侧直接插入底板上，板长70、高60、残厚2.5厘米，椁底板残厚4.7厘米。棺位于椁室东部，棺由整段圆木斫成"U"字形棺室，棺通长192、宽60、残高50厘米。西边箱位于椁室西部，由椁室西、南、北三面侧板及棺之间的空间组成。（图3-4-10a；彩版三五，1）

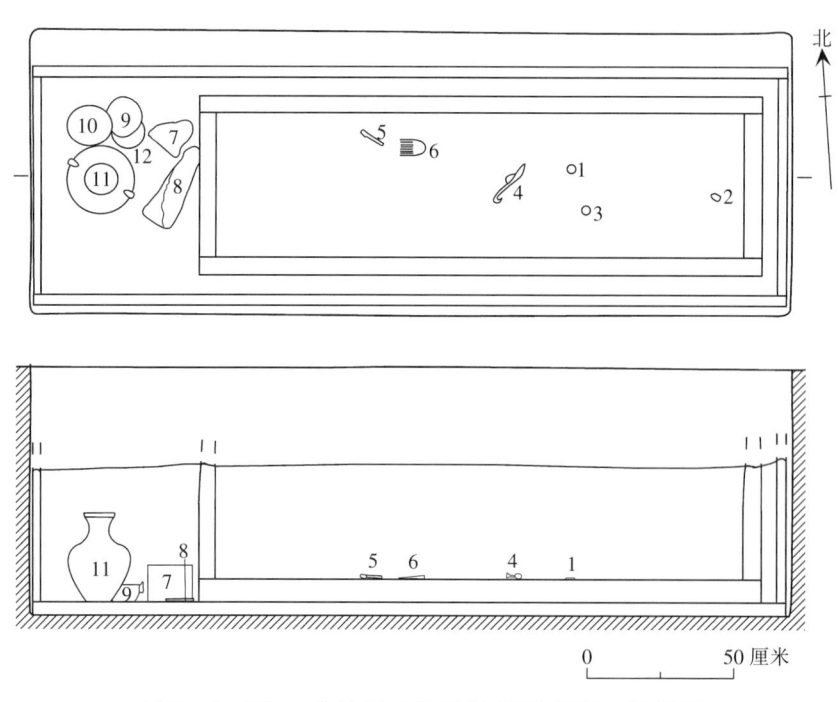

图3-4-10a　人民组二号涵洞M25平面、剖视图

1、3. 铜钱　2. 琉璃珫　4. 铜带钩　5. 铜刷　6. 木梳　7. 漆奁　8. 残漆器　9. 釉陶鼎　10. 釉陶盒　11. 釉陶壶　12. 陶瓿

该墓共出土铜器、琉璃器、漆器、木器、陶器等各类遗物12件（组）。

1. 铜器

4件（组）。器形为带钩、刷、铜钱。

带钩 1件。M25：4，出土于棺内中部。钩部作龙首形，钩身较长，作弓形，弧背，腹下近中部有一圆纽。器长11.2、纽径1.2厘米。（图3-4-10b；彩版三五，2）

刷 1件。M25：5，出土于棺内西部。烟斗形，器身细长，一端折为圆孔，孔内刷毛已朽，

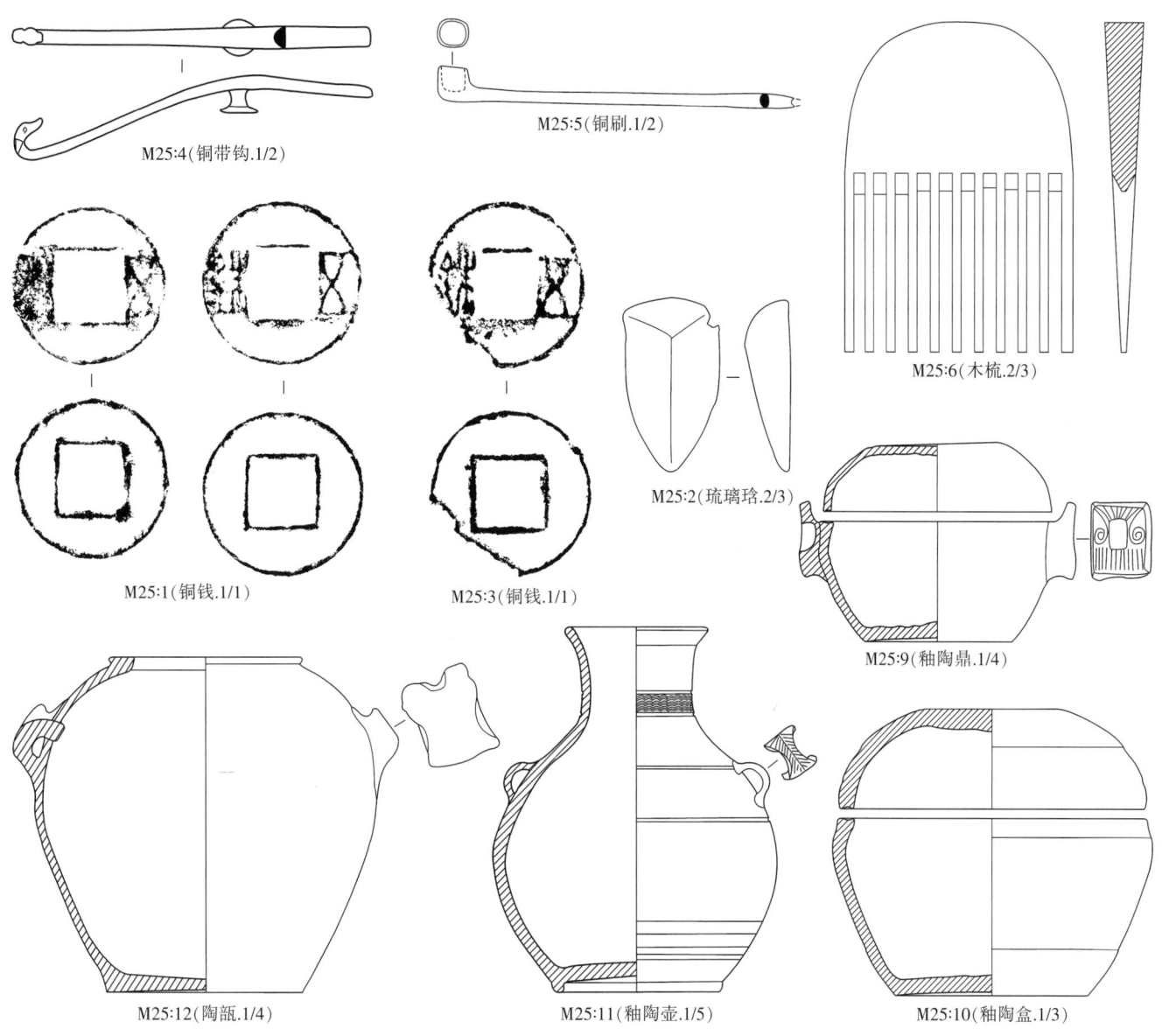

M25:4(铜带钩.1/2)

M25:5(铜刷.1/2)

M25:6(木梳.2/3)

M25:1(铜钱.1/1)

M25:3(铜钱.1/1)

M25:2(琉璃琀.2/3)

M25:9(釉陶鼎.1/4)

M25:12(陶瓿.1/4)

M25:11(釉陶壶.1/5)

M25:10(釉陶盒.1/3)

图 3-4-10b 人民组二号涵洞 M25 出土器物图

另一端略残。孔径 0.7、通长 11.1 厘米。（图 3-4-10b；彩版三五，3）

铜钱 2 组。均出土于棺内中东部。M25：1，2 枚，五铢钱。钱径 2.5、穿径 1 厘米。（图 3-4-10b）

M25：3，2 枚，五铢钱，形制、尺寸同 M25：1。（图 3-4-10b）

2. 琉璃器

1 件。器形为琀。

琀 1 件。M25：2，出土于棺内东部。器作蝉形，正面隆起，纹饰简练，背面平直，素面。长 4、宽 2.3、厚 1 厘米。（图 3-4-10b；彩版三五，4）

3. 漆器

2 件。器形为奁。

奁 1 件。M25：7，出土于西边箱内。夹纻胎。内髹朱漆，外髹黑漆。残损严重，纹饰不明，

无法复原。口径11、底径11、高9厘米。（彩图九，3）

残漆器 1件。M25：8，出土于西边箱内。残损严重，器形不明，无法复原。

4. 木器

1件。器形为梳。

梳 1件。M25：6，出土于棺内中部偏西。弧背长方形，背部厚，齿端薄，背长和齿长基本相同，11齿。通长7.3、宽5.3、厚0.1~0.9厘米。（图3-4-10b；彩版三五，5）

5. 陶器

4件。器形为鼎、盒、壶、瓿，均出土于西边箱内。

鼎 1件。M25：9，釉陶。覆平底钵形盖，平顶较宽内凹。鼎身子母口，尖圆唇，口部饰一对称耳，斜弧腹，平底内凹，无足。耳外侧模印叶脉纹。盖口径13.2、高4.2厘米。鼎身口径13.2、底径9.3、高8.4厘米。（图3-4-10b；彩版三五，6）

盒 1件。M25：10，釉陶。覆平底钵形盖，平顶较宽。盒身子母口，圆唇内敛，斜弧腹，平底微内凹。盖口径13.6、高4.6厘米。盒身口径13.6、底径9、高8厘米。（图3-4-10b；彩版三五，7）

壶 1件。M25：11，釉陶。侈口，圆唇，直颈，溜肩，鼓腹渐收，平底，矮圈足。双桥形耳，耳面饰叶脉纹。颈部下端饰一圈水波纹，肩饰凹弦纹。口径10.4、底径12.6、高27.6厘米。（图3-4-10b；彩版三五，8）

瓿 1件。M25：12，泥质红陶。敛口，尖唇，平沿，溜肩，弧腹渐收，平底。肩两侧饰一对称耳。通体素面。口径9、底径12.2、高20.4厘米。（图3-4-10b）

十一、26号墓（M26）

M26位于人民组二号涵洞取土场墓地北部，北面与M27相邻。发掘前地表未见封土迹象。清理前，墓坑上部与西南部已被高速公路施工方破坏，开口距现地表深度不明。墓坑西南部随葬品分布可能受到扰动。

墓葬形制为长方形竖穴土坑，开口长250、宽140厘米，残深118厘米。方向90°。

葬具为一椁一棺。木椁置于墓坑底中部，椁室平面呈长方形，长232、宽106、残高50厘米，椁室底板共三块，纵向拼接，不用边榫，每块底板长232、由南向北依次宽31、40、40、厚6厘米，椁室南北侧板沿椁底板垒筑，板厚4~6厘米。棺位于椁室北部，与椁室北侧板紧靠，棺由整段圆木斫成"U"字形棺室，东、西两端挡板无存，棺通长208、宽55、残高50厘米，侧板厚6厘米，底板厚8厘米。南边箱位于椁室南部，由椁室南、西、东三面侧板及棺南侧板之间的空间组成，长232、宽42、残高50厘米。（图3-4-11a；彩版三六，1）

该墓共出土铜器、漆器、陶器等各类遗物9件（组）。

1. 铜器

2件（组）。器形为镜、铜钱。

镜 1件。M26：1，昭明镜，出土于棺内东部南侧。圆形，半圆钮，圆钮座。座外向外升出四道双弧弦纹，间以四道月牙纹，外饰一周凸弦纹带，其外饰两周短斜弦纹，间饰一周铭文。铭文为"内清之以昭明光辉象夫日月心忽不"。窄缘。面径7.1、背径6.9、钮高0.6、钮宽1.3、缘

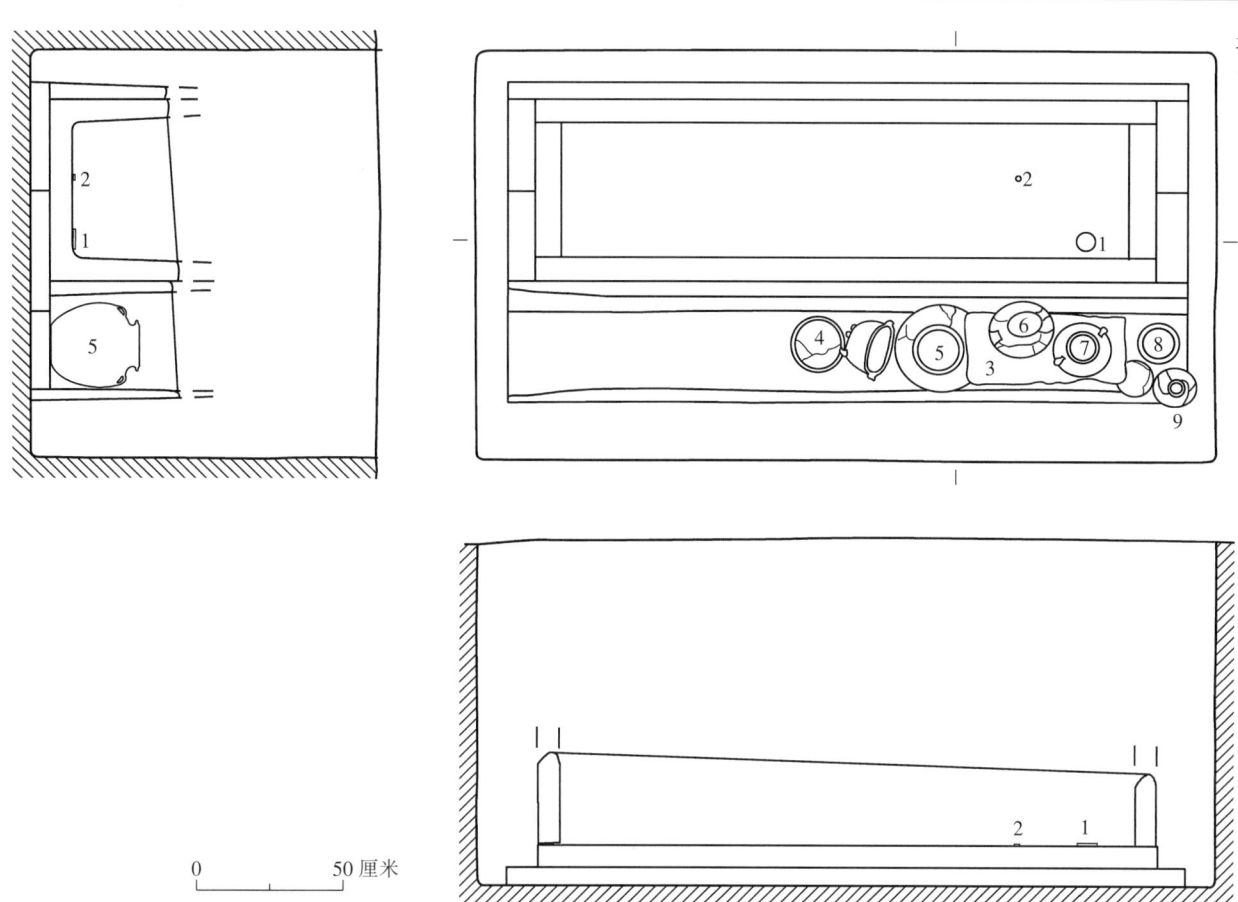

图 3-4-11a 人民组二号涵洞 M26 平面、剖视图

1. 铜镜 2. 铜钱 3. 漆案 4. 釉陶鼎 5. 陶罐 6. 釉陶瓿 7、9. 釉陶壶 8. 釉陶盒

宽 0.3、缘厚 0.2、肉厚 0.15 厘米。（图 3-4-11b；彩版三六，2）

铜钱 1 组。M26:2，2 枚，五铢钱，皆残损严重，无法拓印。

2. 漆器

1 件。器形为案。

案 1 件。M26:3，出土于南边箱东部，置于陶器之上。木胎，残损严重，无法复原。

3. 陶器

6 件。器形为鼎、盒、壶、瓿、罐，均出土于南边箱内。

鼎 1 件。M26:4，釉陶。覆平底钵形盖，平顶较宽。鼎身子母口，圆唇，口部饰一对称耳，斜弧腹，平底，三足制作甚不规整。耳外侧模印叶脉纹。盖口径 17.7、高 6.4 厘米。鼎身口径 14.7、高 14.4 厘米。（图 3-4-11b；彩版三七，1）

盒 1 件。M26:8，釉陶。覆平底钵形盖，宽平顶。盒身子母口，圆唇内敛，斜弧腹，平底内凹。盖口径 16.5、高 5.1 厘米。盒身口径 14.1、底径 10.2、高 10.8 厘米。（图 3-4-11b；彩版三七，2）

壶 2 件。两件形制、尺寸不同。M26:7，釉陶。侈口，尖唇，平沿，束颈，溜肩，鼓腹渐收，平底内凹。肩两侧各饰一对称耳，耳面饰叶脉纹。口径 10.5、底径 12.8、高 26.4 厘米。（图 3-4-11b；彩版三七，3）

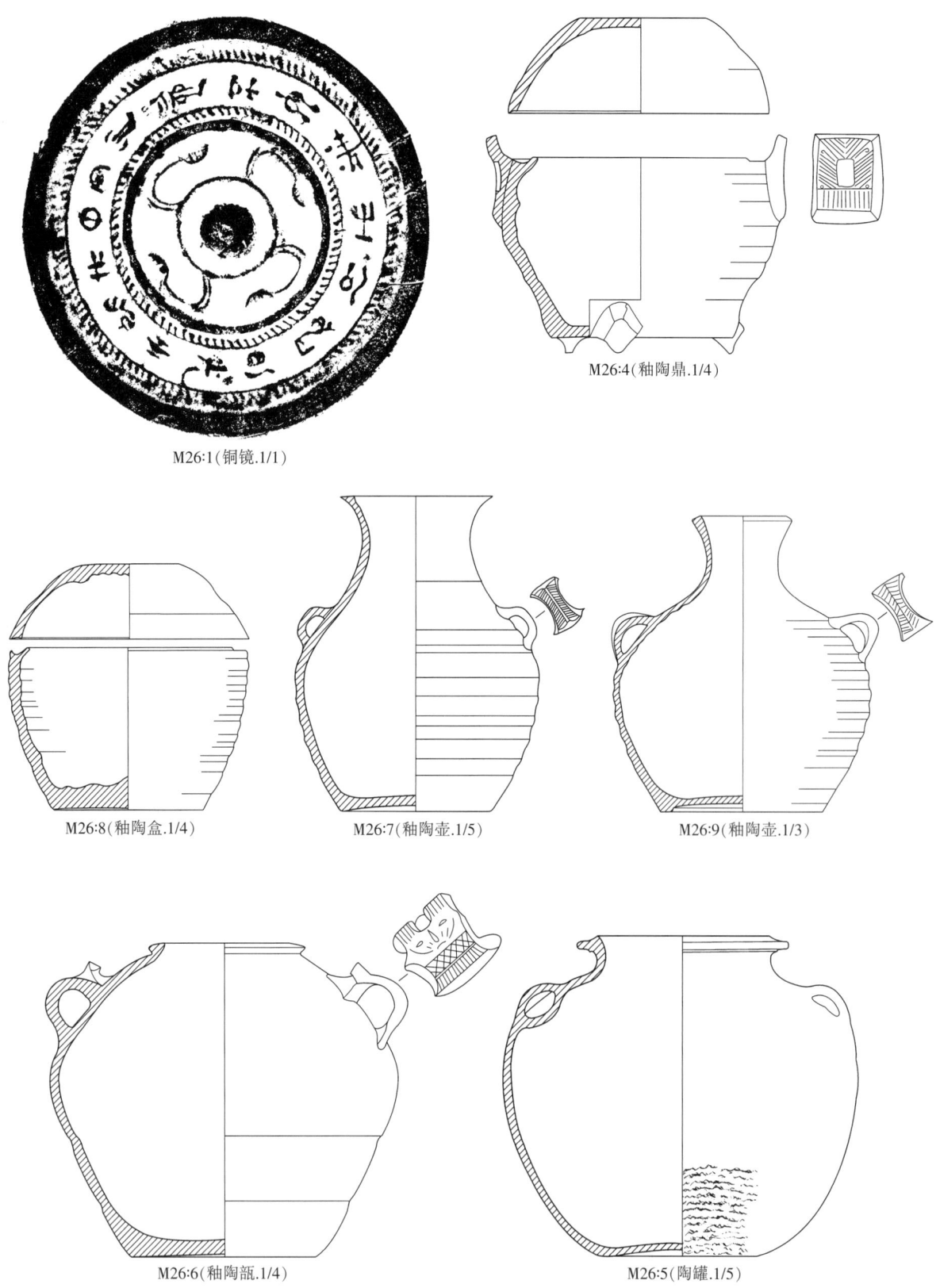

M26:1(铜镜.1/1)

M26:4(釉陶鼎.1/4)

M26:8(釉陶盒.1/4)

M26:7(釉陶壶.1/5)

M26:9(釉陶壶.1/3)

M26:6(釉陶瓿.1/4)

M26:5(陶罐.1/5)

图3-4-11b　人民组二号涵洞 M26 出土器物图

M26：9，釉陶。侈口，尖圆唇，斜沿，束颈，溜肩，鼓腹渐收，矮圈足平底。肩两侧各饰一对称耳，耳面饰叶脉纹。口径4.2、底径8.4、高14.8厘米。（图3-4-11b；彩版三七，4）

瓿 1件。M26：6，釉陶。敛口，尖圆唇，溜肩，弧腹渐收，平底微内凹。肩两侧饰兽面耳一对。口径8.4、底径12.8、高21厘米。（图3-4-11b；彩版三七，5）

罐 1件。M26：5，灰陶。侈口，尖唇，卷沿外翻，短束颈，鼓肩，弧腹，平底内凹。肩部饰牛鼻耳一对，下腹饰绳纹。口径14.5、底径13、高26.5厘米。（图3-4-11b）

十二、27号墓（M27）

M27位于人民组二号涵洞取土场墓地北部，南面与M26相邻。发掘前地表未见封土迹象。清理前，墓坑上部及西半部已彻底被高速公路施工方破坏，墓室西部不存，开口距现地表深度不明。

墓葬形制为长方形竖穴土坑，开口残长173、宽98厘米，残深60厘米。方向90°。

葬具为单棺。木棺已朽，从朽痕可知，木棺置于墓坑底部正中，棺残长119、宽52厘米，高度不详。（图3-4-12a；彩版三六，3）

该墓共出土漆器、陶器4件。均出土于棺外东侧。

1. 漆器

1件。

残漆器 1件。M27：4，器物残损严重，器形不明，无法复原。

2. 陶器

3件。器形均为罐。

罐 3件。三件陶罐形制、尺寸皆有差异。M27：1，灰陶。侈口，圆唇，直颈，斜肩，折鼓

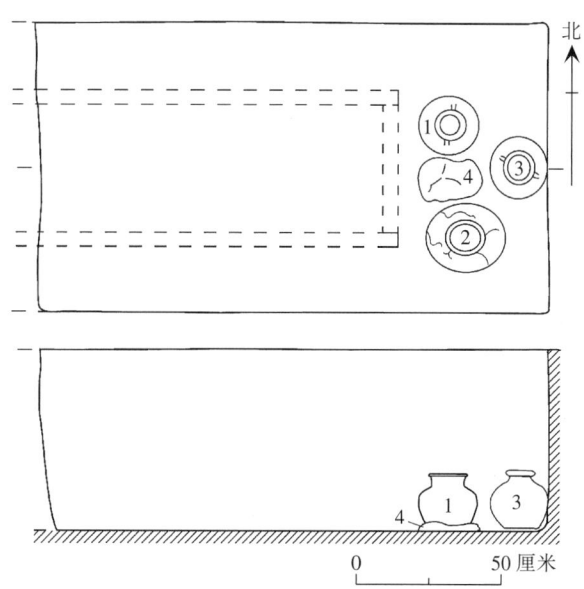

图3-4-12a 人民组二号涵洞M27平面、剖视图
1~3. 陶罐 4. 残漆器

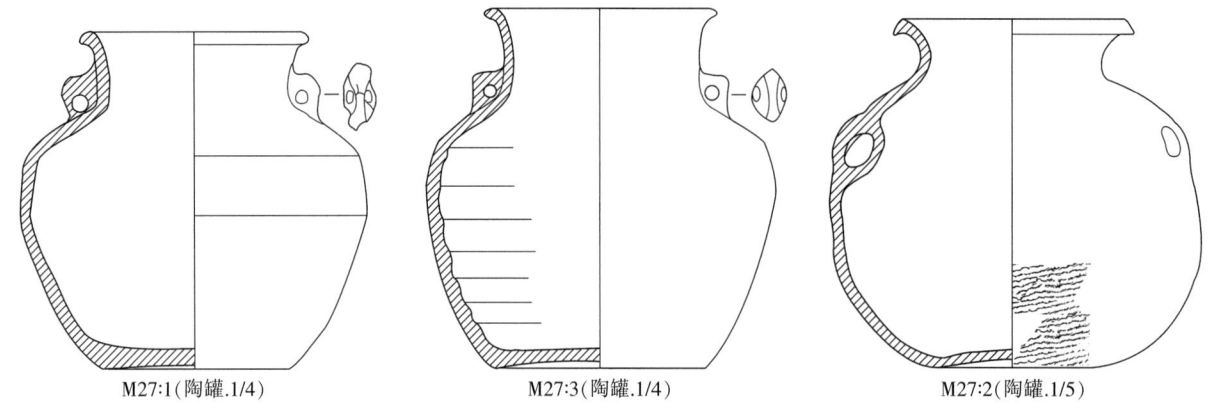

M27:1(陶罐.1/4)   M27:3(陶罐.1/4)   M27:2(陶罐.1/5)

图 3 - 4 - 12b   人民组二号涵洞 M27 出土器物图

腹渐收，平底微内凹。肩与颈部交接处饰两桥形纽。口径 11.4、底径 10.4、高 18 厘米。（图 3 - 4 - 12b；彩版三七，6）

M27：2，灰陶。侈口，尖唇，束颈，鼓肩，鼓腹渐收，平底微内凹。肩部饰两牛鼻耳。口径 15.2、底径 10.8、高 23.2 厘米。（图 3 - 4 - 12b）

M27：3，灰陶。侈口，圆唇，直颈，斜肩，折鼓腹渐收，平底微内凹。肩与颈部交接处饰两桥形纽。口径 12、底径 11.4、高 19.2 厘米。（图 3 - 4 - 12b）

第五节　人民组取土场墓地

人民组取土场墓地位于盱眙县马坝镇东阳社区人民居民组。金马高速公路东阳段进入现场施工后，人民组部分农田所在地成为取土场，施工过程中工人发现有古代墓葬。考古队进入现场后在施工范围内共清理发掘墓葬 13 座，根据工作顺序编号为 38～43 号墓（M38～M43）、70～73 号墓（M70～M73）、165～167 号墓（M165～M167）。（图 3 - 5 - 0）

墓地大体呈东西向长方形，长 39、宽 35 米，位于东阳城大城东墙外侧 250 米处，北面距人民组二号涵洞取土场墓地 110 米。发掘前，该区域地势平坦，均为水稻田。

一、38 号墓（M38）

M38 位于人民组取土场墓地中部，东、南、西三面分别与 M165、M43、M39 相邻。清理前，墓坑上部与东南角区域已被施工方破坏。

墓葬形制为长方形竖穴土坑，开口长 274、宽 99 厘米，残深 66 厘米。方向 92°。

葬具为一椁一棺，木结构已朽。从朽痕可知，椁平面呈长方形，长 274、宽 73 厘米，高度不明。棺位于椁室西部，长 203、宽 60 厘米，残高 54 厘米。（图 3 - 5 - 1a）

该墓共出土铜器、玉器、石器、陶器等遗物 10 件（组）。

1. 铜器

5 件。器形为镜、带钩、剑格、铜钱。

镜　1 件。M38：1，出土于棺内西部。日月镜。圆形，半圆纽，圆纽座。座外饰一周凸弦纹

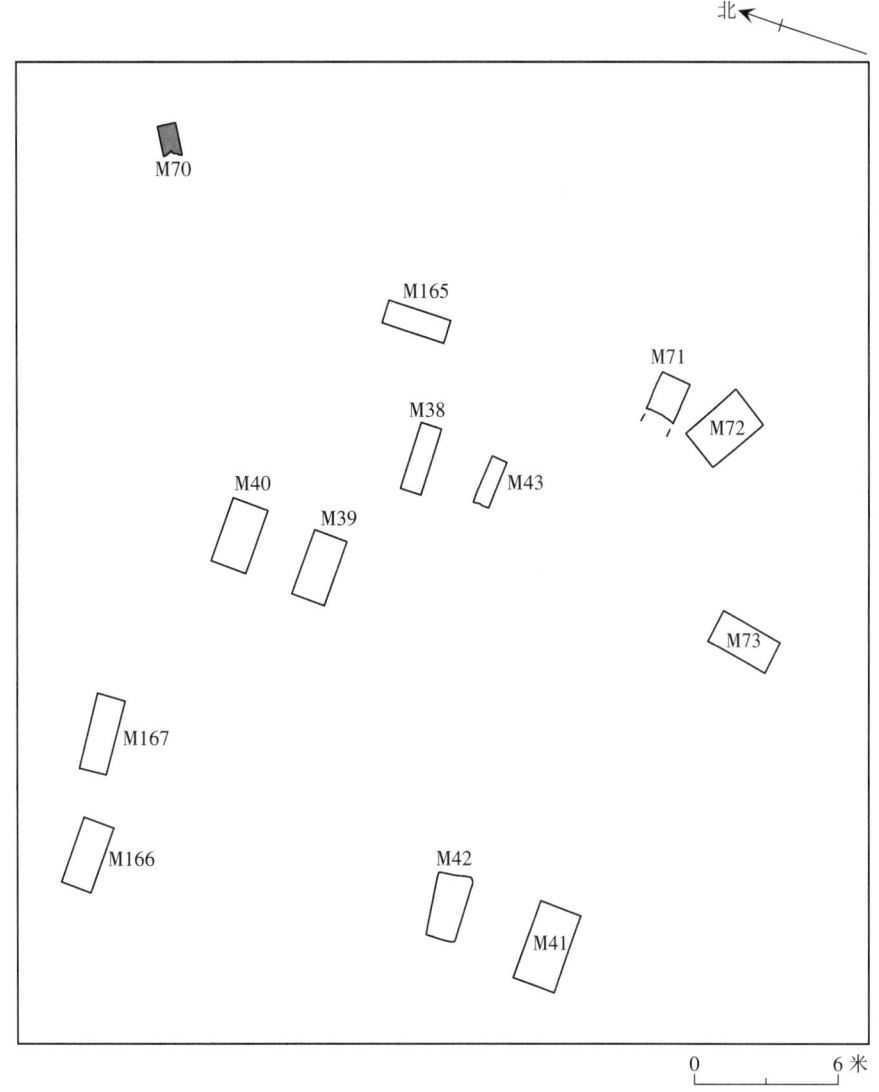

图 3-5-0 人民组取土场墓地墓葬平面分布图

细圈带，外圈两周斜弦纹，其间饰一周铭文带，铭文间以"の"形符号间隔。铭文为"见日月心勿夫"。窄缘。镜面微凸。面径 6.5、背面径 6.3、纽高 0.64、纽宽 1.25、缘宽 0.13、缘厚 0.25、肉厚 0.1 厘米。（图 3-5-1b1；彩版三八，1）

带钩 1件。M38：6，出土于边箱内。琵琶形，钩首兽形，钩身细长，弧背，背中部置柱状椭圆形纽。长 7.2、宽 0.66、纽径 0.88 厘米。（图 3-5-1b1；彩版三八，2）

剑格 1件。M38：5，出土于棺内中部。雁尾形。格宽 2.1 厘米。（图 3-5-1b1）

铜钱 2组。M38：2，出土于棺内西部南侧。五铢钱，形制、尺寸同。钱径 2.3、穿径 1.1 厘米。（图 3-5-1b1）

M38：4，出土于棺内中部。五铢钱，形制、尺寸同。钱径 2.6、穿径 1 厘米。（图 3-5-1b1）

2. 玉器

1件。器形为带钩。

带钩 1件。M38：3，出土于棺内中部。琵琶形，钩首兽形，钩身较短，背中部置柱状纽。

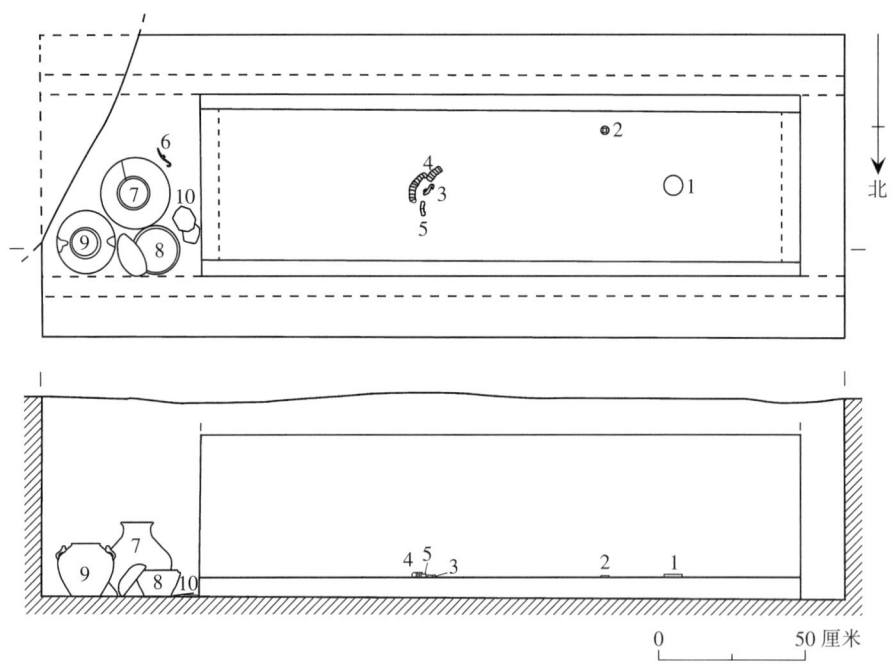

图 3 – 5 – 1a　人民组 M38 平面、剖视图

1. 铜镜　2、4. 铜钱　3. 玉带钩　5. 铜剑格　6. 铜带钩　7. 陶壶　8. 陶盒　9. 陶瓿　10. 云母片

长 4.6、宽 0.9、纽径 1.2 厘米。（图 3 – 5 – 1b1；彩版三八，3）

3. 石器

云母片　1 件。M38：10，出土于边箱内。残损，原形制、尺寸均不明。器为白色透明状。（彩版三八，4）

4. 陶器

3 件。器形为盒、壶、瓿，均出土于边箱内。

盒　1 件。M38：8，覆平底钵形盖，平顶较宽。盒身子母口，圆唇，斜弧腹，平底内凹。盖口径 13.2、高 3.8 厘米。盒身口径 13.6、底径 9.4、高 8.1 厘米。（图 3 – 5 – 1b2；彩版三八，5）

壶　1 件。M38：7，侈口，尖唇，直颈，溜肩，鼓腹渐收，平底内凹。口径 10.7、底径 11.6、高 22.0 厘米。（图 3 – 5 – 1b2）

瓿　1 件。M38：9，小口内敛，圆唇，溜肩，斜腹内收，平底内凹。肩两侧置桥形耳一对。口径 11、底径 10.8、高 18.6 厘米。（图 3 – 5 – 1b2；彩版三八，6）

二、39 号墓（M39）

M39 位于人民组取土场墓地中部偏西，北面与东面分别与 M40、M38 相邻。清理前，墓坑已被高速公路施工方破坏严重，仅存约 50 厘米深的墓坑底部。

墓葬形制为长方形竖穴土坑，开口长 268.9、宽 139.1 厘米，残深 49.8 厘米。方向 92°。

葬具为一椁一棺。木椁置于墓坑底部正中，从残存木结构可知，椁室平面呈长方形，长 237.5、宽 117.4、残高 37.7 厘米，椁室底板共三块，横向拼接，每块底板长 238、宽 36.9、厚 8.4 厘米。木棺位于椁室北部，棺由整木斫成，长 201.9、宽 67.4、残高 21.3 厘米，侧板厚 5.4、

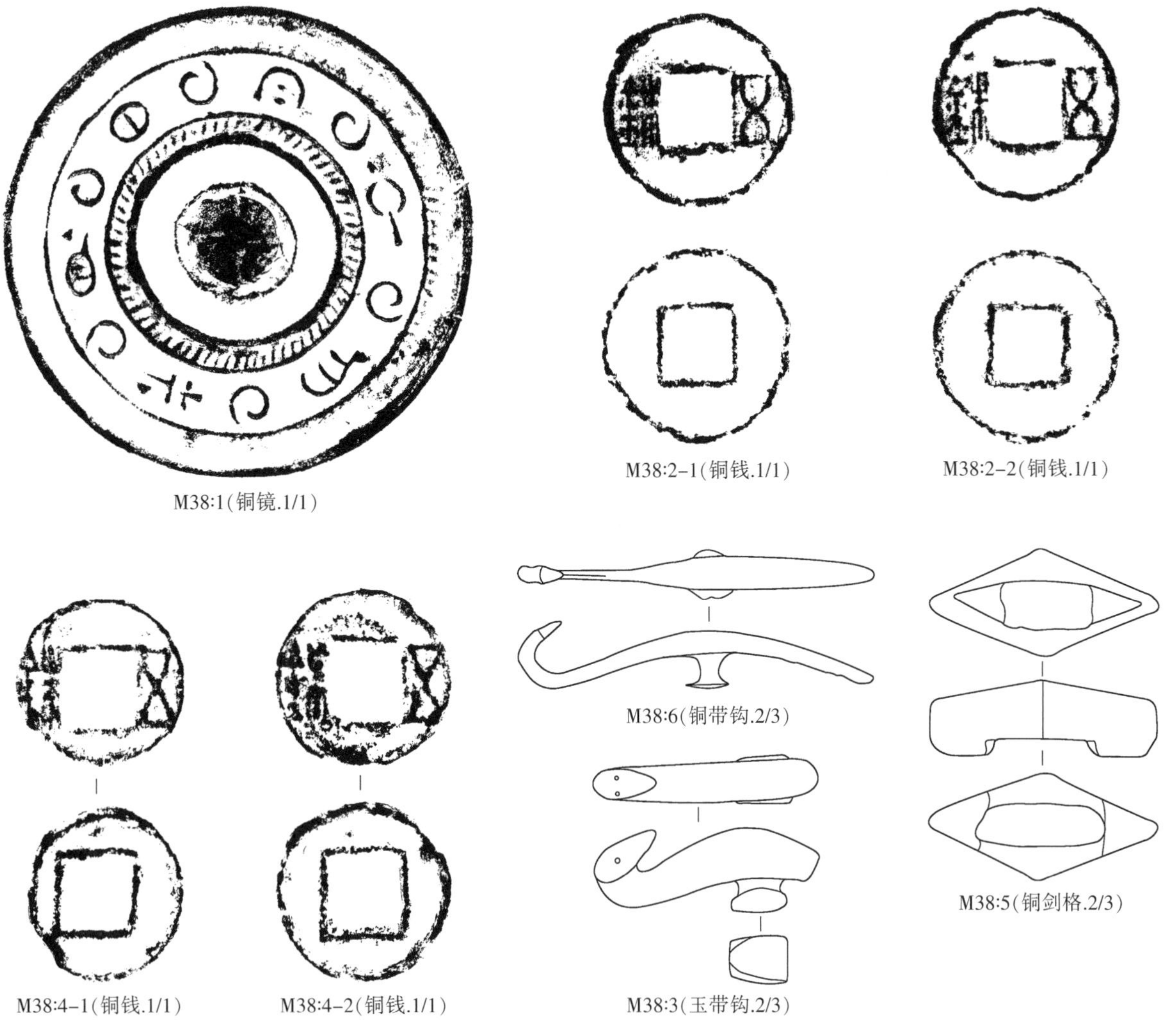

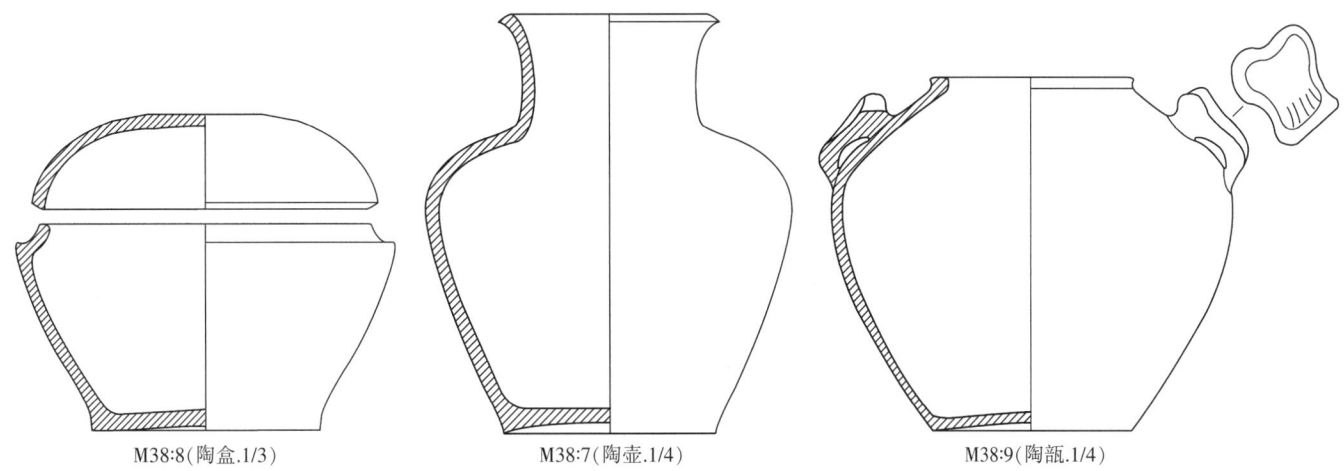

M38:1(铜镜.1/1)

M38:2-1(铜钱.1/1)

M38:2-2(铜钱.1/1)

M38:4-1(铜钱.1/1)

M38:4-2(铜钱.1/1)

M38:6(铜带钩.2/3)

M38:3(玉带钩.2/3)

M38:5(铜剑格.2/3)

图 3 - 5 - 1b1　人民组 M38 出土器物图

M38:8(陶盒.1/3)

M38:7(陶壶.1/4)

M38:9(陶瓿.1/4)

图 3 - 5 - 1b2　人民组 M38 出土器物图

底板厚6.2厘米。边箱位于椁室南部，长217.7、宽33.1厘米，高度不明。（图3-5-2；彩版三九，1）

墓室内未发现任何遗物。

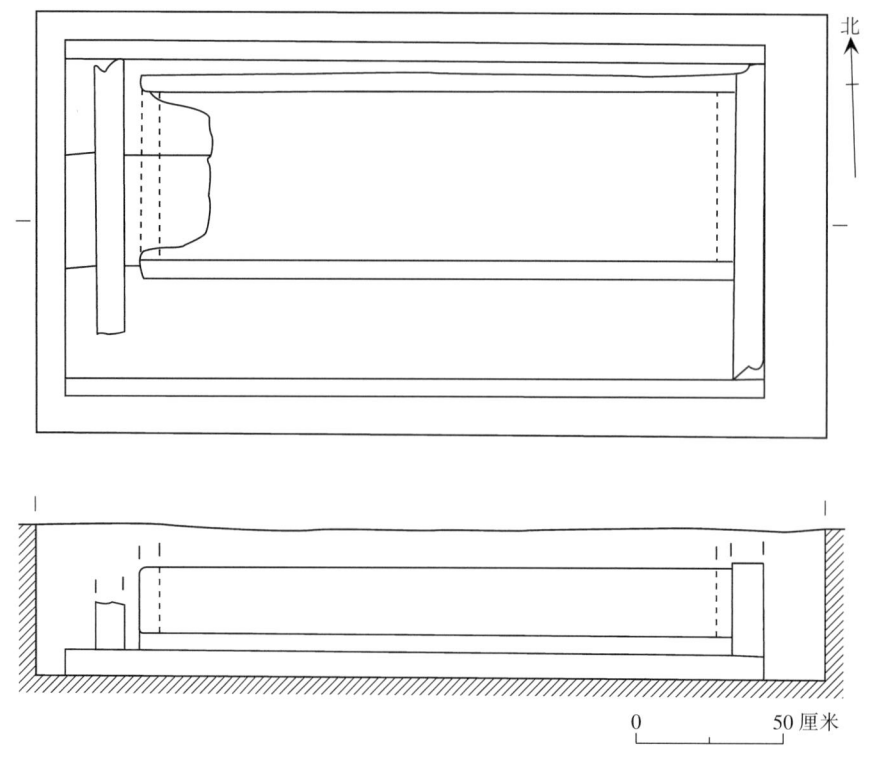

图3-5-2　人民组M39平面、剖视图

三、40号墓（M40）

M40位于人民组取土场墓地中部偏北，南面与M39相邻。清理前，墓坑上部已被高速公路施工方破坏。

墓葬形制为长方形竖穴土坑，开口长272、宽155厘米，残深68厘米。方向92°。

葬具为一椁一棺。从残存木结构可知，椁室平面呈长方形，长229、宽123、残高68厘米。椁室底板由三块长方形木板东西向横铺而成，板长均为229厘米，板宽由北向南依次为35、41、45厘米，厚均为7厘米。木棺位于椁室南部，与椁室南侧板紧贴，棺由整木斫成，长218、宽68、残高52厘米。边箱位于木棺北侧，长218、宽42、残高52厘米。（图3-5-3a；彩版三九，2）

该墓出土铜器、漆器、木器等遗物5件（组）。均出土于棺内。

1. 铜器

1件。器形为镜。

镜　1件。M40∶1-1，出土于棺内东南角残漆奁（M40∶1）内。草叶纹镜。圆形，半圆纽，四叶纹纽座。座外饰细凸弦方格纹与凹面方格纹各一周，间饰一周铭文，四边中心外侧各饰一枚乳丁纹，两侧各饰一草叶纹，花瓣纹间饰其中。铭文为"见日之光，天下大明"。十六内向连弧纹窄缘。镜面微凸。面径11.2、背面径11、纽高0.6、纽宽2、缘宽0.3、缘厚0.19、肉厚0.1厘

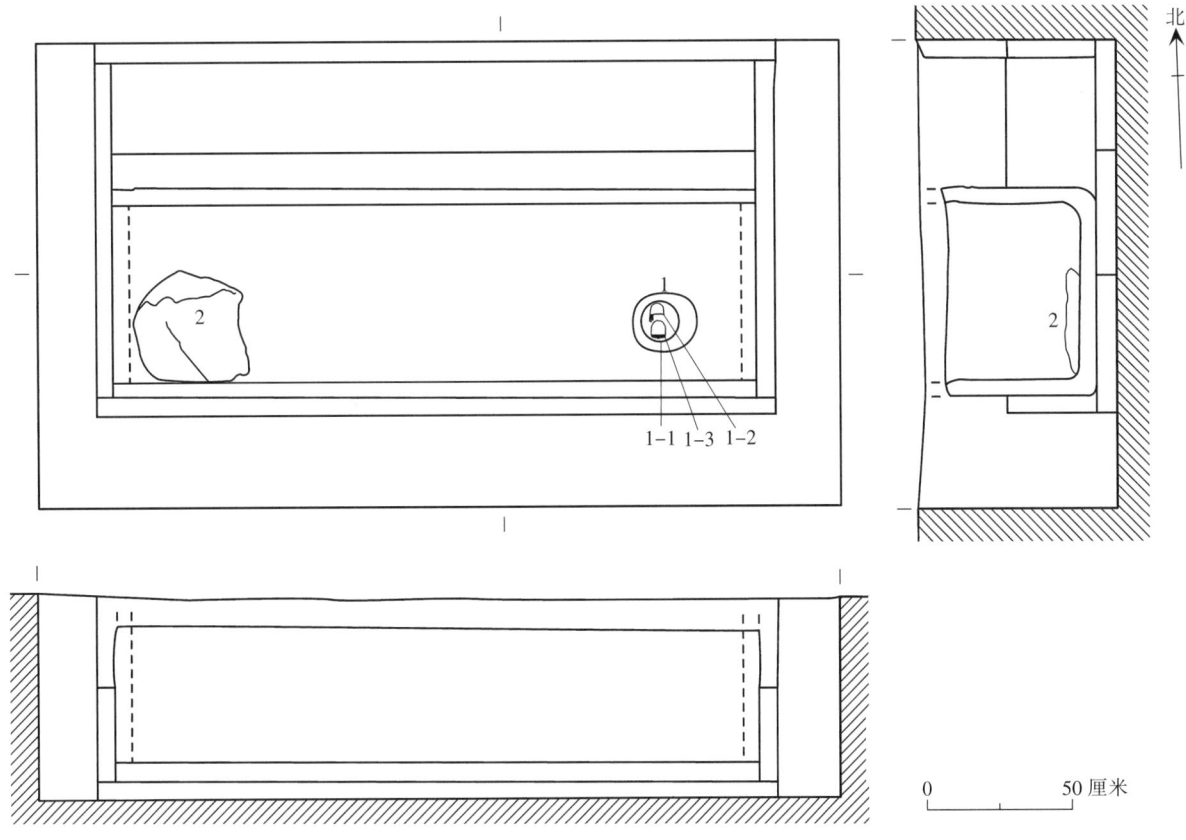

图 3-5-3a 人民组 M40 平面、剖视图
1. 漆奁 1-1. 铜镜 1-2. 木梳 1-3. 木篦 2. 残漆器

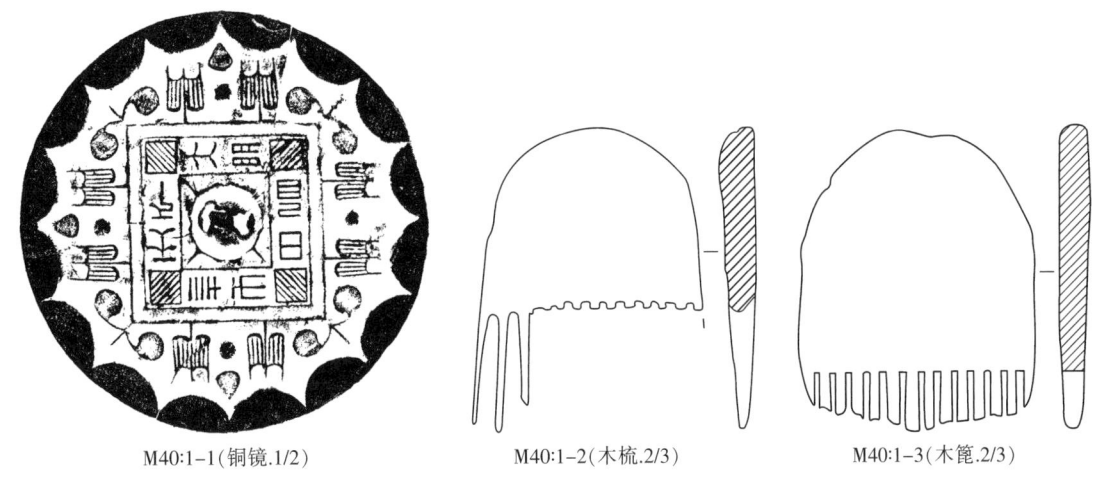

M40:1-1(铜镜.1/2)　　M40:1-2(木梳.2/3)　　M40:1-3(木篦.2/3)

图 3-5-3b 人民组 M40 出土器物图

米。(图 3-5-3b；彩版三九，3)

2. 漆器

2 件。器形为奁等。

奁 1 件。M40：1，出土于棺内东南角。残损严重，纹饰、尺寸不明，内置铜镜、木梳、木篦各 1 件。

残漆器 1 件。M40：2，残损严重，器形、纹饰、尺寸不明。

3. 木器

2件。器形为梳、篦。

梳 1件。M40∶1-2，出土于棺内东南角漆奁 M40∶1 内。弧背长方形，背部厚，齿端薄，背长略长于齿长，共13齿，现残存3齿。高5.9、宽4.3、背厚0.75厘米。（图3-5-3b）

篦 1件。M40∶1-3，出土于棺内东南角漆奁 M40∶1 内。形制与木梳同，背部与齿部厚度均匀，共13齿。高6、宽4.8、背厚0.6厘米。（图3-5-3b）

四、41号墓（M41）

M41 位于人民组取土场墓地西部，北面与 M42 相邻。清理前，墓坑上部已被高速公路施工方破坏。

墓葬形制为长方形竖穴土坑，开口长225、宽120厘米，残深41厘米。方向268°。

葬具为一椁一棺。木椁置于墓坑底部正中，从残存木结构可知，椁室平面呈长方形，残长217、宽114厘米，高度不明。木棺位于椁室北部，棺盖板残长199、宽56厘米，厚度不明。边箱位于椁室南部，残长213、宽52厘米，高度不明。（图3-5-4a；彩版三九，4）

该墓共出土铜器、漆器、陶器等遗物10件。其中漆器与陶器均出土于椁室内南边箱内，铜镜则出土于棺内西端南侧。

1. 铜器

1件。器形为镜。

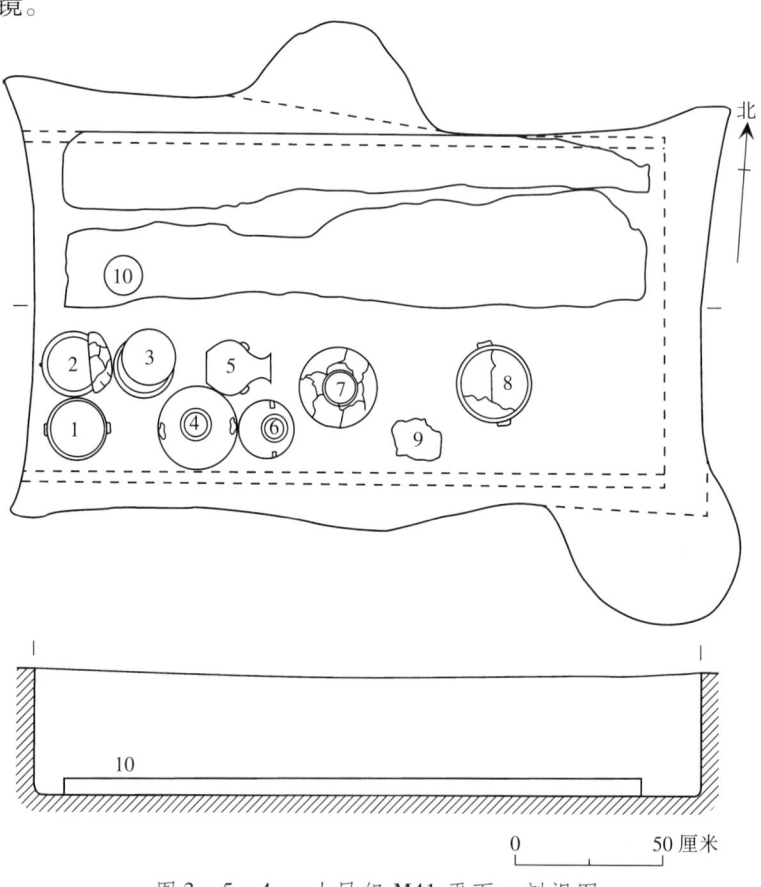

图3-5-4a　人民组 M41 平面、剖视图

1、8. 釉陶鼎　2、3. 釉陶盒　4、7. 釉陶瓿　5、6. 釉陶壶　9. 残漆器　10. 铜镜

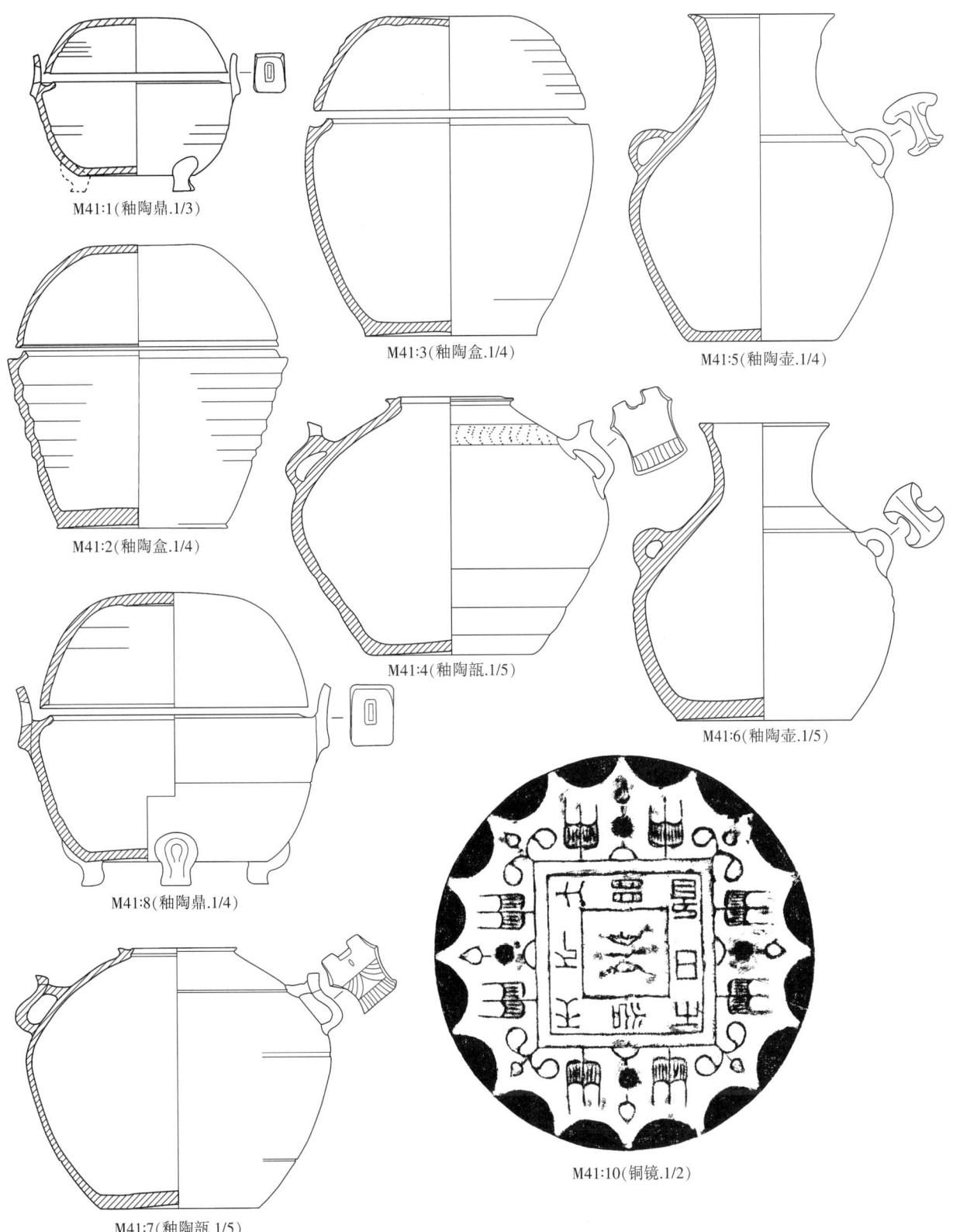

M41:1(釉陶鼎.1/3)

M41:3(釉陶盒.1/4)

M41:5(釉陶壶.1/4)

M41:2(釉陶盒.1/4)

M41:4(釉陶瓿.1/5)

M41:6(釉陶壶.1/5)

M41:8(釉陶鼎.1/4)

M41:10(铜镜.1/2)

M41:7(釉陶瓿.1/5)

图3-5-4b 人民组 M41 出土器物图

镜 1件。M41:10，出土于棺内西南角。草叶纹镜。圆形，三弦纽，圆纽座。座外饰细凸弦方格纹与凹面方格纹各一周，间饰一周铭文，四边中心外侧各饰一枚乳丁纹，两侧各饰一草叶纹，花瓣纹间饰其中。铭文为"见日之光，天下大明"。窄缘。镜面微凸。面径13.7、背面径13.4、纽高 0.7、纽宽 1.3、缘宽 0.67、缘厚 0.33、肉厚 0.15 厘米。（图 3 - 5 - 4b；彩版三九，5）

2. 漆器

1 件。器形不明。

残漆器　1 件。M41：9，出土于椁室内南边箱东部。残损严重，器形、纹饰、尺寸不明。

3. 陶器

8 件。器形为鼎、盒、壶、瓿，均出土于椁室内南边箱内。

鼎　2 件。两件形制基本相同，均为釉陶。M41：1，覆平底钵形盖，平顶较宽。鼎身子母口，尖圆唇，口部饰一对称耳，斜弧腹，平底内凹，装三足。腹部有凹弦纹。盖口径 9.6、高 2.8 厘米。鼎身口径 8.8、底径 6、高 6.9 厘米。（图 3 - 5 - 4b；彩版四〇，1）

M41：8，器形同 M41：1，盖口径 18.9、高 7.8 厘米。鼎身口径 17.3、底径 15、高 13.6 厘米。（图 3 - 5 - 4b；彩版四〇，2）

盒　2 件。两件形制基本相同，均为釉陶。M41：2，覆平底钵形盖，平顶较宽。盒身子母口，圆唇内敛，斜弧腹，平底内凹。腹部有凹弦纹。盖口径 18.4、高 7.1 厘米。盒身口径 17.1、底径 11.9、高 12.1 厘米。（图 3 - 5 - 4b；彩版四〇，3）

M41：3，器形同 M41：2，盖口径 18.2、高 6.3。盒身口径 15.8、底径 11.9、高 14.8 厘米。（图 3 - 5 - 4b；彩版四〇，4）

壶　2 件。两件形制基本相同，均为釉陶。M41：5，侈口，尖唇，束颈，溜肩，鼓腹渐收，平底。肩两侧置桥形耳一对，耳面饰叶脉纹。腹部有凹弦纹，肩部饰两道平行弦纹。口径 10.2、底径 10.5、高 22.4 厘米。（图 3 - 5 - 4b；彩版四一，1）

M41：6，器形同 M41：5，平底内敛。肩部饰三道平行弦纹。口径 11.7、底径 15.3、高 24.9 厘米。（图 3 - 5 - 4b；彩版四一，2）

瓿　2 件。两件形制基本相同，均为釉陶。M41：4，小口内敛，尖唇，溜肩，斜腹内收，平底内凹。肩两侧置兽面耳一对。肩部以上饰两道弦纹间饰折线点带纹，下腹部饰三道平行弦纹。口径 8.4、底径 14.4、高 21.9 厘米。（图3 - 5 - 4b；彩版四一，3）

M41：7，器形同 M41：4，肩部饰两道平行弦纹。口径 8、底径 14、高 22 厘米。（图 3 - 5 - 4b；彩版四一，4）

五、42 号墓（M42）

M42 位于人民组取土场墓地西南部，南面与 M41 相邻。清理前，墓坑开口及椁室顶部已遭施工方破坏。

墓葬形制为近长方形竖穴土坑，开口长 265、宽 145 厘米，残深 46 厘米。方向 270°。

葬具为一椁一棺。木椁位于墓坑底部正中，结构大体保存完整，西侧板略有残损，椁室平面呈长方形，长 212、宽 103、残高 47 厘米，椁室底板残损严重，侧板厚度均为 5 厘米。木棺位于椁室南部，与椁室南侧板紧靠，棺长 189、宽 66、残高 47 厘米。北边箱位于椁室北部，由椁室北、西、东三面侧板及棺之间的空间组成，长 202、宽 24、残高 47 厘米。（图 3 - 5 - 5a；彩版四二，1）

该墓共出土铜器、陶器等遗物 6 件（组）。除铜镜和铜钱出土于棺内外，其余遗物均出土于北

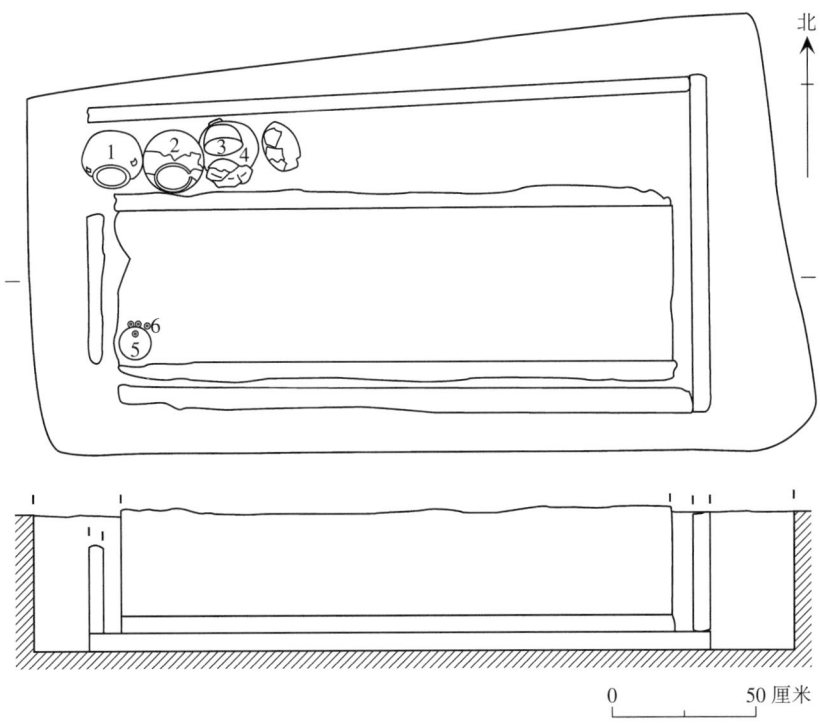

图 3 - 5 - 5a 人民组 M42 平面、剖视图
1. 釉陶壶 2. 釉陶瓿 3. 釉陶盒 4. 釉陶鼎 5. 铜镜 6. 铜钱

边箱内。

1. 铜器

2 件（组）。器形为镜、铜钱。

镜 1 件。M42：5，出土于棺内西部南侧。蟠螭纹镜。圆形，三弦纽，圆纽座。座外饰凹面圈带纹一周，其外蟠螭纹与乳丁各四组相间环列，地纹以涡纹填嵌，乳丁之下另饰凹面圈带纹一周。宽素缘，缘边上卷。镜面平直。镜面直径 10、镜背直径 9.8、纽高 0.44、纽宽 1.1、缘宽 1、缘厚 0.36、肉厚 0.14 厘米。（图 3 - 5 - 5b；彩版四二，2）

铜钱 1 组。M42：6，三枚散布于铜镜（M42：5）北侧，一枚压于铜镜之下。4 枚，半两钱，形制、尺寸同。钱径 2.3、穿径 0.8 厘米。（图 3 - 5 - 5b）

2. 陶器

4 件。器形为鼎、盒、壶、瓿，出土于北边箱西侧。

鼎 1 件。M42：4，施青黄釉，大体脱落。覆平底钵形盖，平顶较宽。鼎身子母口，尖圆唇，口部饰一对称耳，斜弧腹，平底，三足。耳外侧模印叶脉纹。盖口径 15.6、高 6.9 厘米。鼎身口径 13.9、底径 8.9、高 11.2 厘米。（图 3 - 5 - 5b；彩版四三，1）

盒 1 件。M42：3，施青黄釉，大体脱落。覆平底钵形盖，平顶较宽。盒身子母口，圆唇内凹，斜弧腹，平底内凹。盖口径 16.1、高 6.6 厘米。盒身口径 13.7、底径 9.6、高 9.6 厘米。（图 3 - 5 - 5b；彩版四三，2）

壶 1 件。M42：1，施半截青黄釉，保存完整。敞口，圆唇，斜沿，直颈，溜肩，鼓腹渐收，平底略内凹。肩两侧置桥形耳一对，耳面饰叶脉纹和一处卷云纹。肩饰弦纹。口径 8.7、底径 11、

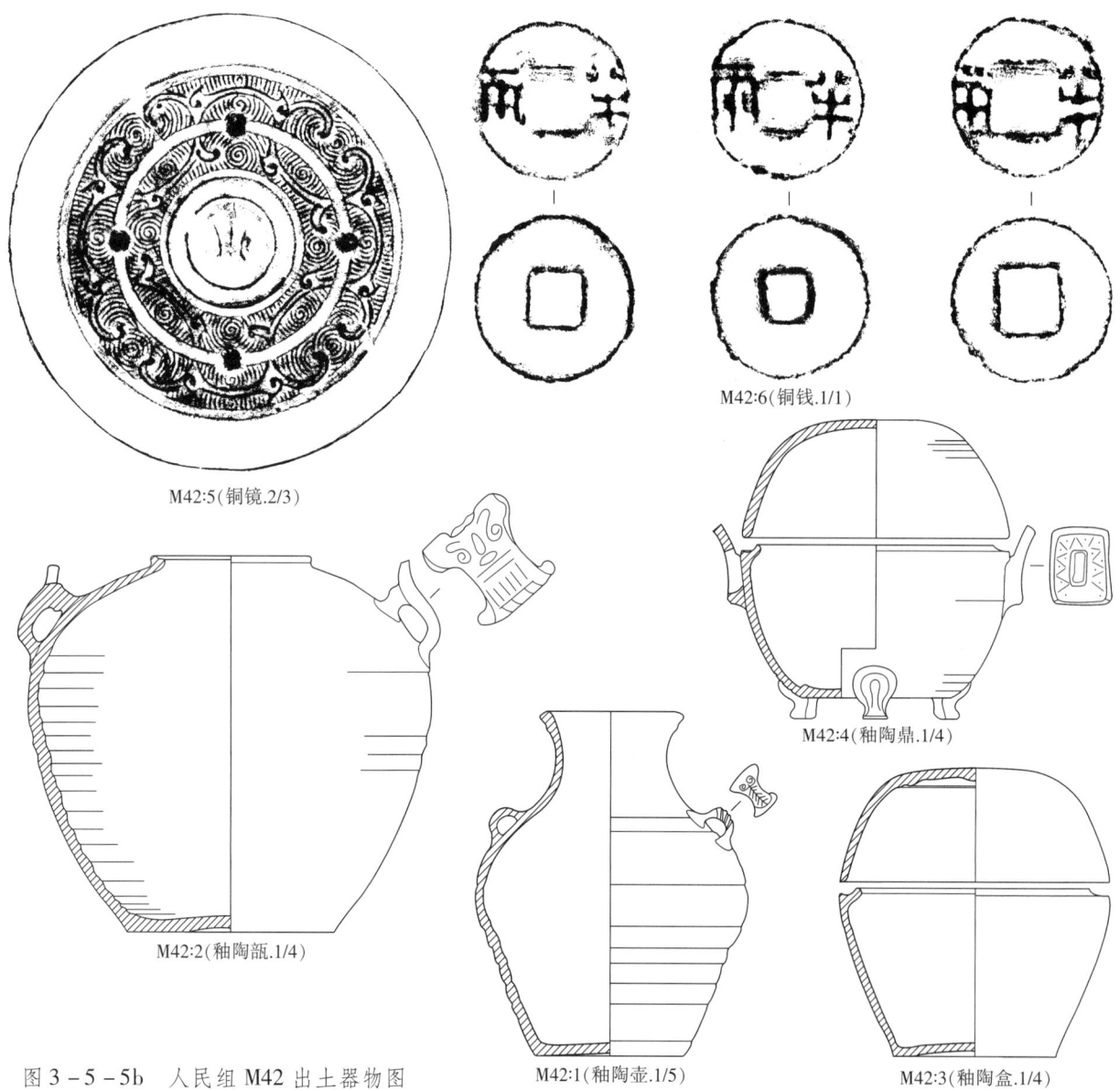

图 3 - 5 - 5b　人民组 M42 出土器物图

高 24.8 厘米。（图 3 - 5 - 5b；彩版四三，3）

　　瓿　1 件。M42：2，施青黄釉，大体脱落。小口微侈，圆唇，平沿，溜肩，弧腹渐收，平底内凹。肩两侧饰兽面耳一对。口径 8.6、底径 12.3、高 21.6 厘米。（图 3 - 5 - 5b；彩版四三，4）

六、43 号墓（M43）

　　M43 位于人民组取土场墓地中部，北面与 M38 相邻。清理前，墓坑上部与南部已被高速公路施工方破坏，开口距现地表深度不明。

　　墓葬形制为长方形竖穴土坑，开口残长 199、宽 65 厘米，残深 40 厘米。方向 5°。

　　葬具为单棺。木棺置于墓坑底部正中，从残存木结构可知，棺残长 158、宽 39、残高 39 厘米。（图 3 - 5 - 6）

　　墓室内未发现任何遗物。

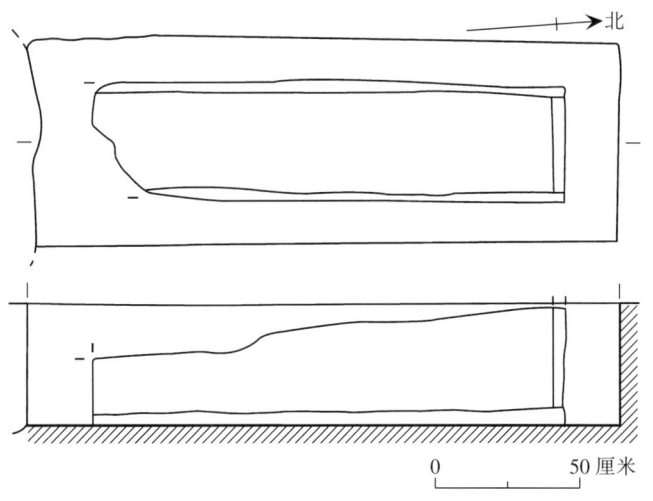

图 3 - 5 - 6 人民组 M43 平面、剖视图

七、71 号墓（M71）

M71 位于人民组取土场墓地东南部，南面与 M72 相邻。清理前，墓坑上部与西部已被高速公路施工方彻底破坏，开口距现地表深度不明。

墓葬形制为长方形竖穴土坑，开口残长 187、宽 135 厘米，残深 40 厘米。方向 276°。

葬具为一椁一棺。木椁位于墓坑底部正中，北侧板与墓坑北壁紧靠，从残存木结构可知，椁室平面呈长方形，残长 165、宽 120 厘米，高度不明。木棺位于椁室南部，西部因破坏已不存，棺由整木斫成，残长 158、宽 66、残高 30 厘米。（图 3 - 5 - 7a；彩版四二，3）

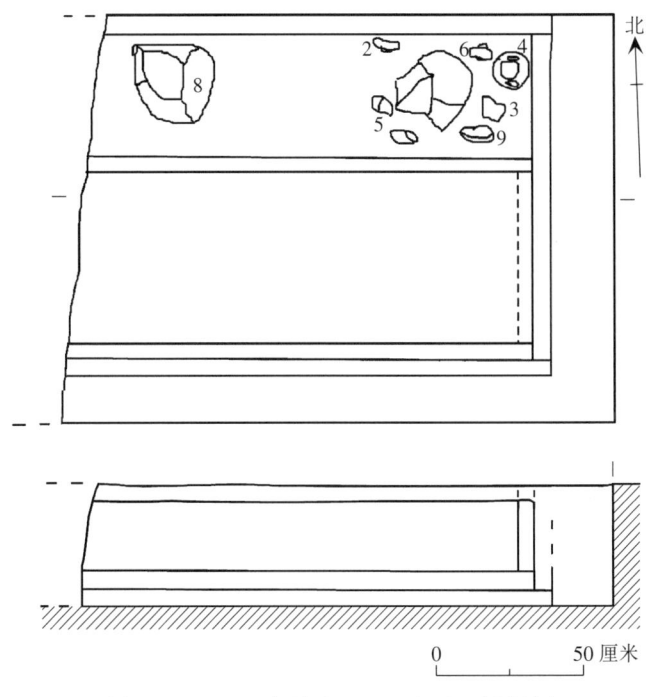

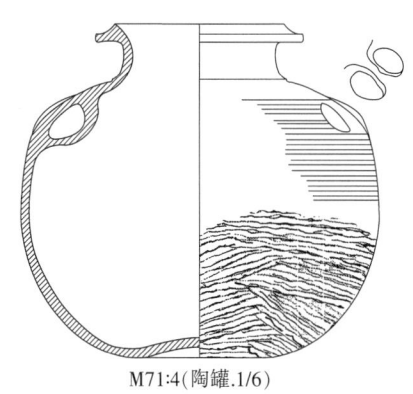

M71:4(陶罐.1/6)

图 3 - 5 - 7a 人民组 M71 平面、剖视图　　　图 3 - 5 - 7b 人民组 M71 出土器物图

2、6. 漆耳杯 3. 漆樽 4. 陶罐 5. 陶盒 8. 陶瓿 9. 漆盘

该墓共出土漆器、陶器等遗物7件（组）。

1. 漆器

4件。器形为耳杯、樽、盘。

耳杯　2件。M71：2，出土于边箱东部。M71：6，出土于边箱北部。两器皆残损严重，形制、尺寸均不明。

樽　1件。M71：3，出土于边箱东部。残损严重，无法复原，形制、尺寸不明。

盘　1件。M71：9，出土于边箱东部。残损严重，无法复原，形制、尺寸不明。

2. 陶器

3件。器形为盒、瓿、罐。

盒　1件。M71：5，残损严重，无法复原。

瓿　1件。M71：8，残损严重，无法复原，形制、尺寸不明。

罐　1件。M71：4，牛鼻耳罐。侈口，折沿，短颈，圆肩，斜弧腹，平底内凹。肩部置一对牛鼻耳。腹部有弦纹。口径13.8、底径12.2、高26.3厘米。（图3-5-7b）

八、72号墓（M72）

M72位于人民组取土场墓地东南部，北面与M71相邻。清理前，墓坑开口上部已被破坏，但棺椁结构保存完整。

墓葬形制为长方形竖穴土坑，开口长271、宽184厘米，残深135厘米。方向122°。清理时，开口以下填五花土，椁顶板以上40厘米填塞青膏泥。（图3-5-8a；彩版四四）

葬具为一椁一棺，保存相对完好。木椁置于墓坑底部正中，椁室平面呈长方形，长251、宽141、高92厘米。木椁顶部东西向依次排列有南北向盖板共七块（图3-5-8a1），各块均有残朽，残厚14厘米。椁底板由五块东西向木板南北拼合而成，从南至北依次宽28、14、34、36、30厘米，均厚14厘米。木椁四面侧板榫卯相接，均由上、下两木板拼合而成，东、西侧板厚10厘米，南、北侧板厚13厘米。椁内侧顶板由四块东西向木板南北排列拼合而成（图3-5-8a2），其中从南至北第二块木板东、西分别与椁东、西侧板榫卯相接，顶板上又榫卯嵌入六块南北向木板，分别位于椁顶板西、中、东部，彼此不相接，而与椁南、北侧板及从南至北第二块顶木板榫卯相接。东西向四块顶板从南至北依次长227、235、227、227厘米，宽19、22、36、37厘米，厚4厘米。南北向六块木板分四种尺寸，中间较大者长78、宽30厘米，中间较小者长30、宽24厘米，两边较大者长78、宽29厘米，两边较小者长29、宽24厘米，均厚2.5厘米。木棺置于椁内北部，棺西、北侧板和椁西、北侧板紧靠，四面侧板间、侧板与顶板间均榫卯相接，棺室平面呈长方形，长215、宽70、高57厘米，顶板、侧板、底板均厚11厘米。

木椁内棺南侧装饰一隔板，南边箱由隔板及木椁西、南、东三面侧板间的空间组成。隔板由上、下两块木板拼合而成，东、西上部两端分别与椁东、西侧板榫卯相接。隔板南面减地平雕刻有纹饰，纹饰分为西、中、东三部分，西部及中部分别雕刻门、窗各一组，面积较大，东部雕刻门一组，面积较小。西部雕刻门一组，由门扉、门框等构成，门边左、右各有两柱，门上一层饰五组仿斗拱图案，再上一层又饰三组仿斗拱及一组人字拱。中部镂雕直棂窗一组，由七根直棂、窗框等

图 3-5-8a 人民组 M72 平面,剖视图

1、2. 漆樽 3、11~13. 漆耳杯 4、7~10、19. 木俑 5、14. 釉陶瓿 6、15、17. 漆盘 16、18、21. 釉陶壶 20. 竹竿 22、23、25. 陶鼎 24. 陶盒 26. 铜镜 27. 琉璃塞 28~31. 漆奁 28-1. 木梳 28-2. 木篦

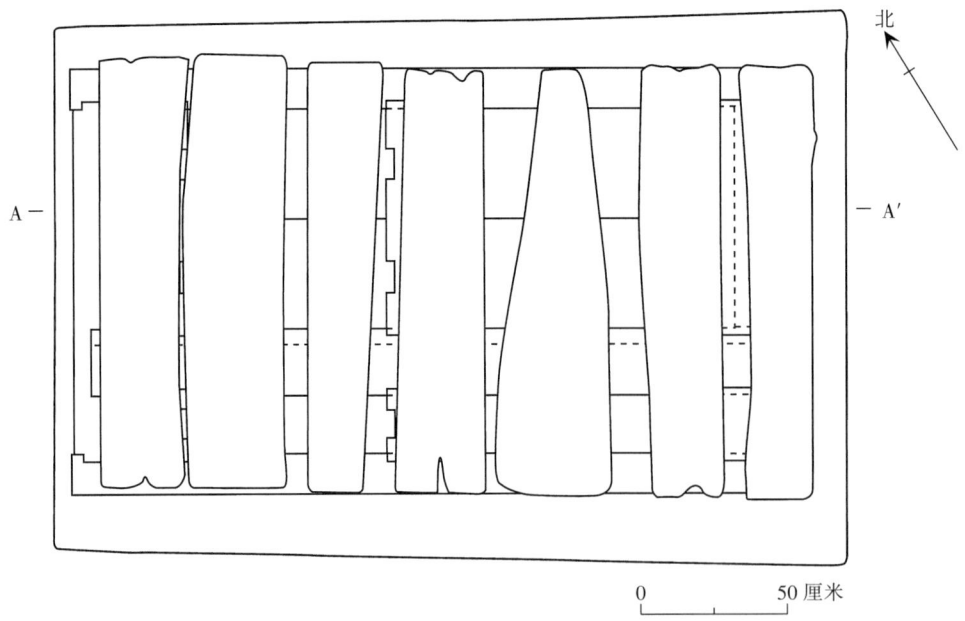

图 3 - 5 - 8a1　人民组 **M72** 椁盖板俯视图

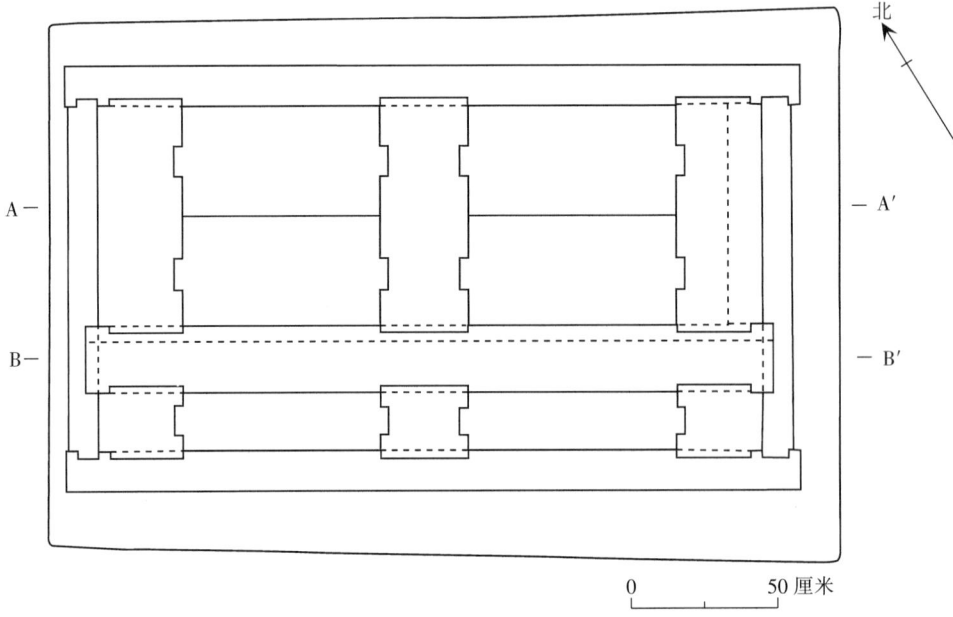

图 3 - 5 - 8a2　人民组 **M72** 椁内层顶板俯视图

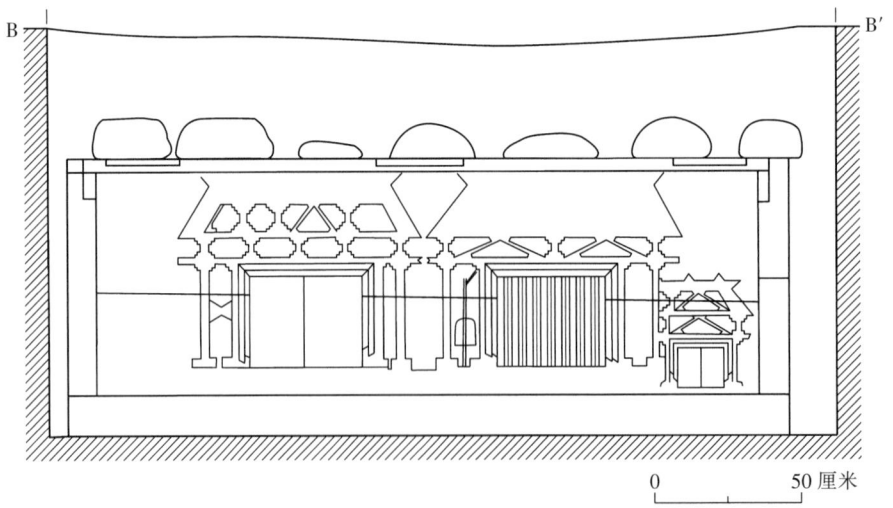

图 3 - 5 - 8a3　人民组 **M72** 边箱纵剖视图

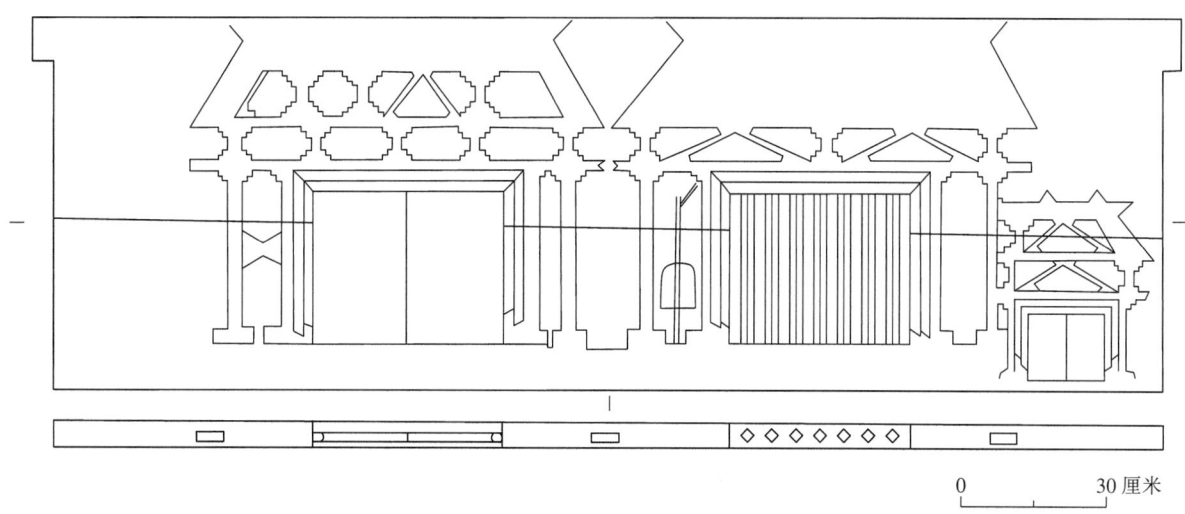

0   30厘米

图 3 - 5 - 8a4 人民组 M72 隔板平面、剖视图

构成，窗边左右各有两柱，窗上一层有三组仿斗拱，间饰两组人字拱。东部雕刻门一组，由门扉、门框等构成，门边左右各有一柱，门上有两层两组仿斗拱间饰一组人字拱。（图 3 - 5 - 8a3、8a4）

该墓共出土铜器、琉璃器、漆器、木器、竹器、陶器等各类遗物 33 件。

1. 铜器

共 1 件。器形为镜。

镜 1 件。M72：26，出土于棺内东南角。昭明镜。圆形，半圆纽，圆纽座。座外饰纹饰两组，外饰八内向连弧纹，外圈两周短斜弦纹间饰一周铭文。铭文为"内而清而以昭而象□光而日月"。窄缘。镜面微凸。面径 5.9、背面径 5.7、纽高 0.5、纽宽 1、缘宽 0.2、缘厚 0.24、肉厚 0.1 厘米。（图 3 - 5 - 8b1；彩版四五，1）

2. 琉璃器

共 1 件。器形为塞。

塞 1 件。M72：27，出土于棺内东部。器作圆台柱形，呈黑色。顶面直径 0.6、底面直径 0.9、高 1.7 厘米。（图 3 - 5 - 8b1；彩版四五，2）

3. 漆器

共 13 件。器形有耳杯、盘、樽、奁。

耳杯 4 件。M72：3，出土于南边箱东部漆樽（M72：2）内。夹纻胎。椭圆形口，耳缘上翘，弧腹，平底。器外髹黑漆，耳正面朱漆勾边，勾边内朱漆绘涡纹。外口边朱绘弦纹两道，间饰上下两行涡纹。器内髹朱漆，素面无纹。口径长 17.1、连耳宽 14.1 厘米，底径长 11.1、宽 6.1 厘米，通高 4.6 厘米。（彩图一〇，1）

M72：11，出土于南边箱内中部。形制、尺寸、纹饰与 M72：3 相同。（彩图一〇，2）

M72：12，出土于南边箱内中部。夹纻胎。椭圆形口，耳缘上翘，弧腹，平底。器外髹黑漆，内髹朱漆，素面无纹。口径长 17.1、连耳宽 14.1、底径宽 6.1、通高 4.6 厘米。（彩图一一，1）

M72：13，出土于南边箱内中部。形制、大小、纹饰与 M72：12 相同。（彩图一一，2）

盘 3 件。M72：6，出土于南边箱内中部。夹纻胎。敞口，平沿，弧腹，平底。器通体髹黑

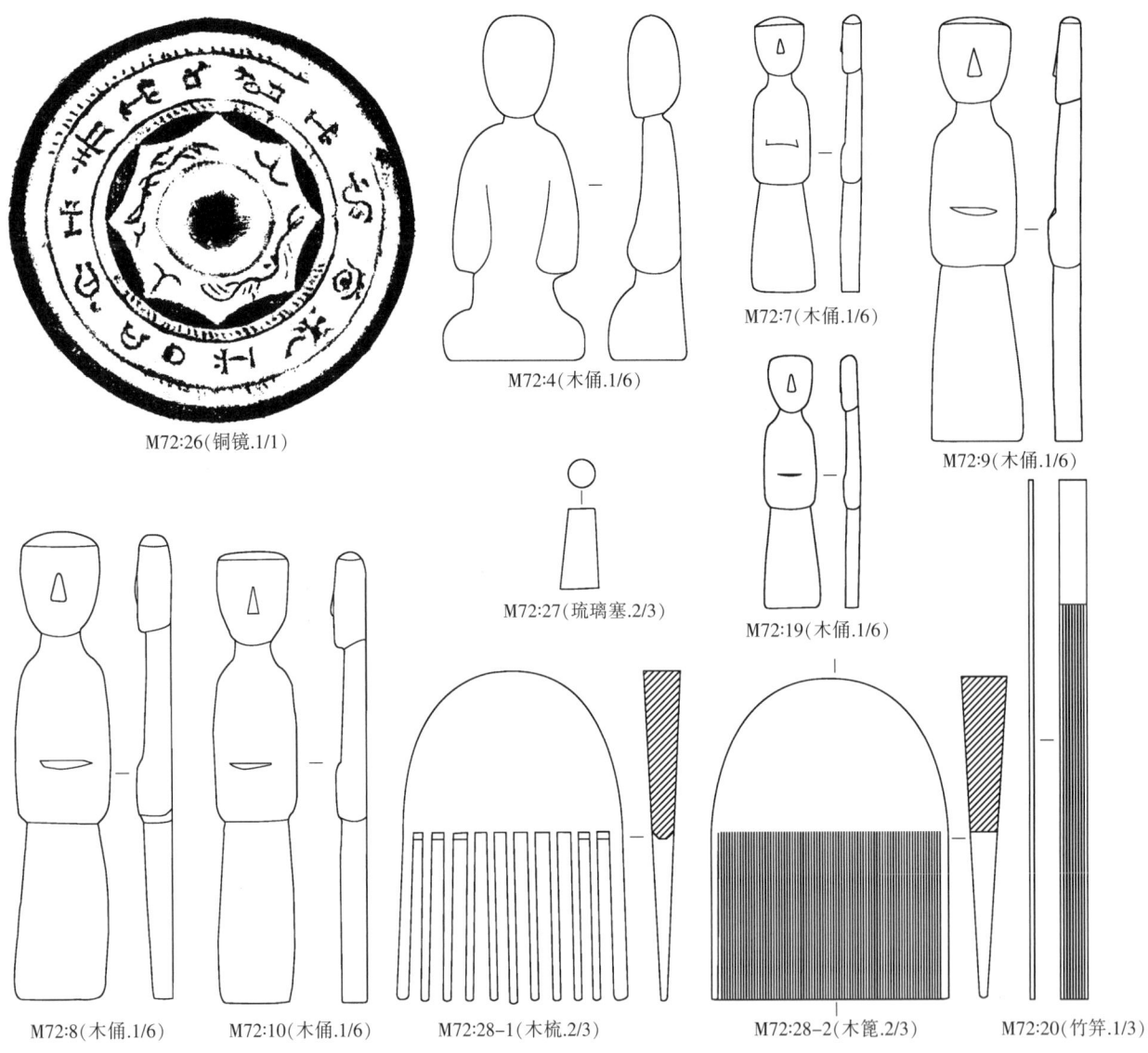

M72:26(铜镜.1/1)

M72:4(木俑.1/6)

M72:7(木俑.1/6)

M72:9(木俑.1/6)

M72:27(琉璃塞.2/3)

M72:19(木俑.1/6)

M72:8(木俑.1/6)　　　M72:10(木俑.1/6)　　　M72:28-1(木梳.2/3)　　　M72:28-2(木篦.2/3)　　　M72:20(竹笄.1/3)

图 3 - 5 - 8b1　人民组 M72 出土器物图

漆，素面。器沿面朱绘两圈弦纹，等距间饰八个涡纹，侧面朱绘一圈弦纹。口径22、底径12.8、高5.3厘米。（彩图一一，3；彩版四五，5）

M72：15，出土于南边箱内中部。残损严重，无法复原。

M72：17，出土于南边箱内西部。残损严重，无法复原。

　　樽　2件。M72：1，出土于南边箱东部。内有干果。盖身缺失。器壁及器底为夹纻胎。器身外壁、内壁口沿、底部均髹黑漆，其余髹朱漆。器外壁口、底部分别以朱漆、青灰漆绘饰几何纹及卷云纹带，中间朱漆、青灰漆绘饰一圈宽云气纹带，纹饰残损。器内底朱漆、青灰漆绘云气纹。器底饰三兽蹄足，黑漆地上朱绘兽眼及一圈条带纹。器身口径22、器高17.9、壁厚0.5、底厚0.9厘米。（彩图一二，1；彩版四五，3）

　　M72：2，出土于南边箱东部。盖身缺失。器壁及器底为夹纻胎。器身外壁、内壁口沿、底部均髹黑漆，其余髹朱漆。器外壁口、底部分别以朱漆、青灰漆绘饰几何纹及卷云纹带，中间朱漆、青灰漆绘饰一圈宽云气纹带，纹饰残损。器内底朱漆、青灰漆绘云气纹。器底饰三兽蹄足，黑漆

地上朱绘兽眼及一圈条带纹。器身口径21.1、器高16.9、壁厚0.4、底厚1厘米。（彩图一二，2；彩版四五，4）

奁 4件。均出土于棺内东部。

M72：28，马蹄形奁。盖身缺失。器壁及器底为夹纻胎。器内髹朱漆，身外壁及内壁口部髹黑漆，外壁口部朱绘一圈弦纹，下身部朱绘云气纹。器身长7.3、宽5.6、器高4.2厘米。（彩图一一，4）

M72：29～31，皆残损严重，无法复原，尺寸、纹饰均不明。

4. 木器

共8件。器形有俑、梳、篦。

俑 6件。M72：4，出土于南边箱东部。俑为踞坐状。高29.5、宽12.6、厚6.8厘米。（图3-5-8b1；彩版四六，1）

M72：7，出土于南边箱内中部。俑为站立状，素面光滑，出土时未见彩绘。高23.6、宽5.6、厚2厘米。（图3-5-8b1；彩版四六，2、3）

M72：8、9、10三件，出土于南边箱中部。形制与M72：7相同，唯尺寸各有差异。M72：8，高40.1、宽8.6、厚3.3厘米。M72：9，高36.3、宽8.2、厚3厘米。M72：10，高38.7、宽7.4、厚3.2厘米。（图3-5-8b1；彩版四六，5、6、7）

M72：19，出土于南边箱西部。形制与M72：7相同，唯尺寸各有差异。高21.7、宽5、厚1.9厘米。（图3-5-8b1；彩版四六，4）

梳 1件。M72：28-1，出土于棺内东南角漆奁（M72：28）内。器弧背长方形，背部厚，齿端薄，背长与齿长基本相同，11齿。通长7.1、宽5.2、厚0.1～0.8厘米。（图3-5-8b1；彩版四五，6左）

篦 1件。M72：28-2，出土于棺内东南角漆奁（M72：28）内。器弧背长方形，背部厚，齿端薄，背长与齿长基本相同。通长6.9、宽5.2、厚0.2～1厘米。（图3-5-8b1；彩版四五，6右）

5. 竹器

共1件。器形为笄。

笄 1件。M72：20，出土于棺内东部。窄长方形，9齿。器长22.2、宽1.2、厚0.2厘米。（图3-5-8b1）

6. 陶器

共9件。器形有鼎、盒、壶、瓿。

鼎 3件。红陶。均出土于南边箱西部。M72：22，覆平顶钵形盖，平顶较宽。鼎身子母口，圆唇，敛口，口部饰一对称耳，斜弧腹，平底略内凹。耳面饰兽面纹，肩部饰一圈弦纹。盖口径17.3、高5.2厘米，鼎身口径15.5、底径12.2、高11.6厘米。（图3-5-8b2；彩版四七，1）

M72：23，覆平顶钵形盖，平顶较宽。鼎身子母口，圆唇，敛口，口部饰一对称耳，斜弧腹，平底略内凹。耳面饰兽面纹，肩腹部上下共饰四圈弦纹。盖口径16.4、高4.2厘米，鼎身口径15.2、底径11.3、高11.4厘米。（图3-5-8b2；彩版四七，2）

M72：25，覆平顶钵形盖，平顶较宽。鼎身子母口，尖唇，敛口，口部饰一对称耳，斜弧腹，

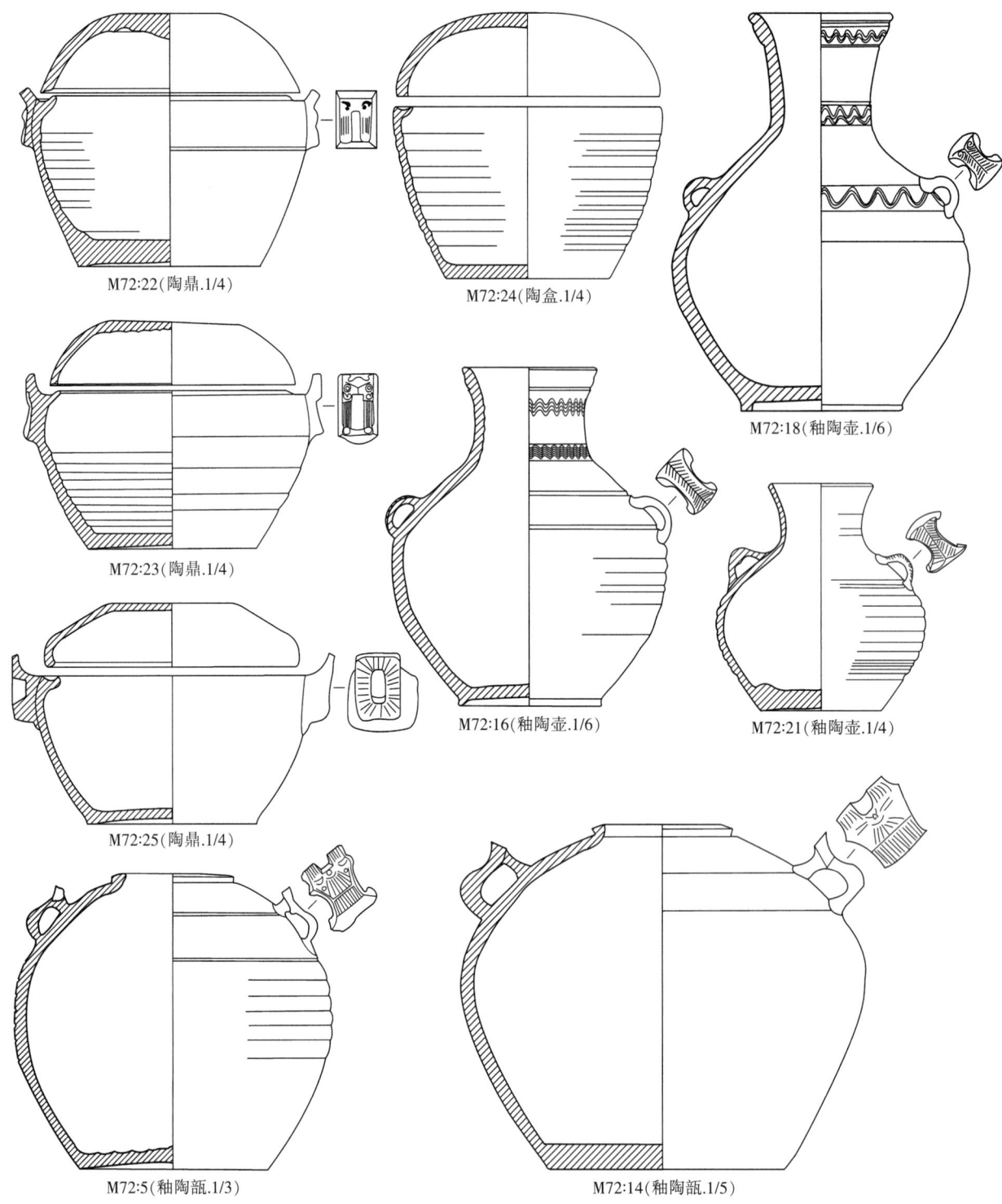

M72:22(陶鼎.1/4)

M72:24(陶盒.1/4)

M72:18(釉陶壶.1/6)

M72:23(陶鼎.1/4)

M72:16(釉陶壶.1/6)

M72:21(釉陶壶.1/4)

M72:25(陶鼎.1/4)

M72:5(釉陶瓿.1/3)

M72:14(釉陶瓿.1/5)

图 3 - 5 - 8b2　人民组 M72 出土器物图

平底内凹。耳面饰弦纹。盖口径 16.7、高 4.1 厘米，鼎身口径 15.4、底径 11.4、高 11.2 厘米。
（图 3 - 5 - 8b2；彩版四七，3）

　　盒　1 件。M72：24，出土于南边箱内西部。红陶。覆钵形盖，盒身子母口，尖圆唇，敛口，
斜腹，平底。盖口径 16.1、高 5.5 厘米，盒身口径 15.7、底径 11、高 11.2 厘米。（图 3 - 5 - 8b2；
彩版四七，4）

壶 3件。M72：16，出土于南边箱内中部。釉陶。侈口，尖圆唇，束颈，溜肩，鼓腹弧收，圈足底。肩部饰一对桥形耳，耳面饰叶脉纹。口沿下饰一圈凹弦纹，颈部饰一圈水波纹，肩颈间饰两圈弦纹，弦纹间饰水波纹，耳上下各饰一圈凹弦纹。口径13、底径14.3、高33.1厘米。（图3－5－8b2；彩版四八，1）

M72：18，出土于南边箱内西部。釉陶。侈口，圆唇，直颈，溜肩，鼓腹弧收，圈足底。肩部饰一对桥形耳，耳面饰叶脉纹。口沿下饰两圈凹弦纹，间饰水波纹。肩颈间饰一圈凹弦纹及弦纹，间饰两圈水波纹。肩部饰两圈弦纹，间饰一圈水波纹。腹部饰一圈弦纹。口径13.7、底径16、高38.8厘米。（图3－5－8b2）

M72：21，出土于南边箱内西部。釉陶。侈口，圆唇，束颈，溜肩，鼓腹渐收，平底略内凹。肩部饰一对桥形耳，耳面饰叶脉纹。口径6.6、底径8、高14.8厘米。（图3－5－8b2；彩版四八，2）

瓿 2件。M72：5，出土于南边箱东部。釉陶。敛口，尖圆唇，斜沿，圆肩，弧腹渐收，平底内凹。肩两侧饰兽面耳一对，并饰两圈弦纹。口径5.1、底径9.4、高14.4厘米。（图3－5－8b2）

M72：14，出土于南边箱内中部。釉陶。小直口，尖唇，斜沿，溜肩，弧腹渐收，平底。肩两侧饰兽面耳一对，并饰两圈弦纹。口径9.6、底径19、高28厘米。（图3－5－8b2；彩版四八，3）

九、73号墓（M73）

M73位于人民组取土场墓地南部。清理前，墓坑上部已被高速公路施工方破坏，开口距离地表深度不明，随葬品组合保存完整。

墓葬形制为长方形竖穴土坑，开口长269、宽137厘米。方向10°。（图3－5－9a）

葬具为一椁一棺。从残存木结构可知，木椁位于墓坑底部正中，椁室平面呈长方形，长217、宽103、残高41厘米，椁室底板由两块长方形木块东西向横铺而成，板长均为217厘米，板宽分别为47、56厘米，板厚均为2.4厘米。木棺位于椁室东部，棺由整木斫成，长199、宽55、残高35厘米。边箱位于木棺西侧，长199、宽41、残高41厘米。

该墓共出土铜器、铁器、琉璃器、漆器、陶器10件（组）。

1. 铜器

2件（组）。器形为镜、铜钱。

镜 1件。M73：9－1，日月镜。圆形，半圆纽，圆纽座。座外三竖弦纹与单短弦纹各四组相间环列，外饰一周凸弦纹圈带，外圈两周斜弦纹，其间饰一周铭文带，铭文间以"の"形符号间隔。铭文为"见日月□勿夫□□"。窄缘。镜面微凸。面径6.9、背面径6.7、纽高0.58、纽宽1.1、缘宽0.22、缘厚0.23、肉厚0.09厘米。（图3－5－9b；彩版四九，1）

铜钱 1组。M73：7，出土于棺内中部。3枚，五铢钱，形制、尺寸皆同。钱径2.4、穿径1厘米。（图3－5－9b；彩版四九，2）

2. 铁器

1件。器形为剑。

铁剑 1件。M73：8，出土于棺内中部。整器残损严重，锈蚀殆尽，具体形制不明，仅存铜

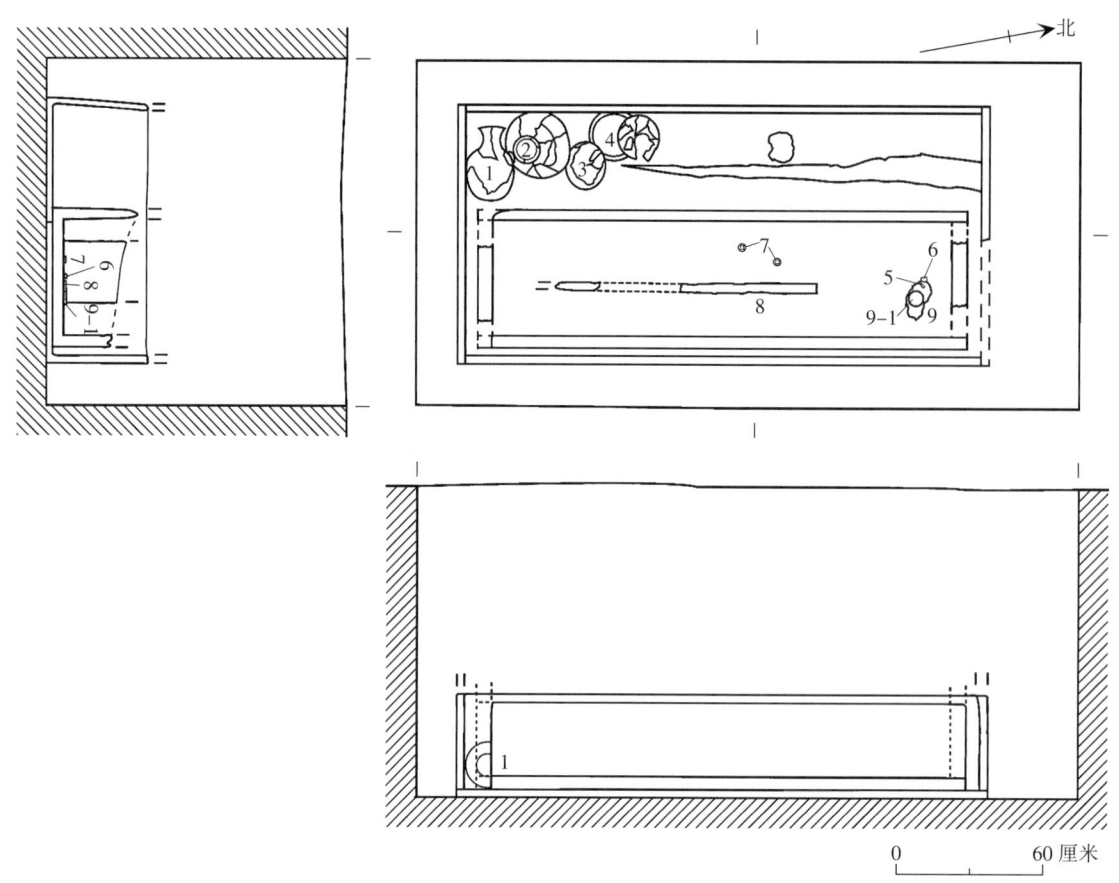

0 ⊢—————⊣ 60 厘米

图 3 - 5 - 9a　人民组 M73 平面、剖视图
1. 陶壶　2. 陶瓿　3、4. 陶盒　5. 琉璃塞　6. 琉璃珌　7. 铜钱　8. 铁剑　9. 漆奁　9-1. 铜镜

剑格。格宽 2.2 厘米。（图 3 - 5 - 9b）

3. 琉璃器

2 件。器形为珌、塞。

珌　1 件。M73：6，出土于棺内北端。整器残缺，大体可辨识为蝉形。器残长 1.5、宽 1.4、高 0.6 厘米。（图 3 - 5 - 9b）

塞　1 件。M73：5，出土于棺内北端。风化严重，柱形。直径 0.5、高 1.6 厘米。（图 3 - 5 - 9b；彩版四九，3）

4. 漆器

1 件。器形为奁。

奁　1 件。M73：9，出土于棺内北部。整器残损严重，形制、尺寸不明。

5. 陶器

4 件。器形为壶、盒、瓿。均出土于边箱西北部。

壶　1 件。M73：1，侈口，尖圆唇，束颈，溜肩，鼓腹内收，平底内凹。肩部置一对素面桥形耳。肩上部饰一圈水波纹。口径 11.6、底径 10.7、高 27.2 厘米。（图 3 - 5 - 9b；彩版四九，4）

盒　2 件。M73：3，覆平底钵形盖。盒身子母口，尖唇，敛口，斜弧腹，平底内凹。盖口径 15.4、高 3.5 厘米，盒身口径 14.4、底径 11.1、高 12.3 厘米。（图 3 - 5 - 9b）

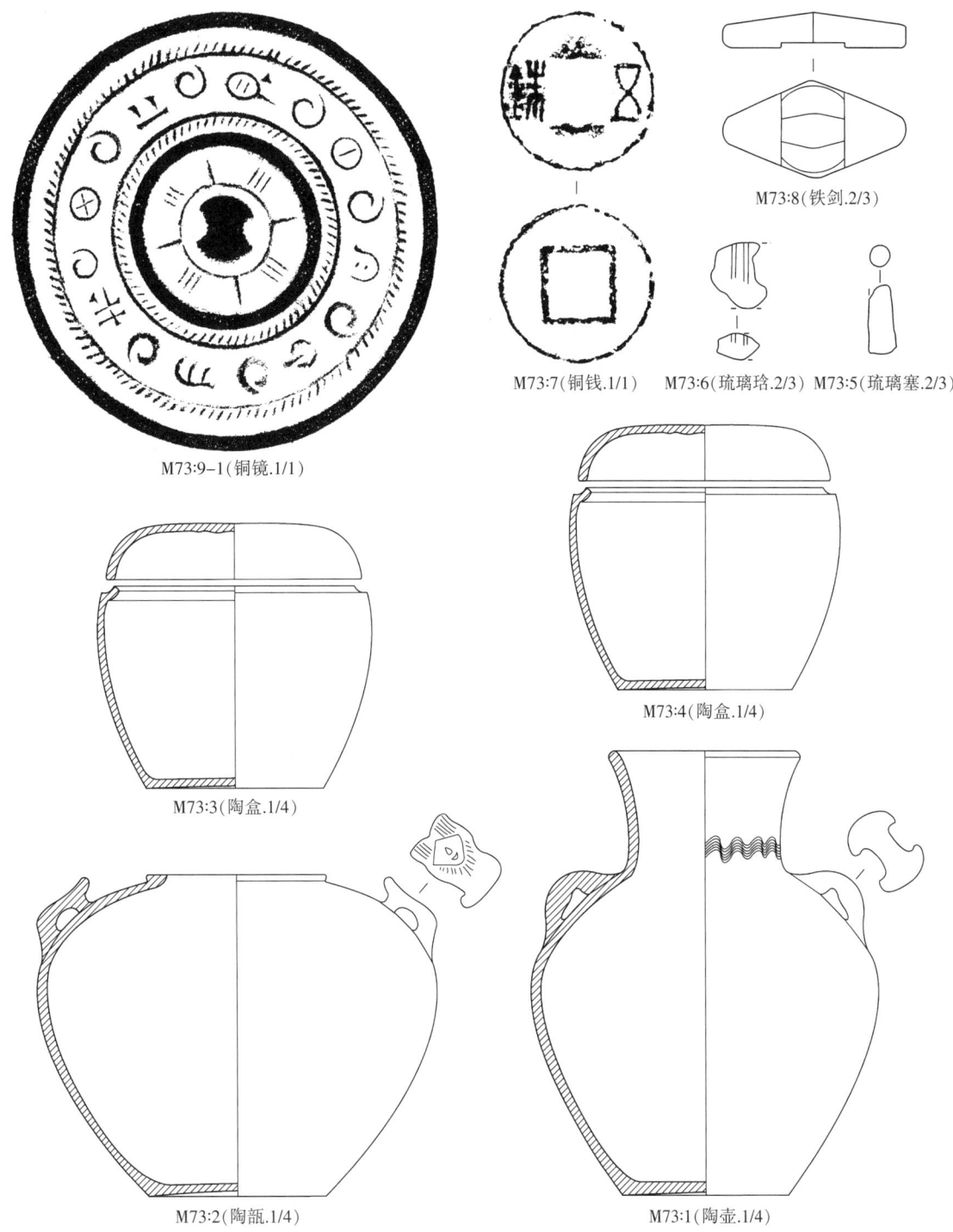

M73:9-1(铜镜.1/1)

M73:8(铁剑.2/3)

M73:7(铜钱.1/1) M73:6(琉璃珩.2/3) M73:5(琉璃塞.2/3)

M73:4(陶盒.1/4)

M73:3(陶盒.1/4)

M73:2(陶瓿.1/4)

M73:1(陶壶.1/4)

图 3 - 5 - 9b 人民组 M73 出土器物图

M73：4，形制、尺寸与 M73：3同。（图 3 - 5 - 9b）

瓿 1 件。M73：2，小口内敛，圆肩，鼓腹内收，平底内凹。肩部置一对兽面耳。口径 10、底径 11.1、高 19.6 厘米。（图 3 - 5 - 9b；彩版四九，5）

十、165 号墓（M165）

M165 位于人民组取土场墓地中北部，西面与 M38 相邻。清理前，墓葬遭高速公路施工方破坏严重，仅存墓坑底部。

墓葬形制为长方形竖穴土坑，开口长 280、宽 105 厘米，残深 20 厘米。方向 0°。（图 3 - 5 - 10a）

葬具为单棺，木结构保存较差，基本朽尽。从朽痕可知，棺长 210、宽 70 厘米。

该墓仅出土铜器 1 件。

铜器

1 件。器形为带钩。

带钩　1 件。M165：1，出土于棺内中部。细长钩身，钩首残缺，身下饰一圆纽。器残长 5.3、宽 0.6、残高 1.4 厘米。（图 3 - 5 - 10b；彩版四九，6）

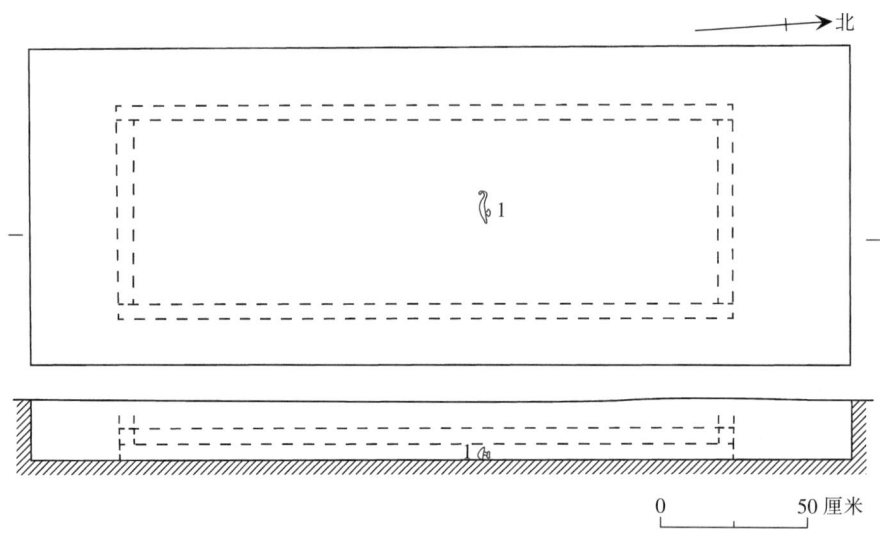

图 3 - 5 - 10a　人民组 M165 平面、剖视图
1. 铜带钩

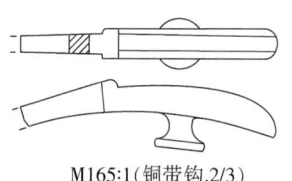

M165：1（铜带钩.2/3）
图 3 - 5 - 10b　人民组 M165 出土器物图

十一、166 号墓（M166）

M166 位于人民组取土场墓地西部，东面与 M167 相邻。清理前，该墓墓坑已被高速公路施工方破坏，仅存约 30 厘米深墓坑底部，随葬品组合基本完整。

墓葬形制为长方形竖穴土坑，开口长 240、宽 140、残深 40 厘米。方向 275°。（图 3 - 5 - 11a）

葬具为一椁一棺，棺椁结构保存较差，基本朽尽。木椁位于墓坑底部正中，从朽痕可知，椁长 215、宽 105、侧板和底板均厚 5 厘米。木棺位于木椁南部，长 205、宽 55 厘米。

该墓共出土铜器、漆器、陶器等各类遗物 6 件。

1. 铜器

1 件。器形为带钩。

带钩 1 件。M166：5，出土于棺室中部。琵琶形钩身，简化龙首形钩首，身下饰一圆纽。器长 5.9、宽 1.3、高 1.4 厘米。（图 3 - 5 - 11b；彩版四九，7）

2. 漆器

1 件。器形为卮。

卮 1 件。M166：6，出土于北边箱内。卮身残损严重，胎体不明，整器仅存铜质卮持一件保存完整，持为环形，长 2.9、宽 1.4、环径 2.2 厘米。（图 3 - 5 - 11b）

3. 陶器

4 件。器形为鼎、盒、壶、瓿。均出土于北边箱。

鼎 1 件。M166：4，泥质灰陶。整器残损严重，无法复原，具体形制与尺寸皆不明。

盒 1 件。M166：2，泥质灰陶。整器残损严重，无法复原，具体形制与尺寸皆不明。

壶 1 件。M166：1，泥质灰陶。整器残损严重、无法复原，具体形制与尺寸皆不明。

瓿 1 件。M166：3，泥质红陶。整器陶质酥软，残损严重，无法复原，具体形制与尺寸皆不明。

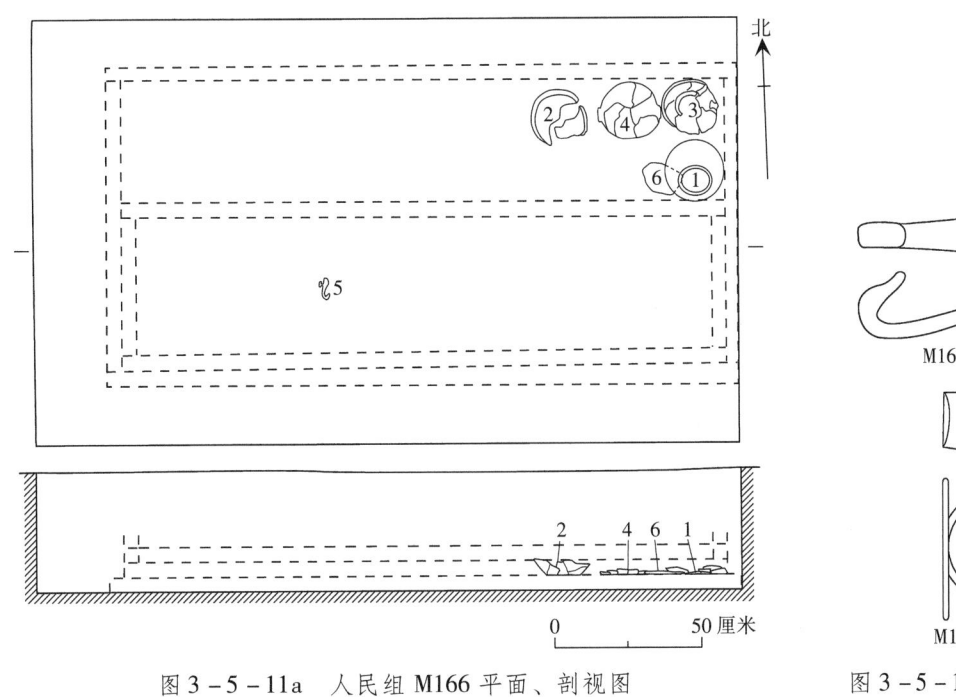

图 3 - 5 - 11a 人民组 M166 平面、剖视图
1. 陶壶 2. 陶盒 3. 陶瓿 4. 陶鼎 5. 铜带钩 6. 漆卮

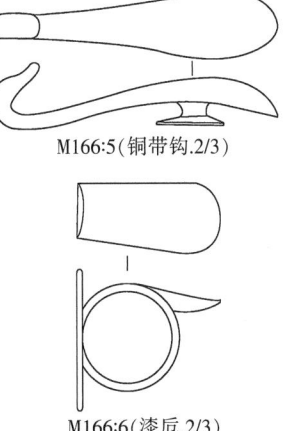

M166:5(铜带钩.2/3)

M166:6(漆卮.2/3)

图 3 - 5 - 11b 人民组 M166
出土器物图

十二、167 号墓（M167）

M167 位于人民组取土场墓地西部，西面与 M166 相邻。清理前，墓葬已被高速公路施工方严重破坏，仅存 25 厘米深墓坑底部未受扰动。

墓葬形制为长方形竖穴土坑，开口长 284、宽 130 厘米，残深 25 厘米。方向 175°。（图 3 -

5－12）

葬具为一椁一棺。棺椁结构保存极差，基本朽尽，难以从朽痕判断棺椁尺寸，但棺内部朱漆痕迹尚有部分保存。

该墓虽经仔细清理，但未出土遗物。

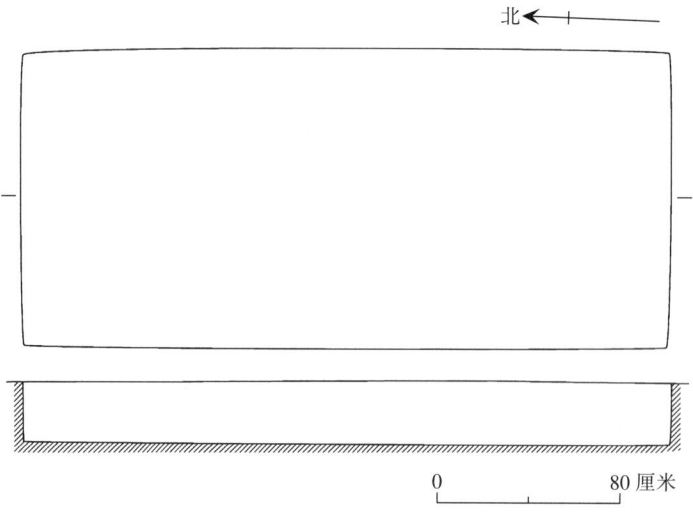

图 3 - 5 - 12　人民组 M167 平面、剖视图

附录

70 号墓（M70）

M70 位于人民组取土场墓地北部。清理前，该墓已被高速公路施工方严重破坏。

该墓为长方形竖穴土坑砖室墓。墓坑开口残长129、残宽 74 厘米，残深 14 厘米，方向 330°。（附图 3 - 5 - 1）

墓坑内四边垒砌砖块，残高两层，墓坑底部不见砖块痕迹，砖室内亦不见棺木痕迹。砖室残长113、残宽 66、残高 9.5 厘米。

墓砖表面为青灰色，内为红色，形制、尺寸均同，长 14、宽 15、厚 4.75 厘米。（彩版四二，4）

墓室内未发现任何遗物。

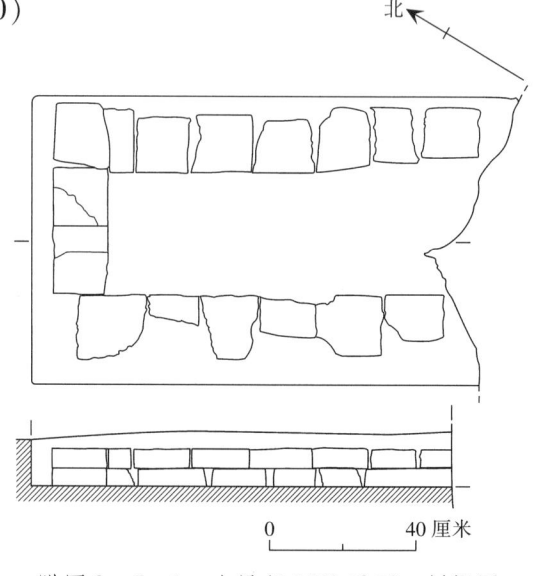

附图 3 - 5 - 1　人民组 M70 平面、剖视图

第六节　军庄组一号取土场墓地

军庄组一号取土场墓地位于盱眙县马坝镇东阳社区军庄居民组。金马高速公路东阳段进入现场施工后，军庄组东部部分民宅所在地成为取土场，施工过程中工人发现有古代墓葬。考古队进入现场后在施工范围内共清理发掘墓葬22座，根据工作顺序编号为48～69号墓（M48～M69）。（图3-6-0）

墓地大体呈东西向长方形，长61、宽24米，位于东阳城大城东北角东侧120米处，北面距人民组一号涵洞取土场墓地100米。发掘前，该区域地势平坦，均为水稻田和部分民宅。

一、50号墓（M50）

M50位于军庄组一号取土场墓地东北部，南面与M51、M52相邻。清理前，墓坑上部已被高速公路施工方破坏，原始开口距地表深度已不明。

墓葬形制为长方形竖穴土坑，开口长238、宽67厘米，残深75厘米。方向196°。（图3-6-1a；彩版五〇，1）

葬具为单棺，木结构基本朽尽。从朽痕可知，木棺置于墓坑底部正中。棺平面呈长方形，长184、宽42.5厘米，高度不明。

该墓共出土铜器、陶器共4件（组）。

1. 铜器

1件。器形为镜。

镜　1件。M50：1，出土于棺内北端。日月镜。圆形，半圆纽，圆纽座。座外单弧弦纹与三角锥形丁各四组相间

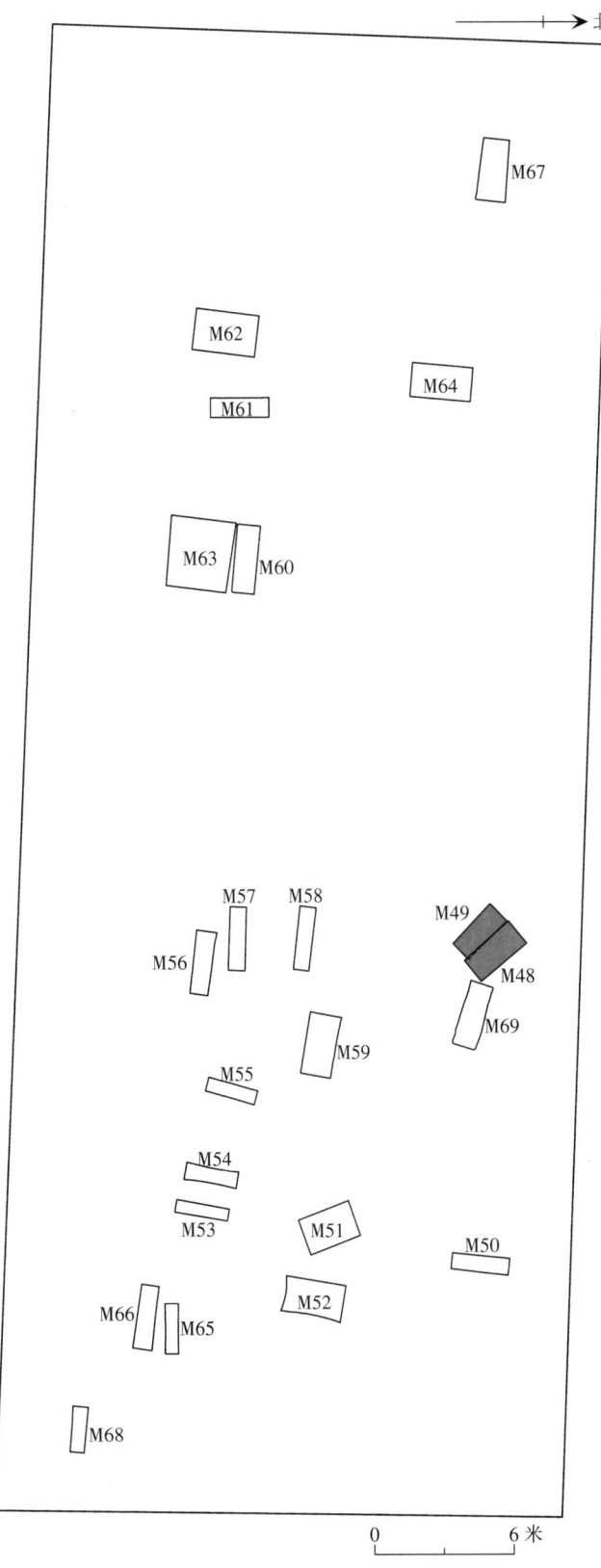

图3-6-0　军庄组一号取土场墓地墓葬平面分布图

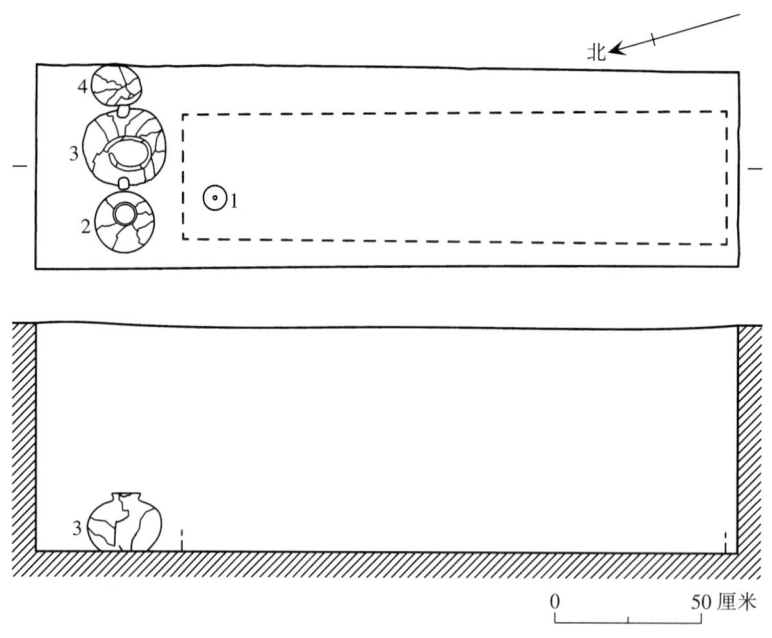

图3-6-1a 军庄组一号M50平面、剖视图
1. 铜镜 2. 陶壶 3. 陶瓿 4. 陶盒

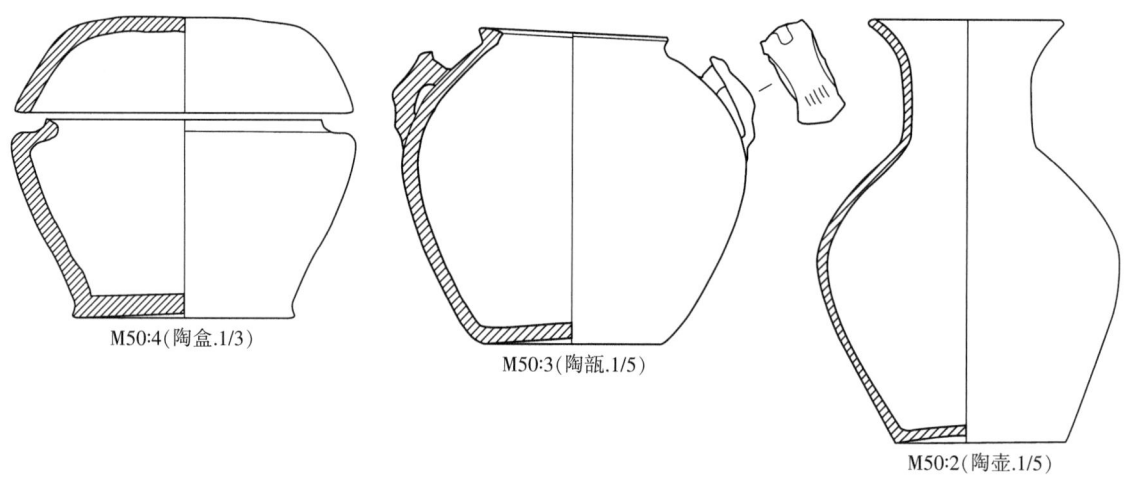

M50:4(陶盒.1/3)

M50:3(陶瓿.1/5)

M50:2(陶壶.1/5)

图3-6-1b 军庄组一号M50出土器物图

排列，外饰八内向连弧纹，其外饰短斜弦纹两周，间饰铭文一周，铭文间以"の"字形与菱形"田"字纹符号间隔。铭文为"见日之光天明"。镜面微凸。面径7.8、背面径7.6、纽高0.61、纽宽1.3、缘宽0.67、缘厚0.33、肉厚0.15厘米。（彩版五〇，2）

2. 陶器

3件。器形为盒、壶、瓿，均出土于棺外北侧。

盒 1件。M50：4，红陶。覆平底钵形盖，平顶较宽。盒身子母口，尖圆唇内敛，斜腹，平底内凹。盖口径13.2、高3.8厘米，盒身口径10.4、底径9.1、高7.9厘米。（图3-6-1b；彩版五〇，3）

壶 1件。M50：2，红陶。圆唇侈口，束颈，溜肩，鼓腹内收，平底内凹。口径12.5、底径

11.5、高 27.9 厘米。（图 3 - 6 - 1b）

瓿　1 件。M50：3，红陶。近平沿，小口内敛，尖圆唇，溜肩，鼓腹内收，平底内凹。肩两侧置素面桥形耳一对。口径 11、底径 12.3、高 20.8 厘米。（图 3 - 6 - 1b；彩版五〇，4）

二、51 号墓（M51）

M51 位于军庄组一号取土场墓地东部，东面与 M52 相邻。清理前，墓坑开口大部分已被高速公路施工方破坏，开口距现地表深度不明，但随葬品组合未受扰动。

墓葬形制为长方形竖穴土坑，开口长 311、宽 205 厘米，残深 56 厘米。方向 160°。（图 3 - 6 - 2a；彩版五一，1）

葬具为一椁二棺，棺椁结构基本朽尽，朽痕尚存。木椁置于墓坑底部正中，从朽痕可知，椁平面呈长方形，长 265、宽 153、残高 23 厘米。两棺位于椁室南部，东棺与椁室东壁、南壁侧板紧靠，西棺与椁室西壁、南壁侧板紧靠。东棺长 206、宽 66、残高 23 厘米，棺侧板厚约 6 厘米；西

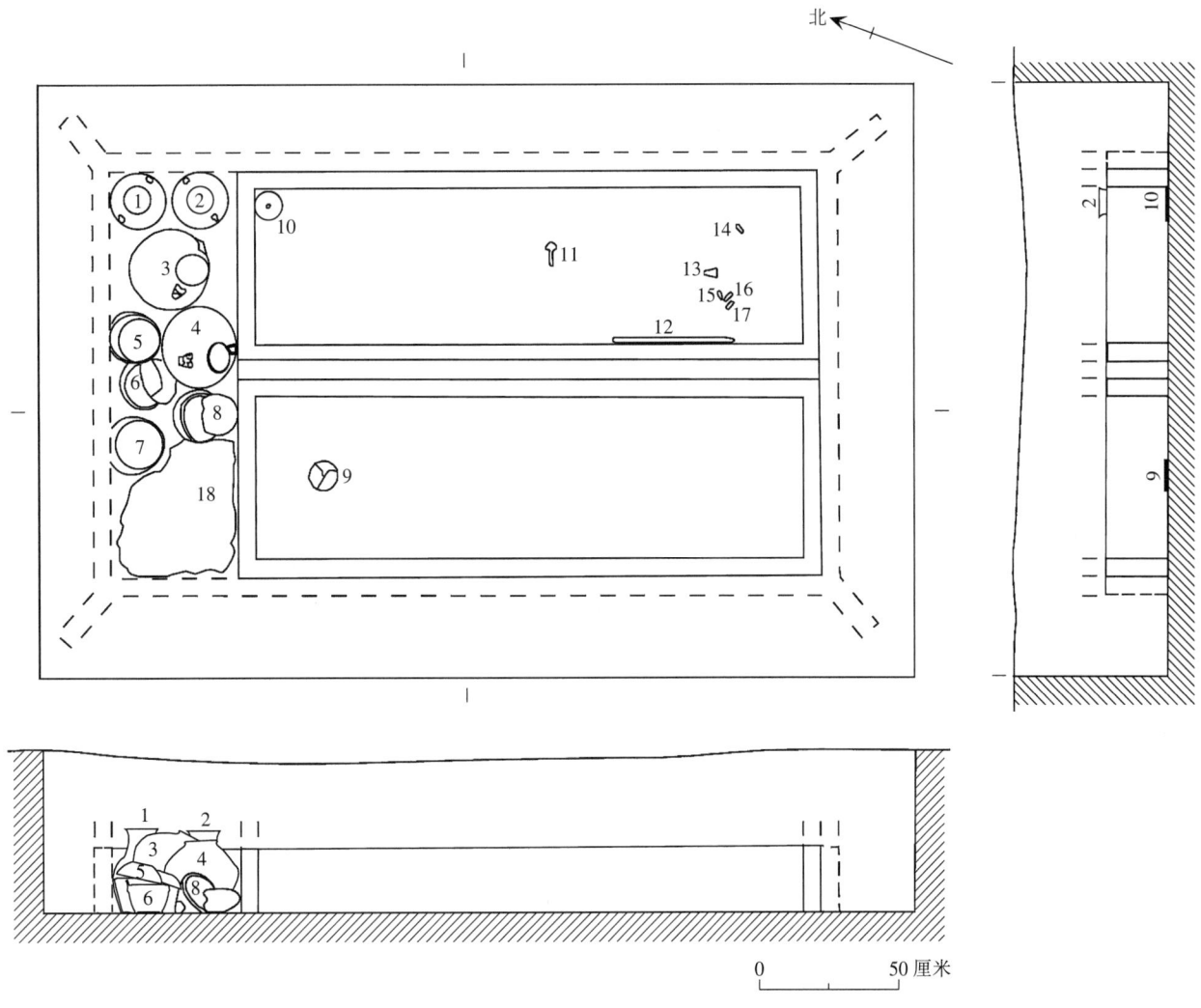

图 3 - 6 - 2a　军庄组一号 M51 平面、剖视图

1、2. 釉陶壶　3、4. 釉陶瓿　5、7. 釉陶盒　6、8. 釉陶鼎　9、10. 铜镜　11. 铜带钩　12. 铁剑
13. 琉璃珰　14～17. 琉璃塞　18. 漆案

棺长 206、宽 69、残高 23 厘米，侧板厚度与东棺相同。边箱位于椁室北部，由椁室北、东、西三面侧板及两棺之间的空间组成，长 141、宽 47 厘米。

该墓共出土铜器、铁器、琉璃器、漆器、陶器等遗物 18 件。陶器和漆器均出土于边箱，铜器、铁器、琉璃器均出土于棺内。

1. 铜器

共 3 件。器形有镜、带钩。

镜 2 件。M51：9，出土于西棺内北部。蟠螭纹镜。圆形，伏螭纹纽，圆纽座。座外饰凹面圈带纹一周，外圈饰凸弦纹两道，其间夹饰蟠螭纹四组。宽素缘，缘边上卷。镜面微凸。面径 9.2、背面径 9、纽高 0.38、纽宽 1.1、缘宽 0.9、缘厚 0.5、肉厚 0.18 厘米。（图 3 - 6 - 2b1；彩版五一，2）

M51：10，出土于东棺内北部。四乳禽兽纹镜。圆形，半圆纽，圆纽座。座外三竖弦纹与单弧弦纹各四组相间环列，外饰一周凸弦纹，其外两周短斜弦纹间有四乳和四虺相间环绕，四乳带圆纽座，四虺呈钩形，其两侧各饰一鸟。宽素平缘。镜面微凸。面径 9.1、背面径 8.9、纽高 0.6、纽宽 1.5、缘宽 1、缘厚 0.4、肉厚 0.2 厘米。（图 3 - 6 - 2b1；彩版五一，3）

带钩 1 件。M51：11，出土于东棺内中部。器身较短，钩部龙首形，正面饰兽面纹，腹下近尾端饰一圆纽。首部部分残缺，经复原，器长 6.7、宽 3.4 厘米。（图 3 - 6 - 2b1；彩版五一，4）

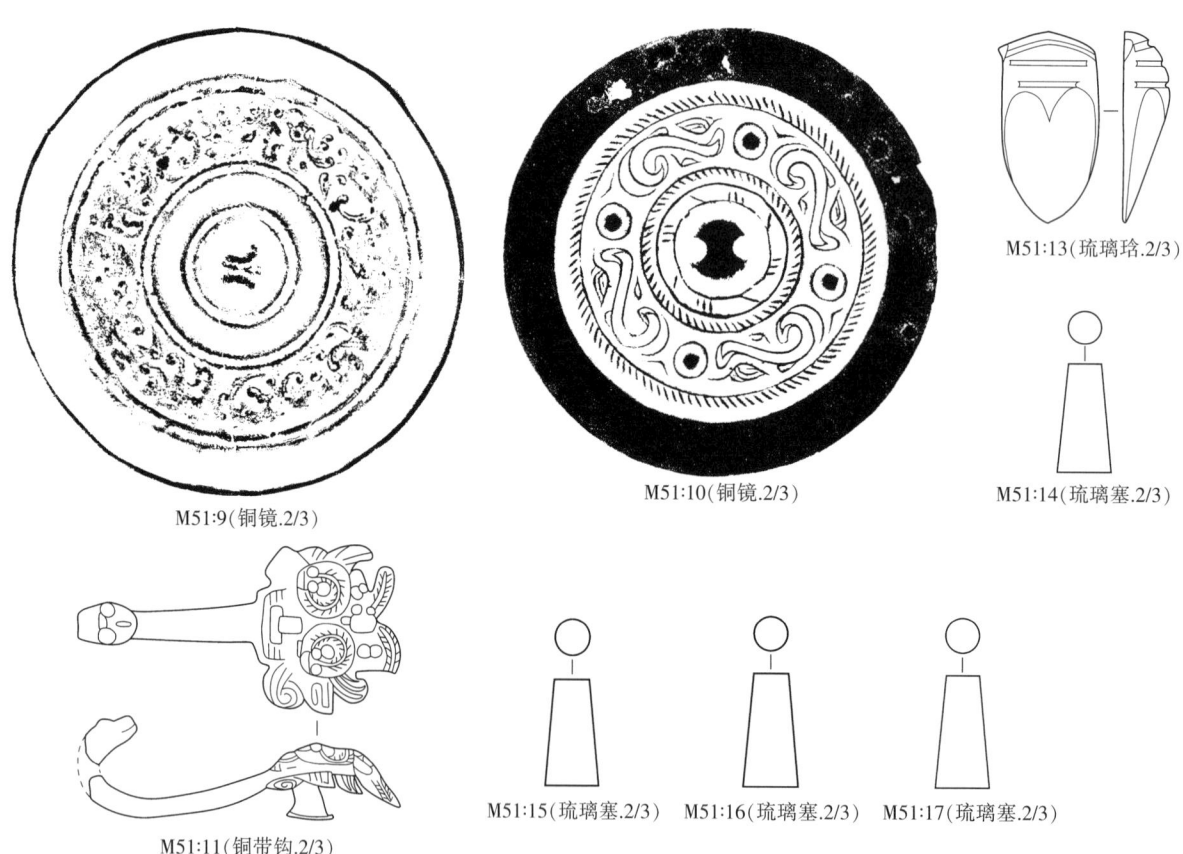

M51:9(铜镜.2/3)

M51:10(铜镜.2/3)

M51:13(琉璃玲.2/3)

M51:14(琉璃塞.2/3)

M51:11(铜带钩.2/3)

M51:15(琉璃塞.2/3)   M51:16(琉璃塞.2/3)   M51:17(琉璃塞.2/3)

图 3 - 6 - 2b1　军庄组一号 M51 出土器物图

2. 铁器

1 件。器形为剑。

剑 1 件。M51：12，出土于东棺内南部。因残损严重，器形无法复原。从痕迹看，残长 43.2 厘米。

3. 琉璃器

共 5 件。器形为琀、塞。

琀 1 件。M51：13，出土于东棺内南部。器作蝉形，正面隆起，棱角分明，纹饰简练，背面平直。长 3.8、宽 2.1、厚 1 厘米。（图 3 - 6 - 2b1；彩版五一，5）

塞 4 件。M51：14 和 M51：15 为鼻塞，M51：16 和 M51：17 为耳塞，均出土于东棺内南部。器作圆台柱形，四件大小、形状基本相同。顶面直径 0.7、底面直径 1.1、高 2.2 厘米。（图 3 - 6 - 2b1；彩版五一，5）

4. 漆器

1 件。器形为案。

案 1 件。M51：18，出土于边箱西部。因残损严重，器形无法复原。从痕迹看，残长 47.7、宽 42.6 厘米。

5. 陶器

共 8 件。器形为鼎、盒、壶、瓿。

鼎 2 件。两件形制近似，均为釉陶，皆出土于边箱中部。M51：6，覆平底钵形盖，平顶较宽。鼎身子母口，方唇，口部饰一对称耳，颈部内壁凸出，斜腹渐收，平底略内凹，下饰三小足。耳外侧模印叶脉纹。盖口径 17、高 4.4 厘米，鼎身口径 14.4、底径 11.6、高 14 厘米。（图 3 - 6 - 2b2；彩版五二，1）

M51：8，覆平底钵形盖，平顶较宽，略内凹。鼎身子母口，尖圆唇，口部饰一对称耳，斜弧腹，平底略内凹，下饰三小足。耳外侧模印叶脉纹。盖口径 16.8、高 5 厘米，鼎身口径 14.5、底径 11.1、高 14.8 厘米。（图 3 - 6 - 2b2；彩版五二，2）

盒 2 件。M51：5，出土于边箱中部。釉陶。覆平底钵形盖，平顶较宽。盒身子母口，方唇，斜腹，平底。盖口径 16.7、高 5.5 厘米，盒身口径 14.9、底径 11.2、高 12.3 厘米。（图 3 - 6 - 2b2；彩版五二，3）

M51：7，出土于边箱西部。釉陶。覆平底钵形盖，平顶较宽。盒身子母口，方唇，斜弧腹，平底内凹。盖口径 17、高 6.2 厘米，盒身口径 16.1、底径 11.5、高 11.5 厘米。（图 3 - 6 - 2b2；彩版五二，4）

壶 2 件。均出土于边箱东部。M51：1，釉陶。侈口，尖唇，平沿，直颈，溜肩，鼓腹渐收，平底内凹。肩两侧饰桥形耳一对。口径 12、底径 13、高 27.2 厘米。（图 3 - 6 - 2b2；彩版五三，1）

M51：2，釉陶。侈口，尖圆唇，直颈，溜肩，鼓腹渐收，平底内凹。肩两侧饰桥形耳一对，耳面饰叶脉纹。口下及腹部各饰两道凹弦纹。口径 11.7、底径 12.6、高 27.3 厘米。（图 3 - 6 - 2b2；彩版五三，2）

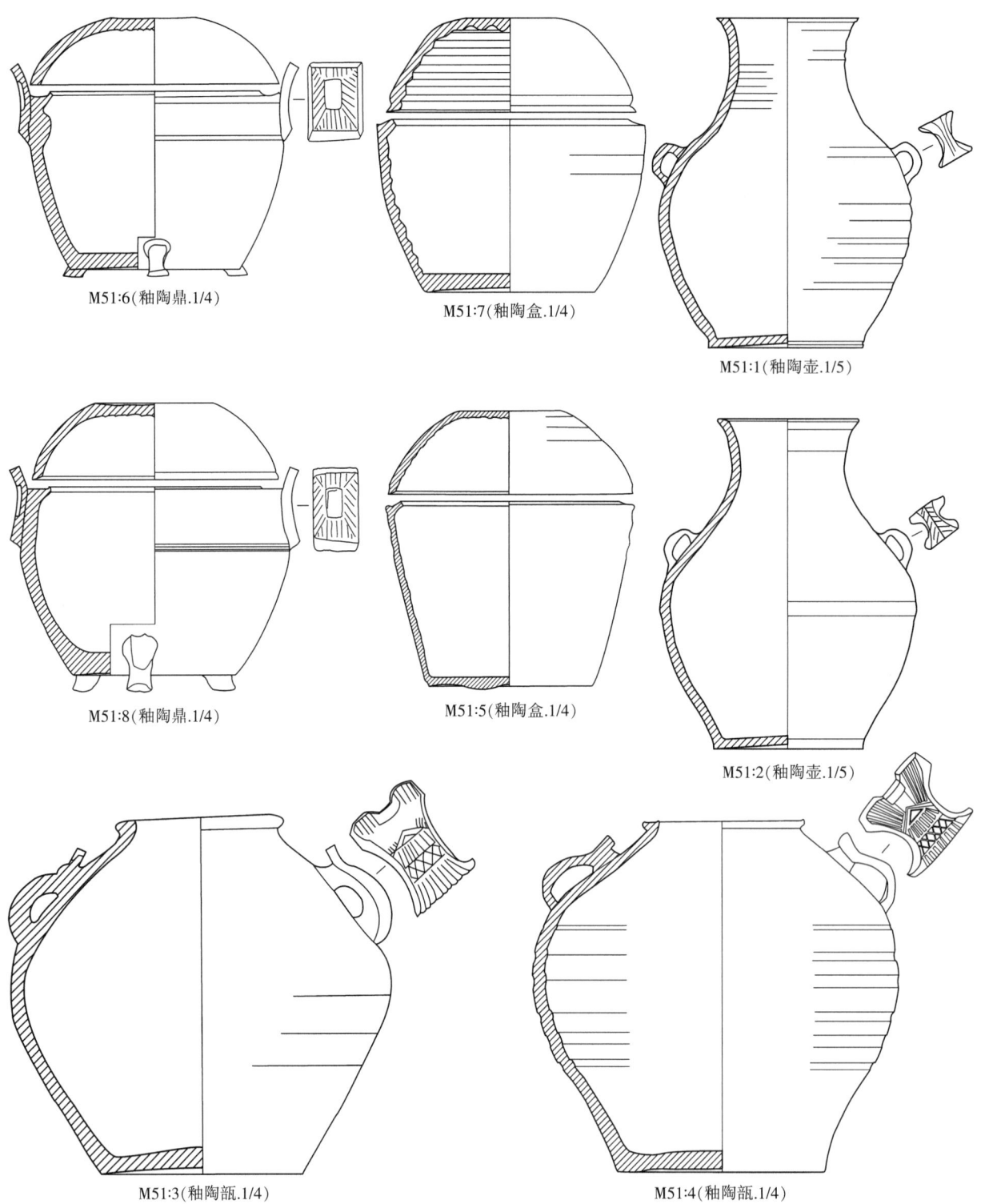

M51:6(釉陶鼎.1/4)

M51:7(釉陶盒.1/4)

M51:1(釉陶壶.1/5)

M51:8(釉陶鼎.1/4)

M51:5(釉陶盒.1/4)

M51:2(釉陶壶.1/5)

M51:3(釉陶瓿.1/4)

M51:4(釉陶瓿.1/4)

图3-6-2b2　军庄组一号 M51 出土器物图

瓿　2件。M51:3，出土于边箱东部。釉陶。小口外侈，尖圆唇，平沿，溜肩，弧腹渐收，平底内凹，最大径在腹部。肩两侧饰一对兽面耳。口径11.5、底径13.7、高23.8厘米。（图3-6-2b2；彩版五三，3）

M51:4，出土于边箱中部。釉陶。形制与 M51:3 相同。口径10.8、底径14、高23.2厘米。

（图 3 - 6 - 2b2；彩版五三，4）

三、52 号墓（M52）

M52 位于军庄组一号取土场墓地东部，西面与 M51 相邻。清理前，墓坑开口大部分已被高速公路施工方破坏，开口距现地表深度不明，但随葬品组合未受扰动。

墓葬形制为长方形竖穴土坑，开口长 260、宽 155 厘米，残深 33 厘米。方向 190°。（图 3 - 6 - 3a；彩版五四，1）

葬具为一椁一棺，棺椁结构基本朽尽，朽痕尚存。从朽痕可知，木椁置于墓坑底部正中，平面呈长方形，长 230、宽 98 厘米，高度不明。棺位于椁室西部，与椁室西侧板紧靠。棺长 190、宽 55 厘米，高度不明。东边箱位于椁室东部，由椁室北、东、南三面侧板及棺之间的空间组成，长 218、宽 36 厘米。

该墓共出土铜器、陶器等遗物 5 件。除铜镜出土于棺内外，其余遗物均出土于东边箱内。

1. 铜器

1 件。器形为镜，出土于木棺东南角。

镜 1 件。M52：5，出土于棺内东北角。星云纹镜。圆形，半圆纽，圆纽座，纽座无饰。座外饰凸弦纹圈带与短斜弦纹各一周，其间饰以四枚圆纽底座乳丁，乳丁间各施四枚小乳丁，相互间以弧线相连。镜缘内一周饰十六内向连弧纹。镜面微凸。面径 7.9、背面径 7.7、纽高 0.4、纽宽 1.4、缘宽 0.4、缘厚 0.18、肉厚 0.11 厘米。（图 3 - 6 - 3b；彩版五四，2）

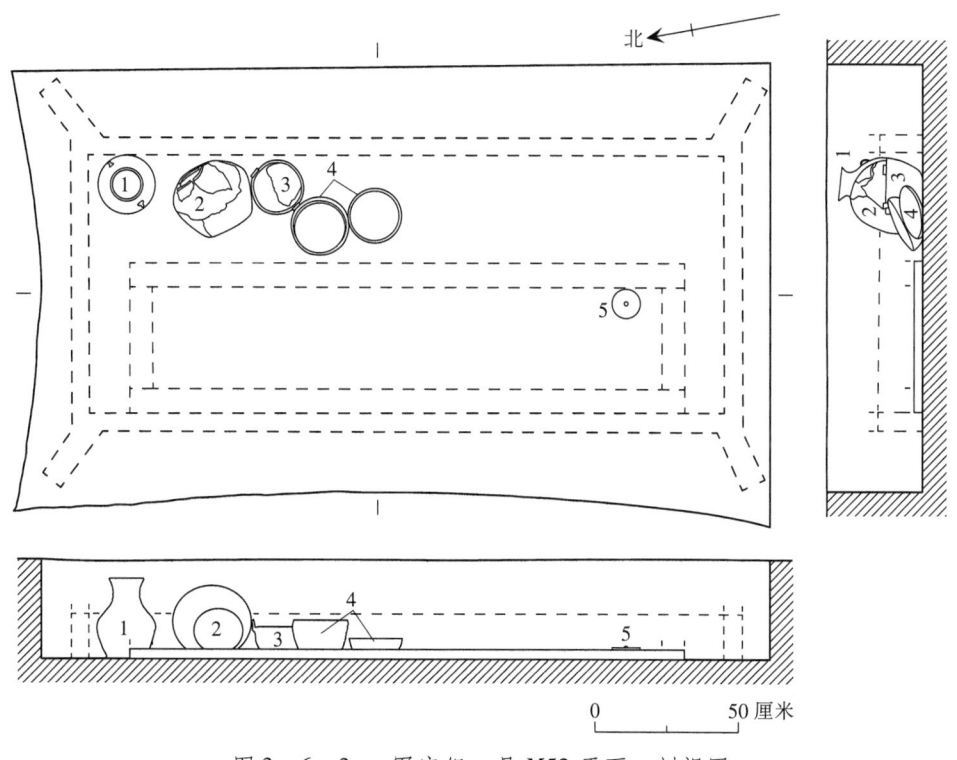

图 3 - 6 - 3a　军庄组一号 M52 平面、剖视图

1. 釉陶壶　2. 陶瓿　3. 釉陶鼎　4. 釉陶盒　5. 铜镜

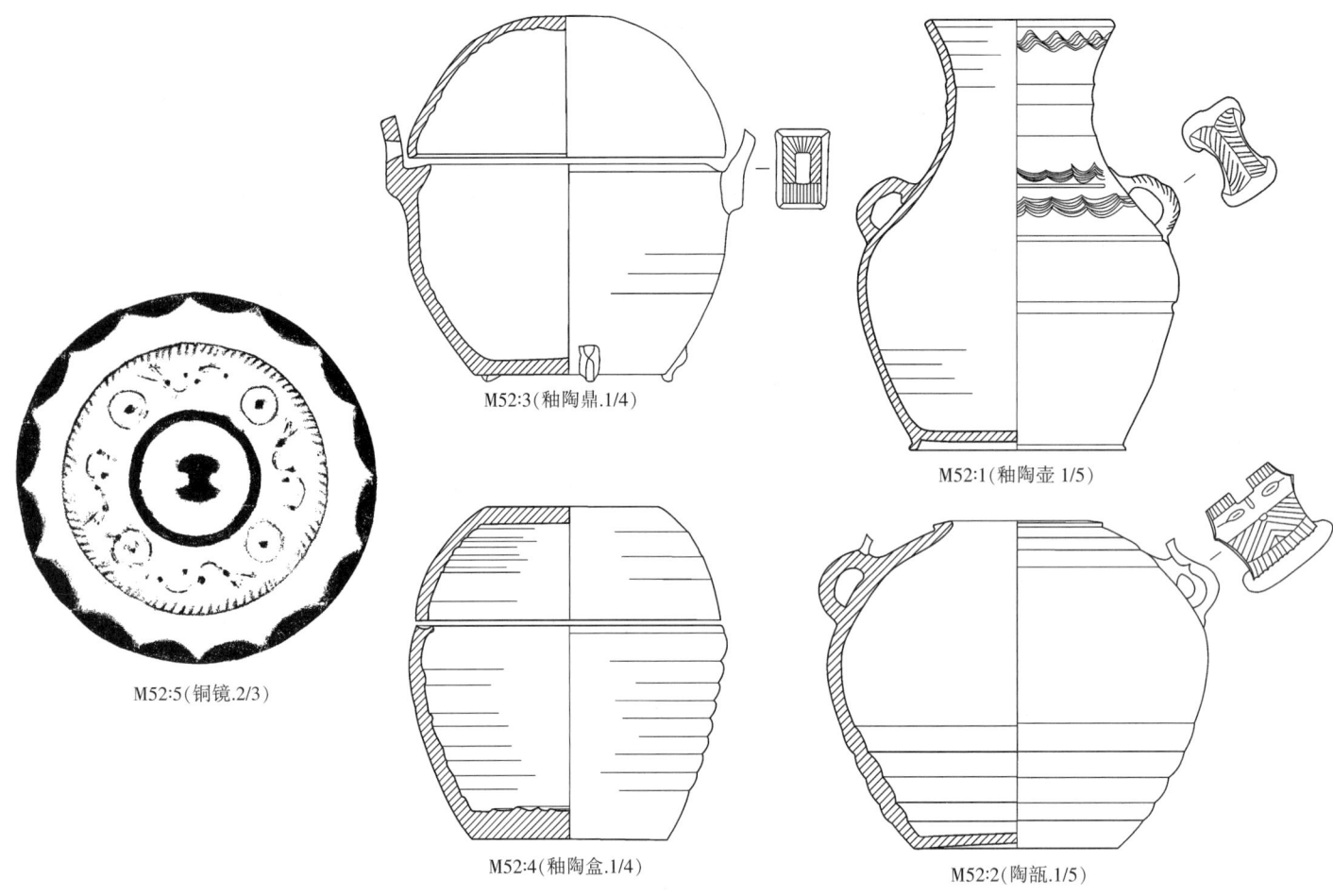

M52:5(铜镜.2/3)

M52:3(釉陶鼎.1/4)

M52:1(釉陶壶 1/5)

M52:4(釉陶盒.1/4)

M52:2(陶瓿.1/5)

图 3 - 6 - 3b　军庄组一号 M52 出土器物图

2. 陶器

共 4 件。器形为鼎、盒、壶、瓿，均出土于东边箱内。

鼎　1 件。M52：3，釉陶。覆平底钵形盖。鼎身子母口，尖圆唇，口部饰一对称耳，斜弧腹，平底，下饰三小足。耳外侧模印叶脉纹。盖口径 18.6、高 8 厘米，鼎身口径 16.1、底径 11.3、高 14.8 厘米。（图 3 - 6 - 3b；彩版五四，3）

盒　1 件。M52：4，釉陶。覆平底钵形盖。盒身子母口，圆唇内敛，斜弧腹，平底。盖口径 17.7、高 6.4 厘米，盒身口径 17.7、底径 11.3、高 11.9 厘米。（图 3 - 6 - 3b；彩版五四，4）

壶　件。M52：1，釉陶，施半截青黄釉。侈口，圆唇，直颈，溜肩，鼓腹渐收，平底，矮圈足。双桥形耳，耳面饰叶脉纹。口沿下端饰一圈水波纹，肩饰凹弦纹，凹弦纹上下各饰一圈水波纹。口径 13、底径 15.6、高 30.2 厘米。（图 3 - 6 - 3b；彩版五四，5）

瓿　1 件。M52：2，灰陶，未施釉。小口内敛，尖圆唇，平沿，圆肩，弧腹渐收，平底内凹。肩两侧饰兽面耳一对并饰一圈凹弦纹。腹部饰五圈凹弦纹。口径 10、底径 14.5、高 23 厘米。（图 3 - 6 - 3b；彩版五四，6）

四、53 号墓（M53）

M53 位于军庄组一号取土场墓地东南部，西面与 M54 相邻。清理前，墓坑大部分已被高速公路施工方破坏，仅存约 10 厘米深墓坑底部，开口距现地表深度不明。

墓葬形制为长方形竖穴土坑，开口长 225、宽 52 厘米，残深 10 厘米。方向 10°。（图 3 - 6 - 4）

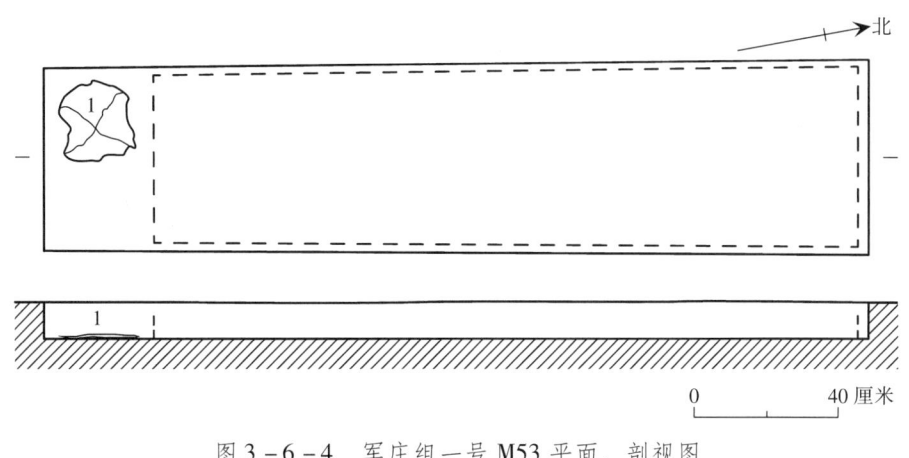

图 3 - 6 - 4　军庄组一号 M53 平面、剖视图
1. 陶罐

葬具为单棺，木棺结构基本朽尽。从朽痕可知，木棺置于墓坑底部偏北，长 193、宽 48 厘米，高度和棺板厚度均不明。

该墓出土陶器 1 件。

陶器

1 件。器形为罐。出土于棺外南侧。

罐　1 件。M53：1，红陶。器表装饰绳纹，器物残损严重，无法复原，尺寸不明。

五、54 号墓（M54）

M54 位于军庄组一号取土场墓地东南部，东面与 M53 相邻。清理前，墓坑大部分已被高速公路施工方破坏，开口距现地表深度不明，随葬品组合未受盗扰。

墓葬形制为长方形竖穴土坑，开口长 227、宽 74 厘米，残深 57 厘米。方向 10°。（图 3 - 6 - 5a；彩版五五，1）

葬具为单棺，木棺结构基本朽尽。从朽痕可知，木棺置于墓坑底部偏北，长 189、宽 59、残高 18 厘米。

该墓共出土铜器、铁器、漆器、陶器等遗物 8 件。

1. 铜器

2 件。器形为镜、弩机。

镜　1 件。M54：6 - 1，出土于棺内南部漆奁（M54：6）内。星云纹镜。圆形，连峰纽，圆纽座。座外单弧弦纹和半圆扇面纹各四组相间排列，其外一周十六内向连弧纹，外饰两周凸弦纹，

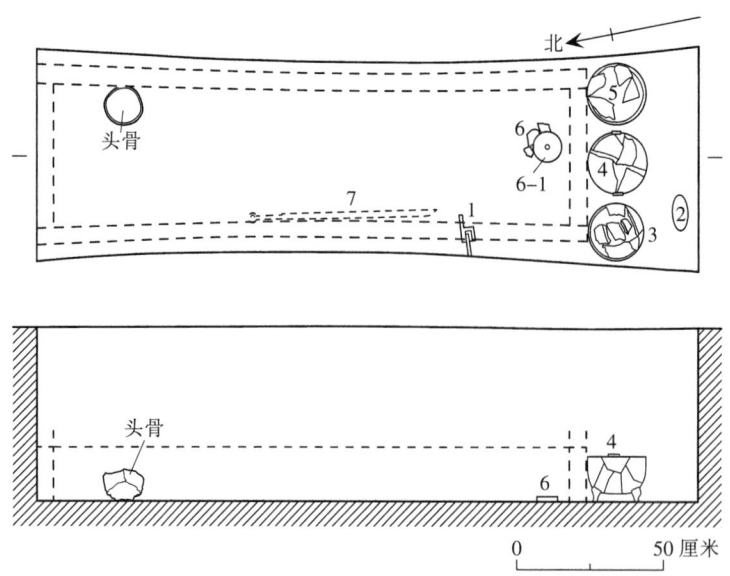

图 3 - 6 - 5a　军庄组一号 M54 平面、剖视图

1. 铜弩机　2. 残漆器　3. 陶壶　4、5. 陶罐　6. 漆奁　6-1. 铜镜　7. 环首铁刀

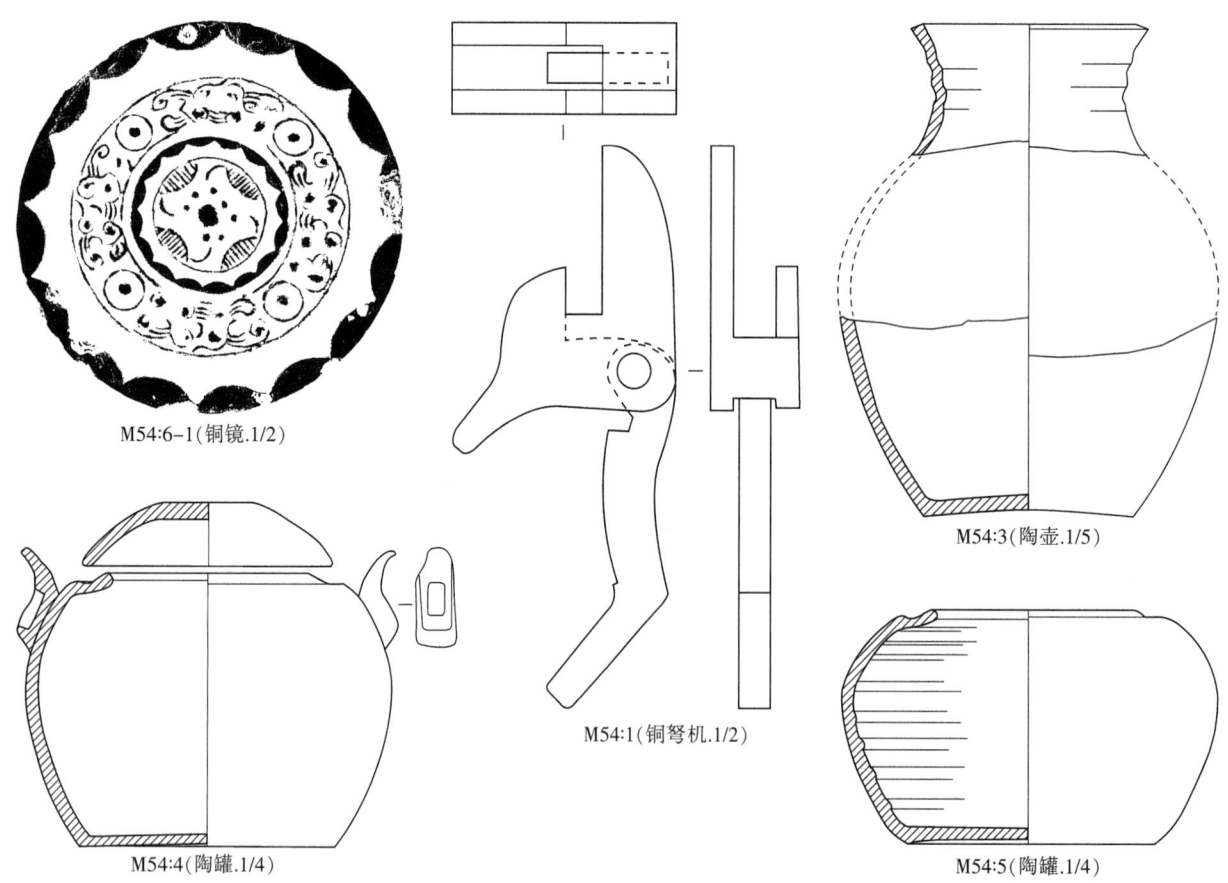

M54:6-1(铜镜.1/2)

M54:4(陶罐.1/4)

M54:1(铜弩机.1/2)

M54:3(陶壶.1/5)

M54:5(陶罐.1/4)

图 3 - 6 - 5b　军庄组一号 M54 出土器物图

间以四枚圆纽底座乳丁，乳丁间各施七枚小乳丁，相互间以弧线相连。镜缘内一周饰十六内向连弧纹。镜面微凸。面径 10.7、背面径 10.5、纽高 0.8、纽宽 1.6、缘宽 0.7、缘厚 0.34、肉厚 0.18 厘米。（图 3 - 6 - 5b；彩版五五，2）

弩机 1 件。M54：1，出土于棺外。尚有望山、牙、悬刀等构件，未见前后键、郭等。悬刀柄部弯折，刀身略弧。望山和牙呈刀首状，面直背弧。望山长 2、宽 0.6、高 4.5 厘米，悬刀宽 0.8、高 9.7 厘米，器高 14.9 厘米。（图 3 - 6 - 5b）

2. 铁器

1 件。器形为刀，出土于棺内西侧中部。

环首刀 1 件。M54：7，通长 64.6、宽 1.8 厘米。因锈残严重，无法复原。

3. 漆器

2 件。器形为奁等。

奁 1 件。M54：6，出土于棺内南部。因残损严重，无法复原。圆形。直径约为 13.4 厘米。内置一枚铜镜（M54：6 - 1）。

残漆器 1 件。M54：2，出土于棺外南侧。仅剩残片，器形不明。

4. 陶器

3 件。器形有壶、罐，均出土于棺外南侧。

壶 1 件。M54：3，红陶。肩部、上腹部残损。侈口，尖唇，束颈，溜肩，鼓腹渐收，平底略内凹。经复原可知，口径 14.4、底径 14.2、高 32.6 厘米。（图 3 - 6 - 5b）

罐 2 件。M54：4，红陶。覆平底钵形盖。罐身子母口，尖圆唇，鼓腹渐收，平底略内凹。口部饰一对称耳。盖口径 13.4、底径 5、高 3.4 厘米，罐身口径 10.9、底径 14、高 16 厘米。（图 3 - 6 - 5b；彩版五五，3）

M54：5，红陶。罐身子母口，圆唇，圆肩，鼓腹渐收，平底内凹。口径 11.2、底径 13.4、高 12.4 厘米。（图 3 - 6 - 5b；彩版五五，4）

六、55 号墓（M55）

M55 位于军庄组一号取土场墓地东部，东面与 M54 相邻，西北面与 M59 相邻。清理前，墓坑大部分已被高速公路施工方破坏。开口距现地表深度不明。

墓葬形制为长方形竖穴土坑，开口长 220、宽 60 厘米，残深 40 厘米。方向 195°。（图 3 - 6 - 6）

该墓葬具不明，仅墓底残留有木结构腐朽痕迹，推测为单棺。

该墓虽经细致清理，但墓室内未出土任何遗物。

七、56 号墓（M56）

M56 位于军庄组一号取土场墓地中部，北面与 M57 相邻。清理前，墓坑上部已被高速公路施工方破坏，开口距现地表深度不明，随葬品组合未受扰动。

墓葬形制为长方形竖穴土坑，开口长 260、宽 87 厘米，残深 60 厘米。方向 98°。（图 3 - 6 - 7a；彩版五六，1）

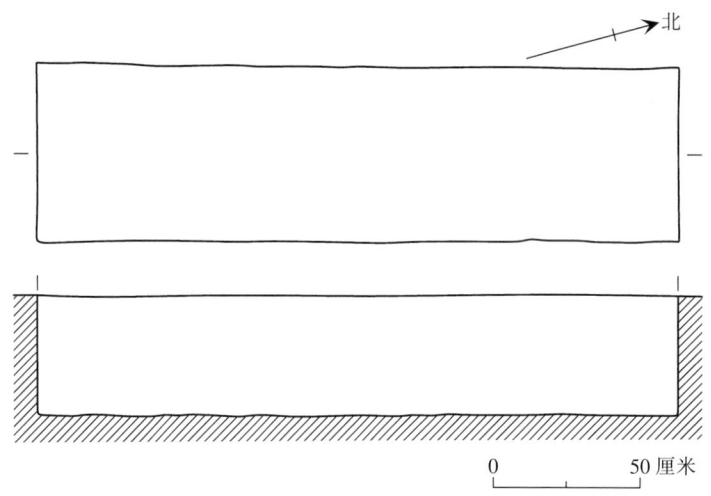

图 3 - 6 - 6　军庄组一号 M55 平面、剖视图

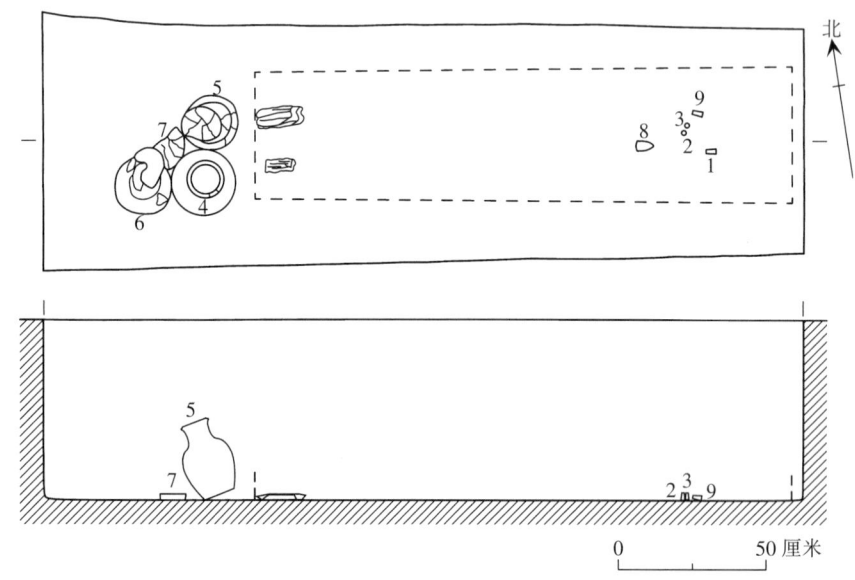

图 3 - 6 - 7a　军庄组一号 M56 平面、剖视图
1~3、9. 琉璃塞　4、6. 陶罐　5. 陶壶　7. 残漆器　8. 琉璃琀

葬具为单棺,木棺结构基本朽尽。从朽痕可知,木棺置于墓坑底部偏东,长 183、宽 46 厘米,高度和棺板厚度均不明。

该墓共出土琉璃器、漆器、陶器等遗物 9 件。

1. 琉璃器

5 件。器形为琀、塞,均出土于棺内东部。

琀　1 件。M56：8,器作蝉形,正面隆起,蝉头三道凹弦纹,琀头两侧蝉眼、琀身蝉翼棱角分明,背面平直,素面。长 3.7、宽 2、厚 1 厘米。(图 3 - 6 - 7b;彩版五六,2)

塞　4 件。M56：1 和 M56：9 为耳塞,M56：2 和 M56：3 为鼻塞。M56：1,器作圆台柱形。顶面直径 0.6、底面直径 1、高 1.8 厘米。(图 3 - 6 - 7b;彩版五六,2)

M56：9,器作圆台柱形。顶面直径 0.7、底面直径 0.9、高 1.6 厘米。(图 3 - 6 - 7b;彩版五

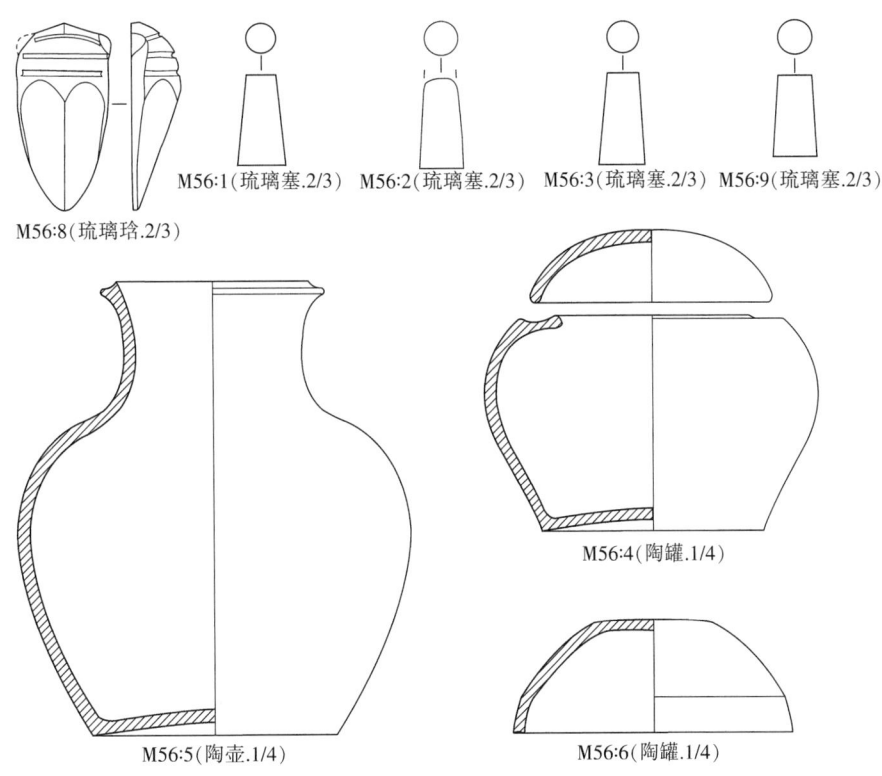

M56:1(琉璃塞.2/3)　M56:2(琉璃塞.2/3)　M56:3(琉璃塞.2/3)　M56:9(琉璃塞.2/3)

M56:8(琉璃珀.2/3)

M56:4(陶罐.1/4)

M56:5(陶壶.1/4)

M56:6(陶罐.1/4)

图 3 - 6 - 7b　军庄组一号 M56 出土器物图

六，2)

M56：2，器作圆台柱形，顶端残损。底面直径 0.9、残高 1.8 厘米。（图 3 - 6 - 7b；彩版五六，2)

M56：3，器作圆台柱形。顶面直径 0.6、底面直径 0.9、高 1.8 厘米。（图 3 - 6 - 7b；彩版五六，2)

2. 漆器

1 件。器形不明。

残漆器　1 件。M56：7，出土于棺外西侧。残损严重，器形不明，无法复原。

3. 陶器

3 件。器形为壶、罐，均出土于棺外西侧。

壶　1 件。M56：5，灰陶，火候较高。侈口，尖圆唇，斜沿，直颈，溜肩，鼓腹渐收，平底内凹，最大径在腹部。口径 10.6、底径 13.2、高 23.9 厘米。（图 3 - 6 - 7b；彩版五六，3)

罐　2 件。M56：4，灰陶，火候较高。覆钵形盖。罐身子母口，圆唇，圆肩，鼓腹斜收，平底内凹，最大径在腹部。盖口径 12.9、高 3.8 厘米，罐身口径 10.6、底径 12.2、高 11.4 厘米。（图 3 - 6 - 7b；彩版五六，4)

M56：6，灰陶，火候较高。仅剩器盖。覆平底钵形盖，平顶较宽。罐身残损严重，无法复原，形制不明。盖口径 15.4、底径 6.5、高 6 厘米。（图 3 - 6 - 7b)

八、57 号墓（M57）

M57 位于军庄组一号取土场墓地中部，北面与 M58 相邻，南面与 M56 相邻。清理前，墓坑上部已被高速公路施工方破坏，开口距现地表深度不明，随葬品组合未受扰动。

墓葬形制为长方形竖穴土坑，残长 255、宽 72 厘米，残深 10 厘米。方向 92°。（图 3-6-8a；彩版五七，1）

葬具为单棺，木棺结构基本朽尽。从朽痕可知，木棺置于墓坑底部偏东，棺平面呈长方形，长 183、宽 47 厘米，高度和棺板厚度均不明。

该墓共出土铜器、琉璃器、漆器、陶器 13 件。除陶器出土于棺外，其余遗物均出土于棺内。

1. 铜器

4 件。器形有镜、刷、铜钱。

镜　1 件。M57：1-2，出土于棺内东部漆奁（M57：1）内。昭明镜。镜面残损严重，仅剩原镜的四分之一。圆形，半圆纽，圆纽座。座外凸弦纹细圈带一周，外饰单弧弦纹四组相间排列，其外八内向连弧纹，外圈两周短斜弦纹间饰一周铭文。铭文为"内而清……不泄"。窄缘。镜面微凸。复原面径 8.2、复原背面径 8、纽高 0.53、纽宽 1.05、缘宽 0.3、缘厚 0.25、肉厚 0.1 厘米。（图 3-6-8b；彩版五七，2）

刷　1 件。M57：1-1，出土于棺内东部漆奁（M57：1）内。刷头残损、刷柄中部缺失。整体呈烟斗形，柄细长，断面圆形，末端渐细。孔径 0.6、残长 7.9 厘米。（图 3-6-8b）

铜钱　2 件。M57：5，出土于棺内中部偏南，M57：6，出土于棺内中部偏北。均为五铢钱，皆锈蚀严重，无法拓印。

2. 琉璃器

4 件。器形有塞。

塞　4 件。均出土于棺内东部偏南。M57：2，器作圆台柱形。顶面直径 0.5、底面直径 0.8、高 1.8 厘米。（图 3-6-8b；彩版五七，3 左）

M57：3，器作圆台柱形。顶面直径 0.5、底面直径 0.7、高 1.5 厘米。（图 3-6-8b；彩版五七，3 中）

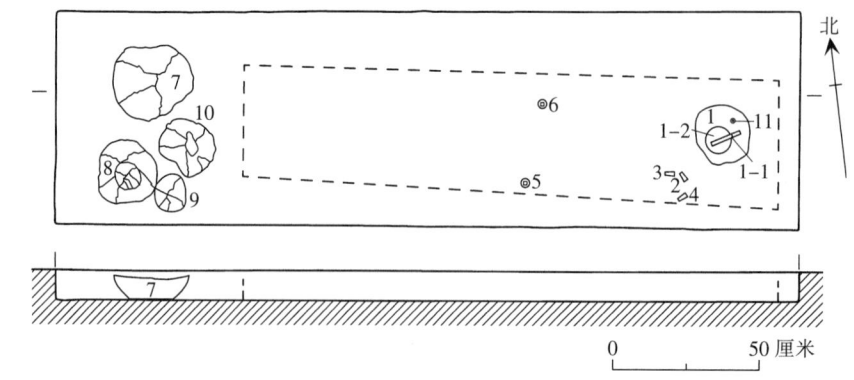

图 3-6-8a　军庄组一号 M57 平面、剖视图

1. 漆奁　1-1. 铜刷　1-2. 铜镜　2~4、11. 琉璃塞　5、6. 铜钱　7. 陶壶　8. 陶瓴　9. 陶鼎　10. 陶盒

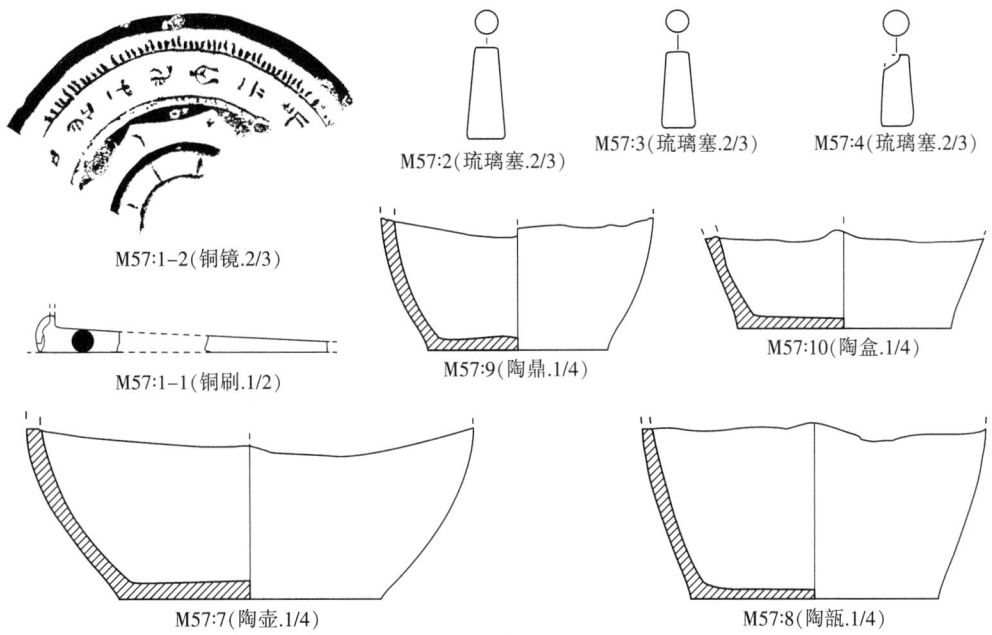

M57:2(琉璃塞.2/3)　M57:3(琉璃塞.2/3)　M57:4(琉璃塞.2/3)

M57:1-2(铜镜.2/3)

M57:1-1(铜刷.1/2)　M57:9(陶鼎.1/4)　M57:10(陶盒.1/4)

M57:7(陶壶.1/4)　M57:8(陶瓿.1/4)

图 3 - 6 - 8b　军庄组一号 M57 出土器物图

M57:4，器作圆台柱形，器形残损。底面直径0.6、高1.4厘米。（图3-6-8b；彩版五七，3右）

M57:11，残损严重，无法复原，尺寸不明。

3. 漆器

1件。器形为奁。

奁　1件。M57:1，出土于棺内东部。残损严重，无法复原。

4. 陶器

4件。器形有鼎、盒、壶、瓿。均出土于棺外西侧。

鼎　1件。M57:9，红陶。残损严重，仅剩有下腹部至底部部分，整体器形无法复原。弧腹渐收，平底。底径9.8、残高7厘米。（图3-6-8b）

盒　1件。M57:10，红陶。残损严重，仅剩有下腹部至底部部分，整体器形无法复原。斜弧腹，平底。底径11.7、残高5.2厘米。（图3-6-8b）

壶　1件。M57:7，红陶。残损严重，仅剩有下腹至底部部分，器形无法复原。弧腹渐收，平底。底径14.2、残高9厘米。（图3-6-8b）

瓿　1件。M57:8，红陶。残损严重，仅剩有下腹至底部部分，器形无法复原。斜弧腹，平底。底径13.6、残高9.3厘米。（图3-6-8b）

九、58号墓（M58）

M58 位于军庄组一号取土场墓地中部，南面与M57相邻，东北面与M59相邻。清理前，墓坑上部已被高速公路施工方破坏，开口距现地表深度不明，随葬品组合未受扰动。

墓葬形制为长方形竖穴土坑，开口长260、宽70厘米，残深38厘米。方向97°。（图3-6-9a；彩版五七，4）

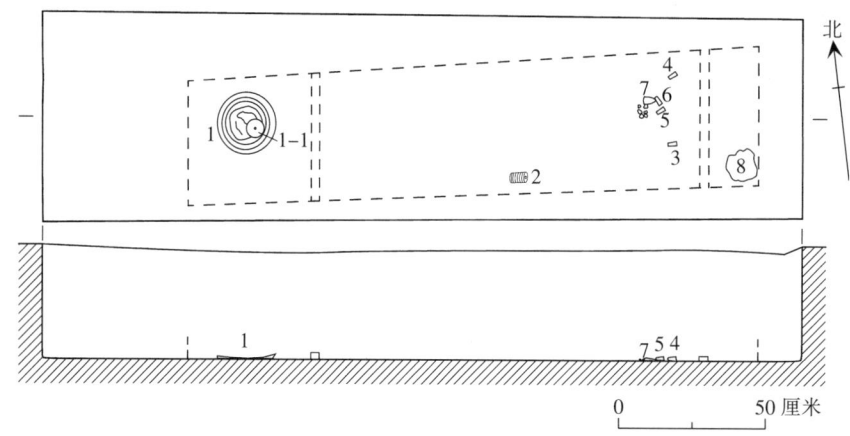

图3-6-9a 军庄组一号 M58 平面、剖视图

1、8. 漆奁 1-1. 铜镜 2. 铜钱 3～6. 琉璃塞 7. 琉璃琀

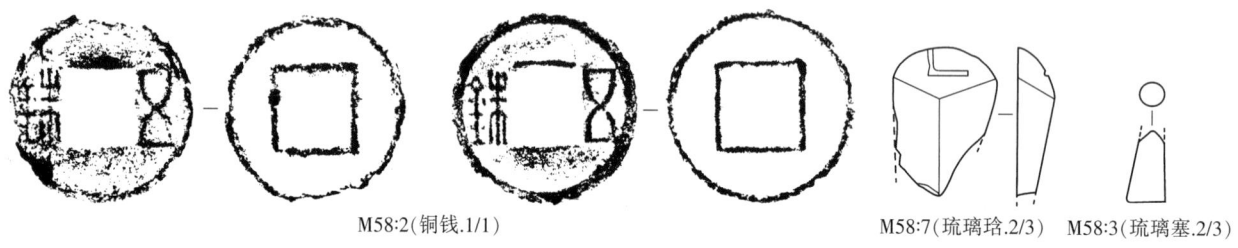

M58:2(铜钱.1/1)　　　　　　　　　M58:7(琉璃琀.2/3)　M58:3(琉璃塞.2/3)

图3-6-9b 军庄组一号 M58 出土器物图

葬具为单棺，木棺结构基本朽尽。从朽痕可知，木棺置于墓坑底部偏东，棺平面呈长方形，残长195、宽46厘米，高度和棺板厚度均不明。

该墓共出土铜器、琉璃器、漆器等遗物9件。

1. 铜器

2件。器形有镜、铜钱。

镜 1件。M58:1-1，出土于棺内西部漆奁（M58:1）内。器物残损严重，几成碎屑，纹饰、尺寸不明。

铜钱 1组。M58:2，出土于棺内中部南侧。共8枚，五铢钱，形制、尺寸同。钱径2.5、穿径1.1厘米。（图3-6-9b）

2. 琉璃器

5件。器形有琀、塞。

琀 1件。M58:7，出土于棺内东部。器作蝉形，正面隆起，琀身棱角作蝉翼状，纹饰简练，背面平直、素面。残长2.9、宽1.9、厚0.8厘米。（图3-6-9b；彩版五七，5）

塞 4件。M58:3，出土于棺内东部偏南。耳塞。器作圆台柱形，顶面残损。底面直径0.8、残高1.4厘米。（图3-6-9b；彩版五七，5）

M58:4，耳塞，出土于棺内东部偏北。M58:5和M58:6为鼻塞，出土于棺内东部中部。这三件琉璃塞均残损严重，呈粉末状，形制与尺寸皆不明。

3. 漆器

2 件。器形为奁。

奁 2 件。M58：1，出土于棺内西部。器物仅剩漆皮，残损严重，无法复原。根据残存痕迹判断，为圆奁，直径约为 16.6 厘米。

M58：8，出土于棺内东南角。器物仅剩漆皮，残损严重，无法复原。

十、59 号墓（M59）

M59 位于军庄组一号取土场墓地中东部，西面与 M58 相邻。清理前，墓坑上部已被高速公路施工方破坏，开口距现地表深度不明，随葬品组合未受扰动。

墓葬形制为长方形竖穴土坑，开口长 249、宽 134 厘米，深 85 厘米。方向 100°。（图 3 - 6 - 10a；彩版五八，1）

葬具为一椁一棺。木椁置于墓坑底部正中，从残存木结构可知，椁平面呈长方形，东西长 219、南北宽 112、残高 34 厘米。棺位于椁室南部，与椁南侧板紧靠，棺由整木斫成，东、西两端用挡板，并分别与椁室东西侧板紧靠，棺通长 209、宽 59、残高 27 厘米。北边箱位于椁室北部，由椁室北、东、西三面侧板及隔板之间的空间组成，通长 209、宽 32、残高 27 厘米。

该墓共出土铜器、铁器、琉璃器、漆器、陶器等遗物 14 件。铜器、铁器、琉璃器均出土于棺内，陶器均出土于北边箱。

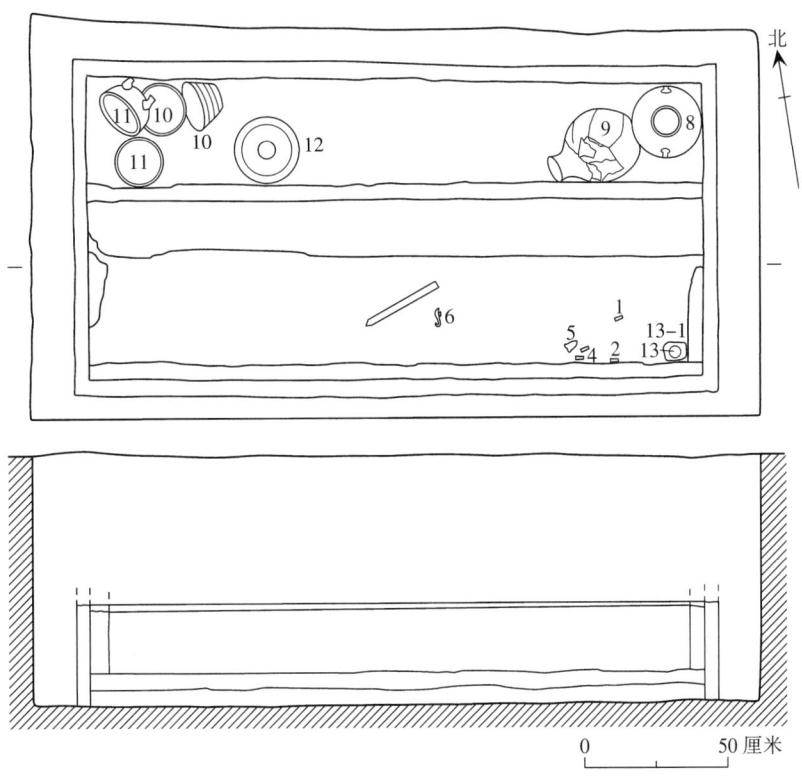

图 3 - 6 - 10a 军庄组一号 M59 平面、剖视图

1~4. 琉璃塞 5. 琉璃玲 6. 铜带钩 7. 铁剑 8. 釉陶瓿 9. 釉陶壶 10. 陶盒 11. 陶鼎 12. 漆盘 13. 漆奁 13 - 1. 铜镜

1. 铜器

共 2 件。器形有镜、带钩。

镜 1 件。M59：13－1，出土于棺内东南角漆奁（M59：13）内。因器物残损严重，无法复原，尺寸与纹饰不明。

带钩 1 件。M59：6，出土于棺内中部。琵琶形，钩身细长，正面饰一圈舌形弦纹，腹下近尾端饰一圆纽，钩身前端和钩首残缺。通长 5、尾宽 1 厘米。（图 3－6－10b；彩版五八，2）

2. 铁器

1 件。器形为剑。

剑 1 件。M59：7，出土于棺内中部。因残损严重，无法复原。

3. 琉璃器

共 5 件。器形有琀、塞。

琀 1 件。M59：5，出土于棺内东部。器作蝉形，正面隆起，棱角分明，琀头饰两道凹弦纹，凹弦纹前左侧饰三圈三角弦纹、右侧饰一道纵向凹弦纹，琀尾部饰半圈圆形凹弦纹，背面平直、素面。长 3.4、宽 2、厚 1.1 厘米。（图 3－6－10b；彩版五八，3）

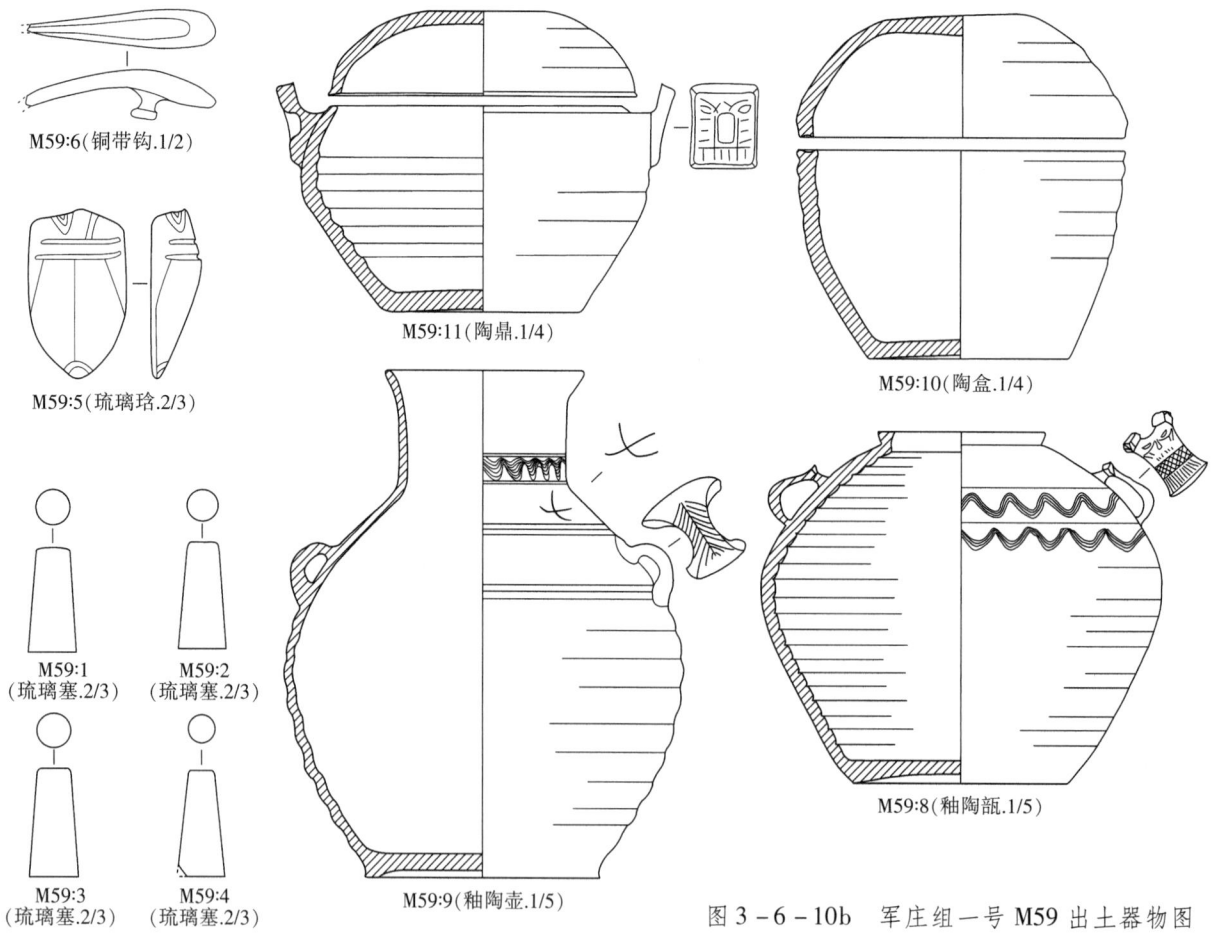

M59:6(铜带钩.1/2)

M59:5(琉璃琀.2/3)

M59:1
(琉璃塞.2/3)

M59:2
(琉璃塞.2/3)

M59:3
(琉璃塞.2/3)

M59:4
(琉璃塞.2/3)

M59:11(陶鼎.1/4)

M59:10(陶盒.1/4)

M59:9(釉陶壶.1/5)

M59:8(釉陶瓿.1/5)

图 3－6－10b　军庄组一号 M59 出土器物图

塞 4 件。M59：1，器作圆台柱形。顶面直径 0.7、底面直径 1.0、高 2.1 厘米。（图 3 - 6 - 10b；彩版五八，4）

M59：2、3、4，三件形制、尺寸皆与 M59：1 相同。（图 3 - 6 - 10b；彩版五八，4）

4. 漆器

共 2 件。器形有盘、奁。

盘 1 件。M59：12，出土于北边箱西部。因残损严重，无法复原，纹饰、尺寸皆不明。

奁 1 件。M59：13，出土于棺内东南角。因残损严重，无法复原，纹饰、尺寸皆不明。

5. 陶器

共 4 件。器形有鼎、盒、壶、瓿。

鼎 1 件。M59：11，出土于北边箱西部。红陶。覆平底钵形盖，平顶较宽。鼎身子母口，圆唇，口部饰一对兽面耳，斜腹渐收，平底略内凹。盖口径 17、高 4.5 厘米，鼎身口径 16、底径 10.9、高 12 厘米。（图 3 - 6 - 10b；彩版五九，1）

盒 1 件。M59：10，出土于北边箱西部。红陶。覆平底钵形盖，平顶较宽。盒身子母口，圆唇，斜弧腹，平底略内凹。盖口径 17.6、高 6.6 厘米。盒身口径 17.7、底径 10.9、高 11 厘米。（图 3 - 6 - 10b；彩版五九，2）

壶 1 件。M59：9，出土于北边箱东部。釉陶。侈口，尖圆唇，直颈，溜肩，鼓腹渐收，平底内凹。颈部饰两道凹弦纹，凹弦纹间饰一圈水波纹，颈部以下有一"十"字刻划纹，"十"字纹下、耳以上饰有两圈上下相依的凹弦纹，肩两侧饰一对桥形耳并饰两圈上下相依的凹弦纹，耳面饰叶脉纹。口径 13.6、底径 16.3、高 33.5 厘米。（图 3 - 6 - 10b；彩版五九，3）

瓿 1 件。M59：8，出土于北边箱东部。釉陶。小口内敛，尖唇，平沿，溜肩，弧腹渐收，平底内凹，最大径在腹部。肩两侧饰一对兽面耳，并饰三道弦纹间饰两道水波纹。口径 11.3、底径 14.5、高 23.2 厘米。（图 3 - 6 - 10b；彩版五九，4）

十一、60 号墓（M60）

M60 位于军庄组一号取土场墓地中部，南面与 M63 相邻。清理前，墓坑上部已被高速公路施工方破坏，开口距现地表深度不明，随葬品组合未受扰动。

墓葬形制为长方形竖穴土坑，开口长 281、宽 101 厘米，残深 161 厘米。方向 275°。墓葬现存开口至椁室顶部填五花土。（图 3 - 6 - 11a；彩版六〇，1）

葬具为一椁一棺。木椁置于墓坑底部偏西，东、西侧板已朽，仅底板和局部南、北侧板尚存，椁室平面呈长方形，残长 236、宽 69、高 33 厘米，底板厚约 6、北侧板厚约 5、南侧板厚约 6 厘米。木棺置于椁室底部正中，棺由整木斫成，东、西挡板已朽，仅底板和局部南、北侧板尚存，棺平面呈长方形，残长 169、宽 49、残高 50 厘米，底板厚约 7、侧板厚约 8 厘米。

该墓共出土铜器、琉璃器、陶器等遗物 9 件。铜器、琉璃器出土于棺内西部，陶器均出土于棺外东侧。（彩版六〇，2）

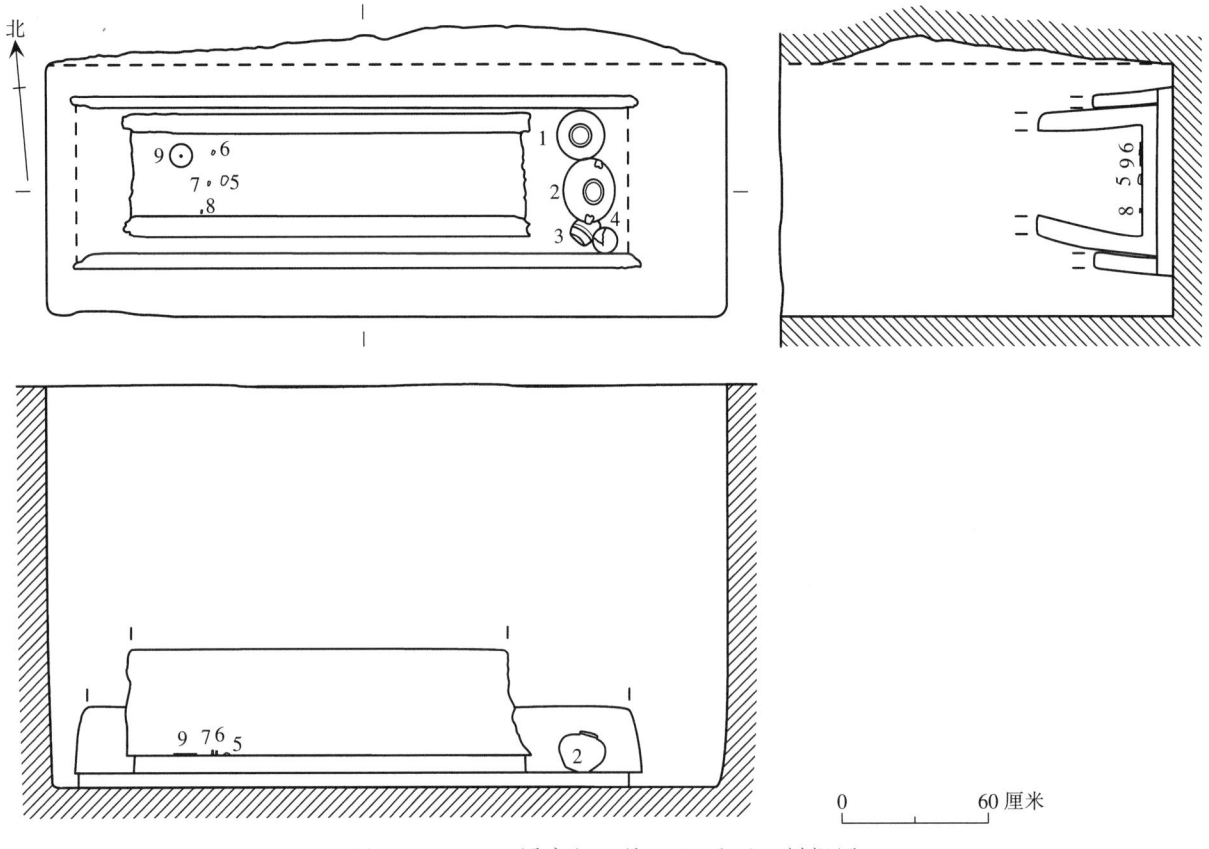

图 3 - 6 - 11a　军庄组一号 M60 平面、剖视图

1. 釉陶壶　2. 陶瓿　3. 陶盒　4. 陶鼎　5. 琉璃玲　6～8. 琉璃塞　9. 铜镜

1. 铜器

1 件。器形为镜。

镜　1 件。M60：9，昭明镜。圆形，连峰纽，圆纽座。座外单弧弦纹四组相间环列，外饰一周凸弦纹圈带，其外为涡纹与单弧弦纹各四组相间环列，外饰八内向连弧纹，外圈两周短斜弦纹间饰一周铭文。铭文为"内清之以昭明光而象夫日月心忽而忠而不泄"。窄缘。镜面微凸。面径 9.6、背面径 9.4、纽高 1.2、纽宽 1.3、缘宽 0.4、缘厚 0.4、肉厚 0.22 厘米。（图 3 - 6 - 11b；彩版六〇，3）

2. 琉璃器

共 4 件。器形有玲、塞。

玲　1 件。M60：5，器作蝉形，正面隆起，蝉头有两道凹弦纹，玲头右侧刻有蝉眼，左侧残缺，背面平直、素面。长 2.4、宽 2.1、厚 0.8 厘米。（图 3 - 6 - 11b）

塞　3 件。M60：6，器作圆台柱形，顶面直径 0.5、底面直径 0.7、高 1.5 厘米。（图 3 - 6 - 11b）

M60：7、8，形制、尺寸与 M60：6 相同。

3. 陶器

共 4 件。器形有鼎、盒、壶、瓿。

鼎　1 件。M60：4，红陶。平底钵形盖，平顶较宽。鼎身子母口，尖唇，口部饰一对称耳，

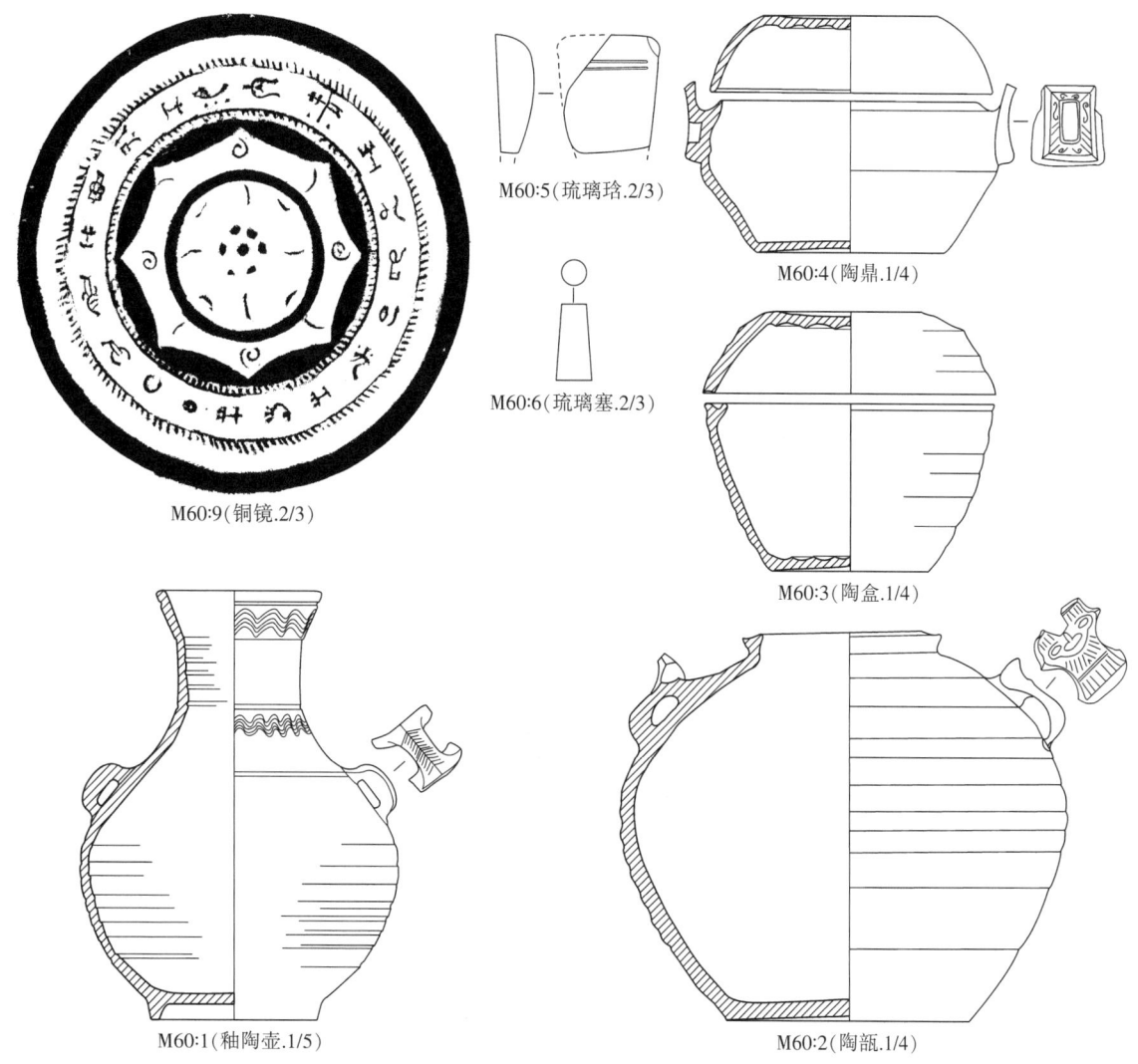

M60:5（琉璃珰.2/3）

M60:6（琉璃塞.2/3）

M60:4（陶鼎.1/4）

M60:3（陶盒.1/4）

M60:9（铜镜.2/3）

M60:1（釉陶壶.1/5）

M60:2（陶瓿.1/4）

图3－6－11b 军庄组一号 M60 出土器物图

斜腹渐收，平底略内凹。耳外侧模印卷云纹间饰斜弦纹。盖口径15.5、底径9.7、高4.1 厘米，鼎身口径14.1、底径10.4、高9.2 厘米。（图3－6－11b；彩版六一，1）

盒 1件。M60：3，盒身灰陶，盒盖红灰陶相杂。覆平底钵形盖，平顶较宽。盒身子母口，尖圆唇，斜腹，平底内凹。盖口径16.1、高4.4 厘米，盒身口径15.9、底径8.7、高8.9 厘米。（图3－6－11b；彩版六一，2）

壶 1件。M60：1，釉陶，器表肩部施釉。侈口，圆唇，直颈，溜肩，鼓腹渐收，圈足。肩两侧饰桥形耳一对并饰一圈凹弦纹，耳面饰叶脉纹。口部以下、颈部以上饰有两圈凹弦纹并间饰水波纹，颈部以下饰有一圈凹弦纹，其下饰有水波纹。口径11.4、底径11.5、高28.7 厘米。（图3－6－11b；彩版六一，3）

瓿 1件。M60：2，红陶。小口内敛，尖唇，近平沿，溜肩，弧腹渐收，平底略内凹，最大径在腹部。肩两侧饰一对兽面耳。口径10.8、底径13.4、高20.8 厘米。（图3－6－11b；彩版六一，4）

十二、61 号墓（M61）

M61 位于军庄组一号取土场墓地西部，西面与 M62 相邻。清理前，墓坑上部已被高速公路施工方破坏，开口距现地表深度不明，随葬品组合未受扰动。

墓葬形制为长方形竖穴土坑，开口长 248、宽 79 厘米，残深 49 厘米。方向 0°。（图 3 - 6 - 12；彩版六二，1）

葬具为单棺，木棺结构基本朽尽。从朽痕可知，木棺置于墓坑底部正中，棺平面呈长方形，残长 188、残宽 62 厘米。

该墓共出土漆器 2 件。

残漆器　2 件。M61：1，出土于棺外。残损严重，无法复原，形制与尺寸皆不明。

M61：2，出土于棺外。残损严重，无法复原，形制与尺寸皆不明。

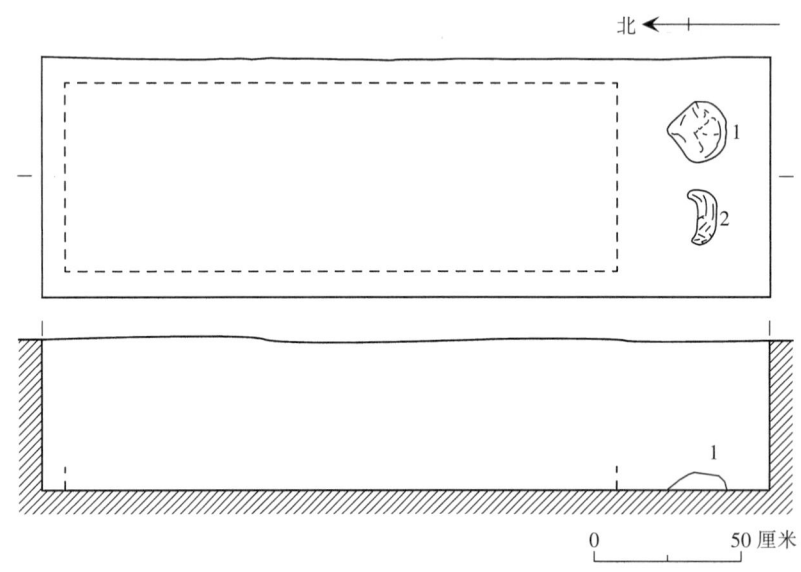

图 3 - 6 - 12　军庄组一号 M61 平面、剖视图
1、2. 残漆器

十三、62 号墓（M62）

M62 位于军庄组一号取土场墓地西部，东面与 M61 相邻。清理前，墓坑上部已被高速公路施工方破坏，开口距现地表深度不明，随葬品组合未受扰动。

墓葬形制为长方形竖穴土坑，开口长 280、宽 173 厘米，残深 177 厘米。方向 7°。墓坑和葬具之间填塞青膏泥。（图 3 - 6 - 13a；彩版六二，2、3）

葬具为一椁一棺。木椁置于墓坑底部正中，棺椁顶板皆不存，椁平面呈长方形，长 252、宽 125、残高 54 厘米，椁室底板共三块，纵向拼接，每块底板长 252、宽 43、厚 6 厘米，椁室东、西侧板和南、北侧板沿椁底板四边垒筑，板厚 5.6 厘米。棺位于椁室东部，与椁东侧板紧靠，棺长 228、宽 66、残高 21 厘米，棺室侧板厚 6 厘米，底板厚 7 厘米。边箱位于椁室西部，由椁室南、北、西三面侧板及棺之间的空间组成。

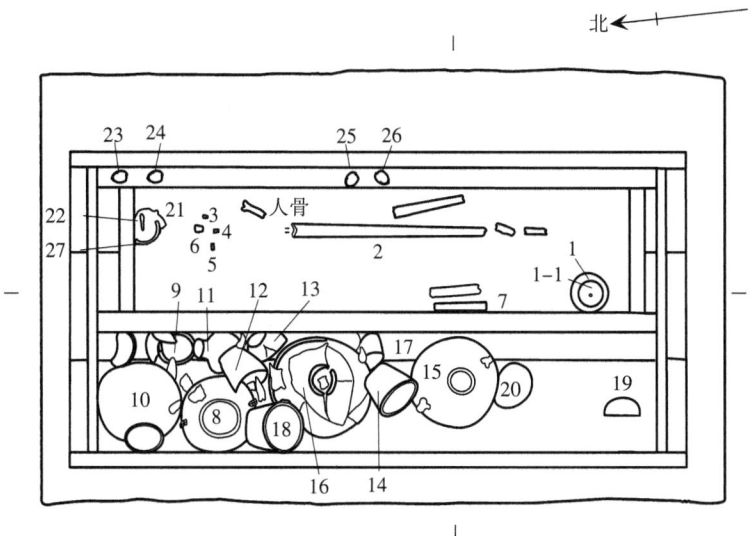

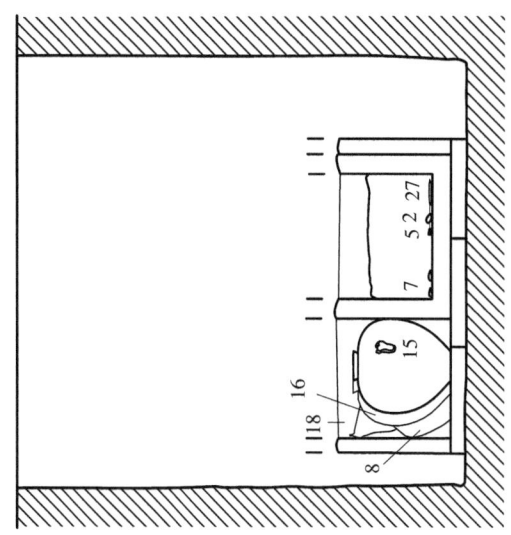

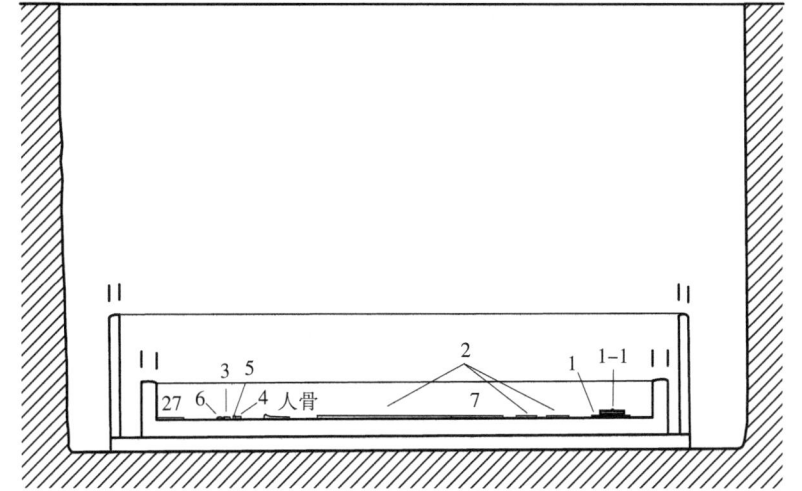

图 3 – 6 – 13a 军庄组一号 M62 平面、剖视图

1. 漆奁 1 – 1. 铜镜 2. 铁剑 3 ~ 5. 琉璃塞 6. 琉璃玲 7. 漆鞘 8、10. 釉陶壶 9、11、17. 釉陶罐 12、14. 陶盒 13、18. 陶鼎 15、16. 釉陶瓿 19. 漆盛 20. 铜盆 21. 漆樽 22. 残漆器 23 ~ 26. 铅镇 27. 角笄

该墓共出土铜器、铁器、铅器、琉璃器、漆器、角器、陶器等各类遗物 28 件。

1. 铜器

2 件。器形为盆、镜。

盆 1 件。M62：20，出土于西边箱南部。残，敞口，折沿，方唇，扁腹微鼓，圈底。器壁薄。通高 8.7、口径 18.9、腹径 17.3、壁厚 0.15 厘米。（图 3 – 6 – 13b1）

镜 1 件。M62：1 – 1，出土于棺室南部漆奁（M62：1）内。昭明镜。圆形，半圆纽，圆纽座。座外八组涡纹相间环列，其外饰八内向连弧纹，外圈两周短斜弦纹间饰一周铭文。铭文为"内清之以昭明光之象□日月心忽而"。宽素平缘。镜面微凸。面径 8.6、背径 8.4、纽高 0.58、纽宽 1.2、缘宽 0.6、缘厚 0.31、肉厚 0.12 厘米。（图 3 – 6 – 13b1；彩版六二，4）

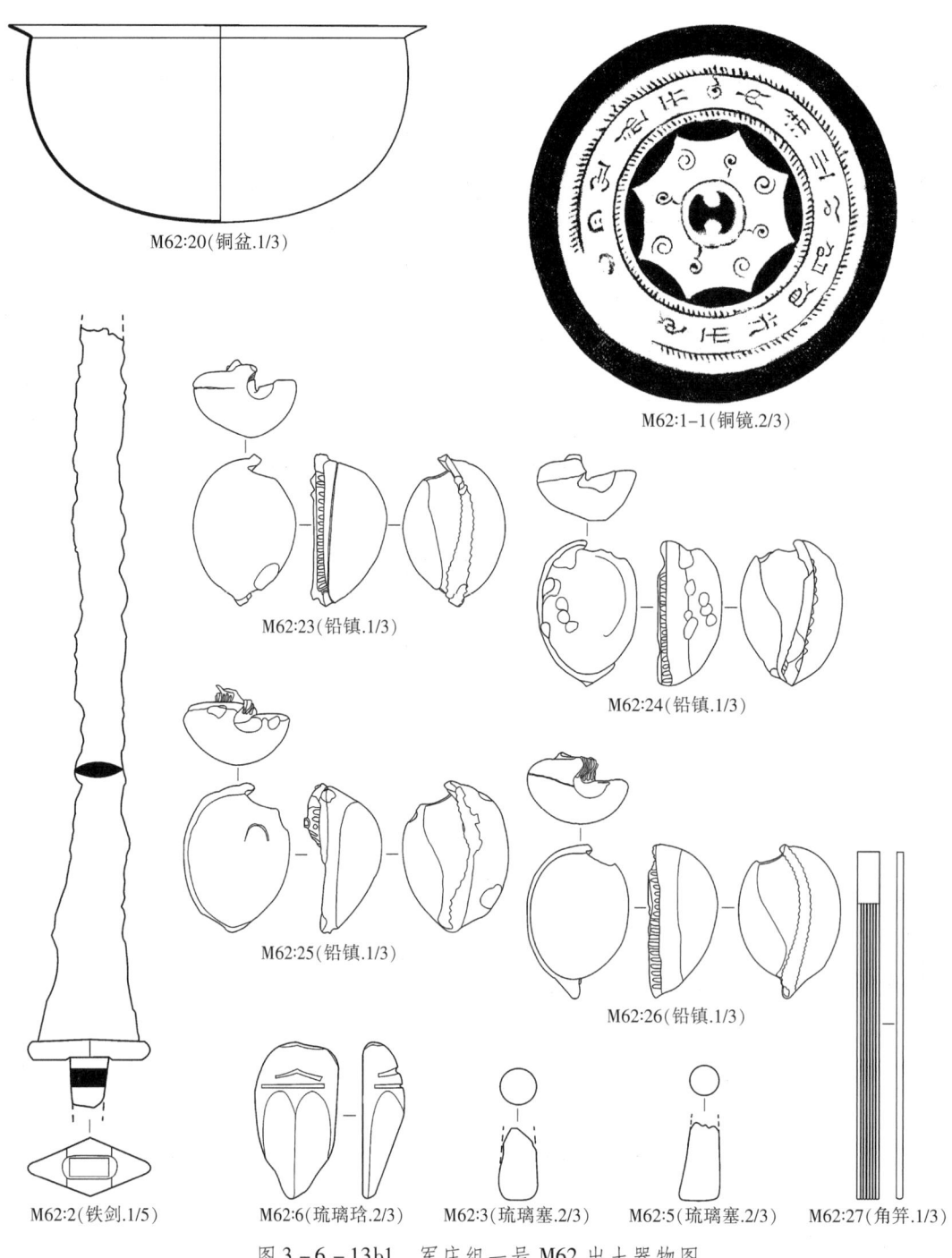

M62:20(铜盆.1/3)

M62:1-1(铜镜.2/3)

M62:23(铅镇.1/3)

M62:24(铅镇.1/3)

M62:25(铅镇.1/3)

M62:26(铅镇.1/3)

M62:2(铁剑.1/5)　　M62:6(琉璃琀.2/3)　M62:3(琉璃塞.2/3)　M62:5(琉璃塞.2/3)　M62:27(角笄.1/3)

图 3－6－13b1　军庄组一号 M62 出土器物图

2. 铁器

1 件。器形为剑，出土于棺内中部。

剑　1 件。M62：2，锈残严重。剑身细长，剑锋残，双面刃。剑格铜质，呈淡绿色。剑茎长条形，仅残存一小段。木质剑柄朽尽。通体残长 58、刃最宽 8、最厚 1.2、格长 9.4、格宽 4.4、剑茎残长 3.7 厘米。（图 3－6－13b1）

3. 铅器

4 件。器形为镇。均出土于棺室北侧棺板上。

镇 4 件。M62：23、M62：24、M62：25、M62：26，形制与尺寸相同。仿贝形。背部隆起，中空，腹部有一锯齿纹沟槽。长 6.7、宽 4.8、高 3.3 厘米。（图 3 - 6 - 13b1；彩版六二，5）

4. 琉璃器

4 件。器形为琀、塞。均出土于棺内北部。

琀 1 件。M62：6，残。蝉形，正面隆起，上部有"人"字和"一"字两道刻划纹，下部刻划出两翼轮廓。残长 3.4、宽 2、高 1 厘米。（图 3 - 6 - 13b1；彩版六二，6 左）

塞 3 件。形制尺寸相同，均残。柱状，上窄下宽，横截面为圆形。M62：3，残高 1.6、断面直径 0.9 厘米。（图 3 - 6 - 13b1；彩版六二，6 中）

M62：4，残损严重，无法复原。

M62：5，残高 1.8、断面直径 0.7 厘米。（图 3 - 6 - 13b1；彩版六二，6 右）

5. 漆器

5 件。器形为樽、盛、奁、鞘等。

樽 1 件。M62：21，出土于棺内北部。残损严重，无法复原。

盛 1 件。M62：19，出土于西边箱南部。残。夹纻胎。外壁髹黑漆，纹饰朱漆，上腹部星云纹，下饰一道弦纹、一道锯齿纹。内壁通体髹朱漆。残片长 23.2 厘米。（彩图一三）

奁 1 件。M62：1，出土于棺内南部。残损严重，无法复原。

鞘 1 件。M62：7，出土于棺内中部。残损严重，无法复原。推测原为铁剑（M62：2）剑鞘。

残漆器 1 件。M62：22，出土于棺内北部。器形近似长柄形，整体残损严重，无法复原。

6. 角器

1 件。器形为笄。出土于棺内北部。

笄 1 件。M62：27，出土时弯曲变形严重。呈黑灰色，纹理细腻，有光泽感。扁长条形，柄部为长方形薄板，共七齿，齿较长，外侧两齿较中间五齿略粗。总长 15.3 厘米，柄部长 2.3、宽 1、厚 0.3 厘米，齿长 13、厚 0.3 厘米，中间五齿宽 0.11 厘米，外侧两齿宽 0.18 厘米。（图 3 - 6 - 13b1；彩版六二，7）

7. 陶器

11 件。器形为鼎、盒、壶、瓿、罐。均出土于西边箱北部。

鼎 2 件。形制尺寸相似，器表红黑相杂，陶质坚硬，未见明显施釉痕迹，三足均退化。M62：13，覆平顶钵形盖，平顶较宽。鼎身子母口，尖圆唇，折腹，下腹内弧，平底内凹。口部饰一对耳。盖口径 17.5、高 6.2 厘米，鼎身口径 15.6、底径 10.3、高 13 厘米。（图 3 - 6 - 13b2；彩版六三，1）

M62：18，盖口径 17.5、高 6.1 厘米，鼎身口径 15.5、底径 11、高 13.8 厘米。（图 3 - 6 - 13b2；彩版六三，2）

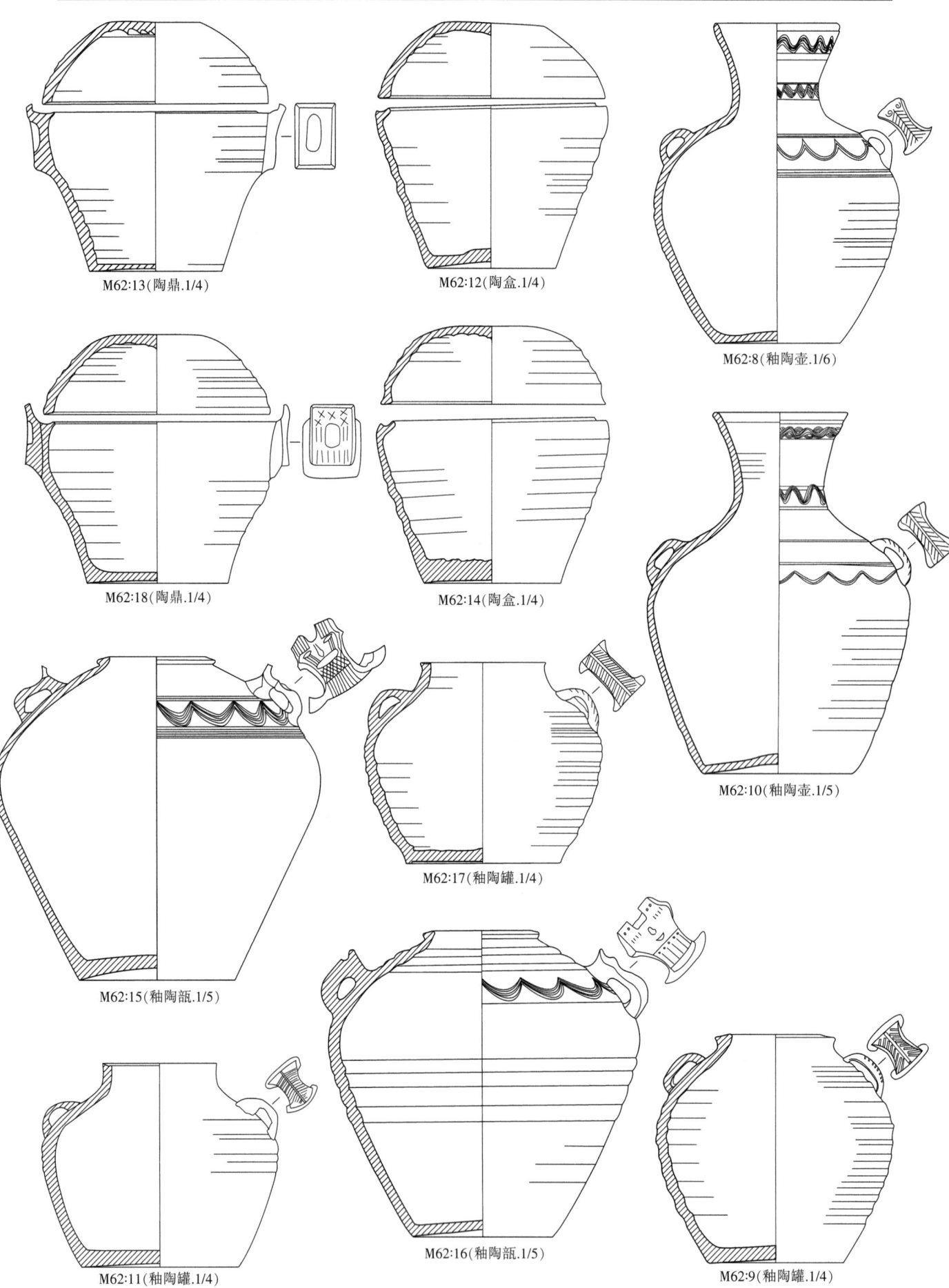

M62:13(陶鼎.1/4)

M62:12(陶盒.1/4)

M62:8(釉陶壶.1/6)

M62:18(陶鼎.1/4)

M62:14(陶盒.1/4)

M62:10(釉陶壶.1/5)

M62:15(釉陶瓿.1/5)

M62:17(釉陶罐.1/4)

M62:11(釉陶罐.1/4)

M62:16(釉陶瓿.1/5)

M62:9(釉陶罐.1/4)

图 3－6－13b2　军庄组一号 M62 出土器物图

盒 2件。形制尺寸相似,器表红黑相杂,陶质坚硬,未见明显施釉痕迹。M62:12,覆平顶钵形盖,平顶较宽。盒身子母口,圆唇内敛,斜腹内收,平底内凹。盖口径17.7、高5.6厘米,盒身口径16.1、底径9.9、高12.3厘米。(图3-6-13b2;彩版六三,3)

M62:14,覆平顶钵形盖,平顶较宽。盒身子母口,圆唇内敛,斜腹内收,厚平底内凹。盖口径17.6、高5.9厘米,盒身口径15.7、底径10.6、高12.3厘米。(图3-6-13b2;彩版六三,4)

壶 2件。均施釉。M62:8,侈口,尖圆唇,直颈,圆肩,鼓腹内收,平底内凹。肩部饰上下两道凹弦纹带,中饰水波纹。肩两侧贴塑一对耳,耳面叶脉纹。口、颈部各饰一周水波纹。口径14.8、底径15、高37厘米。(图3-6-13b2;彩版六四,1)

M62:10,上部施青黄色釉,有挂釉。侈口,尖圆唇,直颈,溜肩,斜腹内收,平底内凹。肩两侧贴塑一对耳,耳面叶脉纹。口、颈部各饰一周水波纹,口部水波纹为两道相对称的水波纹交织而成,两处水波纹上下各一周凹弦纹。肩部饰上下两道凹弦纹,下饰一周水波纹。口径13.1、底径14.6、高34.9厘米。(图3-6-13b2;彩版六四,2)

瓿 2件。形制尺寸相似,均施釉。M62:15,小口内敛,尖圆唇,斜沿,溜肩,鼓腹内收,平底内凹。肩部两侧各贴塑一对兽面耳。肩部上下各饰两道细弦纹带,中间饰一周水波纹。口径9.4、底径15.1、高30.6厘米。(图3-6-13b2;彩版六四,3)

M62:16,小口内敛,尖圆唇,斜沿,溜肩,鼓腹内收,平底内凹。肩部两侧各贴塑一对兽面耳。肩部上下各饰一周细弦纹,中间饰一周水波纹。口径9.7、底径13.7、高29.2厘米。(图3-6-13b2;彩版六四,4)

罐 3件。均施釉。M62:9,小口内敛,圆唇,斜沿,溜肩,鼓腹内收,平底内凹。肩部两侧各贴塑一对耳,耳面叶脉纹。口径9.4、底径10.5、高17.4厘米。(图3-6-13b2;彩版六三,5)

M62:11,直口,尖唇,斜平沿微内凹,短束颈,溜肩,弧腹内收。肩部两侧各贴塑一对耳,耳面叶脉纹。口径9、底径12.2、高15.2厘米。(图3-6-13b2)

M62:17,直口微侈,圆唇,沿面内凹,直颈,斜肩,鼓腹内收,矮圈足。肩部两侧各贴塑一对耳,耳面叶脉纹。口径9.8、底径12.2、高15.4厘米。(图3-6-13b2;彩版六三,6)

十四、63号墓(M63)

M63位于军庄组一号取土场墓地西部,北面与M60相邻。清理前,墓坑上部已被高速公路施工方破坏,开口距现地表深度不明,随葬品组合未受扰动。

墓葬形制为长方形竖穴土坑,开口长270、宽260厘米,残深59厘米。方向277°。(图3-6-14a;彩版六五,1)

葬具为一椁三棺,木结构基本朽尽。从朽痕可知,椁长223、宽216、残高30厘米。三棺东西向放置,南北排列,三棺长度相等,均为197厘米,宽度略有不同,北棺宽69、中棺宽88、南棺宽54厘米。

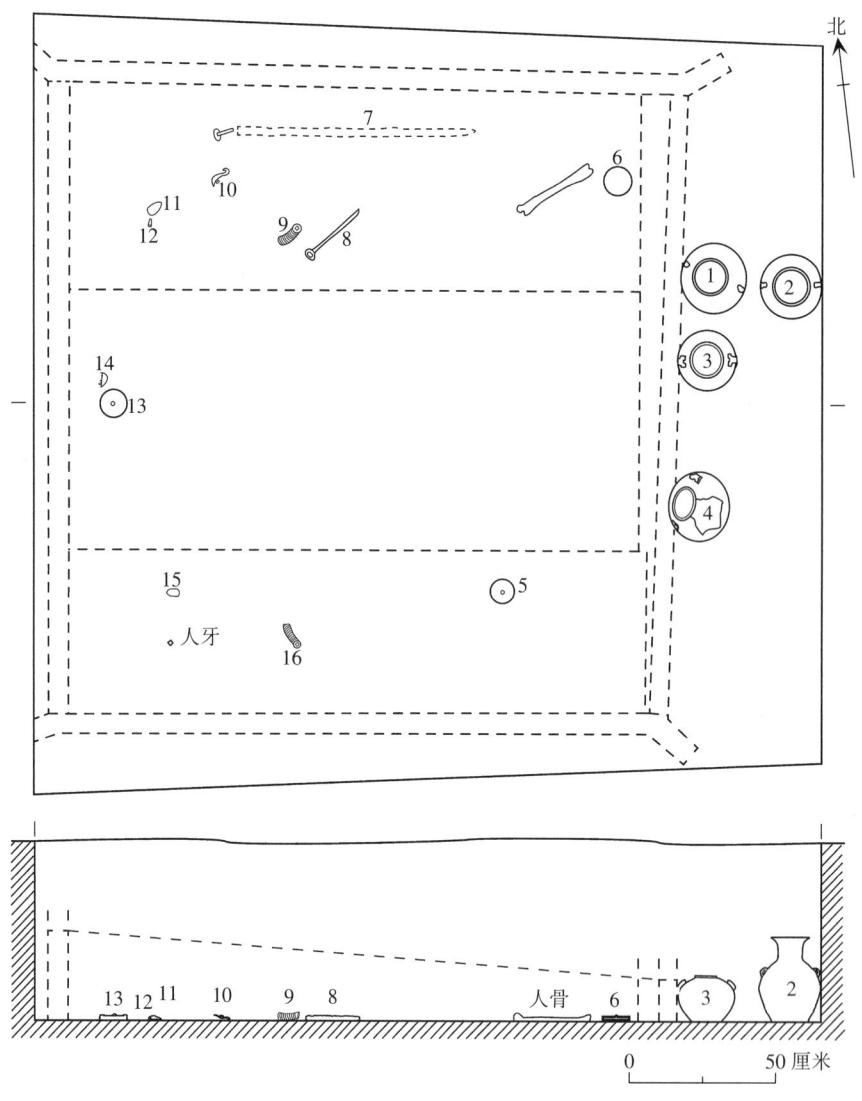

图 3－6－14a　军庄组一号 M63 平面、剖视图

1、2. 釉陶壶　3、4. 陶瓿　5、6、13. 铜镜　7. 铜剑首　8. 铜削　9、16. 铜钱　10. 铜带钩
11、15. 琉璃珌　12. 琉璃塞　14. 木梳

该墓共出土铜器、琉璃器、木器、陶器等各类遗物 16 件（组）。

1. 铜器

8 件（组）。器形为镜、带钩、剑首、削、铜钱。

镜　3 件。M63：5，出土于南棺东部。昭明镜。圆形，半圆纽，圆纽座。座外双弧弦纹与三角锥形丁各四组相间环列，其外饰八内向连弧纹，外圈两周短斜弦纹间饰一周铭文。铭文为"内而清而以而昭而明光而象而日月"。素缘。镜面微凸。面径8.4、背径8.2、纽高0.64、纽宽1.3、缘宽0.5、缘厚0.32、肉厚0.13 厘米。（图3－6－14b1；彩版六五，2）

M63：6，出土于北棺东部。昭明镜。圆形，半圆纽，圆纽座。座外三短弦纹四组相间环列，其外八内向连弧纹，外圈两周短斜弦纹间饰一周铭文。铭文为"内而清而以而昭而明而光而象而

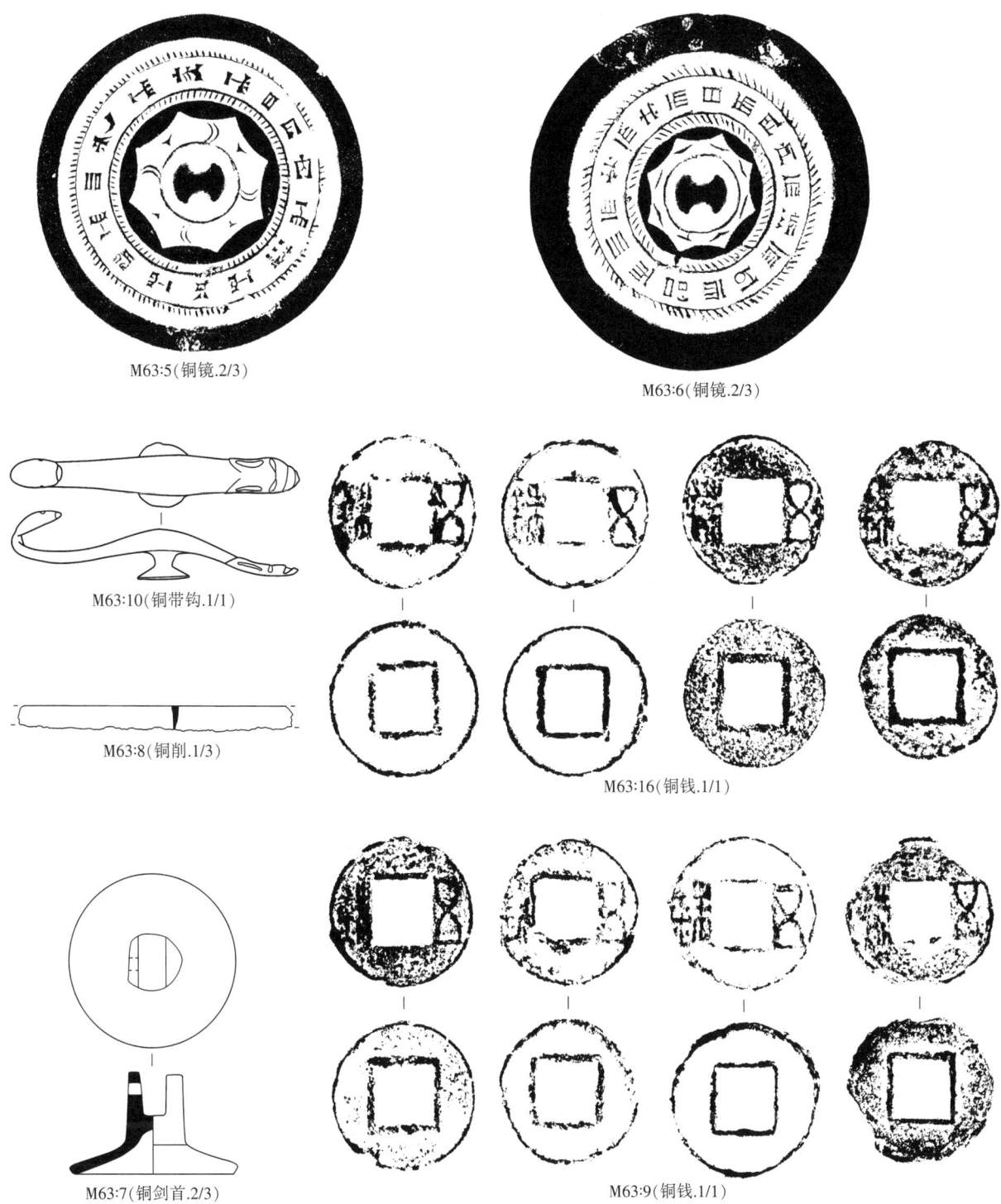

M63:5(铜镜.2/3)

M63:6(铜镜.2/3)

M63:10(铜带钩.1/1)

M63:8(铜削.1/3)

M63:16(铜钱.1/1)

M63:7(铜剑首.2/3)

M63:9(铜钱.1/1)

图3-6-14b1 军庄组一号 M63 出土器物图

日月"。宽素平缘。镜面微凸。面径8.7、背径8.5、纽高0.67、纽宽1.3、缘宽0.82、缘厚0.4、肉厚0.14厘米。（图3-6-14b1；彩版六五，3）

M63：13，出土于中棺西部，器残损严重，几成碎屑，纹饰、尺寸不明。

带钩　1 件。M63：10，出土于北棺中西部。钩首兽形，通体窄长，最大径在腹部，背中部有一纽柱，下接一圆形纽。长 4.8、宽 0.5 厘米。（图 3 - 6 - 14b1；彩版六五，4）

剑首　1 件。M63：7，出土于中棺北部。此处原本应置铁剑一柄，剑身完全锈蚀，仅存铜剑首。剑首喇叭形，首柄相接处呈"U"字形，左侧有一眼，似起固定剑柄之用。剑首底径 4、高 2.4 厘米。（图 3 - 6 - 14b1；彩版六五，6）

削　1 件。M63：8，出土于北棺中部。两端皆残。长条形，上下平直，直背，单面刃，断面呈三角形。残长 13.6、残宽 1.3、背厚 0.4 厘米。（图 3 - 6 - 14b1；彩版六五，5）

铜钱　2 组。M63：9，出土于北棺中部。共 11 枚，五铢钱，形制、尺寸均同。钱径 2.5、穿径 1 厘米。（图 3 - 6 - 14b1）

M63：16，出土于南棺中部。共 12 枚，五铢钱，形制、尺寸均同。钱径 2.3、穿径 1 厘米。（图 3 - 6 - 14b1）

2. 琉璃器

3 件。器形为玲、塞。

玲　2 件。M63：11 出土于北棺西部，M63：15 出土于南棺西部。均残损严重，呈粉末状，形制、纹饰不明，无法复原。

塞　1 件。M63：12，出土于北棺西部。残损严重，无法复原。

3. 木器

1 件。器形为梳。

梳　1 件。M63：14，出土于中棺西部。残损严重，无法复原。

4. 陶器

4 件。器形为壶、瓿，均出土于椁室东侧墓坑内。

壶　2 件。M63：1，器身上半部施青黄釉。口沿残，敞口，圆唇，直颈，溜肩，鼓腹内收，矮圈足。肩两侧各饰一耳，耳面叶脉纹。颈部饰一周密集水波纹带，肩腹饰凹弦纹。口径 26、底径 22、高 52 厘米。（图 3 - 6 - 14b2；彩版六六，1）

M63：2，器表红黑相杂，未见明显施釉痕迹，推测为脱釉现象。口沿残，敞口，圆唇，直颈，溜肩，斜腹内收，矮圈足。肩两侧各饰一耳，耳面叶脉纹。颈部饰一周凹弦纹，下饰密集水波纹带。肩部饰若干凹弦纹。口径 26、底径 25、高 56 厘米。（图 3 - 6 - 14b2；彩版六六，2）

瓿　2 件。M63：3，红陶，陶质坚硬，火候较高。小口内敛，尖圆唇，斜沿，短直颈，圆肩，鼓腹斜收，平底内凹。肩两侧各贴塑一耳，耳面刻划弦纹。素面。口径 22、底径 18、高 40 厘米。（图 3 - 6 - 14b2；彩版六六，3）

M63：4，红陶，陶质坚硬，火候较高。圆唇内敛，斜沿，圆肩，鼓腹内收，平底内凹。肩两侧各饰一耳，耳面纹饰模糊不清。素面。口径和底径相同，均为 20 厘米，高 40 厘米。（图 3 - 6 - 14b2；彩版六六，4）

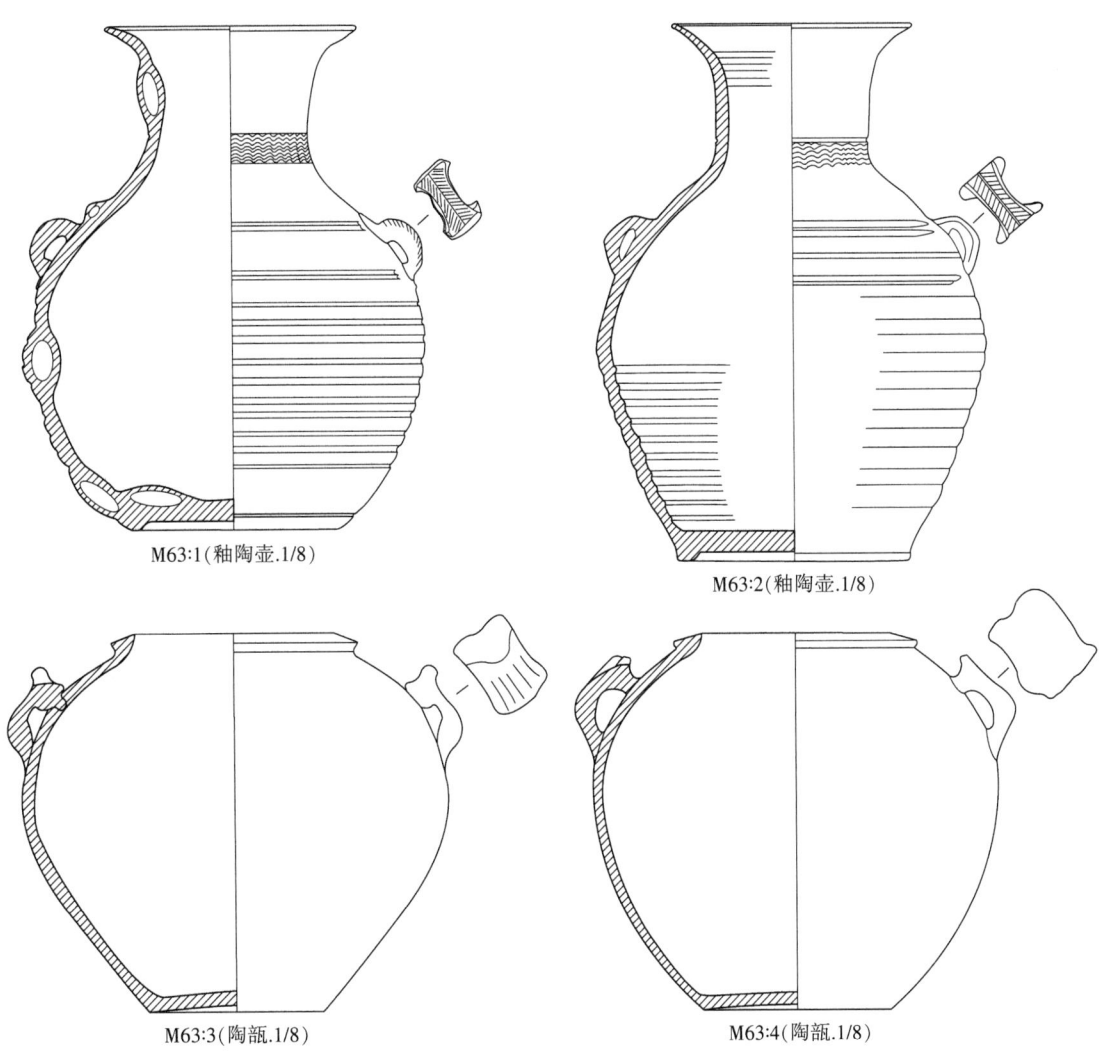

M63:1(釉陶壶.1/8)

M63:2(釉陶壶.1/8)

M63:3(陶瓿.1/8)

M63:4(陶瓿.1/8)

图 3 - 6 - 14b2　军庄组一号 M63 出土器物图

十五、64 号墓（M64）

M64 位于军庄组一号取土场墓地西部。清理前，墓坑上部已被高速公路施工方破坏，开口距现地表深度不明，随葬品组合未受扰动。

墓葬形制为长方形竖穴土坑，开口长 256、宽 140 厘米，残深 102 厘米。方向 5°。（图 3 - 6 - 15a；彩版六七，1）

葬具为一椁一棺，木结构基本朽尽。从朽痕可知，椁位于墓坑底部正中，长 226、宽 120、残高 46 厘米。棺位于椁室西部，长 204、宽 54、残高 19.4 厘米。

该墓共出土铜器、陶器等各类遗物 4 件。

1. 铜器

1 件。器形为镜。

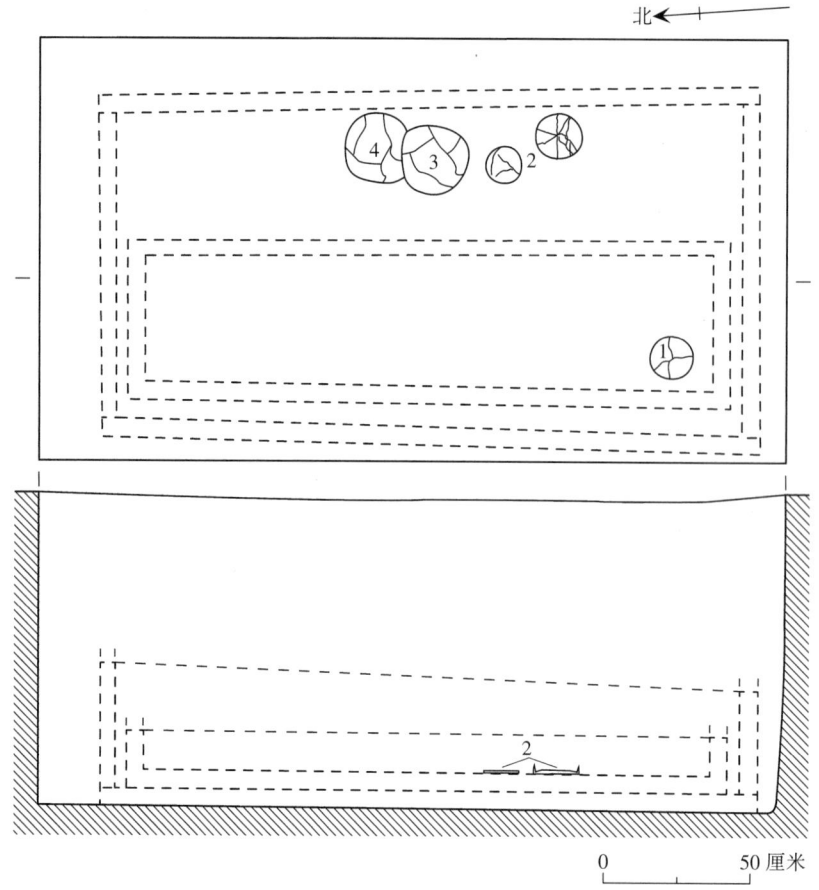

图 3 - 6 - 15a　军庄组一号 M64 平面、剖视图
1. 铜镜　2. 陶罐　3、4. 陶壶

镜　1 件。M64：1，出土于棺内南部。双圈铭文镜。圆形，半圆纽，并蒂连珠纹纽座。座外饰凸弦纹细圈带两周，其间饰铭文一周，外圈两周短斜弦纹间饰另一周铭文。内圈铭文内容为"见日之光长毋相忘"，外圈内容为"内清质以昭明光辉象夫而……杨而愿忠……而不泄"。宽素平缘。镜面微凸。面径 14、背纽 13.8、纽高 0.78、纽宽 1.75、缘宽 0.9、缘厚 0.46、肉厚 0.17 厘米。（图 3 - 6 - 15b；彩版六七，2）

2. 陶器

3 件。器形为壶、罐。均出土于东边箱中部。

壶　2 件。M64：3，灰陶。残损严重，无法复原。

M64：4，红陶。残损严重，无法复原。

罐　1 件。M64：2，灰陶。覆平顶钵形盖，平顶较宽。罐身敛口，弧肩，鼓腹内收，平底内凹。肩部各饰两錾。罐盖口径 15.2、高 3.4 厘米，罐身口径 11、底径 14、高 12.6 厘米。（图 3 - 6 - 15b；彩版六七，3）

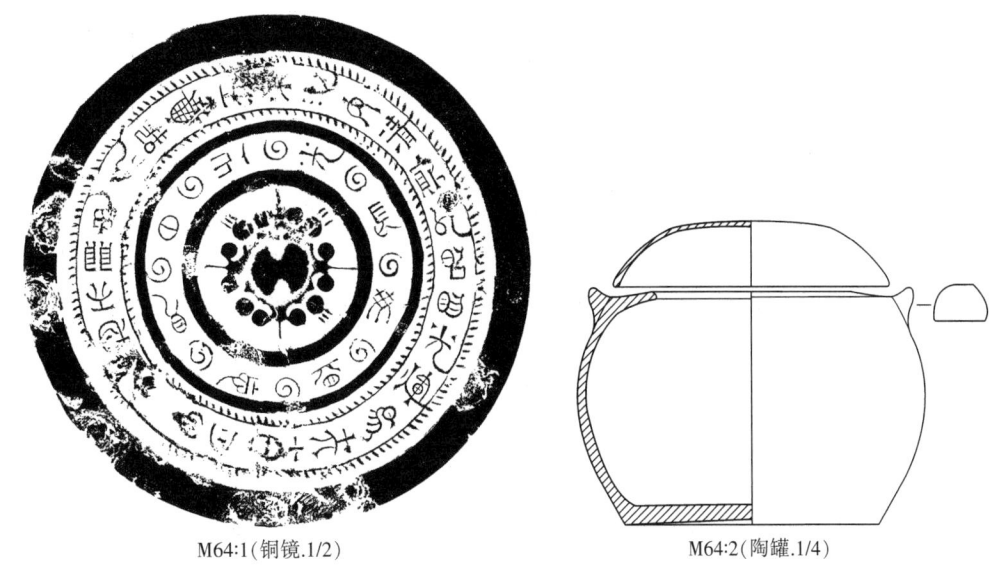

M64:1(铜镜.1/2)　　　　　　　　M64:2(陶罐.1/4)

图 3 - 6 - 15b　军庄组一号 M64 出土器物图

十六、65 号墓（M65）

　　M65 位于军庄组一号取土场墓地东南部，南面与 M66 相邻。清理前，墓坑大部已被高速公路施工方破坏，随葬品未受扰动。

　　墓葬形制为长方形竖穴土坑，长201、宽54 厘米，残深9.3 厘米，方向 270°。（图 3 - 6 - 16；彩版六七，4）

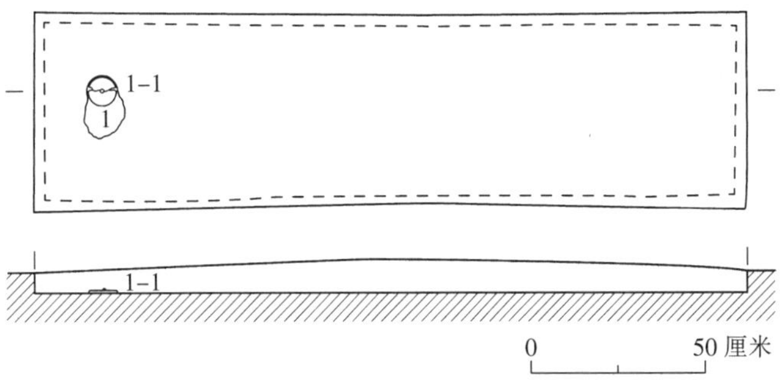

　　葬具为单棺，腐朽殆尽。从板灰痕迹看，棺位于墓坑底中部，长195、宽47 厘米。

　　该墓共出土铜器、漆器等各类遗物共 2 件。均出土于棺室西部。

图 3 - 6 - 16　军庄组一号 M65 平面、剖视图
1. 漆奁　1 - 1. 铜镜

1. 铜器

1 件。器形为镜。

镜　1 件。M65：1 - 1，出土于棺室西部漆奁（M65：1）旁。残损严重，无法复原。

2. 漆器

1 件。器形为奁。

奁　1 件。M65：1，残损严重，无法复原。

十七、66 号墓（M66）

　　M66 位于军庄组一号取土场墓地东南角，北面与 M65 相邻。清理前，墓坑大部已被高速公路施工方破坏，开口距现地表深度不明，随葬品未受扰动。

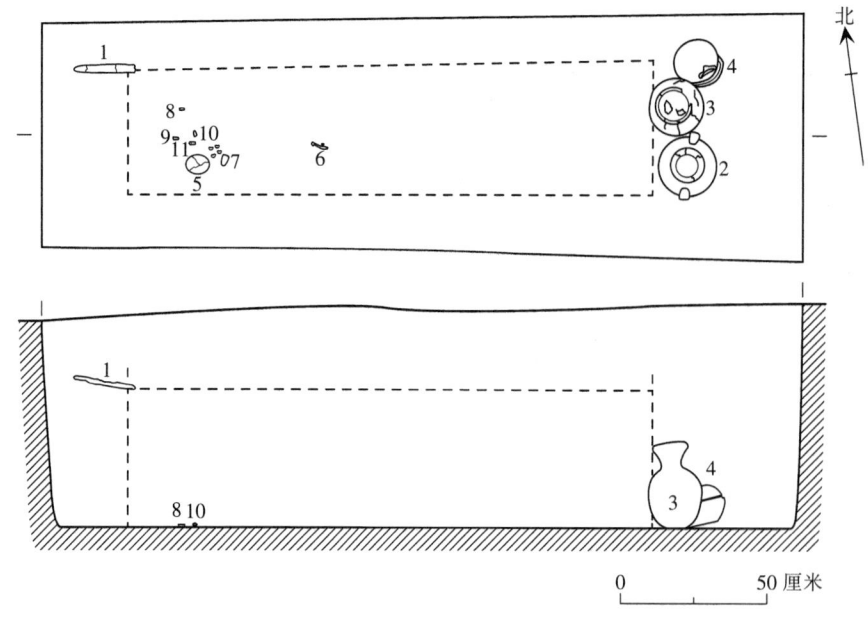

图 3 - 6 - 17a　军庄组一号 M66 平面、剖视图

1. 铁矛　2. 陶瓿　3. 陶壶　4. 陶盒　5. 铜镜　6. 铜带钩　7. 琉璃玲　8 ~ 11. 琉璃塞

墓葬形制为长方形竖穴土坑，开口长 263、宽 84 厘米，残深 75 厘米。方向 278°。（图 3 - 6 -
17a；彩版六八，1）

葬具为单棺，木结构基本朽尽。从朽痕可知，棺位于墓坑中部偏西，棺长 182、宽 44、残高
46 厘米。

该墓共出土铜器、铁器、琉璃器、陶器等各类遗物 11 件。

1. 铜器

2 件。器形为镜、带钩。

镜　1 件。M66：5，出土于棺室西部。残损严重，纹饰不明。

带钩　1 件。M66：6，出土于棺内中部。锈残。钩首琵琶形，背中部有一纽柱，纽柱粗短，
下接一圆纽。素面。通体长 5.1、宽 1.1 厘米。（图 3 - 6 - 17b；彩版六八，2）

2. 铁器

1 件。器形为矛。

矛　1 件。M66：1，出土于墓坑西侧棺室之上。矛柄已朽，仅存铁质矛头，锈蚀严重，矛叶
残缺，尖峰，上部断面呈尖三角形，下部呈圆柱状，中空，断面呈圆环形。中空部位应为安插矛
柄之用。矛头残长 21、底面直径 2.8、中空部位直径 0.9 厘米。（图 3 - 6 - 17b；彩版六八，3）

3. 琉璃器

5 件。器形为玲、塞。

玲　1 件。M66：7，出土于棺内西部。残损严重，形状、纹饰不明。正面隆起。残长 2.3、残
宽 1.6、残厚 0.7 厘米。（图 3 - 6 - 17b；彩版六八，4）

塞　4 件。均出土于棺内西部。从出土位置判断，M66：8 和 M66：9 为耳塞，M66：10 和
M66：11 为鼻塞。四件窍塞形制尺寸同，皆为圆柱状，上宽下窄，均有不同程度的残损。顶面直

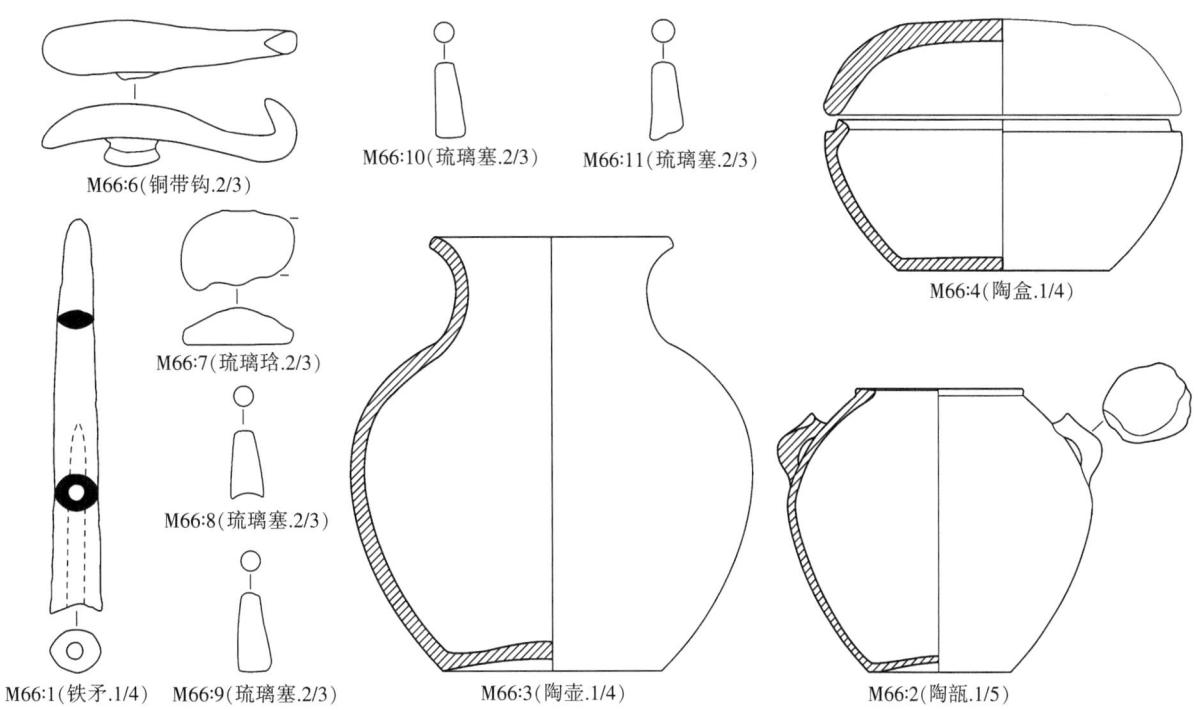

M66:6(铜带钩.2/3)

M66:10(琉璃塞.2/3)　　M66:11(琉璃塞.2/3)

M66:4(陶盒.1/4)

M66:7(琉璃珰.2/3)

M66:8(琉璃塞.2/3)

M66:1(铁矛.1/4)　　M66:9(琉璃塞.2/3)　　M66:3(陶壶.1/4)　　M66:2(陶瓿.1/5)

图 3 - 6 - 17b　军庄组一号 M66 出土器物图

径 0.4、底面直径 0.6、高 1.5 厘米。（图 3 - 6 - 17b；彩版六八，4）

4. 陶器

3 件。器形为盒、壶、瓿，均出土于棺外东侧。

盒 1 件。M66：4，红陶。覆钵形盖，平顶较宽。盒身子母口，敞口，尖圆唇，斜沿，内壁束颈，弧腹，平底。通体素面。器盖口径 18.8、高 5.7 厘米，盒身口径 17.6、底径 11.3、高 7.9 厘米。（图 3 - 6 - 17b）

壶 1 件。M66：3，红陶。敞口，圆唇，斜沿，直颈，圆肩，鼓腹内收，平底内凹。通体素面。口径 12.6、底径 11.7、高 22.6 厘米。（图 3 - 6 - 17b）

瓿 1 件。M66：2，红陶，陶质较疏松。圆唇内敛，斜沿，溜肩，弧腹内收，平底内凹。肩两侧各饰一耳，耳面纹饰不明。通体素面。口径 11.4、底径 9.8、高 19 厘米。（图 3 - 6 - 17b；彩版六八，5）

十八、67 号墓（M67）

M67 位于军庄组一号取土场墓地西北角。清理前，墓坑大部已被高速公路施工方破坏，开口距现地表深度不明，随葬品未受扰动。

墓葬形制为长方形竖穴土坑，开口长 253、宽 126 厘米，残深 50 厘米。方向 106°。（图 3 - 6 - 18；彩版六八，6）

葬具为单棺，木结构基本朽尽。从朽痕可知，棺位于墓坑中部，棺木长 190、宽 74、残高 11 厘米。该墓共出土铜器、铁器等遗物 2 件。

1. 铜器

1 件。器形为镜，出土于棺内东部。

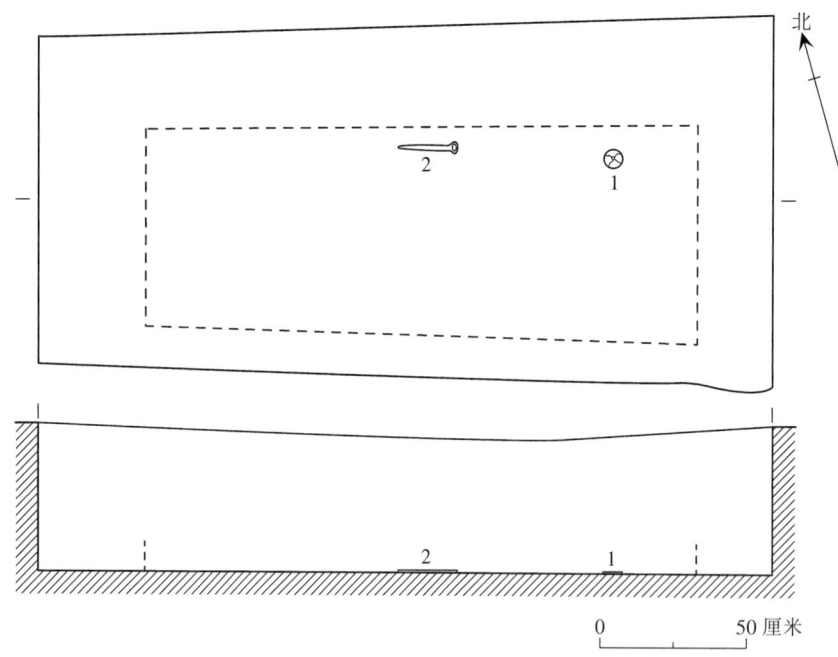

图 3 - 6 - 18　军庄组一号 M67 平面、剖视图
1. 铜镜　2. 铁削

镜　1 件。M67：1，残损严重，纹饰不明。残径约 10 厘米。

2. 铁器

1 件。器形为削，出土于棺内中部。

削　1 件。M67：2，环首。锈残严重，无法复原。残长 21 厘米。

十九、68 号墓（M68）

M68 位于军庄组一号取土场墓地东南角。清理前，墓坑大部已被高速公路施工方破坏，开口距现地表深度不明，随葬品未受扰动。

墓葬形制为长方形竖穴土坑，开口长 187、宽 65 厘米，残深 42 厘米。方向 275°。（图 3 - 6 - 19；彩版六八，7）

葬具为单棺，木结构基本朽尽。从朽痕可知，棺位于墓坑中部，棺长 163、宽 30、残高 10.5 厘米。

该墓共出土铜器 1 件。

铜器

1 件。器形为铜钱，出土于棺内中部。

铜钱　1 件。M68：1，残损锈残严重，钱文难以辨认。

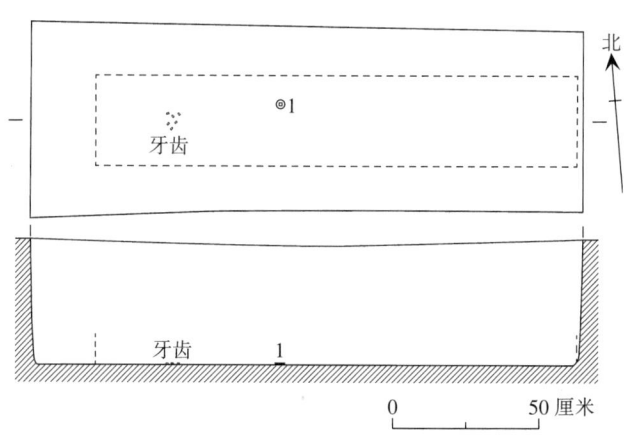

图 3 - 6 - 19　军庄组一号 M68 平面、剖视图
1. 铜钱

二十、69 号墓（M69）

M69 位于军庄组一号取土场墓地中北部，西面与 M48、M49 相邻。清理前，墓坑大部已被高速公路施工方破坏，开口距现地表深度不明，随葬品未受扰动。

墓葬形制为长方形竖穴土坑，开口长 267、宽 107 厘米，残深 69 厘米。方向 109°。（图 3 - 6 - 20a；彩版六九，1）

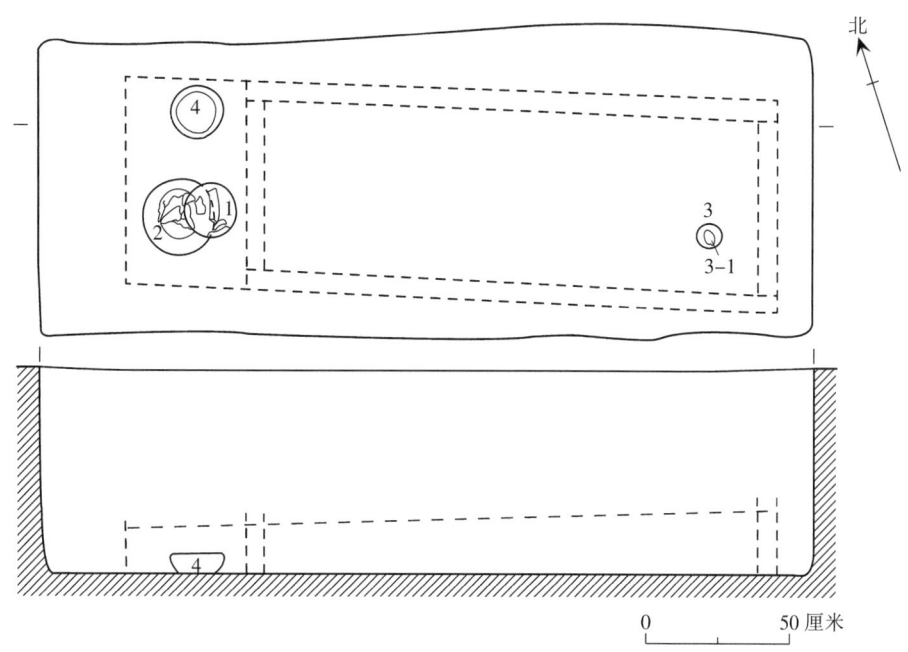

图 3 - 6 - 20a　军庄组一号 M69 平面、剖视图
1、4. 陶盒　2. 陶壶　3. 漆奁　3 - 1. 铜镜

葬具为一椁一棺，木结构基本朽尽。从朽痕可知，椁位于墓坑中部偏东，长 229、宽 81、残高 21 厘米。棺位于椁室东部，长 183、宽 70、残高 21 厘米。

该墓共出土铜器、漆器、陶器等各类遗物 5 件。

1. 铜器

1 件。器形为镜。

镜　1 件。M69：3 - 1，出土于棺室东部漆奁盒（M69：3）内。日光镜。圆形，半圆纽，圆纽座。座外饰八内向连弧纹，其外饰细凸弦纹两周，间饰铭文一周，铭文间以"の"形符号及小乳丁间隔。铭文为"见日之光长毋相忘"。窄缘。镜面微凸。面径 6.5、背径 6.3、纽高 0.6、纽宽 1.2、缘宽 0.16、缘厚 0.17、肉厚 0.09 厘米。（图 3 - 6 - 20b；彩版六九，2）

2. 漆器

1 件。器形为奁。

奁　1 件。M69：3，出土于棺室东部。残损严重，无法复原。

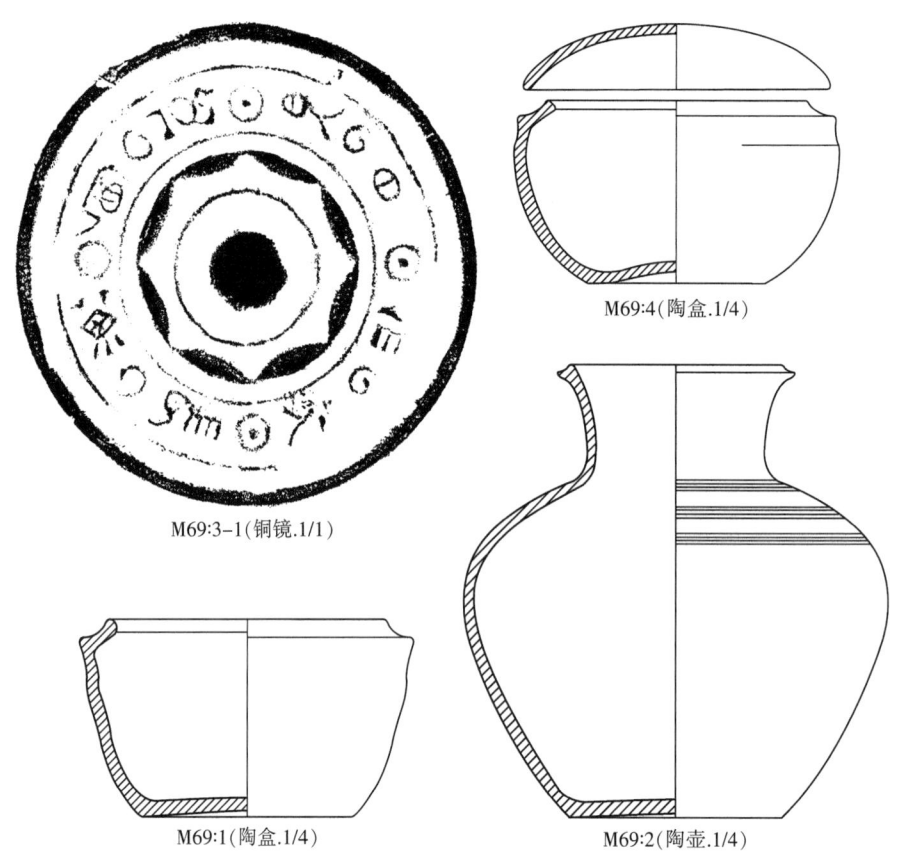

M69:3-1(铜镜.1/1)

M69:4(陶盒.1/4)

M69:1(陶盒.1/4)

M69:2(陶壶.1/4)

图 3 - 6 - 20b 军庄组一号 M69 出土器物图

3. 陶器

3 件。器形为盒、壶，均出土于西边箱内。

盒 2 件。M69：1，灰陶。盒盖不存。盒身子母口，圆唇内敛，斜腹内收，平底内凹。口径 15、底径 11、高 10 厘米。（图 3 - 6 - 20b；彩版六九，3）

M69：4，灰陶。圜顶覆钵形盖。盒身子母口，圆唇内敛，鼓腹内收，平底内凹。盒盖口径 16、高 3.5 厘米，盒身口径 14、底径 9、高 10 厘米。（图 3 - 6 - 20b；彩版六九，4）

壶 1 件。M69：2，灰陶。敞口，圆唇，斜沿，沿面内凹，直颈，圆肩，鼓腹内收，平底内凹。口径 11、底径 11、高 24 厘米。（图 3 - 6 - 20b；彩版六九，5）

附录

一、48 号墓（M48）

M48 位于军庄组一号取土场墓地北部，东面与 M69 相邻，西面与 M49 相邻。清理前，墓坑上部及棺椁结构顶部已被高速公路施工方破坏。

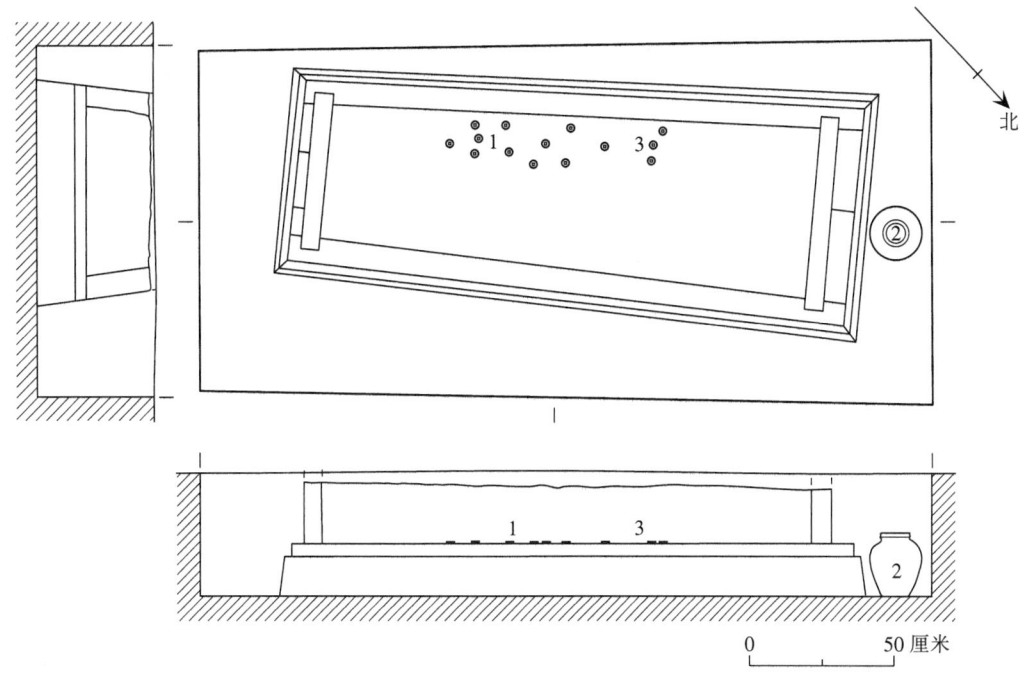

附图 3 – 6 – 1a　军庄组一号 M48 平面、剖视图
1、3. 铜钱　2. 陶罐

　　墓葬形制为长方形竖穴土坑，开口长 247、宽 115 厘米，残深 40 厘米。方向 320°。（附图 3 – 6 – 1a；彩版七〇，1）

　　葬具为一椁一棺，木结构保存较好。椁室平面近似梯形，长 198、南部宽 67.5、北部宽 82、残高 13 厘米。木棺平面形制与椁室同，长 190、南部宽 52、北部宽 63、残高 24 厘米。木棺底板由三块长方形木板南北向横铺而成，板长均为 190 厘米，板宽由西向东依次为 23、18、17 厘米，厚均为 3.9 厘米，侧板长 188、厚 21.8 厘米，前挡板长 82、后挡板长 51、厚均为 20.1 厘米。

　　该墓共出土铜器、陶器等遗物 3 件（组）。

　　1. 铜器

　　2 组。器形均为铜钱。

　　铜钱　2 组。M48∶1，均出土于棺内东侧。14 枚，开元通宝钱，尺寸、形制同。钱径 2.4、穿径 0.68 厘米。（附图 3 – 6 – 1b）

　　M48∶3，均出土于棺内东侧。7 枚，元丰通宝钱，尺寸、形制同。钱径 2.7、穿径 0.68 厘米。（附图 3 – 6 – 1b）

　　2. 陶器

　　1 件。器形为罐。

　　罐　1 件。M48∶2，出土于棺外北部。直口微侈，短颈，圆肩，斜弧腹，平底略内凹。器上部饰两组密集斜弦纹。口径 9.3、底径 9.2、高 22.4 厘米。（附图 3 – 6 – 1b；彩版七〇，2）

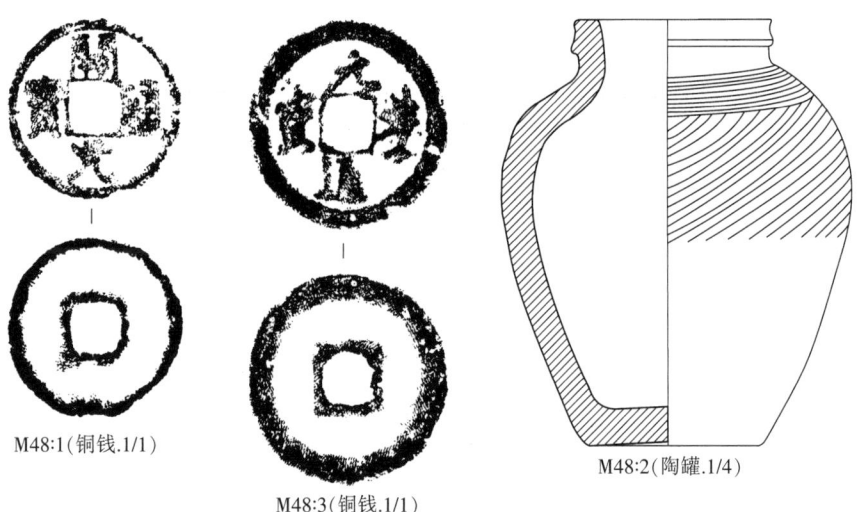

M48:1（铜钱.1/1）

M48:3（铜钱.1/1）

M48:2（陶罐.1/4）

附图 3 - 6 - 1b　军庄组一号 M48 出土器物图

二、49 号墓（M49）

　　M49 位于军庄组一号取土场墓地北部，东面与 M48 相邻。清理前，墓坑上部及棺椁结构顶部已被高速公路施工方破坏。

　　墓葬形制为长方形竖穴土坑，开口长 255、宽 106 厘米，残深 45 厘米。方向 315°。（附图 3 - 6 - 2a；彩版七〇，3）

　　葬具为一椁一棺，木结构保存较好。椁室平面近似梯形，长 205、南部宽 58、北部宽 73、残

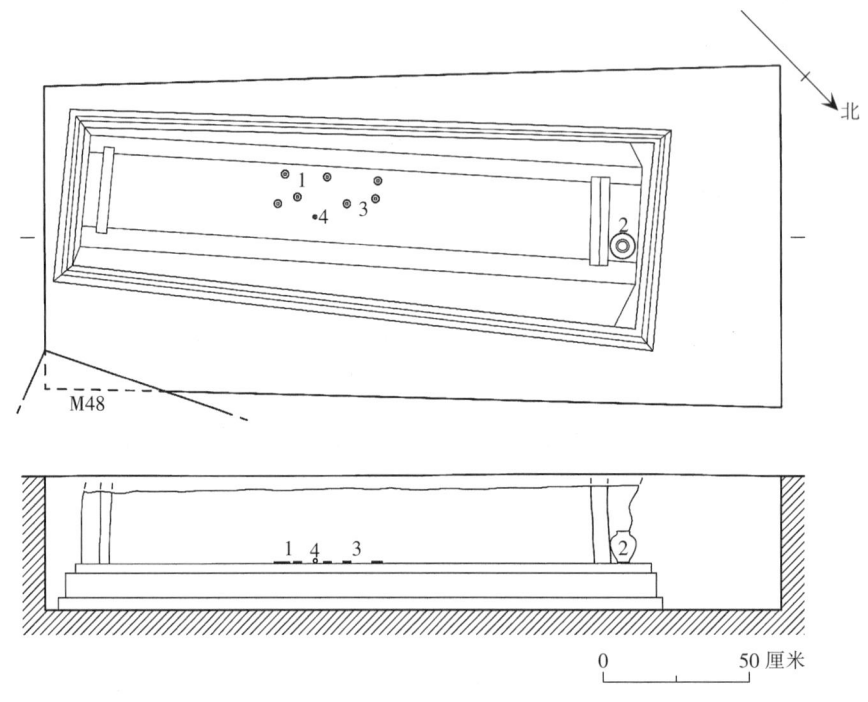

北

M48

0　　　　　　　50 厘米

附图 3 - 6 - 2a　军庄组一号 M49 平面、剖视图
1、3. 铜钱　2. 陶罐　4. 琉璃珠饰

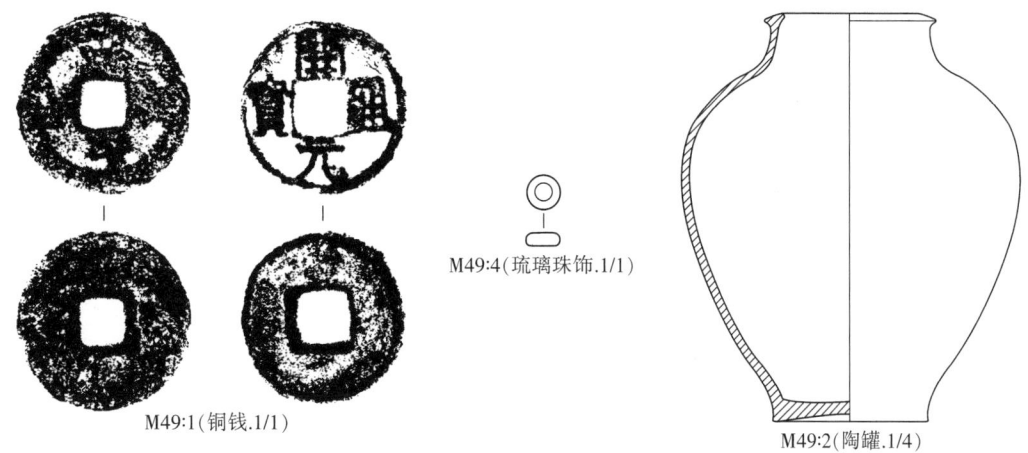

M49:4(琉璃珠饰.1/1)

M49:1(铜钱.1/1)

M49:2(陶罐.1/4)

附图 3 - 6 - 2b 军庄组一号 M49 出土器物图

高 12.1 厘米。棺平面形制与椁室同，长 199、宽 56、残高 27 厘米。木棺底板由五块长方形木板南北向横铺而成，板长均为 199 厘米，板宽由西向东依次为 12、10、14、11、11 厘米，厚均为 3.2 厘米，侧板长 192、厚 9.9 厘米，前、后挡板均长 29、厚均为 24 厘米。

该墓共出土铜器、琉璃器、陶器等遗物 4 件（组）。

1. 铜器

2 组。器形为铜钱。

铜钱 2 组。M49：1，出土于棺内北部。5 枚，开元通宝钱。钱径 2.3、穿径 0.65 厘米。（附图 3 - 6 - 2b）

M49：3，出土于棺外北端。2 枚，元丰通宝钱。钱径 1.5、穿径 0.4 厘米。

2. 琉璃器

1 件。器形为珠饰。

珠饰 1 件。M49：4，出土于棺内中北部。直径 0.5、穿径 0.2 厘米。（附图 3 - 6 - 2b）

3. 陶器

1 件。器形为罐。

罐 1 件。M49：2，出土于棺外北端。圆口，尖唇，短颈，圆肩，斜弧壁，平底内凹。口径 7.4、底径 8.6、高 21.6 厘米。（附图 3 - 6 - 2b；彩版七〇，4）

第七节 军庄组二号取土场墓地

军庄组二号取土场墓地位于盱眙县马坝镇东阳社区军庄居民组。金马高速公路东阳段进入现场施工后，军庄组西北部农田所在地成为取土场，施工过程中工人发现有古代墓葬。考古队进入现场后在施工范围内共清理发掘墓葬 35 座，根据工作顺序编号为 44 号墓（M44）、74～107 号墓（M74～M107）。（图 3 - 7 - 0）

墓地大体呈南北向长方形，长 71、宽 53 米，位于东阳城大城东北角北侧 80 米处。发掘前，该区域地势平坦，为水稻田。

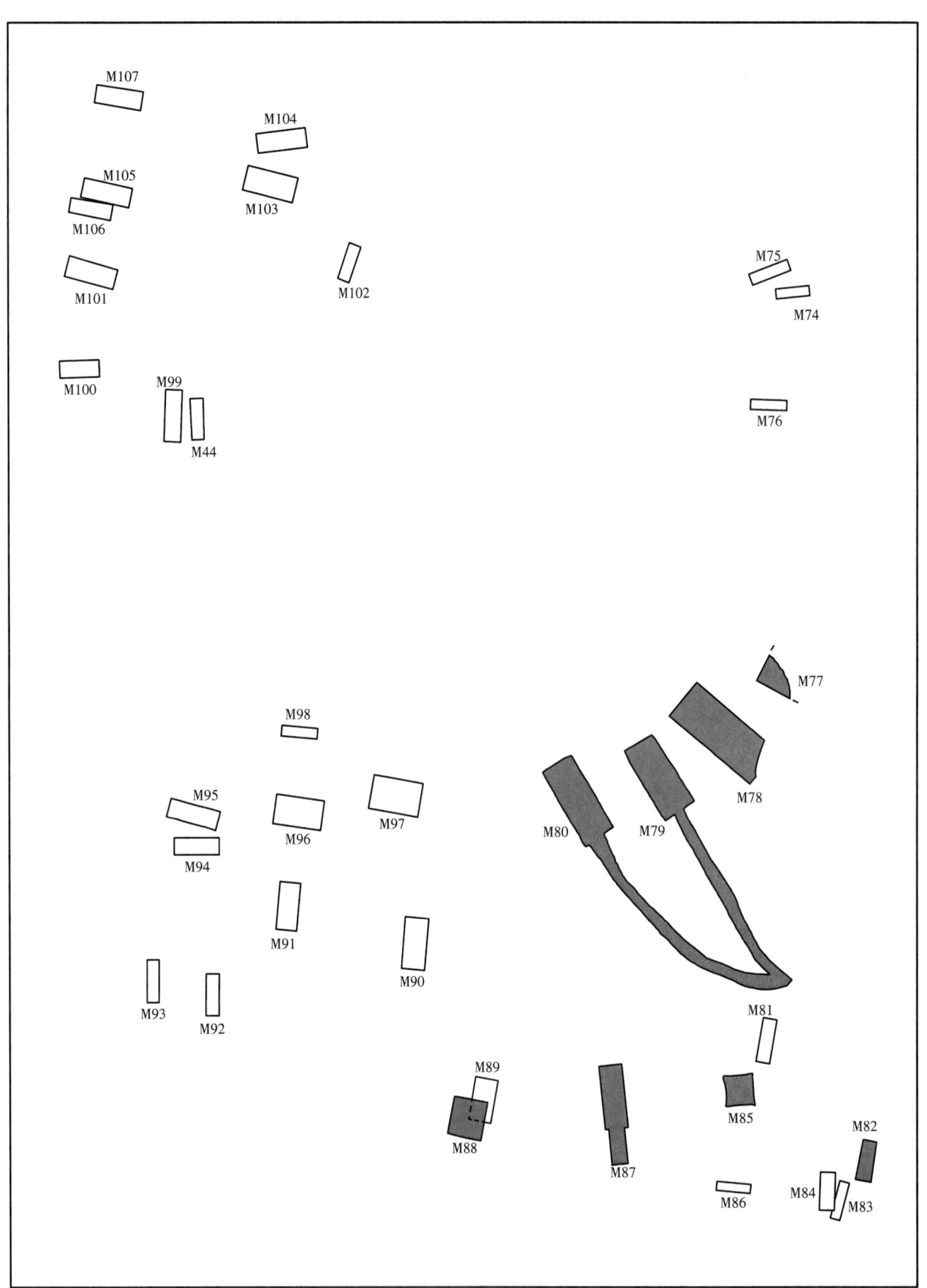

北

M107

M104

M105
M106

M103

M101

M102

M75
M74

M100

M99
M44

M76

M98

M77

M95
M94

M96

M97

M78

M80   M79

M91

M90

M81

M93

M92

M89

M85

M88

M82

M87

M84

M86

M83

0   6 米

图 3-7-0 军庄组二号取土场墓地墓葬平面分布图

一、44 号墓（M44）

M44 位于军庄组二号取土场墓地西北区域，西面与 M99 相邻。清理前，墓坑大部已被高速公路施工方破坏，开口距现地表深度不明，墓坑仅剩约 10 厘米深墓底，随葬品组合也遭受扰动。

墓葬形制为长方形竖穴土坑，开口长 229、宽 74 厘米，残深 10 厘米。方向 357°。（图 3 – 7 – 1a；彩版七一，1）

葬具为单棺，木结构基本朽尽。从朽痕可知，木棺置于墓坑底部正中，长 195、宽 46 厘米。

该墓共出土漆器、琉璃器、陶器等遗物 3 件。

1. 漆器

1 件。器形不明。

残漆器　1 件。M44：2，出土于棺内北端。器残朽严重，仅存漆皮，器形、纹饰皆不明。

2. 琉璃器

1 件。器形为琀。

琀　1 件。M44：3，出土于棺内北端。器残朽严重，形制、尺寸皆不明。

3. 陶器

1 件。器形为罐。

罐　1 件。M44：1，出土于棺外南端。釉陶。残损严重，仅保留器物底部，无法复原。底径 11.2 厘米。（图 3 – 7 – 1b）

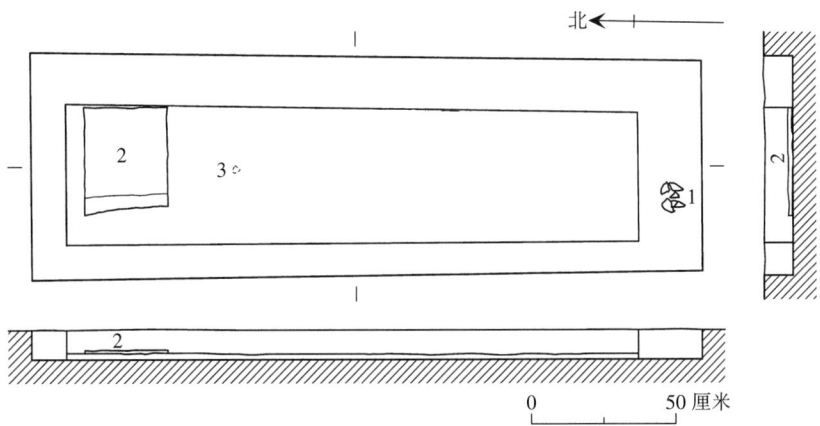

图 3 – 7 – 1a　军庄组二号 M44 平面、剖视图
1. 釉陶罐　2. 残漆器　3. 琉璃琀

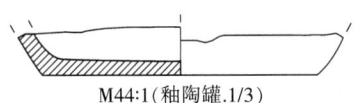

M44：1（釉陶罐.1/3）

图 3 – 7 – 1b　军庄组二号 M44 出土器物图

二、74 号墓（M74）

　　M74 位于军庄组二号取土场墓地东北部，北面与 M75 相邻，南面与 M76 相邻。清理前，墓坑大部已被高速公路施工方破坏，开口距现地表深度不明，但墓坑底部未受扰动。

　　墓葬形制为长方形竖穴土坑，开口长 236、宽 66 厘米，残深 145 厘米。方向 100°。（图 3 - 7 - 2a；彩版七一，2）

　　墓葬葬具不明。

　　该墓出土铁器 1 件。

铁器

　　1 件。器形为剑。

　　剑　1 件。M74：1，出土于墓坑底北部。整器残损严重。残长 18.8、格宽 4.6 厘米。（图 3 - 7 - 2b；彩版七一，3）

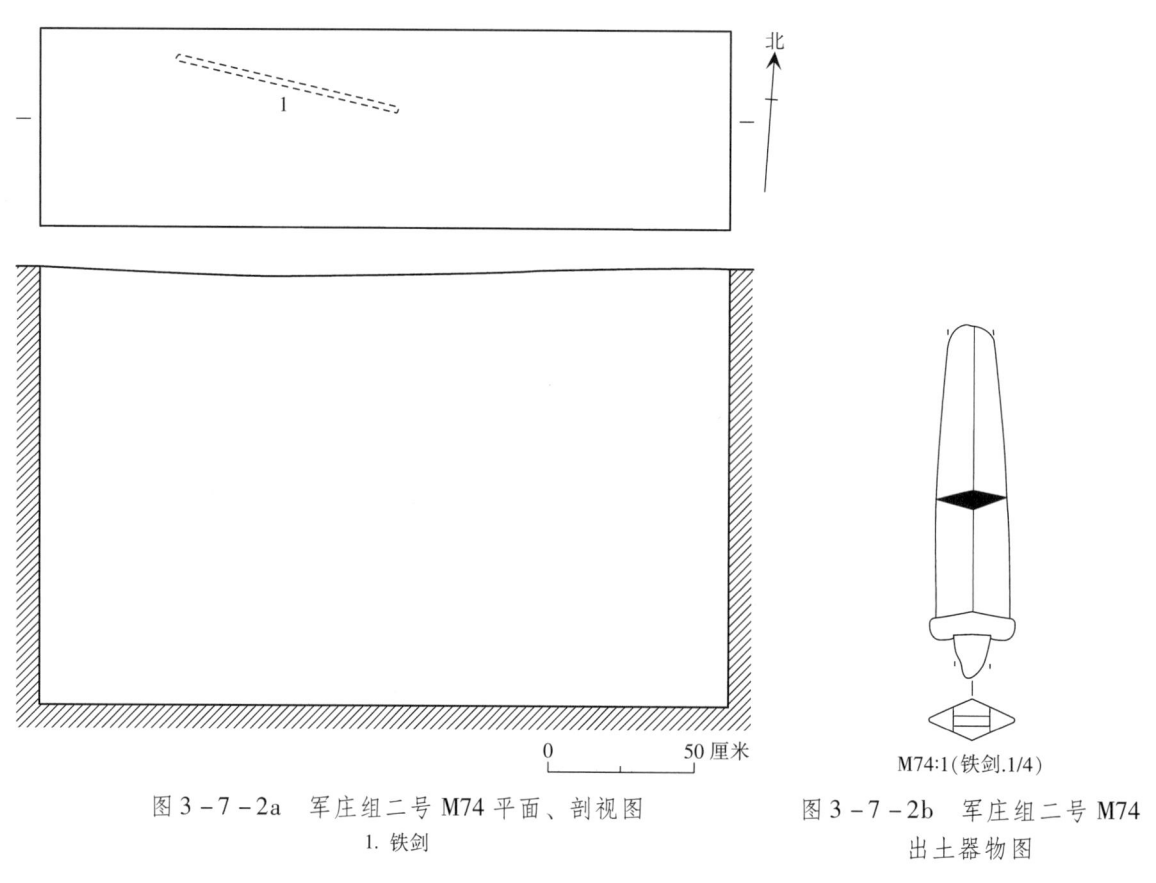

0　　　　　　50 厘米

图 3 - 7 - 2a　军庄组二号 M74 平面、剖视图
1. 铁剑

M74:1（铁剑.1/4）

图 3 - 7 - 2b　军庄组二号 M74
出土器物图

三、75 号墓（M75）

　　M75 位于军庄组二号取土场墓地东北部，南面与 M74 相邻。清理前，墓坑大部已被高速公路施工方破坏，开口距现地表深度不明，墓坑底部仅存深度约 20 厘米。

　　墓葬形制为长方形竖穴土坑，开口长 195、宽 56 厘米，残深 22 厘米。方向 70°。（图 3 - 7 - 3；彩版七一，4）

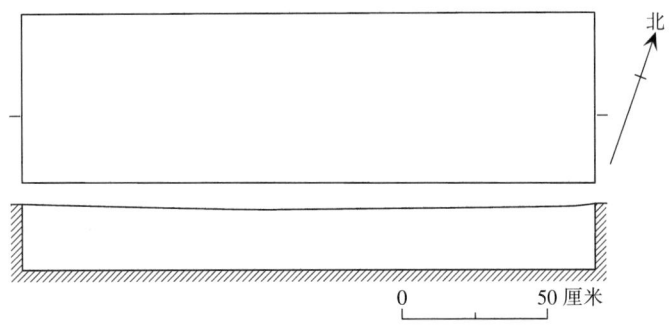

0   50 厘米

图 3 - 7 - 3 军庄组二号 M75 平面、剖视图

该墓葬具不明，亦未出土任何遗物。

四、76 号墓（M76）

M76 位于军庄组二号取土场墓地东北部，北面与 M74 相邻。清理前，墓坑大部已被高速公路施工方破坏，开口距现地表深度不明，但墓坑底部未受扰动。

墓葬形制为长方形竖穴土坑，开口长 210、宽 57 厘米，残深 95 厘米。方向 91°。（图 3 - 7 - 4；彩版七一，5）

该墓葬具不明，亦未出土任何遗物。

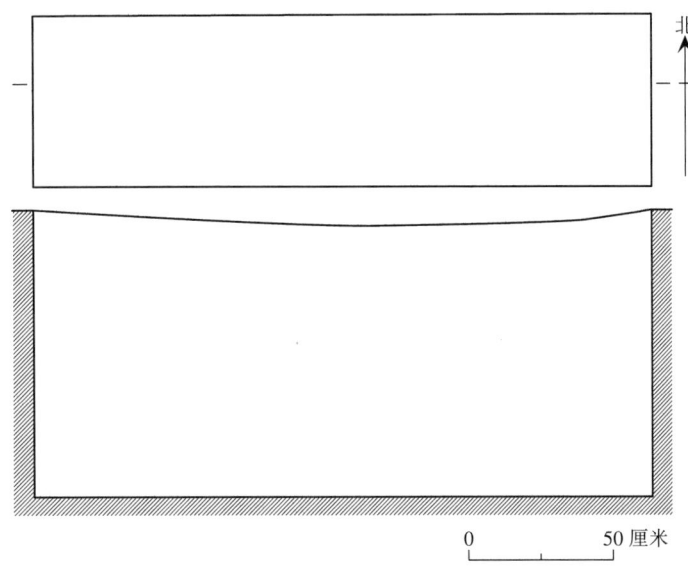

0   50 厘米

图 3 - 7 - 4 军庄组二号 M76 平面、剖视图

五、81 号墓（M81）

M81 位于军庄组二号取土场墓地东南部，南面与 M85 相邻。清理前，墓坑开口有部分已被高速公路施工方破坏，开口距现地表深度不明，随葬品组合未受扰动。

墓葬形制为长方形竖穴土坑，开口长 248、宽 79 厘米，残深 139 厘米。方向 10°。（图 3 - 7 - 5a；彩版七二，1）

图 3 - 7 - 5a 军庄组二号 M81 平面、剖视图
1. 铜镜 2. 陶盒 3. 陶鼎

葬具为一椁一棺。从残存木结构可知，椁置于墓坑底部正中，椁平面呈长方形，长 228、宽 70、残高 22 厘米，椁底板厚 4.6 厘米。棺由整木斫成，长 164、宽 60 厘米，高度不明。边箱位于木棺北侧，长 42、宽 60 厘米，高度不明。

该墓共出土铜器、陶器等遗物 3 件。

1. 铜器

1 件。器形为镜。

镜 1 件。M81：1，出土于棺内南部。圆形，连峰纽，圆纽座，星云纹镜。座外单弧弦纹和半圆扇面纹各四组相间排列，其外一周十六内向连弧纹，外饰两周凸弦纹，间以四枚并蒂连珠纹底座乳丁，乳丁间各施七枚小乳丁，相互间以弧线相连。镜面直径 10.2、纽高 0.9、纽宽 1.8、肉厚 0.14 厘米。（图 3 - 7 - 5b；彩版七二，2）

2. 陶器

2 件。器形为鼎、盒。

鼎 1 件。M81：3，出土于棺外北部边箱。圆唇，敛口，斜弧腹，平底。口部置一对素面耳。口径 14.2、底径 13.5、高 13.2 厘米。（图 3 - 7 - 5b；彩版七二，3）

盒 1 件。M81：2，出土于棺外北部边箱。覆平底钵形盖。盒身子母口，尖圆唇，敛口，斜弧腹，平底内凹。盖口径 22.6、高 4.9 厘米，盒身口径 21.2、底径 21.2、高 20.4 厘米。（图 3 - 7 - 5b）

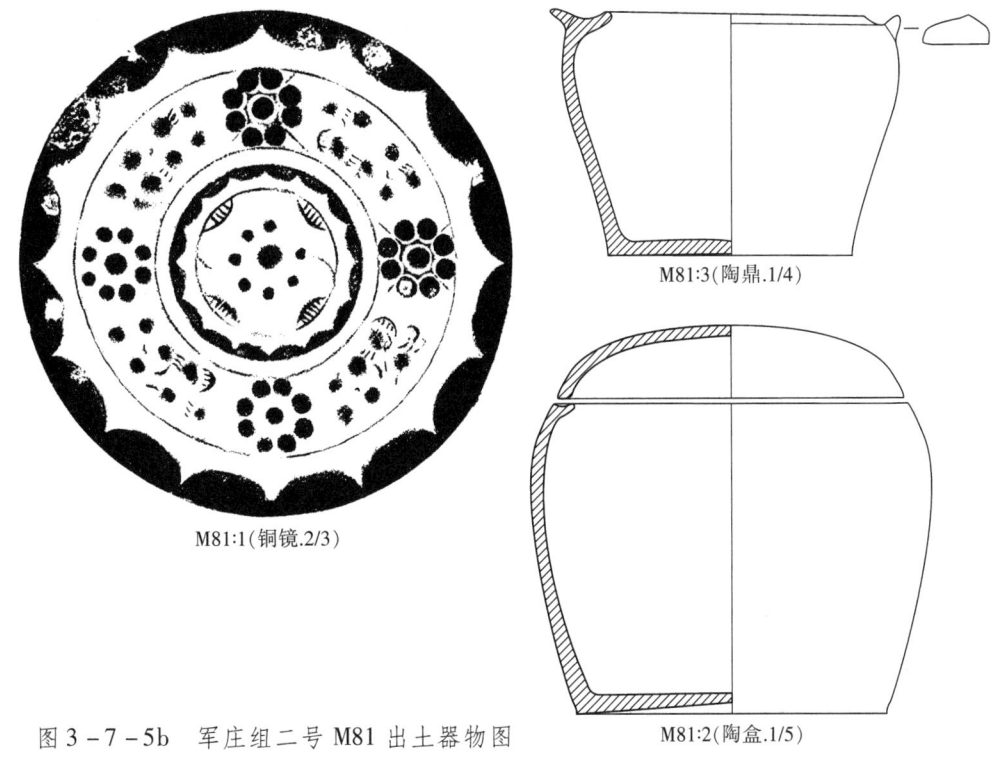

M81:1(铜镜.2/3)

M81:3(陶鼎.1/4)

M81:2(陶盒.1/5)

图 3 - 7 - 5b　军庄组二号 M81 出土器物图

六、83 号墓（M83）

M83 位于军庄组二号取土场墓地东南部，北面与 M82 相邻，西面与 M84 相邻并打破。清理前，墓坑开口部分已被高速公路施工方破坏，开口距现地表深度不明，墓坑底部棺椁部分未受到扰动。

墓葬形制为长方形竖穴土坑，开口长 214、宽 56 厘米，残深 99 厘米。方向 15°。（图 3 - 7 - 6；彩版七二，4）

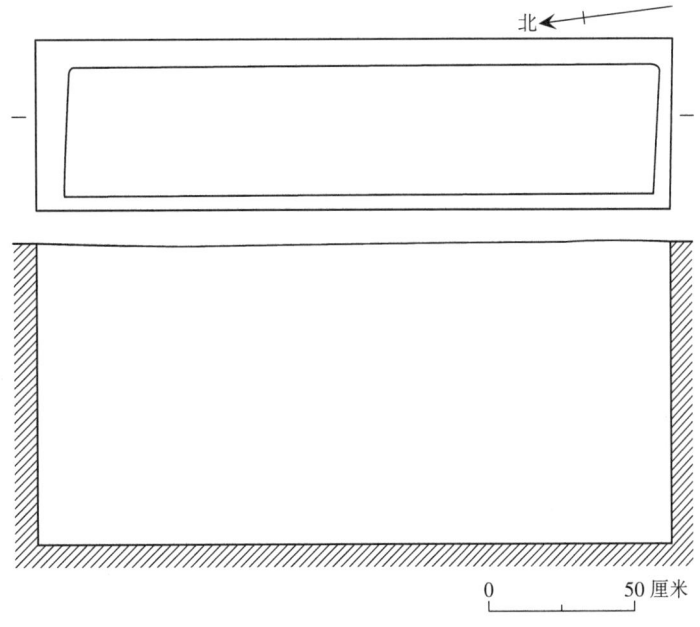

北

0　　　　50 厘米

图 3 - 7 - 6　军庄组二号 M83 平面、剖视图

葬具为单棺，仅木棺底板尚有残留。从残存朽痕可知，棺残长199、宽43厘米。

墓葬虽经仔细清理，但墓室内未出土任何遗物。

七、84号墓（M84）

M84位于军庄组二号取土场墓地东南部，东面与M83相邻，并打破M83。清理前，墓坑开口部分已被高速公路施工方破坏，开口距现地表深度不明，墓坑底部棺椁部分未受到扰动。

墓葬形制为长方形竖穴土坑，开口长212、宽87厘米，残深179厘米。方向2°。（图3-7-7a；彩版七二，5）

因墓坑底部木结构残损严重，具体葬具无法得知。

该墓共出土陶器2件。

陶器

2件。器形为壶、罐，均出土于墓坑南部。

壶　1件。M84:1，侈口，束颈，圆肩，斜弧腹，平底内凹。腹部有弦纹。口径11.9、底径14、高24.8厘米。（图3-7-7b）

罐　1件。M84:2，残损严重，无法复原，形制与尺寸皆不明。

图3-7-7a　军庄组二号M84平面、剖视图
1. 陶壶　2. 陶罐

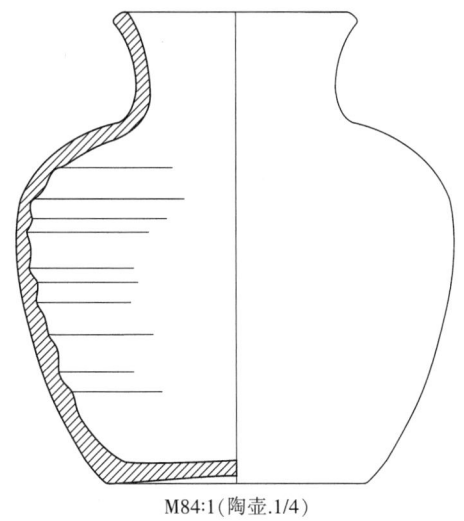

M84:1(陶壶.1/4)

图 3－7－7b 军庄组二号 M84 出土器物图

八、86 号墓（M86）

M86 位于军庄组二号取土场墓地南部，北面与 M85 相邻，南面与 M84 相邻，西面与 M87 相邻。清理前，墓坑开口大部已被高速公路施工方严重破坏，开口距现地表深度不明，墓坑底部随葬品组合受到扰动。

墓葬形制为长方形竖穴土坑，开口长 180、宽 46 厘米，残深 20 厘米。方向 95°。（图 3－7－8；彩版七三，1）

该墓葬具不明，墓室内亦未出土任何遗物。

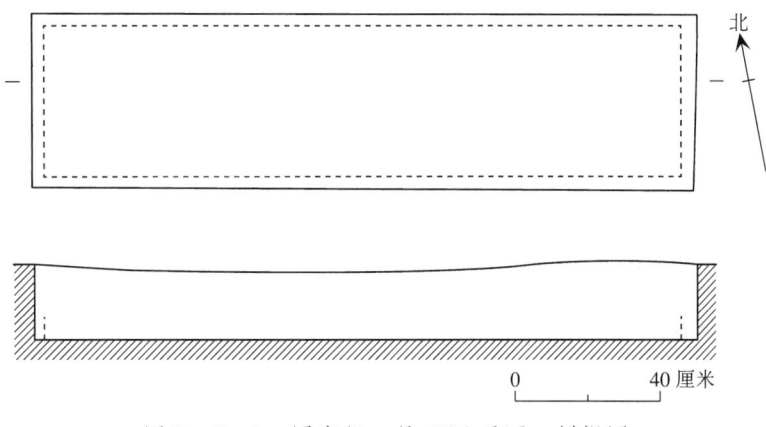

北

0   40厘米

图 3－7－8 军庄组二号 M86 平面、剖视图

九、89 号墓（M89）

M89 位于军庄组二号取土场墓地南部，南面与 M88 相邻，并被 M88 打破。清理前，墓坑开口已被高速公路施工方破坏，开口距现地表深度不明，随葬品组合未受扰动。

墓葬形制为长方形竖穴土坑，开口长 236、宽 130 厘米，残深 103 厘米。方向 10°。（图 3－

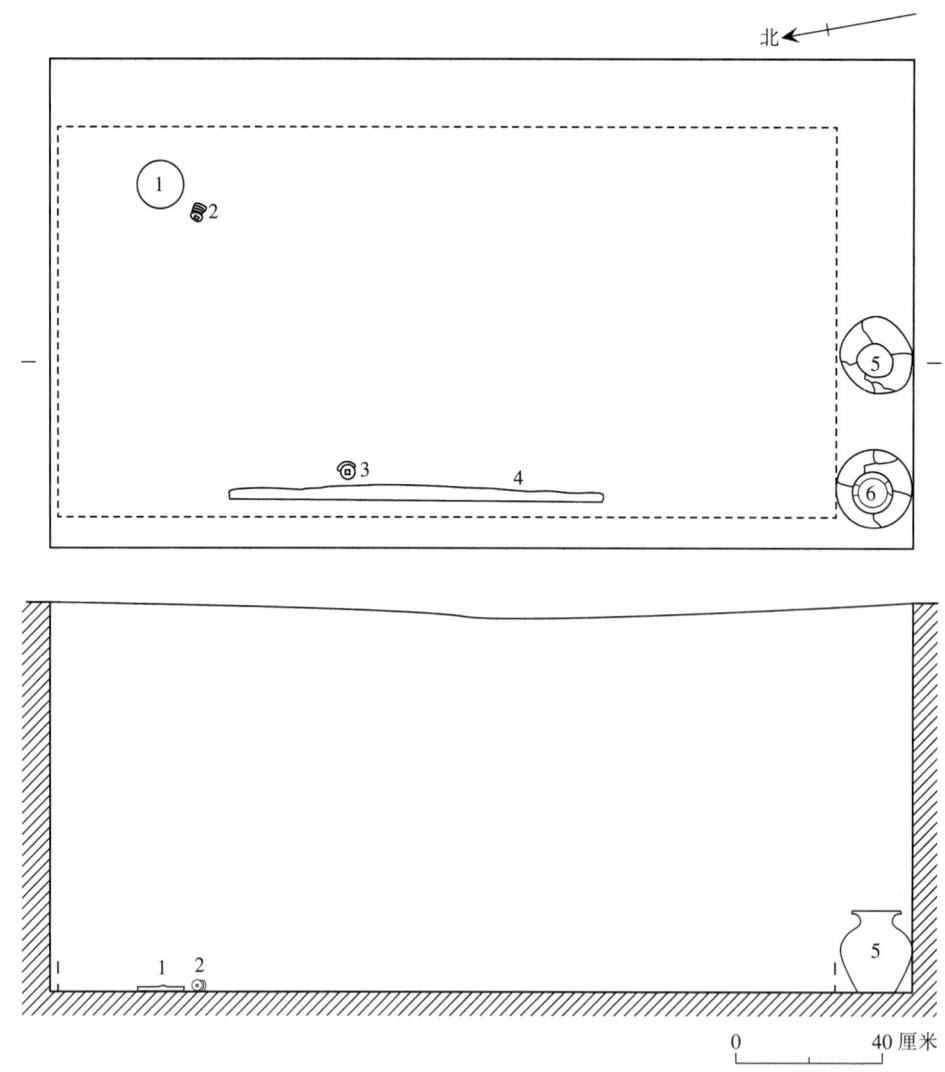

图 3 - 7 - 9a　军庄组二号 M89 平面、剖视图
1. 铜镜　2、3. 铜钱　4. 铁剑　5. 陶壶　6. 陶瓿

7 - 9a）

该墓木质葬具基本朽尽，从朽痕可知，葬具当为一椁二棺。椁平面呈长方形，长 213、宽 103 厘米，高度不明。木棺具体形制与尺寸皆不明。

该墓共出土铜器、铁器、陶器等遗物 6 件。

1. 铜器

3 件。器形为镜、铜钱。

镜　1 件。M89∶1，圆形，半圆纽，圆纽座。座外三竖弦纹与单弧弦纹各四组相间环列，外饰两周短斜弦纹带，其间饰规矩纹四组，四组凤鸟纹环列其间。宽平缘间饰复线三角锯齿纹。镜面直径 9.1、纽高 0.6、纽宽 1.4、肉厚 0.25 厘米。（图 3 - 7 - 9b；彩版七三，2）

铜钱　2 组。M89∶2，共 4 枚，大泉五十钱，形制、尺寸皆同。钱径 2.6、穿径 0.9 厘米。（图 3 - 7 - 9b）

M89∶3，共 4 枚，大泉五十钱。钱径 2.6、穿径 0.9 厘米。（图 3 - 7 - 9b）

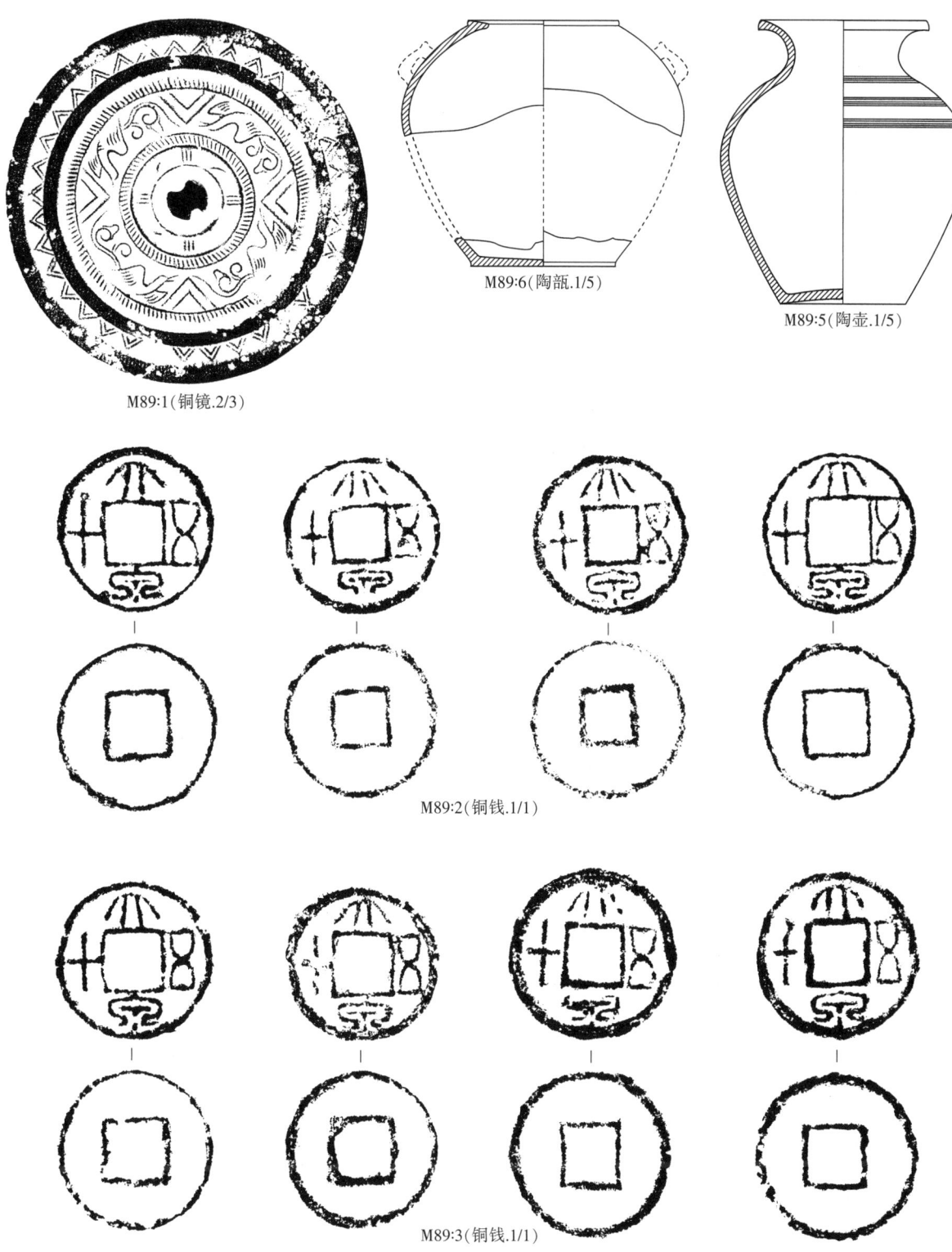

M89:1(铜镜.2/3)

M89:6(陶瓿.1/5)

M89:5(陶壶.1/5)

M89:2(铜钱.1/1)

M89:3(铜钱.1/1)

图3-7-9b　军庄组二号M89出土器物图

2. 铁器

1件。器形为剑。

剑　1件。M89：4，剑身中部以上及柄部残缺，剑身扁平，中背起脊，断面呈菱形。残长77.3、中宽3厘米。

3. 陶器

2 件。器形为壶、瓿，均出土于墓坑南部。

壶 1 件。M89：5，侈口，束颈，溜肩，鼓腹内收，平底内凹。肩部有弦纹。口径 14.3、底径 10.4、高 23 厘米。（图 3 - 7 - 9b；彩版七三，3）

瓿 1 件。M89：6，敛口，斜平沿，圆肩，鼓腹内收，平底。口径 12.5、底径 12.1、高 20 厘米。（图 3 - 7 - 9b）

十、90 号墓（M90）

M90 位于军庄组二号取土场墓地南部。清理前，墓坑开口已被高速公路施工方破坏，开口距现地表深度不明，随葬品组合未受扰动。

墓葬形制为长方形竖穴土坑，开口长 289、宽 140 厘米，残深 130 厘米。方向 5°。（图 3 - 7 - 10a；彩版七三，4）

葬具为一椁二棺，木质葬具基本朽尽。从朽痕可知，椁平面呈长方形，长 216、宽 109 厘米，高度不明。棺具体形制与尺寸不明。

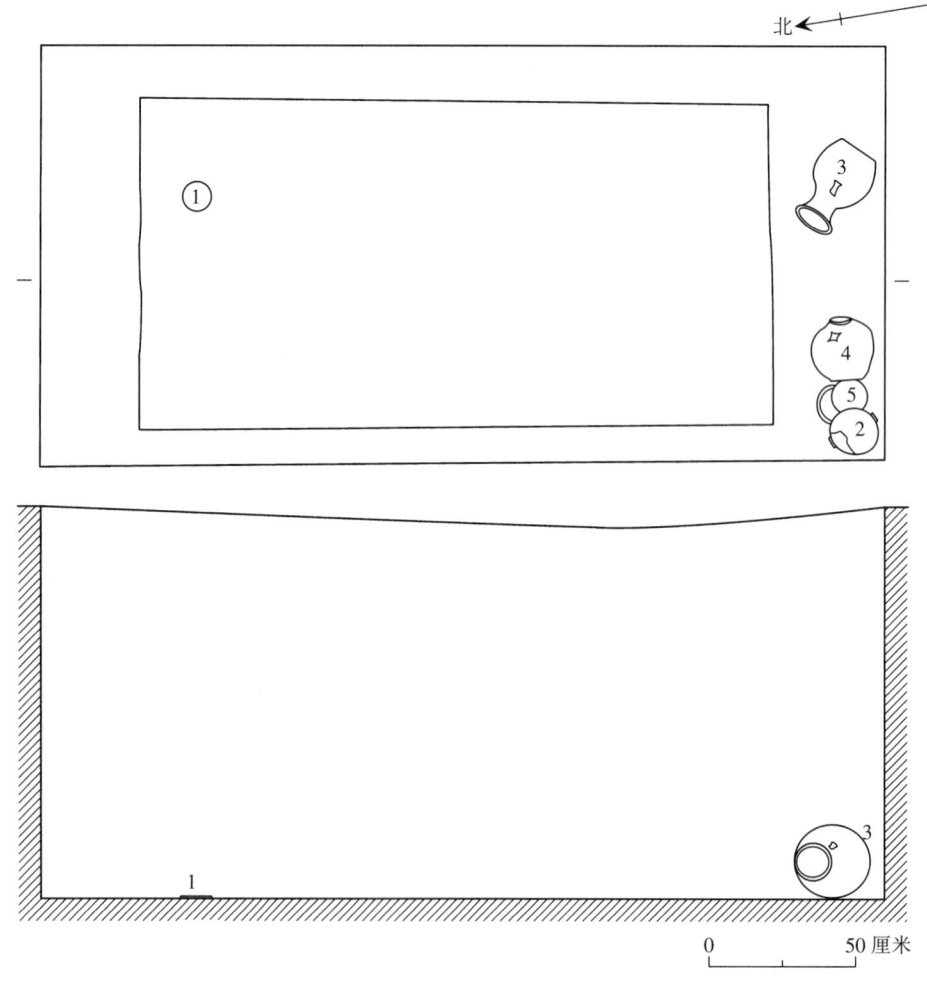

图 3 - 7 - 10a 军庄组二号 M90 平面、剖视图

1. 铜镜 2. 陶鼎 3. 釉陶壶 4. 陶瓿 5. 陶盒

该墓共出土铜器、陶器等遗物5件。

1. 铜器

1件。器形为镜。

镜 1件。M90：1，圆形，连峰纽，圆纽座，星云纹镜。座外单弧弦纹和半圆扇面纹各四组相间排列，其外一周十六内向连弧纹，外饰两周凸弦纹，间以四枚并蒂连珠纹底座乳丁，乳丁间各施七枚小乳丁，相互间以弧线相连。镜面微凸。面径9.8、背面径9.6、纽高0.8、纽宽1.6、缘宽0.6、缘厚0.23、肉厚0.13厘米。（图3-7-10b；彩版七三，5）

2. 陶器

4件。器形为鼎、盒、壶、瓿，均出土于墓坑南部。

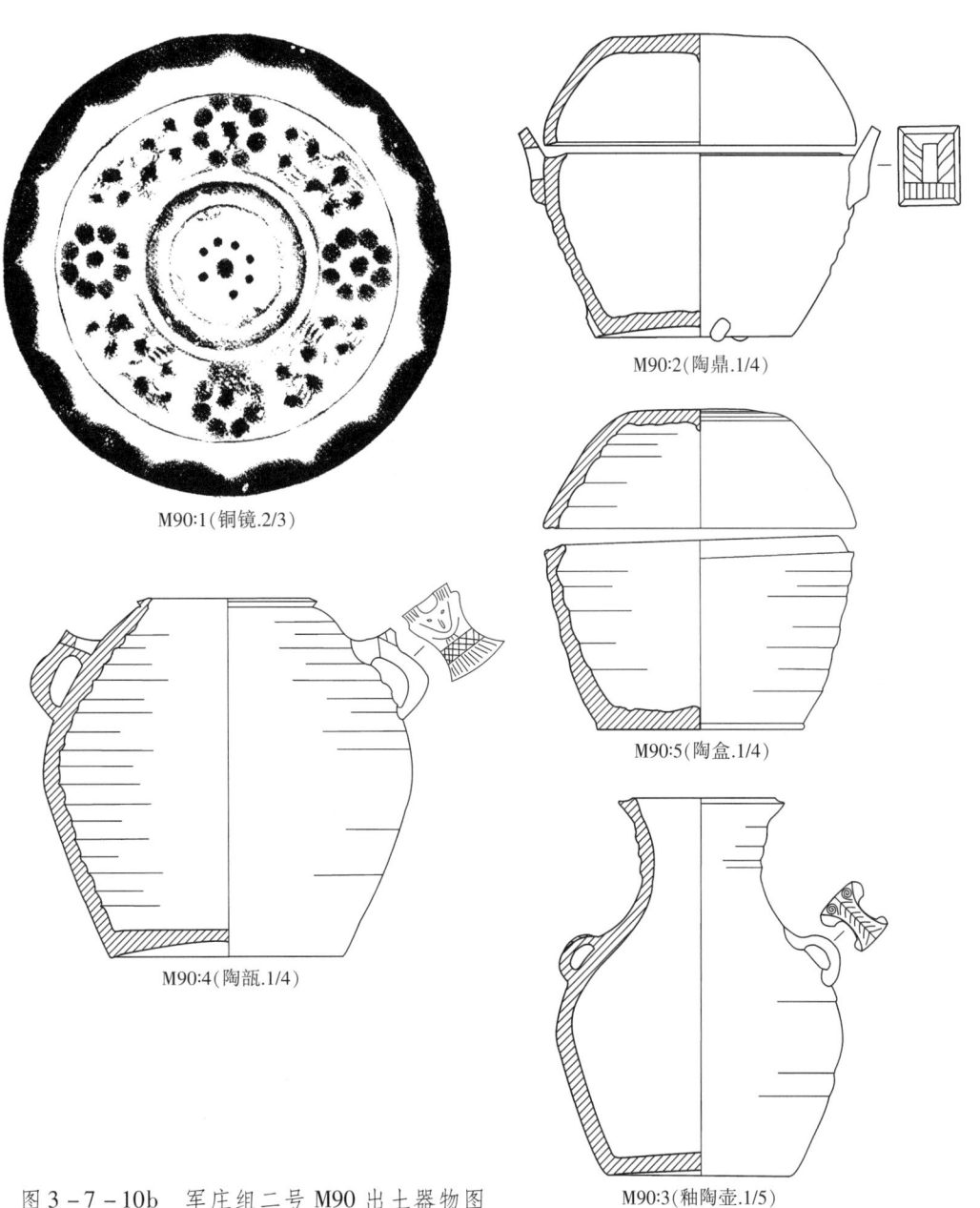

M90:1（铜镜.2/3）

M90:2（陶鼎.1/4）

M90:5（陶盒.1/4）

M90:4（陶瓿.1/4）

M90:3（釉陶壶.1/5）

图3-7-10b 军庄组二号M90出土器物图

鼎　1件。M90：2，覆平底钵形盖。鼎身子母口，尖唇，敛口，口部饰一对称耳，斜弧腹，平底内凹，三蹄足。盖口径16.8、高6.1厘米，鼎身口径15.2、底径10.8、高11.6厘米。（图3-7-10b；彩版七四，1）

盒　1件。M90：5，覆平底钵形盖。盒身子母口，尖圆唇，敛口，斜弧腹，平底。腹部有凹弦纹。盖口径16.2、高6.6厘米，盒身口径15.5、底径11.9、高10.7厘米。（图3-7-10b；彩版七四，2）

壶　1件。M90：3，釉陶。侈口，束颈，溜肩，鼓腹内收，平底内凹。肩部置一对桥形耳。颈部、腹部有凹弦纹。口径9.6、底径13.1、高26厘米。（图3-7-10b；彩版七四，3）

瓿　1件。M90：4，敛口，尖圆唇，斜平沿，溜肩，弧腹内收，平底内凹。肩部置一对兽面耳，肩部、腹部有凹弦纹。口径8.4、底径13.2、高19.8厘米。（图3-7-10b；彩版七四，4）

十一、91号墓（M91）

M91位于军庄组二号取土场墓地西南部，北面与M96相邻。清理前，墓坑开口已被高速公路施工方破坏，开口距现地表深度不明，随葬品组合未受扰动。

墓葬形制为长方形竖穴土坑，开口长286、宽129厘米，残深108厘米。方向5°。

葬具为单棺，木质葬具基本朽尽。从朽痕可知，木棺置于墓坑底部正中，棺长217、宽68厘米，高度不明。（图3-7-11a；彩版七五，1）

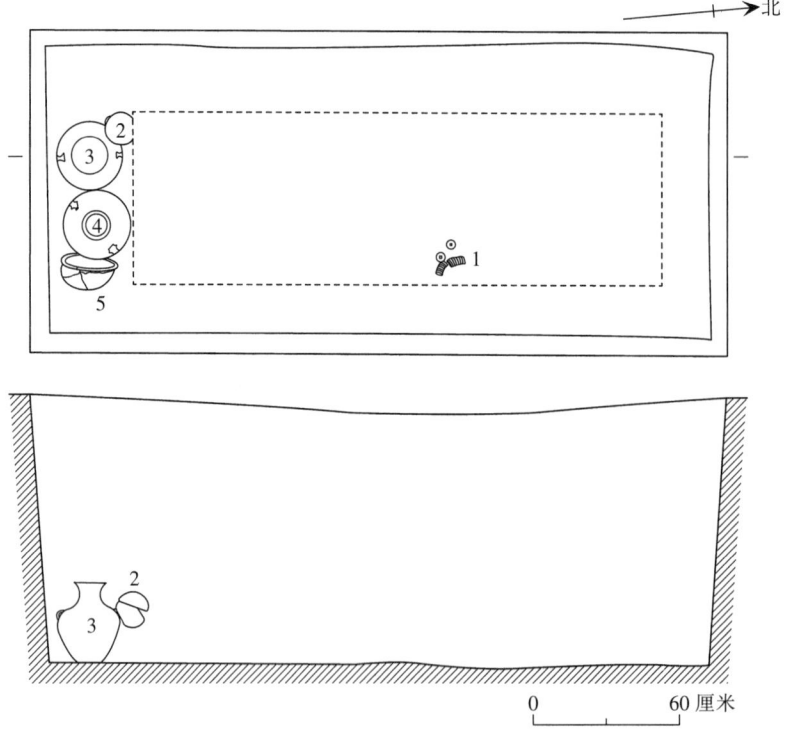

图3-7-11a　军庄组二号M91平面、剖视图

1. 铜钱　2. 陶盒　3. 釉陶壶　4. 釉陶瓿　5. 铜盆

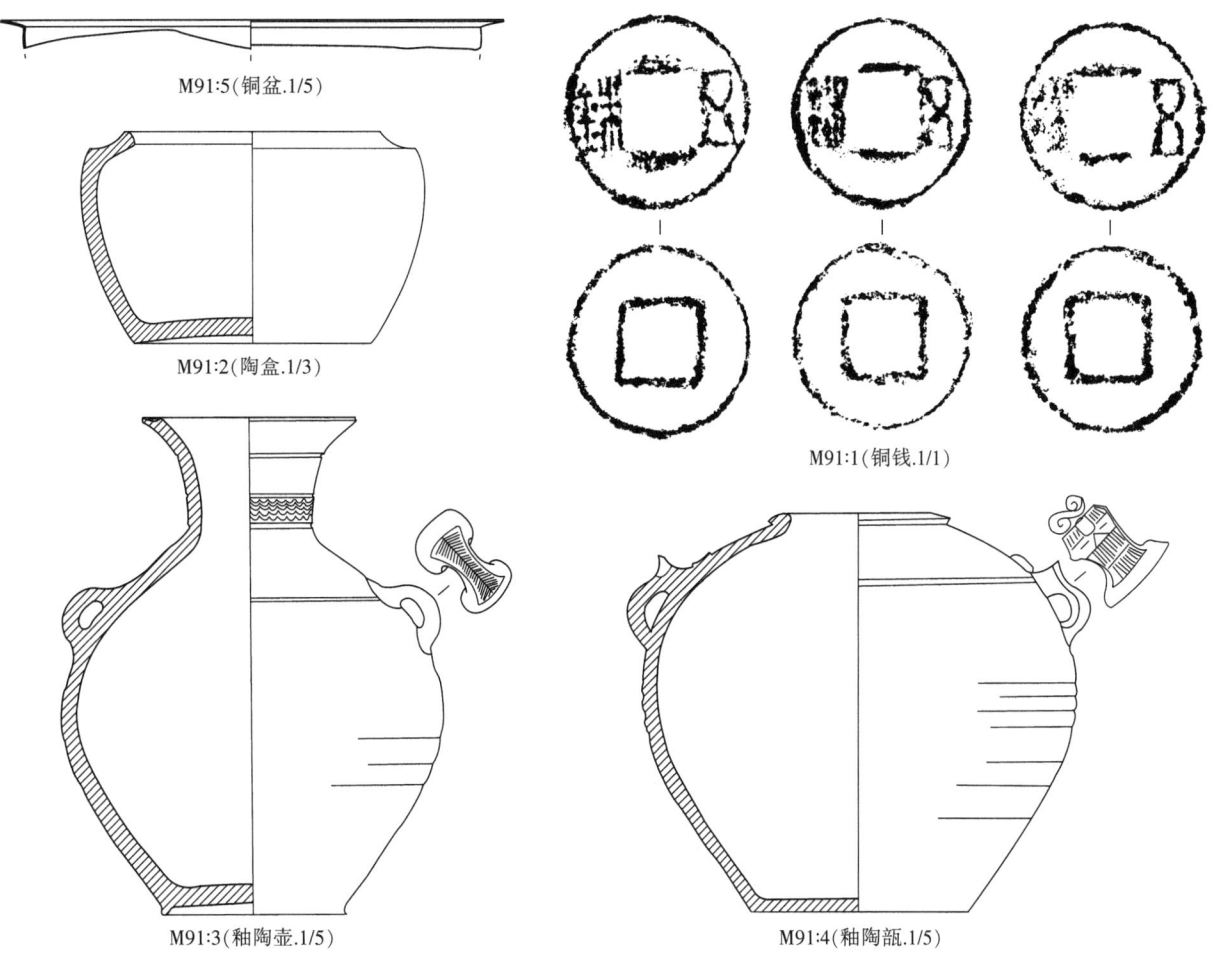

M91:5（铜盆.1/5）

M91:2（陶盒.1/3）

M91:1（铜钱.1/1）

M91:3（釉陶壶.1/5）

M91:4（釉陶瓿.1/5）

图3－7－11b 军庄组二号 M91 出土器物图

该墓共出土铜器、陶器等遗物5件。

1. 铜器

共2件。器形有盆、铜钱。

盆 1件。M91：5，出土于棺外南侧。器物残损严重，口部以下缺失。敞口，斜沿。口径34.3、残高2厘米。（图3－7－11b）

铜钱 1组。M91：1，出土于棺内中部东侧。24枚，五铢钱，形制、尺寸相同。钱径2.5、穿径1厘米。（图3－7－11b）

2. 陶器

共3件。器形有盒、壶、瓿，均出土于棺外南侧。

盒 1件。M91：2，红陶。器盖残损严重，无法复原。盒身子母口，圆唇内敛，斜弧腹，平底内凹。盒身口径10.4、底径9.7、高8.4厘米。（图3－7－11b；彩版七五，2）

壶 1件。M91：3，釉陶。侈口，尖唇，近平沿，沿面略凹，直颈，溜肩，鼓腹渐收，圈足。肩两侧饰桥形耳一对并饰一圈凹弦纹，耳面饰叶脉纹。口部以下、颈部以上饰有一圈凹弦纹，颈部饰有两圈凹弦纹间饰水波纹。口径14.5、底径12.6、高32.9厘米。（图3－7－11b；彩版七五，3）

瓿 1件。M91：4，釉陶。小口内敛，尖圆唇，溜肩，弧腹渐收，平底，最大径在腹部。肩两侧饰兽面耳与"S"形贴塑各一对，并饰有一圈凹弦纹。口径10.1、底径15、高26.4厘米。（图3-7-11b；彩版七五，4）

十二、92号墓（M92）

M92位于军庄组二号取土场墓地西南部，西面与M93相邻。清理前，墓坑开口大部已被高速公路施工方严重破坏，几乎仅存墓底，开口距现地表深度不明，随葬品组合受到扰动。

墓葬形制为长方形竖穴土坑，开口长239、宽81厘米，残深22厘米。方向0°。（图3-7-12a；彩版七六，1）

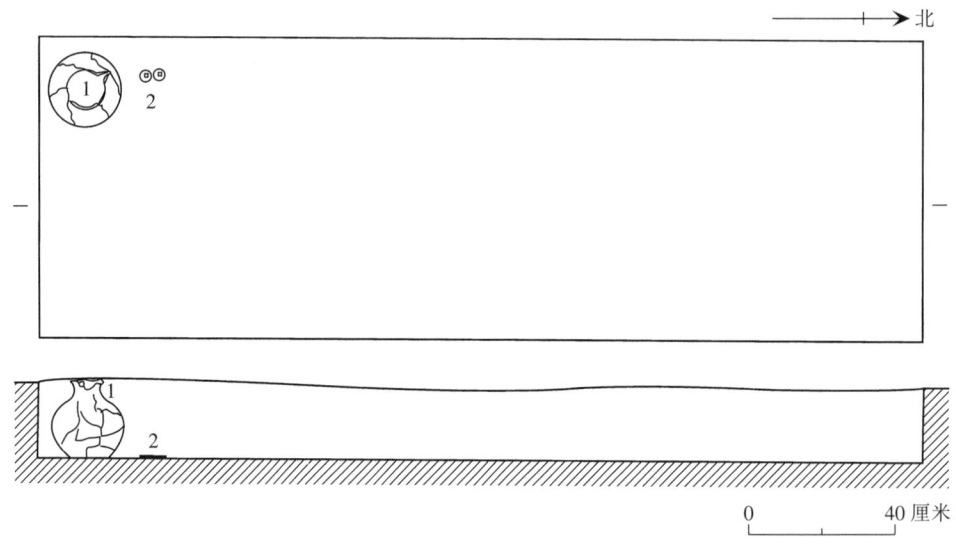

图3-7-12a　军庄组二号M92平面、剖视图
1. 陶壶　2. 铜钱

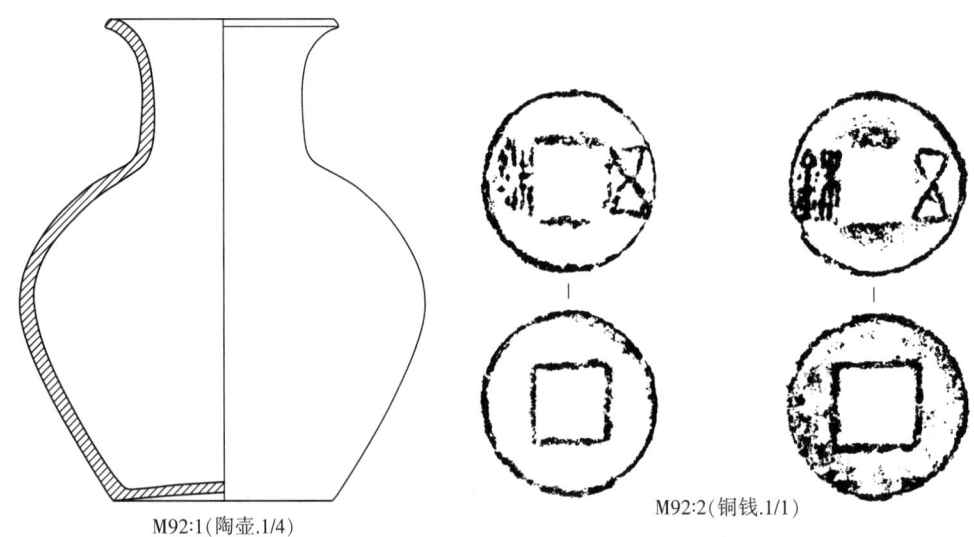

M92:1(陶壶.1/4)

M92:2(铜钱.1/1)

图3-7-12b　军庄组二号M92出土器物图

该墓葬具残朽殆尽，具体葬具不明。

该墓出土铜器、陶器共 2 件（组）。

1. 铜器

1 组。器形为铜钱。

铜钱 1 组。M92：2，出土于墓坑西南角。9 枚，五铢钱，形制、尺寸相同。钱径 2.4、穿径 1 厘米。（图 3 - 7 - 12b）

2. 陶器

1 件。器形为壶。

壶 1 件。M92：1，出土于墓坑西南角。红陶。侈口，圆唇，直颈，溜肩，鼓腹渐收，平底内凹。口径 12.3、底径 12.1、高 25.5 厘米。（图 3 - 7 - 12b；彩版七六，2）

十三、93 号墓（M93）

M93 位于军庄组二号取土场墓地西南部，东面与 M92 相邻。清理前，墓坑开口已被高速公路施工方破坏，开口距现地表深度不明，随葬品组合未受扰动。

墓葬形制为长方形竖穴土坑，开口长 240、宽 70 厘米，深 50 厘米。方向 0°。（图 3 - 7 - 13a；彩版七六，3）

该墓葬具残朽殆尽，具体葬具不明。

该墓共出土陶器 2 件。

陶器

2 件。器形有壶、瓿。

壶 1 件。M93：1，出土于墓坑西南角。红陶。侈口，圆唇，束颈，溜肩，鼓腹渐收，平底

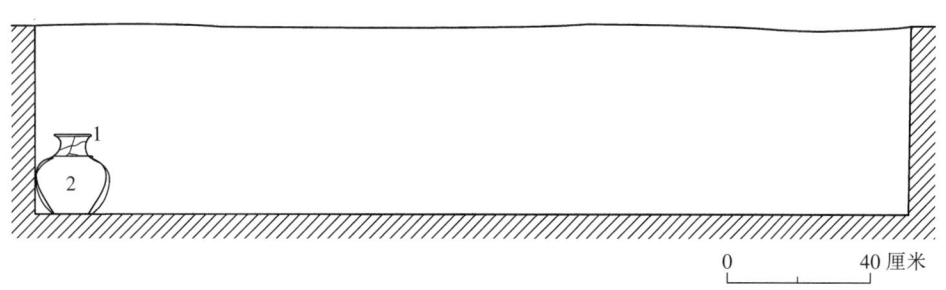

图 3 - 7 - 13a 军庄组二号 M93 平面、剖视图
1. 陶壶 2. 陶瓿

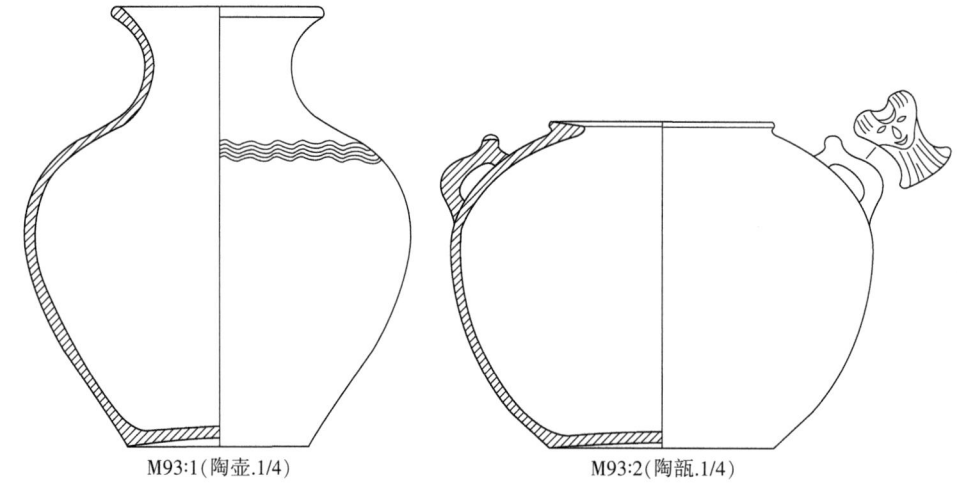

M93:1(陶壶.1/4)　　　　　　　　　M93:2(陶瓿.1/4)

图 3 - 7 - 13b　军庄组二号 M93 出土器物图

内凹。肩部饰有水波纹。口径 11.1、底径 10、高 23.3 厘米。（图 3 - 7 - 13b；彩版七六，4）

瓿　1 件。M93：2，出土于墓坑南部正中。红陶。小口内敛，尖圆唇，斜沿，圆肩，弧腹渐收，平底内凹。肩两侧饰一对兽面耳。口径 12.1、底径 12.3、高 17.3 厘米。（图 3 - 7 - 13b；彩版七六，5）

十四、94 号墓（M94）

M94 位于军庄组二号取土场墓地西南部，北面与 M95 相邻。清理前，墓坑开口已被高速公路施工方破坏，开口距现地表深度不明，随葬品组合未受扰动。

墓葬形制为长方形竖穴土坑，开口长 260、宽 90 厘米，残深 76 厘米。方向 90°。（图 3 - 7 - 14a；彩版七七，1）

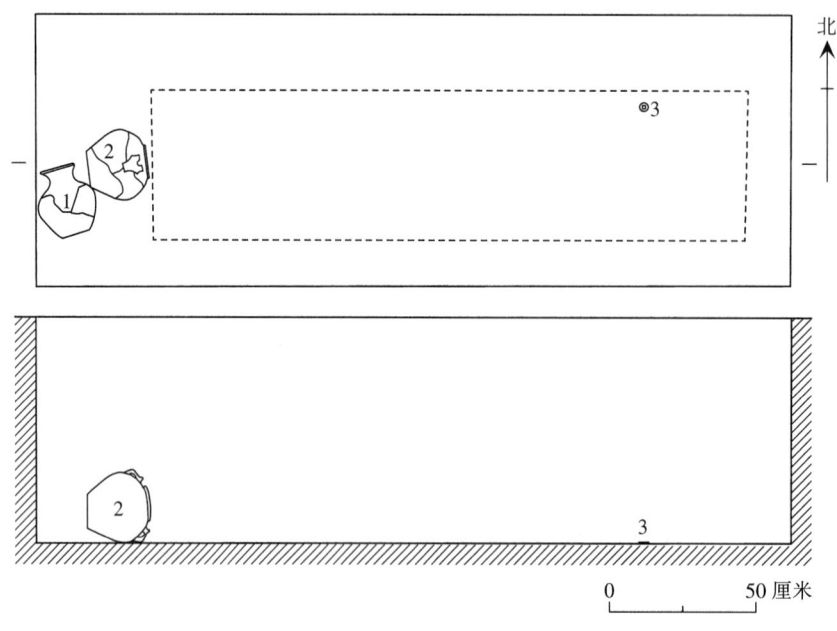

图 3 - 7 - 14a　军庄组二号 M94 平面、剖视图
1. 陶壶　2. 陶瓿　3. 铜钱

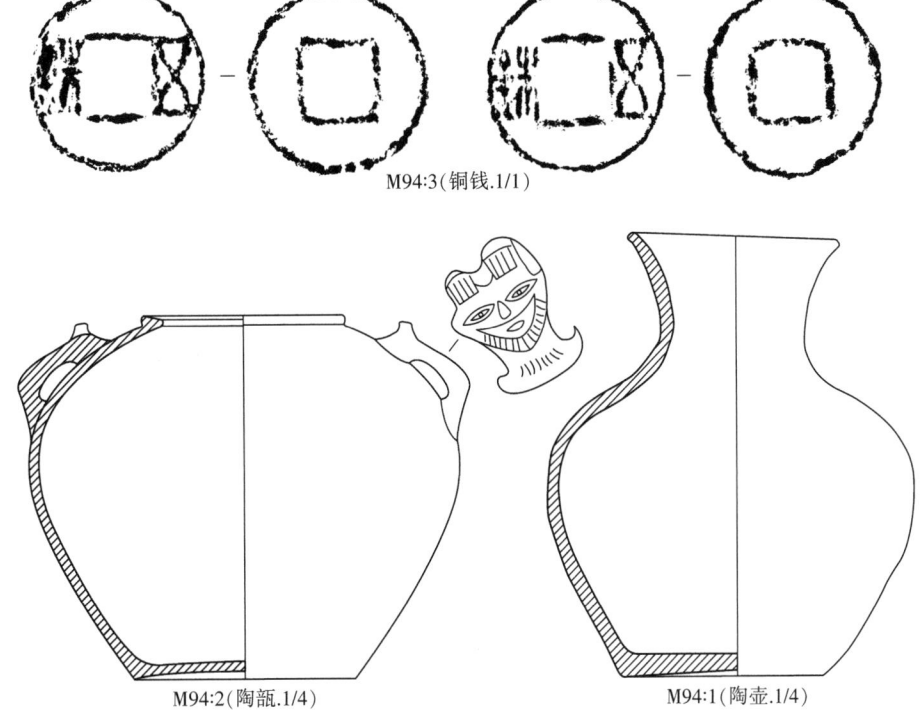

M94:3（铜钱.1/1）

M94:2（陶瓿.1/4）　　　　　　　　　M94:1（陶壶.1/4）

图 3－7－14b　军庄组二号 M94 出土器物图

葬具为单棺，木结构基本朽尽。从朽痕可知，木棺置于墓坑底部偏东，棺平面呈长方形，长205、宽 50 厘米，高度和棺板厚度均不明。

该墓共出土铜器、陶器等遗物 3 件（组）。铜器出土于棺内，陶器均出土于棺外西侧。

1. 铜器

1 组。器形为铜钱。

铜钱　1 组。M94：3，出土于棺内东部北侧。4 枚，五铢钱，形制、尺寸相同。钱径 2.4、穿径 1 厘米。（图 3－7－14b）

2. 陶器

2 件。器形有壶、瓿。

壶　1 件。M94：1，出土于棺外西侧。红陶。侈口，圆唇，束颈，溜肩，鼓腹渐收，平底内凹。口径 11.1、底径 10.8、高 23.1 厘米。（图 3－7－14b；彩版七七，2）

瓿　1 件。M94：2，出土于棺外西侧。红陶。小口内敛，尖圆唇，斜沿，圆肩，弧腹渐收，平底内凹，最大径在腹部。肩两侧饰一对兽面耳。口径 10.8、底径 12、高 19.3 厘米。（图 3－7－14b；彩版七七，3）

十五、95 号墓（M95）

M95 位于军庄组二号取土场墓地西南部，南面与 M94 相邻。清理前，墓坑开口已被高速公路施工方破坏，开口距现地表深度不明，随葬品组合未受扰动。

墓葬形制为长方形竖穴土坑，开口长 295、宽 110 厘米，残深 101 厘米。方向 115°。（图 3－

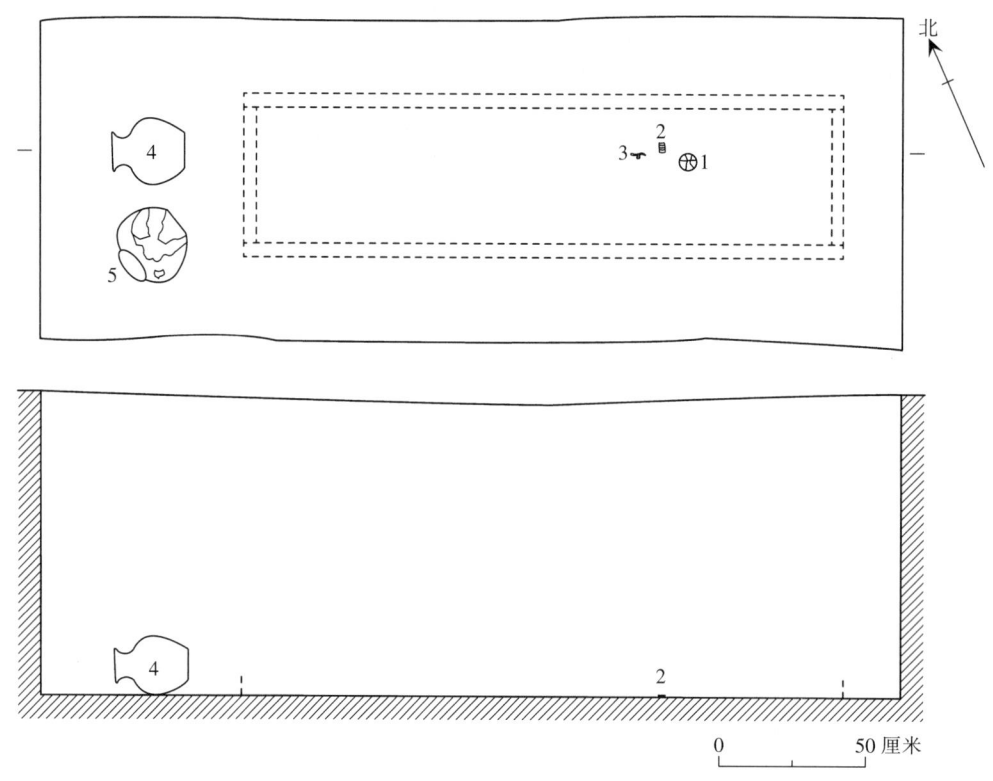

0　　　　　　50 厘米

图 3 - 7 - 15a　军庄组二号 M95 平面、剖视图
1. 铜镜　2. 铜钱　3. 铜带钩　4. 陶壶　5. 陶瓿

7 - 15a；彩版七七，4）

葬具为单棺。从残存木结构与朽痕可知，木棺置于墓坑底部偏东，棺室平面呈长方形，残长206、宽 54 厘米。

该墓共出土铜器、陶器等遗物 5 件。铜器均出土于棺内东部，陶器均出土于棺外西侧。

1. 铜器

3 件。器形有镜、带钩、铜钱。

镜　1 件。M95：1，器物残损严重，几成碎屑，纹饰、尺寸均不明。

带钩　1 件。M95：3，钩首作龙首形，雕刻具象，钩身较长，作弓形弧背，腹下近中部有一圆纽。器长 5.2、尾宽 1.2 厘米。（图 3 - 7 - 15b；彩版七七，5）

铜钱　1 组。M95：2，3 枚，五铢钱，形制、大小相同。钱径 2.5、穿径 1.1 厘米。（图 3 - 7 - 15b）

2. 陶器

2 件。器形有壶、瓿。

壶　1 件。M95：4，红陶。侈口，圆唇，束颈，溜肩，鼓腹渐收，平底内凹。口径 10.8、底径 10.5、高 23.1 厘米。（图 3 - 7 - 15b；彩版七七，6）

瓿　1 件。M95：5，红陶。小口内敛，尖唇，斜沿，圆肩，弧腹渐收，平底内凹。肩两侧饰一对称耳并饰一圈凸弦纹。口径 12、底径 11.3、高 20.5 厘米。（图 3 - 7 - 15b；彩版七七，7）

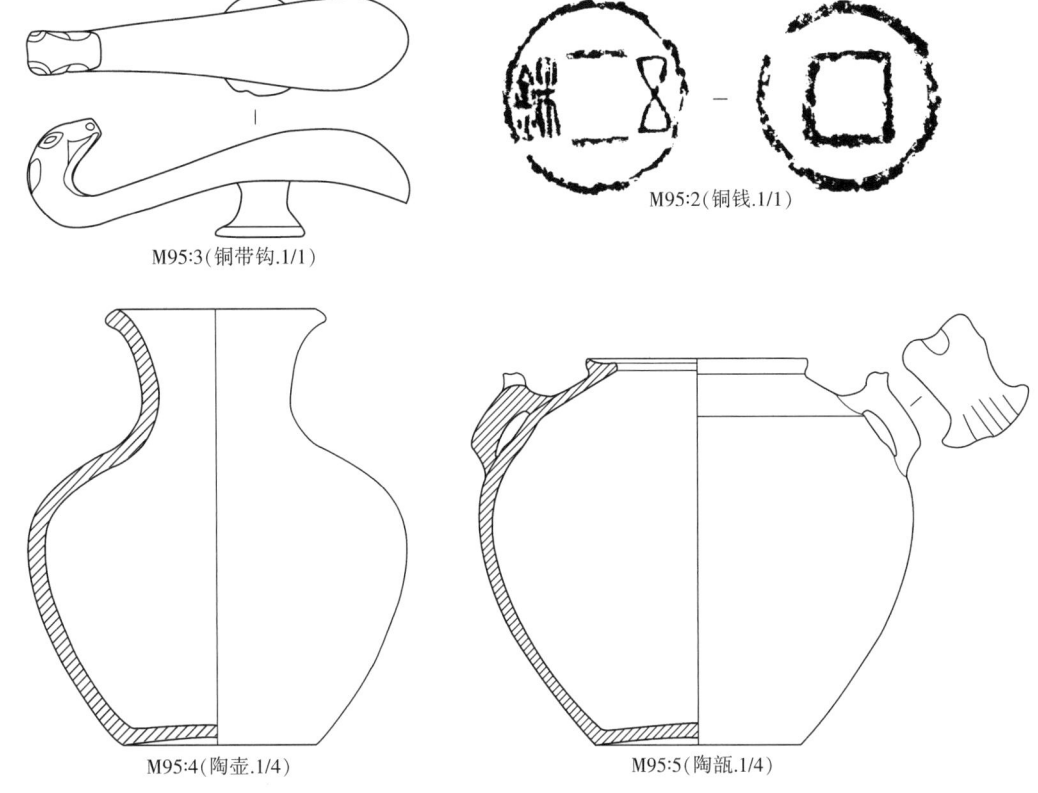

M95:3(铜带钩.1/1)

M95:2(铜钱.1/1)

M95:4(陶壶.1/4)

M95:5(陶瓿.1/4)

图 3-7-15b 军庄组二号 M95 出土器物图

十六、96 号墓（M96）

M96 位于军庄组二号取土场墓地西南部，北、东、南三面分别与 M98、M97、M91 相邻，西面与 M94 和 M95 相邻。清理前，墓坑开口已被高速公路施工方破坏，开口距现地表深度不明，随葬品组合未受扰动。

墓葬形制为长方形竖穴土坑，开口长 281、宽 168 厘米，残深 92 厘米。方向 98°。（图 3-7-16a；彩版七八，1）

葬具为一椁二棺，木结构基本朽尽。从朽痕可知，木椁置于墓坑底部偏东，椁平面呈长方形，长 231、宽 144 厘米，高度不明。两棺位于椁室东部，北棺长 182、宽 60 厘米，南棺长 182、宽 57 厘米，高度皆不明。

该墓共出土铜器、铁器和陶器等遗物共 7 件。铜器和铁器均出土于两棺内，陶器均出土于棺外。

1. 铜器

共 2 件。器形为镜。

镜 2 件。M96:1，出土于北棺内西部。昭明镜。圆形，半圆纽，圆纽座。座外三短弦纹与单弧弦纹各四组相间环列，外饰一周凸弦纹圈带，带外饰三短弦纹与单弧弦纹各四组相间环列，其外八内向连弧纹，外圈两周短斜弦纹间饰一周铭文。铭文为"内而清而以昭明光而象夫日月而心忽而不泄"。宽素平缘。镜面微凸。面径 10.2、背面径 10、纽高 0.7、纽宽 1.5、缘宽 1.05、缘

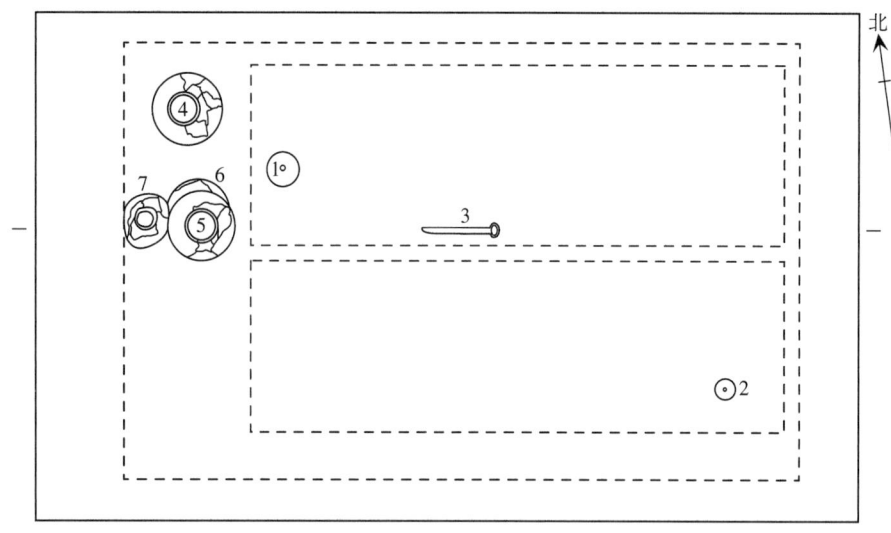

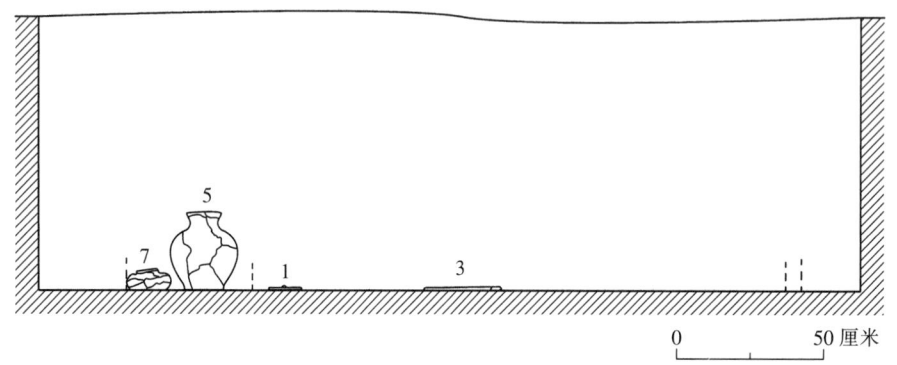

图 3-7-16a　军庄组二号 M96 平面、剖视图

1、2. 铜镜　3. 铁环首刀　4. 陶瓿　5. 陶壶　6. 陶鼎　7. 陶盒

厚 0.4、肉厚 0.16 厘米。（图 3-7-16b；彩版七八，2）

　　M96∶2，出土于南棺内东部。圆形，半圆纽，圆纽座。座外菱形"田"字纹与三竖弦纹各四组相间排列，外饰八内向连弧纹，其外饰铭文一周，铭文间以"の"形符号间隔。铭文为"久不相见长毋相忘"。素缘。镜面微凸。面径 7、背面径 6.8、纽高 0.53、纽宽 1.4、缘宽 0.5、缘厚 0.25、肉厚 0.12 厘米。（图 3-7-16b；彩版七八，3）

　　2. 铁器

　　1 件。器形为环首刀。

　　环首刀　1 件。M96∶3，出土于北棺内中部南侧。单面弧形，背厚直，前端渐薄，断面呈三角形。环首，因残损严重，仅留有刀身。残长 20.1、宽 2.1 厘米。（图 3-7-16b）

　　3. 陶器

　　共 4 件。器形有鼎、盒、壶、瓿，均出土于北棺外西侧。

　　鼎　1 件。M96∶6，灰陶。鼎身子母口，圆唇，口部饰一对素面耳，耳近似横向矩形，圆肩，鼓腹渐收，平底内凹。鼎身口径 10.4、底径 11.7、高 13.2 厘米。（图 3-7-16b）

　　盒　1 件。M96∶7，灰陶。盒身子母口，圆唇，圆肩，弧腹渐收，平底内凹。盒身口径 10.3、底径 12、高 11.9 厘米。（图 3-7-16b）

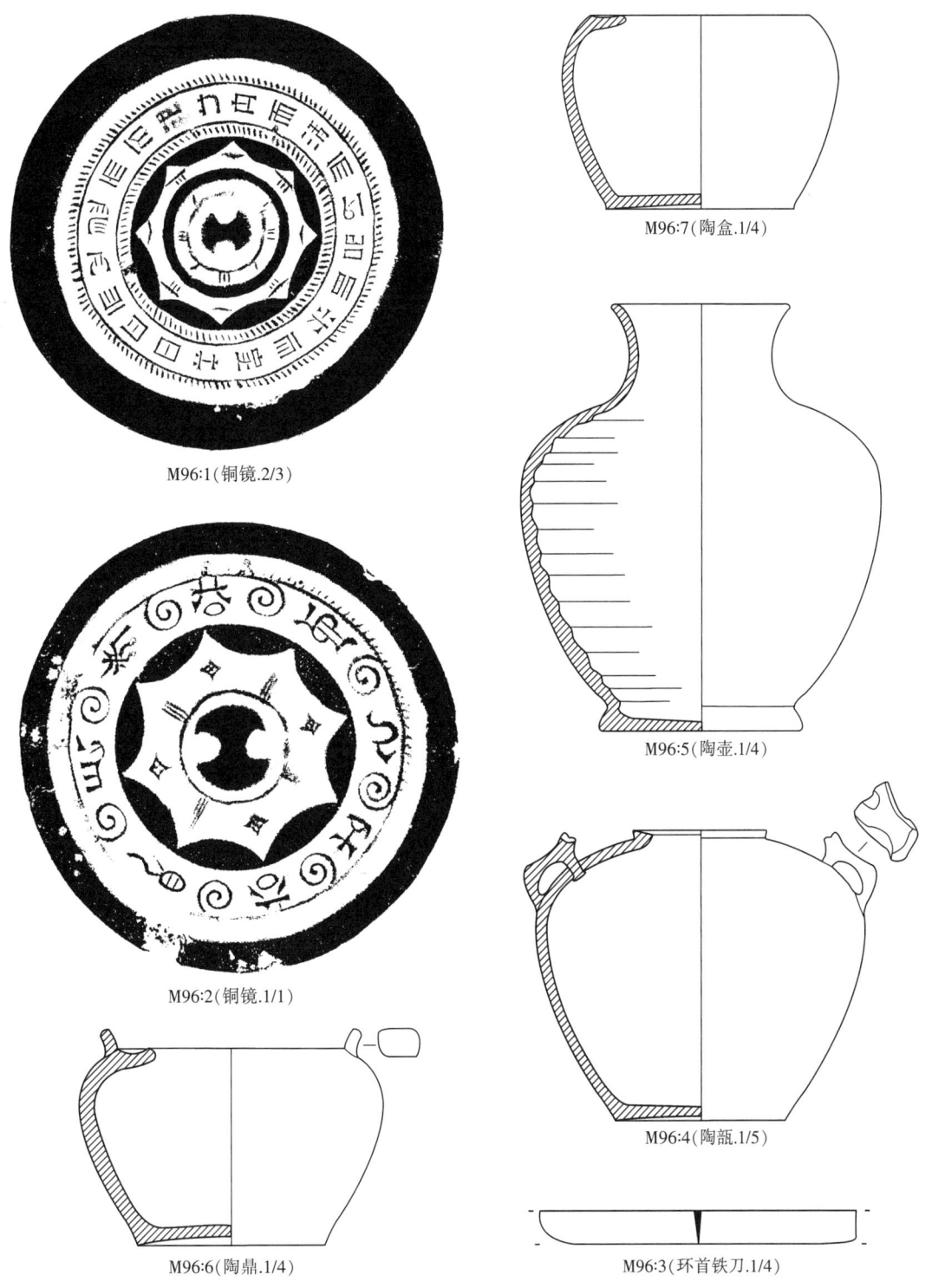

M96:1(铜镜.2/3)

M96:2(铜镜.1/1)

M96:7(陶盒.1/4)

M96:5(陶壶.1/4)

M96:4(陶瓿.1/5)

M96:6(陶鼎.1/4)

M96:3(环首铁刀.1/4)

图 3 - 7 - 16b　军庄组二号 M96 出土器物图

　　壶　1件。M96：5，灰陶。侈口，圆唇，束颈，溜肩，弧腹渐收，平底。口径11、底径12.6、高26.1厘米。（图 3 - 7 - 16b）

　　瓿　1件。M96：4，灰陶。小口内敛，尖唇，斜沿，圆肩，弧腹渐收，平底内凹。肩两侧饰一对称耳。口径10.6、底径13.6、高22.2厘米。（图 3 - 7 - 16b）

十七、97 号墓（M97）

M97 位于军庄组二号取土场墓地西南部，南面与西面分别与 M90、M96 相邻。清理前，墓坑开口已被高速公路施工方破坏，开口距现地表深度不明，随葬品组合未受扰动。

墓葬形制为长方形竖穴土坑，开口长 295、宽 196 厘米，残深 184 厘米。方向 100°。（图 3 - 7 - 17a）

木结构基本朽尽，葬具为二棺，是否有椁，无法从朽痕判断。从朽痕可知，两棺位于墓坑底部偏东，北棺长 218、宽 66 厘米，南棺长 213、宽 52 厘米，高度皆不明。

该墓共出土铜器、陶器 10 件（套）。铜器均出土于棺内，陶器皆出土于棺外。

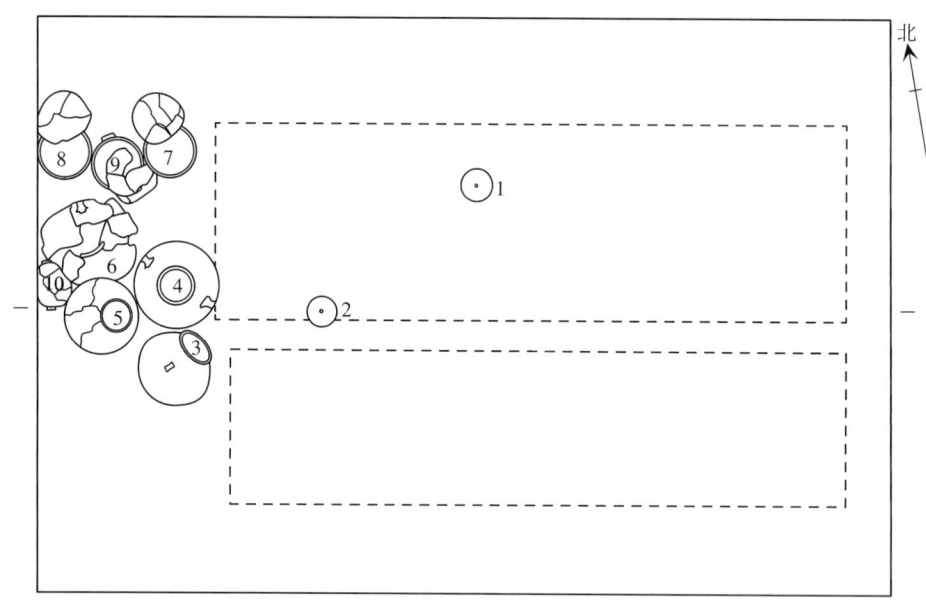

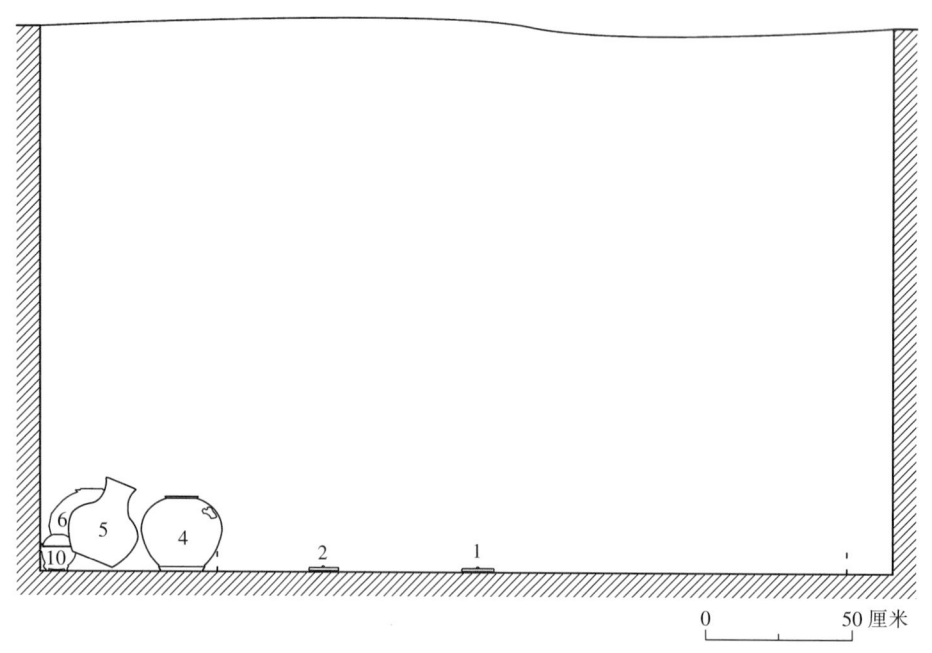

图 3 - 7 - 17a　军庄组二号 M97 平面、剖视图
1、2. 铜镜　3、5. 釉陶壶　4、6. 釉陶瓴　7、8. 釉陶盒　9、10. 釉陶鼎

1. 铜器

共 2 件。器形为镜。

镜 2 件。M97：1，出土于北棺内中部。蟠螭纹镜。圆形，伏螭纹纽，圆纽座。座外饰方形条纹带，内饰铭文，外圈以规矩纹分饰四区，其间蟠螭纹为四组主纹，涡纹与三角云雷纹为地纹。铭文字体模糊不清。铭文宽素缘，缘边上卷。镜面微凸。面径 11.1、背面径 10.9、纽高 0.44、纽宽 1.45、缘宽 0.72、缘厚 0.44、肉厚 0.13 厘米。（图 3 - 7 - 17b1；彩版七八，4）

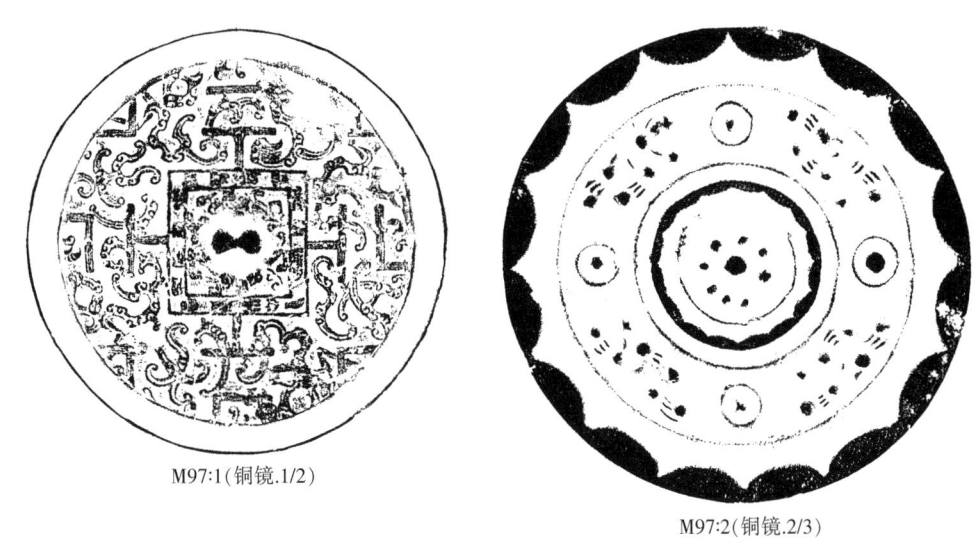

M97:1（铜镜.1/2）

M97:2（铜镜.2/3）

图 3 - 7 - 17b1 军庄组二号 M97 出土器物图

M97：2，出土于北棺内西部。星云纹镜。圆形，连峰纽，圆纽座。座外单弧弦纹和三弧弦纹各四组相间排列，其外一周十六内向连弧纹，外饰两周凸弦纹，间以四枚圆纽底座乳丁，乳丁间各施七枚小乳丁，相互间以弧线相连。缘内饰一周十六内向连弧纹。镜面微凸。面径 9.7、背面径 9.5、纽高 0.9、纽宽 1.7、缘宽 0.6、缘厚 0.25、肉厚 0.13 厘米。（图 3 - 7 - 17b1；彩版七八，5）

2. 陶器

共 8 件。器形有鼎、盒、壶、瓿。

鼎 2 件。均为釉陶，出土于北棺外西侧。M97：10，覆平底钵形盖。鼎身子母口，圆唇，口部饰一对称耳，弧腹渐收，圜底，下饰三只蹄形小足。耳外侧饰放射性弦纹。盖口径 17.2、底径 4.5、高 6.4 厘米，鼎身口径 15.9、底径 8.3、高 15.2 厘米。（图 3 - 7 - 17b2；彩版七九，1）

M97：9，形制、尺寸与 M97：10 相同。（图 3 - 7 - 17b2；彩版七九，2）

盒 2 件。均为釉陶，均出土于北棺外西侧。M97：7，钵形盖。盒身子母口，圆唇，斜弧腹，平底略内凹。盖口径 17.6、高 5.5 厘米，盒身口径 15.7、底径 12.2、高 9.7 厘米。（图 3 - 7 - 17b2；彩版七九，3）

M97：8 形制、尺寸与 M97：7 相同。（图 3 - 7 - 17b2；彩版七九，4）

壶 2 件。均为釉陶。M97：3，出土于南棺外西侧。侈口，尖唇，平沿，束颈，溜肩，弧腹渐收，平底略内凹。肩两侧饰桥形耳一对，耳面外侧模印叶脉纹。口径 10.2、底径 11.8、高 29.2

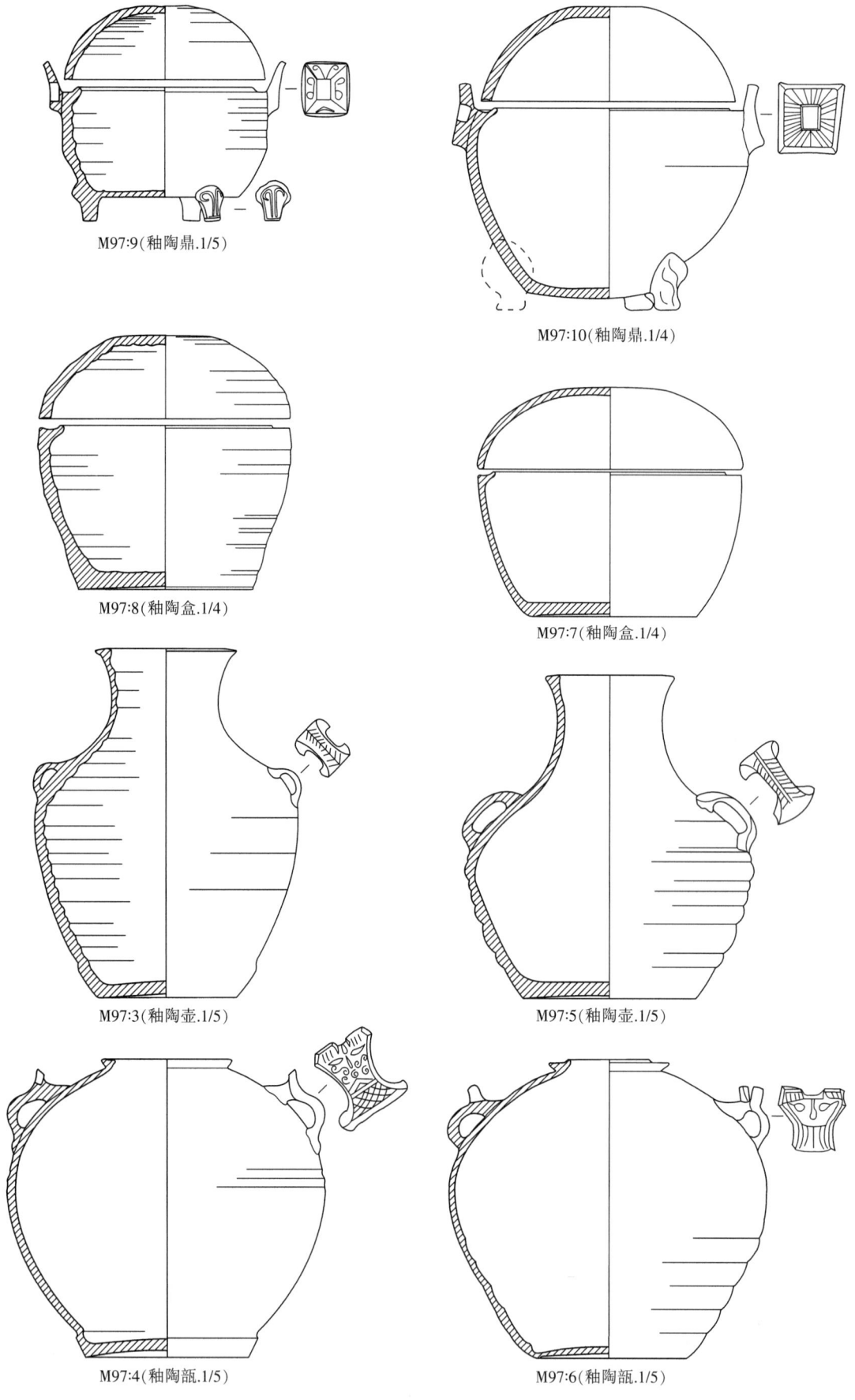

M97:9(釉陶鼎.1/5)

M97:10(釉陶鼎.1/4)

M97:8(釉陶盒.1/4)

M97:7(釉陶盒.1/4)

M97:3(釉陶壶.1/5)

M97:5(釉陶壶.1/5)

M97:4(釉陶瓿.1/5)

M97:6(釉陶瓿.1/5)

图 3－7－17b2 军庄组二号 M97 出土器物图

厘米。（图3 - 7 - 17b2；彩版八○，1）

M97∶5，出土于北棺外西侧。侈口，尖圆唇，平沿，直颈，溜肩，鼓腹斜收，平底略内凹。肩两侧饰桥形耳一对并饰一圈弦纹，耳面外侧模印叶脉纹。腹部饰八道凹弦纹。口径8.6、底径14.7、高27.2厘米。（图3 - 7 - 17b2；彩版八○，2）

瓿　2件。均为釉陶，均出土于北棺外西侧。M97∶4，小口内敛，尖圆唇，近平沿，溜肩，弧腹渐收，平底内凹，最大径在腹部。肩两侧饰一对兽面耳。口径10.6、底径14、高25厘米。（图3 - 7 - 17b2；彩版八○，3）

M97∶6，小口内敛，尖唇，近平沿，溜肩，弧腹渐收，平底内凹。肩两侧饰一对兽面耳。口径6.8、底径12.6、高25厘米。（图3 - 7 - 17b2；彩版八○，4）

十八、98 号墓（M98）

M98 位于军庄组二号取土场墓地西南部，南面与 M96 相邻。清理前，墓坑开口已被高速公路施工方严重破坏，开口距现地表深度不明，墓坑底部未受扰动。

墓葬形制为长方形竖穴土坑，开口长210、宽61厘米，残深39厘米。方向95°。（图3 - 7 - 18；彩版八一，1）

葬具为单棺，木结构基本朽尽。从朽痕可知，木棺置于墓坑底部正中，棺长185、宽41厘米，高度不明。

墓葬虽经仔细清理，但墓室内未出土任何遗物。

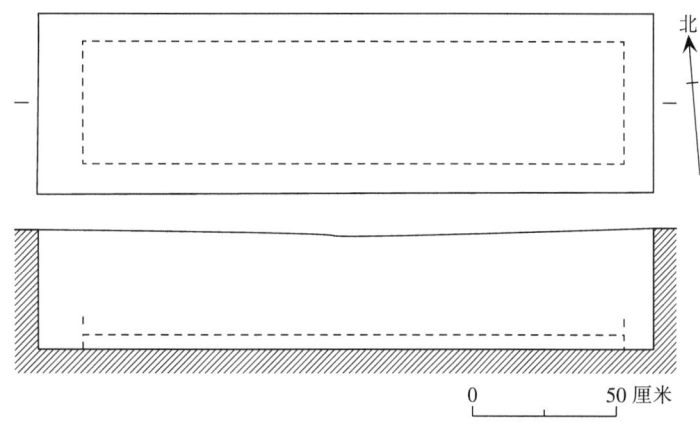

图 3 - 7 - 18　军庄组二号 M98 平面、剖视图

十九、99 号墓（M99）

M99 位于军庄组二号取土场墓地西北部，东面与 M44 相邻。清理前，墓坑开口已被高速公路施工方破坏，开口距现地表深度不明，墓坑底部未受扰动。

墓葬形制为长方形竖穴土坑，开口长293、宽97厘米，残深83厘米。方向2°。清理时，椁盖上方填塞有青膏泥，厚度不明。椁室墙板与坑壁之间填塞五花土。（图3 - 7 - 19a；彩版八一，2）

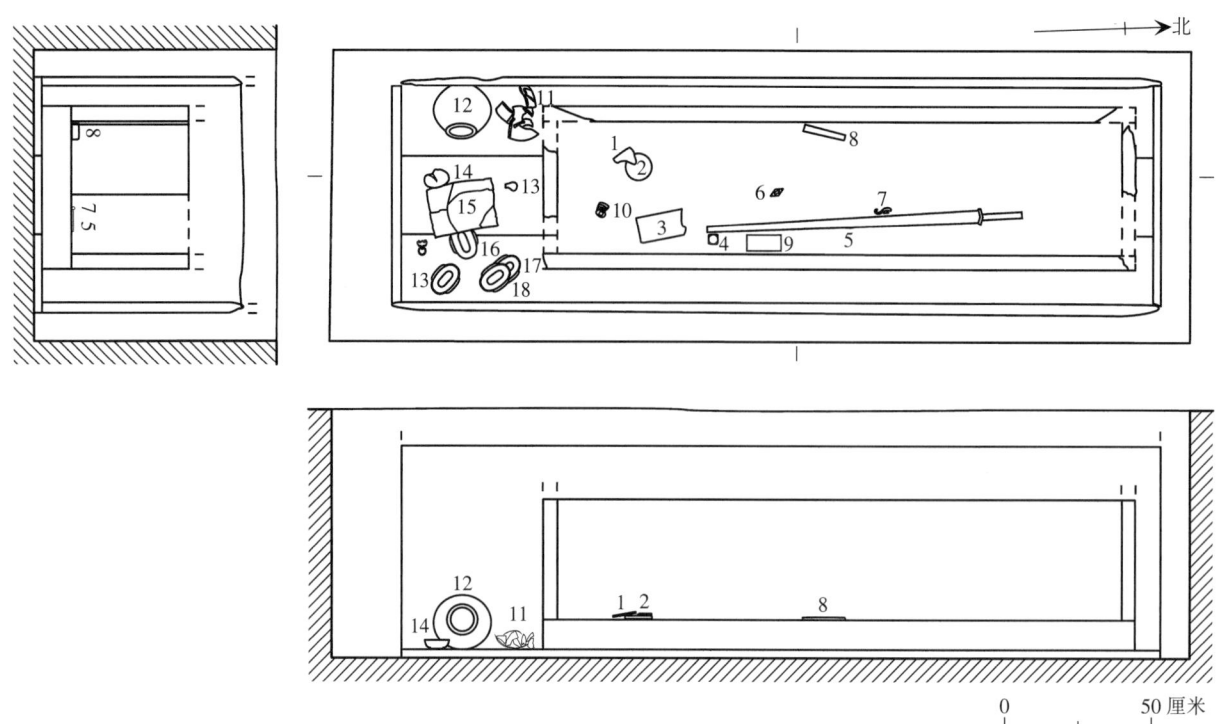

图 3－7－19a　军庄组二号 M99 平面、剖视图

1. 木篦　2. 铜镜　3、9. 石黛板　4. 研石　5. 铁剑　6. 铜剑格　7. 铜带钩　8. 铁削　10. 铜钱　11. 陶壶　12. 陶罐
13、14、16～18. 漆耳杯　15. 漆樽

葬具为一椁一棺。从残存木结构可知，木椁置于墓坑底部偏北，其平面呈长方形，椁底板由三块南北向的木板东西拼接而成，椁室平面长 262、宽 78、残高 70 厘米。木棺位于椁室偏北部，因上部残朽，棺盖板等情况不明，棺平面呈长方形，长 201、宽 54、残高 50 厘米，侧板厚约 5 厘米，底板厚约 10 厘米。

该墓共出土铜器、铁器、漆器、木器、石器、陶器等遗物 18 件。除漆器在棺内外都有发现外，陶器均出土于棺外南侧，铜器、铁器、漆器、木器、石器则均出土于棺内。

1. 铜器

共 4 件。器形有镜、带钩、剑格、铜钱。

镜　1 件。M99：2，出土于棺内南部。昭明镜。圆形，半圆纽，圆纽座。座外三短弦纹与单弧弦纹各四组相间环列，其外饰十二内向连弧纹，外圈两周短斜弦纹间饰一周铭文。铭文为“内而清而以而昭而明而光而日而月而”。宽素平缘。镜面微凸。面径 9.6、背面径 9.4、纽高 0.7、纽宽 1.41、缘宽 1.4、缘厚 0.52、肉厚 0.21 厘米。（图 3－7－19b）

带钩　1 件。M99：7，出土于棺内中部。琵琶形，钩首龙首形，钩身细长，腹下近尾端饰一圆纽。器物残朽，器表纹饰不明。通长 5.2、尾宽 1.2、纽径 1.2 厘米。（图 3－7－19b；彩版八一，3）

剑格　1 件。M99：6，出土于棺内中部。雁尾形，断面呈菱形，保存较好。长 4.7、宽 2.1、高 1 厘米。（图 3－7－19b）

铜钱　1 组。M99：10，出土于棺内南部。有五铢钱和大泉五十两种。共 13 枚。五铢钱钱径 2.3、穿径 1.1 厘米，大泉五十钱径 2.4、穿径 1 厘米。（图 3－7－19b）

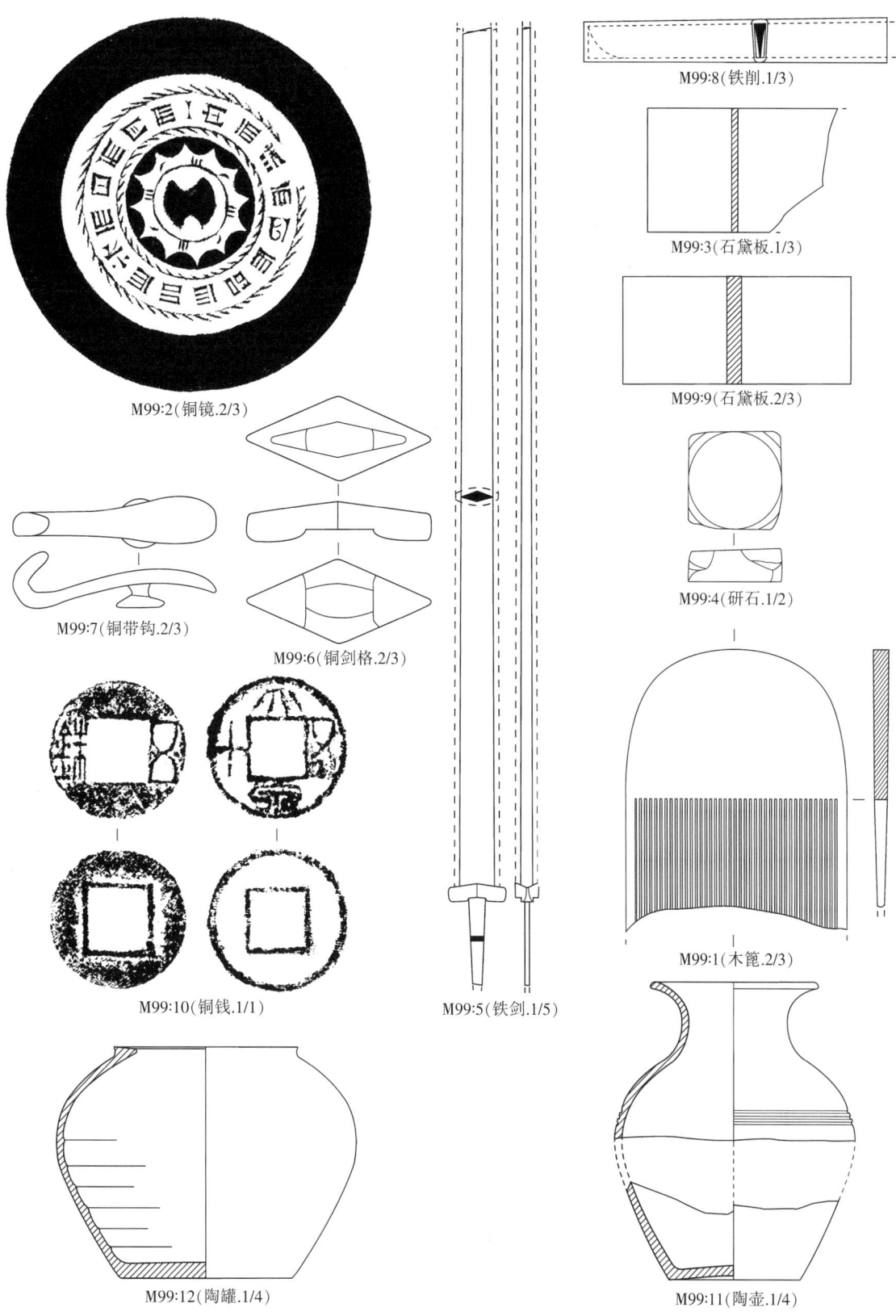

M99:2(铜镜.2/3)

M99:7(铜带钩.2/3)

M99:6(铜剑格.2/3)

M99:10(铜钱.1/1)

M99:5(铁剑.1/5)

M99:8(铁削.1/3)

M99:3(石黛板.1/3)

M99:9(石黛板.2/3)

M99:4(研石.1/2)

M99:1(木篦.2/3)

M99:12(陶罐.1/4)

M99:11(陶壶.1/4)

图 3 - 7 - 19b　军庄组二号 M99 出土器物图

2. 铁器

共 2 件。器形有剑、削。

剑　1 件。M99：5，出土于棺内中部东侧。锈残。剑身双面斜刃，中起脊，断面呈菱形，剑锋残缺。剑格铜质。剑茎扁平条状，断面呈长方形，末端残，无剑首。总残长 78.6、刃最宽 2.9、脊厚 0.9、格长 4.9、格宽 1.5、格厚 2、茎残长 6.9、茎最宽 1.4、茎厚约 0.4 厘米。（图 3 - 7 - 19b；彩版八一，4）

削　1 件。M99：8，出土于棺内中部西侧。锈残，仅存刃部和削身前部。单面弧刃，背厚平，断面呈三角形。铁削带漆鞘，漆鞘断面呈上宽下窄的圆角梯形。残长 15.2、刃宽 1.8、背厚 0.6 厘米，漆鞘残长 15.5、高 2.2 厘米。（图 3 - 7 - 19b；彩版八一，5）

3. 漆器

共 6 件。器形有耳杯、樽。

耳杯　5 件。M99：14 出土于棺外南侧中部，M99：13、16～18 出土于棺外南侧东部。5 件耳杯形制、纹饰相似，均为夹纻胎，外髹黑漆，内髹朱漆，内底面髹黑漆。敞口，圆唇，两侧附月牙形耳，耳外侧上翘，高出口沿，腹部弧形内收，圜底，椭圆形假圈足。口沿内侧、耳面髹黑漆。

M99：13 和 M99：14 尺寸相同，器高 3.6、长 14.1、宽 10.5、壁厚 0.2 厘米。（彩图一四，1）

M99：16～18 尺寸相同，器高 2.8、长 11.3、宽 8.5、壁厚 0.2 厘米。（彩图一四，2）

樽　1 件。M99：15，出土于棺外南侧中部。夹纻胎，外髹黑漆，内髹朱漆。无盖。器身为圆筒形，直腹，平底，下饰三只蹄形铜足。器身两侧有一对铜铺首衔环。器外表上下各饰有一对平行弦纹。口径 21.2、底径 21.2、高 14.2、底厚 1.4、壁厚 0.9 厘米。（彩图一四，3）

4. 木器

1 件。器形为篦。

篦　1 件。M99：1，出土于棺内南部。器身呈马蹄形，断面呈榫形，背圆弧形、较厚，齿残，两面皆斜折，两侧设护齿，共 42 齿。残长 7、宽 5.7、背长 3.7、背最厚 0.4 厘米。（图 3 - 7 - 19b）

5. 石器

共 3 件。器形有黛板、研石。

黛板　2 件。M99：3，出土于棺内南部东侧。器形残损，残器平面呈梯形，正面光滑，为研磨面。上边长 6.2、下边长 9.7、宽 6.1、厚 0.3 厘米。（图 3 - 7 - 19b）

M99：9，出土于棺内中部东侧。平面呈长方形，正面光滑，为研磨面。长 5.8、宽 2.6、厚 0.4 厘米。（图 3 - 7 - 19b；彩版八一，6）

研石　1 件。M99：4，当为石黛板配套用研磨用器，出土于棺内中南部东侧。顶面呈圆形，底面呈方形，底面光滑，为研磨面。边长 3.2、高 1.1 厘米。（图 3 - 7 - 19b）

6. 陶器

共 2 件。器形有壶、罐。

壶　1 件。M99：11，出土于棺外南侧西部。红陶。上腹部残缺。敞口，圆唇，束颈，溜肩，弧腹渐收，平底内凹。肩部饰有三道凹弦纹。口径 11、底径 9、高 19.5 厘米。（图 3 - 7 - 19b）

罐　1 件。M99：12，出土于棺外南侧西部。红陶。小口内敛，尖唇，近平沿，溜肩，弧腹渐

收，平底。口径 9.2、底径 11.5、高 15.2 厘米。（图 3－7－19b；彩版八一，7）

二十、100 号墓（M100）

M100 位于军庄组二号取土场墓地西北部，东面与 M99 相邻，北面与 M101 相邻。清理前，墓坑开口已被高速公路施工方破坏，开口距现地表深度不明，墓坑底部未受扰动。

墓葬形制为长方形竖穴土坑，开口长 230、宽 96 厘米，残深 91 厘米。方向 88°。（图 3－7－20a；彩版八二，1）

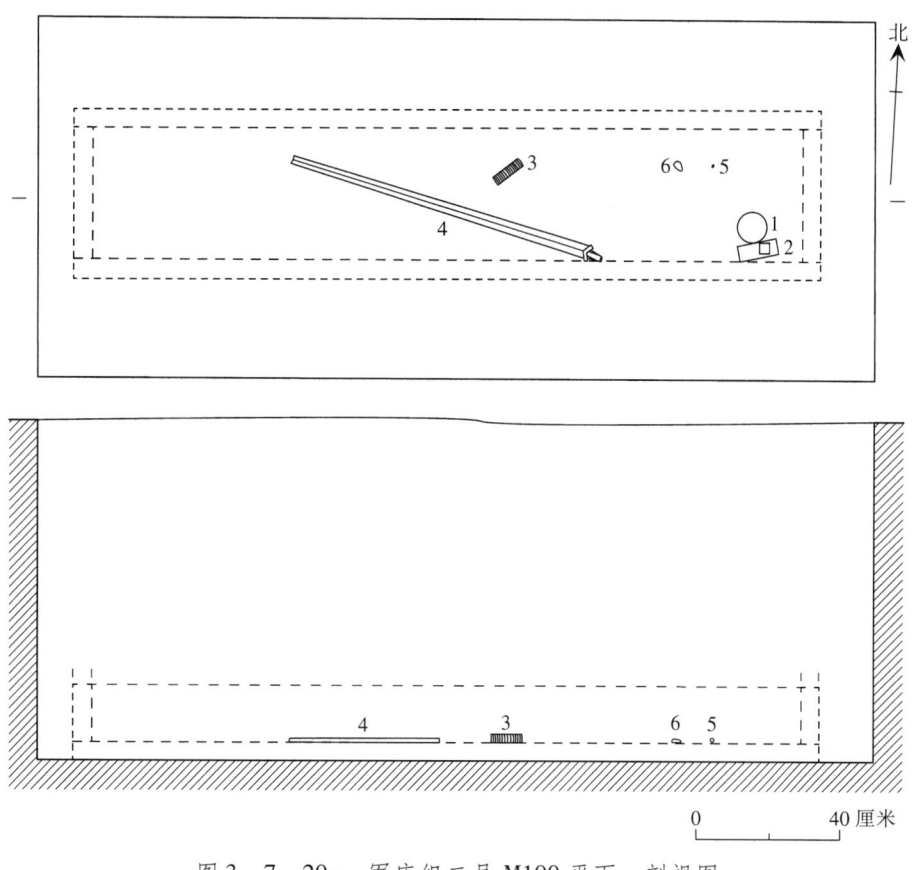

图 3－7－20a　军庄组二号 M100 平面、剖视图

1. 铜镜　2. 石黛板　3. 铜钱　4. 铁剑　5. 琉璃塞　6. 琉璃琀

葬具为单棺，木结构基本朽尽。从朽痕可知，木棺置于墓坑底部正中，棺长 205、宽 45、残高 20 厘米，棺板厚约 5 厘米。

该墓共出土铜器、铁器、琉璃器、石器等遗物 6 件（组），均出土于棺内。

1. 铜器

共 2 件（组）。器形有镜、铜钱。

镜　1 件。M100:1，出土于棺内东南角。日光镜。圆形，半圆纽，圆纽座。座外三竖弦纹与单弧弦纹各四组相间环列，外饰八内向连弧纹，其外两周短斜弦纹间饰一周铭文，铭文间以"の"形与菱形"田"字纹符号间隔。铭文为"见日之光天下大明"。宽素平缘。镜面微凸。面径 8.2、背面径 8、纽高 0.5、纽宽 1.3、缘宽 0.8、缘厚 0.37、肉厚 0.13 厘米。（图 3－7－20b；彩版八

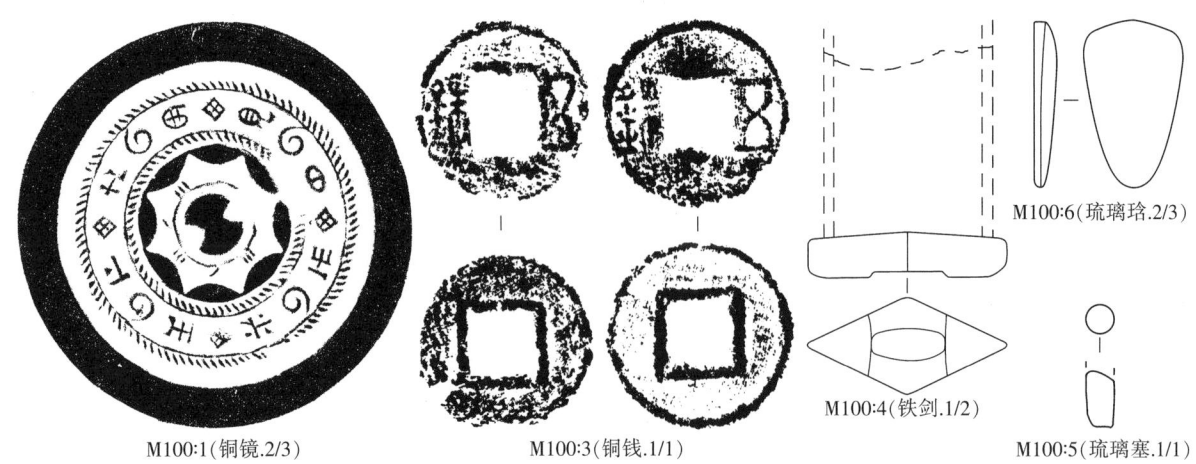

M100:1(铜镜.2/3)　　　　M100:3(铜钱.1/1)　　　M100:6(琉璃玲.2/3)　　M100:4(铁剑.1/2)　　M100:5(琉璃塞.1/1)

图 3 - 7 - 20b　军庄组二号 M100 出土器物图

二，2)

铜钱　1组。M100：3，出土于棺内中部。共22枚，五铢钱，形制、尺寸均相同，钱径2.3、穿径1厘米。（图 3 - 7 - 20b）

2. 铁器

1件。器形为剑。

剑　1件。M100：4，出土于棺内中部。残损严重，仅剩剑格。根据残存迹象，剑身宽约4.6厘米。剑格铜质，断面呈菱形，长5.4、宽2.6、高1.2厘米。（图 3 - 7 - 20b）

3. 琉璃器

共2件。器形有玲、塞。

玲　1件。出土于棺内东部北侧。M100：6，残损严重。器身蝉形。长3.3、最宽2、高0.5厘米。（图 3 - 7 - 20b）

塞　1件。出土于棺内东部北侧。M100：5，残损严重。近似圆柱体。直径约0.4、高约0.8厘米。（图 3 - 7 - 20b）

4. 石器

1组。器形为黛板。出土于棺内东南角。

黛板　1组。M100：2，黛板平面呈长方形，正面光滑，为研磨面，面上残留有一层朱色漆皮，上绘一人一虎，为狩猎图。出土时研石置于黛板之上，由整块石块制成，顶面呈圆形，底面呈方形，底面光滑，为研磨面。黛板长11.7、宽4.5厘米，研石边长3厘米。（彩图一四，4；彩版八二，3、4）

二十一、101 号墓（M101）

M101 位于军庄组二号取土场墓地西北部，北面与 M106 相邻、南面与 M100 相邻。清理前，墓坑开口已被高速公路施工方破坏，开口距现地表深度不明，墓坑底部未受扰动。

墓葬形制为长方形竖穴土坑，开口长284、宽118厘米，残深77厘米。方向93°。（图 3 - 7 - 21a；彩版八三，1）

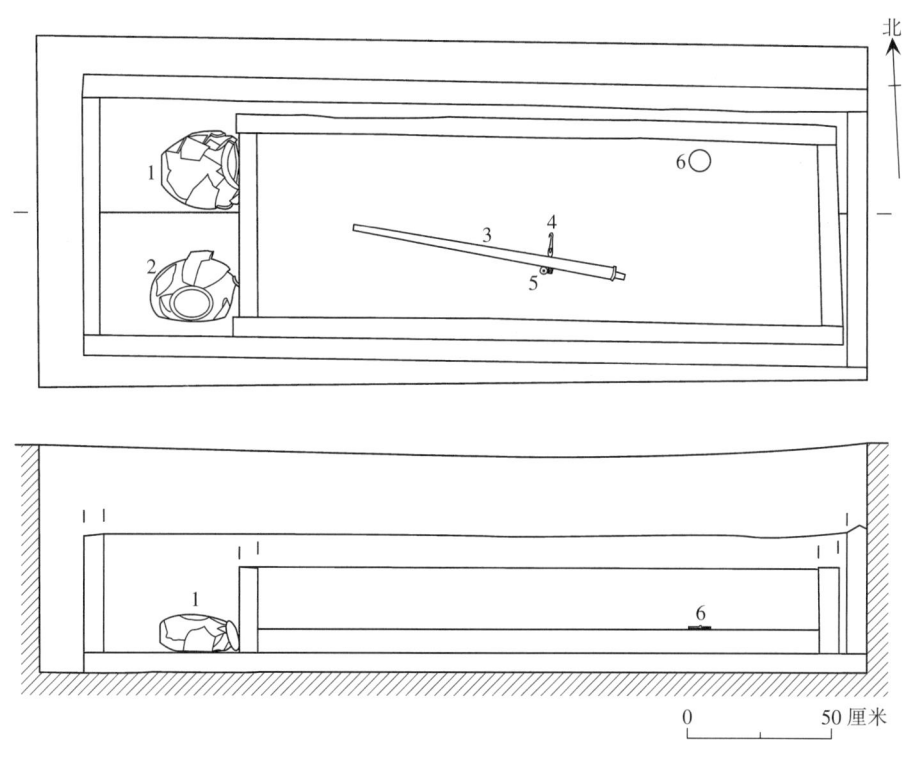

图 3 - 7 - 21a　军庄组二号 M101 平面、剖视图
1. 陶瓿　2. 陶壶　3. 铁剑　4. 铜带钩　5. 铜钱　6. 铜镜

葬具为一椁一棺，木结构基本朽尽。从朽痕可知，椁长 271、宽 94、残高 46 厘米，椁室侧板厚 8 厘米，底板厚 6.5 厘米。棺位于椁室东部，棺长 210、宽 75、残高 29 厘米。椁室北、西、南三面侧板与棺之间的空间构成西边箱。

该墓共出土铜器、铁器、陶器等各类遗物 6 件（组）。除陶器外，其余遗物均出土于西边箱内。

1. 铜器

3 件（组）。器形为镜、带钩、铜钱。

镜　1 件。M101：6，出土于棺室东部。四乳禽兽纹镜。圆形，半圆纽，圆纽座。座外三竖弦纹与双弧弦纹各四组相间排列，其外两周短斜弦纹间有四乳和四凤相间环绕，四乳均为圆纽座。宽素平缘。镜面微凸。面径 7.8、背径 7.6、纽高 0.6、纽宽 1.2、缘宽 1、缘厚 0.3、肉厚 0.18 厘米。（图 3 - 7 - 21b；彩版八三，2）

带钩　1 件。M101：4，出土于棺室中部。钩首残损严重，钩身细长，弓腹下近中部有一圆纽，纽柱较粗短。残长 7.5、宽 0.2 ~ 0.7 厘米。（图 3 - 7 - 21b）

铜钱　1 组。M101：5，出土于棺室中部。共 8 枚，五铢钱，形状、尺寸均同。钱径 2.5、穿径 1 厘米。

2. 铁器

1 件。器形为剑。

剑　1 件。M101：3，出土于棺室中部。整器残损严重，锈蚀殆尽，仅存铜质剑格。剑格呈菱

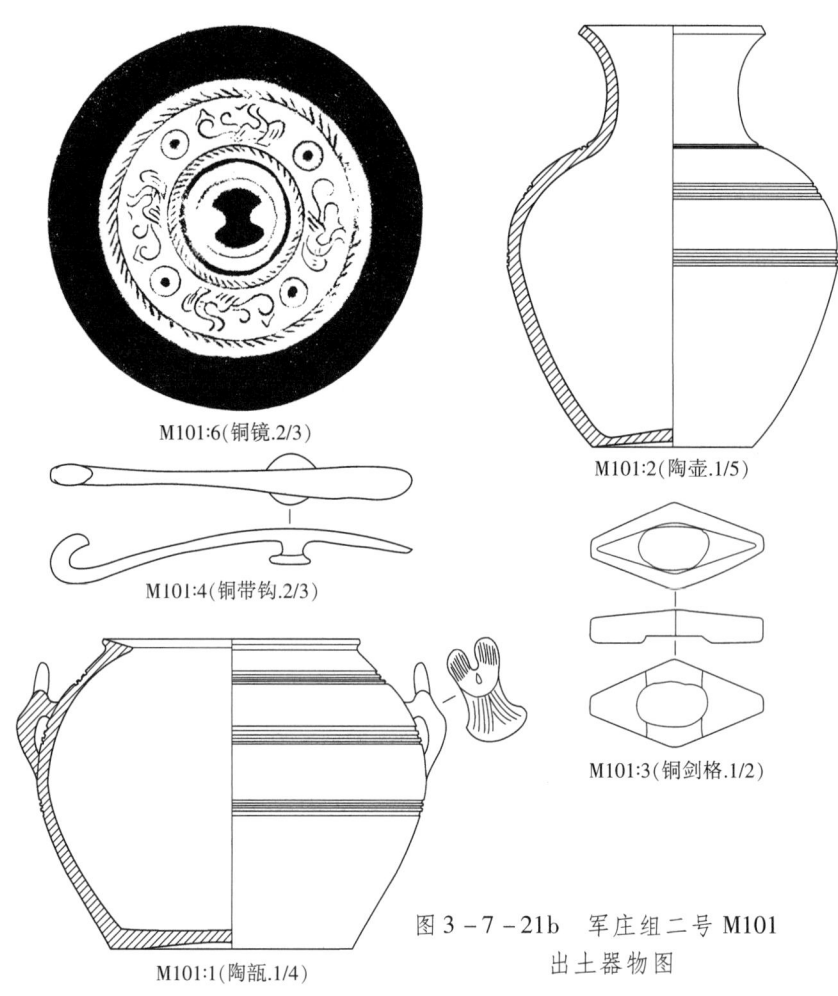

M101:6(铜镜.2/3)

M101:2(陶壶.1/5)

M101:4(铜带钩.2/3)

M101:3(铜剑格.1/2)

图 3 - 7 - 21b　军庄组二号 M101
出土器物图

M101:1(陶瓿.1/4)

形，中有圆角长方形孔。长 4.6、宽 2.3 厘米。（图 3 - 7 - 21b）

3. 陶器

2 件。器形为壶、瓿。

壶　1 件。M101：2，出土于西边箱南部。泥质红陶。敞口，尖圆唇，斜沿，直颈，圆肩，弧腹内收，平底内凹，颈、肩、腹部各饰一周凹弦纹带。口径 12、底径 10.8、高 28 厘米。（图 3 - 7 - 21b）

瓿　1 件。M101：1，出土于西边箱北部。泥质红陶。敞口，尖圆唇，束颈，溜肩，鼓腹内收，平底内凹。肩两侧各饰一耳，耳面刻划竖弦纹。肩腹部共饰三周凹弦纹带。口径 14、底径 13、高 16 厘米。（图 3 - 7 - 21b；彩版八三，3）

二十二、102 号墓（M102）

M102 位于军庄组二号取土场墓地西北部，西北与 M103 和 M104 相邻。清理前，墓坑开口已被高速公路施工方破坏，开口距现地表深度不明，墓坑底部未受扰动。

墓葬形制为长方形竖穴土坑，开口长 197、宽 69 厘米，残深 39 厘米。方向 200°。墓坑与葬具侧板之间填塞青膏泥。（图 3 - 7 - 22a；彩版八三，4）

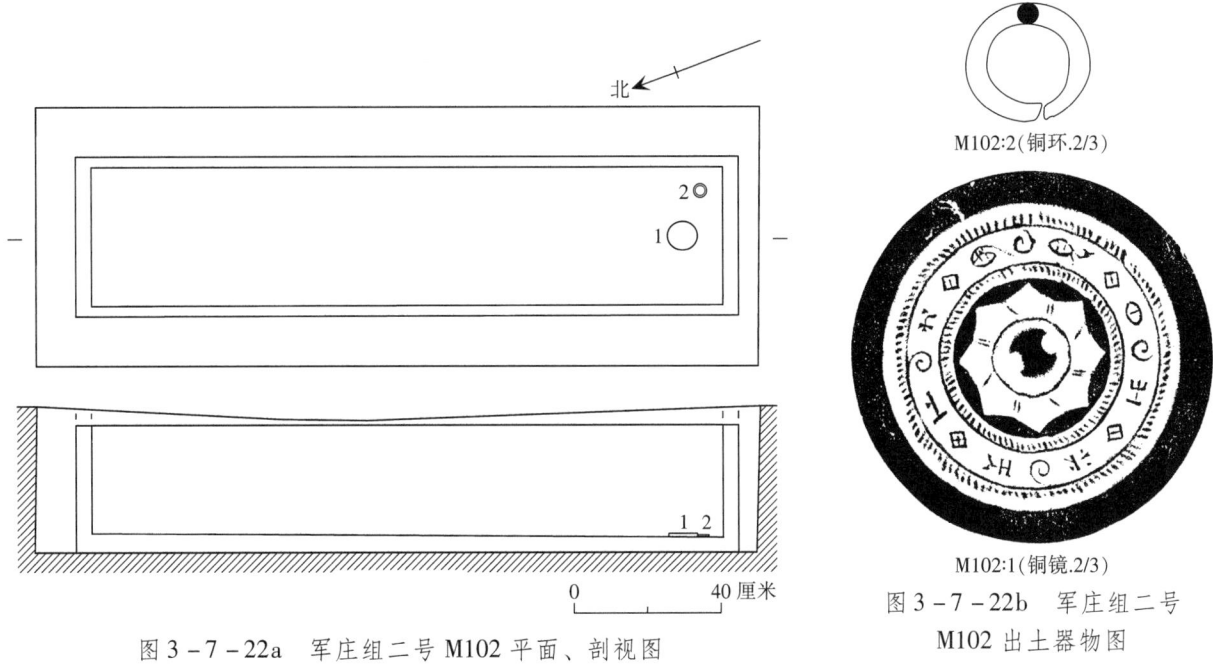

图 3 – 7 – 22a　军庄组二号 M102 平面、剖视图
1. 铜镜　2. 铜环

M102:2(铜环.2/3)

M102:1(铜镜.2/3)
图 3 – 7 – 22b　军庄组二号
M102 出土器物图

葬具为单棺，木结构基本朽尽。从朽痕可知，棺长 180、宽 42、残高 34 厘米。

该墓共出土铜器 2 件。

铜器

2 件。器形为镜、环，均出土于棺内南部。

镜　1 件。M102：1，日光镜。圆形，半圆纽，圆纽座。座外单弧弦纹与双竖线各四组相间排列，外饰八内向连弧纹，其外饰短斜弦纹两周，间饰铭文一周，铭文间以"の"形与菱形"田"字纹符号间隔。铭文为"见日之光天下大明"。窄缘。镜面微凸。面径 7.6、背径 7.4、纽高 0.43、纽宽 1、缘宽 0.56、缘厚 0.2、肉厚 0.1 厘米。（图 3 – 7 – 22b；彩版八三，5）

环　1 件。M102：2，环上有一缺口。外环径 2.5、内环径 1.6、厚 0.4 厘米。（图 3 – 7 – 22b）

二十三、103 号墓（M103）

M103 位于军庄组二号取土场墓地西北角，北面与 M104 相邻。清理前，墓坑开口已被高速公路施工方破坏，开口距现地表深度不明，墓坑底部未受扰动。

墓葬形制为长方形竖穴土坑，开口长 202、宽 98 厘米，残深 176 厘米。方向 104°。墓坑和葬具侧板之间填塞青膏泥。

葬具为一椁一棺，木结构保存尚好。椁位于墓坑底部正中，椁长 198、宽 71、高 42 厘米。棺位于椁室东部，棺室顶板不存，长 150、宽 50、高 34 厘米，棺室侧板和底板厚均为 6 厘米。西边箱由棺室西侧板、椁室北、西、南三侧板之间的空间组成。（图 3 – 7 – 23a；彩版八四，1）

该墓共出土铜器、琉璃器、木器、陶器等各类遗物 8 件。

1. 铜器

2 件。器形为熏、镜。

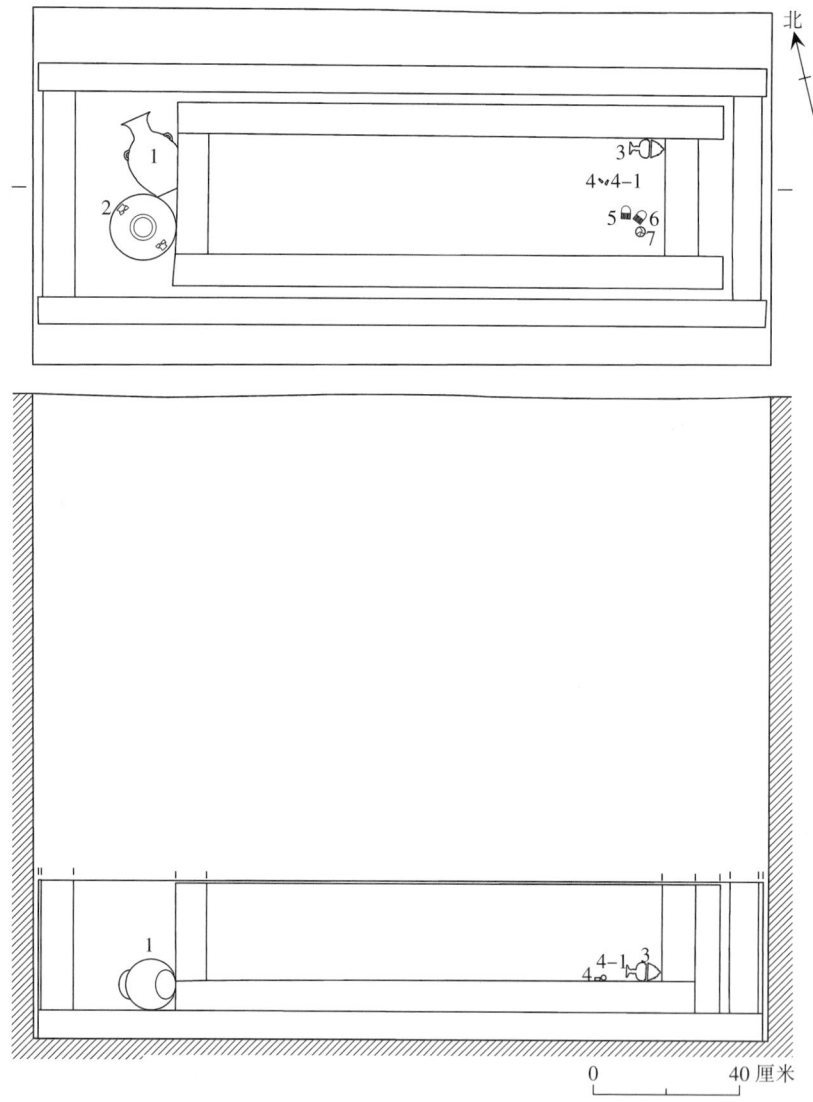

图 3－7－23a　军庄组二号 M103 平面、剖视图

1. 釉陶壶　2. 釉陶瓿　3. 铜熏　4、4－1. 琉璃塞　5. 木梳　6. 木篦　7. 铜镜

　　熏　1 件。M103：3，出土于棺内东部北侧。由盖、盘、柄、座四部分构成。盖呈博山形，为五重山，山间为不规则镂空。盘柄呈豆形。盘，子敛口，扁弧腹，外饰一周内凹弧面的凸棱，圜底。柄为短圆柱形，空心，上细下粗，中有一周凸棱。座为喇叭形圈足，面饰二周折棱。口径 7、高 12 厘米。（图 3－7－23b）

　　镜　1 件。M103：7，出土于棺内东部。残损严重，无法复原，纹饰不明。

　　2. 琉璃器

　　2 件。器形为塞。

　　塞　2 件。M103：4 和 M103：4－1，出土于棺内东侧。形制、尺寸均同，器作圆台柱形，呈灰白色。顶面直径 0.4、底面直径 0.7、高 1.9 厘米。（图 3－7－23b；彩版八四，2）

　　3. 木器

　　2 件。器形为梳、篦。

　　梳　1 件。M103：5，出土于棺内东部。弧背长方形，背部厚，齿端渐薄收尖，背长与齿长基

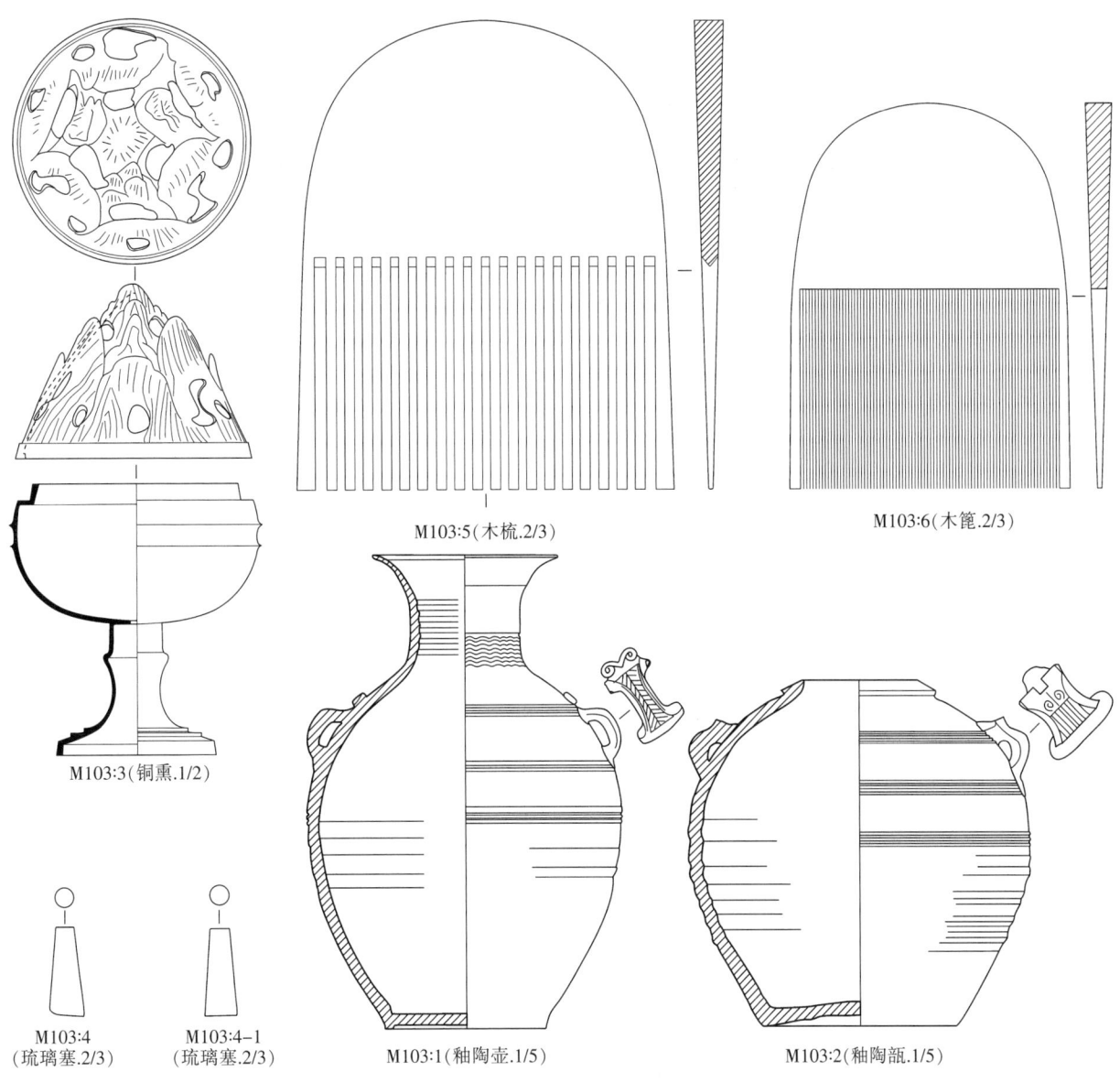

M103:5(木梳.2/3)

M103:6(木篦.2/3)

M103:3(铜熏.1/2)

M103:4
(琉璃塞.2/3)

M103:4-1
(琉璃塞.2/3)

M103:1(釉陶壶.1/5)

M103:2(釉陶瓿.1/5)

图 3 - 7 - 23b　军庄组二号 M103 出土器物图

本相同，20 齿。通长 10、宽 8.3、厚 0.1~0.7 厘米。（图 3 - 7 - 23b）

　　篦　1 件。M103：6，出土于棺内东部。形制与梳同，唯齿更密，共 86 齿。通长 8.3、宽 6.3、厚 0.1~0.6 厘米。（图 3 - 7 - 23b）

　　4. 陶器

2 件。器形为壶、瓿。

　　壶　1 件。M103：1，出土于西边箱内。上半部施青黄釉。敞口，圆唇，直颈，溜肩，弧腹内收，矮圈足。肩两侧各饰一耳，耳面饰叶脉纹，耳上各贴塑一卷云纹饰。颈部饰一周水波纹带，肩腹部饰三周凹弦纹带。口径 14、底径 12、高 34 厘米。（图 3 - 7 - 23b；彩版八四，3）

　　瓿　1 件。M103：2，出土于西边箱内。上半部施青黄釉。小口内敛，尖圆唇，斜沿，圆肩，鼓腹内收，平底内凹。肩两侧各饰一耳，耳面上部为卷云纹，下部刻划竖弦纹。肩腹部饰三周凹弦纹带。口径 9、底径 14、高 25 厘米。（图 3 - 7 - 23b；彩版八四，4）

二十四、104 号墓（M104）

M104 位于军庄组二号取土场墓地西北部，南面与 M103 相邻。清理前，墓坑开口已被高速公路施工方破坏，开口距现地表深度不明，墓坑底部未受扰动。

墓葬形制为长方形竖穴土坑，开口长 280、宽 107 厘米，残深 68 厘米。方向 97°，墓坑和葬具之间填塞青膏泥。（图 3 - 7 - 24a；彩版八五，1）

葬具为一椁一棺，木结构保存尚好。椁位于墓坑底部正中，椁室顶板不存，椁板残损变薄，椁室长 270、残宽 78、残高 52 厘米。棺位于椁室东部，棺长 226、宽 61、残高 36 厘米。西边箱由椁北、西、南三面侧板与棺之间的空间构成。

该墓共出土铜器、木器、陶器等遗物 6 件。

1. 铜器

3 件。器形为镜、剑格、剑首。

镜　1 件。M104：6，出土于棺内东部。昭明镜。圆形，半圆纽，圆纽座。座外三短弦纹与单弧弦纹各四组相间环列，其外饰八内向连弧纹，外圈两周短斜弦纹间饰一周铭文。铭文为“内而清而质而以而昭而光而日而月”。宽素平缘。镜面微凸。面径 9.3、背径 9.1、纽高 0.65、纽宽 1.3、缘宽 1.1、缘厚 0.23、肉厚 0.12 厘米。（图 3 - 7 - 24b；彩版八五，2）

剑格　1 件。M104：3，菱形，中部亦为菱形镂孔。长 4.4、宽 2.3 厘米。其与 M104：4 铜剑首，当为同一件随葬铁剑的构件。（图 3 - 7 - 24b）

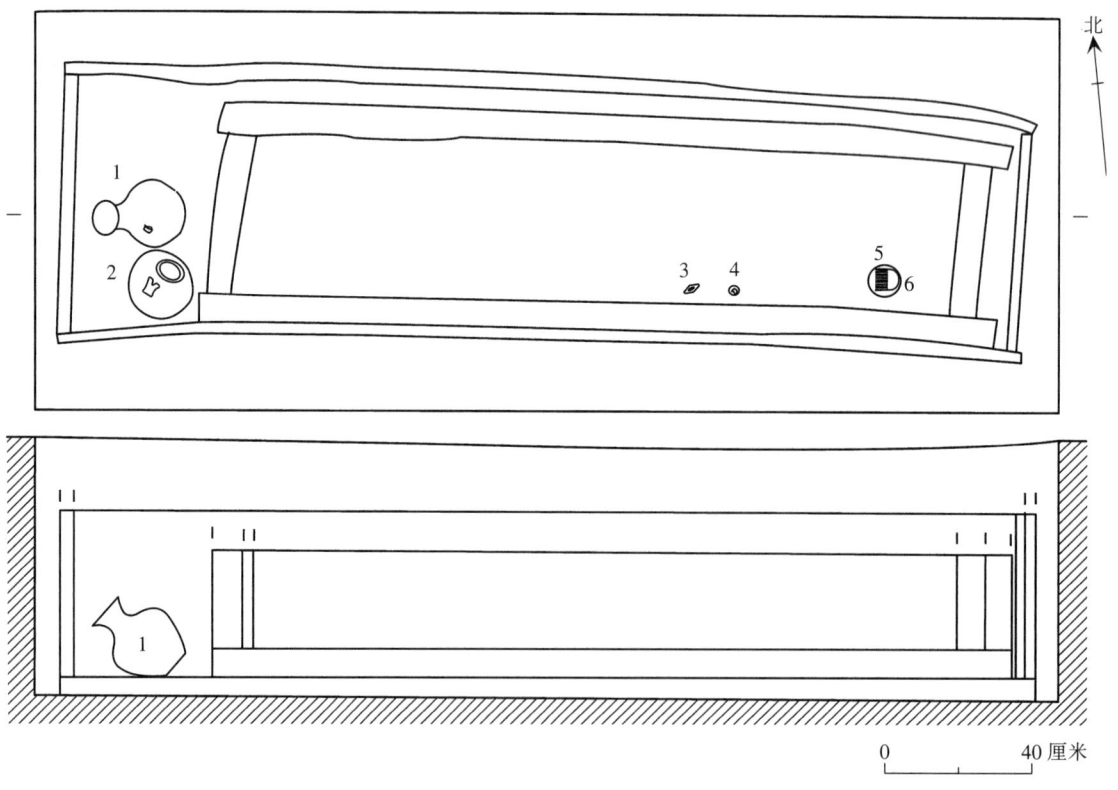

图 3 - 7 - 24a　军庄组二号 M104 平面、剖视图
1. 釉陶壶　2. 釉陶瓿　3. 铜剑格　4. 铜剑首　5. 木梳　6. 铜镜

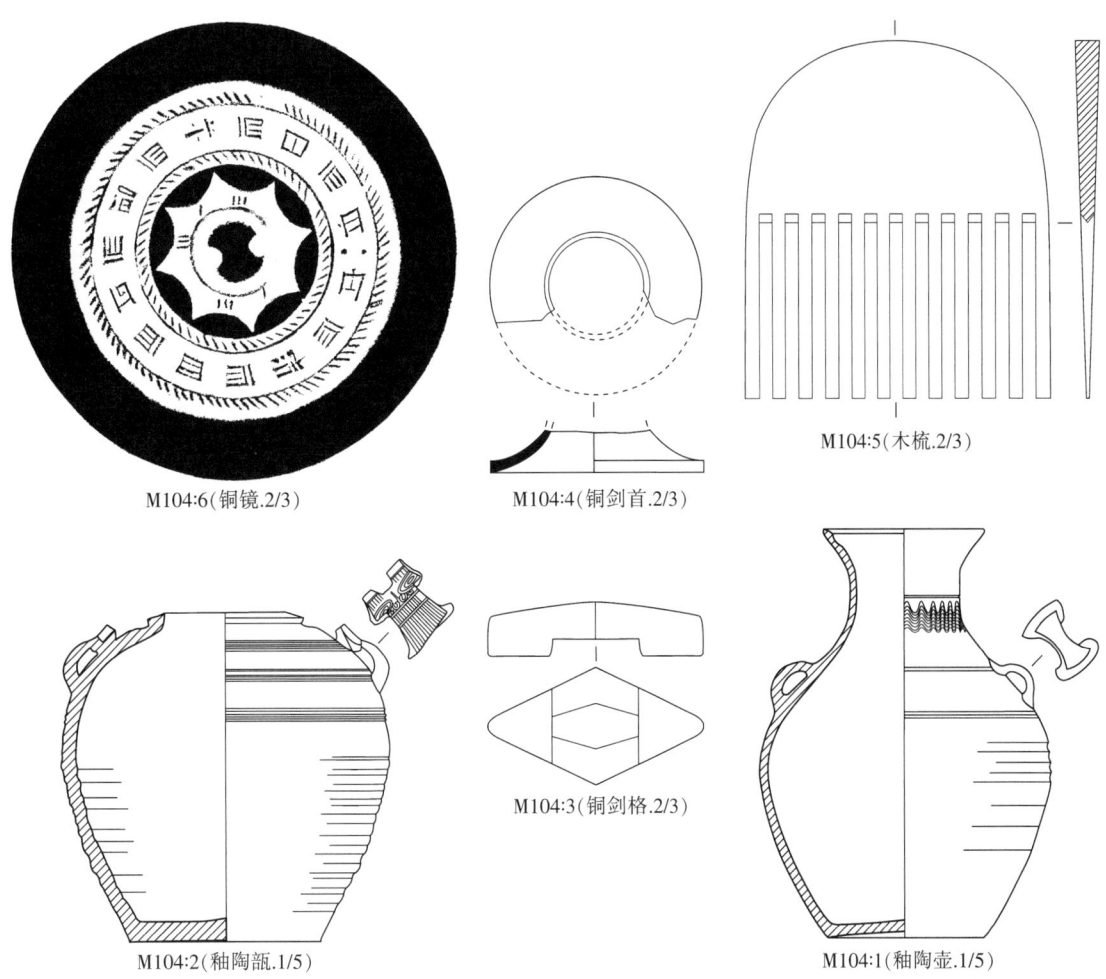

M104:6（铜镜.2/3）

M104:4（铜剑首.2/3）

M104:5（木梳.2/3）

M104:3（铜剑格.2/3）

M104:2（釉陶瓿.1/5）

M104:1（釉陶壶.1/5）

图 3 - 7 - 24b 军庄组二号 M104 出土器物图

剑首 1 件。M104：4，喇叭形圈座，中空，残三分之一。直径4.3、残高0.8厘米。（图 3 - 7 - 24b）

2. **木器**

1 件。器形为梳。

梳 1 件。M104：5，出土于棺室东部南侧。器弧背长方形，背部厚，齿端薄，背长与齿长基本相同，12 齿。长 7、宽 6、厚 0.5 厘米。（图 3 - 7 - 24b；彩版八五，3）

3. **陶器**

2 件。器形为壶、瓿。

壶 1 件。M104：1，出土于西边箱内。施青黄釉，脱落殆尽。侈口，尖圆唇，口沿内壁饰一周凹纹，直颈，溜肩，弧腹内收，平底内凹。肩两侧各饰一耳，耳素面。颈部饰凹弦纹、水波纹，肩部上下饰两周凹弦纹带，口径 11、底径 11、高 27 厘米。（图 3 - 7 - 24b；彩版八五，4）

瓿 1 件。M104：2，出土于西边箱内。施青黄釉。直口，尖圆唇，斜沿，圆肩，弧腹内收，平底。肩两侧各饰一兽面纹耳。肩部饰三周凹弦纹带。口径 8、底径 13、高 21 厘米。（图 3 - 7 - 24b；彩版八五，5）

二十五、105 号墓（M105）

M105 位于军庄组二号取土场墓地西北角，南面与 M106 相邻，北面与 M107 相邻。清理前，墓坑开口已被高速公路施工方破坏，开口距现地表深度不明，墓坑底部棺椁区域未受扰动。

墓葬形制为长方形竖穴土坑，开口长 280、宽 110 厘米，残深 90 厘米。方向 102°。（图 3 - 7 - 25a；彩版八六，1）

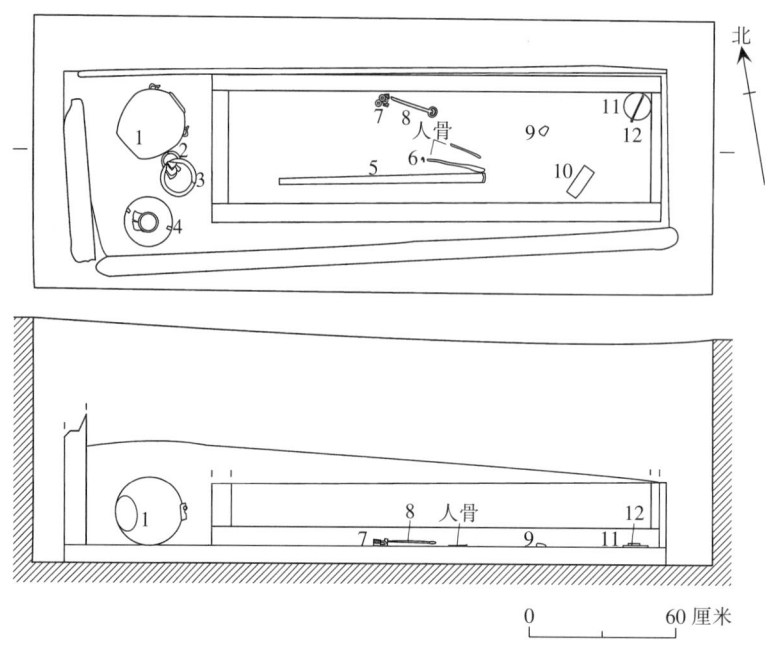

图 3 - 7 - 25a 军庄组二号 M105 平面、剖视图

1. 陶瓿 2. 陶盒 3. 陶豆 4. 陶壶 5. 铁剑 6. 铜带钩 7. 铜钱 8. 铜削 9. 琉璃珌 10. 石黛板 11. 铜镜 12. 铜刷

葬具为一椁一棺。从残存木结构可知，椁位于墓坑底部正中，椁长 250、残宽 77、残高 26 厘米。棺位于椁室东部，棺长 183、宽 57、残高 20 厘米。棺和椁北、西、南三面侧板之间的空间，组成西边箱。

该墓共出土铜器、铁器、琉璃器、石器、陶器等遗物 12 件（组）。

1. 铜器

5 件（组）。器形为镜、带钩、刷、削、铜钱。

镜 1 件。M105：11，出土于棺室东部。昭明镜。圆形，半圆纽，圆纽座。座外短竖线（每组三线）与单弧线各六组相间环列，外饰一周凸弦纹圈带，带外饰又以短竖线（每组三线）与单弧线各六组相间环列，其外饰十二内向连弧纹，外圈两周短斜弦纹间饰一周铭文。铭文为"内而清而以而昭而明而光而象而夫而日而月而"。宽素平缘。镜面微凸。面径 10.4、背径 10.2、纽高 0.6、纽宽 1.4、缘宽 1.1、缘厚 0.5、肉厚 0.3 厘米。（图 3 - 7 - 25b；彩版八六，2）

带钩 1 件。M105：6，出土于棺中部。残损严重，仅存钩首。残长 2 厘米。（图 3 - 7 - 25b）

刷 1 件。M105：12，出土于棺室中部。烟斗形，柄细长，实心，末端为龙头形，龙眼为一

穿孔，刷头小圆筒形。通长11.6、銎径0.9厘米。（图3-7-25b；彩版八六，3）

削　1件。M105：8，出土于棺室中部北侧。单面弧刃，柄较短，上下平直，末端入椭圆形铜质环首内，环首断面呈圆形，一端与柄相接，另一端尖细成弯钩。通长6、刃宽0.37厘米。（图3-7-25b；彩版八六，4）

铜钱　1组。M105：7，出土于棺室中部北侧。共2枚，五铢钱，形状、尺寸均同。钱径2.5、穿径1厘米。（图3-7-25b）

2. 铁器

1件。器形为剑。

剑　1件。M105：5，出土于棺室中部。残损严重，无法复原。

3. 琉璃器

1件。器形为琀。

琀　1件。M105：9，出土于棺室东部。器作蝉形，呈灰白色。残长4.1、宽3、厚0.6厘米。（图3-7-25b；彩版八六，5）

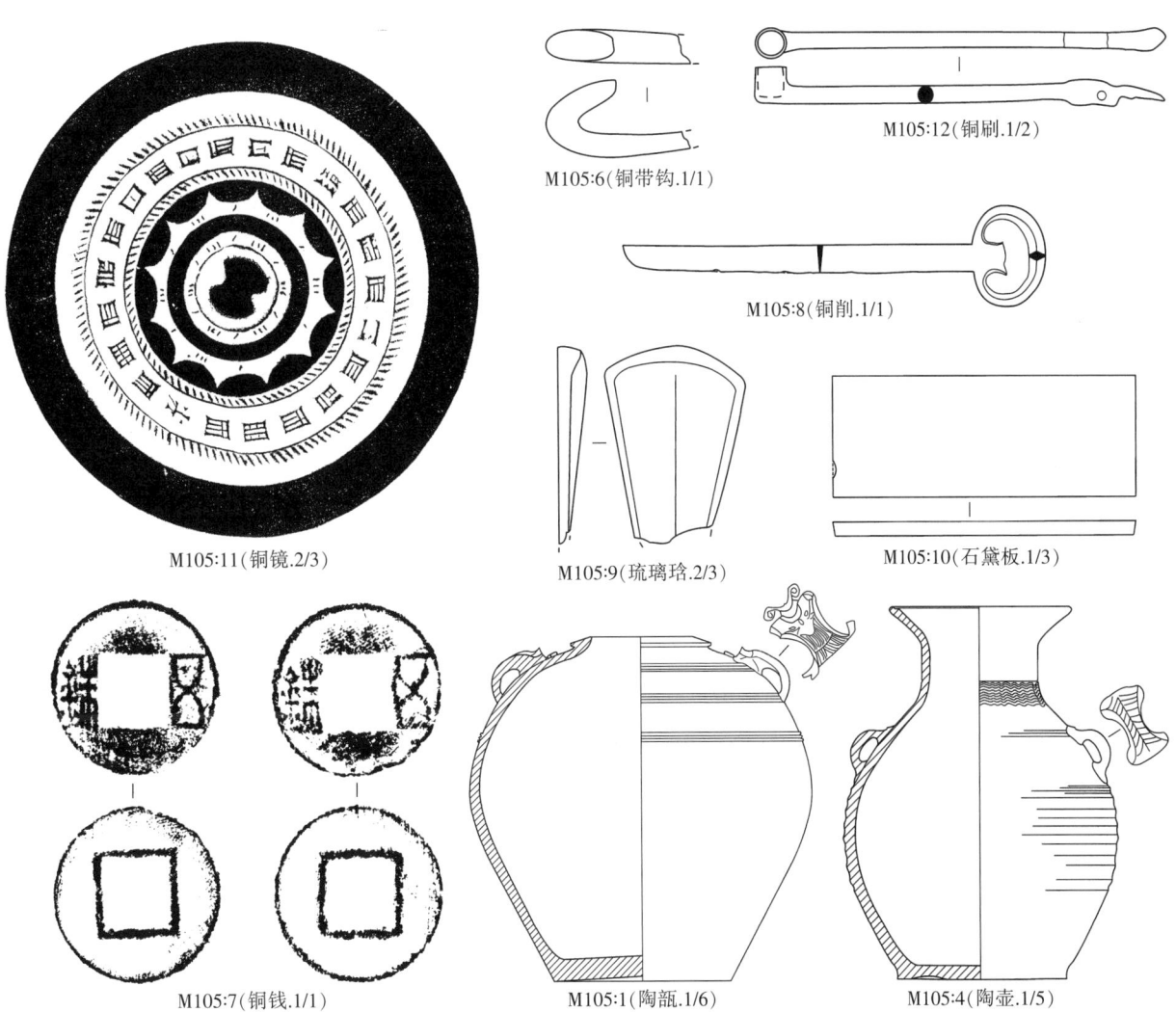

M105:11(铜镜.2/3)

M105:6(铜带钩.1/1)

M105:12(铜刷.1/2)

M105:8(铜削.1/1)

M105:9(琉璃琀.2/3)

M105:10(石黛板.1/3)

M105:7(铜钱.1/1)

M105:1(陶瓿.1/6)

M105:4(陶壶.1/5)

图3-7-25b　军庄组二号M105出土器物图

4. 石器

1 件。器形为黛板。

黛板　1 件。M105：10，出土于棺室东部南侧。长条形。长 13、宽 4.9、厚 0.6 厘米。（图3 - 7 - 25b；彩版八六，6）

5. 陶器

4 件。器形为盒、壶、瓿、豆。

盒　1 件。M105：2，出土于西边箱内。灰陶。残损严重，无法复原。

壶　1 件。M105：4，出土于西边箱内。敞口，圆唇，唇内部有一周凹纹，直颈，溜肩，鼓腹内收，圈足。肩两侧各饰一耳，耳面叶脉纹。颈部饰一周水波纹带。口径 13、底径 12、高 25 厘米。（图 3 - 7 - 25b；彩版八七，1）

瓿　1 件。M105：1，出土于西边箱内。小口内敛，斜沿，圆肩，鼓腹内收，平底内凹。肩两侧各饰一对兽面耳，耳上部各贴塑一羊角纹。器上半部饰三周凹弦纹带。口径 8.4、底径 14.7、高 28 厘米。（图 3 - 7 - 25b；彩版八七，2）

豆　1 件。M105：3，出土于西边箱内。灰陶。残损严重，无法复原。

二十六、106 号墓（M106）

M106 位于军庄组二号取土场墓地西北部，北面与 M105 相邻，南面与 M101 相邻。清理前，墓坑开口已被高速公路施工方破坏，开口距现地表深度不明，墓坑底部棺椁区域未受扰动。

墓葬形制为长方形竖穴土坑，开口长 240、宽 90 厘米，残深 70 厘米。方向 100°。（图 3 - 7 - 26a；彩版八七，3）

葬具为单棺，木结构基本朽尽。从朽痕可知，棺位于墓坑底部偏东，长 200、宽 55、残高 12 厘米。

该墓共出土铜器、琉璃器、陶器等遗物 3 件。

1. 铜器

1 件。器形为镜。

镜　1 件。M106：3，出土于棺室东部。残损严重，无法复原，纹饰不明。

2. 琉璃器

1 件。器形为珩。

珩　1 件。M106：2，出土于棺室东部。残损严重，形状、纹饰不明。中部隆起。残长 2.8、残宽 1.8、残厚 0.5 厘米。（图 3 - 7 - 26b）

3. 陶器

1 件。器形为壶。

壶　1 件。M106：1，出土于棺外西侧。泥质红陶。敞口，圆唇，直颈，溜肩，鼓腹内收，平底内凹。肩部饰凹弦纹。口径 13、底径 11、高 24 厘米。（图 3 - 7 - 26b）

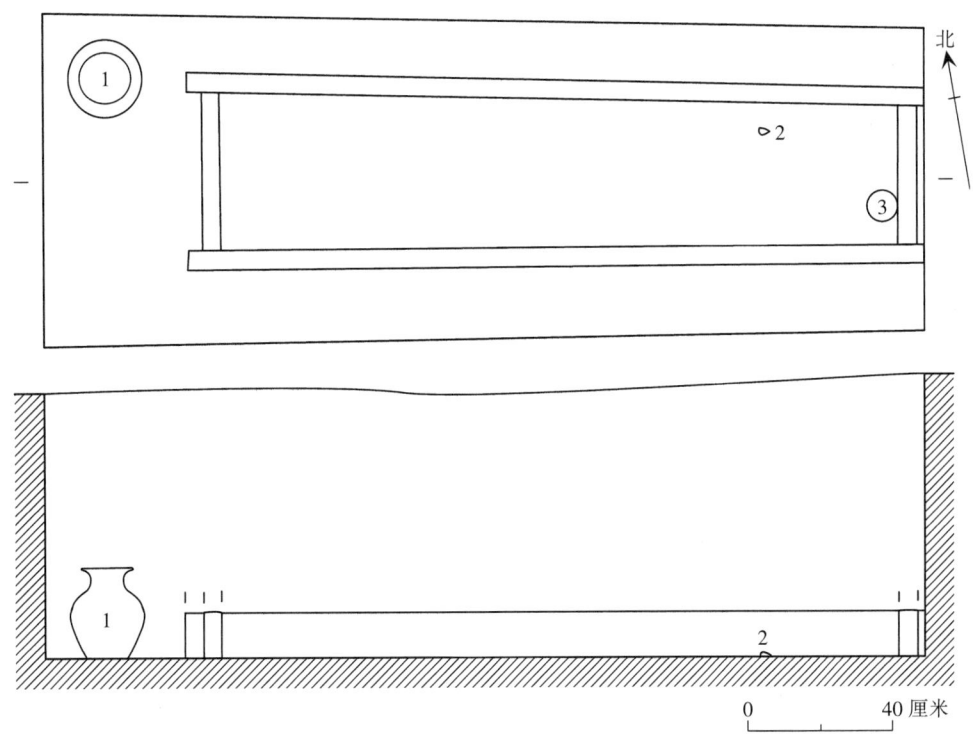

图 3 - 7 - 26a　军庄组二号 M106 平面、剖视图
1. 陶壶　2. 琉璃玲　3. 铜镜

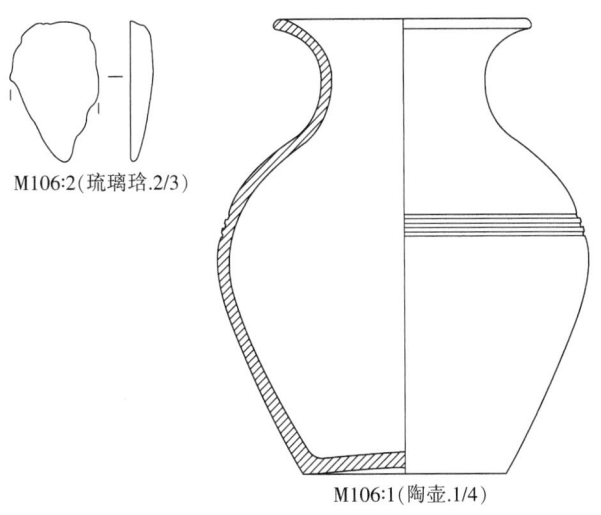

M106:2（琉璃玲.2/3）

M106:1（陶壶.1/4）

图 3 - 7 - 26b　军庄组二号 M106 出土器物图

二十七、107 号墓（M107）

M107 位于军庄组二号取土场墓地西北角，南面与 M105 相邻。清理前，墓坑开口已被高速公路施工方破坏，开口距现地表深度不明，墓坑底部棺椁区域未受扰动。

墓葬形制为长方形竖穴土坑，开口长 266、宽 105 厘米，残深 118 厘米。方向 99°。（图 3 - 7 - 27a；彩版八七，4）

葬具为一椁一棺，木结构基本朽尽。从朽痕可知，椁位于墓坑底部正中，椁长 245、宽 71、

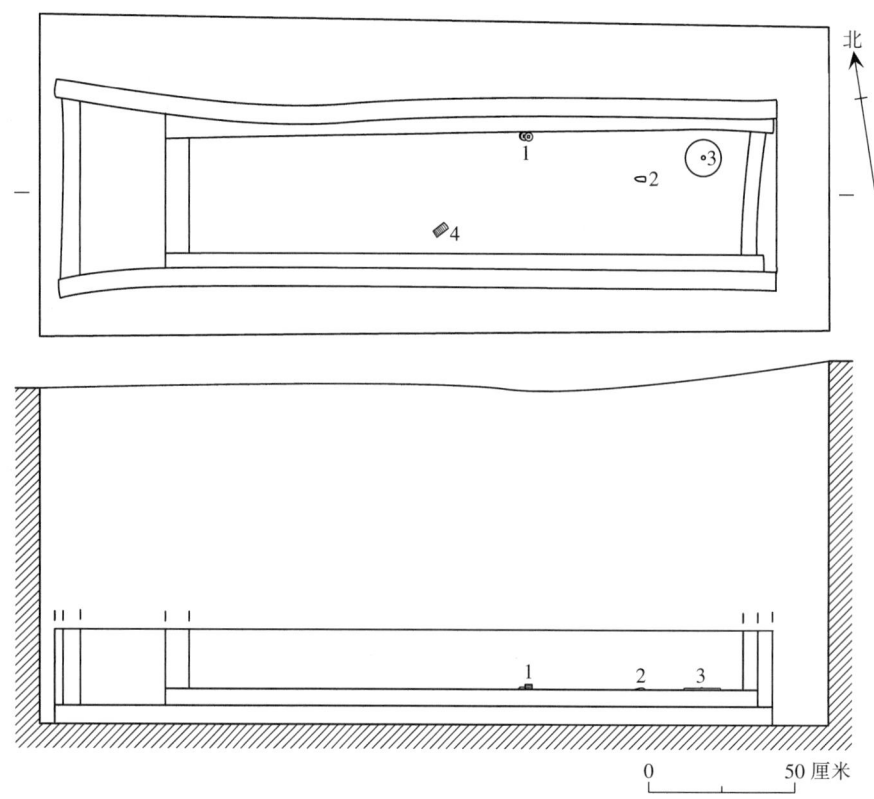

图 3-7-27a　军庄组二号 M107 平面、剖视图
1、4. 铜钱　2. 琉璃琀　3. 铜镜

残高 31 厘米。棺位于椁室东部，长 205、宽 51、残高 24 厘米。西边箱由棺和椁北、西、南三面侧板之间的空间构成。

该墓共出土铜器、琉璃器等遗物 4 件（组）。

1. 铜器

3 件（组）。器形为镜、铜钱。

镜　1 件。M107：3，出土于棺室东部。日光镜。圆形，半圆纽，圆纽座。座外一周凸弦纹细圈带，其外三竖弦纹与单弧弦纹各四组相间环列，外饰八内向连弧纹，外圈两周斜弦纹，其间饰一周铭文带，铭文间以"の"形符号间隔。铭文为"日月心忽光勿之忠毋□"。窄缘。镜面微凸。面径 10.2、背径 10、纽高 0.6、纽宽 1.3、缘宽 0.4、缘厚 0.5、肉厚 0.13 厘米。（图 3-7-27b）

铜钱　2 组。M107：4，出土于棺室中部南侧。共 5 枚，五铢钱，钱径 2.3、穿径 1 厘米。（图 3-7-27b）

M107：1，出土于棺室中部北侧。共 2 枚，五铢钱，形制、尺寸同 M107：4。

2. 琉璃器

1 件。器形为琀。

琀　1 件。M107：2，出土于棺室东部。器作蝉形，正面隆起、素面，背部直平、素面。残长 3.6、残宽 2.1、残厚 0.5 厘米。（图 3-7-27b；彩版八七，5）

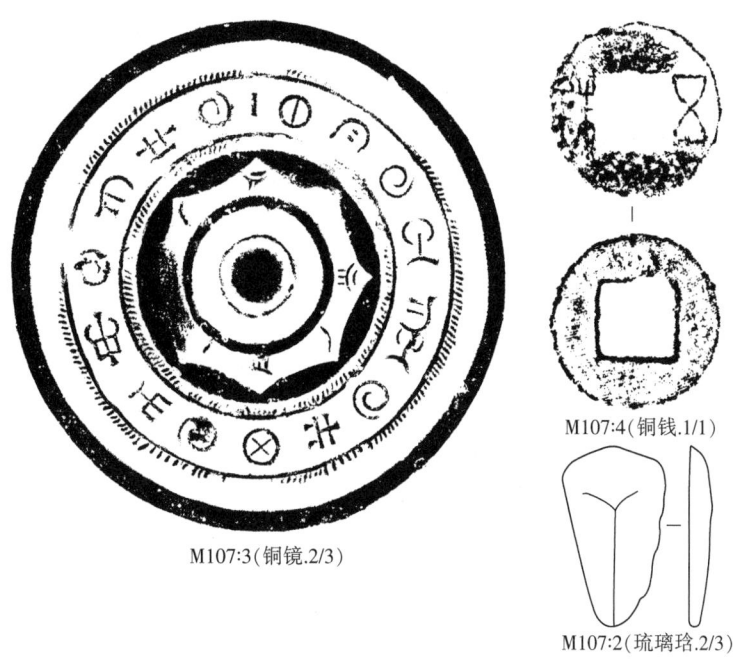

M107:3（铜镜.2/3）

M107:4（铜钱.1/1）

M107:2（琉璃珩.2/3）

图 3 - 7 - 27b 军庄组二号 M107 出土器物图

附录

一、77 号墓（M77）

M77 位于军庄组二号取土场墓地东部，西面与 M78 相邻。清理前，墓坑大部已被高速公路施工方严重破坏，开口距现地表深度不明，墓室仅残留西北角。

墓葬形制为长方形竖穴砖室墓，开口残长 217、残宽 162 厘米，残深 27 厘米。方向 91°。（附图 3 - 7 - 1）

墓室西壁与南壁均双砖并列砌成，西壁残长 106、宽 30 厘米，南壁残长 132、宽 28 厘米，"人"字形铺地砖。

墓葬虽经仔细清理，但墓室内未出土任何遗物。

二、78 号墓（M78）

M78 位于军庄组二号取土场墓地东部，东面与 M77 相邻，西面与 M79 相邻。清理前，墓坑大部已被高速公路施工方严重破坏，开口距现地表深度不明，墓室仅存砖室底部，随葬品组合受到扰动。

墓葬形制为长方形单室券顶墓，开口长 610、宽 240 厘米，残深 40 厘米。方向 320°。（附图 3 - 7 - 2a；彩版八八，1）

墓由甬道与墓室组成，平面呈刀形。墓室平面呈长方形，长 430、宽 208、残高 20 厘米。前壁中间开有墓门，封门砖、甬道两壁及墓壁均由双砖并列砌成，砖块尺寸相同，转角相互咬合。封

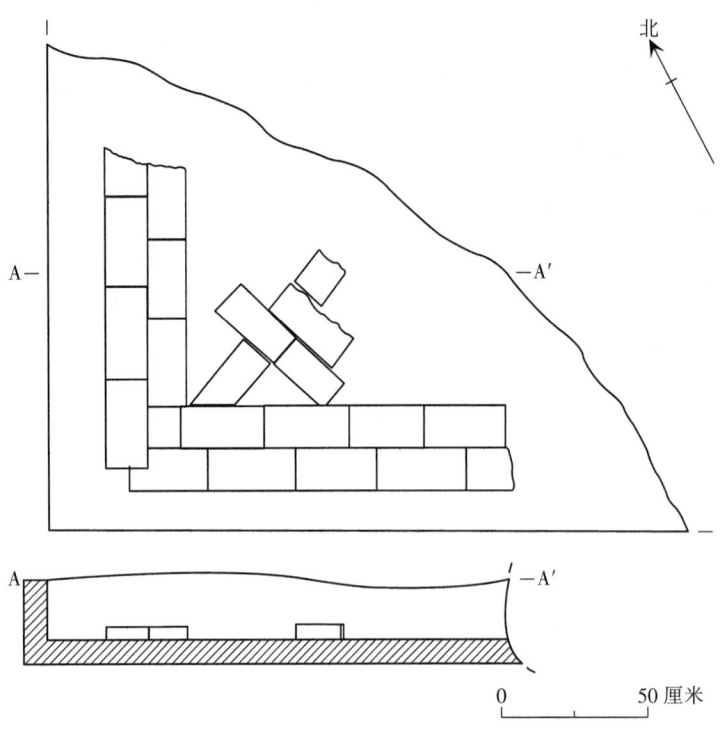

附图 3 - 7 - 1　军庄组二号 M77 平面、剖视图

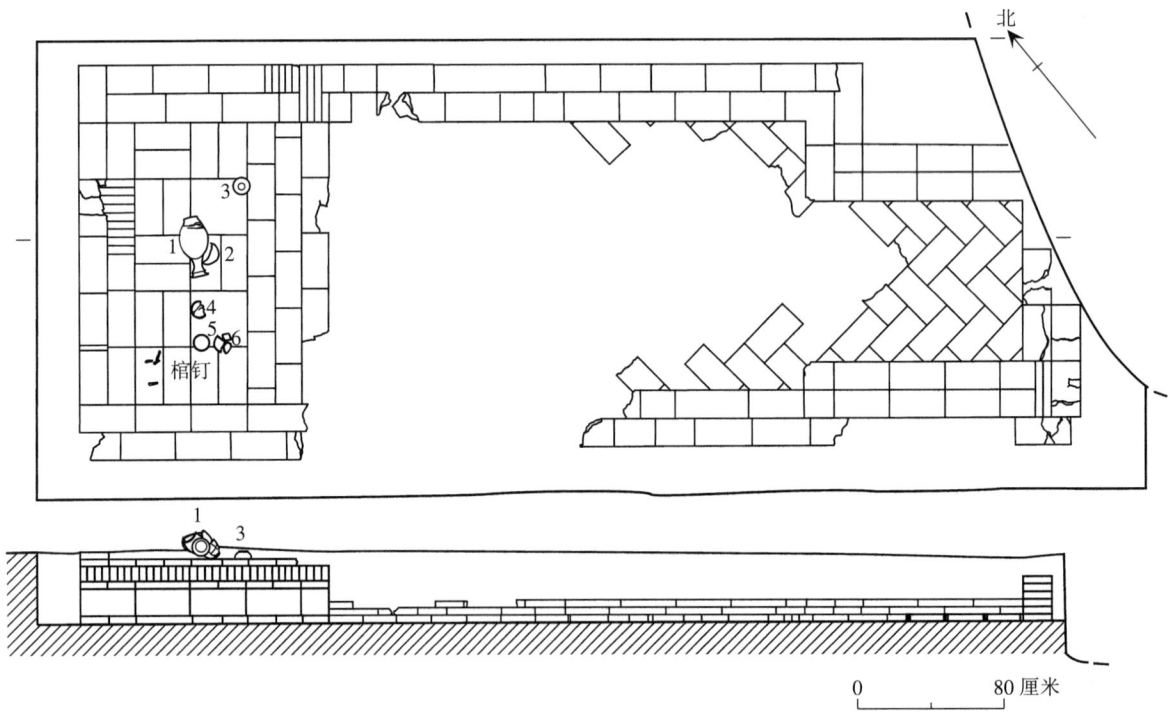

附图 3 - 7 - 2a　军庄组二号 M78 平面、剖视图

1. 青瓷壶　2. 青瓷钵　3 ~ 6. 陶碗

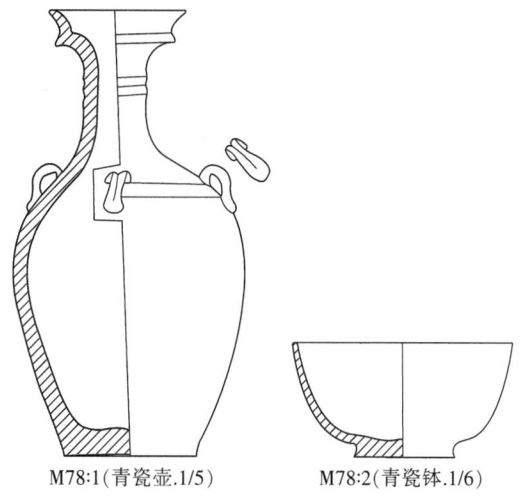

M78:1(青瓷壶.1/5)　　M78:2(青瓷钵.1/6)

附图 3 - 7 - 2b　军庄组二号 M78 出土器物图

门宽 140、残高 15 厘米。甬道位于墓室南侧，长 84、宽 85 厘米，高度不明，甬道与墓室的铺地砖均为"人"字形。

该墓共出土陶器、青瓷器等遗物 6 件。

1. 陶器

4 件。器形为碗，均出土于墓室内棺床上部。

碗　4 件。M78：3、4、5、6，皆残损严重，无法复原。

2. 青瓷器

2 件。器形为壶、钵，均出土于墓室内棺床上部。

壶　1 件。M78：1，盘口，尖圆唇，束颈，溜肩，鼓腹内收，平底。肩部置两对桥形耳。口径 8.9、底径 8.9、高 29.3 厘米。（附图 3 - 7 - 2b；彩版八八，2）

钵　1 件。M78：2，圆唇，斜弧腹，圈足，平底。口径 17.5、底径 8.3、高 9 厘米。（附图3 - 7 - 2b；彩版八八，3）

三、79 号墓（M79）

M79 位于军庄组二号取土场墓地东部，东面与 M78 相邻，西面与 M80 相邻。清理前，墓坑大部已被高速公路施工方严重破坏，开口距现地表深度不明，墓室仅存砖室底部，随葬品组合受到扰动。

墓葬形制为长方形单室砖墓，开口残长 654、宽 257 厘米，残深 50 厘米。方向 328°。（附图 3 - 7 - 3）

该墓残损严重，从残存遗迹看，墓室两壁均由双砖并列砌成，墓室铺地砖为"人"字形，砖块尺寸同。墓室残长 598、残宽 202、残高 18 厘米。

该墓封门砖前铺有排水沟，该沟向南延伸，最终与 M80 的排水沟汇合一处。排水沟残长 14.47 米。（彩版八九）

墓葬虽经仔细清理，但墓室内未出土任何遗物。

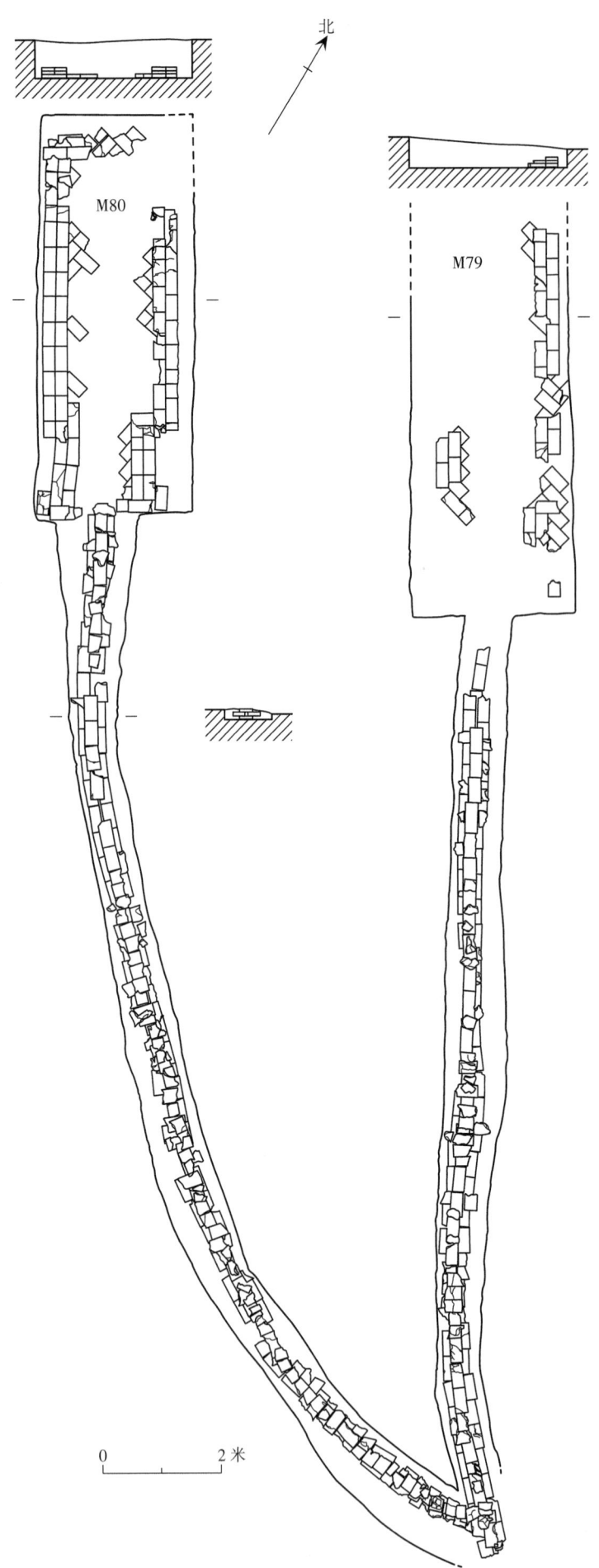

北

附图 3-7-3　军庄组二号 M79 与 M80 平面、剖视图

M80

M79

0　　　　　　2米

四、80 号墓（M80）

M80 位于军庄组二号取土场墓地东部，东面与 M79 相邻。清理前，墓坑大部已被高速公路施工方严重破坏，开口距现地表深度不明，墓室仅存砖室底部，随葬品组合受到扰动。

墓葬形制为长方形单室砖墓，开口残长 648、宽 259 厘米，残深 61 厘米。方向 328°。（附图 3－7－3）

墓由甬道与墓室组成，平面呈刀形。前壁中间开有墓门，封门砖由单砖平砌而成。墓室两壁均由双砖并列砌成，后壁不明。甬道位于墓室侧，长 147、宽 104 厘米，高度不明，甬道与墓室铺地砖均为"人"字形。墓室平面呈长方形，长 479、宽 225、高 17 厘米。

该墓封门砖前铺有排水沟，该沟向南延伸，最终与 M79 的排水沟汇合一处。排水沟残长 16.6 米。（彩版八九）

墓葬虽经仔细清理，但墓室内未出土任何遗物。

五、82 号墓（M82）

M82 位于军庄组二号取土场墓地东南部，南面与 M83 相邻。清理前，墓坑大部已被高速公路施工方严重破坏，开口距现地表深度不明，墓室仅存砖室底部，随葬品组合受到扰动。

墓葬形制为长方形单室砖墓，开口长 338、宽 131 厘米，残深 29 厘米。方向 11°。（附图 3－7－4；彩版八八，4）

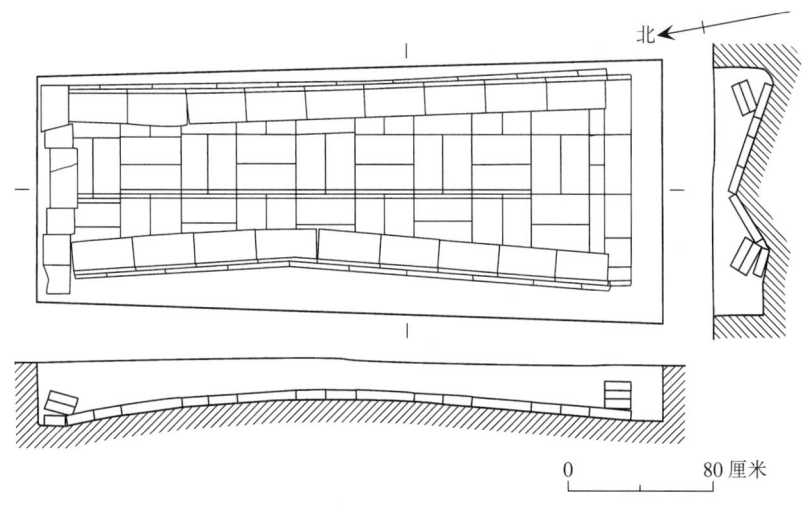

附图 3－7－4　军庄组二号 M82 平面、剖视图

墓室平面呈长方形，长 317、宽 110、残高 21 厘米。东、西、北三壁由单砖横砌而成，南壁由单砖纵砌而成。砖室因四壁受填土挤压而向内倾斜。铺地砖由双砖纵横砌成。

墓葬虽经仔细清理，但墓室内未出土任何遗物。

六、85 号墓（M85）

M85 位于军庄组二号取土场墓地东南部，北面与 M81 相邻，南面与 M86 相邻。清理前，墓坑

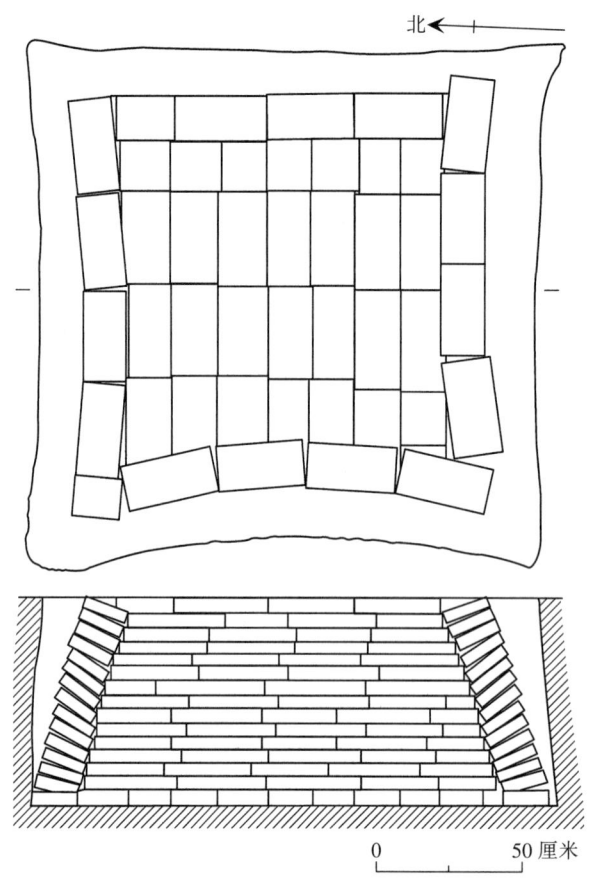

附图 3 - 7 - 5　军庄组二号 M85 平面、剖视图

大部已被高速公路施工方严重破坏，开口距现地表深度不明，墓室仅存砖室底部，随葬品组合受到扰动。

　　墓葬形制为近方形砖室墓，开口长 179、宽 175 厘米，残深 68 厘米。方向 355°。（附图 3 - 7 - 5；彩版九〇，1）

　　墓室呈方形，四壁由单砖横铺砌成，墓室底部由双砖纵横平铺砌成。砖室因四壁受填土挤压而向内倾斜。墓室长 138、宽 128、残高 68 厘米。

　　墓葬虽经仔细清理，但墓室内未出土任何遗物。

七、87 号墓（M87）

　　M87 位于军庄组二号取土场墓地南部，东面与 M85、M86 相邻。清理前，墓坑开口大部已被高速公路施工方严重破坏，开口距现地表深度不明，墓坑底部仅存砖室底部，随葬品组合受到扰动。

　　墓葬形制为长方形砖室墓，开口长 367、宽 88 厘米，残深 19 厘米。方向 354°。（附图 3 - 7 - 6；彩版八八，5、6）

　　砖室墓前壁中间开有墓门，封门砖构成"人"字形，东、西、北壁均由单砖横铺砌成。墓室长 232、宽 79、残高 88 厘米。

　　墓葬虽经仔细清理，但墓室内未出土任何遗物。

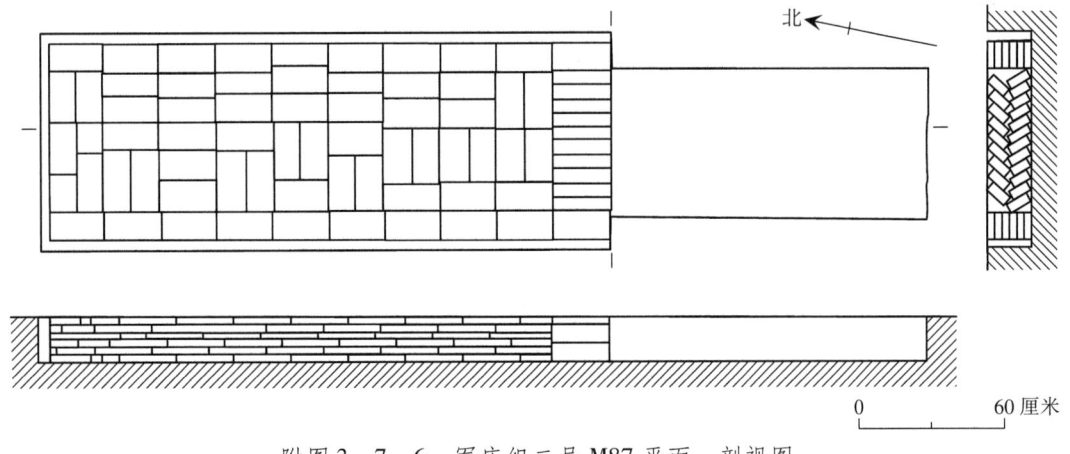

附图 3 - 7 - 6　军庄组二号 M87 平面、剖视图

八、88 号墓（M88）

M88 位于军庄组二号取土场墓地南部，北面与 M89 相邻，并打破 M89。清理前，墓坑开口大部已被高速公路施工方严重破坏，开口距现地表深度不明，墓坑底部仅存砖室底部，随葬品组合受到扰动。

墓葬形制为近方形砖室墓，开口长 290、宽 265 厘米，残深 34 厘米。方向 11°。（附图 3 - 7 - 7a；彩版九○，2）

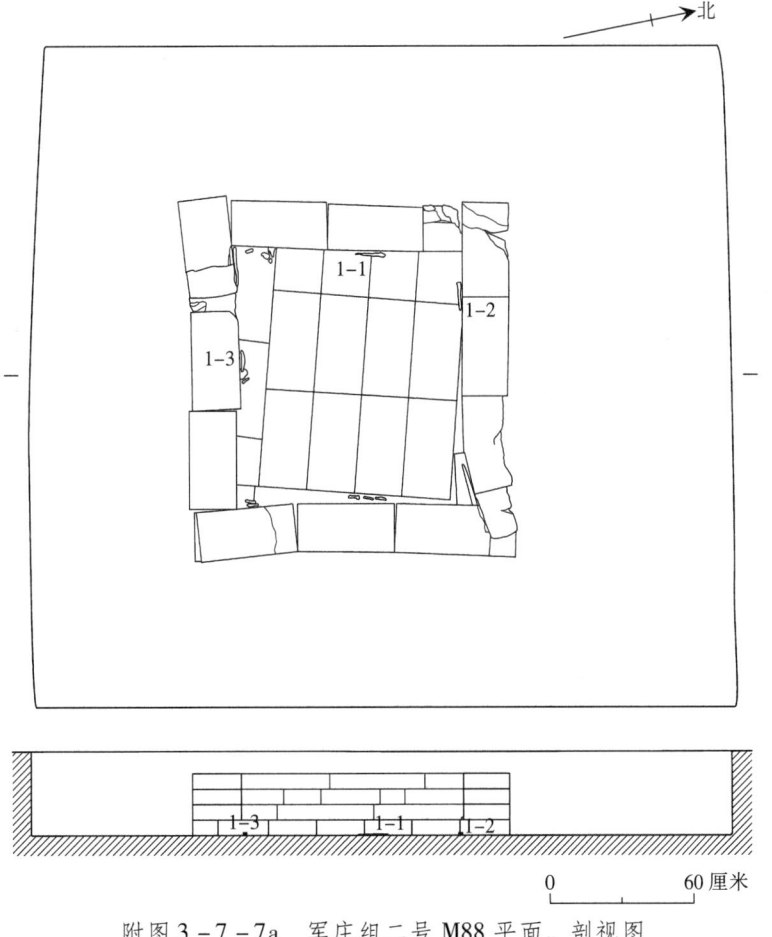

附图 3 - 7 - 7a　军庄组二号 M88 平面、剖视图

1 - 1～1 - 3. 铁棺钉

砖室平面近方形，四壁由单砖横铺砌成，墓室底部由单砖横铺而成。砖室因四壁受填土挤压而向内倾斜，东西长141、南北宽131、残高25厘米。

该墓出土铁器1组。

铁器

1组。器形为棺钉，均出土于墓室内。

棺钉　共3件。M88：1-1，残长9.6厘米；M88：1-2，残长8.9厘米；M88：1-3，残长11.5厘米。（附图3-7-7b；彩版九〇，3）

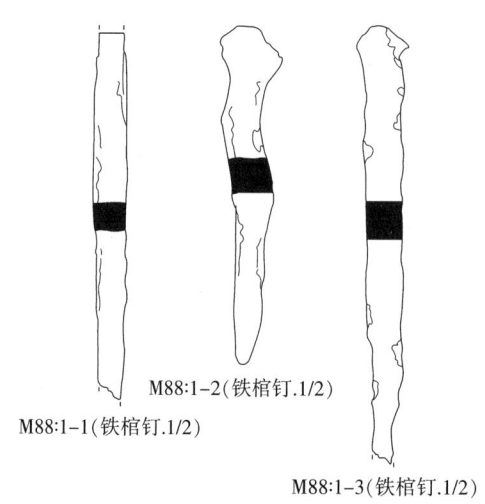

M88:1-2(铁棺钉.1/2)

M88:1-1(铁棺钉.1/2)

M88:1-3(铁棺钉.1/2)

附图3-7-7b　军庄组二号M88出土器物图

第八节　圩庄组取土场墓地

圩庄组取土场墓地位于盱眙县马坝镇东阳社区圩庄居民组。金马高速公路东阳段进入现场施工后，圩庄组居民区与水库之间的部分耕地成为取土场，施工过程中工人发现有古代墓葬。考古队进入现场后在施工范围内共清理发掘墓葬87座。

为便于叙述，本报告将圩庄取土场墓地由北至南分为A、B、C三个区。（图3-8-0）

壹　圩庄组取土场墓地A区

A区墓地位于圩庄组取土场北部，西面为水库、北面为耕地、东面为居民区。A区平面大致呈方形，南北长73米，东西宽69米。发掘前，该地地势平坦，为水稻田。

A区共发掘墓葬45座，根据工作顺序编号为110号墓（M110）、112～122号墓（M112～M122）、125～129号墓（M125～M129）、134～157号墓（M134～M157）、160～162号墓（M160～M162）、168号墓（M168）。（图3-8A-0）

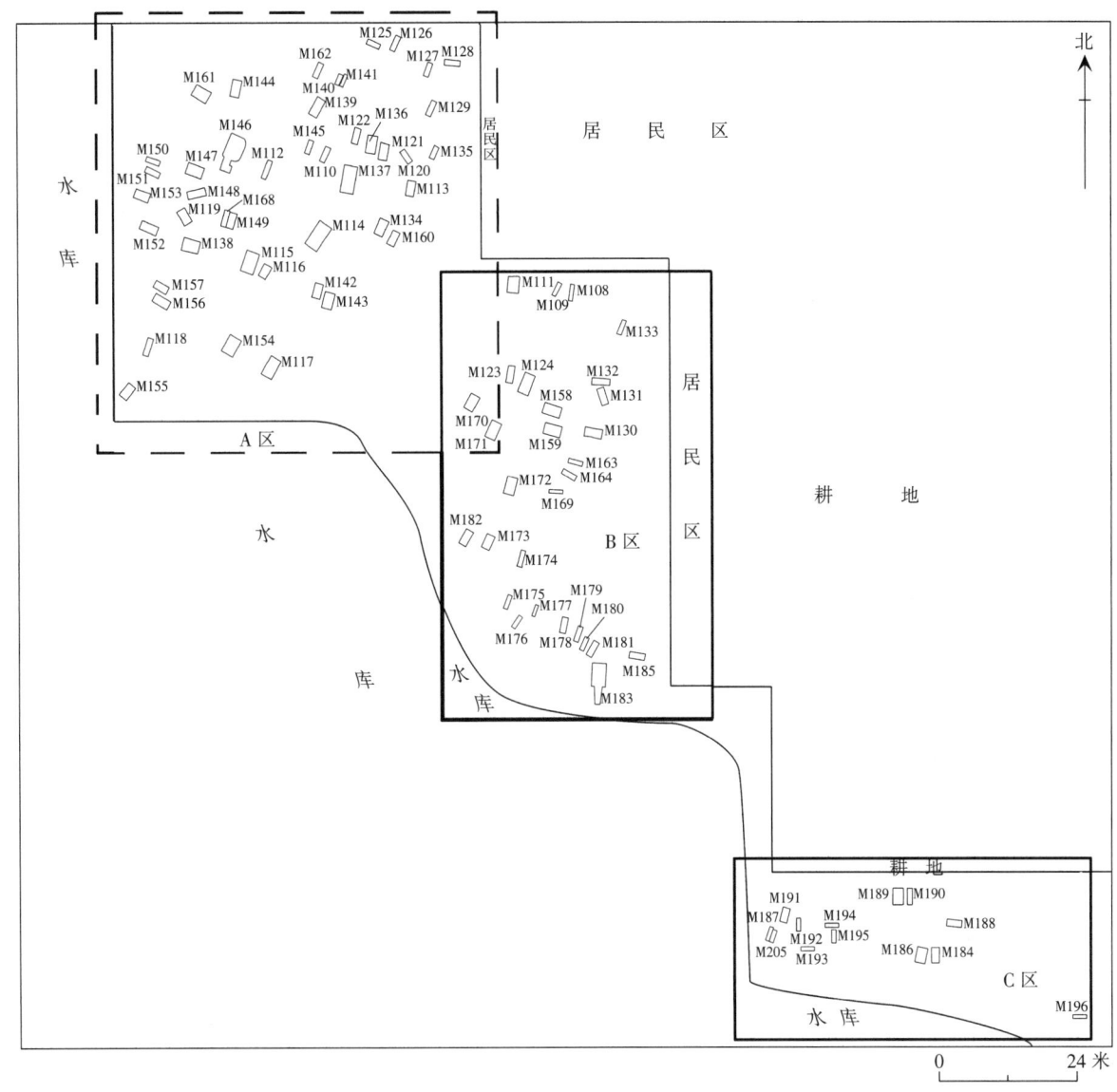

图 3-8-0 圩庄组取土场墓地墓葬平面分布图

一、110号墓（M110）

M110 位于圩庄组取土场 A 区墓地中部，西面与 M145 相邻，东北与 M122 相邻，东南与 M137 相邻。清理前，墓坑开口已被高速公路施工方破坏，开口距现地表深度不明，底部棺椁区域未受扰动。

墓葬形制为长方形竖穴土坑，开口长 256、宽 90 厘米，残深 70 厘米。方向 205°。（图 3-8A-1a）

葬具为一椁一棺。从木结构残存构件可知，椁位于墓坑底正中，长 256、宽 74、残高 49 厘米，侧板厚 7 厘米。棺位于椁室西部，顶板和西侧挡板不存，长 200、宽 64、残高 49 厘米。棺室和椁北、东、南三面侧板之间的空间构成东边箱。

该墓共出土铜器、铁器、琉璃器、陶器等遗物 10 件（组）。

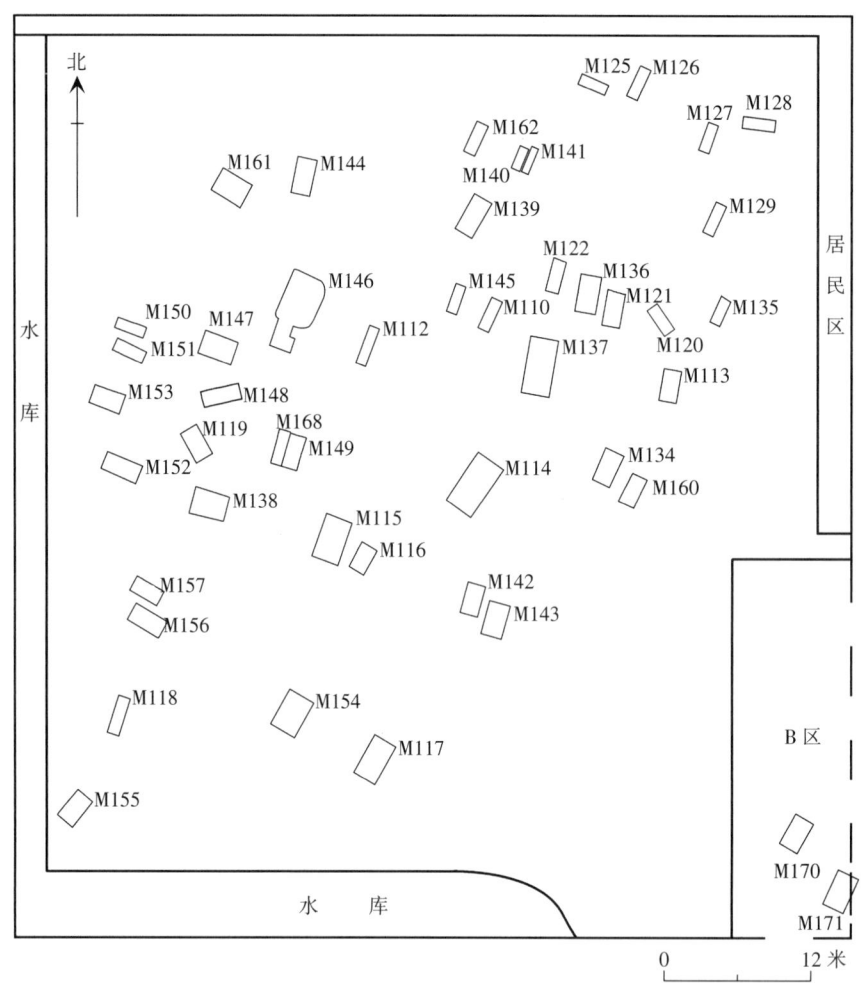

图 3-8A-0　圩庄组取土场墓地 A 区墓葬平面分布图

1. 铜器

3 件（组）。器形为镜、削、铜钱。

镜　1 件。M110：10，出土于棺室西部。日光镜。圆形，半圆纽，圆纽座。座外三角锥形各四组相间排列，外饰八内向连弧纹，其外饰短斜弦纹两周，间饰铭文一周，铭文间以"の"形与菱形"田"字纹符号间隔。铭文为"见日之光天下大明"。窄缘。镜面微凸。面径 7.1、背径 6.9、纽高 0.6、纽宽 1.2、缘宽 0.23、缘厚 0.37、肉厚 0.13 厘米。（图 3-8A-1b；彩版九一，1）

削　1 件。M110：5，出土于棺室中部。残存漆鞘，髹黑漆。单面弧刃，柄较短，上下平直，末端入椭圆形铜质环首内，环首断面呈圆形，一端与柄相接，另一端尖细成弯钩。通长 25.5、刃宽 1.5 厘米。（图 3-8A-1b；彩版九一，2）

铜钱　1 组。M110：3，出土于棺室中部南侧。共 3 枚，五铢钱，形制、尺寸皆同。钱径 2.3、穿径 1 厘米。（图 3-8A-1b）

2. 铁器

1 件。器形为剑。

剑　1 件。M110：4，出土于棺室中部。残长 18.2、格宽 4.5 厘米。（图 3-8A-1b）

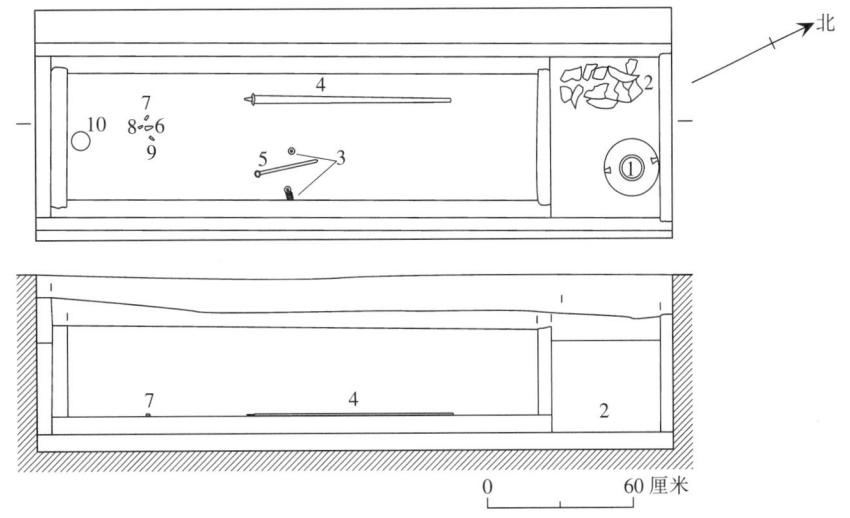

图 3－8A－1a　圩庄组 A 区 M110 平面、剖视图

1. 陶瓿　2. 陶壶　3. 铜钱　4. 铁剑　5. 铜削　6. 琉璃玲　7～9. 琉璃塞　10. 铜镜

M110:10(铜镜.2/3)

M110:3(铜钱.1/1)

M110:5(铜削.1/4)

M110:6(琉璃玲.2/3)

M110:7(琉璃塞.2/3)

M110:8(琉璃塞.2/3)

M110:2(陶壶.1/5)

M110:1(陶瓿.1/4)

M110:4(铁剑.1/3)　M110:9(琉璃塞.2/3)

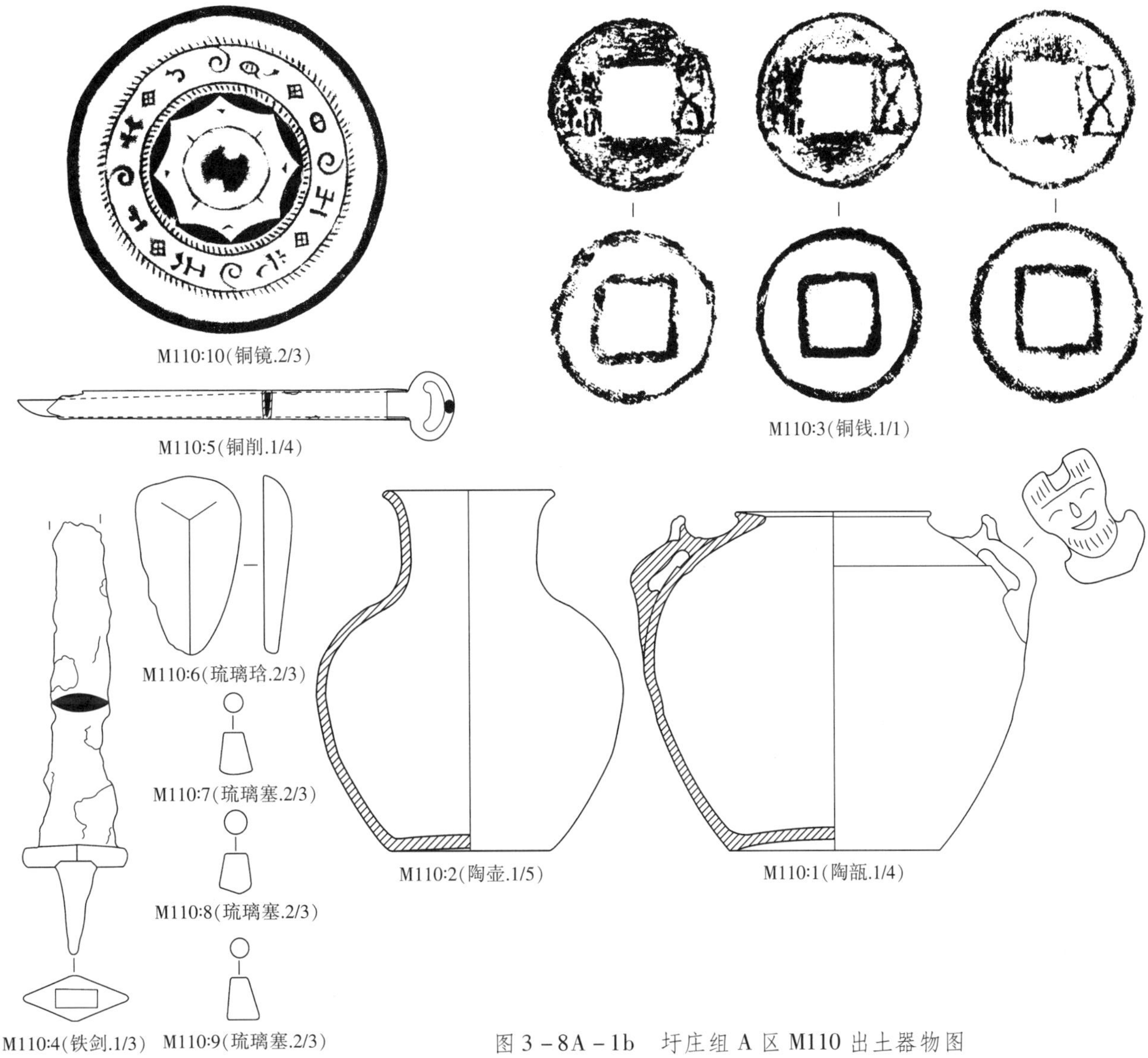

图 3－8A－1b　圩庄组 A 区 M110 出土器物图

3. 琉璃器

4 件。器形为玲、塞。

玲　1 件。M110：6，出土于棺室西部。器作蝉形。残长 3.8、宽 2.3、厚 0.7 厘米。（图 3 - 8A - 1b；彩版九一，3）

塞　3 件。M110：7、M110：8、M110：9，均出土于棺室西部。形制、尺寸基本相同。器作圆台柱形，呈灰白色，器表风化严重。顶面直径 0.35、底面直径 0.7、高 0.9 厘米。（图 3 - 8A - 1b；彩版九一，3）

4. 陶器

2 件。器形为壶、瓿。

壶　1 件。M110：2，出土于东边箱内。泥质红陶。圆唇，侈口，直颈，溜肩，弧腹内收，平底内凹。通体素面。口径 12、底径 11、高 25 厘米。（图 3 - 8A - 1b；彩版九一，4）

瓿　1 件。M110：1，出土于东边箱内。泥质红陶。尖圆唇，斜沿近平，短束颈，圆肩，弧腹内收，平底内凹。肩两侧各饰一兽面耳。肩部有一周折棱。口径 10、底径 12.4、高 19 厘米。（图 3 - 8A - 1b；彩版九一，5）

二、112 号墓（M112）

M112 位于圩庄组取土场 A 区墓地中部，西面与 M146 相邻，东北与 M145 相邻。清理前，墓坑开口已被高速公路施工方破坏，开口距现地表深度不明，墓坑底部棺椁区域未受扰动。

墓葬形制为长方形竖穴土坑，开口长 321、宽 85 厘米，残深 43 厘米。方向 200°。（图 3 - 8A - 2a；彩版九二，1）

葬具为单棺。从残存木结构可知，木棺置于墓坑底部偏南，棺东、西侧板尚存，平面呈长方形，残长 213、宽 65、残高 50 厘米，东、西侧板厚约 7 厘米，底板厚约 10 厘米。

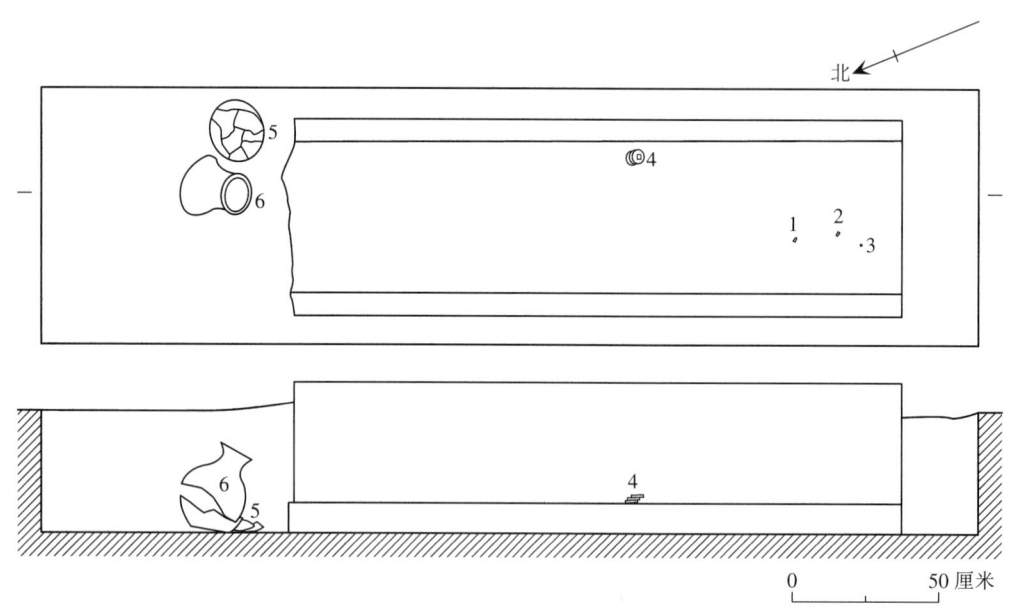

图 3 - 8A - 2a　圩庄组 A 区 M112 平面、剖视图

1、2. 琉璃塞　3. 琉璃饰件　4. 铜钱　5. 陶罐　6. 陶壶

该墓共出土铜器、琉璃器、陶器等遗物6件（组）。

1. 铜器

1组。器形为铜钱。出土于棺内中部。

铜钱 1组。M112：4，共9枚，大泉五十，形制、大小相同。钱径2.5、穿径1厘米。（图3－8A－2b）

2. 琉璃器

3件。器形为塞、饰件。均出土于棺内南部。

塞 2件。M112：1、2，形制、尺寸相同。器作圆台柱形。顶面直径0.5、底面直径0.7、高1.5厘米。（图3－8A－2b）

饰件 1件。M112：3，管状珠饰，蓝色。管径0.5、孔径0.08、高0.5厘米。（图3－8A－2b）

3. 陶器

2件。器形为壶、罐。均出土于棺外北侧。

壶 1件。M112：6，红陶。器物上腹部残损。敞口，圆唇，束腰，溜肩，弧腹渐收，平底内凹。经复原，器口径14.6、底径12、高26厘米。（图3－8A－2b）

罐 1件。M112：5，红陶。器物残损严重，仅残有下腹部及底部，无法复原。

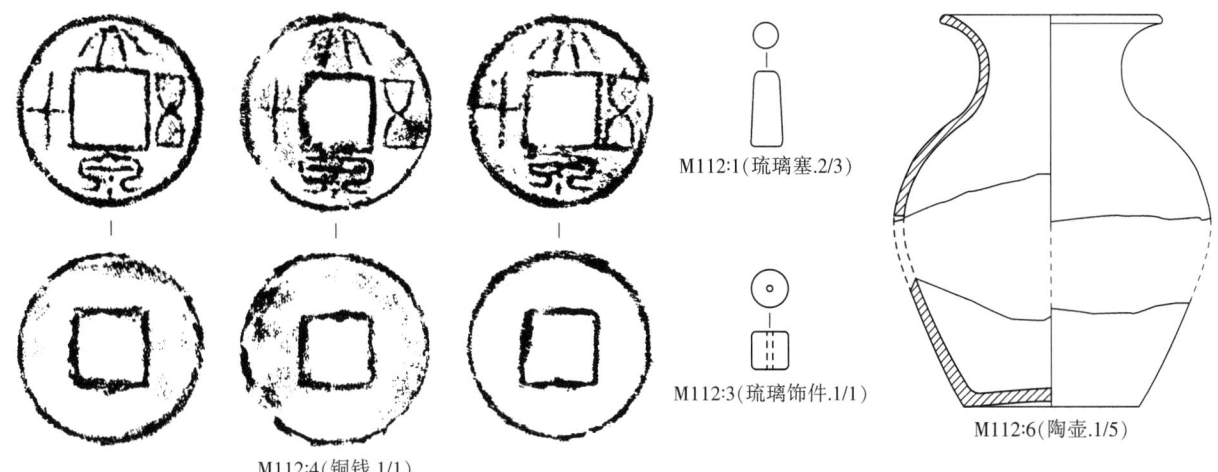

M112:1(琉璃塞.2/3)

M112:3(琉璃饰件.1/1)

M112:4(铜钱.1/1)

M112:6(陶壶.1/5)

图3－8A－2b 圩庄组A区M112出土器物图

三、113号墓（M113）

M113位于圩庄组取土场A区墓地中部偏东，西北面与M120相邻。清理前，墓坑开口已被高速公路施工方破坏，开口距现地表深度不明，墓坑底部棺椁区域未受扰动。

墓葬形制为长方形竖穴土坑，开口长252、宽140厘米，残深150厘米。方向187°。（图3－8A－3a；彩版九二，2、3）

葬具为一椁一棺。从残存木结构可知，木椁置于墓坑底部正中，因上部残损，高度和盖板情况均不明，底板腐朽殆尽，仅剩残迹，椁平面呈长方形，通长231、宽120、残高70厘米，侧板厚

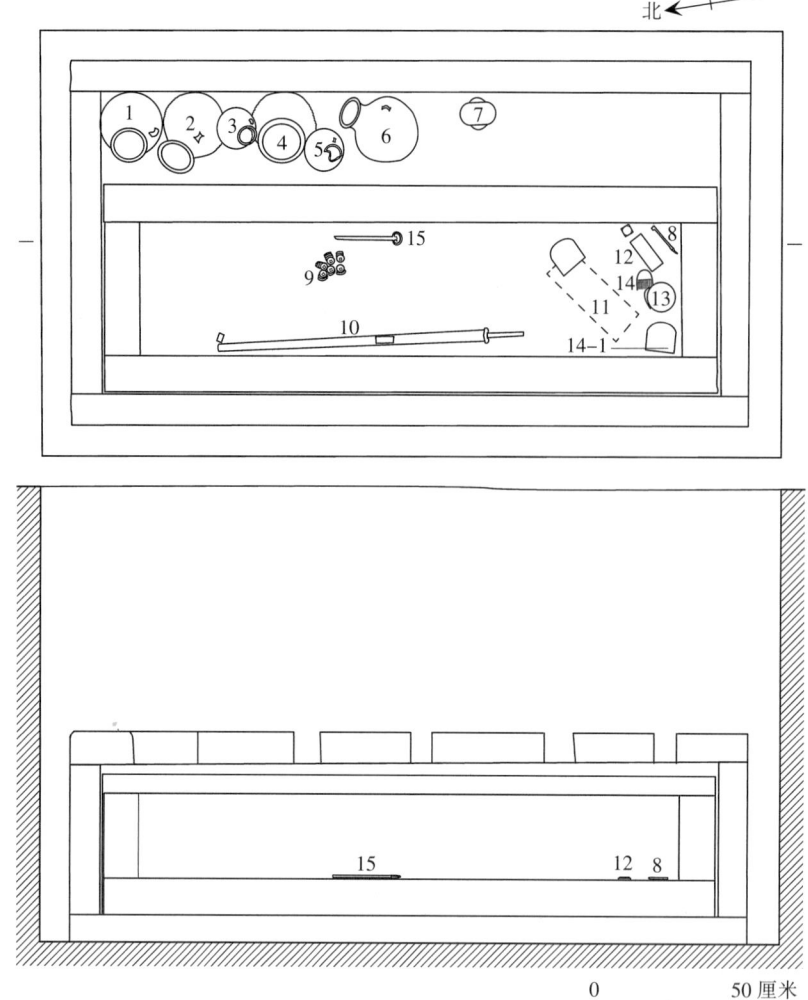

图 3 –8A –3a　圩庄组 A 区 M113 平面、剖视图

1、2、5、6. 釉陶壶　3. 陶罐　4. 釉陶罐　7. 漆耳杯　8. 铜刷　9. 铜钱　10. 铁剑
11. 木枕　12. 石黛板/研石　13. 铜镜　14. 木梳　14 –1. 木篦　15. 铜削

10 厘米。木棺置于木椁西部，棺长 209、宽 68、残高 46 厘米，侧板厚 12 厘米。东边箱由棺与椁北、东、南三面侧板之间的空间组成，平面呈长方形，长 211、宽 31 厘米。

该墓共出土铜器、铁器、漆器、木器、石器、陶器等遗物 16 件。

1. 铜器

共 4 件（组）。器形有镜、刷、削、铜钱。

镜　1 件。M113：13，出土于棺内南部。日光镜。圆形，半圆纽，圆纽座。座外单竖弦纹与单弧弦纹各四组相间排列，外饰一周凸弦纹圈带，其外饰短斜弦纹两周，间饰铭文一周，铭文间以 "の" 形与菱形 "田" 字纹符号间隔。铭文为 "见日之光天下大明"。宽素平缘。镜面微凸。面径 7.8、背面径 7.6、纽高 0.62、纽宽 1.25、缘宽 0.9、缘厚 0.32、肉厚 0.13 厘米。（图 3 – 8A –3b1；彩版九二，4）

刷　1 件。M113：8，出土于棺内南部。烟斗形，柄细长，实心，末端为龙头形，龙眼为一穿

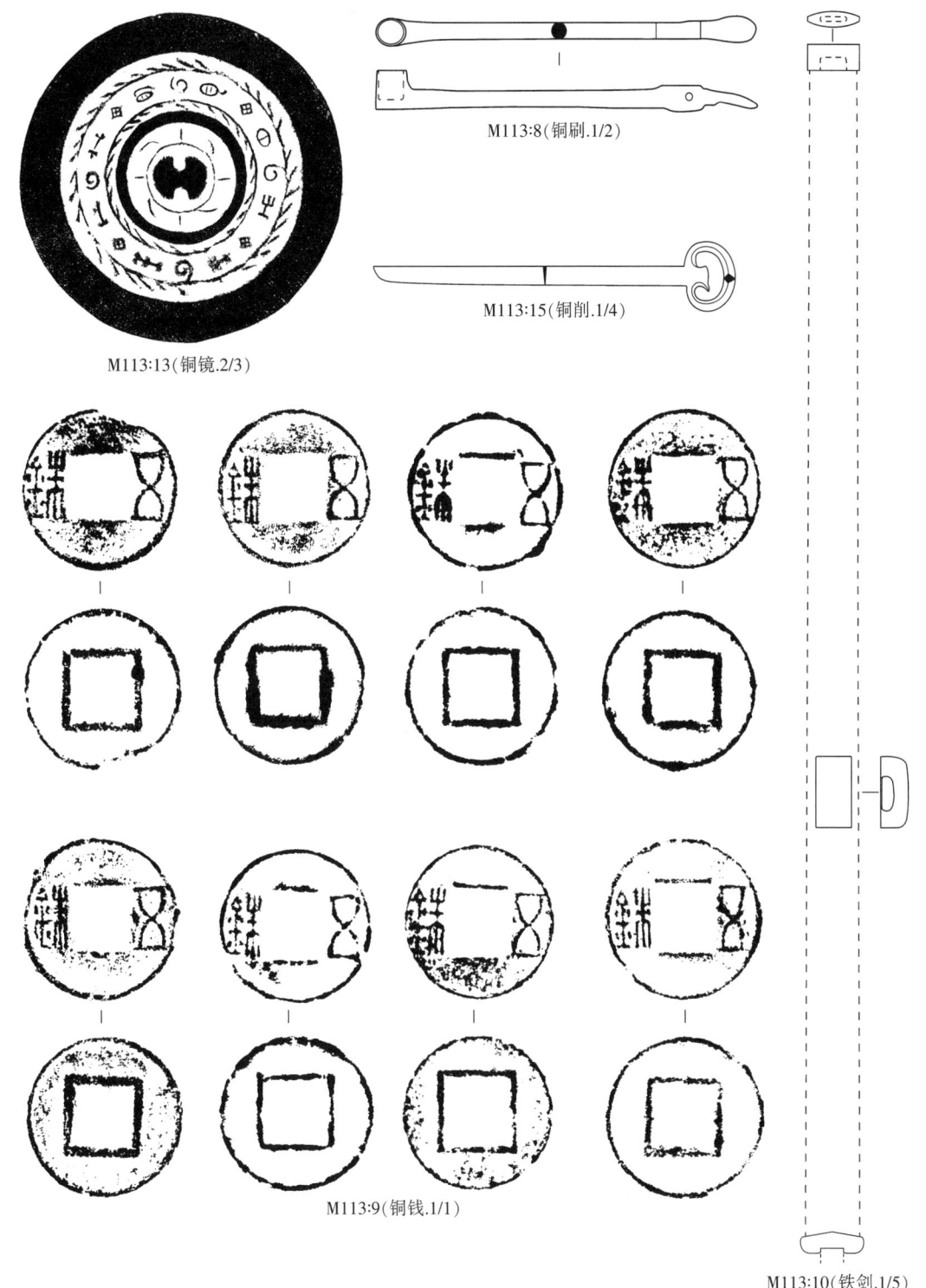

M113:13(铜镜.2/3)

M113:8(铜刷.1/2)

M113:15(铜削.1/4)

M113:9(铜钱.1/1)

M113:10(铁剑.1/5)

图 3-8A-3b1　圩庄组 A 区 M113 出土器物图

孔，刷头小圆筒形。通长 12、鋬径 0.8 厘米。（图 3-8A-3b1；彩版九二，5）

削　1 件。M113:15，出土于棺内中部东侧。单面弧刃，柄较短，上下平直，末端入椭圆形铜质环首内，环首断面呈圆形，一端与柄相接，另一端尖细成弯钩。通长 22.5、刃宽 1 厘米。（图 3-8A-3b1；彩版九二，6）

铜钱　1 组。M113:9，出土于棺内中部。4 枚，五铢钱。钱径 2.3、穿径 1 厘米。（图 3-

8A-3b1)

2. 铁器

共1件。器形有剑。

剑　1件。M113:10,出土于棺内中部西侧。残损严重。从朽痕可知,残长93厘米。(图3-
8A-3b1)

3. 漆器

共1件。器形有耳杯。

耳杯　1件。M113:7,出土于东边箱南部。木胎,外髹黑漆,内髹朱漆。残损严重,无法
复原。

4. 木器

3件。器形为梳、篦、枕。

梳　1件。M113:14,出土于棺内南部。器弧背长方形,背部厚,齿端薄,背长与齿长基本
相同,14齿。长7.9、宽4.4、厚0.6厘米。(图3-8A-3b2)

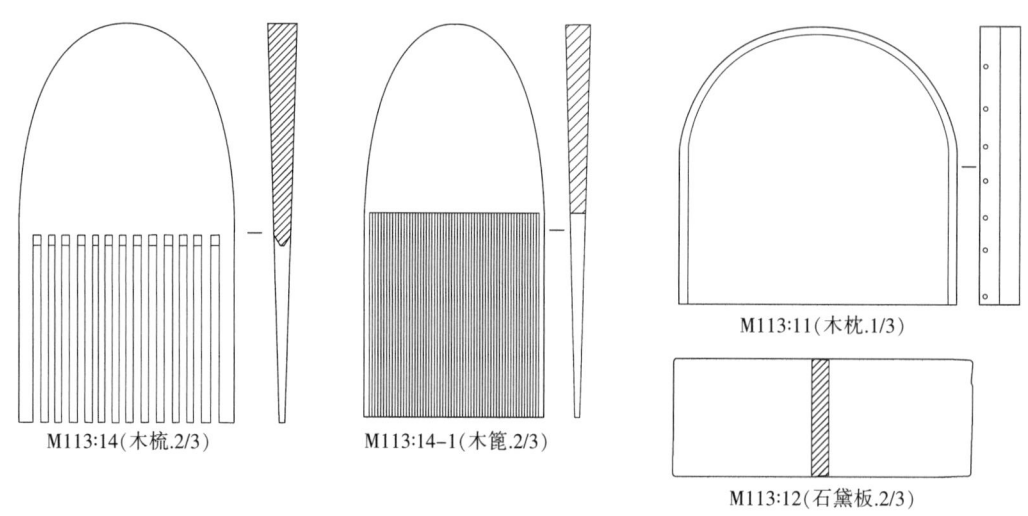

M113:14(木梳.2/3)　　　　M113:14-1(木篦.2/3)

M113:11(木枕.1/3)

M113:12(石黛板.2/3)

图3-8A-3b2　圩庄组A区M113出土器物图

篦　1件。M113:14-1,出土于棺内南部。形制与梳同,唯齿更密。通长7.8、宽3.7、厚
0.6厘米。(图3-8A-3b2)

枕　1件。M113:11,出土于棺内东南角。木枕底板已朽,两侧侧板尚存,侧板为半圆形,
通体素面,靠内侧边缘处留有一周小孔。侧板底长11.2、高11厘米。(图3-8A-3b2)

5. 石器

1组。器形为黛板和研石。

黛板/研石　1组。M113:12,出土于棺内东南角。黛板平面呈长方形,正面光滑,为研磨
面。出土时研石置于黛板边上,由整块石块制成,顶面呈圆形,底面呈方形,底面光滑,为研磨
面。黛板长12.1、宽4.6厘米,研石边长3厘米。(图3-8A-3b2;彩图一五,1;彩版九二,7)

6. 陶器

共6件。器形有壶、罐。

　壶 4件。M113：1，出土于东边箱北部。釉陶。喇叭口，圆唇，直颈，溜肩，弧腹渐收，圈足底。肩两侧饰一对桥形耳并饰一组平行弦纹，耳面外侧模印叶脉纹，耳下又饰一组平行弦纹。颈部饰一组平行弦纹间饰一圈水波纹。口径12.3、底径11.1、高28.5厘米。（图3－8A－3b3；彩版九三，1）

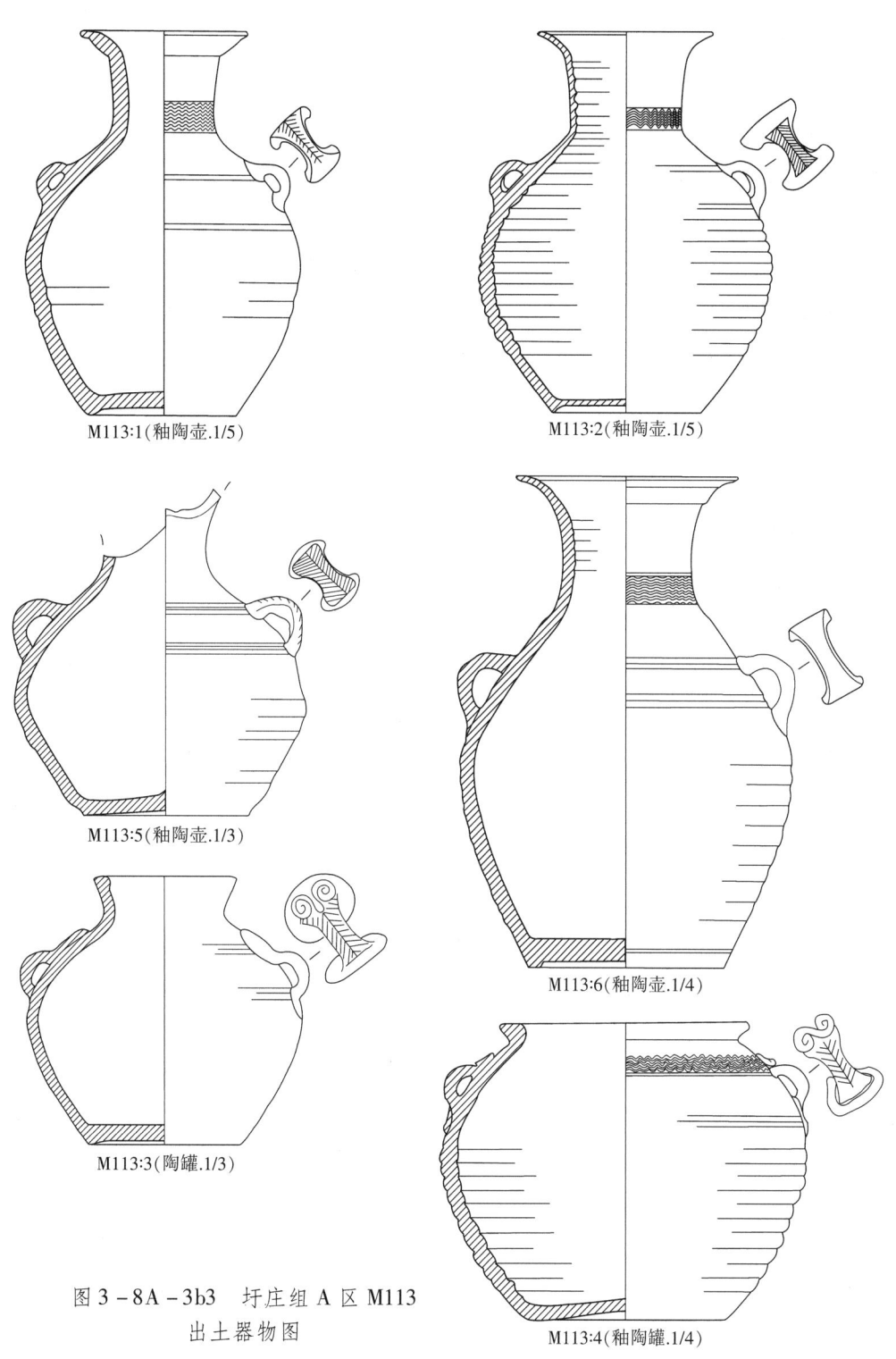

M113:1(釉陶壶.1/5)

M113:2(釉陶壶.1/5)

M113:5(釉陶壶.1/3)

M113:6(釉陶壶.1/4)

M113:3(陶罐.1/3)

M113:4(釉陶罐.1/4)

图3－8A－3b3　圩庄组A区M113
出土器物图

M113：2，出土于东边箱北部。釉陶。敞口，圆唇，直颈，溜肩，弧腹渐收，圈足底。肩两侧饰一对桥形耳并饰两组平行弦纹，耳面外侧模印叶脉纹。颈部饰一组平行弦纹间饰一圈水波纹。口径13、底径11.4、高28.2厘米。（图3-8A-3b3；彩版九三，2）

M113：5，出土于东边箱中部。釉陶。口部残缺，形制同M113：2。底径7.6、残高14.3厘米。（图3-8A-3b3；彩版九三，3）

M113：6，出土于东边箱中部。釉陶。形制同M113：1。口径13.5、底径12、高29.1厘米。（图3-8A-3b3；彩版九三，4）

罐 2件。M113：3，出土于东边箱北部。红陶。侈口，尖圆唇，平沿，束颈，溜肩，鼓腹渐收，平底内凹。肩两侧饰一对桥形耳，耳面外侧模印叶脉纹并贴塑羊角纹。口径5.9、底径6.9、高11.9厘米。（图3-8A-3b3；彩版九三，5）

M113：4，出土于东边箱中北部。釉陶。小口微侈，尖圆唇，平沿，圆肩，鼓腹渐收，平底内凹。肩两侧饰叶脉纹桥形耳与"S"形贴塑各一对。肩部饰两组平行凹弦纹，其中第一组以上饰一圈水波纹。口径13、底径11.8、高17.7厘米。（图3-8A-3b3；彩版九三，6）

四、114号墓（M114）

M114位于圩庄组取土场A区墓地中部，北面与M137相邻。清理前，墓坑开口已被高速公路施工方破坏，开口距现地表深度不明，墓坑底部棺椁区域未受扰动。

墓葬形制为长方形竖穴土坑，开口长480、宽249厘米，残深290厘米。方向215°。（图3-8A-4a；彩版九六，3、4）

葬具为一椁二棺，木结构保存较好。木椁置于墓坑底部偏南，平面呈长方形，长306、宽219、高141厘米。椁盖板由七块东西向长方体木块南北依次呈榫卯相扣状排列铺设而成，均长约220、厚约22厘米，从北向南依次宽42、51、36、62、33、84、42厘米。四面侧板均由两块木板上下拼合而成，厚22厘米。椁室内两棺东西并列，保存皆完整，均由整木斫成，剖面呈"U"形，东棺长210、宽66、高57厘米，西棺长216、宽69、高58厘米。北边箱位于木椁北侧板外侧，有北、东、西三面侧板与椁北侧板之间的空间组成，长189、宽48、高63厘米，边箱侧板厚6.5厘米。南边箱位于椁室南部，由椁室南部隔板及椁东、西、南三面侧板之间的空间构成，长150、宽33、高93厘米。（图3-8A-4a1、4a2、4a3；彩版九四、九五、九六）

两棺南侧挡板外装有一隔板，隔板由四块长方形木板组成，由西向东每块木板南侧板面上依次刻有持笏人物图、持戟人物图、持戟人物图、持笏人物图。

西起第一块，持笏人物木刻图，人物呈东向站立状，身佩长剑，双手持笏，长77、宽36、厚2厘米。西起第二块，持戟人物木刻图，人物呈西向站立状，身佩长剑，一手持戟，长77、宽38、厚2厘米。西起第三块，持戟人物木刻图，人物呈东向站立状，身佩长剑，一手持戟，长77、宽38、厚2厘米。西起第四块，持笏人物木刻图，人物呈西向站立状，身佩长剑，双手持笏，长77、宽36、厚2厘米。（图3-8A-4a4；彩版九七）

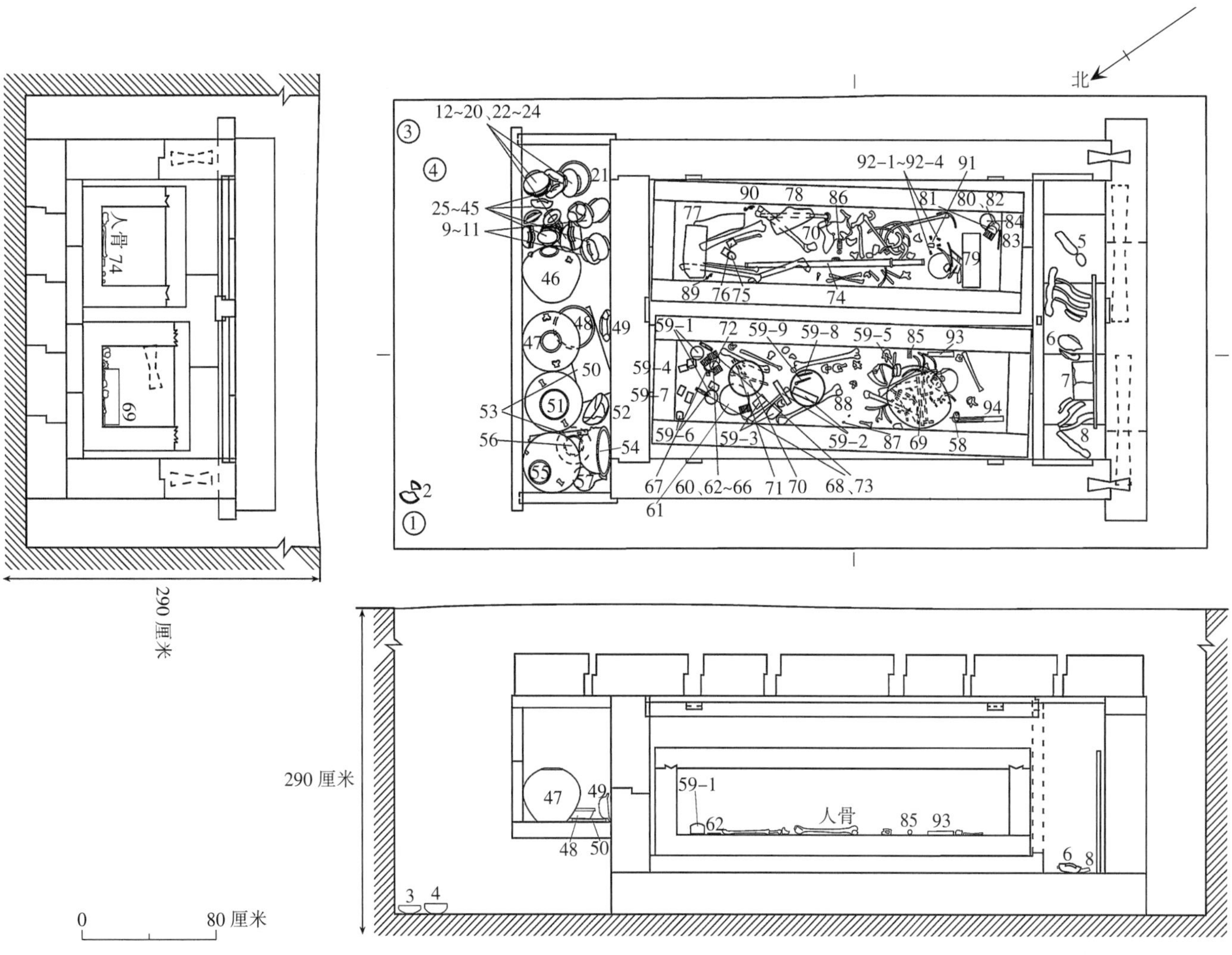

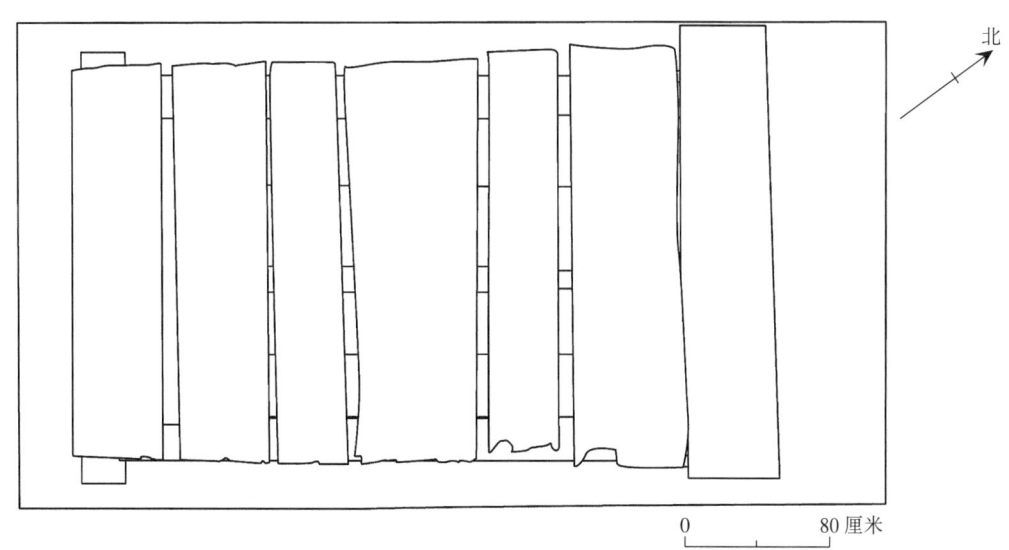

图 3 – 8A – 4a　圩庄组 A 区 M114 平面、剖视图

1~4. 陶钵　5. 木俑　6、9~20、22~45、49. 漆耳杯　7. 漆樽　8. 木几　21、54. 铜盆　46、47. 釉陶罐　48. 漆盘　50. 漆案　51、55~57. 釉陶壶　52. 漆盛　53. 漆笥　58. 漆纱冠　59. 漆奁　59 – 8~9、83. 铜刷　60、63~65、80、82. 木篦　61、67、84. 铜镜　62、66、81. 木梳　68、73. 漆柱形器　69、79. 木枕　70. 铁削　71、77. 编织物　72. 木印　74. 铁剑　75、76. 竹帽形器　78. 环首铁刀　85、86. 铜钱　87. 玛瑙饰件　88. 木坠饰　89、90. 铜带钩　91. 琉璃玲　92 – 1~4. 琉璃塞　93. 漆握　94. 玟珇笄

图 3 – 8A – 4a1　圩庄组 A 区 M114 椁盖板平面图

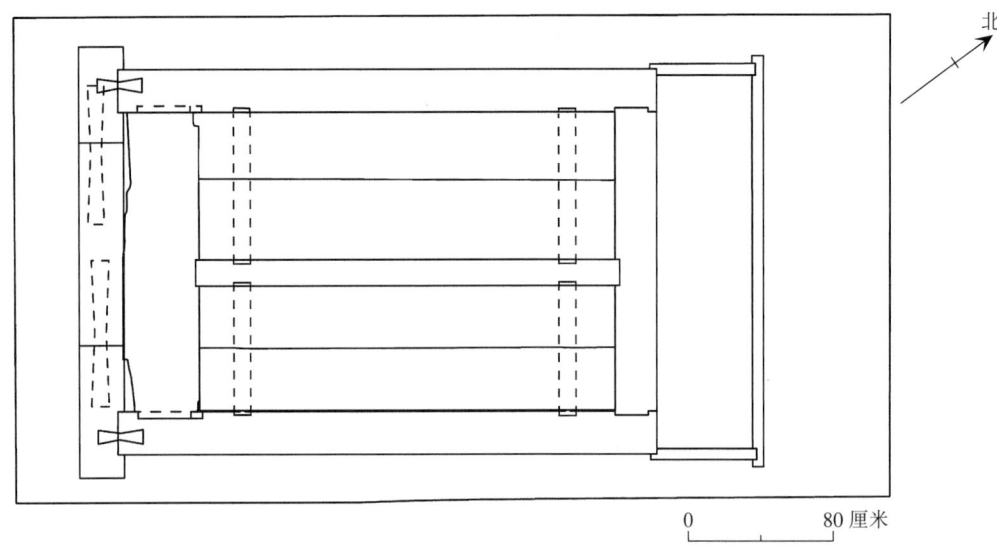

图 3-8A-4a2　圩庄组 A 区 M114 椁盖板揭开后木椁顶板平面图

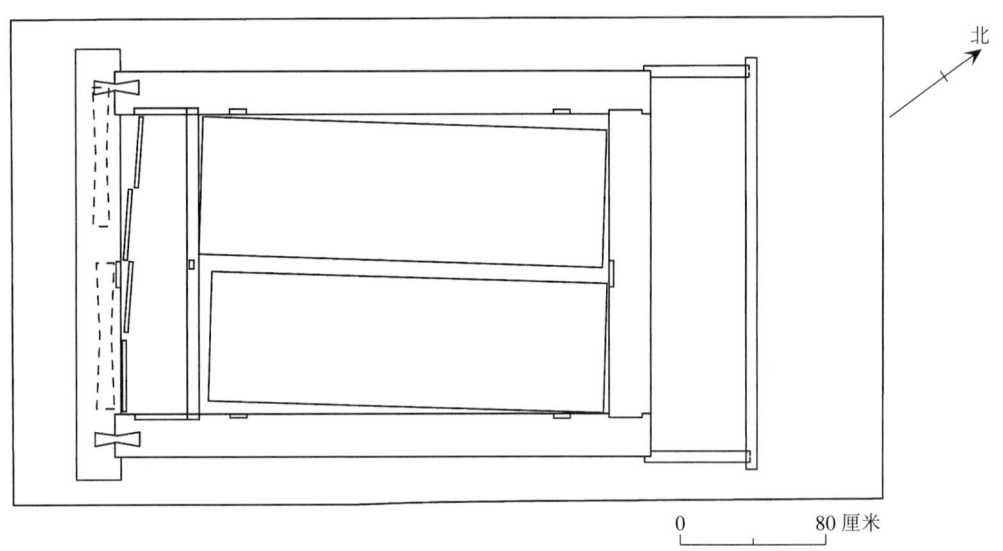

图 3-8A-4a3　圩庄组 A 区 M114 木椁顶板揭开后椁室平面图

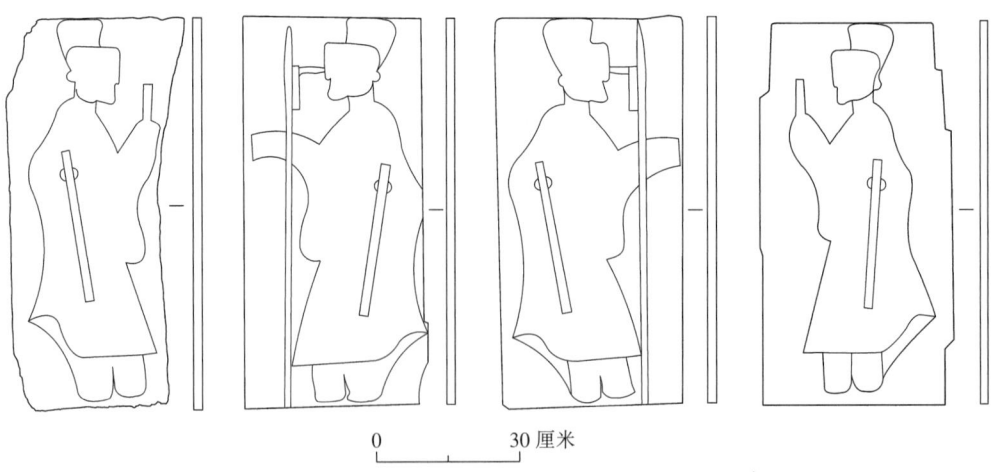

图 3-8A-4a4　圩庄组 A 区 M114 木刻人物图

持笏人物（西起第一块）　持戟人物（西起第二块）　持戟人物（西起第三块）　持笏人物（西起第四块）

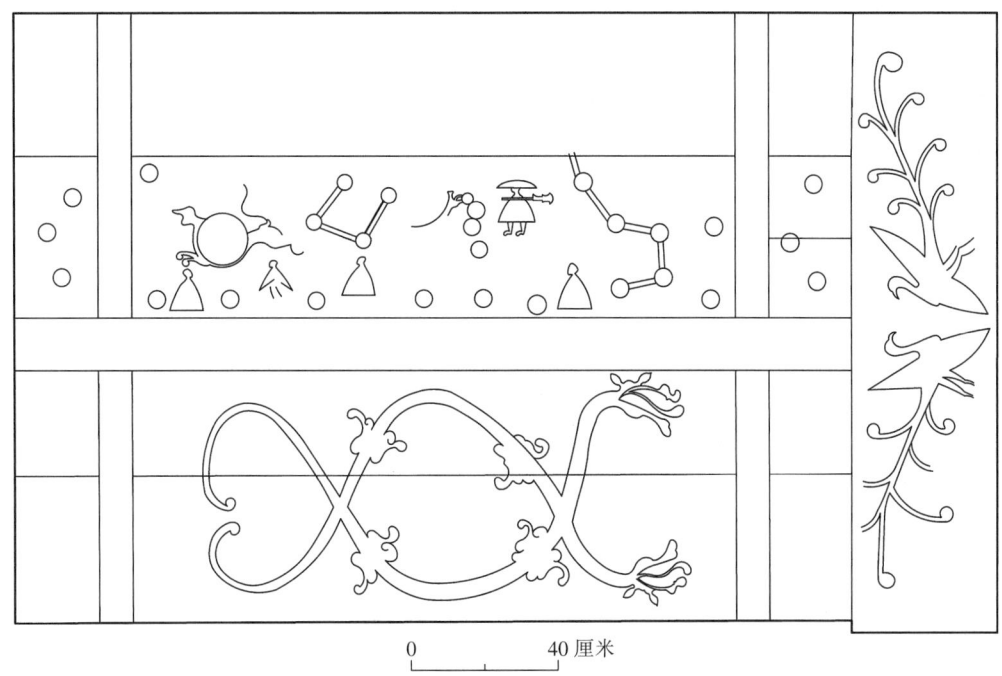

0　　　　　40厘米

图3-8A-4a5　圩庄组A区M114木刻星象图

除上述发现外，该墓木结构中还出土了一面木刻星象图。该图装饰于木椁盖板下的顶板反面，星象图长268、宽162厘米，以中间南北向隔板为界，图案分为东、西、南三部分。东部为星象图与人物画面，西部饰两条对称状龙纹，南部是对凤纹（图3-8A-4a5；彩版九八、九九、一〇〇）。

该墓共出土铜器、铁器、琉璃器、玛瑙器、漆器、木器、竹器、玳瑁器、陶器等遗物97组106件。

1. 铜器

共12件（组）。器形有盆、镜、带钩、刷、铜钱。

盆　2件。均出土于北边箱内。M114：21，敞口，折沿，深弧腹，圜底。口径20.4、高9.6厘米。（图3-8A-4b1）

M114：54，敞口，折沿，深弧腹，平底。上腹部左右两侧各饰一铺首衔环。口径30.3、底径13.8、高13.2厘米。（图3-8A-4b1）

镜　3件。M114：61，出土于西棺北部。双圈铭文镜。圆形，半圆纽，并蒂十二连珠纹纽座。座外饰短斜弦纹与凸弦圈带纹各一周，外以竖弦纹（每组三线）、弧弦纹（每组三线）、涡纹及八字铭文相间排列，其外饰八内向连弧纹，外圈两周短斜弦纹间饰一周铭文。内圈铭文为"日之光见长毋相忘"，外圈铭文为"洁清白而事君志驩之合明作玄锡而泽恐疏远日忘□美之穷愿之世慕之韵毋绝"。宽素平缘。面径18.1、背面径17.9、纽高1.15、纽宽2.25、缘宽1.4、缘厚0.52、肉厚0.35厘米。（图3-8A-4b1；彩版一〇一，1）

M114：67，出土于西棺北部。日光镜。圆形，半圆纽，圆纽座。座外三弧弦纹四组相间排列，外饰一周凸弦纹圈带，其外饰短斜弦纹与铭文各一周，铭文间以"の"形与菱形"田"字纹符号

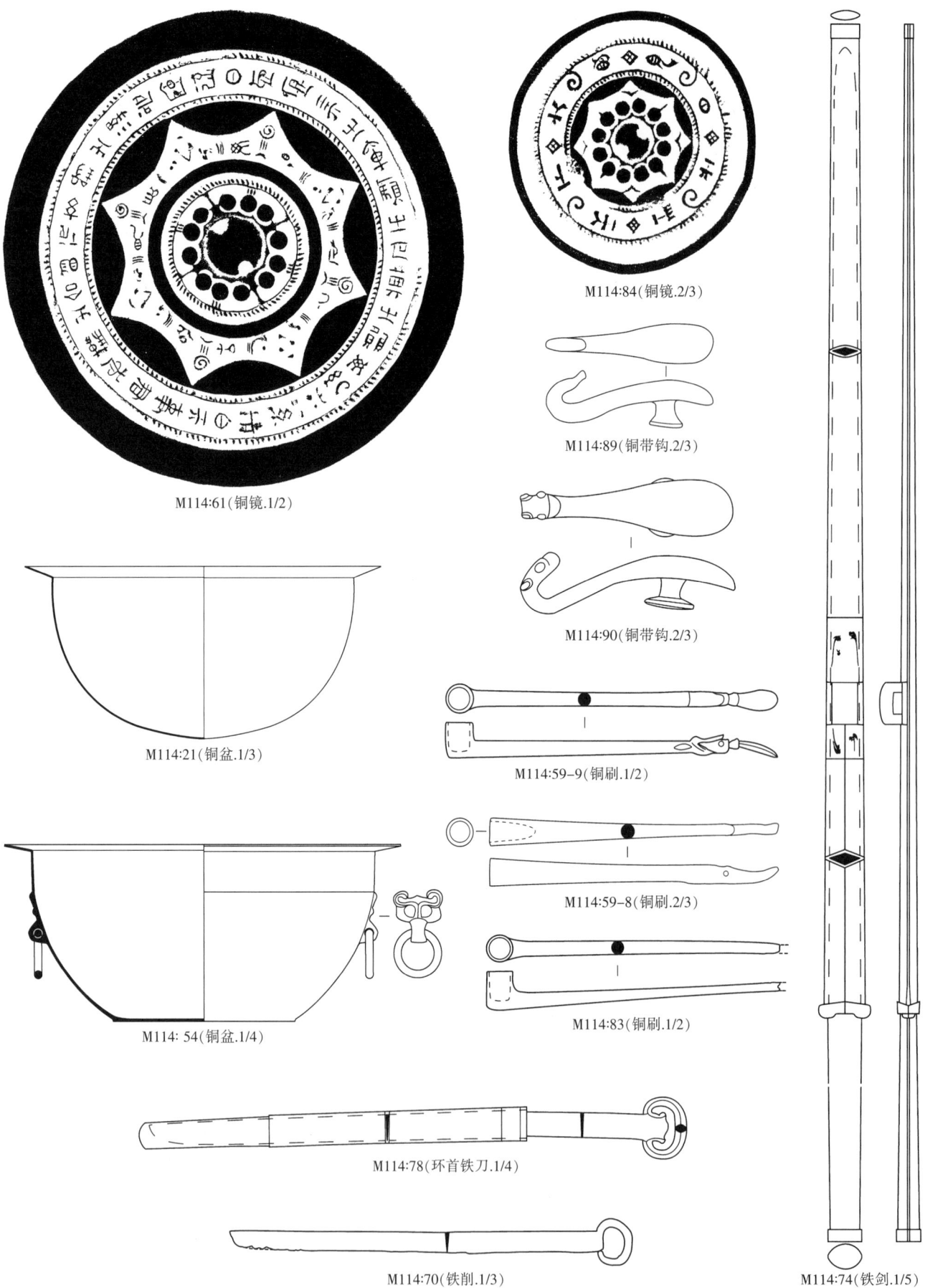

M114:61(铜镜.1/2)

M114:84(铜镜.2/3)

M114:89(铜带钩.2/3)

M114:90(铜带钩.2/3)

M114:21(铜盆.1/3)

M114:59-9(铜刷.1/2)

M114:59-8(铜刷.2/3)

M114:83(铜刷.1/2)

M114: 54(铜盆.1/4)

M114:78(环首铁刀.1/4)

M114:70(铁削.1/3)

M114:74(铁剑.1/5)

图3-8A-4b1 圩庄组 A 区 M114 出土器物图

间隔。铭文为"见日之光长毋相忘"。素缘。面径7.8、背面径7.6、纽高0.6、纽宽1.4、缘宽0.6、缘厚0.36、肉厚0.13厘米。（彩版一〇一，2）

M114∶84，出土于东棺南部。日光镜。圆形，半圆纽，并蒂十二连珠纹纽座。座外八内向连弧纹，其外两周短斜弦纹间饰一周铭文，铭文间以"の"形与菱形"田"字纹符号间隔。铭文为"见日之光天下大明"。面径7.1、背面径6.9、纽高0.6、纽宽1.1、缘宽0.3、缘厚0.42、肉厚0.1厘米。（图3-8A-4b1；彩版一〇一，3）

带钩 2件。均出土于西棺北部。M114∶89，琵琶形，钩首为简化龙首形，钩身细长，腹下近尾端饰一圆纽。通长4.7、尾宽1.1、纽径0.9厘米。（图3-8A-4b1；彩版一〇二，1）

M114∶90，形制同M114∶89，钩首龙首纹凸显。通长6.1、尾宽1.5、纽径1.3厘米。（图3-8A-4b1；彩版一〇二，2）

刷 3件。M114∶59-8，出土于西棺北部奁内。"一"字形，柄细长，实心，末端为龙首形，龙眼为一穿孔，刷头小圆筒形。通长8.2、銎径0.8厘米。（图3-8A-4b1；彩版一〇二，3中）

M114∶59-9，出土于西棺北部奁内。烟斗形，柄细长，实心，末端为龙首形，龙眼为一穿孔，刷头小圆筒形。通长12.4、銎径1厘米。（图3-8A-4b1；彩版一〇二，3后）

M114∶83，出土于东棺南部。形制同M114∶59-9，龙首形末端残损。残长11.2、銎径1厘米。（图3-8A-4b1；彩版一〇二，3前）

铜钱 2组。M114∶85，出土于西棺南部。4枚，五铢钱，形制、尺寸相同。钱径2.3、穿径1厘米。（图3-8A-4b2；彩版一〇二，4）

M114∶86，出土于东棺中部。8枚，五铢钱，形制、尺寸相同。钱径2.3、穿径1厘米。（图3-8A-4b2）

2. 铁器

共3件。器形有剑、环首刀、削。

剑 1件。M114∶74，出土于东棺中部。剑身双面斜刃，中起脊，断面呈菱形。剑格铜质。剑茎扁平条状，断面呈长方形。漆鞘尚存。通长112、刃宽4、格宽5厘米。（图3-8A-4b1；彩版一〇二，5）

环首刀 1件。M114∶78，出土于东棺中部。单面弧刃，背厚平，断面呈三角形，环首。漆鞘尚存，鞘断面呈上宽下窄的圆角梯形。通长42厘米，漆鞘长28.2厘米。（图3-8A-4b1；彩版一〇二，6）

削 1件。M114∶70，出土于西棺北部。单面弧刃，背厚平，断面呈三角形，环首。通长23、环径2.7厘米。（图3-8A-4b1；彩版一〇二，7）

3. 琉璃器

共5件。器形有琀、塞。皆出土于东棺南部。

琀 1件。M114∶91，器作蝉形，正面隆起，琀头刻有蝉眼。长4、宽2.4、高0.9厘米。（图3-8A-4b3；彩版一〇三，1）

塞 4件。M114∶92-1、2、3、4，四件形制、尺寸基本相同。器作圆台柱形，呈灰白色，器表风化严重。顶面直径0.6、底面直径0.9、高1.8厘米。（图3-8A-4b3；彩版一〇三，2）

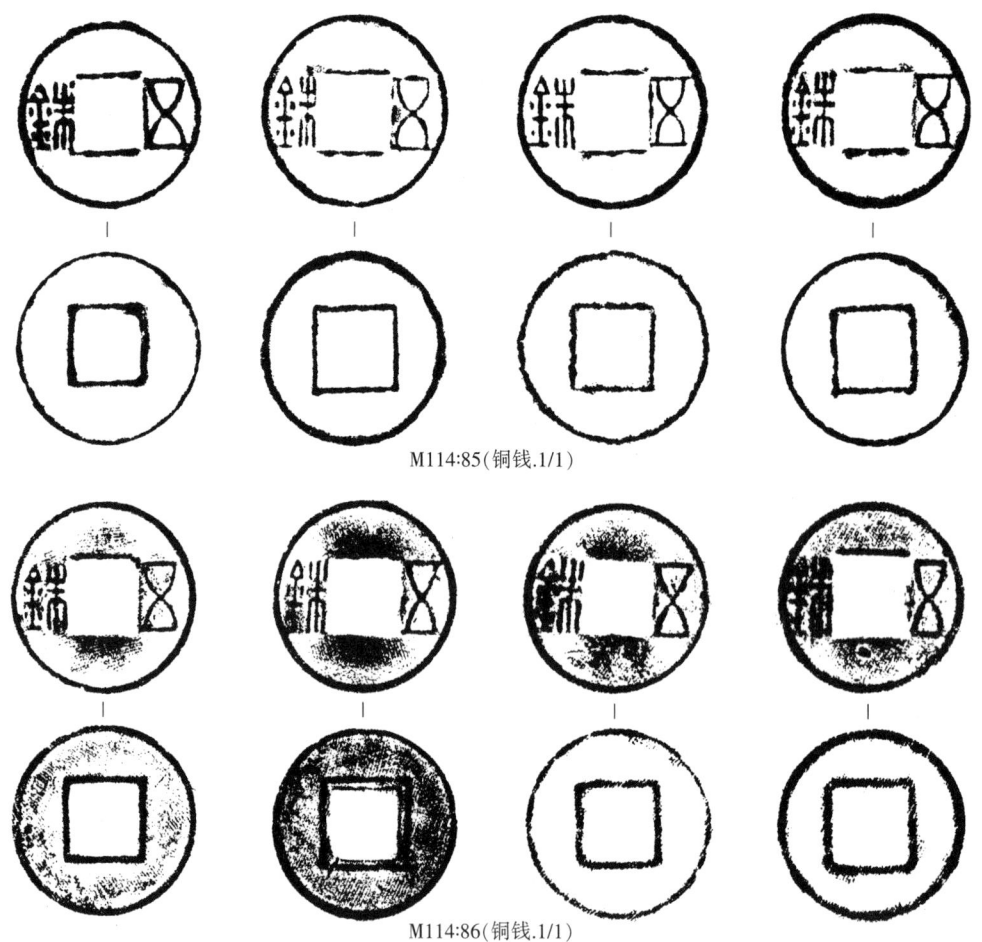

M114:85(铜钱.1/1)

M114:86(铜钱.1/1)

图 3-8A-4b2　圩庄组 A 区 M114 出土器物图

4. 玛瑙器

共 1 件。器形为饰件。

M114:87，出土于西棺中部。暗红色，玛瑙质。六棱形，中部外凸，中饰一穿孔。长 1.2 厘米，孔径 0.1 厘米。（图 3-8A-4b3；彩版一〇三，3）

5. 漆器

共 48 件（组）。器形有耳杯、盘、樽、盛、案、笥、奁、纱冠、握、柱形器等。

耳杯　38 件。均出土于北边箱东部。

M114:11，木胎，外髹黑漆，内髹朱漆。敞口，圆唇，两侧附月牙形耳，耳外侧上翘，高出口沿，腹部弧形内收，圜底，椭圆形假圈足。杯身内侧以黑、黄等色绘变形龙纹，外侧朱绘云气纹。耳面及口沿外侧饰一周涡纹。器长 15.9、连耳宽 13.4、高 6.6 厘米。（彩图一六，1；彩版一〇四，1、2）

M114:12。木胎。形制、尺寸、纹饰与 M114:11 相同。

M114:13，夹纻胎，外髹黑漆，内髹朱漆。敞口，圆唇，两侧附月牙形耳，耳外侧上翘，高出口沿，腹部弧形内收，圜底，椭圆形假圈足。口沿内侧、耳面髹黑漆。器长 16、连耳宽 13.5、

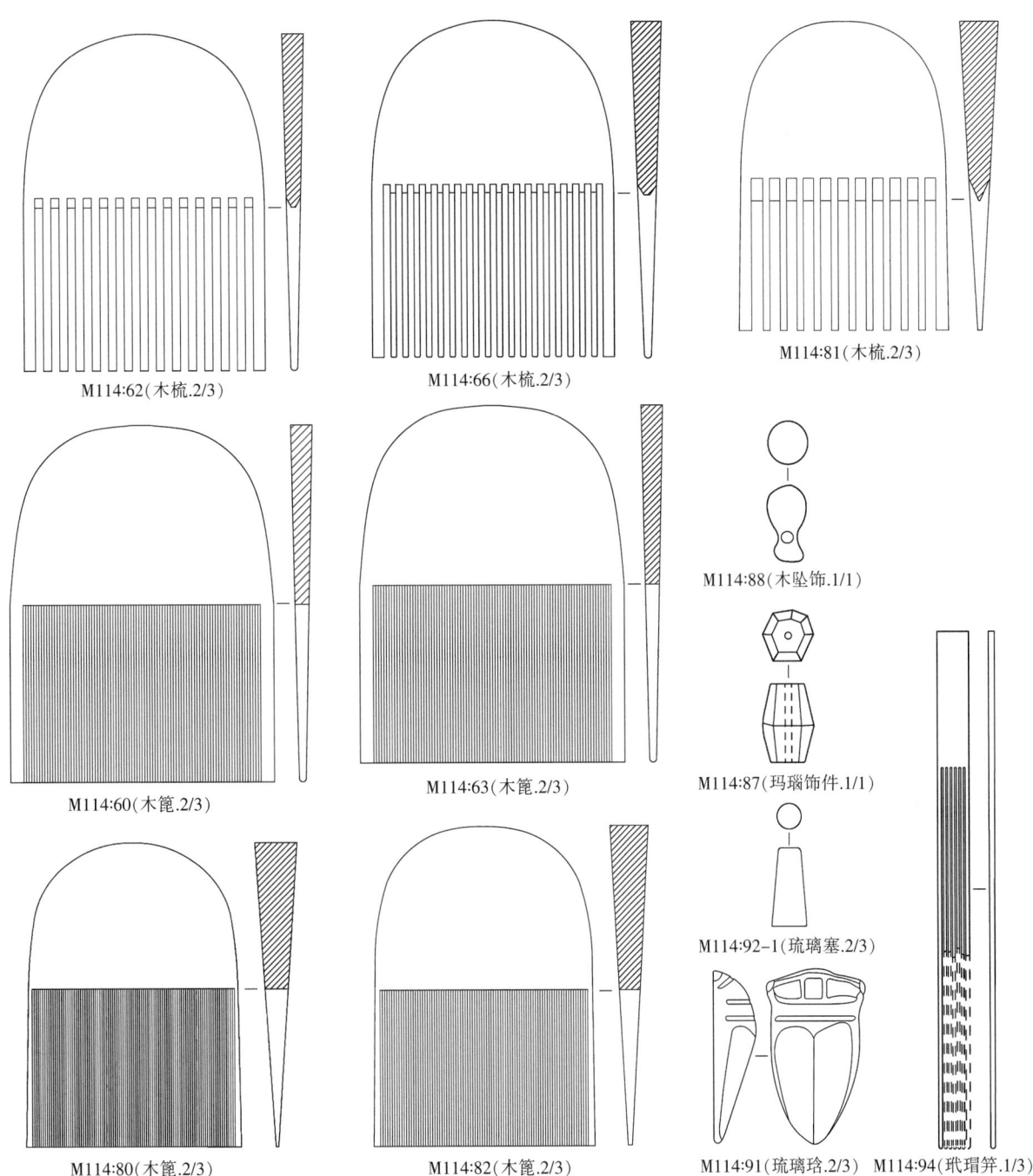

M114:62(木梳.2/3)

M114:66(木梳.2/3)

M114:81(木梳.2/3)

M114:60(木篦.2/3)

M114:63(木篦.2/3)

M114:88(木坠饰.1/1)

M114:87(玛瑙饰件.1/1)

M114:92-1(琉璃塞.2/3)

M114:80(木篦.2/3)

M114:82(木篦.2/3)

M114:91(琉璃琀.2/3)　M114:94(玳瑁笄.1/3)

图3-8A-4b3　圩庄组A区M114出土器物图

高6.6厘米。（彩图一六，2；彩版一〇四，3）

M114：6、9、10、14～20漆耳杯共10件，均为夹纻胎，形制、尺寸、纹饰同M114：13。

M114：27，夹纻胎，外髹黑漆，内髹朱漆，内底面髹黑漆。敞口，圆唇，两侧附月牙形耳，耳外侧上翘，高出口沿，腹部弧形内收，圜底，椭圆形假圈足。口沿内侧、耳面髹黑漆。器长12.4、连耳宽10.1、高4厘米。（彩图一六，3；彩版一〇四，4）

M114：22～26、28～45、49漆耳杯共24件，均为夹纻胎。器长12.4、连耳宽10.1、高4厘

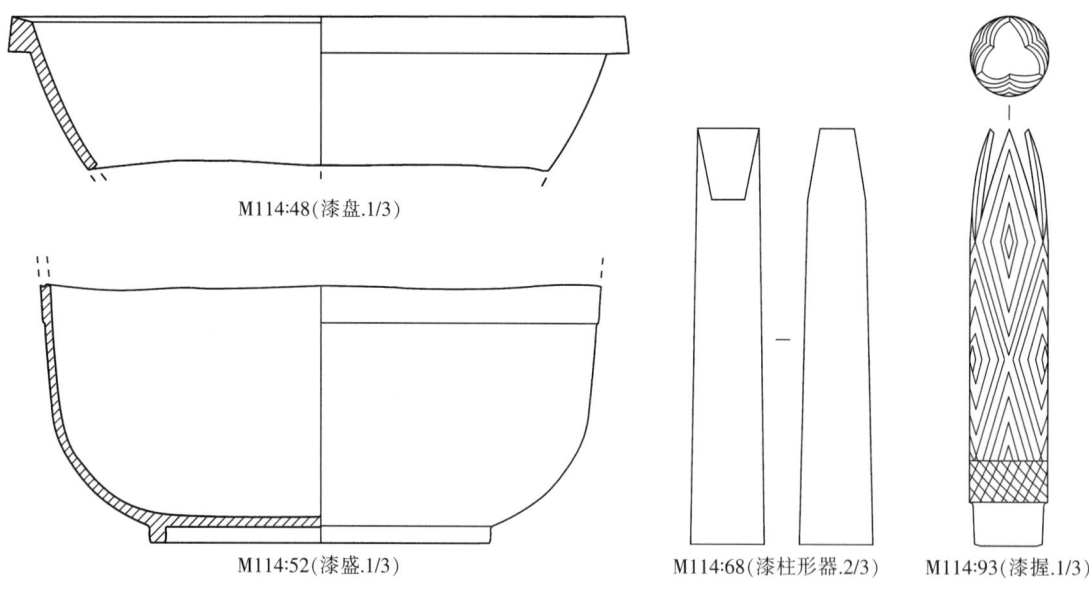

M114:48(漆盘.1/3)

M114:52(漆盛.1/3)　　　M114:68(漆柱形器.2/3)　　M114:93(漆握.1/3)

图 3-8A-4b4　圩庄组 A 区 M114 出土器物图

米。形制、纹饰同 M114：27。

　　盘　1 件。M114：48，出土于北边箱中部。木胎，内外皆髹黑漆。腹部以下残缺，尖唇，敞口，斜弧腹。口径 25.2、残高 6 厘米。（图 3-8A-4b4）

　　樽　1 件。M114：7，出土于南边箱中部。木胎，内外皆髹朱漆。樽盖朽失，仅存器身，器身圆形。器身外壁由上至下绘黑色弦纹九道，第一、二道弦纹间与第六、七道弦纹间饰珠纹与"の"形纹组合，第四、五道弦纹间与第八、九道弦纹间均是戳点圆圈纹。器身口径 21、高 12 厘米。（彩图一五，2）

　　盛　1 件。M114：52，出土于北边箱中部。夹纻胎，内外皆髹黑漆。口沿残缺，深弧腹，圈足。底径 14.1、残高 10.5 厘米。（图 3-8A-4b4）

　　案　1 件。M114：50，出土于北边箱中部。木胎，内外皆髹黑漆。整器残损严重，无法复原，尺寸不明。

　　笥　1 件。M114：53，出土于北边箱中部。夹纻胎，内外皆髹黑漆。整器残损严重，无法复原，尺寸不明。

　　奁　1 组。

　　M114：59，出土于西棺北部。内为一套七子奁，保存完整。（彩图一七、一八；彩版一〇五～一〇七）

　　M114：59，大圆奁，圆形，分奁身和奁盖两部分。奁身，夹纻胎，外髹黑漆，内壁除口部一周、底面部分圆形区域内髹黑漆外，其余均髹朱漆。腹壁圆直，平底。外壁朱绘八圈弦纹，从上自下第四、五两圈弦纹为边框内朱绘云气纹带，纹饰结构疏松，线条流畅。从上自下第一、二圈和第七、八圈各以两圈弦纹为边框内朱绘变形弧线三角卷云纹和几何纹带。内壁口部黑漆底上也朱绘变形弧线三角卷云纹和几何纹带。内壁底部黑漆底上朱绘简化云气纹。奁身直径 20.5、高 10.3、壁厚 0.3 厘米。奁盖，夹纻胎，外髹黑漆，内壁除口部一周、顶面圆形区域内髹黑漆外，其余均髹朱漆。顶面隆起，有三周凸棱，外壁圆直。顶面因凸棱分为四个区域：最顶部中镶银质四叶。四叶周围朱绘两圈弦纹边框，边框和四叶间朱绘云气纹、龙首人身纹。第二层朱绘两圈弦纹边框，内朱绘一圈变形弧线三角卷云纹和几何纹带。第三层朱绘两圈弦纹边框，内朱绘一圈云气纹带，纹带中等间距镶有银质兽纹四组及朱绘神兽云气纹四组。第四层朱绘一圈弦纹。其下朱绘一圈变形弧线三角卷云纹和几何纹带。盖身外侧朱绘六圈弦纹，中间两圈弦纹间绘云气纹及神兽纹，云气纹间等距嵌有三只银质兽纹（大象、骆驼、凤鸟）。盖身上下又以弦纹为边框各绘一圈变形弧线三角卷云纹和几何纹带。盖内壁口部也绘一圈变形弧线三角卷云纹和几何纹带。顶部黑漆底上朱绘三组相交状简化龙纹。奁盖直径21.3、高12.2、壁厚0.3厘米。（彩图一七；彩版一〇五）

M114：59－1，大圆形子奁。圆形，分奁身和奁盖两部分。奁身，夹纻胎，外髹黑漆，内壁除口部一周、底面部分圆形区域内髹黑漆外，其余均髹朱漆。腹壁圆直，平底。外壁朱绘两圈弦纹，纹间内朱绘简化云气纹，纹饰结构疏松，线条流畅。内壁口部黑漆底上饰两周朱点带。内壁底部黑漆底上朱绘简化云气纹。奁身直径7.8、高5.3厘米。奁盖，夹纻胎，外髹黑漆，内壁除口部一周、顶面圆形区域内髹黑漆外，其余均髹朱漆。顶面隆起，有三周凸棱，外壁圆直。顶面因凸棱分为四个区域：最顶部中镶银质四叶。四叶周围朱绘一圈弦纹边框，边框和四叶间朱绘云气神兽纹。第二层朱绘两圈弦纹边框，内绘折弦纹与"の"形纹组合。第三层朱绘一圈波浪纹与点纹组合。第四层素面。盖外壁朱绘两圈弦纹，纹间内绘云气纹与点纹组合，纹饰结构疏松，线条流畅。内壁口部黑漆底上饰两周朱点带。内壁顶部黑漆底上朱绘简化云气纹。奁盖直径8.3、高6厘米。（彩图一九；彩版一〇六和一〇七，1）

M114：59－2，大长方形子奁。长方形，分奁身和奁盖两部分。奁身，夹纻胎，外髹黑漆，内壁除口部一周、底面部分长方形区域内髹黑漆外，其余均髹朱漆。腹壁方直，平底。外壁朱绘两圈弦纹，纹间朱绘云气纹，纹饰结构疏松，线条流畅。内壁口部黑漆底上饰两周朱点带。内壁底部黑漆底上朱绘简化云气纹。奁身长15.1、宽2.7、高4.3厘米。奁盖，夹纻胎，外髹黑漆，内壁除口部一周、顶面长方形区域内髹黑漆外，其余均髹朱漆。顶面隆起，中平，肩有四折棱，并有一圈凸棱，外壁方直。最顶部中镶银质四叶。叶外朱绘一圈弦纹与一圈长方形边框，边框和四叶间朱绘云气神兽纹。顶部以下、凸棱以上朱绘一周变形弧线三角卷云纹和几何纹带。凸棱以下第二层区域内为素面。盖外壁朱绘两圈弦纹，弦纹间内绘云气纹，纹饰结构疏松，线条流畅。内壁口部黑漆底上饰两周朱点带。内壁顶部黑漆底上朱绘简化云气纹。奁盖长15.7、宽3.3、高4.7厘米。（彩图二〇；彩版一〇六和一〇七，2）

M114：59－3，马蹄形子奁。马蹄形，分奁身和奁盖两部分。奁身，夹纻胎，外髹黑漆，内壁除口部一周、底面部分马蹄形区域内髹黑漆外，其余均髹朱漆。腹壁圆直，平底。外壁朱绘两圈弦纹，纹间内朱绘云气纹，纹饰结构疏松，线条流畅。内壁口部黑漆底上饰两周朱点带。内壁底部黑漆底上朱绘简化云气纹。奁身长8.4、宽6.2、高5.3厘米。奁盖，夹纻胎，外髹黑漆，内壁除口部一周、顶面马蹄形区域内髹黑漆外，其余均髹朱漆。顶面隆起，中平，肩有二折棱，并有一圈凸棱，外壁圆直。顶部正中镶银质三叶，叶外沿叶面朱绘一圈弦纹，其外再朱绘四圈弦纹马蹄形边框，由内至外第一道边框和三叶间朱绘云气纹。由内至外第二、三道弦纹间朱绘变形弧线三角卷云纹和几何纹带。盖外壁朱绘两圈弦纹，纹间朱绘云气纹，纹饰结构疏松，线条流畅。内壁口部黑漆底上饰两周朱点带。内壁顶部黑漆底上朱绘简化云气纹。奁盖长8.8、宽6.6、高5.6厘米。（彩图二一，1；彩版一〇六和一〇七，3）

M114：59－4，小长方形子奁。长方形，分奁身和奁盖两部分。奁身，夹纻胎，外髹黑漆，内壁除口部一周、底面部分长方形区域内髹黑漆外，其余均髹朱漆。腹壁方直，平底。外壁朱绘两圈弦纹，纹间朱绘云气纹，纹饰结构疏松，线条流畅。内壁口部黑漆底上饰两周朱点带。内壁底部黑漆底上朱绘简化云气纹。奁身长7.1、宽3.1、高4.6厘米。奁盖，夹纻胎，外髹黑漆，内壁除口部一周、顶面长方形区域内髹黑漆外，其余均髹朱漆。顶面隆起，中平，肩有四折棱，并有一圈凸棱，外壁方直。最顶部中镶银质四叶。叶外沿叶面朱绘一圈弦纹，其外再朱绘三圈长方形边框。由内至外第一道朱绘边框与四叶纹之间朱绘云气纹。第一、二道弦纹间朱绘一周变形弧线三角卷云纹和几何纹带。盖外壁朱绘两圈弦纹，弦纹间内绘云气纹，纹饰结构疏松，线条流畅。内壁口部黑漆底上饰两周朱点带。内壁顶部黑漆底上朱绘简化云气纹。奁盖长7.7、宽3.8、高4.6厘米。（彩图二二，1；彩版一〇六和一〇七，4）

M114：59－5，椭圆形子奁。椭圆形，分奁身和奁盖两部分。奁身，夹纻胎，外髹黑漆，内壁除口部一周、底面部分圆形区域内髹黑漆外，其余均髹朱漆。腹壁圆直，平底。外壁朱绘两圈弦纹，纹间内朱绘简化云气纹，纹饰结构疏松，线条流畅。内壁口部黑漆底上饰两周朱点带。内壁底部黑漆底上朱绘简化云气纹。奁身直径6.6、高4.4厘米。奁盖，夹纻胎，外髹黑漆，内壁除口部一周、顶面圆形区域内髹黑漆外，其余均髹朱漆。顶面隆起，有三周凸棱，外壁圆直。顶面因凸棱分为四个区域：最顶部中镶银质四叶。四叶外沿叶面外缘朱绘一圈弦纹，其外饰弦纹两道。由内至外第一道凸棱和四叶间朱绘简化云气纹。第一道凸棱与第一道弦纹间内绘折弦纹与"の"形纹组合。盖外壁朱绘两圈弦纹，纹间内绘云气纹与点纹组合，纹饰结构疏松，线条流畅。内壁口部黑漆底上饰两周朱点带。内壁顶部黑漆底上朱绘简化云气纹。奁盖直径7.2、高4.6厘米。（彩图二一，2；彩版一〇六和一〇七，5）

M114：59－6，小圆形子奁。圆形，分奁身和奁盖两部分。奁身，夹纻胎，外髹黑漆，内壁除口部一周、底面部分圆形区域内髹黑漆外，其余均髹朱漆。腹壁圆直，平底。外壁朱绘两圈弦纹，纹间内朱绘简化云气纹，纹饰结构疏松，线条流畅。内壁口部黑漆底上饰两周朱点带。内壁底部黑漆底上朱绘简化云气纹。奁身直径4.5、高4.4厘米。奁盖，夹纻胎，外髹黑漆，内壁除口部一周、顶面圆形区域内髹黑漆外，其余均髹朱漆。顶面隆起，有三周凸棱，外壁圆直。顶面因凸棱分为四个区域：最顶部中镶银质四叶。四叶外沿叶面外缘朱绘一圈弦纹，其外饰弦纹四道。由内至外第一道弦纹和四叶间朱绘简化云气纹。第一、二道凸棱间朱绘弦纹两道，纹间内绘折弦纹与"の"形纹组合。盖外壁朱绘两圈弦纹，纹间内绘云气纹与点纹组合，纹饰结构疏松，线条流畅。内壁口部黑漆底上饰两周朱点带。内壁顶部黑漆底上朱绘简化云气纹。奁盖直径5、高4.7厘米。（彩图二二，2；彩版一〇六和一〇七，6）

M114：59－7，小方形子奁。方形，分奁身和奁盖两部分。奁身，夹纻胎，外髹黑漆，内壁除口部一周、底面部分圆形区域内髹黑漆外，其余均髹朱漆。腹壁方直，平底。外壁朱绘两圈弦纹，纹间内朱绘简化云气纹，纹饰结构疏松，线条流畅。内壁口部黑漆底上饰两周朱点带。

内壁底部黑漆底上朱绘简化云气纹。奁身边长3.5、高4.4厘米。奁盖,夹纻胎,外髹黑漆,内壁除口部一周、顶面圆形区域内髹黑漆外,其余均髹朱漆。顶面隆起,有三周凸棱,外壁方直。顶面因凸棱分为三个区域:最顶部中镶银质四叶。四叶外沿叶面外缘朱绘一圈弦纹,其外饰弦纹两道。由内至外第一道弦纹和第一道凸棱间朱绘折弦纹与"の"形纹组合。盖外壁朱绘两圈弦纹,纹间内绘云气纹与点纹组合,纹饰结构疏松,线条流畅。内壁口部黑漆底上饰两周朱点带。内壁顶部黑漆底上朱绘简化云气纹。奁盖边长3.9、高4.7厘米。(彩图二二,3;彩版一〇六和一〇七,7)

纱冠 1件。M114:58,出土于西棺南部。整器残损严重,无法复原,形制不明,仅存漆纱残片。(彩版一〇八,1)

握 1组。M114:93,出土于西棺南部。一组2件,形制、尺寸同。器作圆条形,一端制两面斜坡,通体髹黑漆。长16.1、直径3厘米。(图3-8A-4b4;彩版一〇三,4)

柱形器 2件。均出土于西棺南部。M114:68,竹胎,顶端以三尖内收,器表满刻套菱形纹,底端饰网格纹,通体朱绘。銮径1.4、长8.3厘米。M114:73,形制、尺寸、纹饰同M114:68。(图3-8A-4b4;彩版一〇三,5、6)

6. 木器

共15件,器形有俑、几、梳、篦、印、枕、坠饰等。

俑 1件。M114:5,出土于南边箱内。整器残损严重,无法复原。

几 1件。M114:8,出土于南边箱中部。器虽残损,尚可复原。几面呈长方形,器身细长扁平。面板两边各有四个卯眼,由器足上伸出的凸榫插入组合使用,器足外撇,剖面呈椭圆形。面板长89、宽16、整器通高28厘米。(图3-8A-4b5;彩版一〇八,2、3)

梳 3件。M114:62,出土于西棺北部。弧背长方形,背部厚,齿端薄,背长与齿长基本相同。15齿。通长7.7、宽5.6、厚0.5厘米。(图3-8A-4b3;彩版一〇九,1)

M114:66,出土于西棺北部。弧背长方形,背部厚,齿端薄,背长与齿长基本相同。20齿。通长7.6、宽5.6、厚0.5厘米。(图3-8A-4b3;彩版一〇九,2)

M114:81,出土于东棺南部。弧背长方形,背部厚,齿端薄,背长与齿长基本相同。12齿。通长7.1、宽4.9、厚0.9厘米。(图3-8A-4b3;彩版一〇九,3)

篦 6件。M114:60,出土于西棺北部。弧背长方形,背部厚,齿端薄,背长与齿长基本相同。通长8.1、宽6.2、厚0.5厘米。(图3-8A-4b3;彩版一〇九,4)

M114:63、64、65,皆出土于西棺北部。形制、尺寸与M114:60相同。(图3-8A-4b3;彩版一〇九,5、6、7)

M114:80,出土于东棺南部。弧背长方形,背部厚,齿端薄,背长与齿长基本相同。通长7、宽5、厚1厘米。(图3-8A-4b3;彩版一〇九,8)

M114:82,出土于东棺南部。形制与M114:80相同。通长7.3、宽5.1、厚1厘米。(图3-8A-4b3;彩版一〇九,9)

印 1件。M114:72,出土于西棺北部。桥形钮,印面刻"夏侯楚印"。印边长1.8、高1.4厘米。(图3-8A-4b5;彩版一一〇,1)

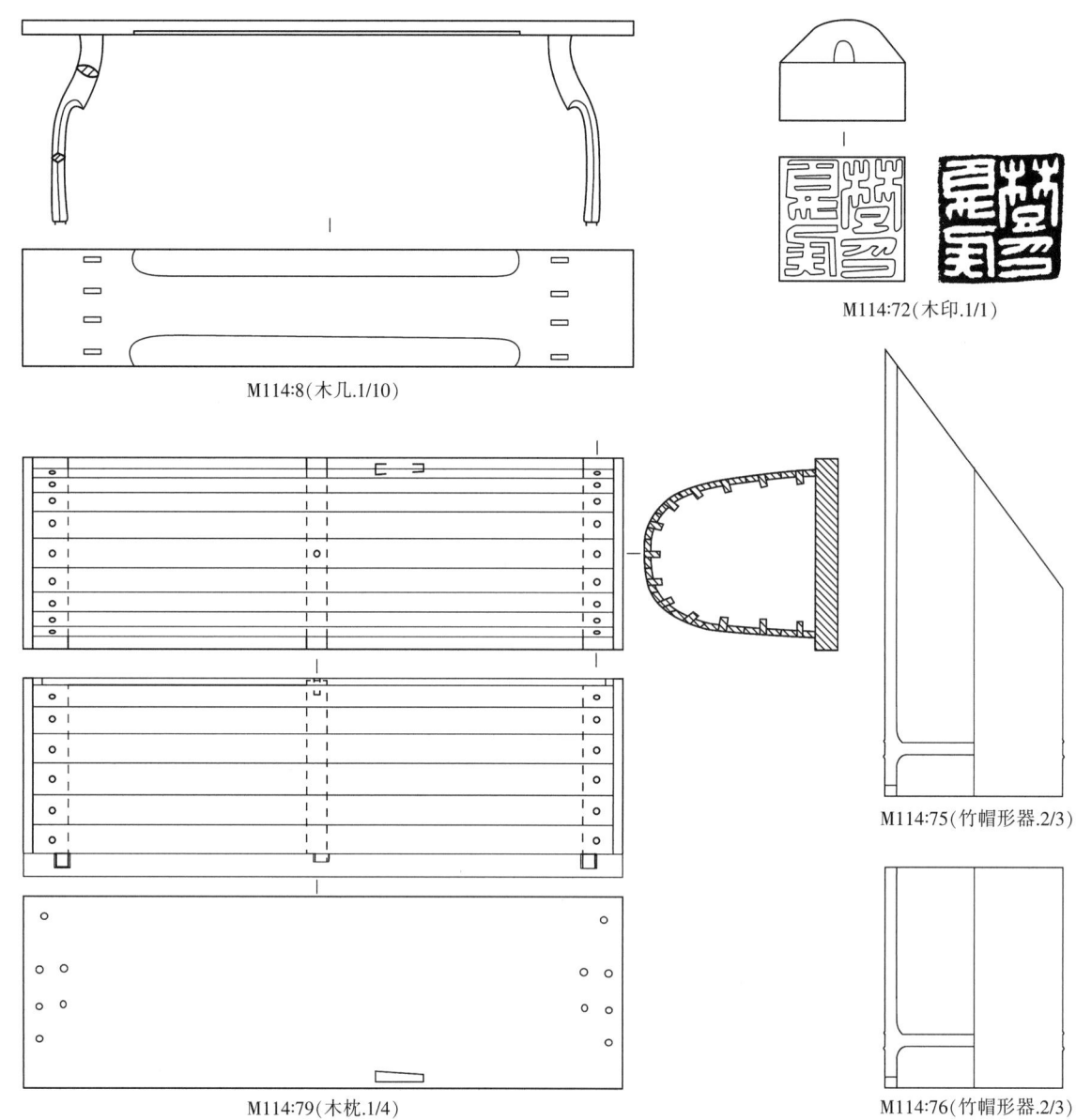

M114:8(木几.1/10)

M114:72(木印.1/1)

M114:75(竹帽形器.2/3)

M114:79(木枕.1/4)

M114:76(竹帽形器.2/3)

图3-8A-4b5　圩庄组A区M114出土器物图

枕 2件。

M114：69，出土于西棺南部。整器残损严重，无法复原。

M114：79，出土于东棺南部。器虽残损，尚可复原。平面呈长方形，枕面隆起呈半圆形。枕两侧面及中部各由一块纵向木板与底面呈相交状，木板背弧底直，两侧木板较大且薄，内侧木板较小且厚。出土时，三块纵向木板上横向装有14根细长条竹片，用于制成枕面。整器长34.8、宽10.8、高10.8厘米。（图3-8A-4b5；彩版一〇八，4）

坠饰 1件。M114：88，出土于西棺中部。近似葫芦形，中间饰一穿孔。器长1.2、宽0.65厘米。（图3-8A-4b3；彩版一一〇，2）

7. 竹器

共 2 件。器形皆为帽形器。

帽形器 2 件。M114：75，出土于东边箱北部。器由一段竹筒改制而成，一端呈斜面，另一端底面近平。器长 9.4、直径 3.8 厘米。（图 3 – 8A – 4b5）

M114：76，出土于东边箱北部。器由一段竹筒改制而成，两端近平呈圆柱状，内部有一竹节并未贯通。器长 4.6、直径 3.8 厘米。（图 3 – 8A – 4b5）

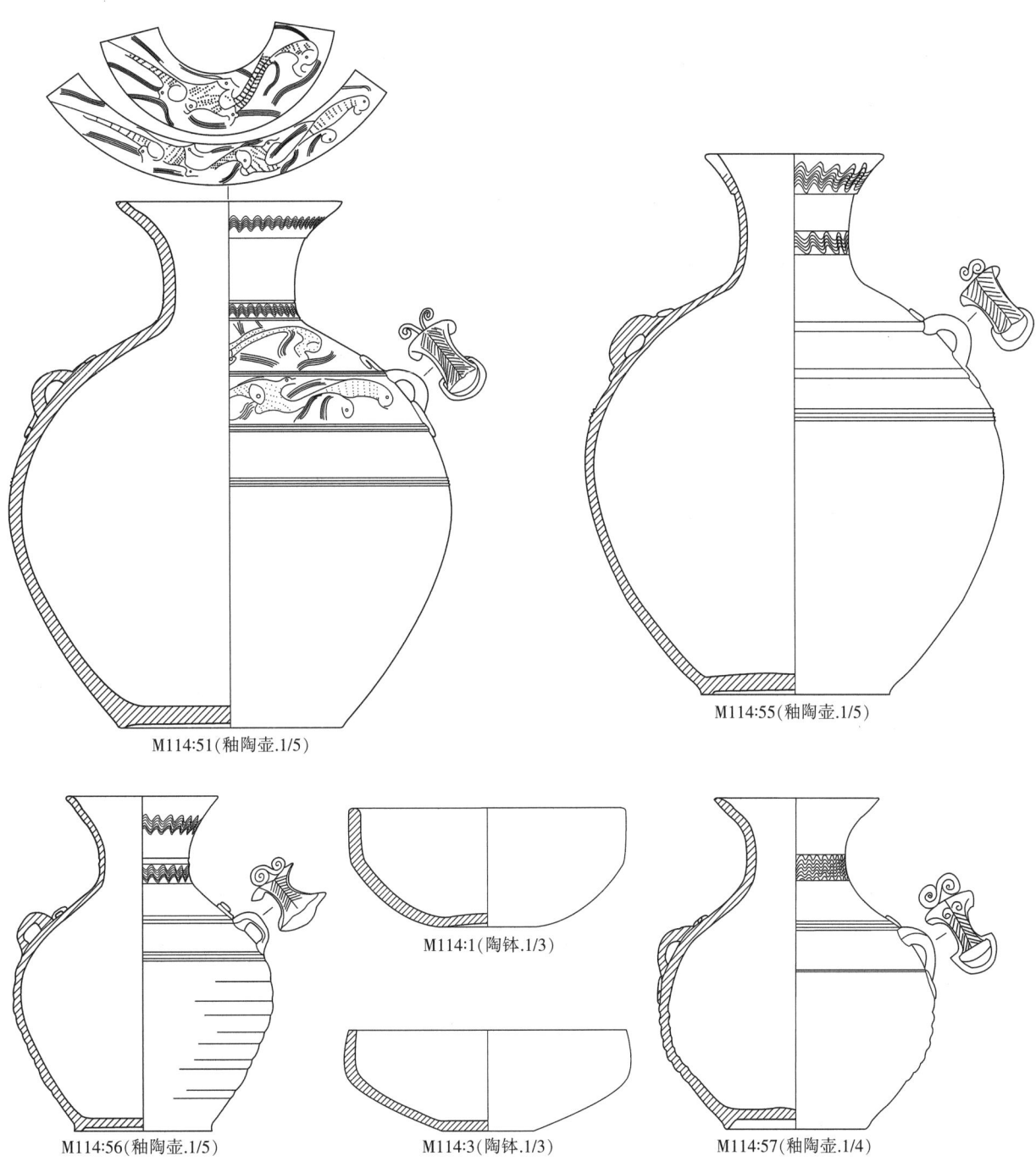

M114:51(釉陶壶.1/5)

M114:55(釉陶壶.1/5)

M114:56(釉陶壶.1/5)

M114:1(陶钵.1/3)

M114:3(陶钵.1/3)

M114:57(釉陶壶.1/4)

图 3 – 8A – 4b6 圩庄组 A 区 M114 出土器物图

8. 玳瑁器

共 1 件。器形为笄。

M114：94，出土于西棺南部。玳瑁质。扁长条形，出土时齿端残朽。呈黑灰色，纹理细腻，有光泽感。柄部为长方形薄板，共七齿，齿较长，外侧两齿较中间五齿略粗。残长 23.7、宽 1.5 厘米。（图 3 – 8A – 4b3；彩版一一〇，3）

9. 陶器

共 10 件。器形有壶、罐、钵。

壶　4 件。皆出土于北边箱内。M114：51，侈口，圆唇，盘口，直颈，溜肩，鼓腹渐收，平底内凹。肩两侧置卷羊角纹贴塑与桥形耳各一对，耳面饰叶脉纹。口沿下与颈下各饰刻划水波纹，肩饰一周刻划云气纹。口径 18.2、底径 18、高 41.2 厘米。（图 3 – 8A – 4b6）

M114：55，侈口，圆唇，盘口，直颈，溜肩，鼓腹渐收，平底内凹。肩两侧置横向"S"纹贴塑与桥形耳各一对，耳面饰叶脉纹。口沿下与颈下各饰刻划水波纹。口径 14.8、底径 15.2、高 42 厘米。（图 3 – 8A – 4b6；彩版一一一，1）

M114：56，形制、纹饰同 M114：55。口径 12、底径 10.8、高 26 厘米。（图 3 – 8A – 4b6；彩版一一一，2）

M114：57，侈口，圆唇，盘口，直颈，溜肩，鼓腹渐收，平底内凹。肩两侧置横向"S"纹贴塑与桥形耳各一对，耳面饰叶脉纹。颈下饰刻划水波纹。口径 10.5、底径 9、高 20.7 厘米。（图 3 – 8A – 4b6；彩版一一一，3）

罐　2 件。皆出土于北边箱内。M114：46，敛口，尖圆唇，斜宽沿，无颈，圆肩，弧腹渐收，平底内凹。肩两侧置横向"S"纹贴塑与兽面耳各一对。肩部饰凸弦纹与刻划云气纹两周。口径 8.4、底径 17.2、高 30.4 厘米。（图 3 – 8A – 4b7）

M114：47，形制、尺寸、纹饰与 M114：46 相同。（图 3 – 8A – 4b7；彩版一一一，4、5）

钵　4 件。皆出土于北边箱外，M114：1、2 两件置于墓坑西北角，M114：3、4 两件置于墓坑东北角。M114：1，灰陶。敛口，圆唇，折腹弧收，平底内凹。口径 13、底径 4.8、高 5.6 厘米。（图 3 – 8A – 4b6；彩版一一〇，4）

M114：2、4，形制、尺寸同 M114：1。（彩版一一〇，5）

M114：3，灰陶。敛口，平唇，折弧腹斜收，平底。口径 13.3、底径 4.4、高 4.7 厘米。（图 3 – 8A – 4b6；彩版一一〇，6）

10. 其他

共 2 件。器形为编织物。M114：71，出土于西棺内北部。出土时可辨别为草编物，惜整体残损严重，形制不明。

M114：77，出土于东棺内北部。出土情况与 M114：71 相同，可辨别为草编物，但整体残损严重，形制不明。

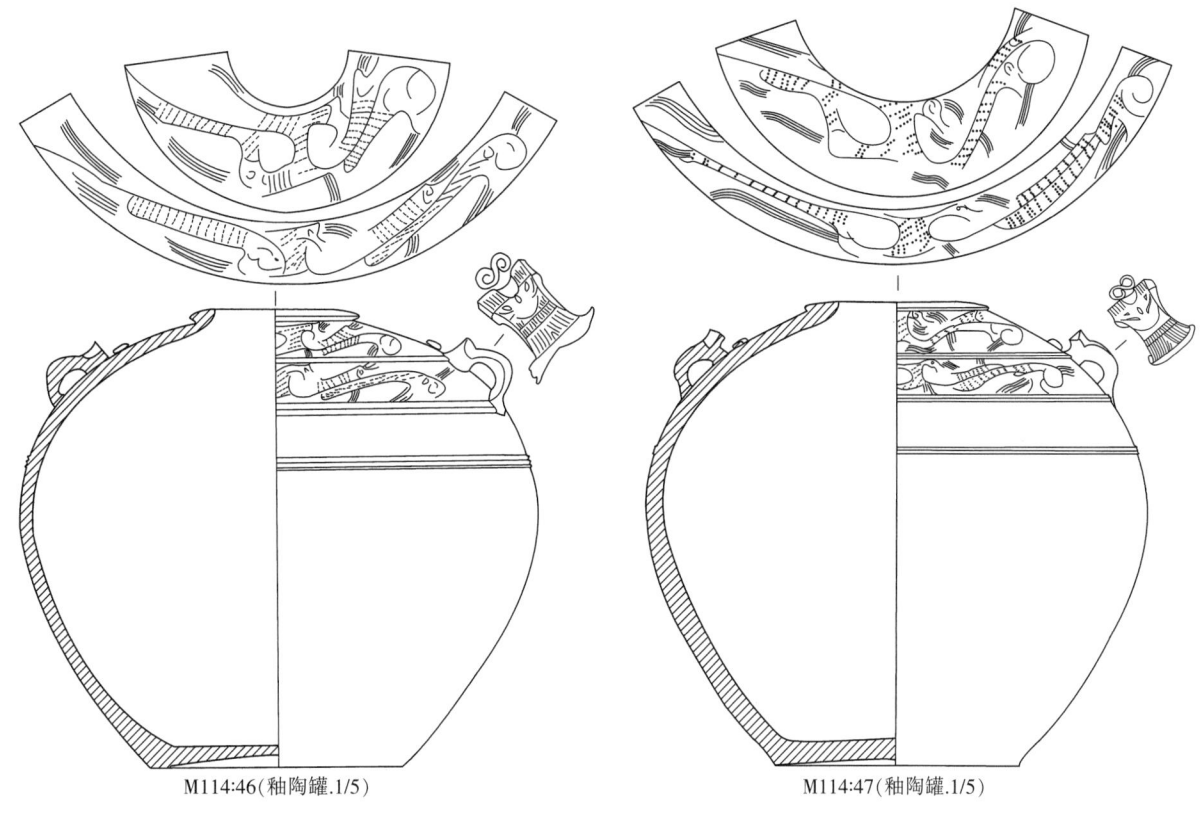

M114:46(釉陶罐.1/5)　　　　　　　　M114:47(釉陶罐.1/5)

图 3 - 8A - 4b7　圩庄组 A 区 M114 出土器物图

五、115 号墓（M115）

M115 位于圩庄组取土场 A 区墓地中部，东面与 M116 相邻。清理前，墓坑开口已被高速公路施工方破坏，开口距现地表深度不明，墓坑底部棺椁区域未受扰动。

墓葬形制为长方形竖穴土坑，长 360、宽 231、残深 96 厘米。方向 200°。清理时，椁盖上方填塞有青膏泥，厚度不明，椁室侧板与坑壁之间也填塞有青膏泥。（图 3 - 8A - 5a；彩版一一二，1）

葬具为一椁一棺。木椁置于墓坑底部正中，木结构保留尚好，椁由底板、四壁侧板、盖板组成。椁室顶部有五块东西向木板，依次从北向南排列，为椁盖板，残朽严重。椁室平面呈长方形，南北长 320、东西宽 191、通高 92 厘米，椁盖板残厚约 14 厘米，底板厚 10 厘米，四壁侧板厚 17.5 厘米。木棺置于椁室东南部，棺东、南两侧与椁室东、南侧板紧靠，因棺木结构残朽，棺内外髹漆情况不明，棺室平面呈长方形，南北长 251、东西宽 73、通高 68 厘米，木棺盖板和底板厚约 10 厘米，四面侧板高 48、厚 12 厘米。西边箱由椁室北、西、南侧板和棺之间的空间组成，平面呈长方形，长约 284、宽约 81 厘米。

该墓出土铜器、琉璃器、漆器、木器、竹器、陶器共 26 件（组）。

1. 铜器

3 件。器形为熏、镜、泡钉。

熏　1 件。M115：1，出土于西边箱南部东侧。由盖、盘、柄、座组成。盖，半椭圆形，顶端收尖，盖体饰菱形、三角形、圆形和不规则形等镂孔，近口部有一圈宽条带，素面无纹。盘，半

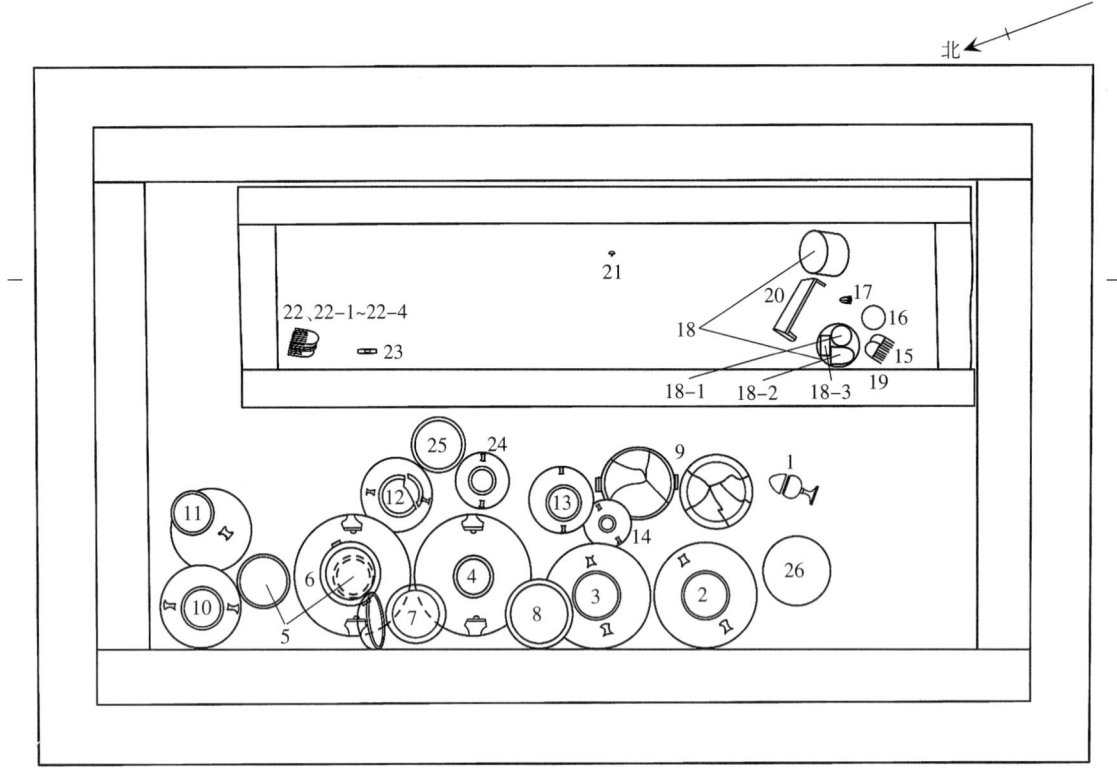

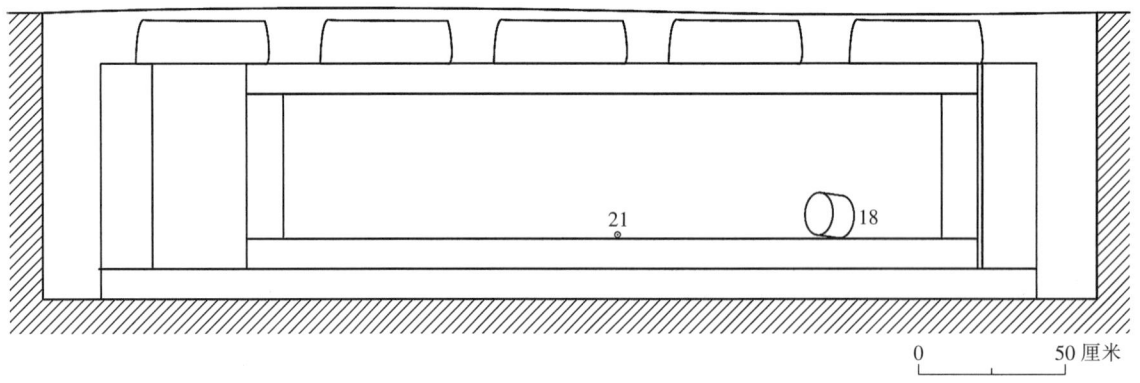

图3-8A-5a　圩庄组A区M115平面、剖视图

1. 铜熏　2、3、10、11、13、14. 釉陶壶　4、5. 釉陶瓿　6、9. 釉陶鼎　7、8、25. 釉陶盒　12、24. 釉陶罐　15. 木梳
16. 铜镜　17. 琉璃玲　18. 漆奁　19、22. 木篦　20. 木枕　21. 铜泡钉　23. 竹筒形器　26. 漆樽

圆球形，子母口，圆腹，圜底。柄，圆柱形，实心，上细下粗，中有一周内凹弧面凸棱。座，喇叭形，直沿，面饰一周方形凸棱。盖口径6.6、高4.88厘米，炉身盘径5.9、底座径5.9、高10.7厘米。（图3-8A-5b1；彩版一一二，2）

镜　1件。M115：16，出土于棺内南部。家常富贵镜。圆形，半圆纽，圆纽座。座外三短线纹与单弧线纹各四组相间环列，其外两周短斜线纹间饰四乳，乳为圆纽底座，乳间饰"家常富贵"四字铭文。宽素平缘，镜面微凸。面径8、背面径7.8、纽高0.55、纽宽1.2、缘宽1.05、缘厚0.28、肉厚0.14厘米。（图3-8A-5b1；彩版一一二，3）

泡钉　1件。M115：21，出土于棺内中部。主体呈半圆球面形，背面正中饰一圆锥形钉。器面径1.4、高1厘米。（图3-8A-5b1）

2. 琉璃器

1件。器形为玲。

玲　1件。M115：17，出土于棺内南部。器作蝉形，正面隆起，玲头蝉眼、玲身蝉翼棱角分明，翼前饰有两道凹弦纹，背面平直，素面无纹。器通长4、宽2.3、高1厘米。（图3－8A－5b1；彩版一一二，4）

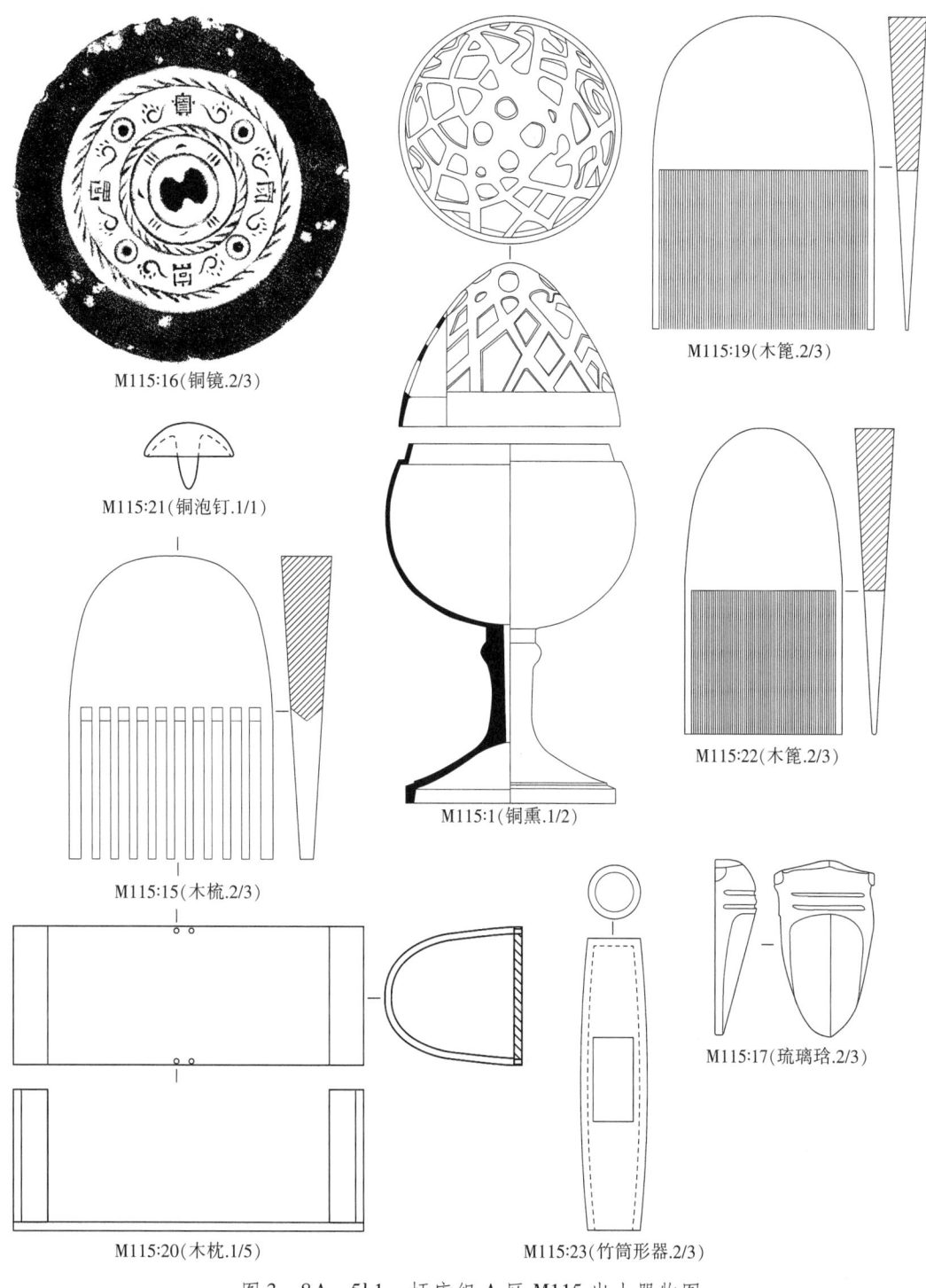

M115:16(铜镜.2/3)

M115:19(木篦.2/3)

M115:21(铜泡钉.1/1)

M115:22(木篦.2/3)

M115:1(铜熏.1/2)

M115:15(木梳.2/3)

M115:17(琉璃玲.2/3)

M115:20(木枕.1/5)

M115:23(竹筒形器.2/3)

图3－8A－5b1　圩庄组A区M115出土器物图

3. 漆器

2 件（组）。器形为樽、奁。

樽　1 件。M115：26，出土于西边箱南部。夹纻胎，外髹黑漆，内髹朱漆。器物残损严重，仅剩樽底，圆筒形，平底。樽内底朱漆上饰一组云气纹，直接用黑漆描绘。器身残高 2.3、直径 23.4、底厚 0.8、壁厚 0.3 厘米。（彩图二三；彩版一一三，1）

奁　1 组。M115：18，出土于棺内南部。三子大圆奁。奁身内部装有三子奁：M115：18 - 1 圆形子奁、M115：18 - 2 马蹄形子奁、M115：18 - 3 长方形子奁。（彩图二四至二八；彩版一一四至一一七）

M115：18，奁整体为圆形，分奁身和奁盖两部分，奁身出土于棺内南部西侧，奁盖出土于棺内南部东侧。奁身，夹纻胎，外髹黑漆，内壁除口部和内底面髹黑漆，其余均髹朱漆。腹壁圆直，平底。外壁口部朱绘一圈变形弧线三角卷云纹和几何纹带，其中，圆弧两侧三角内用青灰漆绘饰弧线三角，纹带两边三角内用朱漆绘饰斜线纹。纹带上下又朱绘两圈线纹。外壁底部纹饰与口部相同。口、底纹饰间朱绘四圈线纹，以中间两圈线纹为边框，间绘一周宽云气纹带。云气纹结构紧密，线条流畅，青灰漆、朱漆互为勾勒、涂染。内壁口部在一圈黑漆宽带底上，朱绘一圈变形弧线三角卷云纹和几何纹带。其中，圆弧两侧三角内用青灰漆绘饰弧线三角，纹带两边三角内用朱漆绘饰斜线纹。内底面在黑漆底上朱绘云气纹，云气纹结构疏松，线条流畅。奁身高 10.4、直径 14.3 厘米。奁盖，夹纻胎，外髹黑漆，内壁除口部和内顶面髹黑漆，其余均髹朱漆。顶面隆起，有三周凸棱，外壁圆直。顶面因凸棱分为四个区域：最顶部中镶银质四叶，脱落，朱绘圆边框内、四叶空隙间朱绘凤鸟、禽兽纹，其余空间绘云气纹，云气纹结构紧密，线条流畅，青灰漆、朱漆互为勾勒、涂染。圆边框外还朱绘一圈线纹。第二层用朱漆描绘一圈变形弧线三角卷云纹和几何纹带，其中，圆弧两侧三角内用青灰漆绘饰弧线三角，纹带两边三角内用朱漆绘饰斜线纹。纹带上下又朱绘两圈线纹。第三层朱绘两圈线纹边框间绘一周宽云气纹带，云气纹结构紧密，线条流畅，青灰漆、朱漆互为勾勒、涂染。此层云气纹带中，圆周三等分距离分别镶有两只银质禽兽和一把银锁，脱落。云气纹带下还朱绘一圈线纹。第四层和盖圆外壁近顶部纹饰相连，为朱绘双层变形弧线三角卷云纹和几何纹带，其中，圆弧两侧三角内用青灰漆绘饰弧线三角，纹带两边三角内用朱漆绘饰斜线纹。第四层纹带上部、圆外壁近顶部纹带下部各朱绘有一圈线纹。盖近口部也朱绘一圈变形弧线三角卷云纹和几何纹带，其中，圆弧两侧三角内用青灰漆绘饰弧线三角，纹带两边三角内用朱漆绘饰斜线纹。纹带上部还朱绘一圈线纹。盖外壁中部朱绘两圈线纹边框间绘一周宽云气纹带，云气纹结构紧密，线条流畅，青灰漆、朱漆互为勾勒、涂染。云气纹带内圆周三等分距离分别镶有三只银质禽兽，残损，镶银禽兽纹间分别朱绘有一兽、一鹿、一鸟。盖内壁底部黑漆背景上，朱绘有两圈线纹，以里圈线纹为边框，内绘云气纹和两条龙纹，纹饰结构疏松，线条流畅，青灰漆、朱漆互为勾勒、涂染。奁盖高 11.7、直径 15.5 厘米。（彩图二四至二六；彩版一一四、一一五）

M115：18 - 1，圆形，分奁身和奁盖两部分。奁身，夹纻胎，外髹黑漆，内壁除口部髹一周黑漆外，其余均髹朱漆。腹壁圆直，平底。外壁朱绘四圈线纹，以中间两条线纹为边框内绘云气纹，纹饰结构疏松，线条流畅，青灰漆、朱漆互为勾勒、涂染。内壁口部黑漆底上饰两周朱点带。奁身高 5.1、直径 6.5 厘米。奁盖，夹纻胎，外髹黑漆，内壁除口部髹一周黑漆外，其余均髹朱漆。顶面隆起，外壁圆直。最顶部中镶银质四叶，脱落。外朱绘两圈线纹边框，边框和四叶间朱绘云气纹。外围朱绘一圈变形弧线三角卷云纹和几何纹带，其中，圆弧两侧青灰漆绘弧线三角，纹带两边三角内用朱绘斜线纹。纹带外侧还朱绘一圈线纹。盖外壁青灰漆绘四圈线纹，以中间两条线纹为边框内绘云气纹，纹饰结构疏松，线条流畅，青灰漆、朱漆互为勾勒、涂染。内壁口部黑漆底上饰两周朱点带。奁盖高 5.4、直径 7 厘米。（彩图二八，1；彩版一一六和一一七，1）

M115：18－2，马蹄形，分奁身和奁盖两部分。奁身，夹纻胎，外髹黑漆，内壁除口部髹一周黑漆外，其余均髹朱漆。腹壁圆直，平底。外壁朱绘四圈线纹，以中间两条线纹为边框内绘云气纹，纹饰结构疏松，线条流畅，青灰漆、朱漆互为勾勒、涂染。内壁口部黑漆底上饰两周朱点带。奁身长 7.4、高 5.1 厘米。奁盖，夹纻胎，外髹黑漆，内壁除口部髹一周黑漆外，其余均髹朱漆。顶面隆起，中平，肩弧形，有二折棱，外壁圆直。最顶部中镶银质三叶，脱落。外朱绘两圈线纹马蹄形边框，边框和三叶间朱绘云气纹，纹饰用青灰漆、朱漆互为勾勒、涂染。外围朱绘一周变形弧线三角卷云纹和几何纹带，其中，圆弧两侧青灰漆绘弧线三角，纹带两边三角内朱绘斜线纹。纹带外侧还朱绘一圈线纹。盖外壁朱绘四圈线纹，以中间两条线纹为边框内绘云气纹，纹饰结构疏松，线条流畅，青灰漆、朱漆互为勾勒、涂染。内壁口部黑漆底上饰两周朱点带。奁盖长 7.9、宽 5.8、高 5.2 厘米。（彩图二八，2；彩版一一六和一一七，2）

M115：18－3，长方形，分奁身和奁盖两部分。奁身，夹纻胎，外髹黑漆，内壁除口部髹一周黑漆外，其余均髹朱漆。腹壁方直，平底。外壁朱绘四圈线纹，以中间两条线纹为边框内绘云气纹，纹饰结构疏松，线条流畅，青灰漆、朱漆互为勾勒、涂染。内壁口部黑漆底上饰两周朱点带。奁身长 6.3、宽 2.8、高 4.6 厘米。奁盖，夹纻胎，外髹黑漆，内壁除口部髹一周黑漆外，其余均髹朱漆。顶面隆起，中平，肩有四折棱，外壁方直。最顶部中镶银质四叶，脱落。外朱绘两周线纹长方形边框，边框和四叶间朱绘云气纹，纹饰用青灰漆、朱漆互为勾勒、涂染。外围朱绘一周变形弧线三角卷云纹和几何纹带，其中，圆弧两侧青灰漆绘弧线三角，纹带两边三角内朱绘斜线纹。纹带外侧还朱绘一周线纹。盖外壁朱绘四圈线纹，以中间两条线纹为边框内绘云气纹，纹饰结构疏松，线条流畅，青灰漆、朱漆互为勾勒、涂染。内壁口部黑漆底上饰两周朱点带。奁盖长 6.7、宽 3.1、高 4.7 厘米。（彩图二七，2；彩版一一六和一一七，3）

4. 木器

4 件。器形为梳、篦、枕。

梳 1 件。M115：15，出土于棺内南部西侧。马蹄形，纹理清晰细腻，呈赭色。两面斜折，背弧形，较厚，齿尖平齐，齿根起脊，两侧设有护齿，共 11 齿。长 6.8、宽 4.7、厚 1.2 厘米。（图 3－8A－5b1）

篦 2 件。

M115：19，出土于棺内南部西侧。马蹄形，纹理清晰细腻，呈赭色。两面斜折，背弧形，较厚，齿尖平齐，有残损，两侧设有护齿，共 91 齿。长 7.1、宽 5.2、厚 0.9 厘米。（图 3－8A－5b1；彩版一一三，2）

M115：22，出土于棺内西北角。马蹄形，纹理清晰细腻，呈黑色。两面斜折，背弧形，较厚，齿尖平齐，有残损，两侧设有护齿，共69齿。长6.8、宽3.6、厚0.9厘米。（图3－8A－5b1）

枕　1件。M115：20，出土于棺内南部。枕面和前后面缺失，仅剩两侧面和枕底，器呈赭色。枕两侧面各由两块木板拼接而成，木板立面呈马蹄形，背弧底直，外侧木板较大且薄，内侧木板较小且厚。底板平面呈长方形，板面上两侧长边中部均各有两个圆形孔洞。器通长26.9、宽10.4、高10.6厘米。（图3－8A－5b1；彩版一一三，3）

5. 竹器

1件。筒形器。

筒形器　1件。M115：23，出土于棺内北部西侧。器作管状，两头小中间大，中部有一平面呈长方形的凹槽。通长6.5、两端径1.2、銮长1.8、銮宽0.9厘米。（图3－8A－5b1）

6. 陶器

15件（组）。器形为鼎、盒、壶、瓿、罐。

鼎　2件。M115：6，出土于西边箱北部。釉陶。覆钵形盖。鼎身子母口，尖圆唇，口部饰一兽面耳并饰两圈上下紧靠的凸弦纹，斜弧腹，平底内凹。盖口径18、高6.1厘米，鼎身口径16、底径12.2、高14.8厘米。（图3－8A－5b2；彩版一一八，1）

M115：9，出土于西边箱中部东侧。釉陶。覆钵形盖，盖表面近口部饰一圈弦纹。鼎身子母口，尖圆唇，口部饰一对称耳，斜弧腹，平底略内凹。耳外侧饰卷云纹。盖口径17.9、高5厘米，鼎身口径16.8、底径12.3、高14.4厘米。（图3－8A－5b2；彩版一一八，2）

盒　3件。M115：7，出土于西边箱北部西侧。釉陶。覆平底钵形盖，平顶较宽，盖表面近口部饰一圈弦纹。盒身子母口，尖圆唇，斜弧腹，平底内凹。盖口径20.1、高6.2厘米，盒身口径17.6、底径11.9、高15厘米。（图3－8A－5b2；彩版一一八，3）

M115：8，出土于西边箱中部西侧。釉陶。覆平底钵形盖，平顶较宽。盒身子母口，尖圆唇，斜腹渐收，平底。盖口径20.9、高6.2厘米，盒身口径18.7、底径13.6、高13.9厘米。（图3－8A－5b2；彩版一一八，4）

M115：25，出土于西边箱中部东侧。釉陶。未见器盖。盒身子母口，尖圆唇，斜腹渐收，平底内凹。盒身口径13.6、底径8.5、高10.3厘米。（图3－8A－5b2；彩版一一八，5）

壶　6件。M115：2，出土于西边箱南部西侧。釉陶。侈口，尖圆唇，直颈，溜肩，鼓腹渐收，圈足底。肩两侧饰桥形耳一对，耳面外侧模印叶脉纹，耳上贴塑羊角纹，耳下贴塑圆环，环面连珠饰。口部以下饰一圈水波纹，肩、颈之间饰两道凹弦纹间饰一圈水波纹，肩部贴塑有两组平行紧靠的两条绳纹，腹部贴塑有一圈平行紧靠的绳纹和凸弦纹。口径17.6、底径18.1、高40.4厘米。（图3－8A－5b3；彩版一一九，1）

M115：3，出土于西边箱中部西侧。釉陶。侈口，圆唇，直颈，溜肩，鼓腹渐收，圈足底。肩两侧饰桥形耳一对，耳面外侧模印叶脉纹，耳上贴塑羊角纹，耳下贴塑圆环，环面绳纹。口部以下饰一圈水波纹，肩、颈之间饰两道弦纹间饰一圈水波纹，肩部和腹部贴塑有三组平行紧靠的两条绳纹。口径19.4、底径17.7、高39.3厘米。（图3－8A－5b3；彩版一一九，2）

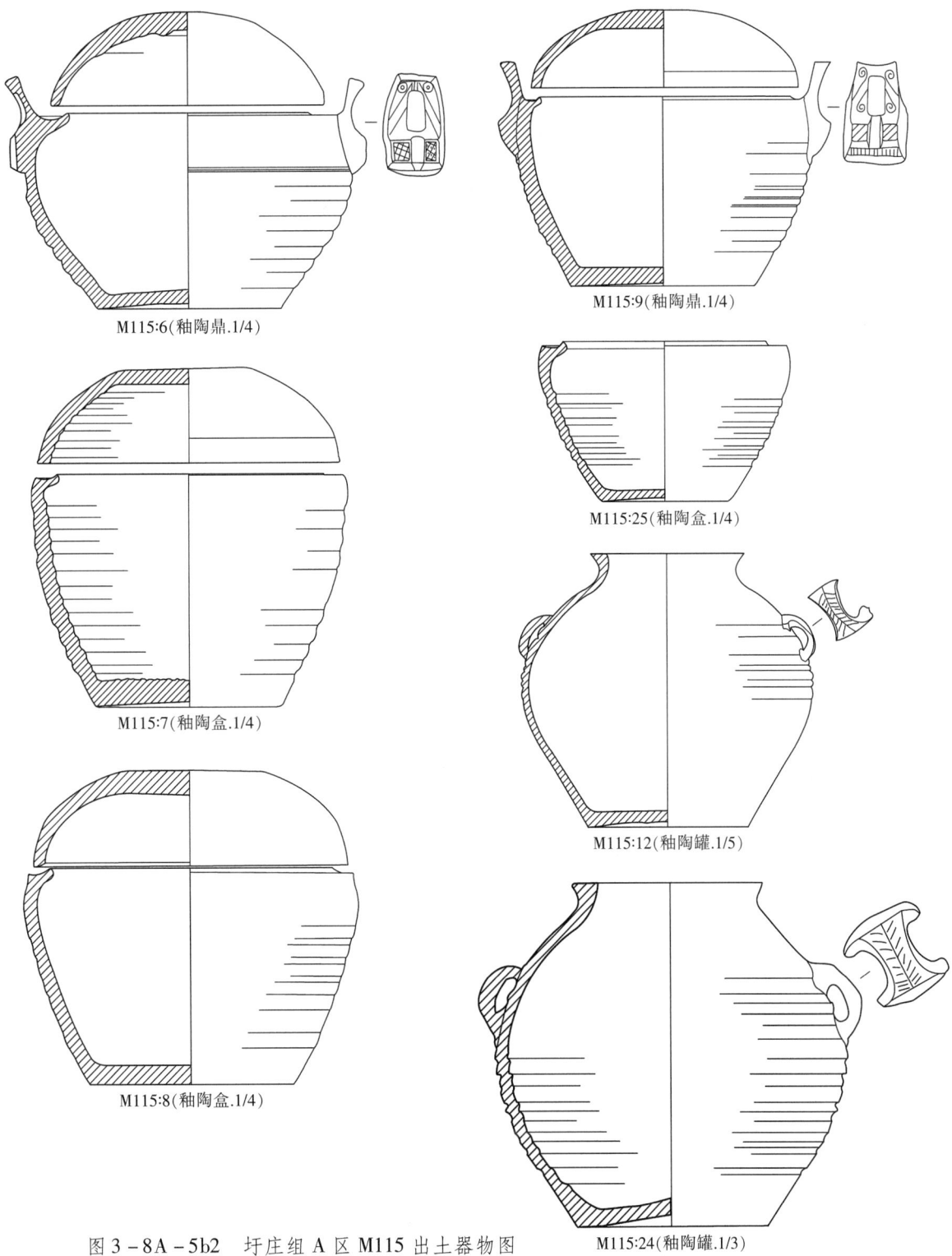

M115:6(釉陶鼎.1/4)

M115:9(釉陶鼎.1/4)

M115:7(釉陶盒.1/4)

M115:25(釉陶盒.1/4)

M115:12(釉陶罐.1/5)

M115:8(釉陶盒.1/4)

M115:24(釉陶罐.1/3)

图 3 - 8A - 5b2　圩庄组 A 区 M115 出土器物图

　　M115:10，出土于西边箱西北角。釉陶。侈口，尖圆唇，直颈，溜肩，鼓腹渐收，圈足底。肩两侧饰桥形耳一对，耳面外侧模印叶脉纹。口部以下饰一圈水波纹，颈部饰一道凹弦纹，肩、颈之间饰一圈水波纹，肩部饰一组平行紧靠的两道凹弦纹，腹部饰一组平行紧靠的弦纹和凹弦纹。口径 14.3、底径 15.3、高 33.2 厘米。（图 3 - 8A - 5b3；彩版一一九，4）

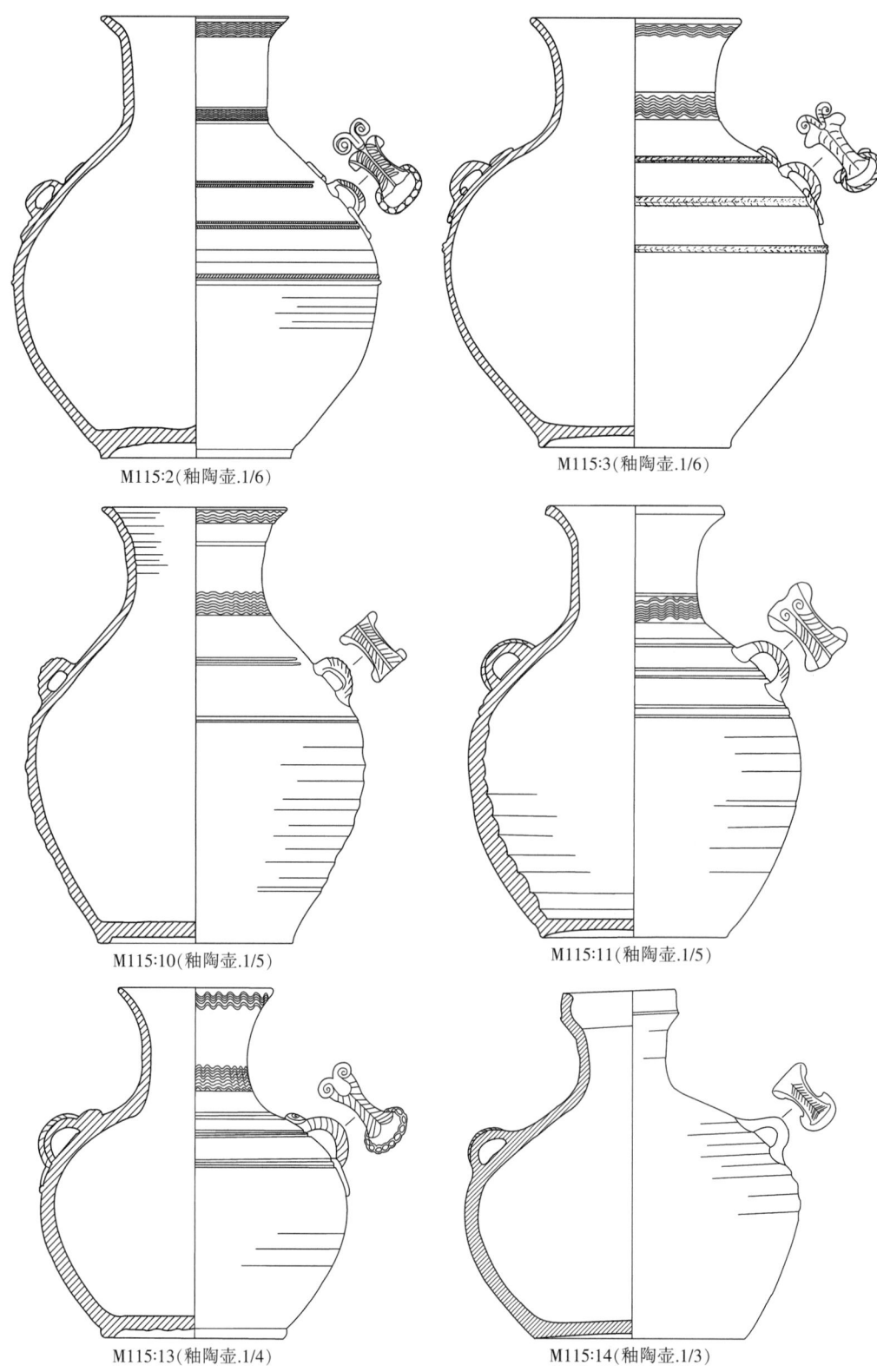

M115:2(釉陶壶.1/6)　　　　　　　　M115:3(釉陶壶.1/6)

M115:10(釉陶壶.1/5)　　　　　　　　M115:11(釉陶壶.1/5)

M115:13(釉陶壶.1/4)　　　　　　　　M115:14(釉陶壶.1/3)

图 3－8A－5b3　圩庄组 A 区 M115 出土器物图

　　M115：11，出土于西边箱北部。釉陶。侈口，圆唇，直颈，溜肩，鼓腹渐收，平底内凹。肩两侧饰桥形耳一对，耳面外侧模印叶脉纹和卷云纹。肩、颈之间饰三道弦纹，上两道和下一道之间饰一圈水波纹，肩部耳以上饰三道弦纹，耳间和耳以下各饰两道凹弦纹。口径 13.4、底径

14.3、高32.9厘米。（图3-8A-5b3）

M115:13，出土于西边箱中部。釉陶。侈口，圆唇，直颈，溜肩，鼓腹渐收，圈足底。肩两侧饰桥形耳一对，耳面外侧模印叶脉纹，耳上贴塑羊角纹，耳下贴塑圆环，环面连珠饰。口部以下饰一圈水波纹，肩、颈之间饰一圈水波纹，肩部耳以上饰有三道弦纹，耳间饰有两组平行紧靠的两道凹弦纹。口径9.6、底径11.3、高21.4厘米。（图3-8A-5b3；彩版一一九，5）

M115:14，出土于西边箱中部。釉陶。盘口，圆唇内敛，口部斜收至颈，直颈，溜肩，鼓腹渐收，平底内凹。肩两侧饰桥形耳一对，耳面外侧模印叶脉纹。口、颈之间饰一圈凹弦纹。口径5.2、底径9.9、高16厘米。（图3-8A-5b3；彩版一一九，3）

瓿 2件。M115:4，出土于西边箱中部西侧。釉陶。小口内敛，尖唇，近平沿，圆肩，弧腹渐收，平底略内凹。肩两侧饰一对兽面铺首衔环耳，耳以上又贴塑兽面，环面绳纹。肩部饰五道弦纹，第一道和第二道弦纹之间饰两圈水波纹，第三道和第四道弦纹之间饰一圈水波纹。口径10.8、底径17.2、高34.7厘米。（图3-8A-5b4；彩版一二〇，1）

M115:5，出土于西边箱北部。釉陶。直口，尖圆唇，平沿，圆肩，弧腹渐收，平底略内凹。肩两侧饰一对兽面铺首衔环耳，耳以上又贴塑兽面，环面饰不连续珠纹。肩部饰三道弦纹，第一道和第二道弦纹之间饰两圈水波纹，第三道弦纹下饰一圈水波纹。口径12.6、底径17.9、高34.6厘米。（图3-8A-5b4）

罐 2件。M115:12，出土于西边箱北部东侧。釉陶。口微外侈，尖唇，平沿，溜肩，斜弧腹，平底内凹。肩两侧饰桥形耳一对，耳面外侧模印叶脉纹。口径12.9、底径13.5、高22厘米。（图3-8A-5b2；彩版一二〇，2）

M115:24，出土于西边箱中部东侧。釉陶。小口内敛，尖圆唇，平沿，溜肩，弧腹渐收，平底内凹。肩两侧饰桥形耳一对，耳面外侧模印叶脉纹。口径9.5、底径9.7、高16.7厘米。（图3-8A-5b2；彩版一二〇，3）

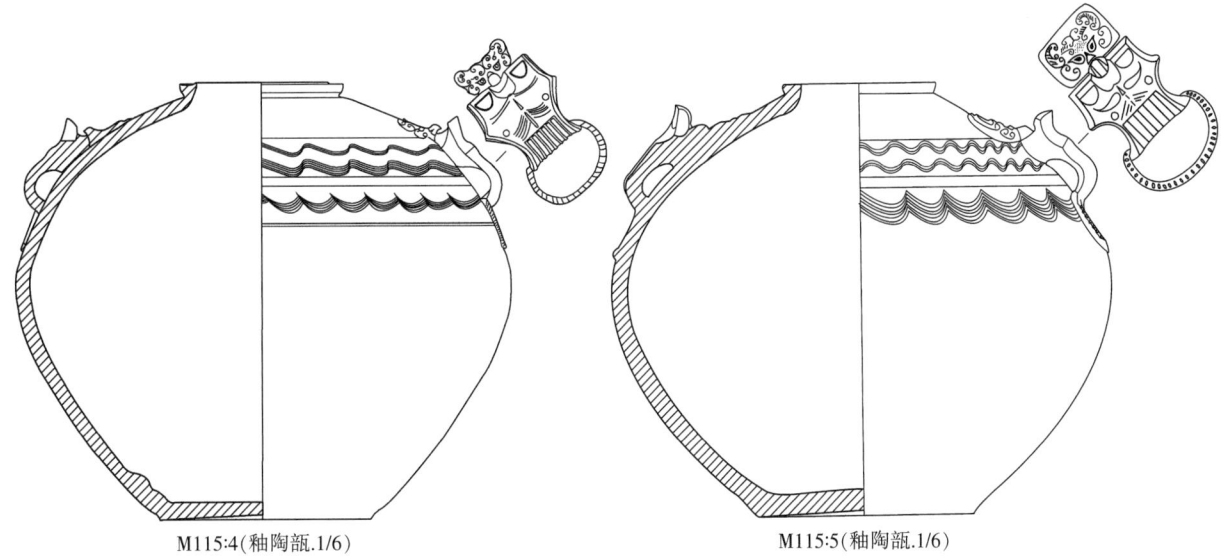

M115:4（釉陶瓿.1/6）　　　　　M115:5（釉陶瓿.1/6）

图3-8A-5b4 圩庄组A区M115出土器物图

六、116 号墓（M116）

M116 位于圩庄组取土场 A 区墓地中部，西面与 M115 相邻。清理前，墓坑开口已被高速公路施工方破坏，开口距现地表深度不明，墓坑底部棺椁区域未受扰动。

墓葬形制为长方形竖穴土坑，开口长 362.8、宽 235 厘米，残深 212 厘米。方向 210°。（图 3 – 8A – 6a；彩版一二一，1）

葬具为一椁一棺，木结构基本朽尽，仅存部分朽痕。椁残朽严重，少量朽痕已无法确定其具体位置与尺寸。棺置于墓坑底部偏西南，从板灰痕迹可知，棺平面呈长方形，长约 285、宽约 98 厘米。

该墓出土铜器、漆器、石器、陶器等 15 件（组）。

1. 铜器

3 件。器形为盆、镜、铜钱。

盆 1 件。M116：2，出土于棺外东侧北部。敞口，折沿，弧腹，腹部一道凸棱，平底，壁薄质轻。器口径 33.2、底径 15.4、高 12.2 厘米。（图 3 – 8A – 6b1）

镜 1 件。M116：15，出土于棺内北部。因器物残损严重，几成碎屑，纹饰、尺寸不明。

铜钱 1 组。M116：14，出土于棺外东侧南部。14 枚，五铢钱，形制、大小相同。钱径 2.4、穿径 1 厘米。（图 3 – 8A – 6b1）

2. 漆器

1 件。器形为卮。

卮 1 件。M116：6，出土于棺外东侧中部。夹纻胎，外髹黑漆，内髹朱漆。圆筒形，仅剩卮身，卮身残损。直口，平底，外壁镶三周银扣。器口径 8.5、底径 8.5、高 9.6 厘米。（彩图二九，1；彩版一二一，2）

3. 石器

2 件。器形为黛板、研石，均出土于棺外东侧中南部。

黛板 1 件。M116：12，青石质。正面光滑，为研磨面，平面呈长方形，长 15.8、宽 5.6、厚 0.3 厘米。（图 3 – 8A – 6b1；彩版一二一，3）

研石 1 件。M116：13，青石质。平面呈圆形，底面光滑，为研磨面。其与上黛板为一套。直径 2.78、厚 0.17 厘米。（图 3 – 8A – 6b1；彩版一二一，3）

4. 陶器

9 件。器形为鼎、盒、壶、瓶、罐。

鼎 2 件。

M116：5，出土于棺外东侧中部。釉陶。覆平顶钵形盖，平底较宽，内凹。鼎身子母口，尖圆唇，口部饰一对称耳，耳面饰线纹。斜弧腹，平底内凹，下饰三小足。盖口径 17.6、高 6.2 厘米，鼎身口径 15.1、底径 11.8、高 14.4 厘米。（图 3 – 8A – 6b2；彩版一二二，1）

M116：9，出土于棺外东侧中部。釉陶。覆平顶钵形盖，平底较宽，内凹。鼎身子母口，圆唇，口部饰一对称耳，耳面饰线纹。斜弧腹，平底，下饰三小足。盖口径 18.1、高 6.6 厘米，鼎

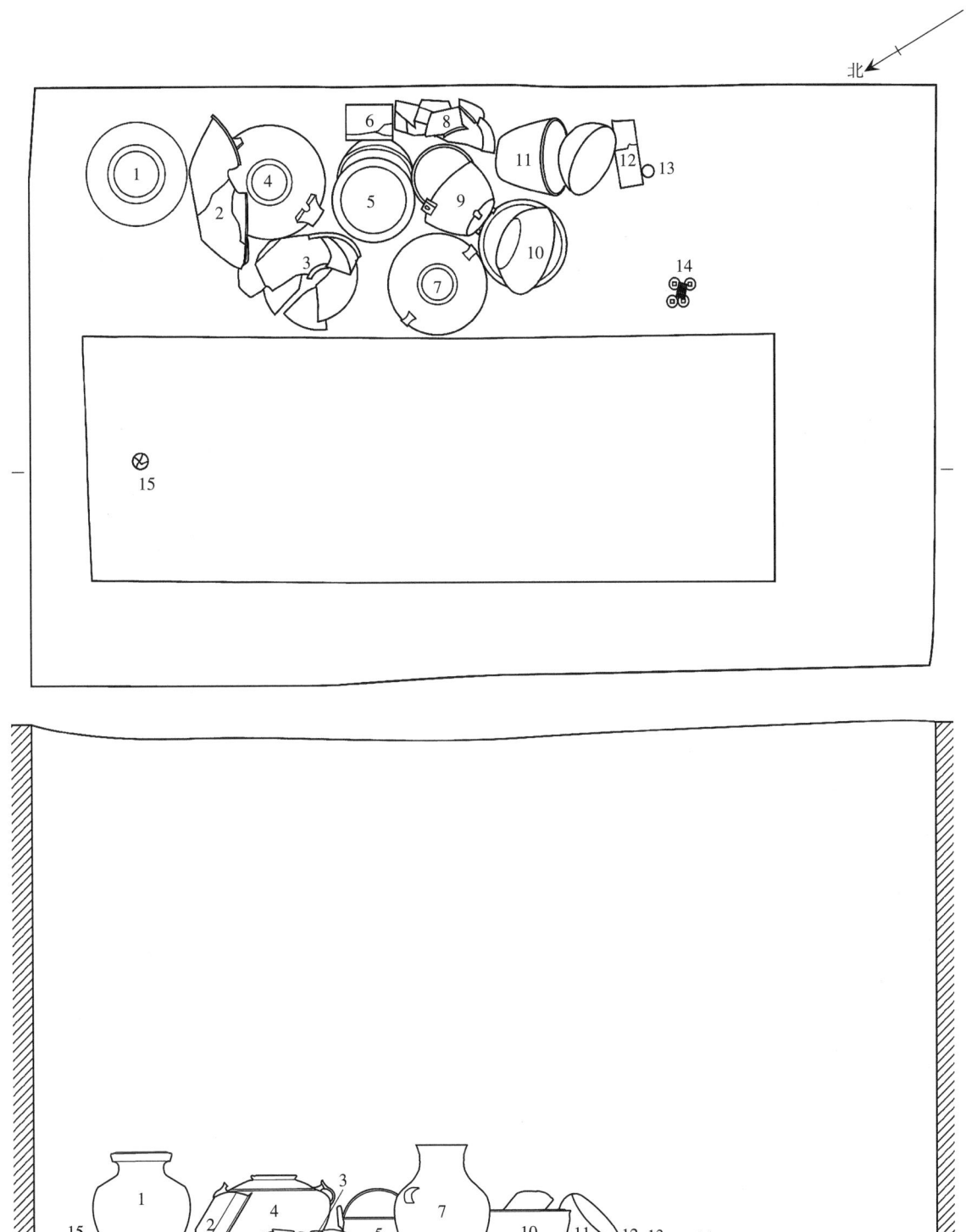

图 3 - 8A - 6a　圩庄组 A 区 M116 平面、剖视图

1. 陶罐　2. 铜盆　3、7. 釉陶壶　4、8. 釉陶瓿　5、9. 釉陶鼎　6. 漆卮　10、11. 釉陶盒　12. 石黛板　13. 研石　14. 铜钱　15. 铜镜

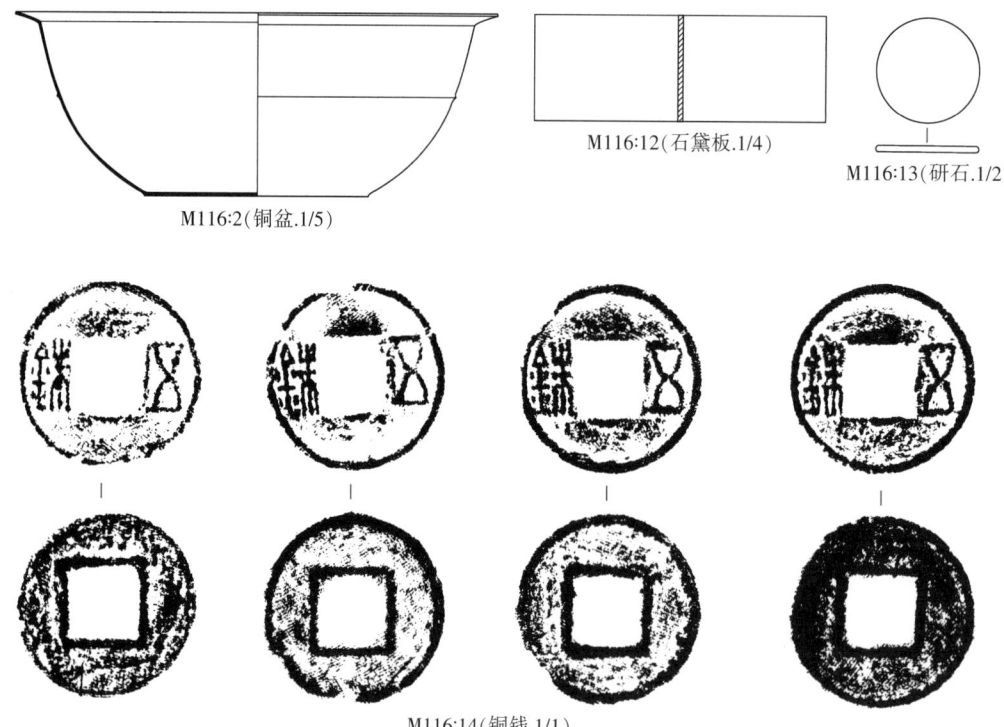

M116:2(铜盆.1/5)

M116:12(石黛板.1/4)

M116:13(研石.1/2)

M116:14(铜钱.1/1)

图 3-8A-6b1　圩庄组 A 区 M116 出土器物图

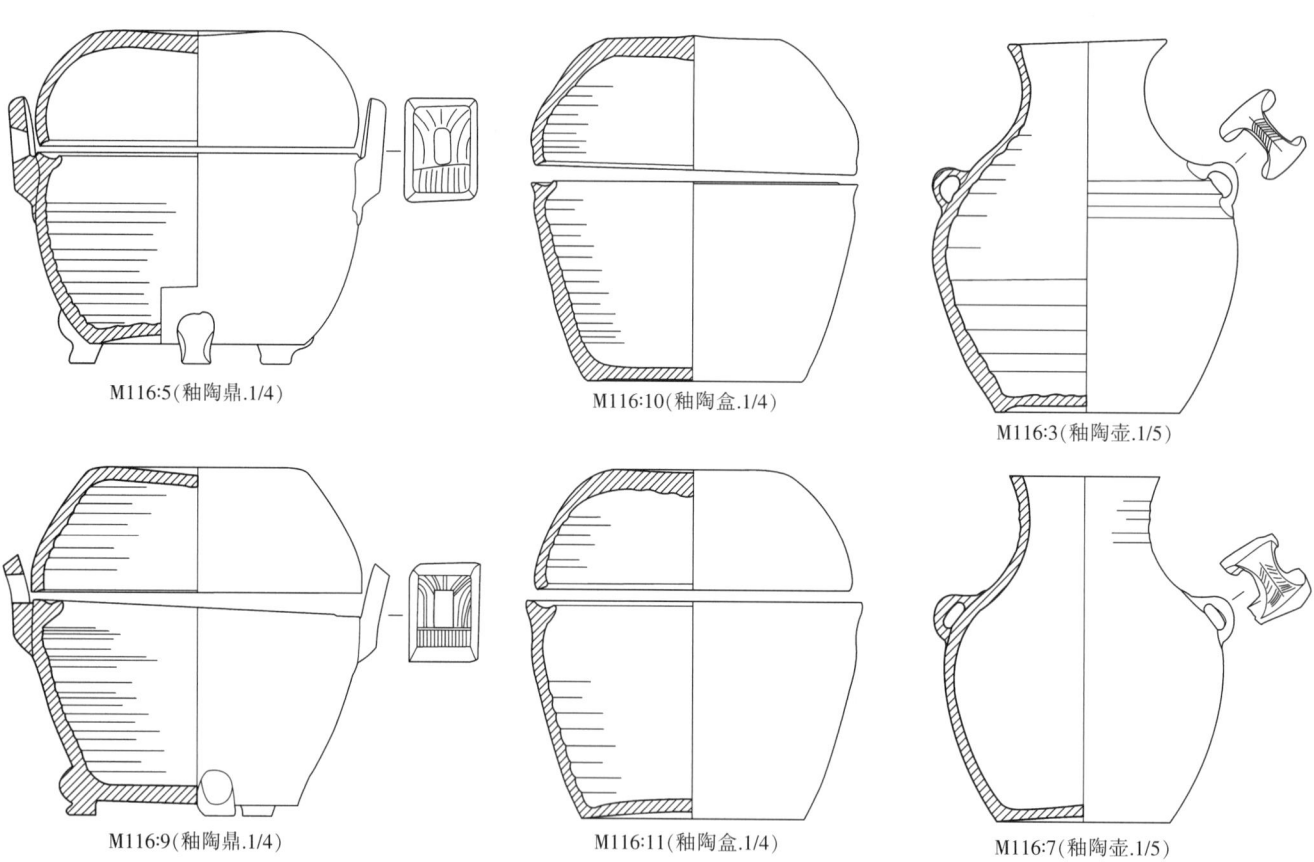

M116:5(釉陶鼎.1/4)

M116:10(釉陶盒.1/4)

M116:3(釉陶壶.1/5)

M116:9(釉陶鼎.1/4)

M116:11(釉陶盒.1/4)

M116:7(釉陶壶.1/5)

图 3-8A-6b2　圩庄组 A 区 M116 出土器物图

身口径14.8、底径11.1、高13.4厘米。（图3-8A-6b2；彩版一二二，2）

盒 2件。M116：10，出土于棺外东侧中部。釉陶。覆平底钵形盖，平顶较宽。盒身子母口，圆唇内敛，斜弧腹，平底略内凹。盖口径17.4、高7.4厘米，盒身口径15.6、底径11.7、高10.6厘米。（图3-8A-6b2；彩版一二二，3）

M116：11，出土于棺外东侧中部。釉陶。覆平底钵形盖，平顶较宽，略内凹。盒身子母口，圆唇内敛，斜弧腹，平底内凹。盖口径17、高6.4厘米，盒身口径18.2、底径12.1、高11.5厘米。（图3-8A-6b2；彩版一二三，4）

壶 2件。M116：3，出土于棺外东侧中北部。釉陶。侈口，尖圆唇，平沿，束颈，溜肩，鼓腹渐收，圈足底。肩两侧饰桥形耳一对并饰四道弦纹，耳面外侧模印叶脉纹。口径9.4、底径12.5、高24.7厘米。（图3-8A-6b2；彩版一二三，1）

M116：7，出土于棺外东侧中部。釉陶。侈口，尖唇，平沿，束颈，溜肩，弧腹渐收，平底内凹。肩两侧饰一对桥形耳，耳面外侧模印叶脉纹。口径8.4、底径11.8、高22.9厘米。（图3-8A-6b2；彩版一二三，2）

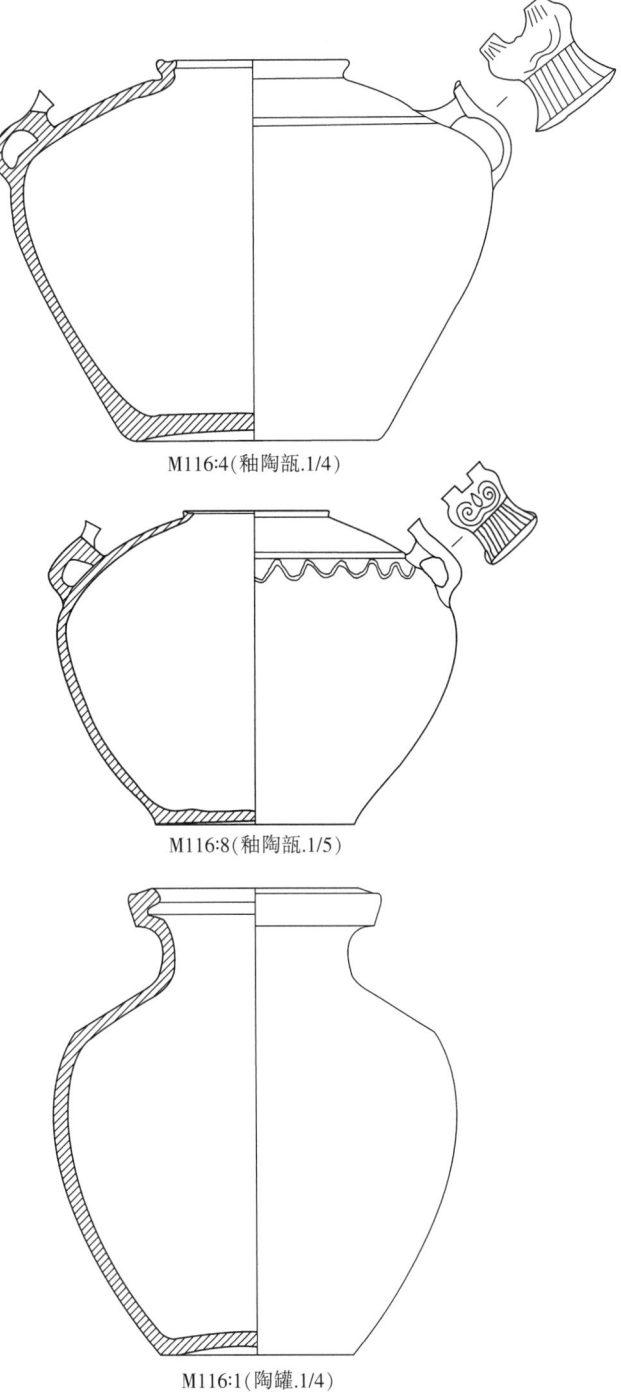

M116:4（釉陶瓿.1/4）

M116:8（釉陶瓿.1/5）

M116:1（陶罐.1/4）

图3-8A-6b3 圩庄组A区M116出土器物图

瓿 2件。M116：4，出土于棺外东侧北部。釉陶。小口内敛，尖圆唇，近平沿，溜肩，斜弧腹，平底内凹，最大径在肩部。肩两侧饰一对兽面耳并饰两圈弦纹。口径10.4、底径13.2、高20.2厘米。（图3-8A-6b3；彩版一二三，3）

M116：8，出土于棺外东侧中部。釉陶。小口内敛，尖圆唇，近平沿，溜肩，斜弧腹，平底略内凹，最大径在肩部。肩两侧饰一对兽面耳并饰两圈弦纹和一圈水波纹。口径8.3、底径13.6、高20.8厘米。（图3-8A-6b3；彩版一二三，4）

罐　1件。M116:1，出土于棺外东侧北部。灰陶。方敛口，折沿，束颈，折肩，鼓腹渐收，平底内凹。口径11.3、底径10.7、高24.7厘米。（图3－8A－6b3；彩版一二二，5）

七、117号墓（M117）

M117位于圩庄组取土场A区墓地南部，西面与M154相邻。清理前，墓坑开口及墓室底部已被高速公路施工方严重破坏，开口距现地表深度不明，墓坑底部棺椁区域扰动极大。

墓葬形制为长方形竖穴土坑，开口长349、宽201厘米，残深12厘米。方向210°。（图3－8A－7a）

该墓因墓坑底部扰动极大，加之木结构朽痕被破坏，故整体葬具不明。

该墓共出土铜器、陶器等遗物7件，均出土于墓坑内西部。

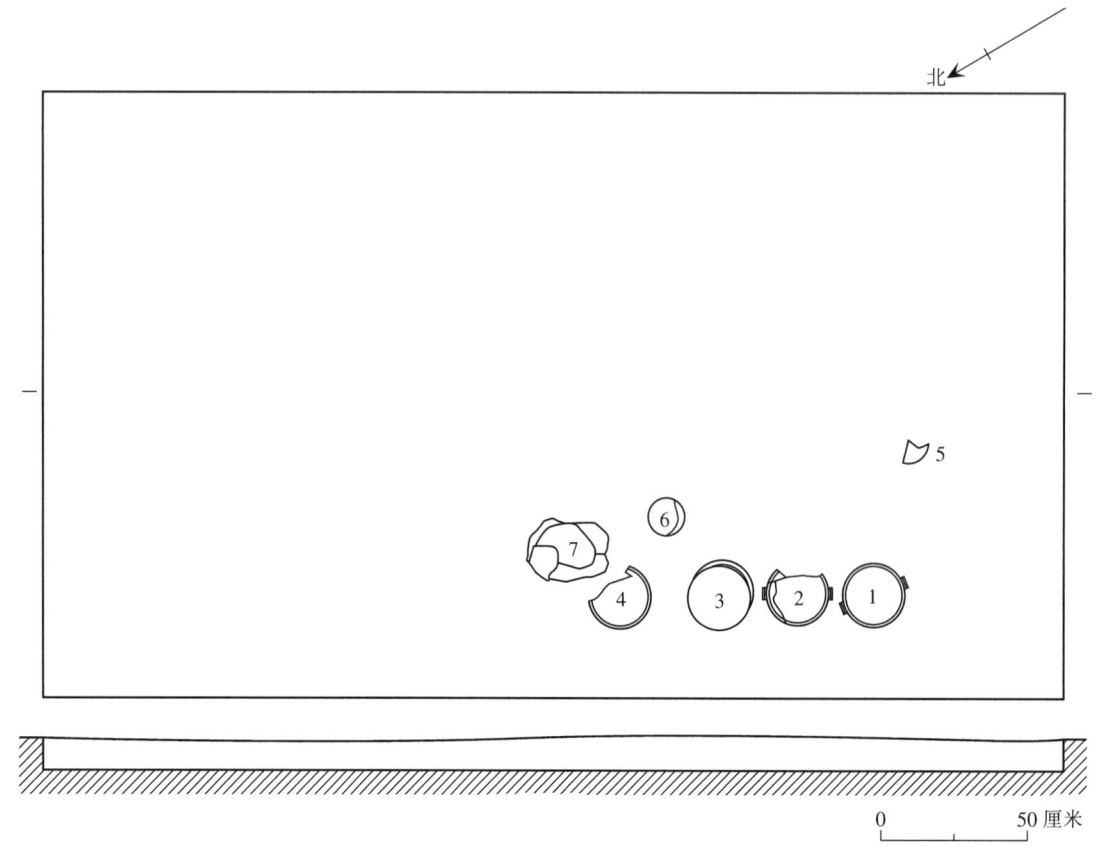

图3－8A－7a　圩庄组A区M117平面、剖视图
1、2. 釉陶鼎　3、4. 釉陶盒　5. 铜镜　6. 陶器盖　7. 釉陶壶

1. 铜器

1件。器形为镜。

镜　1件。M117:5，双圈铭文镜。器残损严重，仅存四分之一。圆形，半圆纽，并蒂连珠纹纽座。座外饰凸弦纹细圈带两周，其间饰铭文一周，铭文间以涡纹相间，外圈两周短斜线纹间饰另一周铭文。内圈铭文为"见日之……"，外圈铭文为"……日月心忽杨而愿……"。宽素平缘，镜面微凸。面径13.6、背面径13.4、缘宽0.8、缘厚0.5、肉厚0.16厘米。（图3－8A－7b；彩版

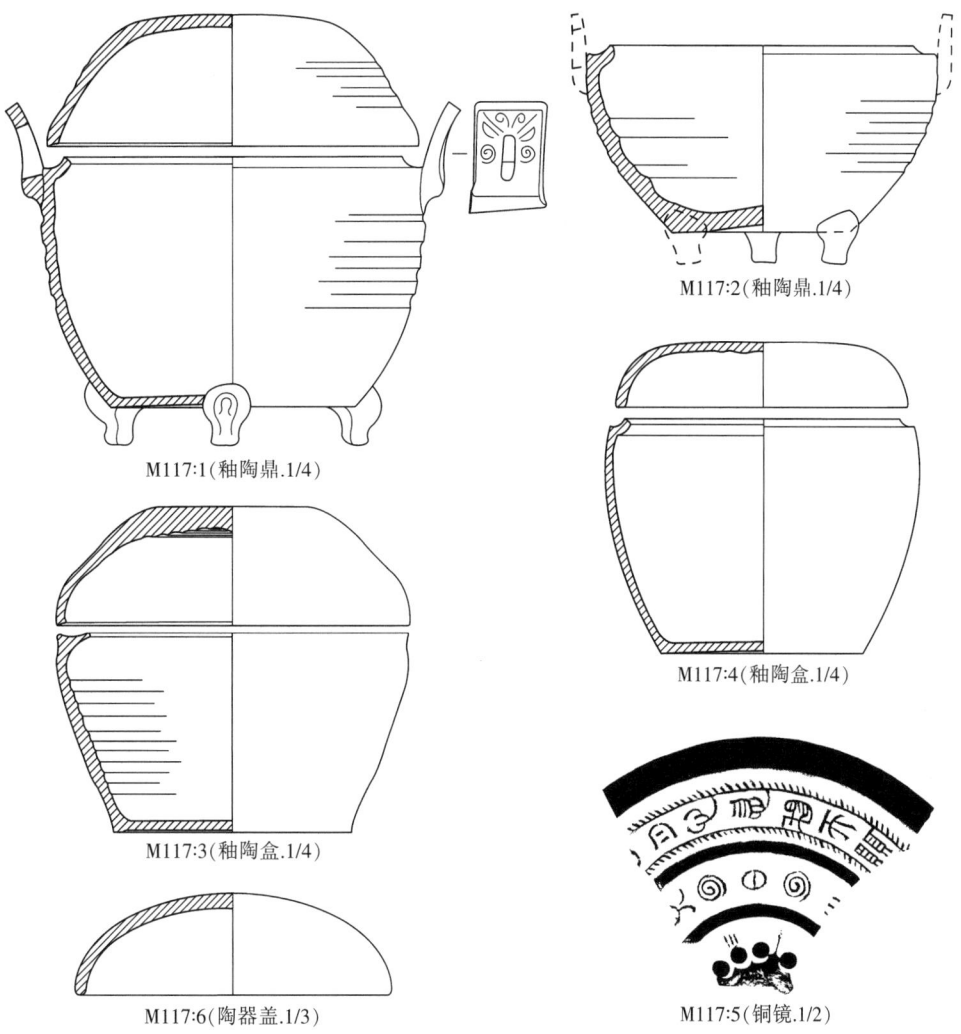

M117:1(釉陶鼎.1/4)

M117:2(釉陶鼎.1/4)

M117:3(釉陶盒.1/4)

M117:4(釉陶盒.1/4)

M117:6(陶器盖.1/3)

M117:5(铜镜.1/2)

图3-8A-7b 圩庄组A区M117出土器物图

一二四，1)

2. 陶器

6件。器形为鼎、盒、壶、器盖。

鼎 2件。M117：1，釉陶。覆平底钵形盖，平顶较宽。鼎身子母口，尖唇，口部饰一对兽面耳，斜弧腹，平底略内凹，下饰三蹄足。盖口径20.1、高7厘米，鼎身口径18.3、底径13.2、高18厘米。（图3-8A-7b；彩版一二四，2）

M117：2，釉陶。未发现器盖。鼎身子母口，尖圆唇，斜弧腹，平底内凹，下饰两蹄足，一足缺失，鼎耳缺失。鼎身口径16.7、底径9.8、高13.2厘米。（图3-8A-7b；彩版一二四，3)

盒 2件。M117：3，釉陶。覆平底钵形盖，平顶较宽。盒身子母口，方唇，敛口，斜腹，平底内凹。盖口径19、高6.6厘米，盒身口径15.8、底径12.9、高10.6厘米。（图3-8A-7b；彩版一二四，4)

M117：4，釉陶。覆平底钵形盖，平顶较宽。盒身子母口，方唇，敛口，斜弧腹，平底略内

凹。盖口径15.2、高3.5厘米，盒身口径15.2、底径11.2、高12.5厘米。（图3－8A－7b；彩版
一二四，5）

壶　1件。M117：7，釉陶。器残损严重，仅剩残片，无法复原，尺寸、纹饰均不明。

器盖　1件。M117：6，灰陶。覆钵形。口径12.6、高4厘米。（图3－8A－7b）

八、118号墓（M118）

M118位于圩庄组取土场A区墓地西南部，北面与M156相邻，南面与M155相邻。清理
前，墓坑开口已被高速公路施工方破坏，开口距现地表深度不明，墓坑底部随葬品分布未受
扰动。

墓葬形制为长方形竖穴土坑，开口长311、宽101厘米，残深69厘米。方向18°。（图3－
8A－8a；彩版一二五，1）

葬具为单棺，木结构基本朽尽。从朽痕可知，棺置于墓坑底部偏北，棺平面呈长方形，残长
202、宽70、残高38厘米。

该墓出土陶器共4件，均出土于棺外南侧。此外，棺外南侧中部发现有漆器残迹，腐朽殆尽，
器形难以辨认，未予编号。

陶器

4件。器形为鼎、盒、壶、瓿。

鼎　1件。M118：4，出土于棺外南侧东部。釉陶。覆平底钵形盖，平顶较宽。鼎身子母

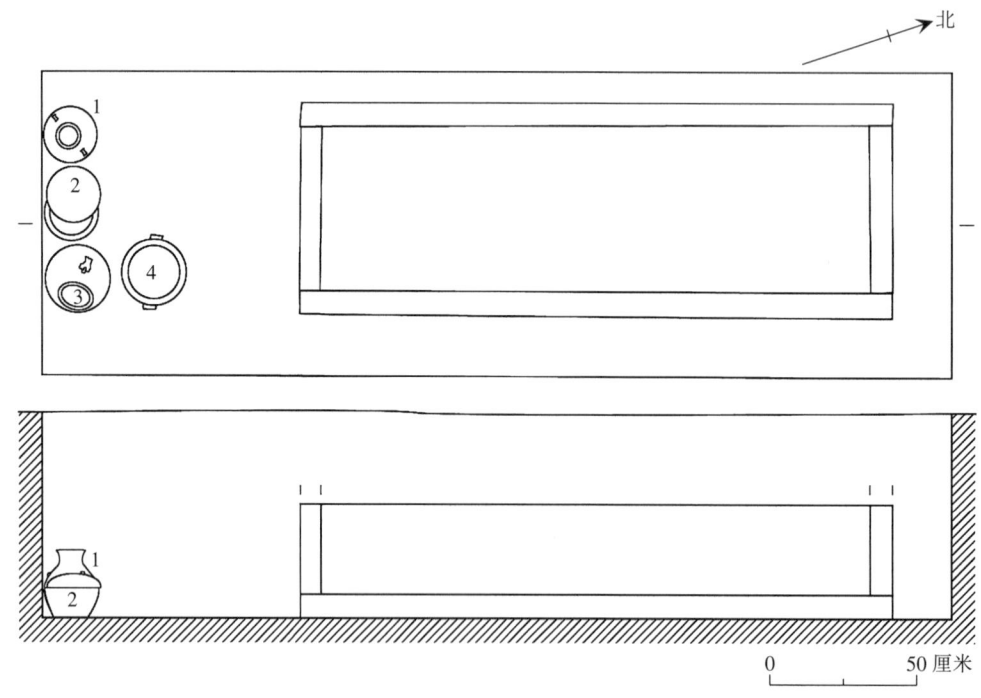

图3－8A－8a　圩庄组A区M118平面、剖视图
1. 釉陶壶　2. 釉陶盒　3. 釉陶瓿　4. 釉陶鼎

口，圆唇，口部饰一对称耳，斜腹渐收，平底，下饰三小足。耳外侧模印叶脉纹。盖口径15.2、高5.2厘米，鼎身口径14.6、底径10.7、高10.4厘米。（图3-8A-8b；彩版一二五，2）

盒 1件。M118：2，出土于棺外南侧中部。釉陶。覆平底钵形盖，平顶较宽。盒身子母口，圆唇，弧腹渐收，平底。盖口径15.5、高5.1厘米，盒身口径14.6、底径9.9、高10.3厘米。（图3-8A-8b；彩版一二五，3）

壶 1件。M118：1，出土于棺外南侧西部。釉陶。侈口，尖圆唇，近平沿，束颈，溜肩，弧腹渐收，平底略内凹。肩部饰一对桥形耳并饰一圈弦纹，耳面饰叶脉纹。口径8.7、底径11.3、高24.1厘米。（图3-8A-8b；彩版一二五，4）

瓿 1件。M118：3，出土于棺外南侧东部。釉陶。直口，尖唇，平沿，溜肩，鼓腹渐收，平底内凹。肩两侧饰一对兽面耳。口径9.8、底径12.7、高20.3厘米。（图3-8A-8b；彩版一二五，5）

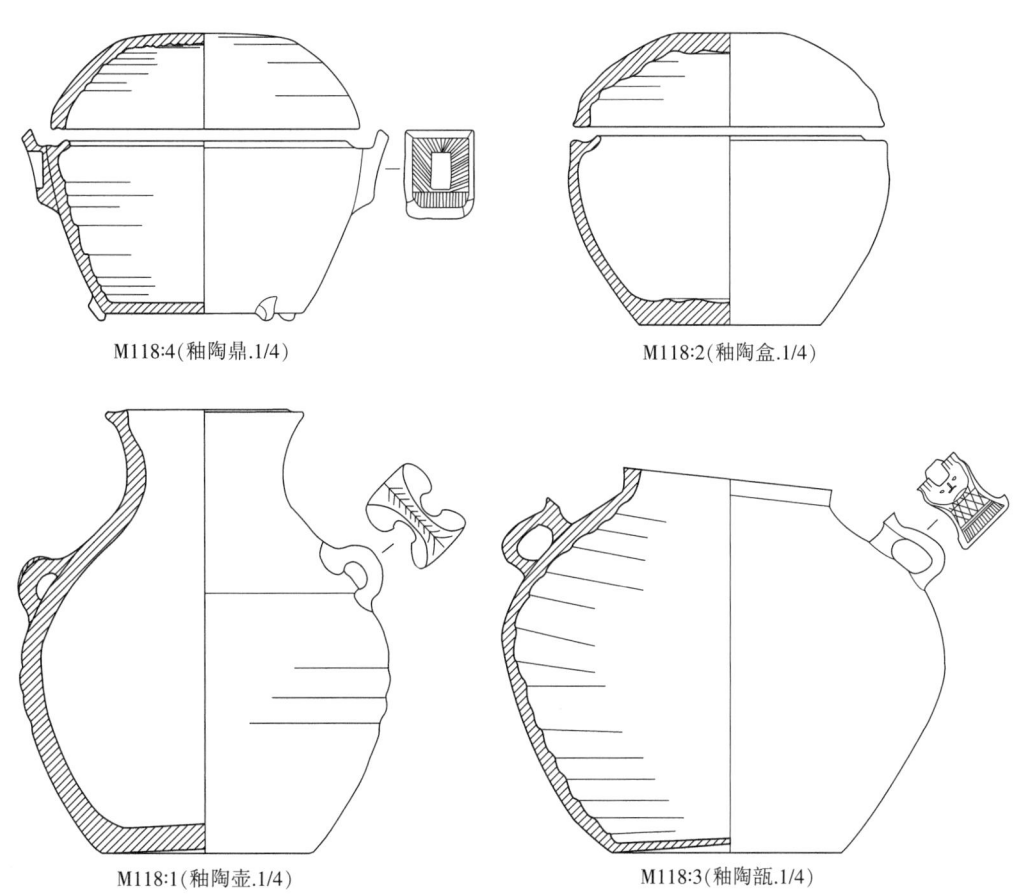

M118:4(釉陶鼎.1/4)　　　　　　M118:2(釉陶盒.1/4)

M118:1(釉陶壶.1/4)　　　　　　M118:3(釉陶瓿.1/4)

图3-8A-8b 圩庄组A区M118出土器物图

九、119 号墓（M119）

M119 位于圩庄组取土场 A 区墓地中部，北面与 M148 相邻，南面与 M138 相邻。清理前，墓坑开口已被高速公路施工方破坏，开口距现地表深度不明，墓坑底部随葬品分布未受扰动。

墓葬形制为长方形竖穴土坑，开口长 280、宽 160 厘米，残深 165 厘米。方向 150°。清理时，椁盖上方填塞有青膏泥，椁室墙板与坑壁之间也填塞有青膏泥。（图 3 - 8A - 9a；彩版一二六，1）

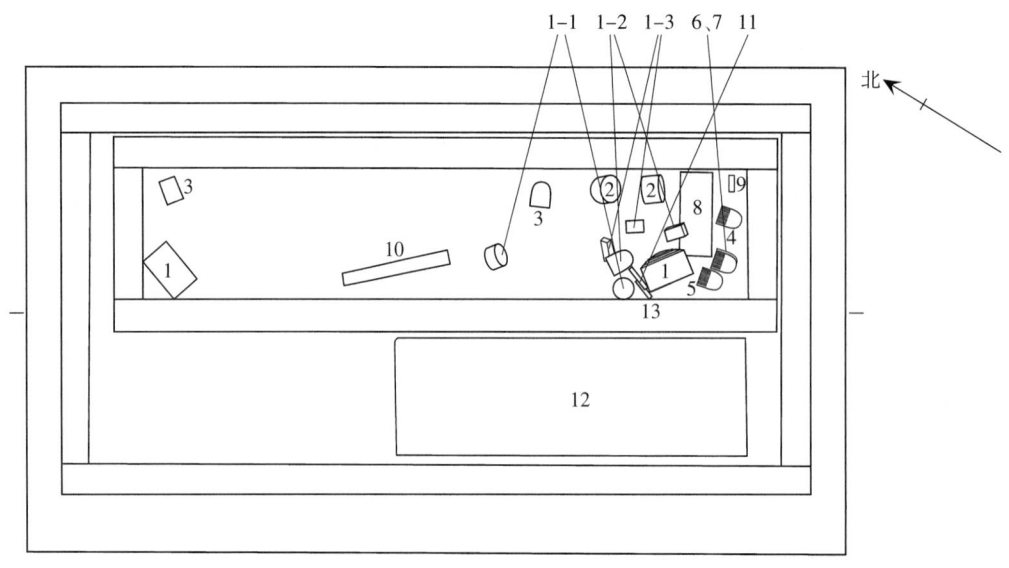

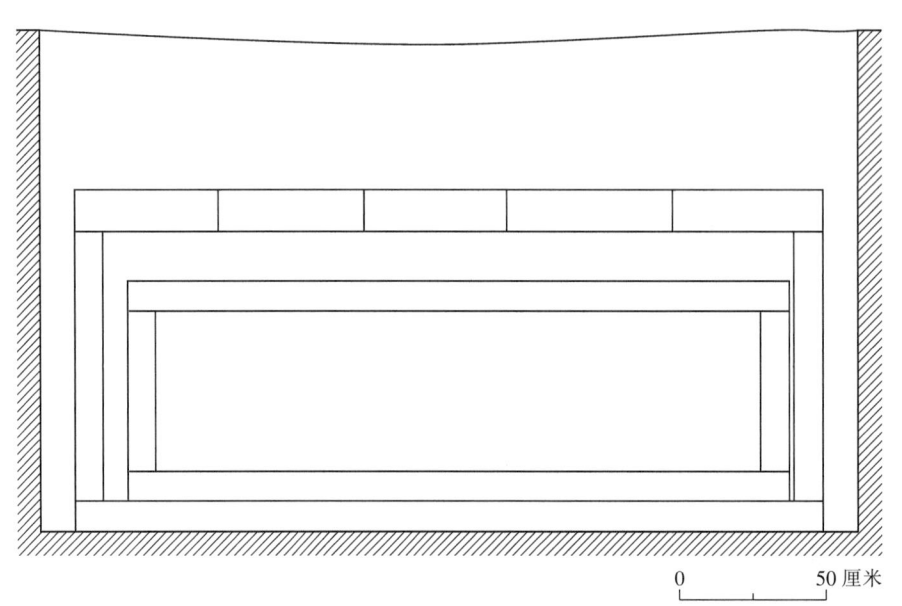

图 3 - 8A - 9a　圩庄组 A 区 M119 平面、剖视图
1~3. 漆奁　4. 木梳　5~7. 木篦　8. 木枕　9. 竹篦形器　10. 漆柱形器　11. 木尺　12. 漆几　13. 铜镜

葬具为一椁一棺，椁木结构尚存。从木结构可知，椁置于墓坑底部正中，由底板、四壁侧板组成。椁室顶部残留有五块东西向木板，为椁盖板，残朽严重。椁室平面呈长方形，长 255、宽 139、高 106 厘米。椁底板由东西向排列的三块南北向木板拼合而成，每块均宽 40 厘米，底板厚

10 厘米。四壁侧板均由上下两块木板拼合而成，板高 95 厘米。棺置于椁室东南部，棺东、南侧板与椁室东、南墙板紧靠，因棺木结构残朽，棺内外髹漆情况不明，棺平面呈长方形，南北长 227、东西宽 65、高 70 厘米。西边箱由椁室北、西、南侧板和棺之间的空间组成，平面呈长方形，长约 253、宽约 47 厘米。

该墓出土铜器、漆器、木器、竹器 13 件（组）。除漆几出土于西边箱外，其余器物均出土于棺内。

1. 铜器

共 1 件。器形为镜。

镜 1 件。M119：13，日光镜。圆形，半圆纽，圆纽座，座外单弧线纹与单竖线各四组相间排列，外饰八内向连弧纹，其外饰短斜线纹两周，间饰铭文一周，铭文间以"の"形与菱形"田"字纹符号间隔。铭文为"见日之光天下大明"。窄缘。镜面微凸。面径 7.6、背面径 7.4、纽高 0.65、纽宽 1.36、缘宽 0.63、缘厚 0.4、肉厚 0.16 厘米。（图 3－8A－9b；彩版一二六，2）

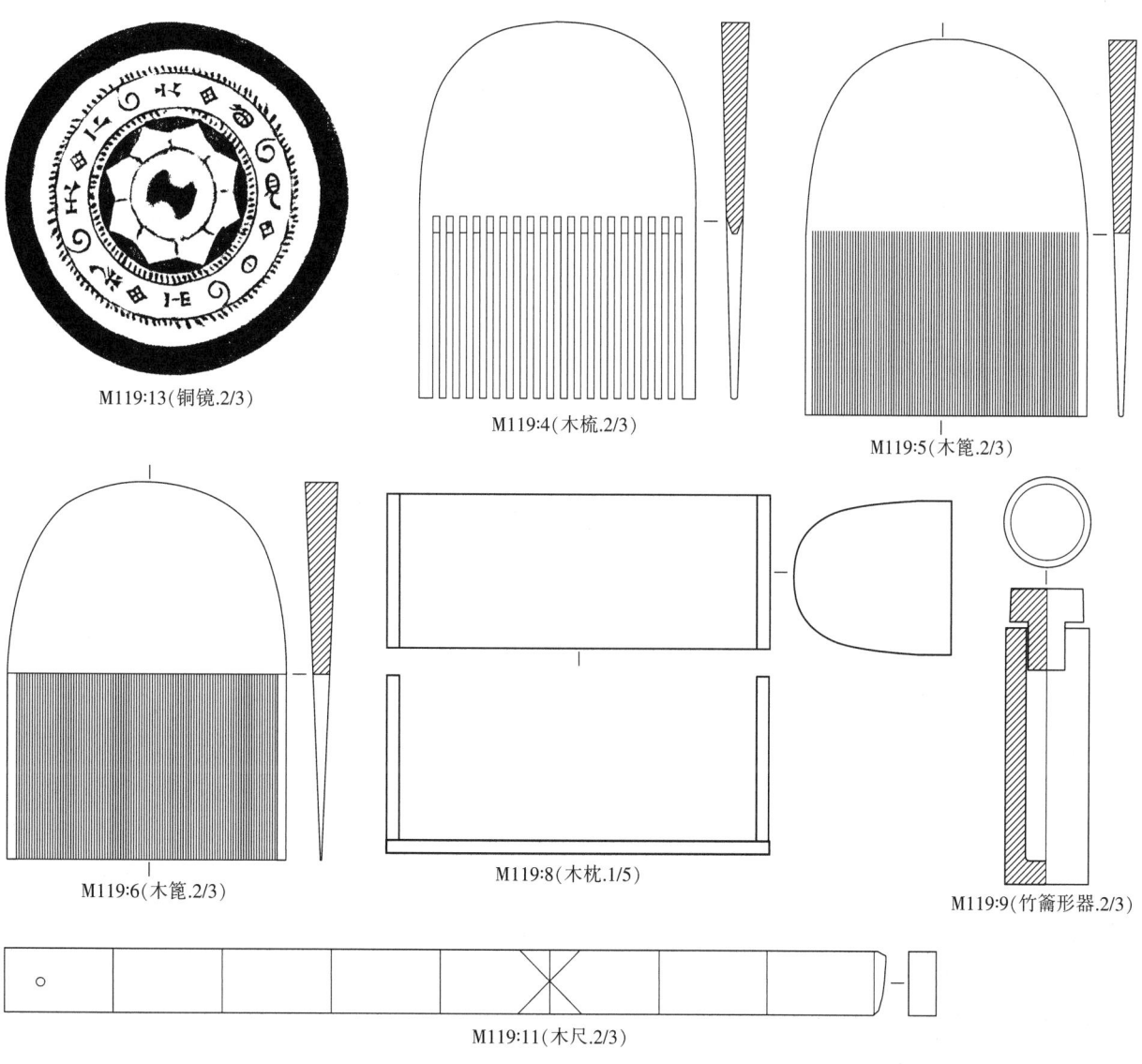

M119:13（铜镜.2/3）

M119:4（木梳.2/3）

M119:5（木篦.2/3）

M119:6（木篦.2/3）

M119:8（木枕.1/5）

M119:9（竹籢形器.2/3）

M119:11（木尺.2/3）

图 3－8A－9b 圩庄组 A 区 M119 出土器物图

2. 漆器

共 5 件（套）。器形有几、奁、柱形器等。

几　1 件。M119：12，出土于西边箱南部。器物残损严重，仅残存极少量漆皮，无法复原，纹饰不明。

奁　3 件。

M119：1，三子圆奁。子奁为：M119：1 – 1（小圆形子奁）、M119：1 – 2（马蹄形子奁）和 M119：1 – 3（长方形小奁）。（彩图三〇至三五；彩版一二八）

除大圆奁（M119：1）盖出土棺内西北角，小圆形子奁（M119：1 – 1）出土于棺内中部外，其余均出土于棺内南部。

M119：1，大圆奁，分奁身和奁盖两部分。奁身，夹纻胎，外髹黑漆，内壁除口部一周、底面部分圆形区域内髹黑漆外，其余均髹朱漆。腹壁圆直，平底。外壁朱绘六圈线纹，以中间两圈线纹为边框内朱绘云气纹带，纹饰结构疏松，线条流畅。上下各以两圈线纹为边框内朱绘变形弧线三角卷云纹和几何纹带。内壁口部黑漆底上也朱绘变形弧线三角卷云纹和几何纹带。内壁底部黑漆底上朱绘简化云气纹。奁身直径 15、高 9.8、壁厚 0.2 厘米。奁盖，夹纻胎，外髹黑漆，内壁除口部一周、顶面圆形区域内髹黑漆外，其余均髹朱漆。顶面隆起，有三周凸棱，外壁圆直。顶面因凸棱分为四个区域：最顶部中镶银质四叶，脱落。四叶周围朱绘两圈线纹边框，边框和四叶间朱绘云气纹、龙凤兔鹿兽纹。第二层朱绘两圈线纹边框，内朱绘一圈变形弧线三角卷云纹和几何纹带，其中，圆弧两侧青灰漆绘弧线三角，纹带两边三角内朱绘斜线纹。第三层朱绘两圈线纹边框，内朱绘一圈云气纹带，纹带中等间距镶有银质兽纹及朱绘三只兽纹。第四层朱绘一圈线纹。下朱绘一圈变形弧线三角卷云纹和几何纹带，其中，圆弧两侧青灰漆绘弧线三角，纹带两边三角内朱绘斜线纹。盖身外侧朱绘五圈线纹，中间两圈线纹间绘云气纹及兽纹，云气纹间等距嵌有三只银质兽纹。盖身上下又以线纹为边框各绘一圈变形弧线三角卷云纹和几何纹带，其中，圆弧两侧青灰漆绘弧线三角，纹带两边三角内朱绘斜线纹。盖内壁口部也绘一圈变形弧线三角卷云纹和几何纹带，其中，圆弧两侧青灰漆绘弧线三角，纹带两边三角内朱绘斜线纹。顶部黑漆底上朱绘简化云气纹。奁盖直径 16、高 10.8、壁厚 0.25 厘米。（彩图三〇至三二；彩图三三，1；彩版一二七，1）

M119：1 – 1，圆形子奁，分奁身和奁盖两部分。奁身，夹纻胎，外髹黑漆，内壁除口部一周、底面部分圆形区域内髹黑漆外，其余均髹朱漆。腹壁圆直，平底。外壁朱绘四圈线纹，以中间两条线纹为边框内朱绘云气纹，纹饰结构疏松，线条流畅，间以青灰漆勾勒。内壁口部黑漆底上饰两周朱点带。内壁底部黑漆底上朱绘简化云气纹。奁身直径 6.5、高 4.9 厘米。奁盖，夹纻胎，外髹黑漆，内壁除口部一周、顶面圆形区域内髹黑漆外，其余均髹朱漆。顶面隆起，有三周凸棱，外壁圆直。顶面因凸棱分为四个区域：最顶部中镶银质四叶，脱落。四叶周围朱绘两圈线纹边框，边框和四叶间朱绘云气纹。第二层朱绘两圈线纹边框，内绘等距相隔交叉布置的四或五条直线纹与四攒点纹，各 9 组。第三层朱绘一圈变形弧线三角卷云纹和几何纹带，其中，圆弧两侧青灰漆绘弧线三角，纹带两边三角内朱绘斜线纹。第四层朱绘一圈线纹。盖外壁朱绘四圈线纹，以中间两条线纹为边框内绘云气纹，纹饰结构疏松，线条流畅。内壁口部黑漆底上饰两周朱点带。内壁顶部黑漆底上朱绘简化云气纹。奁盖直径 7.2、高 5.4 厘米。（彩图三四；彩版一二九，1）

M119：1－2，马蹄形子奁，分奁身和奁盖两部分。奁身，夹纻胎，外髹黑漆，内壁除口部一周、底面部分马蹄形区域内髹黑漆外，其余均髹朱漆。腹壁圆直，平底。外壁朱绘四圈线纹，以中间两条线纹为边框内朱绘云气纹，纹饰结构疏松，线条流畅。内壁口部黑漆底上饰两周朱点带。内壁底部黑漆底上朱绘简化云气纹。奁身长7.9、宽5.8、高4.7厘米。奁盖，夹纻胎，外髹黑漆，内壁除口部一周、顶面马蹄形区域内髹黑漆外，其余均髹朱漆。顶面隆起，中平，肩有二折棱，并有一圈凸棱，外壁圆直。最顶部中镶银质三叶，脱落。外朱绘两圈线纹马蹄形边框，内框较细，外框较粗，边框和三叶间朱绘云气纹。顶部以下、凸棱以上第二层区域内，朱绘一周线纹和变形弧线三角卷云纹和几何纹带，其中，圆弧两侧青灰漆绘弧线三角，纹带两边三角内朱绘斜线纹。凸棱以下第三层区域内朱绘一周线纹。盖外壁朱绘四圈线纹，以中间两条线纹为边框内绘云气纹，纹饰结构疏松，线条流畅。内壁口部黑漆底上饰两周朱点带。内壁顶部黑漆底上朱绘简化云气纹。奁盖长8.6、宽6.5、高5厘米。（彩图三五；彩版一二九，2）

M119：1－3，长方形子奁，分奁身和奁盖两部分。奁身，夹纻胎，外髹黑漆，内壁除口部一周、底面部分长方形区域内髹黑漆外，其余均髹朱漆。腹壁方直，平底。外壁朱绘四圈线纹，以中间两条线纹为边框内朱绘云气纹，纹饰结构疏松，线条流畅。内壁口部黑漆底上饰两周朱点带。内壁底部黑漆底上朱绘简化云气纹。奁身长6.2、宽2.7、高4.6厘米。奁盖，夹纻胎，外髹黑漆，内壁除口部一周、顶面长方形区域内髹黑漆外，其余均髹朱漆。顶面隆起，中平，肩有四折棱，并有一圈凸棱，外壁方直。最顶部中镶银质四叶，脱落。外朱绘两圈线纹长方形边框，内框较细，外框较粗，边框和四叶间朱绘云气纹。顶部以下、凸棱以上第二层区域内，朱绘一周变形弧线三角卷云纹和几何纹带，其中，卷云两侧青灰漆绘弧线三角，纹带两边三角内朱绘斜线纹。凸棱以下第三层区域内朱绘一周线纹。盖外壁朱绘四圈线纹，以中间两条线纹为边框内绘云气纹，纹饰结构疏松，线条流畅。内壁口部黑漆底上饰两周朱点带。内壁顶部黑漆底上朱绘简化云气纹。奁盖长7、宽3.3、高4.6厘米。（彩图三三，2；彩版一二九，3）

M119：2，圆形，分奁身和奁盖两部分，均出土于棺内南部东侧。奁身，夹纻胎，外髹黑漆，内壁除口部和内底面髹黑漆，其余均髹朱漆。腹壁圆直，平底。外壁朱绘六圈线纹，以中间两条线纹为边框内朱绘云气纹带，纹饰结构疏松，线条流畅。上下各以两圈线纹为边框内朱绘变形弧线三角卷云纹和几何纹带。内壁口部黑漆底上也朱绘变形弧线三角卷云纹和几何纹带。内壁底部黑漆底上朱绘简化云气纹。奁身直径9.1、高8.2厘米。奁盖，夹纻胎，外髹黑漆，内壁除口部一周、顶面圆形区域内髹黑漆外，其余均髹朱漆。顶面隆起，有三周凸棱，外壁圆直。顶面因凸棱分为四个区域：最顶部中镶银质四叶，脱落。四叶周围朱绘两圈线纹边框，边框和四叶间朱绘云气纹及两只凤鸟。第二层朱绘两圈线纹边框，内朱绘一圈变形弧线三角卷云纹和几何纹带，其中，圆弧两侧青灰漆绘弧线三角，纹带两边三角内朱绘斜线纹。第三层朱绘两圈线纹边框，内朱绘一圈云气纹带，纹带中等间距镶有银质兽纹及朱绘三只凤鸟。第四层朱绘一圈变形弧线三角卷云纹和几何纹带，其中，圆弧两侧青灰漆绘弧线三角，纹带两边三角内朱绘斜线纹。盖外壁朱绘五圈线纹，以中间两条线纹为边框内绘云气纹及两只凤鸟，上下又以线纹为边框各绘一圈变形弧线三角卷云纹和几何纹带，其中，圆弧两侧青灰漆绘弧线三角，纹带两边三角内朱绘斜线纹。内壁口部黑漆底上饰一圈变形弧线三角卷云纹和几何纹带。内壁顶部黑漆底上朱绘简化云气纹。奁盖直径 10.3、高 8.6 厘米。（彩图三六、三七；彩版一二七，2）

M119：3，马蹄形，分奁身和奁盖两部分，奁身出土棺内东北角，奁盖出土于棺内南部。奁身，夹纻胎，外髹黑漆，内髹朱漆。腹壁圆直，平底。奁身长 8、高 3.6 厘米。奁盖，夹纻胎，外髹黑漆，内髹朱漆。顶面隆起，中平，肩弧形，有二折棱，外壁圆直。顶面和肩部朱绘简化云气纹，绘制随意，几成点状。顶部、肩部底端角折处各朱绘一圈线纹。外壁近口、底处各朱绘一圈线纹。奁盖长 8.4、宽 6.6、高 4.5 厘米。（彩图三八）

柱形器　1 件。M119：10，出土于棺内中部。夹纻胎。器呈竖长圆筒形，中空。器表除两端口部和中部髹朱漆外，其余均髹黑漆。通长 38.5、直径 3.5、壁厚 0.5 厘米。（彩图二九，2）

3. 木器

共 6 件。器形有梳、篦、枕、尺。

梳　1 件。M119：4，出土于棺内南部。马蹄形，呈赭色。两面斜折，背弧形，较厚，齿尖平齐，齿根起脊，两侧设有护齿，共 20 齿。长 8、宽 6、厚 0.6 厘米。（图 3-8A-9b；彩版一二六，3 左）

篦　3 件。M119：5~7，皆出土于棺内西南角，形制、尺寸基本相同。马蹄形，呈赭色。两面斜折，背弧形，较厚，齿尖平齐，两侧设有护齿，共 102 齿。长 8、宽 6.1、厚 0.6 厘米。（图 3-8A-9b；彩版一二六，3 右）

枕　1 件。M119：8，出土于棺内南部。枕面和前后面缺失，仅剩两侧面和枕底，器呈赭色。侧板立面呈马蹄形，背弧底直，底板平面呈长方形。通长 27.9、宽 10.9、高 12.6 厘米。（图 3-8A-9b；彩版一二六，4）

尺　1 件。M119：11，出土于棺内南部西侧。直尺，扁长方形，呈赭色。一端有小孔，另一端残损。尺面每隔 2.35 厘米有一纵向细槽，为刻度线。在左起第五条刻度线上，有一倾斜 45°的十字交叉凹槽。器残长 19.3、宽 1.4、厚 0.6 厘米，孔径 0.2 厘米。（图 3-8A-9b；彩版一二六，5）

4. 竹器

1 件。器形为奁形器。

奁形器　1 件。M119：9，出土于棺内东南角。直筒形，有盖，呈赭色。盖平面圆形，断面"T"形。器身筒状，直口，圆直腹，平底。盖直径 1.6、高 1.7、塞高 1 厘米，器身直径 1.8、高 5.4、厚 0.45 厘米。（图 3-8A-9b；彩版一二六，6）

十、120 号墓（M120）

M120 位于圩庄组取土场 A 区墓地中部，西面与 M121 相邻，东南与 M113 相邻。清理前，墓坑开口已被高速公路施工方破坏，开口距现地表深度不明，墓坑底部棺椁结构未受扰动。

墓葬形制为长方形竖穴土坑，开口长 304、宽 122 厘米，残深 166 厘米。方向 330°。（图 3-8A-10a；彩版一三〇，1）

葬具为一椁一棺，棺椁结构保存较好。木椁置于墓坑底部正中，盖板由六块东西向木板南北

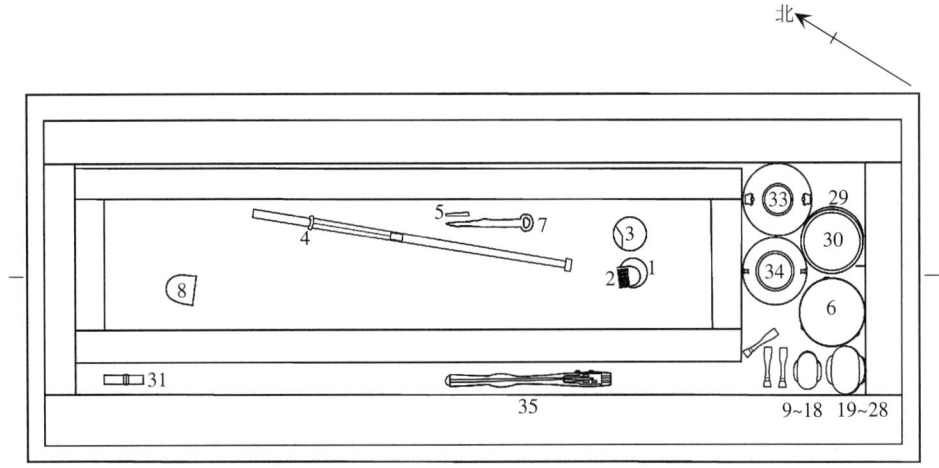

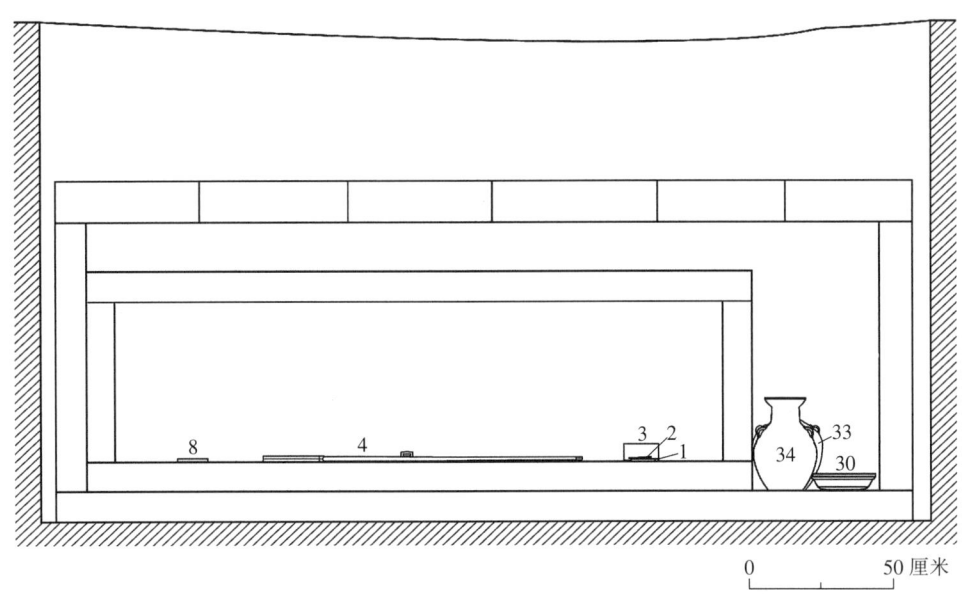

图 3－8A－10a　圩庄组 A 区 M120 平面、剖视图

1. 铜镜　2. 木梳　3、6. 漆樽　4. 铁剑　5. 铁削　7. 环首铁刀　8. 木枕　9～28. 漆耳杯　29、30. 漆盘
31. 铜镦　33. 釉陶瓿　34. 釉陶壶　35. 木弩

拼合而成，南北面挡板均由上下两块木板拼合而成，椁室平面呈长方形，长 292、宽 108、高 99 厘米，侧板及底板厚约 11 厘米。木棺置于木椁内东北角，棺北、东侧板与椁北、东侧板紧靠，棺室平面呈长方形，长 227、宽 64、高 63 厘米，侧板及底板厚约 10 厘米。

该墓共出土铜器、铁器、漆器、木器、陶器等遗物 34 件。

1. 铜器

2 件。器形为镜、镦。

镜　1 件。M120：1，出土于棺内南端。日光镜。圆形，半圆纽，圆纽座，座外饰八内向连弧纹。其外饰短斜线纹与铭文各一周，铭文间以"の"形符号间隔。铭文为"见日之光天下大明"。窄缘，镜面微凸。面径 10.7、背径 10.5、纽高 0.7、纽宽 1.4、缘宽 1.45、缘厚 0.36、肉厚 0.18 厘米。（彩版一三〇，2）

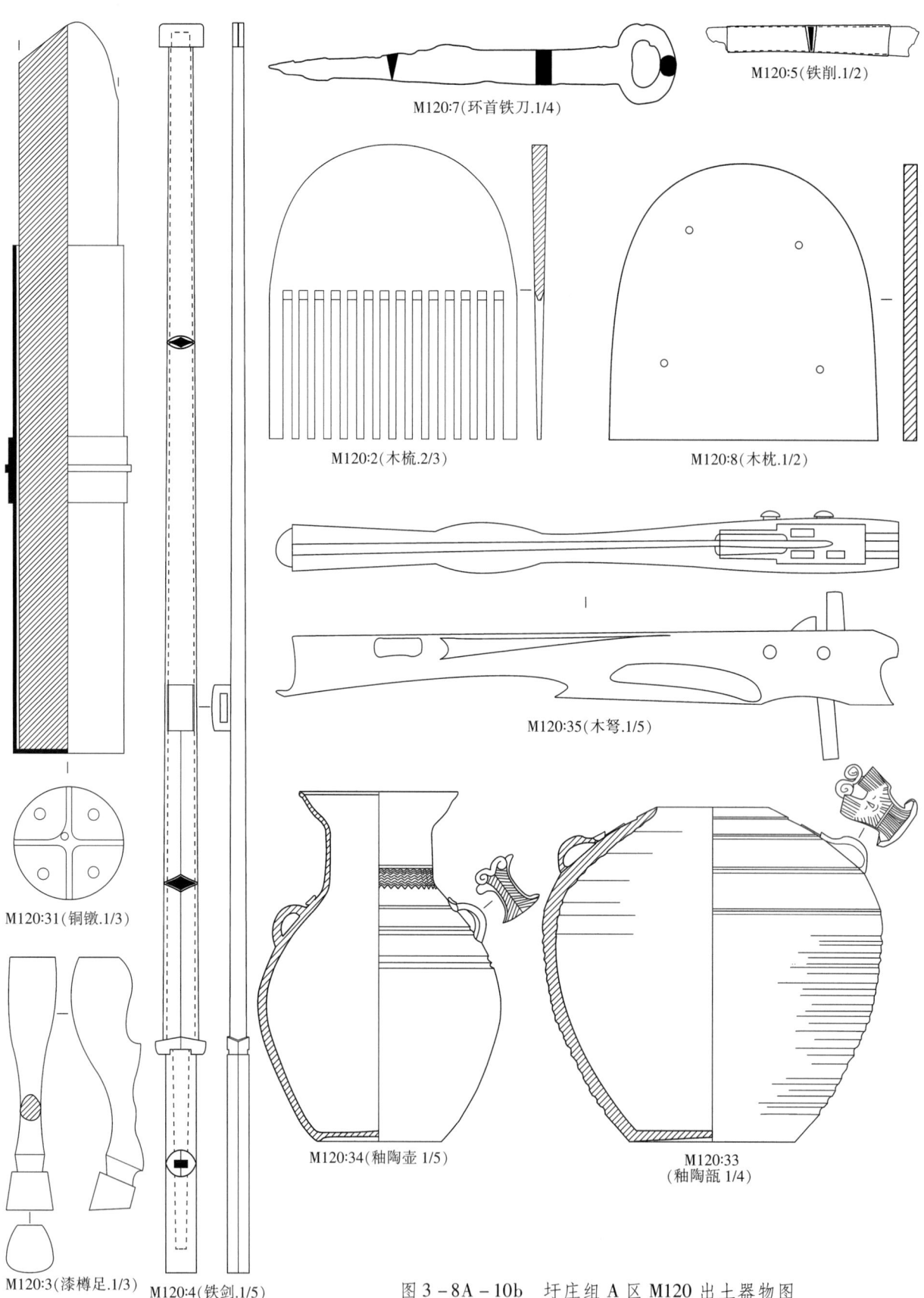

M120:7(环首铁刀.1/4)

M120:5(铁削.1/2)

M120:2(木梳.2/3)

M120:8(木枕.1/2)

M120:35(木弩.1/5)

M120:31(铜镦.1/3)

M120:3(漆樽足.1/3)

M120:4(铁剑.1/5)

M120:34(釉陶壶 1/5)

M120:33
(釉陶瓿 1/4)

图3-8A-10b　圩庄组A区M120出土器物图

镦 1 件。M120：31，出土于椁室西北角。器呈圆柱体，上部残损。木胎，器外表中下部及底部包铜，包铜中部凸起，饰一圈铜带。底部平面圆形，以十字边框分为四个剔地区域，每个区域内各有一圆柱，十字边框上有一圆形凹孔。器残高 38.4、底径 6 厘米。（图 3 - 8A - 10b；彩版一三〇，3）

2. 铁器

3 件。器形为剑、环首刀、削。

剑 1 件。M120：4，出土于棺内中部偏东。通体保存较好，漆鞘、剑珌、剑身、剑璏、剑格、剑茎俱存。剑茎断面呈长方形，剑身根部至剑璏出脊，断面呈菱形。剑带鞘器通长 109.2 厘米，剑身长 87.8、剑茎长 17、格宽 4.6 厘米。（图 3 - 8A - 10b；彩版一三〇，4）

环首刀 1 件。M120：7，出土于棺内中部偏东。器残朽，环首剖面呈椭圆形，刀身根部断面呈长方形，刃部断面呈三角形。通长 29.5、最宽 5.6、刀身厚度 1.2、刃背部厚 0.8 厘米。（图 3 - 8A - 10b；彩版一三〇，5）

削 1 件。M120：5，出土于棺内中部偏东。器残损严重，仅剩带鞘局部削身，断面呈上宽下窄的梯形。残器通长 7.6、最宽 1.1 厘米。（图 3 - 8A - 10b；彩版一三〇，6）

3. 漆器

24 件。器形为耳杯、盘、樽等。

耳杯 20 件。M120：9 ～ 18，出土于椁室南部偏西，形制、尺寸、纹饰均相同。M120：19 ～ 28，出土于椁室南部偏西，形制、尺寸、纹饰均相同。（彩版一三一）

M120：9，夹纻胎。椭圆形口，耳缘上翘，深弧腹，平底。器外壁、耳面、内口沿均髹深褐色漆，器内通髹朱漆。口径长 16.2、连耳宽 13.2、底径宽 5.1、通高 5.7 厘米。（彩图三九，1；彩版一三一，1）

M120：19，形制同 M120：9，尺寸较小。口径 12.3、连耳宽 9.8、底径宽 3.9、通高 4 厘米。（彩图三九，2；彩版一三一，5）

盘 2 件。M120：29，出土于椁室南部偏东。夹纻胎。敞口，斜平沿，弧腹，平底。沿面与外沿髹黑漆，盘外通髹黑漆，素面。内沿与内底髹黑漆，余通髹朱漆。口径 25.1、底径 13.4、高 5.5 厘米。（彩图三九，3；彩版一三二，1）

M120：30，出土于椁室南部偏东。器形、纹饰同 M120：29，口径 22.8、底径 12.1、高 5.1 厘米。（彩图三九，4；彩版一三二，2）

樽 2 件。M120：3，出土于棺内南端。盖和器身均为木胎。盖顶因漆面残损未知髹漆及纹饰情况，周髹黑漆并饰凸棱三道，内髹朱漆，下部残损。器身外壁髹黑漆，局部因漆面残损未知髹漆及纹饰情况，内髹朱漆，下部残损，仅存三足。盖径 11.7、盖残高 1.8 厘米，器身口径 11、器残高 5.2、足残高 13.2 厘米。（图 3 - 8A - 10b；彩图四〇，1；彩版一三二，3、4）

M120：6，出土于椁室南部偏西。夹纻胎。器身呈筒状，内髹朱漆，外髹黑漆。内部口沿黑绘弧线三角变形卷云纹带，外壁口沿与近底处均朱绘两道朱线纹，其间夹饰菱形云雷纹带。外壁口沿下两侧另各饰一鎏金铜铺首衔环。器底饰三足，皆为鎏金铜兽形足。口径 22.1、高 14.6 厘米。（彩图四〇，2；彩版一三二，5）

4. 木器

3 件。器形为梳、枕、弩。

梳 1 件。M120：2，出土于棺内南端。弧背长方形，背部厚，齿端薄，背长与齿长基本相同，15 齿。通长 7.7、宽 6.7、厚 0.4 厘米。（图 3 - 8A - 10b；彩版一三三，1）

枕 1 件。M120：8，出土于棺内北端偏西。器残损，仅剩侧板。枕侧板立面呈马蹄形，侧面呈扁长方形，板面有四个小孔。侧板高 9.7、宽 9.6、厚 0.5 厘米。（图 3 - 8A - 10b；彩版一三三，2）

弩 1 件。M120：35，出土于椁室中部偏西。狭长木郭，郭前端上部有圆角长方形孔洞，郭中上部及后下部均有不规则形凹槽。望山、牙、钩心、悬刀、枢轴均为铜质。器通长 56.2、通高 14.7、最宽 5.6 厘米。（图 3 - 8A - 10b；彩版一三三，3）

5. 陶器

2 件。器形为壶、瓿。

壶 1 件。M120：34，出土于椁室南部偏东。釉陶。敞口，圆唇，弯斜沿，直颈，溜肩，弧腹斜收，圈足底。肩部饰一对桥形耳，耳面模印叶脉纹，上贴塑一对羊角纹。颈部饰一圈线纹及水波纹，桥形耳上下饰一圈凹弦纹及两圈紧依凹弦纹，肩部以下、腹部以上饰两圈凹弦纹。器口径 14.4、底径 11.3、高 30.7 厘米。（图 3 - 8A - 10b；彩版一三三，4）

瓿 1 件。M120：33，出土于椁室南部偏东。釉陶。小口内敛，尖唇，丰肩，斜腹渐收，平底略内凹。肩部饰一组兽面纹，上贴塑一对"S"形纹饰。肩部上下饰三组弦纹，每组三圈。器口径 8、底径 11.9、高 23.5 厘米。（图 3 - 8A - 10b；彩版一三三，5）

十一、121 号墓（M121）

M121 位于圩庄组取土场 A 区墓地中部，西面与 M136 相邻，东面与 M120 相邻。清理前，墓坑开口及北部已被高速公路施工方严重破坏，开口距现地表深度不明，墓坑底部随葬品组合遭受扰动。

墓葬形制为长方形竖穴土坑，开口残长 276、宽 147 厘米，残深 90 厘米。方向 192°。（图 3 - 8A - 11a；彩版一三四，1）

葬具为一椁一棺。从残存木结构可知，椁位于墓坑底部正中，顶板不存，底板由三块南北向长方形木板拼合而成，椁残长 266、宽 127、残高 84 厘米，侧板厚 8 厘米，底板厚 9 厘米。棺位于椁室西部，棺木由整块圆木斫成，长 221、宽 58、残高 58 厘米，侧板厚 7.6、底板厚 10厘米。

该墓共出土铜器、陶器等各类遗物 3 件（组）。

1. 铜器

1 组。器形为铜钱。

铜钱 1 组。M121：3，出土于棺室中部。共 3 枚，五铢钱，形制、尺寸均同。钱径 2.4、穿径 0.9 厘米。（图 3 - 8A - 11b）

2. 陶器

2 件。器形为壶。

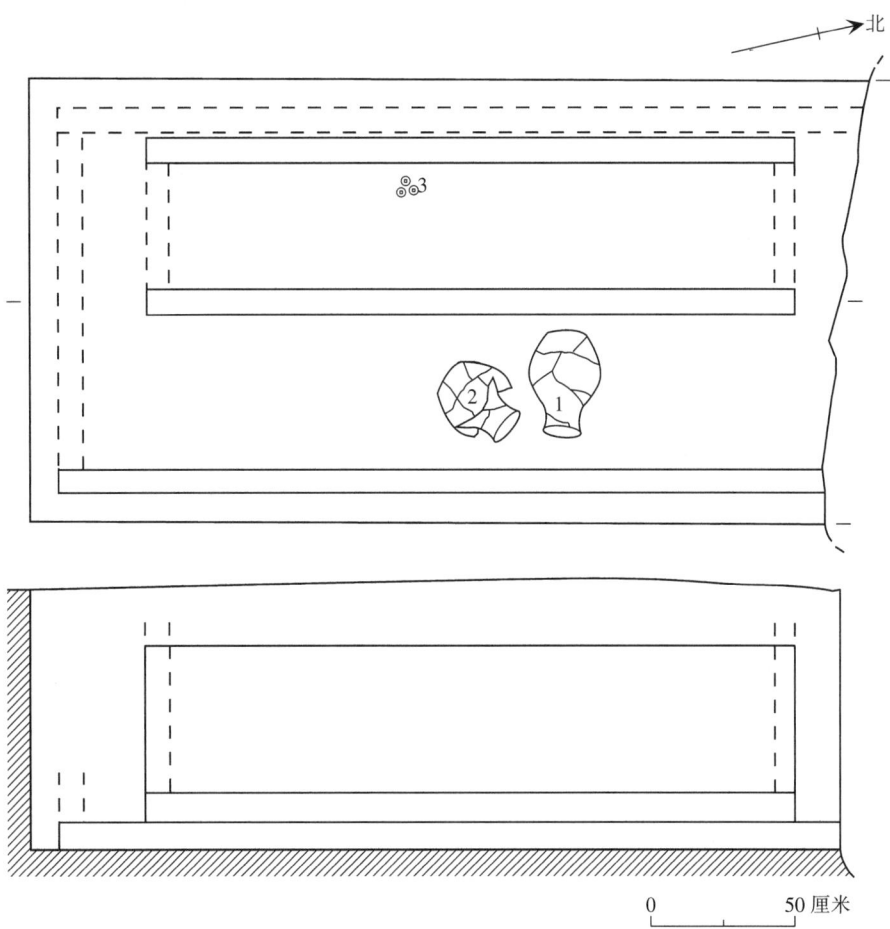

图 3 - 8A - 11a　圩庄组 A 区 M121 平面、剖视图

1、2. 陶壶　3. 铜钱

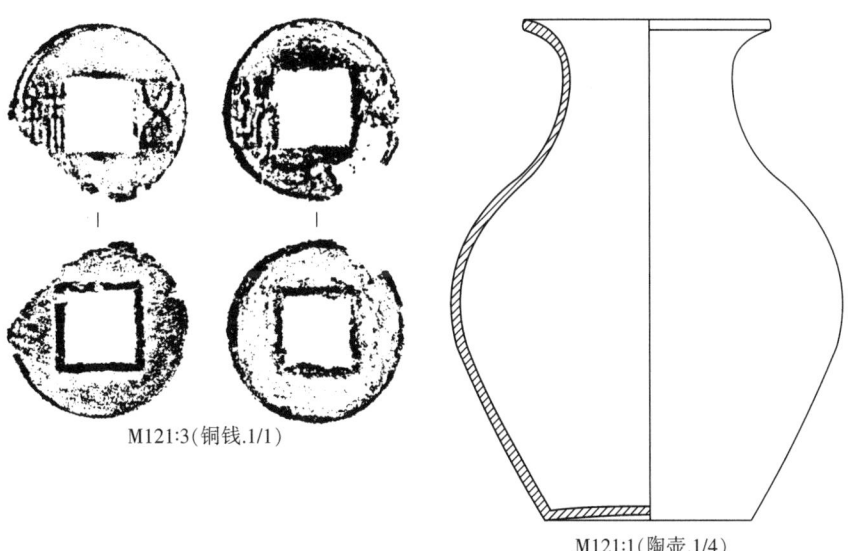

M121:3(铜钱.1/1)

M121:1(陶壶.1/4)

图 3 - 8A - 11b　圩庄组 A 区 M121 出土器物图

壶　2 件。M121：1、M121：2，均出土于棺外东侧。皆为泥质红陶。形制、尺寸同。敞口，圆唇，直颈，溜肩，鼓腹内收，平底内凹。口径 13、底径 11.1、高 26.1 厘米。（图 3 – 8A – 11b）

十二、122 号墓（M122）

M122 位于圩庄组取土场 A 区墓地中部，东面与 M136 相邻。清理前，墓坑开口及北部已被高速公路施工方严重破坏，开口距现地表深度不明，墓坑底部随葬品组合遭受扰动。

墓葬形制为长方形竖穴土坑，开口残长 270、宽 110 厘米，残深 125 厘米。方向 192°。（图 3 – 8A – 12a；彩版一三四，2）

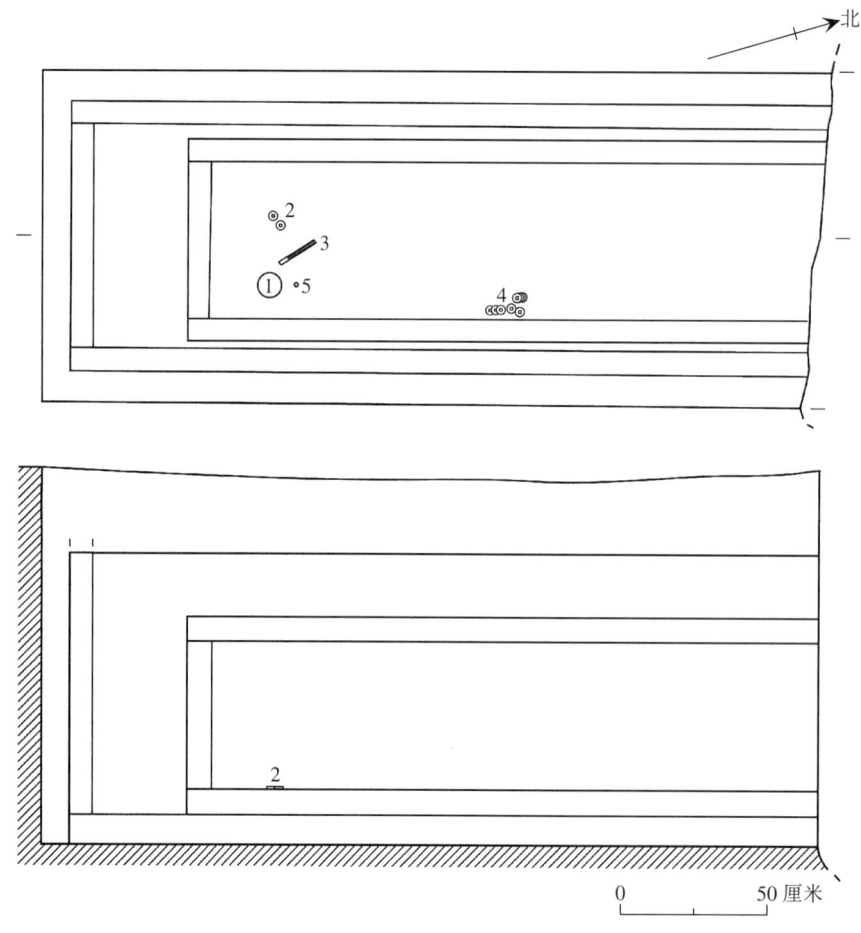

图 3 – 8A – 12a　圩庄组 A 区 M122 平面、剖视图
1. 铜镜　2、4. 铜钱　3. 玳瑁笄　5. 琉璃饰件

葬具为一椁一棺。从残存木结构可知，椁位于墓坑底部正中，残长 253、宽 89、残高 95 厘米，侧板厚 8 厘米，底板厚 9.5 厘米。棺位于椁室北部，残长 215、宽 66、高 57 厘米。

该墓共出土铜器、琉璃器、玳瑁器等遗物 5 件（组）。

1. 铜器

3 件（组）。器形为镜、铜钱。

镜　1 件。M122：1，出土于棺室南部。日光镜。圆形，半圆组，圆组座。座外单弧线纹与三竖线纹各四组相间排列，外饰八内向连弧纹，其外饰短斜线纹两周，其内夹饰铭文一周，铭文间

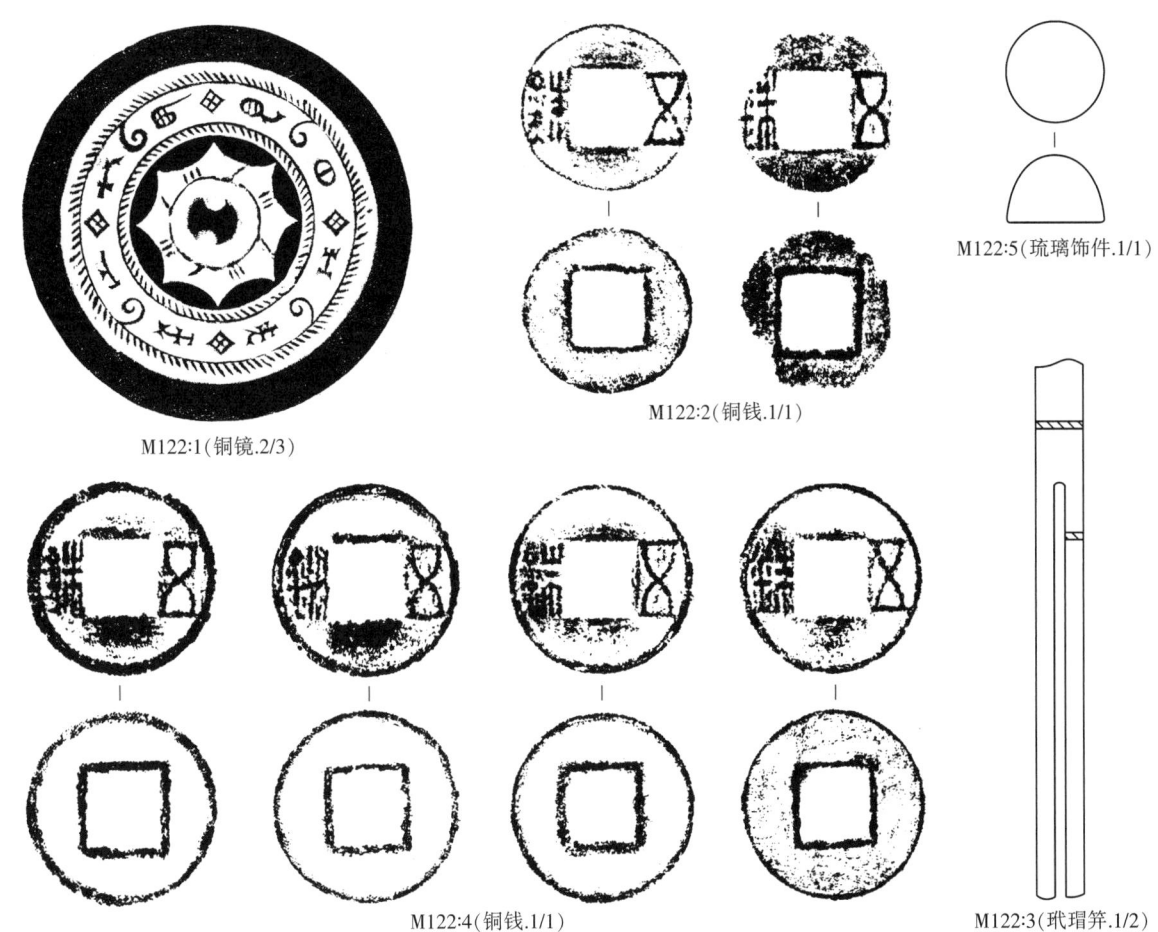

M122:1(铜镜.2/3)

M122:2(铜钱.1/1)

M122:5(琉璃饰件.1/1)

M122:4(铜钱.1/1)

M122:3(玳瑁笄.1/2)

图3-8A-12b 圩庄组A区M122出土器物图

以"の"形与菱形"田"字纹符号间隔。铭文为"见日之光天下大明"。宽素平缘。镜面微凸。面径8.1、背径7.9、纽高0.61、纽宽1.18、缘宽0.75、缘厚0.24、肉厚0.15厘米。(图3-8A-12b;彩版一三四,3)

铜钱 2组。M122:2,出土于棺室南部。共2枚,五铢钱,形制、尺寸均同。钱径2.3、穿径1厘米。(图3-8A-12b)

M122:4,出土于棺室中部。五铢钱,形制、尺寸均同。钱径2.6、穿径1厘米。(图3-8A-12b)

2. 琉璃器

1件。器形为饰件。

饰件 1件。M122:5,出土于棺室南部。白色,略呈透明。半球形。底径1.3、厚0.9厘米。(图3-8A-12b)

3. 玳瑁器

1件。器形为笄。

笄 1件。M122:3,出土于棺室南部。玳瑁质。扁长条形,共两齿,齿距较宽,齿间圆钝。

残长14、宽1.3、厚0.2、齿宽0.5厘米。（图3-8A-12b）

十三、125号墓（M125）

M125位于圩庄组取土场A区墓地东北部，东面与M126相邻，西南与M141相邻。清理前，墓坑开口已被高速公路施工方破坏，开口距现地表深度不明，墓坑底部棺结构未受扰动。

墓葬形制为长方形竖穴土坑，开口长209、宽75厘米，残深80厘米。方向292°。（图3-8A-13a；彩版一三四，4）

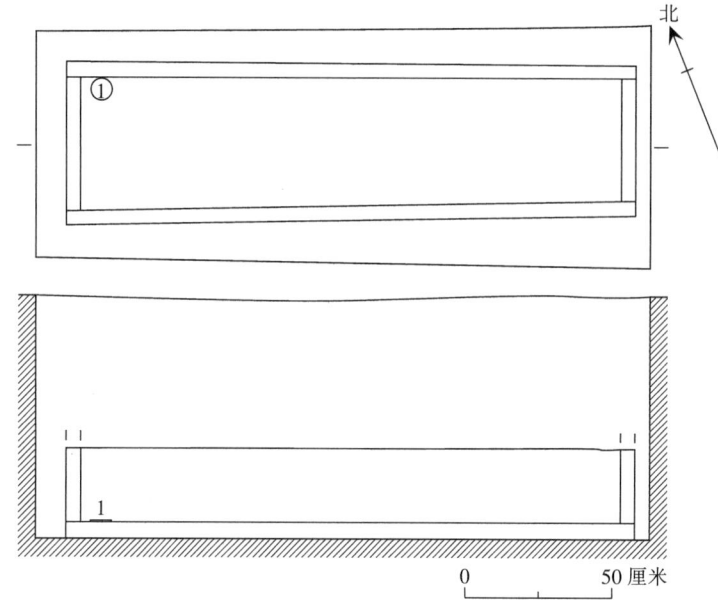

图3-8A-13a　圩庄组A区M125平面、剖视图
1. 铜镜

葬具为单棺，木结构基本朽尽。从朽痕可知，棺位于墓坑底部正中，长194、宽53、残高30厘米。

该墓共出土铜器1件。

铜器

1件。器形为镜。

镜　1件。M125：1，出土于棺西部。日光镜。圆形，半圆纽，圆纽座。座外单弧线纹与三竖线纹各四组相间排列，外饰八内向连弧纹，其外饰短斜线纹两周，间饰铭文一周，铭文间以"の"形与菱形"田"字纹符号间隔。铭文为"见日之光天下大明"。素缘。镜面微凸。面径6.8、背径6.6、纽高0.54、纽宽1.15、缘宽0.55、缘厚0.17、肉厚0.99厘米。（图3-8A-13b；彩版一三四，5）

十四、126号墓（M126）

M126位于圩庄组取土场A区墓地东北部，西面与M125相邻，东南与M127相邻。清理前，墓坑开口已被高速公路施工方破坏，开口距现地表深度不明，墓坑底部棺结构未受扰动。

M125:1（铜镜.1/1）

图3-8A-13b　圩庄组A区M125出土器物图

墓葬形制为长方形竖穴土坑，开口长235、宽85厘米，残深65厘米。方向17°。（图3-8A-14；彩版一三五，1）

葬具为单棺，木结构基本朽尽。从朽痕可知，棺长187、宽52厘米。

该墓经细致清理，未出土任何遗物。

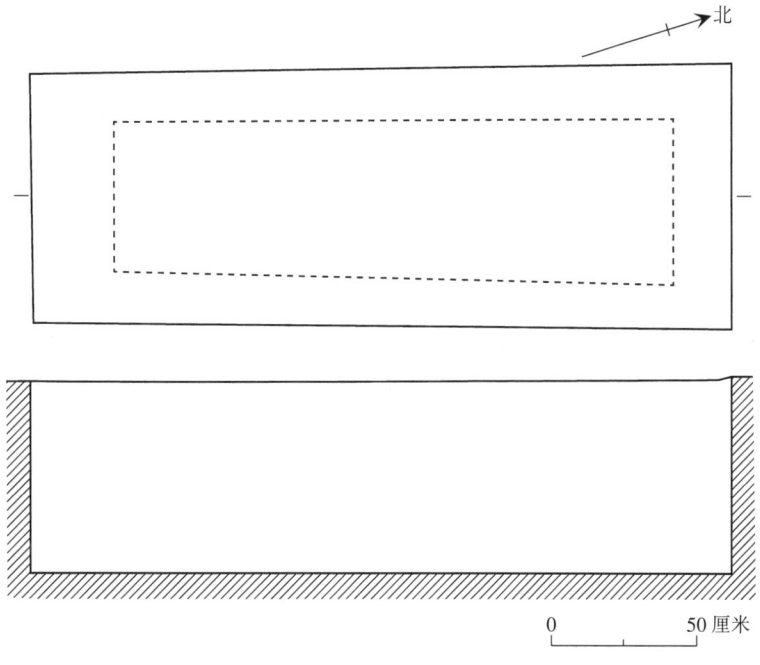

图3-8A-14　圩庄组A区M126平面、剖视图

十五、127号墓（M127）

M127位于圩庄组取土场A区墓地东北部，东面与M128相邻，西北与M126相邻。清理前，墓坑开口已被高速公路施工方破坏，开口距现地表深度不明，墓坑底部棺结构未受扰动。

墓葬形制为长方形竖穴土坑，开口长238、宽88厘米，残深64厘米。方向20°。（图3-8A-15；彩版一三五，2）

葬具为单棺，木结构基本朽尽。从朽痕可知，棺长190、宽55厘米。

该墓经细致清理，未出土任何遗物。

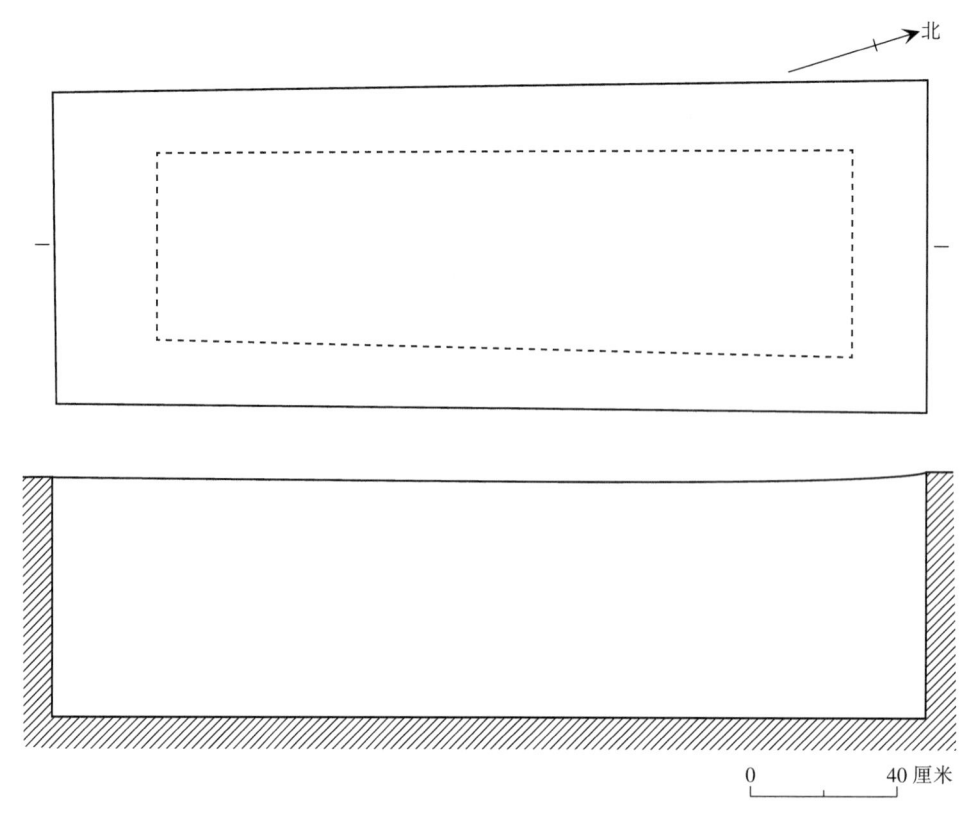

图3-8A-15 圩庄组A区M127平面、剖视图

十六、128号墓（M128）

M128位于圩庄组取土场A区墓地东北部，西面与M127相邻，南面与M129相邻。清理前，墓坑开口已被高速公路施工方破坏，开口距现地表深度不明，墓坑底部随葬品组合未受扰动。

墓葬形制为长方形竖穴土坑，开口长300、宽100厘米，残深134厘米。方向258°。（图3-8A-16a；彩版一三五，3）

葬具为一椁一棺，木结构基本朽尽。从朽痕可知，椁长246、宽76、残高32厘米。棺位于椁室西部，长192、宽60、残高16厘米。东边箱由棺和椁室的北、东、南侧板之间的空间构成。

该墓共出土铜器、陶器等遗物3件。

1. 铜器

1件。器形为镜。

镜 1件。M128：1，出土于棺室西部。残损严重，几成碎屑，纹饰、尺寸不明，无法复原。

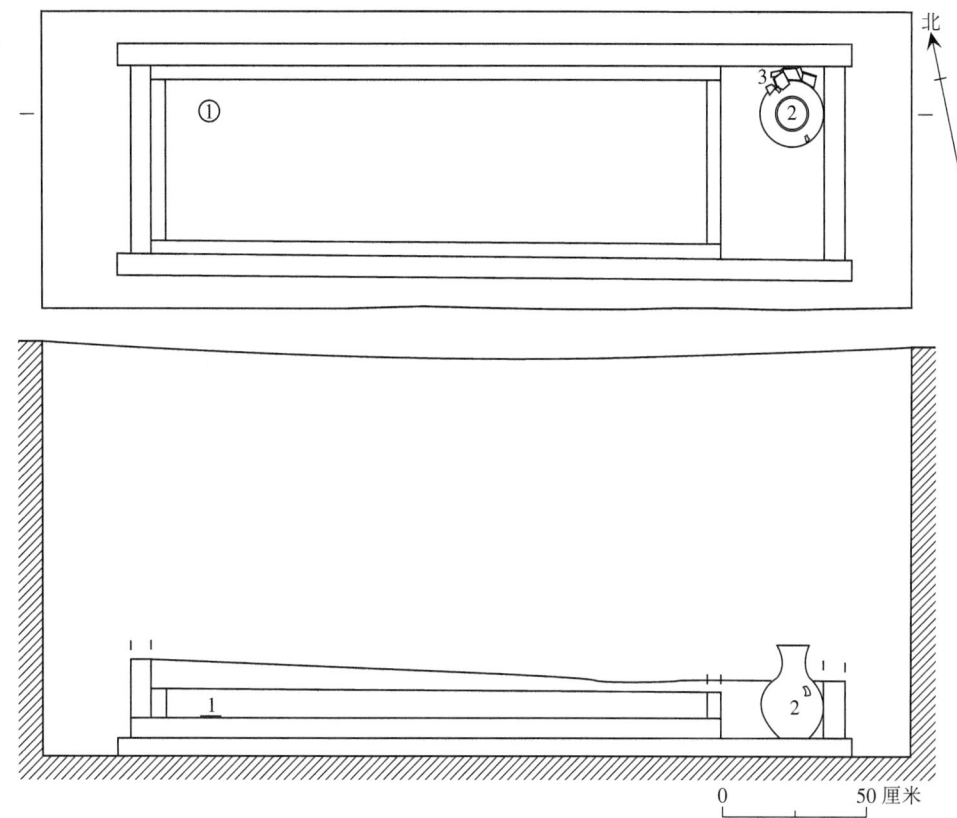

图 3 - 8A - 16a　圩庄组 A 区 M128 平面、剖视图
1. 铜镜　2. 釉陶壶　3. 陶罐

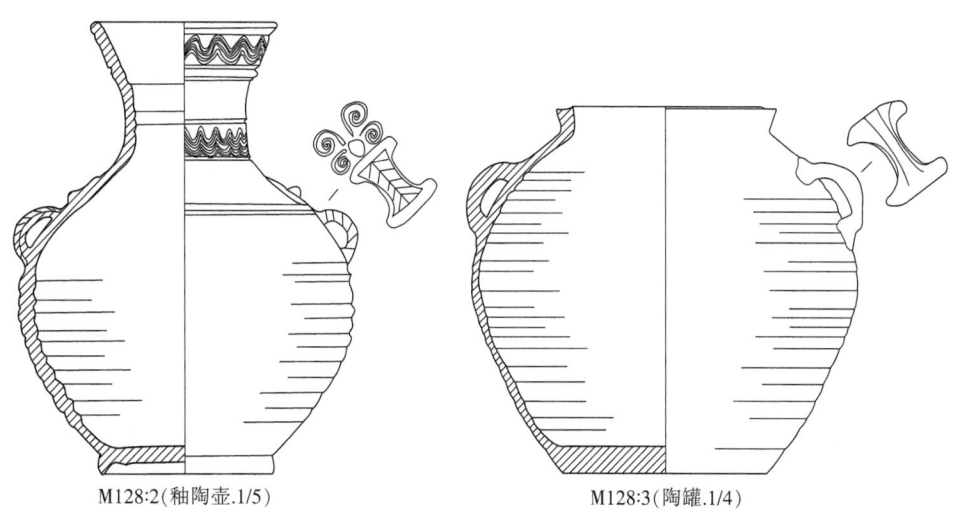

M128:2(釉陶壶.1/5)　　　　　　　M128:3(陶罐.1/4)

图 3 - 8A - 16b　圩庄组 A 区 M128 出土器物图

2. 陶器

2 件。器形为壶、罐。

壶　1 件。M128：2，出土于东边箱内。施青黄釉。侈口，直颈，溜肩，鼓腹内收，圈足。口

部和颈部各饰一周水波纹，并饰若干道凹弦纹。肩两侧各饰一耳，耳面叶脉纹，耳上贴塑两对羊角纹。口径12.7、底径11.6、高30厘米。（图3－8A－16b；彩版一三五，4）

罐 1件。M128：3，出土于东边箱内。泥质红陶。直口，唇部内凹，溜肩，斜弧腹，平底。肩两侧各饰一对称桥形耳，素面。口径10、底径11.1、高19.1厘米。（图3－8A－16b；彩版一三五，5）

十七、129号墓（M129）

M129位于圩庄组取土场A区墓地东北部，南面与M127、M128相邻。清理前，墓坑开口已被高速公路施工方破坏，开口距现地表深度不明，墓坑底部随葬品组合遭受扰动。

墓葬形制为长方形竖穴土坑，开口长238、宽88厘米，残深29厘米。方向15°。（图3－8A－17a）

葬具为单棺，木结构基本朽尽。从朽痕可知，棺长190、宽53厘米。

该墓共出土铜器遗物2件。

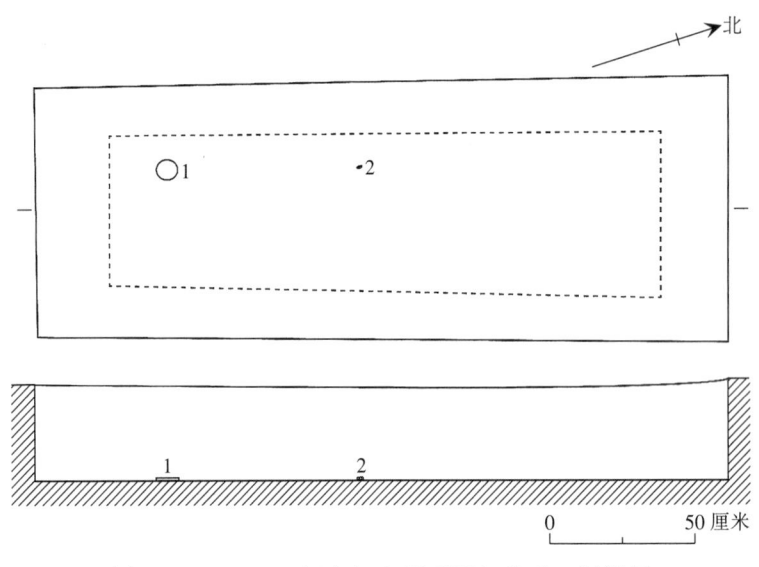

图3－8A－17a 圩庄组A区M129平面、剖视图
1. 铜镜 2. 铜钱

铜器

2件（组）。器形为镜、铜钱。

镜 1件。M129：1，出土于棺南部。残损严重，无法复原，尺寸、纹饰皆不明。

铜钱 1组。M129：2，出土于棺中部。共4枚，五铢钱，形制、尺寸皆同。钱径2.3、穿径1厘米。（图3－8A－17b）

十八、134号墓（M134）

M134位于圩庄组取土场A区墓地中部，东面与M160相邻。清理前，墓坑开口已被高速公路

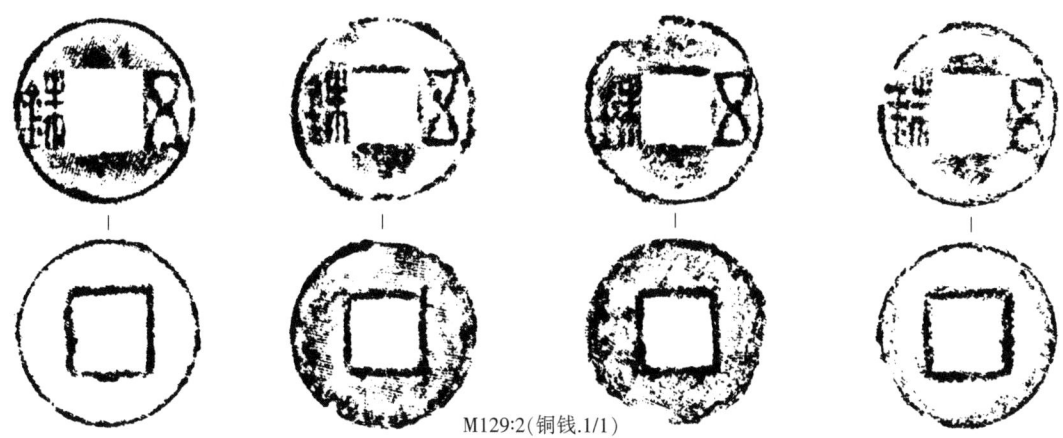

M129:2（铜钱.1/1）

图 3 - 8A - 17b 圩庄组 A 区 M129 出土器物图

施工方破坏，开口距现地表深度不明，墓坑底部棺椁结构未受扰动。

墓葬形制为长方形竖穴土坑，开口长 267、宽 160 厘米，残深 120 厘米。方向 205°。（图 3 - 8A - 18a；彩版一三六，1）

葬具为一椁一棺，棺椁结构保存较好。木椁置于墓坑底部偏南，木椁南侧板与墓坑南壁紧靠，盖板由五块东西向木板南北拼合而成，南北面挡板均由上下两块木板拼合而成，底板由六块南北向木板东西拼合而成，椁室平面呈长方形，长 262、宽 138、高 81 厘米，东、西侧板厚约 14 厘米，南、北侧板厚约 8、底板厚约 10 厘米。椁内有一南北向隔板将椁室分为东西部分，隔板厚约 4 厘米，隔板南北有榫卯与木椁南北相接，椁东、西侧板及隔板靠边均有凹槽与上部盖板相接。木棺置于木椁内西北角，棺与椁西、北侧板紧靠，棺室平面呈长方形，长 216、宽 65、高 55 厘米，侧板及底板厚约 10 厘米。东边箱则由隔板、椁北东南三面侧板之间的空间组成，长 228、宽 37 厘米。（图 3 - 8A - 18a1、18a2；彩版一三六，2~5）

该墓共出土银器、铜器、铁器、琉璃器、漆器、木器、石器、陶器等遗物 37 件（组）。

1. 银器

1 件。器形为环。

环 1 件。M134：29，出土于棺内中部。环内径 2.2、外径 2.4、厚 0.2 厘米。（图 3 - 8A - 18b1；彩版一三七，1）

2. 铜器

5 件。器形为盆、镜、带钩、刷、铜钱。

盆 1 件。M134：20，出土于东边箱中部东侧。敞口，鼓腹弧收，圈底。口径 18.2、高 8.5 厘米。（图 3 - 8A - 18b1）

镜 1 件。M134：32，出土于棺外南部。日光镜。圆形，半圆纽，圆纽座，座外单弧线纹与三竖线纹各四组相间排列，外饰八内向连弧纹。其外饰短斜线纹两周，间饰铭文一周，铭文间以"の"形与菱形"田"字纹符号间隔。铭文为"见日之光长不而忽"。窄缘，镜面微凸。面径 7.4、背面径 7.2、纽高 0.57、纽宽 1.1、缘宽 0.23、缘厚 0.36、肉厚 0.2 厘米。（彩版一三七，4）

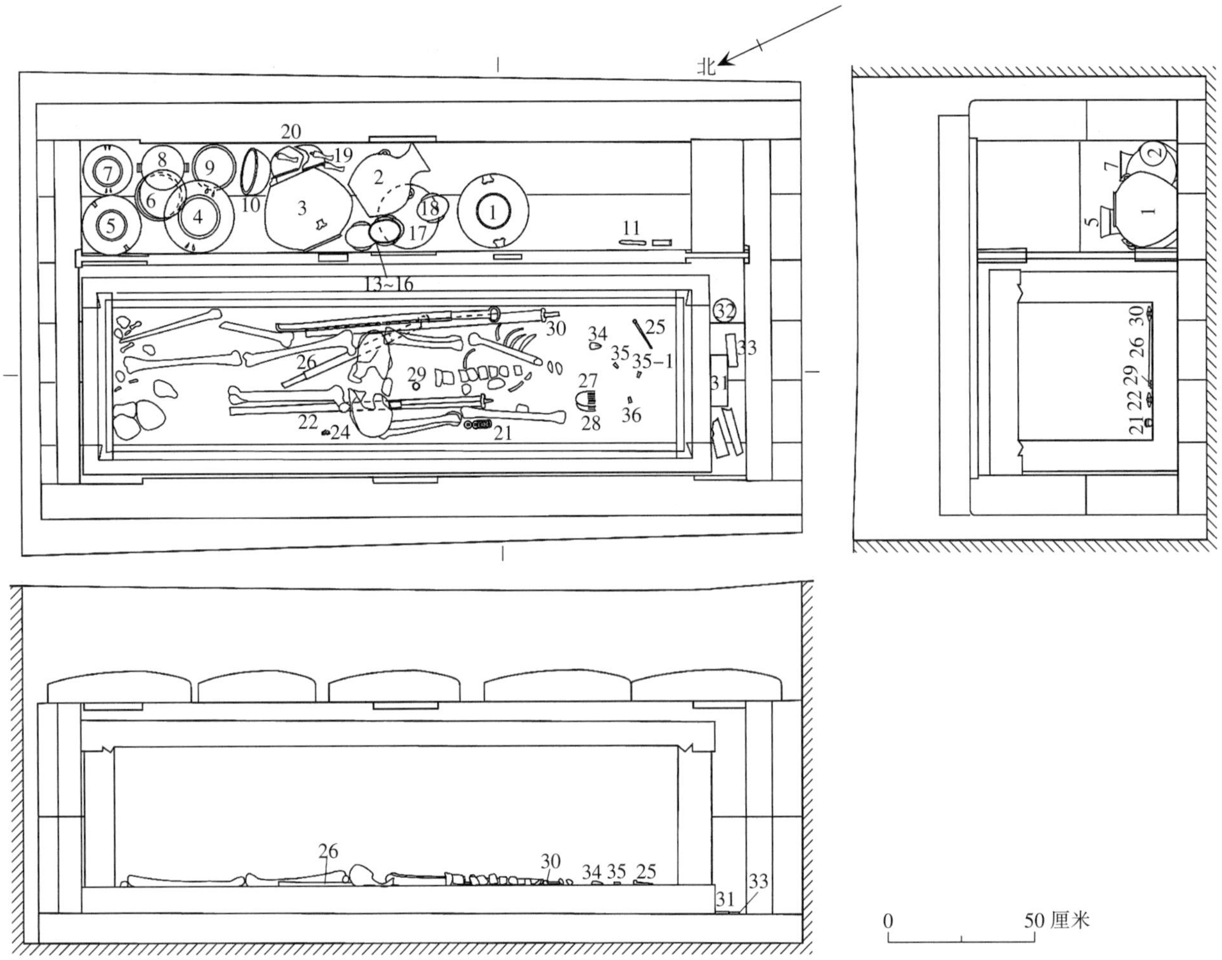

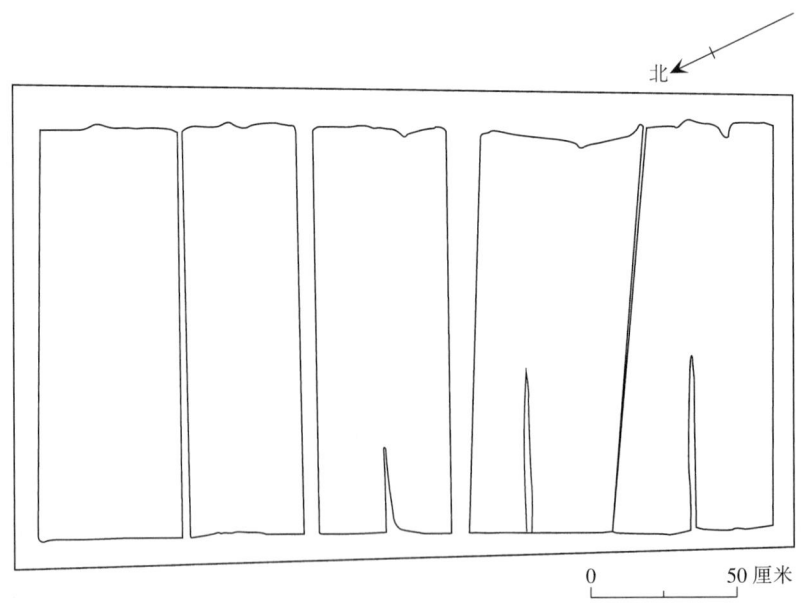

图 3－8A－18a　圩庄组 A 区 M134 平面、剖视图

1、3. 釉陶瓿　2、5. 釉陶壶　4. 陶罐　6、9. 陶盒　7. 陶壶　8、10. 陶鼎　11、12. 铁戟　13～16、18. 漆耳杯　17、19. 漆樽足
20. 铜盆　21. 铜钱　22、30. 铁剑　23、26. 环首铁刀　24. 铜带钩　25. 铜刷　27. 木篦　28. 木梳　29. 银环　31. 石黛板/研石
32. 铜镜　33. 漆黛板盒　34. 琉璃玲　35～37. 琉璃塞

图 3－8A－18a1　圩庄组 A 区 M134 木椁盖板平面图

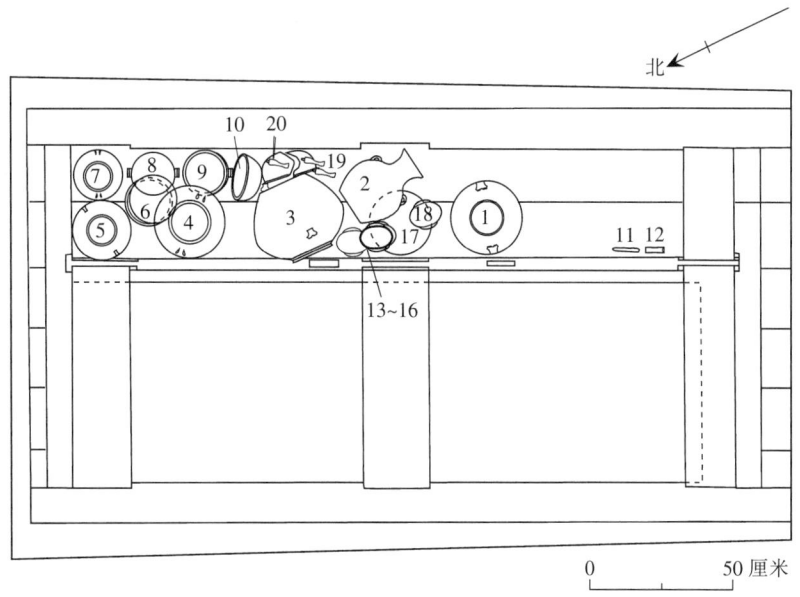

图 3－8A－18a2 圩庄组 A 区 M134 木椁盖板揭开后木椁顶板平面图

带钩 1 件。M134：24，出土于棺内中部西侧。雁首，琵琶形钩身，身左右两侧各饰一翼，下饰一圆纽。器长 2.7、宽 1、高 1.7 厘米。（图 3－8A－18b1；彩版一三七，5）

刷 1 件。M134：25，出土于棺内东南角。烟斗形，器身细长，一端内收，尾部残损，一端折为圆孔，孔内刷毛已朽。残长 11.3、孔径 1.2 厘米。（图 3－8A－18b1；彩版一三七，6）

铜钱 1 组。M134：21，出土于棺内中部西侧。10 枚，皆为五铢钱，形制、尺寸、钱文基本相同。钱径 2.5、穿径 1 厘米。（图 3－8A－18b1；彩版一三七，2、3）

3. 铁器

6 件。器形为戟、剑、环首刀。

戟 2 件。M134：12 残。

M134：11，戟枝出土于东边箱南部西侧。戟枝两面刃，截面前尖后圆，长 9.2、宽 1.2、厚约 0.5 厘米。戟帽中空通透，窄细穿孔用于固定戟枝，截面近圆，长 6.3、直径 1.8 厘米。（图 3－8A－18b1）

剑 2 件。M134：22，出土于棺内中部西侧。仅剑身及漆鞘尚存。剑身扁平，根部至剑璏处起脊，断面呈菱形。通长 89.6、最宽 3.5 厘米。（图 3－8A－18b1；彩版一三七，7）

M134：30，出土于棺内中部东侧。残存漆鞘、剑茎局部、剑格、剑身、剑璏，漆鞘上绑缚麻绳。剑身扁平，根部至剑璏处起脊，断面呈菱形。通长 91.4、格宽 4.7 厘米。（彩图四一，1；彩版一三七，8）

环首刀 2 件。M134：23，出土于棺内中部东侧。漆鞘尚存，保存较好。削身平直，断面呈三角形，圆形环首。素面。长 77.9、刃宽 2.5 厘米。（图 3－8A－18b1；彩版一三七，9）

M134：26，出土于棺内西南角。漆鞘残存。削身平直，锋端残损，断面呈三角形，圆形环首残损。素面。长 56、刃宽 2.2 厘米。（图 3－8A－18b1；彩版一三七，10）

4. 琉璃器

4 件。器形为珩、塞。

珩 1件。M134：34，出土于棺内南部东侧。器作蝉形，正面隆起，纹饰简练，背面平直，素面。残长3.6、宽2.1、厚1厘米。（图3－8A－18b1；彩版一三八，1）

塞 3件。M134：35、37，两件均出土于棺内南部。器作圆台柱形，形制、尺寸相同。顶面径0.66、底面径1、高1.8厘米。（图3－8A－18b1；彩版一三八，1）

M134：36，出土于棺内南部。器作圆台柱形。顶面径0.7、底面径1、高2厘米。（图3－8A－18b1；彩版一三八，1）

5. 漆器

8件（组）。器形为耳杯、樽、黛板盒。

耳杯 5件。M134：13～16保存较好，出土于东边箱中部西侧；M134：18残损严重，出土于东边箱中部。五件器物形制、尺寸、纹饰完全相同，器木胎，椭圆形口，耳缘上翘，弧腹，平底。器外及内口沿髹黑漆，器内髹朱漆。素面无纹。通高4.4、口径长11.3、连耳宽9.8厘米。（彩图四一，2；彩版一三八，2、3）

樽 2件。M134：17，出土于东边箱中部西侧。上部残损严重，仅剩樽底部及三足。器木胎。平底，三足。外髹黑漆，内壁髹朱漆，内底面黑漆底上朱漆、青灰漆绘云气纹，木胎底下饰三足。底厚1.9、壁厚1.1、残高3.2、直径21厘米。（彩图四一，3）

M134：19，出土于东边箱中部东侧。器身残损严重，仅留有三樽足。三足形制、尺寸、纹饰几乎相同。兽蹄足，足蹄髹朱漆，足腿黑漆底上朱漆纹饰，足上部出榫。带榫通高8厘米。（彩图四一，4）

黛板盒 1组。M134：33，出土于棺外南部中段。两块木板，腐朽严重，表面残存漆皮，漆皮黑底朱绘云气纹。较大者平面近似长方形，残长11.4、宽7.1、厚0.7厘米。较小者平面近似长方形，中部有长方形凹槽，器残长14.4、残宽2.1、厚0.7厘米。（彩图四一，5）

6. 木器

2件。器形为梳、篦。

梳 1件。M134：28，出土于棺内南部西侧。器残损严重，无法复原，尺寸、纹饰均不明。

篦 1件。M134：27，出土于棺内南部西侧。器残损严重，无法复原，尺寸、纹饰均不明。

7. 石器

1组。器形为黛板和研石。

黛板/研石 1组。M134：31，一套两件，出土于棺外南部中段。黛板器形较大，正面长方形，断面梯形，正面光滑，为碾磨面。器表残留漆面，青灰漆地，上黑绘云气纹、朱绘虎纹。长16.7、宽6.1、厚0.5厘米。研石器形较小，正面正方形，断面梯形，正面光滑，为碾磨面。边长2.5、厚0.3厘米。（图3－8A－18b1；彩版一三八，4）

8. 陶器

10件（组）。器形鼎、盒、壶、瓿、罐。

鼎 2件。M134：8，出土于东边箱北部。红陶，火候较高。覆平底钵形盖，平顶较宽。鼎身子母口，圆唇，口部饰一对称耳，斜腹，平底。盖口径13.9、高5.1厘米，鼎身口径13.5、底径8.6、高11.6厘米。（图3－8A－18b2；彩版一三九，1）

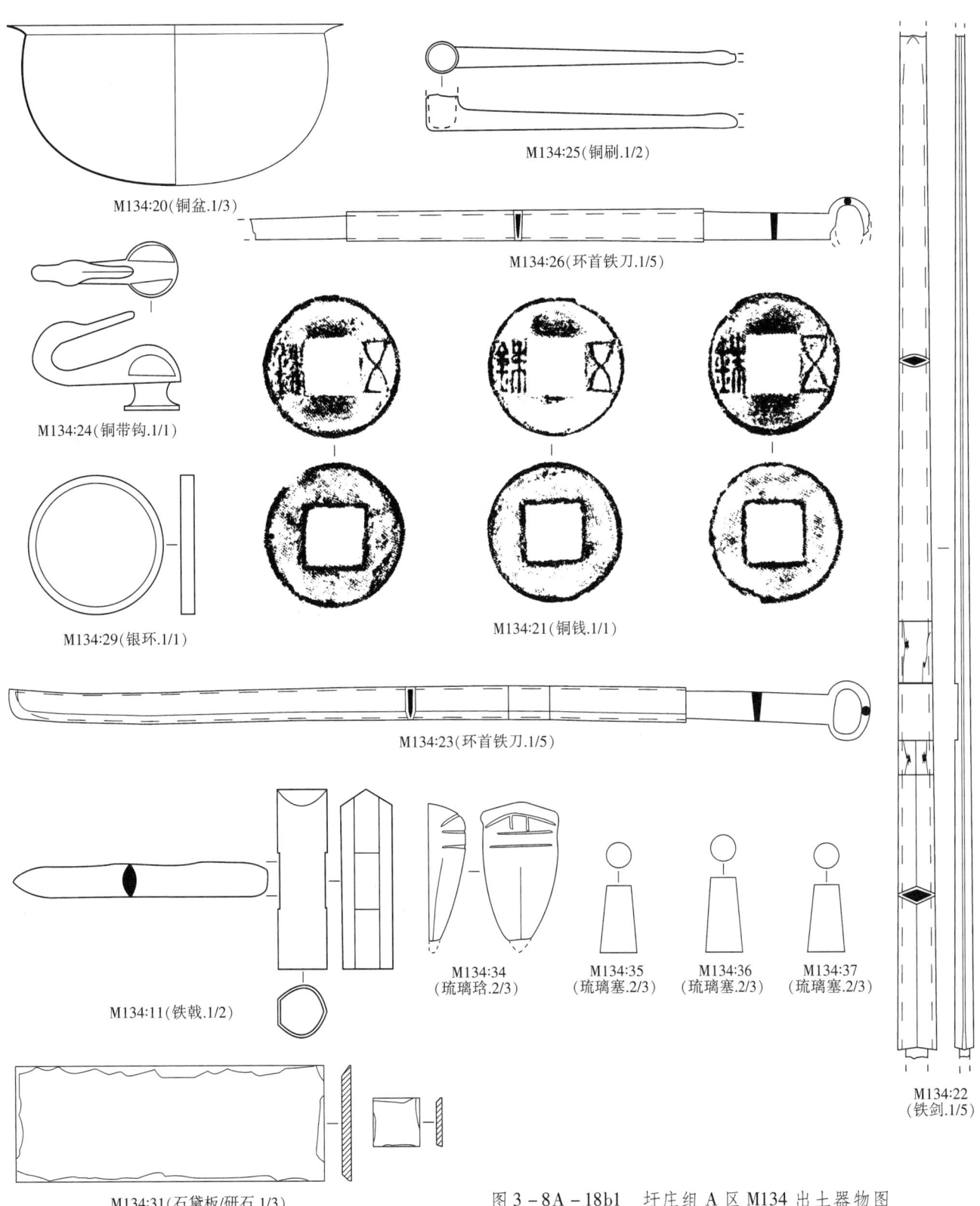

M134:20(铜盆.1/3)

M134:25(铜刷.1/2)

M134:26(环首铁刀.1/5)

M134:24(铜带钩.1/1)

M134:29(银环.1/1)

M134:21(铜钱.1/1)

M134:23(环首铁刀.1/5)

M134:11(铁戟.1/2)

M134:34
(琉璃玲.2/3)

M134:35
(琉璃塞.2/3)

M134:36
(琉璃塞.2/3)

M134:37
(琉璃塞.2/3)

M134:22
(铁剑.1/5)

M134:31(石黛板/研石.1/3)

图 3 - 8A - 18b1 圩庄组 A 区 M134 出土器物图

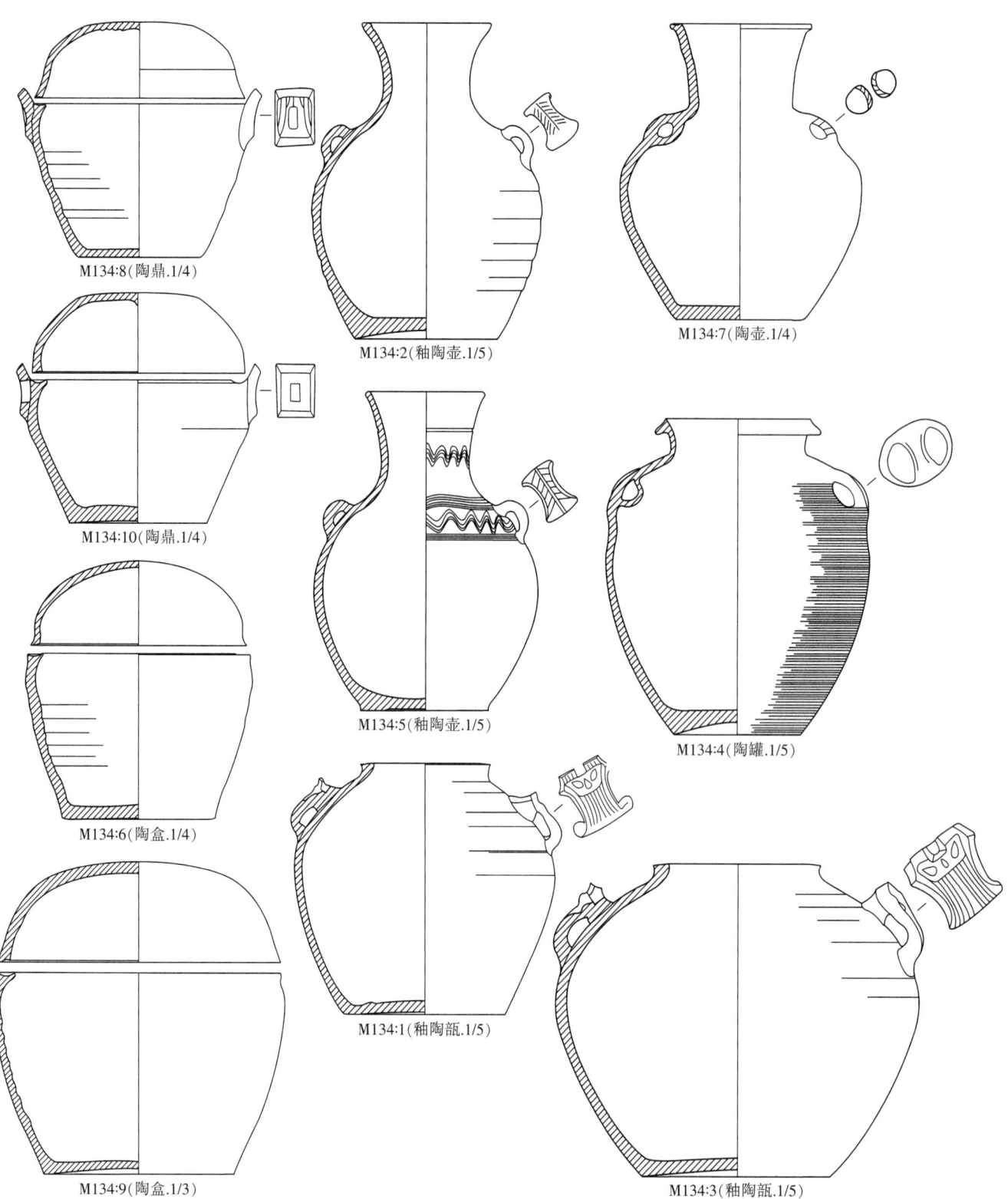

M134:8(陶鼎.1/4)

M134:2(釉陶壶.1/5)

M134:7(陶壶.1/4)

M134:10(陶鼎.1/4)

M134:5(釉陶壶.1/5)

M134:4(陶罐.1/5)

M134:6(陶盒.1/4)

M134:1(釉陶瓿.1/5)

M134:9(陶盒.1/3)

M134:3(釉陶瓿.1/5)

图 3 - 8A - 18b2　圩庄组 A 区 M134 出土器物图

M134：10，出土于东边箱北部。器身红陶，器盖灰陶。形制与 M134：8 同。盖口径 15、高 5.4 厘米，鼎身口径 13.1、底径 9.8、高 10.8 厘米。（图 3 - 8A - 18b2；彩版一三九，2）

盒 2 件。M134：6，出土于东边箱北部。器身红陶，器盖灰陶。覆钵形盖。盒身子母口，尖圆唇内敛，斜弧腹，平底。盖口径 15.4、高 5.6 厘米，盒身口径 6.8、底径 10.9、高 11.1 厘米。（图 3 - 8A - 18b2；彩版一三九，3）

M134：9，出土于东边箱北部东侧。器身红陶，器盖灰陶。覆钵形盖。盒身子母口，圆唇内敛，斜弧腹，平底内凹。盖口径 14.9、高 5 厘米，盒身口径 13.4、底径 10.1、高 10.1 厘米。（图 3 - 8A - 18b2；彩版一三九，4）

壶 3 件。M134：2，出土于东边箱中部东侧。釉陶。侈口，尖圆唇，平沿，束颈，溜肩，弧腹渐收，平底内凹。肩两侧饰桥形耳一对，耳面外侧模印叶脉纹。口径 11.3、底径 12.8、高 27 厘米。（图 3 - 8A - 18b2；彩版一四〇，1）

M134：5，出土于东边箱西北角。釉陶。侈口，圆唇，束颈，溜肩，鼓腹渐收，隐圈足底。肩两侧饰桥形耳一对，耳面外侧模印叶脉纹。颈饰一圈凹弦纹及水波纹，肩部饰两圈水波纹和一组弦纹。最大径在腹部，上半部施青釉。口径 10、底径 11.4、高 27.3 厘米。（图 3 - 8A - 18b2；彩版一四〇，2）

M134：7，出土于东边箱东北角。灰陶。侈口，圆唇，近平沿，束颈，溜肩，鼓腹渐收，平底。肩两侧置牛鼻耳一对。口径 8.4、底径 8.9、高 19.8 厘米。（图 3 - 8A - 18b2；彩版一四〇，3）

瓿 2 件。M134：1，出土于东边箱中部西侧。釉陶。小口内敛，圆唇，近平沿，溜肩，弧腹渐收，平底略内凹。肩两侧饰兽面耳一对。口径 11.7、底径 14.4、高 21 厘米。（图 3 - 8A - 18b2；彩版一四〇，4）

M134：3，出土于东边箱中部西侧。釉陶。小口微侈，尖唇，近平沿，溜肩，弧腹渐收，平底内凹。肩两侧饰兽面耳一对。口径 12.2、底径 16.6、高 27 厘米。（图 3 - 8A - 18b2；彩版一四〇，5）

罐 1 件。M134：4，出土于东边箱西部西侧。灰陶。侈口，尖唇，斜沿，短束颈，溜肩，弧腹渐收，平底内凹。肩两侧置牛鼻耳一对。口径 12.8、底径 11.2、高 27 厘米。（图 3 - 8A - 18b2；彩版一三九，5）

十九、135 号墓（M135）

M135 位于圩庄组取土场 A 区墓地东部，西面与 M120 相邻。清理前，墓坑开口与北部已被高速公路施工方破坏，开口距现地表深度不明，墓坑底部随葬品组合遭受扰动。

墓葬形制为长方形竖穴土坑，开口残长 229、宽 90 厘米，残深 60 厘米。墓向 25°。（图 3 - 8A - 19；彩版一四一，1）

葬具为单棺，木结构基本朽尽。从朽痕可知，棺残长 178、宽 50 厘米，高度不明，侧板和底板厚约 6 厘米。

该墓出土铜器 1 件。

铜器

1 件。器形为镜。

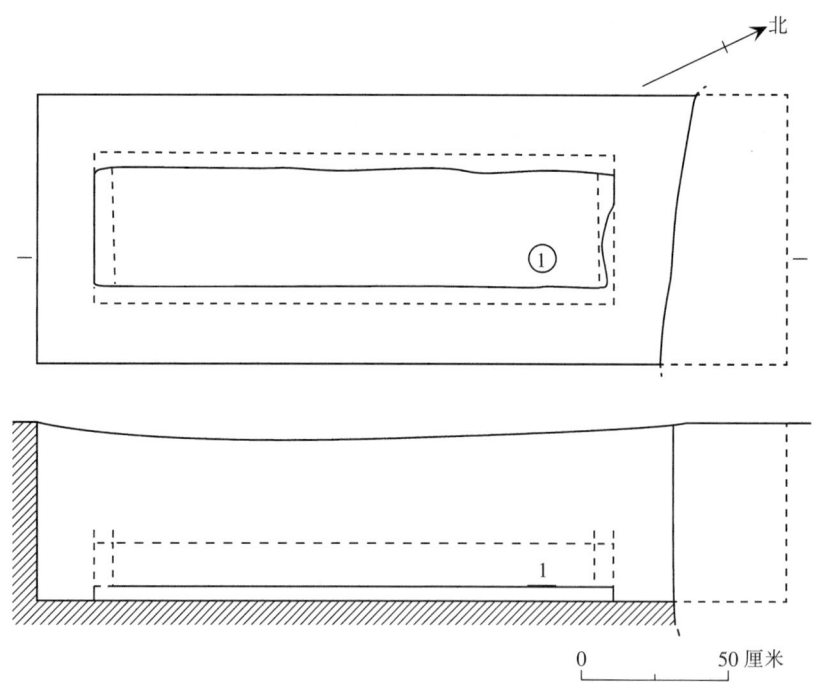

图 3-8A-19　圩庄组 A 区 M135 平面、剖视图
1. 铜镜

镜　1 件。M135：1，昭明镜。圆形，半圆纽，圆纽座。座外饰八内向连弧纹，其外两周短斜线纹间饰一周铭文。铭文为"内而清而质而以而昭而明而日而月"。宽素平缘。镜面微凸。面径 8.7、背面径 8.5、纽高 0.63、纽宽 1.3、缘宽 1.15、缘厚 0.2、肉厚 0.11 厘米。（彩版一四一，2）

二十、136 号墓（M136）

M136 位于圩庄组取土场 A 区墓地中部，西面与 M122 相邻，东面与 M121 相邻。清理前，墓坑开口已被高速公路施工方破坏，开口距现地表深度不明，墓坑底部随葬品组合未受扰动。

墓葬形制为长方形竖穴土坑，开口长 303、宽 171 厘米，残深 63 厘米。墓向 190°。（图 3-8A-20a；彩版一四一，3）

葬具为一椁一棺。从残存木结构可知，椁置于墓坑底部中部偏南，平面呈长方形，长 228、宽 114、残高 32 厘米。棺置于木椁西部，棺北、西、南三面分别与椁北、西、南侧板紧靠，其由整木斫成，长 218、宽 70、高 50 厘米，侧板和底板厚 10 厘米。东边箱由椁北、东、南三面侧板和棺之间的空间组成，长 218、宽 33 厘米。

该墓共出土铜器、铁器、陶器等遗物 9 件（组）。

1. 铜器

共 5 件（组）。器形为镜、印、带钩、弩机、铜钱。

镜　1 件。M136：1，出土于棺内南部西侧。四乳禽兽纹镜。圆形，半圆纽，圆纽座。座外短竖线纹（每组三线）与单竖线纹各四组相间环列，外饰一周凸弦纹圈带。其外两周短斜线纹间有四乳和四虺相间环绕，四乳带圆纽座，四虺呈钩形，其外侧各饰一鸟。宽平缘，上饰双线波折纹。

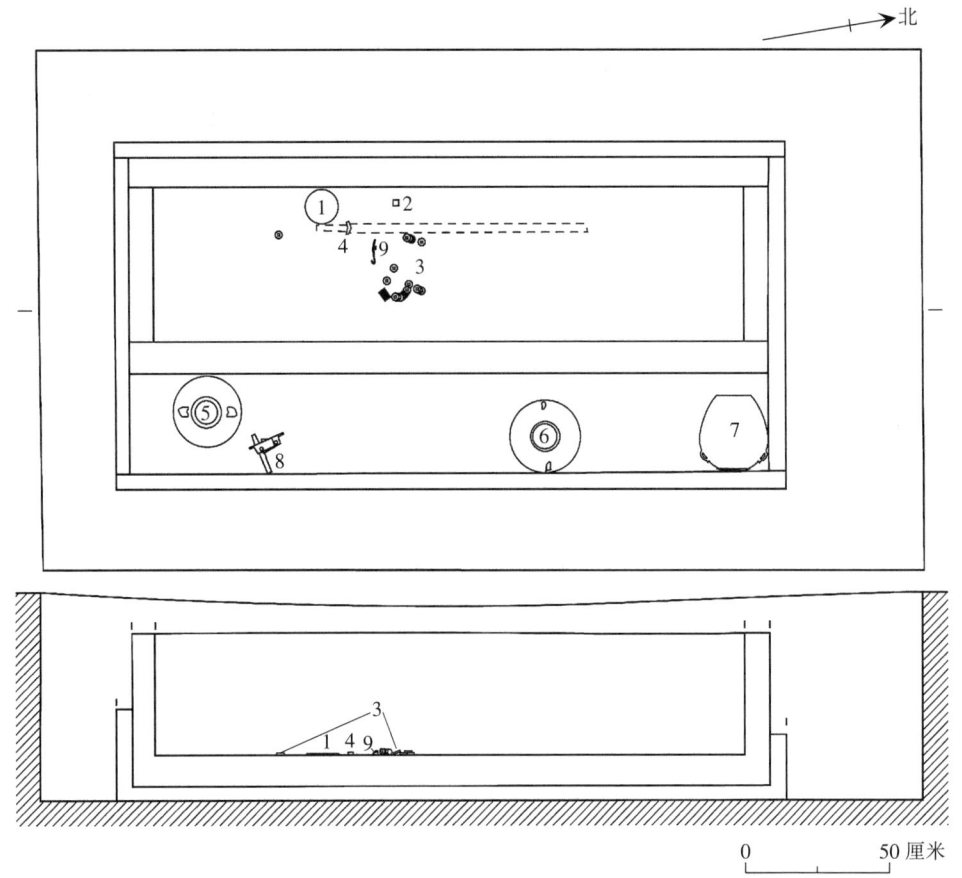

图 3 - 8A - 20a　圩庄组 A 区 M136 平面、剖视图
1. 铜镜　2. 铜印　3. 铜钱　4. 铁剑　5、7. 釉陶瓿　6. 釉陶壶　8. 铜弩机　9. 铜带钩

镜面微凸。面径 11.8、背径 11.6、纽高 0.7、纽宽 1.7、缘宽 1.5、缘厚 0.5、肉厚 0.25 厘米。（彩版一四一，4）

　　印　1 件。M136∶2，出土于棺内中部西侧。桥形纽，印面方形，印文"王□之印"。印边长 1.8、高 1.4 厘米。（彩版一四二，3）

　　带钩　1 件。M136∶9，出土于棺内中部。龙首形钩首，细长琵琶形钩身，下饰一圆纽。器长 8、宽 1.2、纽径 1.1 厘米。（图 3 - 8A - 20b；彩版一四一，5）

　　弩机　1 件。M136∶8，出土于东边箱南部。郭、望山、牙、悬刀、钩心等构件皆存。郭面前窄后宽，中有弧形箭槽，箭槽前端渐宽深。望山呈扁高四棱台状。望山、牙、悬刀、钩心锈固于郭箱。器高 13.2、郭长 12.2、望山高 3.2 厘米。（图 3 - 8A - 20b；彩版一四二，2）

　　铜钱　1 组。M136∶3，出土于棺内中部。共 6 枚，4 枚为"五铢"，2 枚为"大泉五十"。四枚五铢钱形制、尺寸皆同，钱径 2.3、穿径 1 厘米。两枚大泉五十钱形制、尺寸亦同，钱径 2.5、穿径 1 厘米。（图 3 - 8A - 20b；彩版一四一，6、7）

　　2. 铁器

1 件。器形为剑。

　　剑　1 件。M136∶4，出土于棺内中部西侧。因残损严重，仅剩剑格，剑身无法复原。剑格铜质，断面呈菱形。格长 4.4、厚 2.3 厘米。（图 3 - 8A - 20b；彩版一四二，1）

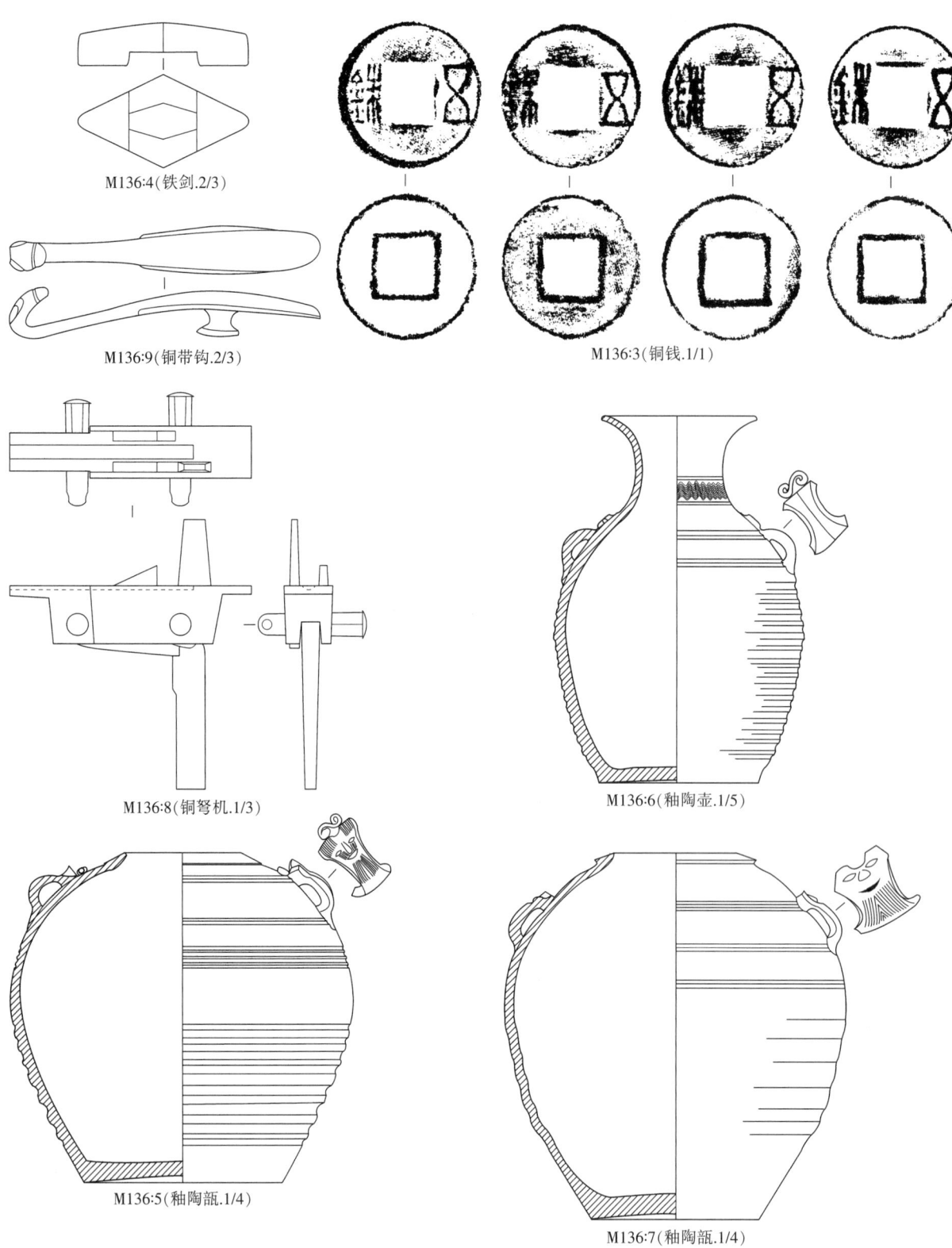

M136:4(铁剑.2/3)

M136:9(铜带钩.2/3)

M136:3(铜钱.1/1)

M136:8(铜弩机.1/3)

M136:6(釉陶壶.1/5)

M136:5(釉陶瓿.1/4)

M136:7(釉陶瓿.1/4)

图3-8A-20b　圩庄组 A 区 M136 出土器物图

3. 陶器

3 件。器形为壶、瓿。

壶 1件。M136：6，出土于东边箱中部。釉陶。敞口，圆唇，束颈，溜肩，弧腹渐收，平底略内凹。肩部饰一对桥形耳及"S"形纹贴塑。颈部饰两圈凹弦纹，间饰水波纹，桥形耳上下各饰两圈凹弦纹。器口径12.8、底径13.7、高30.6厘米。（图3-8A-20b；彩版一四二，4）

瓿 2件。M136：5，出土于东边箱南部。釉陶。敛口，圆唇，折沿，圆肩，鼓腹渐收，平底内凹。肩部饰一对兽面耳及"S"形纹贴塑。兽面耳上下各饰三圈弦纹，腹部饰四圈凹弦纹。器口径8、底径13.7、高22厘米。（图3-8A-20b；彩版一四二，5）

M136：7，出土于东边箱东北角。釉陶。敛口，圆唇，折沿，溜肩，鼓腹渐收，平底内凹。肩部饰一对兽面耳。兽面耳上下各饰三圈弦纹、两圈弦纹，腹部饰三圈凹弦纹。器口径8.4、底径11.5、高24.4厘米。（图3-8A-20b；彩版一四二，6）

二十一、137号墓（M137）

M137位于圩庄组取土场A区墓地中部，西北与M110相邻，北面与M122相邻，东北与M136、M121相邻。清理前，墓坑开口已被高速公路施工方破坏，开口距现地表深度不明，墓坑底部棺椁结构与随葬品组合未受扰动。

墓葬形制为长方形竖穴土坑，开口长460、宽234厘米，残深170厘米。墓向200°。（图3-8A-21a）

葬具为一椁二棺，棺椁结构保存较好。木椁置于墓坑底部偏南，与墓坑南壁紧靠，椁北侧板外有一北边箱，木椁平面呈长方形，长339、宽193、高98厘米。上层椁盖板由十块东西向长方体木块南北依次排列铺设而成，盖板均长194、厚23厘米，从北向南依次残宽31、31、29、30、27、23、32、23、30、37厘米。四面侧板均由三块木板上下拼合而成，东、北、西三面侧板厚19厘米，南侧板厚16厘米。底板由六块南北向木板东西拼合而成，从西向东依次宽29、35、32、26、30、40厘米，厚21厘米。两棺均置于椁内北部，由整木斫成，剖面呈"U"形，平面呈长方形。西棺长225、宽72、高63厘米，东棺长225、宽67、高56厘米，底板、侧板、顶板均厚14厘米，两棺与椁东、西、南三面侧板之间的空间，构成南边箱。北边箱置于墓坑底部偏北，其底板低于木椁底板水平面。北边箱平面呈长方形，长189、宽93、高80厘米。上层盖板由六块南北向木板东西铺设而成，腐朽严重，由西向东长84、108、96、108、109、105厘米，残宽23、23、17、26、21、33厘米。南侧板由上下两块木板拼合而成，底板由三块木板拼合而成，顶板、四面侧板、底板均厚10厘米。（图3-8A-21a1、21a2；彩版一四三，1~5）

该墓共出土铜器、铁器、琉璃器、漆器、木器、石器、陶器等遗物共78件（组）。（彩版一四四、一四五）

1. 铜器

共13件（组）。器形有盆、镜、印、带钩、刷、泡钉、铜钱。

盆 2件。M137：14，出土于北边箱中部。敞口，斜沿，鼓腹渐收，隐圈足底。腹身中部两侧各饰一铺首衔环。口径26、底径13.6、高12.6厘米。（图3-8A-21b1）

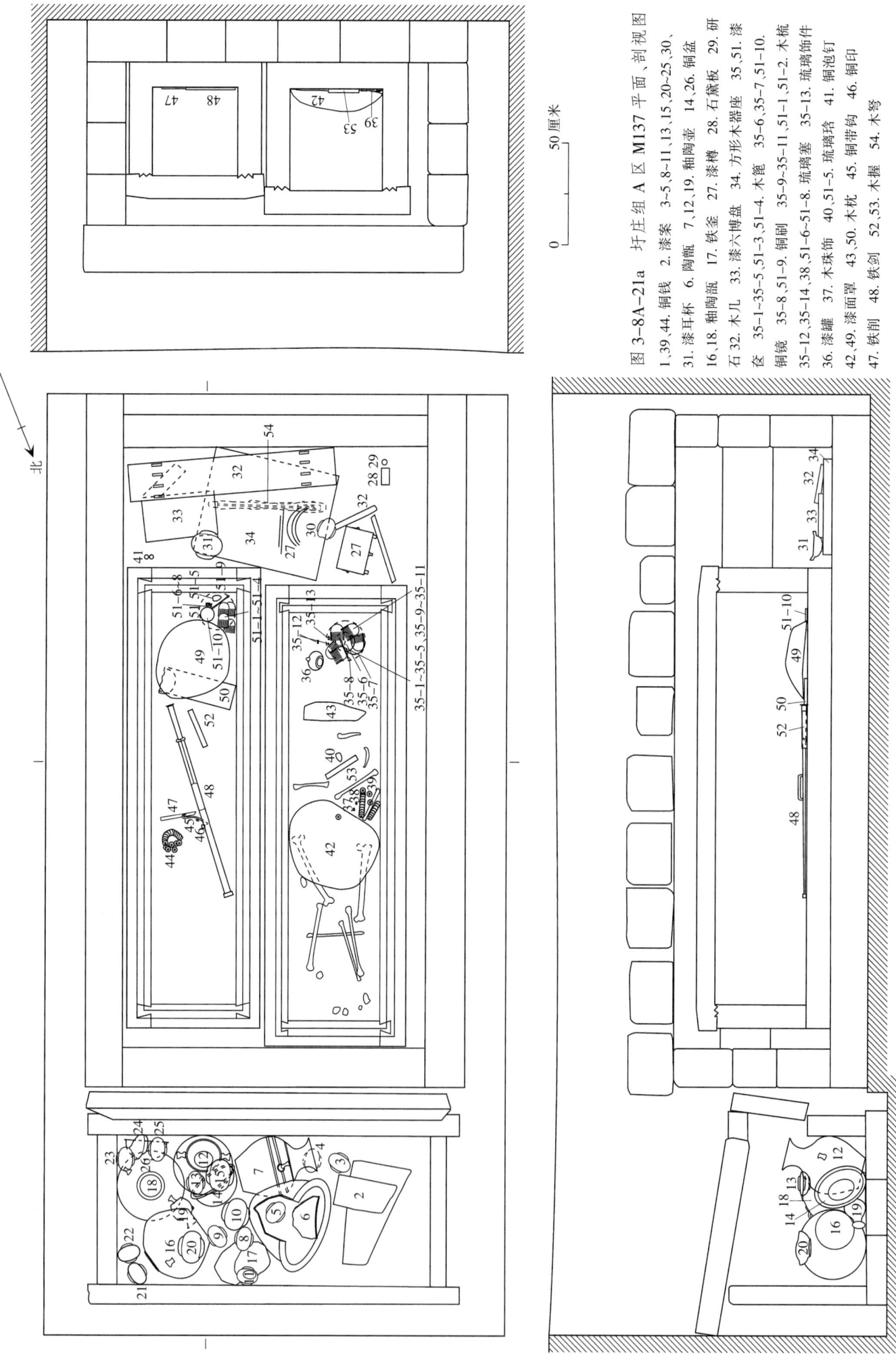

图 3-8A-21a　圩庄组 A 区 M137 平面、剖视图

1、39、44. 铜钱　2. 漆案　3~5、8~11、13、15、20~25、30、
31. 漆耳杯　6. 陶瓿　7、12、19. 釉陶壶　14、26. 铜盆
16、18. 釉陶瓶　17. 铁釜　27. 漆樽　28. 石博板　29. 研
石　32. 木儿　33. 漆六博盘　34. 方形木器座　35、51. 漆
奁　35-1~35-5、51-3、51-4. 木篦　35-6、35-7、51-10.
铜镜　35-8、51-9. 铜削　35-9~35-11、51-1、51-2. 木梳
35-12、35-14、38、51-6~51-8. 琉璃塞　35-13. 琉璃珠
36. 漆罐　37. 木珠饰　40、51-5. 琉璃玲　41. 铜泡钉
42、49. 漆面罩　43、50. 木枕　45. 铜带钩　46. 铜印
47. 铁削　48. 铁剑　52、53. 木椑　54. 木弩

0 ──── 50 厘米

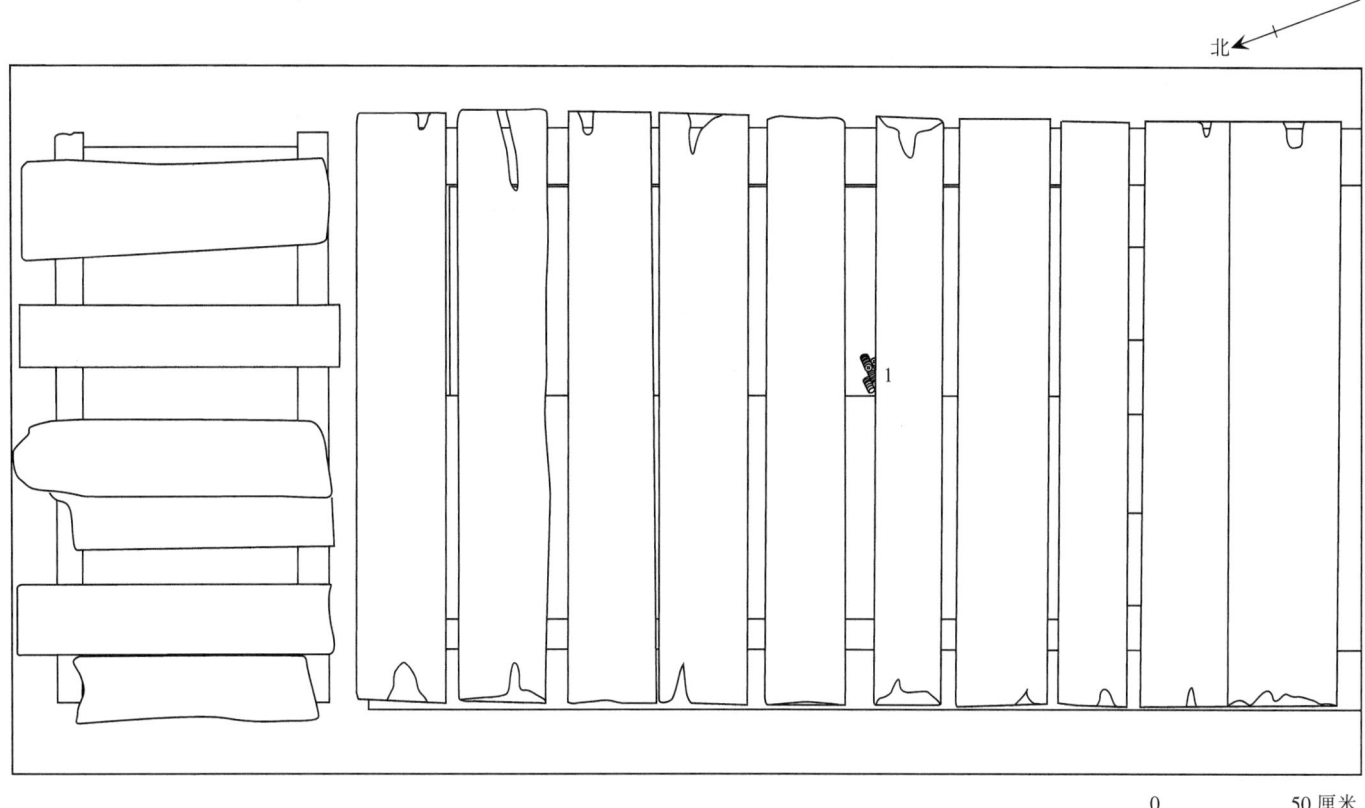

北

0 50厘米

图 3-8A-21a1 圩庄组 A 区 M137 木椁盖板平面图

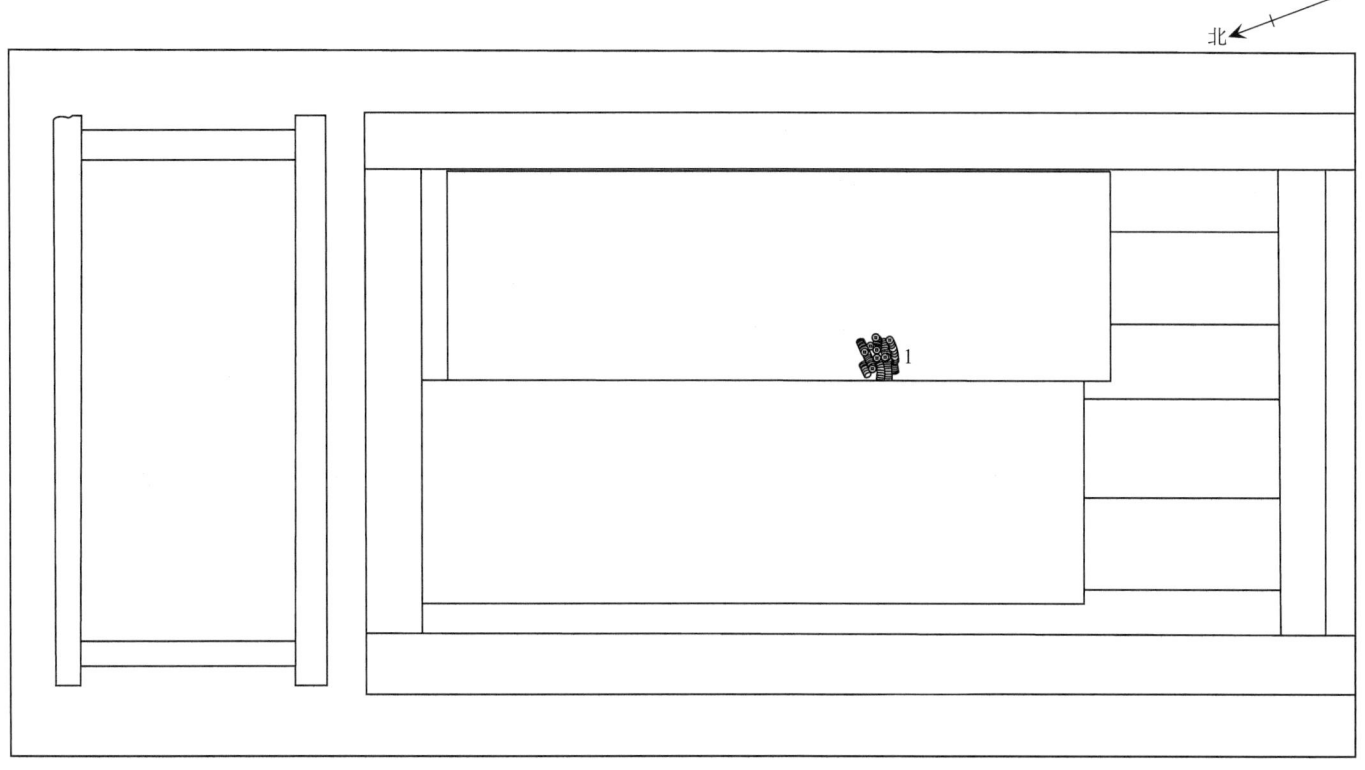

北

0 50厘米

图 3-8A-21a2 圩庄组 A 区 M137 木椁盖板揭开后木椁顶板平面图

M137：26，出土于北边箱东南角。敞口，斜沿，鼓腹渐束收，平底。口径22.3、底径8.2、高9厘米。（图3-8A-21b1；彩版一四六，1）

镜 3件。M137：35-6，出土于西棺南部。昭明镜。圆形，半圆纽，圆纽座。座外单弧线纹四组相间环列，外饰八内向连弧纹，外圈两周短斜线纹间饰一周铭文。铭文为"内而清而以昭明光夫日月不泄"。窄缘。镜面微凸。面径6.8、背面径6.6、纽高0.61、纽宽1.1、缘宽0.15、缘厚0.23、肉厚0.1厘米。（彩版一四六，2）

M137：35-7，出土于西棺南部。昭明镜。圆形，半圆纽，圆纽座。座外单弧线纹四组相间环列，外饰八内向连弧纹，外圈两周短斜线纹间饰一周铭文。铭文为"内而清而以昭明光而日月而不泄"。窄缘。镜面微凸。面径6.7、背面径6.5、纽高0.55、纽宽1.05、缘宽0.11、缘厚0.25、肉厚0.12厘米。（彩版一四六，3）

M137：51-10，出土于东棺南部。昭明镜。圆形，半圆纽，圆纽座。座外三短线纹与单弧线纹各四组相间环列，其外饰十二内向连弧纹，外圈两周短斜线纹间饰一周铭文。铭文为"内而清而以而昭而明而光而夫日而月"。宽素平缘。镜面微凸。面径9、背面径8.8、纽高0.6、纽宽1.3、缘宽1、缘厚0.45、肉厚0.12厘米。（彩版一四六，4）

印 1件。M137：46，出土于东棺中部。龟纽，印面方形，印文"王□私印"。印边长1.8、高1.4厘米。（彩版一四六，5、6）

带钩 1件。M137：45，出土于东棺中部。琵琶形钩身，龙首形钩首，身下饰一圆纽。器长13.6、尾宽1.4、纽径1.6、高2.6厘米。（图3-8A-21b1；彩版一四七，1）

刷 2件。M137：35-8，出土于西棺南部。烟斗形，器身细长，一端折为圆孔，孔内刷毛已朽，一端为龙首，龙口吐一上翘扁形尾，内收至尖。器长12、孔径1.1、柄径0.5厘米。（图3-8A-21b1；彩版一四七，2）

M137：51-9，出土于东棺南部。烟斗形，器身细长，一端折为椭圆孔，孔内刷毛已朽，一端下垂扁形尾，内收至尖，近尾端有横圆孔。器长10.8、孔长径1.0、短径0.9、横圆孔直径0.2厘米。（图3-8A-21b1；彩版一四七，3）

泡钉 1件。M137：41，出土于南边箱东部。主体呈半圆球面形，背面正中饰一圆锥形插钉。器面径2.4、高1.3厘米。（图3-8A-21b1）

铜钱 3组。M137：1，出土于东棺棺盖之上，棺盖中部。10枚，五铢钱，形制、尺寸皆同。钱径2.4、穿径1.1厘米。（图3-8A-21b2；彩版一四七，4）

M137：39，出土于西棺中部。20枚，五铢钱，形制、尺寸皆同。钱径2.5、穿径1厘米。（图3-8A-21b2；彩版一四七，5）

M137：44，出土于东棺中部。20枚，五铢钱，形制、尺寸皆同。钱径2.5、穿径1厘米。（图3-8A-21b2）

2. 铁器

共3件。器形为釜、剑、削。

釜 1件。M137：17，出土于北边箱中部。器残损严重，仅剩下腹部及底部，器弧腹，平底。底宽7.1、壁厚0.4、残高9.3厘米。（图3-8A-21b1）

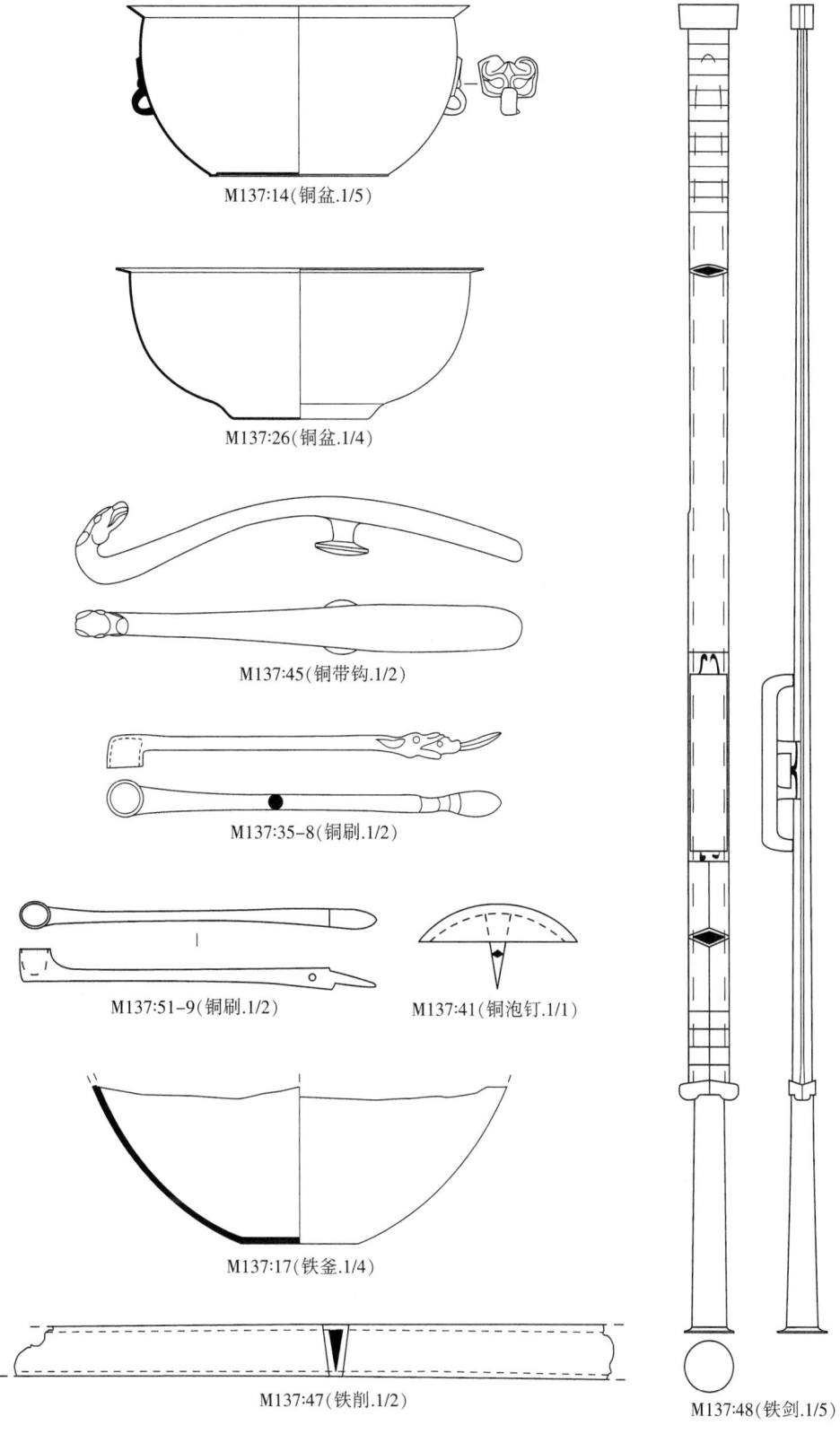

M137:14(铜盆.1/5)

M137:26(铜盆.1/4)

M137:45(铜带钩.1/2)

M137:35-8(铜刷.1/2)

M137:51-9(铜刷.1/2)

M137:41(铜泡钉.1/1)

M137:17(铁釜.1/4)

M137:47(铁削.1/2)

M137:48(铁剑.1/5)

图 3-8A-21b1 圩庄组 A 区 M137 出土器物图

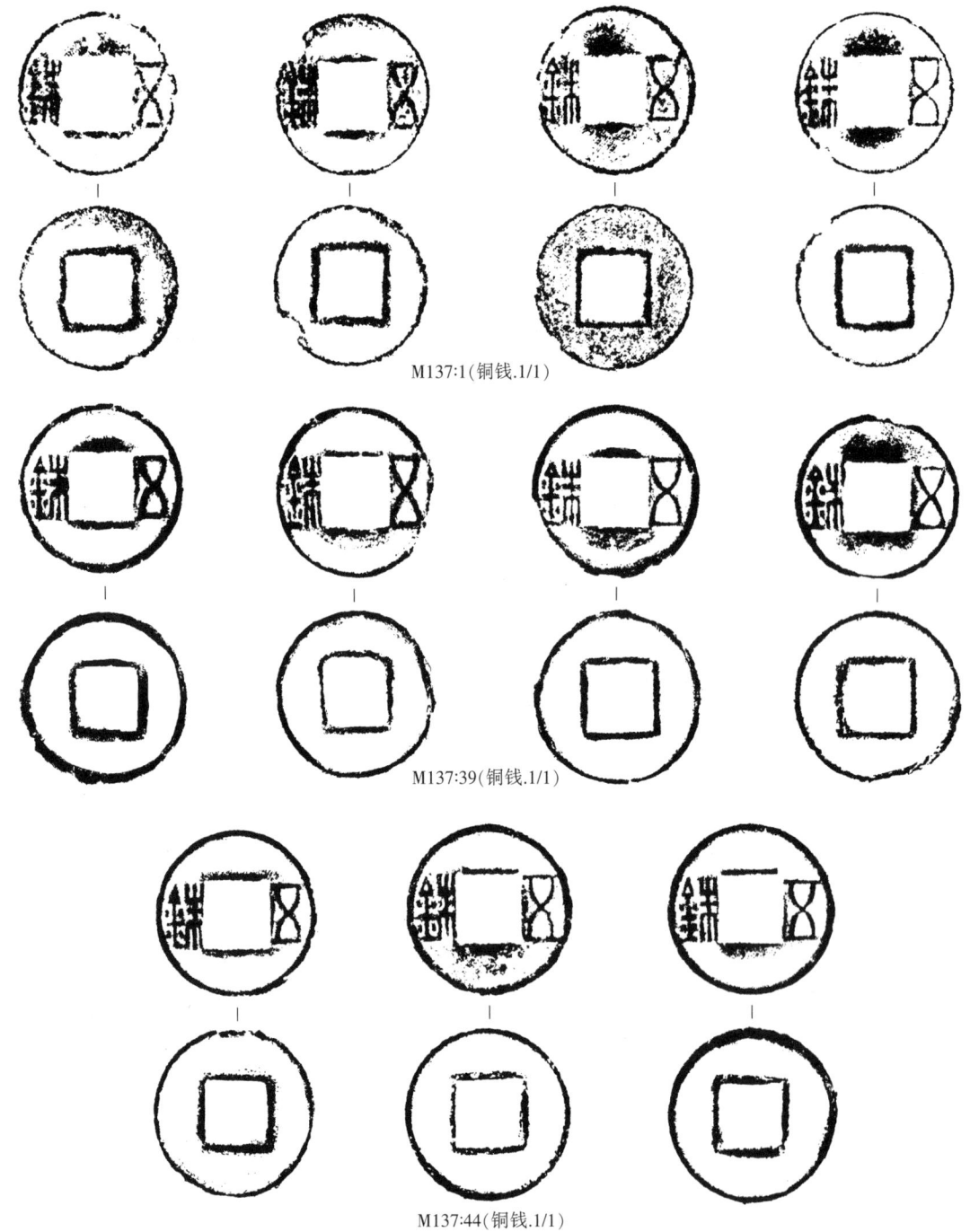

M137:1(铜钱.1/1)

M137:39(铜钱.1/1)

M137:44(铜钱.1/1)

图 3－8A－21b2　圩庄组 A 区 M137 出土器物图

剑　1 件。M137：48，出土于东棺中部。器保存较好，剑身及漆鞘保存较好，剑首、剑茎、剑格、剑身、剑璏、剑珌等俱存。喇叭形剑首，圆柱形剑茎，铜格，剑身根部出脊至剑璏，剑身断面呈菱形，长方体剑珌。黑漆鞘，剑根部有两圈凹纹带，剑尖部有十二圈纹带，剑璏下漆鞘上有朱漆纹饰。器通长 98、剑首直径 4、格宽 4.6、剑璏长 13.1、剑璏高 2.4、剑珌长 4.6、剑珌宽1.8、剑珌厚 1.7 厘米。（图 3－8A－21b1；彩版一四七，6）

削　1 件。M137：47，出土于东棺中部。残存部分削身及漆鞘。削身平直略弧，断面呈三角形。黑漆鞘，素面无纹。器残长 18.2、宽 1.4、背厚 0.4 厘米，漆鞘宽 1.7 厘米。（图 3－8A－

21b1；彩版一四七，7）

3. 琉璃器

共9件。器形有玲、塞、饰件。

玲 2件。M137：40，出土于西棺中部。器作蝉形，正面隆起，纹饰简练，背面平直，素面。长4、宽2.3、厚0.7厘米。（图3−8A−21b3；彩版一四七，8）

M137：51−5，出土于东棺南部。器作蝉形，正面隆起，纹饰简练，背面平直，素面。长4.3、宽2.7、厚0.8厘米。（图3−8A−21b3；彩版一四七，9）

塞 6件。M137：35−12，出土于西棺南部。器作圆台柱形。顶面直径0.4、底面直径0.7、高1.6厘米。（图3−8A−21b3；彩版一四七，10）

M137：35−14，出土于西棺南部。形制、尺寸同M137：35−12。

M137：38，出土于西棺中部。器呈粉末状，无法复原，形制、尺寸均不明。

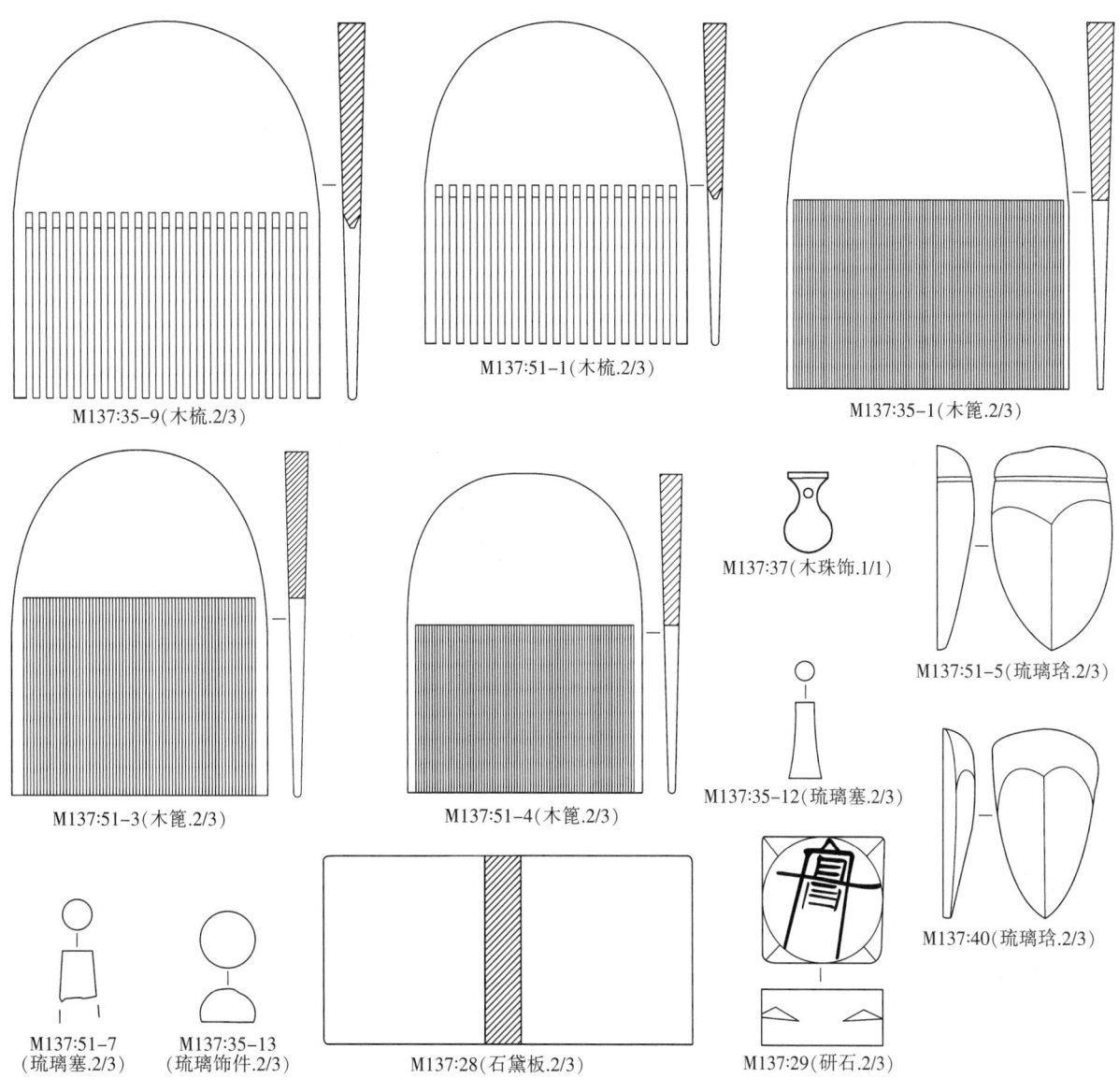

图3−8A−21b3 圩庄组A区M137出土器物图

M137：51－7，出土于东棺南部。器作圆台柱形，仅剩上部。顶面直径0.7、残高1.1厘米。（图3－8A－21b3）

M137：51－6、M137：51－8，两件均出土于东棺南部。器呈粉末状，无法复原，形制、尺寸均不明。

饰件 1件。M137：35－13，出土于西棺南部。器呈半球形，平底。直径1.2、高0.7厘米。（图3－8A－21b3）

4. 漆器

共25件。器形有案、耳杯、樽、六博盘、奁、面罩、罐。

案 1件。M137：2，出土于北边箱西部。器残损严重，无法复原，形制、尺寸、纹饰均不明。

耳杯 17件。

M137：8，出土于北边箱中部。夹纻胎。椭圆形口，耳缘上翘，弧腹，平底。器外壁髹黑漆，内除口部髹黑漆外其余均髹朱漆。素面无纹。口径长11.6、连耳宽9.4、底径宽3.4、通高5.2厘米。（彩图四二，1；彩版一四八，1）

M137：3～5、M137：9～11、M137：13、M137：15，八件形制、尺寸与M137：8相同。

M137：31，出土于南边箱东部。夹纻胎。椭圆形口，耳缘上翘，弧腹，平底。器外壁髹黑漆，内除口部髹黑漆外其余均髹朱漆。素面无纹。口径长15.6、连耳宽14、底径宽5、通高6.1厘米。（彩图四二，2；彩版一四八，2）

M137：20～25、M137：30，七件形制、尺寸与M137：31相同。

樽 1件。M137：27，出土于南边箱西部。木胎。器盖缺失。器身外壁髹黑漆，近口沿及底边各有四圈朱漆线纹，中间两圈内各饰朱漆和青灰漆绘弧线三角、竖线和叶纹带。口沿纹饰带下及底边纹饰带上各有一圈凸棱，上层凸棱下及下层凸棱上各有一圈朱漆条带与竖线纹带。器身中上部两侧各饰一铜铺首衔环，底部饰三足，足周边器身上朱漆半圈。器内壁髹朱漆，近口部黑漆绘五圈线纹，第二、三圈及第四、五圈内各青灰漆绘一圈线纹，第三、四圈内黑漆绘涡纹及竖线纹、青灰漆绘三角纹。内壁中上部黑漆勾勒、青灰漆填绘图案。器身口径21.1、高16.1、壁厚0.4、底厚1.2厘米。（彩图四二，3；彩版一四八，3）

六博盘 1件。M137：33，出土于南边箱东部。器扁平，平面正方形，器表四角、四边中心内饰"L"纹，器表中心饰一大正方形，大正方形正中及四角外均饰一小正方形，大正方形四边外正中饰"T"纹。器边长39.1、厚1.7厘米。（图3－8A－21b4）

奁 2件。M137：35，出土于西棺南部，M137：51，出土于东棺南部。器均残损严重，无法复原，形制、尺寸、纹饰均不明。

面罩 2件。M137：42，出土于西棺中部，M137：49，出土于东棺南部。器均残损严重，无法复原，形制、尺寸、纹饰均不明。

罐 1件。M137：36，出土于西棺南部。夹纻胎。直口，圆肩，圆鼓腹，圜底，三蹄足。口径4、带足高6.2厘米。（图3－8A－21b4；彩版一四八，4）

5. 木器

共20件。器形有几、方形木器座、梳、篦、枕、握、弩、珠饰。

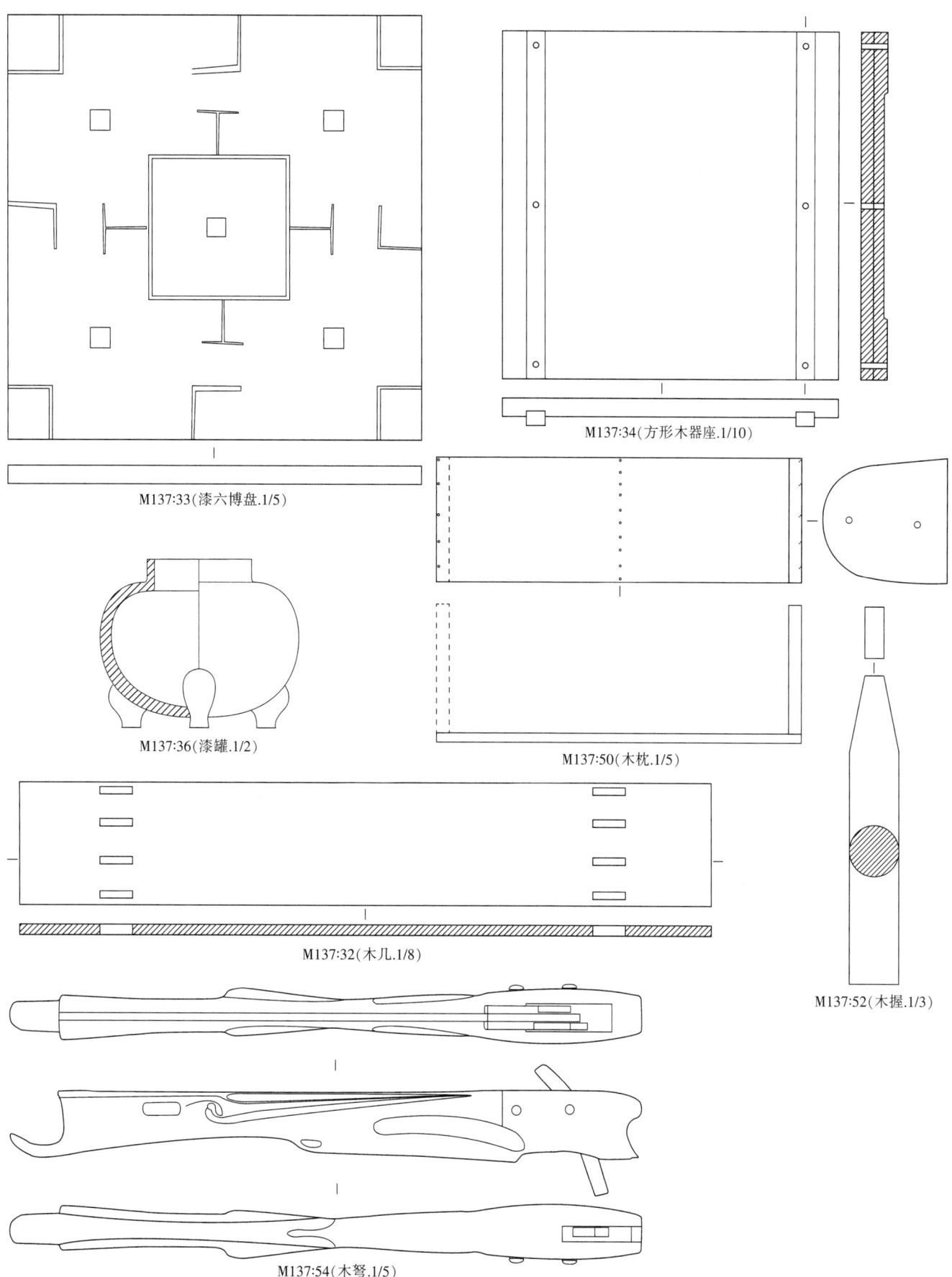

M137:34(方形木器座.1/10)

M137:33(漆六博盘.1/5)

M137:36(漆罐.1/2)

M137:50(木枕.1/5)

M137:52(木握.1/3)

M137:32(木几.1/8)

M137:54(木弩.1/5)

图 3-8A-21b4 圩庄组 A 区 M137 出土器物图

几　1件。M137：32，出土于南边箱中部。器残损，仅剩几板。木板扁平，器两边各有四个长方形銎孔。器长105、宽18.1、厚1.6厘米，孔长4.9、宽1.1厘米。（图3-8A-21b4）

方形木器座　1件。M137：34，出土于南边箱中部。器扁平，平面正方形，近两边下各嵌有一条形木块，木块下内凹一层，木块上等距各有三个圆形镂孔。器边长64、厚4.8厘米，条形木块长64、宽3.6、厚2.8厘米，圆孔径1.2厘米。（图3-8A-21b4）

梳　5件。M137：35-9，出土于西棺南部。器弧背长方形，背部厚，齿端薄，背长与齿长基本相同。22齿。通长8、宽6.7、厚0.6厘米。（图3-8A-21b3）

M137：35-10、M137：35-11，两件均出土于西棺南部。形制、尺寸均与M137：35-9相同。

M137：51-1，出土于东棺南部。器弧背长方形，背部厚，齿端薄，背长与齿长基本相同，19齿。通长6.8、宽5.7、厚0.5厘米。（图3-8A-21b3）

M137：51-2，出土于东棺南部。形制、尺寸与M137：51-1相同。

篦　7件。M137：51-3，出土于东棺南部。器弧背长方形，背部厚，齿端薄，齿长于背长。通长7.3、宽5.6、厚0.5厘米。（图3-8A-21b3）

M137：51-4，出土于东棺南部。器弧背长方形，背部厚，齿端薄，齿长于背长。通长6.8、宽5.2、厚0.5厘米。（图3-8A-21b3）

M137：35-1，出土于西棺南部。器弧背长方形，背部厚，齿端薄，背长与齿长基本相同。通长7.8、宽6.2、厚0.6厘米。（图3-8A-21b3）

M137：35-2、3、4、5，四件均出土于西棺南部。形制、尺寸与M137：35-1相同。

枕　2件。M137：43，出土于西棺南部。器残损严重，无法复原，形制、尺寸均不明。

M137：50，出土于东棺南部。器尚存底板和右侧板。底板平面呈长方形，两边表面均各有五个圆孔，中部表面有十个圆孔，侧面表面有两个圆孔。底板长34.8、宽11.5、厚0.8厘米，侧板高11.8、厚1.2厘米。（图3-8A-21b4；彩版一四八，5）

握　2件。M137：52，出土于东棺中部。器下部为圆柱体，上部为四棱台。器通长17.1、下部圆柱体直径2.8、上部四棱台顶长2.9、宽1.1厘米。（图3-8A-21b4；彩版一四八，6左）

M137：53，出土于西棺中部，形制、大小与M137：52相同。（彩版一四八，6右）

弩　1件。M137：54，出土于南边箱。器保存较好。郭为木质，前端上勾，顶部从望山至器前端有一凸岭，器侧面前端有一圆角长方形镂孔，其后身形弧凸，再后有一弧形凹槽，器身下部有一小圆孔，为扳机护圈。望山、悬刀、枢轴俱存，为铜质。器通长59.9、通宽5.5、通高12厘米。（图3-8A-21b4；彩版一四八，7）

珠饰　1件。M137：37，出土于西棺中部。器呈水滴形。宽0.7、高1.15厘米。（图3-8A-21b3）

6. 石器

共2件。器形有黛板、研石，为一套。

黛板　1件。M137：28，出土于南边箱。平面和断面均为长方形，正面光滑，为碾磨面。长8、宽4、厚0.8厘米。（图3-8A-21b3；彩版一四九，1）

研石　1件。M137：29，出土于南边箱。顶面呈圆形，底面呈方形，底面光滑，为碾磨面。底径2.8、高1.2厘米。（图3-8A-21b3；彩版一四九，1）

7. 陶器

共6件。器形有壶、瓿、甑。

壶 3件。皆为釉陶。M137：7，出土于北边箱中部。侈口，圆唇，束颈，溜肩，鼓腹渐收，平底内凹。肩两侧饰一对桥形耳，上有一对羊角纹贴塑，下有环。口沿下部饰水波纹，颈下半部饰一圈凹弦纹及水波纹，肩上下分别饰三组紧密相接的三条凸弦纹，最大径在腹部。口径16.8、底径15.9、高39.4厘米。（图3-8A-21b5；彩版一五〇，1）

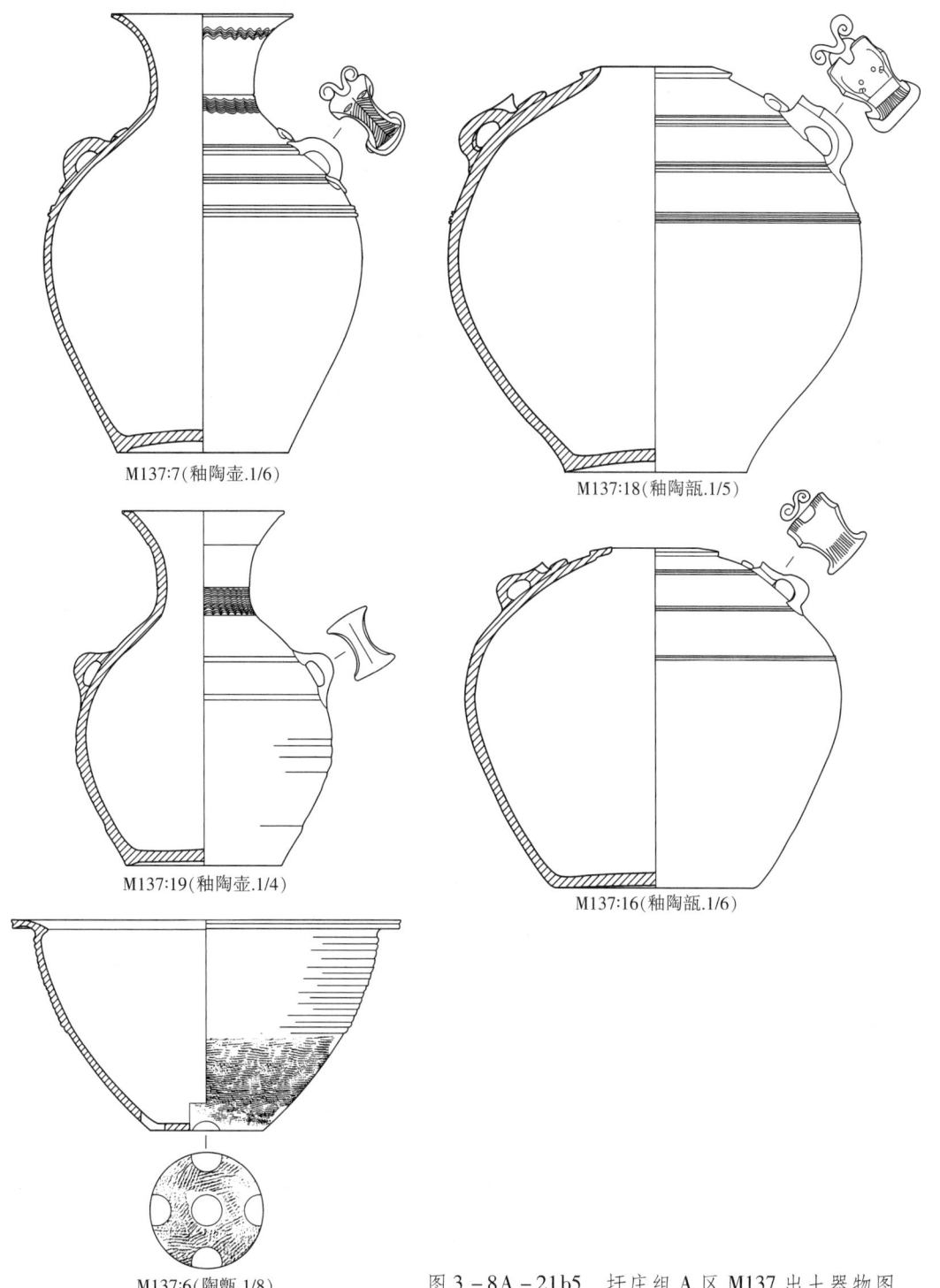

M137:7(釉陶壶.1/6)

M137:18(釉陶瓿.1/5)

M137:19(釉陶壶.1/4)

M137:16(釉陶瓿.1/6)

M137:6(陶甑.1/8)

图3-8A-21b5 圩庄组A区M137出土器物图

M137：12，出土于北边箱东部。形制、尺寸、纹饰均与 M137：7 同。（彩版一五〇，2）

M137：19，出土于北边箱东部。侈口，尖圆唇，束颈，溜肩，鼓腹渐收，隐圈足底。肩两侧饰一对桥形耳，肩部耳上下各饰两圈弦纹。口部下饰一圈弦纹，颈部饰两圈弦纹并间饰水波纹。口径 10、底径 9.6、高 21.2 厘米。（图 3 - 8A - 21b5；彩版一五〇，3）

瓿 2 件。皆为釉陶。M137：16，出土于北边箱东部。小口内敛，圆唇，斜沿，溜肩，弧腹渐收，平底略内凹。肩两侧饰兽面耳一对，上有一对"S"形贴塑。肩上下分别饰三组紧密相接的三条弦纹。口径 8、底径 18.7、高 30.6 厘米。（图 3 - 8A - 21b5；彩版一五〇，4）

M137：18，出土于北边箱东部。小口内敛，尖圆唇，斜沿，溜肩，鼓腹渐收，平底内凹。肩两侧饰兽面耳一对，上有一对羊角形贴塑。肩上下分别饰三组紧密相接的三条凸弦纹。口径 8.6、底径 14.2、高 30.4 厘米。（图 3 - 8A - 21b5；彩版一五〇，5）

甑 1 件。M137：6，出土于北边箱中部。灰陶。侈口，方唇，直沿内凹，弧腹渐收，平底，底部正中及四周有圆形镂孔。器下腹部及底部饰绳纹。口径 48、底径 13.9、高 25.3 厘米。（图 3 - 8A - 21b5；彩版一四九，2、3）

二十二、138 号墓（M138）

M138 位于圩庄组取土场 A 区墓地中部，北面与 M119 相邻。清理前，墓坑开口已被高速公路施工方破坏，开口距现地表深度不明，墓坑底部随葬品组合未受扰动。

墓葬形制为长方形竖穴土坑，开口长 293、宽 223 厘米，残深 45 厘米。方向 95°。（图 3 - 8A - 22a；彩版一五一，1）

葬具为一椁一棺，木结构基本朽尽。从朽痕可知，木椁置于墓坑底部正中，椁平面呈长方形，长 239、宽 141、残高 38 厘米。棺置于木椁南部，棺长 224、宽 67、残高 25 厘米。北边箱由椁西、北、东侧板与棺之间的空间组成，平面呈长方形，长 224、宽 56 厘米。

该墓共出土铜器、铁器、琉璃器、漆器、陶器 16 件（组）。

1. 铜器

6 件（组）。器形为盆、镜、印、带钩、刷、铜钱。

盆 1 件。M138：11，出土于北边箱东部偏北。器物残损严重，仅存口腹部。器敞口，尖唇，圆腹。复原器口径 20 厘米。（图 3 - 8A - 22b1）

镜 1 件。M138：5，出土于棺内西北角。星云纹镜。圆形，连峰纽，圆纽座。座外单弧线纹和半圆扇面纹各四组相间排列，其外一周十六内向连弧纹。外饰两周凸弦纹，间以四枚并蒂连珠纹底座乳丁，乳丁间各施七枚小乳丁，相互间以弧线相连。十六内向连弧纹缘。镜面微凸，面径 10.3、背面径 10.1、纽高 0.8、纽宽 1.6、缘宽 0.72、缘厚 0.23、肉厚 0.12 厘米。（彩版一五一，2）

印 1 件。M138：1，出土于棺内中部。桥形纽，印面方形。印文"王口私印"。印边长 1.8、高 1.4 厘米。（彩版一五一，3）

带钩 1 件。M138：16，出土于棺内中部铁剑下。细长琵琶形钩身，龙首形钩首，钩身下饰一圆纽。钩首下侧端刻有卷云三角纹，钩尾侧面有凹槽。器长 6.1、宽 1.4、高 1.5 厘米。（图 3 - 8A - 22b1；彩版一五一，4）

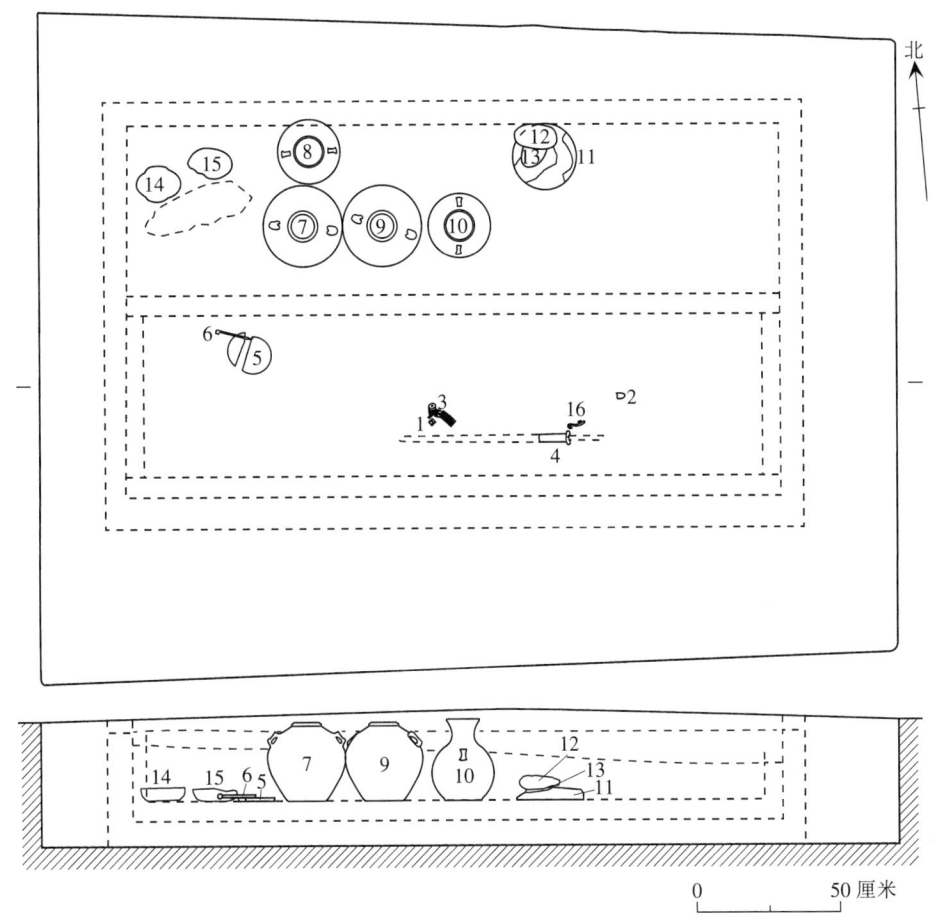

图 3 - 8A - 22a 圩庄组 A 区 M138 平面、剖视图

1. 铜印 2. 琉璃琀 3. 铜钱 4. 铁剑 5. 铜镜 6. 铜刷 7、9. 釉陶瓿 8、10. 釉陶壶
11. 铜盆 12 ~ 15. 漆耳杯 16. 铜带钩

刷 1 件。M138：6，出土于棺内西北角。烟斗形，器身细长，一端为龙首形，龙首口出尖牙状的銎，一端折为圆孔，孔内刷毛已朽。通长 12.6、孔径 1、柄径 0.5 厘米。（图 3 - 8A - 22b1；彩版一五一，5）

铜钱 1 组。M138：3，出土于棺内中部。共 42 枚，皆为五铢钱，钱文、形制、尺寸均相同。钱径 2.6、穿径 1.1 厘米。（图 3 - 8A - 22b1；彩版一五一，6）

2. 铁器

1 件。器形为剑。

剑 1 件。M138：4，出土于棺内中部。器残朽严重，仅存铜质剑格及剑身根部一段。剑身出脊，断面呈菱形。剑格长 4.4、宽 1.6、厚 2 厘米，剑身残长 9.1、最宽 2.6、厚 1 厘米。（图 3 - 8A - 22b1；彩版一五一，7）

3. 琉璃器

1 件。器形为琀。

琀 1 件。M138：2，出土于棺内中部偏东。器作蝉形，正面隆起。长 2.6、宽 1.9、厚 0.8 厘米。（图 3 - 8A - 22b1）

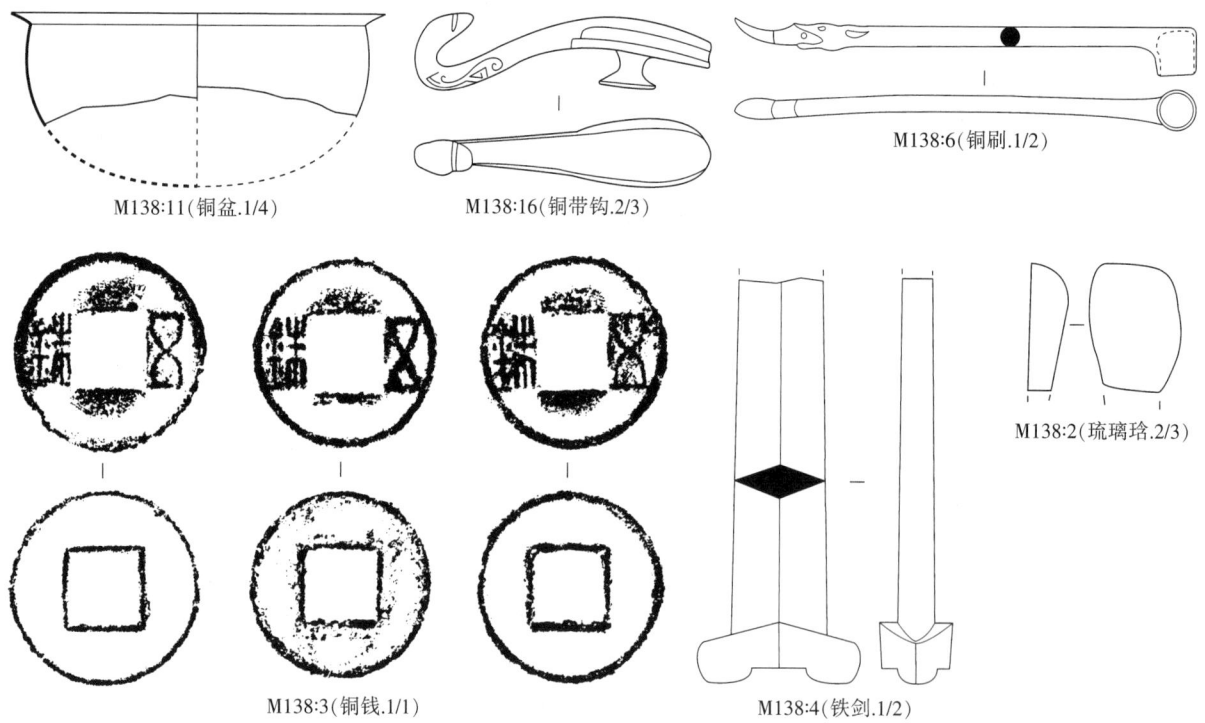

M138:11(铜盆.1/4)　　M138:16(铜带钩.2/3)　　M138:6(铜刷.1/2)

M138:2(琉璃珩.2/3)

M138:3(铜钱.1/1)　　M138:4(铁剑.1/2)

图3-8A-22b1　圩庄组A区M138出土器物图

4. 漆器

4件。器形为耳杯。

耳杯　4件。M138:12、13出土于北边箱东部铜盆内，M138:14、15出土于北边箱西北角。均残损严重，无法复原，形制、尺寸不明。

5. 陶器

4件。器形为壶、瓿。

壶　2件。M138:8，出土于北边箱西部偏北。釉陶。侈口，圆唇，束颈，溜肩，鼓腹渐收，圈足底。肩饰一对桥形耳，耳面模印叶脉纹。颈部饰两圈凹弦纹间饰水波纹，肩部饰两圈凹弦纹。口径10.3、底径12.2、高26.7厘米。（图3-8A-22b2；彩版一五二，1）

M138:10，出土于北边箱中部。釉陶。侈口，圆唇，束颈，溜肩，鼓腹渐收，平底内凹。肩部饰一对桥形耳，耳面模印叶脉纹，耳上下各饰两圈凹弦纹。口部饰水波纹，下饰两圈凹弦纹，颈部以下饰三圈凹弦纹。口径11.7、底径13.5、高34.1厘米。（图3-8A-22b2；彩版一五二，2）

瓿　2件。M138:7，出土于北边箱西部。釉陶。小侈口，尖唇，斜沿，溜肩，鼓腹渐收，平底略内凹。肩部饰一对兽面耳。口径8.4、底径12.8、高25.9厘米。（图3-8A-22b2；彩版一五二，3）

M138:9，出土于北边箱中部。釉陶。小敛口，尖唇，斜沿，溜肩，鼓腹渐收，平底略内凹。肩部饰一对兽面耳，耳上下各饰两圈凹弦纹。口径8.6、底径13.4、高25.7厘米。（图3-8A-22b2；彩版一五二，4）

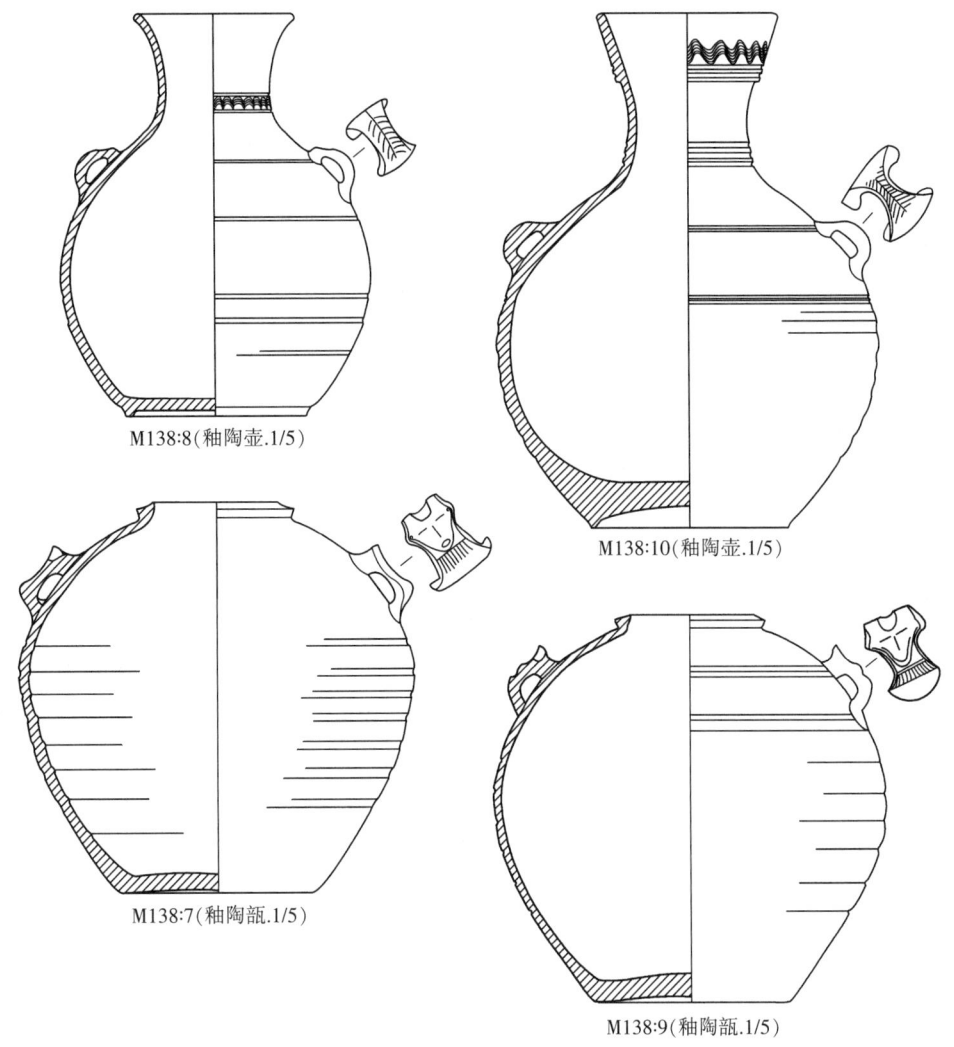

M138:8(釉陶壶.1/5)

M138:10(釉陶壶.1/5)

M138:7(釉陶瓿.1/5)

M138:9(釉陶瓿.1/5)

图 3 - 8A - 22b2　圩庄组 A 区 M138 出土器物图

二十三、139 号墓（M139）

M139 位于圩庄组取土场 A 区墓地中部，北面与 M162 相邻，东北与 M140 和 M141 相邻，南面与 M145 相邻。清理前，墓坑开口及东部已被高速公路施工方严重破坏，开口距现地表深度不明，墓坑底部随葬品组合受扰动。

墓葬形制为长方形竖穴土坑，开口长 317、残宽 157.5 厘米，残深 60 厘米。方向 210°。（图 3 - 8A - 23a；彩版一五三，1）

葬具为一椁一棺，木结构基本朽尽。从朽痕可知，木椁置于墓坑底部正中，椁平面呈长方形，长 268、残宽 102、残高 21 厘米。棺位于木椁中部偏南，棺平面呈长方形，长 221、残宽 34 厘米。

该墓共出土铜器、漆器、木器、陶器等遗物 5 件。

1. 铜器

1 件。器形为镜。

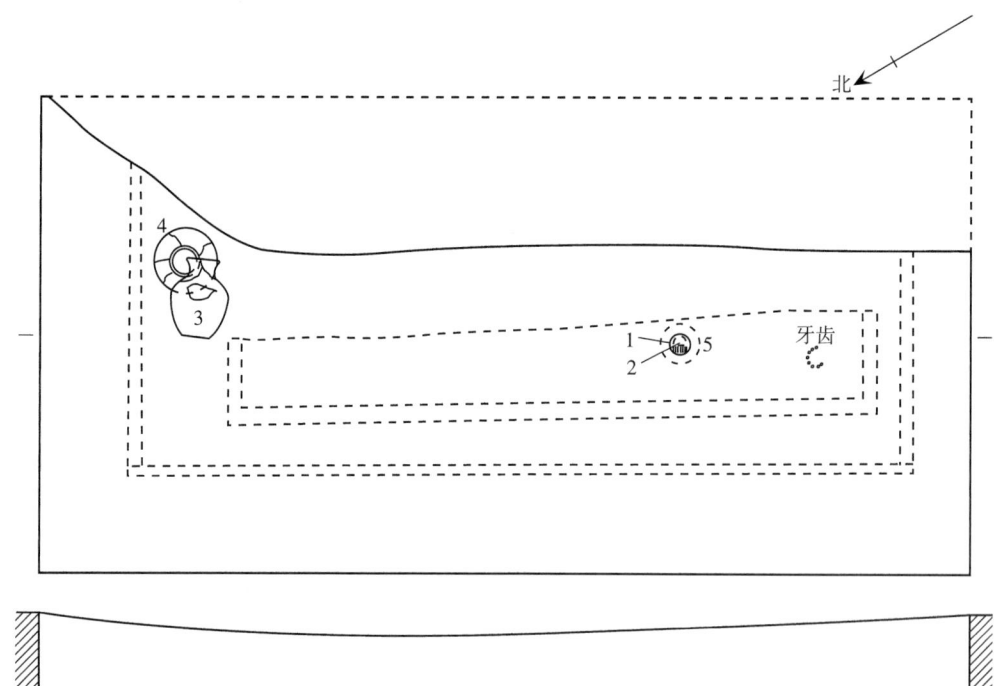

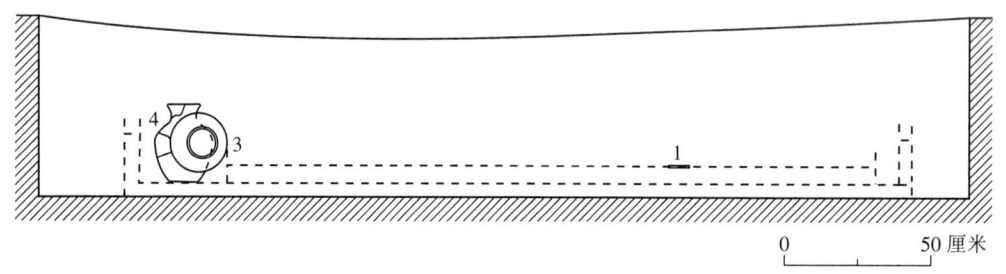

图 3 - 8A - 23a　圩庄组 A 区 M139 平面、剖视图
1. 铜镜　2. 木梳　3、4. 陶壶　5. 漆奁

镜　1 件。M139：1，出土于棺内南部漆奁（M139：5）内。博局镜。圆形，半圆纽，四叶纹纽座。座外饰双线方格一个，其外博局纹将内区分为四方八极，空间填饰四组禽兽纹，外饰一周短斜线纹带。宽平缘上饰复线三角形锯齿纹。镜面微凸。面径 8、背径 7.8、纽高 0.6、纽宽 1.15、缘宽 1.1、缘厚 0.36、肉厚 0.25 厘米。（彩版一五三，2）

2. 漆器

1 件。器形为奁。

奁　1 件。M139：5，器物残损严重，仅剩少量残片，无法复原，形制、尺寸、纹饰皆不明。

3. 木器

1 件。器形为梳。

梳　1 件。M139：2，器物残损严重，几成碎屑，形制、尺寸不明。

4. 陶器

2 件。器形为壶。

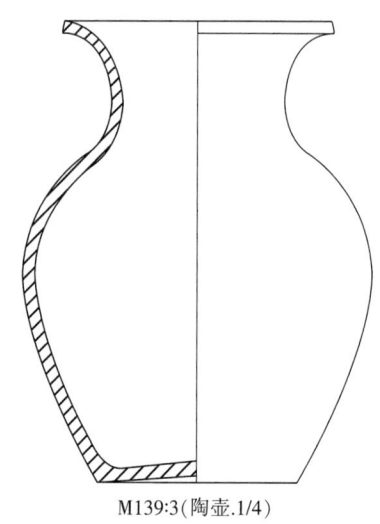

M139:3(陶壶.1/4)

图 3 - 8A - 23b　圩庄组 A 区 M139
出土器物图

壶　2 件。M139：3，红陶。侈口，方唇，束颈，溜肩，弧腹渐收，平底内凹。素面无纹。口径 14.6、底径 10.9、高 24.4 厘米。（图 3 – 8A – 23b；彩版一五三，3）

M139：4，红陶。形制、尺寸与 M139：3 相同。

二十四、140 号墓（M140）

M140 位于圩庄组取土场 A 区墓地中部，东面与 M141 相邻，西面与 M162 相邻。清理前，墓坑开口已被高速公路施工方破坏，开口距现地表深度不明，墓坑底部棺结构未受扰动。

墓葬形制为长方形竖穴土坑，开口长 190、宽 76 厘米，残深 38 厘米。方向 203°。（图 3 – 8A – 24；彩版一五三，4）

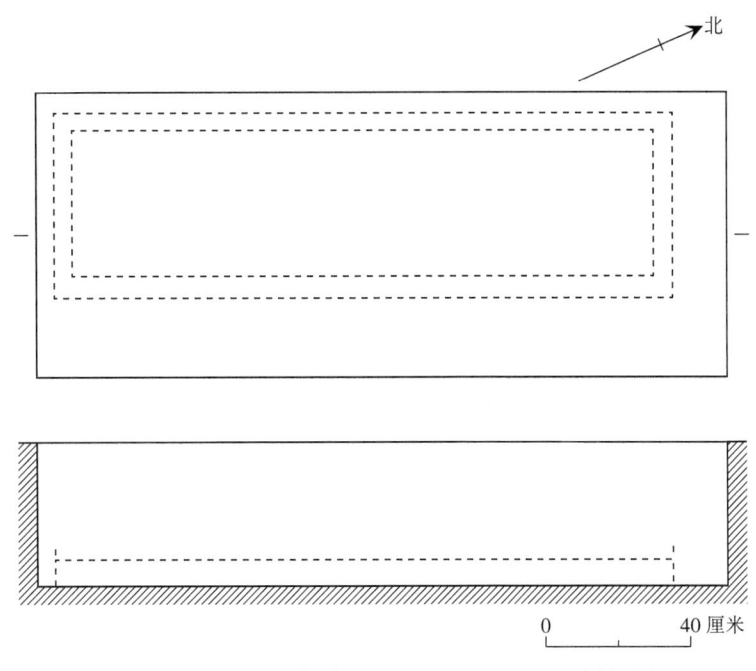

图 3 – 8A – 24　圩庄组 A 区 M140 平面、剖视图

葬具为单棺，木结构基本朽尽。从朽痕可知，棺通长 170、宽 49 厘米，高度不明。

墓葬虽经仔细清理，但墓室内未出土任何遗物。

二十五、141 号墓（M141）

M141 位于圩庄组取土场 A 区墓地中部，西面与 M140 相邻。清理前，墓坑开口已被高速公路施工方破坏，开口距现地表深度不明，墓坑底部棺结构未受扰动。

墓葬形制为长方形竖穴土坑，开口长 220、宽 60 厘米，残深 16 厘米。方向 203°。（图 3 – 8A – 25；彩版一五四，1）

葬具为单棺，木结构基本朽尽。从朽痕可知，棺长 209、宽 48 厘米。

墓葬虽经仔细清理，但墓室内未出土任何遗物。

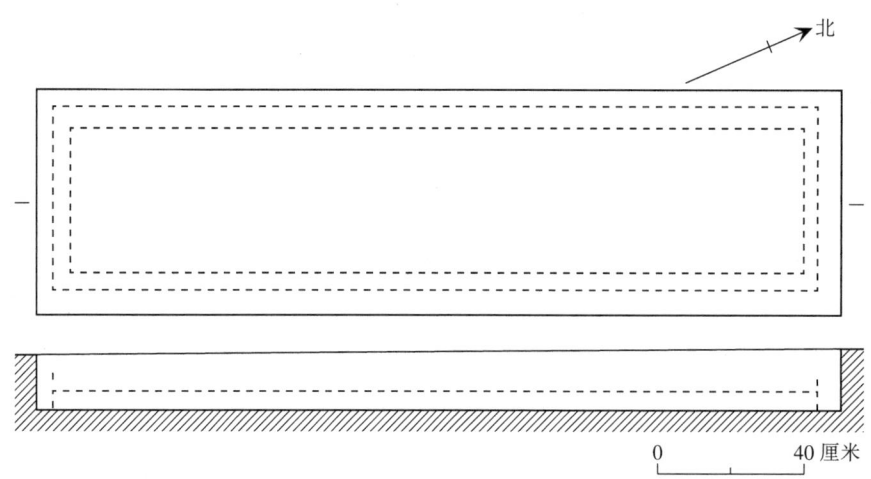

图 3-8A-25 圩庄组 A 区 M141 平面、剖视图

二十六、142 号墓（M142）

M142 位于圩庄组取土场 A 区墓地中部，东面与 M143 相邻。清理前，墓坑开口已被高速公路施工方破坏，开口距现地表深度不明，墓坑底部随葬品组合遭受扰动。

墓葬形制为长方形竖穴土坑，开口长 251、宽 145 厘米，残深 50 厘米。方向 15°。（图 3-8A-26a；彩版一五四，2）

葬具为一椁一棺，木结构基本朽尽。从朽痕可知，椁位于墓坑底部正中，长 215、宽 105、残高 20 厘米。棺位于椁室东部，长 205、宽 50、残高 15 厘米。西边箱由棺和椁北、西、南三面侧板之间的空间构成。

该墓共出土铜器、铁器、漆器、木器、陶器等遗物 19 件（组）。

1. 铜器

7 件（组）。器形为盆、镜、刷、环、铜钱。

盆 1 件。M142：15，出土于西边箱西南。敞口，折沿，弧腹，底部残损严重。口径 20.3、残高 4.2 厘米。（图 3-8A-26b1）

镜 1 件。M142：2，出土于棺内东北角。双圈铭文镜。圆形，半圆纽，并蒂十二连珠纹纽座。座外饰凸弦圈带纹两周，其间饰铭文一周，涡纹及八字铭文相间排列，外圈两周短斜线纹间饰另一周铭文。内圈铭文为"日之光见长毋相忘"，外圈铭文为"内清质以昭明光辉象而夫日月心忽扬而愿忠然雍塞而不泄"。宽素平缘。镜面微凸。面径 13.5、背径 13.3、纽高 0.6、纽宽 1.15、缘宽 1.1、缘厚 0.36、肉厚 0.25 厘米。（图 3-8A-26b1；彩版一五四，3）

刷 2 件。M142：3，出土于棺室东北角。烟斗形，器身细长，一端内收为龙首形，一端折为圆孔，孔内刷毛已朽，末端宽扁，呈龙首状，微上翘，有一横向穿孔。通长 7.5、孔径 0.75 厘米。（图 3-8A-26b1；彩版一五四，5 左）

M142：4-2，出土于棺室东北角漆奁（M142：4）内。木质刷柄与刷毛均已朽，仅存顶端铜套饰。器整体呈圆柱形，由下至上逐渐收分，上端顶部饰一圆环纽，下端饰一圆銎。通长 3.3、銎

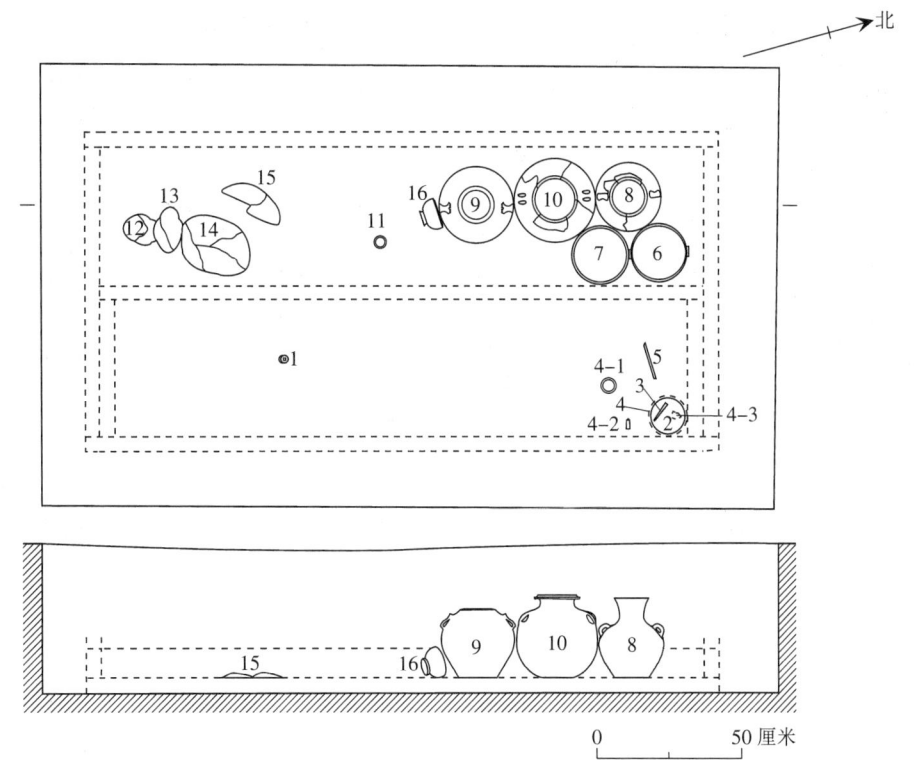

图 3 - 8A - 26a　圩庄组 A 区 M142 平面、剖视图

1. 铜钱　2. 铜镜　3、4 - 2. 铜刷　4. 漆奁　4 - 1、11. 铜环　4 - 3. 木梳　5. 铁削　6. 釉陶鼎　7. 釉陶盒　8. 釉陶壶　9. 釉陶瓿　10. 陶罐　12、13. 漆耳杯　14. 漆盘　15. 铜盆　16. 釉陶熏

径 1.2 厘米。（图 3 - 8A - 26b1；彩版一五四，5 右）

环　2 件。M142：4 - 1，出土于棺室东北角漆奁（M142：4）内。器身截面呈水滴形。器表错金银，上饰云气纹与卷云纹。器外环径 5.2、内环径 3.8、厚 0.78 厘米。（图 3 - 8A - 26b1；彩版一五四，4）

M142：11，出土于西边箱中部。器身截面呈椭圆形。器外环径 4.4、内环径 3.5、厚 0.44 厘米。（图 3 - 8A - 26b1）

铜钱　1 组。M142：1，均出土于棺室中部偏南。共 3 枚，皆为五铢钱。钱径 2.5、穿径 1、缘厚 0.11 厘米。（图 3 - 8A - 26b1）

2. 铁器

1 件。器形为削。

削　1 件。M142：5，出土于棺室东北。削身平直略弧，断面呈三角形，器首残朽不存。器身长 12.6、刃宽 1 厘米。（图 3 - 8A - 26b1）

3. 漆器

4 件。器形为耳杯、盘、奁。

耳杯　2 件。M142：12、13，出土于西边箱西南。残朽严重，仅存漆皮，形制、尺寸、纹饰均不明。

盘　1 件。M142：14，出土于西边箱西南。残朽严重，无法复原，形制、尺寸、纹饰不明。

奁　1 件。M142：4，出土于棺室东北角。惜残朽严重，仅存朽迹，纹饰与尺寸皆不明。

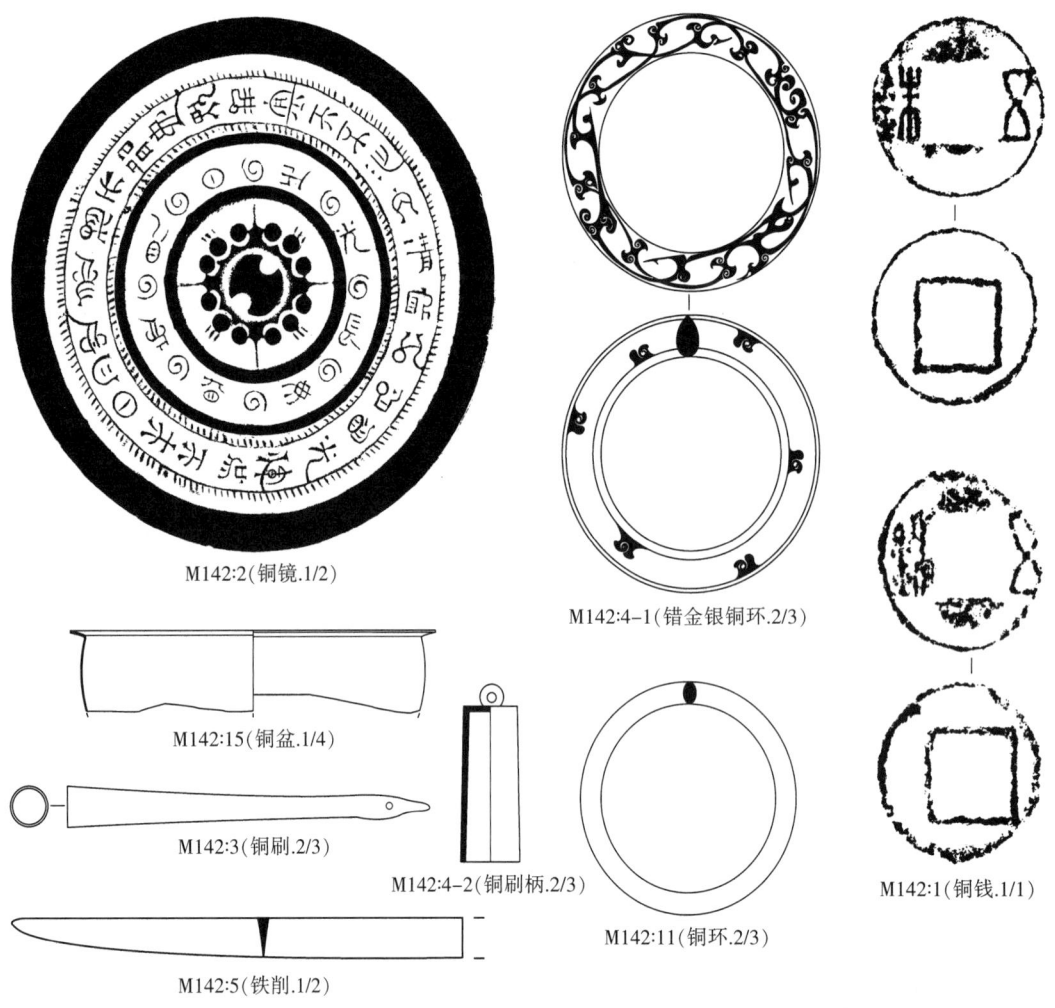

M142:2(铜镜.1/2)

M142:15(铜盆.1/4)

M142:3(铜刷.2/3)

M142:4-2(铜刷柄.2/3)

M142:5(铁削.1/2)

M142:4-1(错金银铜环.2/3)

M142:11(铜环.2/3)

M142:1(铜钱.1/1)

图3-8A-26b1　圩庄组A区M142出土器物图

4. 木器

1件。器形为梳。

梳　1件。M142：4-3，出土于棺室东北角漆奁（M142：4）内。残朽严重，无法复原，形制、尺寸不明。

5. 陶器

6件。器形为鼎、盒、壶、瓿、罐、熏。

鼎　1件。M142：6，出土于西边箱东北角。釉陶。覆平底钵形盖，平顶较宽，三等距乳凸纽。鼎身子母口，方唇，沿内凹，口部饰一对称耳，弧腹，平底，三蹄足。耳面饰斜线卷云纹，足外侧亦饰卷云纹。盖口径18、高6.2厘米，鼎身口径19.2、高15.6厘米。（图3-8A-26b2；彩版一五五，1）

盒　1件。M142：7，出土于西边箱东北角。釉陶。盖上部圆弧中间微内凹，蘑菇形捉手。盒身子母口，圆唇，沿内凹，斜腹，平底内凹。盖口径15.7、高5.1厘米，盒身口径16、底径10.7、高11.4厘米。（图3-8A-26b2；彩版一五五，2）

壶　1件。M142：8，出土于西边箱东北角。釉陶。侈口，尖唇，斜沿，束颈，溜肩，鼓腹，

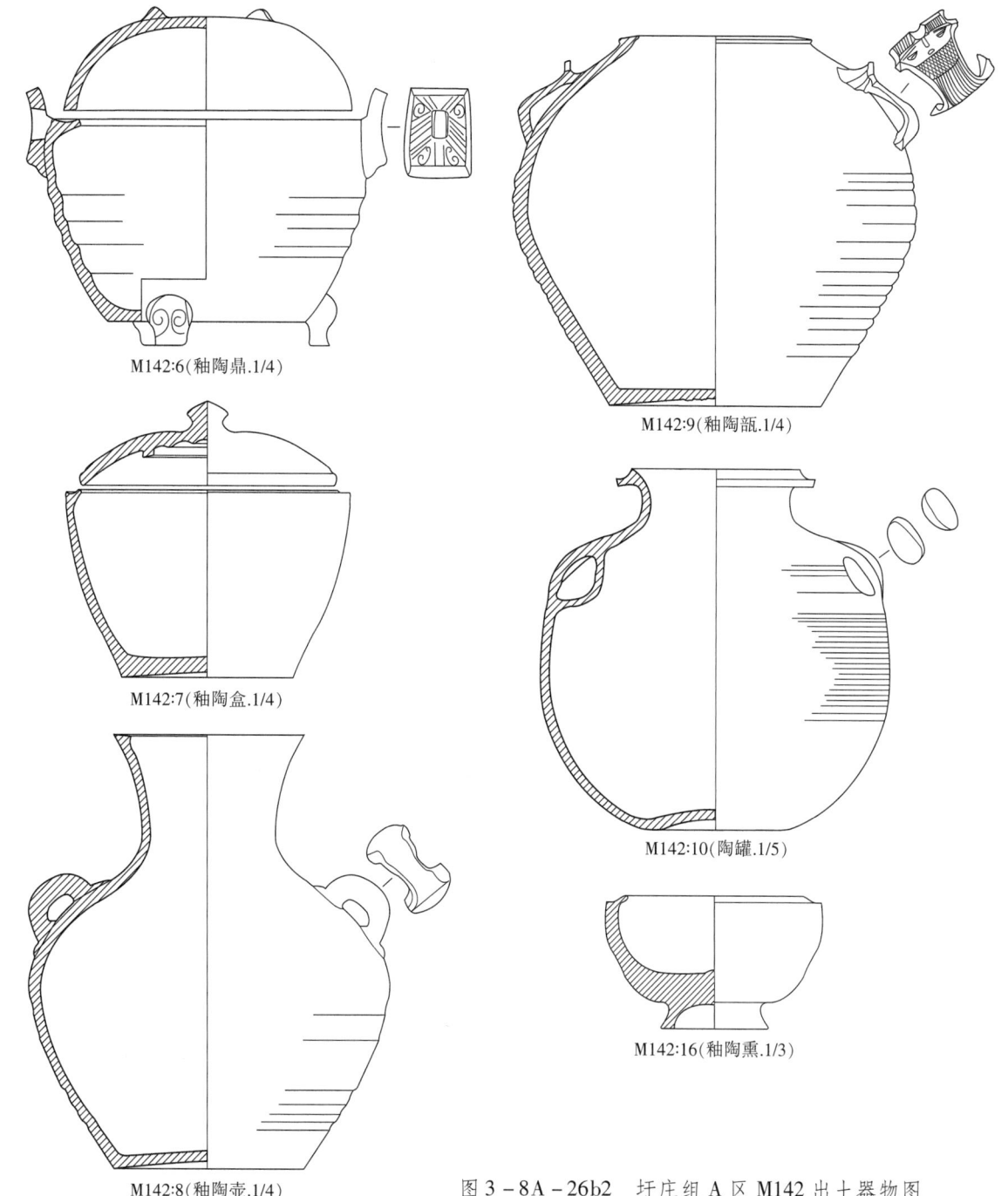

M142:6(釉陶鼎.1/4)

M142:7(釉陶盒.1/4)

M142:8(釉陶壶.1/4)

M142:9(釉陶瓿.1/4)

M142:10(陶罐.1/5)

M142:16(釉陶熏.1/3)

图 3 - 8A - 26b2　圩庄组 A 区 M142 出土器物图

平底内凹。肩部两侧各饰一桥形纽。通体素面。口径 12、底径 11.8、高 26.3 厘米。（图 3 - 8A -
26b2；彩版一五五，3）

　　瓿　1 件。M142:9，出土于西边箱东北角。釉陶。尖圆唇，小口内敛，斜沿，溜肩，鼓腹，
平底内凹。肩两侧饰兽面网格纹耳各一对。口径 12.1、底径 13.5、高 22.5 厘米。（图 3 - 8A -
26b2；彩版一五五，4）

　　罐　1 件。M142:10，出土于西边箱东北部。泥质灰陶。卷沿，侈口，束颈，溜肩，鼓腹，
圜底内凹。肩两侧各饰一牛鼻耳。素面。口径 15.5、底径 11.7、高 27.4 厘米。（图 3 - 8A - 26b2；

彩版一五五，5）

熏 1件。M142：16，出土于西边箱中部。釉陶。仅存器身。子母口，沿内凹，圆唇，弧腹，高圈足，底内凹。口径10.2、底径5、高6.1厘米。（图3-8A-26b2；彩版一五五，6）

二十七、143号墓（M143）

M143位于圩庄组取土场A区墓地中部，西面与M142相邻。清理前，墓坑开口已被高速公路施工方破坏，开口距现地表深度不明，墓坑底部随葬品组合未受扰动。

墓葬形制为长方形竖穴土坑，开口长280、宽174厘米，残深100厘米。方向195°。（图3-8A-27a）

葬具为一椁一棺，木结构基本朽尽。从朽痕可知，椁位于墓坑底部正中，长214、宽108、残高50厘米。棺位于椁室西部，长205、宽51、残高35厘米。东边箱位于椁室东部，由棺与椁北、东、南三面侧板组成的空间构成。

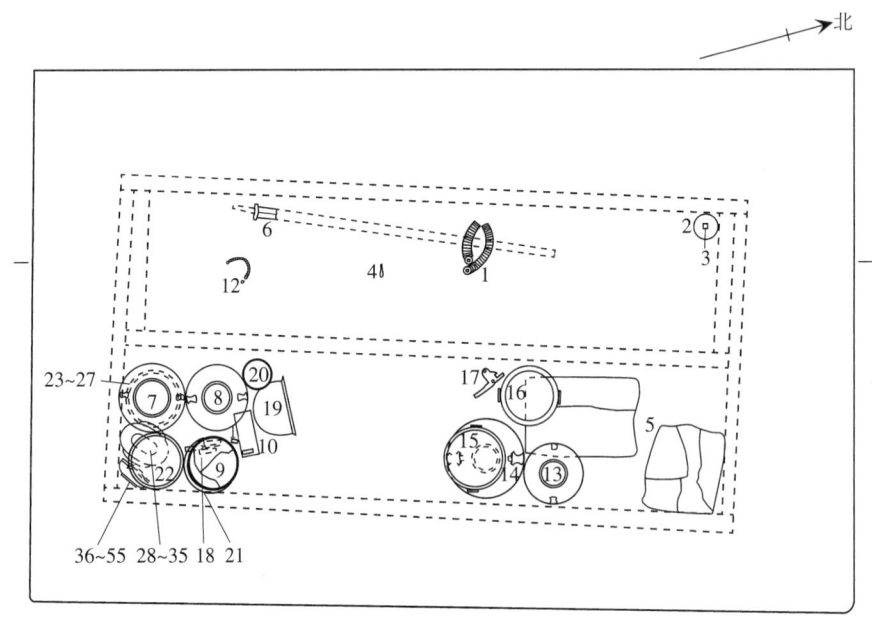

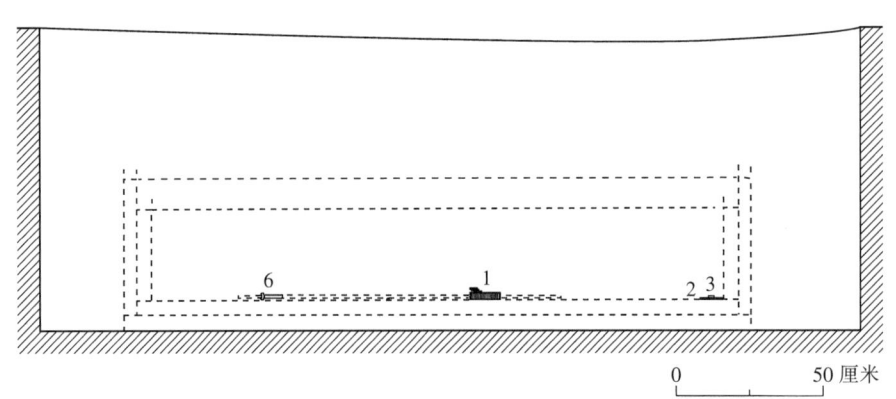

图3-8A-27a 圩庄组A区M143平面、剖视图

1. 铜钱　2. 铜镜　3. 铜印　4. 铜带钩　5. 漆案　6. 铁剑　7、8. 釉陶壶　9、20. 漆卮　10. 石黛板/研石　12. 琉璃塞　13、14. 陶瓿　15、16. 陶鼎　17. 铜弩机　18、18-1~18-3. 铁镞　19. 铜盆　21、22. 釉陶盒　23~27. 漆盘　28~55. 漆耳杯

该墓共出土铜器、铁器、琉璃器、漆器、石器、陶器等遗物 57 件（组）。

1. 铜器

6 件（组）。器形为盆、镜、印、带钩、弩机、铜钱。

盆 1 件。M143：19，出土于东边箱南部。残损严重，仅存口沿部分。敞口，折沿，方唇，弧

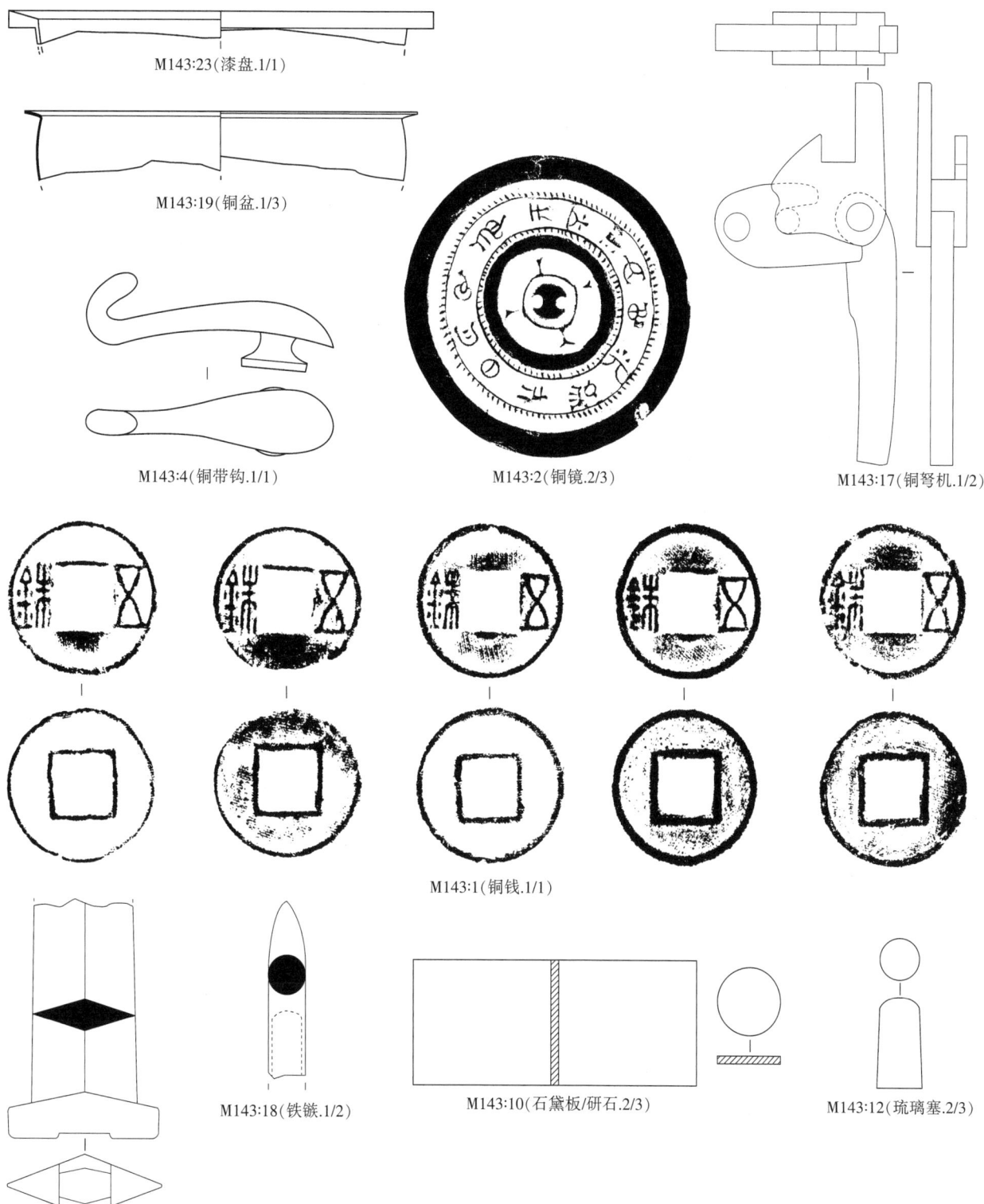

M143:23(漆盘.1/1)

M143:19(铜盆.1/3)

M143:4(铜带钩.1/1)　　　M143:2(铜镜.2/3)　　　M143:17(铜弩机.1/2)

M143:1(铜钱.1/1)

M143:6(铁剑.1/2)　　M143:18(铁镞.1/2)　　M143:10(石黛板/研石.2/3)　　M143:12(琉璃塞.2/3)

图 3－8A－27b1　圩庄组 A 区 M143 出土器物图

腹。壁薄质轻。口径20.1、残高3.5厘米。（图3-8A-27b1）

镜 1件。M143：2，出土于棺内西北角。昭明镜。圆形，半圆纽，圆纽座。座外四组三角锥形丁纹相间环列，其外饰一周凸弦纹圈带，外圈两周短斜线纹间饰一周铭文。铭文为"内昭光象夫日月心忽而不泄"。素缘。镜面微凸。面径7.5、背径7.3、纽高0.56、纽宽1.15、缘宽0.6、缘厚0.39、肉厚0.13厘米。（图3-8A-27b1；彩版一五六，1）

印 1件。M143：3，出土于棺内西北角铜镜上。双面印，印面方形，印文为"王□□"和"王□印"。印面边长1.4厘米，厚0.35厘米。（彩版一五六，2、3）

带钩 1件。M143：4，出土于棺内中部。琵琶形，钩首龙首形，钩身细长，断面呈方形，钩尾面鼓、背凹，中有一短柱状圆扣形纽。长4.25、尾宽1.05厘米。（图3-8A-27b1；彩版一五六，5）

弩机 1件。M143：17，出土于东边箱中部。仅存望山、钩芯、悬刀三构件。望山高5.3厘米，钩芯最长处5.1、厚1.7、高2.8厘米，悬刀长8.2、厚0.8厘米，器通高12.4厘米。（图3-8A-27b1；彩版一五六，4）

铜钱 1组。M143：1，出土时分两串置于棺盖中部。50枚，五铢钱，形制、尺寸皆同。钱径2.5、穿径1厘米。（图3-8A-27b1；彩版一五六，6）

2. 铁器

5件。器形为剑、镞。

剑 1件。M143：6，出土于棺内中部。锈残严重，现仅存剑身四小段和剑格。剑身双面刃，中起脊，断面呈菱形。格为铜质，断面呈菱形。剑身最宽处3.6厘米，格长5.2、宽2厘米。（图3-8A-27b1）

镞 4件。M143：18、18-1~3，均出土于东边箱南部。四件形制、尺寸皆同，锈蚀严重。锋三棱锥状，尾短圆柱，中空呈圆孔，其中两枚内插圆管状铁铤，铤皆残。器残长5.7厘米。（图3-8A-27b1；彩版一五六，7）

3. 琉璃器

1件。器形为塞。

塞 1件。M143：12，出土于棺南部。通体磨光，呈圆台柱状，前端圆弧形，略细，后端平直，略粗。器高2.2、顶面直径1、底面直径1.2厘米。（图3-8A-27b1；彩版一五六，8）

4. 漆器

36件。器形为耳杯、盘、卮、案。

耳杯 28件。均出土于东边箱南部，皆残损严重。M143：28，夹纻胎。椭圆形口，两侧附月牙形耳，耳外侧上翘，高出口沿，腹壁弧形，圜底，椭圆形假圈足。器外和内底髹黑漆，内壁髹朱漆，口沿内侧髹一周黑漆弦纹。器通高4.9、口径长17.7、连耳宽14.6厘米。（彩图四三，1）

M143：29~55，共27件，形制、尺寸、纹饰与M143：28相同。

盘 5件。均出土于东边箱南部，皆残损严重。M143：23，夹纻胎，内外髹黑漆。仅复原口沿部分，圆形，敞口，内斜沿，方唇。口径7.25厘米。（图3-8A-27b1）

M143：24~27，四件形制、尺寸、纹饰当与M143：23同。

卮 2件。M143：9，出土于东边箱南部。夹纻胎，外髹黑漆，内髹朱漆，皆素面。圆筒形，由盒盖、盒身组成，弇合时盒身底部外露。盒盖，顶隆起，中镶一银质柿蒂，柿蒂中饰一环形纽，盖肩出三道折棱，外壁圆直。盒身，直壁，平底，外壁镶三周银扣。盖径12.1、盖高5.9厘米，器身口径11.45、高11、壁厚0.2厘米。（彩图四三，2）

M143：20，出土于边箱南部。夹纻胎，内外皆髹黑漆，皆素面。圆筒形，由厄盖、厄身组成。厄盖，直口，顶隆起，中镶一银质柿蒂，柿蒂中饰一方形纽，盖肩出两道折棱。厄身，直口，外壁圆直，镶三周银扣，一侧置铜质厄持，平底。盖径17.65、盖高9.25厘米，器身口径17、高19.5厘米。（彩图四三，3；彩版一五六，9）

案 1件。M143：5，出土于东边箱北部。惜整器残损严重，无法复原，形制、尺寸与纹饰皆不明。

5. 石器

1组。器形为黛板和研石。

黛板／研石 1组。M143：10，出土于东边箱南部。整器由长方形黛板、圆形研石组成。黛板，长方形片状，青灰色，正面平整光滑，为碾磨面，长7.3、宽3.1、厚0.2厘米。研石，青灰色，平面为圆形，底面光滑，为碾磨面，底径1.7、厚0.25厘米。（图3-8A-27b1；彩版一五六，10）

6. 陶器

8件。器形为鼎、盒、壶、瓿。

鼎 2件。M143：15，出土于东边箱中部。胎呈红褐色，质地坚硬。鼎盖残损仅存盖顶。鼎身子母口敛，沿微内凹，内沿略高，尖圆唇，下腹斜直内收，小平底，三等距矮蹄形足。口两侧有二对称外撇附耳，耳面有方形镂孔和刻划线纹。器身素面。鼎身口径20.3、底径12.5、高16.4厘米。（图3-8A-27b2；彩版一五七，1）

M143：16，出土于东边箱中部。胎呈红褐色，质地坚硬。鼎盖球面形，平底。鼎身子母口敛，沿微内凹，内沿略高，尖圆唇，深腹，腹壁弧形内收，平底微内凹，三等距矮蹄形足，足外饰凸卷线纹。口两侧有二对称外撇附耳，耳面饰凸竖弦纹和弧线纹。鼎盖口径17.4、高5.5厘米，鼎身口径20、底径13.35、高14厘米。（图3-8A-27b2；彩版一五七，2）

盒 2件。M143：21，出土于东边箱南部偏东。盒盖球面形，体形较小，内斜沿，盖顶加厚，素面，泥质灰陶。盒身口沿施青灰色薄釉，盒身釉陶，胎呈红褐色，质地坚硬。盒身子口，敛口弧沿，内沿略高，腹部斜直内收，平底。盒盖口径17.7、高4.5厘米，盒身口径18.2、底径12.6、高11.1厘米。（图3-8A-27b2；彩版一五七，3）

M143：22，出土于东边箱南部偏东。盒盖扁球面形，侈口，素面，泥质灰陶。盒身釉陶，胎呈红褐色，质地坚硬。盒身子口，敛口，沿内凹，内沿稍高，深弧腹，斜壁内收，平底内凹。盒盖口径18.3、高4.1厘米，盒身口径18.9、底径10.2、高12.2厘米。（图3-8A-27b2；彩版一五七，4）

壶 2件。M143：7，出土于东边箱南部。釉陶，口沿、肩、耳部施泛黄青釉，胎泥质红褐陶，质地坚硬。喇叭口，平沿，束颈，溜肩，扁鼓腹上提，平底内凹。肩部置二对称桥形耳，耳面饰叶脉纹。肩部及上腹部有釉泪。口径12.3、底径13、器高29.2厘米。（图3-8A-27b2；彩版一五八，1）

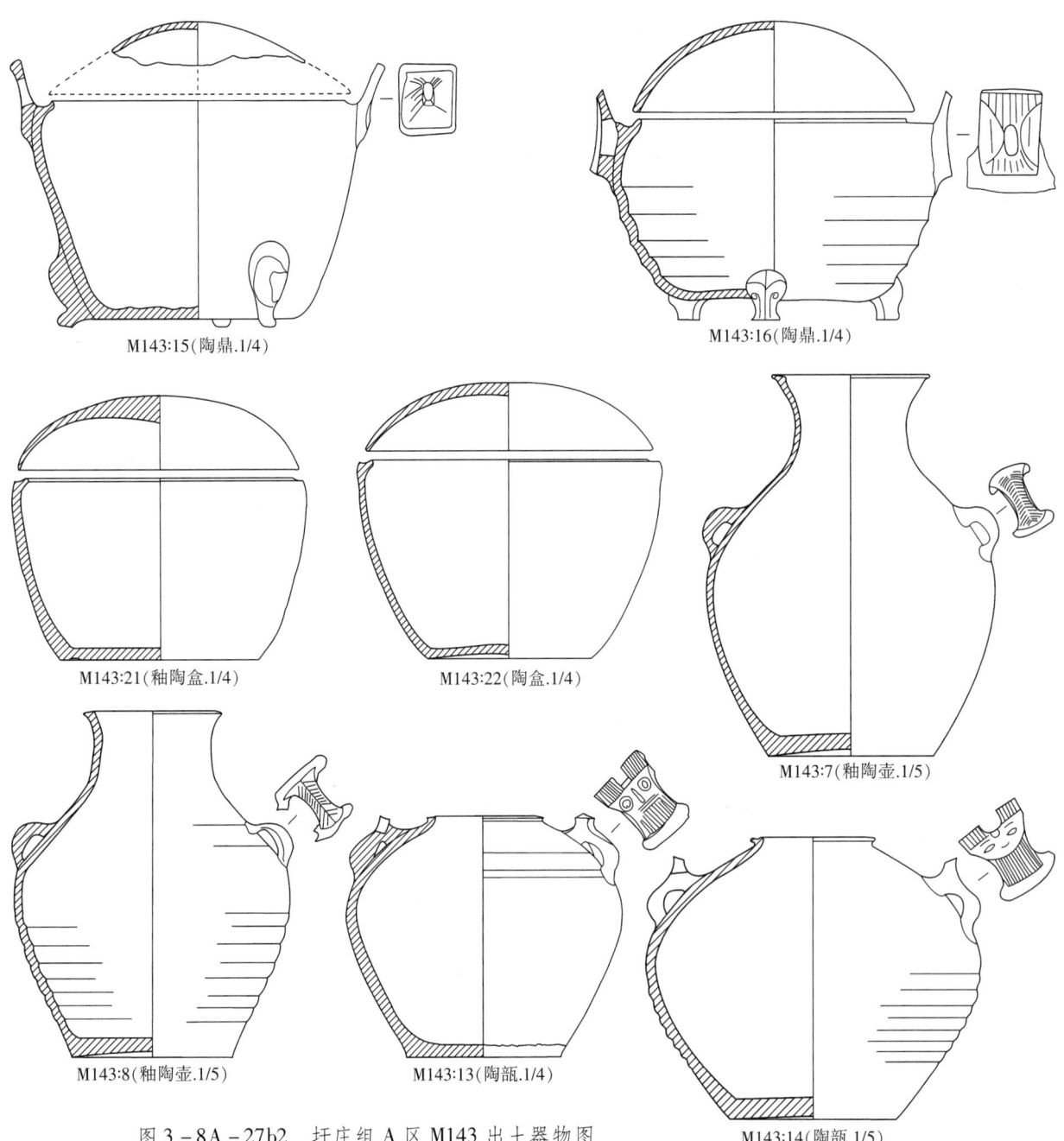

M143:15(陶鼎.1/4)　　　M143:16(陶鼎.1/4)

M143:21(釉陶盒.1/4)　　　M143:22(陶盒.1/4)　　　M143:7(釉陶壶.1/5)

M143:8(釉陶壶.1/5)　　　M143:13(陶瓿.1/4)　　　M143:14(陶瓿.1/5)

图 3－8A－27b2　圩庄组 A 区 M143 出土器物图

　　M143：8，出土于东边箱南部。釉陶，口沿、肩、耳部施泛黄青釉，胎泥质红褐陶，质地坚硬。侈口，沿面微内凹，尖圆唇，束颈，溜肩，圆鼓腹，腹最大径在中部，向下内收，平底内凹。肩部置二对称桥形耳，耳面饰叶脉纹。口径 10.8、底径 12.7、器高 26.6 厘米。（图 3－8A－27b2；彩版一五八，2）

　　瓿　2 件。M143：13，出土于东边箱中部。胎红褐陶，质地坚硬。口微侈，宽斜沿，尖唇，溜肩，圆鼓腹，最大腹径偏上，下腹斜直内收，平底。肩两侧置二对称铺首桥形耳，耳面为兽面纹。肩部饰三道凹弦纹。口径 7.4、底径 9.8、器高 14.7 厘米。（图 3－8A－27b2；彩版一五八，3）

　　M143：14，出土于东边箱中部。胎红褐色，质地坚硬。口微侈，沿面微内凹，圆唇，溜肩，圆鼓腹，下腹斜直内收，平底内凹。肩部置二对称桥形耳，耳面为人面纹和凸竖弦纹。口径 9.8、

底径 13、器高 21.6 厘米。（图 3 - 8A - 27b2；彩版一五八，4）

二十八、144 号墓（M144）

M144 位于圩庄组取土场 A 区墓地西北部，西面与 M161 相邻，南面与 M146 相邻。清理前，墓坑开口与东南部已被高速公路施工方破坏，开口距现地表深度不明，墓坑底部随葬品组合遭受扰动。

墓葬形制为长方形竖穴土坑，开口长 280、宽 154 厘米，残深 117 厘米。方向 192°。（图 3 - 8A - 28a；彩版一五九，1）

葬具为一椁二棺，木结构基本朽尽。从朽痕可知，椁长 250、宽 130、残高 27 厘米。棺位于椁室南部，紧靠椁室南壁，东、西二棺形制和尺寸同，东棺长 190、宽 62.5、残高 20 厘米。棺与椁北、西、东三面侧板之间组成的空间构成北边箱。

该墓共出土铜器、铁器、陶器等各类遗物 8 件。

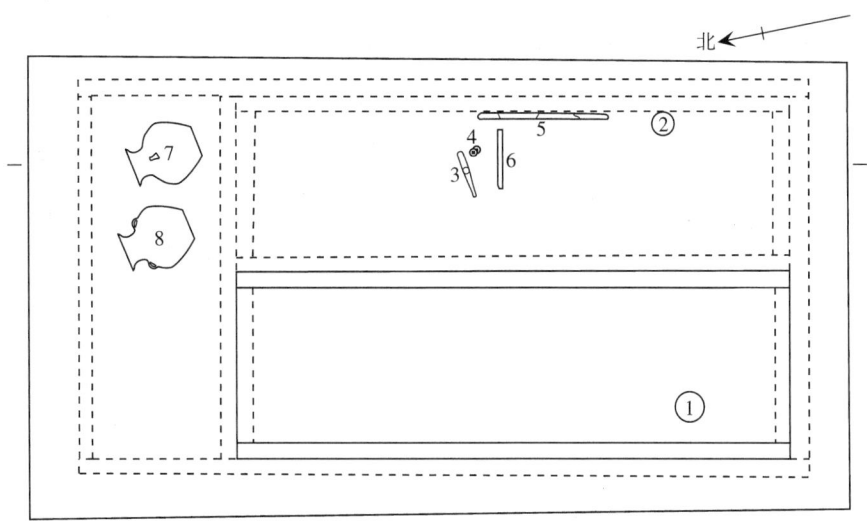

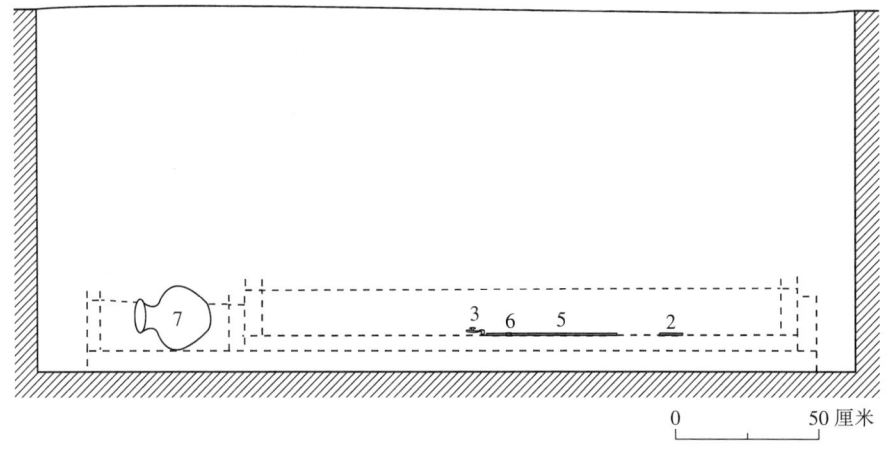

图 3 - 8A - 28a　圩庄组 A 区 M144 平面、剖视图
1、2. 铜镜　3. 铜带钩　4. 铜钱　5. 铁剑　6. 铁削　7、8. 陶壶

1. 铜器

4 件（组）。器形为镜、带钩、铜钱。

镜 2 件。M144：1，出土于西棺南部。四乳禽兽纹镜。圆形，半圆纽，圆纽座。座外三竖线纹与单弧线纹各四组相间环列，外饰两周短斜线纹带，其间饰圆纽座乳丁四个，四组禽兽纹环列其间。宽平缘上饰双线波折纹。镜面微凸。面径 10.7、背径 10.5、纽高 0.7、纽宽 1.7、缘宽 1.3、缘厚 0.36、肉厚 0.16 厘米。（图 3－8A－28b）

M144：2，出土于东棺南部。四乳禽兽纹镜。圆形，半圆纽，圆纽座。座外三竖线纹与单弧线纹各四组相间环列，外饰一周凸弦纹，其外两周短斜线纹间有四乳和四虺相间环绕，四乳带圆纽座，四虺呈钩形，其两侧各饰一鸟。宽素平缘。镜面微凸。面径 8.1、背径 7.9、纽高 0.62、纽宽 1.25、缘宽 0.8、缘厚 0.4、肉厚 0.2 厘米。（图 3－8A－28b）

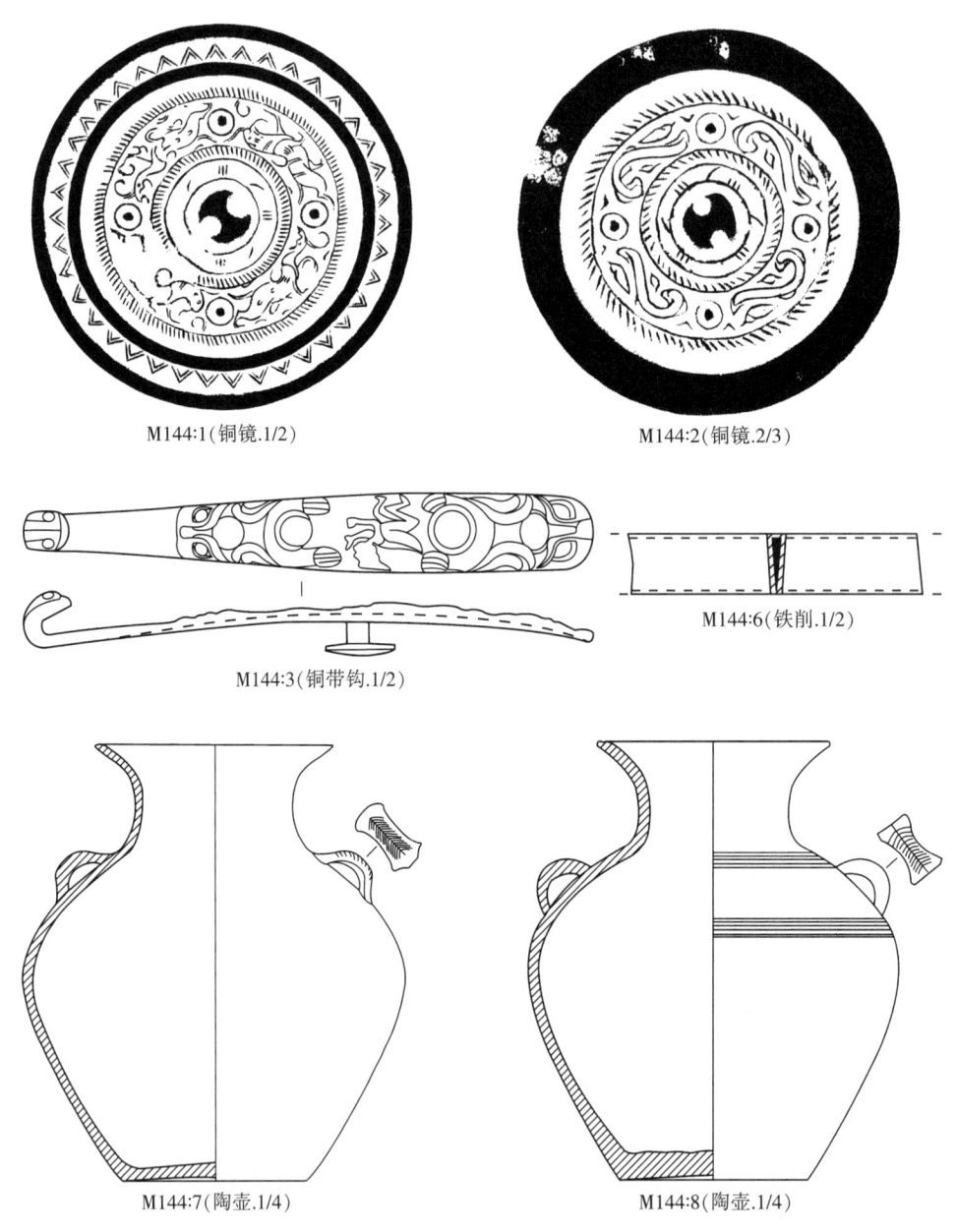

M144:1(铜镜.1/2)　　　　　　　　　　　M144:2(铜镜.2/3)

M144:6(铁削.1/2)

M144:3(铜带钩.1/2)

M144:7(陶壶.1/4)　　　　　　　　　　　M144:8(陶壶.1/4)

图 3－8A－28b　圩庄组 A 区 M144 出土器物图

带钩 1件。M144∶3，出土于东棺中部。琵琶形钩身，龙首形钩首，身下饰一圆纽。器身中部和尾端各饰一神兽纹，神兽纹中间饰一羽人纹。器长15.9、宽2.1厘米。（图3-8A-28b；彩版一五九，2、3）

铜钱 1组。M144∶4，出土于东棺中部。五铢钱。残损严重，无法拓印。

2. 铁器

2件。器形为剑、削。

剑 1件。M144∶5，出土于东棺东壁。整器残损严重，锈蚀殆尽，形制、尺寸不明。

削 1件。M144∶6，出土于东棺中部。整器残损严重，仅存部分漆鞘和削身。削身平直，断面呈倒三角形。残长8.2、刃宽1.6厘米。（图3-8A-28b）

3. 陶器

2件。器形为壶。

壶 2件。M144∶7，出土于北边箱东部。泥质红陶。敞口，圆唇，束颈，溜肩，鼓腹渐收，平底内凹。肩两侧各饰一对称双桥形耳，耳面饰叶脉纹。口径13.4、底径10.2、高23.3厘米。（图3-8A-28b；彩版一五九，4）

M144∶8，出土于北边箱中部。泥质红陶。敞口，尖圆唇，直颈，溜肩，鼓腹，平底内凹。肩两侧各饰一桥形耳，耳面饰叶脉纹。颈部及肩部饰凹弦纹数道。口径12.8、底径10.5、高23.5厘米。（图3-8A-28b；彩版一五九，5）

二十九、145号墓（M145）

M145位于圩庄组取土场A区墓地中部，东面与M110相邻，北面与M139相邻。清理前，墓坑开口已被高速公路施工方破坏，开口距现地表深度不明，墓坑底部随葬品组合未受扰动。

墓葬形制为长方形竖穴土坑，开口长236、宽90厘米，残深80厘米。方向200°。（图3-8A-29a；彩版一六〇，1）

葬具为单棺，木结构基本朽尽。从朽痕可知，棺长180、宽42、残高12厘米。

该墓共出土铜器、陶器等遗物4件。

1. 铜器

2件。器形为镜、铜钱。

镜 1件。M145∶2，出土于棺室中部偏南。四乳禽兽纹镜。圆形，半圆纽，圆纽座。座外双弧线纹与三弧线纹各四组相间环列，外饰一周细凸弦纹，其外两周短斜线纹间有四乳，四乳带圆纽座，乳间各饰两鸟。宽素平缘。镜面微凸。面径9、背径8.8、纽高0.6、纽宽1.3、缘宽0.9、缘厚0.38、肉厚0.25厘米。（图3-8A-29b；彩版一六〇，2）

铜钱 1组。M145∶1，出土于棺室中部。共4枚，皆为五铢钱，形制、尺寸皆同。钱径2.3、穿径1厘米。（图3-8A-29b）

2. 陶器

共2件。器形为壶、瓿。

壶 1件。M145∶3，出土于棺外北侧。红陶。侈口，圆唇，束颈，溜肩，鼓腹渐收，平底内

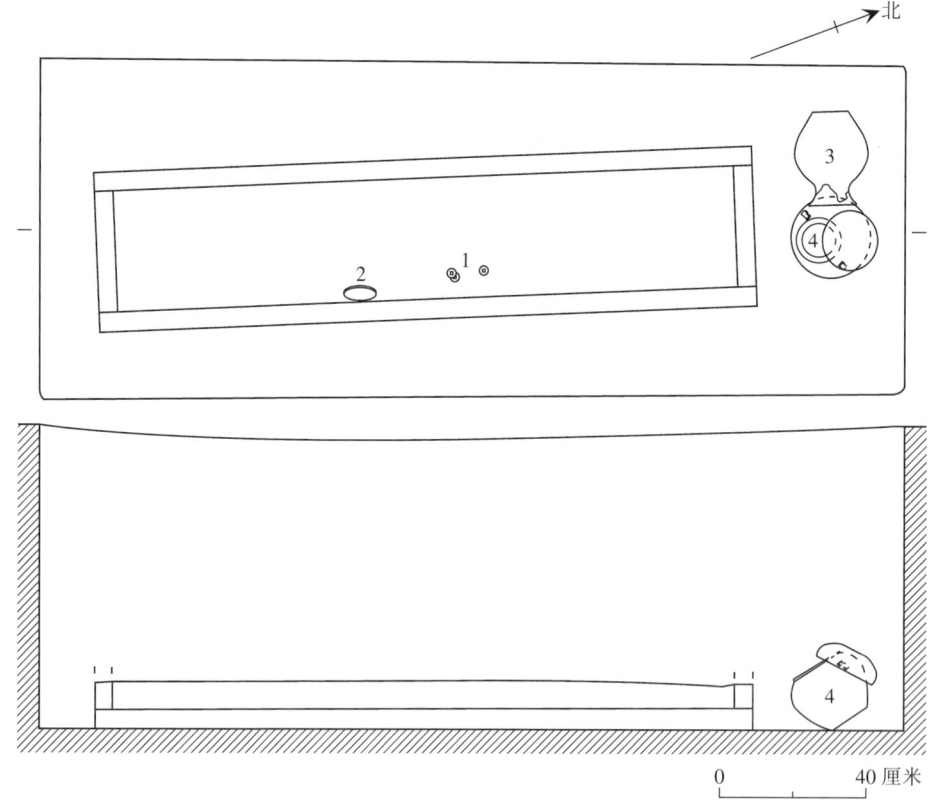

图 3 - 8A - 29a　圩庄组 A 区 M145 平面、剖视图
1. 铜钱　2. 铜镜　3. 陶壶　4. 陶瓿

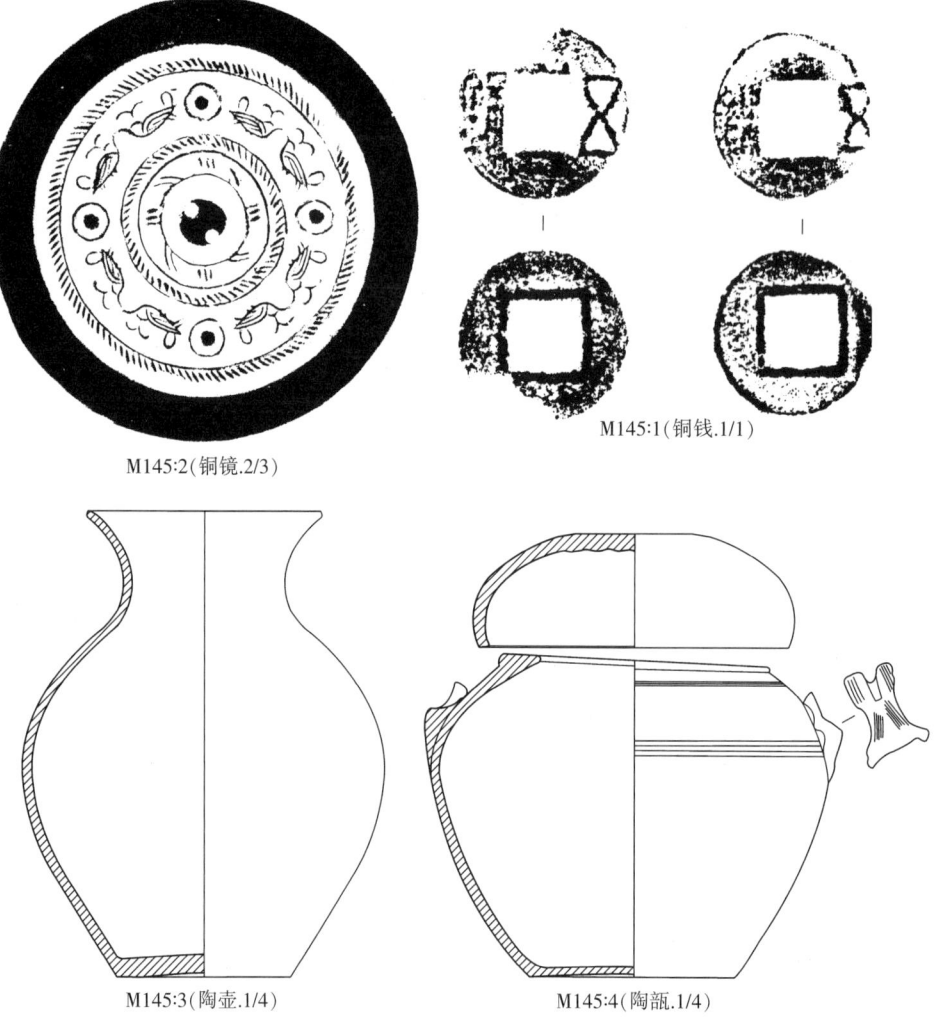

M145:2(铜镜.2/3)

M145:1(铜钱.1/1)

M145:3(陶壶.1/4)

M145:4(陶瓿.1/4)

图 3 - 8A - 29b　圩庄组 A 区 M145 出土器物图

凹。素面。口径 13、底径 9.6、高 24.6 厘米。（图 3 – 8A – 29b；彩版一六〇，3）

瓿　1 件。M145：4，出土于棺外北侧。红陶。覆平底钵形盖，平顶较宽。瓿身敛口，圆唇，平沿，鼓肩，弧腹渐收，平底微内凹。肩两侧饰桥耳一对，上刻划线纹。肩部及腹部饰凹弦纹各三组。盖口径 16.8、高 5.9 厘米。瓿身口径 14.9、底径 11.3、高 17.1 厘米。（图 3 – 8A – 29b；彩版一六〇，4、5）

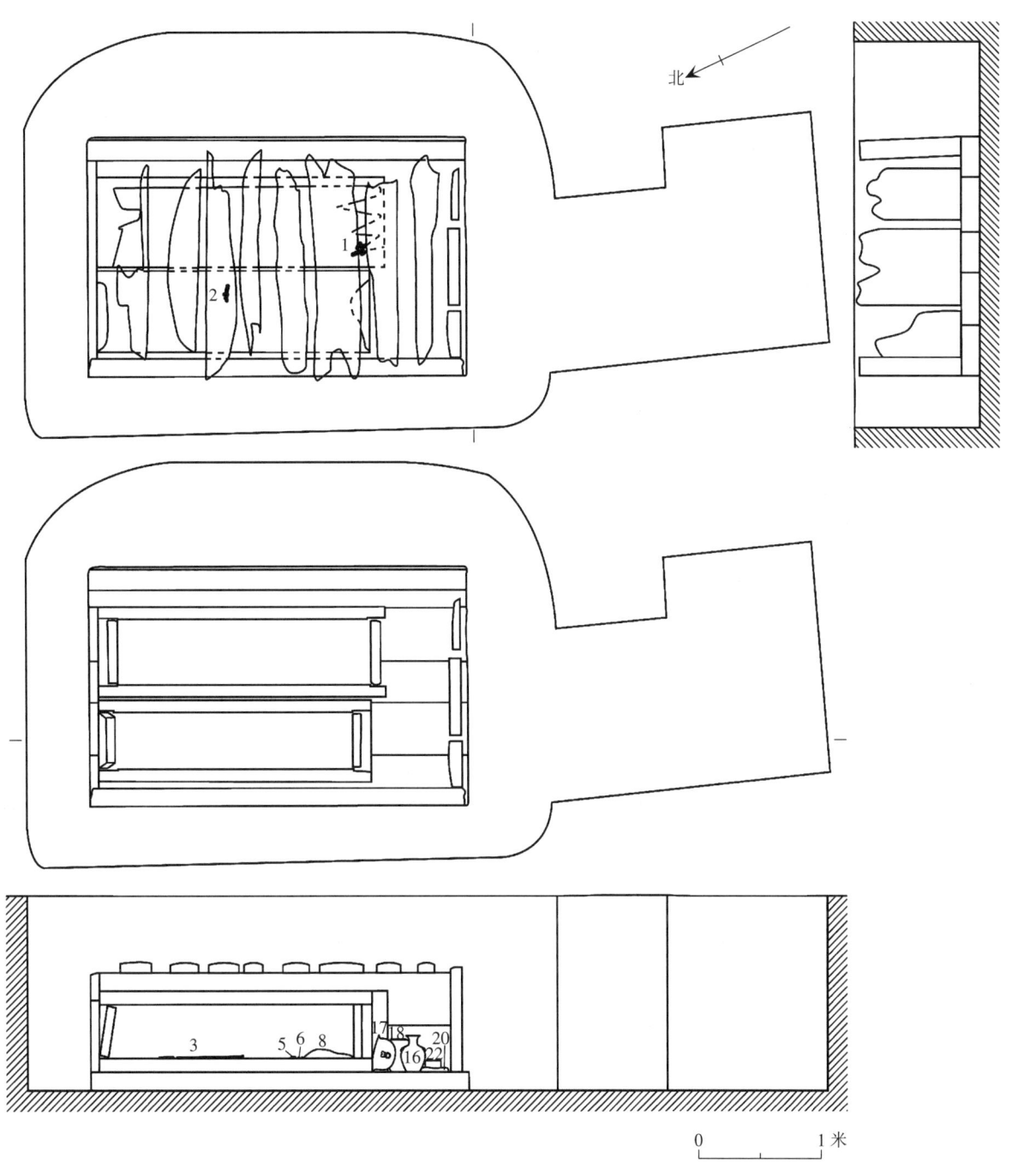

图 3 – 8A – 30a　圩庄组 A 区 M146 平面、剖视图

三十、146 号墓（M146）

M146 位于圩庄组取土场 A 区墓地中部，东南与 M112 相邻，西南与 M147 相邻，北面与 M144 相邻。清理前，墓坑开口已被高速公路施工方破坏，开口距现地表深度不明，墓坑底部棺椁结构与随葬品组合未受扰动。

墓葬平面呈凸字形，由墓道和墓室组成。墓道略倾斜，平底，长 218、宽 133、残深 150 厘米。墓室呈圆角长方形，有坍塌，开口长 420、宽 310 厘米，残深 150 厘米。方向 205°。（图 3 – 8A – 30a；彩版一六一、一六二）

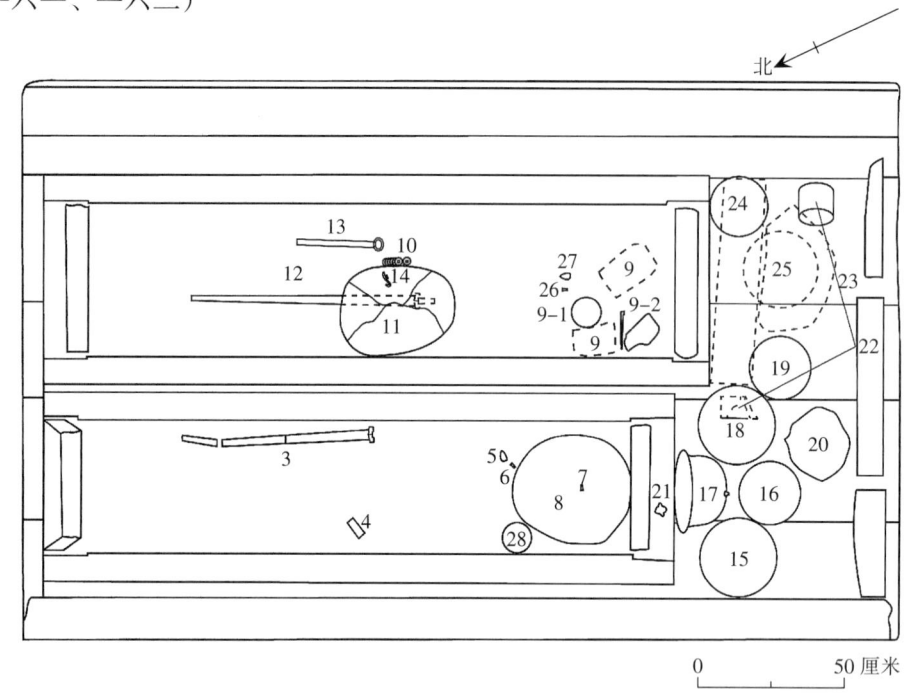

图 3 – 8A – 30a1　圩庄组 A 区 M146 出土器物分布图

1、2、4、10. 铜钱　3、12. 铁剑　5、27. 琉璃玲　6、7、26. 琉璃塞　8、11. 漆面罩　9. 漆奁　9 – 1、28. 铜镜　9 – 2. 铜刷　13. 铁削　14. 铜带钩　15、18. 釉陶瓿　16、19. 釉陶壶　17、24. 铜盆　20、25. 漆盘　21. 铜饰件　22. 漆卮　23. 漆案

葬具为一椁二棺。从残存木结构可知，椁呈长方形，由盖板、底板、侧板组成。盖板共五块，横向平铺，皆残朽，尺寸不明。底板共五块，纵向平铺，长 300、宽 38、厚 15 厘米。东、西侧板各长 300、高 80、厚 14 厘米。北侧板为一整木，长 150、高 76、厚 7 厘米，南侧板由三块木板左右拼合而成，残朽严重，尺寸不明。两棺东西并列，紧靠椁室北侧板，棺盖板皆残损严重，尺寸不明，两棺共宽 140 厘米，高 60 厘米，东棺长 230 厘米，西棺长 220 厘米。南边箱由棺与椁东、西、南三面侧板组成的空间构成。

该墓共出土铜器、铁器、琉璃器、漆器、陶器共 30 件（组）。（图 3 – 8A – 30a1）

1. 铜器

11 件（组）。器形为盆、镜、带钩、刷、饰件、铜钱。

盆　2 件。M146：17，出土于椁室内南边箱内。敞口，折沿，方唇，弧腹，平底，矮圈足，附有三个乳丁状平底小足。腹身中部两侧各饰一铺首衔环，腹外壁饰宽带纹一周，对置铺首，底部有范对接痕迹。口径 27.6、底径 15、高 13 厘米。（图 3 – 8A – 30b1；彩版一六三，1）

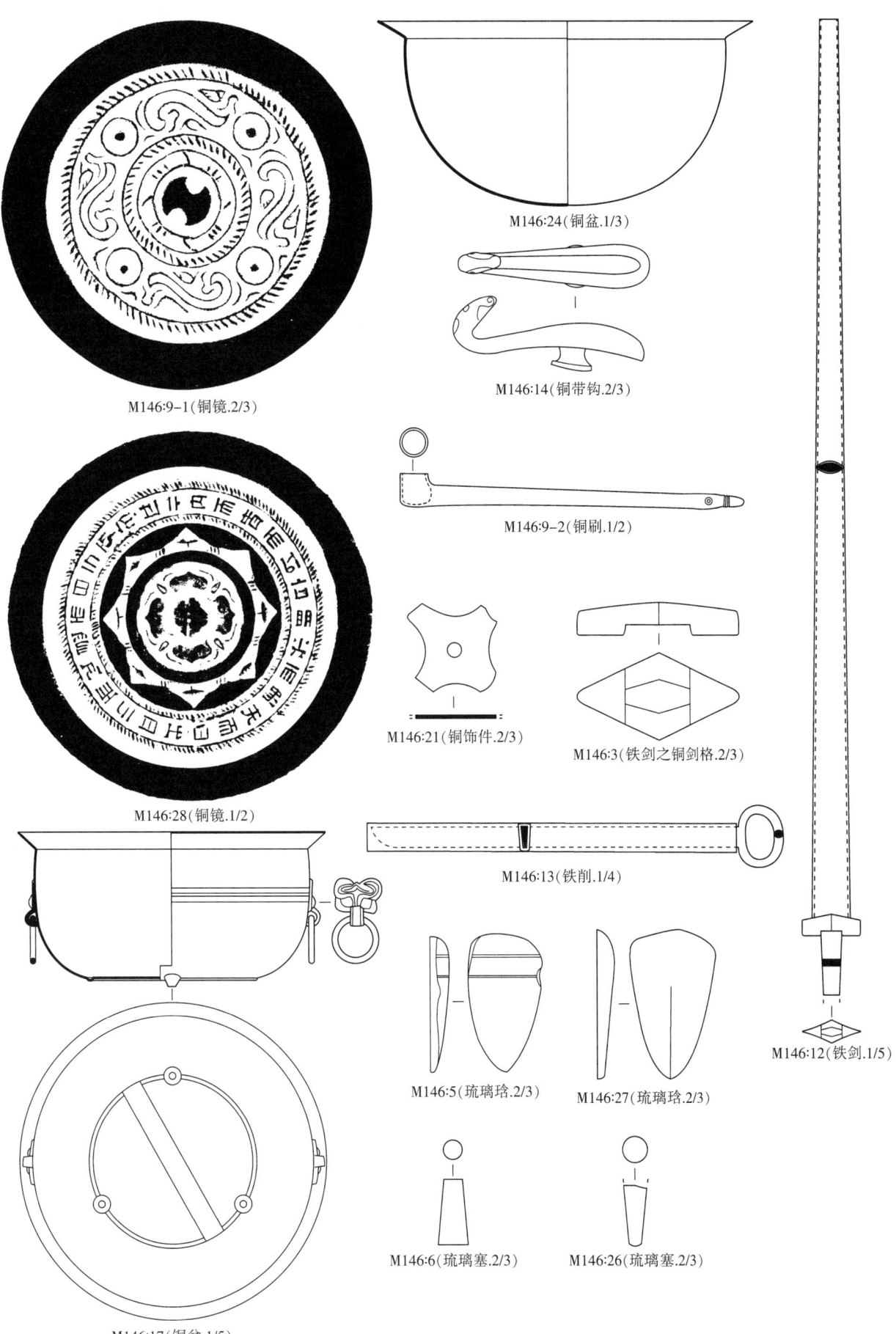

M146:9-1(铜镜.2/3)

M146:24(铜盆.1/3)

M146:14(铜带钩.2/3)

M146:9-2(铜刷.1/2)

M146:28(铜镜.1/2)

M146:21(铜饰件.2/3)

M146:3(铁剑之铜剑格.2/3)

M146:13(铁削.1/4)

M146:17(铜盆.1/5)

M146:5(琉璃玲.2/3)

M146:27(琉璃玲.2/3)

M146:12(铁剑.1/5)

M146:6(琉璃塞.2/3)

M146:26(琉璃塞.2/3)

图 3-8A-30b1 圩庄组 A 区 M146 出土器物图

M146：24，出土于椁室内南边箱内。敞口，折沿，方唇，弧腹内收，圜底。口径20、高9.5厘米。（图3-8A-30b1）

镜 2件。M146：9-1，出土于东棺南部漆奁（M146：9）内。四乳禽兽纹镜。圆形，半圆纽，圆纽座。座外短竖线纹（每组三线）与单竖线纹各四组相间环列，其外两周短斜线纹间有四乳和四虺相间环绕，四乳带圆纽座，四虺呈钩形，其外侧各饰一简化鸟纹。宽素平缘。镜面微凸。面径10、背径9.8、纽高0.6、纽宽1.45、缘宽1.12、缘厚0.5、肉厚0.15厘米。（图3-8A-30b1；彩版一六三，2）

M146：28，出土于西棺南部。圆形，半圆纽，柿蒂纹纽座。座外饰一周凸纹的圈带。其外饰三短弦纹与"7"形弦纹各四组相间环列，其外饰八内向连弧纹。外圈四周短斜弦纹，间饰一周铭文。铭文为"内而清而以昭明光而象天而日之月而心忽而日而不泄。"面径13.1、背径12.9、纽高0.6、纽宽1.2、缘宽1.1、缘厚0.4、肉厚0.15厘米。（图3-8A-30b1；彩版一六三，3）

带钩 1件。M146：14，出土于东棺中部。琵琶形钩身，龙首形钩首，身下饰一圆纽。器长5.2、宽1.2、高2厘米。（图3-8A-30b1；彩版一六三，4）

刷 1件。M146：9-2，出土于东棺南部漆奁（M146：9）内。烟斗形，器身细长，末端为龙头形，龙眼为一穿孔，另一端折为圆孔，孔内刷毛已朽。通长12.4、孔径长1厘米。（图3-8A-30b1；彩版一六三，5）

饰件 1件。M146：21，出土于椁室内南边箱内。已锈残，为西棺饰件。呈柿蒂纹状，中间有一圆孔。长2.4、宽2.3、厚0.1、孔径0.4厘米。（图3-8A-30b1）

铜钱 4组。M146：1，出土于东棺盖板中部。共5枚，皆为五铢钱，形制、尺寸同。钱径2.3、穿径1厘米。（图3-8A-30b2）

M146：2，出土于西棺盖板南部。共5枚，皆为五铢钱，形制、尺寸同。钱径2.4、穿径1厘米。（图3-8A-30b2）

M146：4，出土于西棺内中部。共4枚，皆为五铢钱，形制、尺寸同。钱径2.3、穿径1厘米。（图3-8A-30b2）

M146：10，出土于东棺内中部。共6枚，皆为五铢钱，形制、尺寸同。钱径2.4、穿径1厘米。（图3-8A-30b2）

2. 铁器

3件。器形为剑、削。

剑 2件。M146：3，出土于西棺中部东侧。锈残严重，仅存铜剑格。剑格菱形，长4.4、宽2.3、厚0.9厘米。（图3-8A-30b1）

M146：12，出土于东棺中部。残存剑身、剑格和剑柄。剑身较长，锋残，双面刃，断面为菱形，有漆鞘；剑格为菱形；剑柄断面呈长方形，剑首不存。通长84厘米，剑身长78、宽3、中厚0.8厘米，剑格长5.3、宽2厘米。（图3-8A-30b1）

削 1件。M146：13，出土于东棺中部。环首，断面呈圆形。削身平直，直背，单面弧刃，断面略呈梯形。尚存漆鞘，髹黑漆，素面。鞘长27.6厘米，刃长27.4、宽1.4、厚0.5、环首径4.3厘米。（图3-8A-30b1；彩版一六三，6）

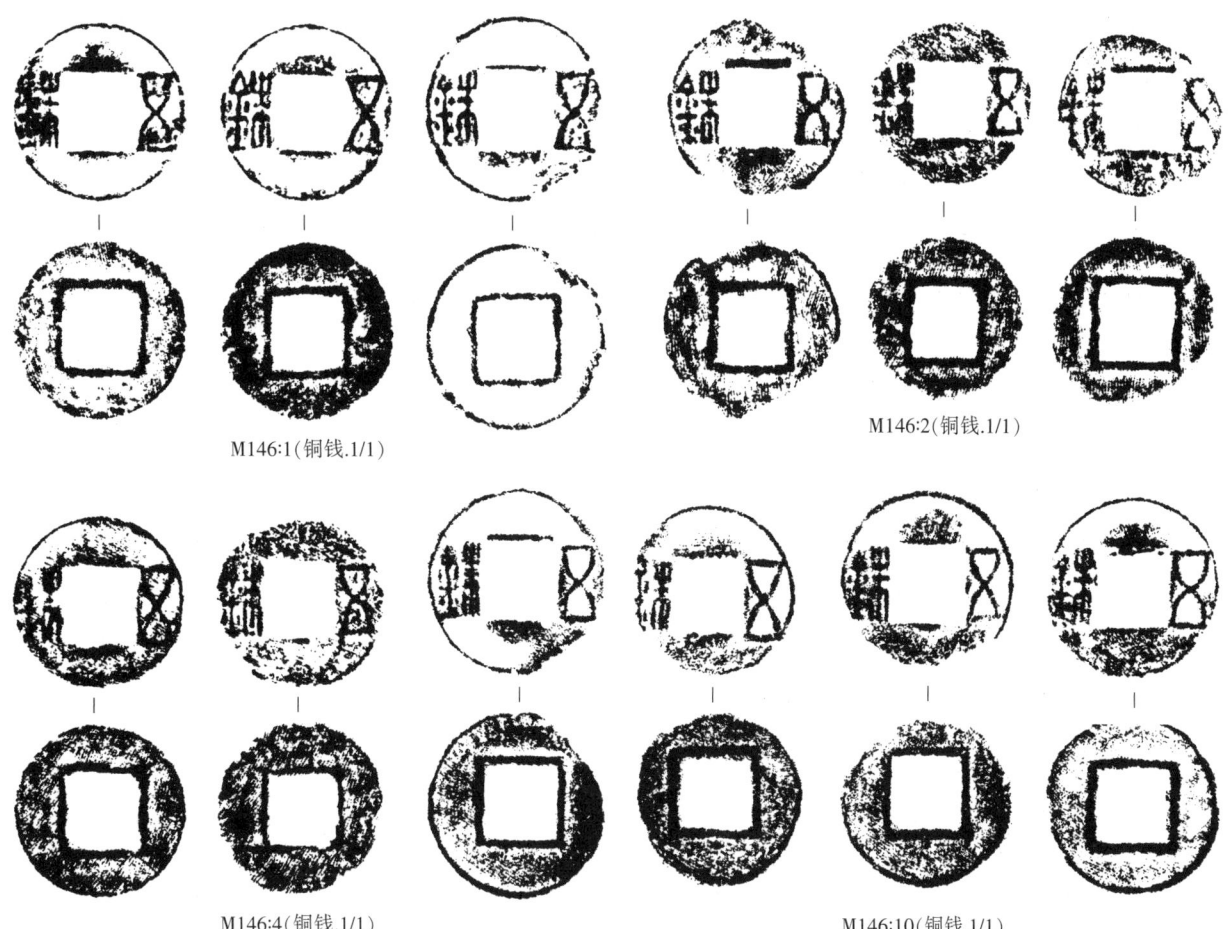

M146:1(铜钱.1/1)　　　　　　M146:2(铜钱.1/1)

M146:4(铜钱.1/1)　　　　　　M146:10(铜钱.1/1)

图3-8A-30b2　圩庄组A区M146出土器物图

3. 琉璃器

5件。器形为玲、塞。

玲　2件。M146：5，出土于西棺内南部。器作蝉形，正面隆起，纹饰简练，正面上部有两组弦纹，第二组弦纹一头有缺口，背面平直。器长3.5、宽2、厚0.5厘米。（图3-8A-30b1；彩版一六三，7）

M146：27，出土于东棺内南部。器作蝉形，正面隆起，素面，背面平直。器表为灰白色。器长3.9、宽2.4、厚0.5厘米。（图3-8A-30b1；彩版一六三，7）

塞　3件。M146：6，出土于西棺内南部。器形作圆台柱形。顶面直径0.5、底面直径0.8、高1.7厘米。（图3-8A-30b1）

M146：7，出土于西棺内南部。已残损，形制、尺寸不明。（彩版一六三，7）

M146：26，出土于东棺内南部。器形作圆台柱形，顶面隆起，底面残损。顶面直径0.4、底面直径0.7、高1.6厘米。（图3-8A-30b1；彩版一六三，7）

4. 漆器

7件。器形为盘、卮、案、奁、面罩。

盘　2件。M146：20，出土于南边箱内。残损严重，形制、尺寸皆不明。

M146：25，出土于南边箱内漆案（M146：23）下。残损严重，形制、尺寸皆不明。

卮 1件。M146：22，出土于南边箱内。夹纻胎。盖身平顶。外髹黑漆，内髹朱漆，素面。盖身内底部髹一层黑漆，器身内上部髹一层黑漆。卮持已脱落。盖径13、高7.5厘米，器径12、高8.4厘米。（彩图四四，1）

案 1件。M146：23，出土于南边箱内。残损严重，形制、尺寸皆不明。

衾 1件。M146：9，出土于东棺南部。惜残损严重，形制、尺寸皆不明。

面罩 2件。M146：8，出土于西棺内南部。清理时整体平面呈圆形，残存漆包边，整器残损严重，无法复原。

M146：11，出土于东棺内中部。清理时整体平面呈圆形，整器残损严重，无法复原。

5. 陶器

4件。器形为壶、瓿。

壶 2件。M146：16，出土于南边箱西部。釉陶，胎褐色，最大腹以上颈以下施泛黄青釉，器内略施泛黄青釉。敞口，尖圆唇，束颈，溜肩，弧腹，平底。两肩饰桥形耳，耳面饰叶脉纹，耳上各贴塑一羊角纹。颈部饰一周凹弦纹，下饰一周水波纹，肩部饰三组凹弦纹。口径14.5、底径12.5、高36厘米。（图3-8A-30b3；彩版一六四，1）

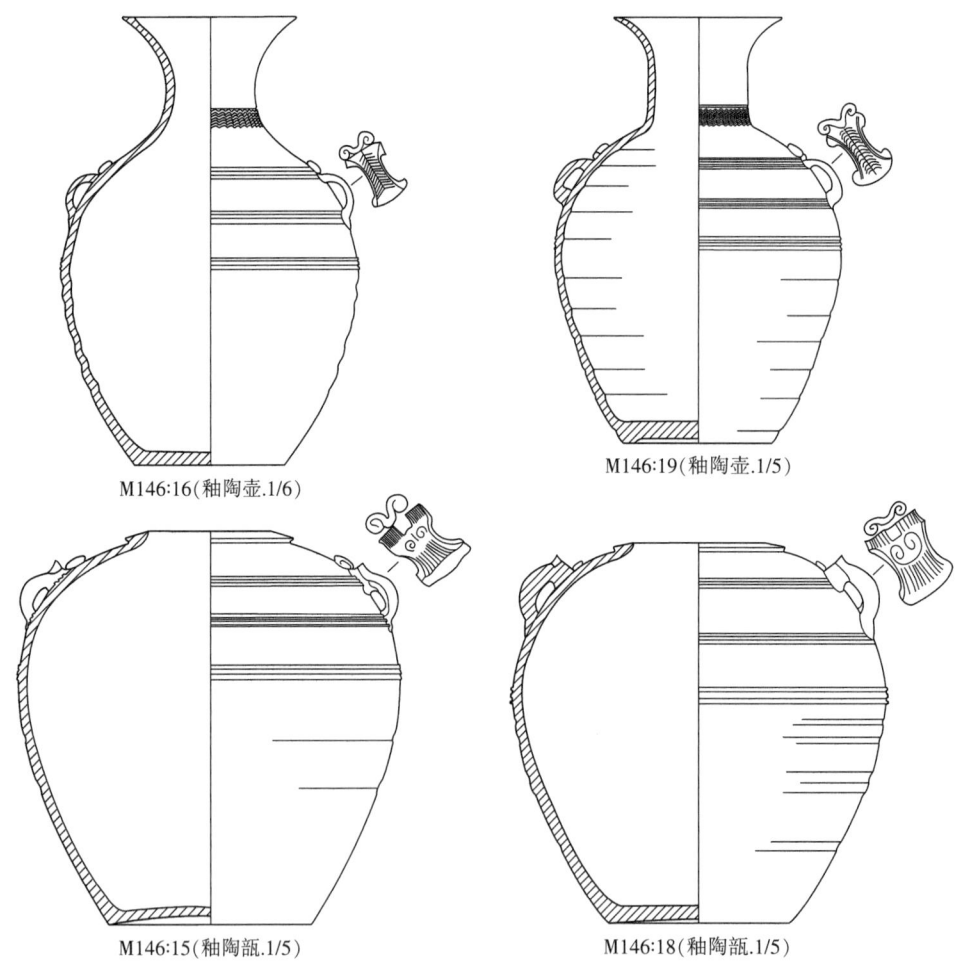

M146:16(釉陶壶.1/6)　　　　M146:19(釉陶壶.1/5)

M146:15(釉陶瓿.1/5)　　　　M146:18(釉陶瓿.1/5)

图3-8A-30b3　圩庄组A区M146出土器物图

M146∶19，出土于南边箱。釉陶，胎褐色。形制与 M146∶16 相同。口径 11.2、底径 10、高 28 厘米。（图 3 - 8A - 30b3；彩版一六四，2）

瓿 2 件。M146∶15，出土于南边箱西部。釉陶，胎褐色，最大腹以上施泛黄青釉。敛口，尖圆唇，宽斜沿，鼓肩，弧腹，最大腹径偏上，平底内凹。肩两侧饰兽面纹铺首，铺首上各贴塑一羊角纹。肩部饰凹弦纹三组。口径 8.5、底径 14、高 26 厘米。（图 3 - 8A - 30b3；彩版一六四，3）

M146∶18，出土于南边箱。形制同 M146∶15。口径 8.9、底径 12、高 25.3 厘米。（图 3 - 8A - 30b3；彩版一六四，4）

三十一、147 号墓（M147）

M147 位于圩庄组取土场 A 区墓地中部，南面与 M148 相邻，东面与 M146 相邻，西面与 M150 相邻。清理前，墓坑开口已被高速公路施工方破坏，开口距现地表深度不明，墓坑底部随葬品组合未受扰动。

墓葬形制为长方形竖穴土坑，开口长 290、宽 193 厘米，残深 50 厘米。方向 110°。（图 3 - 8A - 31a；彩版一六五，1）

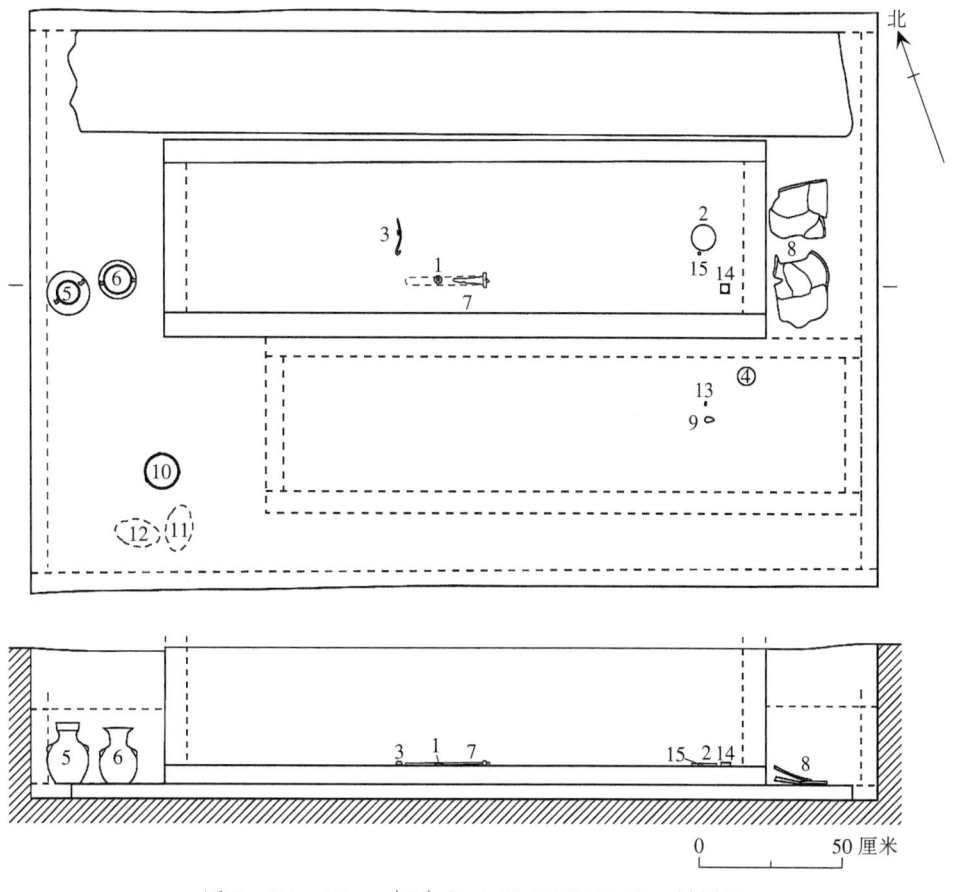

图 3 - 8A - 31a　圩庄组 A 区 M147 平面、剖视图

1. 铜钱　2、4. 铜镜　3. 铜带钩　5、6. 陶壶　7. 铁剑　8. 陶罐　9. 琉璃珩　10. 漆樽
11、12. 漆耳杯　13. 琉璃塞　14. 研石　15. 琉璃饰件

葬具为一椁二棺，木结构基本朽尽。从朽痕可知，椁长290、宽193、残高30厘米。两棺位于椁室中部，一南一北排列，北棺长205、宽66、残高50厘米，南棺尺寸与北棺相近。

该墓共出土铜器、铁器、琉璃器、漆器、石器、陶器15件（组）。

1. 铜器

4件。器形为镜、带钩、铜钱。

镜 2件。M147：2，出土于北棺东部。昭明镜。圆形，半圆纽，圆纽座。座外三短线纹与单弧线纹各四组相间环列，其外饰十内向连弧纹，外圈两周短斜线纹间饰一周铭文。铭文为"内而清而昭而明而光而日而明而月而"。宽素平缘。镜面微凸。面径8、背径7.8、纽高0.52、纽宽1.2、缘宽1.1、缘厚0.27、肉厚0.12厘米。（图3-8A-31b）

M147：4，出土于南棺东部。四乳禽兽纹镜。圆形，圆锥形纽，圆纽座。外饰一周细凸弦纹，其外两周凸弦纹间有四乳和四虺相间环绕，四乳带圆纽座，四虺呈钩形，其两侧各饰一简化形鸟纹。窄缘。镜面微凸。面径6.2、背径6、纽高0.6、纽宽1、缘宽0.1、缘厚0.23、肉厚0.09厘米。（图3-8A-31b）

带钩 1件。M147：3，出土于北棺中部。琵琶形，雁首，钩身细长，面弧，背平，钩尾外鼓，外出沿，背平，置一圆扣形纽。长12、尾宽0.9、纽径1.56厘米。（图3-8A-31b；彩版一六五，2）

铜钱 1组。M147：1，出土于北棺中部偏下。4枚，大泉五十，形制、尺寸均同，正背均有郭。个别残损严重。钱径2.4、穿径1厘米。（图3-8A-31b）

2. 铁器

1件。器形为剑。

剑 1件。M147：7，出土于北棺中部。锈残，仅存上半段，断面呈菱形。剑格为铜质。残长12厘米，刃最宽2.9、脊最厚0.64厘米，格长5、宽2厘米。（图3-8A-31b）

3. 琉璃器

3件。器形为琀、塞、饰件。

琀 1件。M147：9，出土于南棺中部偏东。器作蝉形，形体宽扁，面鼓，背平。表面呈灰白色。长2.8、宽1.75、中厚2.6厘米。（图3-8A-31b）

塞 1件。M147：13，出土于南棺中部偏东。呈短圆锥柱状，前后两端平齐，前端稍细，后端稍粗，呈椭圆形。表面呈灰白色。长1、直径0.53厘米。（图3-8A-31b）

饰件 1件。M147：15，出土于北棺东端。上部鼓起呈椭圆形，底平直，底部有两斜内穿孔。表面呈青灰色。长0.8、高0.45、底径0.81厘米。（图3-8A-31b）

4. 漆器

3件。器形为耳杯、樽。

耳杯 2件。M147：11、M147：12，出土于墓室西南角。胎质已朽，外髹黑漆，内髹朱漆。残损严重，仅存残片，形制、尺寸不明。

樽 1件。M147：10，出土于墓室西南角。夹纻胎，器身外壁髹黑漆，内壁髹朱漆。无盖。器身作筒状，直壁，平底，器身一侧上腹安有一圆环形铜鋬手（较残），底部嵌铜质三兽蹄形矮足。口径12.1、壁厚0.27、底厚0.28、高10.9厘米。（彩图四四，2；彩版一六五，3）

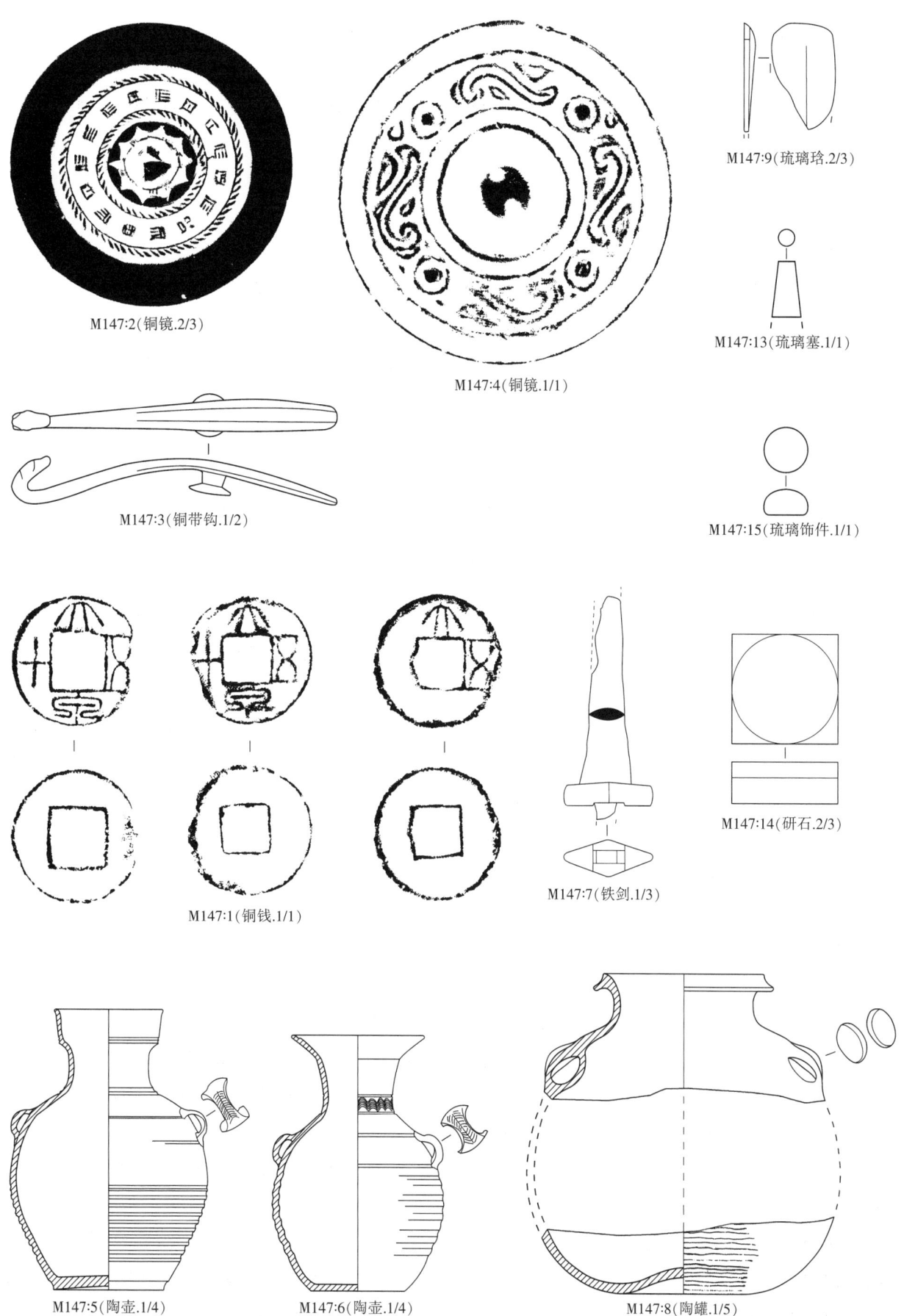

M147:2(铜镜.2/3)

M147:4(铜镜.1/1)

M147:9(琉璃玲.2/3)

M147:13(琉璃塞.1/1)

M147:15(琉璃饰件.1/1)

M147:3(铜带钩.1/2)

M147:1(铜钱.1/1)

M147:7(铁剑.1/3)

M147:14(研石.2/3)

M147:5(陶壶.1/4)

M147:6(陶壶.1/4)

M147:8(陶罐.1/5)

图 3 - 8A - 31b　圩庄组 A 区 M147 出土器物图

5. 石器

1 件。器形为研石。

研石　1 件。M147：14，出土于北棺东南角。青灰色细砂石质。外方内圆，内部圆形凸起。素面无纹。边长 2.96、高 1.12 厘米。（图 3 - 8A - 31b）

6. 陶器

3 件。器形为壶、罐。

壶　2 件。M147：5，出土于墓室西北端。盘口微侈，圆唇，束颈，溜肩，鼓腹，平底微内凹。上腹饰两对称桥形耳，耳面饰叶脉纹。肩部饰有三道弦纹，腹部饰数道凸弦纹。口径 8、底径 8.1、高 20.4 厘米。（图 3 - 8A - 31b；彩版一六五，4）

M147：6，出土于墓室西北端。侈口，圆唇，束颈，溜肩，鼓腹，平底。上腹饰两对称桥形耳，耳面饰叶脉纹。颈部偏下饰水波纹，腹部饰数道凸弦纹。口径 9.6、底径 6.9、高 18.3 厘米。（图 3 - 8A - 31b；彩版一六五，5）

罐　1 件。M147：8，出土于墓室东端。泥质陶。卷沿，侈口，束颈，溜肩，鼓腹，圜底内凹。最大腹径上腹饰两牛鼻耳，器腹中部饰有绳纹。口径 15、底径 8.8、高 28.8 厘米。（图 3 - 8A - 31b）

三十二、148 号墓（M148）

M148 位于圩庄组取土场 A 区墓地中部，北面与 M147 相邻，南面与 M119 相邻。清理前，墓坑开口已被高速公路施工方破坏，开口距现地表深度不明，墓坑底部棺椁结构与随葬品组合未受扰动。

墓葬形制为长方形竖穴土坑，开口长 290、宽 110 厘米，残深 180 厘米。方向 65°。（图 3 - 8A - 32a；彩版一六六，1）

葬具为一椁一棺。从残存木结构可知，椁位于墓坑底部正中，平面呈长方形，长 260、宽 57、残高 55 厘米。棺位于椁室东部，长方形，长 190、宽 45、残高 45 厘米。西边箱由棺和椁室南、北、西三面侧板之间的空间构成。

该墓共出土铜器、琉璃器、漆器、木器等遗物 14 件（组）。

1. 铜器

2 件。器形为镜。

镜　2 件。M148：7 - 1，出土于漆奁（M148：7）内。清白镜。圆形，半圆纽，并蒂十二连珠纹纽座。座外一周短斜线纹，外饰一周凸弦纹圈带。其外饰竖线纹（每组三线）、弧线纹（每组三线）、涡纹各四组相间环列，外饰八内向连弧纹，外圈两周短斜线纹间饰一周铭文。铭文为"洁清白而事君志驩之合明作玄锡而流泽恐疏而日忘美人外承可兑□□而毋绝"。素缘。镜面微凸。面径 16、背径 15.8、纽高 0.9、纽宽 2.1、缘宽 0.65、缘厚 0.63、肉厚 0.2 厘米。（图 3 - 8A - 32b；彩版一六六，2）

M148：8 - 1，出土于漆奁（M148：8）内。昭明镜。圆形，半圆纽，圆纽座。座外三竖线纹四组相间环列，外饰八内向连弧纹，外圈两周短斜线纹间饰一周铭文。铭文为"内而清而以而昭而明而光而象而夫而日之月"。宽素平缘。镜面微凸。面径 9.1、背径 8.9、纽高 0.63、纽宽 1.35、

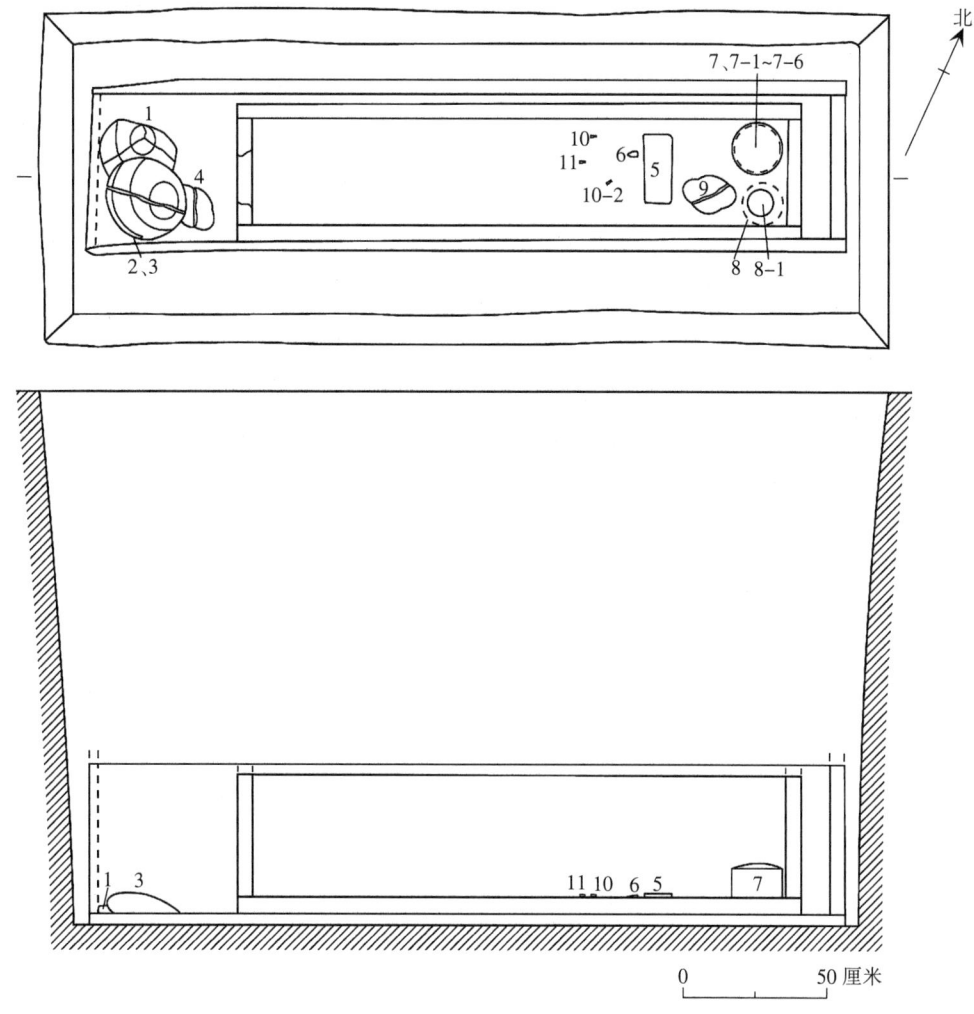

图 3 – 8A – 32a 圩庄组 A 区 M148 平面、剖视图

1~3. 漆盘 4、9. 漆耳杯 5. 木枕 6. 琉璃琀 7、8. 漆奁 7 – 1、8 – 1. 铜镜 10~12. 琉璃塞

缘宽 0.88、缘厚 0.38、肉厚 0.2 厘米。（图 3 – 8A – 32b；彩版一六六，3）

2. 琉璃器

4 件。器形为琀、塞。

琀 1 件。M148：6，出土于棺内东部。器作蝉形，正面隆起，纹饰简练，正面上部有两道凹楞纹，背面平直。器表为灰白色。长 3.5、宽 1.9、厚 6 厘米。（图 3 – 8A – 32b；彩版一六六，4）

塞 3 件。均出土于棺内东部。M148：10，器作圆台形，腰部弧形内凹。顶面直径 0.45、底面直径 0.7、高 1.8 厘米。（图 3 – 8A – 32b；彩版一六六，4）

M148：11，器作圆台形。顶面直径 0.44、底面直径 0.7、高 1.8 厘米。（图 3 – 8A – 32b；彩版一六六，4）

M148：12，形制、尺寸同 M148：11。（图 3 – 8A – 32b；彩版一六六，4）

3. 漆器

7 件。器形为耳杯、盘、奁。

耳杯 2 件。M148：4，出土于西边箱内。仅存漆皮，外髹黑漆，内髹朱漆。胎质已朽，形

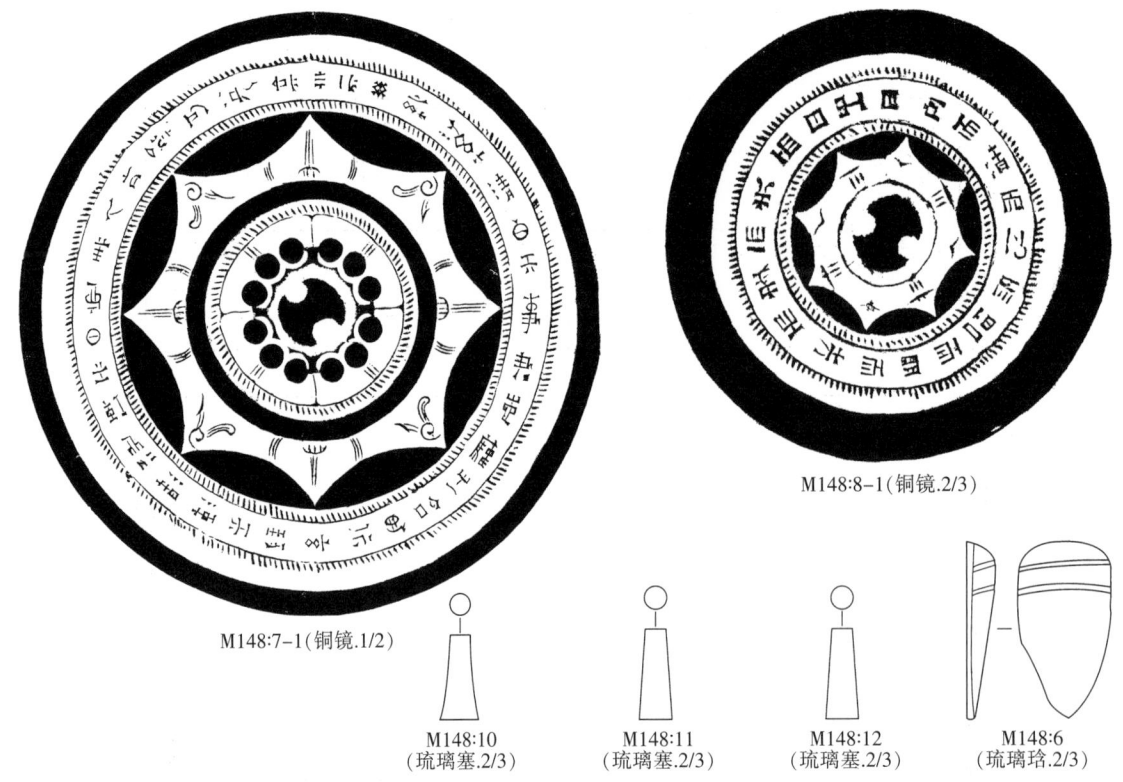

M148:7-1(铜镜.1/2)

M148:8-1(铜镜.2/3)

M148:10
(琉璃塞.2/3)

M148:11
(琉璃塞.2/3)

M148:12
(琉璃塞.2/3)

M148:6
(琉璃玲.2/3)

图3-8A-32b　圩庄组A区M148出土器物图

制、尺寸皆不明。

　　M148:9，出土于棺内东部。残损严重，形制、尺寸皆不明。

　　盘　3件。M148:1~3，成摞出土于西边箱内。出土时仅存漆皮，外髹黑漆，沿面及腹内壁下侧髹黑漆，内壁上侧及内底髹朱漆。胎质已朽，形制、尺寸不明。

　　奁　2件。M148:7，出土于棺内东部。五子大圆奁夹纻胎，胎已腐朽，仅存漆皮，上有纹饰。平面呈圆形，由奁盖和奁身组成，器外髹黑漆，内髹朱漆。盖顶用朱漆绘三周弦纹，第一周内朱漆绘一圈简单的云气纹状线条，以几何纹为辅，周边嵌一圈以鸟兽为形状的金箔，鸟与兽交替，兽形金箔可能为鹿，盖顶中心饰柿蒂纹银扣，周围绕一圈朱漆，第二周与第三周内绘一圈云气纹，辅以几何纹，并贴有鸟兽状金箔。奁身外用朱漆绘四周弦纹，第一周与第二周内、第三周与第四周内分别绘有云气纹，辅以几何纹，并且用朱漆勾勒出兽形，原应有金箔，现已脱落。漆奁盖直径17.4、高11.6、器身直径17.2、高9.4厘米。（彩图四五、四六）

　　大奁内装五子小奁，均为夹纻胎，外髹黑漆，内髹朱漆，纹饰均以朱漆绘制。

　　M148:7-2，长方形子奁。盖作盝顶式，顶面朱漆绘一圈长方形，内贴柿蒂纹银扣，外绕银扣绘柿蒂纹朱漆，周围绘几何线条及点状纹。漆奁盖身上部绘三道弦纹，下部绘两道弦纹，中间绘简单的云气纹及蝌蚪纹。器身上下各绘一道弦纹，中间绘简单的云气纹。盖身长16、宽3.2、高4.6厘米。器身长15.6、宽3、高4.6厘米。（彩图四七，1）

　　M148:7-3，马蹄形子奁。盖顶呈马蹄形，绘六周马蹄形弦纹，顶心饰一柿蒂纹银扣，外绕银扣绘柿蒂纹朱漆，周绕长点状云气纹。盖身上部绘两道弦纹，下部绘一道弦纹，中间绘云气纹，辅以点纹。盖身长8、宽6、高4.9厘米。器身长7.7、宽5.4、高5.1厘米。（彩图四七，2）

M148：7-4，圆形子奁。盖顶外围绘四周弦纹，顶心饰柿蒂纹银扣，外绕银扣绘柿蒂纹朱漆，周绘简单的点状纹及云气纹，外绕两周弦纹。盖身上下各绘两道弦纹，中间绘一周斜线条。器身上下绘两道弦纹，中间绘一周云气纹。盖身直径6.9、高5.1厘米。器身直径6.4、高4.9厘米。（彩图四八，1）

M148：7-5，椭圆形子奁。盖顶绘三周椭圆形弦纹，盖顶中心贴饰柿蒂纹银扣，外绕银扣绘柿蒂纹朱漆，周绘云气纹及几何形纹饰。盖身上绘两道弦纹，下绘一道弦纹，中间绘一周云气纹及倒S纹。器身上下各绘一道弦纹，中间绘简单的倒S纹。盖身长6.8、宽3.5、高4.3厘米。器身长6.4、高4.5厘米。（彩图四八，2）

M148：7-6，小圆形子奁。形制、纹饰同M148：7-3。盖身直径4.8、高3.6厘米。器身直径4.5、高3.4厘米。（彩图四八，3）

M148：8，出土于棺内东部，残损严重，仅存器底，内外皆髹黑漆。底径12、底厚0.65厘米。（彩图四四，3）

4. 木器

1件。器形为枕。

枕 1件。M148：5，出土于棺内东部。器为长方形，惜残损严重，形制、尺寸不明。

三十三、149号墓（M149）

M149位于圩庄组取土场A区墓地中部，西壁被M168打破。清理前，墓坑开口已被高速公路施工方破坏，开口距现地表深度不明，墓坑底部随葬品组合遭受扰动。

墓葬形制为长方形竖穴土坑，开口呈长方形，长270、残宽130厘米，残深50厘米。方向193°。（图3-8A-33a；彩版一六七，1）

葬具为一椁一棺，木结构基本朽尽。从朽痕可知，椁位于墓坑底部正中，长220、宽120、残高10厘米。棺位于椁室西部，长210、宽55、残高7厘米。东边箱由棺和椁北、东、南之间的空间构成。

该墓共出土铜器、铁器、铅器、琉璃器、漆器、石器、陶器等遗物20件。

1. 铜器

5件（组）。器形为盆、镜、带钩、铜钱。

盆 2件。M149：7，出土于东边箱南部。残损严重。敞口，折沿、束颈，器身下部已残。口径22、残高4厘米。（图3-8A-33b1）

M149：9，出土于东边箱北部。形制同M149：7，残损情况亦同。口径16、残高4厘米。（图3-8A-33b1）

镜 1件。M149：20，出土于棺室南部。日光镜。圆形，半圆纽，圆纽座。座外饰八内向连弧纹，其外饰短斜线纹与铭文各一周，铭文间以"の"形符号间隔。铭文为"见日之光天下大明"。窄缘。镜面微凸。面径6.1、背径5.9、纽高0.6、纽宽1、缘宽0.36、缘厚0.3、肉厚0.12厘米。（彩版一六七，2）

带钩 1件。M149：16，出土于棺内中部。琵琶形，雁首，钩身细长，面弧，背平，尾部已

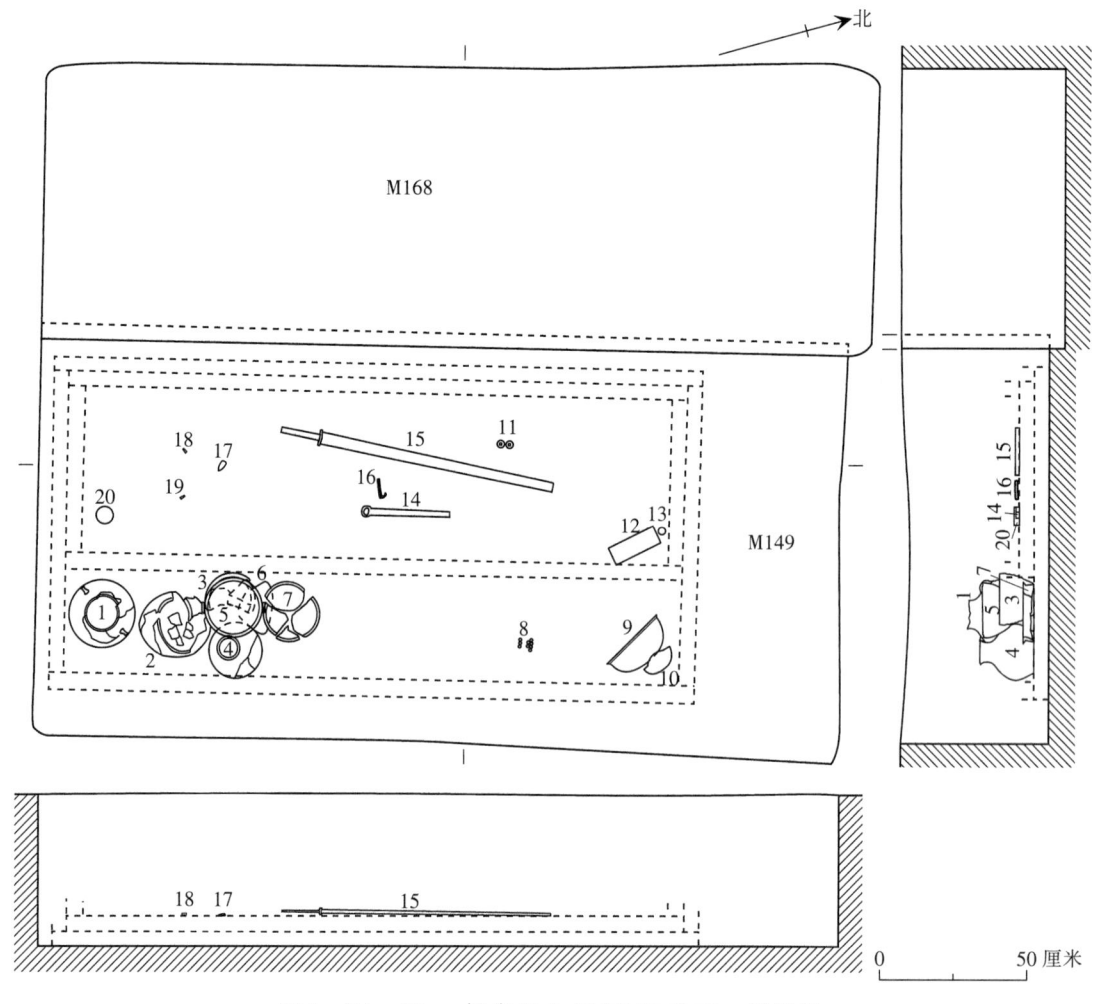

图 3-8A-33a　圩庄组 A 区 M149 平面、剖视图

1. 釉陶壶　2. 陶瓿　3. 陶盒　4. 陶壶　5. 陶鼎　6. 残漆器　7、9. 铜盆　8. 铅弹丸　10. 漆耳杯　11. 铜钱
12. 石黛板　13. 研石　14. 铁刀　15. 铁剑　16. 铜带钩　17. 琉璃珩　18、19. 琉璃塞　20. 铜镜

残。无纹饰。残长 6.4、残宽 0.3 厘米。（图 3-8A-33b1；彩版一六七，3）

铜钱　1 组。M149：11，出土于棺内中部偏北。8 枚，五铢钱，形制、尺寸均同。钱径 2.2、穿径 1 厘米。（图 3-8A-33b1）

2. 铁器

2 件。器形为剑、刀。

剑　1 件。M149：15，出土于棺内中部。锈残严重，剑鞘仅存漆皮。剑身双面斜刃，中起脊，断面呈菱形；剑茎成扁长形，断面呈长方形；剑格为菱形。残长 95、残刃长 81.3、刃宽 1.3、最厚 1、茎残长 13.1、宽 0.6 厘米。（图 3-8A-33b1）

刀　1 件。M149：14，出土于棺内中部。锈残严重，仅存部分刀身，刀身外残存漆皮。刀身上下平直，直背，单面刃，断面三角形。残长 12.2、宽 4.2、厚 1.8 厘米。（图 3-8A-33b1）

3. 铅器

1 组。器形为弹丸。

弹丸　1 组。M149：8，出土于椁盖板中部。9 件。圆球形，表面颜色发白。直径 1.6 厘米。

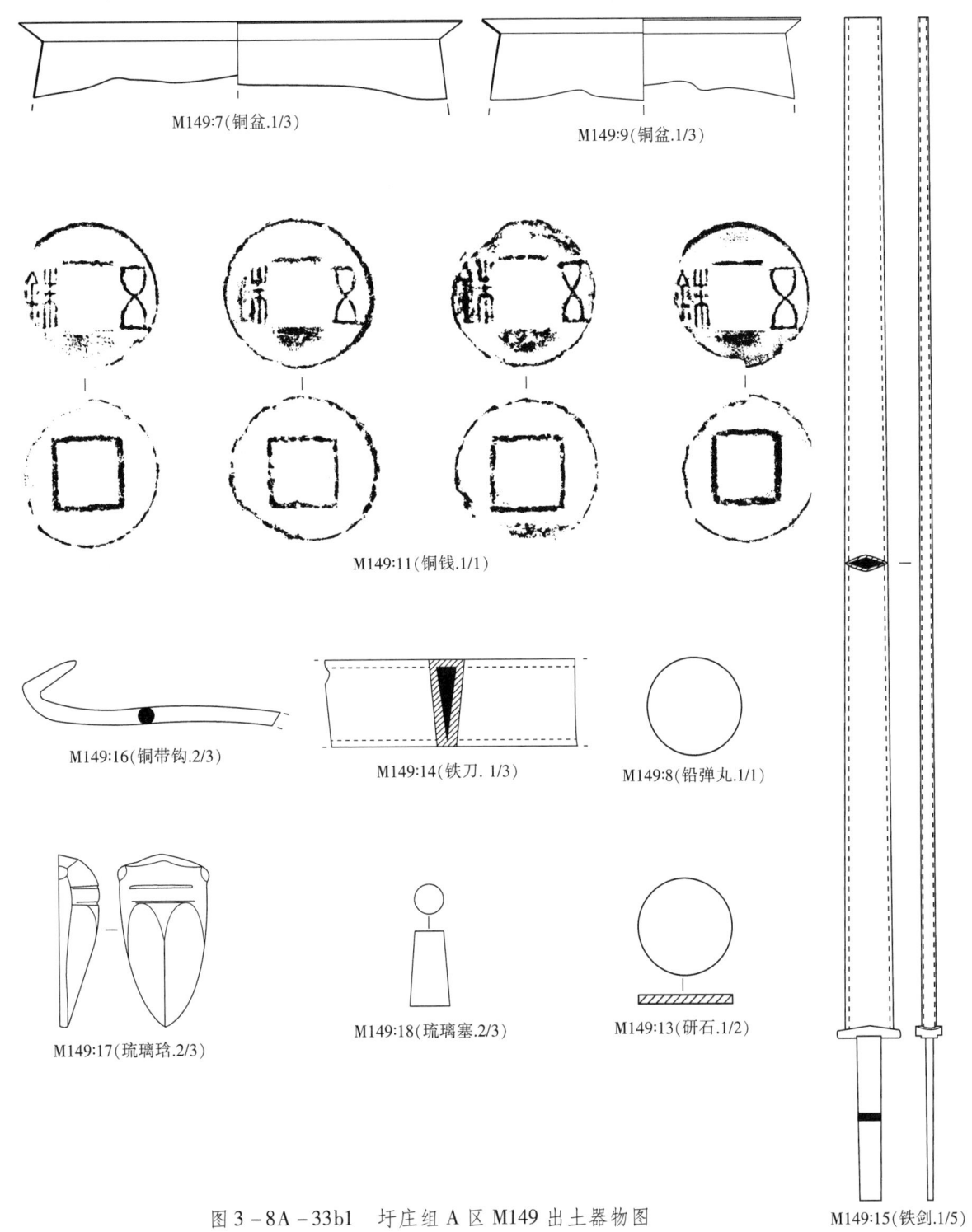

M149:7(铜盆.1/3)

M149:9(铜盆.1/3)

M149:11(铜钱.1/1)

M149:16(铜带钩.2/3)

M149:14(铁刀.1/3)

M149:8(铅弹丸.1/1)

M149:17(琉璃玲.2/3)

M149:18(琉璃塞.2/3)

M149:13(研石.1/2)

M149:15(铁剑.1/5)

图 3-8A-33b1　圩庄组 A 区 M149 出土器物图

（图 3-8A-33b1；彩版一六七，4）

4. 琉璃器

3 件。器形为玲、塞。

玲　1 件。M149：17，出土于棺内南部。蝉形，正面隆起，纹饰简练，背面平直，器表为灰白色。长 4.1、宽 2.3、厚 1.4 厘米。（图 3-8A-33b1；彩版一六七，5）

塞　2 件。均出土于棺内南部。M149：18，器作圆台柱形，呈灰白色。顶面直径 0.7、底面直

径1、高1.8厘米。（图3-8A-33b1；彩版一六七，6左）

M149：19，形制、尺寸同M149：18。（图3-8A-33b1；彩版一六七，6右）

5. 漆器

2件。器形为耳杯等。

耳杯 1件。M149：10，出土于东边箱北部。木胎。残损严重。椭圆形杯身，月牙形耳，腹弧壁。通体髹漆，外壁髹黑漆，双耳髹黑漆，内壁髹朱漆。通体无纹饰。长14、宽8、高4厘米。（彩图四九，1）

残漆器 1件。M149：6，出土于东边箱南部。残损严重，器形、纹饰、尺寸不明。

6. 石器

2件。器形为黛板、研石。

黛板 1件。M149：12，出土于棺内东北角。青灰色。平面呈长方形，正面光滑。研磨面长17、宽6、厚0.34厘米。黛板上残存一块漆皮，髹黑漆，绘朱漆虎纹。（彩图四九，2；彩版一六七，7）

研石 1件。M149：13，出土于棺内东北角。青灰色。平面呈圆形，底面平滑。直径3.2、厚0.32厘米。（图3-8A-33b1；彩版一六七，7）

7. 陶器

5件。器形为鼎、盒、壶、瓿。

鼎 1件。M149：5，出土于东边箱南部。红陶，质地坚硬。覆平顶钵形盖。盒身子母口，子母口敛，沿微内凹，内沿略高，方唇，腹宽扁，弧腹，平底略内凹。口两侧各饰一对称外撇附耳。口径19.8、底径11.6、通高16.1厘米。（图3-8A-33b2；彩版一六八，1）

盒 1件。M149：3，出土于东边箱南部。红陶。覆平顶钵形盖，平顶较宽。盒身子母口，沿面内凹，圆唇，深腹，腹壁斜内收，底内凹。口径18.3、底径10.8、通高19.7厘米。（图3-8A-33b2；彩版一六八，2）

壶 2件。均出土于东边箱南部。M149：1，釉陶，施黄绿色釉。口部残损严重，粗短束颈，溜肩，腹微上移，偏鼓腹，平底，高圈足。肩两侧各饰一桥形对称耳，耳面模印叶脉纹。口径不明，底径12、残高22厘米。（图3-8A-33b2；彩版一六八，3）

M149：4，泥质灰陶。侈口，尖唇，斜沿，短束颈，溜肩，弧腹，最大腹径在器身下部，底内凹。口径6.6、底径13.1、高17.5厘米。（图3-8A-33b2；彩版一六八，4）

瓿 1件。M149：2，出土于东边箱南部。红陶。小敛口，尖唇，平沿，溜肩，鼓腹，平底内凹。肩两侧各饰一对称耳，耳面饰兽面纹和直线纹。口径11.1、底径15.2、高20.6厘米。（图3-8A-33b2；彩版一六八，5）

三十四、150号墓（M150）

M150位于圩庄组取土场A区墓地中部，南面与M151相邻，东面与M147相邻。清理前，墓坑开口已被高速公路施工方破坏，开口距现地表深度不明，墓坑底部随葬品组合未受扰动。

墓葬形制为长方形竖穴土坑，开口长261、宽94厘米，残深50厘米。方向293°。墓坑和葬具

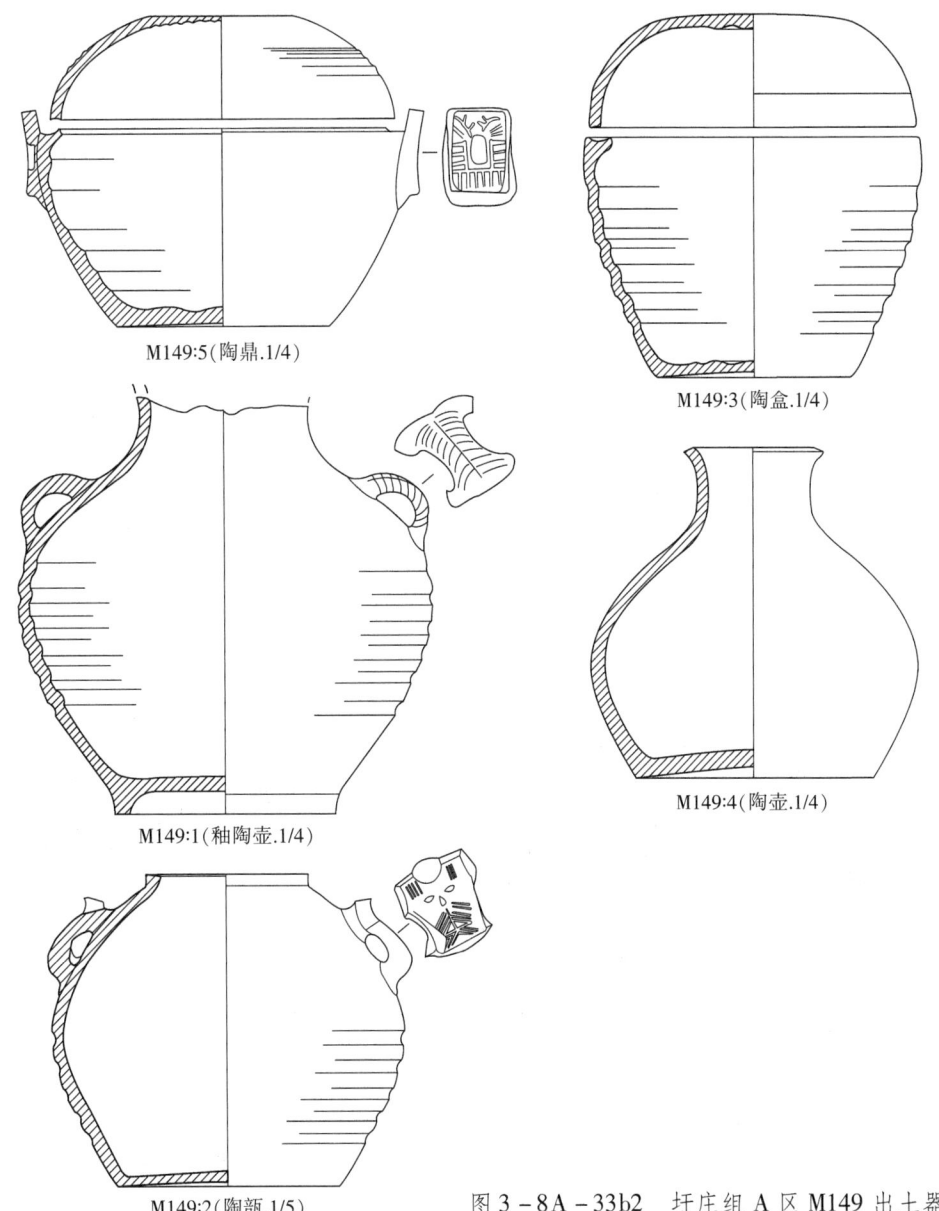

M149:5(陶鼎.1/4)

M149:3(陶盒.1/4)

M149:1(釉陶壶.1/4)

M149:4(陶壶.1/4)

M149:2(陶瓿.1/5)

图 3－8A－33b2　圩庄组 A 区 M149 出土器物图

之间填塞青膏泥。(图 3－8A－34a；彩版一六九，1)

　　葬具为一椁一棺，木结构基本朽尽。从朽痕可知，椁置于墓坑底部正中，平面为长方形，长
250、宽 60、残高 12 厘米。棺置于椁室西部，长 200、宽 50、残高 8 厘米。东边箱由棺和椁室北、
东、南三面侧板之间的空间构成。

　　该墓共出土铜器、漆器、陶器等遗物 10 件(组)。

1. 铜器

　　3 件(组)。器形为镜、印、铜钱。

　　镜　1 件。M150：10，出土于棺内西部。昭明镜。圆形，半圆纽，圆纽座。座外三短线纹与
单弧线纹各四组相间环列，其外饰八内向连弧纹，外圈两周短斜线纹间饰一周铭文。铭文为"内
而清而以昭而明而光而象夫日而月而"。素缘。镜面微凸。面径 8.9、背径 8.7、纽高 0.55、纽宽
1.45、缘宽 0.9、缘厚 0.36、肉厚 0.19 厘米。(图 3－8A－34b；彩版一六九，2)

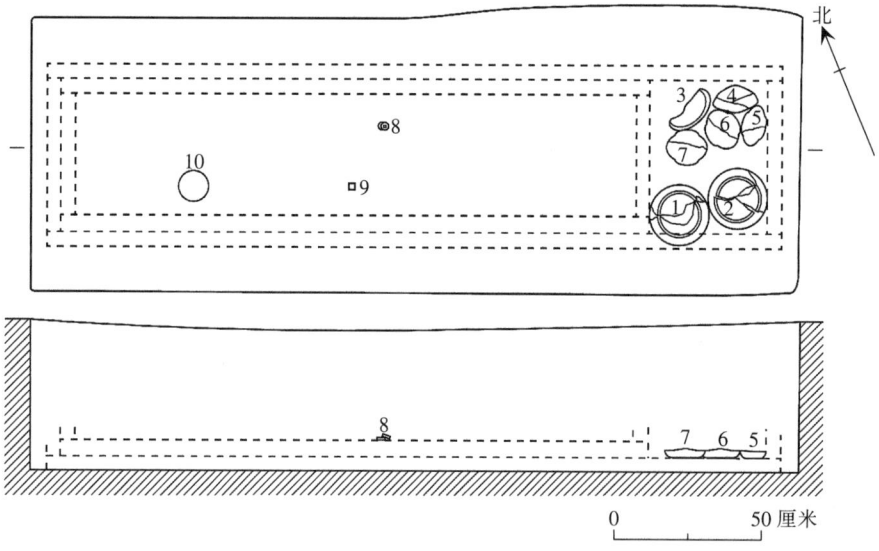

图 3 - 8A - 34a　圩庄组 A 区 M150 平面、剖视图

1、2. 陶壶　3. 漆盘　4~7. 漆耳杯　8. 铜钱　9. 铜印　10. 铜镜

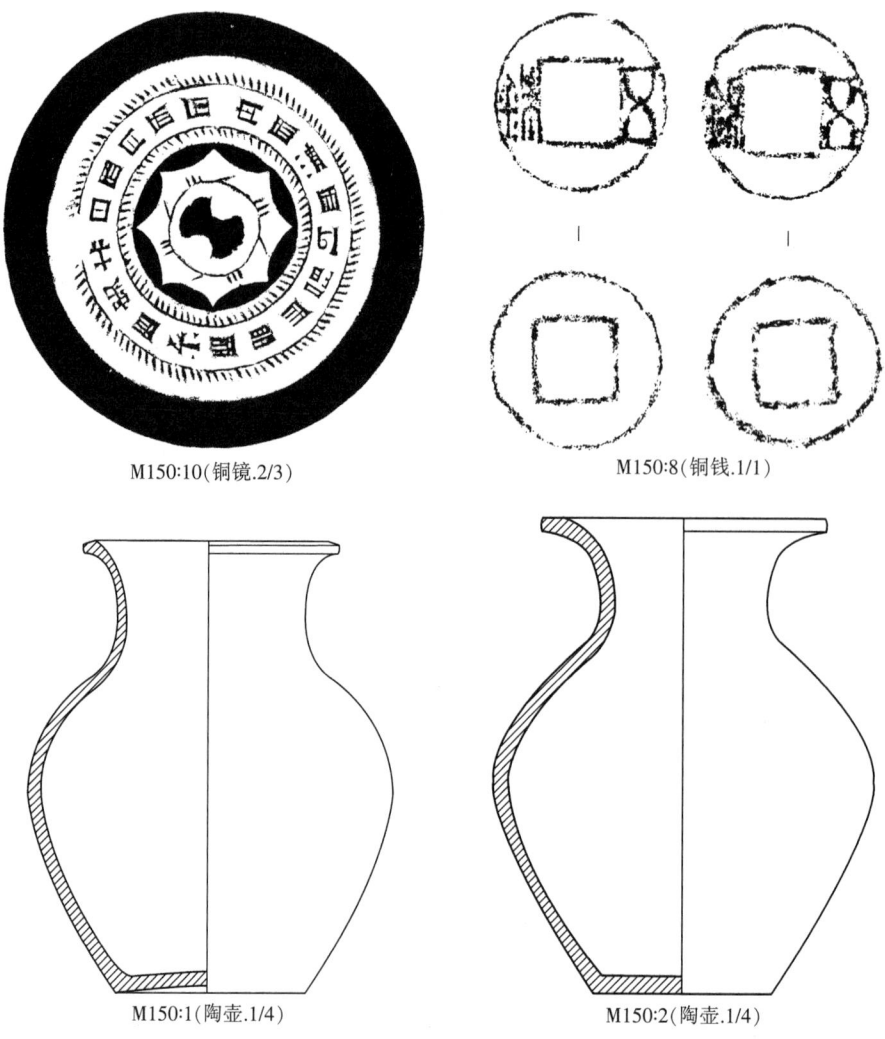

M150:10(铜镜.2/3)　　　　　　　　　　M150:8(铜钱.1/1)

M150:1(陶壶.1/4)　　　　　　　M150:2(陶壶.1/4)

图 3 - 8A - 34b　圩庄组 A 区 M150 出土器物图

印 1 件。M150：9，出土于棺内中部。桥形纽，印面方形，印文不明。边长 1.8、高 1.7 厘米。（彩版一六九，3）

铜钱 1 组。M150：8，出土于棺内中部。2 枚，五铢钱。正、背有郭，穿两侧为"五铢"两字，"五铢"两字锈蚀严重。钱径 2.3、穿径 1 厘米。（图 3 - 8A - 34b）

2. 漆器

5 件。器形为盘、耳杯。

盘 1 件。M150：3，出土于东边箱内。器残损严重，形制、尺寸皆不明。

耳杯 4 件。出土于东边箱内。皆残损，形制、尺寸、纹饰大体相同。M150：4，木胎，内髹朱漆，外髹黑漆，耳部、外部皆有红色漆绘。敞口，方形唇，两侧附月牙形耳，耳外侧上翘，高出口沿，腹壁弧形内收，圜底，椭圆形假圈足。耳杯外沿口饰两周卷云纹，上下以双弦纹为框，耳杯外部与耳面饰以卷云纹、交错线纹。口径长 13.6、连耳宽 11.6、底径长 8.3、宽 4、高 2.5 厘米。（彩图五〇，1）

M150：5～7，形制、尺寸同 M150：4。

3. 陶器

2 件。器形为壶。

壶 2 件。M150：1，出土于东边箱内。泥质红陶。侈口，圆唇，斜沿，束颈，溜肩，弧腹内收，平底微凹。素面。口径 14、底径 10.5、高 24 厘米。（图 3 - 8A - 34b；彩版一六九，4）

M150：2，出土于东边箱内。泥质红陶。侈口，方唇，束颈，溜肩，弧腹内收，平底。素面。口径 15.3、底径 9.6、高 25.2 厘米。（图 3 - 8A - 34b）

三十五、151 号墓（M151）

M151 位于圩庄组取土场 A 区墓地中部，北面与 M150 相邻，南面与 M153 相邻，东面与 M147 相邻。清理前，墓坑开口已被高速公路施工方破坏，开口距现地表深度不明，墓坑底部棺椁结构与随葬品组合未受扰动。

墓葬形制为长方形竖穴土坑，长 268、宽 103 厘米，残深 89 厘米。方向 295°。墓坑内椁上部填塞五花土，椁侧板与坑壁间填塞青膏泥。（图 3 - 8A - 35a；彩版一七〇，1、2）

葬具为一椁一棺。从残存木结构可知，椁顶盖板残存六块木板，呈东西向依次排列。椁平面呈长方形，长 263、宽 75、残高 66 厘米，底板厚 6、侧板宽 5、顶板残厚 5 厘米。底板由三块木板南北向拼接而成，从北至南分别宽 12、38、14 厘米。东、西侧板均由上、下两块木板拼接而成，每块木板高约 30 厘米。木棺置于椁内偏东，棺底板尚存，余皆残朽，棺平面呈长方形，长 196、宽 60、残高 34 厘米。

该墓共出土铜器、漆器、木器等遗物 8 件（组）。

1. 铜器

3 件（组）。器形为镜、铜钱。

镜 1 件。M151：3 - 1，出土于棺内西部 M151：3 漆奁内。昭明镜。圆形，半圆纽，圆纽座。座外饰凸弦纹圈带及八内向连弧纹各一周，间饰四枚小乳丁纹，外圈两周短斜线纹间饰一周铭文。

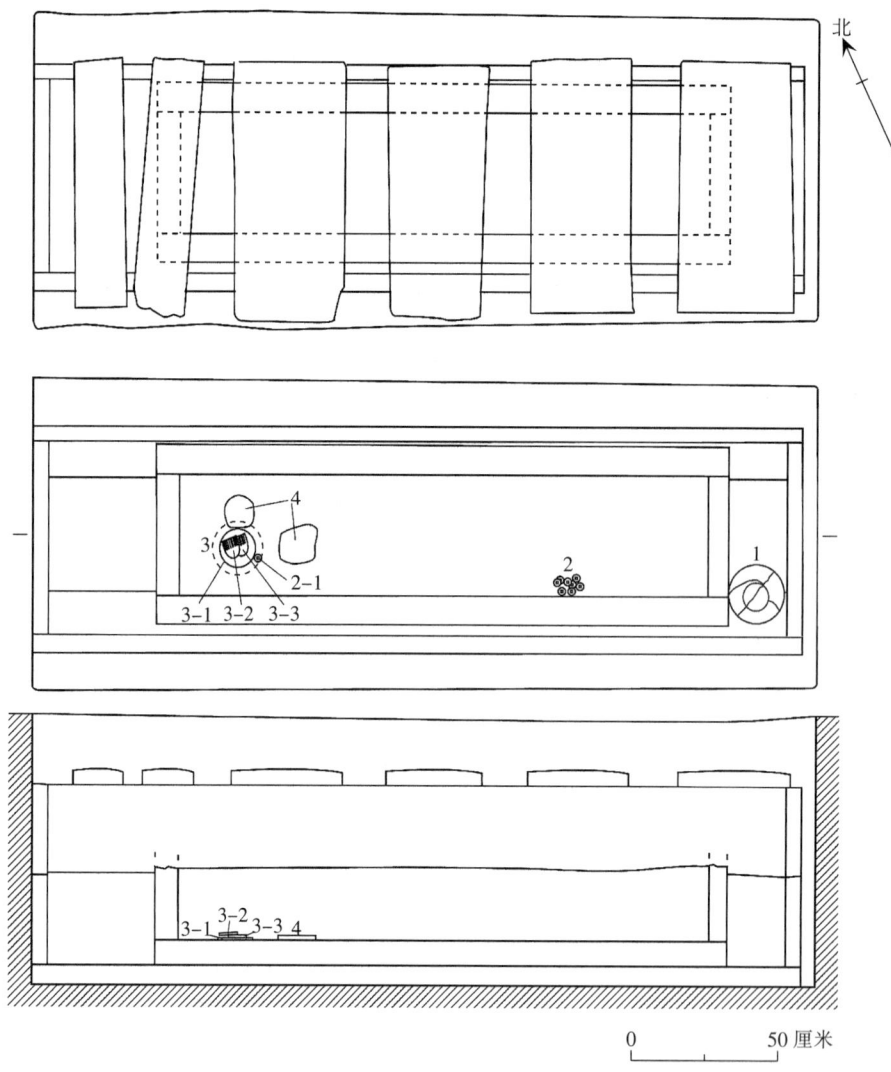

图 3 - 8A - 35a　圩庄组 A 区 M151 平面、剖视图
1. 漆盘　2、2 - 1. 铜钱　3. 漆奁　3 - 1. 铜镜　3 - 2. 木篦　3 - 3. 木梳　4. 木枕

铭文为"内清之以昭明光而象夫日月心忽□□不泄"。素缘。镜面微凸。面径 9.8、背径 9.6、纽高 0.6、纽宽 1.2、缘宽 0.5、缘厚 0.43、肉厚 0.15 厘米。(图 3 - 8A - 35b；彩版一七〇，3)

铜钱　2 组。M151：2，出土于棺内东部南侧。共 39 枚，五铢钱，形制、尺寸均同。钱径 2.4、穿径 1.1 厘米。(图 3 - 8A - 35b)

M151：2 - 1，出土于棺内西部。共 3 枚，五铢钱，形制、尺寸均同。钱径 2.4、穿径 1.1 厘米。(图 3 - 8A - 35b)

2. 漆器

2 件。器形为盘、奁。

盘　1 件。M151：1，出土于棺外东南角。木胎，素面，器外皆髹黑漆，内髹朱漆。器形完整，敞口平沿，浅腹，腹部有微弯折，矮圈足。盘底髹黑漆，上有朱漆文字。口径 25.8、底径 11.6、高 5.6 厘米(彩图五〇，2；彩版一七〇，4)

奁　1 件。M151：3，出土于棺内西部。器形残损严重，形制、尺寸不明。

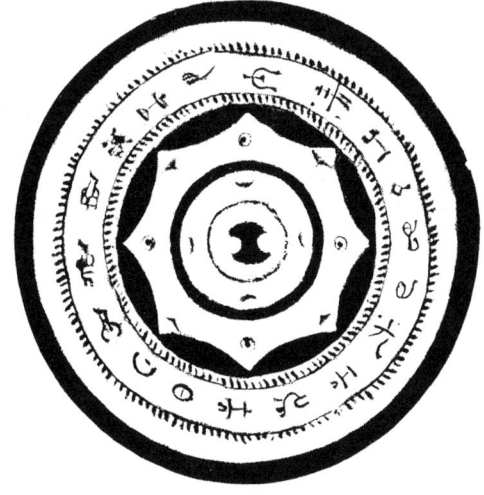

M151:3-1(铜镜.2/3)

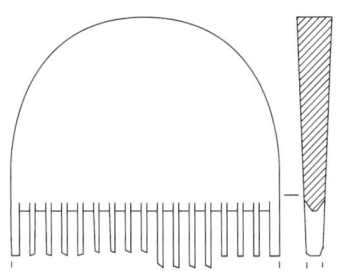

M151:3-3(木梳.2/3)

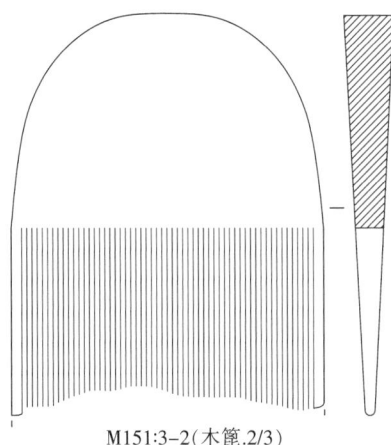

M151:3-2(木篦.2/3)

图3-8A-35b 圩庄组A区M151
出土器物图

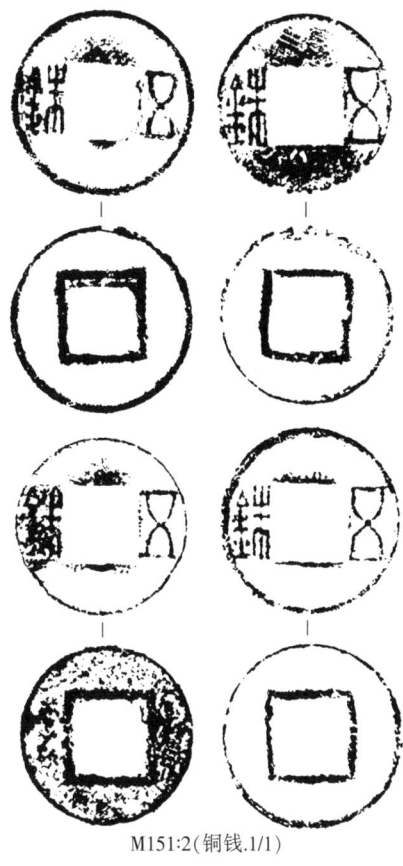

M151:2(铜钱.1/1)

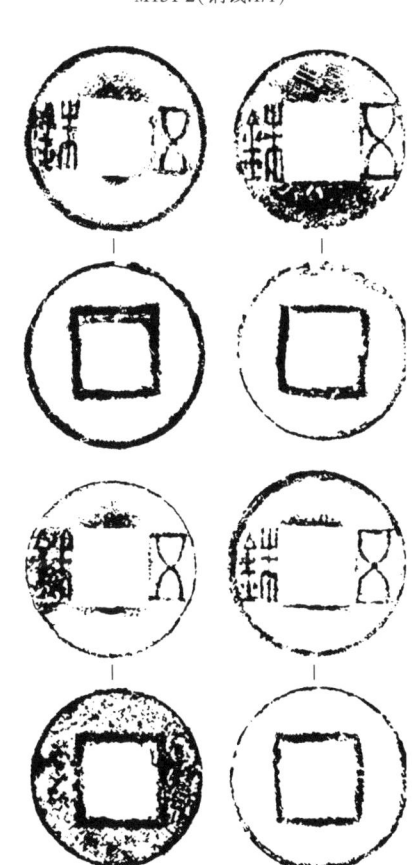

M151:2-1(铜钱.1/1)

3. 木器

3 件。器形为梳、篦、枕。

梳　1 件。M151：3 – 3，出土于棺内西部漆奁（M151：3）内。马蹄形，背部厚，齿端薄，17 齿。长 4.8、宽 5.5、最厚 0.7 厘米。（图 3 – 8A – 35b）

篦　1 件。M151：3 – 2，出土于棺内西部漆奁（M151：3）内。马蹄形，背部厚，齿端薄，56 齿。长 7.9、宽 6.3、厚 1 厘米。（图 3 – 8A – 35b）

枕　1 件。M151：4，出土于棺内西部。残损严重，形制、尺寸不明。

三十六、152 号墓（M152）

M152 位于圩庄组取土场 A 区墓地中部，北面与 M153 相邻，东南与 M138 相邻。清理前，墓坑开口已被高速公路施工方破坏，开口距现地表深度不明，墓坑底部棺椁结构与随葬品组合未受扰动。

墓葬形制为长方形竖穴土坑，开口长 314、宽 153 厘米，残深 125 厘米。方向 113°。墓坑开口以下填五花土，椁侧板与墓坑间填塞青膏泥。（图 3 – 8A – 36a；彩版一七一，1~3）

葬具为一椁一棺，木结构保存尚好。椁底板、侧板尚存，盖板朽成五块，四面侧板均由上下三块高度相同的木板拼合而成，椁平面呈长方形，长 272、宽 88、高 85 厘米，底板、盖板厚 10 厘米。棺置于椁内偏东，棺平面呈长方形，长 221、宽 69、高 58 厘米。西边箱由椁北、西、南三面侧板和棺之间的空间构成，平面呈长方形，长 72、宽 29 厘米。

该墓共出土铜器、铁器、漆器、木器、石器、陶器等遗物 17 件（组）。

1. 铜器

6 件（组）。器形为镜、带钩、刷、铜钱。

镜　1 件。M152：2，出土于棺内东部偏北。器残损严重，几成碎屑，纹饰、尺寸不明。

带钩　2 件。M152：3，出土于棺内中部。琵琶形钩身，龙首形钩首，身下饰一圆纽。器长 5.2、宽 1.4、高 1.6 厘米。（图 3 – 8A – 36b1；彩版一七二，1）

M152：4，出土于棺内中部。琵琶形钩身，雁首形钩首，身下饰一圆纽。器长 3.5、宽 1.5、高 2.1 厘米。（图 3 – 8A – 36b1）

刷　1 件。M152：13，出土于棺内东侧。刷毛已朽，器整体烟斗形。通长 11、銎径 0.7 厘米。（图 3 – 8A – 36b1；彩版一七二，2）

铜钱　2 组。M152：1，出土于棺内中部，共 5 枚。M152：12，出土于西边箱北侧，共 5 枚。皆为五铢钱，钱文、形制、尺寸大体相同。钱径 2.4、孔径 1 厘米。（图 3 – 8A – 36b1；彩版一七二，3、4）

2. 铁器

2 件。器形为剑、刀。

剑　1 件。M152：5，出土于棺内中部南侧。剑身较长，断面呈菱形。格为铜质。漆剑鞘、木质剑璏、木质剑首基本保存完整。鞘保存较好，通髹黑漆，素面。木璏位于鞘身近柄处，近剑璏处剑鞘两侧饰红色同心圆圈纹饰。通长 113.8、格长 4.9、剑首长 4 厘米。（图 3 – 8A – 36b1；彩版一七二，5）

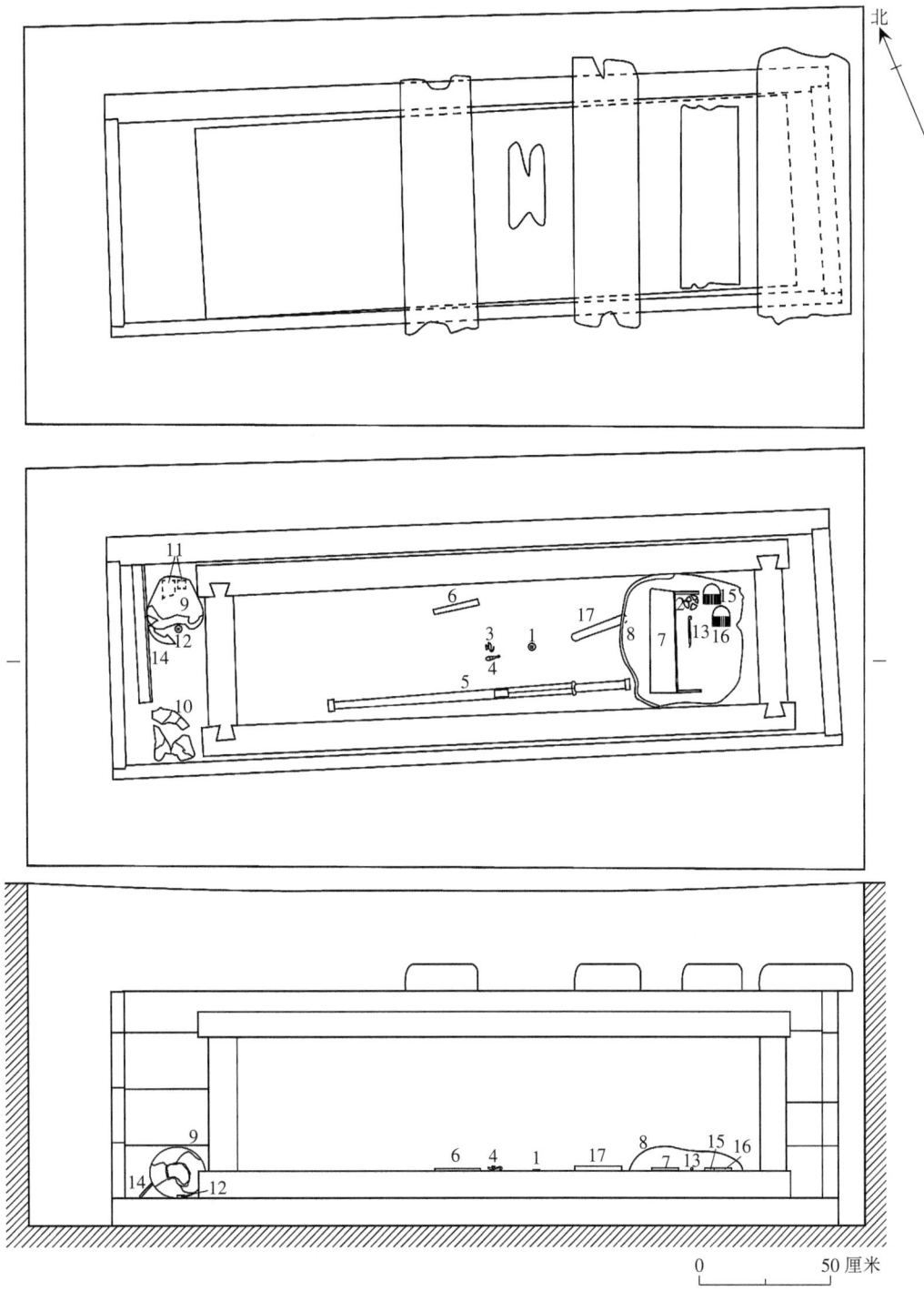

图 3 – 8A – 36a　圩庄组 A 区 M152 平面、剖视图

1、12. 铜钱　2. 铜镜　3、4. 铜带钩　5. 铁剑　6. 铁刀　7. 漆枕　8. 漆面罩　9. 陶瓿　10. 陶壶
11. 石黛板∕研石　13. 铜刷　14. 木几　15. 木梳　16. 木篦　17. 木握

刀　1 件。M152∶6，出土于棺内中部北侧。刀身平直略弧，断面呈三角形。残长 24.8 厘米。
（图 3 – 8A – 36b1）

3. 漆器

2 件。器形为枕、面罩。

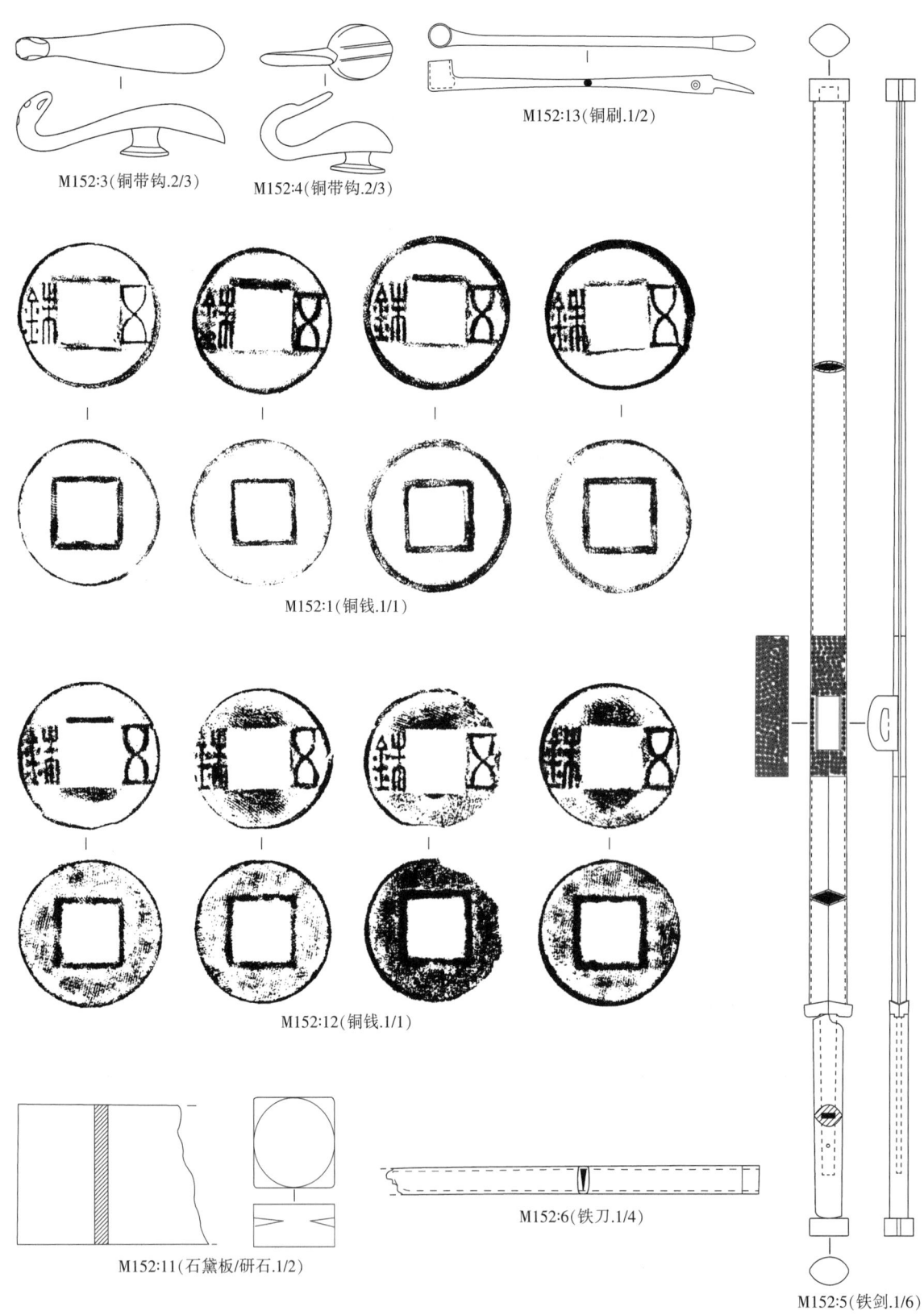

M152:3(铜带钩.2/3)

M152:4(铜带钩.2/3)

M152:13(铜刷.1/2)

M152:1(铜钱.1/1)

M152:12(铜钱.1/1)

M152:11(石黛板/研石.1/2)

M152:6(铁刀.1/4)

M152:5(铁剑.1/6)

图 3－8A－36b1　圩庄组 A 区 M152 出土器物图

枕　1件。M152：7，出土于棺内东侧。残损严重，形制、尺寸皆不明。

面罩　1件。M152：8，出土于棺内东侧。仅存残片，残损严重，形制、尺寸皆不明。

4. 木器

4件。器形为几、梳、箆、握。

几　1件。M152：14，出土于西边箱中部。因残损严重，形制、尺寸皆不明。

梳　1件。M152：15，出土于棺内东侧。器弧背长方形，背部厚，齿端薄，背长与齿长基本相同，16齿。通长7.95、宽6.9、背厚0.6厘米。（图3－8A－36b2；彩版一七二，6左）

箆　1件。M152：16，出土于棺内东侧。器弧背长方形，背部厚，齿端薄，背长与齿长基本相同，101齿。通长7.5、宽6.4、背厚0.6厘米。（图3－8A－36b2；彩版一七二，6右）

握　1件。M152：17，出土于棺内东侧。器上端截面为圆形，下端截面为长方形，中部截面为圆形。器长6.3、截面径3.5厘米。（图3－8A－36b2；彩版一七二，7）

5. 石器

1组。器形为黛板和研石，均出土于西边箱北侧。

石黛板/研石　1组。M152：11，该组石黛板包括黛板和研石两部分。黛板平面呈长方形，正面光滑，为碾磨面，残长6厘米，断面呈长方形。研石平面呈方形，纽呈圆形，底面边长2.7、高0.85、纽径2.7、纽高0.52厘米。（图3－8A－36b1；彩版一七二，8）

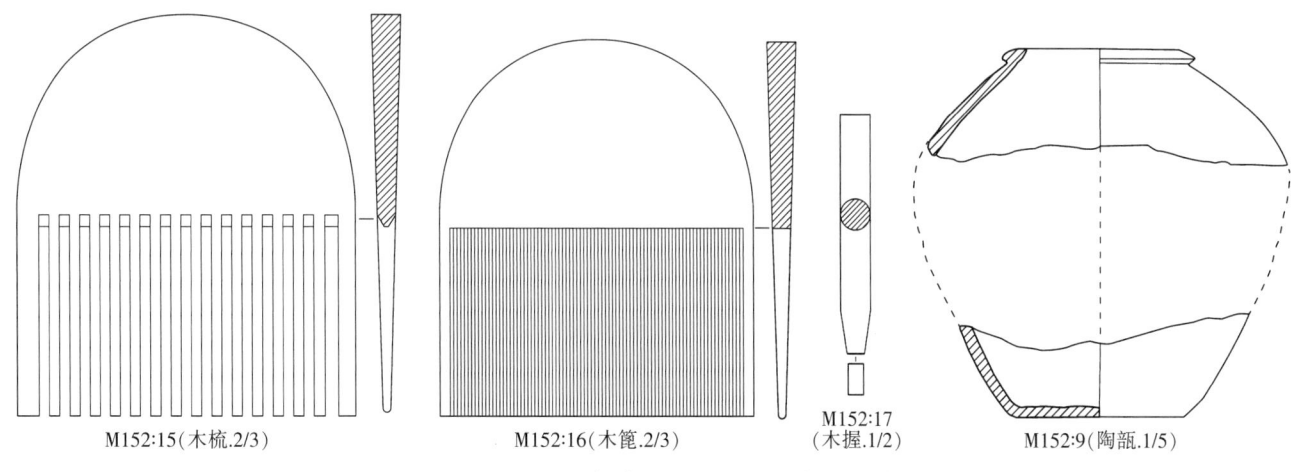

M152:15(木梳.2/3)　　　M152:16(木箆.2/3)　　M152:17(木握.1/2)　　M152:9(陶瓿.1/5)

图3－8A－36b2　圩庄组A区M152出土器物图

6. 陶器

2件。器形为壶、瓿。

壶　1件，M152：10，出土于西边箱南侧。泥质灰陶。残损严重，形制、尺寸皆不明。

瓿　1件，M152：9，出土于西边箱北侧。泥质灰陶。器残损严重，仅剩器口及器底。器敛口，圆唇，平底。口径10.4、底径11.5厘米，高度不明。（图3－8A－36b2）

三十七、153号墓（M153）

M153位于圩庄组取土场A区墓地中部，北面与M151相邻，南面与M152相邻。清理前，墓坑开口已被高速公路施工方破坏，开口距现地表深度不明，墓坑底部随葬品组合未受扰动。

墓葬形制为长方形竖穴土坑，开口长 266、宽 162 厘米，残深 121 厘米。方向 110°。（图 3 -
8A - 37a；彩版一七一，4）

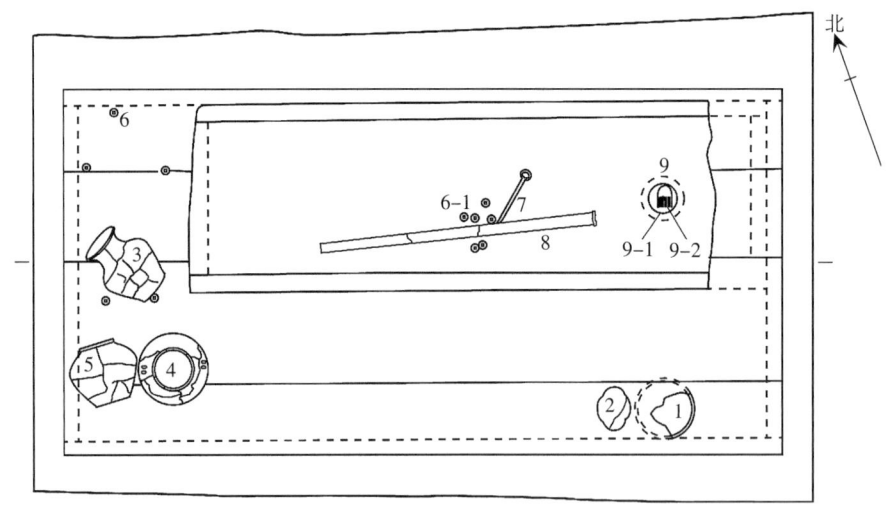

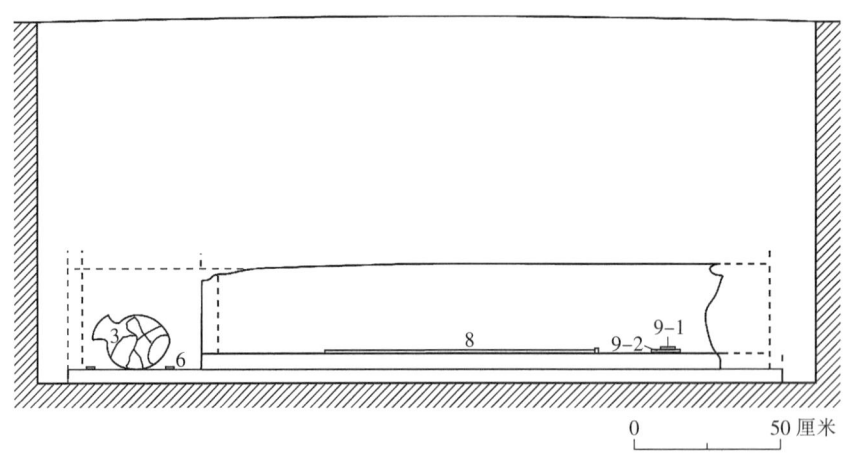

图 3 - 8A - 37a　圩庄组 A 区 M153 平面、剖视图

1. 漆盘　2. 漆耳杯　3. 陶壶　4. 陶罐　5. 陶瓿　6、6 - 1. 铜钱　7. 铜削　8. 铁剑
9. 漆奁　9 - 1. 铜镜　9 - 2. 木梳

葬具为一椁一棺，木结构基本朽尽。从朽痕可知，椁平面呈长方形，长 245、宽 121 厘米。棺
置于椁室东北部，与椁北、东侧板紧靠，棺平面呈长方形，残长 180、宽 62、残高 35 厘米，侧板
及底板厚 5 厘米。

该墓共出土铜器、铁器、漆器、木器、陶器等遗物 12 件（组）。

1. 铜器

4 件（组）。器形为镜、削、铜钱。

镜　1 件。M153：9 - 1，出土于棺内东部漆奁（M153：9）内。四乳禽兽纹镜。圆形，半圆
纽，圆纽座。座外短竖线（每组三线）和单弧线各四组相间环列，外饰一周凸弦纹圈带，其外两
周短斜线纹间有四乳和四虺相间环绕，四乳带圆纽座，四虺呈钩形，其外侧各饰一鸟。宽素平缘。
面径 10.1、纽高 0.7、纽宽 1.5、肉厚 0.2 厘米。（图 3 - 8A - 37b1）

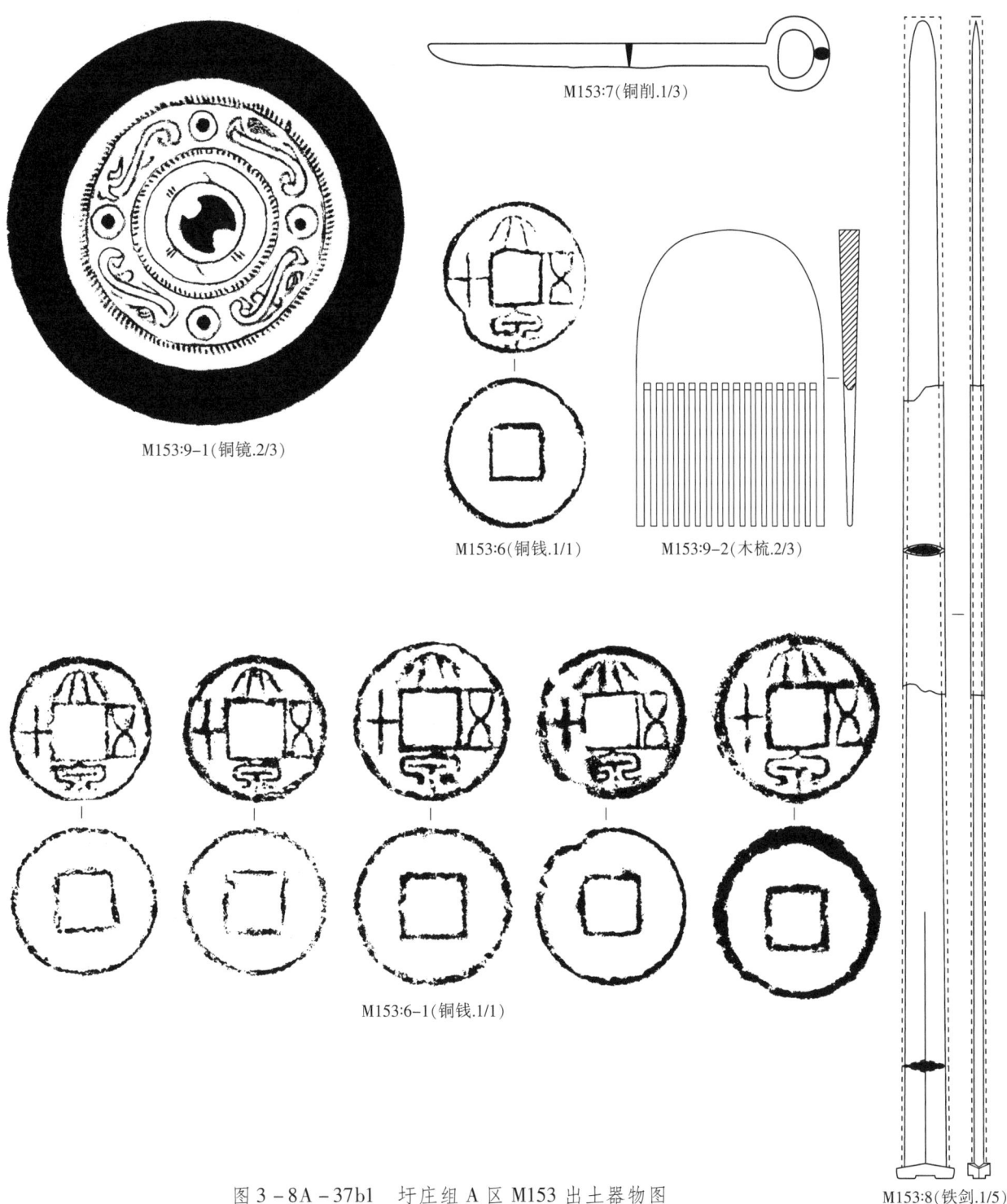

M153:9-1(铜镜.2/3)

M153:7(铜削.1/3)

M153:6(铜钱.1/1)

M153:9-2(木梳.2/3)

M153:6-1(铜钱.1/1)

图 3-8A-37b1 圩庄组 A 区 M153 出土器物图

M153:8(铁剑.1/5)

削 1 件。M153:7,出土于棺内中部。削身平直,断面呈三角形,环首。鞘基本不存。长 20、身宽 1.3、环首长 3.9 厘米。(图 3-8A-37b1;彩版一七二,9)

铜钱 2 组。M153:6,出土于椁内西北角。2 枚,大泉五十钱,形制、尺寸、钱文基本相同。钱径 2.3、穿径 1 厘米。(图 3-8A-37b1)

M153:6-1,出土于棺内中部。5 枚,形制、尺寸、钱文与 M153:6 相同。(图 3-8A-

37b1）

2. 铁器

1件。器形为剑。

剑　1件。M153：8，出土于棺内中部南侧。整器残损严重，剑格、剑身及局部剑鞘残存。铜剑格，剑身根部出脊，断面呈菱形，剑身大部分至刃部断面呈扁圆形。剑杇痕长95厘米。（图3-8A-37b1；彩版一七二，10）

3. 漆器

3件。器形为耳杯、盘、奁。

耳杯　1件。M153：2，出土于椁内东部南侧。器内髹朱漆，外髹黑漆。整器残杇严重，形制、纹饰、尺寸皆不明。

盘　1件。M153：1，出土于椁内东部南侧。器内外皆髹黑漆。整器残杇严重，形制、纹饰、尺寸皆不明。

奁　1件。M153：9，出土于棺内东部。整器残朽严重，形制、纹饰、尺寸皆不明。器内出铜镜、木梳各一件。

4. 木器

1件。器形为梳。

梳　1件。M153：9-2，出土于棺内东部漆奁（M153：9）内。器弧背长方形，背部厚，齿端薄，背长与齿长基本相同，17齿。通长7.2、宽4.8、厚0.5厘米。（图3-8A-37b1）

5. 陶器

3件。器形为壶、瓿、罐。

壶　1件。M153：3，出土于椁内棺外西侧。红陶。器残损严重，仅口部、颈部及底部残存。器侈口，尖唇，斜沿，束颈，平底内凹。口径13.8、底径11.7厘米。（图3-8A-37b2）

瓿　1件。M153：5，出土于椁内西南角。红陶。器残损严重，仅口部、底部尚存。器小口内敛，尖唇，斜沿，溜肩，弧腹渐收，平底。口径12、底径12.1厘米。（图3-8A-37b2）

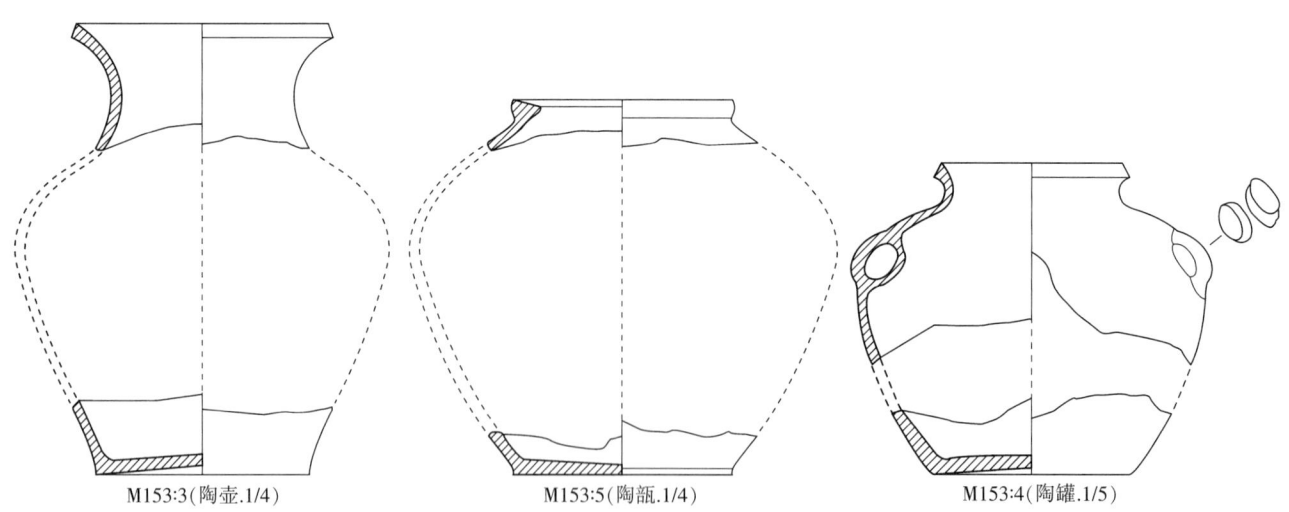

M153:3(陶壶.1/4)　　　　　M153:5(陶瓿.1/4)　　　　　M153:4(陶罐.1/5)

图3-8A-37b2　圩庄组A区M153出土器物图

罐 1件。M153:4，出土于椁内西南角。灰陶。器残损，腹部局部缺失。器侈口，尖唇，斜沿，束颈，溜肩，弧腹渐收，平底内凹。肩部饰一对称耳。口径12.2、底径13.3厘米。（图3－8A－37b2）

三十八、154号墓（M154）

M154位于圩庄组取土场A区墓地南部，东南与M117相邻，西北与M156相邻。清理前，墓坑开口已被高速公路施工方破坏，开口距现地表深度不明，墓坑底部随葬品组合未受扰动。

墓葬形制为长方形竖穴土坑，口大底小，开口残长342、宽234厘米，残深200厘米。方向30°。（图3－8A－38a；彩版一七三，1、2）

葬具为一椁一棺，木结构基本朽尽。从朽痕可知，椁平面呈长方形，长270、宽122厘米，高度不明。棺置于椁内东南角，平面呈长方形，长210、宽56厘米，高度不明。椁西部侧板与棺之间的空间为西边箱。

该墓共出土铜器、铁器、琉璃器、漆器、陶器等遗物22件（组）。

1. 铜器

5件（组）。器形为盆、镜、刷、铜钱。

盆 2件。M154:8，出土于西边箱中部。敞口，弧沿，斜弧腹，腹部有折棱，矮圈足。口径36.8、底径15.2、高12厘米。（图3－8A－38b1）

M154:18，出土于西边箱南部。残损严重，仅存口沿，敞口，弧折沿。口径19.8、残高3.3厘米。（图3－8A－38b1）

镜 1件。M154:1－1，出土于棺内南部漆奁内。星云纹镜。圆形，连峰纽，圆纽座。座外一周十六内向连弧纹，外饰凸弦纹与短斜线纹各一周，其间饰以四枚圆纽底座乳丁，乳丁间各施五枚小乳丁，相互间以弧线相连。十六内向连弧纹缘。镜面直径11.3、纽高1.3、纽宽2.1、肉厚0.17厘米。（彩版一七三，3）

刷 1件。M154:1－2，出土于棺内南部漆奁内。烟斗形，器身细长，一端内收为尖状，一端折为圆孔，孔内刷毛已朽。孔径1、长8.3厘米。（图3－8A－38b1；彩版一七三，4）

铜钱 1组。M154:2，出土于棺室南部。20枚，皆为五铢钱，形制、尺寸、钱文基本相同。钱径2.2、穿径1、缘厚0.13厘米。

2. 铁器

2件。器形为剑、削。

剑 1件。M154:3，出土于棺内中部东侧。器保存较好，剑茎、剑格、剑身、剑璏、剑鞘俱存。剑身较长，根部出脊，断面呈菱形，剑身到玉剑璏处停止出脊，剑身至尖端断面呈扁圆形。玉剑璏正面呈长方形，其中一端向下呈卷钩，背面饰长方形穿，表面刻饰圆圈及弧线纹，长尾回卷，刀法娴熟。剑通长99.9、身长85.6、宽3.5、厚0.8厘米，剑鞘长86.0、宽4、厚1.4厘米，格宽5.2厘米，剑璏长8.9、宽2.3、厚1.4厘米。（图3－8A－38b1；彩版一七三，5）

削 1件。M154:4，出土于棺内中部西侧。整器残损严重，刀鞘尚存。铁质环首，刀首断面呈长方形，尖端呈三角形。整器通长24.9厘米。（图3－8A－38b1；彩版一七三，6）

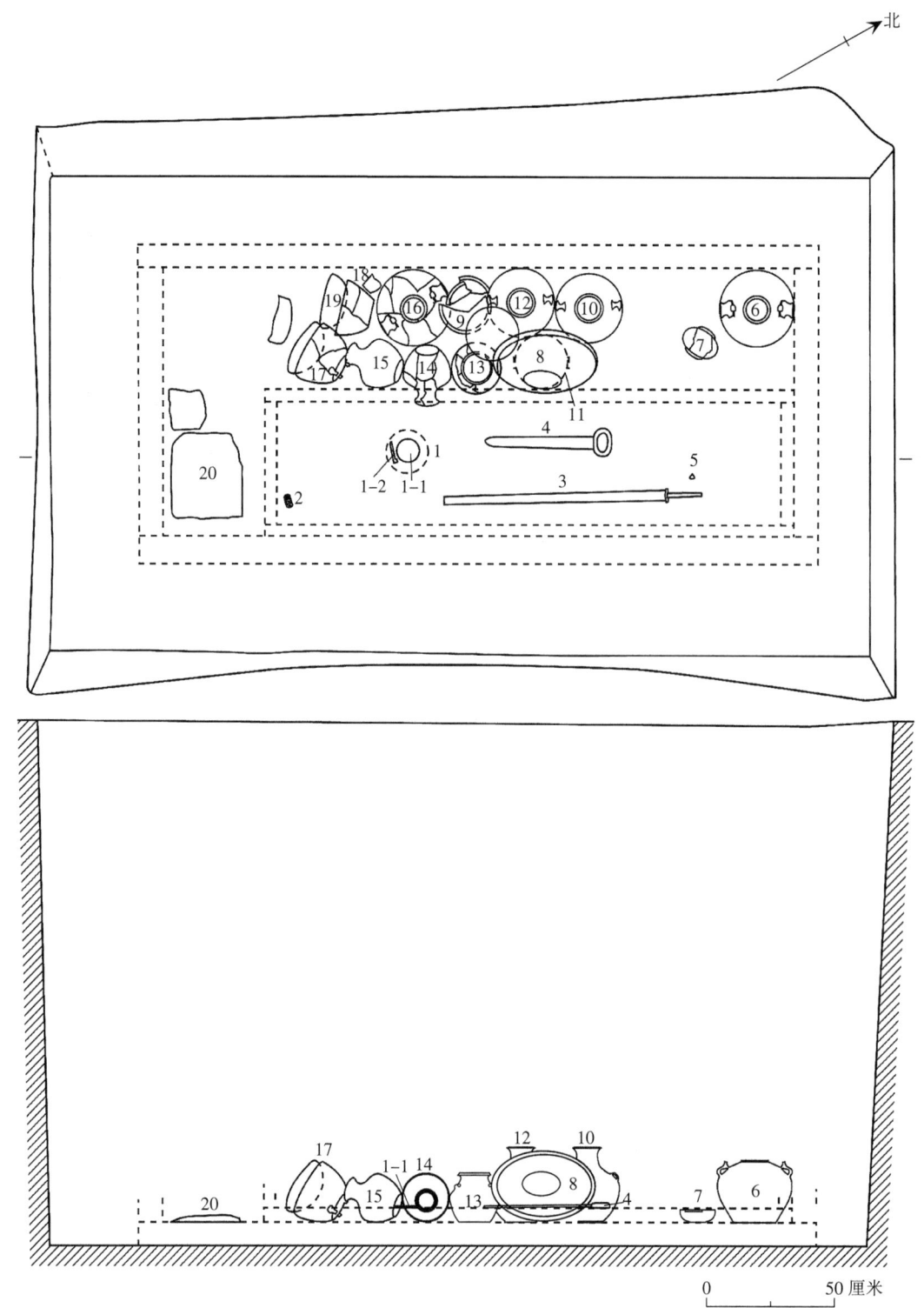

图 3 – 8A – 38a　圩庄组 A 区 M154 平面、剖视图

1. 漆奁　1 – 1. 铜镜　1 – 2. 铜刷　2. 铜钱　3. 铁剑　4. 铁削　5. 琉璃琀　6、16. 釉陶瓿　7. 漆耳杯　8、18. 铜盆　9、19. 釉陶盒　10、12. 釉陶壶　11、17. 釉陶鼎　13～15. 陶罐　20. 漆案

3. 琉璃器

1 件。器形为琀。

琀　1 件。M154：5，出土于棺室北部。器作蝉形，残损严重，仅存大半，器表为灰白色。残

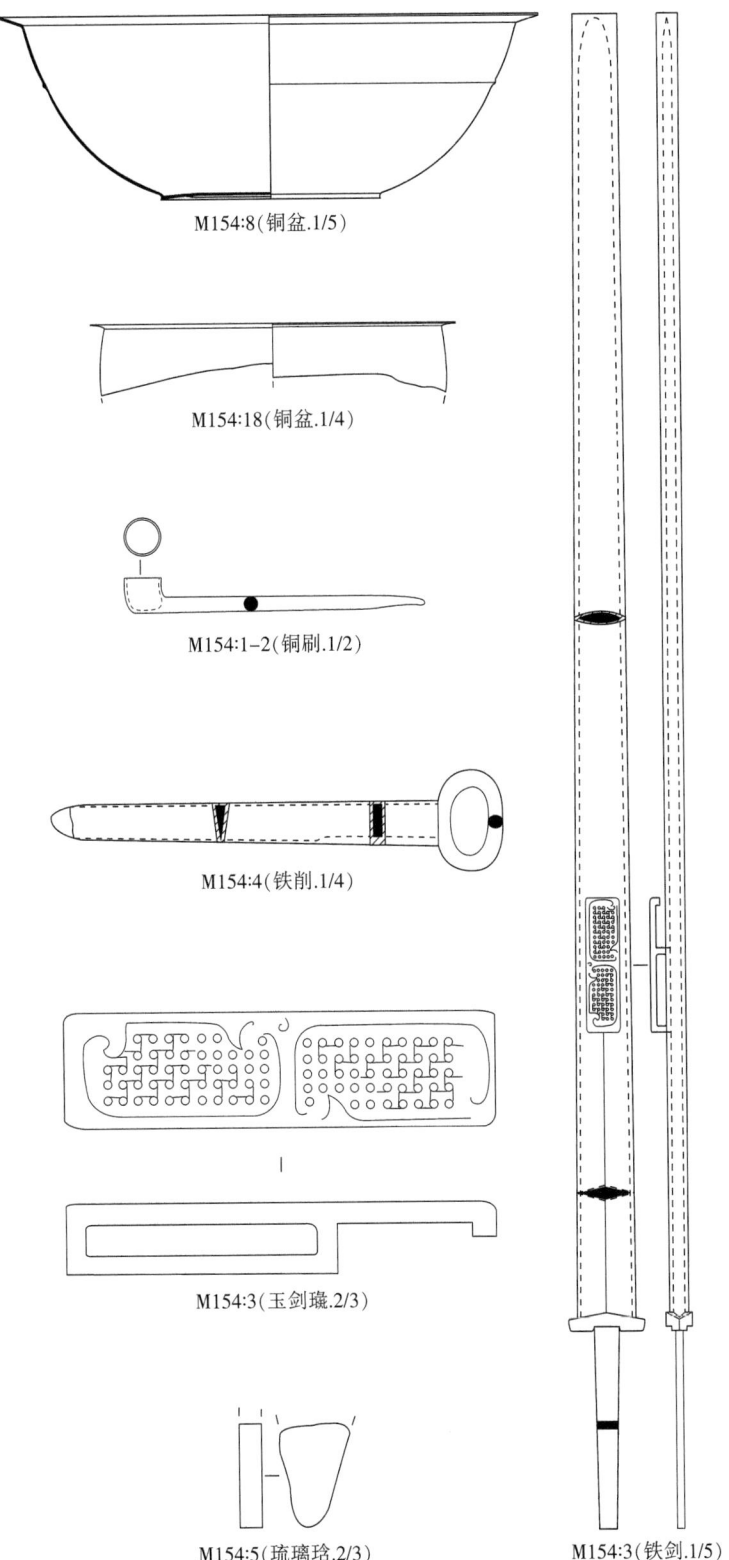

M154:8(铜盆.1/5)

M154:18(铜盆.1/4)

M154:1-2(铜刷.1/2)

M154:4(铁削.1/4)

M154:3(玉剑璏.2/3)

M154:5(琉璃玲.2/3)

M154:3(铁剑.1/5)

图 3-8A-38b1　圩庄组 A 区 M154 出土器物图

长 2、残宽 1.4、厚 0.5 厘米。（图 3 – 8A – 38b1）

4. 漆器

3 件。器形为耳杯、案、奁。

耳杯 1 件。M154：7，出土于椁室内西边箱北部。夹纻胎。椭圆形口，耳缘上翘，弧腹，平底。器外髹黑漆，耳正面、边缘亦髹黑漆。内底髹黑漆，余通髹朱漆，素面。口径长 15、连耳宽 12.3、底径长 9.4、宽 4.7、通高 4.4 厘米。（彩图五〇，3）

案 1 件。M154：20，出土于椁室南边箱内。器平面呈长方形，整器残朽严重，具体纹饰不明。残长 50、宽 30 厘米。

奁 1 件。M154：1，出土于棺室南部。器残朽严重，形制、纹饰、尺寸皆不明。

5. 陶器

11 件。器形为鼎、盒、壶、瓿、罐。

鼎 2 件。M154：17，出土于椁室内西边箱南部。釉陶。覆平底钵形盖，平顶较宽。鼎身子母口，圆唇，敛口，口部饰一对称耳，耳饰卷云纹，斜弧腹，平底，下饰三兽蹄足。盖口径 18.7、高 6.9 厘米，鼎身口径 18.7、底径 10.7、高 16.4 厘米。（图 3 – 8A – 38b2；彩版一七四，1）

M154：11，出土于椁室内西边箱中部。釉陶。形制与 M154：17 相同，盖口径 20.0、高 6.6 厘米，鼎身口径 18.2、底径 12.2、高 16.4 厘米。（图 3 – 8A – 38b2；彩版一七四，2）

盒 2 件。M154：9，出土于椁室内西边箱中部。釉陶。覆钵形盖，平顶较宽。盒身子母口，圆唇，敛口，斜弧腹，平底内凹。盖口径 19.7、高 7.3 厘米，盒身口径 18.3、底径 11.2、高 11 厘米。（图 3 – 8A – 38b2；彩版一七四，3）

M154：19，出土于西边箱内南部。釉陶。覆钵形盖，平顶较宽。盒身子母口，圆唇，敛口，斜弧腹，平底。盖口径 21.2、高 7.6 厘米，盒身口径 19.8、底径 10.5、高 12.2 厘米。（图 3 – 8A – 38b2；彩版一七四，4）

壶 2 件。M154：12，出土于椁室内西边箱中部。釉陶。敛口，尖圆唇，束直颈，溜肩，双桥形耳，鼓腹弧收，圈足。耳面饰叶脉纹。口径 9.4、底径 13、高 29 厘米。（图 3 – 8A – 38b3；彩版一七五，1）

M154：10，出土于椁室内西边箱中部。釉陶。形制、尺寸与 M154：12 相同。（图 3 – 8A – 38b3；彩版一七五，2）

瓿 2 件。M154：16，出土于椁室内西边箱中部。釉陶。器直口微侈，沿面略凹，鼓肩，弧腹渐收，平底微内凹。肩两侧饰兽面耳一对。器身口径 9、底径 15.2、器高 24.2 厘米。（图 3 – 8A – 38b3；彩版一七五，3）

M154：6，出土于椁室内西边箱北部。釉陶。器敛口尖唇，沿面略凹，鼓肩，弧腹渐收，平底。肩两侧饰兽面耳一对。器身口径 10.4、底径 16.4、器高 24.2 厘米。（图 3 – 8A – 38b3；彩版一七五，4）

罐 3 件。M154：13，出土于椁室内西边箱中部。泥质灰陶。侈口，尖圆唇，直颈，鼓肩，斜弧腹，平底略内凹。肩部两侧各饰一桥形耳。口径 11.1、底径 12、高 18.9 厘米。（图 3 – 8A – 38b2；彩版一七四，5）

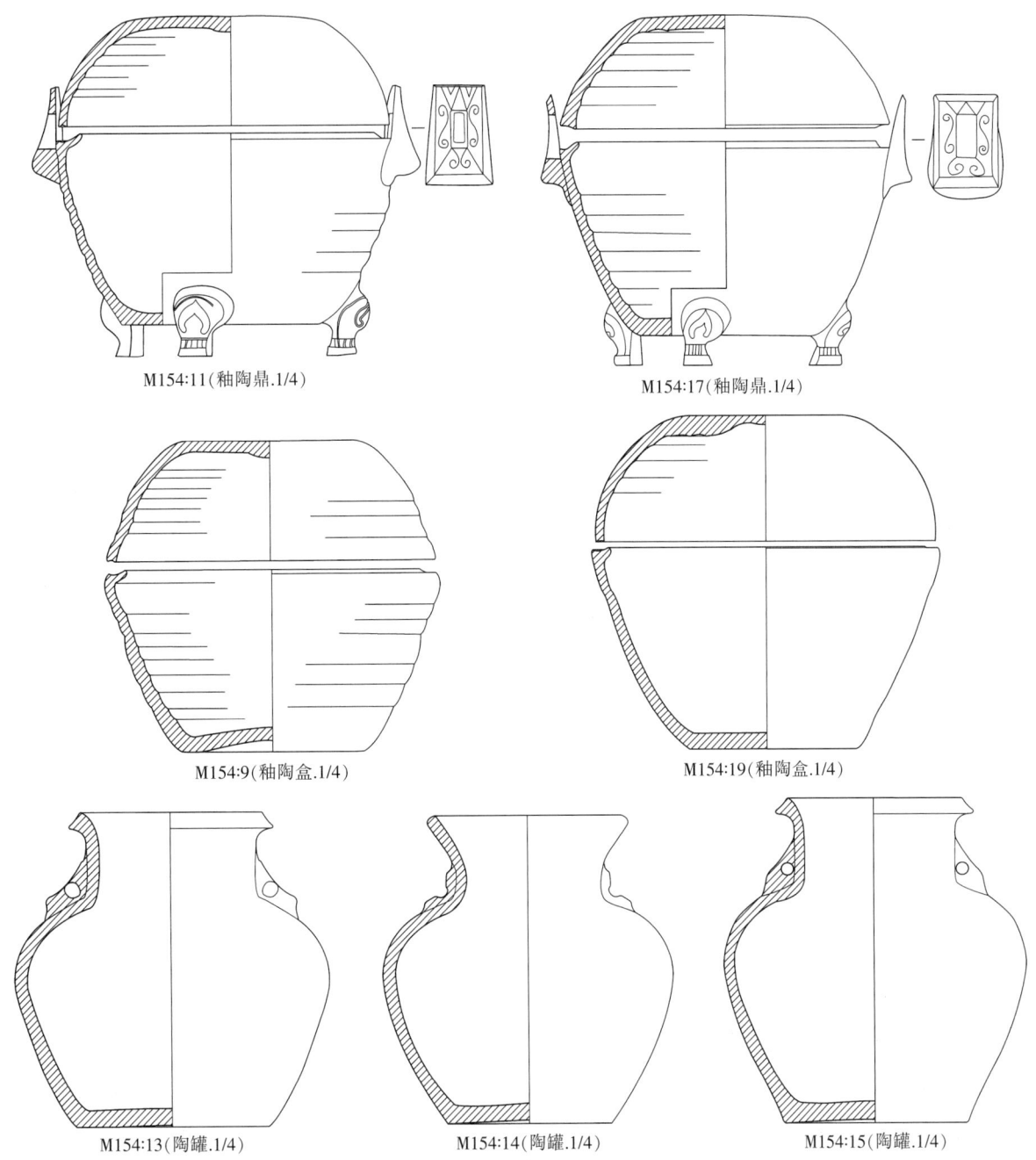

M154:11(釉陶鼎.1/4)

M154:17(釉陶鼎.1/4)

M154:9(釉陶盒.1/4)

M154:19(釉陶盒.1/4)

M154:13(陶罐.1/4)

M154:14(陶罐.1/4)

M154:15(陶罐.1/4)

图 3-8A-38b2 圩庄组 A 区 M154 出土器物图

M154：15，出土于椁室内西边箱中部。泥质灰陶。形制、尺寸与 M154：13 相同。（图 3-8A-38b2；彩版一七四，6）

M154：14，出土于椁室内西边箱中部。泥质灰陶。侈口，圆唇，束颈，鼓肩，斜弧腹，平底内凹。肩部两侧各饰一桥形贴饰。口径 11.4、底径 10.2、高 18.6 厘米。（图 3-8A-38b2；彩版一七四，7）

三十九、155 号墓（M155）

M155 位于圩庄组取土场 A 区墓地西南部，东北与 M118 相邻。清理前，墓坑开口已被高速公

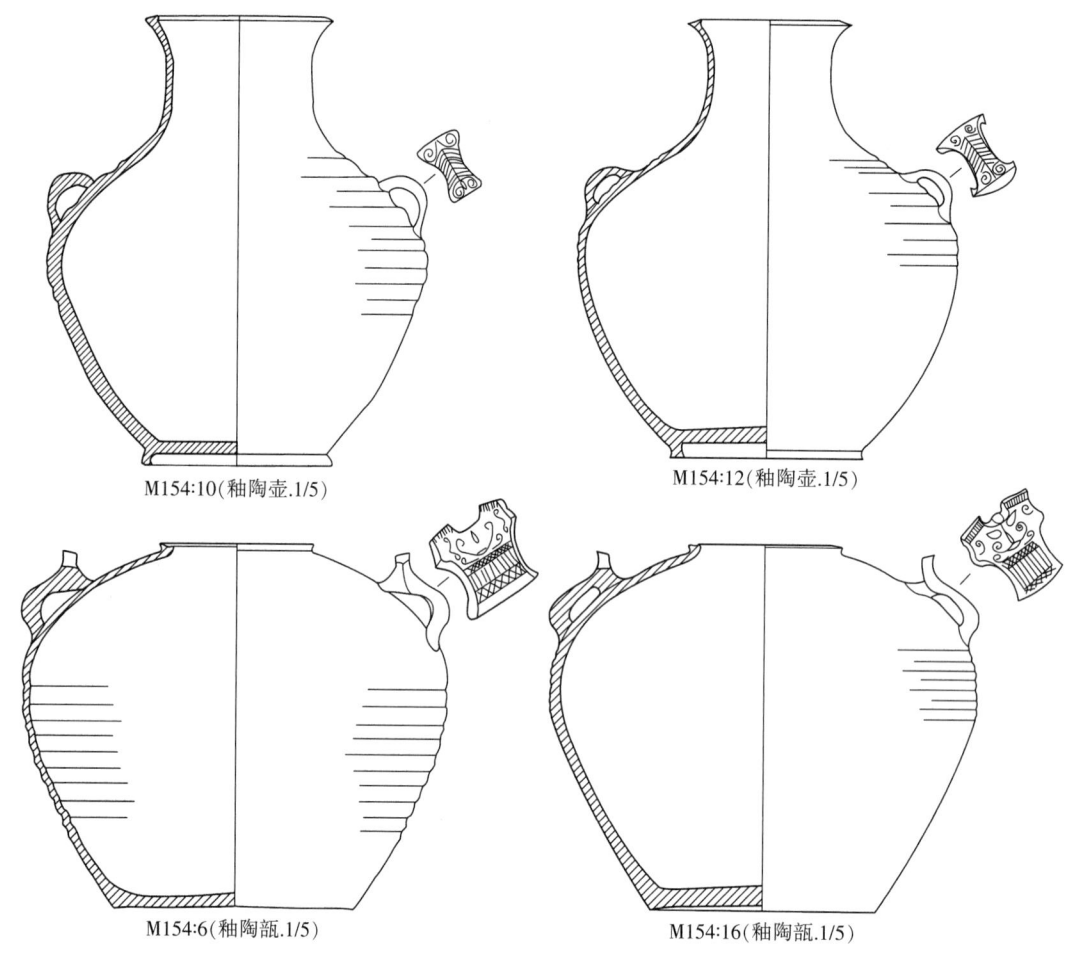

M154:10(釉陶壶.1/5)　　　　　　　M154:12(釉陶壶.1/5)

M154:6(釉陶瓿.1/5)　　　　　　　M154:16(釉陶瓿.1/5)

图 3 - 8A - 38b3　圩庄组 A 区 M154 出土器物图

路施工方破坏，开口距现地表深度不明，墓坑底部随葬品组合未受扰动。

墓葬形制为长方形竖穴土坑，开口长 271、宽 169 厘米，残深 201 厘米。方向为 65°。（图 3 - 8A - 39a；彩版一七六，1、2）

葬具为一椁一棺。从残存木结构可知，椁平面呈长方形，长 262、宽 87 厘米，高度 72 厘米，底板及侧板厚 8 厘米。木棺置于木椁北侧，棺西、北、南三面侧板与椁西、北、南侧板紧靠，棺平面呈长方形，长 200、宽 71 厘米，高度 58 厘米，底板及侧板厚 9 厘米。西边箱由椁西、南、北三面侧板与棺之间的空间组成。

该墓共出土铜器、铁器、铅器、琉璃器、漆器、木器、竹器、石器等遗物 25 件（组）。

1. 铜器

7 件（组）。器形为镜、印、带钩、环、铜钱。

镜　1 件。M155：6 - 1，出土于棺内南部漆奁内。四乳禽兽纹镜。圆形，半圆纽，伏地龟纽座。座外一周凸弦纹圈带，外饰两周短斜线纹带，其间圆纽座乳丁纹四组，四组禽兽纹环列其间。宽素平缘。镜面直径 12、纽高 0.7、纽宽 1.2、肉厚 0.35 厘米。（图 3 - 8A - 39b1；彩版一七七，1）

印　1 件。M155：8，出土于棺内中部西侧。印身方形，顶面饰桥形纽，印文"王□之印"。印边长 1.7、通高 1.5 厘米。（图 3 - 8A - 39b1；彩版一七七，5）

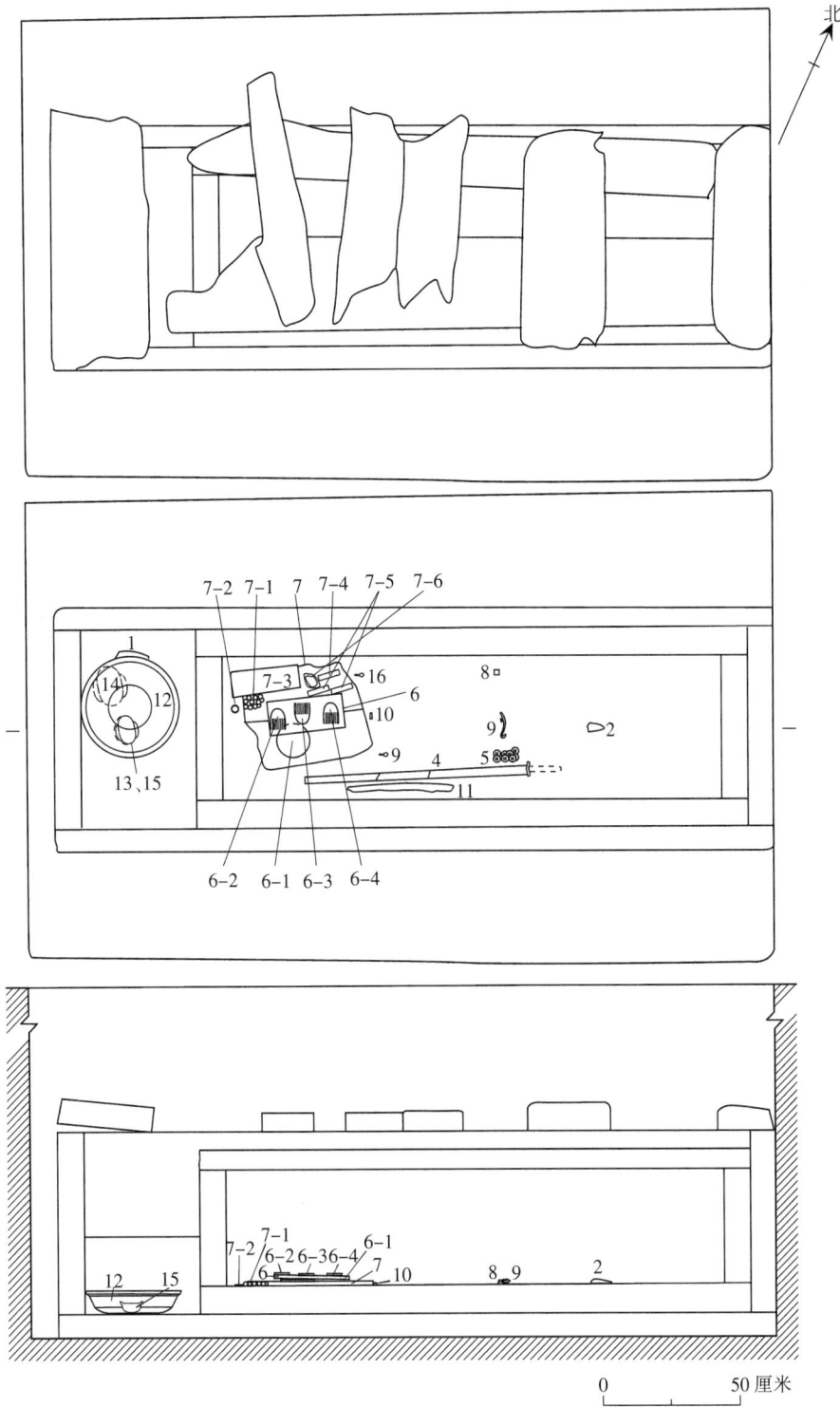

图 3 - 8A - 39a　圩庄组 A 区 M155 平面、剖视图

1、12. 漆盘　2. 琉璃玲　3、9、16. 铜带钩　4. 铁剑　5. 铜钱　6、7. 漆奁　6 - 1. 铜镜　6 - 2. 木梳　6 - 3、6 - 4. 木篦
7 - 1. 铅弹丸　7 - 2. 铜环　7 - 3. 石黛板/研石　7 - 4、7 - 5. 竹盒　8. 铜印　10. 琉璃塞　11. 环首铁刀　13～15. 漆耳杯

带钩　3 件。M155：3，出土于棺内中部。琵琶形钩身，龙首形钩首，身下饰一圆纽。器长
8.9、宽 1.5、高 1.8 厘米。（图 3 - 8A - 39b1；彩版一七七，2）

M155：9，出土于棺内中部东侧。琵琶形钩身，雁首形钩首，身下饰一圆纽。长 3.2、宽 1.3、

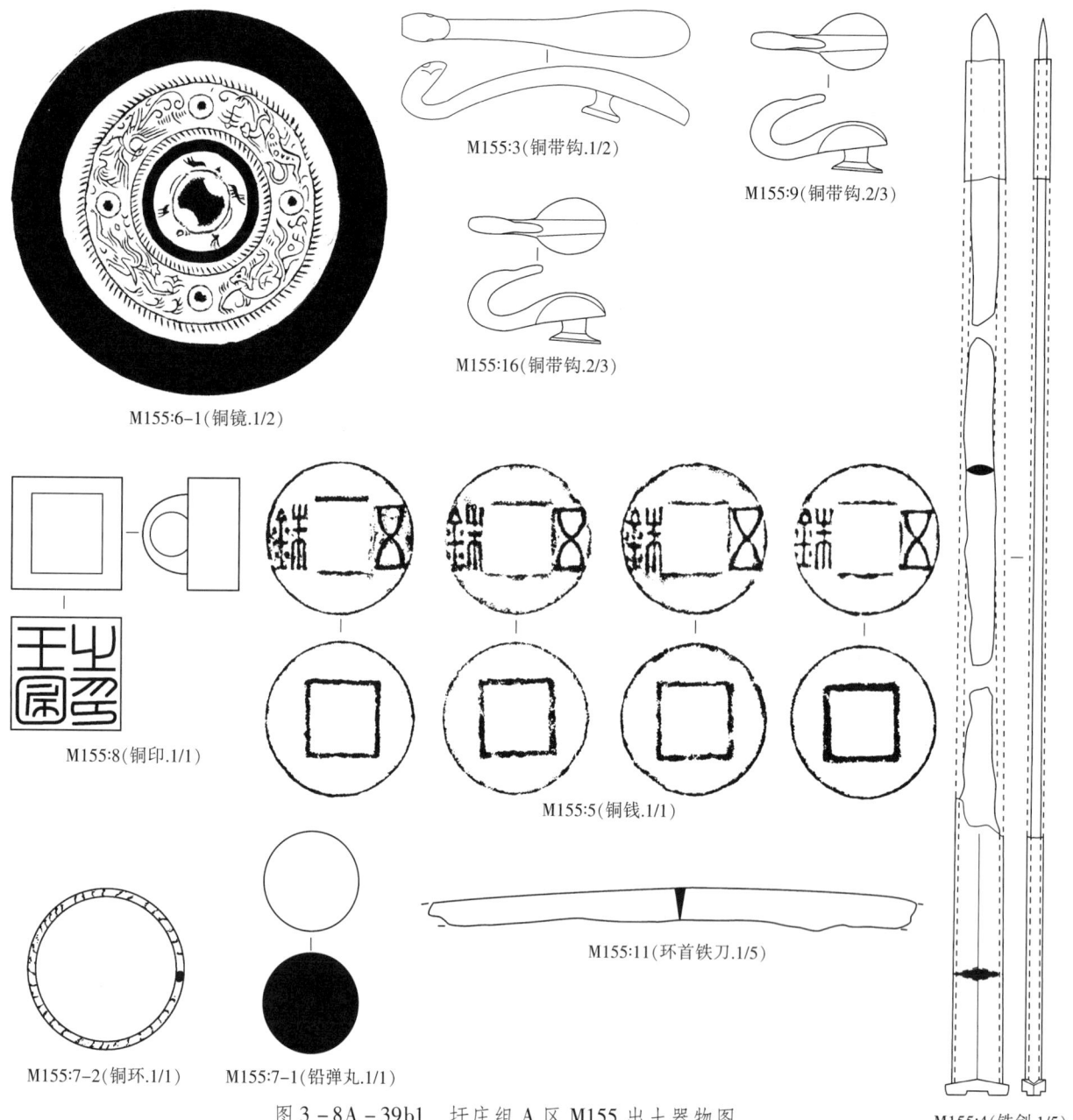

M155:3(铜带钩.1/2)

M155:9(铜带钩.2/3)

M155:16(铜带钩.2/3)

M155:6-1(铜镜.1/2)

M155:8(铜印.1/1)

M155:5(铜钱.1/1)

M155:7-2(铜环.1/1)　　　M155:7-1(铅弹丸.1/1)

M155:11(环首铁刀.1/5)

M155:4(铁剑.1/5)

图3-8A-39b1　圩庄组A区M155出土器物图

高1.7厘米。(图3-8A-39b1;彩版一七七,3)

　　M155:16,出土于棺内南部西侧。形制、尺寸与M155:9基本相同。(图3-8A-39b1;彩版一七七,4)

　　环　1件。M155:7-2,出土于棺内北部。器作环形,截面为椭圆状。器外径2.4、厚0.15厘米。(图3-8A-39b1)

　　铜钱　1组。M155:5,出土于棺内中部东侧。30枚,皆为五铢钱,形制、尺寸、钱文基本相同。钱径2.2、穿径1、缘厚0.1厘米。(图3-8A-39b1;彩版一七七,6)

　　2. 铁器

　　2件。器形为剑、环首刀。

剑　1件。M155：4，出土于棺内中部东侧。整器残损严重，残存为三段。剑残长82厘米。（图3-8A-39b1；彩版一七七，7）

环首刀　1件。M155：11，出土于棺内中部东侧。整器残损严重，铁质环首、鞘身均锈蚀殆尽，刀弧背。残长38、宽2.5厘米。（图3-8A-39b1；彩版一七七，8）

3. 铅器

1组。器形为弹丸。

弹丸　1组。M155：7-1，出土于棺内南部漆奁内。共30枚，皆为圆球形。直径1.5厘米。（图3-8A-39b1；彩版一七六，3）

4. 琉璃器

2件。器形为琀、塞。

琀　1件。M155：2，出土于棺内北部。器作蝉形，正面隆起，纹饰简练，背面平直，器表为灰白色。长5.4、宽2.7、厚0.9厘米。（图3-8A-39b2；彩版一七六，4）

塞　1件。M155：10，出土于棺内北部。器作圆台柱形，呈灰白色，器表风化严重。顶面直径0.6、底面直径0.8、高2厘米。（图3-8A-39b2；彩版一七六，5）

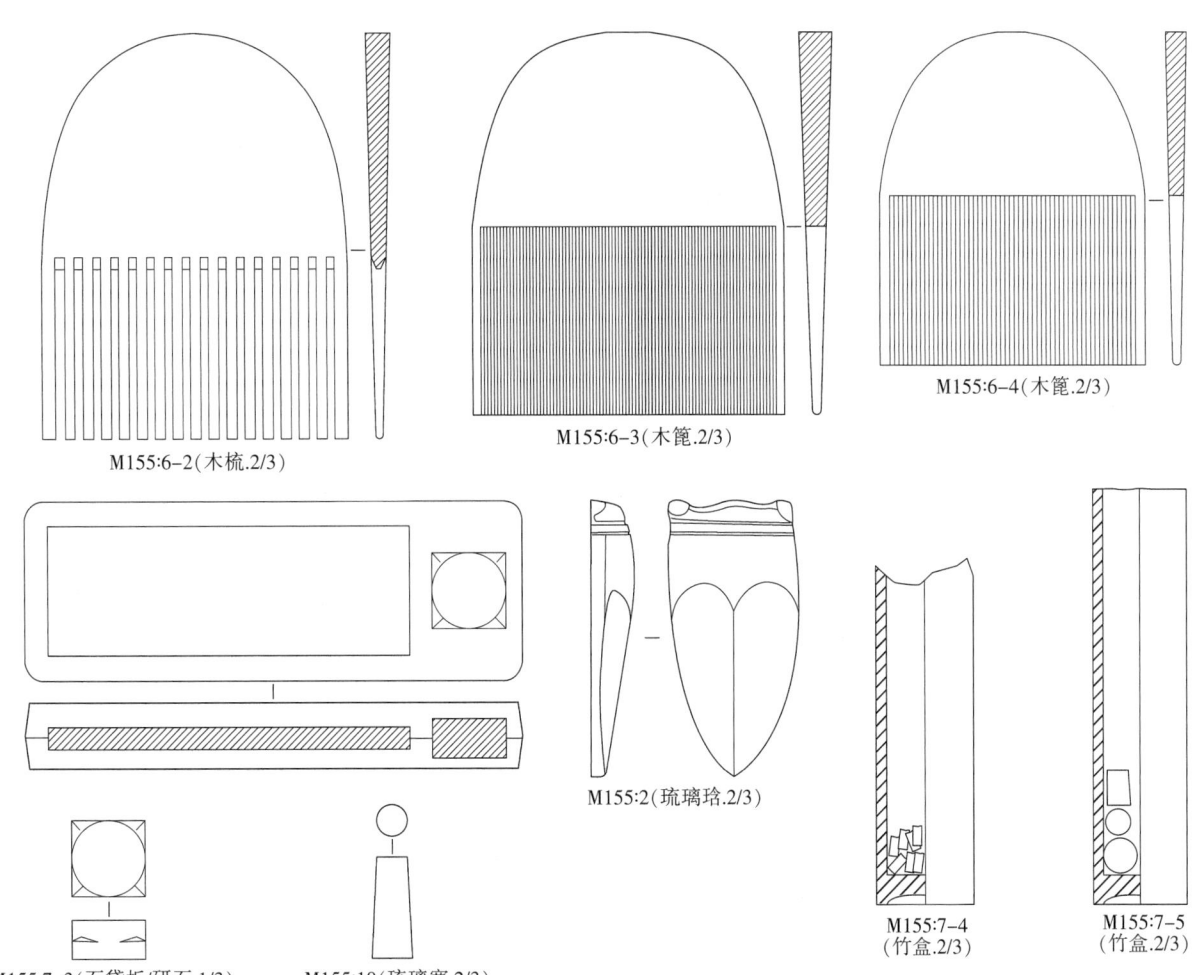

M155:6-2(木梳.2/3)

M155:6-3(木篦.2/3)

M155:6-4(木篦.2/3)

M155:2(琉璃琀.2/3)

M155:7-4（竹盒.2/3）

M155:7-5（竹盒.2/3）

M155:7-3(石黛板/研石.1/3)

M155:10(琉璃塞.2/3)

图3-8A-39b2　圩庄组A区M155出土器物图

5. 漆器

7件。器形为耳杯、盘、奁。

耳杯 3件。M155：13，出土于南边箱漆盘下方。夹纻胎。椭圆形口，耳缘上翘，弧腹，平底。器外髹黑漆，耳正面、边缘亦髹黑漆。内口边饰一周黑漆，余通髹朱漆。口径长10.4、连耳宽7.6、底径长5.4、宽2.7、通高3.6厘米。（彩图五一，1）

M155：15，出土于南边箱漆盘下。夹纻胎。形制、尺寸与M155：13相同。（彩图五一，2）

M155：14，出土于南边箱。夹纻胎。椭圆形口，耳缘上翘，弧腹，平底。器外髹黑漆，耳正面髹朱漆，边缘髹黑漆。器内壁通髹朱漆，素面。外底中间朱书文字，字体不明。口径长13.9、连耳宽12.2、底径长8.6、宽4.4、通高4.2厘米。（彩图五一，3；彩版一七八，2~4）

盘 2件。M155：1，出土于南边箱内。夹纻胎。器平面呈圆形，出土时呈倒扣状。器外髹黑漆，素面。口径40、底径20厘米，高度不明。

M155：12，出土于南边箱内。夹纻胎。敞口，斜平沿，弧腹，平底。沿面与外沿髹黑漆，盘外通髹黑漆，素面。内沿与内底髹黑漆，余通髹朱漆。口径34.4、底径17.8、高8.2厘米。（彩图五〇，4；彩版一七八，1）

奁 2件。M155：6，出土于棺内南部。木胎。器平面呈长方形，整器残朽严重，仅器盖纹饰略有残留。盖面外髹黑漆，边缘朱绘弦纹，其内朱绘云气纹，四角各饰一孔。盖长23.4、宽10.5、厚0.6厘米。该奁内出土铜镜1件、木梳1件、木篦2件。

M155：7，出土于棺内南部。器平面呈长方形，整体残朽严重，仅器身一侧尚有部分纹饰留存。器外髹黑漆、朱绘云气纹，中部饰两鎏金铺首。器长29.5、宽15、高13.4厘米。该奁内出土铅弹丸1组、铜环1件、石黛板1组，竹盒2件。

6. 木器

3件。器形为梳、篦。

梳 1件。M155：6-2，出土于棺内漆奁内。器弧背长方形，背部厚，齿端薄，背长与齿长基本相同。17齿。长8、宽6.2、厚0.5厘米。（图3-8A-39b2；彩版一七六，6左）

篦 2件。M155：6-3，出土于棺内漆奁内。器弧背长方形，背部厚，齿端薄，背长与齿长基本相同。长7.6、宽6.4、厚0.6厘米。（图3-8A-39b2；彩版一七六，6中）

M155：6-4，出土于棺内漆奁内。器形制与M155：6-3相同。长6.6、宽5.5、厚0.6厘米。（图3-8A-39b2；彩版一七六，6右）

7. 竹器

2件。器形为盒。

盒 2件。M155：7-4，出土于棺内南部漆奁内。器为细长筒形，盖残朽，盒内装有黑灰色妆粉块多件。器残长6.9、直径2厘米。（图3-8A-39b2；彩版一七六，7左）

M155：7-5，出土于棺内南部漆奁内。形制同M155：7-4，盒内装有灰白色妆粉块多件。器残长8.2、直径1.9厘米。（图3-8A-39b2；彩版一七六，7右）

8. 石器

1组。器形为黛板和研石。

黛板/研石 1组。M155：7-3，由长方形黛板和方形研石组成。出土时，黛板盒尚有留存，器表纹饰已不明。黛板为长方形，长20、宽7、厚2.6厘米。研石研磨面呈方形，纽为圆形，边长3、通高1.5厘米。（图3-8A-39b2；彩版一七六，8）

四十、156号墓（M156）

M156位于圩庄组取土场A区墓地西部，北面与M157相邻，南面与M118相邻。清理前，墓坑开口已被高速公路施工方破坏，开口距现地表深度不明，墓坑底部随葬品组合未受扰动。

墓葬形制为长方形竖穴土坑，开口长301、宽152厘米，残深60厘米。方向120°。（图3-8A-40a；彩版一七九，1）

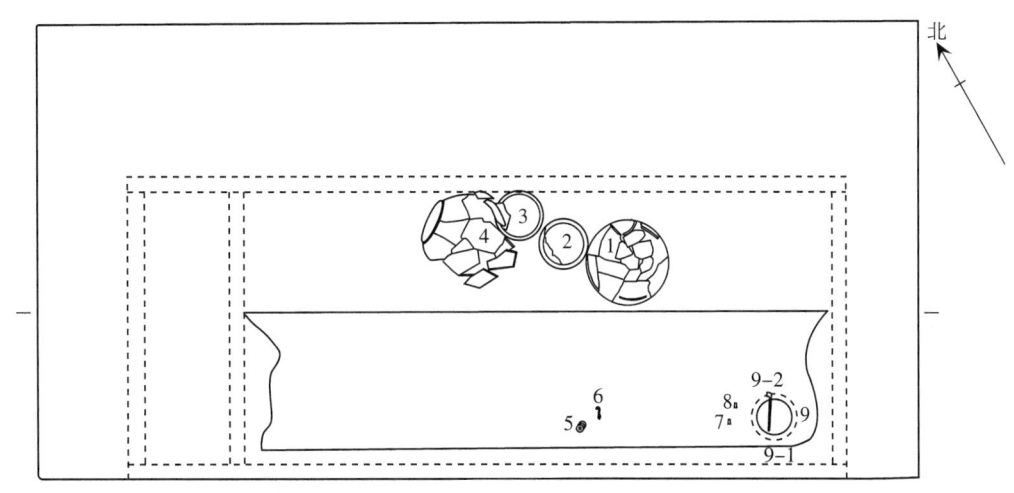

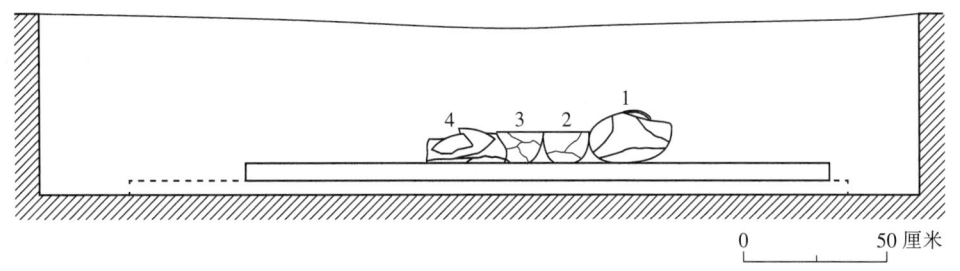

图3-8A-40a 圩庄组A区M156平面、剖视图

1. 陶壶 2. 陶盒 3. 陶鼎 4. 陶瓿 5. 铜钱 6. 铜带钩 7、8. 琉璃塞 9. 漆奁 9-1. 铜镜 9-2. 铜刷

葬具为一椁一棺，木结构基本朽尽。从朽痕可知，椁置于墓坑底部偏南，平面呈长方形，长245、宽100厘米，高度不明。棺置于木椁内东南部，平面呈长方形，长201、宽51厘米，高度不明。棺椁间有两个边箱，西边箱位于椁内北部，平面呈长方形，长90、宽29厘米。北边箱位于椁东部，长201、宽39厘米。

该墓共出土铜器、琉璃器、漆器、陶器等遗物11件（组）。

1. 铜器

4件（组）。器形为镜、带钩、刷、铜钱。

镜 1件。M156：9-1，出土于棺内漆奁内。昭明镜。圆形，半圆纽，并蒂十二连珠纹纽座。

座外饰一周凸弦纹圈带，带外短竖线纹（每组三线）和涡纹各四组相间环列，其外饰八内向连弧纹，外圈两周短斜线纹间饰一周铭文。铭文为"内清质以昭明光辉象而夫之□日月心忽而愿忠然塞而不泄"。宽素平缘。镜面直径11.3、纽高0.6、纽宽1.4、肉厚0.23厘米。（图3-8A-40b；彩版一七九，2）

带钩　1件。M156：6，出土于棺内中部南侧。器锈蚀严重，钩身兽面纹几乎不见，简化龙首形钩首，身下饰一圆纽。器长4、宽1.2、高1.4厘米。（图3-8A-40b；彩版一七九，3）

刷　1件。M156：9-2，出土于棺内漆奁内。烟斗形，器身细长，一端内收为尖状，一端折为圆孔，孔内刷毛已朽。孔径1、长12.5厘米。（图3-8A-40b；彩版一七九，4）

铜钱　1组。M156：5，出土于棺内中部南侧。4枚，皆为五铢钱，形制、尺寸、钱文基本相同。钱径2.3、穿径1、缘厚0.1厘米。（图3-8A-40b；彩版一七九，5）

2. 琉璃器

2件。器形为塞。

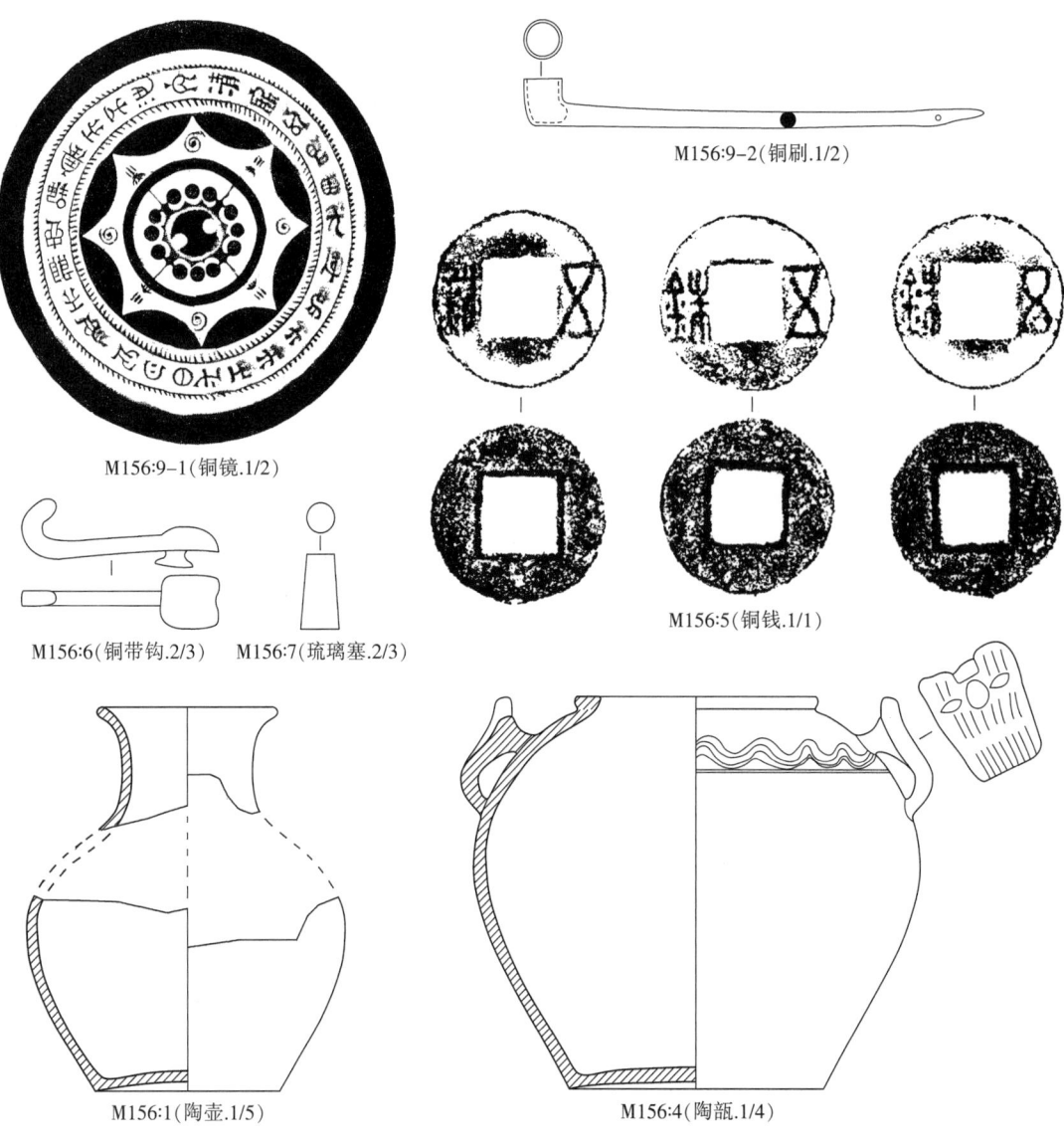

M156:9-2(铜刷.1/2)

M156:9-1(铜镜.1/2)

M156:6(铜带钩.2/3)　　M156:7(琉璃塞.2/3)

M156:5(铜钱.1/1)

M156:1(陶壶.1/5)

M156:4(陶瓿.1/4)

图3-8A-40b　圩庄组A区M156出土器物图

塞 2 件。M156：8，出土于棺内东部。器作圆台柱形，呈灰白色。顶面直径 0.6、底面直径 0.8、高 1.5 厘米。（彩版一七九，6 右）

M156：7，出土于棺内东部。器呈灰白色，形制、尺寸与 M156：8 相同。（图 3 - 8A - 40b；彩版一七九，6 左）

3. 漆器

1 件。器形为奁。

奁 1 件。M156：9，出土于棺内东南角。器残朽严重，胎质不详，纹饰与尺寸皆不明。

4. 陶器

4 件。器形为鼎、盒、壶、瓿。

鼎 1 件。M156：3，出土于北边箱中部。红陶。器残损严重，无法复原，形制与尺寸皆不明。

盒 1 件。M156：2，出土于北边箱中部。器身泥质红陶，器盖泥质灰陶。整器陶质酥软，无法复原，具体形制与尺寸皆不明。

壶 1 件。M156：1，出土于北边箱中部。红陶。器残损，仅剩壶口部、颈部及腹部以下，肩部缺失。根据碎片可知，壶侈口，圆唇，束颈，鼓腹渐收，平底内凹。口径 11.8、底径 12.7 厘米。（图 3 - 8A - 40b）

瓿 1 件。M156：4，出土于北边箱中部。红陶。小口内敛，尖圆唇，平沿，溜肩，鼓腹渐收，平底内凹，肩部饰一对兽面耳，并饰水波纹及一圈凹弦纹。口径 13.1、底径 13.9、高 20.9 厘米。（图 3 - 8A - 40b；彩版一七九，7）

四十一、157 号墓（M157）

M157 位于圩庄组取土场 A 区墓地西部，南面与 M156 相邻。清理前，墓坑开口已被高速公路施工方破坏，开口距现地表深度不明，墓坑底部随葬品组合遭受扰动。

墓葬形制为长方形竖穴土坑，开口长 260、宽 132 厘米，残深 51 厘米。方向 120°。（图 3 - 8A - 41a；彩版一八〇，1）

葬具为一椁一棺，木结构基本朽尽。从朽痕可知，椁位于墓坑底部正中，椁长 210、宽 90 厘米，高度不明。棺置于椁室西部，平面呈长方形，长 198、宽 45 厘米，高度不明。

该墓共出土铜器、漆器等遗物 3 件。

1. 铜器

2 件。器形为镜、刷。

镜 1 件。M157：1，出土于棺室中部。双圈铭文镜。圆形，半圆纽，并蒂十二连珠纹纽座。座外饰短斜线纹两周，其间饰铭文一周，涡纹及八字铭文相间排列，其外饰二十四内向连弧纹，外圈两周短斜线纹间饰另一周铭文。内圈铭文为"日之光见长毋相忘"，外圈铭文为"洁精白而事君志驩之弅明作玄锡之流泽恐疏而日忘慎糜美之穷皑外承驩之可说□□□□愿永思不绝"。二十内向连弧纹缘。镜面直径 17.6、纽高 0.9、纽宽 1.9、肉厚 0.3 厘米。（图 3 - 8A - 41b；彩版一八〇，2）

刷 1 件。M157：2 - 1，出土于棺室中部漆奁内。木质刷柄与刷毛均已朽，仅存顶端铜套饰。

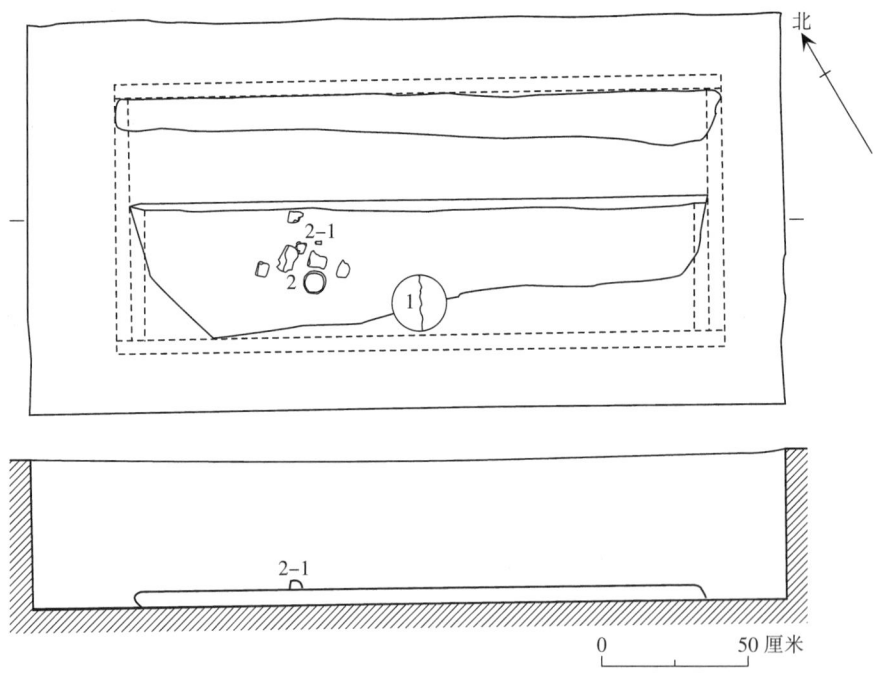

图 3－8A－41a　圩庄组 A 区 M157 平面、剖视图

1. 铜镜　2. 漆奁　2－1. 铜刷

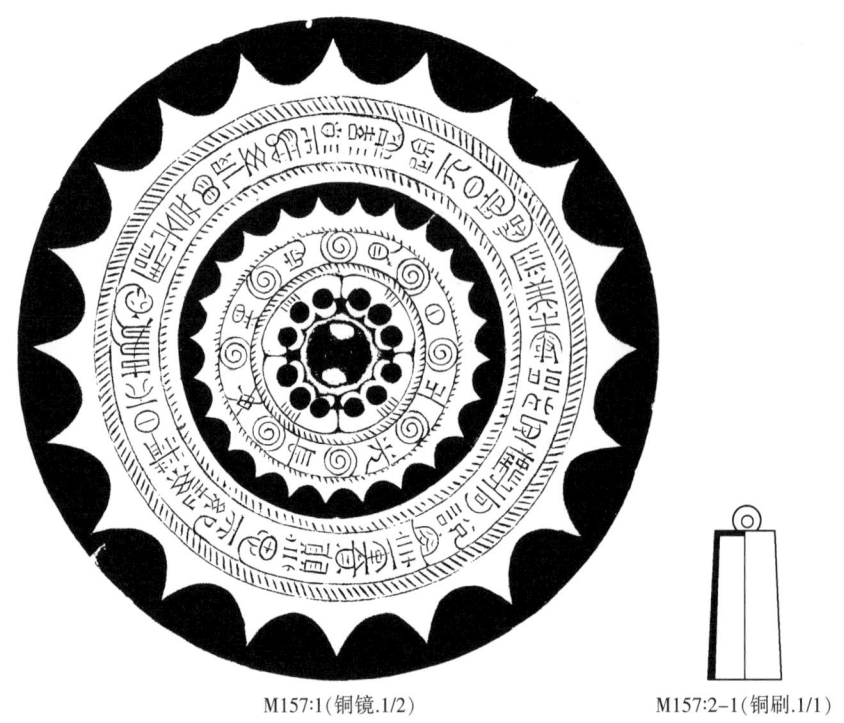

M157:1(铜镜.1/2)　　　　　　　　　M157:2-1(铜刷.1/1)

图 3－8A－41b　圩庄组 A 区 M157 出土器物图

器整体呈圆柱形，由下至上逐渐收分，上端顶部饰一圆环纽，下端饰一圆銎。通长 2.3、銎径 1 厘米。（图 3－8A－41b；彩版一八〇，3）

2. 漆器

1 件。器形为奁。

盦　1件。M157：2，出土于棺室中部。器残朽严重，仅存漆皮，形制、纹饰、尺寸皆不明。

四十二、160号墓（M160）

M160位于圩庄组取土场A区墓地中部，西北与M134相邻。清理前，墓坑开口已被高速公路施工方破坏，开口距现地表深度不明，墓坑底部随葬品组合未受扰动。

墓葬形制为长方形竖穴土坑，开口长约250、宽约135厘米，残深约87厘米。方向205°。（图3－8A－42a；彩版一八〇，4）

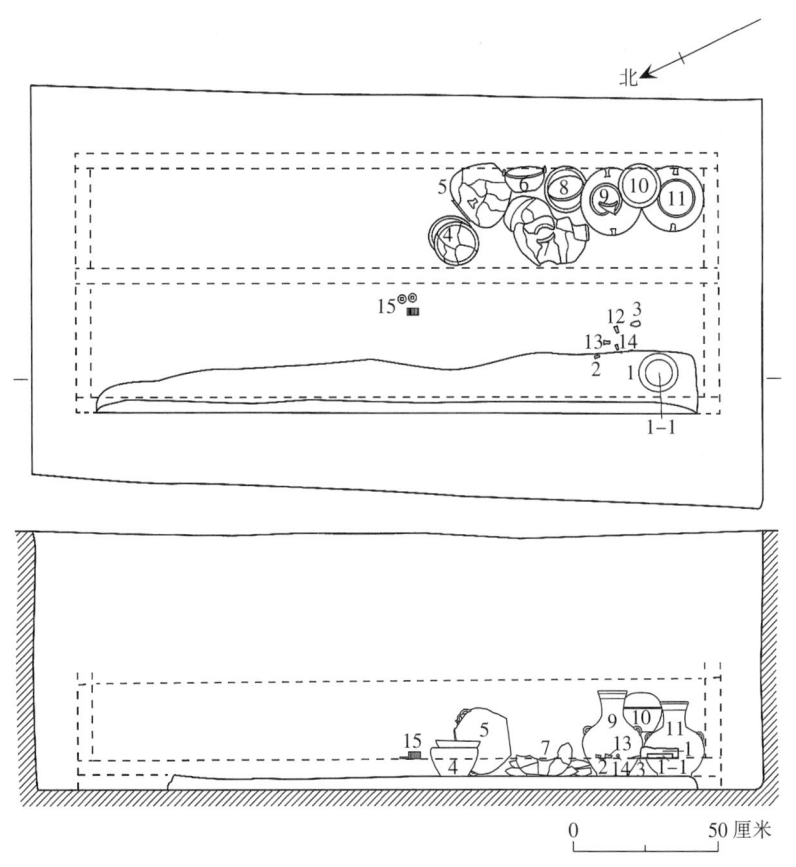

图3－8A－42a　圩庄组A区M160平面、剖视图

1. 漆盦　1－1. 铜镜　2、12～14. 琉璃塞　3. 琉璃玲　4、10. 釉陶盒　5、7. 釉陶瓿　6、8. 釉陶鼎　9、11. 釉陶壶　15. 铜钱

葬具为一椁一棺，木结构基本朽尽。从朽痕可知，椁置于墓坑底部正中，椁平面呈长方形，长220、宽86厘米，高度不明。棺置于木椁西部，平面呈长方形，长209、宽50厘米，高度不明。东边箱由棺与椁北、东、南三面侧板之间的空间组成，平面呈长方形，长219、宽38厘米，高度不明。

该墓共出土铜器、琉璃器、漆器、陶器等遗物16件（组）。

1. 铜器

2件（组）。器形为镜、铜钱。

镜　1件。M160：1－1，出土于棺内西南角漆盦内。日光镜。圆形，半圆纽，圆纽座。座外单弧线纹与三角锥形丁各四组相间排列，外饰八内向连弧纹，其外饰短斜线纹两周，其内夹饰铭文一周，铭文间以"の"形与菱形"田"字纹符号间隔。铭文为"见日之光天下大明"。镜面直

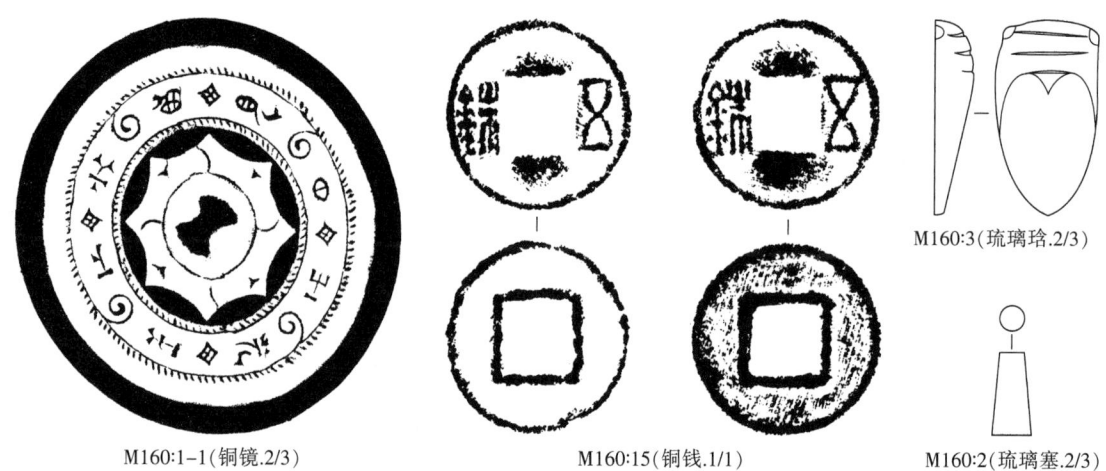

M160:1-1(铜镜.2/3)　　　　　　M160:15(铜钱.1/1)　　　　　M160:3(琉璃玲.2/3)

M160:2(琉璃塞.2/3)

图3-8A-42b1　圩庄组A区M160出土器物图

径8.3、纽高0.75、纽宽1.5、肉厚0.18厘米。（图3-8A-42b1；彩版一八〇，5）

铜钱　1组。M160:15，出土于棺内南部。9枚，皆为五铢钱，形制、尺寸、钱文基本相同。钱径2.3、穿径1、缘厚0.11厘米。（图3-8A-42b1；彩版一八〇，6）

2. 琉璃器

5件。器形为玲、塞。

玲　1件。M160:3，出土于棺内南部。器作蝉形，正面隆起，纹饰简练，背面平直，器表为灰白色。长3.9、宽2.1、厚0.8厘米。（图3-8A-42b1；彩版一八〇，7）

塞　4件。M160:2，出土于棺内南部。器作圆台柱形，呈灰白色，器表风化严重。顶面直径0.5、底面直径0.8、高1.6厘米。（图3-8A-42b1；彩版一八〇，7）

M160:12、13、14，三件皆出土于棺内南部。形制、尺寸与M160:2相同。（彩版一八〇，7）

3. 漆器

1件。器形为奁。

奁　1件。M160:1，出土于棺内西南角。器外髹黑漆，内髹朱漆。因整器残损严重，纹饰与尺寸皆不明。

4. 陶器

8件。器形为鼎、盒、壶、瓿。

鼎　2件。M160:6，出土于东边箱中部偏南。釉陶。覆平底钵形盖，平顶较宽。鼎身子母口，尖圆唇，敛口，口部饰一对称耳，斜腹，平底。耳素面。盖口径15.6、高3.6厘米，鼎身口径13.8、底径9、高8.8厘米。（图3-8A-42b2；彩版一八一，1）

M160:8，出土于东边箱中部偏南。形制、尺寸与M160:6相同。（图3-8A-42b2；彩版一八一，2）

盒　2件。M160:4，出土于东边箱中部。釉陶。覆钵形盖，平顶略弧。盒身子母口，尖圆唇内敛，斜弧腹，平底。盖口径14.5、高4.2厘米，盒身口径14.6、底径9、高9厘米。（图3-8A-42b2；彩版一八一，3）

M160：10，出土于东边箱南部。形制、尺寸与 M160：4 相近。（图 3 - 8A - 42b2；彩版一八一，4）

壶 2 件。M160：9，出土于东边箱南部。釉陶。侈口，圆唇，束颈，溜肩，双桥形耳，鼓腹弧收，圈足底。耳面饰叶脉纹。口部以下饰一组双线纹间饰水波纹，颈部饰凹弦纹、水波纹及线纹。口径 10.4、底径 11.2、高 30.4 厘米。（图 3 - 8A - 42b2；彩版一八二，1）

M160：11，出土于东边箱南部。形制与 M160：9 相近。（图 3 - 8A - 42b2；彩版一八二，2）

瓿 2 件。M160：5，出土于东边箱中部偏南。釉陶。器直口，方唇，平沿，鼓肩，弧腹渐收，平底微内凹。肩两侧饰兽面耳一对。器身口径 10.4、底径 12.4、器高 19.2 厘米。（图 3 - 8A -

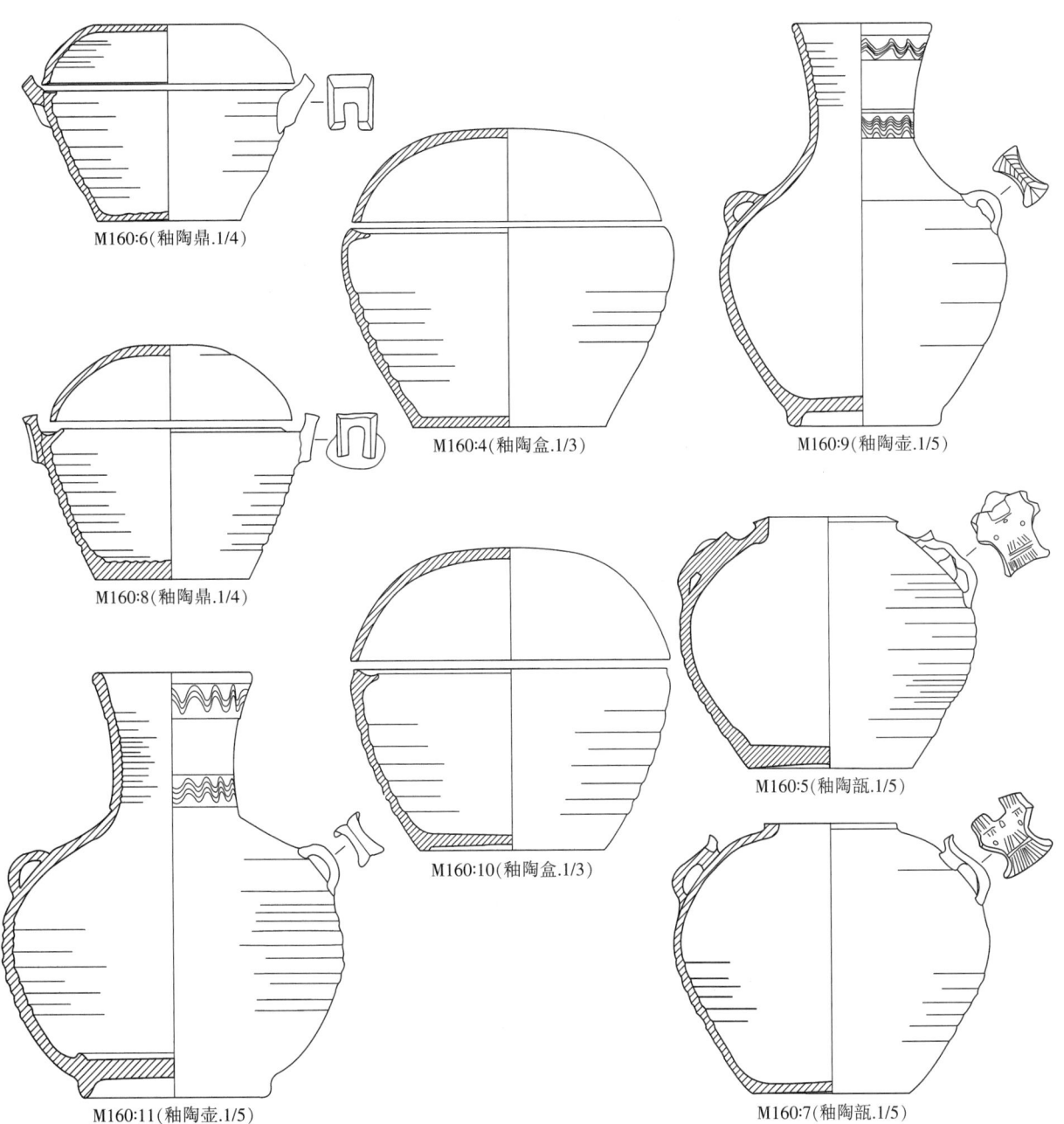

M160:6(釉陶鼎.1/4)

M160:8(釉陶鼎.1/4)

M160:4(釉陶盒.1/3)

M160:9(釉陶壶.1/5)

M160:10(釉陶盒.1/3)

M160:5(釉陶瓿.1/5)

M160:11(釉陶壶.1/5)

M160:7(釉陶瓿.1/5)

图 3 - 8A - 42b2 圩庄组 A 区 M160 出土器物图

42b2；彩版一八二，3）

M160：7，出土于东边箱中部偏南。形制、尺寸与 M160：5 相近。（图 3 – 8A – 42b2）

四十三、161 号墓（M161）

M161 位于圩庄组取土场 A 区墓地西北部，东面与 M144 相邻。清理前，墓坑开口已被高速公路施工方破坏，开口距现地表深度不明，墓坑底部随葬品组合未受扰动。

墓葬形制为长方形竖穴土坑，开口长 285、宽 200 厘米，残深 165 厘米。方向 120°。（图 3 – 8A – 43a；彩版一八三，1）

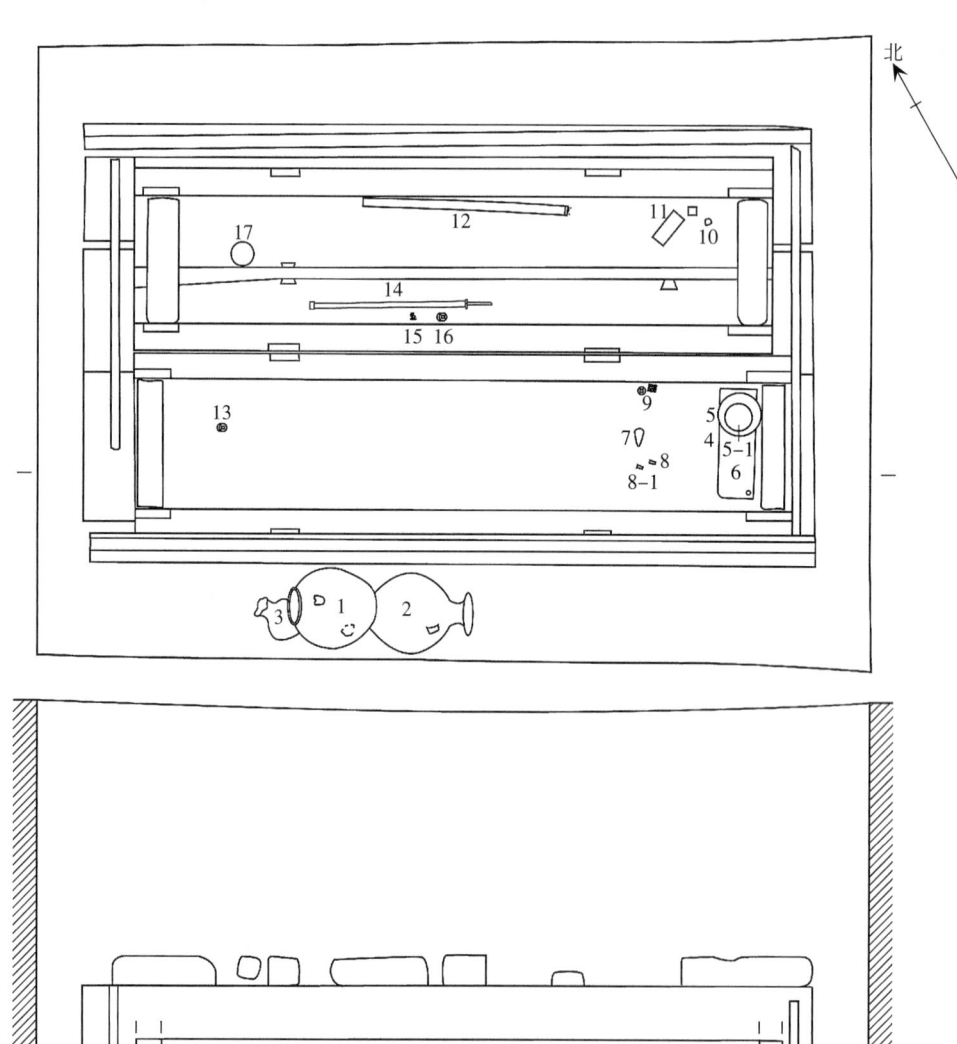

图 3 – 8A – 43a　圩庄组 A 区 M161 平面、剖视图
1. 釉陶瓿　2、3. 釉陶壶　4. 漆纱冠　5. 漆奁　5 – 1、17. 铜镜　6. 木枕　7、10. 琉璃珩
8、8 – 1. 琉璃塞　9、13、16. 铜钱　11. 石黛板/研石　12. 铁刀　14. 铁剑　15. 铜带钩

葬具为一椁双棺，木结构保存尚好。从残存木结构可知，椁位于墓坑底部正中，其顶板不存，底板由三块东西向木板拼合而成，南北两侧侧板由上下两块木板榫合而成，东、西两侧挡板各由一块木板插入南北侧板之间，椁长250、宽145、高65厘米，侧板厚约10厘米，底板厚约6厘米。两棺形制、尺寸均同。木棺由整块圆木斫成"U"字形，南北侧板两端内侧皆凿卯眼，以插东、西挡板，棺长220、宽60、残高52厘米，侧板和底板均厚约10厘米。

该墓共出土铜器、铁器、琉璃器、漆器、木器、石器、陶器等遗物19件（组）。

1. 铜器

6件（组）。器形为镜、带钩、铜钱。

镜 2件。

M161:5-1，出土于南棺东部漆奁（M161:5）内。四乳禽兽纹镜。圆形，半圆纽，圆纽座。座外三竖线纹与三弧线纹各四组相间环列，外饰一周细凸弦纹，其外两周短斜线纹间有四乳和四虺相间环绕，四乳带圆纽座，四虺呈钩形，其两侧各饰一鸟。宽素平缘。面径9.6、背径9.4、纽高0.81、纽宽1.53、缘宽0.97、缘厚0.56、肉厚0.13厘米。（彩版一八四，1）

M161:17，出土于北棺西部。日光镜。圆形，半圆纽，圆纽座。座外单弧线纹与三竖线纹各四组相间排列，外饰八内向连弧纹，其外饰短斜线纹两周，其内夹饰铭文一周，铭文间以"の"形与菱形"田"字纹符号间隔。铭文为"见日之光天下大明"。面径7.5、背径11.5、纽高0.56、纽宽1.13、缘宽0.45、缘厚0.55、肉厚0.1厘米。（图3-8A-43b1；彩版一八四，2）

带钩 1件。M161:15，出土于北棺中部。"C"字形钩身，简化龙首形钩首，身下饰一圆纽。器纽径1.7、高2.1厘米。（图3-8A-43b1；彩版一八四，3）

铜钱 3组。M161:9，出土于南棺东部。15枚，皆为五铢钱，形制、尺寸、钱文基本相同。钱径2.3、穿径1厘米。（图3-8A-43b1；彩版一八四，4）

M161:13，出土于南棺西部。2枚，皆为五铢钱，钱文、尺寸与M161:9相同。（图3-8A-43b1）

M161:16，出土于北棺中部。10枚，皆为五铢钱，钱文、尺寸与M161:9相同。（图3-8A-43b1；彩版一八四，5）

2. 铁器

2件。器形为剑、刀。

剑 1件。M161:14，出土于北棺中部。整器残损严重，仅存锈痕，尺寸不明。（图3-8A-43b1；彩版一八四，6）

刀 1件。M161:12，出土于北棺中部。器弧背长方形，柄已残朽。残长70、刀宽3厘米。（图3-8A-43b1；彩版一八四，7）

3. 琉璃器

4件。器形为琀、塞。

琀 2件。M161:7，出土于南棺东部。器作蝉形，纹饰简练。器长6.2、宽3.5厘米。（图3-8A-43b1；彩版一八四，8）

M161:10，出土于北棺东部。器整体残朽，形制、尺寸不明。

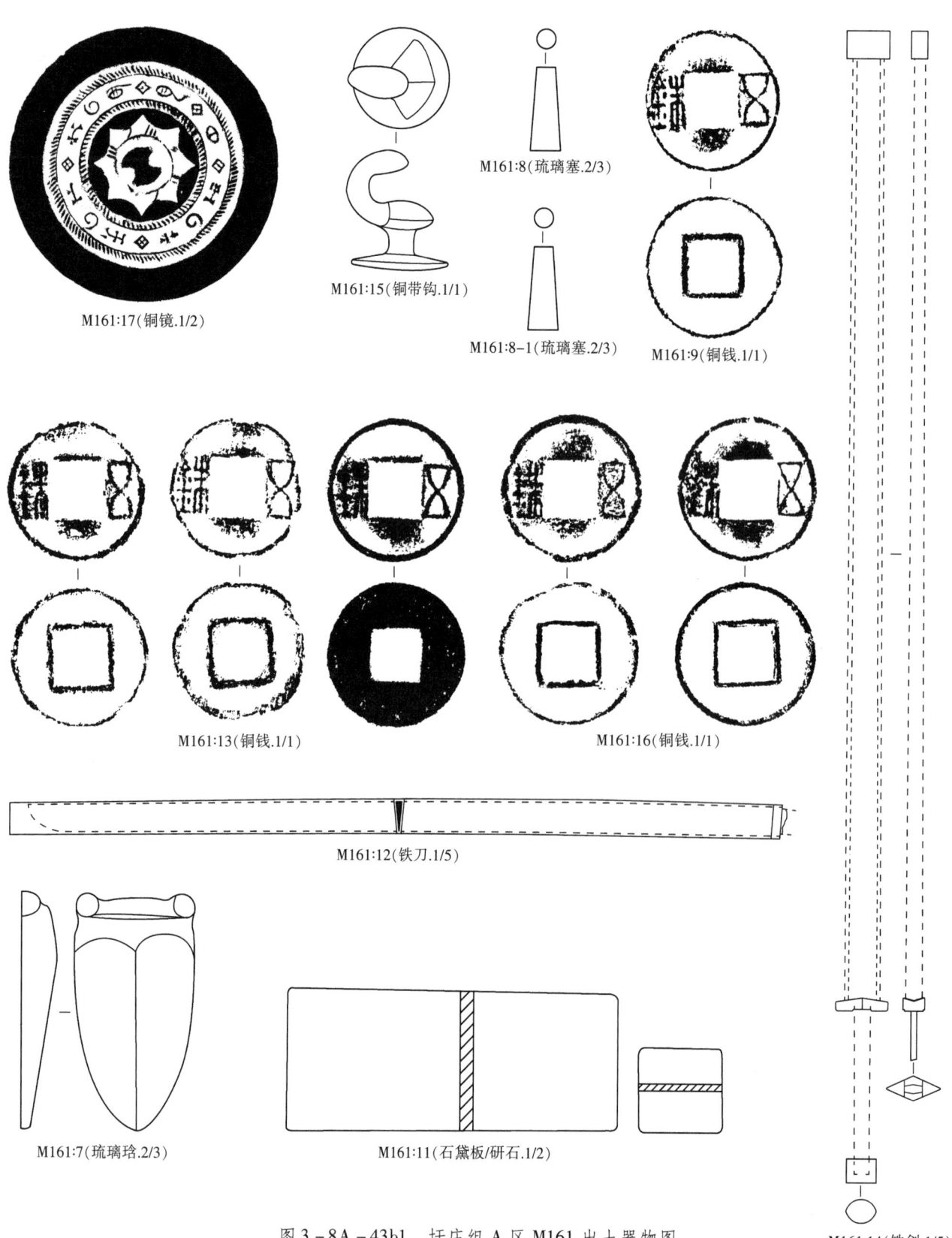

M161:17(铜镜.1/2)

M161:15(铜带钩.1/1)

M161:8(琉璃塞.2/3)

M161:8-1(琉璃塞.2/3)

M161:9(铜钱.1/1)

M161:13(铜钱.1/1)

M161:16(铜钱.1/1)

M161:12(铁刀.1/5)

M161:7(琉璃玲.2/3)

M161:11(石黛板/研石.1/2)

M161:14(铁剑.1/5)

图 3-8A-43b1　圩庄组 A 区 M161 出土器物图

塞　2件。M161：8-1，出土于南棺东部。器呈灰白色，圆台柱形。器高2.2、上径0.5、下径0.7厘米。（图3-8A-43b1；彩版一八四，9右）

M161：8，出土于南棺东部。形制、尺寸与M161：8-1相同。（图3-8A-43b1；彩版一八四，9左）

4. 漆器

2件。器形为奁、纱冠。

奁　1件。M161：5，出土于南棺东部。器外髹黑漆，内髹朱漆。惜整体残损严重，纹饰与尺寸不明。

纱冠　1件。M161：4，出土于南棺东部。整器残损，部分漆纱保存较好，形制、尺寸皆不明。

5. 木器

1件。器形为枕。

枕　1件。M161：6，出土于南棺东部。器平面为长方形，出土时器物残损严重，仅为朽痕，形制、尺寸不明。

6. 石器

1组。器形为黛板和研石，均青石质，出土于北棺东部。

黛板/研石　1组。M161：11，由长方形黛板与方形研石组成。黛板为长方形，正面光滑，为碾磨面，长12、宽5、厚0.5厘米。研石平面为方形，底面光滑，为碾磨面，边长3、厚0.3厘米。（图3-8A-43b1；彩版一八四，10）

7. 陶器

3件。器形为壶、瓿。

壶　2件。M161：2，出土于椁外南部。釉陶。侈口，圆唇，直颈，微鼓肩，斜弧腹，矮圈足。双桥形耳，耳面饰叶脉纹，其上贴饰一卷羊角纹贴塑。颈部下方饰水波纹一组，肩部饰凹弦纹三组。口径7、底径6.8、高16.3厘米。（图3-8A-43b2；彩版一八三，2）

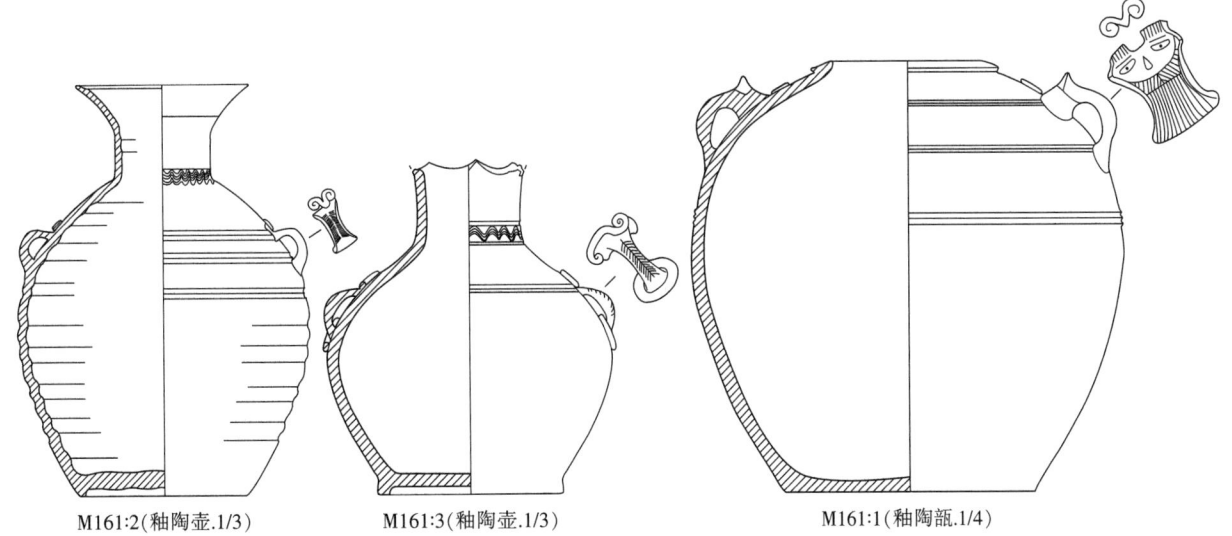

M161:2(釉陶壶.1/3)　　M161:3(釉陶壶.1/3)　　M161:1(釉陶瓿.1/4)

图3-8A-43b2　圩庄组A区M161出土器物图

M161：3，出土于椁外南部。形制、纹饰与M161：2相近。底径7.5、残高13.3厘米。（图3 – 8A – 43b2；彩版一八三，3）

瓿 1件。M161：1，出土于椁外南部。釉陶。侈口，尖圆唇，斜平沿，鼓肩，弧腹渐收，平底。肩两侧饰兽面耳一对，其上贴饰一卷羊角纹贴塑。器身口径8.4、底径13.8、器高22.8厘米。（图3 – 8A – 43b2；彩版一八三，4）

四十四、162号墓（M162）

M162位于圩庄组取土场A区墓地北部，东面与M140相邻，南面与M139相邻。清理前，墓坑开口已被高速公路施工方破坏，开口距现地表深度不明，墓坑底部随葬品组合未受扰动。

墓葬形制为长方形竖穴土坑，开口长255、宽95厘米，残深100厘米。方向215°。（图3 – 8A – 44a；彩版一八五，1）

葬具为单棺，木结构基本朽尽。木棺位于墓坑底部偏北，从朽痕可知，棺长200、宽55、残高45厘米，侧板厚5厘米。

该墓共出土铜器、琉璃器等遗物4件（组）。

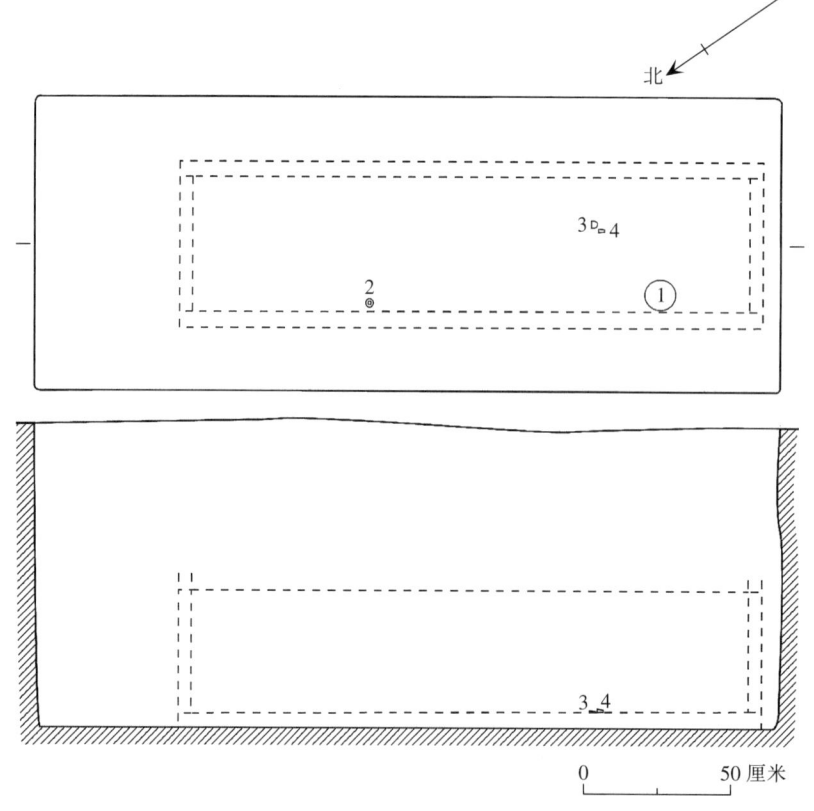

图3 –8A –44a　圩庄组A区M162平面、剖视图
1. 铜镜　2. 铜钱　3. 琉璃珌　4. 琉璃塞

1. 铜器

2件。器形为镜、铜钱。

镜 1件。M162：1，出土于棺北部。昭明镜。圆形，半圆纽，并蒂十二连珠纹纽座。座外三

弧线纹四组相间环列，外饰一周凸弦纹圈带，其外为三弧线纹与涡纹相间环列，外饰八内向连弧纹，外圈两周短斜线纹间饰一周铭文。铭文为"内而清质以昭而明光辉而象夫日月心忽杨而愿然塞不泄"。面径11.7、背径11.5、纽高0.66、纽宽1.4、缘宽0.45、缘厚0.55、肉厚0.27厘米。（图3-8A-44b；彩版一八五，2）

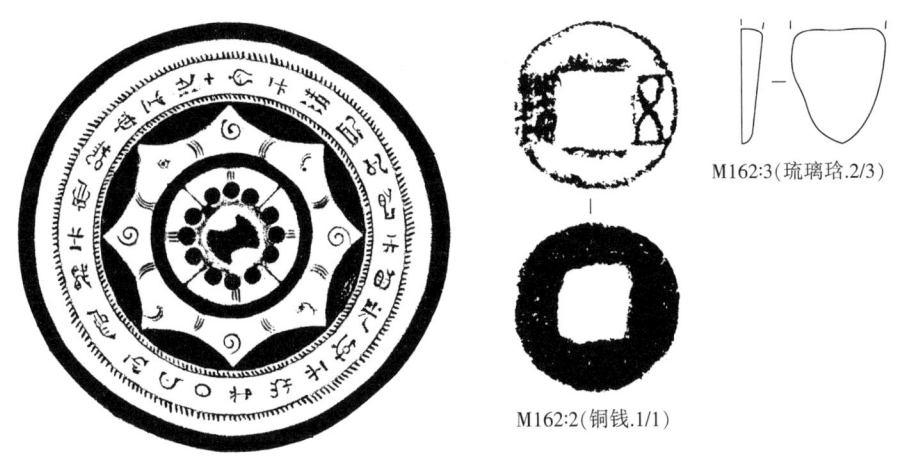

M162:1（铜镜.1/2）

M162:3（琉璃玲.2/3）

M162:2（铜钱.1/1）

图3-8A-44b 圩庄组A区M162出土器物图

铜钱 1件。M162：2，出土于棺室南部。五铢钱。钱径2.3、穿径1厘米。（图3-8A-44b）

2. 琉璃器

2件。器形为玲、塞。

玲 1件。M162：3，出土于棺室北部。器作蝉形，大半残损，呈灰白色，正面隆起，背面平直。残长2.3、残宽2、残厚0.4厘米。（图3-8A-44b；彩版一八五，3）

塞 1件。M162：4，出土于棺室北部。器残朽严重，器形大体可辨，仅余灰白色琉璃质粉末，形制与尺寸皆不明。

四十五、168号墓（M168）

M168位于圩庄组取土场A区墓地中部，该墓打破M149，西面与M119相邻。清理前，墓坑开口与底部已被高速公路施工方破坏，开口距现地表深度不明，墓坑底部随葬品组合遭受扰动。

墓葬形制为长方形竖穴土坑，开口长290、宽95厘米，残深55厘米。方向193°。（图3-8A-45；彩版一八五，4）

葬具为一椁一棺，木结构基本朽尽。从朽痕可知，椁长215、宽72厘米。棺位于椁南部，长180、宽62厘米。北边箱由椁东、北、西三侧板及棺之间的空间构成。

该墓出土铜器1件。

铜器

1件。器形为镜。

镜 1件。M168：1，出土于棺内南部。整器残损严重，从现场残片可知，该镜为星云纹镜。圆形，连峰纽，圆纽座。座外单弧线纹和半圆扇面纹各四组相间排列，其外一周十六内向连弧纹。面径约10.2厘米。

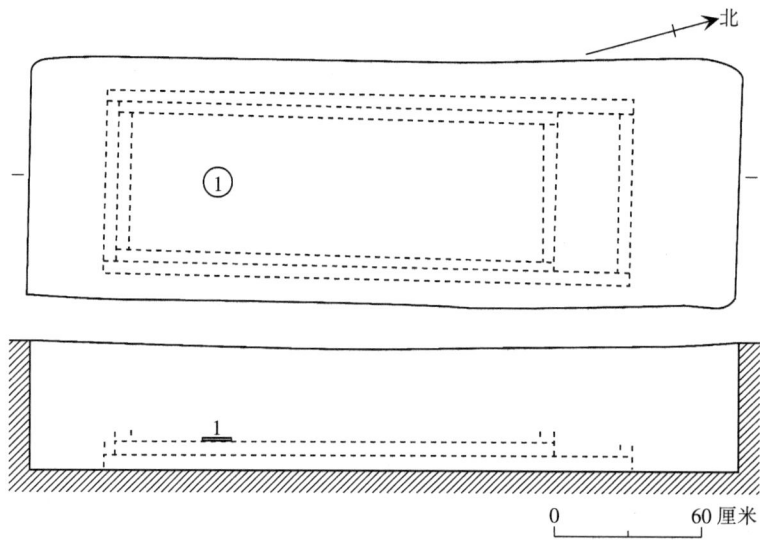

图 3 - 8A - 45　圩庄组 A 区 M168 平面、剖视图
1. 铜镜

东阳城与东阳汉墓

（下册）

南京博物院
江苏省文物考古研究院　　编著
淮安市文物保护和考古研究所
盱眙县博物馆

文物出版社

The Ancient Dongyang City and Dongyang Han Graves

(Ⅲ)

Nanjing Museum

Jiangsu Provincial Institute of Cultural Relics and Archaeology

Huai'an Institute of Cultural Relics Preservation and Archaeology

Xuyi County Museum

Cultural Relics Press

Beijing · 2025

彩版

彩版一　东阳汉墓群墓地分布图

1. M7清理后全景（北—南）

2. M8清理后全景（西—东）

3. M9清理后全景（北—南）

4. M10清理后全景（北—南）

5. M11清理后全景（南—北）

彩版二　山南组M7、M8、M9、M10、M11

2. 环首铁刀（M7：3）

3. 木梳（M7：8）

1. 铜镜（M7：1）

4. 玳瑁笄（M7：10）

5. 釉陶壶（M7：5）

6. 釉陶瓿（M7：4）

7. 釉陶瓿细部（M7：4）

8. 铜镜（M8：1）

9. 铜镜（M9：1）

彩版三　山南组M7、M8、M9出土器物

1. M12清理后全景（北—南）

2. M13清理后全景（西北—东南）

3. M28清理后全景（北—南）

4. M29清理后全景（南—北）

彩版四　山南组M12、M13、M28、M29

1. 铜镜（M12：1）

2. 琉璃玲（M12：2）

3. 铜镜（M13：1）

4. 铜带钩（M13：3）

5. 石黛板/研石（M13：2）

6. 琉璃玲（M28：1）

7. 琉璃塞（M28：2、3）

8. 陶盒（M29：2）

9. 陶壶（M29：1）

彩版五　山南组M12、M13、M28、M29出土器物

1. M1清理后全景（南—北）

2. 铜泡（M1：7）镶嵌琉璃璧之上出土场景

3. 铜泡饰（M1：7）

5. M24清理后全景（东—西）

4. 琉璃玲（M1：8）

6. 陶罐（M24：2）

彩版六　山头组M1、M24及其出土器物

1. 铜盆（M1：14）

4. 釉陶壶（M1：10）

2. 铜镜（M1：2）

5. 釉陶壶（M1：11）

3. 铜镜（M1：5）

6. 釉陶瓿（M1：12）

彩版七　山头组M1出土器物

1. 陶鼎（M3：4）

2. 陶盒（M3：3）

3. 釉陶壶（M3：1）

4. 釉陶瓿（M3：2）

5. 釉陶瓿（M3：5）

彩版八　山头组M3出土器物

1. 铜镜（M4：1）

2. 铜镜（M4：4）

3. 铜镜（M4：5）

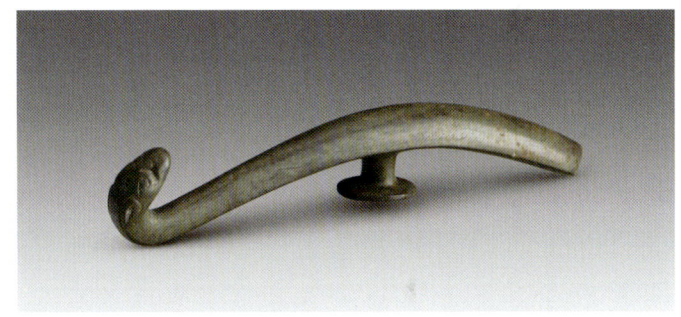

4. 铜带钩（M4：7）

5. 铜泡饰（M4：8~10）

6. 铁剑（M4：6）

彩版九　山头组M4出土器物

1. M30清理后全景（北—南）

2. M30北棺内铁剑与环首刀出土现状

3. M30北棺内温明出土场景

4. M30南棺内温明出土场景

5. M30南棺内琉璃项链出土现状

1. 铜盆（M30：31）

4. 铜镜（M30：18）

2. 铜镜（M30：1）

5. 铜镜（M30：42）

3. 铜镜（M30：17）

6. 铜泡钉（M30：28）

7. 柿蒂纹铜饰（M30：40、41）

彩版一一　山头组M30出土器物

1. 铜镜（M30：2）

4. 铁剑（M30：7）

2. 铜镜（M30：6-1）

5. 带漆鞘的环首铁刀（M30：8）

6. 环首铁刀（M30：11）

3. 铜镜（M30：39）

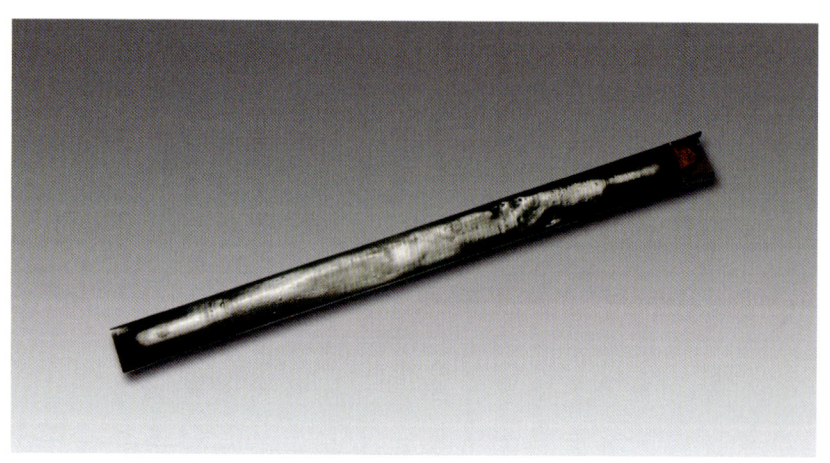

7. 铁削（M30：9）

彩版一二　山头组M30出土器物

1. 琉璃玉石项链（M30∶36）

2. 玳瑁笄（M30∶13）　　　3. 釉陶壶（M30∶14）　　　4. 釉陶壶（M30∶15）

彩版一三　　山头组M30出土器物

漆奁（M30：5）

彩版一四　山头组M30出土器物

1. 漆奁（M30∶5）细部纹饰

2. 漆奁（M30∶5）细部纹饰

3. 漆奁（M30∶5）细部纹饰

4. 漆奁（M30∶5）细部纹饰

彩版一五　山头组M30出土器物

1. M31清理后全景（南—北）

4. 铜封泥筒（M31：9）

2. 铁镇（M31：6、7、24、25）

5. 铜封泥筒（M31：9）底部刻划文字

3. 玳瑁笄（M31：17）

6. 铜格（M31：8）

7. 铜镦（M31：5）

彩版一六　山头组M31及其出土器物

1. 铜镜（M31：20）

2. 铜镜（M31：27）

彩版一七　山头组M31出土器物

1. 釉陶壶（M31：2）　　　　　2. 釉陶壶（M31：3）　　　　　3. 釉陶壶（M31：14）

4. 釉陶瓿（M31：1）　　　　　　5. 釉陶瓿（M31：4）

彩版一八　山头组M31出土器物

1. 铜印（M32∶4）

2. 石黛板（M32∶7）

3. 陶瓿（M32∶9）

彩版一九　山头组M32出土器物

1. M45清理后全景（南—北）

2. 铁带钩（M45：1）

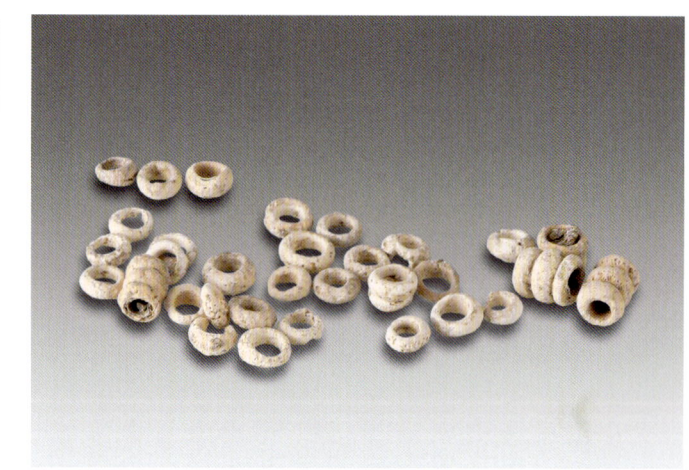

3. 琉璃串珠饰（M45：2）

4. 琉璃耳珰（M45：5、6）

5. 煤精饰件（M45：3、4）

彩版二〇　山头组M45及其出土器物

1. M33清理后场景（东—西）

5. 铜钱（M47：1-1）

2. M33清理后场景（南—北）

6. 铜钱（M47：1-2）

3. M46清理后全景（北—南）

7. 铜钱（M47：1-3）

4. M47清理后全景（西—东）

8. 铜钱（M47：1-4）

彩版二一　山头组M33、M46、M47及M47出土器物

1. M2清理后全景（北—南）

2. 铜弩机（M2：16）

3. 铜带钩（M2：14）

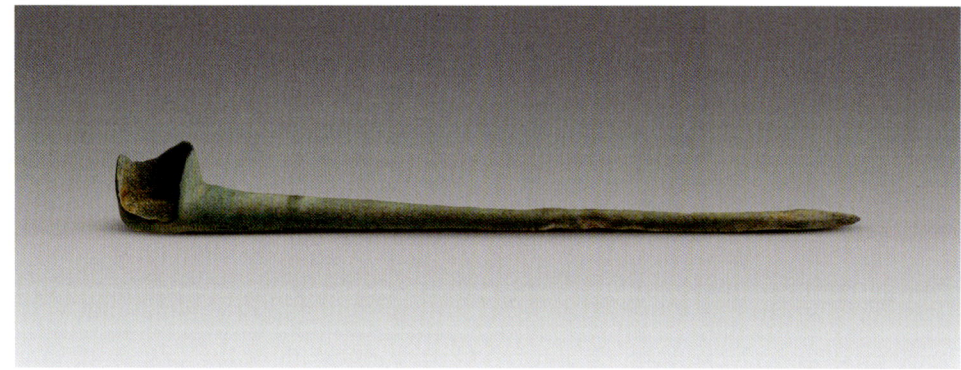

4. 铜刷（M2：11）

5. 石黛板（M2：10）

彩版二二　人民组一号涵洞M2及其出土器物

1. 陶鼎（M2：15）

2. 釉陶盒（M2：7）

4. 釉陶瓿（M2：3）

3. 釉陶壶（M2：1）

5. 陶罐（M23：5）

彩版二三　人民组一号涵洞M2、M23出土器物

1. M34清理后全景（北—南）

2. 釉陶鼎（M34：3）

3. 釉陶盒（M34：2）

4. 釉陶瓿（M34：1）

彩版二四　人民组一号涵洞M34及其出土器物

1. M35清理后全景（南—北）

2. 铜印（M35：1）"骊买臣"印文

3. 铜印（M35：1）"骊延君"印文

4. 铜带钩（M35：2）

5. 铜钱（M35：5）

彩版二五　人民组一号涵洞M35及其出土器物

1. 釉陶鼎（M35：15）

2. 釉陶盒（M35：14）

4. 釉陶瓿（M35：16）

3. 釉陶壶（M35：17）

5. 陶罐（M35：8）

彩版二六　人民组一号涵洞M35出土器物

1. M36清理后全景（西—东）

2. 木梳（M36：2）

3. 陶罐（M36：4）

彩版二七　人民组一号涵洞M36及其出土器物

1. M37清理后全景（北—南）

2. 陶鼎（M37：7）

3. 陶鼎（M37：8）

4. 陶盒（M37：3）

5. 陶盒（M37：5）

彩版二八　人民组一号涵洞M37及其出土器物

1. 釉陶壶（M37：2）

2. 釉陶壶（M37：1）

3. 陶瓿（M37：6）

4. 陶瓿（M37：4）

彩版二九　人民组一号涵洞M37出土器物

1. 铜镜（M14：2）

2. 琉璃琀（M14：4）

4. 铜带钩（M15：4）

3. 铜镜（M15：3）

5. 石黛板（M15：2）

彩版三〇　人民组二号涵洞M14、M15出土器物

1. 铜镜（M17：2）

2. 木梳（M17：1）

4. 陶盒（M18：5）

3. 铜镜（M18：1）

5. 陶壶（M19：2）

彩版三一　人民组二号涵洞M17、M18、M19出土器物

1. 铜镜（M20：2-1）

2. 琉璃塞（M20：10）

3. 漆耳杯（M20：8）

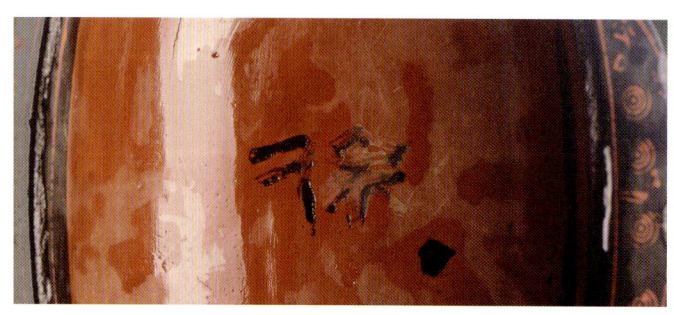

4. 漆耳杯（M20：8）漆书铭文

5. 釉陶鼎（M20：6）

6. 釉陶盒（M20：5）

7. 釉陶壶（M20：4）

彩版三二　人民组二号涵洞M20出土器物

1. M21清理后全景（东—西）

3. 琉璃琀（M21∶6）

2. 铜镜（M21∶1）

5. 陶壶（M21∶8）

4. 陶盒（M21∶10）

6. 陶瓿（M21∶7）

彩版三三　人民组二号涵洞M21及其出土器物

1. M22清理后全景（北—南）

2. 铜镜（M22：4）

3. 铜带钩（M22：2）

4. 陶壶（M22：5）

5. 陶瓿（M22：6）

彩版三四　人民组二号涵洞M22及其出土器物

1. M25清理后全景（北—南）

2. 铜带钩（M25：4）

3. 铜刷（M25：5）

4. 琉璃玲（M25：2）

5. 木梳（M25：6）

6. 釉陶鼎（M25：9）

7. 釉陶盒（M25：10）

8. 釉陶壶（M25：11）

彩版三五　人民组二号涵洞M25及其出土器物

1. M26清理后全景（北—南）

2. 铜镜（M26：1）

3. M27清理后全景（南—北）

彩版三六　人民组二号涵洞M26、M27及M26出土器物

1. 釉陶鼎（M26：4）

2. 釉陶盒（M26：8）

3. 釉陶壶（M26：7）

4. 釉陶壶（M26：9）

5. 釉陶瓿（M26：6）

6. 陶罐（M27：1）

彩版三七　人民组二号涵洞M26、M27出土器物

1. 铜镜（M38：1）

2. 铜带钩（M38：6）

5. 陶盒（M38：8）

3. 玉带钩（M38：3）

4. 云母片（M38：10）

6. 陶瓿（M38：9）

1. M39清理后全景（西—东）

3. 铜镜（M40：1-1）

2. M40清理后全景（东—西）

4. M41清理后全景（北—南）

5. 铜镜（M41：10）

彩版三九　　人民组M39、M40、M41及M40、M41出土器物

1. 釉陶鼎（M41：1）

2. 釉陶鼎（M41：8）

3. 釉陶盒（M41：2）

4. 釉陶盒（M41：3）

彩版四〇　人民组M41出土器物

1. 釉陶壶（M41：5）

3. 釉陶瓿（M41：4）

2. 釉陶壶（M41：6）

4. 釉陶瓿（M41：7）

彩版四一　人民组M41出土器物

1. M42清理后全景（南—北）

2. 铜镜（M42：5）

3. M71清理后全景（东—西）

4. M70清理后全景（西—东）

彩版四二　人民组M42、M70、M71及M42出土器物

1. 釉陶鼎（M42：4）

2. 釉陶盒（M42：3）

3. 釉陶壶（M42：1）

4. 釉陶瓿（M42：2）

彩版四三　人民组M42出土器物

1. M72椁盖板揭开后内侧顶板清理后全景（南—北）

2. M72隔板建筑装饰图案全景（俯拍）

3. M72棺内清理后全景（南—北）

4. M72南边厢清理后全景（南—北）

彩版四四　人民组M72

1. 铜镜（M72：26）

2. 琉璃塞（M72：27）

3. 漆樽（M72：1）

4. 漆樽（M72：2）

5. 漆盘（M72：6）

6. 木梳（M72：28-1）、木篦（M72：28-2）

彩版四五　人民组M72出土器物

1. 木俑（M72：4）

2. 木俑（M72：7）

3. 木俑（M72：7）侧面

4. 木俑（M72：19）

5. 木俑（M72：8）

6. 木俑（M72：9）

7. 木俑（M72：10）

彩版四六　人民组M72出土器物

1. 陶鼎（M72：22）

2. 陶鼎（M72：23）

3. 陶鼎（M72：25）

4. 陶盒（M72：24）

1. 釉陶壶（M72：16） 　　　　　　　　　　　　　2. 釉陶壶（M72：21）

3. 釉陶瓿（M72：14）

彩版四八　人民组M72出土器物

1. 铜镜（M73：9-1）

2. 铜钱（M73：7）

3. 琉璃塞（M73：5）

4. 陶壶（M73：1）

5. 陶瓿（M73：2）

6. 铜带钩（M165：1）

7. 铜带钩（M166：5）

彩版四九　人民组M73、M165、M166出土器物

1. M50清理后全景（北—南）

2. 铜镜（M50：1）

3. 陶盒（M50：4）

4. 陶瓿（M50：3）

彩版五〇　军庄组一号M50及其出土器物

1. M51清理后全景（西—东）

2. 铜镜（M51：9）

3. 铜镜（M51：10）

4. 铜带钩（M51：11）

5. 琉璃琀（M51：13）、琉璃塞（M51：14~17）

彩版五一　军庄组一号M51及其出土器物

1. 釉陶鼎（M51：6）

2. 釉陶鼎（M51：8）

3. 釉陶盒（M51：5）

4. 釉陶盒（M51：7）

1. 釉陶壶（M51：1）

3. 釉陶瓿（M51：3）

2. 釉陶壶（M51：2）

4. 釉陶瓿（M51：4）

彩版五三　军庄组一号M51出土器物

1. M52清理后全景（北—南）

4. 釉陶盒（M52：4）

2. 铜镜（M52：5）

5. 釉陶壶（M52：1）

3. 釉陶鼎（M52：3）

6. 陶瓿（M52：2）

彩版五四　军庄组一号M52及其出土器物

1. M54清理后全景（西—东）

2. 铜镜（M54：6-1）

3. 陶罐（M54：4）

4. 陶罐（M54：5）

彩版五五　军庄组一号M54及其出土器物

1. M56清理后全景（西—东）

2. 琉璃琀（M56：8）与琉璃塞（M56：1~3、9）

4. 陶罐（M56：4）

3. 陶壶（M56：5）

彩版五六　军庄组一号M56及其出土器物

1. M57清理后全景（西—东）

3. 琉璃塞（M57：2~4）

4. M58清理后全景（东—西）

2. 铜镜（M57：1-2）

5. 琉璃玲（M58：7）与琉璃塞（M58：3）

彩版五七　军庄组一号M57、M58及其出土器物

1. M59清理后全景（北—南）

2. 铜带钩（M59：6）

3. 琉璃琀（M59：5）

4. 琉璃塞（M59：1~3）

彩版五八　军庄组一号M59及其出土器物

1. 陶鼎（M59：11）

2. 陶盒（M59：10）

3. 釉陶壶（M59：9）

4. 釉陶瓿（M59：8）

彩版五九　军庄组一号M59出土器物

1. M60清理后全景（北—南）

2. M60陶器出土场景

3. 铜镜（M60：9）

彩版六〇　军庄组一号M60及其出土器物

1. 陶鼎（M60：4）

3. 釉陶壶（M60：1）

2. 陶盒（M60：3）

4. 陶瓿（M60：2）

彩版六一　军庄组一号M60出土器物

1. M61清理后全景（西—东）

2. M62清理后全景（东—西）

3. M62清理后全景（西—东）

4. 铜镜（M62：1-1）

5. 铅镇（M62：23~26）

6. 琉璃玲（M62：6）与琉璃塞（M62：3、5）

7. 角笄（M62：27）

彩版六二　军庄组一号M61、M62及M62出土器物

1. 陶鼎（M62：13）

2. 陶鼎（M62：18）

3. 陶盒（M62：12）

4. 陶盒（M62：14）

5. 釉陶罐（M62：9）

6. 釉陶罐（M62：17）

彩版六三　军庄组一号M62出土器物

1. 釉陶壶（M62:8）

3. 釉陶瓿（M62:15）

2. 釉陶壶（M62:10）

4. 釉陶瓿（M62:16）

彩版六四　军庄组一号M62出土器物

1. M63清理后全景（东—西）

2. 铜镜（M63：5）

3. 铜镜（M63：6）

4. 铜带钩（M63：10）

5. 铜削（M63：8）

6. 铜剑首（M63：7）

彩版六五　军庄组一号M63及其出土器物

1. 釉陶壶（M63：1）

3. 陶瓿（M63：3）

2. 釉陶壶（M63：2）

4. 陶瓿（M63：4）

彩版六六　军庄组一号M63出土器物

1. M64清理后全景（南—北）

3. 陶罐（M64：2）

2. 铜镜（M64：1）

4. M65清理后全景（西—东）

彩版六七　军庄组一号M64、M65及M64出土器物

1. M66清理后全景（北—南）

5. 陶瓿（M66：2）

2. 铜带钩（M66：6）

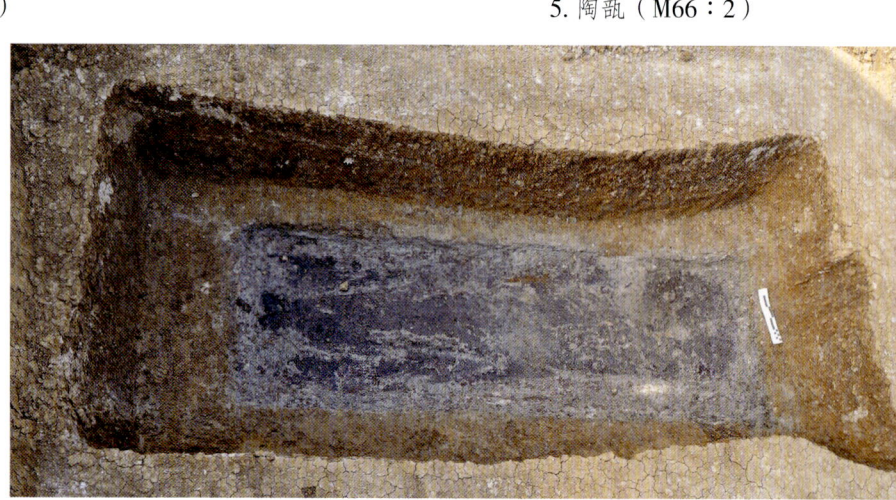

6. M67清理后全景（南—北）

3. 铁矛（M66：1）

7. M68清理后全景（西—东）

4. 琉璃珨（M66：7）与琉璃塞（M66：8~11）

彩版六八　军庄组一号M66、M67、M68及M66出土器物

1. M69清理后全景（南—北）

2. 铜镜（M69：3-1）

3. 陶盒（M69：1）

4. 陶盒（M69：4）

5. 陶壶（M69：2）

彩版六九　军庄组一号M69及其出土器物

1. M48清理后全景（南—北）

3. M49清理后全景（北—南）

2. 陶罐（M48：2）

4. 陶罐（M49：2）

彩版七〇　军庄组一号M48、M49及M48、M49出土器物

1. M44清理后全景（南—北）

2. M74清理后全景（南—北）

4. M75清理后全景（南—北）

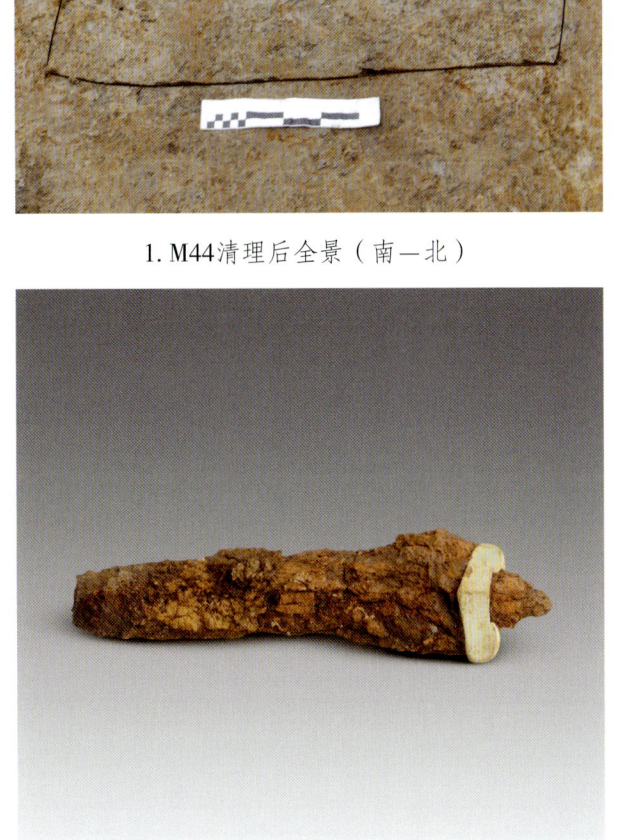

3. 铁剑（M74：1）

5. M76清理后全景（南—北）

彩版七一　军庄组二号M44、M74、M75、M76及M74出土器物

1. M81清理后全景（西—东）

2. 铜镜（M81：1）

3. 陶鼎（M81：3）

4. M83清理后全景（南—北）

5. M84清理后全景（西—东）

彩版七二　军庄组二号M81、M83、M84及M81出土器物

1. M86清理后全景（南—北）

2. 铜镜（M89：1）

3. 陶壶（M89：5）

4. M90清理后全景（东—西）

5. 铜镜（M90：1）

彩版七三　军庄组二号M86、M90及M89、M90出土器物

1. 陶鼎（M90∶2）

2. 陶盒（M90∶5）

3. 釉陶壶（M90∶3）

4. 陶瓿（M90∶4）

彩版七四　军庄组二号M90出土器物

1. M91清理后全景（北—南）

3. 釉陶壶（M91：3）

2. 陶盒（M91：2）

4. 釉陶瓿（M91：4）

彩版七五　军庄组二号M91及其出土器物

1. M92清理后全景（东—西）

2. 陶壶（M92：1）

3. M93清理后全景（东—西）

4. 陶壶（M93：1）

5. 陶瓿（M93：2）

彩版七六　军庄组二号M92、M93及M92、M93出土器物

1. M94清理后全景（东—西）

4. M95清理后全景（东—西）

5. 铜带钩（M95：3）

2. 陶壶（M94：1）

3. 陶瓿（M94：2）

6. 陶壶（M95：4）

7. 陶瓿（M95：5）

彩版七七　军庄组二号M94、M95及M94、M95出土器物

1. M96清理后全景（东—西）

2. 铜镜（M96：1）

3. 铜镜（M96：2）

4. 铜镜（M97：1）

5. 铜镜（M97：2）

彩版七八　军庄组二号M96及M96、M97出土器物

1. 釉陶鼎（M97：10）

2. 釉陶鼎（M97：9）

3. 釉陶盒（M97：7）

4. 釉陶盒（M97：8）

彩版七九　军庄组二号M97出土器物

1. 釉陶壶（M97：3）

2. 釉陶壶（M97：5）

3. 釉陶瓿（M97：4）

4. 釉陶瓿（M97：6）

彩版八〇　军庄组二号M97出土器物

1. M98清理后全景（东—西）

2. M99清理后全景（南—北）

3. 铜带钩（M99：7）

5. 铁削（M99：8）

6. 石黛板（M99：9）

7. 陶罐（M99：12）

4. 铁剑（M99：5）

彩版八一　军庄组二号M98、M99及M99出土器物

1. M100清理后全景（西—东）

2. 铜镜（M100：1）

3. 石黛板/研石（M100：2）

4. 石黛板（M100：2）之漆盒内侧图案

彩版八二　军庄组二号M100及其出土器物

1. M101清理后全景（西—东）

2. 铜镜（M101：6）

3. 陶瓿（M101：1）

4. M102清理后全景（北—南）

5. 铜镜（M102：1）

彩版八三　军庄组二号M101、M102及M101、M102出土器物

1. M103边厢清理后（西—东）

2. 琉璃塞（M103：4、4-1）

3. 陶壶（M103：1）

4. 陶瓿（M103：2）

1. M104清理后全景（西—东）

3. 木梳（M104：5）

4. 釉陶壶（M104：1）

2. 铜镜（M104：6）

5. 釉陶瓿（M104：2）

彩版八五　军庄组二号M104及其出土器物

1. M105清理后全景（西—东）

3. 铜刷（M105：12）

4. 铜削（M105：8）

5. 琉璃玲（M105：9）

2. 铜镜（M105：11）

6. 石黛板（M105：10）

彩版八六　军庄组二号M105及其出土器物

1. 陶壶（M105：4）

2. 陶瓿（M105：1）

3. M106清理后全景（西—东）

4. M107清理后全景（东—西）

5. 琉璃琀（M107：2）

彩版八七　军庄组二号M106、M107及M105、M107出土器物

1. M78清理后全景（北—南）

2. 瓷壶（M78：1）

4. M82清理后全景（南—北）

3. 瓷钵（M78：2）

5. M87封门砖

6. M87清理后全景（南—北）

彩版八八　军庄组二号M78、M82、M87及M78出土器物

1. M79与M80清理后全景（北—南）

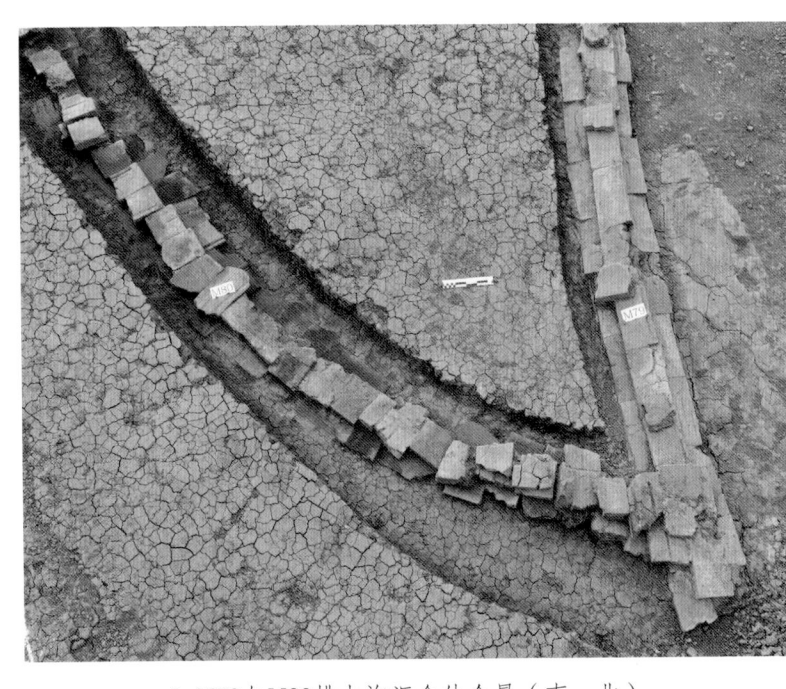

3. M79与M80排水沟汇合处全景（南—北）

2. M79与M80清理后全景（南—北）

4. M79墓室清理后全景（南—北）

5. M80墓室清理后全景（南—北）

彩版八九　军庄组二号M79、M80

1. M85清理后全景（西—东）

2. M88清理后全景（南—北）

3. 铁棺钉（M88：1-1~1-3）

彩版九〇　军庄组二号M85、M88及M88出土器物

1. 铜镜（M110：10）

2. 铜削（M110：5）

3. 琉璃玲（M110：6）与琉璃塞（M110：7~9）

4. 陶壶（M110：2）

5. 陶瓿（M110：1）

彩版九一　圩庄组A区M110出土器物

1. M112清理后全景（东—西）

2. M113木椁盖板清理后全景（东—西）

3. M113清理后全景（东—西）

4. 铜镜（M113：13）

5. 铜刷（M113：8）

6. 铜削（M113：15）

7. 石黛板/研石（M113：12）

彩版九二　圩庄组A区M112、M113及M113出土器物

1. 釉陶壶（M113：1）

2. 釉陶壶（M113：2）

3. 釉陶壶（M113：5）

4. 釉陶壶（M113：6）

5. 陶罐（M113：3）

6. 釉陶罐（M113：4）

彩版九三　圩庄组A区M113出土器物

1. M114椁盖板全景（西—东）

2. M114椁盖板揭开后，椁顶板全景
（东—西）

3. M114椁西南角细部图

4. M114椁顶板揭开后全景（南—北）

彩版九四　圩庄组A区M114

1. M114棺盖板清理后全景（北—南）

2. M114棺盖打开后全景（北—南）

3. M114东棺清理后全景（北—南）

4. M114西棺清理后全景（北—南）

彩版九五　圩庄组A区M114

1. M114北边厢清理后全景（南—北）

2. M114南边厢清理后全景（东—西）

3. M114器物清理后全景（东—西）

4. M114器物清理取走后全景（东—西）

彩版九六　圩庄组A区M114

1. M114持笏人物木刻图（西起第一块木刻图）

2. M114持戟人物木刻图（西起第二块木刻图）

3. M114持戟人物木刻图（西起第三块木刻图）

4. M114持笏人物木刻图（西起第四块木刻图）

彩版九七　圩庄组A区M114出土器物

1. 星象图全景

2. 星象图

3. 星象图

彩版九八　圩庄组A区M114木刻星象图

1. 星象图

2. 星象图

3. 星象图

彩版九九　圩庄组A区M114木刻星象图

1. 凤鸟纹

2. 凤鸟纹

彩版一〇〇　圩庄组A区M114木刻星象图

1. 铜镜（M114：61）

2. 铜镜（M114：67）

3. 铜镜（M114：84）

彩版一〇一　圩庄组A区M114出土器物

1. 铜带钩（M114：89）

2. 铜带钩（M114：90）

3. 铜刷（M114：83、59-8、59-9）　　　　　　　　4. 铜钱（M114：85）

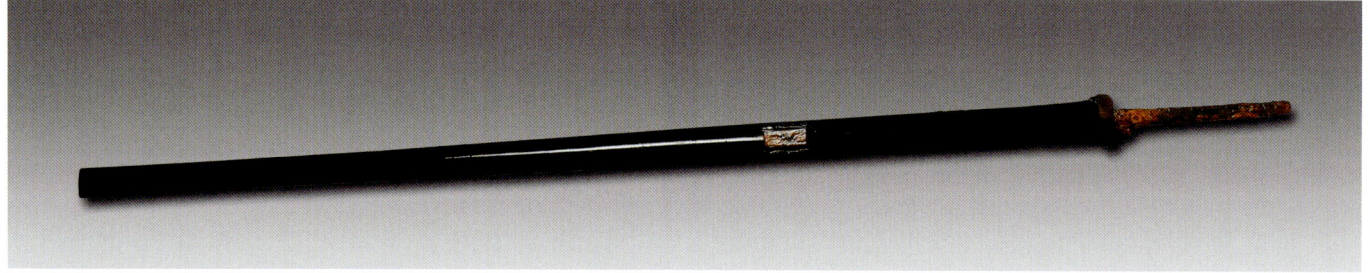

5. 铁剑（M114：74）

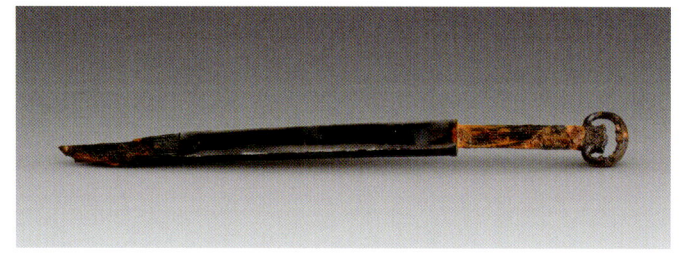

6. 环首铁刀（M114：78）

7. 铁削（M114：70）

1. 琉璃玲（M114：91）

4. 漆握（M114：93）

2. 琉璃塞（M114：92-1~92-4）

6. 漆柱形器（M114：73）

3. 玛瑙饰件（M114：87）

5. 漆柱形器（M114：68）

1. 漆耳杯（M114：11）正面俯视

2. 漆耳杯（M114：11）

3. 漆耳杯（M114：13）

4. 漆耳杯（M114：27）

彩版一〇四　圩庄组A区M114出土器物

1. 漆奁（M114：59）器身

2. 漆奁（M114：59）奁身

3. 漆奁（M114：59）器盖

4. 漆奁（M114：59）器盖俯视

5. 漆奁（M114：59）器盖内侧

彩版一〇五　圩庄组A区M114出土器物

漆奁（M114：59-1~59-7）内七子奁

1. 大圆形子奁（M114：59-1）

3. 马蹄形子奁（M114：59-3）

2. 大长方形子奁（M114：59-2）

4. 小长方形子奁（M114：59-4）

5. 椭圆形子奁（M114：59-5）

6. 小圆形子奁（M114：59-6）

7. 小方形子奁（M114：59-7）

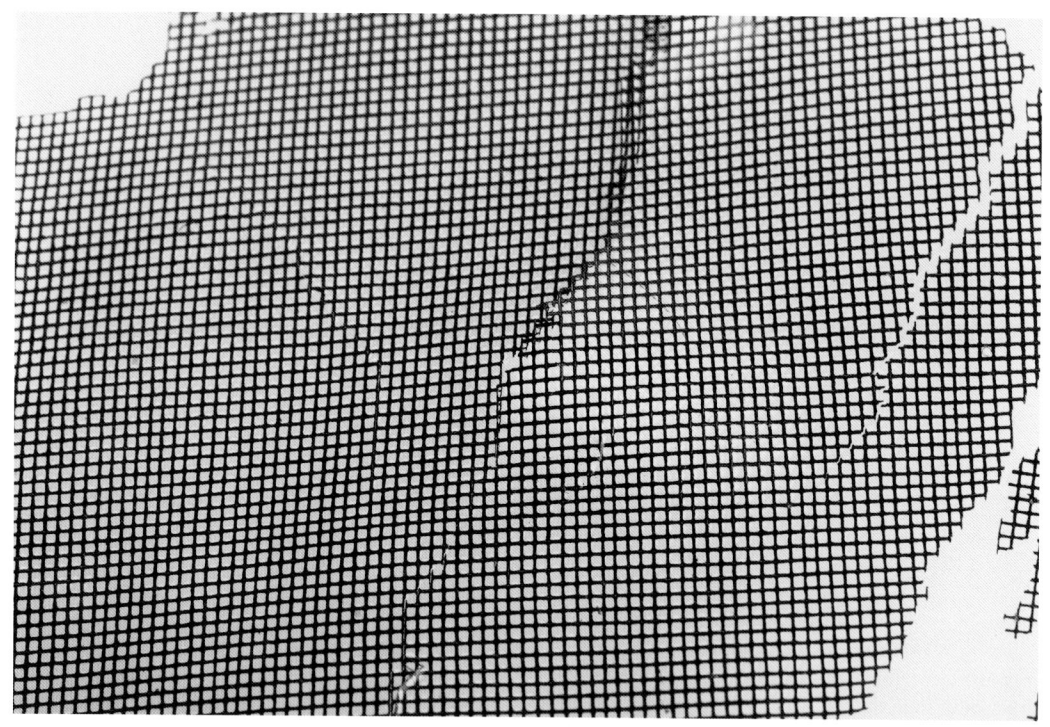

1. 漆纱冠（M114：58）

2. 木几面板反面（M114：8）

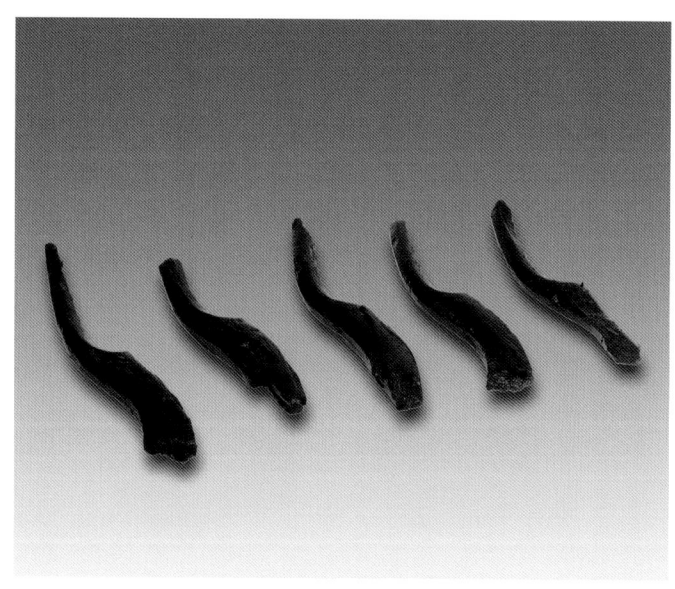

3. 木几腿（M114：8）

4. 木枕（M114：79）

彩版一〇八　圩庄组A区M114出土器物

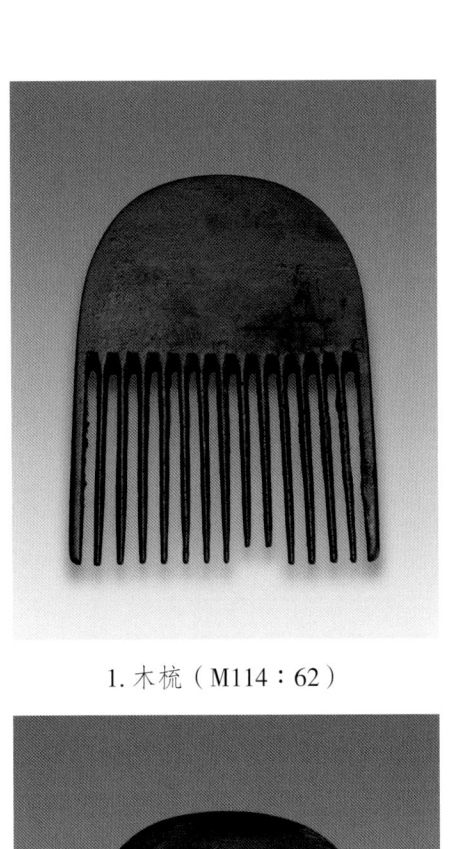

1. 木梳（M114：62）

2. 木梳（M114：66）

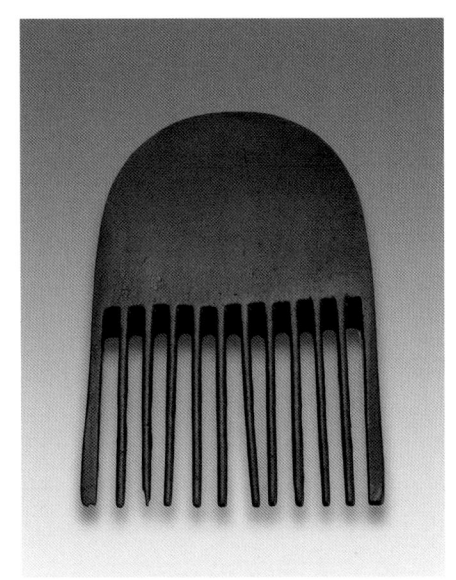

3. 木梳（M114：81）

4. 木篦（M114：60）

5. 木篦（M114：63）

6. 木篦（M114：64）

7. 木篦（M114：65）

8. 木篦（M114：80）

9. 木篦（M114：82）

彩版一○九　圩庄组A区M114出土器物

4. 陶钵（M114：1）

1. 木印（M114：72）

2. 木坠饰（M114：88）

5. 陶钵（M114：4）

3. 玳瑁笄（M114：94）

6. 陶钵（M114：3）

彩版一一〇　圩庄组A区M114出土器物

1. 陶壶（M114：55）

3. 陶壶（M114：57）

4. 陶罐（M114：47）

2. 陶壶（M114：56）

5. 陶罐（M114：47）细部

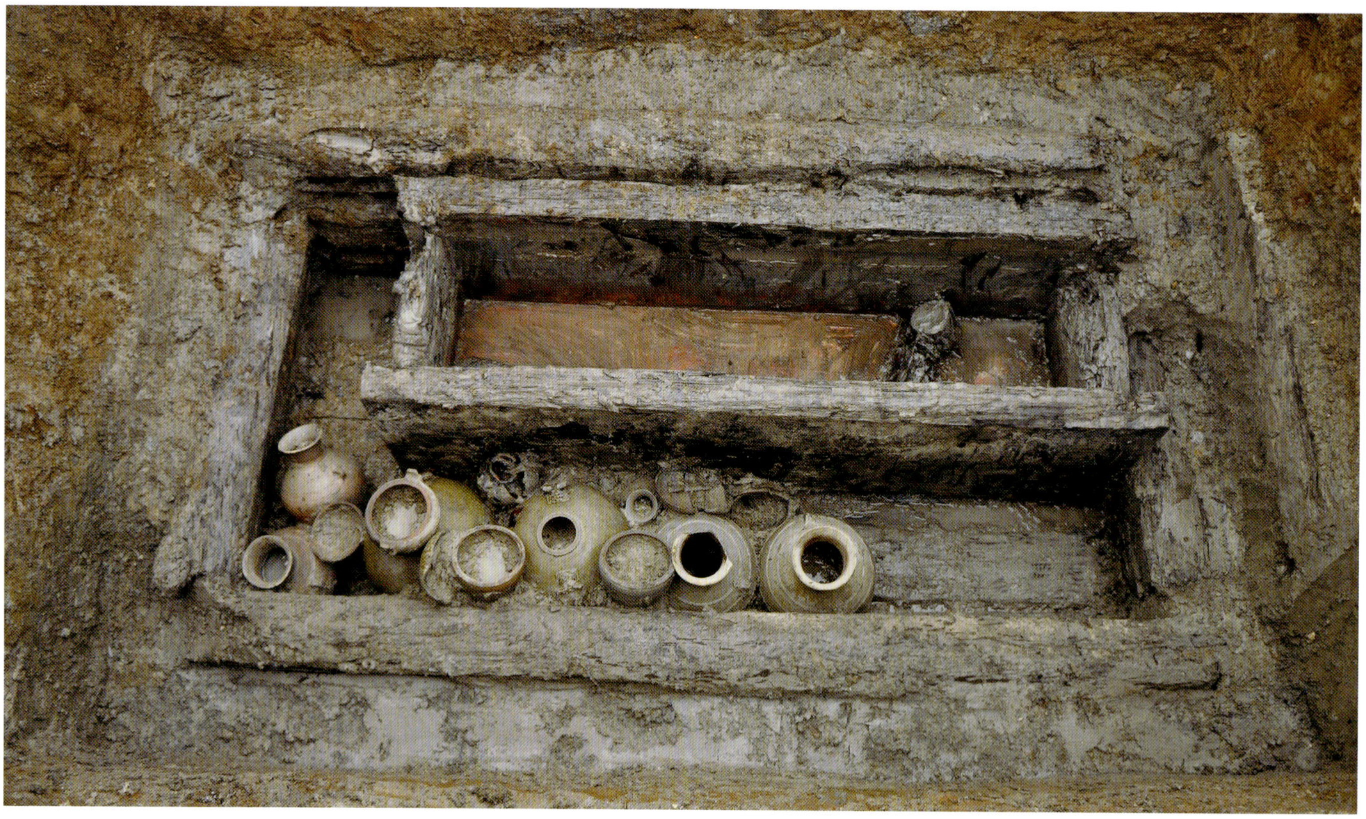

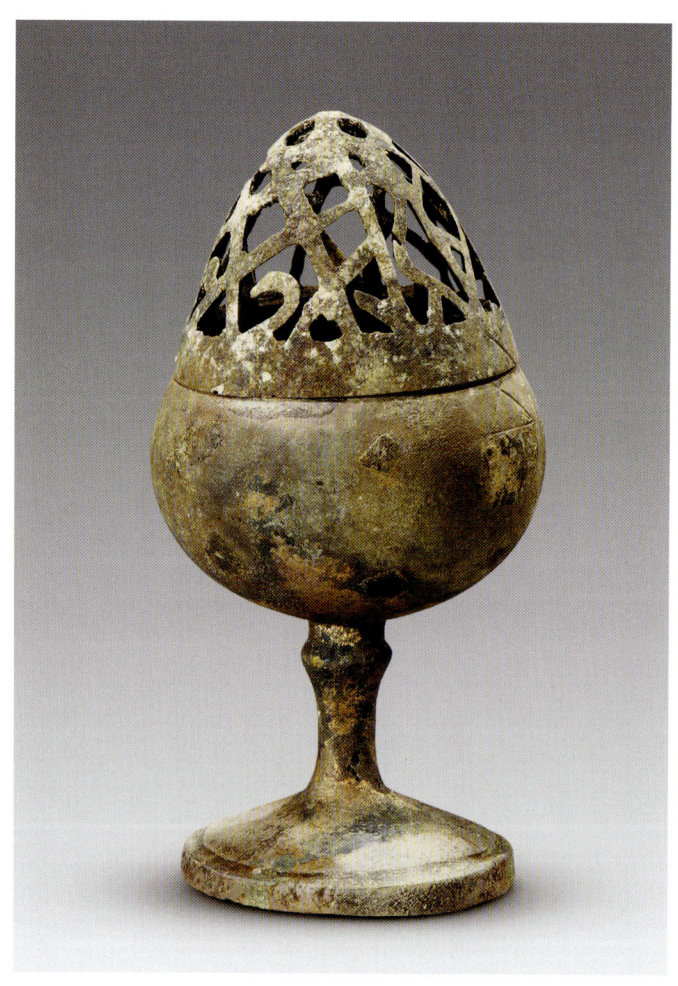

1. M115清理后全景（西—东）

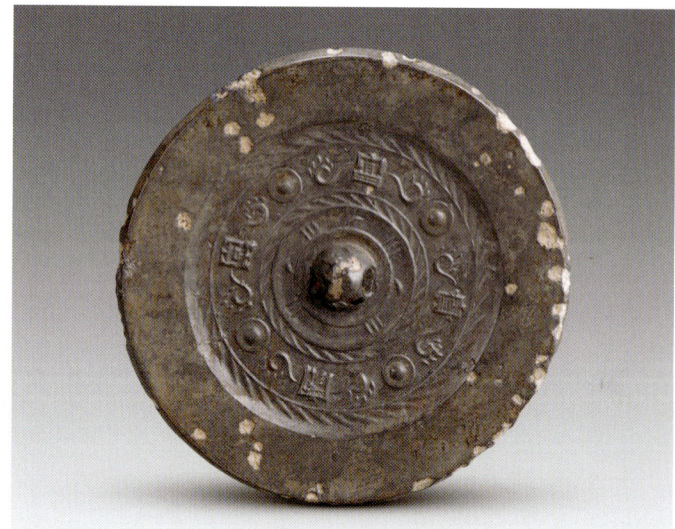

2. 铜熏（M115：1）

3. 铜镜（M115：16）

4. 琉璃琀（M115：17）

彩版一一二　圩庄组A区M115及其出土器物

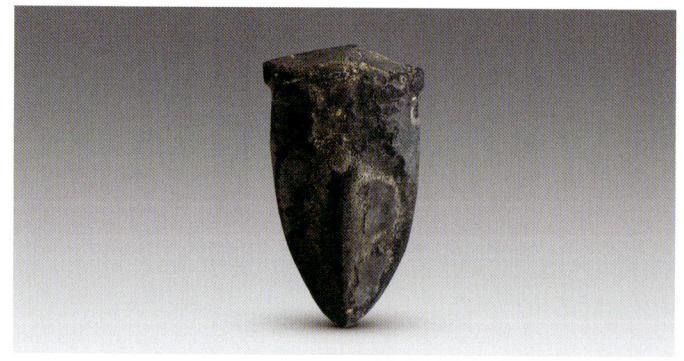

1. 漆樽（M115：26）

2. 木篦（M115：19）

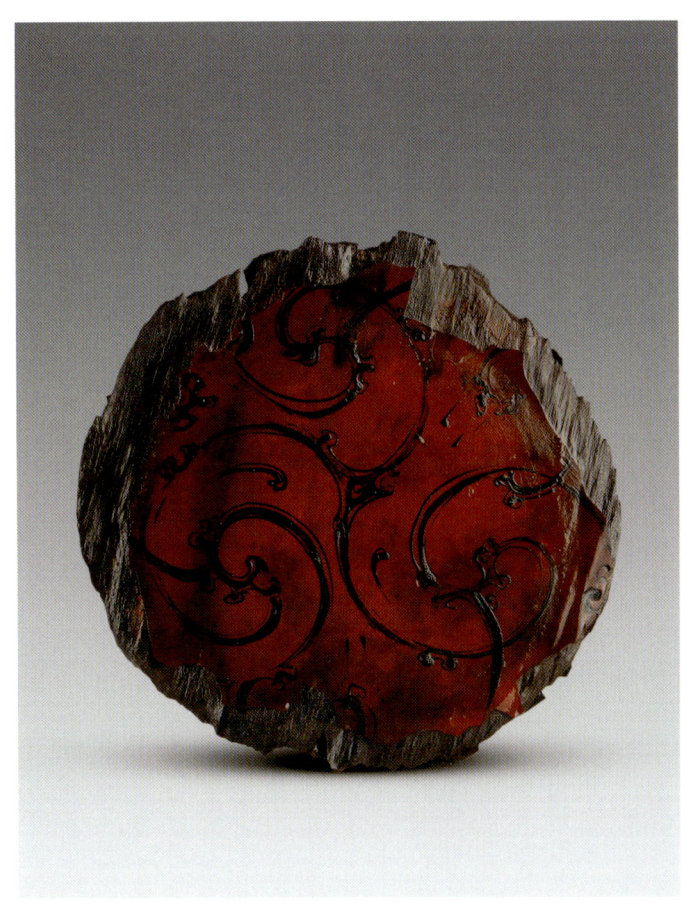

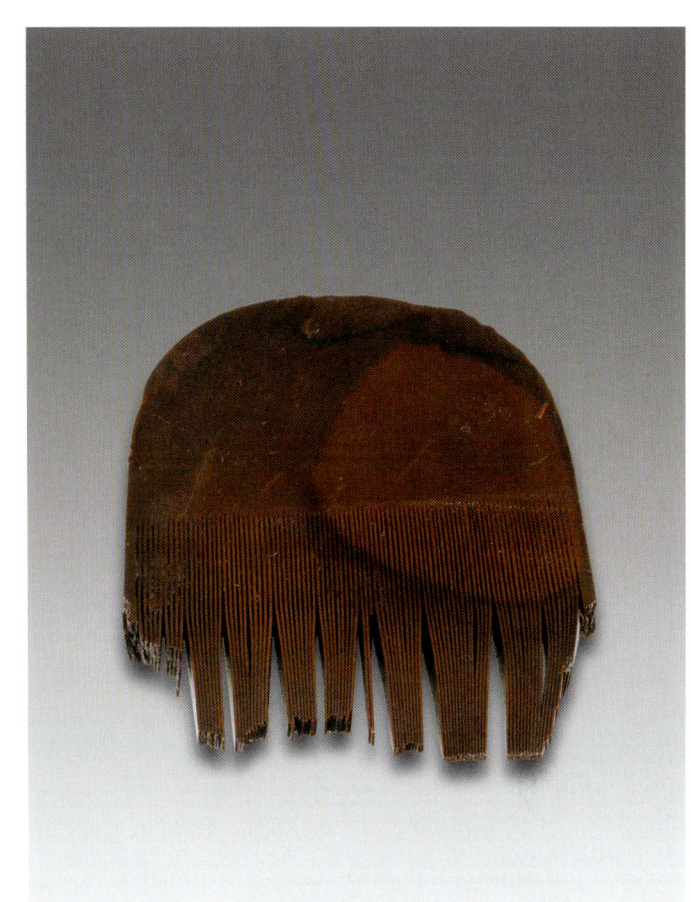

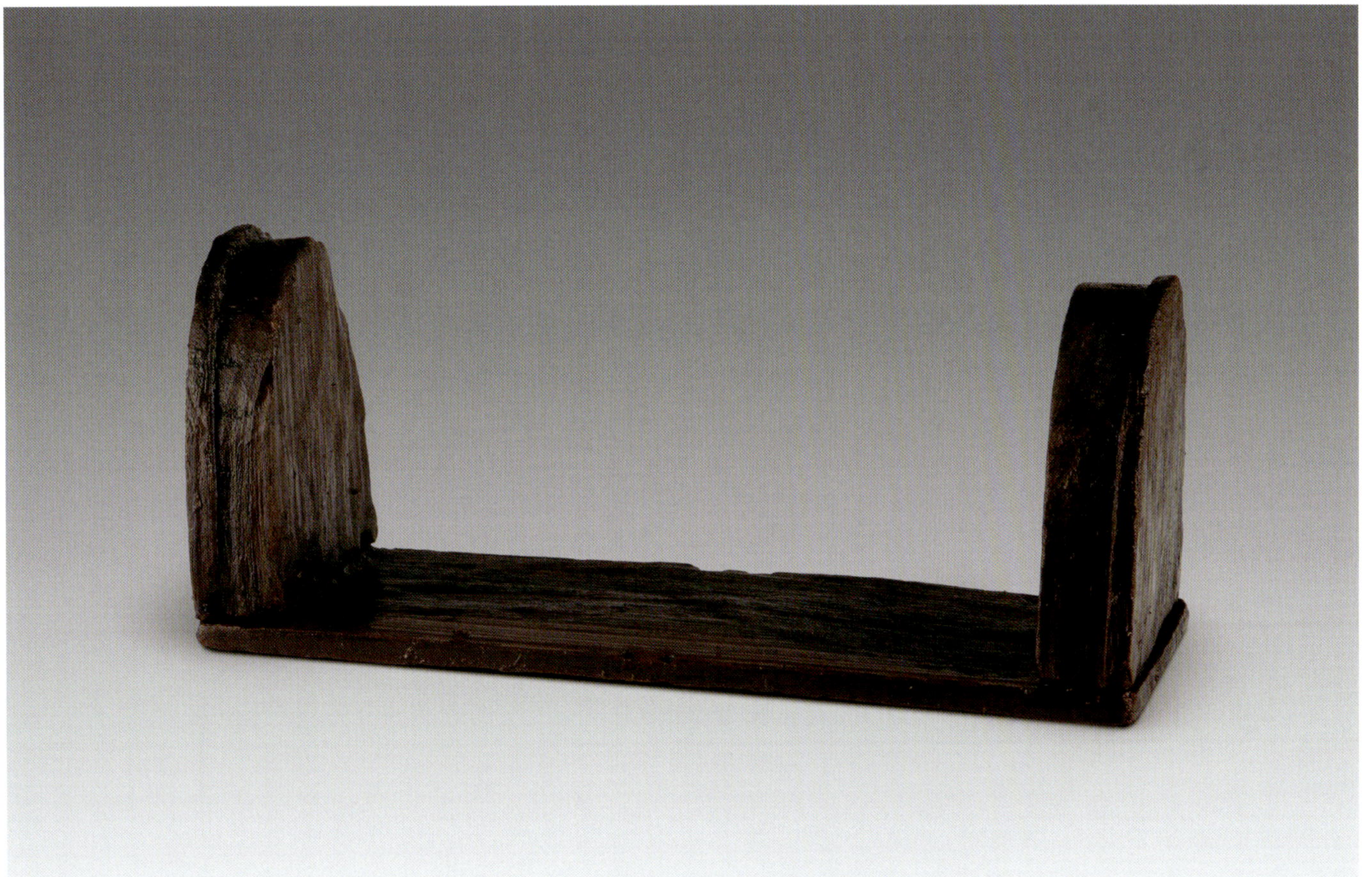

3. 木枕（M115：20）

彩版一一三　圩庄组A区M115出土器物

1. 漆奁（M115：18）

2. 漆奁（M115：18）奁身内底纹饰
与奁盖顶面纹饰

3. 漆奁（M115：18）奁盖内纹饰

彩版一一四　圩庄组A区M115出土器物

1. 漆奁（M115:18）奁盖外壁纹饰细部

2. 漆奁（M115:18）奁盖外壁纹饰细部

3. 漆奁（M115:18）奁盖外壁纹饰细部

4. 漆奁（M115:18）奁盖外壁纹饰细部

5. 漆奁（M115:18）奁盖外壁纹饰细部

彩版一一五　圩庄组A区M115出土器物

彩版——六　圩庄组A区出土漆奁（M115：18）内子奁组合

1. 圆形子奁（M115：18-1）

2. 马蹄形子奁（M115：18-2）

3. 长方形子奁（M115：18-3）

彩版一一七　圩庄组A区M115出土器物

1. 釉陶鼎（M115：6）

2. 釉陶鼎（M115：9）

3. 釉陶盒（M115：7）

4. 釉陶盒（M115：8）

5. 釉陶盒（M115：25）

彩版一一八　圩庄组A区M115出土器物

1. 釉陶壶（M115：2）

4. 釉陶壶（M115：10）

2. 釉陶壶（M115：3）

3. 釉陶壶（M115：14）

5. 釉陶壶（M115：13）

彩版一一九　圩庄组A区M115出土器物

1. 釉陶瓿（M115：4）

2. 釉陶罐（M115：12）

3. 釉陶罐（M115：24）

彩版一二〇　圩庄组A区M115出土器物

1. M116清理后全景（东—西）

2. 漆卮（M116：6）

3. 石黛板（M116：12）
  与研石（M116：13）

彩版一二一　圩庄组A区M116及其出土器物

1. 釉陶鼎（M116：5）

2. 釉陶鼎（M116：9）

3. 釉陶盒（M116：10）

4. 釉陶盒（M116：11）

5. 陶罐（M116：1）

彩版一二二　圩庄组A区M116出土器物

1. 釉陶壶（M116：3）

2. 釉陶壶（M116：7）

3. 釉陶瓿（M116：4）

4. 釉陶瓿（M116：8）

彩版一二三　圩庄组A区M116出土器物

1. 铜镜（M117：5）

2. 釉陶鼎（M117：1）

3. 釉陶鼎（M117：2）

4. 釉陶盒（M117：3）

5. 釉陶盒（M117：4）

彩版一二四　圩庄组A区M117出土器物

1. M118清理后全景（东—西）

2. 釉陶鼎（M118：4）

3. 釉陶盒（M118：2）

4. 釉陶壶（M118：1）

5. 釉陶瓿（M118：3）

彩版一二五　圩庄组A区M118及其出土器物

1. M119清理后全景
（东—西）

2. 铜镜（M119：13）

4. 木枕（M119：8）

5. 木尺（M119：11）

3. 木梳（M119：4）与木篦（M119：5）

6. 竹篓形器（M119：9）

彩版一二六　圩庄组A区M119及其出土器物

1. 漆奁（M119：1）

2. 漆奁（M119：2）

彩版一二七　圩庄组A区M119出土器物

1. 三子奁组合（M119：1）

2. 三子奁组合（M119：1）

彩版一二八　圩庄组A区M119出土器物

1. 小圆形子奁（M119：1-1）

2. 马蹄形子奁（M119：1-2）

3. 长方形子奁（M119：1-3）

彩版一二九　圩庄组A区M119出土器物

1. M120清理后全景
（西—东）

2. 铜镜（M120：1）

3. 铜镦（M120：31）

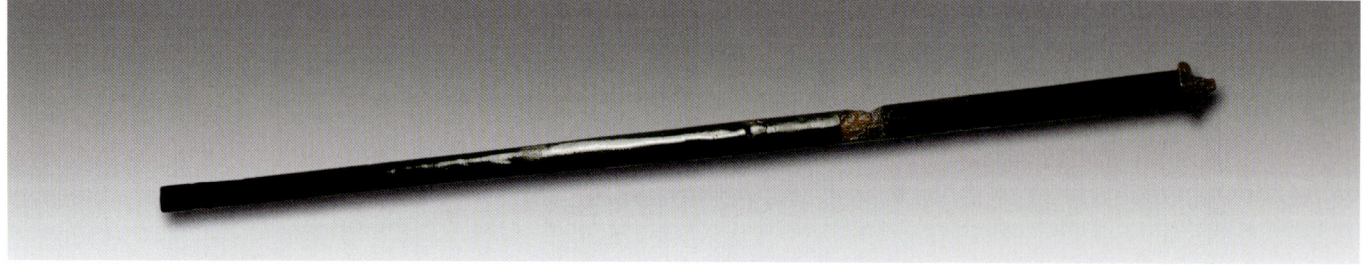

4. 铁剑（M120：4）

5. 环首铁刀（M120：7）

6. 铁削（M120：5）

彩版一三〇　圩庄组A区M120及其出土器物

1. 漆耳杯（M120：9）

2. 漆耳杯（M120：10）

3. 漆耳杯（M120：10~18）

4. 漆耳杯（M120：19~27）

5. 漆耳杯（M120：19）

6. 漆耳杯（M120：28）

彩版一三一　圩庄组A区M120出土器物

1. 漆盘（M120：29）

2. 漆盘（M120：30）

3. 漆樽（M120：3）盖与器身残片

4. 漆樽（M120：3）足

5. 漆樽（M120：6）

彩版一三二　圩庄组A区M120出土器物

1. 木梳（M120：2）

2. 木枕（M120：8）

3. 木弩（M120：35）

4. 釉陶壶（M120：34）

5. 釉陶瓿（M120：33）

彩版一三三　圩庄组A区M120出土器物

1. M121清理后全景（南—北）

2. M122清理后全景（东—西）

4. M125清理后全景（北—南）

3. 铜镜（M122：1）

5. 铜镜（M125：1）

彩版一三四　圩庄组A区M121、M122、M125及M122、M125出土器物

1. M126清理后全景（南—北）

2. M127清理后全景（南—北）

3. M128清理后全景（西—东）

4. 釉陶壶（M128：2）

5. 陶罐（M128：3）

彩版一三五　圩庄组A区M126、M127、M128及M128出土器物

1. M134椁盖板清理后全景（西—东）

2. M134东边厢清理后全景俯拍（东—西）

4. M134棺内清理后近景（北—南）

5. M134东边厢器物出土现状（西—东）

3. M134清理后全景（东—西）

1. 银环（M134∶29）

2. 铜钱（M134∶21）

3. 铜钱（M134∶21）

4. 铜镜（M134∶32）

5. 铜带钩（M134∶24）

6. 铜刷（M134∶25）

7. 铁剑（M134∶22）

8. 铁剑（M134∶30）

9. 环首铁刀（M134∶23）

10. 环首铁刀（M134∶26）

彩版一三七　圩庄组A区M134出土器物

1. 琉璃玲（M134：34）与
   琉璃塞（M134：35~37）

2. 漆耳杯（M134：13）

3. 漆耳杯（M134：13~16）

4. 石黛板/研石（M134：31）

彩版一三八　圩庄组A区M134出土器物

1. 陶鼎（M134：8）

2. 陶鼎（M134：10）

3. 陶盒（M134：6）

4. 陶盒（M134：9）

5. 陶罐（M134：4）

彩版一三九　圩庄组A区M134出土器物

1. 釉陶壶（M134：2）

2. 釉陶壶（M134：5）

3. 陶壶（M134：7）

4. 釉陶瓿（M134：1）

5. 釉陶瓿（M134：3）

彩版一四〇　圩庄组A区M134出土器物

1. M135清理后全景（西—东）

2. 铜镜（M135：1）

3. M136清理后全景（南—北）

4. 铜镜（M136：1）

6. 铜钱（M136：3）（大泉五十）

5. 铜带钩（M136：9）

7. 铜钱（M136：3）（五铢）

彩版一四一　圩庄组A区M135、M136及M135、M136出土器物

1. 铁剑铜剑格（M136：4）

2. 铜弩机（M136：8）

3. 铜印（M136：2）

5. 釉陶瓿（M136：5）

4. 釉陶壶（M136：6）

6. 釉陶瓿（M136：7）

彩版一四二　圩庄组A区M136出土器物

1. M137木椁盖板清理后全景（西—东）

2. M137椁盖板揭开后全景（西—东）

3. M137清理后全景（西—东）

4. M137东棺清理后全景（南—北）

5. M137西棺清理后全景（南—北）

彩版一四三　圩庄组A区M137

1. M137东棺内漆面罩出土现状

2. M137东棺内铁剑出土现状

3. M137东棺内铜印出土现状

4. M137西棺内铜钱出土现状

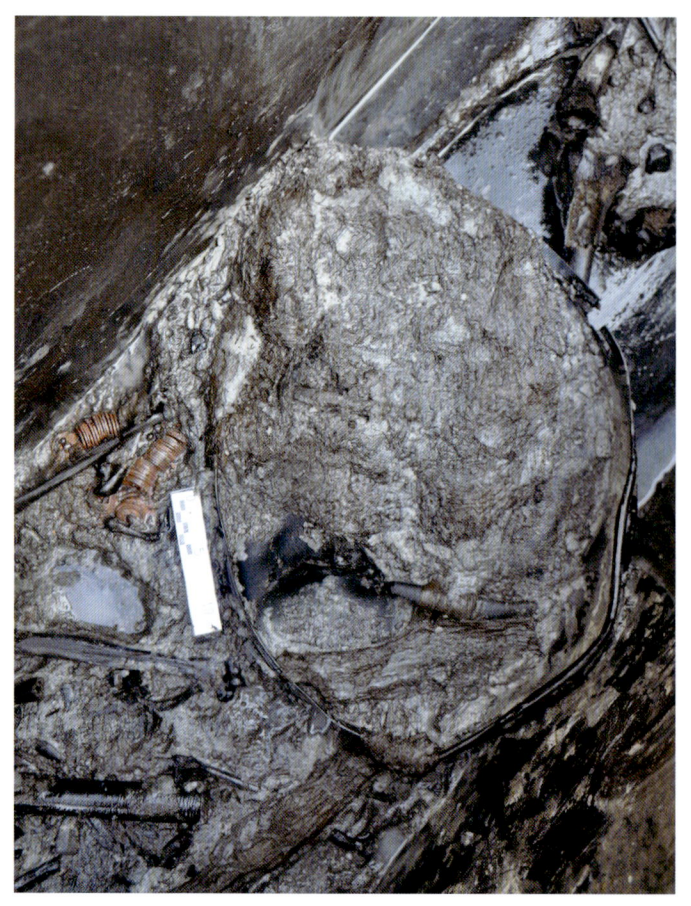

5. M137西棺漆面罩出土现状

彩版一四四　圩庄组A区M137棺内器物出土情况

1. M137南边厢清理后全景
（南—北）

2. M137南边厢内六博棋盘
出土现状

3. M137北边厢清理后全景
（南—北）

1. 铜盆（M137：26）

2. 铜镜（M137：35-6）

3. 铜镜（M137：35-7）

4. 铜镜（M137：51-10）

5. 铜印（M137：46）

6. 铜印（M137：46）

彩版一四六　圩庄组A区M137出土器物

1. 铜带钩（M137：45）

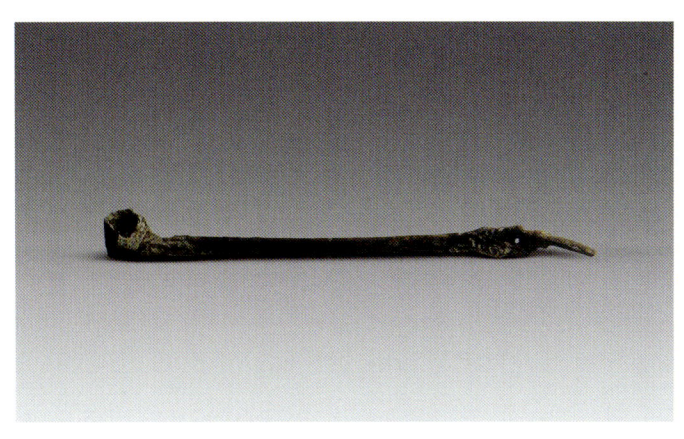

2. 铜刷（M137：35-8）

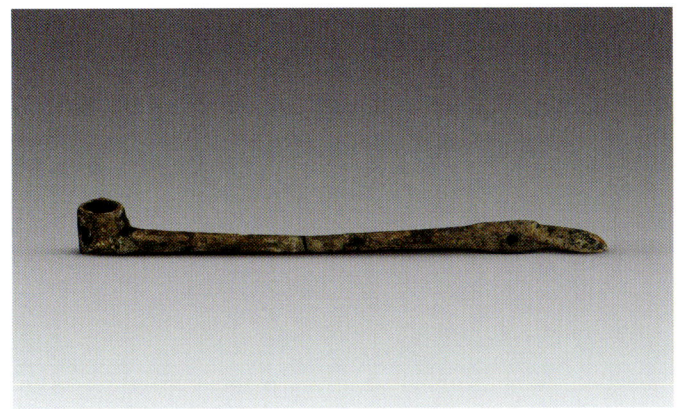

3. 铜刷（M137：51-9）

4. 铜钱（M137：1）

5. 铜钱（M137：39）

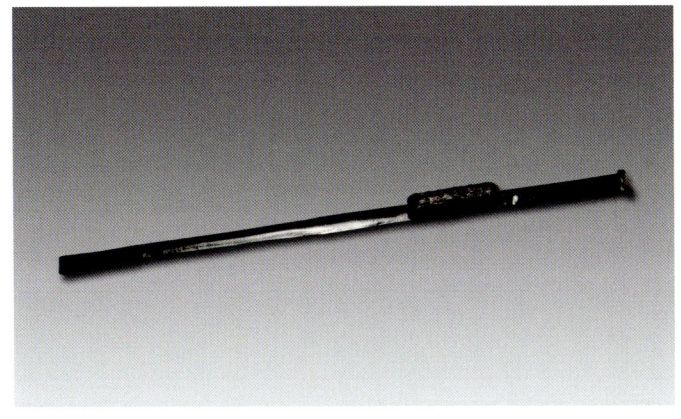

6. 铁剑（M137：48）

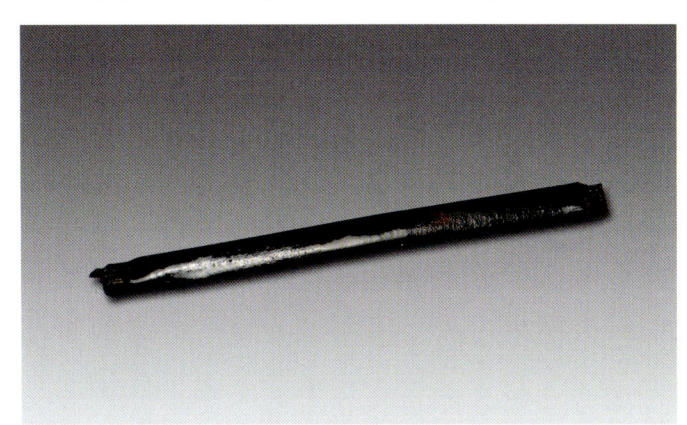

7. 铁削（M137：47）

8. 琉璃玲（M137：40）

9. 琉璃玲（M137：51-5）

10. 琉璃塞（M137：35-12）

彩版一四七　圩庄组A区M137出土器物

1. 漆耳杯（M137：8）

2. 漆耳杯（M137：31）

3. 漆樽（M137：27）内壁图案

4. 漆罐（M137：36）

5. 木枕（M137：50）

6. 木握（M137：52、53）

7. 木弩（M137：54）

彩版一四八　圩庄组A区M137出土器物

1. 石黛板（M137：28）与
研石（M137：29）

2. 陶甑（M137：6）

3. 陶甑（M137：6）

彩版一四九　圩庄组A区M137出土器物

1. 釉陶壶（M137：7）

3. 釉陶壶（M137：19）

4. 釉陶瓿（M137：16）

2. 釉陶壶（M137：12）

5. 釉陶瓿（M137：18）

彩版一五〇　圩庄组A区M137出土器物

1. M138清理后全景（东—西）

2. 铜镜（M138：5）

3. 铜印（M138：1）

4. 铜带钩（M138：16）

5. 铜刷（M138：6）

6. 铜钱（M138：3）

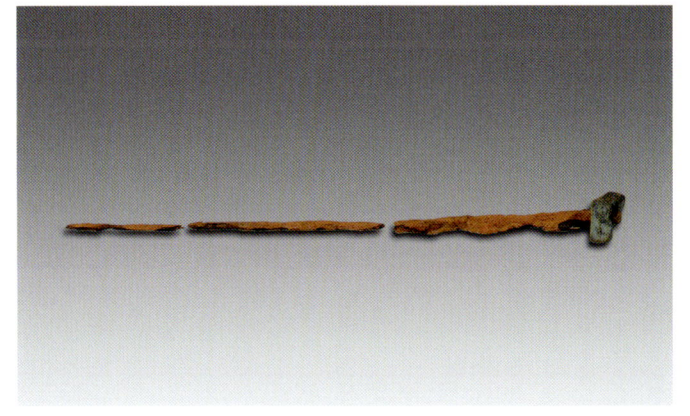

7. 铁剑（M138：4）

彩版一五一　圩庄组A区M138及其出土器物

1. 釉陶壶（M138：8）

2. 釉陶壶（M138：10）

3. 釉陶瓿（M138：7）

4. 釉陶瓿（M138：9）

彩版一五二　圩庄组A区M138出土器物

1. M139清理后全景（由南至北拍摄）

2. 铜镜（M139：1）

3. 陶壶（M139：3）

4. M140清理后全景（南—北）

彩版一五三　圩庄组A区M139、M140及M139出土器物

1. M141清理后全景（南—北）

3. 铜镜（M142：2）

2. M142清理后全景（南—北）

4. 错金银铜环（M142：4-1）

5. 铜刷（M142：3）与铜刷柄（M142：4-2）

彩版一五四　圩庄组A区M141、M142及M142出土器物

1. 釉陶鼎（M142：6）

2. 釉陶盒（M142：7）

3. 釉陶壶（M142：8）

4. 釉陶瓿（M142：9）

5. 陶罐（M142：10）

6. 陶熏（M142：16）

彩版一五五　圩庄组A区M142出土器物

1. 铜镜（M143：2）

4. 铜弩机（M143：17）

2. 铜印（M143：3）

3. 铜印（M143：3）

5. 铜带钩（M143：4）

6. 铜钱（M143：1）

7. 铁镞（M143：18）

8. 琉璃塞（M143：12）

9. 漆卮（M143：20）

10. 石黛板/研石（M143：10）

彩版一五六　圩庄组A区M143出土器物

1. 陶鼎（M143：15）

2. 陶鼎（M143：16）

3. 釉陶盒（M143：21）

4. 陶盒（M143：22）

彩版一五七　圩庄组A区M143出土器物

1. 釉陶壶（M143：7）

2. 釉陶壶（M143：8）

3. 陶瓿（M143：13）

4. 陶瓿（M143：14）

彩版一五八　圩庄组A区M143出土器物

2. 铜带钩（M144：3）

1. M144清理后全景（北—南）

3. 铜带钩（M144：3）

4. 陶壶（M144：7）

5. 陶壶（M144：8）

彩版一五九　圩庄组A区M144及其出土器物

1. M145清理后全景（东—西）

2. 铜镜（M145：2）

3. 陶壶（M145：3）

4. 陶瓿（M145：4）

5. 陶器盖（M145：4）

彩版一六〇　圩庄组A区M145及其出土器物

1. M146墓坑开口平面全景（南—北）

3. M146木椁清理前全景（南—北）

4. M146木椁木门正视（南—北）

2. M146墓室清理后全景（南—北）

2. M146墓室清理后全景（东—西）

1. M146椁盖板清理后全景（北—南）

3. M146南边厢清理后全景（北—南）

彩版一六二　圩庄组A区M146

1. 铜盆（M146：17）

4. 铜带钩（M146：14）

2. 铜镜（M146：9-1）

5. 铜刷（M146：9-2）

6. 铁削（M146：13）

3. 铜镜（M146：28）

7. 琉璃玲（M146：5、27）与琉璃塞（M146：7、26）

彩版一六三　圩庄组A区M146出土器物

1. 釉陶壶（M146:16）

2. 釉陶壶（M146:19）

3. 釉陶瓿（M146:15）

4. 釉陶瓿（M146:18）

彩版一六四　圩庄组A区M146出土器物

1. M147清理后全景（东—西）

2. 铜带钩（M147：3）

3. 漆樽（M147：10）

4. 陶壶（M147：5）

5. 陶壶（M147：6）

彩版一六五　圩庄组A区M147及其出土器物

1. M148清理后全景（北—南）

2. 铜镜（M148：7-1）

3. 铜镜（M148：8-1）

4. 琉璃玲（M148：6）与琉璃塞（M148：10~12）

彩版一六六　圩庄组A区M148及其出土器物

1. M149清理后全景（西—东）

3. 铜带钩（M149：16）

4. 铅弹丸（M149：8）

5. 琉璃玲（M149：17）

6. 琉璃塞（M149：18、19）

2. 铜镜（M149：20）

7. 石黛板（M149：12）与研石（M149：13）

彩版一六七　圩庄组A区M149及其出土器物

1. 陶鼎（M149：5）

2. 陶盒（M149：3）

3. 釉陶壶（M149：1）

4. 陶壶（M149：4）

5. 陶瓿（M149：2）

1. M150清理后全景（西—东）

3. 铜印（M150：9）

2. 铜镜（M150：10）

4. 陶壶（M150：1）

彩版一六九　圩庄组A区M150及其出土器物

1. M151椁盖板清理后全景（北—南）

2. M151清理后全景（北—南）

3. 铜镜（M151：3–1）

4. 漆盘（M151：1）内底朱漆文字

彩版一七〇　圩庄组A区M151及其出土器物

1. M152榫盖板清理后全景（东—西）

2. M152清理后全景（西—东）

3. M152西边厢清理后全景（南—北）

4. M153清理后全景（东—西）

彩版一七一　圩庄组A区M152、M153

1. 铜带钩（M152：3）

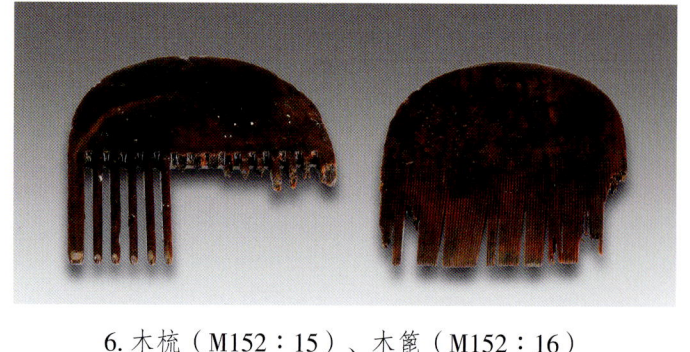

6. 木梳（M152：15）、木篦（M152：16）

2. 铜刷（M152：13）

7. 木握（M152：17）

3. 铜钱（M152：1）

4. 铜钱（M152：12）

8. 石黛板/研石（M152：11）

9. 铜削（M153：7）

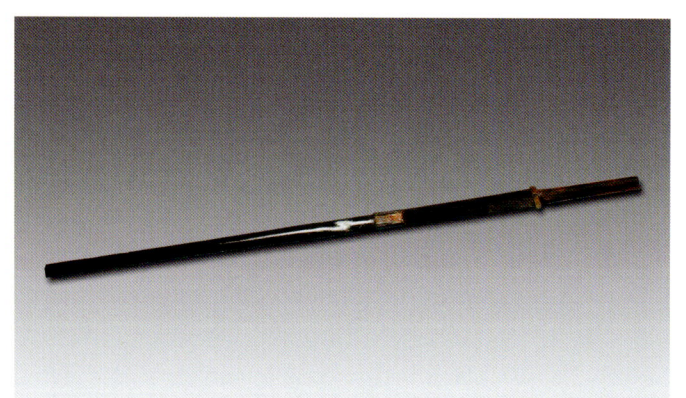

5. 铁剑（M152：5）

10. 铁剑（M153：8）

彩版一七二　圩庄组A区M152、M153出土器物

1. M154清理后全景（东—西）

2. M154西边厢清理后现状（北—南）

3. 铜镜（M154：1-1）

4. 铜刷（M154：1-2）

5. 铁剑（M154：3）之玉剑璏

6. 铁削（M154：4）

彩版一七三　圩庄组A区M154及其出土器物

1. 釉陶鼎（M154：17）

2. 釉陶鼎（M154：11）

3. 釉陶盒（M154：9）

4. 釉陶盒（M154：19）

5. 陶罐（M154：13）

6. 陶罐（M154：15）

7. 陶罐（M154：14）

彩版一七四　圩庄组A区M154出土器物

1. 釉陶壶（M154：12）

3. 釉陶瓿（M154：16）

2. 釉陶壶（M154：10）

4. 釉陶瓿（M154：6）

1. M155椁盖板清理后全景（北—南）

2. M155清理后全景（南—北）

3. 铅弹丸（M155：7-1）

4. 琉璃珰（M155：2）

5. 琉璃塞（M155：10）

6. 木梳（M155：6-2）、木篦（M155：6-3、6-4）

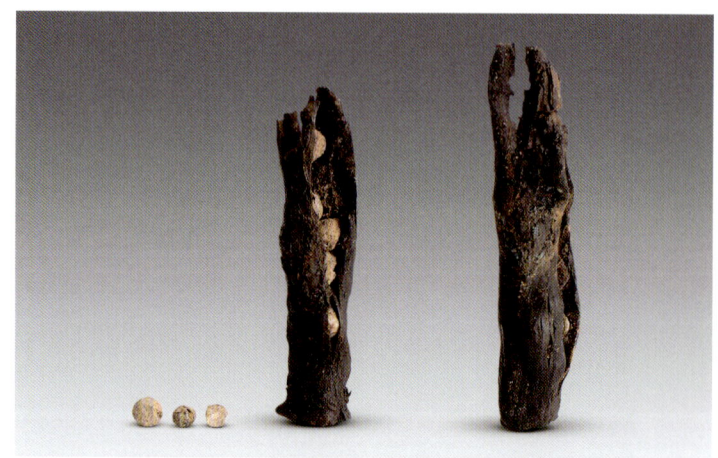

7. 竹盒（M155：7-4、7-5）与盒内妆粉

8. 石黛板/研石（M155：7-3）

彩版一七六　圩庄组A区M155及其出土器物

1. 铜镜（M155：6-1）

3. 铜带钩（M155：9）

2. 铜带钩（M155：3）

4. 铜带钩（M155：16）

5. 铜印（M155：8）

6. 铜钱（M155：5）

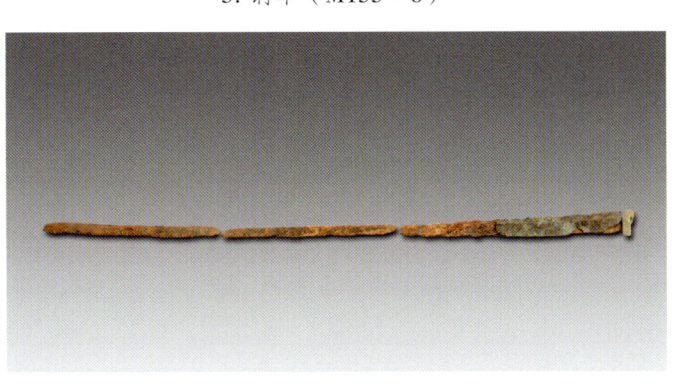

7. 铁剑（M155：4）

8. 环首铁刀（M155：11）

彩版一七七　圩庄组A区M155出土器物

1. 漆盘（M155：12）

3. 漆耳杯（M155：14）文字细部

2. 漆耳杯（M155：14）

4. 漆耳杯（M155：14）纹饰细部

彩版一七八　圩庄组A区M155出土器物

1. M156清理后全景（南—北）

3. 铜带钩（M156：6）

4. 铜刷（M156：9-2）

5. 铜钱（M156：5）

6. 琉璃塞（M156：7、8）

2. 铜镜（M156：9-1）

7. 陶瓿（M156：4）

彩版一七九　圩庄组A区M156及其出土器物

1. M157清理后全景（东—西）

4. M160清理后全景（东—西）

2. 铜镜（M157：1）

5. 铜镜（M160：1-1）

3. 铜刷（M157：2-1）

6. 铜钱（M160：15）

7. 琉璃玲（M160：3）与琉璃塞（M160：2、12~14）

彩版一八〇　圩庄组A区M157、M160及其出土器物

1. 釉陶鼎（M160：6）

2. 釉陶鼎（M160：8）

3. 釉陶盒（M160：4）

4. 釉陶盒（M160：10）

彩版一八一　圩庄组A区M160出土器物

1. 釉陶壶（M160：9） 　　　　　　　　　　2. 陶壶（M160：11）

3. 釉陶瓿（M160：5）

彩版一八二　圩庄组A区M160出土器物

1. M161清理后全景（南—北）

2. 釉陶壶（M161：2）

3. 釉陶壶（M161：3）

4. 釉陶瓿（M161：1）

彩版一八三　圩庄组A区M161及其出土器物

1. 铜镜（M161：5-1）

2. 铜镜（M161：17）

3. 铜带钩（M161：15）

4. 铜钱（M161：9）

5. 铜钱（M161：16）

6. 铁剑（M161：14）之铜剑格

8. 琉璃琀（M161：7）

9. 琉璃塞（M161：8、8-1）

7. 铁刀（M161：12）

10. 石黛板/研石（M161：11）

彩版一八四　圩庄组A区M161出土器物

1. M162清理后全景（南—北）

2. 铜镜（M162：1）

3. 琉璃玲（M162：3）

4. M168清理后全景（西—东）

彩版一八五　圩庄组A区M162、M168及M162出土器物

1. 铜镜（M108：1）

3. 铜镜（M109：3）

2. 铜钱（M108：2）

4. 铜钱（M109：4）

5. 陶壶（M109：2）

6. 陶瓿（M109：1）

彩版一八六　圩庄组B区M108、M109出土器物

1. M111发掘后全景（北—南）

2. M111木梳、铜镜出土现状

3. 铜镜（M111：7）

4. 铜刷（M111：8）

5. 铜刷（M111：12）

6. 铜饰件（M111：3）

7. 铜钱（M111：2）

彩版一八七　圩庄组B区M111及其出土器物

1. 漆握（M111：4）

2. 木梳（M111：5）

3. 木篦（M111：6）

4. 木篦（M111：6-1）

5. 石黛板/研石（M111：9）

彩版一八八　圩庄组B区M111出土器物

1. 釉陶壶（M111：14）

2. 釉陶壶（M111：15）

3. 釉陶壶（M111：16）

4. 釉陶瓿（M111：17）

彩版一八九　圩庄组B区M111出土器物

1. M123

2. 铜镜（M123：3）

3. 铜刷（M123：1）

4. 铜钱（M123：5）

5. 铁削（M123：8）

6. 陶鼎（M123：11）

7. 陶盒（M123：10）

彩版一九〇　圩庄组B区M123及其出土器物

1. 石黛板（M123∶6）与
　研石（M123∶7）

2. 石黛板（M123∶6）盒纹饰

3. 石黛板（M123∶6）盒纹饰细部

彩版一九一　圩庄组B区M123出土器物

1. M124清理后全景（东—西）

2. 铜钱（M124：6）

3. 铜钱（M124：6）

5. 釉陶壶（M124：3）

4. 釉陶壶（M124：1）

6. 釉陶瓿（M124：2）

彩版一九二　圩庄组B区M124及其出土器物

1. M130清理后全景（南—北）

2. M130南边厢清理后全景俯拍

3. 石黛板（M130:9）

4. 石黛板/研石（M130:9）漆盒内侧纹样

彩版一九三　圩庄组B区M130及其出土器物

1. 铜镜（M130：1）

2. 铜带钩（M130：10）

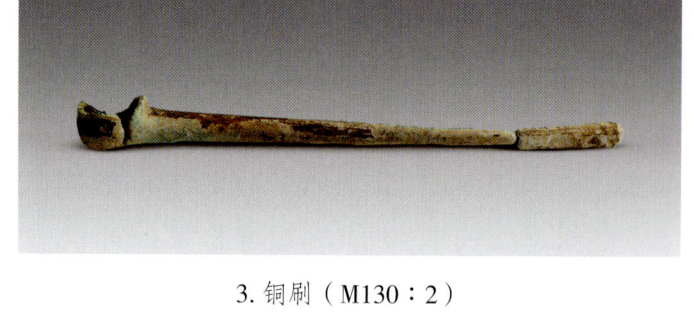

3. 铜刷（M130：2）

4. 铜弩机（M130：24）

5. 铜钱（M130：8）

6. 铜钱（M130：8）

7. 铜镞（M130：25~27）

8. 铁戟之铜簜（M130：12）

9. 琉璃塞（M130：5-1、6）、琉璃玲（M130：5）

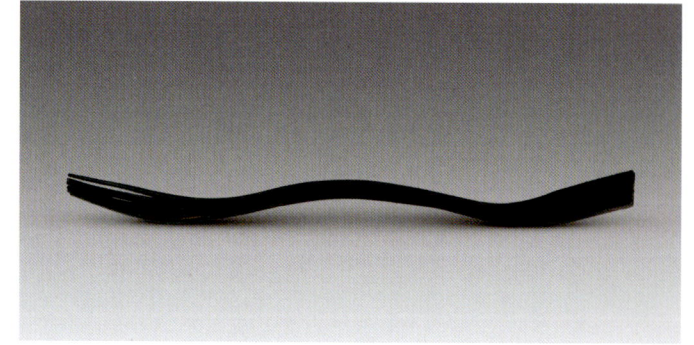

10. 角笄（M130：4）

彩版一九四　圩庄组B区M130出土器物

1. 陶鼎（M130：17）

2. 陶鼎（M130：18）

3. 陶盒（M130：13）

4. 陶盒（M130：16）

5. 釉陶罐（M130：14）

彩版一九五　圩庄组B区M130出土器物

1. 釉陶壶（M130：19）

2. 釉陶壶（M130：20）

3. 釉陶壶（M130：21）

4. 釉陶壶（M130：22）

5. 陶瓿（M130：15）

6. 陶瓿（M130：23）

彩版一九六　圩庄组B区M130出土器物

1. M131清理后全景（北—南）

2. 铜带钩（M131：5）

3. 铜钱（M131：2）

4. 铁刀（M131：1）

5. 琉璃琀（M131：6）、琉璃塞（M131：7）

6. 陶壶（M131：3）

7. 陶瓿（M131：4）

彩版一九七　圩庄组B区M131及其出土器物

1. M132清理后全景（西—东）

4. M133清理后全景（北—南）

2. 铜镜（M132：1）

5. 铜镜（M133：2）

3. 铜钱（M132：3）

6. 铜钱（M133：1）

彩版一九八　圩庄组B区M132、M133及其出土器物

1. M158清理后全景（南—北）

2. M158北边厢器物出土现状

3. 铜镜（M158：1-1）

4. 铜镜（M158：3）

5. 铜刷（M158：1-2）

6. 铜钱（M158：2）

7. 铜钱（M158：2）

彩版一九九　圩庄组B区M158及其出土器物

1. 釉陶鼎（M158：8）

2. 釉陶鼎（M158：9）

3. 釉陶盒（M158：11）

4. 釉陶盒（M158：10）

5. 陶罐（M158：6）

6. 釉陶罐（M158：7）

彩版二〇〇　圩庄组B区M158出土器物

1. 釉陶壶（M158：15）

2. 釉陶壶（M158：14）

3. 釉陶钫（M158：12）

4. 釉陶钫（M158：13）

5. 釉陶瓿（M158：17）

6. 釉陶瓿（M158：16）

1. M159清理后全景（北—南）

4. 铜带钩（M159：17）

2. 铜镜（M159：14-1）

5. 铜刷（M159：14-2）

6. 铜钱（M159：1）

3. 铜印（M159：16）

7. 石黛板（M159：18）

彩版二〇二　圩庄组B区M159及其出土器物

1. 陶鼎（M159：5）

2. 陶鼎（M159：13）

3. 陶盒（M159：7）

4. 陶盒（M159：8）

5. 釉陶罐（M159：4）

1. 釉陶壶（M159：6）

2. 釉陶壶（M159：9）

3. 釉陶瓿（M159：11）

4. 釉陶瓿（M159：10）

彩版二〇四　圩庄组B区M159出土器物

1. M163清理后全景（西—东）

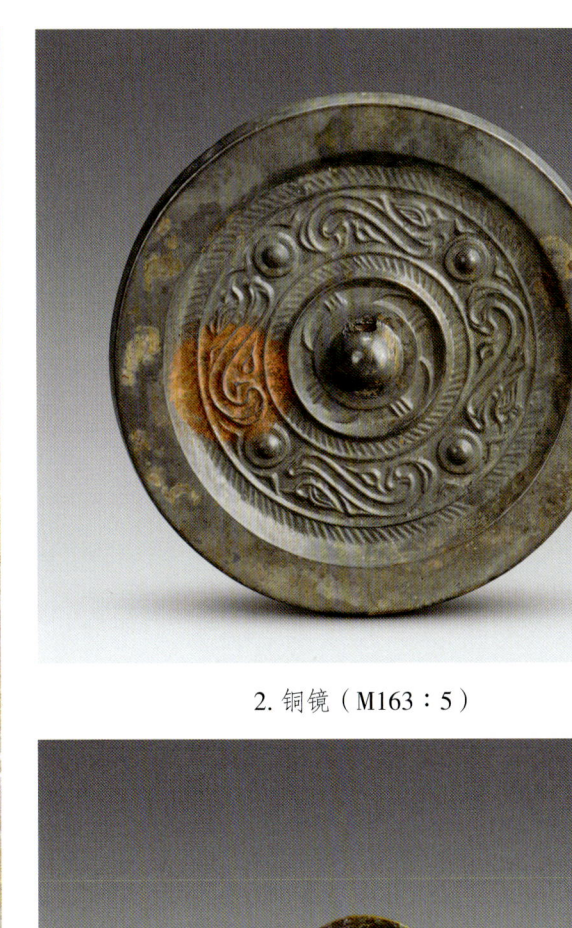

2. 铜镜（M163：5）

3. 铜钱（M163：6）

4. 铜钱（M163：6）

5. 铜钱（M163：6）

彩版二○五　圩庄组B区M163及其出土器物

1. 釉陶鼎（M163：3）

2. 釉陶盒（M163：4）

3. 釉陶壶（M163：2）

4. 釉陶瓿（M163：1）

彩版二〇六　圩庄组B区M163出土器物

1. M164清理后全景（东—西）

2. 陶盒（M164：13）

3. 陶壶（M164：12）

4. 陶瓿（M164：14）

彩版二〇七　圩庄组B区M164及其出土器物

1. 铜镜（M164：7）

2. 铜印（M164：3）

3. 铜带钩（M164：4）

4. 铜钱（M164：2）

5. 铁剑（M164：5）

6. 琉璃琀（M164：8）

7. 琉璃塞（M164：9、15）

8. 石黛板/研石（M164：1）

彩版二〇八　圩庄组B区M164出土器物

1. M169清理后全景（西—东）

5. 琉璃琀（M169：3）、琉璃塞（M169：4、8~10）

6. 陶壶（M169：5）

2. 铜镜（M169：1）

7. 釉陶壶（M169：6）

3. 铜钱（M169：11）

4. 铜钱（M169：11）

8. 釉陶罐（M169：7）

彩版二〇九　圩庄组B区M169及其出土器物

1. 铜镜（M170：8）

2. 铜带钩（M170：3）

3. 铜刷（M170：9）

4. 铜钱（M170：1）

5. 铜钱（M170：1）

6. 铁剑（M170：2）之玉剑璏

7. 铁削（M170：7）

8. 石黛板/研石（M170：5）

彩版二一〇　圩庄组B区M170出土器物

1. 釉陶鼎（M170：12）

2. 釉陶鼎（M170：14）

3. 釉陶盒（M170：18）

4. 釉陶盒（M170：19）

5. 釉陶罐（M170：10）

彩版二一一　圩庄组B区M170出土器物

1. 釉陶壶（M170：11）

2. 釉陶壶（M170：13）

3. 釉陶瓿（M170：15）

4. 釉陶瓿（M170：16）

彩版二一二　圩庄组B区M170出土器物

1. 铜镜（M171：1-1）

2. 铜璧（M171：7）

3. 铜刷（M171：1-2～1-4）

4. 铜泡钉（M171：8）

5. 铜钱（M171：3）

6. 铜钱（M171：3）

7. 琉璃玲（M171：4、5）与琉璃塞（M171：6）

彩版二一三　圩庄组B区M171出土器物

1. 釉陶鼎（M171：2）

4. 釉陶盒（M171：25）

2. 釉陶鼎（M171：23）

5. 陶罐（M171：10）

6. 釉陶罐（M171：26）

3. 釉陶盒（M171：20）

7. 釉陶罐（M171：31）

彩版二一四　圩庄组B区M171出土器物

1. 釉陶壺（M171：11）

2. 釉陶壺（M171：15）

3. 釉陶壺（M171：17）

4. 釉陶壺（M171：21）

5. 釉陶壺（M171：19）

6. 釉陶壺（M171：24）

彩版二一五　圩庄组B区M171出土器物

1. 釉陶钫（M171：14）

3. 釉陶瓿（M171：13）

4. 釉陶瓿（M171：18）

2. 釉陶钫（M171：16）

5. 釉陶瓿（M171：22）

彩版二一六　圩庄组B区M171出土器物

1. M172清理后全景（北—南）

2. M172南边厢清理后全景俯拍

3. 铜镜（M172：6）

4. 铜镜（M172：12）

5. 铜印（M172：8）

6. 铜印（M172：8）

7. 铜带钩（M172：9）

8. 铜刷（M172：7）

9. 石黛板（M172：2）

10. 角笄（M172：3）

彩版二一七　圩庄组B区M172及其出土器物

1. 釉陶壶（M172：4）

2. 釉陶壶（M172：15）

3. 釉陶壶（M172：17）

4. 釉陶壶（M172：18）

5. 釉陶瓿（M172：13）

6. 釉陶瓿（M172：16）

彩版二一八　圩庄组B区M172出土器物

1. 铜镜（M173：4）

4. 铜钱（M173：10）

2. 铜钱（M173：3）

5. 琉璃玲（M173：15）

3. 铜钱（M173：6）

6. 琉璃珠（M173：5）

7. 石黛板（M173：2）

彩版二一九　圩庄组B区M173出土器物

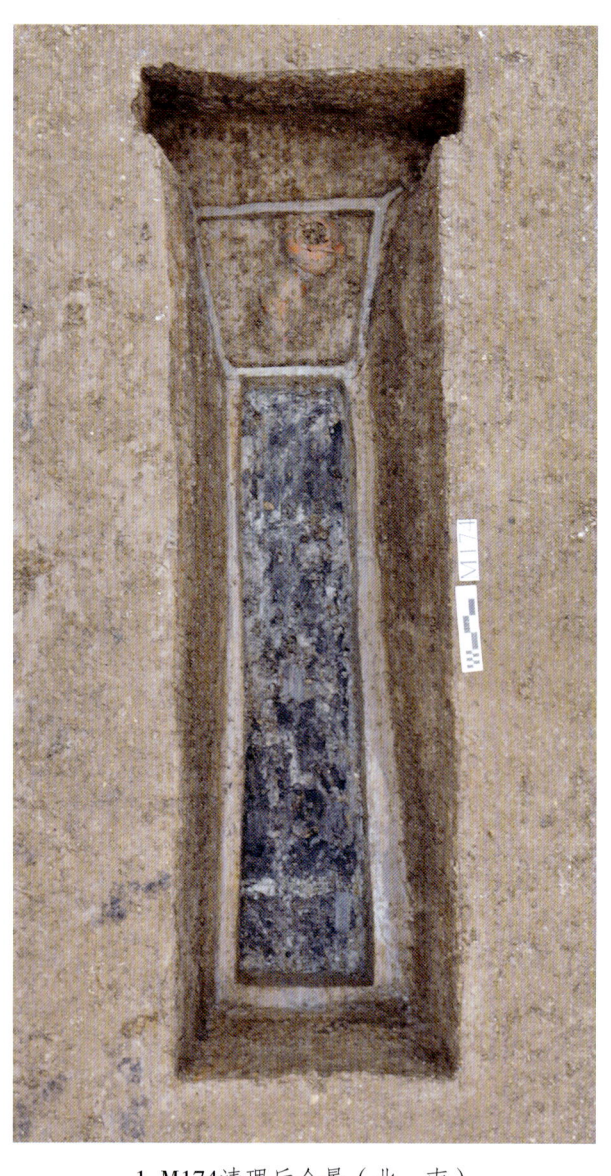

1. M174清理后全景（北—南）

2. 琉璃珠（M174∶4）

3. 石黛板/研石（M174∶2）

4. 陶瓿（M174∶6）

彩版二二〇　圩庄组B区M174及其出土器物

1. 铜镜（M175：6）

4. 琉璃玲（M175：1）

5. 琉璃塞（M175：2）

6. 石黛板/研石（M175：5）

2. 铜钱（M175：3）

3. 铁剑（M175：4）

7. 陶瓿（M175：7）

彩版二二一　圩庄组B区M175出土器物

1. M176清理后全景（东—西）

2. M177清理后全景（东—西）

3. M178清理后全景（东—西）

4. 铜钱（M176：1）

5. 铜镜（M178：1）

彩版二二二　圩庄组B区M176、M177、M178及M176、M178出土器物

1. 铜镜（M179：1）

2. 铜镜（M179：2）

3. 铜镜（M181：1）

5. 釉陶盒（M181：4）

6. 釉陶壶（M181：2）

4. 釉陶鼎（M181：5）

7. 釉陶瓿（M181：3）

彩版二二三　圩庄组B区M179、M181出土器物

1. M182清理后全景（东—西）

2. 铜镜（M182：1）

3. 铜钱（M182：4）

4. 琉璃琀（M182：2）

5. 琉璃塞（M182：3、10、11）

6. 陶盒（M182：8）

7. 陶瓿（M182：6）

彩版二二四　圩庄组B区M182及其出土器物

1. M183（南—北）

2. M183

5. 铁带钩（M183：2）

3. 铜镜（M183：1）

4. 铜镜（M183：3）

6. 陶罐（M183：5）

彩版二二五　圩庄组B区M183及其出土器物

1. M185清理后全景（北—南）

2. 铜钱（M185：1）

3. 陶罐（M185：2）

4. 陶罐（M185：4）

1. M184清理后全景（东—西）

2. 铜镜（M184：1）

3. 釉陶鼎（M184：5）

4. 釉陶盒（M184：4）

5. 釉陶壶（M184：3）

6. 釉陶瓿（M184：2）

彩版二二七　圩庄组C区M184及其出土器物

1. M186清理后全景（北—南）

2. 铜带钩（M186：5）

3. 铜钱（M186：1）

4. 铜钱（M186：1）

5. 铁剑（M186：4）

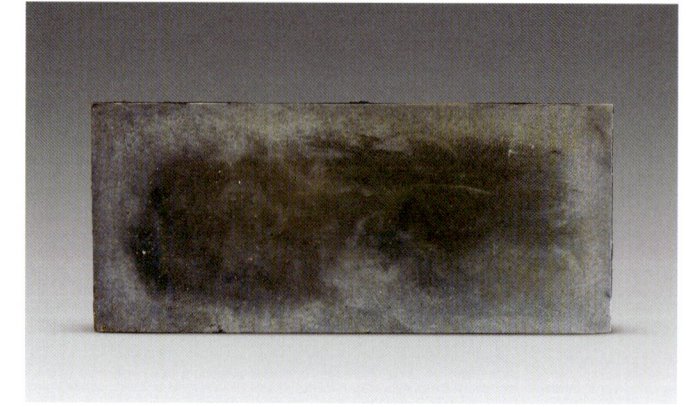

6. 石黛板（M186：2）

彩版二二八　圩庄组C区M186及其出土器物

1. 釉陶鼎（M186：10）

2. 釉陶鼎（M186：11）

3. 釉陶盒（M186：3）

4. 釉陶盒（M186：9）

彩版二二九　圩庄组C区M186出土器物

1. 釉陶壶（M186:8）

2. 釉陶壶（M186:12）

3. 釉陶瓿（M186:6）

4. 釉陶瓿（M186:7）

彩版二三〇　圩庄组C区M186出土器物

1. 铜镜（M187：1）

5. M188清理后全景（东—西）

2. 铜带钩（M187：2）

3. 铜钱（M187：5）

4. 铁剑（M187：3）之铜剑格

6. 釉陶壶（M188：7）

8. 釉陶瓿（M188：6）

7. 铜削（M188：3）

彩版二三一　圩庄组C区M188及M187、M188出土器物

1. M189清理后全景（东—西）

2. 铜带钩（M189：4）

3. 铜钱（M189：1）

4. 琉璃琀（M189：2）

彩版二三二　圩庄组C区M189及其出土器物

1. 釉陶壺（M189：8）

2. 釉陶壺（M189：9）

3. 釉陶瓿（M189：7）

4. 釉陶瓿（M189：10）

1. M191清理后全景（东—西）

2. 釉陶鼎（M191：3）

3. 釉陶盒（M191：2）

4. M192清理后全景（东—西）

5. 釉陶罐（M192：2）

彩版二三四　圩庄组C区M191、M192及其出土器物

1. M193清理后全景（西—东）

2. M193东边厢清理后全景

3. 釉陶鼎（M193：6）

4. 釉陶壶（M193：3）

5. 釉陶瓿（M193：5）

彩版二三五　圩庄组C区M193及其出土器物

1. M194清理后全景（东—西）

5. M195清理后全景（北—南）

6. 铜钱（M195：4）

7. 铜钱（M195：4）

8. 铜钱（M195：4）

2. 铜印（M194：2）

9. 铁剑（M195：1）

3. 铜带钩（M194：3）

4. 铜钱（M194：4）

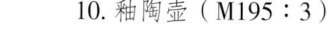

10. 釉陶壶（M195：3）

彩版二三六　圩庄组C区M194、M195及其出土器物

1. M206清理后全景（南—北）

2. M206琉璃玲、琉璃塞出土场景

3. 铜镜（M206：8）

4. 琉璃玲（M206：2）

5. 琉璃塞（M206：9）

6. 琉璃塞（M206：1、3、5、6）

7. 琉璃眼罩（M206：4、7）

彩版二三七　军庄组三号A区M206及其出土器物

1. M207清理后全景（西—东）

2. M207棺内东部清理后现状

3. M207棺内西部清理后现状

彩版二三八　军庄组三号A区M207

1. 铜盆（M207：15）

5. 琉璃塞（M207：32）

6. 角饰（M207：33）

2. 铜镜（M207：9-1）

7. 漆盛（M207：17）

3. 铜钱（M207：10）

4. 铜钱（M207：10）

8. 漆壶（M207：26）

彩版二三九　军庄组三号A区M207出土器物

1. 大奁器盖盖顶内侧正视（M207：9）

2. 大奁器盖盖顶外侧正视（M207：9）

3. 大奁器身（M207：9）

4. 大奁器身内底正视（M207：9）

彩版二四〇　军庄组三号A区M207出土器物

1. 漆奁（M207：9）内七子奁组合

2. 漆握（M207：12）

彩版二四一　军庄组三号A区M207出土器物

1. 大圆形子奁（M207：9-2）

3. 马蹄形子奁（M207：9-4）

5. 小方形子奁（M207：9-6）

2. 大长方形子奁（M207：9-3）

6. 椭圆形子奁（M207：9-7）

4. 小长方形子奁（M207：9-5）

7. 小圆形子奁（M207：9-8）

彩版二四二 军庄组三号A区M207出土器物

1. 木器（M207：1）

2. 木器（M207：3）

3. 木器（M207：4）

4. 木器（M207：5）

5. 木器（M207：6）

6. 木器（M207：7）

7. 木梳（M207：9-9）、木篦（M207：9-10、9-11）

8. 木枕（M207：11）

彩版二四三　军庄组三号A区M207出土器物

1. 釉陶壶（M207：20）

2. 釉陶壶（M207：21）

3. 釉陶壶（M207：23）

4. 釉陶壶（M207：22）

5. 釉陶瓿（M207：18）

6. 釉陶瓿（M207：19）

彩版二四四　军庄组三号A区M207出土器物

1. 陶甑（M207：25）

2. 陶灶（M207：28）

彩版二四五　军庄组三号A区M207出土器物

1. M208椁盖板清理后全景（东—西）

2. M208椁盖板北侧榫卯结构清理后

3. M208椁盖板取出后，棺上方顶板清理后全景（西—东）

4. M208椁盖板揭开后清理后全景（北—南）

彩版二四六　军庄组三号A区M208

1. M208北棺盖板西侧棺束出土现场俯拍（西—东）

4. M208椁盖板揭开后南棺棺盖上铁戟与铁矛出土现状（西—东）

2. M208北棺清理后全景（由西向东拍摄）

5. M208南棺清理后全景（北—南）

3. M208北棺西部清理后俯拍（北—南）

6. M208南棺底部木笭床

彩版二四七　军庄组三号A区M208

1. M208东边厢内上层器物清理后
全景（西—东）

2. M208东边厢内漆案出土现场

3. M208东边厢内底层器物清理后
全景（西—东）

彩版二四八　军庄组三号A区M208

1. 铜熏（M208：235）

4. 铜镜（M208：242-1）

2. 铜镜（M208：233-1）

5. 铜镜（M208：243-1）

3. 木枕（M208：246）

6. 铜镜（M208：251）

彩版二四九　军庄组三号A区M208北棺出土器物

1. 漆奁（M208：242）

2. 漆奁（M208：242）

3. 漆奁（M208：242）

彩版二五〇　军庄组三号A区M208北棺出土器物

1. 漆奁（M208：242）奁盖

2. 漆奁（M208：242）奁盖

3. 漆奁（M208：242）奁盖

4. 漆奁（M208：242）奁盖

5. 漆奁（M208：242）奁盖

彩版二五一　军庄组三号A区M208北棺出土器物

1. 漆奁（M208：242）内盖

2. 漆奁（M208：242）奁身

3. 漆奁（M208：242）隔板

4. 漆奁（M208：242）奁身

彩版二五二　军庄组三号A区M208北棺出土器物

1. 漆奁（M208：243）

2. 漆奁（M208：243）奁身

3. 漆奁（M208：243）奁盖

4. 漆奁（M208：243）奁盖顶面外侧正视

5. 漆奁（M208：243）奁盖顶面内侧正视

彩版二五三　军庄组三号A区M208北棺出土器物

1. 漆奁（M208：243）

2. 漆奁（M208：243）内七子奁

彩版二五四　军庄组三号A区M208北棺出土器物

1. 大长方形子奁（M208：243-2）

2. 马蹄形子奁（M208：243-3）

3. 大圆形子奁（M208：243-4）

4. 小圆形子奁（M208：243-5）

5. 椭圆形子奁（M208：243-6）

6. 小长方形子奁（M208：243-7）

7. 小方形子奁（M208：243-8）

彩版二五五　军庄组三号A区M208北棺出土器物

1. 铜镜（M208：258）

2. 铁戟（M208：1）之铜镦
铁戟（M208：2）之铜镦

3. 铁戟（M208：1）

4. 玉琀（M208：228）、玉塞/肛塞（M208：217）、
玉塞/耳塞（M208：255、257）

5. 铁剑（M208：223）细部

彩版二五六　军庄组三号A区M208南棺出土器物

1. 漆奁（M208：229）

2. 漆盒（M208：241）

彩版二五七　军庄组三号A区M208南棺出土器物

1. 奁盖（M208：229）

4. 漆奁（M208：229）内底

2. 奁盖（M208：229）

5. 漆奁（M208：229）隔板

3. 漆奁（M208：229）隔板俯视

彩版二五八　军庄组三号A区M208南棺出土器物

1. 木刚卯（M208：216）侧面墨书

2. 木刚卯（M208：216）侧面墨书

3. 木刚卯（M208：216）侧面墨书

4. 木刚卯（M208：216）侧面墨书

5. 木刚卯（M208：216）顶面颜色

6. 木刚卯（M208：216）底面颜色

7. 木刚卯（M208：216）侧面四色彩绘
（该四色彩绘与"赤青白黄，四色是
当"相合）

彩版二五九　军庄组三号A区M208南棺出土器物

1. 木严卯（M208：256）侧面墨书

2. 木严卯（M208：256）侧面墨书

3. 木严卯（M208：256）侧面墨书

4. 木严卯（M208：256）

5. 木严卯（M208：256）底面颜色

6. 木严卯（M208：256）顶面颜色

彩版二六〇　军庄组三号A区M208南棺出土器物

1. 木笭床（M208∶230）在棺内出土现状

2. 木笭床（M208∶230）纹饰细部

3. 木笭床（M208∶230）凤纹

4. 木笭床（M208∶230）虎纹

5. 木笭床（M208∶230）云气纹

彩版二六一　军庄组三号A区M208南棺出土器物

1. 木枕（M208：224）

2. 漆奁内木梳（M208：229-1）、木篦（M208：229-2、229-3）

彩版二六二　军庄组三号A区M208南棺出土器物

1. 铜鋾镂（M208：202）

2. 釉陶鼎（M208：203）

3. 釉陶鼎（M208：212）

4. 陶罐（M208：206）

彩版二六三　军庄组三号A区M208北边厢出土器物

1. 釉陶壶（M208：205）

3. 釉陶壶（M208：211）

4. 釉陶瓿（M208：208）

2. 釉陶壶（M208：209）

5. 釉陶瓿（M208：210）

彩版二六四　军庄组三号A区M208北边厢出土器物

1. 铜盆（M208：18）

2. 铜盆（M208：19）

3. 铜盆（M208：20）

4. 铜盆（M208：17）

5. 铜卮（M208：21）

6. 铜卮（M208：22）

彩版二六五　军庄组三号A区M208东边厢出土器物

1. 铜钫（M208：128）

2. 铜甑盆釜组合（M208：129）

3. 铜甑盆釜（M208：129）组合打开后现状

4. 铁釜（M208：195）

彩版二六六　军庄组三号A区M208东边厢出土器物

2. 漆耳杯（M208：150）

3. 漆耳杯（M208：157）

1. 漆耳杯（M208：144）

4. 漆耳杯（M208：145）

5. 漆耳杯（M208：146）

6. 漆耳杯（M208：147）

7. 漆耳杯（M208：148）

8. 漆耳杯（M208：149）

9. 漆耳杯（M208：156）

10. 漆耳杯（M208：164）

彩版二六七　军庄组三号A区M208东边厢出土器物

1. 漆耳杯（M208：76）

2. 漆耳杯（M208：91）纹饰细部

3. 漆耳杯（M208：180）

4. 漆耳杯（M208：58）

彩版二六八　军庄组三号A区M208东边厢出土器物

1. 漆盘（M208：28）内底纹饰

4. 漆盘（M208：29）

2. 漆盘（M208：28）

3. 漆盘（M208：28）外壁纹饰

5. 漆盘（M208：26）

1. 漆盘（M208：132）　　　　　　　　　　　2. 漆盘（M208：132）内底纹饰

3. 漆盘（M208：158）　　　　　4. 漆盘（M208：159）　　　　　5. 漆盘（M208：160）

1. 漆盘（M208：161）

2. 漆盘（M208：162）

3. 漆盘（M208：163）

彩版二七一　军庄组三号A区M208东边厢出土器物

1. 漆卮（M208：23）

2. 漆卮（M208：24）

3. 漆樽（M208：167）器身外壁

4. 漆樽（M208：167）器身外壁

5. 漆樽（M208：167）器身外壁纹饰细部

6. 漆樽（M208：108-1）

7. 漆樽（M208：108-2）

8. 漆樽（M208：108-2）樽盖外侧正视

彩版二七二　军庄组三号A区M208东边厢出土器物

1. 漆勺（M208：71）

2. 漆勺（M208：194）

3. 漆勺（M208：173）

4. 漆勺（M208：173）

5. 鸭形勺（M208：168）

6. 鸭形勺（M208：168）

9. 漆勺（M208：169）

7. 鸭形勺（M208：168）

8. 鸭形勺（M208：168）

10. 漆勺（M208：169）

彩版二七三　军庄组三号A区M208东边厢出土器物

1. 漆盛（M208：143）

2. 漆盛（M208：143）内底纹饰

3. 漆盛（M208：140）

4. 漆盛（M208：10）

5. 漆盛（M208：142）

6. 漆盛（M208：13）

7. 漆盛（M208：11）

8. 漆盛（M208：12）

9. 漆盛（M208：12）内底纹饰细部

彩版二七四　军庄组三号A区M208东边厢出土器物

1. 漆盛（M208：14）

2. 漆盛（M208：14）内底纹饰

3. 漆盛（M208：15）

4. 漆盛（M208：15）外壁纹饰

5. 漆盛（M208：15）内底纹饰

6. 漆盛（M208：172）

7. 漆盛（M208：172）内底纹饰

彩版二七五　军庄组三号A区M208东边厢出土器物

1. 漆壶（M208：25）

4. 漆案（M208：57）

2. 漆壶（带盖）（M208：25）

5. 漆案（M208：57）案面正视

3. 器盖（M208：115）

6. 漆案（M208：73）案面正视

彩版二七六　军庄组三号A区M208东边厢出土器物

1. 漆笥（M208：56-1）器盖顶面内壁正视

2. 漆笥（M208：56-1）器盖顶面外壁正视

3. 漆笥（M208：70）器盖正视

5. 圆形漆子笥（M208：137-3）

4. 漆笥（M208：137）

彩版二七七　军庄组三号A区M208东边厢出土器物

1. 漆笥（M208：139）
   器盖打开并取走漆盘后

2. 漆笥（M208：139）
   器盖打开后

3. 漆笥（M208：139）

彩版二七八　军庄组三号A区M208东边厢出土器物

1. 笥（M208∶139）内漆盘

2. 笥（M208∶139）内漆盘

3. 笥（M208∶139）内漆盘

4. 笥（M208∶139）内漆盘

5. 笥（M208∶139）内耳杯组合

彩版二七九　军庄组三号A区M208东边厢出土器物

1. 笥（M208：139）内大耳杯

2. 笥（M208：139）内大耳杯

3. 笥（M208：139）内中耳杯

4. 笥（M208：139）内中耳杯

5. 笥（M208：139）内小耳杯

6. 笥（M208：139）内小耳杯

彩版二八〇　军庄组三号A区M208东边厢出土器物

1. 漆博具盒（M208：138）

4. 六博棋盘（M208：72）足部

2. 漆博具盒（M208：138）打开后

5. 六博棋盘（M208：72）盘面正视

3. 漆博具盒（M208：138）内棋子与算筹出土现状

彩版二八一　军庄组三号A区M208东边厢出土器物

1.（石黛板）漆盒（M208：197）

2.（石黛板）漆盒（M208：197）

3.漆弩（M208：176）

彩版二八二　军庄组三号A区M208东边厢出土器物

1. 木俑（M208：6）

2. 木俑（M208：74）

3. 木俑（M208：104）

4. 木俑（M208：105）

5. 木俑（M208：178）

彩版二八三　军庄组三号A区M208东边厢出土器物

1. 木俑（M208：103）

2. 木俑（M208：111）

3. 木俑（M208：8）

4. 木俑（M208：106）

5. 木俑（M208：107）

6. 木俑（M208：199）

7. 木俑（M208：112）

彩版二八四　军庄组三号A区M208东边厢出土器物

1. 釉陶鼎（M208：133）

2. 釉陶鼎（M208：134）

3. 釉陶盒（M208：127）

4. 釉陶壶（M208：118）

5. 釉陶壶（M208：120）

6. 釉陶壶（M208：136）

彩版二八五　军庄组三号A区M208东边厢出土器物

1. 釉陶锺（M208：116）

2. 釉陶锺（M208：123）

3. 釉陶钫（M208：124）

4. 釉陶钫（M208：125）

1. 釉陶瓿（M208：117）

2. 釉陶瓿（M208：119）

3. 釉陶瓿（M208：122）

4. 釉陶瓿（M208：122）铺首衔环耳

5. 釉陶瓿（M208：130）

1. 铜镜（M209：3）

2. 铜钱（M209：1）

3. M211清理后全景（南—北）

4. 铜钱（M211：1）

5. 铜钱（M211：1）

彩版二八八　军庄组三号A区M211及M209、M211出土器物

1. M210椁盖板清理后（南向北拍摄）

2. M210清理后全景（南—北）

3. M210椁盖板揭开后隔板全景
（北—南）

4. M210木椁西侧板上部榫卯结构
分布（东—西）

彩版二八九　军庄组三号A区M210

1. M210西边厢东侧隔板与椁南侧板相交处
   榫卯结构

2. M210西边厢东侧隔板与椁北侧板相交处
   榫卯结构

3. M210西边厢南部器物清理后现状

4. M210西边厢北部器物清理后现状

彩版二九〇　军庄组三号A区M210

1. 铜盆（M210：13）

2. 铜盆（M210：6）

3. 铜镜（M210：1-6）

彩版二九一　军庄组三号A区M210出土器物

1. 漆耳杯（M210：8）

4. 漆耳杯（M210：19）

2. 漆耳杯（M210：15）

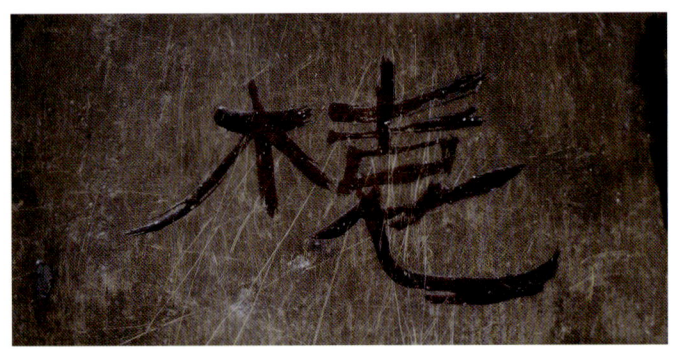

5. 漆耳杯（M210：19）铭文

3. 漆耳杯（M210：15）铭文

6. 漆耳杯（M210：20）

7. 漆耳杯（M210：12）

8. 漆耳杯（M210：12）铭文

彩版二九二　军庄组三号A区M210出土器物

1. 漆盘（M210：11）

2. 漆盘（M210：16）

3. 漆盘（M210：16）铭文

4. 漆樽（M210：21）

5. 漆盛（M210：14）

6. 漆案（M210：25）案面残件

彩版二九三　军庄组三号A区M210出土器物

1. 漆奁（M210∶1）

2. 漆奁（M210∶1）器盖顶面正视

3. 圆形子奁（M210∶1-1）

4. 马蹄形漆子奁（M210∶1-2）

5. 木梳（M210∶1-5）、木篦（M210∶1-3）、木篦（M210∶1-4）

1. 釉陶鼎（M210∶22）

2. 釉陶鼎（M210∶23）

3. 釉陶盒（M210∶4）

4. 釉陶盒（M210∶10）

5. 陶纺轮（M210∶2）

彩版二九五　军庄组三号A区M210出土器物

1. 釉陶壶（M210：18）

2. 釉陶瓿（M210：7）

3. 釉陶熏（M210：17）顶面正视

4. 釉陶熏（M210：17）

1. M212椁盖板清理后全景（东—西）

2. M212南棺器物出土场景

3. M212东边厢器物清理后（西—东）

4. M212器物清理后俯拍（西—东）

1. 铜镜（M212：2）

2. 铜镜（M212：18）

3. 铜带钩（M212：6）

4. 铜刷（M212：3）

5. 铜钱（M212：7）

6. 铜钱（M212：7）

7. 铜钱（M212：7）

8. 铜钱（M212：13）

9. 铜钱（M212：13）

10. 铜钱（M212：13）

彩版二九八　军庄组三号A区M212出土器物

1. 铁釜（M212：25）

2. 铁釜（M212：26）

3. 铁剑（M212：8）

4. 铁削（M212：11）

5. 玛瑙珠饰（M212：34）

6. 石黛板（M212：1）

彩版二九九　军庄组三号A区M212出土器物

1. 漆奁（M212：12）

2. 漆奁（M212：12）器盖顶面外侧正视

3. 漆奁（M212：12）器盖顶部内侧纹饰正视

4. 漆奁（M212：12）器盖外壁纹饰

5. 漆奁（M212：12）器盖外壁纹饰

6. 漆奁（M212：12）器身外壁纹饰

7. 漆奁（M212：12）器身外壁纹饰

8. 漆奁（M212：12）器身外壁纹饰

9. 漆奁（M212：12）器身外壁纹饰

彩版三〇〇　军庄组三号A区M212出土器物

1. 竹节形漆器（M212：14）

2. 竹节形漆器（M212：17）

3. 漆器（M212：21）

彩版三〇一　军庄组三号A区M212出土器物

1. 木梳（M212：4）　　2. 木梳（M212：19）　　3. 木篦（M212：5）　　4. 木篦（M212：10）

5. 木篦（M212：20）　　6. 木篦（M212：23）　　7. 木枕（M212：9）

8. 木枕（M212：22）　　9. 木尺（M212：24）　　10. 木器（M212：32）

11. 葫芦形木器（M212：15）　　12. 葫芦形木器（M212：16）

彩版三〇二　军庄组三号A区M212出土器物

1. 釉陶壶（M212：29）

3. 釉陶壶（M212：31）

4. 釉陶罐（M212：27）

2. 釉陶壶（M212：30）

5. 釉陶罐（M212：28）

彩版三〇三　军庄组三号A区M212出土器物

1. M213椁盖板清理后全景（东—西，未露出盖板的墓坑为M214）

2. M213（左）与M214（右）椁盖板揭开后隔板全景（北—南

3. M213椁盖板揭开后隔板全景（东—西）

4. M213隔板南半部清理后现状（东—西）

5. M213隔板北半部清理后现状（东—西）

6. M213隔板取走清理后全景俯拍（东—西）

彩版三〇四　军庄组三号A区M213

1. M213棺内漆奁出土现状

2. M213东边厢漆耳杯出土现状

3. M213东边厢内木俑出土现状

4. M213东边厢器物清理后全景（东—西）

5. M213棺内清理后全景（东—西）

1. 铜盆（M213：18）

2. 铜镜（M213：48-2）

3. 铜钱（M213：50）

4. 铜钱（M213：50）

5. 铁削（M213：48-5）

6. 铁夹（M213：48-7）

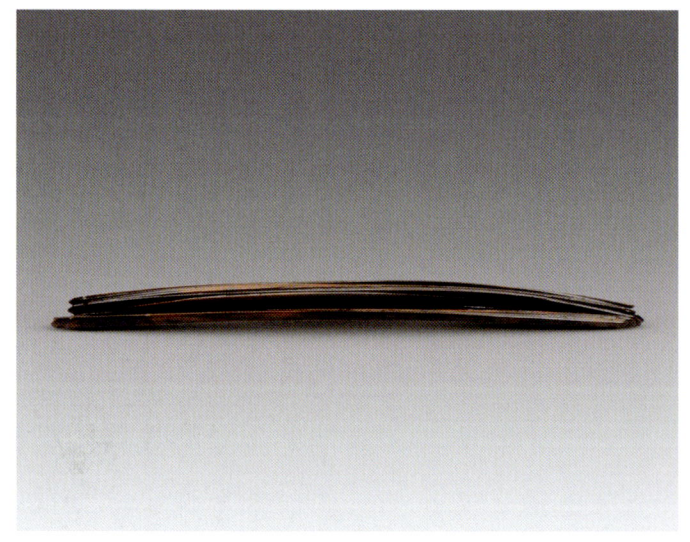

7. 玳瑁笄（M213：48-6）

彩版三〇六　军庄组三号A区M213出土器物

1. 漆耳杯（M213：21）

2. 漆耳杯（M213：21）文字

3. 漆耳杯（M213：22）文字

7. 漆耳杯（M213：25）

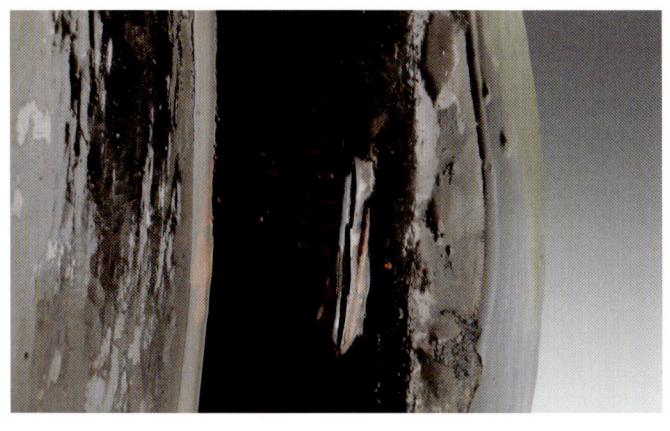

4. 漆耳杯（M213：23）文字

8. 漆盘（M213：17）

5. 漆耳杯（M213：24）文字

6. 漆耳杯（M213：25）文字

9. 漆盘（M213：19）

1. 漆勺（M213：42）

2. 漆案（M213：13）

3. 木枕（M213：20）

4. 木牌饰（M213：12）

5. 木牌饰（M213：10、11）

彩版三〇八　军庄组三号A区M213出土器物

1. 漆奁（M213：49）

2. 漆奁（M213：49）盖顶部外侧纹饰正视

3. 漆奁（M213：49）盖内侧纹饰正视

4. 漆奁（M213：49）内五子奁组合

彩版三〇九　军庄组三号A区M213出土器物

1. 长方形子奁（M213：49-1）

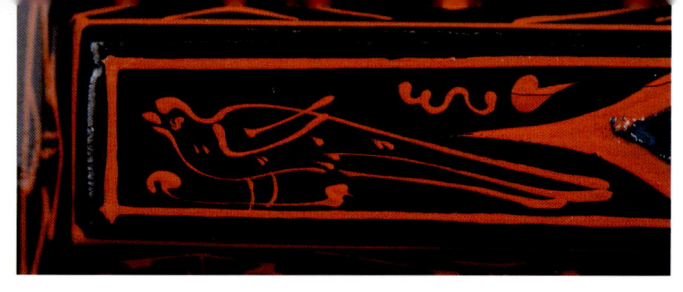

3. 长方形子奁（M213：49-1）器盖顶部外侧纹饰细部

2. 长方形子奁（M213：49-1）器盖顶部外侧纹饰

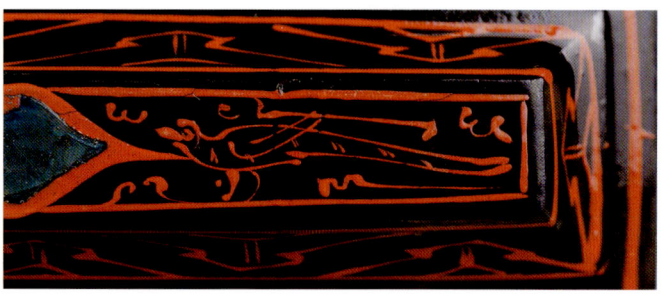

4. 长方形子奁（M213：49-1）器盖顶部外侧纹饰细部

5. 马蹄形子奁（M213：49-2）　　　6. 大圆形子奁（M213：49-4）　　　7. 小长方形子奁（M213：49-3）

8. 小圆形子奁（M213：49-5）

彩版三一〇　军庄组三号A区M213出土器物

1. 漆笥（M213：48）内部内盖
纹饰俯视

2. 漆笥（M213：48）内部内隔板
纹饰俯视

3. 漆笥（M213：48）器盖顶部外侧
纹饰俯视

4. 漆笥（M213：48）器盖盝顶中部
外侧纹饰俯视

1. 漆笥（M213：48）器盖外壁
   纹饰细部

2. 漆笥（M213：48 ）器盖外壁
   纹饰细部

3. 漆笥（M213：48）器盖外壁
   正视

彩版三一二　军庄组三号A区M213出土器物

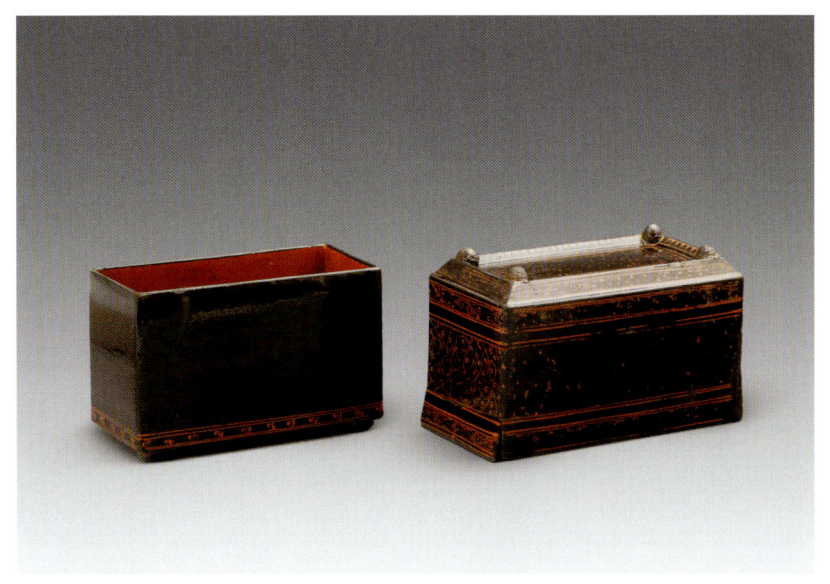

1. 长方形子笥（M213：48-1）

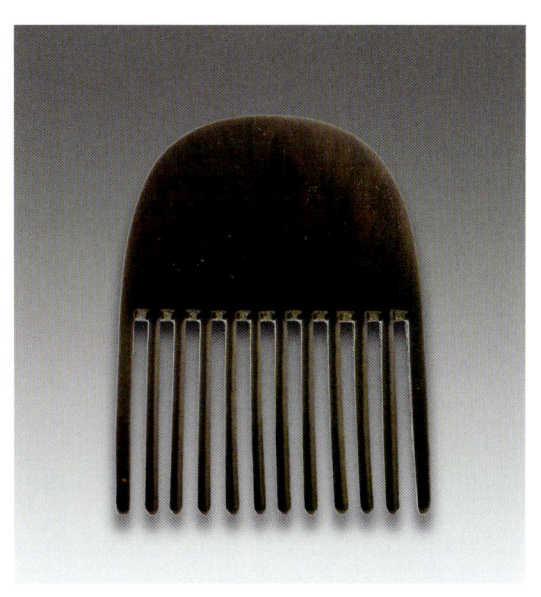

4. 木梳（M213：48-3）

2. 长方形子笥（M213：48-1）

5. 木篦（M213：48-4）

3. 长方形子笥（M213：48-1）器盖顶部外侧纹饰正视

彩版三一三　军庄组三号A区M213出土器物

1. 木俑（M213：8）

2. 木俑（M213：3）

3. 木俑（M213：4）

4. 木俑（M213：5）

5. 木俑（M213：7）

彩版三一四　军庄组三号A区M213出土器物

1. 釉陶壶（M213：16）

2. 釉陶壶（M213：43）

3. 釉陶壶（M213：44）

4. 釉陶壶（M213：45）

5. 釉陶壶（M213：46）

6. 釉陶瓿（M213：47）

彩版三一五　军庄组三号A区M213出土器物

1. M214椁盖板清理后全景（东—西）

2. M214椁盖板揭开后穿璧纹隔板全景（南—北）

3. M214穿璧纹隔板清理后全景（西—东）

4. M214穿璧纹隔板细部

彩版三一六　军庄组三号A区M214

1. M214隔板清理后棺盖器物出土现状（西—东）

2. M214棺盖器物出土现状

3. M214棺内铁剑柄出土现状

4. M214棺内南部束草出土现状（俯拍）

5. M214棺内器物清理后全景（东—西）

彩版三一七　军庄组三号A区M214

1. M214木构建筑纹隔板出土现状

2. M214木构建筑纹隔板结构局部

3. M214木构建筑纹隔板所刻建筑图像

4. M214木构建筑纹隔板所刻建筑图像局部

5. M214木构建筑纹隔板所刻建筑图像局部

彩版三一八　军庄组三号A区M214

1. M214西边厢内器物清理后全景（北—南）

2. M214西边厢清理后局部场景

3. M214西边厢内木几、耳杯等器物出土现状

4. M214西边厢内漆箭箙与耳杯等出土现状

5. M214：45箭箙出土情况

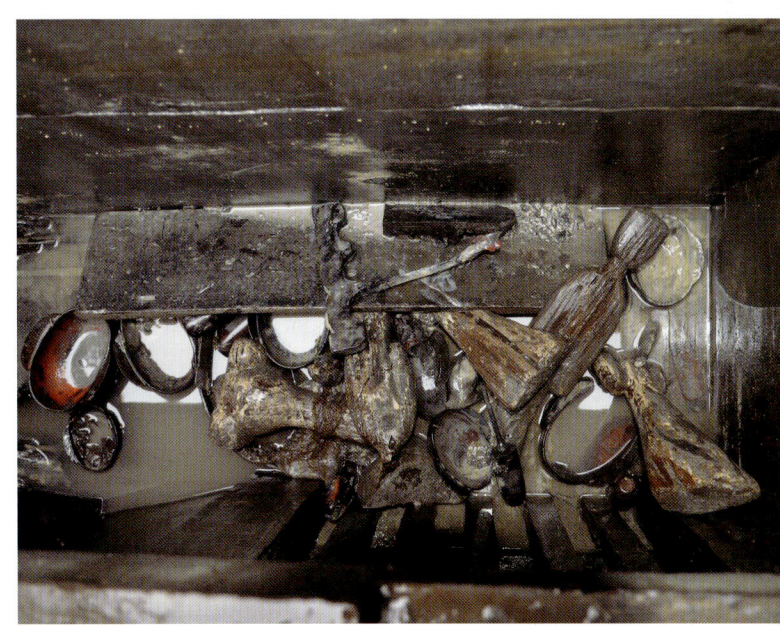

6. M214西边厢内木俑出土现状

7. M214东边厢器物取走后现状（南—北）

彩版三一九　　军庄组三号A区M214

1. 铜盆（M214：9）

3. 铜印（M214：110）

4. 铜刷（M214：101）

2. 铜镜（M214：102）

5. 铜饰（M214：117）　　6. 铜钱（M214：2）

7. 铜钱（M214：108）　　8.铜钱（M214：108）

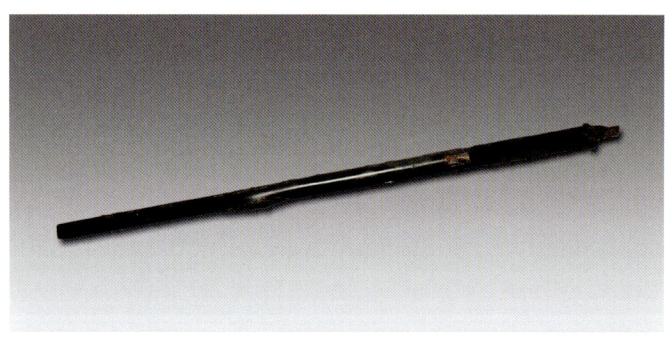

10. 铁铍（M214：4）

9. 铁剑（M214：103）

11. 铁削（M214：109）

彩版三二〇　军庄组三号A区M214出土器物

1. 铅弹丸（M214：68）

2. 琉璃琀（M214：113）、琉璃塞（M214：111、112）

3. 石黛板（M214：1-1）、研石（M214：1-2）

4. M214漆耳杯（从左至右为第一类到第三类）

彩版三二一　军庄组三号A区M214出土器物

1. 漆耳杯（M214：34）　　　　　　　　　2. 漆耳杯（M214：22）

3. 漆耳杯（M214：23）　　　　　　　　　4. 漆耳杯（M214：35）

5. 漆耳杯（M214：36）　　　　　　　　　6. 漆耳杯（M214：37）

7. 漆耳杯（M214：38）

彩版三二二　　军庄组三号A区M214出土器物

1. 漆耳杯（M214：28）

2. 漆耳杯（M214：7）

3. 漆耳杯（M214：10）

4. 漆耳杯（M214：11）

5. 漆耳杯（M214：12）

6. 漆耳杯（M214：26）

7. 漆耳杯（M214：27）

8. 漆耳杯（M214：71）

9. 漆耳杯（M214：72）

10. 漆耳杯（M214：73）

彩版三二三　军庄组三号A区M214出土器物

1. 漆耳杯（M214：6）

2. 漆耳杯（M214：13）

3. 漆耳杯（M214：14）

4. 漆耳杯（M214：15）

5. 漆耳杯（M214：16）

6. 漆耳杯（M214：17）

7. 漆耳杯（M214：29）

8. 漆耳杯（M214：30）

1. 漆耳杯（M214：25）　　2. 漆耳杯（M214：31）　　3. 漆耳杯（M214：32）

4. 漆耳杯（M214：69）　　　　　　　5. 漆耳杯（M214：8）

6. 漆耳杯（M214：24）　　7. 漆耳杯（M214：33）　　8. 漆耳杯（M214：42）

9. 漆耳杯（M214：70）　　　　　　　10. 漆耳杯（M214：84）

彩版三二五　军庄组三号A区M214出土器物

1. 漆盘（M214：44）

4. 漆樽（M214：67）

2. 漆盘（M214：93）

5. 漆樽（M214：96）

3. 漆盘（M214：43）

6. 漆盛（M214：94）

彩版三二六　军庄组三号A区M214出土器物

1. 漆案（M214：97）

2. 漆案（M214：97）案面俯视图

3. 漆砚盒（M214：49）

4. 砚台盒（M214：49）墨书（细部）

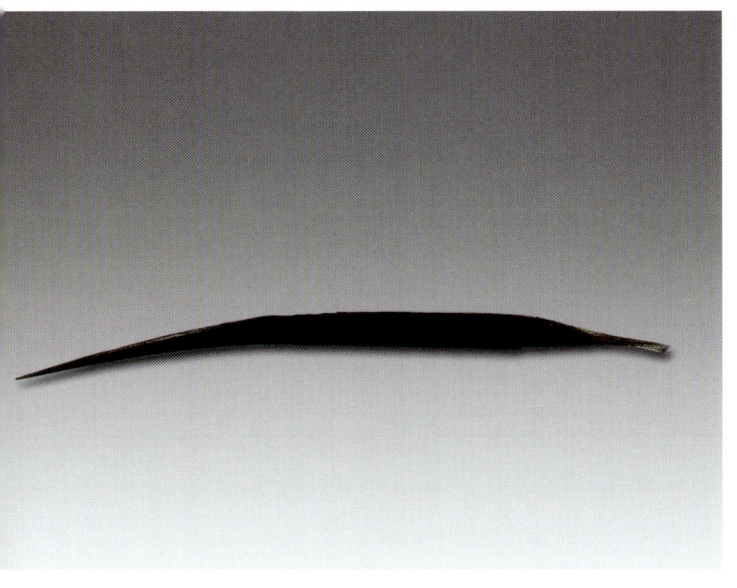

5. 漆弓（M214：95）

6. 漆纱冠（M214：114）残片

彩版三二七　军庄组三号A区M214出土器物

1. 漆缴（M214：63、64、57、65、61、59、58）（编号顺序为由左向右依次排列）

2. 漆缴（M214：63）

3. 漆缴（M214：57）

4. 漆缴（M214：64）

彩版三二八　军庄组三号A区M214出土器物

1. 木俑（M214：50）

2. 木俑（M214：52）

3. 木俑（M214：54）

4. 木俑（M214：74）

5. 木俑（M214：77）

6. 木俑（M214：78）

彩版三二九　军庄组三号A区M214出土器物

1. 木俑（M214：55）

2. 木俑（M214：56）

3. 木俑（M214：80）

4. 木俑（M214：80）

5. 动物俑（M214：75）

彩版三三〇　军庄组三号A区M214出土器物

1. 木盒（M214：5）

2. 木梳（M214：100）

3. 木篦（M214：98）

4. 木篦（M214：99）

5. 木枕（M214：104）

彩版三三一　军庄组三号A区M214出土器物

1. 陶壶（M214：21）

2. 陶瓿（M214：20）

3. 陶瓿（M214：46）

4. 陶罐（M214：47）

5. 陶罐（M214：48）

彩版三三二　军庄组三号A区M214出土器物

1. K1清理后全景（西—东）

2. 盖弓帽（K1：30、4、35、10）

3. 车軎（K1：23、36、13）

4. 横末轭首饰（K1：24、25、26）

5. 轭足饰（K1：14、15、37、52）

6. 横末轭首饰（K1：55）　　7. 当卢（K1：45）

8. 马衔镳（K1：46）

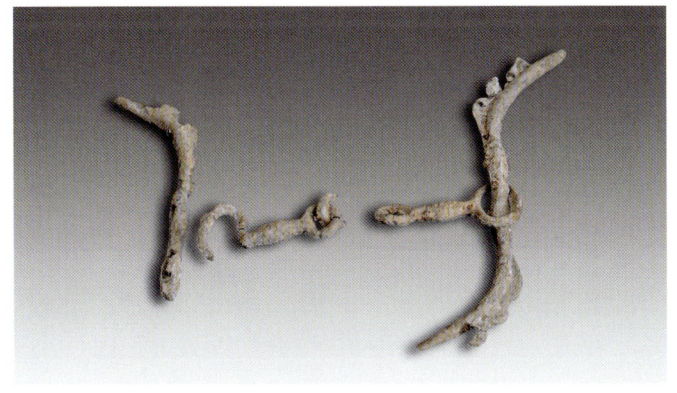

9. 马衔镳（K1：27）

10. 带扣（K1：56）　　11. 节约（K1：28）

彩版三三三　军庄组三号A区K1及其出土器物

1. 铜钱（M197：2）

2. 铜钱（M198：1）

3. 琉璃珠（M198：6）

4. 木梳（M198：5-3）、木篦（M198：5-2）

5. M198清理后全景（东—西）

7. 陶盒（M198：2）

8. 陶盒（M198：3）

6. 铜镜（M198：5-1）

9. 陶壶（M198：4）

彩版三三四　军庄组三号B区M198及M197、M198出土器物

1. M199清理后全景（东—西）

4. M199南棺东挡板出土铜饰

2. M199北棺清理后全景（东—西）

3. M199南棺清理后全景（东—西）

1. 铜盘（M199：3）

3. 铜盆（M199：18）

4. 铜盆（M199：19）

2. 铜盆（M199：11）

5. 铜卮（M199：12）

1. 铜镜（M199：28-1）　　　　　　　　2. 铜镜（M199：37-1）

3. 铜带钩（M199：31）

4. 铜刷（M199：28-9）

5. 铜牌饰（M199：15）　　6. 铜泡饰（M199：24）　　　　7. 铜钱（M199：29）

8. 铜钱（M199：29）　　9. 铜钱（M199：29）　　10. 铜钱（M199：29）　　11. 铜钱（M199：29）

12. 铜钱（M199：35）　　13. 铜钱（M199：35）　　14. 铜钱（M199：36）　　15. 铜钱（M199：36）

彩版三三七　　军庄组三号B区M199出土器物

1. 铁炉（M199：20）

2. 铁炉（M199：20）

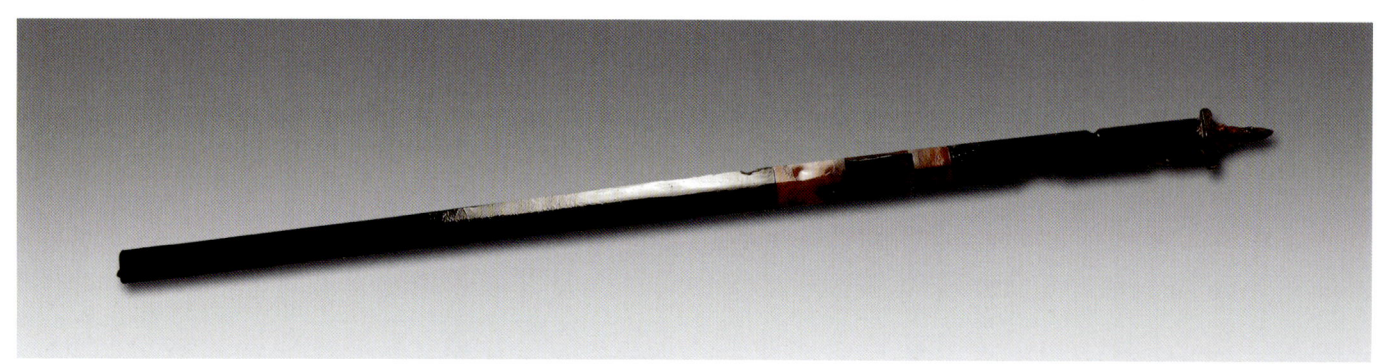

3. 铁剑（M199：25）

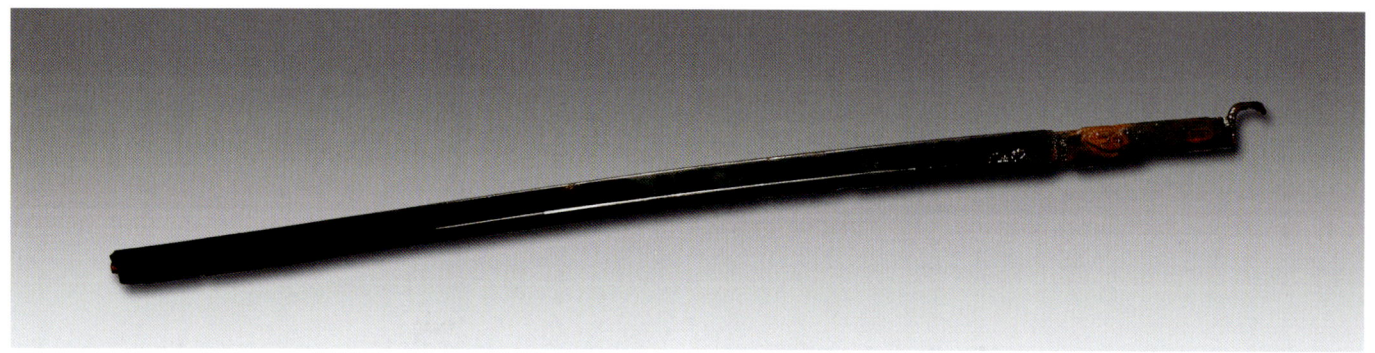

4. 环首铁刀（M199：26）

5. 铁削（M199：27）

6. 琉璃耳珰（M199：34）

彩版三三八　军庄组三号B区M199出土器物

1. 漆耳杯（M199：7）铭文

2. 漆耳杯（M199：8）铭文

5. 漆卮（M199：40）铜卮持

4. 漆盘（M199：2）

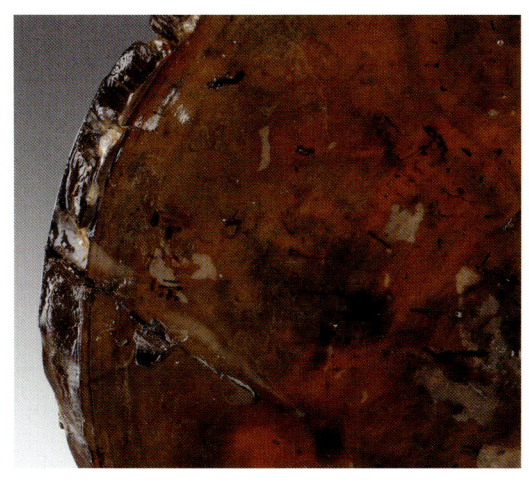

3. 漆盘（M199：2）盘内铭文

6. 木梳（M199：28-3）

7. 木梳（M199：28-8）

8. 木篦（M199：28-4）

9. 木篦（M199：28-5）

10. 木枕（M199：30）

11. 木握（M199：38、39）

彩版三三九　军庄组三号B区M199出土器物

1. 釉陶壶（M199：23）

2. 釉陶壶（M199：22）

3. 釉陶瓿（M199：17）

4. 釉陶瓿（M199：21）

1. M200清理后全景（东—西）

7. M201清理后全景（东—西）

2. 铜镜（M200：2）

8. 铜镜（M201：2）

9. 铜钱（M201：1）

3. 铜钱（M200：3）

4. 铜钱（M200：3）

5. 铜钱（M200：3）

6. 铜钱（M200：3）

10. 陶瓿（M201：3）

彩版三四一　军庄组三号B区M200、M201及其出土器物

1. M202清理后全景（南—北）

2. 琉璃琀（M202：2）

3. 石黛板（M202：10）

4. 陶壶（M202：17）

彩版三四二　军庄组三号B区M202及其出土器物

1. 铜镜（M202：11）

4. 铜镞（M202：5）

2. 铜印（M202：13）

5. 铜盖弓帽（M202：4）

6. 铜节约（M202：15）

3. 铜带钩（M202：7）

7. 铜环（M202：1）

8. 铜环（M202：6）

9. 铜环（M202：8）

10. 铜环（M202：9）

11. 铜算筹（M202：16）

12. 铜钱（M202：12）

13. 铜钱（M202：12）

1. M203清理后全景（东—西）

4. 陶壶（M204：17）

2. M204清理后全景（北—南）

3. M204北边厢清理后全景（北—南）

5. 陶瓿（M204：18）

彩版三四四　军庄组三号B区M203、M204及M204出土器物

1. 铜镜（M204：2）

2. 铜镜（M204：7）

3. 铜带钩（M204：14）

4. 铜钱（M204：1）

5. 铜钱（M204：1）

6. 铁剑（M204：13）

8. 琉璃琀（M204：5）

9. 琉璃琀（M204：8）

10. 琉璃塞（M204：20~23）

7. 带漆鞘铁削（M204：15）

11. 琉璃珠（M204：16、19）

彩版三四五　军庄组三号B区M204出土器物

1. 漆奁（M204：6）

4. 木篦（M204：10）

2. 木梳（M204：9）

5. 木篦（M204：4）

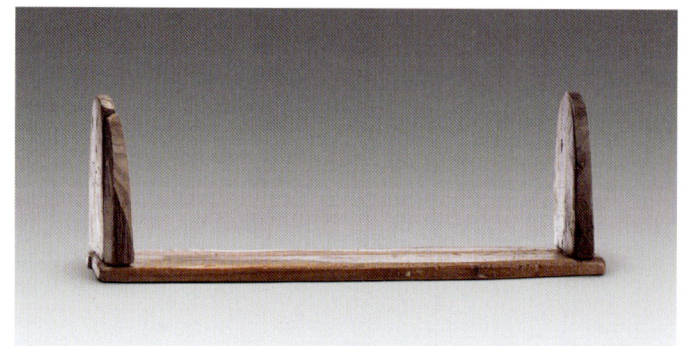

6. 木枕（M204：11）

3. 木梳（M204：3）

7. 木剑璏（M204：12）

彩版三四六　军庄组三号B区M204出土器物

1. 陶罐（M215：1）

2. 陶釜甑组合（M216：9）

3. 陶釜（M216：9-1）

4. 陶甑（M216：9-2）

彩版三四七　军庄组三号B区M215、M216出土器物

1. 木俑（M216：10）

2. 木俑（M216：11）

3. 木俑（M216：12）

4. 木俑（M216：13）

彩版三四八　军庄组三号B区M216出土器物

1. 陶鼎（M216：7）

2. 陶鼎（M216：8）

3. 陶盒（M216：5）

4. 陶盒（M216：6）

5. 釉陶壶（M216：3）

6. 釉陶壶（M216：4）

7. 釉陶瓿（M216：1）

8. 釉陶瓿（M216：2）

彩版三四九　军庄组三号B区M216出土器物

1. 铜盆（M217：6）

2. 铜镜（M217：10）

3. 铜带钩（M217：12）

4. 铜钱（M217：17）

5. 铜钱（M217：17）

6. 铜钱（M217：17）

7. 铁削（M217：13）

8. 琉璃剑首（M217：14）

9. 琉璃琀（M217：11）

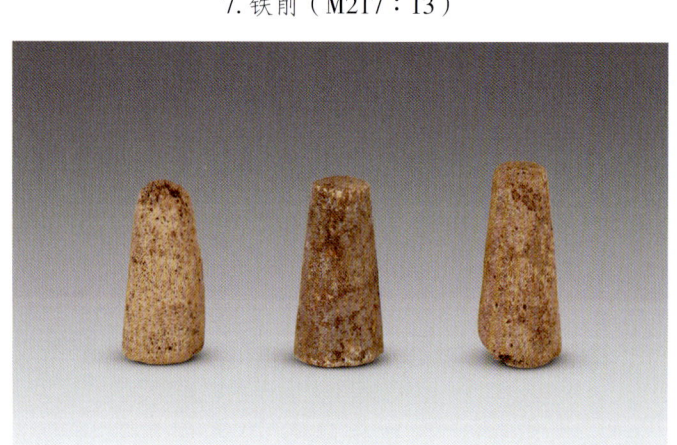

10. 琉璃塞（M217：15、15-1、15-2）

11. 玑瑁笄（M217：21）

彩版三五〇　军庄组三号B区M217出土器物

1. 漆耳杯（M217：5）

2. 漆耳杯（M217：19）

4. 漆盘（M217：2）

3. 漆耳杯（M217：20）

5. 漆盘（M217：3）

彩版三五一　军庄组三号B区M217出土器物

1. 釉陶鼎（M217：7）

2. 釉陶盒（M217：8）

3. 釉陶壶（M217：9）

4. 釉陶瓿（M217：4）

5. 陶罐（M217：1）

1. 铜镜（M218：1）

4. 铜镜（M220：1）

2. 铜镜（M219：3）

5. 铜镜（M221：1）

3. 漆奁（M219：1）奁盖

6. 琉璃琀（M221：4）

7. 木梳（M221：3）、木篦（M221：2）

彩版三五三　军庄组三号B区M218、M219、M220、M221出土器物

1. 铜镜（M222：1）

2. 木梳（M222：2）、木篦（M222：3）

3. 釉陶壶（M223：1）

4. 釉陶瓿（M223：2）

彩版三五四　军庄组三号B区M222、M223出土器物